Natallia Savitskaya
Widerstreit um das Belarussische

Diskursmuster
Discourse Patterns

Herausgegeben von
Beatrix Busse und Ingo H. Warnke

Volume 24

Natallia Savitskaya

Widerstreit um das Belarussische

—

Eine diskurs- und soziolinguistische Analyse von Spracheinstellungen in internetbasierten Forendiskussionen

DE GRUYTER

Zugl.: Dissertation, Justus-Liebig-Universität Gießen, 2019
Fachbereich 05 - Sprache, Literatur, Kultur

ISBN 978-3-11-099511-4
e-ISBN (PDF) 978-3-11-069074-3
e-ISBN (EPUB) 978-3-11-069078-1

Library of Congress Control Number: 2020940181

Bibliografische Information der Deutschen Nationalbibliothek
Die Deutsche Nationalbibliothek verzeichnet diese Publikation in der Deutschen
Nationalbibliografie; detaillierte bibliografische Daten sind im Internet über
http://dnb.dnb.de abrufbar.

© 2022 Walter de Gruyter GmbH, Berlin/Boston
Dieser Band ist text- und seitenidentisch mit der 2020 erschienenen
gebundenen Ausgabe.
Druck und Bindung: CPI books GmbH, Leck

www.degruyter.com

Vorwort

> Sie sprachen Belarusisch mit uns.
> Es ist bestimmt so eine Sekte...
> Aber wie schön ihre Rede doch war
> und wie angenehm zu hören...
> *Meine Mutter*

Im Fokus dieser Arbeit liegen Einstellungen zur belarusischen Sprache, welche von Sprachverwendern im nicht-offiziellen öffentlichen metasprachlichen Diskurs in den Internetforen zum Ausdruck gebracht werden. Für das Interesse an diesem Thema sorgte v.a. die in der Rhetorik der soziolinguistischen Belarus-Forschung stark präsente Akzentuierung des Untypischen, der Ambivalenz, des Schwebezustandes, der fehlenden Klarheit und schwieriger theoretischer und begrifflicher Erfassbarkeit, welcher mit der vorliegenden Studie zum Teil entgegengewirkt werden soll. Die soziolinguistische Situation in Belarus wird z.B. aufgrund der Übernahme durch die Mehrheit der Bevölkerung (Belarusen) der Sprache einer Minderheit (des Russischen) als untypisch (vgl. Bieder 1996: 121) oder angesichts der parallelen Existenz von zwei Ausbau- und Abstandsprachen ohne eine territoriale oder diglossische Verteilung sogar als unikal (vgl. Korjakov 2002: 115) bezeichnet. Die Bevölkerung sei immer noch auf der Suche nach einer „eigenen" – und u.a. sprachlichen – Identität (vgl. Petz 2011: 14) und scheine in diesem Zusammenhang „multiple Identitäten zu entwickeln, die mit den herkömmlichen Kriterien vermutlich nicht erfassbar sind" (Eynax 2013). Die allgemeingültigen Definitionen von Nation und Muttersprache seien hier nicht anwendbar, da die belarusische Sprache für eine belarusische Identität abdingbar ist (vgl. Hentschel/Kittel 2011: 64), und eine Muttersprache werde als eine abstrakte Entität ohne einen Bezug auf die Alltagssprache begriffen (vgl. Korjakov 2002: 67). Scharlaj (2008) betrachtet Belarusisch als ein sprachliches Zwischenraumphänomen in kontinuierlichen „Oszillationsbewegungen". Eine Ambivalenz hinsichtlich der Einstellungen zum Belarusischen ist nicht nur an der aus den Zensus (1999, 2009)[1] ersichtlichen Diskrepanz zwischen dem Bekenntnis zur Sprache einerseits und der Sprachbeherrschung und -verwendung andererseits erkennbar, sondern sie kann auch durch persönliche Erfahrungen der Autorin dieses Textes bestätigt und durch die als Epigraph aufgeführte Aussage einer belarusischen Sprecherin belegt werden.

---

[1] Ergebnisse des letzten, im Oktober 2019 in der Republik Belarus durchgeführten Zensus waren zum Zeitpunkt der Drucklegung noch nicht zugänglich.

Danksagung

Dieses Buch erscheint als eine leicht aktualisierte Fassung meiner Dissertation, die dem Fachbereich *Sprache, Literatur, Kultur* der Justus-Liebig-Universität Gießen im Oktober 2018 eingereicht und im April 2019 verteidigt wurde.

Mein großer Dank gilt meiner Betreuerin Prof. Dr. Monika Wingender für ihre wertvolle unterstützende Begleitung, für die Zeit, die sie sich dafür genommen hat und für die Aufgeschlossenheit meinen Ideen gegenüber.

Ich danke ebenfalls Herrn Prof. Dr. Thomas Daiber für die Übernahme des Zweitgutachtens und für sein sehr geschätztes Feedback.

Für das Erscheinen des Buches in der Reihe *Duskursmuster – Discourse Patterns* danke ich den HerausgeberInnen der Reihe Prof. Dr. Beatrix Busse und Prof. Dr. Ingo H. Warnke. Außerdem bedanke ich mich beim Verlag De Gruyter und ganz besonders bei Dr. Carolin Eckardt, Michaela Göbels, Simone Hausmann, Sorina Moosdorf sowie bei Daniel Gietz für die professionelle, einsichtige und freundliche Betreuung, Kooperationsbereitschaft und die angenehme Zusammenarbeit.

Für kostbare Anregungen durch einige wegweisende Literaturhinweise sei meiner Kollegin Aksana Braun gedankt.

Meinem besten Lehrer, dem belarusischen Dichter und Schriftsteller Vladimir Antonovitsch Popkovitsch, der besten ‚Brückenbauerin' Frau Ursula Heinecke und der großartigen Familie Rieke aus Wetzlar/Mount Pleasant SC danke ich für bahnbrechende Impulse und das unglaubliche Vertrauen in mich.

Meinen Freunden, die mir in dieser Zeit beigestanden und wissend wie unwissend um mein seelisches Wohl und klares Denken Sorge getragen haben, bin ich ebenso für das unaufhörliche Glauben an mich unendlich dankbar.

Ich danke auch Dir.

Der größte Dank gilt meiner Familie für ihr Dasein. Ihr sei dieses Buch gewidmet.

Inhaltsübersicht

1   **Einleitung** —— 1

2   **Die Sprachsituation in der Republik Belarus** —— 22
2.1   Sprachsituation als Forschungsgegenstand —— 22
2.2   Merkmale der Sprachsituation in Belarus —— 24
2.3   Geschichte der belarusischen Sprachsituation als Einstellungsgeschichte —— 27
2.4   Die Sprachsituation in der Republik Belarus am Anfang des 21. Jh. —— 76
2.5   Zusammenfassende Darstellung der Spracheinstellungskonstellationen in Belarus —— 108

3   **Theoretische Konzepte** —— 111
3.1   Einstellungen und Spracheinstellungen —— 111
3.2   Diskurs, Diskursanalyse, Toposanalyse —— 146
3.3   Online-Diskurs als spezifisches Forschungsobjekt —— 172

4   **Methodische Grundlagen** —— 188
4.1   Qualitative Forschung —— 188
4.2   Gütekriterien für qualitative Forschung und Diskursanalyse —— 204
4.3   Erkenntnistheoretischer Analyserahmen —— 210
4.4   Diskursanalytische Erfassung von Spracheinstellungen —— 216

5   **Diskurslinguistische Mehr-Ebenen-Analyse der Einstellungen zum Belarusischen in internetbasierten Forendiskussionen** —— 224
5.1   Korpuserstellung —— 224
5.2   Intratextuelle Ebene: thematische Struktur des Forendiskurses —— 242
5.3   Ebene der Akteure —— 287
5.4   Transtextuelle Ebene: Komponenten der Spracheinstellung —— 295

6   **Zusammenfassende Auswertung und Ausblick** —— 527

Inhalt

Vorwort —— V

Danksagung —— VII

Inhaltsübersicht —— IX

Abbildungsverzeichnis —— XVII

Tabellenverzeichnis —— XIX

1	**Einleitung —— 1**	
1.1	Forschungsrelevanz von Spracheinstellungen —— 1	
1.2	Forschungsstand und Desiderata —— 2	
1.3	Zielsetzung und Fragestellung der Untersuchung —— 4	
1.4	Darlegung und Begründung des methodischen Konzeptes —— 5	
1.5	Aufbau der Studie —— 9	
1.6	Terminologische Festlegungen und Formalien —— 20	
2	**Die Sprachsituation in der Republik Belarus —— 22**	
2.1	Sprachsituation als Forschungsgegenstand —— 22	
2.2	Merkmale der Sprachsituation in Belarus —— 24	
2.3	Geschichte der belarusischen Sprachsituation als Einstellungsgeschichte —— 27	
2.3.1	Belarusische Sprachgeschichte als Forschungsgegenstand —— 27	
2.3.2	10.–13. Jh.: Kommunikationsmittel ‚vorbelarusischer' Stämme —— 33	
2.3.3	13.–16. Jh.: Staatssprache im Großfürstentum Litauen —— 34	
2.3.4	17.–18. Jh.: Mittel der mündlichen Kommunikation der ländlichen Bevölkerung in der Rzeczpospolita —— 36	
2.3.5	19. – Anfang des 20. Jh.: Unterdrückung und Renaissance im Russischen Imperium —— 39	
2.3.5.1	Erste Hälfte des 19. Jh.: sozial entwerteter „Dialekt des Russischen" —— 39	
2.3.5.2	Zweite Hälfte des 19. Jh.: Neuanfang der schriftlichen Tradition und Repressionen gegen das Belarusische —— 40	
2.3.5.3	Anfang des 20. Jh.: ambivalente Stellung des Belarusischen. Zwischen Popularisierung und Eingrenzung —— 43	

2.3.6	1918–1991: Sprachenpolitik in der BNR und der UdSSR —— 44	
2.3.6.1	1920er Jahre: Konsolidierung der belarusischen Standardsprache —— 44	
2.3.6.2	1930–1950er Jahre: Denationalisierung im Status- und Korpusbereich —— 47	
2.3.6.3	1921–1939: Polonisierung und Katholisierung im belarusischen Westen —— 50	
2.3.6.4	1953–1990: breiter angelegte Denationalisierung im Statusbereich vs. Nationalisierungstendenzen im Korpusbereich des Belarusischen —— 52	
2.3.7	Sprach- und Sprachenpolitik ab 1990: von forcierter Belarusifizierung zur Debelarusifizierung —— 60	
2.3.7.1	1990–1994: Renationalisierung im Status- und Korpusbereich des Belarusischen —— 60	
2.3.7.2	Seit 1994: Marginalisierung des Belarusischen —— 64	
2.4	Die Sprachsituation in der Republik Belarus am Anfang des 21. Jh. —— 76	
2.4.1	Quantitative Merkmale der Sprachsituation —— 76	
2.4.2	Qualitative Merkmale der Sprachsituation —— 77	
2.4.2.1	Besonderheit der Mehrsprachigkeit in Belarus —— 77	
2.4.2.2	Sprach- und Sprachenpolitik, Sprachplanung —— 80	
2.4.2.2.1	Statusplanung —— 80	
2.4.2.2.2	Korpusplanung —— 87	
2.4.2.2.3	Erwerbsplanung —— 90	
2.4.2.2.4	Prestigeplanung —— 93	
2.4.2.3	Sprachwirklichkeit —— 98	
2.4.2.3.1	Sprachkompetenz —— 99	
2.4.2.3.2	Sprachperformanz: funktionale Relation und Verwendung der Sprachen —— 100	
2.4.2.4	Belarusisch: Sprachzustand —— 103	
2.4.2.5	Ethnoreligiöse Differenzierung der Sprachgemeinschaft —— 104	
2.4.3	Evaluative Merkmale der Sprachsituation —— 104	
2.4.3.1	Werte —— 104	
2.4.3.2	Spracheinstellungen —— 106	
2.5	Zusammenfassende Darstellung der Spracheinstellungskonstellationen in Belarus —— 108	

3	**Theoretische Konzepte** —— 111	
3.1	Einstellungen und Spracheinstellungen —— 111	
3.1.1	Begründung der Forschungsrelevanz —— 111	
3.1.2	Einstellungen und Spracheinstellungen als interdisziplinäre Forschungsgegenstände —— 113	
3.1.3	Schwierigkeiten der definitorischen Bestimmung von Einstellungen und Spracheinstellungen —— 116	
3.1.4	Ursprung, Vermittlung, Eigenschaften, Merkmale, Arten und Funktionen von Einstellungen —— 119	
3.1.5	(Sprach)Einstellungs-(Sprach)Verhaltens-Inkonsistenz —— 122	
3.1.6	Strategien der Konsistenzbildung —— 127	
3.1.7	Prognostizierbarkeit des Sprachverhaltens —— 128	
3.1.8	Einstellungsstruktur —— 129	
3.1.9	Methoden der (Sprach)Einstellungsmessung —— 131	
3.1.10	Strukturmodell für Untersuchung von Spracheinstellungen —— 136	
3.2	Diskurs, Diskursanalyse, Toposanalyse —— 146	
3.2.1	Diskurs als Gegenstand linguistischer Forschung —— 146	
3.2.1.1	Begriffsgeschichte und Forschungsstand —— 146	
3.2.1.2	Untersuchungsspezifische Definition des Diskurses —— 153	
3.2.1.3	Konstruktivität des Diskurses: Wissen und Wirklichkeit —— 154	
3.2.2	Diskursanalyse —— 157	
3.2.2.1	Diskursanalyse als wissenschaftliche Haltung —— 158	
3.2.2.2	Diskursanalyse als Theorie —— 158	
3.2.2.3	Diskursanalyse als Methode —— 159	
3.2.2.3.1	Analysekategorien: Struktur, Diskurspositionen, Akteure, diskursive Subjektivität —— 160	
3.2.2.3.2	Analyseobjekt: Aussage —— 164	
3.2.2.3.3	Analysegegenstand: Topos als diskursives Instrument der Einstellungsermittlung —— 165	
3.2.2.3.4	Offenheit der methodischen Herangehensweise: aufklärerischer Duktus, deskriptiver Modus, linguistisch-hermeneutisches Verfahren —— 170	
3.3	Online-Diskurs als spezifisches Forschungsobjekt —— 172	
3.3.1	Online-Diskurs als Forschungsobjekt —— 172	
3.3.2	Internetkommunikation und das Social Web: Spezifik und Innovativität —— 176	
3.3.3	Online-Diskurse: Spezifik, interpersonale Diskursrealisation, methodische Herausforderungen und Forschungsethik —— 179	
3.3.4	Internetforum als Objekt der Einstellungsforschung —— 182	

4 Methodische Grundlagen —— 188
4.1 Qualitative Forschung —— 188
4.1.1 Qualitativer Ansatz als methodologischer Bezugsrahmen —— 190
4.1.1.1 Zentrale Fundierung der qualitativen Forschung —— 193
4.1.1.2 Vorteile des qualitativen Ansatzes für das Studium der Spracheinstellungsphänomenalität —— 196
4.1.1.3 Prinzipien des qualitativen Ansatzes —— 198
4.1.2 Datenerhebung, Datenauswertung und Theorieentwicklung im Rahmen des qualitativen Ansatzes —— 199
4.1.3 Qualitativer Ansatz und Spracheinstellungsanalyse —— 204
4.2 Gütekriterien für qualitative Forschung und Diskursanalyse —— 204
4.3 Erkenntnistheoretischer Analyserahmen —— 210
4.3.1 Vorempirische Erkenntnisse —— 210
4.3.2 Breiter Rahmen der Fragestellung —— 213
4.3.3 Subdimensionen der Fragestellung —— 213
4.3.4 Dimensionen der Untersuchung und vorempirische Annahmen —— 215
4.4 Diskursanalytische Erfassung von Spracheinstellungen —— 216
4.4.1 Begründung der Materialwahl und der Methode —— 216
4.4.2 Intratextuelle Ebene: thematische Analyse des Forendiskurses —— 219
4.4.3 Ebene der Akteure: Erfassung von Interaktionsrollen und diskursiven Positionen —— 221
4.4.4 Transtextuelle Ebene: deskriptive Analyse von Spracheinstellungen und Toposanalyse —— 222

5 Diskurslinguistische Mehr-Ebenen-Analyse der Einstellungen zum Belarusischen in internetbasierten Forendiskussionen —— 224
5.1 Korpuserstellung —— 224
5.1.1 Datenerhebung: Erstellung des Foren-Sets —— 226
5.1.1.1 Fallauswahl: Auswahl der Internetplattformen —— 226
5.1.1.2 Materialauswahl: Auswahl der Threads —— 228
5.1.1.2.1 Untersuchungszeitraum —— 229
5.1.1.2.2 Erhebungsprozess —— 230
5.1.1.2.3 Sprachliche Gestaltung der Foren-Umgebung —— 233
5.1.1.2.4 Zugehörigkeit den thematischen Bereichen —— 234
5.1.1.3 Probeanalyse —— 236
5.1.2 Datenaufbereitung: Erstellung des Aussagen-Sets —— 238
5.1.3 Datenkodierung: Erstellung des Kategorien-Sets —— 239

5.2	Intratextuelle Ebene: thematische Struktur des Forendiskurses —— 242	
5.2.1	Belarusisch als funktionelles Zeichensystem —— 246	
5.2.2	Verwendung des Belarusischen —— 255	
5.2.3	Metabereich. Diskussion über die Sprachdiskussion —— 283	
5.2.4	Offtopic —— 284	
5.3	Ebene der Akteure —— 287	
5.3.1	Interaktionsrollen im Forendiskurs —— 287	
5.3.2	Internetnutzerschaft in Belarus —— 289	
5.3.3	Grundpositionen der Diskursakteure —— 290	
5.4	Transtextuelle Ebene: Komponenten der Spracheinstellung —— 295	
5.4.1	Einstellungsobjekte (Stimuli) —— 295	
5.4.2	Kognitive Komponente —— 301	
5.4.2.1	Toposanalyse —— 301	
5.4.2.1.1	Qualitative Analyse: sprachsituations*spezifische* Topoi —— 303	
5.4.2.1.2	Qualitative Analyse: sprachsituations*übergreifende* Topoi —— 411	
5.4.2.1.3	Quantitative Analyse der Topoi: dominierende Denkmuster —— 448	
5.4.2.1.4	Quantitative Analyse der Topoi: *pro-* und *contra-* Denkmuster —— 457	
5.4.2.1.5	Qualitative Analyse der diskursiven Argumentationsarchitektur: Topos-Formulierungen —— 469	
5.4.2.2	Selbstreflexionen der Diskursakteure über die Einstellung zum Belarusischen —— 480	
5.4.2.3	Selbstreflexionen der Diskursakteure über die Kompetenz in Belarusisch —— 484	
5.4.3	Emotive Komponente —— 485	
5.4.3.1	Emotiv-affektive Komponente —— 485	
5.4.3.2	Evaluativ-normative Komponente —— 496	
5.4.4	Volitive Komponente —— 501	
5.4.4.1	Volitiv-indikative Komponente —— 501	
5.4.4.2	Volitiv-imperative Komponente —— 505	
5.4.5	Konative Komponente (Respons) —— 515	
5.4.5.1	Berichtetes Sprachverhalten —— 515	
5.4.5.2	Tatsächliches Sprachverhalten in den Foren —— 518	
5.4.6	Zwischen Spracheinstellung und Sprachverhalten intervenierende Variablen —— 521	

6 Zusammenfassende Auswertung und Ausblick —— 527

Literaturverzeichnis —— 551

Index —— 585

Anhang —— 595

Abbildungsverzeichnis

Abb. 1:	Makrostruktur des Forendiskurses über die belarusische Sprache —— 243	
Abb. 2:	Mesostruktur des Forendiskurses über die belarusische Sprache: Belarusisch als funktionelles Zeichensystem —— 244	
Abb. 3:	Mesostruktur des Forendiskurses über die belarusische Sprache: Verwendung des Belarusischen —— 245	
Abb. 4:	Mesostruktur des Forendiskurses über die belarusische Sprache: Metabereich und offtopic —— 246	
Abb. 5:	Subthema des Forendiskurses: Merkmale der Belarusischen —— 247	
Abb. 6:	Subthema des Forendiskurses: Funktionen vs. Funktionslosigkeit des Belarusischen —— 250	
Abb. 7:	Subthema des Forendiskurses: Zustand des Belarusischen —— 253	
Abb. 8:	Subthema des Forendiskurses: Domänenspezifische Verwendung des Belarusischen —— 259	
Abb. 9:	Subthema des Forendiskurses: Sprechergruppen —— 268	
Abb. 10:	Subthema des Forendiskurses: Sprach(en)politik in Belarus —— 271	
Abb. 11:	Subthema des Forendiskurses: Einstellungen zum Belarusischen —— 275	
Abb. 12:	Subthemen des Forendiskurses: Faktoren, Bewertungen und Perspektiven der Sprachsituation in Belarus, Änderungsvorschläge —— 276	
Abb. 13:	Subthemen des Forendiskurses: Vergleich mit Sprachsituationen in anderen Ländern, Wirkungsfelder des Belarusischen —— 280	
Abb. 14:	Nebenthemen des Forendiskurses: Metabereich und offtopic —— 283	
Abb. 15:	Entitäten als Stimuli von Einstellungen zum Belarusischen —— 296	
Abb. 16:	Topos-Kategorien —— 303	

https://doi.org/10.1515/9783110690743-205

Tabellenverzeichnis

Tab. 1: Verteilung der Bevölkerung der Nord-West-Region nach Muttersprachen und Gubernien (Zensus 1897) —— 42
Tab. 2: Angaben der ethnischen Belarusen zur Muttersprache (Zensus 1959, 1970, 1979, 1989) —— 54
Tab. 3: Ergebnisse der Umfragen zu Staatssprachen in der Republik Belarus nach dem Referendum von 1995 —— 75
Tab. 4: Obligationsstufen des Belarusischen laut Sprachgesetzgebung der Republik Belarus (Stand: 2020) —— 83
Tab. 5: Standardlehrplan der Fächer *Belarusische Sprache und Literatur* und *Russische Sprache und Literatur* für allgemeine Mittelschulen im Schuljahr 2015/16 —— 92
Tab. 6: Prozentuale Verteilung der Lernenden nach Unterrichtssprache in Schuljahren 2011/12, 2014/15, 2015/16 —— 92
Tab. 7: Strukturmodell für Untersuchung von Spracheinstellungen —— 137
Tab. 8: Kategoriensystem für Untersuchung von Spracheinstellungen —— 144
Tab. 9: Phänomenologie und Hermeneutik als zentrale Fundierung des qualitativen Forschungsansatzes: Überblick der wesentlichen Punkte —— 196
Tab. 10: Registrierte Nutzer der Städte-Foren (Stand: Dezember 2013) —— 227
Tab. 11: Durchschnittliche Besucher- und Zugriffstagesstatistik für das Portal TUT.BY im Juni 2013 nach Angaben des Google Analytics —— 228
Tab. 12: Städteportale. Übersicht der Haupt- und Unterthemenbereiche der untersuchten Foren —— 230
Tab. 13: Plattform TUT.BY. Übersicht der Haupt- und Unterthemenbereiche der untersuchten Foren —— 231
Tab. 14: Sprachliche Gestaltung der untersuchten Topics —— 234
Tab. 15: Quantitative Verteilung der ermittelten Threads nach Haupt- und Unterthemen —— 235
Tab. 16: Themen des Experten- und des Verwender-Diskurses: vergleichende Darstellung —— 285
Tab. 17: Anteil der Internetnutzer an der Gesamtbevölkerung des Belarus (Stand: 2012) —— 289
Tab. 18: Quantitative Verteilung der Grundpositionen im Forendiskurs —— 295
Tab. 19: Sprachsituations*spezifische* Topoi. Quantitative Merkmale der Sprachsituation —— 304
Tab. 20: Sprachsituations*spezifische* Topoi. Qualitative Merkmale der Sprachsituation: u.a. Sprachplanung —— 307
Tab. 21: Sprachsituations*spezifische* Topoi. Qualitative Merkmale der Sprachsituation: Sprachwirklichkeit —— 337
Tab. 22: Sprachsituations*spezifische* Topoi. Qualitative Merkmale der Sprachsituation: Zustand der belarusischen Sprache —— 344
Tab. 23: Sprachsituationsspezifische Topoi. Evaluative Merkmale der Sprachsituation —— 362
Tab. 24: Stimuli der im Forendiskurs zum Ausdruck gebrachten Einschätzung der gesellschaftlichen Einstellung zum Belarusischen —— 396

Tab. 25:	Kognitive Komponente der referierten gesellschaftlichen Einstellung zum Belarusischen als Zeichensystem (Stimulus: die Sprache) —— 398
Tab. 26:	Kognitive Komponente der referierten gesellschaftlichen Einstellung zu Belarusischsprechenden (Stimulus: die Sprecher) —— 400
Tab. 27:	Kognitive Komponente der referierten gesellschaftlichen Einstellung zur Verwendung des Belarusischen (Stimulus: das Sprechen) —— 401
Tab. 28:	Emotiv-affektive Komponente der referierten gesellschaftlichen Einstellung zum Belarusischen —— 404
Tab. 29:	Evaluativ-normative Komponente der referierten gesellschaftlichen Einstellung zum Belarusischen —— 406
Tab. 30:	Volitiv-indikative Komponente der referierten gesellschaftlichen Einstellung zum Belarusischen —— 408
Tab. 31:	Konative Komponente der referierten gesellschaftlichen Einstellung zum Belarusischen —— 410
Tab. 32:	Rangliste sprachsituations*übergreifender* Topoi nach ihrer Vorkommensfrequenz im Forendiskurs —— 412
Tab. 33:	Oberkategorien der Topoi nach ihrer Vorkommensfrequenz im Forendiskurs —— 449
Tab. 34:	Topoi und Topoi-Gruppen nach ihrer Vorkommensfrequenz im Forendiskurs —— 450
Tab. 35:	Einzelne Topoi nach ihrer Vorkommensfrequenz im Forendiskurs —— 454
Tab. 36:	Anzahl der Topoi nach ihrer diskursiven Verwendung *pro* und *contra* Belarusisch —— 458
Tab. 37:	*Ausschließlich pro* Belarusisch verwendete Topoi —— 459
Tab. 38:	*Ausschließlich contra* Belarusisch verwendete Topoi —— 461
Tab. 39:	*Hauptsächlich pro* Belarusisch verwendete Topoi —— 463
Tab. 40:	*Hauptsächlich contra* Belarusisch verwendete Topoi —— 464
Tab. 41:	*Von beiden Positionen* verwendete Topoi —— 468
Tab. 42:	*Von beiden Positionen* vertretene Denkweisen —— 469
Tab. 43:	Formulierungen der Topoi mit *gleichen* Prämissen und *verschiedenen* bzw. *gegensätzlichen* Schlussfolgerungen —— 470
Tab. 44:	Formulierungen der Topoi mit *gegensätzlichen* Prämissen und Schlussfolgerungen —— 474
Tab. 45:	Formulierungen der Topoi, die *ausschließlich pro* Belarusisch verwendet werden —— 477
Tab. 46:	Formulierungen der Topoi, die *ausschließlich contra* Belarusisch verwendet werden —— 479
Tab. 47:	Selbstreflexionen der Forendiskursakteure über die Einstellung zum Belarusischen —— 481
Tab. 48:	Bekenntnisse der Forendiskursakteure zur Muttersprache —— 483
Tab. 49:	Selbstreflexionen der Forendiskursakteure über die Kompetenz in Belarusisch —— 484
Tab. 50:	Emotiv-affektive Komponente der Einstellung der Forendiskursakteure zum Belarusischen: emotionale Haltung der *Zuneigung* —— 491
Tab. 51:	Emotiv-affektive Komponente der Einstellung der Forendiskursakteure zum Belarusischen: emotionale Haltung der *Abweisung* —— 492

Tab. 52: Vergleichende Darstellung der emotiv-affektiven Komponente der berichteten *eigenen* und der referierten *gesellschaftlichen* Einstellung der Forendiskursakteure zum Belarusischen —— 495

Tab. 53: Evaluativ-normative Komponente der Einstellung der Forendiskursakteure zum Belarusischen (Stimuli: das Sprechen und die Sprecher) —— 497

Tab. 54: Evaluativ-normative Komponente der Einstellung der Forendiskursakteure zum Belarusischen (Stimulus: negative Einstellung der Gesellschaft zum Belarusischen) —— 500

Tab. 55: Volitiv-indikative Komponente der Einstellung der Forendiskursakteure zum Belarusischen —— 503

Tab. 56: Volitiv-imperative Komponente der Einstellung der Forendiskursakteure zum Belarusischen —— 506

Tab. 57: Konative Komponente der Einstellung der Forendiskursakteure zum Belarusischen: berichtetes Sprachverhalten —— 516

Tab. 58: Konative Komponente der Einstellung der Forendiskursakteure zum Belarusischen: tatsächliches Sprachverhalten —— 519

Tab. 59: Im Forendiskurs zum Belarusischen verbalisierte intervenierende Variablen nach ihren Dimensionen —— 523

Tab. 60: Im Forendiskurs zum Belarusischen verbalisierte intervenierende Variablen nach ihrer Vorkommensfrequenz —— 526

1 Einleitung

1.1 Forschungsrelevanz von Spracheinstellungen

Im Kontext der im Vorwort bereits illustrierten Einzigartigkeit und Widersprüchlichkeit der Sprachsituation in Belarus erscheint die Berücksichtigung der Innenperspektive für das tiefere Verständnis dieser Situation besonders bedeutsam. Als Forschungsgegenstand eröffnen die Einstellungen für eine mentalitätsgeschichtliche Untersuchung den Zugang zu den „Gewohnheiten [...] des Denkens und des Fühlens und [...] des Wollens oder Sollens in [...] sozialen Gruppen" (Hermanns 1995b: 77). Die Forschungsrelevanz von Spracheinstellungen liegt v.a. in ihrer Bifunktionalität und der Bidirektionalität. Als bifunktionale Phänome können sie sowohl zur Verhaltenserklärung herangezogen werden als auch verhaltenssteuernd sein. Der diskursive Austausch über Spracheinstellungen hat seinerseits nicht nur phatische Funktion, sondern er führt zum einen durch eine bewusste Reflexion eigener Ordnungen zur Selbstreflexion und zum anderen zur Wissenserzeugung, so dass er in einen kontinuierlichen Prozess der Meinungsbildung und somit der Verhaltenssteuerung resultiert (vgl. Baberowski 2008: 9–10). In diesem Kontext sind die diskursiv geäußerten Spracheinstellungen zum Belarusischen Repräsentationen der Wirklichkeit(swahrnehmung) und auch ein Instrument der Erzeugung und der Strukturierung sowohl der eigenen Wirklichkeit als auch der der Anderen. Die Bidirektionalität von Spracheinstellungen, welche in deren Vergangenheits- und Zukunftsorientiertheit besteht, ermöglicht einerseits die Erklärung des Wandels und der Dynamik von Veränderungen in einer Sprachgemeinschaft (vgl. Dittmar 1996: 18) und kann andererseits bei der Projektierung sprachpolitischer Tätigkeit berücksichtigt werden. Zwar werden die Spracheinstellungen in der Soziolinguistik nicht für Prognosen eingesetzt, aber dadurch, dass sie als ein Teil der sozialen Komponente der Standardsprachlichkeit eines Idioms die Sprachloyalität, den Spracherhalt und den Sprachverlust beeinflussen (vgl. Wingender 2013: 30), eine Sprache zur „Prestigesprache" machen können (vgl. Scharnhorst 1994: 7) und Veränderungen im Sprachgebrauch verursachen können (vgl. Casper 2002: 138), sind sie für das Gelingen sprachpolitischer Maßnahmen entscheidend (vgl. Wingender 2008: 419). Mit dem Studium von Spracheinstellungen kann somit eine wissenschaftliche Basis für die Gestaltung einer angemessenen Sprachpolitik geschaffen werden (vgl. Liankievič 2014: 234). Die Berücksichtigung von Spracheinstellungen zum Belarusischen ist auch in der Hinsicht relevant, dass es als eine slavische Sprache, neben den Sprachen Zentraleuropas und des Baltikums, einem externen Einfluss (z.B. durch sprachpolitische Entscheidungen) stärker ausgesetzt ist als z.B. die Sprachen in Westeuropa (vgl. Auty 1967: 192–193).

1.2 Forschungsstand und Desiderata

Es ist ein theoretisches Postulat, dass Einstellungen am Verhalten nicht ablesbar sind, da es aufgrund mehrerer Einflussfaktoren generell eine Einstellungs-Verhaltens-Inkonsistenz besteht (Kap. 3.1.5), weswegen die Einstellungen einer speziellen Untersuchung bedürfen. Da eine sprachbezogene Einstellungs-Verhaltens-Relation noch komplizierter ist, sind hier differenziertere Herangehensweisen erforderlich. Im Falle des Belarusischen ist der Zusammenhang zwischen den Spracheinstellungen und dem Sprachverhalten besonders schwach, weil die sprachpolitischen Gegebenheiten im Land dazu führten, dass der empfundene soziale Druck, die sog. ‚subjektive Norm', als intervenierende Variablen eine recht große Rolle spielen (vgl. Schröder 2004: 18).

Über den Stand der Forschung zu den bei dieser Studie angewendeten theoretischen Konzepten – (Sprach)Einstellungen, Diskurs, Diakursanalyse, Online- und Forendiskurs – sowie über Herangehensweisen der inländischen und der ausländischen Slavistik an die Geschichte und den aktuellen Stand der Sprachsituation in Belarus wird jeweils in den entsprechenden Kapiteln dieses Textes ausführlich reflektiert. An dieser Stelle sei vorerst eine akzentuierte Synopse des konkreten Forschungsfeldes zu den Einstellungen gegenüber dem Belarusischen gegeben. Für die offizielle belarusische Linguistik ist das Thema der Einstellung zur Nationalsprache relativ neu und wird erst seit 2008 hauptsächlich von Liankievič (2008, 2009, 2010, 2011a, b, 2012a, b, 2013, 2014; Lankiewicz 2009) eingehend behandelt. Die Forscherin untersuchte mit unterschiedlichen Methoden, u.a. anhand der Diskursanalyse, alters-, regional- und sozialgruppenspezifische Einstellungen zum Belarusischen und zu den unterschiedlichen Formen der gemischten Rede in Belarus. Insgesamt rückt der internetbasierte Verwender-Diskurs in den letzten Jahren immer mehr in den Fokus der inländischen Spracheinstellungsforschung: Sowohl Liankievič (2013) als auch Mečkovskaja (2012) und Somin (2015) nehmen deskriptive Analysen von Internetdiskussionen vor, welche im Rahmen wissenschaftlicher Artikel jedoch nur allgemein bzw. partiell ausfallen.

Auch in der internationalen, vorwiegend deutschsprachigen Soziolinguistik wurden die Spracheinstellungen zum Belarusischen bis zu den 2010er Jahren nur vereinzelt, hauptsächlich in Überblicksartikeln kurz behandelt (vgl. Kap. 2.3.1). In einer quantitativ angelegten Studie von Schröder (2004) wurden z.B. Ergebnisse einer direkten Befragung zur Ästhetik und zur symbolischen und pragmatischen Funktionalität des Belarusischen sowie zur Zweisprachigkeit in Belarus ausgewertet und im Sinne der Triangulation mit direkten Beobachtungen der gesellschaftlichen Sprachverwendung in Zusammenhang gebracht. Im Rahmen der am Institut für Slavistik der Carl-von-Ossietzky-Universität Oldenburg vorgenommenen Forschung zur Trasjanka in Belarus führten Hentschel/-Kittel (2011) in sieben belarusischen Großstädten eine Befragung zur Muttersprache durch, Bekenntnisse zu deren bei ihrer Diskrepanz zum Sprachverhalten als ein Zeichen bestimmter Spracheinstellungen interpretierbar sind. Die gleiche Methode wendete Krauchanka (2012) innerhalb dieses Projektes an, um Sprachpräferenzen der jungen Generation in Belarus zu ermitteln. Im Jahr 2014 erschien eine deutschsprachige Arbeit von Liankievič, die anhand eines *Matched-Guise*-Tests die Bewertungen der Mischvariante Trasjanka auf der Status- und der Solidaritätsskala beschrieb, gefolgt von der ähnlich angelegten Monographie von Sender (2017). Scharlaj (2012) zeigt eine Sprachverwender-Perspektive auf, die auf mehreren diskursiven Ebenen intratextuell in der metaphorischen Konzeptualisierung des Belarusischen zum Ausdruck gebracht wird. Diskursanalytische Herangehensweisen an die Verwender-Perspektive praktizieren Kosakowski (2013) und Brüggemann (2010, 2013, 2014). Die beiden Autoren fokussieren dabei den printmedialen Diskurs, an dem vorwiegend Vertreter der künstlerischen, geisteswissenschaftlichen, ökonomischen und technischen Intelligenz in Belarus beteiligt sind, wobei Kosakowski eine wortbezogene (Metapher, Nomination) Analyse der „sprachlichen Konstruktionen nationaler Identität" vornimmt und Brüggemann die diskursive Themenstruktur, die Positionen polarer Kräfte und die „ideologisch-programmatischen Standpunkte politischer Akteure und Intellektueller" in den ersten 15 Jahren der belarusischen Souveränität beschreibt.

Um der Komplexität und der Interdisziplinarität des Forschungsgegenstandes gerecht zu werden, müssen die Einstellungen der Sprachverwender zum Belarusischen jedoch umfassend, differenziert und strukturierend diskurslinguistisch ausgewertet werden. In Bezug auf die Online-Kommunikation als Untersuchungsobjekt lässt sich feststellen, dass das linguistische Interesse daran in erster Linie dem Sprachgebrauch im Netz gilt, und obwohl die Online-Diskurse aufgrund ihrer wachsenden gesellschaftlichen Relevanz immer mehr an Bedeutung gewinnen, wurden sie von der gesellschaftsbezogenen linguistischen Diskursanalyse relativ wenig untersucht (vgl. Forschungsstand im Kap. 3.3.1). Ein methodologisches Desiderat ist die Erarbeitung einer geeigneten methodischen Herangehensweise an den Online-Diskurs bei der Spracheinstellungsforschung, denn aufgrund ihrer fehlenden klaren fachlichen Zugehörigkeit und der Neuartigkeit als Forschungsobjekt werden Online-Diskurse überwiegend deskriptiv und ohne Ermittlung von bestimmten Regularitäten ausgewertet, welche ihrerseits zur Erarbeitung von Typologien genutzt werden könnten.

1.3 Zielsetzung und Fragestellung der Untersuchung

Diese Studie verfolgt das Ziel, in Anlehnung an die Grundsätze der *qualitativen* Forschung Einstellungen der Sprachverwender zum Belarusischen als latente Phänomene in einem *aufklärerischen* Duktus – aufdeckend und explizierend – mittels einer *aussagen*basierten *diskurslinguistischen Mehr-Ebenen-Analyse* (DIMEAN) zu beschreiben. Die Affinität der Spracheinstellungen zur Kognition und somit zur Mentalität legt ihre Untersuchung im Rahmen eines *mentalitätsgeschichtlichen* Ansatzes nahe, wobei *analytisch-deskriptiv* und *linguistisch-hermeneutisch* im Sinne von Wengeler (2007) und Hermanns (2007) vorgegangen wird, indem die typischen Denkweisen, Emotionen und Volitionen im internetbasierten Sprachverwender-Diskurs in Belarus narrativ dargestellt werden. Es geht hier also in Sinne einer mentalitätsgeschichtlichen diskurslinguistischen Analyse nicht um das Bilden von Theorien, sondern, in Anlehnung an Wengeler (2003), um eine Deskription dessen, wie das Thema der Nationalsprache in Belarus in den ersten zwei Jahrzehnten der Souveränität öffentlich konstruiert worden ist. Konkret heißt es zu erforschen:

- auf welcher historischen Tradition die gesellschaftliche Einstellung zum Belarusischen beruht und welcher Zusammenhang zwischen ihr und den sprachpolitischen Prozessen, v.a. den Statusänderungen des Belarusischen, im Laufe der Geschichte besteht;
- in welchen breiteren Kontext sprachsituationsspezifischer Merkmale die Sprachverwender-Diskussion über die belarusische Sprache eingebettet ist;
- welche Entitäten als Objekte der Spracheinstellung im Forendiskurs auftreten;
- wie die semantische und die argumentative Gesamtarchitektur des Forendiskurses, die diskursiven Grundpositionen sowie die einzelnen Komponenten der Spracheinstellungen im Diskurs gestaltet sind;
- welche Argumentationsstrategien für *pro*- und *contra*-Positionen typisch sind;
- mit welchen Faktoren eine Nichtverwendung des Belarusischen im Alltag diskursiv erklärt wird.

1.4 Darlegung und Begründung des methodischen Konzeptes

Dazu wird ein Analysedesign der diskursiven Ermittlung und differenzierten Beschreibung von Spracheinstellungen entwickelt, das auf der Integration eines *sozialpsychologischen Einstellungsmodells* und der *diskurslinguistischen Mehr-Ebenen-Analyse* (DIMEAN) von Spitzmüller/Warnke (2011) basiert, und in dem die Spracheinstellungen zum Belarusischen der Untersuchungsgegenstand, der Forendiskurs das Untersuchungsobjekt, die Diskursanalyse die Methode und die Toposanalyse samt analytischer Deskription die Auswertungsinstrumente sind. Für die Beschreibung von Spracheinstellungen wird in Anlehnung an die von Casper (2002: 29) formulierten Richtlinien der Spracheinstellungsforschung und auf der Grundlage verschiedener sozialpsychologischer und soziolinguistischer Beschreibungsmodelle ein *Forschungsmodell* entwickelt, das eine strukturierte und umfassende Deskription von Spracheinstellungen in Belarus anhand mehrerer Strukturkomponenten vorsieht (Stimuli, kognitive, emotiv-affektive, evaluativ-normative, volitiv-indikative, volitiv-imperative, konative Komponente bzw. Respons in Form von berichtetem und tatsächlichem Sprachverhalten sowie die zwischen der Spracheinstellung und dem Sprachverhalten intervenierenden Variablen). Das Datenkorpus wird im Sinne des qualitativen Forschungsansatzes offen, regelgeleitet und zirkulär durch Datenerhebung, -aufbereitung und -kodierung erstellt. Die diskurslinguistische Analyse des Datenkorpus orientiert sich an der anwendungsorientierten Mehr-Ebenen-Analyse und sieht die Auswertung der thematisch-inhaltlichen Struktur auf der intratextuellen Ebene, der diskursiven Positionen auf der Ebene der Akteure und der einzelnen Einstellungskomponenten auf der transtextuellen Ebene des Forendiskurses vor. Für die Darstellung der kognitiven Komponente wird die die kognitiven Prozesse des Argumentierens fokussierende *Toposanalyse* nach Wengeler (2003) als ein diskurslinguistisches Instrument der transtextuellen Analyse eingesetzt. Vor dem Hintergrund einer generell relativ geringen Repräsentativität und der schwierigen Generalisierbarkeit der qualitativ gewonnenen Daten soll eine anschließende quantitative Auswertung der Ergebnisse der Veranschaulichung von ermittelten Tendenzen beitragen.

Für die Wahl des *qualitativen* Forschungsansatzes waren die Beschaffenheit des Untersuchungsgegenstandes und des -objektes, die methodische Ausgangssituation, der Zweck und die Aufgabe der Studie entscheidend. Spracheinstellungen als latente, komplexe, vielfältige, nicht quantifizierbare und nur nominal skalierbare Phänomene erfordern nämlich eine offene, nicht-prädeterminierte und interpretative Herangehensweise, bei der die Methode und das Instrumentarium flexibel angesetzt und an den Forschungsgegenstand und die Fragestellung angepasst werden sowie die Relevanzsysteme der Betroffenen (der Diskursakteure) und die Kontextabhängigkeit des Sprachverhaltens berücksichtigt werden. Die datengeleitete, nicht standardisierte und offene methodische Vorgehensweise der qualitativen Forschung, die das soziale Feld in seiner Vielfalt und ohne vordefinierte zu überprüfende Theorien zu erfassen sucht, wird dem phänomenologischen Charakter von Spracheinstellungen gerecht. Auch Online-Diskurse als dynamische Konstrukte mit Individualisierungstendenzen bedürfen eher eines interpretativ-hermeneutischen Analyseverfahrens. Eine rein quantitative Analyse wäre bei der Auswertung des Forendiskurses auch aufgrund des exemplarischen Charakters des Datenkorpus nicht geeignet; im Rahmen der auf den Einzelfall orientierten und induktiv vorgehenden qualitativen Forschung findet der Forendiskurs dagegen seine theoretische Fundierung. Das Ziel dieser Untersuchung, die Komplexität von Einstellungen der Sprachverwender zum Belarusischen abzubilden und somit zu ihrem tieferen Verständnis zu gelangen, entspricht dem Zweck qualitativer Analysen, die Phänomene nicht zu *erklären*, sondern zu deren *Verstehen* beizutragen.

Den *Diskurs* macht seine Beschaffenheit als eine Art sozialer Praxis und die Annahme einer gegenseitigen Beeinflussung von Diskurs und sozialer Praxis als Untersuchungsobjekt attraktiv. Die Verbindung zwischen Diskurs und Einstellung besteht dabei darin, dass die Einstellungen einerseits mentale Orte diskursiver Äußerungen sind, und andererseits dem medialen Einfluss unterliegen und in der Kommunikation ausgehandelt werden. Die sozialpraktische Geprägtheit des Diskurses kann im Kontext dieser Untersuchung als Manifestation von Spracheinstellungen begriffen werden und diagnostisch zur Rekonstruktion tatsächlicher Einstellungen zum Belarusischen eingesetzt werden. Aufgrund seiner Konstruktivität erregt der Diskurs als ein einstellungsmodifizierender Faktor das Forschungsinteresse. Außerdem rücken mit dem Diskurs sowohl Akteure als die Träger von Einstellungen als auch Rezipienten und der diskursive Kontext in den Fokus des analytischen Interesses.

Die Entscheidung ausgerechnet für den *Online-Diskurs* hat mehrere Gründe. Die Expansion der Internetnutzung hat die Ebene der Akteure bekanntermaßen deutlich erweitert: Auf der Produzenten-Ebene äußern sich neben professionellen Journalisten auch gesellschaftliche Gruppen und Einzelpersonen zum Diskursthema direkt und bringen ihre Einstellungen zum Ausdruck; durch das Internet erreicht die öffentliche Kommunikation auch einen breiteren Rezipientenkreis. Neben der Extensität betrifft der neumediale Effekt auch die Intensität der diskursiven Wirkung: Online-Diskurse haben nämlich einen hohen medialen Wirkungsgrad (vgl. Galičkina 2012: 10) und stellen somit ein starkes Meinungsbildungsmedium dar. Da Online-Diskurse, anders als Printmediendiskurse, die sog. ‚Tabu'-Themen ansprechen können, kann durch ihre Analyse das

Spektrum des Verbalisierbaren zu einem bestimmten Thema erfasst werden. Aufgrund seiner weitgehenden Anonymität weist ein nationalsprachlicher Online-Diskurs einen höheren Grad der Selbstoffenbarung und somit ein breiteres Spektrum diskursiver Positionen auf und bietet die Möglichkeit, auch eine *contra*-Argumentation zu erfassen, denn im gesellschaftlichen Diskurs über die belarusische Sprache herrscht z.B. sonst tendenziell eine *pro*-Polemik (*pro*-Belarusisch bzw. *pro*-Russisch) vor: Sich öffentlich gegen eine Muttersprache zu äußern wäre nämlich politisch unkorrekt (vgl. Mečkovskaja 2002: 131). In Bezug auf die belarusische Sprachsituation ist der Online-Bereich auch deswegen bemerkenswert, weil er zu einer wichtigen Domäne der belarusischen Sprache wurde, welche hier relativ aktiv praktiziert wird. Auch der hohe Politisierungsgrad des nationalsprachlichen Diskurses in Belarus macht den Online-Diskurs als einen der wenigen Orte einer unbeeinflussten Reflexion über die Nationalsprache zu einem relevanten Untersuchungsobjekt. Forschungstechnisch bieten die Online-Diskurse darüber hinaus eine leicht zugängliche Quelle authentischer Daten.

Foren als eine interaktive Kommunikationsform von Online-Diskursen sind im Internet weit verbreitet und v.a. hinsichtlich ihres Resonanzcharakters forschungsrelevant. Aufgrund der Natürlichkeit der Kommunikationssituation, der Offenheit und der Freiwilligkeit von Meinungsäußerungen stellen die Foren eine authentische Datenbasis dar. Eine synergetische Verbindung der diskursiven Ebenen der Medien und des Alltages macht das Forum zu einem Ort der *interpersonalen Diskursrealisation* und somit zu einem Diskursbereich, an dem theoretisch alle Sprachverwender als Laien am Informations- und Meinungsaustausch beteiligt sind. Und da das Wissen prinzipiell als diskursives Konstrukt angesehen wird (Kap. 3.2.1.3), ist die im Prozess der interpersonalen Kommunikation in den Foren laufende kollektive Wissenskonstituierung der Sprachverwender ein lohnendes Forschungsobjekt für eine mentalitätsgeschichtlich ausgerichtete Diskursanalyse. Hinsichtlich ihres Wirkungspotenzials können die Forendiskurse als eine inoffizielle Variante (vgl. Rezanova/Ermolenkina/Kostjašina 2011: 244) bzw. Mikro-Ebene der politischen Kommunikation eine „so starke Nachhaltigkeit erreichen, dass politische Entscheidungen auf der Makro-Ebene entsprechend beeinflusst werden" (Fraas et al. 2013: 111). Auch auf Einstellungen können die Forendiskurse einen wesentlichen Einfluss ausüben, denn die interpersonale Anschlusskommunikation als ein wichtiger Bestandteil massenmedialer Kommunikationsprozesse trägt durch eine stark werteorientierte Verhandlung gesellschaftlicher Themen zum Herausbilden und zur Änderung von Einstellungen bei.

Da die *Diskursanalyse* vornehmlich äußere Faktoren erfasst, wird sie bei der Einstellungsforschung selten angewendet (z.B. Liankievič 2013). Für das Ziel dieser Studie wird sie v.a. deswegen als Methode gewählt, weil die formulierten Fragestellungen eine *wissens*bezogene Analyse voraussetzen, die neben Korpusdaten auch andere, gerade durch die Diskursanalyse erfassbare Faktoren wie *Akteure* und *Kontext* berücksichtigt und eine *analytisch-deskriptive* Darstellung von *kollektiven Denkweisen* vorsieht. Für die Wahl der anwendungsorientierten diskurslinguistischen *Mehr-Ebenen-Analyse* als Methodendesign war ihre Flexibilität und der integrative Charakter entscheidend, welche eine gegenstandsangemessene Vorgehensweise im Sinne der qualitativen Forschung (vgl. Flick 2009: 22) und eine umfassende Analyse mehrerer Diskursebenen ermöglichen.

Dass sich das Funktionieren des Belarusischen in der Gesellschaft auf keine feste Tradition stützt, zeigt bereits das Vorhandensein einer nationalsprachlichen Diskussion, bei der, auch im Falle der Forendiskurse, die Argumentation der meist vollzogene Sprechakt ist. Deswegen wird bei der Beschreibung der kognitiven Komponente der Spracheinstellung auf der transtextuellen Ebene eine toposbasierte *Argumentationsanalyse* vorgenommen, die für eine mentalitätsgeschichtliche Untersuchung den Blick auf Deutungsschemata der Diskursakteure als Grundlage ihres sozialen Handelns öffnet (vgl. Lamnek 2005: 128). Die von Wengeler (2003) formulierten Merkmale von *Topoi*, nämlich ihr Argumentationscharakter, Musterhaftigkeit, Implizitheit, Plausibilität, Kontextspezifik und der mittlere Abstraktions- und Formalitätsgrad, machen sie in diesem Sinne zu einem besonders gut geeigneten Analyseinstrument. Als Quelle argumentativer Mittel sind Topoi ein Teil des kollektiven Wissens. Ihr Wiederkehrcharakter lässt Schlüsse über sozial- und kulturgeschichtlich relevante Denkmuster zu. Durch ihre Kontextspezifik erschließen die Topoi im mentalitätsgeschichtlichen Interesse der Diskursanalyse nicht allgemeine, sondern spezifische gemeinsame Denkmuster. Als Elemente der diskurssemantischen Tiefenebene dienen sie als Verknüpfung zwischen dem Wissensrahmen und den einzelnen Aussagen und sorgen durch ihre Rekurrenz für Nachhaltigkeit der diskursiven Wirkung. Die Begründetheit des Topos auf Plausibilität und nicht auf den Wahrheitsgehalt von Schlussverfahren sowie seine Implizitheit bringen seine Realitätsnähe zum Vorschein, denn auch bei einer öffentlich-politischen Argumentation geht es v.a. eher um die Überzeugungskraft als um Faktizität und Explizitheit der Argumentationen (vgl. Wengeler 2000: 59). Zur linguistisch-hermeneutischen Eruierung von latenten Inhalten wie Spracheinstellungen kann der Topos besonders produktiv eingesetzt werden, denn aufgrund seiner Implizitheit ermöglich er den Zugriff auf die Inhalte, die nicht rational vorhanden, sondern als Teil des kollektiv vorhandenen Wissens präsupponiert und erschlossen werden. Die Implizitheit von Topoi erlaubt darüber hinaus nicht nur eine produzenten-, sondern auch eine rezipientenorientierte Analyse, denn es kommt zum Vorschein, welches verstehensrelevante Wissen beim Rezipienten als vorhanden vorausgesetzt wird. Auch der mittlere Abstraktionsgrad des Topos, der seine Anwendung sowohl für *pro-* als auch für *contra*-Argumentationen zulässt, macht ihn für eine Einstellungsanalyse sinnvoll. Ergänzt durch eine quantitative Auswertung von Topoi stellt die Toposanalyse somit eine aussagekräftige und linguistisch begründete Analysekategorie dar.

1.5 Aufbau der Studie

Als Beitrag zur frameanalytischen Beschreibung wird im Kapitel 2 im Sinne der Kontextualisierung eine Darstellung des *historischen* und des *aktuellen* sprachpolitischen Hintergrundes mit Fokus auf die Einstellungen zur belarusischen Sprache vorgenommen. Bei den definitorischen Festlegungen und der theoretischen Beschreibung der Sprachsituation als Forschungsgegenstand soll im Kapitel 2.1 zunächst deutlich gemacht werden, dass die Spracheinstellungen der Sprachverwender eine wesentliche und feste Komponente eines sonst dynamischen und mehrdimensionalen Konstruktes wie Sprachsituation bilden. Um die Spezifik der heutigen Einstellung zum Belarusischen näherzubringen, werden zunächst in einem historischen Überblick Entwicklungen im Status- und Korpusbereich der belarusischen Sprache von ihrer Entstehung bis zum Anfang des 21. Jh. und die damit zusammenhängenden Veränderungen in der Sprachkompetenz und -performanz und in der Spracheinstellung verfolgt (Kap. 2.3).

In der Forschungsliteratur wird die *sprachgeschichtliche* Entwicklung in Belarus kontrovers und teilweise fragmentarisch behandelt: Die Herangehensweisen der internationalen und der nationalorientierten belarusischen Sprachgeschichtsforschung, der Vertreter der *Gesellschaft für Belarusische Sprache*, der offiziellen, in der staatlichen Ideologie verankerten belarusischen Sprachwissenschaft und der russischen Soziolinguistik unterscheiden sich in ihren Untersuchungsgegenständen und deren Bewertungen stark voneinander und wenden sich unterschiedlichen Phasen und Aspekten der belarusischen Sprachgeschichte zu. Um die nachfolgende Darstellung einstellungsrelevanter historischer Faktoren in Bezug auf Forschungsfragen zu kontextualisieren, werden diese verschiedenen Ansätze im Kapitel 2.3.1 zusammengefasst und komparativ betrachtet. In dieser Studie wird der Fokus der diachronen Beschreibung der Sprachsituation in Belarus auf die Einstellung verschiedener Subjekte bzw. Gruppen der Sprachgemeinschaft (Staat, Kirche, geistig-kulturelle Elite, breite

Bevölkerungskreise (Mittelschicht, Bauerntum), offizielle Linguistik) zur belarusischen Sprache in verschiedenen Perioden der Sprachgeschichte vom 10. bis Ende des 20. Jh. gelegt. Das Ziel dieser Beschreibung ist zum einen, den Zusammenhang zwischen den sprachpolitischen Entwicklungen und v.a. den Statusänderungen des Belarusischen einerseits und den Einstellungen der Sprachverwender gegenüber der Sprache andererseits zu beschreiben und, zum anderen, eventuelle Kontinuitäten in der Spracheinstellungskonstellation innerhalb der belarusischen Gesellschaft zu ermitteln. Dies soll die Rolle der Spracheinstellung als Merkmal der Sprachsituation verdeutlichen und Aussagen über den Wirkungsaspekt und über die Verankerung der Einstellung zum Belarusischen im kollektiven Gedächtnis ermöglichen.

Zur Darstellung der Sprachsituation in der Republik Belarus am Anfang des 21. Jh. aus *synchroner* Sicht wird auf der Basis verschiedener theoretischer Ansätze im Sinne der Sprachkontextberücksichtigung eine Liste spezifischer hierarchisch geordneter (quantitativer, qualitativer und evaluativer) Sprachsituationsmerkmale erstellt (Kap. 2.2). Anhand dieser Merkmale soll die Sprachsituation in ihrer ganzen Komplexität vorgeführt werden. Dazu werden zunächst die demographische und die kommunikative Kapazität der Sprachen in Belarus als quantitatives Merkmal der Sprachsituation vorgestellt. Als qualitative Merkmale werden die Besonderheit der Mehrsprachigkeit in Belarus hervorgehoben und charakterisiert; die Sprach(en)politik und die Sprachplanung beschrieben, indem detailliert auf die Status-, Korpus-, Erwerbs- und Prestigeplanung des Belarusischen in verschiedenen Domänen des gesellschaftlichen Lebens eingegangen wird; die Aspekte der Sprachwirklichkeit wie Sprachkompetenz und Sprachperformanz, nämlich funktionale Relation und die Verwendung von Sprachen, werden präsentiert und die ethnoreligiöse Differenzierung der Sprechergemeinschaft angesprochen. Da der Zustand des Belarusischen in der Forschung bereits eingehend behandelt wurde, wird anstelle einer ausführlichen Beschreibung des Sprachzustandes auf eine Reihe der Beiträge der nationalen und internationalen Linguistik verwiesen, die dieses qualitative Sprachsituationskriterium in verschiedenen Aspekten erforschen. Als evaluative Merkmale der Sprachsituation werden das axiologische Charakteristikum und die symbolische Funktion des heutigen Belarusisch sowie die Einstellungen verschiedener Gesellschaftsgruppen ihm gegenüber dargelegt (Kap. 2.4).

Bei der theoretischen Auseinandersetzung mit *Einstellungen* und *Spracheinstellungen* wird im Kapitel 3.1 ihre Forschungsrelevanz als mentalitätsbildender, verhaltenssteuernder, vielschichtiger und bidirektionaler Phänomene erläutert, die sowohl im Sinne der Erklärung der aktuellen Sprachsituation Rückschlüsse auf historische Gegebenheiten gewähren als auch zur Prognostizierung künftiger Entwicklungen von Sprachsituationen und folglich zur Gestaltung sprachplanerischer Tätigkeit konstruktiv berücksichtigt werden können. Die Spracheinstellung wird als Untersuchungsgegenstand in den Kontext der sozialpsychologischen und soziolinguistischen Forschung verortet, wobei auf die Schwerpunkte der noch relativ jungen (ca. 40 Jahre) internationalen und v.a. deutschsprachigen Forschung zu Spracheinstellungen und speziell zu den Einstellungen zum Belarusischen eingegangen wird. Als hypothetische latente Konstrukte werfen die Einstellungen Schwierigkeiten ihrer definitorischen Fassung auf. Nachdem eine für dieses Forschungsvorhaben geeignete Definition getroffen und begründet wird sowie der Ursprung, die Vermittlung, die Eigenschaften, die Merkmale, die Arten und Funktionen von Einstellungen erörtert werden, wird auf einen der Kritikpunkte der sozialpsychologischen Konzeption von Einstellungen eingegangen, nämlich auf die Diskrepanz, die oft zwischen der (Sprach)Einstellung und dem (Sprach)Verhalten besteht. Es werden intervenierende Variablen genannt, die diese Inkonsistenz verursachen könnten, und die Strategien der Konsistenzwiederherstellung beschrieben, welche die Sprecher einsetzen, um eine entstandene kognitive Dissonanz zu reduzieren. Vor diesem Hintergrund wird über die Prognostizierbarkeit des Sprachverhaltens aufgrund von Spracheinstellung reflektiert. Anschließend werden die Anwendbarkeit soziologischer und sozialpsychologischer Beschreibungsmodelle und Messungsmethoden von Einstellungen für eine Analyse von Spracheinstellungen ausgewertet und die bis dato in der Soziolinguistik benutzten methodischen Verfahren präsentiert. Diese theoretische Abhandlung soll dazu dienen, Spracheinstellungen als einen komplexen Forschungsgegenstand vorzuführen, für den es kein allgemein gültiges Untersuchungsmodell gibt, was bei dieser Untersuchung die Entwicklung eines eigenen Forschungsmodells notwendig machte, welches im Kapitel 3.1.10 anschließend detailliert vorgestellt wird.

Beim zweiten Teil des theoretischen Rahmens geht es um den *Diskurs* (Kap. 3.2). Hier werden die Konzepte des Diskurses und der Diskursanalyse sowie die Besonderheit von Online- und speziell von den in Foren ausgetragenen Sprachverwender-Diskursen aus der Perspektive ihrer Forschungsrelevanz betrachtet. Bei der Behandlung des Diskurses als Gegenstand linguistischer Forschung wird zunächst auf seine Begriffs- und Forschungsgeschichte eingegangen, und es wird ein Bezug zum kategorial entgrenzten, wirklichkeitserfassenden und textübergreifenden Diskursbegriff von Foucault hergestellt, auf den sich diese Studie stützt. Es wird kurz dargelegt, auf welche Weise sich der Foucault'sche Diskursbegriff in der Linguistik (v.a. Text- und Korpuslinguistik) durchsetzt, und es werden Gründe für seine schwache Reflexion seitens der traditionellen Sprachwissenschaft genannt. Im Weiteren werden Grundzüge und methodische

Zugänge zum Diskurs der wenigen Foucault rezipierenden linguistischen Positionen der Kritischen und der Linguistischen Diskursanalyse (CDA und LDA) sowie der den Diskurs auf einen Aussagenkomplex verengenden diskurslinguistischen Analyse (DLA) dargestellt. Diese Darstellung soll der Kontextualisierung des theoretisch-methodischen Rahmens der vorliegenden Foren-Untersuchung dienen. Dabei werden u.a. die Arbeiten der Düsseldorfer Schule hervorgehoben, welche sich verstärkt der praktischen Umsetzung von LDA und der Verfeinerung diskurshermeneutischer Methoden zuwenden und bei der Auswertung der Forendiskussionen einen konstruktiven Einsatz finden. Es sind v.a. der Ansatz der interpersonalen Kommunikation von Roth (2008), welcher eine Forschungsrelevanz der Sprachverwender-Diskussion betont, der topisch-argumentative Ansatz von Wengeler (2003) und das Methodenlayout der diskurslinguistischen Mehr-Ebenen-Analyse von Spitzmüller/Warnke (2011), die eine integrierende Untersuchung der Phänomene auf verschiedenen Diskursebenen ermöglicht. Aus dem nichtlinguistischen Bereich der Diskursanalyse werden zusätzlich forschungsrelevante Impulse aus der wissenssoziologischen Diskursanalyse (Keller 2011) berücksichtigt, welche von einer diskursiven Konstruktion von Wirklichkeit ausgeht, die Rolle des Diskursrezipienten und die Bedeutung von anonymisierten Kommunikationsprozessen betont und eine hermeneutische Interpretation als methodischen Forschungsrahmen von Diskursanalysen anwendet. Bei der theoretischen Auseinandersetzung mit dem Diskursbegriff wird aufgrund der besonderen Forschungsrelevanz dezidiert auf die Konstruktivität des Diskurses in Bezug auf das Wissen und die Wirklichkeit eingegangen, welche von einer einstellungserzeugenden und -modifizierenden Wirkung des Forendiskurses über die belarusische Sprache ausgehen lässt. Da der Diskursbegriff von Foucault terminologisch nicht festgelegt, sondern offen und flexibel gefasst wird, sind seine Definitionen vielzählig und unpräzise. Daher werden in dieser Untersuchung die typischen strukturellen, inhaltlichen, pragmatischen, analytisch-empirischen und epistemischen Begriffskomponenten herausgearbeitet, anhand deren eine für die vorgenommene Untersuchung spezifische Definition des Diskurses formuliert wird. Anschließend werden die Besonderheiten der empirischen Herangehensweise an den Diskurs – der *Diskursanalyse* – hervorgehoben, welche in der Forschung aufgrund der Offenheit des Diskursbegriffes sowohl als wissenschaftliche Haltung als auch als Theorie und als Methode verstanden werden (Gardt 2007). Bei der Beschreibung der Diskursanalyse als Methode werden ihre Analysekategorien wie Struktur, Diskurspositionen, Akteure und die diskursive Subjektivität sowie die Art ihrer Manifestation im Forendiskurs nähergebracht. Es wird auf die konzeptionelle Platzierung des Diskurssubjektes zwischen Sprache, Diskurs und Aussage eingegangen und die diskursive

Aussage als Analyseobjekt sowie der Topos in seiner Funktion des diskursiven Instruments der Einstellungsermittlung als Analysegegenstand begründet und festgelegt. Die Deutung des *Topos*-Begriffes geschieht in dieser Studie, wie bereits erwähnt, in Anlehnung an Wengeler (2003), welcher seinerseits an die argumentationstheoretischen Ansätze von Kienpointner (1992), Kopperschmidt (1989) und Bornscheuer (1976) anschließt und inhaltlich-kategorial bestimmte Topoi formuliert, die er als Mittel der diskurs- und mentalitätsgeschichtlichen Analyse einsetzt. Bei der theoretischen Behandlung des Topos wird der Ansatz von Wengeler im Kontext der argumentationstheoretischen Tradition und der Topos-Auslegungen in verschiedenen Disziplinen genauer erläutert, und es wird begründet, warum sich die Wengeler'sche Topos-Konzeption für die diskursanalytische Auseinandersetzung mit Spracheinstellungen in Belarus optimal eignet.

Da sich der untersuchte Forendiskurs aus den Daten des *World Wide Web* zusammensetzt, stellt er eine spezifische online-medial bestimmte diskursive Praxis dar, welche im Kapitel 3.3 behandelt wird. Es wird v.a. der Frage nach der Veränderung der Öffentlichkeit und der Entstehung neuer Öffentlichkeit(en) durch die Digitalisierung nachgegangen sowie der Frage nach der Etablierung und den Besonderheiten von sog. Online-Gemeinschaften, welche ihrerseits Einfluss auf das soziale Verhalten der Diskursteilnehmer ausüben. Des Weiteren werden Konfliktfelder der dem Online-Bereich inhärenten Anonymität aufgedeckt und die Manifestationsweisen und die Spezifik der virtuellen Identität beschrieben, welche in der Regel relativ realitätsnah gestaltet wird, was für diese Untersuchung eine wichtige Erkenntnis darstellt, denn sie spricht für Glaubwürdigkeit der aktiven Akteure des analysierten Forendiskurses. Da die Foren, wie auch der gesamte internetgestützte Kommunikationsraum, eine besondere Kommunikationsform – die *Internetkommunikation* (Kap. 3.3.2) – darstellen, werden die spezifischen Merkmale dieser Form hervorgehoben, nämlich ihre multimodale Materialisierung, technische und soziokulturelle Medialität, Interaktivität, Hyper- und Intertextualität, Unabhängigkeit von institutionellen Konventionen des Mediensystems, Anonymität und Dynamik der Selbstpräsentation, Statusgleichheit der Teilnehmer, Distanzcharakter von Raum- und Zeitparametern, spezifische Computerethik, Freiwilligkeit, Erwünschtheit sowie hohe Emotionalität und Interkulturalität der Kommunikation. Die Internetkommunikation wird im Rahmen des sich mit dem Web 2.0 seit 2004 etablierten sog. *Social Web* praktiziert, das sich durch eine Interaktivität der medialen Kommunikation auszeichnet. Während die Innovativität des Interaktionsprinzips des Web 2.0 und speziell des Forums kritisch zu betrachten ist, ist dennoch auf das Wirkungspotenzial von Social Web hinzuweisen, das seinerseits zur Dezentralisierung der Diskursakteure und zur Entstehung neuer Diskurspraktiken führte, die auf der Zusammenarbeit der Diskursakteure basieren. *Online-Diskurse* (Kap. 3.3.3), welche alle Formen der interpersonalen, gruppenbezogenen und öffentlichen Kommunikation einschließen, werden in dieser Untersuchung als Bestandteile gesamtgesellschaftlicher Diskurse begriffen, die sowohl deren Resonanzräume im Form von sekundärer, interpersonaler Kommunikation als auch Themenquellen für neue Diskurse bilden. Vor diesem Hintergrund werden hier die Foren als eine interpersonale Begleitkommunikation von Diskursen verstanden, die einen hybriden Charakter zeigt, indem sie einerseits als massenmedialer Diskurs Wissen produziert und andererseits das Wissen von Rezipienten gesellschaftlicher Diskurse abbildet. In Bezug auf die empirische Auswertung werden die Herausforderungen an die Analyse eines Online-Diskurses als neuartiges Forschungsobjekt ohne klare fachliche Zugehörigkeit dargelegt, welche in der Hypertextualität, der Multimodalität der Texte, im z.T. alltagssprachlichen Charakter der Kommunikation und in der Integration der Online- und Offline-Bereiche ineinander begründet sind und u.a. in den Schwierigkeiten hinsichtlich der Verfügbarkeit, Recherchierbarkeit und Speicherung von Daten bestehen. Nicht zuletzt wird über die Wege der Bewahrung der Forschungsethik reflektiert, die bei der Analyse von Online-Diskursen, welche z.T. aus Äußerungen von Privatpersonen bestehen, ein wichtiges und sensibles Thema ist. Eine Präsentation der gesellschafts- und geisteswissenschaftlichen und speziell linguistischen Fragestellungen an den Online-Diskurs soll im Weiteren zeigen, dass in der gesellschaftsbezogenen linguistischen Analyse der Online-Diskurse noch ein großer Forschungsbedarf besteht. Abschließend wird im Kapitel 3.3.4 auf die Definition, die Spezifik und auf die Vorzüge des *Forums* als Objekt einer mentalitätsgeschichtlichen Untersuchung eingegangen. Dabei wird über seine noch nicht ausreichend differenzierte theoretische Behandlung in verschiedenen Disziplinen, über seine Geschichte als Kommunikationsform, über die typische strukturelle Gestaltung des Interfaces von Internetforen, über soziale Rollen, Beziehungen und Verhaltensregeln in einem Forum, über den Modus, die Ausrichtung und den Stil der sog. *many-to-many*-Kommunikation im Forum, über die Funktionalität und Vor- und Nachteile einer Online-Kommunikation im Foren-Format reflektiert. Das Forum selbst wird in dieser Studie von seiner inflatorischen Verwendung pauschal als Ort der Meinungsäußerung abgegrenzt und als technisch basierter virtueller Ort begriffen, in dem der Austausch der Nutzer über die von ihnen selbst bestimmten Themen im Vordergrund steht. Die Vorzüge des Forums als Objekt der Einstellungsforschung werden dabei v.a., wie oben bereits erwähnt, in seiner weiten Verbreitung, in seinem im direkten

Einfluss aller Teilnehmer aufeinander begründeten großen Wirkungspotenzial und in der Authentizität der Datenbasis gesehen.

Da sich die vorliegende empirische Analyse auf Methoden des *qualitativen* Forschungsansatzes stützt, wird dieser als Erstes bei der Darstellung der methodischen Grundlagen im Kapitel 4.1 als methodologischer Bezugsrahmen näher beschrieben, seine zentrale Fundierung in der Phänomenologie und der Hermeneutik, seine Prinzipien, die Spezifik der Datenerhebung, der Datenauswertung und der Theorieentwicklung in Anlehnung an die *Grounded Theory* werden dargelegt und die für die Wahl des qualitativen Forschungsansatzes bei der Spracheinstellungsanalyse entscheidenden Kriterien offengelegt. Um einer Annahme der Zufälligkeit und des Einzelcharakters der in diesem Text im Sinne der sog. selektiven Plausibilisierung vorgenommenen beispielhaften Zitation von typischen Textpassagen entgegen zu wirken, werden im Kapitel 4.2 vor dem Hintergrund der klassischen *Gütekriterien* der quantitativen Forschung diese für die qualitative Forschung näher behandelt und die Gütekriterien für die vorliegende Diskursanalyse, nämlich Intersubjektivität, Reliabilität, Transparenz, Glaubwürdigkeit, Indikation, Triangulation und Limitation, methodenspezifisch formuliert. Parallel wird erläutert, auf welche Weise diese Kriterien bei der Analyse des Forendiskurses erfüllt werden. Bei der Darstellung des *erkenntnistheoretischen Analyserahmens* dieser Studie werden im Kapitel 4.3 zur Kontextualisierung der bevorstehenden theoretischen Feststellungen vorempirische Erkenntnisse in Form von Alltags- und theoretischem Vorwissen über die aktuelle Sprachsituation in Belarus erläutert, der breite Rahmen und die Subdimensionen der Fragestellung sowie die vorempirischen Annahmen formuliert. Abschließend wird im Kapitel 4.4 konkret auf die *diskursanalytische Erfassung von Spracheinstellungen* eingegangen. Das Vorgehen bei der Analyse jeder der drei Diskursebenen (intratextuell, Akteure und transtextuell) wird dabei detailliert beschrieben.

Da die analytische Auseinandersetzung mit empirischen Daten in der qualitativen Forschung bereits bei der Datenerhebung beginnt, soll im Kapitel 5.1 zunächst das Verfahren der *Korpuserstellung* als konstruktiver Bestandteil des Forschungsprozesses im Sinne der intersubjektiven Nachprüfbarkeit als Gütekriterium (Kap. 4.2) detailliert dokumentiert werden. Als empirische Grundlage für die analytische Auseinandersetzung mit den Einstellungen zum Belarusischen diente ein exemplarisches Korpus aus den entsprechend der Fragestellung kodierten Aussagen über die belarusischen Sprache in Form von Forenbeiträgen auf verschiedenen belarusischen Internetplattformen (Webportale aller sechs Gebietszentren und das zentrale Hauptportal TUT.BY) aus dem Zeitraum von ca. 10 Jahren der belarusischen Souveränität – von 2003, als die kommunikativ-technischen Möglichkeiten des Web 2.0 den Internetnutzern zur Verfügung gestellt wurden, bis zum Endpunkt der Datensammlung im Juli 2012. Die Erstellung des Datenkorpus verlief entsprechend den Prinzipien der qualitativen Forschung (Kap. 4.1.2) offen und dennoch regelgeleitet, zirkulär und *bottom-up*-gerichtet. Jede Phase des Korpuserstellungsprozesses dauerte so lange, bis keine prinzipiell neuen Daten mehr zu finden waren und die theoretische Sättigung erreicht wurde. Das entstandene Set forschungsrelevanter Aussagen ist ein Ergebnis der drei Schritte der Korpuserstellung: Datenerhebung, -aufbereitung und -kodierung. Das Ziel der *Datenerhebung* war die Erstellung eines Foren-Sets, was die Wahl der zu untersuchenden Internetplattformen (Fallauswahl) und der Threads bzw. Titelthemen der Foren (Materialauswahl) sowie eine Probeanalyse vorsieht. Bei der Beschreibung des methodischen Vorgehens während der Datenerhebung wird die Auswahl der Plattformen, der Threads und des Untersuchungszeitraumes begründet, der Erhebungsprozess detailliert beschrieben und das entstandene Set von Foren nach deren Zugehörigkeit zu thematischen Rubriken der Plattformen und nach der sprachlichen Gestaltung der Foren-Umgebung ausgewertet. Dadurch soll eine Vorstellung darüber vermittelt werden, in welche Bereiche des gesellschaftlichen Lebens die Problematik des Belarusischen in der kollektiven Wahrnehmung eingeordnet ist und innerhalb welchen sprachlichen Kontextes bzw. innerhalb welcher Konventionen des sprachlichen Verhaltens im Rahmen einer online-basierten Kommunikation die Verwender-Diskussionen über die Nationalsprache in Belarus stattfinden. Die an dieser Stelle durchgeführte Probeanalyse, die in der qualitativen Forschung zur Prüfung inhaltlicher Relevanz der Datenbasis in der Regel vorgenommen wird, galt der inhaltlichen Auswertung des Forendiskurses und ergab ein Bild der thematischen Struktur des Diskurses (Kap. 5.2). Im zweiten Schritt der Korpuserstellung – der *Datenaufbereitung* – ging es um das Extrahieren forschungsrelevanter Informationen aus dem gesamten Datenkorpus und um die Erstellung und formale Gestaltung eines Sets von Aussagen der Diskursakteure zum Thema ‚Belarusische Sprache'. Zuletzt wurde im Prozess der *Datenkodierung* ein Kategorien-Set entwickelt, wodurch eine abstrahierende Analyseebene und damit eine analytische Distanz zu empirischen Daten aufgebaut wurden. Das Kodieren des Aussagen-Sets mit der Software für die qualitative Datenanalyse *MAXqda* verlief *Korpus*-geleitet, als *open-Codings*, und dennoch gleichzeitig *Fragestellung*-geleitet. Im Sinne der Zirkularität der qualitativen Forschung wurde das Datenkorpus zweimal kodiert: Zwecks lückenloser Kodierung wurde das gesamte Aussagen-Set mit dem kompletten, nach dem ersten Kodierungsdurchlauf entstandenen, hierarchisch geordneten Set von Codes erneut kodiert. Als Ergebnis des Korpuserstellungsprozesses entstand ein Datenkorpus aus 2792 forschungsrelevanten Aussagen, die jeweils nach der diskursiven Position des Autors, nach den daraus erschlossenen Topoi und den einzelnen Einstellungskomponenten kodiert wurden.

Bei der Auswertung der *intratextuellen* Ebene des Forendiskurses nach DI-MEAN sollen im Rahmen der textorientierten Analyse der diskursiven Makrostruktur im Kapitel 5.2 seine inhaltlich-thematische Struktur zum Vorschein gebracht und ein Bild über die Komplexität der semantischen Gesamtarchitektur des Diskurses verschafft werden, welche ihrerseits aus der diskurslinguistischen Perspektive ein zentraler diskurskonstitutiver Begriff ist (vgl. Spitzmüller/Warnke 2011: 157).

Die diskurslinguistische *Akteursanalyse* besteht in dieser Studie in der Ermittlung und Darstellung von Grundpositionen der Diskursakteure gegenüber der belarusischen Sprache. Auf soziolinguistische Portraits von Diskurssubjekten wird dabei wegen der medienspezifischen Anonymität und v.a. wegen der Irrelevanz für diese Untersuchung verzichtet. In Anlehnung an die DIMEAN-Methodologie werden im Kapitel 5.3 zunächst die Realisierungsbesonderheiten von *Interaktionsrollen* sowohl auf der Produzenten- als auch auf der Rezipientenseite beschrieben. Um zu verdeutlichen, von welchen gesellschaftlichen Kreisen die Diskussion um die belarusische Sprache getragen und rezipiert wird, wird im Kapitel 5.3.2 eine quantitative und qualitative Auswertung statistischer Daten der Internetnutzung in Belarus vorgenommen. Unter *diskursiven Positionen* werden Einstellungen der Diskursakteure gegenüber der belarusischen Sprache als mentale Orte ihrer diskursiven Äußerungen begriffen (vgl. Jäger/Zimmermann 2010: 17). Diese Einstellungen werden mit nominalskalierten Werten „*pro – eher pro – beide Sprachen (Belarusisch und Russisch) – keine Stellungnahme – (explizit) egal – eher contra – contra*" versehen, welche erst während der Datenauswertung sukzessive definiert werden. Eine analytisch-deskriptive Darstellung dieser einzelnen Werte im Kapitel 5.3.3 soll verdeutlichen, welche Merkmale einer Aussage für ihre Zuordnung der jeweiligen diskursiven Position entscheidend waren.

Bei der Beschreibung der *transtextuellen* Diskursebene werden im Kapitel 5.4 in Anlehnung an das den empirischen Auseinandersetzungen mit Einstellungen zum Belarusischen zugrunde liegende Strukturmodell (Kap. 3.1.10) die einzelnen Komponenten der im Forendiskurs zum Ausdruck gebrachten *Spracheinstellungen* analytisch-deskriptiv dargestellt. Da die Spracheinstellungen sich nicht auf die Sprache als Konstrukt, sondern auf die Sprache in ihren unterschiedlichen Funktionen – als Symbol (Garvin 1993: 47), Kommunikationsmittel, Identitätsmerkmal (Haarmann 1996: 223–224; Lüdi 2007: 14–15) oder Instrument – beziehen, sollten bei ihrer Untersuchung unterschiedliche *Stimuli* in Betracht gezogen werden, denn diese lösen unterschiedliche Reaktionsmuster aus, welche ihrerseits auf unterschiedliche Einstellungen zurückgeführt und für die Erklärung der evtl. Einstellungs-Verhaltens-Inkonsistenz herangezogen werden können. Im Kapitel 5.4.1 wird eine inhaltliche Trennung der Einstellungsobjekte vorgenommen: Es werden die Entitäten, die im Forendiskurs über die belarusische Sprache als Stimuli auftreten, definiert und durch die Beispiele *pro* und *contra* Belarusisch veranschaulicht.

Die *kognitive* Einstellungskomponente kommt im Forendiskurs deutlicher als die anderen zum Ausdruck und wird deswegen am ausführlichsten behandelt (Kap. 5.4.2). Sie setzt sich nicht nur aus Wissen, sondern auch aus kognitiven Reaktionen auf Einstellungsobjekte zusammen und manifestiert sich im Forendiskurs v.a. in Argumentationsschemata, einer wichtigen direkten kognitiven Reaktion auf die belarusische Sprache. In diesem Text wird sie daher v.a. durch die Analyse von Topoi beschrieben, welche, wie oben dargelegt, im Sinne einer mentalitätsgeschichtlichen Untersuchung das Aufdecken typischer Denkmuster über die Nationalsprache in Belarus ermöglicht. Im Kapitel 5.4.2.1 werden die erschlossenen Topoi in Anlehnung an Wengeler (2003) folgendermaßen beschrieben: Der Formulierung des Topos folgen eine kurze Darlegung seiner Anwendungsspezifik und Verwendungsbeispiele für *pro*- und *contra*-Variante. Dabei werden die Topoi, die sich direkt auf die Sprachsituation in Belarus beziehen, der Übersichtlichkeit wegen nach den von ihnen referierten (quantitativen, qualitativen und evaluativen) Merkmalen einer Sprachsituation vorgestellt. Die sprachsituations*übergreifenden* Topoi werden dagegen nach ihrer Dominanz im Diskurs, also nach ihrer Frequenz aufgeführt. Nach der derartigen Beschreibung werden die Topoi des Forendiskurses quantitativ ausgewertet. Dadurch sollen die dominierenden sowie die typischen *pro*- und *contra*-Denkmuster über die belarusische Sprache ermittelt werden. In der nachfolgenden qualitativen Auswertung der Topoi-Formulierungen soll die diskursive Argumentationsarchitektur ersichtlich gemacht werden. Neben den Topoi kommt die kognitive Komponente der Spracheinstellung im Forendiskurs auch in der *Selbstreflexion* der Diskursakteure über ihre Sprachkompetenz und Einstellung zur Nationalsprache sowie in ihren *Bekenntnissen* zur Muttersprache zum Ausdruck, welche als Operationalisierung von Spracheinstellungen begriffen werden können und anschließend an die Topoi analytisch-deskriptiv in den Kapiteln 5.4.2.2 und 5.4.2.3 dargestellt werden.

Bei der Beschreibung der *emotiv-affektiven* Komponente als emotionale Reaktion der Diskursakteure auf verschiedene Einstellungsobjekte werden im Kapitel 5.4.3.1 die im Diskurs zum Ausdruck gebrachten Emotionen dualistisch in die emotionale Haltung der Zuneigung und der Abweisung verteilt und zur Optimierung der analytischen Auseinandersetzung mit ihnen in Anlehnung an Ortony/Clore/Collins (1988) nach ihren kognitiven Grundlagen klassifiziert dargestellt und ausgewertet.

Im Kapitel 5.4.3.2 wird der bewertende Aspekt der im Forendiskurs ermittelten Spracheinstellungen als die *evaluativ-normative* Einstellungskomponente behandelt. Es wird erörtert, welche Entitäten eine sprachbezogene evaluative Zuwendung der Diskursakteure bekommen, wie die Evaluationsreaktionen beider polaren Grundpositionen ausfallen und von welchen Bewertungsgrundlagen und Normvorstellungen diese bei ihren evaluativ-normativen Äußerungen ausgehen. Um den emotiven Aspekt der Argumentationsgrundlage jeder diskursiven Position deutlicher aufzudecken, werden anschließend die emotiv-affektive und die evaluativ-normative Komponente einander komparativ gegenübergestellt und es wird ausgewertet, welche Grundeinstellungen zum Belarusischen eher mit emotionaler Gebundenheit daran bzw. wertender Haltung ihm gegenüber korrelieren.

Die im Forendiskurs empirisch erfassten Manifestationen der *volitiv-indikativen* Komponente, welche eine Handlungsdisposition darstellt und im Gegensatz zu kognitiven und emotiven Komponenten einen Aufschluss über Verhaltenstendenzen der Diskursakteure geben kann (Kap. 3.1.10), werden im Kapitel 5.4.4.1 ausgewertet. Dabei werden die Wünsche und Vorhaben der Beitragsautoren in Bezug auf den aktiven (Erwerb und Verwendung) und passiven (Lesen und Hören) Kontakt zum Belarusischen ermittelt, die Art ihrer Korrelation mit diskursiven Positionen beschrieben, und es wird auf die festgestellte Inkonsequenz zwischen diesen beiden Faktoren analytisch eingegangen.

Das Kapitel 5.4.4.2 behandelt die hohe diskursive Relevanz der Äußerungen mit deontischer Modalität, die in Bezug auf die Ausführung sprachbezogener Handlungen den sog. gewollten Soll-Zustand bzw. Soll-Geschehen wiedergeben und somit die *volitiv-imperative* Komponente der Spracheinstellung bilden. Um eine Vorstellung darüber zu vermitteln, welchen Faktoren der Sprachsituation die höchste Relevanz bzw. das Wirkungspotenzial diskursiv zugeschrieben wird, wird hier v.a. ausgeführt, wer am häufigsten als Adressat des diskursiven Appells fungiert. Ferner werden die jeweils für die *pro-* und *contra-*Positionen typischen konkreten Forderungen nach ihren Bezugspunkten und Gegenständen präsentiert.

Die *konative* Komponente der Spracheinstellung – das Sprachverhalten – gewährt als die einzige direkt beobachtbare Reaktion auf Einstellungsobjekte Zugang zu kognitiven Strukturen und verhilft auf Basis der Empathie zum Erkennen von Einstellungen (Kap. 3.1.10). Da eine bestimmte Spracheinstellung sich nicht nur in der Sprachwahl, sondern auch in den Äußerungen über den

Sprachgebrauch manifestieren kann, werden in dieser Untersuchung das tatsächliche bzw. beobachtete und das berichtete Sprachverhalten der Diskursakteure ausgewertet und miteinander verglichen. Dazu werden im Kapitel 5.4.5.1 zunächst die konativen Äußerungen der Diskursakteure über ihren eigenen Spracherwerb und die Sprachverwendung quantitativ ausgewertet, das diskursive Bild des berichteten Sprachgebrauchs erstellt und zur Überprüfung der Validität von Einschätzungen der Diskursakteure über die Sprachperformanz in Belarus dem vorher bereits ermittelten diskursiven Bild der gesellschaftlichen Einstellung zum Belarusischen in ihrer konativen Komponente komparativ gegenüber gestellt. Das tatsächliche Sprachverhalten lässt sich bei dieser Studie aufgrund der Beschaffenheit der Materialbasis lediglich an der Sprache der Forenbeiträge ablesen. Im Kapitel 5.4.5.2 werden Ergebnisse der quantitativen Analyse des Sprachverhaltens im Forendiskurs vorgestellt und mit den Grundpositionen der Beitragsautoren analytisch in Zusammenhang gesetzt.

Die Beschreibung der Einstellungen zum Belarusischen nach dem erstellten Strukturmodell (Kap. 3.1.10) schließt die Erfassung von diskursiv behandelten Störfaktoren bzw. sog. *intervenierenden Variablen* ab (Kap. 5.4.6), die für die empirisch nachgewiesene Diskrepanz zwischen der konativen Komponente einerseits und den anderen Einstellungskomponenten andererseits von den Diskursakteuren ursächlich gemacht wird (Kap. 3.1.5). Eine quantitative Auswertung konkreter intervenierender Variablen und ihrer Dimensionen soll Aufschluss über die wichtigsten Faktoren geben, mit denen die schwache Verwendung des Belarusischen seitens der Sprechergemeinschaft in erster Linie erklärt wird, um ferner Aussagen über die Prioritätensetzungen der evtl. künftigen sprachpolitischen Maßnahmen zu möglich zu machen.

Als Folge der so gestalteten Analyse des Forendiskurses sollen durch typenbezogene Generalisierungen Existenzaussagen über soziolinguistisch relevante Konventionen der Sprachgemeinschaft in Belarus ermöglicht werden.

1.6 Terminologische Festlegungen und Formalien

Die Bezeichnung der Nationalsprache in Belarus ist im deutschsprachigen Raum nicht einheitlich: Neben dem Linguonym ‚Weißrussisch' etabliert sich in den letzten Jahren immer mehr sein Äquivalent ‚Belarussisch'. Vereinzelt kommt eine Kalkierung aus dem Russischen ‚Belorussisch' (z.B. bei Heyl 1992) vor. Abweichend von der im Titel gewählten dudenkonformen Schreibweise ‚Belarussisch' wird im Fließtext dieser Studie in Anlehnung an die Empfehlungen der Deutsch-Belarusischen Geschichtskommission zur Schreibweise von Belarus in deutschsprachigen Texten (2020) die von der amtlichen Landesbezeichnung abgeleitete Variante ‚Belarusisch' mit einem ‚s' verwendet. Dadurch soll die dem Linguonym eingeschriebene irreführende „semiotische Zugehörigkeit zu Russland" weggenommen werden:

> 2019 ist es an der Zeit, auch auf Deutsch [...] als Adjektiv belarusisch mit einem s zu verwenden. Wer [...] Belarus sagt, muss konsequenterweise auch belarusisch sagen, um nicht beim Adjektiv in dieselbe semiotische Falle zu geraten. Es wirkt zwar im deutschen Schriftbild noch seltsam, belarusisch mit einem s zu schreiben. Aber auf Englisch wird seit einem Vierteljahrhundert „belarusian" mit einem s bewusst verwendet und hat sich inzwischen auch ausserhalb der Wissenschaft durchgesetzt (Ackermann 2020).

In dieser Untersuchung, welche sich nicht mit der sprachpolitischen, sondern mit der für Standardisierungsprozesse gleich wichtigen Perspektive der Sprachverwender und mit Spracheinstellungen befasst, wird trotz der relativ begrenzten tatsächlichen Verwendung des Belarusischen der Terminus ‚Sprach*verwender*' im Gegensatz zu ‚Sprach*schöpfer*' (in Anlehnung an Wingender 2013: 22) für die Sprachgemeinschaft in Belarus benutzt, welche ihrerseits bestimmte Einstellungen gegenüber dem Belarusischen zeigt und es teilweise in den für sie bedeutsamen Bereichen verwendet.

Die im Text verwendete Transliteration folgt der Norm DIN 1460:1982.

2 Die Sprachsituation in der Republik Belarus

2.1 Sprachsituation als Forschungsgegenstand

In der modernen Welt, in der Sprachen im Rahmen komplexer Kommunikationsprozesse eng miteinander verbunden sind, bekommt die Erforschung von Sprachsituationen eine besondere Relevanz, denn sie ermöglicht es, die Gesetzmäßigkeiten und Entwicklungstendenzen aktueller und historischer Prozesse im Sprachleben der Gesellschaft aufzudecken. Der Begriff ‚Sprachsituation' wurde in der Soziolinguistik, wie im Folgenden dargestellt, bereits ausführlich definitorisch und terminologisch behandelt. In der Forschung werden verschiedene Aspekte der Sprachsituation hervorgehoben, so dass es sich dementsprechend verschiedene Definitionen des Begriffs ergeben.

Auf der Suche nach einer „allgemein verwendbaren" Definition des Begriffes, die terminologisch im beliebigen Land zu beliebiger Zeit einsetzbar wäre, setzt Scharnhorst (1994: 11) den Akzent auf den gesellschaftlichen Faktor einer Sprachsituation und bezeichnet diese als

> die allgemeine gesellschaftliche Lage, in der sich die Sprache in einem bestimmten Land oder Territorium während eines bestimmten Zeitabschnitts unter gegebenen politischen, sozialen, ökonomischen und insbesondere kulturellen Verhältnissen befindet.

Durch diese relativ abstrakte Formulierung soll eine komplexe Sicht auf die „sprachliche Lage eines Landes" (Scharnhorst 1980: 112) ermöglicht werden. Für Ferguson (1971: 309) stehen die quantitativen und die Bewertungsrelationen innerhalb einer Sprachgemeinschaft im Vordergrund:

> The term ‚language situation' [...] refers to the total configuration of language use at a given time and place, including such data as how many and what kinds of languages are spoken in the area by how many people, under what circumstances, and what the attitudes and beliefs about languages held by the members of the community are.

In der russischen Soziolinguistik wird darüber hinaus die ethnische Komponente betont, indem die Sprachsituation als ein Kontinuum von soziolinguistischen, ethnolinguistischen und sprachlichen Komponenten angesehen wird (vgl. Ajupova 2013: 304). In den Handbüchern zur Soziolinguistik werden Sprachsituationen mit den Typen der Schrift-/Standardsprachen je nach dem Umfang ihrer Kommunikationssphären, dem Charakter der Einheitlichkeit und der Stufe der Normierungsprozesse sowie nach ihrem Verhältnis zu umgangssprachlichen Formen in Zusammenhang gebracht (vgl. Jedlička/Chloupek 1988: 1653–1654).

Diese Studie stützt sich auf eine territorial- und funktionalorientierte Definition, laut welcher eine Sprachsituation als

> совокупность языковых образований, т.е. языков и вариантов языков (диалектов, жаргонов, функциональных стилей и других форм существования языка), обслуживающих некоторый социум [...] в границах определенного региона
> [eine Gesamtheit von Sprachgebilden, d.h. Sprachen und Sprachvarietäten (Dialekten, Jargons, Funktionalstilen und anderen Existenzformen der Sprache), die ein bestimmtes Sozium [...] in den Grenzen einer bestimmten Region bedienen] (Mečkovskaja 2000: 101),

verstanden wird. Die Beschreibung einer Sprachsituation erfolgt durch Aufstellung ihrer typischen Merkmale. Nach Gutschmidt (2000: 69) wird eine Sprachsituation durch die folgenden Merkmale charakterisiert:

> vorhandene Sprachgebilde (Idiome), ihr Zustand, ihre Funktionen und ihre Verwendung in Kommunikationsbereichen und -situationen; ethnische, soziale und religiöse Differenzierung der Sprach- oder Kommunikationsgemeinschaft; Sprachenpolitik des Staates und der Gruppen der Sprachgesellschaft; rechtliche Festlegungen; Einstellung zu und Wertungen von Idiomen, sowohl aus der Sicht der ‚gewöhnlichen' Sprachbenutzer als auch der Linguistik.

Scharnhorst (1994: 11) spricht detailliert über die Idiome selbst und stellt als Merkmal einer Sprachsituation das Vorhandensein und die Anzahl in der jeweiligen Region „selbstständiger Sprachen" heraus, die sich einerseits von nah verwandten Sprachen und andererseits von Dialekten absetzen. Zusätzlich zu den oben erwähnten nennt er die folgenden Merkmale: Anzahl der Sprecher, die über Zweisprachigkeit verfügen; Existenzformen bzw. Typen von Sprachen (Standardsprache, Umgangssprache, Dialekt); Varietäten (Funktionalstile, Gattungsstile, Textsortenstile); Realisationsweisen (gesprochene vs. geschriebene Sprache); Kodifiziertheit des Idioms. Bei Mečkovskaja (2003), welche das Belarusische aus der soziolinguistischen Sicht beschreibt, spielen darüber hinaus der Grad der genetischen Nähe der Sprachen und die „ethnischen Wurzeln" (autochthon vs. importiert) der prestigeträchtigen Sprache bei der Charakterisierung der Sprachsituation eine Rolle (vgl. Mečkovskaja 2000: 102). Das *Linguistische Enzyklopädische Wörterbuch* (LEW) unter der Redaktion von Jarceva/Jarceva (1990) teilt die Merkmale einer Sprachsituation in quantitative (Anzahl der Idiome, der Sprecher eines Idioms, der von einem Idiom bedienten Kommunikationsbereiche, der funktional dominierenden Idiome), qualitative („linguistische Beschaffenheit" eines Idioms, genetisch-strukturelle Verhältnisse zwischen den Idiomen innerhalb einer Sprachsituation und deren funktionale Äquivalenz, genetische Herkunft des dominierenden Idioms) und wertende

Merkmale (Bewertung eines Idioms seitens der Sprecher hinsichtlich seiner kommunikativer Eignung, Ästhetik, Prestige etc.) ein.

Es sei an dieser Stelle anzumerken, dass trotz der Hervorhebung unterschiedlicher Aspekte der Sprachsituation alle Ansätze eine Gemeinsamkeit in der Annahme aufweisen, dass die *Einstellungen zur Sprache* seitens der gewöhnlichen Nutzer für die Schaffung eines vollständigen Bildes der Sprachsituation unabdingbar sind (Ferguson (1971: 309): „attitudes and beliefs about languages held by the members of the community"; LEW (1990): „оценочные признаки [Bewertungsmerkmale]"; Scharnhorst (1994: 7): „Bewertungen der selbstständigen Sprachen, in denen die Sprachnutzer ihre Einstellungen zum Ausdruck bringen"; Mečkovskaja (2000: 102): „оценки социумом престижа сосуществующих языков [Bewertung des Prestiges der koexistierenden Sprachen durch das Sozium]". Den Sprechern, deren sprachliche Tätigkeit als ein fundamentaler Faktor einer Sprachsituation angesehen wird, wird also eine große Bedeutung zugesprochen, u.a. bereits bei der Bestimmung des Begriffes ‚eigenständige Sprache', wo, laut Scharnhorst (1994: 11), die „Beurteilung von Sprache vor allem durch Nichtlinguisten eine wesentliche Rolle" spielt. Die Sprecherperspektive spielt eine wichtige Rolle auch in der Theorie der Sprachplanung, welche nach Haarmann (1986) und Cooper (1989), aufbauend auf Kloss (1969), auf Sprachkorpus-, Sprachstatus-, Spracherwerbs- und Sprach*prestige*planung basiert. Aus diesem Grund wird in der vorliegenden Studie gerade dem *Bewertungs*aspekt der Sprachsituation – den Spracheinstellungen – in der Republik Belarus eine besondere Aufmerksamkeit geschenkt.

2.2 Merkmale der Sprachsituation in Belarus

Wie im Abschnitt 2.1 bereits ausgeführt, lässt sich eine Sprachsituation durch die Darstellung ihrer typischen Merkmale beschreiben. Eine Liste der Sprachsituationsmerkmale kann weder einen Anspruch auf Vollständigkeit erheben noch eine feste allgemeingültige hierarchische Struktur aufweisen (vgl. Scharnhorst 1994: 7; Mečkovskaja 2000: 101), weil die Sprachsituation ein dynamisches und mehrdimensionales Konstrukt ist. Eine Hierarchie der Merkmale kann demzufolge nur sprachkontextabhängig im Zuge eines Forschungsprozesses aufgestellt werden. Für die Beschreibung der Sprachsituation in der Republik Belarus erweist sich eine Einteilung in quantitative, qualitative und evaluative Merkmale als sinnvoll:

Quantitative Merkmale der Sprachsituation

- Anzahl „selbstständiger Sprachen" (Scharnhorst 1994) / vorhandener Sprachgebilde (Gutschmidt 2000, Mečkovskaja 2000) / Idiomen (LEW 1990), welche den Grad der sprachlichen Vielfalt einer Sprachsituation abbildet (vgl. Mečkovskaja 2000: 101);
- prozentualer Anteil der Sprecher jeder Sprache an der Gesamtbevölkerung des Landes (relative demographische Sprachkapazität (Mečkovskaja 2000: 102));
- prozentualer Anteil bi- bzw. multilingualer Sprecher (Scharnhorst 1994: 7);
- Anzahl der von einem Idiom bedienten Kommunikationsbereiche bzw. Anzahl seiner Kommunikationsfunktionen (relative kommunikative Sprachkapazität (Scharnhorst 1994: 7; Mečkovskaja 2000: 102));
- Anzahl funktional dominierender Idiome (LEW 1990).

Qualitative Merkmale der Sprachsituation

- linguistischer Charakter der die Sprachsituation bildenden Idiome: verschiedene Sprachen bzw. Varietäten einer Sprache (LEW 1990);
- Grad der genetischen Nähe der Idiome (LEW 1990);
- Herkunft des prestigehaften bzw. auf der Staatsebene dominierenden Idioms: autochthon vs. importiert (LEW 1990; Mečkovskaja 2000: 102);
- „Sprachenpolitik und Sprachpolitik des Staates und der Gruppen der Sprachgesellschaft" (Gutschmidt 2000: 69) in Sinne der *language politics* und *language policy* nach Kaplan/Baldauf (1997: xi), durchgesetzt in Form einer entsprechenden *Sprachplanung* (Haugen 1966: 3–26)
  - gesetzliche Festlegungen über den rechtlichen Status und Funktionsbereiche der Sprache (Gutschmidt 2000: 69; Mečkovskaja 2000: 102), z.B. Nationalsprache, Amtssprache, Arbeitssprache, Regionalsprache, gesetzlich anerkannte Minderheitensprache (Haarmann 1988: 1668): *Statusplanung* nach Kloss (1969: 81);
  - kodifizierte und nichtkodifizierte, invariable und variable Normen (Scharnhorst 1994: 7): *Korpusplanung* nach Kloss (1969: 81);
  - Maßnahmen zum Erwerb bzw. Wiedererwerb oder Erhalt der Sprache (Brüggemann 2012): *Erwerbsplanung* nach Cooper (1989: 33);
  - *Prestigeplanung* nach Haarmann (1986: 86);

- Sprachwirklichkeit
    - Kompetenz: Allgemeine Sprachbeherrschung;
    - Performanz
        - funktionale Gewichtung der Idiome;
        - Verwendung der Idiome (LEW 1990);
- Sprachzustand des jeweiligen Idioms (LEW 1990; Gutschmidt 2000: 69)
    - Existenzformen der Sprachen: Standard-, umgangssprachliche, dialektale Varietäten (Scharnhorst 1994: 7);
    - Funktionalstile (Scharnhorst 1994: 7);
    - Realisationsformen: geschriebene und gesprochene Sprache, Übergangsformen (Scharnhorst 1994: 7);
- „ethnische und religiöse Differenzierung der Sprach- oder Kommunikationsgemeinschaft" (Gutschmidt 2000: 69).

Evaluative Merkmale der Sprachsituation

- Werte, die mit einer Sprache verbunden werden, z.B. symbolische Funktion (Garvin 1993: 47), Historizität, Ästhetik etc.
- Einstellung zu Idiomen aus der Sicht der Linguistik und anderer Sprachschöpferinstanzen (offizielle Attitüden) sowie positive, neutrale oder negative Bewertungen einer Sprache seitens der Sprecher dieser Sprache (innere Bewertung) und der Sprecher einer anderen Sprache (äußere Bewertung)
- [2] hinsichtlich ihrer kommunikativen Eignung, ihres kulturellen Prestiges, ihrer Ästhetik etc. (Verwenderattitüden) (vgl. Wingender 2013: 27). Die Gesamtheit innerer Bewertungen liefert eine Aussage über die Sprachloyalität innerhalb der Sprachgemeinschaft (vgl. LEW 1990; Gutschmidt 2000: 69). Positive Bewertungen seitens der Verwender können eine Sprache zur „Prestigesprache" machen (vgl. Scharnhorst 1994: 7). Die Einstellungen der Sprachgemeinschaft sind ein Teil der sozialen Komponente der Standardsprachlichkeit eines Idioms und „[entscheiden] über Sprachwechsel, Spracherhalt, Revitalisierung, Sprachsterben etc." (Wingender 2013: 30).[3]

---

2 Zur äußeren Bewertung des Belarusischen s. die Analyse des metasprachlichen Diskurses der Russophonen über die Sprachgeschichte und Sprachverwendung in Belarus von Brüggemann (2013).
3 Im ihrem Standardsprachenmodell geht Wingender (2013) von einer Konstellation graduierbarer Merkmale von Standardsprachlichkeit – darunter auch der Spracheinstellungen – aus.

Bevor die aktuelle Sprachsituation nach diesen drei Merkmalsarten im Kapitel 2.4 beschrieben wird, soll ein chronologischer Überblick im Kapitel 2.3 die einstellungsrelevanten historischen Prozesse offen legen, die diese Situation hervorgebracht haben.

2.3 Geschichte der belarusischen Sprachsituation als Einstellungsgeschichte

Für das Verständnis der Spezifik der heutigen Einstellung zum Belarusischen ist ein historischer Überblick über die Statusänderungen der belarusischen Sprache von ihrer Entstehung ca. im 14. Jh. bis zum Anfang des 21. Jh. und über die damit verbundenen Veränderungen in der Sprachpolitik, der Sprachkompetenz, der Verwendung und im Zustand der Sprache aufschlussreich, denn das Verhältnis der Belarusen zu ihrer Sprache wird von soziokulturellen Faktoren beeinflusst, die über Jahrhunderte der Sprachgeschichte relevant waren (vgl. Mečkovskaja 2002: 125). Im Fokus der diachronen Beschreibung der Sprachsituation auf dem Territorium des heutigen Belarus wird die Frage liegen, wie sich die – meist politisch-territorial motivierten – sprachpolitischen Entscheidungen und Prozesse einerseits und die Einstellungen gegenüber der belarusischen Sprache seitens der Sprachverwender andererseits gegenseitig beeinflussten und wie sich die Spracheinstellung im Laufe der Sprachgeschichte entwickelte.

2.3.1 Belarusische Sprachgeschichte als Forschungsgegenstand

Zur sprachgeschichtlichen Entwicklung in Belarus ist generell anzumerken, dass in der Historiographie keine Einigkeit über dieses Thema herrscht, dass es noch nicht angemessen erforscht worden ist und einen Konstrukt-Charakter aufweist, der auf unterschiedlich motivierten und sich widersprechenden Auslegungen basiert (vgl. Kosakowski 2013: 105). Die Entwicklung der Sprachsituation in Belarus wird in einer Reihe soziolinguistischer Beiträge zu verschiedenen Perioden und Aspekten der belarusischen Sprachgeschichte verfolgt. Der folgende kurze exemplarische Überblick über verschiedene Ansätze erhebt zwar keinen Anspruch auf Exhaustivität, kann aber als eine Orientierungsgrundlage zum Thema der Entwicklung der Sprachverhältnisse in Belarus genutzt werden.

Hierzu wertet sie auch Untersuchungen zur Sprachsituation aus, so dass sich hier Überschneidungen zu unserer Thematik ergeben.

Vorerst ist anzumerken, dass sich die Herangehensweisen der inländischen und der ausländischen Slavistik an dieses Thema in ihren Untersuchungsgegenständen und deren Bewertungen unterscheiden. Dabei ist innerhalb der belarusischen Linguistik neben den traditionellen, in der staatlichen Sprachideologie verankerten Deutungsmustern der Sprachgeschichte eine kritische Auseinandersetzung mit diesem Thema vertreten (Cychun, Mečkovskaja, Plotnikaŭ, Sciaćko, Zaprudski et al.), welche auch von der westlichen Perspektive geteilt wird.

a. Die Arbeiten der *internationalen*, vorwiegend deutschsprachigen, und der *nationalorientierten belarusischen* Sprachgeschichtsforschung sind hauptsächlich in den 1990er – Anfang der 2000er Jahre entstanden, als die meisten neuesten sprachpolitischen Veränderungen im Land stattfanden und der Sprachdiskurs in der belarusischen Gesellschaft besonders intensiv war. In diesen Beiträgen wird die Sprachsituation in Belarus als „paradox" bewertet, da die Sprache der nationalen Minderheit (Russen) von der nationalen Mehrheit (Belarusen) übernommen worden sei. Man spricht von einer Diskriminierung des Belarusischen, dessen Verdrängung und einer fortschreitenden Marginalisierung seitens des Staates durch seine Sprachenpolitik,[4] vom „Lingvozid" und gar „Ethnozid" einerseits durch eine Polonisierung und Russifizierung der Sprache seit der Gründung der *Rzeczpospolita* (1569), die zu Deformationen auf allen Sprachebenen und zum Prestigeverlust der Sprache geführt hätten, und andererseits durch eine kontinuierliche Assimilierung der Bevölkerung.[5] Die Sprache selbst wird von den meisten Forschern als bedroht eingeschätzt (vgl. Barščeŭskaja 2004; Bieder 1992; 1995b, c; 1996b; 2000a; 2001; Sciaćko 2000; Cychun 2000; Gutschmidt 2000; Hentschel 2003; Mečkovskaja 2003; Plotnikaŭ 1996, 2000; Rzetelska-Feleszko 2005; Stankevič 2008; Stankievič 1994; Wexler 1985).

Ein Teil der belarusischen Forscher ist in den Bewertungen der Sprachsituation weniger kategorisch, distanziert sich jedoch von den Ansätzen der staatlichen Sprachideologie durch die Behandlung von sprachrelevanten historischen Gegebenheiten, welche dort intentional nicht angesprochen werden (z.B. die ge-

---

[4] „Nach dem polnischen Aufstand von 1863 setzte in den weißrussischen [...] Gouvernements eine gezielte Russifizierungspolitik ein [...]. Vom Anfang der dreißiger bis zum Ende der achtziger Jahre waren die Partei- und Staatsorgane Sowjetweißrußlands bemüht, die Landessprache aus dem öffentlichen Leben zu verdrängen [...]. In der Gegenwart ist die weißrussische Schriftsprache im eigenen Land gleichsam in wenige Reservate zurückgedrängt" (Bieder 2001: 452–470).

[5] Es wird darüber hinaus die Problematik der Sprachsituation in Belarus als die Problematik eines Grenzgebietes aufgeworfen. Dingley (2001) erklärt die nationalen und sprachlichen Identifizierungsschwierigkeiten für naturgemäß und für einen Begegnungsraum von Völkern wie Belarus für selbstverständlich.

sellschaftlichen Proteste gegen das Referendum von 1995, die Bemühungen der nationalen Elite um den internationalen Schutz der Titularsprache etc. (vgl. Zaprudski 2002)). Mečkovskaja (2003) analysiert z.B. detailliert die Sprachsituation in Belarus am Ende des 20. – Anfang des 21. Jh. unter der Anführung historischer Hintergründe und der Besonderheiten des ethnosprachlichen und des Nationalbewusstseins der Belarusen. Die Forscherin deckt in der Koexistenz der beiden Staatssprachen „Kollisionen der Zweisprachigkeit" (Mečkovskaja 2003: 21) auf, die sie nicht zuletzt als ein Produkt geschichtlicher Entwicklungen und sprachpolitischer Gegebenheiten in der UdSSR, aber auch der immer noch im sowjetischen Geiste gehaltenen rechtlichen Festlegungen nach deren Zerfall sieht, welche sie ebenfalls analytisch im Hinblick auf ihre Folgen für den gegenwärtigen Status und den Zustand des Belarusischen darstellt.

Die belarusische Sprachsituation wird sowohl zusammenfassend nach ihren Merkmalen (Gutschmidt 2000; Rzetelska-Feleszko 2005) als auch unter Fokussierung auf ihre einzelnen Merkmale beschrieben. Besonders ausführlich werden dabei die Themen der staatlichen *Sprachenpolitik* und der dementsprechenden *Sprachplanung*[6] des Belarusischen behandelt (*Statusplanung*: Bieder 1992; Mečkovskaja 2003; Zaprudski 2002; *Korpusplanung*: Barščeŭskaja 2008; Bieder 1995a, 1996a, 2000a, 2001, 2006; Cychun 2000; Gutschmidt 2002; Lyč 1993; Zaprudski 2002, 2007, 2013; *Erwerbsplanung*: Barščeŭskaja 2004; Bieder 1996b; Giger/Sloboda 2008 (*parents-free-choice*-Argument); Gutschmidt 2000; Zaprudski 2002; *Prestigeplanung*: Barščeŭskaja 2004; Bieder 1992, 1996b, 2000a, 2001; Gutschmidt 2000; Hentschel 1997; Kosakowski 2013; Lyč 2003; Mečkovskaja 2003; Sudnik 2000; Zaprudski 2002).

Die Betrachtung der aktuellen Sprachsituation in Belarus aus der Sicht der *language-management*-Theorie von Jernudd/Neustupný (1987) brachte zutage, dass die Ursachen der schwachen Position des Belarusischen nicht alleine auf der Makroebene bei der Sprachpolitik verortet sind, sondern in großem Maße auf der Mikroebene beim Sprachmanagement, das hauptsächlich in der Phase der Implementierung der Korrekturprogramme in die individuelle Interaktion fehlschlägt (Giger/Sloboda 2008) und bereits auf den Ebenen der Evaluation und der Korrekturplanung des Sprachgebrauchs auf Schwierigkeiten trifft (Sloboda 2009: 41–43).

Der *Zustand* des Belarusischen wird u.a. als kritisch bzw. als Verfall charakterisiert. Es wird angezweifelt, dass es die Form einer Standardsprache erreicht

---

6 Die die Sprachpolitik implementierende Sprachplanung wird nach ihren vier Dimensionen behandelt: Korpus- und Statusplanung (Kloss 1969: 81; Coulmas 1985: 80), Erwerbsplanung (Cooper 1989: 33–34) und Prestigeplanung (Haarmann 1986: 86–118).

hat (vgl. Bieder 1995a, 2000a, 2001; Gutschmidt 2000; Kosakowski 2013). In diesem Zusammenhang werden die Russifizierung der belarusischen Sprache und die am Ende des 20. Jh. entstandene Normproblematik als die wesentlichen Faktoren des aktuellen Sprachzustandes herausgestellt (Bieder 1995a, 1996a, 2000a, 2006; Stankevič 2008; Stankievič 1994; Wexler 1985). Außerhalb der Forschungen zur substandardsprachlichen Varietät *Trasjanka*[7] (Hentschel 2008a, b, c, 2010: 2014; Liskovets 2009; Ramza 2008; Tesch 2013, Zeller 2013) sind die kontaktlinguistischen Phänomene eher selten ein Untersuchungsgegenstand der nicht-belarusischen Linguistik (Bieder 1992: 1995a; Wexler 1985).

Auf das Thema der *Einstellung* zum Belarusischen wird eingegangen, indem die Einstellungen verschiedener Institute (Staat, seltener Kirche) und Sprechergruppen (intellektuelle Elite, Jugend, breite Bevölkerung) beschrieben werden (Besters-Dilger 1996; Bieder 1995a, 2000a, b, 2001; Lyč 2003; Zaprudski 2002).

Insgesamt betrachtet die westliche Sprachgeschichtsforschung die belarusische Sprache eher aus der soziolinguistischen sprachpolitischen Perspektive und schenkt dem historischen Aspekt eine besondere Beachtung. Von der Systemlinguistik wird die belarusische Standardsprache kaum behandelt (vgl. Junggans 2007: 89).

b. Die moderne *in der staatlichen Sprachideologie verankerte belarusische* Sprachwissenschaft konzentriert sich vielmehr auf systemlinguistische Phänomene auf allen Sprachebenen,[8] der soziolinguistische Aspekt der Sprachgeschichte steht dagegen nicht im Fokus ihres Forschungsinteresses.[9] An die geschichtlichen Gegebenheiten wird hier entweder nicht appelliert, oder sie werden relativ unkritisch behandelt (Basiuk/Silčanka 1999; Paŭlaviec 2004). Die in der ausländischen Forschungsliteratur oft kritisierte Russifizierung des Belarusischen wird z.B. kaum angesprochen, und der aktuelle Sprachzustand als ein natürliches Resultat des dynamischen Zusammenwirkens von Sprachen ver-

---

[7] In einem breitangelegten, von der VolkswagenStiftung geförderten Forschungsprojekt wird am Institut für Slavistik der Carl-von-Ossietzky-Universität Oldenburg die Trasjanka unter mehreren Aspekten untersucht, z.B.: Morphologie der Trasjanka (Brandes), phonetische Variation in der Trasjanka (Zeller), kontaktlinguistische Phänomene in der Trasjanaka (Tesch), Einstellungen zur Trasjanka (Liankievič) etc. (online unter: https://www.uni-oldenburg.de/slavistik/-forschung/sprachwissenschaft/drittmittelprojekte/trasjanka/publikationen-die-trasjanka-in-weissrussland/ <23.06.2020>).

[8] Auch das Interesse an der internationalen Forschung gilt eher den – wenigen – Arbeiten zur theoretischen Linguistik als zur Soziolinguistik (Pryhodzič 2006).

[9] Die bedeutendsten soziolinguistischen Arbeiten belarusischer Autoren (z.B. Mečkovskaja 2003; Beiträge verschiedener Autoren im Sammelband *Aniamiennie* (2000) etc.) sind in ausländischen Verlagen herausgegeben worden.

standen (Norman 2013). Die Themen mit einer hohen sprachpolitischen Determiniertheit und Bedeutung wie Normierung des Belarusischen, die Orthographiereformen von 1933[10] und 1957[11] sowie das Orthographiegesetz von 2008[12] werden hier vom Standpunkt einer sprachimmanenten Notwendigkeit betrachtet (z.B. Iŭčankaŭ in: Padaliak 2006; Lukašaniec 2014; Padlužny 2005; Sciaćko 2006).

Der Zustand der Titularsprache wird in der sog. ‚offiziellen' Belarusistik entsprechend nicht als kritisch bzw. bedroht angesehen:

> Беларуская мова сёння з'яўляецца рэальным сродкам зносін для значнай часткі беларускага грамадства, прадстаўлена фактычна ва ўсіх камунікатыўных сферах і актыўна выкарыстоўваецца ў многіх з іх.
>
> [Die belarusische Sprache ist heute ein reales Kommunikationsmittel für einen bedeutenden Teil der belarusischen Gesellschaft, es ist praktisch in allen Kommunikationsbereichen vertreten und wird in vielen davon aktiv verwendet] (Lukašaniec[13] 2009: 12).

Das Thema der *Einstellung* zum Belarusischen ist für die offizielle belarusische Linguistik relativ neu und wird vorwiegend erst seit 2008 von Liankievič eingehend behandelt, welche Einstellungen zum Belarusischen und zu unterschiedlichen Formen der gemischten Rede in Belarus unter Zuhilfenahme verschiedener Datenquellen untersucht.

c. Kritisch wird dagegen der aktuelle Zustand der belarusischen Sprache und dessen Ursachen von den Vertretern der sog. *‚nationalromantischen'* Richtung bewertet, welche ihre Institutionalisierung in der NGO *Tavarystva belaruskaj movy* [Gesellschaft für belarusische Sprache] (TBM) gefunden hat. Die TBM ist eine auf Anregung von mehreren belarusischen Institutionen und Staatsorganen[14] im Juni 1989 in Minsk gegründete gesellschaftliche Vereini-

---

10 „Ab źmienach i spraščenni bielaruskaha pravapisu [Über Änderungen und Vereinfachung der belarusischen Orthographie]" (26.08.1933).
11 „Ab udakladnienni i častkovych zmienach isnujučaha bielaruskaha pravapisu [Über Präzisierung und teilweise Änderungen der aktuellen belarusischen Orthographie]" (11.05.1957).
12 „Ab Pravilach bielaruskaj arfahrafii i punktuacyi [Über die Regeln der belarusischen Orthographie und Interpunktion]" (23.07.2008).
13 Direktor des Jakub-Kolas-und-Janka-Kupala-Instituts für Sprache und Literatur der Wissenschaftsakademie von Belarus, Vorsitzender des Internationalen und des Belarusischen Slavistenkomitees.
14 Belarusischer Schriftstellerverband, Bildungs- und Kultusministerien der Republik Belarus, Yakub-Kolas-Institut für Linguistik, Janka-Kupala-Institut für Literatur, Belarusische Kulturstiftung, Staatskomitee der Republik Belarus in Sachen Presse, das Zentrale Belarusische TV- und Radiounternehmen etc.

gung, deren Zweck die Wiedergeburt der belarusischen Sprache durch die Förderung des nationalen Selbstbewusstseins und des historischen Gedächtnisses, durch die Entwicklung der Volkskünste und deren Verbreitung im Ausland sowie durch die Schaffung von Voraussetzungen für eine kontinuierliche Bildung in der belarusischen Sprache ist. Die Entstehungs- und Tätigkeitsgeschichte der TBM sowie der Werdegang und der Standpunkt ihres Vorsitzenden Alieh Trusaŭ, des „Vorkämpfers einer fürsorgenden Sprachpolitik ‚von oben'", ist bei Brüggemann (2014: 169–188) ausführlich geschildert. In ihren öffentlichen Beiträgen nimmt die TBM eine Position an, die von Mečkovskaja (2003: 44) als „Nationalromantismus" bezeichnet wird: Die Sprache wird eindeutig mit der Nation identifiziert: „Згуба моўнай спадчыны – адзін з крокаў да ліквідацыі дзяржавы і нацыі [Verlust des sprachlichen Erbes ist einer der Schritte zur Beseitigung des Staates und der Nation]" (Rusaŭ 2000: 135) und zuweilen sogar sakralisiert: „Працэс гэты [фарміраванне беларускай мовы] адбываўся па волі Божай [Dieser Prozess [Herausbildung der belarusischen Sprache – N.S.] vollzog sich nach Willen Gottes]" (Hilievič 2000: 7).[15]

Ihre kritische Stellung gegenüber der Sprachpolitik in Bezug auf die belarusische Sprache in der Geschichte und der Gegenwart manifestierte die TBM in ihrem im Jahr 2000 in Vilnius – also, außerhalb der Republik Belarus – erschienenen Sammelband „Aniamiennie: Z chroniki zniščennia bielaruskaj movy [Das Verstummen: Aus der Chronik der Vernichtung der belarusischen Sprache]". In den Texten des Sammelbandes sind generell zwei Hauptintentionen erkennbar. Zum einen ist es eine nationalromantische Einstellungsäußerung gegenüber dem Belarusischen, die sich v.a., wie oben bereits erwähnt, in der Gleichstellung von Sprache und Nation äußert, und zum anderen eine extrinsische Attribution des Zustandes des Belarusischen mit historischen und aktuellen sprachideologischen und sprachpolitischen Gegebenheiten. Insgesamt weisen die Texte von TBM-Anhängern einen stark metapherisierten Sprachgebrauch und eine erhöhte emotionale Tonlage auf, was ihre Sorge um die Titularsprache deutlicher an den Tag legen soll.

---

15 In der Regel wird dabei auf die Worte des belarusischen Dichters Francišak Bahuševič referiert, die er im Vorwort zu seinen Gedichtband von 1891 *Dudka biełaruskaja* [Die belarusische Schalmei] schrieb und die zum ersten Mal nach der jahrhundertelangen Unterbrechung der schriftsprachlichen Tradition die belarusische Sprache als ein Kulturgut aufwerteten: „Не пакідайце ж мовы нашай беларускай, каб не ўмёрлі! [So verlasst doch unsere belarusische Sprache nicht, um nicht zu sterben!]"

d. Die Erforschung der Sprachsituation in Belarus seitens der *russischen* Soziolinguistik ist nicht umfangreich[16] und ideologisch zuweilen nicht frei von sog. ‚großrussischen' Grundvorstellungen über die Bedeutung einzelner Phasen der belarusischen Sprachgeschichte.[17] Es ist darüber hinaus eine Skepsis gegenüber der Historizität und Eigenständigkeit des Belarusischen erkennbar:

> К 1926 году националистам, а затем и большевикам *удалось убедить* большую часть местного населения в том, что они являются белорусами, а их язык – отдельным белорусским языком.
>
> [Zum Jahr 1926 ist des den Nationalisten und danach den Bolschewiken *gelungen*, die Mehrheit der einheimischen Bevölkerung davon zu *überzeugen*, sie seien Belarusen und ihre Sprache sei eine selbstständige belarusische Sprache] (Korjakov 2002: 32. Hervorhebung – N.S.).

Nach diesem Überblick der Forschungsthemen seien im Folgenden verschiedene Geschichtsphasen der belarusischen Sprachsituation als eine Spracheinstellungsgeschichte beschrieben.[18]

2.3.2 10.–13. Jh.: Kommunikationsmittel ‚vorbelarusischer' Stämme

Die belarusische Sprache hat sich seit dem 14. Jh. auf der Basis der altostslavischen Sprache unter dem Einfluss von mündlichen Dialekten der auf dem Terri-

---

16 Meistens wird die Sprachsituation in Belarus neben den Sprachsituationen in anderen postsowjetischen Republiken im Rahmen von Überblicksarbeiten behandelt (z.B. Alpatov 2000).
17 Als die Sprache im Großfürstentum Litauen wird hier nämlich das Russische genannt, mit der Argumentation, dass die Sprecher selbst ihre Sprache in den Schriftwerken so bezeichneten. Der theoretische Ansatz, der besagt, dass für die altbelarusische Sprache zu der Zeit das Lingvonym *ruskij jazyk* [rusische Sprache] verwendet wurde (vgl. Mečkovskaja 2003: 23), bleibt dabei unbeachtet. Die Sprache in der Rzeczpospolita wird als eine westliche Variante des Russischen angesehen. Es fallen dabei nicht neutrale Ausdrücke wie z.B. „die Sorge um das Schicksal der russischen Sprache"; die Jesuiten-Kollegs werden als ‚Verbreitungsherde' des Polnischen metaphorisiert, während die religiösen Brüderschaften als ‚Verteidiger' der Orthodoxie gegen die Katholisierung und Polonisierung dargestellt werden. Der Übergang der belarusischen Territorien an das Russische Imperium wird als eine Wende zur progressiven Entwicklung des Landes charakterisiert. Zur Benennung der belarusischen Sprache bis zu den 1920er Jahren werden Ausdrücke wie ‚belarusische Dialekte', ‚belarusische Mundart', ‚belarusisches Wort' verwendet (Korjakov 2002: 17–29).
18 Auf der Grundlage des derzeitigen Forschungsstandes ist eine Rekonstruktion der Spracheinstellungsgeschichte des Belarusischen methodisch nur als eine Kombination von Zugängen zur äußeren Sprachgeschichte und zur Sprachsituation möglich.

torium des heutigen Belarus ansässigen Stämme Radzimičy, Dryhavičy und Kryvičy entwickelt (vgl. Sudnik 1990: 70). Der belarusische Sprachwissenschaftler und Historiker Jan Stankievič macht ausführliche Angaben zur territorialen Verteilung dieser drei Stämme (in 10.–13. Jh.), welche er als „belarusische" Stämme bezeichnet, sowie zu spezifischen Merkmalen der regionalen Dialekte der altbelarusischen Sprache (zusammenfassend dargestellt in: Barščeŭskaja 2007).

Die in der Zeit von 10.–13. Jh. entstandenen Schriftwerke (Werke von Clemens von Smolensk (†1164), Kyrill von Turaŭ (1130–1182), Abraham von Smolensk (†1222), Birkenrindentexte von Viciebsk und Mstislavĺ) sind nicht nur auf Kirchenslavisch verfasst worden, sondern auch in der ‚rusischen' Sprache[19] (z.B. Predigten des Bischofs Kyrill von Turaŭ, eines exzellenten Redners und Schriftstellers, der für seine oratorischen Meisterleistungen ‚Златоуст [Goldmund]' genannt wurde). In seinen *Worten* bediente sich Kyrill von Turaŭ der „typischen slavischen Sprache der altrussischen[20] Art" (Erëmin 1962: 58), was davon zeugt, dass die autochthone Sprache ausreichend Potenzial und Ansehen hatte, um den Bedürfnissen und Anforderungen der Rednerkunst gerecht zu werden.

2.3.3 13.–16. Jh.: Staatssprache im Großfürstentum Litauen

Ihre Blütezeit erlebte die Sprache in der Epoche des Großfürstentums Litauen (13.–16. Jh.), die als ‚Goldenes Zeitalter der belarusischen Sprache' gilt. Das Großfürstentum Litauen entstand im 13. Jh. als eine Union einiger ostslavischer Fürstentümer (Polozker, Navahrudaker, Pinsk-Turaver et al.) und breitete sich bis zum Ende des 15. Jh. vom Ostsee bis zum Schwarzen Meer aus. Der Staat war polyethnisch, multikonfessionell und mehrsprachig. Die Bevölkerung bildeten die heutigen Belarusen, Litauer, Ukrainer, Russen, Tataren, Juden, Letten, Polen, Roma etc. Dabei machte die slavische Ethnie ca. 90% der Bevölkerung des Staates aus. Es existierten das Christentum, der Katholizismus, der Protestantismus, das Heidentum, das Judentum und der Islam nah beieinander. Neben den ethnischen Sprachen wurden Latein und das Kirchenslavische verwendet (vgl. Mečkovskaja 2003: 22).

Die von Jan Stankevič festgehaltenen Besonderheiten der regionalen Dialekte „belarusischer" Stämme vom 10.–13. Jh. bildeten sich in der ersten Hälfte

---

19 Die Grundlage der sog. *проста мова* [einfache Sprache] oder *руский язык* [rusische Sprache] bildeten „belarusische Mundarten um Vilna und um [...] Polock, Vitebsk Smolensk" (Mečkovskaja 2003: 23), die in Aktenschriften festgehalten worden sind.
20 In der russischsprachigen Linguistik die häufige Bezeichnung für ‚Altostslavisch'.

des 14. Jh. zu konstitutiven Erkennungsmerkmalen[21] des Belarusischen heraus und trugen zu seiner Genese als einer eigenständigen Sprache und somit zur Bildung der belarusischen *народность* [Völkerschaft], u.a. auf der Grundlage einer allgemeinen Sprache bei (vgl. Žuk 2005: 49).[22]

Das Altbelarusische hatte im Großfürstentum Litauen einen hohen Status und war das Hauptmittel der überdialektalen schriftlichen Kommunikation im multiethnischen Staat. Seit dem Ende des 15. bis zum Anfang des 17. Jhs. zeichnete es sich durch Polyfunktionalität und Polyvalenz aus. Es fungierte als Kanzleisprache, als Sprache des Gesetzes und des Gerichtswesens. Über 550 Bücher der Staatsakte des Großfürstentums Litauen sind auf Belarusisch verfasst worden. (Vgl. zu den nachfolgenden zwei Absätzen Lyč 2003: 103–106).

Der Amtsstil der altbelarusischen Sprache wurde nicht nur im offiziellen Bereich, sondern auch im privaten Schriftverkehr und in literarischen Werken verwendet, wie z.B. *Geschichte von Padolle* (15. Jh.), einem Schriftdenkmal der belarusisch-litauischen Chronik. Neben der Chronik sind zu der Zeit Manuskripte wie die Evangelien von LavrišEvo (1329), von Druck (14. Jh.) und von Žiroviči (15. Jh.) entstanden. Das Kirchenslavische des Drucker Evangeliums enthält viele Merkmale des belarusischsprachigen Einflusses (vgl. Budźko 2010).

> Im konfessionellen Bereich wurde [die belarusische Sprache] zum Verfassen homiletischer Literatur in Form von belehrenden Bibelauslegungen und Beschreibungen von Heiligenleben verwendet. Einzelne Episoden aus den in Weißrussisch verfassten Chroniken werden in der heutigen Forschung als eigenständige literarische Werke bewertet (vgl. Savitskaya 2011: 30).

Die dominierende Position im religiösen Leben bewahrte jedoch nach wie vor das Kirchenslavische.

Eine breite Verwendung der Sprache in allen Sphären des schriftlichen Verkehrs führte in der zweiten Hälfte des 16. Jh. zur Etablierung des Altbelarusi-

---

21 Dazu gehören v.a. phonetische Besonderheiten, z.B. die regressive Weichheitsassimilation: [*с'н'ег*]; das Fehlen einer stark ausgeprägten quantitativen Reduktion unbetonter Vokale: [*malakó*]; *Akanne* (keine Differenzierung zwischen *o* und *a* in schwachen Positionen); *Jakanne* (Übergang von *e* und *o* nach weichen Konsonanten in der ersten Silbe vor Betonung in ein '*a* [*l'és – l'asý*]; *Dzekanne* und *Zekanne* (Bildung von Affrikaten *dz* und *c* bei der Palatalisierung von *d* und *t*: [*dom – dz'en', tom – c'en'*]); die Prothesen *v-* und *i-* [*vokny, il'nú*]; der Übergang von *v* und *u* nach Vokalen in geschlossenen Silben in das nicht-silbenbildende *ŭ* [*móva – móŭny*]; das verhärtete *r* und die Affrikate *dž*.
22 Diese Theorie widerlegt das in der russischen imperialen und in der sowjetischen Sprachgeschichtsschreibung geltende Postulat, die belarusische Sprache sei neben der ukrainischen eine Abstammung des Großrussischen (vgl. weiter in diesem Kapitel).

schen als Hochsprache mit einem reichen lexikalischen Bestand und mit „überdialektalen Normen"; es bildete somit in dieser Hinsicht eine Konkurrenz dem Kirchenslavischen (vgl. Hentschel 1997: 223). Zur Staatssprache des Großfürstentums Litauen sei sie bereits vom Fürsten Aĺhierd (1345–1347) erklärt worden – noch bevor dies mit dem Englischen in England (1362) und dem Französischen in Frankreich (1400) geschah. Schriftlich sei dieser Akt jedoch nicht festgehalten worden (so Lyč 2003: 104).

Wie oben bereits erwähnt, war das Prestige der belarusischen Sprache in der Zeit vom 13.–16. Jh. hoch, und das nicht nur innerhalb des Landes, sondern auch im anliegenden Ausland. Davon zeugt z.B. die Tatsache, dass der offizielle Schriftverkehr zwischen dem polnischen und dem russischen Hauptstadt lange Zeit auf Altbelarusisch verlief (vgl. Lyč 2003: 105). Gesprochen wurde die altbelarusische Sprache auch in hohen gesellschaftlichen Kreisen: Der polnische König belarusischer Abstammung Jahajla initiierte während seiner Regierungszeit (1386–1434) eine breite Verwendung der Sprache beim polnischen Hofe. Die Sorge um das Ansehen der Sprache wurde u.a. auch von Vertretern der Bildungselite, wie z.B. einem Aufklärer[23] und dem ersten Buchdrucker Francišak Skaryna (1490–1551) getragen, der die belarusische Sprache in die Texte der Heiligen Schrift einarbeitete. Fördernd für die Prestigesteigerung des Belarusischen waren v.a. eine positive Einstellung gegenüber der Sprache seitens der Regierenden des Staates und eine für das Belarusische günstige Sprachenpolitik. Im Jahre 1566 wurde vor dem Hintergrund des verstärkten polnischen Einflusses und der Expansion des Lateinischen folgender Artikel in das Statut des Großfürstentums Litauen (1566, Teil IV, Art. 1) aufgenommen:

> А писарь земский маеть по руску литерами и словы рускими вси листы выписы и позвы писати, а не иншимъ езыкомъ и словы.
>
> [Und ein Landschreiber hat alle Briefe, Auszüge und Ladungen auf Rusisch, mit rusischen Buchstaben und Wörtern, und nicht in anderen Sprachen und Wörtern zu schreiben].

2.3.4 17.–18. Jh.: Mittel der mündlichen Kommunikation der ländlichen Bevölkerung in der Rzeczpospolita

Eine politisch motivierte Annäherung an Polen am Ende des 16. Jh. führte zur Verstärkung der polnischen sprachlichen und kulturellen Assimilation (vgl.

---

[23] Zu den auf dem belarusischen Territorium aufklärerisch tätigen Personen s. Paškoŭ (2001a).

Mečkovskaja 2003: 23) und zur Verdrängung des Belarusischen aus dem gesellschaftlichen Bereich.[24] Die Gründung des polnisch-litauischen Unionstaates Rzeczpospolita im Jahre 1569 hatte nämlich zur Folge, dass der belarusische Adel und nach ihm alle anderen privilegierten Bevölkerungsschichten immer mehr unter den Einfluss der polnischen Kultur und der polnischen Sprache gerieten. Zur Polonisierung des belarusischen Adels (Schlachta) trug die Verbreitung der polnischen ‚goldenen Schlachta-Freiheiten', des Katholizismus, der polnischen Lebensweise, der Traditionen und der polnischen Sprache bei.

> Eine Ruś-Identität bewahrten [lediglich – N.S.] diejenigen Adeligen, die an ihrer Zugehörigkeit zur unierten oder orthodoxen Kirche festhielten […]. Gleiches gilt für die orthodoxen Bauern sowie die ostslavischen Stadtbewohner des Großfürstentums, die Katholizismus und Kirchenunion ablehnten (Brüggemann 2014: 63).

Dies führte zum unvermeidlichen Sinken des sozialen Status und des Ansehens der belarusischen Sprache, die bereits zu Beginn des 18. Jh. auch den Bereich des privaten schriftlichen Verkehrs verließ[25] und nur von belarusischen Bauern, vom Kleinbürgertum und vom der Schlachta zur mündlichen Alltagskommunikation verwendet wurde. Die schriftsprachliche Tradition des Belarusischen wurde somit unterbrochen. In ihrer schriftlichen Form existierte die belarusische Sprache also nicht mehr (vgl. Mečkovskaja 2003: 22; Savitskaya 2011: 30).

Die Union von Lublin (1569) und die Brester Kirchenunion (1596) brachten somit eine Expansion des Polnischen mit sich, so dass z.B. bereits am Ende des 16. Jh. neben der weltlichen Literatur auch die Texte der orthodoxen – und nicht nur katholischen – Kirche überwiegend auf Polnisch verfasst wurden. Die Gründung im Jahr 1596 einer ‚Kompromisskirche' – einer Union der orthodoxen und

---

24 In der Forschungsliteratur ist traditionell davon die Rede, dass die Verwendung der belarusischen Sprache im Jahr 1696 durch den Seim verboten wurde (vgl. Šakun 1984: 17), und zwar auf Verlangen der Schlachta (vgl. Padlužny 2005: 75). Das Vorhandensein eines expliziten Verbotes des Belarusischen wird jedoch mit dem Argument angefochten, der entsprechende Punkt des Seim-Erlassenes verböte nicht die belarusische Sprache, sondern er machte den *status quo* des Polnischen fest (vgl. Hardziejeŭ 2007: 101): „Усе дэкрэты на польскай мове адгэтуль павінны выдавацца; ранейшыя акты і запісы, дэкрэты и трыбунальскія, земскія і гродскія паказанні павінны захоўвацца з рэмісіяй да Трыбунала. [Alle Erlasse sind ab sofort in polnischer Sprache herauszugeben; frühere Akten und Eintragungen, Erlasse und gerichtliche, ländliche und städtische Zeugnisse sind mit Remission bis zur Gerichtssitzung aufzubewahren]" (Volumina Legum 1860: 418 in: Hardziejeŭ 2007: 101).
25 Während die ersten Versuche, einige nach Belarus adressierte offizielle Schreiben auf Polnisch zu verfassen, am Anfang des 16. Jhs. auf einen starken Widerstand der Schlachta stießen, so gestaltete sich die öffentliche und private Korrespondenz im 17. Jh. bereits überwiegend in polnischer Sprache (vgl. Šakun 1984: 163).

der katholischen Kirche auf der Grundlage katholischer Glaubenssätze mit Bewahrung orthodoxer Rituale und des Kirchenslavischen als die Sprache der Gottesdienste – bedeutete für die Bewohner der belarusischen Territorien einerseits die Katholisierung und somit die Polonisierung. Andererseits sicherte sie die Bewahrung von kulturellen und sprachlichen Traditionen der Belarusen und bildete somit eine Barriere gegen eine endgültige, flächendeckende Katholisierung und Polonisierung der Bevölkerung. Und dadurch, dass im konfessionellen Bereich neben dem obligatorischen Kirchenslavischen der Kirchenbücher und der Liturgien die Auslegungen der Heiligen Schrift auf Belarusisch zugelassen waren, hat die Kirchenunion zur Einführung der belarusischen Sprache in die Gottesdienste beigetragen (vgl. Žuk 2005: 67). Dies förderte seinerseits die Verbreitung der Unionskirche innerhalb der belarusischen Bevölkerung.

Die Reformation in Belarus (16. – erste Hälfte des 17. Jh.), die nur die oberen Kreise der Gesellschaft berührt hat, förderte die Entwicklung des Druckwesens und die Entstehung neuer Bildungseinrichtungen (z.B. der Akademie in Vilna im Jahr 1579). Es wurden von belarusischen Schriftstellern Werke der kirchlichen Literatur in das volkssprachliche Belarusische übersetzt (*Katechizis* von Symon Budny (1562); Teile des *Neuen Testaments* von Vasiĺ Ciapinski (1570)), u.a. mit dem (in einer Widmung bei Budny) explizit verbalisierten Zweck, die Aufmerksamkeit einflussreicher Persönlichkeiten auf die Muttersprache zu lenken (vgl. Šakun 1984: 129).

Die Polonisierung betraf u.a. das Schulwesen. In den Jesuiten-Kollegs, die sich seit dem Ende des 16. Jh. auf dem belarusischen Territorium verbreiteten und als Unterrichtssprache Latein verwendeten, wurde Polnisch studiert. In einigen römisch-katholischen Schulen wurde u.a. Belarusisch gelernt, das – wie auch das Kirchenslavische – diskriminiert wurde (vgl. Šakun 1984: 164). Nach einer Bildungsreform (1770–1790) wurde Polnisch in allen Bildungseinrichtungen gesetzlich festgelegt (vgl. Žuk 2005: 79).

Als eine der staatlichen Sprachenpolitik entgegengerichtete Strömung erschienen in Belarus und in der Ukraine am Ende des 16. – Anfang des 17. Jh. die sog. Bruderschaften – national orientierte religiöse Organisationen, die sich auf der Seite der orthodoxen Kirche positionierten und sich damit gegen die Unions- und die katholische Kirche absetzten. Die Bruderschaften gründeten Druckereien und Schulen, in denen Kirchenslavisch und – als Zusatzfach – Belarusisch gelernt wurden. Für den Schulgebrauch wurden zahlreiche Werke der Rhetorik und der Dialektik sowie philosophische Arbeiten in die belarusische Sprache übersetzt.

Die Bruderschaften hatten die Verwendung des Belarusischen im 16. und 17. Jh. zwar unterstützt, sie konnten jedoch der Verbreitung der polnischen

Sprache nicht Stand halten. „Die belarusische Schriftsprache gerät zum Ende des 17. Jh. in Verfall" (Šakun 1984: 165). Ihre Funktionssphäre verengte sich: Sie wurde zum Mittel der mündlichen Kommunikation ländlicher Bevölkerung und zur Sprache der Schriftdenkmäler.

Die Einstellung zum Belarusischen in den Zeiten der Rzeczpospolita (1569–1795) lässt sich nun wie folgt rekonstruieren: Die Sprache wurde zum bäuerlichen Idiom herabgestuft. Vor allem die höheren Schichten wenden sich vom Belarusischen als einer „Bauern"- bzw. „Knecht"-Sprache ab (vgl. Šakun 1984: 164). Seitens der Staatsregierung und der Kirche wurden die belarusische Sprache und die Schriftlichkeit unterdrückt (vgl. Paŭlaviec 2004: 275). Um das Erhalten des Belarusischen war jedoch die kulturelle Elite bemüht, die die Volkssprache in die Werke der religiösen und der weltlichen Literatur hineinbrachte.

2.3.5 19. – Anfang des 20. Jh.: Unterdrückung und Renaissance im Russischen Imperium

2.3.5.1 Erste Hälfte des 19. Jh.: sozial entwerteter „Dialekt des Russischen"

Infolge der Teilungen der Rzeczpospolita (1772, 1794, 1795) gehörten die belarusischen Territorien bis zur Oktoberrevolution (1917) und der Bildung der BSSR (1918) zum Russischen Imperium. Als Teil des Russischen Imperiums verlor das Land endgültig seine Staatlichkeit und weitgehend seinen Namen.[26] Zur offiziellen Sprache auf dem belarusischen Territorium wurde folglich das Russische. Belarusisch wurde weiterhin nur von der ländlichen Bevölkerung gesprochen, was zu seiner Einstufung seitens der Belarusen selbst als eine „einfache", „bäurische" und für die kulturelle Entwicklung eines Angehörigen des polnischen Adels (Schlachta) nicht geeignete Sprache führte (vgl. Savitskaya 2011: 30). Die gegen das Ende des 17. Jh. abgebrochene schriftliche Tradition des Belarusischen wurde auch weiterhin nicht gepflegt.[27] Polnisch fungierte als Unterrichtssprache in katholischen und uniatischen Klosterschulen, in Gymnasien (z.B. in Viciebsk, Mahilioŭ, Hrodna, Minsk, Žirovičy, Svislač) und in den Iesuiten-Kollegs (z.B. in Polack, Viciebsk, Orša, Mahilioŭ) (vgl. Žuk 2005: 96).

Vor dem Hintergrund einer liberalen Kulturpolitik des Zaren Alexander I. entwickelte sich in den höheren Gesellschaftskreisen des heutigen belarusi-

---

26 Als Reaktion auf den polnischen Aufstand von 1830–1831 wurde das ‚belarusische' Teil des ehemaligen Großfürstentum Litauen seit ca. 1842 als ‚Nord-West-Region' bezeichnet.
27 Für die Bildungselite war am Anfang des 19. Jh. in kultureller Hinsicht trotz der politischen Angliederung an das Russland die Schrifttradition des Polnischen prägend.

schen Gebiets ein Lokalpatriotismus (vgl. Brüggemann 2014: 63), der sich zu einer Befreiungsbewegung von 1817–1840 entfaltete, welche neben politischen Zielen (Wiederherstellung des polnischen Schlachta-Staates) auch eine kulturell-aufklärerische Erforschung der Folklore, der Glaubenskultur, der Bräuche und der Geschichte des Belarus anstrebte (z.B. *Obščestvo filomatov* [Gesellschaft der Philomaten] (1817), zu deren Mitgliedern Adam Mickiewicz gehörte). Die Befreiungsbewegung mündete in einem antirussischen Aufstand der Schlachta (1830–1831), der 1831 einen Niederschlag erlitt und eine Verstärkung der Russifizierungspolitik zur Folge hatte.

Als Reaktion auf den Aufstand wurde per Zarenerlass von 1842 die Verwendung der Termini ‚Belarus', ‚belarusisch', ‚Litauen', ‚litauisch' verboten. Als offizielle Sprache des Gerichts- und Verwaltungswesens wurde Russisch eingeführt (vgl. Žuk 2005: 87–90). Im Jahr 1859 wurde die Latinica als ein Zeichen der „polnischen Bedrohung" beim Drucken belarusischer Texte verboten. Mit der Begründung, Belarusisch sei ein lehrbuchungeeigneter und -unfähiger Dialekt[28] des Russischen, wurden darüber hinaus belarusischsprachige Lehrbücher (einschließlich Lehrbuchübersetzungen ins Belarusische) unter Druckverbot gesetzt. Die Sprache war lediglich bei Herausgabe historischer Dokumente sowie schöngeistiger und folkloristischer Texte zugelassen (vgl. Mečkovskaja 2003: 55–56).

Die Einstellung zur belarusischen Sprache hat sich in der Zeit vom Ende des 18. bis Mitte des 19. Jh. gegenüber der vorangehenden Periode nicht wesentlich geändert. Die offizielle russische Linguistik und die Regierung erkannten die Existenz des Belarusischen als einer eigenständigen Sprache nicht an. Belarusisch hatte keinen Zugang zum Schulwesen, wurde von der orthodoxen und der katholischen Kirche ignoriert. Allgemein wurde es als ein minderwertiger, sozial entwerteter Dialekt des Russischen angesehen (vgl. Žuk 2005: 98). Verwendet wurde die Sprache weiterhin hauptsächlich vom belarusischen Bauerntum.

2.3.5.2 Zweite Hälfte des 19. Jh.: Neuanfang der schriftlichen Tradition und Repressionen gegen das Belarusische

In der Mitte des 19. Jh. nahm die schriftliche Tradition der belarusischen Sprache nach einer fast zweihundert Jahre langen Unterbrechung ihren Neuanfang. Der von der Revolutionssituation und der Bauernbewegung in der Mitte der

---

28 In der Auswertungstabelle der ersten allgemeinen Volkszählung des Russischen Imperiums von 1897 steht z.B. bei der Darstellung der Daten über die Verteilung der Bevölkerung des europäischen Russlands nach ihrer Muttersprache die russische Sprache als Oberbegriff für die drei weiteren: Großrussisch (Russisch), Kleinrussisch (Ukrainisch), Belarusisch (vgl. Zensus 1897).

1850er Jahre geschwächte russische Zarismus erlaubte nun nationalsprachliches Druckwesen.

Nach einem bewaffneten Aufstand von 1863–1864 gegen die russische Monarchie und soziale Ungerechtigkeit unter der Führung des polnisch-belarusischen Dichters und Publizisten Kastuś Kalinoŭski (1838–1864) und mit der intellektuellen Elite und der Studentenschaft an der Spitze verschärften sich jedoch Repressionen gegen die belarusische Sprache. Im Jahr 1867 wurde der Druck belarusischer Texte aller Art verboten (vgl. Lyč 2000: 22). Die Verwaltung der Nord-West-Region wurde vollständig ‚entpolonisiert' (vgl. Brüggemann 2014: 63). In den Schulen übernahm Russisch flächendeckend die Funktion einer Unterrichtssprache. Ortssprachen waren im Bildungssystem nicht zugelassen. Die sog. ‚zemskie školy' [ländlichen Grundschulen] wurden geschlossen. Eine gute Ausbildung war somit nur auf Polnisch (im Ausland) oder auf Russisch möglich.

Für die Adeligen im heutigen belarusischen Gebiet stieg in der zweiten Hälfte des 19. Jh. aufgrund der wachsenden Vorherrschaft des Russischen die Attraktivität der russischen Kultur. So wurde seitens der Bildungselite und des Staates auf das Belarusische als auf einen nicht gefragten und nicht notwendigen Dialekt der russischen Sprache weiterhin verzichtet (vgl. Sudnik 2000: 31). Skepsis gegenüber dem Belarusischen als einer eigenständigen Sprache zeigte auch die russische Elite. Der russische Philologe und Folkloresammler Bessonov schrieb: „Белорусский устный народный говор никогда не будет языком литературным, письменным и книжным [Die mündliche belarusische Volksmundart wird niemals zu einer Standardsprache, zu einer Schrift- und Buchsprache]" (Bessonov 1871: 1–2). Die Spracheinstellung der Kirche war ähnlich: „Während die katholische Kirchen im weißrussischen Gebiet sich des Sprachproblems bewusst war, ignorierte die orthodoxe Kirche es vollkommen" (Dingley 2001: 448).

Die Assimilationsprozesse waren jedoch nur in den höheren Schichten der belarusischen Gesellschaft wirksam. Die Mittelschicht (z.B. Kleinbürgertum und -schlachta), die zuweilen ca. 30% der Gesamtbevölkerung ausmachte, blieb teilweise belarusischsprachig oder zumindest des Belarusischen mächtig. So schrieb der belarusische Dichter und Folklorist Jan Čačot (1769–1847) über die situationsabhängige Sprachverwendung von Gutsherren folgendes:

> Мова, на якой на нашай памяці любілі размаўляць паміж сабою *старыя паны*, што яшчэ жывуць, на якой дагэтуль гавораць *паны і аканомы з сялянамі*.
>
> [Die Sprache, in der sich, wie wir uns noch erinnern können, die *alten Herren*, die noch am Leben sind, untereinander unterhalten mochten, in der sich bis jetzt die *Gutsherren* und *Ökonomen* mit den *Bauern* unterhalten] (Čačot 1989: 178–179. Hervorhebung – N.S.).

Laut Zensus 1897 bekannten sich 43,3% der 153 Tausend Adeligen zum Belarusischen als Muttersprache (vgl. Snapkoŭski 2000: 33).

Die hohe Bekennungsrate zum Belarusischen als Muttersprache (vgl. Tab. 1) vor dem Hintergrund seiner relativ schwachen Prestigehaftigkeit und wenig intensiven Verwendung in den höheren Gesellschaftskreisen korrespondiert mit den aktuellen Zensusergebnissen am Anfang des 21. Jh.: Sprachbekennung der ethnischen Belarusen (85,6% (1999) und 53,2% (2009) vs. ihre Sprachverwendung: 41,3% (1999) und 23,4% (2009) (vgl. Zensus 1999, 2009)) und zeugt von einem hohen Symbolwert des Belarusischen bereits im 19. Jh.

Tab. 1: Verteilung der Bevölkerung der Nord-West-Region nach Muttersprachen und Gubernien (Zensus 1897)

Gubernie	Muttersprache				Gesamtbevölkerung
	Belarusisch	%	Großrussisch	%	
Minsker	1 633 091	76	83 999	3,9	2 147 621
Mahilioŭsker	1 389 782	82,4	58 155	3,4	1 686 764
Vilnaer	891 903	56,1	78 623	4,9	1 591 207
Viciebsker	788 599	53	198 001	13,3	1 489 246
Hrodnaer	705 045	44	74 143	4,6	1 603 409
Koŭnaer[29]	37 798	2,4	72 872	4,7	1 544 564

Die belarusischsprachige Schlachta wurde auch zum Hauptträger der nationalen Wiedergeburtsbewegung am Ende des 19. Jh. Die belarusische Renaissance wurde durch „zahlreiche wissenschaftliche Arbeiten zur belarusischen Geschichte, Sprache, Folklore und Ethnographie initiiert" (Kosakowski 2013: 107) und zeichnete sich durch Erscheinen vieler literarischer Werke in belarusischer Sprache sowie durch Bemühungen der Schriftsteller und Publizisten um Neuerschaffung einer Schriftsprache aus. Wie von Mečkovskaja betont wird, war das nicht mehr die altbelarusische Hochsprache des 17. Jh., sondern eine verschriftlichte Form der ländlichen Dialekte, bewusst nach einer Volkssprache stilisiert, was sie von der adelig-intellektuellen Tradition des Russischen und des Polnischen absetzen sollte (vgl. Mečkovskaja 2003: 25–26).

---

[29] Bevölkerung überwiegend Litauer, Žemaiten und Juden. Niedriger Anteil ethnischer Belarusen (vgl. Zensus 1897).

2.3.5.3 Anfang des 20. Jh.: ambivalente Stellung des Belarusischen. Zwischen Popularisierung und Eingrenzung

Der Anfang des 20. Jh. erwies sich für die Entwicklung der belarusischen Sprache als glücklich und gilt als Zeitalter der belarusischen Renaissance. Nach der Revolution von 1905 und den darauf folgenden Reformen, die eine Gleichstellung aller Nationen des Zarenreiches zum Ziel hatten, fielen die Druckrestriktionen, und es wurde möglich, belarusische Bücher und Periodika herauszugeben. Die seit dem 10.11.1906 als Presseorgan der belarusischen Wiedergeburt (mit einigen Unterbrechungen) erscheinende belarusischsprachige Zeitung *Naša Niva* [Unsere Flur] spielte eine entscheidende Rolle bei der Herausbildung überindividueller Normen des Belarusischen (vgl. Gutschmidt 2002: 331).

Die soziale Stellung des Belarusischen zu Beginn des 20. Jh. war ambivalent. Einerseits gewann sie durch das literarische Schaffen von Dichtern und Schriftstellern (wie Kupala, Kolas et al.) an Prestige und war in der Publizistik toleriert, andererseits war sie zum Schulwesen und zur Wirtschaftswelt nicht zugelassen und hatte eine schwache soziale Basis (Kleinadel und Bauerntum), was ihre Etablierung als Standardsprache verlangsamte (vgl. Gutschmidt 2002: 331).

Im Spiegel der Revolution von 1905–1907 kommen unterschiedliche Einstellungen zur belarusischen Sprache und zur Nation besonders deutlich zum Vorschein. Der sog. ‚Westrussismus' als eine imperiale Geschichtsdeutung negierte die Existenz von Belarusen als einer separaten Ethnie. Der Gründer der westrussistischen *Belorusskoe Obščestvo* [Belarusische Gesellschaft] Luka Solonevič (1866–1938) entwickelte in seiner Monographie *Kratkij istoričeskij očerk Grodnenskoj gubernii za sto let eja suščestvovanija. 1802–1902* [Kurzer historischer Abriss der Hrodna-Gubernie in den hundert Jahren ihrer Existenz. 1802–1902] (1901) die Theorie, Belarusen seien ein Zweig der russischen Ethnie, welche kontinuierlich polonisiert und katholisiert wurde. Mit diesem Postulat verschaffte er sich umgehend eine Geltung als Historiker. Der *polnische Nationalismus* leugnete ebenso die Existenz eines belarusischen Volkes. Er behauptete, die Wiedergeburt der belarusischen Standardsprache und der Kultur seien unmöglich und unnötig, und propagierte die Idee, Belarusen seien ein Teil des polnischen Volkes. Die Positionen politischer Parteien des *liberalen Lagers* in Bezug auf das Belarusische waren kontrovers: Während die *Kadeten* (konstitutionelle Demokraten) die freie Wahl und die freie Verwendung verschiedener Sprachen als Programmpunkt hatten, bestritten die *rechtszentristischen Oktobristen* (z.B. die Partei *Sojuz 17 oktjabrja* [Bund des 17. Oktober], 1905) die Existenz der belarusischen Nation und bekämpften die belarusische Nationalbewegung (vgl. Žuk 2005: 123–132). Nur die *Bielaruskaja sacyjalistyčnaja Hramada*

[Belarusische Sozialistische Gemeinde] (1903) hat als die einzige national-politische Partei in Belarus, die eine staatliche Autonomie des Belarus anstrebte, die Einführung der allgemeinen und kostenfreien Schulpflicht mit dem Recht auf den Unterricht in der jeweiligen Muttersprache in ihr Programm aufgenommen.[30]

2.3.6 1918–1991: Sprachenpolitik in der BNR und der UdSSR

2.3.6.1 1920er Jahre: Konsolidierung der belarusischen Standardsprache

Die Oktoberrevolution von 1917 weckte nationale Stimmungen innerhalb des multiethnischen Zarenreiches. Auch die Sprachenpolitik der deutschen Militärverwaltung während der Besatzungszeit im Jahre 1918 war für die Konsolidierung der belarusischen Sprache vorteilhaft: Sie wurde als Landessprache anerkannt, und es wurde das Herausgeben von Periodika auf Belarusisch – in Latinica – erlaubt (vgl. Bieder 2001: 453). Während dieser Zeit entsteht die belarusische Staatlichkeit: Am 25.03.1918 wird *Bielaruskaja Narodnaja Respublika* [Belarusische Volksrepublik] (BNR) auf national-demokratischer Grundlage ausgerufen, in der Belarusisch als Amtssprache eingeführt wird. Die kulturell-aufklärerische Tätigkeit des BNR-Rates bestand u.a. in der Herausgabe von Lehrbüchern und Zeitungen in belarusischer Sprache und in der Eröffnung von Schulen mit Belarusisch als Unterrichtssprache. Die Sprachpolitik der BNR schlug somit den Weg ein, der später in der am 01.01.1919 ausgerufenen Belarusischen Sozialistischen Sowjetrepublik (BSSR) im Rahmen der *Korenizacija* [Einwurzelung] – Lenins Nationalitäten- und Sprachenpolitik in der Zeit von 1924–1929 – von der sowjetischen Regierung verfolgt wurde. Die Einwurzelungspolitik sah eine Gleichberechtigung aller Völker und Sprachen vor, hatte die Aufwertung von Nationen und eine Nationsbildung zum Ziel und schuf günstige Bedingungen für die kulturelle und sprachliche Entfaltung aller Völker der UdSSR.

Die konkreten Ziele der belarusifizierenden Sprachpolitik waren: eine Erweiterung des Verwendungsbereiches des Belarusischen und der Übergang zur belarusischen Sprache im Schulwesen, bei offizieller Schriftführung und in der Armee (vgl. Žuk 2005: 153). Das Belarusische wurde zur Staatssprache und sollte in allen Lebensbereichen – offiziellen und privaten – durchgesetzt werden. Es wurden belarusische Schulen eröffnet, Lehrbücher und literarische Werke auf Belarusisch geschrieben, Bibliotheken und Theater gegründet. Weniger intensiv

---

[30] Zur Entstehungs- und Etablierungsgeschichte der belarusischen Nation s. Nosevič (1998), Temper (2006).

verlief die Belarusifizierung der Hochschulen, des Behördenapparats, der Zentralorgane und der Parteiorganisationen. Grund dafür war eine nicht-belarusische Abstammung vieler Lehrender und Studierender sowie der Funktionäre und Bediensteter (ausführlicher dazu s. Bieder 2001: 454–456).

Zu Beginn des 20. Jh. haben sich relativ stabile Normen der neuen belarusischen Standardsprache herausgebildet (vgl. Plotnikaŭ 2000: 51–52). In den 1920er Jahren erschienen die ersten Grammatiken und Lehrbücher des Belarusischen, z.B. *Biełaruskaja hramatyka* [Belarusische Grammatik] von Luckievič (Vilna, 1916) und *Hramatyka biełaruskaj movy* [Grammatik der belarusischen Sprache] von Pačobka (Vilna, 1918). Als die bedeutendste und meist gelungene gilt die *Biełaruskaja hramatyka dla szkoł* [Belarusische Grammatik für Schulen] (Vilna, 1918) vom belarusischen Politiker und Philologen Branisłaŭ Taraškievič.

> Die Wertschätzung dieser Arbeit beruht darauf, dass ihr Autor über eine gediegene sprachwissenschaftliche Ausbildung verfügte, das gesamte System der wr. Literatursprache (inkl. Orthographie und Interpunktion) auf der Basis der damaligen literatursprachlichen Tradition darstellte und auf diese Weise maßgeblich zur Festigung und Entwicklung der Normen der wr. Literatursprache beitrug (Bieder 2006: 346).

Zu Normierungszwecken wurde vom Institut für belarusische Kultur im November 1926 in Minsk die Akademische Konferenz für Orthographie- und Alphabetreform einberufen, die ein ausführliches Projekt der Rechtschreibreform ausgearbeitet hat, welches bereits im selben Jahr veröffentlicht wurde. Die Konferenz war international angelegt und verlief unter Beteiligung von emigrierten Linguisten. Das Reformprojekt enthielt Kompromisslösungen zwischen der ‚sowjetischen' und der sich bei der belarusischen Emigration etablierten Schreibweise (vgl. Mečkovskaja 2003: 68).

In dieser Zeit kam es zu einer intensiven Entwicklung der Lexikologie und Lexikographie. Es wurden diverse, in der Regel mehrsprachige Wörterbücher ausgearbeitet und publiziert. Im Bereich der Sprachpflege versuchte man Polonismen und Russismen durch belarusische Äquivalente zu ersetzen. Als Ergebnis entfernte sich der Wortschatz der belarusischen Sprache wesentlich von dem der russischen (vgl. Mečkovskaja 2003: 69).

Die Sicherung der Polyvalenz des Belarusischen erforderte u.a. eine Erschaffung der nationalen Terminologie.[31] Zu diesem Zwecke wurde im Jahr 1921 die terminologisch-wissenschaftliche Kommission gegründet, die ursprünglich die Terminologie zu allen Wissensbereichen im Umfang des Mittelschulbedarfs ausarbeiten sollte (vgl. Šakun 1984: 269) und später jedoch ihren Tätigkeits-

---

31 Ausführlicher dazu s. Bieder (2006: 343–365); Zaprudski (2013: 134–144).

rahmen auf die Erstellung der kompletten belarusischen Terminologie erweiterte. Beteiligt an der Arbeit der Kommission waren neben Fachsleuten auch die bedeutenden belarusischen Schriftsteller und Philologen Kupala, Kolas, Liosik, Niekraševič, Ihnatoŭski, Lastoŭski et al. In der Zeit zwischen 1921–1930 wurden 24 terminologische Sammelbände herausgegeben, die auf dem System und Begriffsbestand der russischen Fachterminologie basierten und die Form von russisch-belarusischen Wörterbüchern hatten.[32] Auch bei der terminologischen Arbeit wurde eine Abgrenzung von den Mustern der russischen Sprache vorgenommen. Die Kommission war bestrebt, sich auch von internationalen Termini zu distanzieren und entschied sich für die volkssprachliche Lexik als Ausgangsbasis der belarusischen Terminologie. Da die belarusische Volkssprache aus terminologischer Sicht nicht ausreichend Potenzial hatte und nur die Termini aus den Bereichen der Landwirtschaft, Botanik oder Medizin darbieten konnte, wurden Neologismen erschaffen, die nur teilweise gelungen und ‚lebensfähig' waren, was der Kommission jedoch bewusst war (vgl. Bieder 2006: 343; Šakun 1984: 269–270; Zaprudski 2013: 141–142). Aufgrund des Kurswechsels in der sowjetischen Nationalitätenpolitik in den 1930er Jahren wurde die weitere terminologische Arbeit unterbrochen, und alle erstellten Wörterbücher wurden verboten. Viele der erschaffenen Fachwörter hatten jedoch bereits Eingang in die Fachwelt gefunden und funktionieren in der modernen belarusischen Sprache als Fachtermini (vgl. Šakun 1995: 191–198).

Zusammenfassend lässt sich der Zustand der belarusischen Sprache in den 1920er Jahren folgendermaßen darstellen: Sie wurde zur Staats- und Unterrichtssprache in der BSSR und hat sich zu einer polyvalenten, stilistisch differenzierten Sprache mit einem breiten Spektrum umgangssprachlicher Lexik und literarischer Mittel sowie mit einer in fast allen Wissensbereichen ausgebauten Terminologie entwickelt. Mit Grammatiken, Lehr- und Wörterbüchern sind Normierungsprozesse in Gang gesetzt worden. Als Mehrheitssprache nahm das Belarusische die dominierende Stellung unter den anderen Sprachen in der Re-

---

32 Z.B.: *Eliementarnaja matematyka* [Elementare Matematik] (1922), *Praktyka i teoryja litaraturnaha mastactva* [Praxis und Theorie der literarischen Kunst] (1923), *Hieohrafičnyja j kosmahrafičnyja terminy i nazovy niabiesnych ciel* [Geographische und kosmographische Termini und Namen von Himmelskörpern] (1923), *Terminaliohija liohiki i psycholiohii* [Terminologie der Logik und der Psychologie] (1923), *Hieoliohija, mineraliohija, kryštaliohrafija* [Geologie, Mineralogie, Kristallographie] (1924), *Rasijska-Bielaruski sloŭničak: Dzielia čyhunačnych miastkomaŭ* [Russisch-Belarusisches Wörterbuch: Für Eisenbahngewerkschaftskomitees] (1926), *Sloŭnik hramatyčna-linhvistyčnaje terminoliohii* [Wörterbuch der grammatisch-linguistischen Terminologie] (1927), *Sloŭnik buhałterskaje terminoliohii* [Wörterbuch der Buchhaltungsterminologie] (1928) et al.

publik ein (vgl. Bieder 2001: 454) und genoss eine förderliche Sprachpolitik des Staates.

Die Einstellung zum Belarusischen seitens der Verwender war jedoch nicht flächendeckend positiv. Bieder erwähnt beispielsweise eine (durch den Staat strafbare!) „standhafte Weigerung" innerhalb des russisch abstammenden Behördenapparates, die belarusische Sprache zu lernen (vgl. Bieder 2001: 454). Das relativ niedrige Prestige der Titularsprache in den 1920er Jahren zeigt sich auch darin, dass sie nicht zur Sprache der Hochschulbildung und zur Alltagssprache der intellektuellen Elite wurde (vgl. Mečkovskaja 2003: 69). Dennoch waren diese Jahre für das Belarusische eine produktive Entwicklungsphase. Laut Mečkovskaja waren Belarusifizierungspläne zu dieser Zeit ziemlich realistisch, denn für den größten Teil der Bevölkerung des überwiegend agrarwirtschaftlichen Landes war Belarusisch die Muttersprache (vgl. Mečkovskaja 2003: 26). Die belarusische Linguistik hat sich als eine autonome, von zeitgenössischen politischen und ideologischen Konzeptionen unabhängige wissenschaftliche Disziplin etabliert (vgl. Zaprudski 2013: 20).

2.3.6.2 1930–1950er Jahre: Denationalisierung im Status- und Korpusbereich

Mit der Ankündigung einer künftigen „Verschmelzung" der Sprachen aller kommunistischen Völker, welche Stalin in seinem Aufsatz *Nationalfrage und Leninismus* (1929) gemacht hat, zeichneten sich am Ende der 1920er Jahre Denationalisierungstendenzen in der Sprachenpolitik der UdSSR ab. In der Realität wurde in der Sprachpolitik der sowjetischen Republiken dem Kurs einer systematischen unifizierenden Russifizierung gefolgt (vgl. Bieder 2001: 458; Mečkovskaja 2003: 26). Um Separatismus und die national-demokratische Konterrevolution zu bekämpfen, unterbrach die sowjetische Regierung am Anfang der 1930er Jahre die Belarusifizierung. In der Zeit der totalitären Kontrolle und des ideologischen Drucks (1933–1953) kam es zu Repressionen gegen die sprach- und nationalbewusste Intelligenzija. Ca. 90% der intellektuellen Elite, darunter belarusische Schriftsteller und Dichter, wurden physisch vernichtet (vgl. Snapkoŭski 2000: 35; Zaprudski 2000: 46), alle sprachwissenschaftlichen Untersuchungen, wie z.B. die Arbeit am lexikalischen Bestand des Belarusischen, wurden eingestellt, die belarusische Linguistik erlitt somit einen Niedergang.

Die Politik der Russifizierung betraf sowohl *Korpus*- als auch *Statusplanung*. In den 1930er Jahren kam es zur Verengung des Funktionsbereiches des Belarusischen: Die Sprache wurde aus den Bereichen der Medien, der Verwaltung und aus dem Bildungswesen weitgehend verdrängt (vgl. Bieder 1991: 412; Snapkoŭski 2000: 35) und sollte nur intraethnisch verwendet werden, denn im Jahr 1934 wurde per eine Parteidirektive das Russische als eine überregionale Verkehrssprache eingeführt. Per Verfassung der BSSR von 1937 verlor Belarusisch seinen Status als Staatssprache. Die übergeordnete Stellung des Russischen wurde dagegen durch sprachpolitische Akte, wie z.B. die Verordnung des Zentralkomitees der UdSSR von 1938 über das obligatorische Lernen des Russischen in allen Schulen des Staates,[33] gestärkt. Die bis 1929 existierende Mehrsprachigkeit in der öffentlichen Kommunikation in Belarus wurde in den 1930er Jahren mit der Abschaffung der polnischen, jüdischen, ukrainischen und lettischen national-territorialen Autonomie durch die belarusisch-russische Zweisprachigkeit ersetzt. Mit der Vereinigung von östlichen und westlichen Teilen belarusischer Territorien im Jahr 1939 wurde Russisch zum Mittel der interethnischen Kommunikation in der Republik. In den Jahren der deutschen Besatzung von Belarus (1941–1944) wurde diese Russifizierungspolitik unterbrochen und das Belarusische – in der Latinica-Form – zu politischen Zwecken als offizielle Sprache auf dem annektierten Territorium anerkannt (vgl. Bieder 2001: 459).

Auf der sprachlichen Ebene wurde die sog. „Spracherneuerung' in Form von Verdrängung spezifischer belarusischer Merkmale aus den Bereichen der Grammatik, der Lexik, der Orthographie und der Phonetik vorgenommen. Dadurch wurde das sprachpolitische Ziel der KPdSU – eine Annäherung des Belarusischen an das Russische – verfolgt, was eine Herabsetzung des Belarusischen zu einem russischen Dialekt intendierte (vgl. Bieder 1991: 411; 2001: 460). Cychun (2000: 106–110) spricht hier von „Deformationen" der belarusischen Sprache auf allen sprachlichen Ebenen (darunter versteht er die Ersetzung des für das Belarusische charakteristischen phonologischen Prinzips der Orthographie durch das untypische morphologische und die daraus resultierende Änderung des Schriftbildes des Belarusischen, wodurch seine Existenz als eine eigenständige Sprache in Frage gestellt werden konnte); von einer „Säuberung" des Wortschatzes von Regionalismen, Polonismen, Historismen und von den in den 1920er Jahren auf der Basis der belarusischen Volkssprache erschaffenen Neologismen sowie von einer Einführung an deren Stelle der Russismen; von einer Veränderung der für das belarusische syntaktische System spezifischen Wortfolge und von einer Förderung untypischer, nicht-genuiner analytischer Ausdrucksmittel im Satzbau sowie von Modifikationen an der dialektalen Basis der belarusischen Sprache zwecks ihrer künstlichen Archaisierung. Motiviert seien diese Deformationen laut Cychun zum einen durch Bequemlichkeit einer absoluten sprachlichen Einheit für das bürokratische System. Zum anderen durch

---

33 „Ob objazatel'nom izučenii russkogo jazyka v školach nacional'nych respublik i oblastej [Über das obligatorische Erlernen der russischen Sprache in den Schulen der nationalen Republiken und Gebiete]" (13.03.1938).

das Bestreben, eine eventuelle Profanisierung ideologisch bedeutsamer Ausdrücke bzw. Losungen zu vermeiden, denn bei ihrer Übersetzung ins Belarusische entstanden zuweilen unerwünschte Assoziationen, die diese Ausdrücke aus der Sicht der sowjetischen Funktionäre diskreditieren, ins Lächerliche ziehen oder ihnen eine ironische Note beifügen könnten (für entsprechende Beispiele s. Cychun 2000).

Die Angleichungstendenzen haben sich in der Orthographiereform von 1933 niedergeschlagen. Am 26.8.1933 verabschiedete das Rat der Volkskommissare der BSSR die Verordnung „Über die Änderungen und die Vereinfachung der belarusischen Rechtschreibung",[34] die eine Russifizierung der belarusischen Sprache beinhaltete, stark ideologisch belegt war und den Charakter eines Gesetzes trug, das die festgelegten Normen landesweit als allgemein verbindlich erklärte (vgl. Verordnung 1933; Cychun 2000: 106–107; Šakun 1984: 278–279). Wie oben bereits erwähnt, betraf die Reformierung nicht nur die Orthographie, sondern auch die Grammatik, änderte die Aussprache und legte einen neuen Kurs der lexikalischen Entwicklung des Belarusischen fest. Es wurden Versuche unternommen, auch Wörterbücher zu modifizieren. Geplant war eine Beseitigung aller relevanten Sprachmerkmale des Belarusischen (vgl. Bieder 2001: 460), was jedoch aus der Erwägung nicht realisiert wurde, es könnte eine starke negative Reaktion in der Bevölkerung, v.a. seitens der Intelligenzija hervorrufen, die einen großen Wert auf den Erhalt der belarusischen Sprache legte (vgl. Lyč 2000: 23).

Die in Folge der Reformierung entstandene Form des Belarusischen wurde nach dem durchführenden Organ – *Narodnyj Kommissariat* [Volkskommissariat] – *Narkomaŭka* genannt und galt seitdem als die offizielle Variante der belarusischen Sprache in der BSSR. Die Publikationen im westbelarusischen Teil und in Polen übernahmen diese Form der Sprache nicht und verwendeten weiterhin die dort geltende *Taraškievica*-Variante, die auf der Grammatik von Branislaŭ Taraškievič von 1918 basiert. So kam es zur Entstehung von zwei Orthographie-Varianten, die in Wirklichkeit zwei Varianten der belarusischen Standardsprache darstellen. Seit der Angliederung der westlichen Territorien an die BSSR wurde die Narkomaŭka-Sprachnorm in allen Gebieten der Republik durchgesetzt. In den Jahren der deutschen Besatzung wurde als Zeichen der Förderung der belarusischen Nationalbewegung die Taraškievica als grammatische Norm des Belarusischen vorgeschrieben, was jedoch aufgrund der kurzen Zeit und der Bevölkerungsverluste keine dauerhaften Folgen haben konnte. Nach 1944 wurde die Narkomaŭka wiedereingeführt.

---

[34] Zu wissenschaftlichen und politischen Aspekten der Orthographiereform von 1933 s. Zaprudski (2000).

Was die Stellung der belarusischen Sprache in den 1930–1950er Jahren betrifft, so wurde sie unter den Bedingungen der Diktatur des Proletariates als Majoritätssprache – die Sprache der belarusischen Intelligenzija und der Landesbevölkerung – der Minoritätssprache – der Sprache der Parteiregierung und eines Teils der ‚Arbeiterklasse' – untergeordnet und als ein *outsider* behandelt. Eine solche Einstellung des Staates zur Sprache kann als Weitertradierung des ‚Westrussismus' betrachtet werden, der bereits am Anfang des 20. Jh. die Existenznotwendigkeit der belarusischen Standardsprache in Frage stellte (vgl. Cychun 2000: 104–105).

Zusammenfassend lässt sich für diese Periode der Sprachsituationsentwicklung festhalten, dass Belarusisch von der Mehrheit der überwiegend ländlichen Bevölkerung der Republik in der Alltagskommunikation verwendet wurde und eine positive Einstellung seitens der national gesinnten intellektuellen Elite genoss, die eine sprachbewahrende Position vertrat. Die auf die Nivellierung von sprachlichen Differenzen zwischen dem Belarusischen und dem Russischen gerichtete Sprachpolitik verengte seinen Funktionsbereich und erschwerte seine Entwicklung als Standardsprache. Bereits in den 1930er Jahren war die Verwendung des Belarusischen – zwar erst, im Unterschied zur aktuellen Sprachsituation in Belarus, nur im öffentlichen Bereich – markiert und wurde als Ausdruck einer oppositionellen Haltung wahrgenommen: Die Auftritte auf offiziellen Versammlungen in belarusischer Sprache zählten als Zeichen eines feindlichen Nationalsozialismus (vgl. Cychun 2000: 104–105).

2.3.6.3 1921–1939: Polonisierung und Katholisierung im belarusischen Westen

Die Debelarusifizierung des westlichen Teils des heutigen Belarus in Form von Polonisierung hat zehn Jahre früher begonnen, als die der zur BSSR gehörenden Territorien. Die westlich liegenden ethnographisch belarusischen Gebiete – die Hrodnaer und der Westen der Minsker Gubernien – fielen nach dem polnisch-russischen Krieg (1919–1921) durch das Friedensabkommen von Riga am 18.03.1921 an Polen. Die polnische Regierung verpflichtete sich, der belarusischen Bevölkerung alle Rechte auf eine freie Entwicklung von Kultur und Sprache sowie die konfessionellen Rechte zu gewährleisten. In Realität wurden hier jedoch Polonisierung und Katholisierung der westbelarusischen Bevölkerung vorgenommen (vgl. Žuk 2005: 164). Hryckievič (2000: 87) zitiert aus der geheimen Verordnung des Bürgermeisters von Navahrudak im Jahr 1939, in der die Aufgabe „абсалютнага выэліміноўвання няпольскага элементу з настаўніцкіх становішчаў [einer absoluten Herauseliminierung des nicht-polnischen Elementes aus den Lehrer-Posten]" und „абмежавання да мінімуму прыняцця да сярэдніх і ліцэальных школаў няпольскага элементу [Aufnahmeeinschränkung des nicht-polnischen Elementes in Mittelschulen und Lyzeen bis zum Minimum]" gestellt wird. Im Jahr 1937 wurde mit der ‚Säuberung' des Behördenapparates vom belarusischen Personal begonnen (vgl. Hryckievič 2000).

Innerhalb einer gegen die Mitte der 1920er Jahre in der Westregion entstandenen Nationalbewegung haben sich zwei Hauptströmungen herausgebildet: Während *Nationaldemokraten* allgemein eine Demokratisierung der Volksbildung forderten, akzentuierte die *revolutionär-befreiende Richtung* die Sprachfrage und setzte sich für eine Bildung in der Muttersprache ein. Es ist bemerkenswert, dass das Thema der belarusischen Sprache im Programmpunkt einer radikaleren Richtung vorkommt. Dies spricht für einen stark ausgeprägten symbolischen Charakter und Wert (Garvin 1993: 47) der Sprache auch am Anfang des 20. Jh.

Zu Beginn des zweiten Weltkrieges wurde der polnische Teil der belarusischen Gebiete von der Roten Armee besetzt und im Jahr 1939 der BSSR und somit dem Wirkungsbereich der sowjetischen Sprachenpolitik angegliedert. Trotz einer früher begonnenen Debelarusifizierung ist die belarusische Sprache und Kultur im westlichen Teil des Landes dennoch besser erhalten geblieben als in der BSSR.

> Ассимиляция белорусов в Польше скорее проявлялась в том, что начинали ощущать себя поляками, но при этом сохраняли белорусский язык. В БССР же белорусы скорее переходили на русский, оставаясь при этом белорусами.
>
> [Die Assimilation von Belarusen in Polen zeigte sich v.a. darin, dass sie sich als Polen zu fühlen begannen und dabei die belarusische Sprache bewahrten. In der BSSR wechselten Belarusen zur russische Sprache und blieben dabei Belarusen] (Korjakov 2002: 35).

Dies könnte u.a. damit erklärt werden, dass die Russifizierung im östlichen Teil ‚von unten', eher durch Prestigeplanung, also in gewissen Maße auf der unbewussten Ebene, geschah, und somit keinen inneren Widerstand der Sprecher hervorrief. Die polnische Sprachpolitik, die ihre antibelarusische Einstellung in einer entsprechenden Statusplanung durchbrachte (z.B. Nichtanerkennung der Sprache, Druckverbot etc. (vgl. Korjakov 2002: 34)), stieß auf einen bewussten Protest, der sich im Bestreben äußerte, die eigene Sprache im Sinne einer bewussten Gestaltung der eigenen kulturellen und nationalen Identität (nach Kittel/Lindner 2011: 629) zu erhalten.

2.3.6.4 1953–1990: breiter angelegte Denationalisierung im Statusbereich vs. Nationalisierungstendenzen im Korpusbereich des Belarusischen

Die von Stalin initiierte Russifizierungspolitik in den Nationalrepubliken wurde in den 1950er Jahren von seinem Nachfolger Chruschtschow unter der Propagierung einer „Verschmelzung" und der „gegenseitigen Bereicherung" der Sprachen und Kulturen der UdSSR verstärkt fortgesetzt. Zwar war diese Politik nicht mehr repressiv, aber sie war breiter angelegt und in der BSSR erfolgreicher als in den anderen Sowjetrepubliken (vgl. Kosakowski 2013: 110). Als Gründe für eine relativ schnelle Assimilation der Belarusen an die russische kulturelle Tradition gelten die genetische Nähe der Kontaktsprachen, die Nachkriegsmigration, die Orthodoxie als eine gemeinsame Konfession sowie generell die wirtschaftlichen und sozialen Modernisierungsprozesse wie Urbanisierung, Industrialisierung und der Anstieg des Bildungsniveaus. Da es keine juristische Festlegung über den Sprachenstatus in den UdSSR-Republiken gab, übernahm in Belarus das Russische *de facto* die Funktion einer Staatssprache. Die assimilationsbedingte Umverteilung der Funktionen der beiden Sprachen führte zu einer weiteren Einschränkung des Verwendungsbereiches des Belarusischen auf die Sprache der schönen Literatur, des Theaters, der regionalen Massenmedien, Schulbücher und geisteswissenschaftlicher Publikationen. Dadurch wurde das Belarusische mit der Zeit als eine künstliche Buchsprache wahrgenommen (vgl. Bieder 1991: 420–423), deren Existenz als einer eigenständigen Sprache seitens der Staatsregierung während der Chruschtschow-Zeit (1953–1964) sogar angezweifelt wurde (vgl. Gutschmidt 2002: 331).

Da in der nachfolgenden sog. ‚*épocha zastoja*' [Ära der Stagnation] (1964–1986) der Doktrin eines ‚sowjetischen Volkes' ohne ethnische Differenzierung und mit Russisch als ein interethnisches Kommunikationsmittel weiter gefolgt wurde, entfernte sich die belarusische Sprache zunehmend aus dem öffentlichen Bereich. Als Folge erfuhr sie eine gesetzesgesteuerte Vernachlässigung bei der *Statusplanung* und ganz besonders bei der *Erwerbsplanung*. Im Jahr 1951 wurden per Verordnung des Bildungsministeriums der BSSR die Belarusisch-Prüfungen bei Jahres- und Abiturexamina in russischsprachigen Schulen abgeschafft (vgl. Lyč 2000: 24–25), und somit wurde die extrinsische Motivation zum Lernen des Belarusischen bei Schulkindern stark reduziert. Artikel 15 des im Jahr 1959 verabschiedeten Bildungsgesetzes[35] der UdSSR übergab die Wahl der Unterrichtssprache in Schulen den Eltern. Angesichts der sprachkompetenzab-

---

35 „Ob ukreplenii svjazi školy s žizn'ju i o dal'nejšem razvitii sistemy narodnogo obrazovanija v RSFSR [Über die Festigung der Verbindung zwischen Schule und Praxisleben und über die Weiterentwicklung des Volksbildungssytems]" (16.04.1959).

hängigen Zukunftsperspektiven[36] der Schüler fiel diese Wahl mehrheitlich zugunsten des Russischen aus. Im Zuge dieser Entwicklungen hat sich in Belarus seit Ende der 1950er Jahre darüber hinaus die Praxis durchgesetzt, sich auf Antrag der Eltern gänzlich vom Belarusisch-Unterricht befreien zu lassen. Diese Tradition hatte bis in die 1990er Jahre Bestand.[37] So bekamen im Jahr 1969 ca. 30% aller Schulkinder in Belarus keinen Belarusisch-Unterricht. In der Hauptstadt waren es ca. 90% der Schüler. Seit 1978 wurde Russisch per Beschluss des Ministerrates als obligatorisches Unterrichtsfach in allen nationalen Schulen ab der ersten Klasse eingeführt (vgl. Zaprudski 2007: 106). Besonders schwach war die belarusische Sprache in städtischen Schulen vertreten: Im Jahr 1987 gab es in keiner der sechs Bezirkshauptstädte belarusischsprachige Schulen mehr. Insgesamt gab es in den Städten im Schuljahr 1987–1988 neun Klassen mit Belarusisch als Unterrichtssprache (vgl. Brüggemann 2014: 76). Diese Sprachpolitik führte zu einem starken Rückgang der Gesamtzahl der Schulkinder, die belarusischsprachige Schulen besuchten: von 95% (1955/56) (vgl. Stankievič 1994: 13) auf 23% (1985). Zum Ende der 1980er Jahre sank dieser Anteil weiter, auf 14% (1988). Die Anzahl der Schulen mit Belarusisch als Unterrichtssprache reduzierte sich innerhalb von zwei Jahrzehnten vor der Perestrojka um ca. 60%: von 9.827 (1965) auf 3.983 (1986) (vgl. Stankievič 1994: 13; Bieder 2001: 464).

Aber auch diese Zahlen können kein objektives Bild über die realen Sprachverhältnisse im Schulwesen liefern, denn die Statistik gehe laut Stankievič von offiziellen Bezeichnungen der Schulen aus und entspreche nicht der tatsächlichen Sprachverwendung im Unterricht: Bereits in den 1950er Jahren werden in den meisten als belarusisch geltenden Schulen alle Fächer außer der belarusischen Sprache und Literatur in der Regel auf Russisch unterrichtet, was durch Aussagen der Schullehrer selbst bestätigt wird (vgl. Stankievič 1994: 13–14). Dies hängt zum einen mit der Gestaltung der Lehrwerke überwiegend in russischer Sprache, zum anderen mit einer nicht ausreichenden aktiven Sprachkompetenz und der damit verbundenen niedrigen Motivation der Lehrkräfte zusammen, den Unterricht auf Belarusisch zu gestalten. Da Russisch an Hochschulen

---

36 Im Programm der KPdSU von 1961 ist festgehalten, dass die russische Sprache sich zu einer Sprache der interethnischen Kommunikation entwickelt hat, was ihre Beherrschung für einen sozialen Aufstieg im Unionsstaat essentiell machte (vgl. Programm 1961).
37 Als Grundlage für eine Befreiung konnten viele Kriterien gelten: die nicht-belarusische Herkunft eines Elternteils oder ein schlechter Gesundheitszustand des Schülers. So war beispielsweise eine Bescheinigung über die Kurzsichtigkeit eines Kindes ausreichend. Eine Befreiung konnte auch ohne einen besonderen Grund beantragt werden. Solche Anträge wurden in der Regel bewilligt. Die Befreiung wurde von Schülern als eine Begünstigung rezipiert, da kein Ersatzunterricht zu besuchen war und man somit Freistunden bekam (vgl. Savitskaya 2011: 32).

nahezu die einzige Unterrichtssprache war und Belarusisch nur an pädagogischen Instituten bei der Ausbildung von Lehrern für belarusische Sprache und Literatur verwendet wurde, wurden Lehrer anderer Fächer nicht darauf vorbereitet, einen belarusischsprachigen Fachunterricht durchzuführen (vgl. Kosakowski 2013: 77).

Als Unterrichtsfach in Schulen nimmt Belarusische ebenso eine untergeordnete Stellung ein: In den Schullehrplänen der 1980er Jahre waren z.B. für das Fach „Belarusische Sprache und Literatur" vier Wochenstunden vorgesehen, für das entsprechende russische Fach – durchschnittlich die doppelte Stundenzahl.

Die Präsenz der beiden Sprachen in anderen öffentlichen Bereichen war ebenso stark asymmetrisch. Das Wechselverhältnis des Belarusischen und des Russischen im Verlags- und Pressewesen, im Theater, Kino und Fernsehen ist bei Bieder (1992: 154–157) und Korjakov (2002: 61–63) durch Zahlen und Fakten veranschaulicht.

Tab. 2: Angaben der ethnischen Belarusen zur Muttersprache (Zensus 1959, 1970, 1979, 1989)

	1959[38]	1970	1979	1989
Belarusisch, %	93,2	80,6	74,2	70,9
Russisch,[39] %	6,8	9,8	16	19,7

Die Zensusdaten von 1959, 1970, 1979 und 1989 zeigen, dass die assimilationsorientierte Sprachenpolitik bei ethnischen Belarusen seit den 1950er bis zum Ende der 1980er Jahre einen massiven Sprachwechsel zum Russischen zur Folge hatte (Tab. 2). Diese Angaben liefern jedoch nur ein ungenaues Bild über die Sprachverhältnisse in der BSSR, denn bei der Datenerhebung wurde danach gefragt, welche Sprache die Respondenten „für eine Muttersprache halten" und welche zweite Sprache sie frei sprechen. Die Daten über die tatsächliche Sprachbeherrschung wurden also nur hinsichtlich der Nicht-Muttersprachen erhoben. Deswegen ist bei der Interpretation der Zensusdaten eine erhebliche Diskrepanz zwischen der Loyalität gegenüber der Nationalsprache und der Sprachkompetenz und Sprachverwendung zu berücksichtigen. Denn der im Jahr 1999 durchgeführte Zensus, bei dem zum ersten Mal bei der Datenerhebung zwischen den

---

[38] Nach Šachot'ko/Kudel'ka (2002).
[39] Nach Šachot'ko/Kudel'ka (2002).

Begriffen ‚Muttersprache' und ‚Sprache der Alltagskommunikation' unterschieden wurde, zeigte bereits, dass lediglich 41,3% der Belarusen im Alltag Belarusisch verwendeten. Russisch war dagegen für 58,6% die Alltagssprache.

Hinsichtlich des Sprachzustandes zeichnet sich die Sprachsituation in Belarus zu dieser Zeit durch einen sprachpolitisch bedingten „drastischen Verfall" der belarusischen Standardsprache aus, der in der Entstehung einer stark russifizierten, mangelbehafteten belarusischen Sprache resultierte (vgl. Bieder 2001: 465). Vor dem Hintergrund der Russifizierungsprozesse kam im Bereich der *Korpusplanung* jedoch eine Hinwendung zur Nationalisierung zutage. Denn in der Tauwetterperiode nach 1956 wurde eine öffentliche Diskussion über die Sprachnormierung möglich, in der es um Berücksichtigung national angelegter terminologischer Arbeiten der 1920er Jahre, um die Aufnahme der südwestbelarusischen dialektalen Lexik,[40] um Aufnahmeeinschränkungen von Russismen in die Standardsprache und um Korrektur der bereits bestehenden russifizierten Normen ging.

Die meisten Nationalisierungsprozesse liefen im lexikalischen Bereich ab. Das *Russisch-Belarusische Wörterbuch* von 1953 legalisierte zwar einige russifizierte morphologische Formen, bediente sich aber der lexikalischen Basis der belarusischen Volkssprache und setzte somit ein Zeichen für eine Wendung in Richtung der Nationalisierung im Sprachkorpus. Im *Belarusisch-Russischen Wörterbuch* von 1962 wurde dieser Tendenz verstärkt gefolgt, und es wurden neben dem allgemeinbekannten Wortschatz auch zahlreiche originelle Dialektismen, Neologismen und Eigenheiten des Belarusischen aufgenommen. Auch die im Jahr 1957 durchgeführte Orthographiereform, die neben der Rechtschreibung einige morphologische Veränderungen vornahm, gilt als ein Schritt in Richtung Belarusifizierung der Titularsprache (vgl. Verordnung 1957; Barščeŭskaja 2008: 5). Die Neuerungen fanden eine schnelle Verbreitung durch ihre Abbildung im Sprachgebrauch der Medien. Jedoch wurden sie seitens der offiziellen sprachpolitischen Institutionen als „anachronistische Tendenzen der 1920er Jahre" verurteilt (vgl. Bieder 2001: 465).

Die sprachpolitischen Polemiken zwischen den nationalorientierten Intellektuellen (Schriftstellern, Publizisten, Philologen) einerseits und den Vertretern der offiziellen Sprachpolitik andererseits führten in den 1960er–1980er Jah-

---

[40] In dieser Zeit erschien eine Reihe Wörterbücher zu regionalen Dialekten des Belarusischen, z.B.: *Prykazki Lahojščyny* [Sprichwörter der Lahojsk-Region] (1966, herausgegeben in New York/München), *Krajovy Sloŭnik uschodniaj Mahilioŭščyny* [Regionales Wörterbuch des östlichen Mahilioŭ-Region] (1970), *Bielaruskaje dyjaliektnaje slova* [Belarusisches Dialektwort] (1975).

ren zur Destabilisierung der präskriptiv-kodifizierten Normiertheit des Belarusischen in den Bereichen der Orthographie, Lexik und Grammatik und somit zum Auftreten einer Varianz in Lehrbüchern (vgl. Kosakowski 2013: 125).

> У выніку склалася своеасаблівая сітуацыя, што практычна кожнае выдавецтва і рэдакцыя пачалі прытрымлівацца сваіх уласных норм, не лічачыся з рэкамендацыямі існуючых навуковых дапаможнікаў.
>
> [Dadurch entstand eine eigenartige Situation, dass praktisch jeder Verlag und jede Redaktion begannen, ihren eigenen Normen zu folgen, ohne die Empfehlungen der vorhandenen wissenschaftlichen Nachschlagewerke zu berücksichtigen] (Žuraŭski 1993: 12).

Als Reaktion auf die Destabilisierung der Norm und die geringe Normobligatheit der belarusischen Standardsprache wurden von Institut für Linguistik der Akademie der Wissenschaften der BSSR in den Jahren 1985/86 eine Akademiegrammatik – *Bielaruskaja Hramatyka* [Belarusische Grammatik] – sowie eine Reihe orthographischer, erklärender und Übersetzungswörterbücher herausgegeben. Diese Nachschlagewerke fanden jedoch aufgrund ihres russifizierenden Charakters keine breite Anerkennung seitens der Gesellschaft (vgl. Žuraŭski 1993: 12). Im Sinne der Einstellungsforschung ist dies insofern bemerkenswert, als dass es von einer grundsätzlich ablehnenden gesellschaftlichen Haltung gegenüber der Denationalisierung der Sprache zeugt.

Der *Zustand* der belarusischen Standardsprache zum Ende der 1980er Jahre ist anhand einer Projizierung auf die Parameter des von Rehder (1995) beschriebenen Standardsprachenmodells bei Kosakowski (2013: 125–129) summarisch beschrieben. Die Autorin stellt Defizite des Belarusischen fest, und zwar hinsichtlich aller Merkmale einer Standardsprache auf den Ebenen der soziolinguistischen Definition, der soziokulturellen Einbettung und der sprachpolitischen Entscheidungen fest. Auf der Ebene der *soziolinguistischen Definition* verursacht etwa die bereits erwähnte Instabilität der präskriptiv-kodifizierten *Normen* einen niedrigen Grad ihrer *Obligatheit*, und eine eingeschränkte *Polyvalenz* des Belarusischen führt zur geringeren *funktional-stilistischen Differenziertheit*. Vor allem der Bereich der Fachterminologie war in dieser Hinsicht betroffen, da belarusische Termini in vielen Gebieten (z.B. exakte und Naturwissenschaften, Medizin, Technik) kaum Verwendung fanden. Auf der Ebene der *soziokulturellen Einbettung* erfuhr das Belarusische eine zu schwache Förderung des Sprachprestiges und des Sprachstatus, um eine vollendete *Standardisierung* erreichen zu können. Instrumente der Sprachpflege sind relativ spät eingesetzt worden: Die erste linguistische Fachzeitschrift *Bielaruskaja linhvistyka* erschien beispielsweise erst 1972 (vgl. Kosakowski 2013: 127). Angesichts der Russifizierungsprozesse im Sprachkorpus lässt sich auch nur von einer eingeschränkten

Autonomie des Belarusischen reden. Auch das Merkmal der *Historizität* verlor seit den 1930er Jahren zum großen Teil an seinem ursprünglichen Gehalt und war in seiner Ausprägung abgeschwächt, denn in der UdSSR-Zeit wurde die Betonung darauf gelegt, dass die Etablierung des Belarusischen als Standardsprache erst in der Sowjetunion und durch den Einfluss des Russischen geschah (vgl. Stankievič 1994: 27). Die bereits dargelegten Defizite im Bereich der Polyvalenz und der funktional-stilistischen Differenziertheit wirken sich entsprechend negativ auf die *Vitalität* des Belarusischen aus. Auch auf der Ebene der *staatlich-politischen Entscheidungen* wurden für das Belarusische keine günstigen Voraussetzungen für seine Konstituierung als Standardsprache geschaffen, denn einen Status als Staatssprache hatten die Sprachen der UdSSR-Republiken *de jure* nicht, *de facto* hat in Belarus das Russische diese Funktion weitgehend übernommen. Betrachtet man die Schulreform von 1959 (vgl. Gesetz 1959), kommt man zum Schluss, dass die staatlich-politischen Entscheidungen für die Standardisierung des Belarusischen eher destruktiv waren.

Infolge einer intensiven Urbanisierung seit den 1960er Jahren und der Ausbreitung der Zweisprachigkeit kam es zur Entstehung einer Mischsprache Trasjanka, die hauptsächlich von Land-Stadt-Migranten bei der mündlichen Kommunikation verwendet wurde. Im öffentlichen Bereich, v.a. in den Medien, bildete sich in der BSSR als Ergebnis der oben beschriebenen Status- und Korpusplanung eine Form des Belarusischen heraus, die als unnatürlich und verunstaltet empfunden wurde, denn sie basierte auf schlechten Übersetzungen und Kalkierungen aus dem Russischen (vgl. Bieder 2001: 465), was wiederum von einer niedrigen Sprachkompetenz der Schreibenden bzw. Sprechenden herrührte.

Zusammenfassend lässt sich die Einstellung zum Belarusischen in der zweiten Hälfte der UdSSR-Periode folgendermaßen beschreiben. Obwohl die Förderung seitens des Staates der belarusischen Sprache weitgehend nicht gewährt wurde, galt offiziell eine Gleichberechtigung des Russischen und des Belarusischen im Rahmen eines Zwei-Muttersprachen-Konzeptes. Das Problem einer benachteiligten Stellung des Belarusischen hinsichtlich seines Status, Prestiges und Zustandes wurde auf der staatlichen Ebene ignoriert und im öffentlichen Bereich tabuisiert. „Das Erscheinen von Publikationen, welche die Sprachenfrage aufgreifen wollten, wurde von der Zensur und Geheimpolizei verhindert" (Bieder 1991: 415).

Die ignorierende bis negative Einstellung des Staates gegenüber dem Belarusischen kam nicht explizit, sondern implizit, in der Nichtverwendung der Sprache bei der praktischen Tätigkeit des republikanischen Staatsapparates zum Ausdruck. Diese Haltung der belarusischen Behörden stand im Einklang mit der Position der Unionsregierung, die Chruschtschow im Jahr 1959 in der Belarusischen Staatsuniversität in Minsk (BSU) klar machte: „Чем быстрее мы все будем разговаривать по-русски, тем быстрее построим коммунизм. [Je schneller wir alle anfangen, Russisch zu sprechen, desto schneller bauen wir den Kommunismus auf]" (in: Snapkoŭski 2000: 36). Alle nationalorientierten Bestrebungen wurden als antisowjetischer Nationalsozialismus bewertet und verurteilt. Die öffentliche Verwendung des Belarusischen war markiert und wurde als Provokation, schlechter Ton, Separatismus bzw. Reaktionismus (vgl. Bieder 2001: 464) oder als eine westliche – und somit regimefeindliche – Orientierung des Sprechenden (vgl. Alpatov 2000: 195) betrachtet.

Die Einstellung zum Belarusischen seitens der Bevölkerung des Landes weicht von der des Staates einigermaßen ab. Einerseits verliert die Sprache immer mehr an Ansehen, was mit dem niedrigen Prestige der ländlichen Bevölkerung als Hauptträger der belarusischen Sprache sowie mit der Verbreitung der Trasjanka zusammenhängt, welche als eine minderwertige Mischform mehr mit dem Belarusischen als mit dem Russischen assoziiert wird. Im Sinne des sozialen Aufstieges sehen die Land-Stadt-Migranten ihre Sprache als nutzlos oder gar hinderlich an. Umgeben von der intensiven Popularisierung des Russischen, entwickeln die Belarusisch-Sprechenden einen sprachlichen Minderwertigkeitskomplex (vgl. Bieder 2001: 465).

> Entsprechend stellte die belarusische Sprache in dieser Zeit keinen *positiven* Identitätsfokus für die belarusische Bevölkerung dar, sondern wurde eher als *negatives* Identitätselement wahrgenommen, dessen man sich [...] zu entledigen suchte (Kosakowski 2013: 128–129).

Das zum größten Teil in der Schule durch die fehlende Motivation der Lehrer erzogene Massen-Desinteresse an der Sprachbewahrung erklärt sich darüber hinaus mit der Problematik der Nachkriegszeit, als man mit essentiellen Aufgaben der Lebenssicherung konfrontiert wurde. Von der anderen Seite war die Einstellung der Bevölkerung zum Belarusischen nicht ablehnend. Im Gegenteil nimmt die Mehrheit von Belarusen ihre Titularsprache als Muttersprache wahr (vgl. Zensus 1959, 1970, 1979, 1989), was auf eine positive Haltung zur Sprache und auf ihren hohen Symbolwert hindeutet.

Auch die Einstellung der belarusischen Elite zur Nationalsprache war nicht einheitlich. Der große Teil der Intellektuellen wandte sich unter dem politischen Druck von der Nationalidee ab, war von einem nationalen Nihilismus und von nationalsprachlichen Hemmungen behaftet und zeigte eine Gleichgültigkeit gegenüber dem Schwund des nationalen Erbes (vgl. Snapkoŭski 2000: 36).

Sie [die Elite – N.S.] sah die Verständlichkeit, Verwendbarkeit und Notwendigkeit ihrer Muttersprache nicht mehr gegeben und rechnete bereits mit deren Verschwinden und Untergang. Den Verlust ihrer Sprache hielt sie für unvermeidlich und deren Wiederbelebung ausgeschlossen (Bieder 1991: 415).

Im Alltag wurde die Sprache nur von einem Teil der geisteswissenschaftlichen Elite verwendet.

Dennoch stießen die Russifizierungsmaßnahmen im Status- und im Korpusbereich oft auf Widerstand der Sprachverwender. Gegen die Ignorierung der belarusischen Sprache in der Schule trat 1957 beispielsweise ein Journalistik-Studierender der BSU auf und rief damit eine breite Resonanz hervor: Schriftsteller, Lehrer und Studierende forderten die Einführung des Belarusischen als Unterrichtssprache in den Schulen der Republik. Zwar wurde dieser Forderung nicht stattgegeben, aber sie zeugt von einer aktiven Position und von der Abneigung gegen die Denationalisierungstendenzen seitens eines Teils der belarusischen intellektuellen Elite. Dies bestätigt auch der oben erwähnte Umstand, dass die in der Mitte der 1980er Jahre herausgegebenen Nachschlagewerke (s.o.) wegen ihres russifizierenden Charakters keine breite gesellschaftliche Akzeptanz fanden (vgl. Kosakowski 2013: 125).

Mit Hinblick auf die früheren Perioden der belarusischen Sprachgeschichte lässt sich festhalten, dass auch in der Zeit der Sowjetunion, ähnlich wie es auch im 17.–19. Jh. war, es die national gesinnte kulturelle Elite war, die die nationale Idee trug und sich um den Spracherhalt bemühte.

Die Debelarusifizierung von Sprache und Gesellschaft in der BSSR hielt bis zum Ende der 1980er Jahre an. Mit dem Anfang der Perestrojka wurden die Themen der nationalen Wiedergeburt (*Adradžennie*) und somit auch der Nationalsprache aktuell. Im Dezember 1986 und im Juni 1987 schrieben national orientierte belarusische Intellektuelle zwei Briefe an den Generalsekretär der KPdSU Gorbatschow, in denen sie ihre Besorgnis um den Status und den Zustand ihrer Nationalsprache äußerten und ein Programm zur Wiedergeburt der belarusischen Nation vorstellten. Die Nationalpolitik der sowjetischen Regierung in der BSSR wurde in diesen Briefen erstmals als ‚Russifizierung' bezeichnet. Die staatliche Sprachpolitik in Belarus änderte sich daraufhin nicht, aber die Grundstimmung der Gesellschaft wandelte sich und die Bewegung *Adradžennie* nahm immer mehr an Intensität (vgl. Lyč 2000: 37). Im Juni 1988 wurde die Partei *Bielaruski narodny front* [Belarusischer Volkfront] (BNF) gegründet, die u.a. eine Belebung der belarusischen Sprache vorsah. Im Jahr 1989 wurde von den Anhängern der Wiedergeburtsbewegung die TBM ins Leben gerufen (Kap. 2.3.1c). Ein

Jahr darauf, am 26.01.1990, wurde per Sprachgesetz[41] Belarusisch zur einzigen Staatssprache in der BSSR erklärt und ein Übergang zum Belarusischen in allen öffentlichen Einrichtungen innerhalb von zehn Jahren festgelegt.

2.3.7 Sprach- und Sprachenpolitik ab 1990: von forcierter Belarusifizierung zur Debelarusifizierung

2.3.7.1 1990–1994: Renationalisierung im Status- und Korpusbereich des Belarusischen

Die ersten vier Jahre der belarusischen Souveränität (1990–1994) – auch die zweite belarusische Renaissance genannt – zeichneten sich durch eine Belarusifizierungspolitik aus, die für die Steigerung des gesellschaftlichen Prestiges der belarusischen Sprache förderlich war. Von der intellektuellen Elite getragen, verschärfte sich in der Gesellschaft die Sprachenfrage bis hin zu antirussischen Äußerungen (vgl. Mečkovskaja 2003: 21–22). Das Artikel 2 des Sprachgesetzes von 1990 erklärte Belarusisch zur Staatssprache in der Republik Belarus und qualifizierte das Russische lediglich als eine Minderheitensprache und die „Sprache der internationalen Kommunikation der UdSSR-Völker", nicht jedoch als eine Verkehrssprache in der Republik (vgl. Sprachgesetz 1990). Das Sprachgesetz und das staatliche Programm[42] zur Entwicklung der belarusischen Sprache vom 20.09.1990 sahen eine Erweiterung des Verwendungsbereiches des Belarusischen und einen sukzessiven Übergang zum Belarusischen in allen öffentlichen Einrichtungen binnen zehn Jahren vor, was künftig zur Entstehung einer belarusischsprachigen Bevölkerungsmehrheit führen sollte. Die Nationalsprache sollte z.B. ab September 1994 in der Presse und ab September 2000 im Bildungsbereich vorherrschen (vgl. Programm 1990). In einer Anweisung vom 03.07.1992 verpflichtete das Bildungsministerium seine Angestellten zum Nachweis von Belarusisch-Kenntnissen (vgl. Gutschmidt 2000: 78).

Zwar hat die Belarusifizierungspolitik[43] in der kurzen Zeit von 1990 bis 1994 der Verbesserung der Lage der belarusischen Sprache nicht wesentlich beitragen können (vgl. Bieder 1995b: 401), aber sie hatte eine Sensibilisierung der Ge-

---

41 „O jazykach v Respublike Belarus' [Über Sprachen in der Republik Belarus]" (26.01.1990).
42 „Ab Dziaržaŭnaj prahramie razviccia bielaruskaj movy i inšych nacyjanaĺnych moŭ u Bielaruskaj SSR [Über das staatliche Entwicklungsprogramm der belarusischen Sprache und der Nationalsprachen in der Belarusischen SSR]" (20.09.1990).
43 Ausführlich zu Belarusifizierungsprozessen beispielsweise im Bildungs-, Verlags- und Pressewesen s. Bieder (1995b: 401–402).

sellschaft gegenüber der Sprachenfrage, eine Statuserhöhung der Nationalsprache und das gewachsene Interesse für das Studium der Belarusistik zur Folge. Es sind Lehrbücher für alle Fächer in belarusischer Sprache erschienen und die Zahl der Schüler, die Belarusisch als Unterrichtssprache hatten, ist gewachsen. Auch die Arbeit an der nationalsprachlichen Terminologie wurde – wie es bereits in den 1920er und 1960er Jahren geschah – wieder aufgenommen. Insgesamt brachte die Belarusifizierung am Anfang der 1990er Jahre jedoch keine langfristig wirksamen Erfolge, was mehreren Gründen geschuldet ist, die im Folgenden kurz skizziert werden.

Zum einen war es die Vorsichtigkeit des Staates bei der Durchführung der Belarusifizierungspolitik im Bereich der *Statusplanung*. Das Sprachgesetz von 1990 stärkte zwar den Status der Nationalsprache, formulierte aber keine konkreten Schutzbestimmungen, bot ihr somit keinen realen Schutz[44] und war eher ein „Manifest des nationalen Selbstbewusstseins" (Mečkovskaja 2003: 18). Weitere Ursachen für eine nicht erfolgreiche Belarusifizierung am Anfang der 1990er Jahre waren der Widerstand des Apparats, der überwiegend russischsprachig war und sich nun kurzfristig auf die Sprache umstellen musste, in der er keine ausreichende Kompetenz besaß, sowie die Proteste gegen die rasche Belarusifizierung v.a. im Bildungsbereich, die mit einer mangelnden Sprachbeherrschung der Unterrichtssprache von Schulanfängern und mit dem Fehlen qualifizierter Fachkräfte begründet waren (vgl. Scharlaj 2008: 54–55). Neben der allgemein herrschenden Atmosphäre der Instabilität und des Misstrauens gegenüber der Staatspolitik (vgl. Zaprudski 2002: 102), den finanziellen Schwierigkeiten im Verwaltungs- und Bildungswesen, der allgemein niedrigen Sprachkompetenz, den zu kurzen Fristen der geplanten Sprachumstellung und der Nichtberücksichtigung ihrer psychologischen, didaktischen und sozialen Folgen (vgl. Mečkovskaja 2003: 45) werden in der Sprachsituationsforschung auch eine „subjektive Bequemlichkeit und verbreitete nationale Gleichgültigkeit" sowie die darin begründete schwache Resonanz in der Bevölkerung als Faktoren der misslungenen Belarusifizierung genannt (vgl. Hentschel 1997: 233).

Gegen die Durchsetzung des Belarusischen als der einzigen Staatssprache kam noch erschwerend hinzu, dass parallel zu den Prozessen in der Statuspla-

---

44 Das Gesetz sah z.B. keine Normen der Verantwortung im Falle des Verstoßes gegen die sprachliche Gesetzgebung vor. Es existierten keine speziellen Organe, die die nationale Sprachpolitik ausarbeiten und realisieren könnten (vgl. Zaprudski 2002: 99, 102). In den staatlichen Verordnungen wurde der Sprachgebrauch in vielen Bereichen nicht reglementiert, und es war eine alternative Sprachverwendung zugelassen. Auch in der Verfassung der bereits souveränen Republik Belarus vom 15.03.1994 wurde die Sprachenfrage nicht geregelt (vgl. dazu auch Bieder 2001: 467).

nung Veränderungen im *Korpusbereich* liefen: Es ging um eine „grundlegende Erneuerung und Reform der gesamten Standardsprache sowie v.a. um deren Wiedereinführung in allen Funktionsbereichen, von denen die meisten durch die russische Sprache beherrscht sind" (Bieder 1995b: 410). Die von der Wiedergeburtsbewegung in Gang gesetzten Prozesse und die sich daraus ergebene Polarisierung der Sprachschöpfer in Fragen der Korpusplanung hatten eine deformierende Wirkung auf die Position des Belarusischen. Ähnlich wie am Ende des 19. Jh., als der Alphabet-Parallelismus zu einem der Hindernisse für die Verbreitung der belarusischen Sprache und somit teilweise für ihre Wiedergeburt wurde, schwächte die Koexistenz der zwei Usus-Formen der Sprache – der offiziellen, dem Russischen angenäherten Narkomaŭka und der „stärker autochthonen" (Marti 1998: 360), von Befürwortern der Belarusifizierung propagierten Taraškievica[45] – die belarusische Wiedergeburtsbewegung in den 1990er Jahren ab, da sie zur Spaltung und Verunsicherung innerhalb der ohnehin schwach vertretenen Gruppe der Belarusischsprechenden und -schreibenden führte (vgl. Mečkovskaja 2003: 62).[46]

Die wesentlichen Merkmale der Sprachsituation in Belarus zu Beginn der 1990er Jahre sind bei Gutschmidt (2000: 76–77) genannt. Es sind etwa der infolge der Sprachenpolitik in der UdSSR stark verengte Verwendungsbereich des Belarusischen, die weitgehende Verdrängung der Sprache aus der mündlichen Kommunikation v.a. im städtischen Bereich, die weitere Verbreitung der Trasjanka und die Diglossie innerhalb einer kleinen Gruppe von Sprachverwendern, die ihre Sprachwahl textsortenabhängig treffen (z.B. philologische Texte vs. Alltagskommunikation). Hinsichtlich der Sprachbeherrschung sei laut Gut-

---

[45] Im Lichte der „allsowjetischen Souveränitätenparade des Jahres 1990" (Lindner 1999: 394) vertreten einige intellektuelle Schichten in Belarus immer stärker die Meinung, die Reform von 1933 hätte die Eigenartigkeit der Nationalsprache erheblich beeinträchtigt. Sie fingen zu Beginn der 1990er Jahre im Gegenzug an, die Taraškievica zu verwenden, und schlagen eine Reformierung der Sprache nach deren Vorbild vor. Im Kontext der begonnenen Nationalbewegung wurde die Taraškievica zu einem Symbol der Abwendung nicht nur von der Russifizierung, sondern auch von der ganzen sowjetischen Vergangenheit. Die Befürworter der Neureformierung praktizieren eine Annäherung der Orthographie an die gesprochene Sprache nach dem Vorbild der standardsprachlichen Normen der 1920er Jahre, den Ersatz der Russismen durch Dialektismen, Neologismen und Polonismen sowie eine Entrussifizierung der Wortbildungsmittel und des Flexionssystems.

[46] Da die Taraškievica-Variante Abweichungen von dem mittlerweile gewohnten Sprachusus aufweist, wurden die Bemühungen deren Befürworter von den sog. ‚Traditionalisten' als destruktive Handlungen aufgefasst (vgl. Žuraŭski 1998: 12–15). Ausführlicher zur Konkurrenz zweier belarusischer Standardvarianten in den 1990er Jahren s. Bieder (1996a, 2000a), Kosakowski (2013: 129–135).

schmidt ein (situationsabhängiger) Bilingualismus innerhalb einer größeren Sprechergruppe und eine russische Einsprachigkeit bei der Mehrheit der Bevölkerung vorhanden. Der letzten Behauptung kann jedoch nicht ohne Bedenken Recht gegeben werden, denn innerhalb der Bevölkerung liegt zumindest eine passive Beherrschung der Titularsprache flächendeckend vor.

Der Zustand der belarusischen Sprache zu dieser Zeit wird von Gutschmidt (2000: 77) wie folgt charakterisiert:

> Die weißrussische Sprache ist [...] nicht polyvalent. Es fehlt ihr damit ein relevantes Merkmal von Standardsprachen. Die Folge ist das Fehlen von terminologischem Wortschatz für zahlreiche Bereiche in der Wissenschaft, Technik, Wirtschaft, Militärwesen etc. Wegen der beschränkten Verwendung des Schriftweißrussischen in der mündlichen Kommunikation kann von einer kolloquialen Form der Standardsprache nur bedingt die Rede sein.

Seit dem Zerfall der UdSSR wurde die neue Sprach- und Kulturpolitik im neuen Mehrparteiensystem für viele zum wichtigen Feld für Demonstration eigener demokratischer Ansichten, und die Sprachenproblematik wurde zu einem wesentlichen Bestandteil des politischen Diskurses.[47] Im Parlament und in den Massenmedien entspann sich eine öffentliche Diskussion über das 1990 angenommene Sprachgesetz und über die Durchsetzung des Belarusischen als der einzigen Staatssprache. Dabei zeichnete sich im Diskursverlauf eine Kursänderung in Richtung der staatlichen Zweisprachigkeit aus. Einige demokratische Parteien kritisierten die „Russophobie" und den „Isolationismus" der nationalorientierten sprachlichen Gesetzgebung und forderten eine Einführung des Russischen als zweiter Staatssprache. Die liberalistischen Parteien plädierten für eine freie Sprachwahl im Bildungswesen. Auch die linken Parteien änderten ihre ursprüngliche Einstellung, indem sie sich vom Einsprachigkeitskonzept abwandten. Die Diskussion in den Massenmedien brachte zum einen zutage, dass die sprachpolitischen Entscheidungen des Staates für die Verbreitung der Staatssprache unzureichend und wenig zielgerichtet waren. Zum anderen deckte sie eine diskursive Position auf, laut welcher eine selbstständige belarusische Sprache nicht existent sei (vgl. Zaprudski 2002: 99–101). Die diskutierte Zweisprachigkeit wurde lediglich von den Anhängern der Wiedergeburt (v.a. Vertretern des Belarusischen Schriftstellerverbandes, der TBM etc.) abgelehnt und wurde von ihnen als eine Bedrohung für das Überleben des Belarusischen angesehen. Vor dem Hintergrund der Passivität der Mehrheit von Sprechern ist die – zuweilen emotionsbeladene – Stimme der national gesinnten intellektuellen Elite im

---

47 Ausführlicher zu den Hintergründen des sprachpolitischen Diskurses im belarusischen Parlament in den Jahren 1990–1994 s. Zaprudksi (2002).

Diskurs über die Sprachenfrage besonders deutlich wahrnehmbar. In ihren Auftritten stellte sie die Begriffe ‚Sprache', ‚Nation' und ‚Ethnie' gleich und sah die Einführung der zweiten Staatssprache als eine „Schande", „Verrat" und „Verspottung" der Muttersprache (vgl. Bieder 1995b: 404; Hilievič 2000). Eine Volksabstimmung in der Sprachenfrage lehnte sie ab.

Hinsichtlich der *Einstellungs*forschung lässt sich in dieser Periode der Sprachsituationsentwicklung eine Zweiteilung der Einstellungsobjekte (*Stimuli*) feststellen: die belarusische Sprache als Idiom und die Belarusifizierung der Gesellschaft als ein sprachpolitischer Ansatz. Die Wiedergeburtsbewegung hat, wie bereits erwähnt, keinen starken Widerhall bei der Bevölkerung gefunden. Die rapide Umstellung auf Belarusisch ist auf Ablehnung und eine niedrige Lernbereitschaft gestoßen (vgl. Bieder 2001: 468). Der Staatsapparat ignorierte weitgehend die Sprachgesetzbestimmungen und verwendete bei öffentlichen Auftritten ausschließlich die russische Sprache (vgl. Zaprudski 2002: 102). Wichtig und erstrebenswert war die Belarusifizierung in erster Linie für die Vertreter der intellektuellen Elite. Die durch die Belarusifizierungsprozesse erhöhte Sensibilität der Bevölkerung zur Sprachfrage zeichnete sich dagegen durch eine generell positive Grundhaltung gegenüber der Nationalsprache aus. Dazu trugen u.a. die von der Wiedergeburtsbewegung hervorgebrachten Attribute für das Belarusische bei, die seine Ästhetik akzentuierten, z.B. seinen Wohlklang und die Weichheit (vgl. Bieder 1995b: 399–400). Die Sprachloyalität gegenüber dem Belarusischen im ländlichen Bereich war gewohntermaßen stärker ausgeprägt (Bekenntnis zum Belarusischen als Muttersprache: 96,9%) als in der Städten (69,9%) (Bieder 1995b: 405). Gleichzeitig gab es, wie oben angeführt, Stimmen, welche die Existenz der eigenständigen belarusischen Sprache abstritten.

Wie der Rückblick in die Geschichte zeigt, ist solche Einstellungskonstellation für die Sprachsituation in Belarus grundsätzlich signifikant.

2.3.7.2 Seit 1994: Marginalisierung des Belarusischen

Die Wiedergeburtsbewegung rief eine gesellschaftliche Gegenreaktion hervor. Die prorussisch gestimmten Kreise warfen dem Sprachgesetz von 1990 Nationalismus und Diskriminierung des Russischen vor.[48] Der Widerstand der breiteren Bevölkerung galt in erster Linie der forcierten Einführung des Belarusischen als Unterrichtssprache im Bildungswesen. Der mit dem Amtsantritt des Präsidenten Lukaschenko im Jahr 1994 begonnene und auf eine Annäherung an das Russ-

---

[48] In Wirklichkeit jedoch ging es dabei um Proteste gegen den Verlust der dominierenden Stellung des Russischen (vgl. Gutschmidt 2000: 79).

land orientierte politische Wandel in Belarus führte zu einer Rückkehr zur antibelarusischen Sprachpolitik (vgl. Bieder 2001: 469). Der Präsident sprach sich als erster öffentlich gegen die belarusische Sprache aus (was im Kontext der Unzufriedenheit der Bevölkerungsmehrheit mit der Belarusifizierung als ein populistischer Akt angesehen werden kann). Er sprach von Übertreibungen bei der Belarusifizierung, von der Notwendigkeit einer Umkehrung sowie von Überflüssigkeit und Mangelhaftigkeit des Belarusischen (ausführlicher dazu s. Mečkovskaja 2003: 126–127).[49]

Obwohl rechtlich fraglich und gegen den Beschluss der Geisteswissenschaftler-Versammlung der Akademie der Wissenschaften der Republik Belarus, und auch trotz der ablehnenden Haltung des Parlaments[50] und der Proteste der TBM wurde die Sprachenfrage im Mai 1995 zur Volksabstimmung eingereicht. Die Pressefreiheit bei der Beleuchtung der Sprachenfrage war dabei stark eingeschränkt (vgl. Bieder 1996b: 98–99). Und da der übereilte und bürokratisierte Übergang zum Belarusischen am Anfang der 1990er Jahre von Vielen als ein unnatürliches Eindringen in das eigene Sprachleben wahrgenommen wurde, gaben 64,8% der Bevölkerung (88,3% der Beteiligten) in einem Referendum am 14.05.1995 ihre Stimmen für die Gleichstellung des Belarusischen und des Russischen ab. Obwohl diese Ergebnisse noch drei Jahre lang vom Parlament nicht anerkannt wurden, wurden sie seitens der Regierung als eine Abstimmung für die Einführung des Russischen als zweiter Staatssprache ausgelegt (vgl. Zaprudski 2002: 104–106; Savitskaya 2011: 33).

Hinsichtlich der *Statusplanung* führten das Referendum und die derartige Interpretation seiner Ergebnisse zur Schwächung der Position des Belarusischen. Bereits am 26.11.1996 wurde die staatliche Zweisprachigkeit per eine Änderung in der Verfassung[51] (Art. 17) verankert. Im Satzungsentwurf des Unions-

---

[49] Die Äußerung des Präsidenten Lukaschenko in einer Stadtratssitzung in Homieĺ am 01.12.1995 über eine ‚Unzulänglichkeit' und ‚Dürftigkeit' der belarusischen Sprache („Люди, которые говорят на белорусском языке, не могут делать ничего, кроме как разговаривать на белорусском языке, потому что по-беларуски нельзя выразить что-то великое. Белорусский язык – бедный язык. [Die Menschen, die Belarusisch sprechen, können nichts anderes, als Belarusisch zu sprechen, weil man auf Belarusisch nichts Großes ausdrücken kann. Die belarusische Sprache ist eine arme Sprache]". Quelle: *Narodnaja hazieta* [Volkszeitung], 01.02.1995) wird in der Forschungsliteratur als Ausdruck der Einstellung des Staates gegenüber der Nationalsprache und deren Verfechtern verstanden und häufig zitiert.
[50] Zu den Auseinandersetzungen zwischen dem Präsidenten und dem belarusischen Parlament über die Veranstaltung des Referendums s. Bieder (1996b: 100–104); Zaprudski (2002: 104–107).
[51] „Konstitucija Respubliki Belarus' [Verfassung der Republik Belarus]" (15.03.1994).

staates Belarus und Russland vom April 1997 wurde als die einzige Arbeitssprache der Union das Russische vorgesehen, was in der belarusischen Gesellschaft Kritik und Vorwürfe einer Diskriminierung des Belarusischen auf internationaler Ebene hervorrief. Daraufhin wurden in der Endfassung der am 23.05.1997 unterzeichneten Satzung des Unionstaates (Art. 38) die beiden Sprachen als offizielle Sprachen der Union deklariert, als Arbeitssprache blieb jedoch nur das Russische festgesetzt. Per Sprachgesetz vom 13.07.1998[52] erhielt Russisch neben dem Belarusischen *de jure* den Status einer Staatssprache. Im neuen Gesetz fehlte im Gegensatz zu dem von 1990 die Präambel, in der eine Bewertung des kritischen Zustandes der Nationalsprache und die Notwendigkeit ihres Schutzes formuliert wurden. Vor allem aber waren es die alternativen Formulierungen im Gesetzestext, die für das Belarusische ungünstig waren: Der Gebrauch neben der kopulativen Konjunktion *und* der disjunktiven *oder* zwischen den Adjektiven *belarusisch* und *russisch* ließ die Verwendung nur einer der Sprachen zu, was in der Regel zur Verdrängung einer „schwächeren" Sprache – und in diesem Falle des Belarusischen – führt (vgl. Mečkovskaja 2003: 127; Snapkoŭski 2000: 39; Zaprudski 2002: 109).

Zur Folge dieser sprachpolitischen Prozesse wurde eine rückläufige Verwendung des Belarusischen in mehreren Bereichen. Nach der massiven Umstellung von der belarusischen Unterrichtssprache auf die russische im Schuljahr 1995/96 sank die Zahl der belarusischen Schulen und Klassen von 75% (1993) auf ca. 10% (1997) (Bieder 2001: 470). Die im Zeitraum von 1990–1994 erschienenen geisteswissenschaftlichen Lehrbücher wurden verboten. Im Mai 1995 wurde vom Bildungsministerium eine obligatorische Aufnahmeprüfung in russischer Sprache und Literatur an Hochschulen eingeführt; die seit 1991 obligatorische Vorprüfung in Belarusisch für Promovierende aller Fachrichtungen wurde von der Akademie der Wissenschaften im Juni 1998 dagegen abgeschafft. In kulturellen, wissenschaftlichen und Bildungsinstitutionen kam es zu personellen und finanziellen Kürzungen, v.a. waren davon das Institut für Sprach- und Literaturwissenschaft der Akademie der Wissenschaften und das Nationale Franzysk-Skaryna-Wissenschafts- und Bildungszentrum betroffen. Die Zahl der belarusischsprachigen Presseorgane sank, im Jahr 1997 erschienen nur sieben davon.[53] Oppositionelle Beiträge und kritische wissenschaftliche Arbeiten wurden

---

52 „Ab uniasienni zmianienniaŭ i dapaŭnienniaŭ u Zakon Respubliki Bielaruś ‚Ab movach u Respublicy Bielaruś' [Über die Eintragung von Änderungen und Ergänzungen in das Gesetz der Republik Belarus ‚Über die Sprachen in der Republik Belarus']" (13.08.1998).
53 Staatliche Tageszeitung *Zviazda* [Stern], Wochenzeitung des Schriftstellerverbandes von Belarus *Literatura i mastactva* [Literatur und Kunst], Wochenzeitung der TBM *Naša Slova* [Un-

entweder im Internet oder im Ausland veröffentlicht. Im administrativ-wissenschaftlichen Bereich verwendete man sofort nach der sprachpolitischen ‚Wende' von 1995 fast ausschließlich Russisch (vgl. Bieder 2008: 88). Auch aus dem privaten Bereich schwand Belarusisch zunehmend, davon zeugen z.B. die Selbstreflexionen belarusischer Schriftsteller, die ihren eigenen Gebrauch der Nationalsprache im Alltag als nicht konsequent einschätzten (vgl. Maliec 2000).

Um sich diesen Entwicklungen entgegenzustellen, organisierte die belarusischsprachige Elite Protestaktionen, veranstaltete Runde Tische zu den Themen des Sprachrechts, verfasste Resolutionen, in denen sie sich auf internationale Konventionen und Deklarationen[54] berief (vgl. Bieder 1996b: 71–81). Im Februar 1999 verabschiedete z.B. der Kongress der demokratischen Kräfte von Belarus die Resolution „Über Diskriminierung der belarusischen Sprache in der Republik Belarus", in der er seine Schlussfolgerung formulierte, das Recht des belarusischen Volkes auf eine freie Entwicklung seiner Sprache und Kultur werde „grob verletzt" (vgl. Zaprudski 2002: 110). Im Oktober 2000 initiierte die TBM die Ausarbeitung einer Strategie[55] der Sprachentwicklung und lud alle interessierten Organisationen, Behörden, Medien sowie in- und ausländischen Bürger zu einer Zusammenarbeit daran ein. Das im Strategiepapier formulierte Hauptziel war die „Schaffung von Bedingungen für Bewahrung und eine nachhaltige Entwicklung der belarusischen Sprache als einer lebendigen, täglich verwendeten Sprache des belarusischen Volkes", was durch Erhöhung der Sprecherzahl, durch Sicherung von Verwendungsmöglichkeiten und durch Prestigehebung des Belarusischen erreicht werden sollte. Ein großer Wert wurde dabei neben den entsprechenden Änderungen der rechtlichen Basis (Sprachschöpfer-Perspektive) auf die Änderung der Sprachgebrauchsgewohnheiten (Sprachverwender-Perspektive) gelegt (vgl. Strategie 2000). Im gleichen Jahr gab die TBM den Sammelband *Aniamiennie* heraus, in dem die Autoren nicht nur über die Russifizierungspolitik, sondern auch über den sich dadurch vollziehenden „Lingvo-

---

ser Wort], Wochenzeitung *Kultura* [Kultur], Wochenblatt für die in Ausland lebenden Belarusen *Holas Radzimy* [Die Stimme der Heimat] sowie die oppositionellen Zeitungen *Svaboda* [Freiheit] und *Naša Niva* [Unsere Flur] (vgl. auch Bieder 2001: 470).

54 „Allgemeine Erklärung der Menschenrechte" (19.12.1948), „Internationaler Pakt über bürgerliche und politische Rechte" der UNO (16.12.1966), „Europäische Charta der Regional- oder Minderheitensprachen" (05.11.1992), „Rahmenübereinkommen zum Schutz nationaler Minderheiten" des Europarats (01.02.1995), „Allgemeine Erklärung der Sprachenrechte" (06.–08.06.1996), „Charta der Grundrechte der Europäischen Union" (18.12.2000) (vgl. auch Bieder 2008: 93).

55 „Stratehija razviccia bielaruskaj movy ŭ XXI stahoddzi [Entwicklungsstrategie der belarusischen Sprache im 20. Jahrhundert]" (2000).

zid" und „Ethnozid" sprechen.⁵⁶ Es wurden die in der Welt bereits vorhandenen Konzepte zum Schutz von bedrohten Sprachen auf ihre Anwendbarkeit auf die Sprachsituation in Belarus hin geprüft und Strategien der Revitalisierung des Belarusischen ausgearbeitet, die z.B. auf den Erfahrungen der walisischen Sprachplanung und den Vorsätzen der Erhaltung des Katalanischen in Spanien und des Sorbischen in Deutschland sowie der Staatssprachen wie des Irischen in Irland und des Französischen in Kanada beruhten. Um die spracherhaltenden Maßnahmen rechtlich durchsetzen zu können, wurde im Jahr 2002 ein (erfolgloser) Versuch unternommen, die Sprecher des Belarusischen als nationale Minderheit anerkennen zu lassen⁵⁷ und so einen Schutz u.a. im Sinne der „Europäischen Charta der der Regional- oder Minderheitensprachen" (ECRM, 05.11.1992)⁵⁸ zu bekommen. Im Mai 2001 wendete sich der Kongress der demokratischen Kräfte anlässlich der Verletzung von Sprachrechten in Belarus mit einem Appell an den UNO-Hochkommissar für Menschenrechte. Dieses und auch weitere Schreiben an internationale Organisationen wie Europarat, UNO, KSZE und die belarusische Organisation für Menschenrechte *Chartyja 97* [Charta 97] blieben ergebnislos, da diese Institutionen in der Republik Belarus rechtlich keine Verbindlichkeit ausstrahlen (vgl. Bieder 2008: 90–93).

Die *korpusplanerischen* Aktivitäten des Staates richteten sich überwiegend gegen die in den 1990 Jahren entstandene starke Normvarianz, zu der es v.a. durch die Wiederbelebung der Sprachnormen von 1918 und durch das Aufkommen der Taraškievica-Variante kam, die in den Kreisen der belarusischen Nachkriegsemigration immer noch verwendet wird (vgl. Padlužny 2005: 80). Wie im Kapitel 2.3.7.1. bereits erwähnt, weist die Taraškievica starke Differenzen zu der offiziellen Norm in der Orthographie, Morphologie, Wortbildung und Lexik auf und stellt somit eine grunderneuerte Variante der belarusischen Standardsprache dar, die einerseits als klassisch gilt und andererseits von dem nun gewohn-

---

56 Zu der im Sammelband gekennzeichneten Positionierung der TBM im Diskurs über die Sprachenfrage in Belarus s. Kapitel 2.3.1c.
57 Der Historiker Lieanid Lyč äußerte diese Anerkennungsforderung an die Regierung von Belarus in seinem Aufsatz „Ratujma bielaruskamoŭnuju mienšyniu! [Retten wir die belarusischsprachige Minderheit!]" in der Wochenzeitung *Litaratura i mastactva* [Literatur und Kunst] (18.01.2002) (vgl. Bieder 2008: 92).
58 Die Republik Belarus ist kein Mitglied des Europarats und die ECRM-Bestimmungen können hier nicht geltend gemacht werden. Einen Schutz durch die Charta erfährt Belarusisch in den Nachbarstaaten Polen und Ukraine, wo es als eine Minderheitensprache (in Polen) bzw. Regionalsprache (in der Ukraine) anerkannt ist (vgl. Wiśnieiwecka-Brückner 2012; Müller 2012).

ten Sprachusus abweicht. Die sog. ‚Reformer'[59] (Bušliakoŭ, Sańko, Saŭka, Viačorka), die die Durchsetzung der Taraškievica anstrebten, warfen der offiziellen Orthographie vor, sie würde die Besonderheiten der belarusischen Sprache nicht adäquat wiedergeben, sie an das Russische angleichen und ihr dadurch ihre Eigenart entziehen.[60] Sie erkannten auch die in den 1970–1980er Jahren in der Sowjetunion entstandenen Kodifizierungswerke (Kap. 2.3.6.4) aufgrund ihrer prorussischen Ausrichtung nicht an. Die neueste Normierung der Taraškievica hat ihren Niederschlag in dem Regelwerk *Bielaruski kliasyčny pravapis* [Belarusische klassische Orthographie] (2005) von Vincuk Viačorka (vgl. Bušliakoŭ et al. 2005) gefunden, der bereits 1995 eine eklektische Verbindung von Taraškievica und Narkomaŭka vorgeschlagen hat. Diese Normvariante wurde in der Zeitschrift *Spadčyna* [Erbe], in der Zeitung *Naša Niva* [Unsere Flur] und vom Radiosender *Svaboda* [Freiheit] verwendet. Generell fand die Taraškievica-Norm v.a. durch oppositionelle Medien ihre Verbreitung. Laut Lukašaniec, Padlužny, Sciaćko et al., die die Meinung von den sog. ‚Traditionalisten' referieren, entspreche die neue Reform den Anforderungen der Sprachpraxis nicht[61] und die „übertriebenen" Entrussifizierungsversuche würden die Einheitlichkeit der standardsprachlichen Norm beeinträchtigen. Demnach lehnten sie eine grundlegende Reformierung der Sprache als destruktiv ab, erkannten jedoch die Notwendigkeit einiger Korrekturen in Richtung der Unifizierung der Orthographie an und betrachteten die bereits integrierten Russismen als natürliche Errungenschaft der belarusischen Sprache (vgl. Lukašaniec in: Haŭryš 2007: 30–31; Lukašaniec 2014: 107; Padlužny 2005: 82; Sciaćko 2006: 30).

Neben diesen zwei parallel existierenden Hauptformen des Belarusischen entstanden in einigen Normierungsprojekten weitere Schreibnorm-Varianten: Die seit 2003 erscheinende belarusische Zeitschrift *Dziejasloŭ* [Verb] drückte ihre Ablehnung der Narkomaŭka durch Einführung des im Jahr 1933 ‚repressierten' Weichheitszeichens bei der Bezeichnung der assimilativen Weichheit von Konsonanten und durch einige grammatische Abweichungen von der offiziellen

---

[59] Die Bezeichnung der sprachpolitischen Lager bei der Sprachreformdiskussion in Belarus am Anfang der 1990er Jahre als ‚Reformer' und ‚Traditionalisten' führte Bieder (1995a: 27) ein.
[60] Die ‚Reformer' sprachen sich für eine Wiederherstellung der Nationalspezifik in allen Sprachbereichen und für die Durchsetzung des für das Belarusische typischen phonetischen Prinzips der Orthographie aus (vgl. Bieder 1995a: 27).
[61] Die Traditionalisten wie z.B. Padlužny (2005: 78) und Rusak (2006: 29) vertraten die Meinung, dass das der *Taraškievica* zugrunde liegende phonetische Prinzip nur bei Vokalen funktioniert und die Wiedergabe von Konsonanten auf dem morphologischen Prinzip basieren soll, da sonst die Morphem- und Worterkennung erschwert wäre und eine breite morphologische Varianz entstehen würde.

Rechtschreibung aus (vgl. Padlužny 2005: 81). In diesem Kontext der Normvielfalt entwickelten die Autoren zuweilen auch individuelle Normen der Standardsprache (vgl. Bieder 1995b: 412).

Die ‚Traditionalisten' warfen den ‚Reformern' die entstandene Normkrise und den dadurch verursachten Prestigeverlust des Belarusischen gerade in einer durch die Wiedergeburtsbewegung sprachsensibilisierten Zeit vor (vgl. Žuraŭski 1994).

> Паступова, але няўхільна ідзе працэс разбурэння правапісу, бо ў масе сваёй тыя, хто карыстаецца беларускай мовай, адчуваюць уплыў кожнага з існуючых варыянтаў: яна з вышэйшай формы нацыянальнай мовы, якая аб'ядноўвае нацыю і з'яўляецца важнейшым сродкам яе існавання і паглыблення нацыянальнай самасвядомасці, пераўтвараецца ў сродак стварэння групаўшчыны і раз'яднання народа.

> [Langsam, aber sicher läuft ein Zerstörungsprozess der Orthographie ab, denn diejenigen, die Belarusisch verwenden, verspüren größtenteils den Einfluss jeder existierenden Variante: Von der höchsten Form der Nationalsprache, welche die Nation verbindet und das Hauptmittel ihrer Existenz und der Vertiefung des Nationalbewusstseins darstellt, verwandelt sich Belarusisch zu einem Mittel der Schaffung von Gruppenegoismus und der Volkstrennung] (Padlužny 2005: 82).

Es bestand auch die Gefahr, dass im Falle des Überganges zur Taraškievica-Variante die belarusische Schriftsprache ohne ein Textkorpus belassen sein würde (vgl. Gutschmidt 2000: 86).

Die Vertreter der offiziellen Variante wie z.B. Lukašaniec (2014: 103) hielten sich einerseits an die Normen von 1933 und 1957 (vgl. Verordnungen 1933, 1957), sie sahen andererseits, wie oben erwähnt, die Notwendigkeit einer Anpassung der existierenden Rechtschreibung an den aktuellen Stand der Sprache ein. Das Problem der Normkrise zog keine besondere Aufmerksamkeit des Staates auf sich, allerdings sollte vor dem Hintergrund der Präferierung der Taraškievica-Norm seitens der oppositionellen Kräfte der *status quo* der offiziellen Schreibnorm rechtlich gefestigt werden.

Die bereits im August 1993 zur Präzisierung der belarusischen Orthographie einberufene Kommission erklärte eine grundlegende Änderung der Rechtschreibung für nicht zeitgemäß und nicht zweckmäßig. Die Kommission empfahl der Akademie der Wissenschaften und dem Bildungsministerium, eine neue Redaktion der *Regel der belarusischen Orthographie und Interpunktion* auszuarbeiten (vgl. Gutachten 1994). Die endgültige Projektversion enthielt einige Korrekturen der offiziellen Rechtschreibung in Bezug auf Reduzierung von Ausnahmen und eine konsequentere Anwendung des phonetischen Prinzips der Orthographie und stellte lediglich eine etwas modifizierte Variante der Narkomaŭka dar: Außer einigen Änderungen hinsichtlich des phonetischen Prinzips[62] wurden die Normierungsvorschläge in Richtung Taraškievica nicht berücksichtigt. Außerdem blieben die Bereiche der Grammatik und der Lexik von der Normierung unberührt, was implizit eine Abwendung von der Taraškievica-Variante auch in diesen Bereichen bedeutete. Diese Projektversion wurde erst 23.07.2008[63] als Orthographiegesetz angenommen, welches am 01.09.2010 in Kraft trat. Somit wurde der Kontext geschaffen, in dem die Verwendung der als ‚klassisch' geltenden Taraškievica rechtlich nicht zulässig wurde, denn der gesetzliche Rahmen machte die neue Orthographie verpflichtend und schloss jegliche Diskussionen bezüglich der Sprachnorm von vornherein aus. Jedoch hat die aktuelle Normierung des Belarusischen eine breite Resonanz in wissenschaftlichen und kulturellen Kreisen sowohl im Inland als auch im Ausland hervorgerufen. Es ist in den Medien (in sprachwissenschaftlichen Periodika und im Internet) eine breite öffentliche Diskussion um das neue Orthographiegesetz entstanden. Die Teilnehmer der Diskussion – einzelne Personen und Institutionen – bedienten sich je nach ihrer Stellung zum Gesetz unterschiedlicher Argumentationsstrategien. Die ‚sowjetische' Tradition, Veränderungen in der Sprache hauptsächlich auf immanente Sprachentwicklung zurückzuführen, ist auch in der modernen belarusischen Sprachforschung erhalten geblieben. Und so wird in der offiziellen belarusischen Sprachwissenschaft das Gesetz als eine vom politisch-ideologischen Einfluss freie, „objektive Notwendigkeit" angesehen (vgl. z.B. Iŭčankaŭ in: Padaliak 2006: 2; Lukašaniec in: Uladzimiraŭ 2007: 3). Die Befürworter des

---

62 Z.B. eine *a*-Schreibung bei Fremdwörtern wie камп'ютар [computer], пэйджар [pager] anstelle von камп'ютэр, пэйджэр.

63 In den ca. zehn Jahren der Projektarbeit wurden vom Vorsitzenden der Rechtschreibkommission Padlužny insgesamt drei Vorschläge eingereicht: in den Jahren 1999 (vom Lehrstuhl für belarusische Sprachwissenschaft der Belarusischen Pädagogischen Staatsuniversität Minsk nicht empfohlen), 2003 (vom Runden Tisch des Schriftstellerverbandes von Belarus nicht empfohlen) und 2004. Während seiner Arbeit in der Rechtschreibkommission mit den ‚Reformern' – wie z.B. Viačorka – übernahm Padlužny einige ihrer derussifizierenden Ideen und brachte diese in seine Projektvorschläge ein. Das dritte Projekt (2004) blieb ca. zwei Jahre nach der Einreichung ohne die staatliche Resolution, bevor im Januar 2006 eine neue Rechtschreibkommission unter Leitung von ‚Traditionalisten' – Lukašaniec und Iŭčankaŭ – einberufen wurde, die ein Projekt ausarbeitete, welches starke Differenzen zu dem von Padlužny aufwies. Im August 2006 wurde der Präsident seitens des Bildungsministers auf die Notwendigkeit der Annahme einer neuen Redaktion des Regelwerkes hingewiesen, woraufhin er eine Fertigstellung des Projektes binnen zwei Wochen forderte. Ein offizielles Ersuchen der TBM an den Bildungsminister um eine Möglichkeit, sich mit dem Inhalt des neuen Projektes bekannt zu machen, blieb ohne Antwort (vgl. Saŭka 2007: 36–42).

Orthographiegesetzes sprachen also von einer innensprachlichen Determiniertheit der Normierung, die eine allgemeine Vereinfachung, Unifikation, eine Annäherung der Schriftsprache an die Normen der Aussprache und Vermeidung der orthographischen Variabilität gewährleisten soll (vgl. z.B. Lukašaniec 2014: 107; Padlužny in: Korbut 2003: 5). Die Kritiker des Gesetzes sahen es als eine Beeinflussung der Sprache von außen an, sprachen ihm jegliche sprachliche Zweckmäßigkeit ab und schätzten es als eine ausschließlich ideologisch-politische, nicht zeitgemäße und kostenintensive Maßnahme zur Unterbindung der nicht-offiziellen, „entrussifizierenden" Sprachentwicklung (vgl. z.B. Saŭka 2007: 42). Beide Seiten bauten ihre Argumentationsstrategien unter Einbeziehung der Geschichte der belarusischen Sprache auf, wählten dazu unterschiedliche Phasen der Normierungsgeschichte aus und betrachteten sie unter unterschiedlichen Gesichtspunkten.

Diese sprachpolitischen Debatten und die Maßnahmen im Korpusbereich zeugen also von einer hohen Einstellungsintensität innerhalb der Sprachgemeinschaft.

Die standardsprachlichen Merkmale der belarusischen Sprache in der Zeit von 1990 bis 2001 sind bei Kosakowski (2013) beschrieben: Aufgrund der Normvarianz und der fehlenden Kodifizierung der Taraškievica-Variante einerseits und der Uneinheitlichkeit und des Verstoßes gegen die endogenen Normen der belarusischen Sprache seitens der präskriptiven Kodifizierung der Narkomaŭka-Variante andererseits zeichnete sich die belarusische Standardvarietät auf der Ebene der *soziolinguistischen Definition* etwa durch eine unzureichende *präskriptiv-kodifizierte Normiertheit* aus. Trotz seiner gewachsenen Bedeutung im Bildungsbereich in den Jahren 1990–1994 blieb die *Polyvalenz* des Belarusischen weiterhin eingeschränkt, seine *stilistische Differenziertheit* somit gering und seine *Obligatheit* nicht gegeben. Hinsichtlich der *soziokulturellen Einbettung* sind Bemühungen um *Standardisierung* und Statusförderung der Taraškievica-Form zu verzeichnen. Die offizielle Variante erfuhr eine standardisierende Zuwendung erst mit dem Orthographiegesetz von 2008. Das niedrige Prestige des Belarusischen, das mit einer geringschätzenden Einstellung des Staates ihm gegenüber einherging, machte die *Autonomie* der Sprache nicht erstrebenswert und die Bemühungen darum vor dem Hintergrund der anvisierten Union mit Russland perspektivenlos. Die Hinwendung der Geisteswissenschaftler am Anfang der 1990er Jahre zur belarusischen Folklore und zum altbelarusischen Schrifttum sowie die Betonung der Geschichtlichkeit des Belarusischen als der Staatssprache im Großfürstentum Litauen förderte die Ausprägung des *Historizitäts*merkmals. Von einer niedrigen *Vitalität* der Sprache zeugt die Tatsache, dass das Belarusische dem Russischen in allen innovativen Lebensbereichen den Vorrang gewährte. In Bezug auf den Status und das Prestige der belarusischen Sprache können die *staatlich-politischen Entscheidungen* über die gesetzlich festgelegte Zweisprachigkeit als destruktiv eingestuft werden (vgl. Kosakowski 2013: 129–135).

Zur *Einstellung* der Gesellschaft gegenüber der belarusischen Sprache lässt sich, ähnlich wie in den früheren Perioden der belarusischen Sprachgeschichte, feststellen, dass die Nationalsprache v.a. für die kulturbewusste Elite ein wichtiger Faktor der Nationerhaltung war. Ein Teil der Elite, geleitet von nationaler Idee, widersetzte sich der Durchführung des Referendums von 1995 und beurteilte die Einführung der zweiten Staatssprache als eine Diskriminierung der Nationalsprache. Der andere Teil, verunsichert durch ein intensives Tempo der Belarusifizierung am Anfang der 1990er Jahre und durch Vorwürfe in Nationalismus, entschied sich zwecks Bewahrung des gesellschaftlichen Friedens für die Unterstützung der staatlichen Sprachenpolitik (vgl. Snapkoŭski 2000: 38). Dennoch wird die nationale Elite in der Forschungsliteratur als Hauptfaktor des Überlebens der belarusischen Sprache angesehen (vgl. Bieder 2008: 94; Gutschmidt 2000: 82).

Denn die Einstellung der Staatsmacht zu der Zeit kann nämlich dagegen als Geringschätzung und Unaufmerksamkeit zur Titularsprache charakterisiert werden. Das Staatsoberhaupt erklärte die Sprache für minderwertig und verzichtete darauf bei öffentlichen Auftritten. Nach ihm sah auch der gesamte Staatsapparat die Verwendung des Belarusischen als überflüssig an und gab die Sprache auf. Auch im Parlament und an der Akademie der Wissenschaften entschied man sich zunehmend gegen die Sprache. Eine geradezu feindselige Einstellung zum Belarusischen seitens der machthabenden Schicht äußerte sich z.B. in Verboten der lokalen Behörden, die belarusische Sprache zu verwenden, sowie in Repressionen gegen die (oppositionell gestimmten) Belarusisch sprechenden Personen. Diese negative und ablehnende Haltung zum Belarusischen erklärt sich durch seine sich in diesen Jahren verstärkende Markiertheit. Die Sprache wurde nämlich als Zeichen einer die Staatspolitik ablehnenden Gesinnung wahrgenommen: Da die Dedemokratisierungsprozesse parallel zu den Debelarusifizierungsprozessen liefen, wurde die Verwendung der Sprache zwangsläufig mit dem Widerstand assoziiert (vgl. Zaprudski 2002: 109). Von nationaldemokratischen Kräften wurde Belarusisch als Symbol und Mittel des Widerstandes gegen die sich von der Demokratie abwendende und an Russland orientierende Staatspolitik instrumentalisiert und unter Schutz genommen (vgl. Goujon 1999: 661).

Auf der internationalen Ebene wird der Status des Belarusischen als Staatssprache weitgehend ignoriert. Dies zeigten z.B. die oben erwähnten sprachlichen Festlegungen des Unionsvertrages zwischen Belarus und Russland (1997), in dem als Arbeitssprache der Union nur Russisch vorgesehen war. Auch seitens der Europäischen Union lässt sich eine unbeteiligte Haltung gegenüber der Sprachsituation in Belarus feststellen: Trotz mehrerer Appelle an die führenden europäischen Menschenrechtsinstitutionen (s.o. in diesem Kap.) erhielt die belarusische Sprache keine wesentliche Unterstützung seitens der EU. In dem Kooperationsvorschlag der EU an die Regierung von Belarus im November 2006 wurde die Sprachenfrage nicht erwähnt, was daran liegen kann, dass

> für EU-Politiker offensichtlich kaum eine Situation vorstellbar ist, in der sich die überwiegende Mehrheit der Landesbevölkerung in der Position einer sprachlichen Minderheit befindet [...]. Im Zeitalter der Globalisierung favorisieren die führenden Organe der EU die Verwendung von internationalen Verkehrssprachen [...], dagegen registrieren sie mit Unbehagen den in Ost- und Südosteuropa [...] wiedererwachenden Nationalismus und Regionalismus (Bieder 2008: 91),

was das Ignorieren der Sprachproblematik in Belarus auf der Europäischen Ebene erklären könnte.

Bewertet man die Haltung der Bevölkerung zum Thema der Sprachenfrage seit 1995, so lassen sich hier, wie auch am Anfang der 1990er Jahre, zwei Hauptstimuli feststellen. Diesmal wird neben der belarusischen Sprache selbst die staatliche Zweisprachigkeit zu einem Einstellungsobjekt.

Neben dem Referendum haben auch weitere sozialwissenschaftliche Umfragen bestätigt, dass die Mehrheit der belarusischen Bevölkerung eine Koexistenz von zwei Staatssprachen bevorzugt (Tab. 3): Laut der Meinungserhebung der Akademie der Wissenschaften im Jahr 1995 waren es 73,4% der Befragten (vgl. Bieder 2001: 469), die Studie des Unabhängigen Instituts für sozialwirtschaftliche und politische Studien (NISÈPI) im Jahr 2006 lieferte hierzu den Wert von 67,4%. Gleichzeitig stimmten die meisten Respondenten auch für Pflege und institutionelle Bewahrung des Belarusischen ab: 68,2% äußerten sich gegen den Verlust des Belarusischen seines Staatssprachenstatus; die meisten davon – ca. die Hälfte aller Befragten (49,3%) – waren sogar absolut dagegen (Hentschel/Kittel 2011), was von einer positiven Einstellung zum Belarusischen spricht. Lediglich 15,2% würden Belarusisch als die einzige Staatssprache befürworten (NISÈPI 2006b). Ausschließlich für das Russische sprachen sich dagegen 8,7% laut NISÈPI und 17,2% laut der Erhebung der Oldenburger Slavisten (Hentschel/Kittel 2011) aus. Das Bevorzugen der staatlichen Zweisprachigkeit besteht also neben dem Wunsch vieler (36,6% laut Angaben der Wissenschaftsakademie, 1995) nach Wiedergeburt der belarusischen Kultur. Für die Mehrheit (75,5%) scheint dies nur mittels der belarusischen Sprache möglich zu sein. Das Russische wird hierbei dennoch mehrheitlich (68,2%) nicht als eine Bedrohung angesehen (Hentschel/Kittel 2011). Die Bereitschaft, Belarusisch als Unterrichtssprache zu wählen, sank dabei seit dem Anfang der Debelarusifizierung nachweislich: Während die Umfrage der Wissenschaftsakademie im Jahr 1995 42,2% der Eltern ermittelte, die ihre Kinder in belarusische Klassen zu schicken bereit waren, so waren es im Jahr 2005 laut NISĖPI lediglich 9,4% (vgl. Brüggemann 2014: 81).

Tab. 3: Ergebnisse der Umfragen zu Staatssprachen in der Republik Belarus nach dem Referendum von 1995

Quelle	Bevorzugte Staatssprache in Belarus, %				
	nur Russisch			beide Sprachen	nur Belarusisch
	ja	nein	nicht wichtig		
Wissenschaftsakademie, 1995				73,4	
NISĖPI, 2006	8,7		8,6	67,4	15,2
Hentschel/Kittel, 2011	17,2	68,2 (49,3)	14,3		

Aufgrund einer eher symbol- als verwendungsbezogenen[64] Auslegung des Muttersprache-Begriffes in Belarus zeugt der hohe Bekenntniswert zum Belarusischen als Muttersprache bei den Zensus von 1999 und 2009 von einer generell positiven Einstellung zur Sprache. Darüber hinaus wird von belarusischen Linguisten festgestellt, dass die Sprache zum Ende der 1990er Jahre ihr Attribut als eine grobe ‚Bauernsprache' allmählich verliert und dass ihre Attraktivität für die Jugend steigt (vgl. Lukašaniec in: Gutschmidt 2000: 79–80). Für diese gewinnt die Sprache an Prestige und an elitärem Charakter, da man durch die Verwendung der Nationalsprache implizit zum Ausdruck bringt, dass man die eigene Geschichte kennt und sich deren Problematik bewusst ist (vgl. Savitskaya 2011: 37). Während die Verwendung des Belarusischen aufgrund der Politisierung der Sprachenfrage und deren Assoziierung mit der Opposition in den ersten Jahren der Lukaschenko-Präsidentschaft bei den Sprechern eine gewisse Abneigung

---

[64] Die Angaben der ethnischen Belarusen zur Muttersprache (1999: 85,6%; 2009: 53,2%) differieren stark mit den Angaben zu der im Alltag verwendeten Sprache (1999: 41,3%; 2009: 23,4%) (vgl. Zensus 1999, 2009). Bei Umfragen mit alternativen Antwortmöglichkeiten fällt die Verwendung des Belarusischen erheblich schwächer aus: Belarusisch: 3,5%, Belarusisch und Russisch: 12,9%, Mischsprache: 21,5%; Russisch: 61% (NISĖPI 2006a).

hervorrief, so begann diese Assoziierung um die Jahrhundertwende sich etwas aufzulösen, da die oppositionellen Kräfte die Verwendung der Sprache zunehmend reduzierten.

2.4 Die Sprachsituation in der Republik Belarus am Anfang des 21. Jh.

Nach dieser Darstellung der einstellungsrelevanten historischen Faktoren der aktuellen Sprachsituation in Belarus soll diese nun im Folgenden nach ihren quantitativen, qualitativen und evaluativen Merkmalen beschrieben werden.

2.4.1 Quantitative Merkmale der Sprachsituation

Das quantitative Charakteristikum der Sprachsituation in Belarus am Anfang des 20. Jh. besteht in der Koexistenz von zwei selbstständigen genetisch verwandten Sprachen (Belarusisch und Russisch), einer substandardsprachlichen Mischform Trasjanka, der sich im Auflösen befindlichen[65] Großdialekte (Nordost- und Südwestbelarusisch) sowie der mittelbelarusischen und der polessischen Mundart.[66] Feste Aussagen über die relative demographische Kapazität der Sprachen sind aufgrund der Spezifik der Sprachsituation schwer zu treffen: Die vom Zensus 2009 ermittelten prozentualen Anteile der Sprecher der jeweiligen Sprache sind nicht eindeutig interpretierbar, da die Angaben zur Muttersprache (Belarusisch: 53,2%, Russisch: 41,5%) stark von den Angaben zur Alltagssprache (Belarusisch: 23,4%, Russisch: 70,2%) abweichen und der Zensus nicht eine funktionalsprachliche, sondern eine ethnopsychologische Situation wiedergibt (vgl. Korjakov 2002: 104). Der Anteil der ethnischen Belarusen an der Gesamtbevölkerung des Landes beträgt 83,7% (Zensus 2009). Der Anteil von bi- und multilingualen Sprechern wurde per Zensus nicht ermittelt, jedoch kann davon ausgegangen werden, dass die Mehrheit der Bevölkerung zumindest passiv belarusisch-russisch bilingual ist, größere Sprechergruppen beherrschen die beiden Sprachen aktiv, so dass von einer ‚Massenzweisprachigkeit' gesprochen werden kann (vgl. Mečkovskaja 2003: 38). Die relative kommunikative Kapazität

---

[65] Zur Besonderheit der Auflösung belarusischer Dialekte unter dem Einfluss der russischen (sic!) Sprache s. Gutschmidt (2006: 1859).
[66] Zur Verteilung der Dialekte und zur arealen Aufteilung der belarusischen Sprache s. Cychun (2002).

der beiden Sprachen ist unterschiedlich, denn sie bedienen unterschiedliche Anzahl der Kommunikationsbereiche, wobei das Russische in Verwaltungsbehörden, in offizieller Schriftführung, in der Wissenschaft, im Bildungswesen, in den Massenmedien etc. vorherrscht (vgl. Norman 2013: 76). In den exakten Wissenschaften, in der Hochschulbildung, in der Gesetzgebung, im Gerichtswesen, in der Armee und im Großunternehmensbereich wird die belarusische Sprache kaum oder gar nicht verwendet (vgl. Zaprudski 2003: 73).

2.4.2 Qualitative Merkmale der Sprachsituation

2.4.2.1 Besonderheit der Mehrsprachigkeit in Belarus

Da eines der Idiome funktional dominiert, was für eine Kontaktsituation üblich ist (vgl. Haarmann 2004: 248), liegen in Belarus ein asymmetrischer Bilingualismus und eine unausbalancierte Zweisprachigkeit vor (vgl. Norman 2014: 268), die weniger von ethnischen, sondern vielmehr von soziokulturellen Faktoren determiniert sind (vgl. Mečkovskaja 2003: 38). In Anlehnung an die Klassifikation von Lüdi (1996: 233–235) kann diese Zweisprachigkeit als individuell, institutionell und territorial definiert werden. Hinsichtlich des Erwerbszeitpunktes kann man sowohl von einer primären als auch von einer sekundären individuellen Zweisprachigkeit – der Bilingualität – reden, da das Belarusische sowohl seit der frühen Kindheit simultan und ungesteuert bei akustischer Wahrnehmung (meist aus den Massenmedien, seltener in der Familie) als auch später sukzessiv und gesteuert als Unterrichtsfach gelernt wird. Bezüglich des Grades der Sprachbeherrschung ist die Bilingualität überwiegend zugunsten des Russischen asymmetrisch. Bezüglich des Umfangs der Sprachkompetenz nach Mackey (2006: 1485–1487) kann die individuelle Beherrschung des Belarusischen eher als sprachsystemisch charakterisiert werden, während die des Russischen sowohl sprachsystemisch als auch kommunikativ ist. Hinsichtlich der vom Mackey definierten Phasen der kollektiven Bilingualität befindet sich der Bilingualismus in Belarus im Stadium zwischen dem regressiven, da es bereits beträchtliche Interferenzeinflüsse seitens der ‚neuen' Sprache auf die ‚alte' gibt, und dem residualen Bilingualismus, da die ‚alte' Sprache in Form von wenigen Ausdrücken oder festen Wendungen in besonderen Situationen verwendet wird und hauptsächlich als Zeichen der ethnischen Identität fortbesteht.

Nach Fishman/Gertners (1985: 42–46) Kombinationskonzept von Diglossie und Bilingualismus kann die belarusisch-russische Zweisprachigkeit von einer Seite als Bilingualismus ohne Diglossie charakterisiert werden. Zwar werden in der Forschung Teilsprachsituationen genannt, in denen Bilingualismus bei gleichzeitiger Diglossie (auf dem Land mit Russisch oder Trasjanka als H-Varietäten und belarusischen Dialekten als L-Varietät) und Diglossie ohne Bilingualismus (bei belarusischsprachigen Katholiken) vorliegen würden (Smułkowa 2000 in: Brüggemann 2013: 85), oder Russisch als H-Varietät der Trasjanka als der L-Varietät diglossisch gegenüber stehen würde (Hentschel 2014: 5). Geht man aber von Fergusons (1959: 336) Definition von Diglossie aus, so fehlt es der Verwendung von den zwei Idiomen an Komplementarität, um von einer *de-jure*-Diglossie in Belarus zu sprechen: Die Sprachen ergänzen sich gegenseitig nicht, sondern sie existieren parallel und stehen somit nicht in einem Komplementaritäts-, sondern in einem Konfliktverhältnis (Dirven/Pütz 1996: 685) (ausgenommen der kirchlich-katholischen Tradition, wo es ohnehin um das Polnische als Konfessionssprache geht und die belarusisch-russische Zweisprachigkeit unberührt bleibt). Gegen das Vorhandensein eines Diglossie im Sinne von Ferguson spricht auch der Umstand, dass Belarusisch nicht wie eine klassische L-Varietät als Pendant zu der russischen H-Varietät in der unbefangenen Alltagskommunikation genutzt wird. Auch das Fehlen einer funktionalen Hierarchie der Verwendungsbereiche der beiden Sprachen lässt nicht von einer Diglossie sprechen (so auch Mečkovskaja 2003: 38). Von Diglossie bzw. diglossischen Verhältnissen in Belarus kann lediglich in Bezug auf den Wissenschaftsbereich die Rede sein, wo in den exakten Wissenschaften ausschließlich Russisch und im Bereich der Belarusistik Belarusisch verwendet wird (Kap. 2.4.2.2.4). Von der anderen Seite kann dennoch von einer *de-facto*-Diglossie in Belarus gesprochen werden, die sich in der asymmetrischen funktionalen Verteilung der Idiome äußert, wenn die Sprecher im Rahmen eines sprachlichen Marktes agieren und Russisch aus sprachökonomischen Gründen und Belarusisch als Zeichen einer bewussten Gestaltung der eigenen nationalen und kulturellen Identität verwenden (vgl. Kittel/Lindner 2011: 630) (Kap. 6).

Als psycholinguistische Konsequenz einer Zweisprachigkeit mit den sich genetisch nah stehenden Sprachen wird Schizoglossie – ein Zustand der sprachlichen Unsicherheit, verursacht durch das Vorhandensein einer Konkurrenz der Normen zweier nah verwandter Sprachen, von denen eine als weniger korrekt empfunden wird (vgl. Haugen 1962) – als ein Charakteristikum der Sprachsituation in Belarus herbeigeführt (Wexler 1992). Dieser Zustand mag durchaus eintreten, allerdings liegen die Ursachen einer möglichen Unsicherheit laut Mečkovskaja (2003: 38) vielmehr extern, bei der kommunikativen Unausgewogenheit der belarusisch-russischen Zweisprachigkeit.

Die erwähnten strukturalistisch basierten Theorieansätze zur Mehrsprachigkeit von Ferguson, Fishman, Lüdi, Mackey et al. gehen von einer sog. monolingualen Norm aus, von einer „eingrenzbaren, systemisch beschreibbaren Einzelsprache, die im Normalfall einer ebenfalls klar eingrenzbaren Sprechergemeinschaft zuzuordnen sei" (Brüggemann 2013: 49), sie akzentuieren und erklären die Relationen zwischen den koexistierenden Idiomen nicht und decken nicht die Gründe des entstehenden Ungleichgewichtes zwischen ihnen auf. Eine Erklärung für die Asymmetrie der belarusischen Zweisprachigkeit könnte teilweise im Sprachökonomie-Ansatz von Pierre Bourdieu (1991: 43–90) liegen. Bourdieu geht von einem sprachlichen Markt aus, in dem die Äußerungen in einer Sprache einen symbolischen und auch materiellen Wert haben. Durch eine Legitimierung seitens der herrschenden Klassen erhält eine Sprache eine Wertsteigerung, und die Äußerungen in dieser Sprache werden für die Sprecher mit einem größeren Gewinn verbunden als die Äußerungen in einer weniger etablierten Sprache. Da Belarusisch im geschichtlichen Verlauf oft eine ungünstige und zuweilen diskriminierende Einwirkung seitens der politischen Mächte erfuhr, hatte es die Rolle einer indominanten Sprache übernommen. Bourdieu bringt die Allgemeinverbindlichkeit einer Sprache mit der Stabilität der gesellschaftlichen Hierarchiestrukturen in Zusammenhang und erklärt so die Bestrebungen der herrschenden Klassen nach einer Unifizierung des sprachlichen Marktes. Damit könnte auch die weitgehende intentionale Marginalisierung des Belarusischen zugunsten des Russischen als einer Sprache mit einem längeren Legitimierungsstatus erklärt werden. Jedoch wird Sprachverhalten laut Kittel/Lindner (2011: 629) nicht alleine von pragmatischen, sprachökonomischen Faktoren determiniert, sondern auch von kulturellen Überzeugungen, und es kann ein Teil einer bewussten Gestaltung der eigenen nationalen und kulturellen Identität sein, was seinerseits als Erklärung für das trotz ungünstiger Bedingungen jahrhundertelange Bestehen der belarusischen Sprache herangezogen werden könnte und mit Blick auf Perspektiven des Belarusischen auch positive Prognosen zulassen könnte.

Insgesamt wird die soziolinguistische Situation in Belarus in der Forschung als untypisch angesehen, da hier die Mehrheit der Bevölkerung die Sprache der Minderheit übernommen hat (vgl. Bieder 1996b: 121), oder gar als unikal, da es zwei Ausbau- und Abstandsprachen (Haarmann 2004) ohne territoriale oder diglossische Verteilung, mit dem gleichen Status als Staatssprachen, beide als Muttersprachen vom großen Anteil der Bevölkerung wahrgenommen und beide im Bildungswesen und in den Medien präsent, parallel existieren (vgl. Korjakov 2002: 115).

Eine für die postsowjetischen Nachfolgestaaten typische Diskrepanz zwischen der neuen Sprachenpolitik und der Sprachwirklichkeit (vgl. Wingender 2008: 412) lässt sich auch für die aktuellen sprachlichen Verhältnisse in Belarus feststellen, was in Weiteren verdeutlicht werden soll.

2.4.2.2 Sprach- und Sprachenpolitik, Sprachplanung

2.4.2.2.1 Statusplanung

Die Grundsätze der sprachpolitischen Statusplanung in Belarus werden in der Verfassung von 1994[67] und die Verwendungsprinzipien der Sprachen in einzelnen Gesetzbüchern und Gesetzen[68] formuliert. Der staatssprachliche Status des Belarusischen und des Russischen ist in der Verfassung (Art. 17) verankert und im Sprachgesetz, in der Fassung von 1998[69] (Art. 2), festgeschrieben.

Laut Artikel 2 des Sprachgesetzes gewährleistet der Staat eine allseitige Entfaltung und das Funktionieren der beiden Staatssprachen, schafft Bedingungen für deren Erwerb und trägt um eine freie Entwicklung und Verwendung der Nationalsprachen Sorge. Im gleichen Artikel zieht sich der Staat aus der Regulierung der nichtstaatlichen Sprachverwendung explizit zurück. Die staatliche Sorge um die Sprache wird darüber hinaus im Kulturgesetz[70] geäußert, das in der Zeit der Wiedergeburt verabschiedet wurde und in seinen späteren Redaktionen in diesem Punkt unverändert blieb. Das Kulturgesetz erklärt die Erhaltung, die Entwicklung und die Verbreitung der belarusischen nationalen Sprache und Kultur zum vorrangigen Ziel der staatlichen Kulturpolitik (Art. 10). Andererseits wird die Sprache in das Kulturgutschutzgesetz[71] weder in der Erst- noch in den nachfolgenden Redaktionen (zuletzt am 01.11.2007) aufgenommen, obwohl das UNESCO in dem „Übereinkommen zur Erhaltung des immateriellen Kulturerbes" (17.10.2003, Art. 2, 2) die Sprache als einen Gegenstand und den Träger des immateriellen Kulturerbes definierte.

Das Recht auf eine freie Wahl der Sprache bei der Kommunikation, Erziehung und Bildung garantieren die Verfassung der Republik Belarus (Art. 50),

---

[67] „Konstitucija Respubliki Belarus' 1994 goda (s izmenenijami i dopolnenijami, prinjatymi na respublikanskich referendumach 24 nojabrja 1996 g. i 17 oktjabrja 2004 g.) [Verfassung der Republik Belarus 1994 (mit den in den Referenden vom 24. November 1996 und 17. Oktober 2004 angenommenen Änderungen und Ergänzungen)]" (15.03.1994).

[68] Alle in diesem Punkt referierten gesetzlichen Akte sind im *Nacional'nyj reestr pravovych aktov Respubliki Belarus'* [Nationalregister der Rechtsakte der Republik Belarus] und auf dem *Nationalen Internetportal der Republik Belarus für Recht* (online unter: http://www.pravo.by <23.06.2020>) zu finden.

[69] „Ab uniasienni zmianienniaŭ i dapaŭnienniaŭ u Zakon Respubliki Bielaruś ‚Ab movach u Respublicy Bielaruś' [Über die Eintragung von Änderungen und Ergänzungen in das Gesetz der Republik Belarus ‚Über die Sprachen in der Republik Belarus']" (13.07.1998, Nr. 187-3).

[70] „O kul'ture v Respublike Belarus' [Über das Kulturwesen in der Republik Belarus]" (04.06.1991, Nr. 832-XII).

[71] „Ob ochrane istoriko-kul'turnogo nasledija [Über den Schutz des historisch-kulturellen Erbes]" (13.11.1992, Nr. 1940-XII).

das Kulturgesetz (Art. 6) und das Sprachgesetz (Art. 3; 21), das dieses Recht bei wissenschaftlichen Publikationen zusätzlich betont (Art. 25). Das Schulgesetz[72] (Art. 34, 4) setzt eine Berücksichtigung der Lernenden- und der Elternwünsche bei der Wahl der Unterrichtssprache voraus. Das Strafgesetzbuch[73] (Art. 10) sichert explizit eine freie Sprachwahl in Justizvollzugsanstalten zu. Es ist jedoch anzumerken, dass das Sprachgesetz zwar die Möglichkeit einer staatlich-institutionellen und öffentlichen Verwendung von Nationalsprachen (Art. 3) sowie der Antragstellung an öffentliche Organe in einer der Staatssprachen gewährleistet und eine Annahmeverweigerung mit dem Vorwand der mangelnden Sprachkompetenz seitens der Dienststellen verbietet (Art. 5), er schreibt aber nicht vor, dass die Antwort der Dienststelle in der Sprache des Antrages erfolgen soll, sondern auch hier eine freie Sprachwahl vorsieht: „Решение по существу обращения оформляется на белорусском или русском языке [Beschlüsse über Anträge werden auf Belarusisch oder auf Russisch ausgestellt]" (Art. 3), und so das Recht des Antragstellers ausschließt, auf der von ihm gewählten Sprache zu bestehen. Die Gleichheit der Sprachen wird folglich gesetzlich verkündet, aber es werden keine Regelungen formuliert, die diese Gleichheit sicherstellen würden (vgl. Mečkovskaja 2003: 18; Giger/Sloboda 2008: 322).

Besonders deutlich ist dies auf der Ebene des sprachlichen Ausdrucks in der Anwendung der Konjunktionen *und/oder* und *oder* zwischen den Adjektiven *belarusisch* und *russisch* sichtbar, denn solche Formulierungsweise macht Belarusisch als eine „schwächere" Sprache weitgehend verzichtbar und führt zur Verstärkung der kommunikativen Disbalance im Land (Kap. 2.3.7.2). Mit anderen Worten führt die explizite Symmetrie in der Sprache der Gesetzgebung zu einer impliziten Asymmetrie in der Sprachwirklichkeit.

Im Zuge der Studie wurden die gesetzlichen Texte hinsichtlich der Verwendung der Konjunktionen *und* und *oder* ausgewertet. Geht man von der objektiven Dominanz des Russischen aus, so stellt man bei der Analyse der aktuellen sprachbezogenen Gesetzgebung vier Stufen der rechtlich vorgeschriebenen Obligatheit des Belarusischen fest, die die Nutzung der Sprache je nach Bereich als

- obligatorisch neben dem Russischen (*und*),
- zulässig bei paralleler Verwendung des Russischen (*und/oder*),
- verzichtbar (*oder*)
- und nicht zulässig

---

[72] „Ob obščem srednem obrazovanii [Über die allgemeine mittlere Bildung]" (05.07.2006, Nr. 141-3).
[73] „Ugolovno-ispolnitel'nyj Kodeks Respubliki Belarus' [Strafgesetzbuch der Republik Belarus]" (11.01.2000, Nr. 365-3).

charakterisieren. Wie sich die Verwendungsbereiche des Belarusischen nach seinen in verschiedenen Gesetzestexten festgehaltenen Obligationsstufen aufteilen, ist in der Tabelle 4 zusammenfassend veranschaulicht.

Die Titularsprache ist demnach nur in wenigen Kontexten mit starkem repräsentativen Wert und einer relativ langfristigen Ausrichtung obligatorisch (Konjunktion *und*): in der schriftlichen Form in (identitätsrelevanten) Dokumenten über den Status von Privatperson wie Ausweise und Urkunden; bei Benennung von geographischen Objekten,[74] deren Namen erst anschließend aus dem Belarusischen ins Russische transliteriert werden; und als Unterrichtsfach in Mittel- und Berufsschulen. Bei dem letzten Punkt kommt es zum einmaligen Ausdruck expliziter Asymmetrie zugunsten des Belarusischen, indem dezidiert darauf hingewiesen wird, dass es an allen Bildungsinstitutionen, unabhängig von der amtlichen Zuordnung der Institution, als Unterrichtsfach gelernt wird, und Russisch dabei unerwähnt gelassen wird (Sprachgesetz 1998, Art. 24). Im Mediengesetz[75] wird zwar die Konjunktion *und* verwendet, dennoch geht es hier nicht um eine Parallelität des Sprachgebrauchs, sondern allgemein um die Präsenz der beiden Sprachen im medialen Bereich ohne konkrete Angaben über Sprachanteile. Eine parallele Verwendung der beiden Sprachen – als eine Option zur Wahl nur einer davon (Konjunktion *und/oder*) – ist in den Bereichen zugelassen, in denen Repräsentativität und Symbolik relevant sind: Schriftführung und Benennung staatlicher Organe, wissenschaftliche Foren, Kultur-, Informations-, Justiz-, Militär- und Bildungswesen (als Unterrichtssprache). In den Sphären des gesellschaftlichen Lebens, in denen die Anwendungsorientierung stärker ausgeprägt und der symbolische Gebrauch der Sprache weniger gerechtfertigt bzw. zweckmäßig sind (Justizwesen, wirtschaftliches und soziales Leben, Wissenschaft, Technik) wird das Dublieren von Informationen in zwei Sprachen ausgeschlossen, und Belarusisch wird *de facto* verzichtbar gemacht (Konjunktion *oder*). Implizit per Gesetzgebung ausgeschlossen ist Belarusisch aus der Kommunikation mit ausländischen Personen in steuerlichen Angelegenheiten[76] und aus dem Funkverkehr bei internationalen Flügen:[77] Hierfür sind die russische oder die englische Sprache vorgesehen.

---

[74] „O naimenovanijach geografičeskich ob"jektov [Über Benennungen geographischer Objekte]" (16.11.2010, Nr. 190-3, Art. 17).
[75] „O sredstvach massovoj informacii [Über Massenmedien]" (17.07.2008, Nr. 427-3, Art. 9).
[76] „Nalogovyj Kodeks Respubliki Belarus'. Osobennaja čast' [Steuergesetzbuch der Republik Belarus. Sonderteil]" (29.12.2009, Nr. 71-3, Art. 3).
[77] „Vozdušnyj Kodeks Respubliki Belarus' [Luftkodex der Republik Belarus]" (16.05.2006, Nr. 117-3, Art. 71).

Tab. 4: Obligationsstufen des Belarusischen laut Sprachgesetzgebung der Republik Belarus (Stand: 2020)

Konjunktor	Gesetzbücher	Gesetze	Sprachgesetz 1998, Verwendungsbereiche
und („in Staatssprachen")	Bildungsgesetzbuch (13.01.2011, Nr. 243-3), Art. 90, 3 und 5 (als Unterrichtsfach), Art. 98 Bildungszeugnisse Familiengesetzbuch (09.07.1999, Nr. 278-3), Art. 197 Sprache der Eheschließungen	„Über die allgemeine mittlere Bildung" (05.07.2006, Nr. 141-3), Art. 34, 2 (als Unterrichtsfach) „Über die Benennungen geographischer Objekte" (16.11.2010, Nr. 190-3), Art. 17 Sprache der Benennungen geographischer Objekte „Über die höhere Bildung" (11.07.2007, Nr. 252-3). Art. 21 (als Unterrichtssprache) „Über Massenmedien" (17.07.2008, Nr. 427-3), Art. 9 Sprachen der Massenmedien	Art. 23 (als Unterrichtsfach)
und/oder	Gerichtsgesetzbuch (29.06.2006, Nr. 139-3), Art. 13 Sprache des Justizwesens Wohngesetzbuch (28.08.2012, Nr. 428-3), Art. 181, 3 (bei Stempeln mit Benennung der Bauherrenorganisationen)	„Über die Werbung" (10.05.2007, Nr. 225-3), Art. 10 (als Sprache der Werbung)	Art. 7 Sprache der Staatsorgane, Organe der lokalen und der Selbstverwaltung, der Betriebe, Behörden, Organisationen und gesellschaftlicher Verbände (als Sprache der Aktenführung) Art. 8 Schriftführung und Dokumentation Art. 31 Bezeichnungen der Staatsorgane etc. Art. 10 Persönliche Urkunden Art. 11 Kongresse, Konferenzen und andere Foren Art. 20 Militärwesen Art. 22 Einrichtungen der Vorschulerziehung Art. 23 Mittelschulen (als Unterrichtssprache) Art. 24 Berufsschulen u. Hochschuleinrichtungen Art. 26 Kulturwesen Art. 27 Informations- und Kommunikationssphäre

oder („in einer der Staatssprachen")	Bildungsgesetzbuch (13.01.2011, Nr. 243-3), Art. 90,2; 268, 21 (als Unterrichtssprache)	„Über die allgemeine mittlere Bildung" (05.07.2006, Nr. 141-3), Art. 34, 4 (als Unterrichtssprache)
	Wahlgesetzbuch (11.02.2000, Nr. 370-3), Art. 72; 118; 139 Sprache des Bulletins	„Über Staatsbürgerschaft der Republik Belarus" (01.08.2002, Nr. 136-3), Art. 14 (bez. Sprachkompetenz)
	Wirtschaftsprozessordnung (15.12.1998, Nr. 219-3), Art. 20 Sprache der Gerichtsverfahren	„Über Änderungen und Ergänzungen einiger Gesetze der Republik Belarus über die notarielle Tätigkeit" (05.01.2016, Nr. 355-3), Art. 18, 2 Notarielle Schriftführung
	Bankgesetzbuch (25.10.2000, Nr. 441-3), Art. 80 Dokumentation der staatlichen Bankregistrierung	„Über das Gesundheitswesen" (18.06.1993, Nr. 2435-XII), Art. 57 (als Prüfungsfach in der Internatur)
	Steuergesetzbuch (19.12.2002, Nr. 166-3), Art. 1 u. 5 (als Sprache der Dokumentation)	
	Zivilprozessordnung (11.01.1999, Nr. 238-3), Art. 16 Sprache der Gerichtsverfahren	
	Gesetzbuch über exekutive Verfahren bei Ordnungswidrigkeit (20.12.2006, Nr. 194-3), Art. 2.11 Sprache administrativer Prozesse	
	Strafgesetzbuch (11.01.2000, Nr. 365-3), Art. 10,5 (als Sprache der Anträge und Beschwerden)	
	Strafprozessordnung (16.07.1999, Nr. 295-3), Art. 21,1 Führung von Dokumentation u. Verfahren	
	Luftkodex (16.05.2006, Nr. 117-3), Art. 71 Funkverkehr während der Flüge (national)	
Belarusisch nicht erwähnt	Steuergesetzbuch. Sonderteil (29.12.2009, Nr. 71-3), Art. 3 (in Unterlagen für MwSt.-Erstattung an ausländische Personen)	
	Luftkodex (16.05.2006, Nr. 117-3), Art. 71 Funkverkehr während der Flüge (international)	

Art. 9 Technische und Projektdokumentation
Art. 12 Wahlunterlagen
Art. 13 Dienstleistungsbranche
Art. 14 Gerichtswesen
Art. 15 Schriftführung bei Ordnungswidrigkeit
Art. 16 Sprache der notariellen Schriftführung
Art. 17 Akte der staatsanwaltschaftlichen Aufsicht
Art. 18 Rechtshilfe
Art. 25 Wissenschaft
Art. 28 Post
Art. 29 Anzeigen, Mitteilungen und Werbung
Art. 30 Warenmarkierung
Art. 31 Toponymik und kartographische Ausgaben

Zwischen den einzelnen Gesetzesakten lassen sich Unstimmigkeiten – wie z.B. beim Thema ‚Belarusisch als Unterrichtssprache' – beobachten: Während das Sprachgesetz (Art. 22–24) die sprachliche Gestaltung des Schulunterrichts formal auf den beiden Sprachen zulässt, deklariert das Schulgesetz (Art. 34, 4) eine freie Wahl bloß *einer* der Sprachen. Auch der per Gesetz über geographische Namen (Art. 17) dem Belarusischen gewährte Vorrang bei geografischen Benennungen wird durch das Artikel 32 des Sprachgesetzes, der ja eine disjunktive Verwendung der Staatssprachen vorschreibt, reprimiert.

Die Beherrschung des Belarusischen wird einerseits gesetzlich gefordert, was sich in erster Linie in der Anordnung eines obligatorischen Sprachunterrichts in der Schule äußert (Bildungsgesetzbuch,[78] Art. 90, 3 und 5; Schulgesetz, Art. 34, 2; Sprachgesetz, Art. 23). Die Kenntnis des Belarusischen wird darüber hinaus von allen Mitarbeitern des Bildungssystems (Sprachgesetz, Art. 21), der Staats- und Verwaltungsorgane, Betriebe, Behörden, Organisationen und gesellschaftlichen Verbände (Sprachgesetz, Art. 4) sowie von Richtern und Schöffen (Gerichtsgesetzbuch,[79] Art. 91, 94, 133) per Gesetz verlangt, obwohl jedoch kein systematisches Verfahren existiert, welches die tatsächliche Sprachkompetenz dieser Personen testen würde (vgl. Giger/Sloboda 2008: 323). Andererseits wird im Einbürgerungsgesetz[80] (Art. 14) für das Erlangen einer belarusischen Staatsbürgerschaft die Kompetenz in nur einer der Staatssprachen als ausreichend vorausgesetzt.

Das Kulturgesetz verpflichtet zu einer respektvollen Behandlung aller Nationalsprachen (Art. 15, 2.2). Eine Privilegierung oder Diskriminierung nach sprachlichen Merkmalen, offizielle Beleidigung oder Verschmähung einer Sprache, das Einschränken ihrer Verwendung (Sprachgesetz, Art. 6; Gesetzbuch über Ordnungswidrigkeiten,[81] Art. 9.22)) sowie eine Weigerung der öffentlichen Dienststellen, Anträge in einer der Staatssprachen anzunehmen (Sprachgesetz, Art. 5), werden rechtlich belangt.

Nationalen Minderheiten wird in Belarus das Recht auf eine freie Verwendung ihrer Nationalsprachen gewährt (Kulturgesetz, Art. 19, 1); auf das Einreichen und Empfangen von Akten der lokalen Verwaltung zusätzlich zu den

---

78 „Kodeks Respubliki Belarus' ob obrazovanii [Bildungsgesetzbuch der Republik Belarus]" (13.01.2011, Nr. 243-3).
79 „Kodeks Respubliki Belarus' o sudoustrojstve u statuse sudej [Gesetzbuch der Republik Belarus über das Gerichtswesen und den Richterstatus]" (29.06.2006, Nr. 139-3).
80 „O graždanstve Respubliki Belarus' [Über die Staatsbürgerschaft der Republik Belarus]" (01.08.2002, Nr. 136-3).
81 „Kodeks Respubliki Belarus' ob administrativnych pravonarušenijach [Gesetzbuch der Republik Belarus über exekutive Verfahren bei Ordnungswidrigkeit]" (21.04.2003, Nr. 194-3).

Staatssprachen in einer Nationalsprache, falls die nationale Minderheit in der gegebenen Region eine Mehrheit der Bevölkerung ausmacht (Sprachgesetz, Art. 7); auf eine Ausbildung in der Sprache der nationalen Minderheit (Bildungsgesetzbuch, Art. 90, 6; Sprachgesetz, Art. 21) und auf Gründung von nationalsprachlichen Einrichtungen der Vorschulerziehung (Sprachgesetz, Art. 22), Schulen und Klassen (Sprachgesetz, Art. 23).

Nach dem am 01.09.2010 in Kraft getretenen Gesetz „Über die Regel der belarusischen Orthographie und Interpunktion" wurden seitens der Sprachschöpfer keine Änderungen auf der legislativen Ebene mehr vorgenommen. Abgesehen von den Stimmen der nationalorientierten Elite, die weiterhin für die Wiedereinführung des Belarusischen als der einzigen Staatssprache plädiert, sind aktuell auch keine Anzeichen der bevorstehenden möglichen Änderung der gesetzlichen Situation wahrnehmbar.

Die theoretischen Ansätze der belarusischen Soziolinguistik zur sprachpolitischen Statusplanung sind v.a. im Standardlehrwerk zur allgemeinen Sprachwissenschaft von Mečkovskaja (2009: 222–224) zu finden. In ihrer Klassifikation[82] von bereichsbezogenen sozialen Rollen der Sprache bringt die Forscherin die sprachliche Gesetzgebung mit politischen Gesellschaftstypen in Verbindung. Dabei korreliere der Obligations- bzw. Zulässigkeitsgrad einer Minoritätssprache positiv mit dem Grad der Offenheit einer Gesellschaft. Nach dieser Klassifikation entspreche die sprachliche Gesetzeslage in Belarus dem Sprachverwendungsmodell C, in dem beide Sprachen (hier sprechen wir von den zwei Staatssprachen) in den meisten Bereichen zugelassen sind und keine davon als die einzige Sprache obligatorisch bzw. explizit unzulässig ist. Dieses Modell ist laut Mečkovskaja für offene demokratische liberale Gesellschaftstypen mit ethnosprachlichem Pluralismus charakteristisch. Als ein weiteres, noch zuverlässigeres Merkmal des tatsächlichen Status der Sprachen in der Gesellschaft nennt die Forscherin deren Gebrauch im Bildungswesen, wobei sie zwischen dem Bildungsniveau (Vorschul-, Schul- oder höhere Bildung) und den didaktischen Funktionen der Sprache (als Unterrichtsfach oder Unterrichtssprache) unterscheidet. Da die beiden Staatssprachen in Belarus als Unterrichtsfächer in der Mittelschule obligatorisch und an der Hochschule als allgemeinbildende Fächer

---

82 In ihrem Ansatz definiert Mečkovskaja (2009: 222–224) die Verwendungsgrade der Majoritäts- und der Minoritätssprache im sozialen Bereich als ‚obligatorisch' vs. ‚zulässig' vs. ‚unzulässig' und stellt Modelle der Sprachverteilung in diesen Bereichen auf: Modell A – beide Sprachen sind obligatorisch, Modell B – die Majoritätssprache ist obligatorisch, die Minoritätssprache ist zulässig, Model C – beide Sprachen sind zulässig, Modell D – die Majoritätssprache ist obligatorisch, die Minoritätssprache ist unzulässig.

sowie als Unterrichtssprachen in allen Bildungseinrichtungen zulässig sind, liege in Belarus auch nach diesen Kriterien eine Offenheit der Gesellschaft und das ethnosprachliche Pluralismus vor. Davon zeuge auch das gesetzliche Recht der Lernenden und ihrer Eltern auf eine freie Wahl der Unterrichtssprache, was ebenfalls für eine pluralistische Gesellschaft typisch sei. Die sprachliche Wirklichkeit in Belarus liefert jedoch ein anderes Bild und bestätigt nicht ganz die Festlegungen dieses theoretischen Ansatzes, denn das Modell von Mečkovskaja berücksichtigt solche Faktoren wie die tatsächliche Sprachsituation, Sprachideologie und Sprachmanagement nicht (vgl. dazu auch Brüggemann 2014: 42).

Zusammenfassend kann man die Sprachenpolitik in Belarus hinsichtlich der Statusplanung als *formell* pluralistisch und die Interessen aller ethnischen Sprachen berücksichtigend bezeichnen. *De facto* jedoch scheint die sprachliche Gesetzgebung auf das Beibehalten von existierender Asymmetrie ausgerichtet zu sein, was sich destruktiv auf die Verwendung und somit auf den Status des Belarusischen auswirkt. Zudem ist anzumerken, dass nur die auf die beiden Staatssprachen gerichtete *Sprachenpolitik* gesetzlich erfasst wird, eine auf einzelne Sprachen gerichtete *Sprachpolitik* mit Formulierung konkreter sprachpolitischer Ziele und Umsetzungsstrategien ist in der belarusischen Sprachgesetzgebung nicht erkennbar.

2.4.2.2.2 Korpusplanung

Die standardisierende Korpusplanung des Belarusischen hat eine relativ kurze – ca. hundert Jahre alte – Geschichte, die Kodifiziertheit der Sprache ist noch unstabil und wird kontinuierlich revidiert (vgl. Norman 2013: 77). Die Kodifizierungsarbeit an der belarusischen Sprachnorm intensivierte sich immer hauptsächlich in den Perioden des gesellschaftspolitischen Wandels, dabei galten die Bemühungen der Normierer je nach sprachideologischer Situation entweder der Nationalisierung oder einer unifizierenden Russifizierung der Norm und des Korpus. Eine Instrumentalisierung der Normkodifizierung in Belarus zu sprachpolitischen Zwecken ist keine Anomalie.

> В критические периоды национально-языковых отношений – при обострении борьбы за самостоятельность языка или, напротив, при унитаристском подавлении этноязыковой самобытности соседнего народа – вопросы кодификации обостряются. Орфографическая дискуссия нередко начинает ощущаться как политическая борьба.
>
> [In kritischen Phasen von nationalsprachlichen Beziehungen – bei der Verschärfung des Kampfes für Souveränität einer Sprache oder, umgekehrt, bei einer unitaristischen Unterdrückung der Eigenartigkeit eines Nachbarvolkes – verschärfen sich die Fragen der

Sprachkodifizierung. Eine Rechtschreibdiskussion fängt nicht selten an, sich wie ein politischer Kampf anzufühlen] (Mečkovskaja 2009: 229).

Die letzte sprachnormrelevante Verschärfung der nationalsprachlichen Verhältnisse in Belarus trat in der ersten Hälfte der 1990er Jahre ein, als die gerade begonnene sog. ‚zweite Wiedergeburt' im Jahr 1995 durch eine sprachpolitisch initiierte Russifizierung unterbrochen wurde. In den Jahren der Wiedergeburt kam es zur Nationalisierung im Korpusbereich und zum Aufkommen der alternativen Norm des Belarusischen – der Taraškievica. Ergebnis dieser Entwicklungen ist die entstandene Konkurrenz zweier Sprachvarianten, die durch das Orthographiegesetz von 2008 beseitigt werden sollte, aber bis *dato* noch fortdauert (Kap. 2.3.7.1). Dennoch sind hier in der nächsten Zeit keine bedeutenden Änderungen zu erwarten, da die Korpusarbeit aktuell nicht im Mittelpunkt des sprachpolitischen Interesses im Lande steht.

Die Wiedergeburtsbewegung führte zur Aktivierung der lexikographischen Arbeit in den 1990er Jahren. Als Resultat der terminologischen Arbeit[83] sind in dieser Zeit hauptsächlich einsprachige allgemeine und erklärende Lexika[84] sowie eine Reihe zweisprachiger russisch-belarusischer Fachwörterbücher zu

---

[83] Die fachsprachlichen lexikographischen Werke zum Belarusischen haben die Form von russisch-belarusischen Übersetzungswörterbüchern. Sprachwissenschaft: *Russko-belorusskij slovar' lingvističeskich terminov* [Russisch-belarusisches Wörterbuch linguistischer Termini] (1988); Medizin: *Karotki rasiejska-bielaruski fizyjaliahičny sloŭnik* [Russisch-belarusisches philologisches Vokabular] (1993), *Ruska-bielaruski, bielaruska-ruski sloŭnik miedycynskich terminaŭ* [Russisch-belarusisches, belarusisch-russisches Wörterbuch medizinischer Termini] (2001); Wirtschaft: *Kratkij russko-belorusskij slovar' ėkonomičeskich terminov* [Russisch-belarusisches Vokabular der Wirtschaftstermini] (1993), *Asnovy ekanamičnaj terminalohii* [Grundlagen der Wirtschaftsterminologie] (1998); Pharmakologie: *Karotki rasiejska-bielaruski farmakalahičny sloŭnik* [Russisch-belarusisches Vokabular der Pharmakologie] (1995); exakte Wissenschaften: *Russko-belorusskij slovar' matematičeskich, fizičeskich i techničeskich terminov* [Russisch-belarusisches Wörterbuch mathematischer, physikalischer und technischer Termini] (1995), *Matematyčnaja enzyklapiedyja* [Enzyklopädie der Mathematik] (2001); Militärwesen: *Rasejska-bielaruski vajskovy sloŭnik* [Russisch-belarusisches Wörterbuch für Milinärwesen] (1997); Biologie: *Asnoŭnyja terminy i paniacci pa bijalohii* [Grundtermini und Begriffe der Biologie] (1998); Landwirtschaft: *Asnoŭnyja terminy i paniacci pa sieĺskaj i liasnoj haspadarcy* [Grundtermini und Begriffe der Land- und Forstwirtschaft] (1998).

[84] *Tlumačaĺny sloŭnik bielaruskich prynazoŭnikaŭ* [Erklärendes Wörterbuch belarusischer Präpositionen] (1993), *Tlumačaĺny sloŭnik bielaruskaj litaraturnaj movy* [Erklärendes Wörterbuch der belarusischen Standardsprache] (1996), *Sloŭnik sinonimaŭ i blizkaznačnych sloŭ* [Wörterbuch der Synonyme und sinnverwandter Wörter] (1993), *Sloŭnik paronimaŭ bielaruskaj movy* [Wörterbuch der Paronyme der belarusishen Sprache] (1994), *Sloŭnik epitetaŭ bielaruskaj movy* [Wörterbuch der Epitheta der belarusishen Sprache] (1998).

mehreren Wissensbereichen erschienen. Zeichen von Historizität und nationalsprachlicher Originalität des Belarusischen wurden mit der Herausgabe des *Starabielaruski lieksikon* [Altbelarusisches Lexikon] (1997) und *Samabytnaje slova: Sloŭnik bielaruskaj biezekvivalientnaj lieksiki (u ruskamoŭnym dačynienni)* [Das eigenartige Wort: Wörterbuch der unübersetzbaren belarusischen Lexik (in Bezug auf Russisch)] (1994) gesetzt. Später, in den ersten vier Jahren des 21. Jh., wurden einige zweisprachige russisch-belarusische und belarusisch-russische Übersetzungswörterbücher[85] und ein etymologisches Phraseologie-Wörterbuch[86] veröffentlicht. Zweisprachige Übersetzungswörterbücher gab es darüber hinaus für das Polnische, Ukrainische und Ungarische.[87] Die neuesten Ergebnisse der korpusnormierenden Arbeit liegen in Form von grammatischen Wörterbüchern zu einzelnen Wortarten[88] sowie von themen- und regionbezogenen Dialektwörterbüchern[89] vor. Im Jahr 2012 brachte die Akademie der Wissenschaften zwei große Lexika – *Sloŭnik bielaruskaj movy* [Wörterbuch der belarusischen Sprache] und *Bielaruska-ruski sloŭnik* [Belarusisch-russisches Wörterbuch] in drei Bänden – heraus, die sich explizit an die neuen Normen des Orthographiegesetzes von 2008 richten. Parallel dazu existiert jedoch seit 2001 das von *Naša Niva* herausgegebene *Sloŭnik bielaruskaj movy (kliasyčny pravapis)* [Wörterbuch der belarusischen Sprache (die klassische Orthographie)] in der abweichenden Taraškievica-Variante. Die Arbeit an der belarusischen Terminologie wird aktuell nicht aktiv betrieben: Abgesehen vom englisch-belarusischen Wörterbuch

---

85 *Russko-belorusskij slovar'* [Russisch-belarusisches Wörterbuch] (2001, 2002, 3. Bde.), *Bielaruska-ruski sloŭnik* [Belarusisch-russisches Wörterbuch] (2001), *Bielaruska-ruski sloŭnik: mižmoŭnyja amonimy, paronimy i polisiemija* [Belarusisch-russisches Wörterbuch: zwischensprachliche Homonyme, Paronyme und Polysemie] (2004).
86 *Etymalahičny sloŭnik fraziealahizmaŭ* [Etymologisches Wörterbuch der Phraseologismen] (2004).
87 *Polska-bielaruski sloŭnik* [Polnisch-belarusisches Wörterbuch] (2004), *Bielaruska-ŭkrainski sloŭnik* [Belarusisch-ukrainisches Wörterbuch] (2007, herausgegeben in Kiev/Ukraine), *Vuhorska-bielaruski sloŭnik* [Ungarisch-belarusisches Wörterbuch] (2007, herausgegeben in Nyíregyháza/Ungarn).
88 *Hramatyčny sloŭnik dziejaslova* [Grammatisches Wörterbuch der Verben] (2007), *Hramatyčny sloŭnik nazoŭnika* [Grammatisches Wörterbuch der Substantive] (2008), *Hramatyčny sloŭnik prymietnika, zajmiennika, ličebnika, prysloŭja* [Grammatisches Wörterbuch der Adjektive, Pronomen, Numeralia, Adverbien] (2009).
89 *Žyviolny sviet: Tematyčny sloŭnik* [Fauna: Thematisches Wörterbuch] (1999), *Raslinny sviet: Tematyčny sloŭnik* [Flora: Thematisches Wörterbuch] (2001), *Čalaviek: Tematyčny sloŭnik* [Mensch: Thematisches Wörterbuch] (2006), *Sielskaja haspadarka: Tematyčny sloŭnik* [Landwirtschaft: Thematisches Wörterbuch] (2010), *Sloŭnik bielaruskich narodnych paraŭnanniaŭ* [Wörterbuch belarusischer volktümlicher Vergleiche] (2011), *Rehijanalny sloŭnik Viciebščyny* [Regionales Wörterbuch der Vitebsker Region] (2012, 2 Bde.).

polygraphischer Termini⁹⁰ von 2003 erschienen seit 2001 keine Fachlexika. Somit bleiben die Fragen der Terminologie und der stilistischen Differenziertheit des Belarusischen vorerst offen (vgl. Norman 2013: 77).

2.4.2.2.3 Erwerbsplanung

Wie im Kapitel zur Statusplanung bereits ausgeführt, ist Belarusisch an allen voruniversitären Bildungseinrichtungen als Unterrichtsfach obligatorisch und als Unterrichtssprache je nach Wunsch der Lernenden und der Eltern als optional deklariert. Die vom Bildungsministerium formulierten Bildungsstandards für die sprachliche Erziehung von *Vorschulkindern* betreffen u.a. auch die Sprachkompetenz in Belarusisch, die darin besteht, die belarusische und die russische Aussprache differenzieren, belarusischsprachige Äußerungen verstehen und wiederholen, Fragen beantworten, kurze literarische Werke vernehmen und eigene Äußerungen produzieren zu können sowie phonetische und morphosyntaktische Besonderheiten des Belarusischen zu beherrschen (Verordnung⁹¹ 2012). An dieser Stelle ist anzumerken, dass diese sprachdidaktische Herangehensweise eher für einen Fremdsprachunterricht als für den Ausbau einer muttersprachlichen Kompetenz charakteristisch ist.

Das Lernprogramm allgemeinbildender *Mittelschulen* sieht das Erlernen von drei Sprachen vor: des Belarusischen, des Russischen und einer Fremdsprache (Schulgesetz, Art. 34,2). Die beiden Staatssprachen werden in den höheren Klassen (V.–XI.) im gleichen Umfang angeboten. In der Grundschule (I.–IV. Klassen) jedoch hängt die Wochenstundenzahl von der Unterrichtssprache ab. Wie die Tabelle 5 zeigt, werden die russische Sprache und Literatur in den russischsprachigen Grundschulen, welche von einer Mehrheit der Schüler besucht werden, doppelt so viel angeboten als die gleichen belarusischen Fächer. In der ersten Klasse liegt dieses Verhältnis bei sechs zu eins. Zwar gilt für die belarusischsprachigen Schulen eine umgekehrte Relation, aber diese Schulen wurden im Schuljahr 2015/16 von lediglich 13,7% aller Schüler besucht, und dieser Prozentanteil verringert sich mit jedem Jahr: Im Schuljahr 2011/12 waren es nämlich 17,8% aller Schüler, im Schuljahr 2014/15 – bereits 14,5% (Tab. 6). Auch die Anzahl der Bildungseinrichtungen, in denen sich der Bildungsprozess auf Belarusisch gestaltet und die sich überwiegend im ländlichen Bereich befinden, ver-

---

90 *Sloŭnik vydavieckich i palihrafičnych terminaŭ: anhieĺska-bielaruski, bielaruska-anhieĺski* [Terminologisches Wörterbuch für Verlagswesen und Polygraphie: englisch-belarusisch, belarusisch-englisch] (2003).
91 *Ob utverždenii obrazovatel'nych standartov doškol'nogo obrazovanija* [Über Bestätigung der Bildungsstandards für Vorschulbildung] (29.12.2012).

ringerte sich in diesen Jahren kontinuierlich (vgl. Norman 2013: 79). Aber auch dort wird Belarusisch eher formell verwendet, außerhalb des Unterrichts wird zum Russischen gewechselt, was eine negative Einwirkung auf die Einstellung zur Titularsprache hat, denn es wird von den Lehrerpersonen selbst eine Entbehrlichkeit des Belarusischen transportiert, was bei Schulkindern einen sprachlichen Minderwertigkeitskomplex hervorruft (vgl. Giger/Sloboda 2008: 328). In den Städten gibt es im Jahr 2016 nur 2,4% der Kindergärten und 1,9% der Schulen mit Belarusisch als Erziehungs- und Unterrichtssprache. Diese Asymmetrie hängt nicht zuletzt mit dem Recht auf eine freie Wahl der Bildungssprache[92] zusammen und spiegelt die Präferenzen von Eltern wider, welche ihren Kindern Zugang zur universitären Bildung gewährleisten wollen, denn es ist in Belarus keine belarusischsprachige Hochschule vorhanden. Als Unterrichtssprache im universitären Bereich wird Belarusisch nur an den Fakultäten und Lehrstühlen für Belarusistik praktiziert.

Eine obligatorische Abschlussprüfung in Belarusisch ist nach der IX. Klasse vorgesehen (≈Sekundarstufe 1). Nach der XI. Klasse (≈Sekundarstufe 2) kann zwischen den Examen im Belarusisch und im Russisch gewählt werden (vgl. Ministerstvo obrazovanija Respubliki Belarus' [Bildungsministerium der Republik Belarus] 2015). Als Aufnahmeprüfung an Hochschulen ist Belarusisch ebenso optional, eine Ausnahme bilden Belarusistik-Studienfächer an den philologischen Fakultäten der Belarusischen Staatsuniversität und der Belarusischen Pädagogischen Staatsuniversität (laut Aufnahmeordnungen der Universitäten). Formal können Studierende die Unterrichtssprache selbst bestimmen, aber in der Praxis wird von diesem Recht kein Gebrauch gemacht. Die Sprache wird in der Regel von Dozenten festgelegt, und es ist in den meisten Fällen Russisch. Eine Entscheidung, Veranstaltungen auf Belarusisch anzubieten, fällt vielen aufgrund einer unzureichenden Kompetenz und eines eventuell aufkommenden interkollegialen Unbehagens schwer (vgl. Savickaja 1999: 84).

---

92 Belarusisch als Unterrichtssprache wird nur in Unterrichtsfächern *Belarusische Sprache* und *Belarusische Literatur* als obligatorisch vorgesehen.

Tab. 5: Standardlehrplan der Fächer *Belarusische Sprache und Literatur* und *Russische Sprache und Literatur* für allgemeine Mittelschulen im Schuljahr 2015/16 (Ministerstva adukacyi Respubliki Bielaruś [Bildungsministerium der Republik Belarus] 2015)

Unterrichtssprache	Unterrichtsfach	Wochenstunden nach Schulklassen										
		I	II	III	IV	V	VI	VII	VIII	IX	X	XI
Russisch	Belarusisch	1	2	2	2	3	3	2	2	2	1	2/1
(86,2% der Schüler)	Belarusische Literatur	-	1	1	1	2	2	1/2	2/1	1/2	2/1	1/2
	Russisch	3	3	3	3	3	3	2	2	2	1	1/2
	Russische Literatur	3	3	3	3	2	2	2/1	1/2	2/1	1/2	2/1
Belarusisch	Belarusisch	3	3	3	3	3	3	2	2	2	1	2/1
(13,7% der Schüler)	Belarusische Literatur	3	3	3	3	2	2	1/2	2/1	1/2	2/1	1/2
	Russisch	1	2	2	2	3	3	2	2	2	1	1/2
	Russische Literatur	-	1	1	1	2	2	2/1	1/2	2/1	1/2	2/1

Tab. 6: Prozentuale Verteilung der Lernenden nach Unterrichtssprache in Schuljahren 2011/12, 2014/15, 2015/16 (Ministerstva adukacyi Respubliki Bielaruś [Bildungsministerium der Republik Belarus] 2011; Ministerstvo statistiki i analiza Respubliki Belarus' [Ministerium für Statistik und Analysen der Republik Belarus] 2015a; Ministerstvo obrazovanija Respubliki Belarus' [Bildungsministerium der Republik Belarus] 2016)

	2011/2012 Mittelschule Insg.	Vorschule			Mittelschule			2014/15 Berufsschule	Hochschule	2015/16 Mittelschule Insg.
		Stadt	Land	Insg.	Stadt	Land	Insg.	Insg.	Insg.	
Belarusisch	17,8	2,4	56,4	10,5	1,9	64,1	14,5	0,2	0,1	13,7
Russisch	82,1	97,6	43,6	89,5	98,1	35,9	85,5	82,9	58,8	86,2
beide Sprachen								16,9	41,1	

Seit 2014 zeichnen sich jedoch Nationalisierungsbestrebungen in der staatlichen Bildungs- und Sprachpolitik ab. In einer Ratssitzung des Repräsentantenhauses der Nationalversammlung am 29.09.2014 prangert der belarusische Präsident die quantitative Präsenz des Belarusischen im Schulprogramm als mangelnd an und schlägt vor, dem Erlernen der Titularsprache in der Schule mehr Aufmerksamkeit zu schenken und die Wochenstundenzahl zulasten von Fremdsprachen zu erhöhen. Diese Sorge der Staatsmacht um die Nationalsprache schien für viele unerwartet zu sein (vgl. Ivanoŭ 2014). Diese Hinwendung zum Nationalfaktor wird inoffiziell mit politischen Ereignissen in der Ukraine seit 2014 in Zusammenhang gebracht (vgl. Petz 2015). Bereits im Schuljahr 2016/17 sollten die Empfehlungen des Präsidenten umgesetzt werden. Am 19.02.2016 verkündete die leitende Expertin der Abteilung für allgemeine Bildung des Bildungsministeriums in der Pressekonferenz „Популяризация белорусского языка: современность и перспективы [Popularisierung der belarusischen Sprache: Gegenwart und Perspektiven]" die folgenden Änderungen der Schulpläne: In Grundschulen sollen Belarusisch und Russisch, unabhängig von der Unterrichtssprache, im gleichen Umfang – je drei Stunden Sprach- und zwei Stunden Literaturunterricht – angeboten werden. In der Pressekonferenz wurde darüber hinaus das neue staatliche Qualifizierungsprogramm für Belarusisch-Lehrer „Белорусский язык как средство педагогической, научной и творческой деятельности [Belarusisch als Mittel der pädagogischen, wissenschaftlichen und schöpferischen Tätigkeit]" vorgestellt, und es wurde über Gründungspläne eines staatlichen Zertifizierungszentrums für Belarusisch als Fremdsprache berichtet (vgl. BelTA: 19.02.2016b). Zum ersten Mal seit der Wiedergeburt in den 1990er Jahren wurde in einem offiziellen Forum über unzureichende Sprachkompetenz der Bevölkerung in belarusischer Standardsprache gesprochen und die Notwendigkeit der Erhöhung des gesellschaftlichen Sprachniveaus geäußert (vgl. BelTA: 19.02.2016a). Wie lange diese nationalisierende Spracherwerbsplanung anhält und wie sie sich auf die Sprachsituation in Belarus auswirkt, kann jedoch aktuell noch nicht prognostiziert werden.

2.4.2.2.4 Prestigeplanung

Nach Haarmann (1986: 86) gehören einige für die Prestigeplanung relevante sprachökologische Variablen gleichzeitig den Domänen der Statusplanung an, welche bereits im Kapitel 2.4.2.2.1 beschrieben wurden. Es sind die gesetzliche Festlegung der Staats- und Unterrichtssprachen und die damit vollzogene Steuerung der Mehrsprachigkeitspolarität (ethnopolitische Variablen). Während in der Statusplanung ein formelles Gleichgewicht zwischen den Sprachen herrscht, ist die Prestigeplanung – die konkreten imagekonstruierenden Sprachplanungsaktivitäten, die von der Sprachgemeinschaft entsprechend evaluiert werden sollen, – auf die Förderung des Russischen und die Marginalisierung des Belarusischen gerichtet und für das Prestigegefälle zwischen den beiden Sprachen ursächlich.

Für das Prestige einer Sprache ist ihre Rolle in der *Wissenschaftskommunikation* relevant. Belarusisch wird nur begrenzt als Sprache der Wissenschaft benutzt. Es fungiert teilweile als Unterrichts- und Wissenschaftssprache im geisteswissenschaftlichen Sektor: in der Belarusistik und der belarusischen Geschichte. Aber auch in diesem Bereich wird bei der interpersonalen wissenschaftlichen Kommunikation überwiegend Russisch verwendet. Außerhalb der Geisteswissenschaften übernimmt das Russische vollständig die Funktion einer wissenschaftlichen Arbeitssprache. Die eingeschränkte Nutzung der belarusischen Schriftsprache im wissenschaftlichen Kontext zeigt sich am repräsentativsten am Beispiel der Schriften der führenden akademischen Einrichtungen: der Akademie der Wissenschaften und der Belarusischen Staatsuniversität. Die Vorträge der Wissenschaftsakademie erscheinen auf Russisch. Von den sieben ihrer wissenschaftlichen Reihen enthält nur die geisteswissenschaftliche Reihe Beiträge in beiden Sprachen, obwohl Belarusisch bei jeder Reihe als eine der Beitragssprachen annotiert ist. Die meisten Fachzeitschriften der Wissenschaftsakademie (23 von 24) sind entweder nur russischsprachig (14) oder englischsprachig (3), oder zweisprachig mit Russisch und Englisch (6), obwohl ihre Titel und Layouts manchmal auf Belarusisch gestaltet werden (z.B. *Ziemliarobstva i achova raslin* [Ackerbau und Pflanzenschutz]). In einigen (naturwissenschaftlichen) Zeitschriften wird in Anforderungen an Autoren explizit Russisch als Textsprache vorgeschrieben (z.B. *Ėkologija i životnyj mir* [Ökologie und Fauna] und *Ėpizoologija, immunobiologija, farmakologija, sanitarija* [Epizoologie, Immunobiologie, Pharmakologie, Sanitätswesen]). Selbst die kulturorientierte Fachzeitschrift *Ličnost'. Kul'tura. Obščestvo* [Person. Kultur. Gesellschaft] verwendet die Nationalsprache nicht. Des Belarusischen bedient sind lediglich das interministerielle Bulletin *Prirodnye resursy* [Naturschätze]. Auch in den Sammelbänden der Akademie der Wissenschaften dominiert die russische Sprache. Von insgesamt 25 werden lediglich in den zwei Bänden zur belarusischen Linguistik ausschließlich belarusischsprachige Artikel gesammelt (*Bielaruskaja dyjaliektalohija. Materyjaly i dasliedvanni* [Belarusische Dialektologie. Daten und Analysen] und *Bielaruskaja linhvistyka* [Belarusische Linguistik]). Drei Bände zur Geschichts- und Kulturforschung enthalten Beiträge in den beiden Staatssprachen: *Materyjaly pa archiealohii Bielarusi* [Daten zur Archäologie des Belarus], *Mietrykijana. Dasliedvanni i materyjaly Mietryki Vialikaha Kniastva Litoŭskaha. Pytanni mastactvaznaŭstva, etnalohii i falklarystyki* [Metrikiana. Analyse und Daten der Metrik des Großfürstentums Litauen. Fragen der Kunstwissenschaft, Ethnologie und Folkloristik] und *Histaryčna-archiealahičny zbornik* [Historisch-archäologischer Sammelband]. Der letzte Band ist dreisprachig und setzt sich aus den Texten in Belarusisch, Russisch und Polnisch zusammen.

Wissenschaftliche Artikel auf Belarusisch kommen in nur zwei der vier Reihen der wissenschaftlich-theoretischen Monatszeitschrift *Vestnik BGU* [Bote der

BSU[93]] vor: in den geistes- und gesellschaftswissenschaftlichen Reihen *Istorija. Ėkonomika. Pravo* [Geschichte. Wirtschaft. Recht] und *Filologija. Žurnalistika. Pedagogika* [Philologie. Journalistik. Pädagogik]. In den Artikeln der natur- und formalwissenschaftlichen Reihen *Fizika. Matematika. Informatika* [Physik. Mathematik. Informatik] und *Chimija. Biologija. Geografija* [Chemie. Biologie. Geographie] wird Belarusisch nicht beansprucht (s. Anhang *Sprachliche Gestaltung wissenschaftlicher Periodika in Belarus*).

Die Nachfrage nach der *belarusischsprachigen Literatur* ist niedriger als nach der russischsprachigen. Ihre Herausgabe wird zwar staatlich subventioniert, aber ihr Anteil an der Gesamtmenge der literarischen Publikationen im Land ist gering: Im Jahr 2014 machten belarusische Bücher und Broschüren ca. 9,5% (1105 Titel) aller Druckeinheiten und ihre Auflage 11,5% (3,6 Mio.) aus. Die belarusischen Zeitungstitel betrugen 30% aller Titel, ihre Einheitsauflage 19% und die Jahresauflage 24,1% aller erschienenen Zeitungen. Statistiken über Zeitschriften und andere Periodika liefern ein ähnliches Bild: Lediglich 14,1% der Titel, die nur 2,6% der Jahresgesamtauflage bildeten, waren belarusischsprachig (vgl. Ministerstvo statistiki i analiza Respubliki Belarus' [Ministerium für Statistik und Analysen der Republik Belarus] 2015b).

Aufgrund seiner Wirkungsbreite stellt das *Fernsehen* eine wichtige Plattform des Prestigedesigns einer Sprache dar. Auch hier ist in Belarus dem Russischen die dominierende Position gewährt. Nur vier von neun staatlichen Kanälen senden in beiden Staatssprachen: die sozialen Kanäle *Belarus' 1, Belarus' 2* und *ONT* sowie der Kulturkanal *Belarus' 3*. Die letzten bis *dato* erhobenen Statistiken über die stundenmäßige Verteilung der Sprachen auf diesen Kanälen zeigen jedoch eine starke Asymmetrie: *Belarus' 1* sendete z.B. im Jahr 2011 317 Stunden auf Belarusisch und 6745 auf Russisch, *Belarus' 2* – 309 Stunden auf Belarusisch und 6420 auf Russisch. Alle anderen fünf TV-Sender (*STV, RTR Belarus', NTV-Belarus', Mir* [Welt] und *Belarus' 5*) sind russischsprachig (vgl. Ministerstvo statistiki i analiza Respubliki Belarus' [Ministerium für Statistik und Analysen der Republik Belarus] 2012). Um eine Präsenz des Belarusischen in visuellen Medien und somit um sein Prestige kümmert sich vielmehr das in Polen im Jahr 2007 gegründete belarusischsprachige Satellitenfernsehkanal *Belsat*.

Das Sprachverhältnis im staatlichen *Rundfunk* ist im Vergleich dazu relativ ausgewogen. Die nationale staatliche Rundfunk- und Fernsehgesellschaft ist durch fünf nationale (*Pieršy Nacyjanaĺny kanal Bielaruskaha radyjo* [Der Erste nationale Kanal des belarusischen Rundfunks], Radiokanal *Kuĺtura* [Kultur] und Radiostationen *Stalica* [Hauptstadt], *Bielarus'* und *Radius-FM*) und fünf regiona-

---

93 Belarusische Staatliche Universität

le Sender (*Radiostationen Radio Brest, Radio Vitebsk, Gomel' FM, Radio Grodno* und *Radio Mogilëv*) vertreten. Die drei erstgenannten Kanäle sind fast ausschließlich belarusischsprachig: Das Verhältnis der Sendezeiten auf Belarusisch und Russisch im Jahr 2011 war wie folgt gestaltet: *Pieršy Nacyjanaĺny kanal Bielaruskaha radyjo*: 8752 Stunden auf Belarusisch und 8 Stunden auf Russisch; Kanal *Kuĺtura*: entsprechend 6802 und 498 Stunden; die Radiostation *Stalica* verwendete ausschließlich Belarusisch (7300 Stunden), *Radius-FM* dagegen nur Russisch (8640 Stunden) (vgl. Ministerstvo statistiki i analiza Respubliki Belarus' [Ministerium für Statistik und Analysen der Republik Belarus] 2012). Die Radiostation *Bielarus'* sendet international in acht Sprachen, darunter auch auf Belarusisch. Die regionalen Radiosender sind russischsprachig. Die im Ausland ansässigen Sender strahlen ihr Programm dagegen ausschließlich auf Belarusisch aus: *Bielaruskaje Radyjo Racyja* [Belarusisches Radio Ratio] (Polen, Białystok), *Jeŭrapiejskaje radyjo dlia Bielarusi* [Europäisches Radio für Belarus] und *Bielaruskaja služba Poĺskaha radyjo* [Belarusischer Dienst des Polnischen Rundfunks] (Polen, Warschau), *Radyjo „Svaboda* [Freiheit]" (Tschechien, Prag), *Bielaruskaja redakcyja Vatykanskaha radyjo* [Belarusische Redaktion des Vatikanischen Rundfunks] (Vatikan).

Die Präsenz einer Sprache in den *neuen Medien*, welche einen immer größeren Einfluss auf die Konstruktion der kollektiven Identität und des Wissens ausüben, ist für die Sprache ebenso imagesignifikant. Als Sprache der Software (Betriebssysteme, Layouts von Internetseiten, Interfaces der Mobiltelefone etc.) fungiert in Belarus das Russische. Eine Herstellung der belarusischsprachigen Version des Betriebssystems *Windows* wurde von der Firma *Microsoft* im Juni 2007 mit dem Argument eines fehlenden Bedarfs abgelehnt (vgl. Karniajčuk 2007); das nicht-kommerzielle *open source*-Betriebssystem *Linux* bietet dagegen seinen Anwendern eine Version auf Belarusisch an.

Bereits im Jahr 2003 wendete sich die TBM mit dem Appell an das Verfassungsgericht zur Gewährleistung eines Gleichgewichts der Staatssprachen im Bereich des *wirtschaftlichen und sozialen Lebens* (z.B. Dienstleistungsbranche, Bank- und Versicherungswesen). Das Verfassungsgericht bestätigte das existierende Ungleichgewicht und schlug vor, Änderungen in das Sprachgesetz von 1998 aufzunehmen, welche eine reale Gleichheit der Staatssprachen sichern könnten (vgl. Beschluss 2003). Solche Änderungen wurden jedoch nicht vorgenommen: Die von der TBM angesprochenen konkreten Verwendungskontexte (Eisenbahn-Tickets, Versicherungszertifikate, Bankkarten, die meisten Warenmarkierungen) behielten überwiegend ihre russischsprachige Gestalt. Für die weitere Herstellung der Versicherungs- und Bankkarten ausschließlich in russischer Sprache wurden technische Gründe herbeigeführt. Zwar wurden von Mitgliedern der TBM und von Privatpersonen entsprechende Programme entwickelt, die eine zweisprachige Gestaltung ermöglichen, aber der Staat zeigte keine Initiative, diese Software implementieren zu lassen (vgl. Giger/Sloboda 2008: 329).

Die *konfessionelle Verwendung* des Belarusischen trägt ebenso nicht zur Steigerung seines Prestiges bei. Das Kirchenslavische der russisch-orthodoxen Gottesdienste hat eine jahrhundertelange Tradition. Außerhalb des rituellen Rahmens ist hier gewohntermaßen Russisch das Hauptkommunikationsmittel der Gläubigen. Vor dem Hintergrund der aufkommenden Konkurrenz mit der belarusischen autokephalen Orthodoxie und der griechisch-katholischen Unionskirche bemüht sich ein kleiner Teil der russisch-orthodoxen Geistlichkeit in den letzten Jahrzehnten um die Einführung der belarusischen Sprache in die orthodoxe Kirche. Im Jahr 2012 gab die Bibel-Gesellschaft in Belarus die erste Bibel[94] auf modernem Belarusisch heraus. Im März 2013 wurde in Minsk ein Runder Tisch veranstaltet, bei dem Geistliche, Wissenschaftlicher und Verleger die Stereotypen über die Unmöglichkeit der Verwendung der belarusischen Sprache in der orthodoxen Kirche zu brechen versuchten. Es wurde über Erfahrungen der aktiven Verwendung der Sprache in der Kirche und über Neuerscheinungen im Bereich der belarusischsprachigen Kirchentexte berichtet. Gleichzeitig wurden jedoch auch pessimistische Prognosen bezüglich der konfessionellen Verwendung des Belarusischen aufgrund seiner niedrigen Sprecherzahl aufgestellt.[95] Die belarusische autokephale orthodoxe Kirche, in der außerhalb der Liturgien Belarusisch als Sprache der Gottesdienste üblich ist, wird nach dem Zweiten Weltkrieg hauptsächlich von der Diaspora in Westeuropa, Amerika und Australien getragen und übt aktuell keinen relevanten Einfluss auf die Gestaltung der konfessionellen Landschaft in Belarus aus. Die griechisch-katholische Unionskirche, die Belarusisch teilweise auch in Liturgien sowie konsequent in der kirchlichen Praxis verwendet und sich als die belarusische Nationalreligion empfiehlt (vgl. Paliuckaja 1996), hat aufgrund des Gegendruckes seitens der katholischen und der orthodoxen Kirche ebenso keine wesentliche Verbreitung im Land bekommen (vgl. Bieder 2000b). Die katholische Kirche in der westlichen Region von Belarus ist polnischsprachig, in den anderen Gebieten des Landes,

---

94 Bei dieser ‚offiziellen' Übersetzung handelt es sich um eine Übertragung aus dem Kirchenslavischen und Russischen. Einige frühere ‚inoffizielle' Bibelübersetzungen (z.B. von Jan Stankievič (1973), Anatol' Klyška (1990), Vasil' Siomucha (2002)) basieren auf dem griechischsprachigen Text (Klyška), enthalten keine Kirchenslavismen, sind nach den Regeln der *Taraškievica*-Orthographie verfasst (Stankievič, Siomucha) und werden von der orthodoxen Kirche kritisiert und nicht anerkannt (vgl. Bieder 2000b: 203).

95 Vgl. *Letopis' eparchial'noj žizni* [Chronik des metropolitanischen Lebens] (14.03.2013).

wo sie allerdings schwächer vertreten ist, bemüht man sich um die Verwendung der belarusischen Sprache: Gottesdienste werden auf Belarusisch und auf Polnisch abgehalten, bei Predigten und in der geistlichen Literatur werden Belarusisch und Russisch verwendet. Evangelische Gemeinden gibt es überwiegend in den Städten. Diese bedienen sich des Russischen.[96]

Am Prestigeaufbau des Belarusischen sind neben den Mitgliedern der TBM auch das Zentrum für Lehre und Bildung in Minsk *Centr slavjanskich jazykov i kul'tur* [Zentrum für slavische Sprachen und Kulturen] beteiligt, welches Belarusisch-Kurse für Kinder organisiert, sowie die staatlich registrierte soziokulturelle Institution für Entwicklung der belarusischen Sprache und Kultur *Mova Nanova* [Die Sprache auf's Neue], die seit Januar 2014 kostenfreie Belarusisch-Kurse für Erwachsene in zehn Städten von Belarus anbietet.

Insgesamt kann die aktuelle *Sprachpolitik* in Belarus in Bezug auf das Belarusische als hemmend charakterisiert werden. Die *Sprachplanung* weist widersprüchliche Verhältnisse auf, indem sie, wie oben bereits erwähnt, *de jure* eine Gleichsetzung der Sprachen bei der Statusplanung schafft und subventionelle Unterstützung des Belarusischen im Bildungs- und im Kulturbereich vorsieht, *de facto* jedoch dessen Verdrängung und Marginalisierung durchführt, wie es die Analyse der Prestigeplanung im Kapitel 2.4.2.2.4 zeigte. Das Prestigegefälle zwischen Russisch und Belarusisch schafft ein ungünstiges Klima für die Status- und Korpusplanung des Belarusischen und kann als ein Grund für das immer wieder scheiternde Sprachmanagement (Jernudd/Neustupný 1987) herangezogen werden, das auf den drei Ebenen – der Evaluation, der Korrekturplanung des Sprachgebrauchs und der Implementierung – misslingt (zur *language-management*-Theorie s. Kap. 2.3.1). Damit kann der Unterschied zwischen der Sprachpolitik und der Sprachwirklichkeit in Belarus zum Teil erklärt werden.

2.4.2.3 Sprachwirklichkeit

Einige Aspekte der Sprachwirklichkeit, wie z.B. das domänenbezogene Funktionieren des Belarusischen, wurden bereits bei der Beschreibung der Prestigeplanung erwähnt. Eine umfassende Darstellung der sprachlichen Realität in Belarus würde den Rahmen dieser Studie sprengen und ist nicht der Hauptgegenstand dieses Forschungsvorhabens. An dieser Stelle sollen exemplarisch einige Phänomene angesprochen werden, die eine Diskrepanz zwischen der Sprachpolitik und der Sprachwirklichkeit im Land repräsentieren. Am deutlichsten lässt sich dieser Kontrast am Beispiel der Statusplanung zeigen, denn die Abwei-

---

96 Zur konfessionellen Vielfalt in Belarus s. Paškoŭ (2001b).

chung des tatsächlichen Status des Belarusischen von dem nominellen ist offensichtlich. Davon zeugen die sog. ‚untergesetzlichen' Akten, in denen die Durchführungsbestimmungen eines Gesetzes festgelegt werden und welche die reale Sprachverwendung regulieren (vgl. Mečkovskaja 2003: 18). Dass diese Bestimmungen nicht im Sinne der Verbreitung des Belarusischen getroffen werden, zeigt z.B. ein schriftliches Berichtsschreiben aus dem Jahr 2012, in dem die Anweisung eines stellvertretenden Leiters der Präsidialverwaltung an das Gebietsexekutivkomitee der Stadt Brest übermittelt wird, eine „zwanghafte Belarusifizierung und eine künstliche Reduzierung der Verwendung der russischen Sprache in staatlichen Organen" tatkräftig zu unterbinden (vgl. Berichtsschreiben 2012). Ein weiteres prägnantes Beispiel für die Diskrepanz zwischen Sprachpolitik und Sprachwirklichkeit ist die Handhabung der Sprachenfrage im universitären Bereich: Laut Artikel 21 des Hochschulgesetzes[97] gestaltet sich der Bildungsprozess an den Hochschulen in Belarus in zwei Staatssprachen – Russisch und Belarusisch. Das Recht auf die Wahl der Unterrichtssprache soll demnach durch die Schaffung belarusisch- und russischsprachiger Studierendengruppen gewährleistet werden. Dass dies nicht in dieser Form umgesetzt wird, zeigen bereits die Ausführungen im Kapitel 2.4.2.2.3.

Die beschriebenen sprachpolitischen Regelungen auf allen vier Ebenen der Sprachplanung betreffen die Sprachschöpfer-Perspektive. Die Sprachwirklichkeit lässt sich jedoch nur unter Mitberücksichtigung der Sprachverwender-Seite darstellen. Im Weiteren sollen kurz die Sprachkompetenz und die Sprachperformanz – die funktionale Gewichtung und die Verwendung der Idiome – skizziert werden.

2.4.2.3.1 Sprachkompetenz

Was die Sprachbeherrschung seitens der Bevölkerung betrifft, so ist die standardsprachliche Kompetenz des Belarusischen nur teilweise nativ und wird hauptsächlich im Schulunterricht zielgerichtet ausgebaut. Wie im Kapitel 2.4.2.1 bereits erwähnt, beherrschen die meisten Belarusen die Sprache überwiegend passiv. Die Äußerungen zur Selbstreflexion in dem hier ausgewerteten Verwender-Diskurs belegen, dass die eigene und die gesellschaftliche aktive Beherrschung des Belarusischen als mangelnd oder als fehlend eingeschätzt wird (Kap. 5.4.2.3; 5.4.2.1.1.2/Topos der *fehlenden gesellschaftlichen Sprachkompetenz*). Auch die quantitative Studie zur Selbsteinschätzung eigener Sprachkompetenz von Hentschel/Kittel (2011: 72) zeigte, dass die Kenntnisse des Belarusi-

---

[97] „O vysšem obrazovanii [Über die höhere Bildung]" (11.07.2007, Nr. 252-3).

schen generell schwächer sind als die des Russischen. Die schwache aktive Sprachkompetenz führt dazu, dass es beim Sprechen auf Standardbelarusisch zu einer erhöhten Eigenkontrolle kommt, was zu einem lexikalisch und syntaktisch ‚ärmeren' Reden führt (vgl. Mečkovskaja 2003: 40).

2.4.2.3.2 Sprachperformanz: funktionale Relation und Verwendung der Sprachen

Zum Ausdruck kommunikativer Absichten wird in Belarus also weitgehend die russische Sprache verwendet (Kap. 2.4.2.1). Als Hauptfunktion des Belarusischen kann eher ein nationalsprachlicher Symbolismus genannt werden. Dass die symbolische Funktion des Belarusischen über der kommunikativen prävaliert, ist bereits von vielen Forschern betont worden (z.B. Kittel/Lindner 2011: 630; Mečkovskaja 2003: 130). Mit Berufung auf die Zensusangaben über die Muttersprache[98] stellt Mečkovskaja (2003: 129–130) fest:

> в экзистенции белорусского языка первенствует не коммуникативная предназначенность языка, но его символическое и метаязыковое (т.е. рефлексивное, обращённое на сам язык) употребление; коммуникативная функция оказывается в к л ю ч ё н н о й в его этноконсолидирующую, эстетическую, метаязыковую функции.

> [in der Existenz der belarusischen Sprache herrscht nicht ihre kommunikative Bestimmung, sondern ihre symbolische und metasprachliche (d.h. reflexive, auf die Sprache selbst gerichtete) Verwendung vor; die kommunikative Funktion erweist sich als eine in die ethnokonsolidierende, ästhetische und metasprachliche Funktionen e i n g e s c h l o s s e n e.]

Solcher Sachverhalt ist nicht unkonventionell, denn in bilingualen Gesellschaften hat eine bewusste Verwendung einer indominanten Sprache in der Regel einen symbolischen Charakter (vgl. Kittel/Lindner 2011: 629).

Das Sprechen auf Russisch wird innerhalb der Sprechergemeinschaft subjektiv als neutral wahrgenommen. Die Verwendung des Belarusischen ist dagegen markiert[99] und dient zum Ausdruck unterschiedlicher Zusatzinformationen. Diese können sowohl eines nichtsprachlichen als auch eines sprachlichen Cha-

---

[98] In Kontext der soziolinguistischen Situation in Belarus – so wie auch in den anderen nichtrussischen postsowjetischen Republiken – steht hinter dem Begriff ‚Muttersprache' meistens eine eigenständige Entität, die nicht unmittelbar mit dem Sprachverhalten eines Menschen verbunden ist (vgl. Korjakov 2002: 67).

[99] Über die Markiertheit der Verwendung des Belarusischen, welche sich etwa seit den 1930er Jahren verfolgen lässt, und über ihrem Charakter wurde in den Kapiteln 2.3.6.2; 2.3.6.4; 2.3.7.2 zur historischen Entwicklung der Sprachsituation in Belarus berichtet.

rakters sein (Kap. 2.4.2.3.2). Die Verwendung des Belarusischen kann als ein Akt des Kampfes um die Sprache oder als eine Demonstration von Divergenz- bzw. Skandalisierungsabsichten gedeutet werden. Im städtischen Bereich trägt die Verwendung der belarusischen Standardsprache innerhalb der eigenen Gruppe einen elitären Charakter (vgl. Mečkovskaja 2003: 90–91). Im Wirtschaftsbereich kann Belarusisch als Zeichen der Gediegenheit und der Verwurzelung eines Kleinunternehmens fungieren (vgl. Mečkovskaja 2003: 137).[100] Die Entscheidung für die belarusische Sprache wird darüber hinaus mit dem Interesse an der Veränderung politischer Verhältnisse im Land verbunden, was damit zusammenhängt, dass es bei dieser Sprachwahl um eine bewusste gesellschaftliche Positionierung geht und dem Belarusischen ein symbolischer Wert zugeschrieben wird (vgl. Kittel/Lindner 2011: 629). Allerdings wird die belarusische Sprache seit Ende der 1990er Jahre immer weniger mit der oppositionellen Haltung des Sprechenden assoziiert, da sich die Opposition immer mehr des Russischen bedient (Kap. 2.3.7.2).

Es können durch Einschübe bzw. Zitate in der jeweils anderen Sprache Zusatzinformationen des sprachlichen Charakters zum Ausdruck gebracht werden. Die pragmatische Funktion solchen *code-swiching*'s innerhalb eines Satzes ist bei Mečkovskaja (2003: 37–42), Norman (2014: 272–277) und Volynec (2011: 90–93) beschrieben.[101] Diese Einflechtungen aus der jeweiligen Alternativsprache

---

[100] Mehrere Unternehmen (*Samsung, Adidas, Bosch, Tefal, Renault, Ceresit, Heineken, Velcom, A-100* et al.) verwenden in den letzten Jahren die belarusische Sprache zu Marketingzwecken. So lenken sie die Aufmerksamkeit auf ihre Produkte und wollen dadurch ihre Authentizität, Elitismus und den heimischen Charakter unterstreichen. Eine Untersuchung des Unternehmens *Samsung* ergab, dass die Werbung auf Belarusisch in Belarus effektiver ist, die Loyalität der Zielgruppe erhöht und v.a. auf die junge Generation Einfluss hat, die weniger Alltagsware und mehr langlebige Gebrauchsgüter erwirbt (vgl. z.B. „Kak belorusskij jazyk pomogaet prodvigat'sja produktam i brendam [Wie die belarusische Sprache den Waren und Brandmarken beim Vorankommen hilft]" 2015; „Reklama na belorusskom jazyke bolee privlekatel'na [Die Werbung auf Belarusisch ist attraktiver]" 2010). Deswegen wird die Sprache vorzugsweise in Imagespots eingesetzt.

[101] Laut Forschern verstärkt eine bewusste Sprachvermischung den symbolischen Charakter des Belarusischen und öffnet ein funktionelles Potenzial der Zweisprachigkeit, indem neue Ausdrucksmöglichkeiten entstehen: Die Formulierung des Hauptgedankens eines russischsprachigen Textes auf Belarusisch dient z.B. oft einer stilistischen Markierung des höheren Stiles oder eines erhobenen Augenblickes; die belarusischen Wörter in russischsprachigen Texten können als Verspottung der nationalen Beschränktheit verwendet werden; Elemente der Trasjanka können in der oppositionellen Presse zur Verspottung der russischsprachigen Belarusen, der kulturellen Rückständigkeit und der Affinität zur Sowjetunion eingesetzt werden; verzerrtes, übertriebenes Russisch in einem belarusischsprachigen Text kann karikaturartig als

sind punktuell und markiert. Sie haben einen konzeptuellen Charakter, dienen der Schaffung des nationalen Kolorits oder sind gar äquivalentlos. Belarusische Phrasen in russischsprachigen Aussagen können einen ironischen Kontext schaffen oder parodierend angewendet werden. Sie besitzen eine zusätzliche kontaktherstellende Funktion und werden bewusst als expressives Sprachmittel eingesetzt:

> Белорусское слово в русскоязычном тексте – это не просто языковой знак, а сгусток оценочных коннотаций и общественно-политических ассоциаций. Авторы используют его для создания ценностных оппозиций идей, как декодер затекстовой информации, актуализатор скрытых смыслов и образно-оценочных характеристик.
>
> [Ein belarusisches Wort in einem russischsprachigen Text ist nicht einfach ein sprachliches Zeichen, sondern ein Bündel von Bewertungskonnotationen und gesellschaftspolitischer Assoziationen. Autoren verwenden es zur Herstellung von Werte-Oppositionen der Ideen, als einen Dekoder außertextueller Informationen, als einen Aktivator verborgener Inhalte und bildhaft-bewertender Charakteristika] (Volynec 2011: 92).

Solche Phänomene beeinflussen die russische Sprache in Belarus, indem sie neue Ausdrucksmöglichkeiten in der russischen Sprache bieten. Aus diesem Grund hat sich in der belarusischen Sprachforschung in den letzten Jahren der Begriff ‚belarusische Variante des Russischen' etabliert (vgl. Norman 2014: 274). Der Einsatz von russischen Wörtern in belarusischsprachige Texte hat in der Regel eine metatextuelle Funktion – Erläuterung eines belarusischen Wortes – und wird als natürlich wahrgenommen (vgl. Mečkovskaja 2003: 42).

Hinsichtlich der Verwendung der Staatssprachen in Belarus lässt sich sagen, dass bei der Wahl zwischen den beiden Sprachen weder nationale noch territoriale, sondern eher personen- und wohnortbezogene Kriterien entscheidend sind. Im Gespräch mit einem Bekannten würde man nämlich eher Belarusisch wählen als in der Kommunikation mit einem Unbekannten (vgl. Korjakov 2002: 69). Ebenso führt das Wohnen auf dem Lande zu einem intensiveren Gebrauch des Belarusischen im Vergleich zum städtischen Wohnmilieu.[102]

Der symbolische Charakter und die Markiertheit des Belarusischen, eine fehlende Notwendigkeit und somit auch die Motivation seiner Verwendung führten dazu, dass es aktuell überwiegend nominal anstatt kommunikativ sowie monologisch anstatt dialogisch gebraucht wird. Sobald es um Informativität

---

Zeichen der Nicht-Anerkennung von Russifizierung eingeschoben werden (vgl. Mečkovskaja 2003: 136–139).

102 Bei der Analyse des Wohnmilieus als eine sprachökologische Variable konstatierte Haarmann eine generell bessere Erhaltung von Nationalsprachen im ländlichen Bereich (vgl. Haarmann 1999: 859–860).

und Übermittlung kommunikativ bedeutender Inhalte geht, wird in den meisten Kontexten zum Russischen gewechselt (vgl. Savitskaya 2011: 35). Die Verwendung des Belarusischen in der Alltagskommunikation bringt darüber hinaus den metasprachlichen Kontext mit sich, denn die Markiertheit des Kommunikationsmittels führt implizit zur Thematisierung der Sprachproblematik.

Betrachtet man die Sprachsituation nach Bourdieu (1991) als einen sprachlichen Markt, so kann man laut Kittel/Lindner (2011) über eine funktionale Relation von drei konkurrierenden Idiomen in Belarus sprechen: Russisch, Belarusisch und Trasjanka. Russisch wird aus sprachökonomischen Gründen in relevanten Kontexten zum Erlangen von Distinktionsgewinnen durch den sozialen Aufstieg genutzt. Belarusisch dient als Marker einer bewussten Gestaltung eigener nationaler und kultureller Identität und besitzt seine eigene funktionale Nische als Sprache der Wiedergeburtsbewegung und der dadurch aktivierten schriftsprachlichen Kultur (vgl. Mečkovskaja 2003: 124). Die Verwendung von Trasjanka hat eine „pragmatische Funktion der Teilhabe am gesellschaftlichen Leben der Stadt" (Kittel/Lindner 2011: 630).

2.4.2.4 Belarusisch: Sprachzustand

Mit dem Terminus ‚Sprachzustand' werden aus der synchronen Perspektive qualitative Merkmale der Sprache zu einem bestimmten Zeitpunkt ihrer Entwicklung bezeichnet. Dieses Kriterium der Sprachsituation wird in verschiedenen Teilaspekten in der belarusischen Linguistik intensiv erforscht (z.B. Cychun 2002; Lukašaniec 2014). Auch in der deutschsprachigen Sprachwissenschaft werden die Fragen der belarusischen Orthographie, Orthoepie, Lexik, Terminologie, Wortbildung und Morphologie behandelt (z.B. Bieder 2000a).[103]

Die moderne belarusische Sprache ist auf mehreren Ebenen von massiven Interferenzerscheinungen hauptsächlich seitens des Russischen und teilweise des Polnischen geprägt. Die Einflüsse des Russischen haben einen Massencharakter, was besonders im lexikalischen Bereich sichtbar ist, denn während belarusische Lexeme in russischsprachigen Texten intentional eingesetzt werden, fließen russische Wörter in die belarusische Sprache spontan und unbewusst ein (vgl. Norman 2014: 275).

Wie im Kapitel 2.3.7.1 bereits dargelegt, gilt die belarusische Sprache in der westlichen Soziolinguistik als nicht polyvalent (vgl. Gutschmidt 2002: 77), da sie nicht in allen Lebensbereichen einsetzbar ist: Sie tritt, wie oben bereits darge-

---

[103] Für weitere Literaturhinweise und Forschungsansätze zum Zustand des Belarusischen s. Kapitel 2.3.1.

stellt, nur eingeschränkt als Sprache der Wissenschaft auf und wird kaum in der Alltagskommunikation verwendet. Als Folge weist das Standardbelarusische keine ausgebildete mündliche Form und somit keine umgangssprachliche Varietät auf, denn im städtischen Bereich wird für die mündliche Kommunikation überwiegend die Trasjanka verwendet, auf dem Lande bedient man sich der belarusischen Dialekte. Die dialektale Landschaft des Belarusischen ist relativ homogen und ist durch ein Dialektkontinuum vom Nordost- über Mittel zum Südwestbelarusischen vertreten, welches sich aktuell in der allmählichen Auflösung befindet, da sich die Dialektsprecher in ihrer Sprachverwendung immer mehr an das Russische bzw. an die Trasjanka anpassen (vgl. Gutschmidt 2002: 332; 2006: 1859; Hentschel/Kittel 2011: 77).

2.4.2.5 Ethnoreligiöse Differenzierung der Sprachgemeinschaft

Die ethnoreligiöse Differenzierung ist in Belarus schwach ausgeprägt und wirkt sich nicht signifikant auf den Sprachgebrauch aus.[104] Generell zählt die ethnoreligiöse Toleranz zu einem nationalen Merkmal der Belarusen, was damit zusammenhängt, dass die belarusischen Territorien seit der Christianisierung immer polykonfessionell waren und die Bevölkerung selbst rituellen und doktrinellen Differenzen keine große Bedeutung zumisst (vgl. Žuk 2005; Mečkovskaja 2003).

2.4.3 Evaluative Merkmale der Sprachsituation

2.4.3.1 Werte

Die Betrachtung der Sprachsituation vom axiologischen Gesichtspunkt ist insofern interessant, als dass die Werte, die einer Sprache zugeschrieben werden, die Sprachloyalität innerhalb der Sprachgemeinschaft determinieren. Neben einer kognitiv begründeten Sprachloyalität, die auf die Eigenschaften einer Sprache wie ihr kommunikatives Potenzial, Ästhetik und Prestige referiert, nennt Garvin (1993: 40, 49) eine symbolisch begründete Sprachloyalität, die auf der Symbolik einer Sprache als nationaler Schatz, nationales Erbe und als Marker der nationalen Identität basiert. Nach Garvin kann also der Wert des Belarusischen als in seiner symbolischen Funktion bestehend gesehen werden (Kap. 2.4.2.3.2).

Das axiologische Charakteristikum des heutigen Belarusischen ist nicht eindeutig. Es kommt zuweilen zum Ausdruck einer Geringschätzung der Sprache.

---

[104] Zur Sprachverwendung in konfessionellen Bereich s. Kapitel 2.4.2.2.4.

Als das prägnanteste Bespiel dafür dient die oben erwähnte Bewertung des Belarusischen als eine „unfähige" Sprache, welche seitens des Präsidenten Lukaschenko im Jahr 1994 vor dem Stadtrat von Homiel geäußert wurde (Kap. 2.3.7.2). Die sich seit 2014 abzeichnende Wende zugunsten des Belarusischen in der Erwerbsplanung (Kap. 2.4.2.2.3) lässt gleichzeitig schlussfolgern, dass der Nationalsprache seitens der Staatsregierung, welche vor dem Hintergrund des Krieges in der Ostukraine „den Wunsch nach verstärkter Abgrenzung von der russischen Welt und einer Betonung des Eigenen" (Petz 2015) verspürt, der Wert eines vereinheitlichenden und divergierenden symbolischen Faktors nach Garvin (1993: 47) zugesprochen wird.

In der institutionell verankerten belarusischen Linguistik wird Belarusisch implizit als ein dem Russischen gleichwertiges Idiom, als ein „Schatz der Nation" (vgl. z.B. Padlužny 2005: 75) und das wichtigste Mittel der Erhaltung nationaler Identität (vgl. Lukašaniec 2014: 155) dargestellt. Dennoch wird hier auf den symbolischen Wert der Titularsprache bei weitem nicht so ausdrücklich eingegangen, wie dies von den Mitgliedern und Anhängern der TBM gemacht wird, welche die belarusische Sprache als Heiligtum, als Symbol der Nationalidee, als ein Faktor der Erhaltung der belarusischen Kultur und eine „feine und ewige Materie" (Buraŭkin 2000: 12) bewerten. Dabei wird oft auf die Worte[105] von Adam Mickiewicz Bezug genommen, welcher Ästhetik, ‚Reinheit', Reichtum und Historizität der belarusische Sprache betonte. Diese Sprachwerte werden auch im internationalen Kontext verkündet: Der Botschafter der Republik Belarus in Frankreich und Vertreter von Belarus in der UNESCO Pawel Latuško spricht über Wohlklang und Schönheit der belarusischen Sprache, die als Erbe der Vorfahren zu bewahren sei (vgl. BelTA: 21.02.2016).

Eine dieser Untersuchung vorangehende Pilotstudie zeigte, dass die Wertzuschreibung seitens der Sprachverwender hauptsächlich die Aspekte der Ästhetik und der Historizität betrifft: In mehreren Internetdiskussionen über die Sprache wird Belarusisch häufig mit positiv wertenden Attributen wie *schön*

---

[105] „[Беларуская мова] гэта самая багатая і самая чыстая гаворка, якая ўзнікла даўно і цудоўна distracted распрацавана. [...] З усіх славянскіх народаў русіны [...] захавалі найбольшую колькасць агульнаславянскіх рыс. [...] Пісьмовых помнікаў у іх мала, толькі Літоўскі Статус напісаны іх мовай, самай гарманічнай і з усіх славянскіх моў найменш зменены. [[Belarusisch] ist die reichste und die reinste Sprache, die lange her entstanden ist und wunderbar ausgearbeitet ist. [...] Von allen slavischen Völkern haben die Russinen [...] die meisten allgemeinslavischen Züge bewahrt. [...] Schriftdenkmäler haben sie wenig, nur das Litauische Statut ist in ihrer Sprache geschrieben, der harmonischsten und von allen slavischen Sprachen am wenigsten modifizierten]" (Mickiewicz 1955: 230 in Padlužny 2005: 75) (vgl. in diesem Zusammenhang z.B. Buraŭkin 2000: 13).

(wenn man es mit Russisch nicht vermischt), *süß, angenehm, beruhigend, melodisch, wohlklingend, rein, humorvoll, ungewöhnlich* etc. versehen (Kap. 5.1.1.3). Es wird geäußert, die Sprache habe die archaische Schönheit des Kirchenslavischen bewahrt, das Sprechen in dieser Sprache sei ein Vergnügen und verleihe einem das Image eines zivilisierten Menschen (vgl. Savitskaya 2011: 28). Ähnliche Ergebnisse lieferten auch die im Jahr 2011 durchgeführten quantitativen Erhebungen zur Meinungsforschung über die Sprachsituation in Belarus:

> Белорусский язык имеет историческо-архаичное, культовое, если не сакральное значение для белорусов. С этим согласуется тот факт, что в вопросах престижа позиции белорусского языка ничуть не хуже, а скорее даже лучше русского.
>
> [Belarusisch hat für Belarusen eine historisch-archaische, kultische, wenn nicht sogar sakrale Bedeutung. Das steht mit der Tatsache im Einklang, dass in der Frage des Prestiges die Stellung des Belarusischen keineswegs schlechter, und sogar eher besser als die des Russischen ist] (Hentschel/Kittel 2011: 76).

Nach Garvin (1993: 47–48) korrespondieren die einzelnen symbolischen Funktionen der Sprache mit den Einstellungen ihr gegenüber. Dabei sorgen die vereinigende und die divergierende Funktion für Sprachloyalität, die Prestigefunktion für Sprachstolz, die Partizipationsfunktion ist mit dem Bedürfnis nach Kommunikation und Teilhabe am Weltgeschehen verbunden. Die Funktion eines Bezugsrahmens steht in Verbindung mit dem Normbewusstsein und dem Verlangen nach einer Referenznorm. Die Wertzuschreibung der belarusischen Sprache zeugt nach Garvin's Theorie davon, dass diese Sprache die Loyalität und den Stolz bei der Sprechergemeinschaft hervorrufen kann, als ein Partizipationsmittel und Normbezugsrahmen scheint sie für diese jedoch nicht relevant zu sein.

2.4.3.2 Spracheinstellungen

Bis zum Jahr 2014 konnte die Einstellung zum Belarusischen seitens des Staates als Desinteresse an der Revision des Korpusbereiches sowie als intentionale Missachtung beschrieben werden, die zur Herabstufung des Belarusischen zu einer marginalen Erscheinungen führen sollte. Von der Staatsführung wurde die Sprache missachtet und nur für deklarative Zwecke verwendet. Wie oben bereits erwähnt, äußerte sich der belarusische Präsident über die Nationalsprache negativ und missbilligend, sah von ihrer Verwendung ab und betonte bei Stellungnahmen zur Sprachproblematik das konstitutionelle Recht auf eine freie Sprachwahl (ausführlicher dazu s. Brüggemann 2010: 73). Wie bereits im Kapitel 2.4.2.2.3 erwähnt, änderte sich jedoch die Einstellung der Regierung gegenüber der Nationalsprache in den letzten Jahren aufgrund von außenpolitischen Faktoren, welche als eine Bedrohung der Staatssouveränität gesehen wurden.

Der ausgeprägte symbolische Charakter des Belarusischen wird nun zu taktischen Zwecken eingesetzt, und die Sprache selbst wird als ein Faktor und das Gewähr der staatlichen Souveränität und der Erhaltung der Nation hervorgebracht: In seiner jährlichen *Botschaft an das belarusische Volk und die Nationalversammlung* sagte der Präsident am 22.04.2014: „Если мы разучимся говорить на белорусской мове – мы перестанем быть нацией. [Wenn wir Belarusisch verlernen, hören wir auf, eine Nation zu sein]" (Lukašenka 2014). Einige Monate später hielt er seine Rede zum Unabhängigkeitstag am 03.07.2014 teilweise auf Belarusisch. Nach ihm hielt der Ministerpräsident eine Regierungssitzung in belarusischer Sprache ab. Mehrere leitende Personen sprachen sich für die Unterstützung der Nationalsprache aus. In einem Treffen des Präsidenten mit den Vertretern der geistigen Elite am 23.10.2014 wurde die Gründung einer nationalen belarusischsprachigen Universität angesprochen (vgl. Odinočenko 2014). Die demonstrative Nichtbeachtung der Nationalsprache weicht also einer ebenso demonstrativen Zuwendung aus, was bis jetzt nur im Bereich der Erwerbsplanung (Kap. 2.4.2.2.3) sichtbar wurde. Auf allen anderen Ebenen ist eine praktische Umsetzung dieser Einstellungsänderung bislang nicht erkennbar.

Wie auch in den vergangenen Perioden nimmt die nationalgesinnte Bildungselite eine schützende Position gegenüber der belarusischen Sprache ein, was sich u.a. in den Bemühungen um aktive Verwendung der Sprache äußert. Die Verwendung seitens der Bevölkerung wird dagegen immer niedriger und liegt im Jahr 2011 bei 4,39%. Lukašaniec (2012: 523) erklärt diesen Umstand psycholinguistisch: „практически отсутствует общественная воля к преодолению преград психолингвистического характера [der gesellschaftliche Wille zur Überwindung psycholingualer Barrieren fehlt nahezu]". Auch das Bestreben nach der Beherrschung der Sprache fehlt. Dennoch wird sie als Kulturgut geschätzt, und die Einführung des Russischen als die einzige Staatssprache wird von der Mehrheit der Bevölkerung abgelehnt. „.... белорусам с т ы д н о отказываться от языка [... den Belarusen ist es p e i n l i c h, die Sprache abzuschlagen]", erklärt Mečkovskaja (2002: 131) diese Einstellung. Die Zensusergebnisse zeigen jedoch, dass auch die Sprachloyalität gegenüber dem Belarusischen abnimmt und dass man sich immer weniger zum Belarusischen als Muttersprache bekennt: Von 85,6% im Jahr 1999 sank der Anteil der ethnischen Belarusen, die die Titularsprache als Muttersprache angaben, im Jahr 2009 auf 53,2%. Die Studie von Hentschel/Kittel (2011) ermittelte einen Wert von 48,69%. Die Einstellung der breiteren Bevölkerung zeichnet sich also allgemein durch Unbekümmertheit um die Nationalsprache aus.

Gleichzeitig lassen sich Änderungen in der Einstellung zum Belarusischen in die positive Richtung beobachten: Anders als vor einigen Jahrzehnten ruft die

Sprache und ihre Verwendung keine Abneigung, Verspottung oder psychologische Abwehr hervor, und sie wird immer weniger mit einer ‚Bauernsprache' assoziiert. Wie im Kapitel 2.4.2.3.2 erwähnt, setzten einige Unternehmen in den letzten Jahren auf Elitismus und den authentischen Charakter der „мілагучная беларуская мова [wohlklingenden belarusischen Sprache]" bei Marketingkampagnen, um Loyalität des Zielpublikums zu stärken und Effektivität von Werbemaßnahmen zu erhöhen. Laut Norman (2013: 81) gewöhnt sich die Gesellschaft an den Gedanken „о полноценности белорусской культуры [über Vollwertigkeit der belarusischen Kultur]". Für viele junge Menschen gewinnt die Sprache an Attraktivität. Für die in der staatlichen Souveränität aufgewachsene junge Generation ist eine kommunikative und nicht mehr eine ideologische Überlegenheit des Russischen gegenüber dem Belarusischen gegeben. Ihr Übergang zum Belarusischen ist demonstrativ und kann als ein Zeichen der kulturellen Positionierung und der Distanzierung von der russischsprachigen Staatsführung interpretiert werden (vgl. Norman 2013: 81), denn, wie die Ergebnisse von Befragungen zeigen, spielt „die belarusische Sprache auch für die jüngere Generation der belarusischen Gesellschaft [...] lediglich die Rolle eines Symbols der nationalen Identität" (Krauchanka 2012: 51).

2.5 Zusammenfassende Darstellung der Spracheinstellungskonstellationen in Belarus

Nach der Analyse von Einstellungen zur belarusischen Sprache aus der historischen Perspektive kann zusammenfassend von *Einstellungskonstellationen* innerhalb der belarusischen Gesellschaft gesprochen werden, die über mehrere geschichtliche Perioden relativ fest Bestand behalten. Außer der Periode des Großfürstentums Litauen, in der die belarusische Sprache eine positive Einstellung und das Ansehen seitens der Regierung, der höheren gesellschaftlichen Kreise, der Bildungselite und der Kirche genoss und von diesen verwendet wurde, ist das Prestige der Sprache in der nachfolgenden Zeit dagegen generell konstant niedrig. Auch in den ‚günstigeren' Perioden der Wiedergeburt (Anfang des 20. Jh. und der 1990er Jahre) bleibt die Sprache zum ‚bäurischen' Idiom herabgestuft. Von der *Staatsmacht* wird Belarusisch entweder unterdrückt bzw. nicht als eine eigenständige Sprache anerkannt, oder aber intentional ignoriert und nicht verwendet, was mit einer Geringschätzung, dem Verzicht, der Unaufmerksamkeit und zuweilen mit Feindseligkeit des Staates gegenüber dem Belarusischen einhergeht. Die *höheren Schichten der Gesellschaft* – v.a. in der Zeit der Rzeczpospolita und des Russischen Imperiums – wenden sich in der Regel ebenso vom Belarusischen ab und assimilieren sich jeweils entweder an die polnische oder die russische Kultur. In ihrem Hauptträger – der *Mittelschicht*, dem *Kleinadel* und dem *Bauerntum* – hatte die belarusische Sprache eine schwache soziale Basis und gewann somit über Jahrhunderte nicht an Prestige. Von der breiteren Bevölkerung wird die Sprache seit den 1950er Jahren immer weniger benutzt und in ihrer Rolle als Kommunikationsmittel für überflüssig und verzichtbar gehalten. Das niedrige Sprachprestige führt zur Entwicklung eines Minderwertigkeitskomplexes bei den Belarusischsprachigen und zum Massendesinteresse an der belarusischen Sprache. Dennoch ist die Haltung der Bevölkerung zur Nationalsprache grundsätzlich nicht-ablehnend und loyal, was die Zensusangaben zur Muttersprache – sowohl am Ende des 19. als auch am Anfang des 21. Jh. – zeigen. Eine konstant positive bewahrende Position gegenüber dem Belarusischen behält über die Jahrhunderte die national gesinnte *kulturelle Elite*, welche sich um den Erhalt und die Verwendung der Sprache bemüht. Die Einstellung der *offiziellen Linguistik* zum Belarusischen ist dagegen weniger pietätvoll und weniger schützend: Im Russischen Imperium wird Belarusisch als ein minderwertiger Dialekt des Russischen behandelt, in der Sowjetunion als eine dem Russischen untergeordnete Sprache betrachtet, und in der Zeit der Souveränität wird die Problematik des Zustandes und des Status der Sprache in der Belarusistik intentional unbehandelt gelassen.

Generell lässt sich eine kausale Rekursivität zwischen der Einstellung der Sprachgemeinschaft zur belarusischen Sprache und den sprachpolitischen Prozessen im Land feststellen: Eine Geringschätzung der Sprache mündet in eine ungünstige Sprachplanung, was wiederum zur Senkung des Ansehens und zu den Einbußen bei der Einstellung führt. Die Änderungen der Sprachpolitik und der Einstellung zum Belarusischen hatten im Laufe der Geschichte Auswirkungen auf den Status- und den Korpusbereich der Sprache. Ihr Prestige, also, das Maß an ihrer Wertschätzung (vgl. Strasser 1987: 140), blieb dennoch, wie oben erwähnt, unverändert niedrig. Die dem Belarusischen zugeschriebenen Werte (Ästhetik, Historizität, symbolische Stärke) begründen die hohe Positionierung der Sprache auf der sog. ‚Solidaritätsskala', mit der u.a. eine affektive Bewertung gemessen wird. Für die Bewertung auf der ‚Statusskala', bei der die Parameter wie Bildungsniveau, berufliches Prestige und Kultiviertheit (vgl. Liankievič 2014: 234) eine Rolle spielen, erweisen sich die genannten Werte des Belarusischen als irrelevant. Zu dem symbolischen Wert des Belarusischen ist noch hinzuzufügen, dass dieser der Sprache spätestens im 19. Jh. nachweislich zugesprochen wurde: Davon zeugen die oben erwähnten Zensusdaten von 1897, als 43,3% des belarusischen Adels die Sprache zu ihrer Muttersprache nannten. Aufgrund der stark ausgeprägten symbolischen Funktion des Belarusischen und der darin begründeten Markiertheit wurde die Sprache häufig instrumentalisiert und von der Staatsmacht und den anderen politischen Kräften als Politikum gebraucht (vgl. Wingender 2003: 292–293). Es lässt sich generell eine Abhängigkeit der Sprachenfrage und der Spracheinstellung des Staates von der herrschenden Sprachideologie in Belarus feststellen. Auch die in den öffentlichen Debatten zum Ausdruck gebrachte Einstellung der Diskursakteure korreliert in der Regeln mit deren politischem Standpunkt (vgl. Brüggemann 2010: 70, 80).

3 Theoretische Konzepte

3.1 Einstellungen und Spracheinstellungen

3.1.1 Begründung der Forschungsrelevanz

Der theoretischen Auseinandersetzung mit *Einstellungen* und *Spracheinstellungen* soll zunächst eine kurze Begründung ihrer Forschungsrelevanz vorangehen. Der amerikanische Persönlichkeitstheoretiker Allport (1935) sah in den Einstellungen eine Verbindung zwischen den unsichtbaren mentalen Vorgängen (*instincts*) und dem offenen Verhalten (*habits*) und bezeichnete sie deswegen als ein „einzigartiges und unentbehrliches" („distinctive and indispensable") psychologisches Konzept. Die Einstellungen sind nach Bartlett (1932: 213 in: Riehl 2000: 141) die erste Assoziation mit dem Gegenstand, sie werden zusammen mit Inhalten kognitiv gespeichert und sind somit immerwährend.[106] Sie verfügen darüber hinaus über eine große Wirkungsbreite und -tiefe, denn es gibt neben individuellen auch gemeinsame kulturspezifische (gruppenkulturtypische) Einstellungen: „The term is elastic enough to apply either to the dispositions of single, isolated individuals or to broad patters of culture" (Allport 1935: 798). Dabei bildet die Gesamtheit der permanenten individuellen Einstellungen den Charakter der einzelnen Person, und die usuelle Einstellung einer sozialen Gruppe – ihre Mentalität (vgl. Hermanns 2002: 68, 81). Trotz des hohen Stellenwertes der genannten Eigenschaften von Einstellungen liegt dennoch eher ihre verhaltenssteuernde Wirkung im Zentrum des Forschungsinteresses, denn diese lassen sich steuern: „by manipulating attitudes, behavior can be manipulated" (Baker 1995: 23). Und da die Einstellungen als Objekte des kommunikativen Prozesses sowohl mitgeteilt als auch direkt und indirekt beeinflusst werden können (vgl. Fiedler/Kurzenhäuser 2000: 162), ist es wichtig festzuhalten, wie sich die Verbreitung und die Veränderung von Einstellungen sowie die intendierte Einwirkung darauf vollziehen, um Vorhersagen über das menschliche Verhalten,[107] zu dem auch das Sprachverhalten gehört, aufzustellen. Neben der Mitbestimmung des Verhaltens üben die Einstellungen Einfluss auf kognitive Prozesse wie z.B. Wahrnehmung, Urteilbildung, Erinnerung etc. aus und können deswe-

---

[106] Für ein kontinuierliches Vorhandensein von Einstellungen spricht auch die Annahme, sie seien eine affektive Komponente von Stereotypen (vgl. Riehl 2000: 142–143), die ihrerseits als „kollektive Bewusstseinsinhalte" (Quasthoff 1973: 28) immer präsent sind, und sogar in dem Fall, wenn man sich von ihnen distanziert, sind sie als kognitives Konstrukt vorhanden.
[107] Zur Prognostizierbarkeit des Verhaltens anhand von Einstellungen s. Kap. 3.1.7.

gen auch für die Erklärung des Verhaltens herangezogen werden (vgl. Hermanns 2002: 68). Einstellungen sind einerseits relativ konstante[108] mentale Zustände, die, auf soziale Phänomene bezogen, langfristige Tendenzen abbilden, so dass nachhaltige Entwicklungsprozesse, z.B. die künftige Entwicklung der Sprachsituation in Belarus ablesbar werden (vgl. Schröder 2004: 23). Andererseits sind sie Produkte sozialer Lernprozesse (vgl. Neuland 1993: 728) bzw. „product[s] of the socio-economic status and of the collective history of the individual's group" (Williams 2009: 64) und erlauben dadurch Rückschlüsse auf die Besonderheiten von historischen (z.B. sprachökologischen) Gegebenheiten. Somit stellen Einstellungen ein bidirektionales Konstrukt dar, das sowohl vergangenheits- (durch Konklusionen) als auch zukunftsgerichtet (durch Prognosen) sein kann.

Diese Besonderheiten von Einstellungen (Verbindung von latenten und offenen Prozessen, Kontinuität, Verhaltenssteuerung, Nachhaltigkeit und Wandelbarkeit) weisen auch die Spracheinstellungen auf. Insbesondere die bidirektionale Ausrichtung von Einstellungen ist aus soziolinguistischer Sicht relevant, denn, bezogen auf die vergangenen Etappen der Sprachentwicklung, „erklären [sie] häufig den Wandel und die Dynamik von Veränderungen in einer Sprachgemeinschaft" (Dittmar 1996: 18); und hinsichtlich der Entwicklungsvorhersagen wird angenommen, „dass Veränderungen im Sprachgebrauch mit großer Wahrscheinlichkeit eine Änderung im Einstellungssystem vorausgeht" (vgl. Casper 2002: 138), was z.B. bei der Gestaltung der sprachplanerischen Tätigkeiten zu berücksichtigen wäre. Die Einstellungen dienen darüber hinaus den Definitionen von Sprachgemeinschaft und der Selbst- und Fremdeinschätzung in mehrsprachigen Gemeinschaften (Portz 1982). Sie beeinflussen die Sprachloyalität, den Spracherhalt und den Sprachverlust (vgl. Wingender 2013: 30): Es ist nämlich „viel wichtiger, wie die Betroffenen selbst die Funktion bzw. die Brauchbarkeit der bestimmten Sprachvarietät einschätzen" (Casper 2002: 146), denn eine Varietät kann objektiv im Prozess des Verfallens sein, aber wenn sie für ihre Sprecher bedeutsam ist, dennoch erhalten bleiben. Umgekehrt, ohne die Bedeutung für die Sprecher könne eine vitale Sprache auch bei offizieller Unterstützung verfallen. Für die Sprachsituation in Belarus gilt es in dieser Hinsicht, durch die vorgenommene Spracheinstellungsanalyse u.a. festzustellen, welchem der beiden Entwicklungsszenarien die belarusische Sprache eher folgen könnte. Anhand der Analyse kann außerdem ein Bild des soziolinguistisch relevanten Usus der Sprachgemeinschaft in Belarus erstellt werden, denn

---

108 Gerade mit der Konstanz von Einstellungen erklärt Hermanns (2002: 68) die Verhaltenskonsistenz bei Menschen und die darauf basierende Stabilität von Gesellschaften.

es wurde allgemein festgestellt, dass die Bewertung von Sprachvarietäten in erster Linie nicht an ihren linguistischen oder ästhetischen Eigenschaften, sondern auf den sozialen Konventionen der Sprachgemeinschaft(en) über Status und Prestige der Sprecher der unterschiedlichen Varietäten beruht (Casper 2002: 18).

3.1.2 Einstellungen und Spracheinstellungen als interdisziplinäre Forschungsgegenstände

Traditionell gehören Einstellungen in den Forschungsbereich der Sozialpsychologie. Obwohl der Begriff bereits gegen Mitte des 19. Jh. erwähnt wurde (Spencer 1862), begann die eigentliche Forschung zu den Einstellungen erst in den 1920er Jahren mit der Arbeit von Thomas/Znaniecki *The Polish Peasant in Europe and America* (1918), in der die erste Definition des Terminus formuliert wurde (vgl. Casper 2002: 15). Ein Überblick über die danach folgenden Forschungen zu den einzelnen Komponenten der Einstellung, zu der Art deren Interaktion, zum Einstellungswandel sowie zu den Messungsmethoden ist bei Rosenberg/Hovland (1960, 4–14) zu finden. Die Forschungsgeschichte in der zweiten Hälfte des 20. Jh. ist als eine permanente und bis jetzt nicht abgeschlossene Suche nach einem allgemeingültigen Einstellungsmodell, nach der Erklärung der Inkonsistenz zwischen den Einstellungen und dem Verhalten sowie nach den geeigneten Messverfahren des ‚Subjektiven' bei Casper (2002: 15–17) beschrieben. Die Komplexität des Einstellungsbegriffes und seine Affinität zu mehreren Bereichen des menschlichen Lebens erklären die Ausbreitung der Einstellungsforschung in den letzten Jahrzehnten des 20. Jh., was laut Casper eine „vollständige Übersicht bzw. die Verfolgung der neuesten Entwicklungen für einzelne Forscher kaum möglich" macht (Casper 2002: 17). In den 1980er Jahren entwickelten sich innerhalb der Sozialpsychologie, begründet auf Lambert (1960), sprachbezogene Forschungsansätze (z.B. Giles et al. 1987; Ryan/Giles/Hewstone 1988), die sich in erster Linie den Faktoren und der Einstellungs-Verhaltens-Inkonsistenz zuwendeten. An dieser Stelle ist noch hinzuzufügen, dass die sozialpsychologischen Theorien der Einstellungsforschung nicht in vollem Maße von der Soziolinguistik berücksichtigt wurden, v.a. was die Aspekte des Einstellungswandels und der Einstellungsänderung betrifft, weswegen die soziolinguistische Einstellungsforschung als atheoretisch gesehen wird (vgl. Casper 2002: 22). Der Grund für den schwachen Synergismus der beiden Disziplinen kann darin liegen, dass die Erkenntnisse der Sozialpsychologie wiederum nicht in vollem Maße in die Soziolinguistik übertragbar sind (vgl. Deprez/Persoons 1987: 125), denn die erste untersucht soziale Funktionen und Faktoren der Spracheinstellungen, während die zweite sich auf die Auswirkung der Spracheinstellungen auf die Sprachvarietäten und das Sprachverhalten konzentriert (vgl. Casper 2002: 19).

Die *Sprach*einstellungen sind ein sehr komplexes Untersuchungsfeld. Ihre Forschung hat in der Linguistik keine sehr lange Tradition. Die Soziolinguistik fing in der Mitte der 1960er Jahre an, sich für dieses Thema zu interessieren; die ersten wissenschaftlichen Studien wurden in den 1970er Jahren durchgeführt. Die Forschungsgeschichte verlief ähnlich wie in der Sozialpsychologie (s.o.), von der die Soziolinguistik auch die Definition und weitgehend auch die Methodik übernahm. In allen anderen Punkten hat die Soziolinguistik wenig Bezug auf sozialpsychologische Erkenntnisse genommen, so dass das generelle Problem der Spracheinstellungstheorie „die fehlende Beziehung zwischen der allgemeinen Attitüdentheorie und den Untersuchungen der Sprachattitüden" (Rocco 2002: 80) bleibt. Deswegen wird die Spracheinstellungsforschung manchmal, wie oben bereits erwähnt, als atheoretisch angesehen (vgl. Casper 2002: 22).[109] Als erster befasste sich der amerikanische Linguist William Labov (1966) mit den Spracheinstellungen, indem er Meinungen zu Sprachvarietäten erfasste. Die eigentliche Spracheinstellungsforschung initiierte der kanadische Sozialpsychologe Wallace Lambert in seinem Artikel zu Spracheinstellungen der franko- und anglophonen Kanadier „Evaluational reactions to spoken Language" (1960). In den letzten ca. 50 Jahren kam es in der Soziolinguistik zu einer langen Reihe von Einstellungsstudien zu verschiedenen Sprachen, Sprachvarietäten und Regionen, in deren Zentrum vorerst das Englische, Französische und Spanische und später die Sprachen Afrikas, Lateinamerikas und Asiens standen.[110] Die meisten Forschungen bezogen sich auf die soziale Bewertung von Nationalsprachen in multilingualen Gesellschaften,[111] von einzelnen Systemkennzeichen der Nationalsprachen[112] und von einzelnen regionalen[113] und sozialen[114] Varietäten (vgl. Neuland 1993: 729). Zu den wichtigsten Untersuchungsaspekten gehören dabei Bewertungen der Sprache seitens der Sprecher und der Nicht-Sprecher des entsprechenden Idioms (Sprachprestige), sprachwahlrelevante Vorstellungen über die domänen- bzw. rollenbezogene Angemessenheit der Sprachen,

---

[109] Ausführlicher zur Forschungsgeschichte von Spracheinstellungen s. Caspers (2002: 75–90, 123–150), wo u.a. die klassischen Modelle des dynamischen Einstellungssystems von Gardner (1979), Baker (1992), Cargile et al. (1994), Kaufmann (1997) vorstellt und diskutiert werden.
[110] Zum Überblick länderbezogener Forschungen s. Vandermeeren (2006: 1318).
[111] Z.B. Lambert et al. (1960): Reaktionen auf Englisch und Französisch in Kanada; Fishman/Gertner (1985): Immigranten in den USA.
[112] Z.B. Labov (1966): Soziale Faktoren des Sprachwandels in städtischen Gemeinschaften.
[113] Z.B. Besch (1983), Jäger/Schiller (1983), Mattheier (1985).
[114] Z.B. Edwards (1979), Steinig (1976), Trudgill (1975).

Einstellungen zu den Sprechern (Zuschreibung von Eigenschaften oder sozialen Positionen) und der Einfluss von Spracheinstellungen auf den Spracherwerb und -erhalt (vgl. Vandermeeren 1996b: 695).

Die neueste deutschsprachige Forschung zu Spracheinstellungen befasst sich überwiegend mit europäischen Sprachen und deckt ein breites Feld von Forschungsthemen ab. Es sind z.B. die Untersuchungen zur Affinitätsstärke zu den Minoritäts- und Majoritätssprachen bei den Sprechern in Deutschland und Finnland (Broermann 2008) oder zu einem Zusammenhang von Spracheinstellung und Sprachkompetenz bei der deutschen Minderheit in Ungarn (Deminger 2000). Ein Projekt der Universität Freiburg (2000) erforschte die Art der Verbalisierung von Stereotypen und Einstellungen zu Sprachvarietäten (z.B. Riehl 2000).

Auch die Einstellungen zum Belarusischen wurden bereits zum Gegenstand der Soziolinguistik. Im Folgenden seien einige der wichtigsten Studien und ihre Ergebnisse genannt. Schröder (2004) untersuchte die Grundeinstellung zu den beiden Staatssprachen in Belarus auf der Grundlage der Einschätzungsäußerungen zur Sprachästhetik sowie die Meinungen zur staatlichen Zweisprachigkeit und zu den Funktionen der belarusischen Sprache. Es wurde festgestellt, dass die Grundeinstellung zum Belarusischen tendenziell positiv ist, aber weniger positiv als zum Russischen. Die Zweisprachigkeit bereite keine Schwierigkeiten und sei aus pragmatischer Sicht nützlich. Bei der Frage, ob die Zweisprachigkeit den Erhalt der Nationalsprache erschwert und ihre Funktionen einschränkt, ergaben sich regionale Differenzen, wobei die westlichen Regionen überwiegend positiv auf die Frage antworteten und die östlichen, mit einer stärkeren Affinität zum Russischen, meistens negativ. Einheitlich wurde angegeben, dass die belarusische Sprache keine nützliche Zusatzqualifikation für den beruflichen Aufstieg ist, als Symbol jedoch eine identitätsstiftende Funktion erfüllt. Hentschel/Kittel (2011) unternahmen eine Befragung in Belarus u.a. zur Muttersprache, zur Sprache der ersten Sozialisation und der täglichen Kommunikation.[115] Sie kamen ebenso zum Ergebnis, dass die Mehrheit der Bevölkerung eine institutionelle Erhaltung der belarusisch-russischen Zweisprachigkeit befürwortet. Die belarusische Sprache werde ihrerseits als ein Garant der Bewahrung der nationalen Kultur angesehen und habe eine sakrale Bedeutung für Belarusen, aber ihre Verwendung werde jedoch mehrheitlich nicht als ein Faktor der nationalen

---

115 Die Studie fokussierte auf die Rolle der Mischsprache Trasjanka im belarusischen Sprachraum, welche bei der Befragung neben Belarusisch und Russisch als Antwortalternative eingeführt wurde. Die Studie ergab u.a., dass die Trasjanka von Sprachverwendern nicht als eine Bedrohung für die belarusische Sprache wahrgenommen wird.

Identität betrachtet. Ähnliche Ergebnisse lieferte die Befragung von jüngerer Generation der Belarusen von Krauchanka (2012): Die Nationalsprache sei für die jungen Menschen lediglich ein Symbol der nationalen Identität.

3.1.3 Schwierigkeiten der definitorischen Bestimmung von Einstellungen und Spracheinstellungen

Der erste, der sich mit dem Einstellungs-Begriff beschäftigte, war der englische Philosoph und Soziologe Herbert Spencer, der die Wichtigkeit von *attitude of mind* für die Urteilsbildung betonte (vgl. Spencer 1862: 4). Anfangs wurden unter dem Begriff *attitude* mehrere kognitive Phänomene subsummiert: Meinungen, Überzeugungen und jede Art von Persönlichkeitsmerkmalen wie Mut, Hartnäckigkeit, Großzügigkeit und Menschlichkeit (vgl. Allport 1935: 798). Heute gibt es mehrere Definitionen von Einstellungen, und es herrscht kein Konsens über die Grundlage einer Definition. Je nach Forschungsinteresse formulieren die Forscher unterschiedliche Definitionen. In der Sozialpsychologie und in der Soziolinguistik wird die kognitivistische Sichtweise vertreten, wonach die Einstellungen ein hypothetisches Konstrukt und eine latente psychologische Konstante sind (vgl. Agheyisi/Fishman 1970: 138). Der Umgang mit der Einstellungsdefinition in der Forschungsliteratur gestaltet sich üblicherweise so, dass über eine Vielzahl der Definitionen berichtet wird, einige davon zitiert werden[116] und man sich anschließend meistens letztendlich auf die vom Sozialpsychologen Allport[117] (1935: 810) bezieht: „An attitude is a mental and neural state of readiness, organized through experience, exerting a direktive or dynamic influence upon the individual response to all objects and situations to which it is related". Die Einstellung wird also als ein nicht beobachtbares, hypothetisches Konstrukt postuliert, das einen steuernden, dynamischen Einfluss auf die Reaktion auf einen Reiz ausübt, eine vielschichtige Struktur aufweist und universelle Generalisierungen zulässt (vgl. Casper 2002: 25). Dadurch, dass er die Einstellung als einen Zustand der Bereitschaft versteht, schließt Allport eine Handlungskomponente in das Konzept mit ein. Die Definition von Rosenberg/Hovland (1960: 1) beschreibt die Einstellung dagegen nur als eine generelle Neigung

---

[116] Eine kumulative Aufführung von Definitionen sei jedoch wenig sinnvoll, denn sie lässt keine empirisch-methodische Umsetzung zu (vgl. Casper 2002: 69).
[117] Vor der Formulierung seiner Definition zitiert Allport selbst eine längere Reihe von Definitionen, die er für nicht erschöpfend erklärt, was über den hohen Schwierigkeitsgrad der terminologischen Fassbarkeit des Einstellungsbegriffes spricht.

bzw. Anlage, ohne die Handlungsabsicht: „predispositions to respond in a particular way toward a specified class of objects". In einer Präzisierung ihrer Definition von Einstellungen als „predispositions to respond to some class of stimuli with certain classes of responses" heben Rosenberg/Hovland (1960: 3) hervor, dass es nicht die eine Reaktion auf einen Reiz gibt, sondern eine Reihe davon, und die Wahl womöglich von weiteren Faktoren abhängt, weswegen es keine eindeutige Entsprechung zwischen Reiz und Reaktion geben kann. Nach der Theorie des überlegten Handelns von Fishbein/Ajzen (1975) setzt sich die Einstellung aus der Erwartung und der Bewertung von Verhaltenskonsequenzen zusammen. Hermanns (2002: 79) modifiziert die Definition von Allport, indem er die Einstellung selbst als eine Reaktion auf Reize sieht, und er bezeichnet diese als „eine gelernte Zwischenreaktion auf etwas, die weitere Reaktionen vorbereitet und einleitet". Laut Hermanns bestehe die Einstellung aus ebenfalls gelernten Kognitionen, Emotionen sowie Volitionen in Bezug auf das, worauf sie die gelernte Zwischenreaktion ist.

Casper (2002: 24–51) analysiert die definitorische Vielfalt von Einstellungen hinsichtlich ihrer Brauchbarkeit für die Implementierung bei der Einstellungsmessung. Sie kategorisiert die Definitionen in allgemeine, die auf die Bestimmung des „Wesens von Einstellungen" ausgerichtet sind (dazu gehört neben den Definitionen von Znaniecki (1934) und Thurstone (1946) auch die klassische Definition von Allport (1935)); in Strukturdefinitionen, die die Einstellungen durch die Vorgabe ihrer Komponenten erfassen (Rosenberg/Hovland 1960) und funktionale Definitionen, die das Wesen der Einstellung als ein nicht beobachtbares hypothetisches Konstrukt durch ihre Funktionen zu beschreiben versuchen (Katz 1960). Der Vorteil der Kategorisierung von Definitionen liegt in der Aufdeckung ihrer gemeinsamen Schwächen: Es wird ersichtlich, dass sie den Einstellungen einen unterschiedlichen Grad der Subjektivität zuschreiben, sie entweder als Zustand (der Bereitschaft) oder als Prozess festlegen und den Einstellungswandel nicht berücksichtigen, während in der modernen Auffassung die Einstellungen ein dynamisches System darstellen, in dem die Subjektivität, das Prozesshafte und die Verbindung zu sozialen Vorgängen berücksichtigt werden. Laut Casper seien die vorhandenen Einstellungsdefinitionen zu vage und gäben keinen Anhaltspunkt dazu, mit welcher Methode eine jeweils definierte Einstellung gemessen werden kann. Die eigentliche Einstellungsdefinition sei in der Regel erst bei der Operationalisierung von Einstellungen formulierbar (vgl. Casper 2002: 69). Selbst gibt die Autorin eine pragmatisierende Definition, indem sie die Einstellung als „Bewertung bzw. Beurteilung des Einstellungsobjektes für wichtige psychische und persönliche Ziele des Individuums und seiner Gruppe" bezeichnet, z.B. für die Aufrechterhaltung eines positiven

Selbstbildes oder zum Schutz der eigenen Handlungsfähigkeit (Casper 2002: 230). Sie bezeichnet die Einstellungen als „dynamisch, kontextabhängig und funktionsbetont, nicht nur sie werden [in der Kommunikation] ausgehandelt, sondern sogar das Einstellungsobjekt und die Identität des Einstellungsbesitzers" (Casper 2002: 92). Da bei der Analyse der Einstellungen zum Belarusischen von ihrer Wandelbarkeit, der Kontext- und Funktionsabhängigkeit ausgegangen wird, wird diese Sicht auch in der vorliegenden Studie geteilt.

Eine analytische Auseinandersetzung mit *Sprach*einstellungsdefinitionen ist von Casper (2002: 47–94) ebenso vorgenommen worden. Da die Spracheinstellungsforschung sich eher auf Methodik konzentriere, seien hier die meisten Definitionen aus der Sozialpsychologie mit geringen Ergänzungen übernommen, indem das Wort ‚Einstellung' durch das Wort ‚Spracheinstellung' ersetzt wurde. Die theoretische und empirische Schwäche solcher Definitionen läge darin, dass sie das Spracheinstellungsobjekt nicht festlegen, was v.a. für die Messung von Spracheinstellungen notwendig wäre. Außerdem ist die sprachbezogene Einstellung-Verhaltens-Relation komplizierter, so dass die sozialpsychologischen Definitionen auf die Spracheinstellungen nicht übertragbar sind. Vandermeeren (1996b: 695) modifiziert die Auslegung von Rosenberg/Hovland (1960: 3) und definiert Spracheinstellungen als eine Prädisposition, mit einer „bestimmten Klasse von Sprachhandlungen" auf „eine bestimmte Klasse sozialer Sprachwahlsituationen" zu reagieren. Sie präzisiert damit das Einstellungsobjekt, denn in den Sprachwahlsituationen sind die Sprache, die Sprecher und der Sprachgebrauch inbegriffen, und gibt das Reaktionsinstrument (Sprachhandlung) an, was im Sinne der Operationalisierung von Einstellungen methodisch notwendig ist. In einer Präzisierung dieser Definition fügt Vandermeeren (2006: 1319) die emotionale Haltung zum Sprachverhalten hinzu: „A language attitude is an idea charged with emotion with respect to language behavior and predisposes a type of (language) behavior to a particular class of language situations". Laut Casper (2002: 76) sind Spracheinstellungen nur im Rahmen eines dynamischen rekursiven Spracheinstellung-Sprachverwender-Sprachverhalten-Systems definierbar.[118] Sie plädiert für die Definitionen, welche die Intentions- bzw. Handlungskomponente aus dem Einstellungskonzept herausnehmen und auch hier pragmatisch die Rolle der Sprachfunktion hervorheben: „Spracheinstellungen wurden als die Bewertung der subjektiv wahrgenommenen bzw. erwarteten Funktionen einer Sprache oder Varietät für bestimmte oder generelle Ziele der Person bezeichnet" (Casper 2002: 93). In der vorliegenden Studie wird

---

118 Die Rekursivität dieser Komponenten in Belarus ist bereits im Kap. 2.5 belegt und beschrieben worden.

diese Sichtweise vorgezogen, da die funktionale (instrumental-integrative und emotional-symbolische) Komponente der Einstellung zum Belarusischen stark auseinander gehen und differenziert betrachtet werden sollen. Allerdings wird nach Vandermeeren die Operationalisierung von Spracheinstellungen in Form von Sprachhandlungen (konkret: Äußerungen) zu methodischen Zwecken berücksichtigt, und auch die Verhaltensprädispositionskomponente wird bedacht.

3.1.4 Ursprung, Vermittlung, Eigenschaften, Merkmale, Arten und Funktionen von Einstellungen

Einstellungen sind soziale Konstrukte, sie sind nicht angeboren, sondern sie werden gelernt. Dies geschieht direkt oder indirekt während der ersten Sozialisation in der Familie und während der zweiten Sozialisation[119] durch Freunde, Schule und Medien. Die Einstellungen werden nicht nur gesellschaftlich vermittelt, sondern auch während der Interaktion auf der Metaebene indirekt ausgehandelt (vgl. Casper 2002: 76). Fasst man die *Eigenschaften* von Einstellungen zusammen, so kann man sagen, dass sie gelernt, kontinuierlich, nachhaltig und wandelbar sind und eine positive Korrelation zum offenen Verhalten zeigen (vgl. Agheyisi/Fishman 1970: 151).

Als *Merkmale* von Einstellungen sind v.a. ihre *Zugänglichkeit* und *Stärke* zu nennen. Zugängliche Einstellungen weisen eine starke Assoziation zwischen dem Objekt und dessen Bewertung auf, sie werden deswegen schneller abgerufen und machen ein einstellungskongruentes Verhalten wahrscheinlicher. Die Einstellungsstärke kann unterschiedlich sein und variieren: Es gibt zentrale und weniger relevante Einstellungen, d.h., für ein Verhalten können die auf den ersten Blick nicht präsenten, aber wichtigeren Einstellungen verantwortlich sein, die mit weniger relevanten, aber sichtbaren in Konflikt stehen (vgl. Rocco 2002: 23). Neben den anderen Merkmalen wie z.B. *Stabilität*, *Intensität* und *Kristallisiertheit* können Zugänglichkeit und Stärke für die Erklärung der Inkonsistenz zwischen den Einstellungen und dem Verhalten (Kap. 3.1.5) herangezogen werden. Hinsichtlich ihrer Dauerhaftigkeit vs. Spontanität lassen sich die Einstellungen in *types* (für einen Menschen charakteristische, nachhaltig gelernte, auch überindividuelle, für eine soziale Gruppe charakteristische, usuelle) und

---

[119] Solche Einstellungen, die sich auf der Grundlage der wahrgenommenen Gruppennormen herausbilden, sind besonders beständig (vgl. Deprez/Persoons 1987: 128). Empirische Untersuchungen zeigten, dass von einer Spracheinstellung ab dem Alter von 13–16 Jahren gesprochen werden kann (vgl. Casper 2002: 138–140).

in *token* (spontan wirksame, einmalige, aktuelle Reaktionen auf ein ‚Objekt-in-einem-Kontext') unterteilen. Dies gilt es bei einer Einstellungsanalyse zu berücksichtigen, denn von den einmalig beobachteten *tokens* kann nicht auf *types* geschlossen werden (vgl. Hermanns 2002: 73–74).

Was die *Arten* von Spracheinstellung betrifft, so unterscheidet Deminger (2000: 117–119) zwischen *emotionalen* und *instrumentellen* (mit der Wichtigkeit und Nützlichkeit einer Sprache einhergehenden) Spracheinstellungen. Zwar geht es hier im Sinne des Drei-Komponenten-Modells der Einstellung (Kap. 3.1.8) lediglich um die emotionale und die kognitive Komponente der Einstellung, aber eine solche Differenzierung macht für die vorliegende Untersuchung deutlich, dass als Objekt einer Spracheinstellung nicht eine Sprache als solche, sondern die Sprache in ihren verschiedenen Funktionen, z.B. symbolischer und kommunikativer, sein sollte.

Die Frage danach, warum Menschen überhaupt Einstellungen entwickeln, beantwortete Triandis (1971: 4 in: Deprez/Persoons 1987: 128–129):

> Because attitudes a. help them understand the world around them, by organizing simplifying a very complex input from their environment, b. by protect their self-esteem, by making it possible for them to avoid unpleasant truths about themselves, c. help them adjust in a complex world, by making it more likely that they will react so as to maximize their rewards from the environment, and d. allow them to express their fundamental values.

Triandis referiert dabei auf die klassischen, in der Soziolinguistik meist verbreiteten *Funktionen* von Einstellungen nach Katz (1960: 170–173), welche im Folgenden kurz genannt und (basierend auf Deprez/Persoons 1987: 129–130) erläutert werden:

- *instrumental-utilitaristische* Funktion der Einstellungen, welche sich zur Verbesserung der eigenen, darunter auch materiellen, Position und zur Wahrung der Gruppen-Bedürfnisse entwickelen. Auf der intergruppalen Ebene können aus diesen Einstellungen Ideologien (auch Sprachideologien) entstehen. Hinsichtlich der sprachlichen Situation in Belarus könnte es bedeuten, dass eine Veränderung der Sprachpolitik zugunsten der Titularsprache mit der Erwartung positiver anstatt der vorher negativen (Kap. 2.3.6.2; 4.3.1) Konsequenzen der Verwendung des Belarusischen einherginge und in der Perspektive zur entsprechenden Einstellungsänderung gegenüber der Sprache führen könnte.
- Die Funktion der *kognitiven Orientierung* kommt durch die Suche nach Bedeutung, geleitet vom Bedürfnis nach Erschaffung einer adäquaten Struktur des eigenen Universums und nach Klarheit und Orientierung, zum Vor-

schein. Mit Hilfe dieser Einstellungen geschieht eine Kategorisierung, Klassifizierung und Vereinfachung von neuen Erkenntnissen.
- Die Einstellungen mit der *affektiv-evaluativ-expressiven* Funktion befriedigen das Bedürfnis eines Individuums nach Einstellungsäußerung. Sie sollen der positiven Bewertung eigener zentraler Werte und des eigenen Persönlichkeitstyps dienen, damit eine Selbstidentifizierung und Zufriedenheit mit sich selbst als Persönlichkeit erreicht werden kann. Mit anderen Worten, mit solchen Einstellungen soll das positive Selbst-Image geschaffen werden, denn die Einstellungen machen Aussagen eher über den Einstellungsträger als über das Einstellungsobjekt (vgl. Neuland 1993: 728).
- Zwecks *Selbstschutzes* wird das wirkliche *Ich* versteckt. Diese Funktion basiert auf Schutzmechanismen, welche die unterdrückten Wünsche und Emotionen verdecken, die eine Person sich selbst (zur Wahrung der inneren Konsonanz und der Selbstzufriedenheit) nicht eingestehen darf. Bei einer negativen Einstellung werden dabei die negativen Eigenschaften auf das Einstellungsobjekt projiziert, und so wird die eigene negative Einstellung legitimiert. Solche Einstellungen gewähren also Schutz gegen eigene innere Konflikte (vgl. Lasagabaster 2004: 402). Während die Einstellungen mit den anderen drei Funktionen durch neue Informationen modifiziert werden können, sind diese mit der Selbstschutzfunktion beständig und kommen in unsicheren Situationen als erste zur Wirkung. Die schwache Verwendung des Belarusischen könnte z.B. auch u.a. auf die Selbstschutzfunktion der entsprechenden Einstellung zurückgeführt werden, denn die H-Varietät, mit der in Belarus das prestigehafte Russische in Verbindung gesetzt wird, wird vermutlich auch aus Überlegungen des Selbstschutzes gegen eine Diskriminierung gewählt. Andererseits könnten die Distanzierungsaktionen gegenüber dem Belarusischen „als Verteidigung- und Abgrenzungsmechanismen [dienen], die verhindern, dass Nichtstandard-Sprecher [hier: Belarusisch-Sprecher – N.S.] in das soziale Gefüge der Standard-Sprechergruppe [hier: Russisch-Sprechergruppe – N.S.] aufgenommen werden" (Schröder 2004: 22).

Die einzelnen Funktionen sind inhaltlich nicht eindeutig voneinander abgrenzbar. Ihr relatives Gewicht kann je nach Kontext variieren, d.h., gleiche Einstellungen können bei verschiedenen Personen verschiedene Funktionen erfüllen. Da Einstellungen eine hypothetische Natur aufweisen, ist eine exhaustive Aufstellung ihrer Funktionen nicht möglich (vgl. Rocco 2002: 29–30). Die Berücksichtigung der genannten Funktionen bei der Analyse des Online-Diskurses über die belarusische Sprache kann jedoch der Ermittlung deren Stellenwertes im individuellen und gesellschaftlichen kognitiven Raum dienlich sein.

3.1.5 (Sprach)Einstellungs-(Sprach)Verhaltens-Inkonsistenz

Obwohl Einstellungen mit Verhaltenssteuerung in Verbindung stehen, kommt es oft zu einstellungs*in*kongruenten Handlungen. Die schwache Relation zwischen Einstellung und Verhalten ist einer der Kritikpunkte der sozialpsychologischen Konzeption der Einstellung und sorgte am Anfang ihrer Untersuchungsgeschichte sogar für eine Pessimismus-Phase in den 1960er Jahren (vgl. Casper 2002: 16). Zur Ergründung der Diskrepanz zwischen diesen zwei Konzepten wurden in der Allgemein- und Sozialpsychologie mehrere behavioristische und kognitivistische Erklärungsmodelle entwickelt. Die Auflösung dieser Inkonsistenz[120] ist v.a. hinsichtlich der Überprüfung des Einstellungskonzeptes, der Verhaltenserklärung und -vorhersage interessant. Die Soziolinguistik hat keine eigenen Forschungsansätze in diesem Bereich und greift auf Ergebnisse der Sozialpsychologie zurück. Einige soziolinguistisch relevante Faktoren der Einstellungs-Verhaltens-Inkonsistenz sind teilweise bei Casper (2002: 97–123) und bei Vandermeeren (1996a, b; 2006) beschrieben. Hier wird eine kurze zusammenfassende Darstellung der sog. intervenierenden Faktoren gegeben, die für die Inkonsistenz zwischen den Spracheinstellungen und der Sprachverwendung in Belarus ursächlich sein könnten. Die verhaltenssteuernden Variablen beziehen sich auf Einstellungs-, Persönlichkeits- und Kontextdimensionen sowie auf objektbezogene Variablen.[121]

Die Vorhersagbarkeit des Verhaltens auf der Grundlage von Einstellungen korreliert positiv mit der Ausprägung der *Einstellungsdimensionen* wie *Stabilität* (stabile Einstellungen sind zuverlässigere Indikatoren des Verhaltens), *Sicherheit*, *Intensität*, *Verfügbarkeit* bzw. *Zugänglichkeit*, *Wichtigkeit* (die wahrgenommene Zentralität des Einstellungsobjektes), *Kristallisiertheit* bzw. *Bewusstheit* (da bewusste Einstellungen leichter abrufbar sind) und ihre *affektiv-kognitive Konsistenz*. Die *Begründetheit auf Präzedenz* und die *direkten Erfahrungen* mit dem Einstellungsobjekt dienen zur Entstehung komplexerer kognitiver Einstel-

---

[120] Im Weiteren wird unter dem Begriff ‚Inkonsistenz' die Inkonsistenz zwischen den (Sprach)einstellungen und dem (Sprach)verhalten verstanden.
[121] Auf die Behandlung der *methodischen* verhaltenssteuernden Variablen wie Erhebungssituation, Person des Versuchsleiters, Sprache des Experiments etc. wird hier aufgrund der methodischen Irrelevanz für dieses Vorhaben verzichtet.

lungsstrukturen und sind somit ebenso sichere Verhaltensindikatoren. Mit anderen Worten, eine bessere Prognostizierbarkeit des Verhaltens ist bei stabilen, sicheren, leicht verfügbaren, kristallisierten[122] Einstellungen möglich, die affektiv-kognitiv konsistent sind, eine zentrale Bedeutung für der Einstellungsträger haben und sich auf Präzedenzfälle oder direkte Erfahrungen stützen (vgl. Casper 2002: 119). Diese Eigenschaften spielen v.a. dann eine Rolle, wenn es um eine Konkurrenz mit anderen Einstellungen geht.

Weitere intervenierende Faktoren liegen in der Dimension des Einstellungsträgers (*Persönlichkeitsvariablen*). Das Bestehen einer *Verhaltensalternation* führt z.B. dazu, dass je nach Situation aus einem ganzen Set von Verhaltensweisen ausgesucht wird (vgl. Jaccard 1981). Entscheidend für die Wahl eines Verhaltens bzw. für die Sprachwahl kann das *frühere Verhalten* bzw. die *Gewohnheit* (vgl. Vandermeeren 1996b: 696) oder die *Einschätzung des Widerstandmaßes* sein, denn „the preferred solution to a belief dilemma is one involving the least effortful path" (Hovland/Rosenberg 1960: 208). Auf das Verhalten übt auch seine *Relevanz für die Selbsteinschätzung (Identität)* einen Einfluss aus (vgl. Casper 2002: 104–112). Laut Casper bildet „die Aufrechterhaltung eines positiven Selbstbildes" und „die Erwartung der positiven Bestätigung des bestimmten Verhaltens" eine zentrale Motivation des Verhaltens, und das „Sprachverhalten bzw. Sprachgebrauch wird von dem Verhältnis zwischen Sprache und Identität beeinflusst" (Casper 2002: 108), so dass die Sprachverwendung also nicht von der eigentlichen Spracheinstellung, sondern von den anderen, als identitätsstärkend wahrgenommenen, Faktoren gesteuert wird. Die identitätskonstituierende Sprachverwendung mit einer (gruppen- oder ethnosprachenbezogenen) Konvergenz- bzw. Divergenz-Absicht (Hildebrandt/Giles 1983; Hess-Lüttig 2004) oder mit dem Zweck der Bestimmung und Verteilung der sozialen Kontrolle kann ebenso von der Spracheinstellung abweichen, denn die interpersonalen Relationen werden in der Regel nicht explizit festgelegt, sondern auf einer Metaebene, also durch den Sprachgebrauch ausgehandelt (vgl. Casper 2002: 134–135). Weitere Persönlichkeitsvariablen sind die *Selbstaufmerksamkeit*, die (wahrgenommene) *Selbstkonsistenz* und das *self-monitoring*. Die ersten Beiden korrelieren positiv mit dem Verhalten: Die hohe Selbst-

---

[122] Die Rolle der Überlegung ist für Einstellungen wesentlich: Wenn keine Motivation und Gelegenheit zur Überlegung besteht, werden die leicht zugänglichen Einstellungen aktiviert. In den Sprachwahlsituationen, in denen die Reaktionszeit in der Regel relativ kurz ist, wird diese Wahl zuerst von leicht zugänglichen Einstellungen gesteuert, wie z.B. von Stereotypen und Vorurteilen. Im Laufe der Interaktion, wenn mehr Zeit verstrichen ist, werden andere, bewusste und komplexere Bewertungsmuster aktiviert (vgl. Casper 2002: 105).

aufmerksamkeit, die mit der Ausrichtung auf die eigenen Wertvorstellungen verbunden ist, und die Wahrnehmung von sich selbst als einer konsequenten Persönlichkeit erhöhen die Konsistenz zwischen Einstellungen und Verhalten. Die Gerichtetheit auf äußere situative Merkmale anstatt auf die eigenen mentalen Prozesse (hohes *self-monitoring*) führt dagegen nachweislich zu einem einstellungs*in*konsistenten Verhalten (vgl. Casper 2002: 120). Neben den verhaltenssteuernden Persönlichkeitsvariablen sind auch einige *persönlichkeitsabhängige Einstellungsfaktoren* zu nennen, die nicht direkt für Inkonsistenz verantwortlich sind, aber zu ihrer Erklärung herangezogen werden können. Es sind z.B. die aktuelle emotionale Verfassung der Person (vgl. Casper 2002: 86), ihre Sprachkompetenz[123] (Deminger 2000: 118), ihre Wertschätzung der eigenen ethnolinguistischen Identität, denn „language attitudes are very sensitive to ethnolinguistic identity" (Vandermeeren 2006: 1319), ihre Wahrnehmung der kulturellen Faktoren (politischen, historischen und linguistischen Gegebenheiten). Auch Verantwortung, moralische Überlegungen, öffentliches und privates Selbstbewusstsein spielen eine intervenierende Rolle beim Sprachverhalten (vgl. Casper 2002: 121).

Die *Situation-* bzw. *Kontextvariablen* werden in der Sozialpsychologie als direkte Determinanten des Verhaltens gesehen (vgl. Ajzen/Fishbein 1980: 5). Als erstes sind hier die sog. *situativen Zwänge* zu nennen, mit denen sich die beiden folgenden Handlungstheorien befassen: Die *Theorie des überlegten Handelns* von Fishbein/Ajzen (1975) (TüH) und die *Theorie des geplanten Handelns* von Ajzen/Madden (1986) (TgH). Laut der TüH basiert das Verhalten auf Erwartungen von dessen Konsequenzen und hat zwei Determinanten: soziale und subjektive Normen. Die *sozialen Normen* bilden den Hauptfaktor der Inkonsistenz, denn sie legen den Rahmen fest, innerhalb dessen die Menschen die Konsequenzen ihres Handelns einschätzen. Dies gilt auch für die Spracheinstellungen: „Social norms are central to language attitudes" (Vandermeeren 2006: 1321). Die *subjektive Norm* ist ein subjektiv empfundener (nicht unbedingt realer) sozialer Druck (vgl. Ajzen/Fishbein 1980: 6). Sie basiert auf den ebenso subjektiv empfundenen normativen Erwartungen der anderen und auf der individuellen Motivation, diesen Erwartungen zu entsprechen. In Bezug auf die Spracheinstellungen ist die subjektive Norm u.a. eine normative Überzeugung darüber, was das richtige Sprachverhalten ist (vgl. Casper 2002: 99). Die sozialen und subjektiven Normen haben das Verhalten zum Gegenstand, in Falle der vorliegenden Untersuchung also die Sprachverwendung. Deswegen muss bei der Da-

---

[123] Deminger spricht über einen „eindeutigen Zusammenhang zwischen Dialektkompetenz und Einstellungen sowohl im emotionalen als auch im instrumentalen Bereich".

tenanalyse eine inhaltliche Trennung vorgenommen werden, und die Einstellungen zur belarusischen Sprache und zum Sprachgebrauch müssen separat analysiert werden, nur dann kann die Konsistenz ermittelt bzw. die Inkonsistenz erklärt werden. Die TgH ist eine Erweiterung der TüH und befasst sich mit der Vorhersage von Handlungen, die eine Person auszuführen bzw. auszulassen plant. Hier geht es zusätzlich um die *wahrgenommene Verhaltenskontrolle*, d.h. um die Einschätzung der Mühelosigkeit der Ausführung des geplanten Verhaltens, und um die damit zusammenhängende entsprechende Intention. Objektiv kann jedoch die Verhaltenskontrolle, z.B. bei der Sprachwahl und Sprachverwendung, begrenzt sein. Gründe dafür können „staatliche bzw. sprachpolitische Repressionsmaßnahmen, gesellschaftlich-kultureller Druck, geringe Vitalität der betroffenen Sprache oder mangelnde Sprachkompetenz" (Casper 2002: 101) sein. Alle diese Faktoren können auch für die Sprachverwendung in Belarus als relevant angesehen werden. Die vorliegende Untersuchung soll also zeigen, ob und inwiefern die Sprachwahl in Belarus den Sprachverwendern mit diesen Faktoren in Zusammenhang gebracht wird. Die Antwort auf diese Frage könnte bei der Gestaltung der sprachplanerischen Tätigkeit in Belarus konstruktiv berücksichtigt werden.

Die Anwendung der TüH und der TgH ist bei Spracheinstellungen jedoch nicht vorbehaltlos möglich, denn hier ist das Einstellungsobjekt sehr komplex, eine Spracheinstellung lässt mehrere Verhaltensweisen zu, und das Sprachverhalten ist kein einmaliger Handlungsakt, sondern ein andauernder und dynamischer Prozess, der situations- und kontextabhängig verläuft (vgl. Casper 2002: 111–112). Dennoch hilft die Berücksichtigung dieser Theorien dabei, eine Struktur in die Spracheinstellungsthematik hineinzubringen, und so lässt sich nun feststellen, dass die (sprach)politischen Gegebenheiten in einem Land dazu führen, dass der empfundene soziale Druck (die subjektive Norm) und die wahrgenommene Verhaltenskontrolle eine besondere Rolle spielen (vgl. Schröder 2004: 18). Das bedeutet also, dass die intervenierenden Kontextvariablen im belarusischen Sprachraum stark sind und der Zusammenhang zwischen den Spracheinstellungen und dem Sprachverhalten entsprechend schwach, so dass die ersten von den zweiten nicht ablesbar sind. Dies bestätigt wiederholt die Notwendigkeit der aktuellen Untersuchung.

Neben den situativen Zwängen sind an dieser Stelle auch *situationsabhängige Einstellungsfaktoren* zu nennen, die zwar nur indirekt für die Inkonsistenz ursächlich sind, aber diese dennoch mitunter erklären könnten. Da die Einstellungen nicht unveränderlich, sondern kontextabhängig sind (vgl. Riehl 2000: 143) – und als Kontexte unmittelbare soziale Situationen verstanden werden (vgl. Cargile in: Casper 2002: 87), die an sich dynamisch und änderbar ist, – kann ein scheinbar inkonsistentes Verhalten mit einer situationsbedingten Einstellungsänderung verbunden werden. Hier würde es dann aber um eine Pseudoinkonsistenz gehen. Eine Pseudoinkonsistenz liegt vor, wenn eine Einstellung aus dem sog. Einstellungsrepertoire kontextabhängiger, sich zuweilen widersprechender Einstellungen als eine Zwischenreaktion auf das ‚Objekt-in-einem-Kontext' aktiviert wird (vgl. Hermanns 2002: 73–74) oder wenn eine Einstellung je nach Interaktionskontext verschiedene Manifestationen hat (vgl. Vandermeeren 2006: 1321). Die Spracheinstellungen stehen im Zusammenhang mit dem sozialen Milieu[124] und hängen stark von der Gruppennorm ab, besonders wenn eine Sprachvarietät als Gruppenidentitätsmarker fungiert[125] (vgl. Vandermeeren 2006: 1322), sowie vom quantitativen Anteil der Sprecher[126] einer Varietät (vgl. Giles et al. 1987: 587–588). Diese Faktoren können also ebenfalls als verhaltenssteuernde Variablen angesehen werden. In der Soziolinguistik werden die Kontextvariablen wie z.B. die Zahl der Interaktionspartner, die Zeit-/Raumreferenz,[127] die soziale Hierarchie der Gesprächspartner, der Öffentlichkeitsgrad der Interaktion als Faktoren der Sprachwahl gesehen (vgl. Casper 2002: 122).

Bei den *objektbezogenen Variablen* geht es v.a. um die Trennung der Spracheinstellungsobjekte voneinander, denn in der Praxis werden diese oft aufeinander projiziert, so dass die eigentliche Einstellung zu den Sprechern als die zur Sprache verstanden und ausgegeben wird, und die Letzte wiederum als eine Einstellung zum Sprachgebrauch (vgl. Vandermeeren 2006: 1323). Die Einstellung zur Sprache hängt von ihrem Potenzial ab, Bedürfnisse zu befriedigen. In diesem Zusammenhang ist die (wahrgenommene) ethnolinguistische Vitalität der Sprache ein starker Faktor der Sprachwahl (vgl. Casper 2002: 130). Hinsichtlich des Sprachgebrauchs ist z.B. die Verwendungsintention für die Einstellung relevant: Ein Kodewechsel mit einer konvergierenden Absicht wird z.B. positiver wahrgenommen als der mit einer divergierenden (vgl. Giles et al. 1987: 585). Die Einstellung zu den Sprechern geht oft mit Stereotypen bzw. vorurteilbehafteten Denkweisen einher: Die weiblichen Nonstandard-Sprecherinnen rufen z.B. nachweislich negativere Einstellungen als die männlichen hervor (vgl. Giles et al. 1987: 587).

---

[124] Individuen werden in der Regel von Einstellungen der Gruppe beeinflusst, in der sie sozialisiert sind, z.B. Familie, *peer-group* (vgl. Garrett/Coupland/Williams 2003).
[125] Als Gruppensymbol kann eine L-Varietät sozial attraktiver als die H-Varietät sein und evaluativ vorgezogen werden (vgl. Giles et al. 1987: 587).
[126] Je größer der Anteil der Sprecher einer fremden Varietät ist, desto negativer ist die Einstellung zu dieser Varietät seitens der Nicht-Sprecher (vgl. Giles et al. 1987: 588).
[127] In einem informellen Kontext wird z.B. das Nonstandard positiver bewertet als in einem formellen (vgl. Giles et al. 1987: 588).

Im Vergleich zu anderen Einstellungsobjekten weisen die *Sprach*einstellungsobjekte (Sprache, Sprachverhalten und Spracheinstellung) dennoch eine viel engere Beziehung zueinander auf, da die Spracheinstellungen und das Sprachverhalten ähnliche psychologische Funktionen erfüllen: eine Bildung von sozialen Gruppen und von Identität sowie eine Steuerung mentaler Prozesse (vgl. Casper 2002: 137).

3.1.6 Strategien der Konsistenzbildung

Neben dem Phänomen der Inkonsistenz steht das Bedürfnis, diese Inkonsistenz zu minimieren. Der Grund dafür ist das Bestreben nach Harmonie (innerhalb der eigenen Meinungen, Einstellungen, Werten und Handlungen). Diese Eigenschaft des menschlichen Wesens basiert auf dem Selbsterhaltungsinstinkt, denn die Konsistenz verleiht ein Empfinden der Klarheit und somit der Sicherheit (vgl. Festinger 1957: 260). Auch das Empfangen von Information gestaltet sich selektiv: „Individuals are more highly persuasible by messages arguing in a direction which increases consistency and are more resistant to those arguing in a direction that increases inconsistency" (Hovland/Rosenberg 1960: 204). Die Grundannahme einer Konsistenztendierung findet ihren Niederschlag in der *Theorie der kognitiven Dissonanz* von Festinger (1957), laut welcher eine Person bestrebt ist, die Inkonsistenz zu überwinden bzw. zu reduzieren, indem sie den Widerspruch zwischen Einstellung und Verhalten möglichst gering hält oder macht. So kommt es dazu, dass eine Konsistenz herbeigeführt wird, indem die Einstellung zwecks Minimierung der Dissonanz geändert und dem bereits ausgeführten Verhalten angepasst wird, wenn dieses der ursprünglichen Einstellung nicht entsprach. Zur Einstellungsänderung kommt es dabei bei unzureichenden äußeren Ursachen des einstellungs*in*kongruenten Verhaltens (vgl. Rocco 2002: 27). Die Wege der Konsistenzwiederherstellung und des Umganges mit der Inkonsistenz sind bei Rosenberg (1960) beschrieben. Einer davon ist also der Einfluss auf die kognitive Komponente, was z.B. in Wunschdenken resultiert.[128] Der andere Weg hat eine entgegengesetzte Richtung: Wenn der Wandel

---

[128] Zum Wunschdenken kommt es, weil es der Weg des geringsten Widerstandes ist, denn „the prefered solution to a belief dilemma is one involving the least effortful path" (Hovland/-Rosenberg 1960: 208) und weil die Menschen nach dem Prinzip des maximalen Gewinnes und des minimalen Verlustes handeln: „In resolving cognitive discrepancies, subjects seek not only the attainment of balance and consistency but also the solution that maximizes potential gain and minimizes potential loss" (Hovland/Rosenberg 1960: 209).

in der Kognition stattgefunden hat, kann er einen Emotionswandel verursachen (vgl. Rosenberg 1965: 126), der seinerseits zum Wandel in der Handlungsintention führen kann (vgl. Kernan/Trebbi 1973: 194–195). Diese Wege führen zur Schaffung der *inneren* Konsistenz, die, wie oben erwähnt, ein Grundbedürfnis des Menschen ist.

Der zweite Grund für die Konsistenzschaffung wird von der Weiterentwicklung der Theorie der kognitiven Dissonanz – dem *Impressionsmanagement* (Stroebe/Jonas 1996: 281) ermittelt. Es ist das Verlangen einer Person, konsistent zu *erscheinen*. Hier geht es also um die Bewahrung der *äußeren* Konsistenz. Dieses Bestreben ist sehr wirksam, denn „die Schaffung und Aufrechterhaltung eines positiven Selbstbildes [ist] der Motor der Kommunikation" (Casper 2002: 135). Auch wenn die Herstellung der Konsistenz zwischen Einstellung und Verhalten ein komplexer Prozess ist, wird das Bewahren dieser Konsistenz als viel schwieriger angesehen (vgl. Deprez/Persoons 1987: 127).

3.1.7 Prognostizierbarkeit des Sprachverhaltens

Vor dem Hintergrund der Überlegungen zur Inkonsequenz stellt sich die Frage nach der Prognostizierbarkeit des Verhaltens. In der Soziolinguistik herrscht Unsicherheit darüber, ob das Sprachverhalten anhand von Spracheinstellungen vorhergesagt werden kann. Denn, während negative Einstellungen ein negatives Sprachverhalten prognostizieren lassen, führen positive Einstellungen nicht zwangsläufig zum positiven Sprachverhalten. Es wird angenommen, dass die Prognosen entweder generell nicht möglich sind, oder nur unter der Heranziehung anderer Einflussfaktoren (vgl. Casper 2002: 96).[129] Zwar entscheiden die ‚Verwenderattitüden' über den Spracherhalt bzw. Sprachensterben und sind somit ein wichtiges Bestandteil der sozialen Komponente im *Tetraeder-Modell der Standardsprachlichkeit* von Wingender (2013: 26–31). Für die Spracheinstellungsforschung ist es aber im Gegensatz zu sozialpsychologischen Untersuchungen nicht charakteristisch und auch nicht erstrangig, auf der Grundlage von Spracheinstellungen Sprachverhaltenstendenzen vorauszusagen. „Es wer-

---

[129] Relativ sichere Verhaltensvorhersagen lassen sich dagegen auf der Grundlage von Vorurteilen und Stereotypen treffen. Die beiden ‚einstellungsverwandten' Konzepte sind bessere Indikatoren der Verhaltens als die Einstellungen: Die Vorurteile, weil sie stabil sind; und die Stereotypen, weil sie verbalisiert, d.h. bereits kristalisiert sind und deswegen schneller aktiviert und leichter abgerufen werden (vgl. Casper 2002: 63). Laut Casper (2002: 57) werden in der Spracheinstellungsforschung hauptsächlich Vorurteile und Stereotypen gemessen.

den lediglich einige Hinweise auf ihre Nützlichkeit hinsichtlich eventueller sprachplanerischer oder sprachpolitischer Tätigkeiten gemacht" (Casper 2002: 96). Die Spracheinstellungen werden weniger für Prognosen, sondern vielmehr für die Erklärung des Sprachverhaltens verwendet.

3.1.8 Einstellungsstruktur

Die innere Struktur von Einstellungen wird in der Sozialpsychologie wie auch in der Soziolinguistik anhand von Komponenten-Modellen beschrieben. Im Kognitivismus, der in der Soziolinguistik als theoretischer Ansatz am meisten gewählt wird, wird das sog. *Drei-Komponenten-Modell* bevorzugt. Die Grundannahme in diesem Modell lautet, dass die Einstellung eine Bereitschaft ist, in bestimmter Weise auf Stimuli zu reagieren. Die drei Komponenten – das Wissen, die Evaluation und die Aktion – sind drei Reaktionsarten, von deren Interaktion das Verhalten gesteuert wird. Traditionell wird in der Sozialpsychologie entsprechend von der *kognitiven*, *affektiven* und *konativen* Komponente[130] bzw. Dimension der Einstellung ausgegangen (Rosenberg/Hovland 1960).[131] Die behaviorale Komponente des Modells ruft jedoch kritische Einwände seitens einiger Forscher hervor, denn da die Einstellung keine Aktion, sondern nur eine Bereitschaftshaltung ist, solle die Verhaltenskomponente aus dem Einstellungskonzept herausgenommen werden (vgl. Hermanns 2002: 76–78). Deswegen modifizierte Hermanns das klassische sozialpsychologische Drei-Komponenten-Modell, indem er die *kognitive*, die *emotive* und die *volitive* Komponente nannte, mit der Begründung, dass die Kognition, die Emotion und die Intention Merkmale eines jeden sprachlichen Zeichens und des ganzen Verstehens-Prozesses sind, denn das Verstehen sei nur dann möglich, wenn alle drei Komponenten erschlossen sind.

Eine Anpassung der sozialpsychologischen Theorie an die empirische soziolinguistische Spracheinstellungsmessung stellt das *Attitude-Manifestation-Modell* von Vandermeeren (1996a) dar. Die Autorin unterscheidet eine *kognitive* (auf unmittelbaren Erfahrungen und Meinungen anderer basierte Überzeugungen gegenüber Objekten und Handlungen), eine *affektiv-evaluativ-normative*, die

---

[130] Diese Dreieinheit hat eine Tradition: Sie basiert auf der alten Begriffstriade ‚Denken, Fühlen, Handeln' und stellt laut Hermanns (2002: 77, 83) generell das Model des menschlichen Handelns dar, und nicht speziell der Einstellungen.

[131] Laut Rosenberg/Hovland (1960: 3) stellen die Einstellungen selbst Reaktionstypen dar, die als nicht messbare, zwischen Reiz und Reaktion intervenierende Variablen fungieren.

u.a. die soziale Norm berücksichtigt und sich in einer ablehnenden bzw. zuwendenden Disposition äußert, und eine *konative* Komponente, unter der eine Verhaltens*intention*, z.B. der beabsichtigte Sprachgebrauch, verstanden wird und die als eine von mehreren möglichen Manifestationen einer Einstellung betrachtet wird. Neu in dem Modell von Vandermeeren ist die Berücksichtigung des Aspektes des früheren, erlernten Verhaltens, des gewohnten Sprachgebrauches (vgl. Vandermeeren 1996a: 159). Methodisch stützt sich das Modell auf die sog. *self-reports*. Die Einstellungen werden mit Hilfe von verbalen Äußerungen operationalisiert, die sich ihrerseits in kognitive (über Meinungen, Überzeugungen etc.), evaluative (bezüglich der Bewertung) und konative Äußerungen (über den Sprachgebrauch) unterteilen und nicht unbedingt untereinander korrelieren müssen: Eine positive Disposition gegenüber der Sprache kann z.B. mit der fehlenden Verwendungsabsicht einhergehen, wie dies in Bezug auf die belarusische Sprache oft beobachtet wird. Das *Attitude-Manifestation-Model* von Vandermeeren macht also deutlich, dass verschiedene Manifestationen einer Einstellung miteinander inkonsistent sein können, bleiben aber dennoch Ausdrucksweisen *einer* Einstellung (Kap. 3.1.5).

Laut dem *Ein-Komponenten-Modell* besteht die Einstellung nur aus der affektiven Komponente, z.B. aus Zweifel, Überraschung etc., und eine Person kann gegenüber einem Objekt Einstellungen (affektiv) und Überzeugungen (kognitiv und aktional) haben. Meinungen und Verhaltensintentionen gehören in diesem Model nicht zu den Aspekten einer Einstellung (vgl. Fishbein/Ajzen 1975). Diese Sichtweise wird eher im Behaviorismus vertreten (Fishbein/Ajzen, Giles et al.). Sie wirft dem Drei-Komponenten-Modell vor, es könne ohnehin nur die affektive Komponente gemessen und behandelt werden; es sei unmöglich, die einzelnen Komponenten voneinander zu trennen und ihr Aufeinanderwirken zu bestimmen. Außerdem sei eine methodische Handhabung des Drei-Komponenten-Modells schwer (vgl. Fishbein 1965: 108).

Der Unterschied zwischen den beiden Modellen besteht auch in der Art der Verhaltenserklärung: Im Drei-Komponenten-Modell wird Verhalten anhand des Einstellungswertes erklärt, im Ein-Komponenten-Modell wird die Interpretation im Zusammenhang mit Meinungen und Verhaltensabsichten durchgeführt (vgl. Casper 2002: 34). In der modernen Einstellungsforschung dominiert das Drei-Komponenten-Modell, obwohl die kognitiv-affektiv-konative Einheit von einigen Forschern mit der Begründung angezweifelt wird, dass die drei Kategorien nicht einstellungsspezifisch sind, sondern grundlegende Kategorien des menschlichen Denkens und Handelns sind, dass die Einstellungen durch die drei Komponenten nicht definierbar und „die Komponentenmodelle für die Erfassung von (Sprach-)Einstellungen [...] nicht ausreichend!" sind (Casper 2002: 36).

Dennoch wird der vorliegenden Studie das Drei-Komponenten-Modell zugrunde gelegt, denn es geht hier nicht primär um eine kritische Behandlung von Einstellungstheorien, sondern um das Finden eines anwendbaren Konzeptes der Einstellungsbeschreibung. Das Drei-Komponenten-Modell scheint in dieser Hinsicht am praktikabelsten zu sein, denn es bietet grundlegende Kategorien für eine regelgeleitete und systematisierte Datensammlung, -aufbereitung und -auswertung. Es erleichtert somit die Handhabung und Strukturierung des Materials u.a. in der Phase der Datenverarbeitung. Das Zusammenwirken von drei Komponenten kann zur Erklärung der Inkonsistenz und zur Ermittlung von Verhaltenstendenzen herangezogen werden.

3.1.9 Methoden der (Sprach)Einstellungsmessung

Einstellungen sind latente psychologische Konstanten. Da sie nicht direkt beobachtbar, sondern nur aus Reaktionen auf bestimmte Stimuli erschließbar sind (vgl. Rosenberg/Hovland 1960: 1) und nach Allport (1935: 810) eine mentale und neuronale Natur aufweisen, stellen sie, wie oben bereits erwähnt, hypothetische Konstrukte dar, die zwischen den (sichtbaren) Reizen (Einstellungsobjekt, *Stimulus*) und den (sichtbaren) Reaktionen (*Respons*) wirken. Die latente Natur von Einstellungen macht sie für die empirische Forschung schwer zugänglich.

Die methodologischen Probleme sind neben der Einstellungs-Verhaltens-Inkonsistenz die größte Herausforderung für die Einstellungsforschung (vgl. Hovland/Rosenberg 1960: 213). Die Hauptprobleme liegen dabei im Fehlen von messbaren Indikatoren, in der Komplexität des Einstellungskonzeptes, in der Vorschrift, den Gütekriterien zu entsprechen (denn die Natur des Forschungsobjektes lässt keine valide Skalierung zu), in der Funktionalität von Einstellungen (weswegen sie je nach Kommunikationspartner unterschiedlich formuliert und sogar ausgehandelt werden) und im Fehlen einer einheitlichen Datenerhebungsmethode (vgl. Casper 2002: 150). Am Anfang ihrer Forschungsgeschichte wurden Einstellungen überwiegend mit Skalen gemessen, die Erkenntnis der Inkonsistenz löste aber eine Suche nach intervenierenden Faktoren aus und führte zu einem Methodenpluralismus: Es wurden sowohl direkte als auch indirekte Methoden innerhalb der quantitativen und qualitativen Forschungsansätze angewendet (vgl. Casper 2002: 16). Die populärsten davon waren die quantitativen Skalen-Messungen, Befragungen und Interviews.

Bei *direkten* Erhebungsmethoden wird nach der Einstellung *gefragt*, und eine direkte Stellungnahme wird gefordert. Dazu gehört traditionell die *Skalen*-Messung, v.a. anhand der *Likert*-Skala (1932), mit der der Einstellungsgrad von einer ‚starken Zuneigung' bis zur ‚starken Ablehnung' gemessen wird. Die *Semantisches-Differential*-Methode (Osgood 1967) verwendet für die Einstellungsmessung bipolare evaluative Adjektivpaar-Skalen. Die *commitment measure* (Fishman 1968) misst Leistungsbereitschaft und wird zu Verhaltensprognosen verwendet. Zu den direkten Verfahren gehören darüber hinaus *Fragebögen* mit geschlossenen und offenen Fragen sowie *Interviews*. Die Schwäche der direkten Methoden besteht darin, dass die ermittelten Ergebnisse stark von der Selbsteinschätzung der Versuchsperson abhängig sind und durch Selbstreflexion, durch sozial erwünschte Antworten, durch Erhebungssituation und bei Spracheinstellungen auch durch die Sprache des Versuchsleiters verzerrbar sind. Bei soziolinguistischen Erhebungen kommt noch zusätzlich das Problem hinzu, dass die Einstellungen zur Sprache und zu den Sprechern manchmal tabuisiert sind (vgl. Casper 2002: 153).

Bei *indirekten* Verfahren werden die Einstellungen nicht erfragt, sondern *erschlossen*, indem Reaktionen auf die Stimuli gemessen werden, die sich vom eigentlichen Untersuchungsgegenstand unterscheiden. Dadurch wird eine Reduzierung der Selbstreflexion und der sozial erwünschten Angaben erreicht. Hier können z.B. *Beobachtungen*, die *Inhaltsanalyse* oder wieder das *semantische Differential* verwendet werden, wenn die Fragen indirekt sind und der Forschungsgegenstand für Versuchspersonen nicht direkt erschließbar ist. Eine indirekte Messung der sozialen Signifikanz einer Sprachevarietät wird mit der *Matched-Guise*-Methode (Lambert et al. 1960) oder mit ihrer speziellen Form *mirror image* (Kimple/Cooper/Fishman 1969) vollzogen, indem die Bewertung einer Person ausschließlich aufgrund ihrer Sprache erhoben wird. Die indirekten Methoden liefern Ergebnisse, die mit den direkten nicht zu erlangen wären, sie sind aber hinsichtlich ihrer Gütekriterien (Gültigkeit, Zuverlässigkeit, Repräsentativität) problematisch. Im Sinne der Triangulation erweist es sich als sinnvoll, die beiden Verfahren (direkt und indirekt) zu kombinieren, um so die Vorteile der beiden Ansätze komplementär zu verbinden. Es wird angenommen, dass es für jede Einstellungskomponente bestimmte, am besten geeignete Analysemethoden gibt: Die kognitive Komponente wird meistens anhand von Fragebögen mit direkten Fragen und Interviews gemessen, die affektive mit dem semantischen Differential und die konative anhand von Fragebögen mit indirekten Fragen, mit Dispositionsmessungen und Beobachtungen des Verhaltens (vgl. Neuland 1993: 729). Den Messtechniken wie *Matched Guise*, semantisches Differential oder Skalen wird vorgeworfen, sie würden nicht Einstellungen, sondern Vorurteile und Stereotypen erfassten (vgl. Casper 2002: 57).[132]

In der Soziologie und Sozialpsychologie geht es in der Regel um eine *quantitative* Erfassung von Einstellungsmerkmalen mit Hilfe von Skalierungstechniken etc.[133] In der letzten Zeit wird in Zuge der methodologischen Wende (Kap. 4.1) auch in der Einstellungsforschung immer häufiger den *qualitativen* Methoden Aufmerksamkeit geschenkt, weil so die relevanten Zusammenhänge erfasst und die Subjektivität des Forschungsgegenstandes gehandhabt werden können.

> Die intensive Auseinandersetzung mit quantitativen und qualitativen Einstellungsuntersuchungen [...] hat mich davon überzeugt, dass sich die so wichtigen Bewertungsdimensionen viel genauer durch qualitative Methoden beschreiben lassen als durch quantitative Methoden (Casper 2002: 232).

Mit quantitativen Verfahren werden hauptsächlich Stereotype und Vorurteile sowie die Einstellungen auf der Ebene der sozialen Gruppen und nicht auf der Ebene des Einzelfalls gemessen. Für Einzelfallstudien sowie für die Studien zur Phänomenologie des Einstellungskonzeptes sind jedoch die qualitativen Verfahren besser geeignet. Auch der Begriff ‚Messung' wird selbst mittlerweile kritisch behandelt: „The term ‚measurement', however can seem overly restrictive, as if limited to attitude scales. [...] the term is used to embrace, at least some degree of qualitative identification and interpretation" (Garrett 2005: 1251). Wegen der allgemein relativ geringen Repräsentativität und der Generalisierbarkeit der qualitativ gewonnenen Ergebnisse sollte durch eine Verbindung mit quantitativen Methoden eine Triangulation vorgenommen werden,

> um zu gewährleisten, dass sowohl das Subjektive und die Zusammenhänge in der persönlichen Interpretationsweise der befragten Individuen berücksichtigt werden kann, als auch Repräsentativität, Übertragungsmöglichkeit und Vergleichbarkeit der Daten gesichert werden kann (Casper 2002: 22).

Generell bietet sich an, in den Studien, wo die Einstellung als eine Variable fungiert, quantitativ vorzugehen, und wenn sie als Kategorie betrachtet wird – qualitative Verfahren anzuwenden (vgl. Casper 2002: 16).

---

[132] Ausführlicher zu direkten und indirekten Methoden der Einstellungsmessung, zu Problemstellen der beiden Verfahren und zu den Gegenstandsbereichen der Einstellungsforschung s. z.B. Rocco (2002: 40–56); Garrett (2005).

[133] Am Anfang der empirischen Auseinandersetzung mit Einstellungen werden in der Forschung nur quantitative Verfahren der Einstellungsmessung verwendet (vgl. eine zu jener Zeit aktuelle Übersicht der Messungsmethoden bei Allport (1935)).

Wie oben bereits erwähnt, ist das Thema der Spracheinstellungen sehr komplex, und die beiden Disziplinen, die Psychologie und die Soziolinguistik, stehen beim Quantifizieren von Einstellungen vor konzeptuellen und methodologischen Problemen (vgl. Vandermeeren 2006: 1326). Wegen der sozialen Verankerung der Spracheinstellungen, die von gesellschaftlichen Prozessen auf der Makroebene und von sozialen Faktoren auf der Mikroebene abhängig sind, werden moderne Methoden dem komplexen Konstrukt der Spracheinstellungen nicht gerecht, denn der soziale Determinismus der Einstellungen wird dazu noch von der subjektiven Kreativität in der posttraditionellen Welt begleitet (vgl. Pedersen 2010: 147). Die Suche nach zuverlässigen Messungsmethoden geht deswegen in der Soziolinguistik weiter.[134] Hier werden die direkten Methoden aus der Sozialpsychologie übernommen, und eigene indirekte Verfahren entwickelt, deren Spektrum von der Analyse der demographischen Daten bis zur Inhaltsanalyse reicht (vgl. Rocco 2002: 65). Es sind z.B. das oben erwähnte *Matched-Guise*-Verfahren und das *Speaker Evaluation Paradigm*, das für eine Sprecherbeurteilung Adjektivskalen mit ‚bewährten' Adjektiven vorgibt, wodurch das Risiko divergierender Begriffsverwendungen verringert werden soll (Giles et al. 1987; Ryan/Giles/Hewstone 1988). Mit der *Received Pronunciation*-Methode wird die Einschätzung von Person anhand ihres Sprechstils untersucht (Giles/Wilson/Conway 1981). In *Experimenten* wird die Reaktion von Versuchspersonen (z.B. Arbeitgeber, Vermieter) auf die Sprecher mit ethnosprachlichen oder nonstandardsprachlichen Merkmalen gemessen. Zur Erforschung von Spracheinstellungen können auch *ethnographisch orientierte Untersuchungen* und ergänzende und explorative Verfahren wie *Sprachbiographie*, *Dialekt*- und *Stereotyp-Mapping*, *Karikaturen* eingesetzt werden.[135] Bei der Ermittlung und Beschreibung von den sog. ‚*Sozioprofilen*' werden quantitative teilgesteuerte und qualitative sprachbiographische Interviews mit der Likert-Skala kombiniert und interpretiert und die Faktoren wie Sprachkompetenz, Identität, Sprachgebrauch und Einstellung in Zusammenhang zueinander gebracht (vgl. Broermann 2007; Deminger 2000). Zwecks der Triangulation wird das *societal treatment approach* als vorläufige (Pilot)Studie oder zur Validierung der quantitativ gesammelten Daten parallel zu direkten und indirekten Methoden breit angewendet. Hier geht es um „treatment given to language varieties and their speakers within a society" (Garrett 2005: 1251). Die gesellschaftliche Behandlung von Sprachen und Varietäten ist insofern forschungsrelevant, als dass sich darin die Wertig-

---

[134] Ausführlicher zu den einzelnen Methoden der Spracheinstellungsmessung und deren Problemstellen s. Rocco (2002: 61–84).
[135] Ausführlicher zu diesen Verfahren s. Casper (2002: 214–228).

keit einer Sprache im öffentlichen Gebrauch reflektiert. Das methodische Vorgehen umfasst dabei (beteiligte) Beobachtungen, Zensus-Auswertungen, ethnographische Studien, Inhaltsanalysen von öffentlichen Informationsquellen, bildungs- und sprachpolitische Untersuchungen. Als einzelne Methode für die Analyse von Spracheinstellungen ist das *societal treatment approach* jedoch nicht ausreichend und sollte deswegen als Ergänzung zu den direkten und indirekten Methoden verwendet werden (vgl. Schröder 2004: 24). Dieser Analyseansatz in Kombination mit Fragebögen wurde von Schröder bei der Untersuchung der Sprachen, der Einstellungen und der nationalen Selbstidentifikation in Belarus angewendet. In der vorliegenden Studie wird in Sinne des *societal treatment approach* die gesellschaftliche Behandlung des Belarusischen aus diachroner und synchroner Sicht im Kapitel 2 ausführlich beschrieben. Für die methodische Auseinandersetzung mit Spracheinstellungen schlägt Casper (2002: 93) vor, den *funktionalen* Aspekt der Sprache zu berücksichtigen, so dass eine Messung die zwei grundsätzlichen Elemente enthält: eine „Erfassung der Funktionen der einzelnen Sprachen bzw. Sprachvarietäten in dem untersuchten Sozialsystem mit Hinblick auf die generellen, wenn möglich auch persönlichen Ziele der Befragten" und eine „Bewertung dieser Funktionen durch die Befragten". Im Sinne dieser Forschungsidee wurde die funktionale Bedeutung des Belarusischen bereits im Kapitel 2.4.2.3.2 behandelt, die Bewertung der Funktionen soll aus der empirischen Analyse der internetbasierten Sprachverwender-Diskussion hervorgehen. Die *Diskursanalyse*, die die Erscheinungsformen und Entwicklung von Spracheinstellungen in Kontext der Gruppendiskussion auswertet, wurde bisher als Methode selten angewendet, da sie generell keine Repräsentativität bietet und nur äußere Faktoren und nicht die latenten Inhalte beschreibt (vgl. Casper 2002: 214). Die Frage nach einer angemessenen Methode bleibt in der Spracheinstellungsforschung offen. Am meisten verbreitet sind in der Soziolinguistik die Fragebogen-Erhebungen. Die populärsten Themen sind dabei die soziale Rolle der Sprachvarietäten, die Sprachwahl und der Sprachgebrauch.

Die Einstellungen haben, wie oben bereits ausgeführt, eine latente Natur: „Beeing predispositions they are not directly observable or measurable" (Rosenberg/Hovland 1960: 1), deswegen verlangen sie zu den Zwecken ihrer methodischen Handhabung einer *Operationalisierung*, die auch für ihre Definition wichtig ist (vgl. Casper 2002: 69). Dies ist jedoch nicht unproblematisch, da Einstellungen hypothetische Konstrukte sind. Die Annahme ihrer Operationalisierbarkeit auf der Grundlage des Verhaltens ist wegen der Inkonsistenz (s. oben in diesem Kap.) nicht haltbar. Es gibt verschiedene Ansätze, (Sprach)Einstellungen zu operationalisieren. In der Psychologie spricht man von beobachtbaren verbalen und nonverbalen *Reaktionstypen* auf verschiedenen Ebenen, die zur

Erschließung von Einstellungen verleiten: Aussagen über Meinungen samt perzeptueller Reaktion des Sympathikus auf der Ebene der Kognition, Aussagen über Affekte samt der Reaktion des Sympathikus auf der affektiven Ebene sowie Aussagen über das betreffende Verhalten samt dem offenen Verhalten auf der behavioralen Ebene (vgl. Rosenberg/Hovland 1960: 3). Als eine beobachtbare Manifestation der Einstellung wird auch *Bewertung* angesehen: „Die Einstellung wird häufig nicht kommuniziert, sondern nur die Bewertungen, die daraus resultieren" (Riehl 2000: 141). Was speziell die Spracheinstellungen anbetrifft, so können sie sich darüber hinaus laut Vandermeeren (2006: 1319) im *ethnolinguistischen Bekenntnis* äußern. Sie können aus den Reaktionen in Form von *metasprachlichen Äußerungen* über eigene Meinungen, Gefühle und Verhaltensabsichten (berichtete Spracheinstellungen) (Neuland 1993: 728) oder aus dem *beobachteten* und dem *berichteten Sprachverhalten* (Vandermeeren 2006: 1235) erschließbar sein. Jedoch ist hier anzumerken, dass, wenn die Menge repräsentativ sein soll, die Beobachtungen des Verhaltens methodisch schwer zu verarbeiten sind, und das berichtete Sprachverhalten vom tatsächlichen abweichen kann, was dennoch wiederum von einer bestimmten Einstellung zeugen kann: „The fact that self-reported language use probably differs markedly from actual use must be kept in mind in interpreting such data, but they do offer one valuable source of information on the relativ status of a language or dialect" (Ryan/Giles/Hewstone 1988: 1069). Als Indikatoren von Einstellungen können darüber hinaus *öffentliche Aussagen* dienen: Äußerungen in den Printmedien und im Fernsehen, Lieder, Nachrichten, Poster, Graffiti etc. (vgl. Williams 2009: 64).

Zusammenfassend lässt sich für die Untersuchung von Spracheinstellungen sagen, dass aufgrund ihrer Komplexität kein allgemeingültiges Forschungsmodell vorhanden ist und es nur Richtlinien gibt, an die man sich laut Casper (2002: 229) bei den entsprechenden Studien halten sollte: die Entscheidung für *eine* Definition; Konsequenz bei der Wahl und der Kombination der Erhebungsinstrumente; genaue Bestimmung der Einstellungsobjekte und der erwarteten bzw. zu messenden Verhaltensweisen; Feststellung der relevanten Bewertungsdimensionen und Bestimmung des Interpretationsrahmens.

3.1.10 Strukturmodell für Untersuchung von Spracheinstellungen

Als Fazit zu den theoretischen Ausführungen über Einstellungen und Spracheinstellungen soll im Weiteren das Modell vorgestellt werden, das der empirischen Auseinandersetzung mit den Einstellungen zum Belarusischen in der vorliegenden Studie zugrunde liegt. Als Basis wird das Drei-Komponenten-Modell in der Interpretation von Hermanns (2002) genommen, in der die klassische *konative* Komponente durch die *volitive* ersetzt wird, da es bei der Einstellung vorerst nicht um eine Handlungsabsicht, sondern um eine mentale Ausrichtung geht, die ihrerseits auf der Vorstellung über einen „gewollten Soll-Zustand" (Hermanns 2002: 76) basiert. Die Entscheidung für das Drei-Komponenten-Modell wurde bereits oben argumentiert: Es erlaubt nämlich eine strukturierte Herangehensweise an das Forschungsobjekt und erleichtert den methodischen Umgang damit. Die methodologischen Vorteile dieses Modells im Vergleich zum Ein-Komponenten-Modell werden auch von anderen Forschern unterstrichen:

> Je besser die Interaktion zwischen Einstellungen einerseits und zwischen Einstellungskomponenten andererseits in ihrem Funktionieren verstanden werden, desto theoriegeleiteter können die Untersuchungen gestaltet werden und desto angemessenere Methoden können angewendet werden (Vandermeeren 1996b: 700).

Der Vorteil des Modells für eine linguistische Forschung besteht darüber hinaus in der Bündelung und Anordnung von (fachfremden) psychisch-geistigen Begriffen ‚Denken', ‚Fühlen' und ‚Wollen', weil alles, „was sich in Sprache ausdrückt ist, psychisch-geistiger Natur ist" (Hermanns 2002: 82). Ergänzt wird das Modell durch die sog. intervenierenden, mitentscheidenden Faktoren, die zwischen den Einstellungen und dem *Respons*, also dem Sprachverhalten, wirken. Anschaulich dargestellt, hat das Modell die folgende Form:

Tab. 7: Strukturmodell für Untersuchung von Spracheinstellungen

Stimulus	Direkte Reaktion auf Stimulus			Intervenierende Faktoren	Respons: indirekte Reaktion auf Stimulus
Entitäten als Spracheinstellungsobjekte	kognitiv	emotiv-affektiv evaluativ-normativ	volitiv-indikativ volitiv-imperativ		konativ (berichtetes und tatsächliches Sprachverhalten)

Im Folgenden werden die einzelnen Komponenten dieses Untersuchungsmodels näher erläutert.

Als *Stimulus*, der laut dem Postulat der behavioristischen Psychologie einen *Respons* auslöst, treten in diesem Modell Einstellungsobjekte auf. Dies können nach Rosenberg/Hovland (1960: 3) z.B. Personen, Situationen, soziale Themen, soziale Gruppen etc. sein. In der Soziolinguistik werden mehrere Entitäten als Spracheinstellungsobjekte genannt. Laut Agheyisi/Fishman (1970: 141) sind es: Sprache als Zeichen (das als reich/arm, ausbalanciert/reduziert, schön/hässlich, weich/hartklingelnd bewertet werden kann); Sprache als soziales Phänomen (z.B. Sprachvarietät und ihre Sprecher); Sprachgebrauch und Sprachwahl (also, das Sprachverhalten). Vandermeeren (2006: 1323) fügt die Sprachkompetenz hinzu, bezeichnet Sprecher als eine separate Art der Einstellungsobjekte und systematisiert diese anders: Sprache/Sprachvarietät bzw. Sprechart/-stil (z.B. Dialekte, Ethnosprachen, Zweitsprachen, Konvergenzsprachen, Mischsprachen, *lingua franca*, Pidgin/Kreole, Gender- oder Alterssprechstile; sich phonetisch, lexikalisch, paralinguistisch unterscheidende Sprechstile etc.); Sprachverhalten (Sprachgebrauch und Sprachwahl); Sprecher; Sprachkompetenz (inkl. Spracherwerb und -perfektionierung). In der Forschung werden die Objekte nicht exklusiv, sondern in Kombination behandelt. Dabei werden sie oft untereinander kognitiv vertauscht: die Spracheinstellungen mit den Einstellungen gegenüber den Sprechern (vgl. Riehl 2000: 158) und die zum Sprachgebrauch mit denen zur Sprache (Vandermeeren 2006: 1323). Nicht alle Forscher sind der Meinung, dass die Sprecher als Stimuli von Spracheinstellungen betrachtet werden sollen (z.B. Ferguson 1972: 6 in: Rocco 2002), weswegen zuweilen von den Spracheinstellungen im engeren Sinne (gegenüber den Sprachen und Sprachvarietäten) und im weiteren Sinne (gegenüber den Sprechern, dem Spracherwerb und den anderen soziolinguistisch relevanten Sachverhalten) die Rede ist (vgl. Rocco 2002: 57). Für die vorliegende Untersuchung gilt es folglich, die einzelnen Objekte zu trennen und separat zu analysieren.

Die Sprache kann als ein Einstellungsobjekt, also als Reiz, betrachtet werden, weil sie das Instrument von Sprachhandlungen ist. In der Psychologie gilt nämlich, dass, wenn mit einem Objekt eine Aktion ausgeführt wird, die als Reiz interpretiert werden kann, das Objekt selbst zum Reiz wird. Da die Spracheinstellungen in der ersten Linie soziale Einstellungen sind (vgl. Casper 2002: 50), müssen ihre Objekte nach Funktionen unterschieden werden. Bei der Untersuchung der Einstellungen zum Belarusischen soll also differenziert werden, ob die Sprache als Zeichensystem oder in ihrer kommunikativen bzw. symbolischen Funktion einer Einstellung(säußerung) hervorgerufen hat.

In dieser Studie werden vorerst alle genannten Spracheinstellungsobjekte summiert im Untersuchungsmodell berücksichtigt und differenziert behandelt. Im Prozess der empirischen Arbeit soll ermittelt werden, welche Entitäten im Online-Diskurs zum Belarusischen tatsächlich als Stimuli fungieren. Belarusisch als Objekt wird dabei u.a. in Hinblick auf seine Funktionen analysiert. Zusätzlich werden noch die *metasprachlichen Äußerungen* als eine Objektart aufgenommen, die sich aus der Spezifik der diskursiven Beschaffenheit der Datengrundlage ergibt. Es soll anhand einer Argumentationsanalyse ermittelt werden, welche dieser Äußerungen über die belarusische Sprache (welche) Reaktionen hervorrufen, denn solche Reaktionen sollen ebenso von einer Einstellung zeugen.

Die *Einstellungen* werden nach der sozialpsychologischen Auffassung als direkte, jedoch nicht direkt beobachtbare Reaktionen auf Stimuli bzw. Einstellungsobjekte verstanden. Wie oben erwähnt und argumentiert, bestehen sie im Sinne des Drei-Komponenten-Modells aus der kognitiven, der affektiv-evaluativ-normativen (Vandermeeren 1996b: 694) und der volitiven (Hermanns 2002: 75–78) Komponente.

Die *kognitive* Komponente bezeichnet die Art und Weise, an einen Gegenstand zu denken. Sie besteht aus dem Wissen über das Einstellungsobjekt, dank dem wir es überhaupt erkennen, aus den personen- und gruppenspezifischen kognitiven Reaktionen wie Gedanken, Meinungen und Überzeugungen gegenüber Objekten und Handlungen (vgl. Hermanns 2002: 76). Die Überzeugungen können ihrerseits deskriptiv (auf direkten Beobachtungen und Erfahrungen basierend), inferentiell bzw. folgernd (auf bereits bestehenden Überzeugungen basierend) und informationell (auf Meinungen von Autoritäten basierend) sein (vgl. Fishbein/Ajzen 1975: 131–134). Zur kognitiven Komponente gehören auch die Entitäten wie Wahrnehmung, Informationen, Schemata, Stereotype, Ideen und Vorstellungen sowie klassifizierende Konzepte und Kategorien (z.B. die Bewertung ‚wie auf dem Dorf' für einen bestimmten Sprachgebrauch) (vgl. Neuland 1993: 728) und alles, was mit diesem Objekt assoziiert wird. Es ist z.B. das Wissen „über Nutzen, Brauchbarkeit, Bedeutung und Funktion einer Sprache oder Sprachvarietät für die Ziele und Bedürfnisse der Personen oder Gruppen" (Casper 2002: 30), das Wissen über die Angemessenheit einer Sprachvarietät in bestimmten sozialen Situationen oder die Erkenntnis darüber, dass eine Standardsprachform (oder die H-Varietät) für den sozialen Aufstieg notwendig ist (vgl. Neuland 1993: 731). Die kognitiven Konstituenten können bewusst sein und kommuniziert werden (vgl. Riehl 2000: 143) und stehen unter einem wechselseitigen Einfluss seitens anderer Komponenten. Kognitionen können Emotionen und Konationen beeinflussen: Rosenberg/Hovland (1960: 10) kommen experimentell zur Schlussfolgerung, „affect and behavior components are modified as a result of changes in the cognitiv components". Die entgegengesetzte Einwirkung auf die kognitive Komponente durch das Verhalten wurde bereits bei den Erklärungen zur Einstellungs-Verhaltens-Inkonsistenz unter der Heranziehung der Dissonanz-Theorie erwähnt: „hearers [...] can choose those language behaviors around which they construct their attitudes and evaluations" (Cargile et al. 1994: 218).

Nach Vandermeeren (1996b: 694) wird die zweite Komponente, die in der Sozialpsychologie ‚emotiv' bzw. ‚affektiv' genannt wird (vgl. Rosenberg/Hovland 1960), als *affektiv/evaluativ-normativ* bezeichnet. Es ist die zentrale der drei Komponenten, da die zwei anderen (z.B. Meinungen) durch diese Komponente mehr an Gewicht gewinnen (vgl. Rosenberg/Hovland 1960: 5). Die Zentralität von Emotionen bestätigt auch die Tatsache, dass bei der Inkonsistenz zwischen den einzelnen Komponenten die affektive mehr ins Gewicht fällt, denn bei einer Meinung, verbunden mit verschiedenen Emotionen, spricht man von *verschiedenen* Einstellungen, und wenn verschiedene Meinungen von der gleichen Emotionen begleitet werden, liegt *eine* Einstellung vor (vgl. Neuland 1993: 728).

Mit dem Attribut *affektiv* in der Benennung dieser Komponente wird eine Art emotionaler Disposition bezeichnet. Es sind Emotionen und Gefühlsqualitäten wie Sympathie, Wärme, Schauer oder affektive Zustände wie Zweifel, Zögern, Überraschung, Gefallen oder Missfallen. Es sind gerichtete Gefühle und Emotionen, d.h., es wird nicht nur etwas über einen Zustand ausgesagt, sondern auch Bezug auf das Einstellungsobjekt genommen (vgl. Hermanns 1995a: 152). Auf die Sprache bezogen, können es z.B. Liebe oder Hass zur Sprache, Liebe zur Dichtung, Gefühle bezüglich des Lerneifers etc. sein (Baker 1992: 12). Eine entscheidende Rolle spielen bei Spracheinstellungen die Sympathie und die Antipathie. Anders als die kognitiven Komponenten werden „affektive Komponenten [...] häufig nicht bewusst reflektiert oder können sprachlich schwer ausgedrückt werden" (Riehl 2002: 143). Andererseits werden bei einem reflektierten Umgang mit eigenen Spracheinstellungen (z.B. durch ihre Verbalisierung) die damit verbundenen affektiven Komponenten als erste abgerufen (vgl. Riehl 2002: 159). Emotionen können in Bezug auf Kognition und Volition maßgebend sein, z.B., sie können die Wahrnehmung beeinflussen. Die steuernde Rolle der affektiven Komponente wurde von Rosenberg/Hovland (1960: 12) empirisch nachgewiesen: Die Forscher behaupten, dass „change in the affective aspect of an attitude does, under certain conditionnes, generate corresponding change in its cognitive portion", und stellen fest, dass „when the affective component of an individual's attitude is alterned, there occurs a corresponding and consistent reorganization of his beliefs about the object of that affect" (Hovland/Rosenberg 1960: 200).

Bei dem Attribut *evaluativ* geht es um den bewertenden Aspekt von Einstellungen, z.B. um die Wertung einer Sprache als Gruppensymbol etc. Die Bewertung einer Sprache hängt davon ab, welche Funktionen für eine Gruppe sie *wie* erfüllt (vgl. Casper 2002: 148). Mit *normativ* werden die Vorstellungen darüber verstanden, wie etwas zu sein hätte (vgl. Vandermeeren 1996b: 694). Die emotiven und affektiven Zustände stehen im Zusammenhang mit dem Evaluationsergebnis und mit dem Grad der Entsprechung des Einstellungsobjektes den eigenen Normvorstellungen. Die Evaluationsreaktionen werden von ihren Dimensionen determiniert: Eine Standardvarietät wird auf der *Statusskala* (bzw. *Berufseignungsskala*, Labov 1978) höher eingeschätzt als auf der *Solidaritätsskala*[136] (*Freundschaftsskala*, Labov 1978), wo wiederum ethnisch, regional und sozial markierte Varietäten positivere Einstellungen hervorrufen. Die Bewertung des Einstellungsobjektes kann auch von der Motivation bzw. der Zielsetzung einer Person abhängig sein. Baker (1992) unterscheidet zwischen der *instrumentalen* (pragmatischen, utilitaristischen, auf die eigene Person bezogenen) und der *integrativen* (auf soziales, interpersonales Leben und auf die Außenwelt bezogenen) Motivation als Bewertungsgrundlage. Positive instrumentale und integrative Motivationen führen zum vermehrten Gebrauch einer Sprachvarietät. Neben der Brauchbarkeit für persönliche Ziele und für die Integration in erwünschte Gruppen sind auch Moral und soziale Attraktivität die für die Sprachbewertung relevanten Dimensionen. Bei den Bewertungen der Sprecher sind die Dimensionen wie Status, soziale Attraktivität und Integrität wirksam (vgl. Casper 2002: 120, 229).

Die *volitive* Komponente ist eine Vorbereitung eines bestimmten physischen Verhaltens. Sie wird als eine Art des gewollten Soll-Zustandes oder Soll-Geschehens (Hermanns 2002: 74), als Verhaltensdisposition (Fiedler/Kurzenhäuser 2000: 161), als behaviorale Intention (Deprez/Persoons 1987: 126) oder als eine aus der kognitiven und der affektiv/evaluativ-normativen Komponente resultierende Handlungsprädisposition (Neuland 1993: 728) definiert. Es ist also noch nicht das Verhalten, sondern eine Instruktion zum Verhalten in der konkreten Situation (Deprez/Persoons 1987: 127). Die Volition äußert sich indirekt z.B. in der Annährung oder der Entfernung vom Einstellungsobjekt, in der Kontaktsuche oder -vermeidung, in der Übernahme oder Ablehnung von Sprechweisen (vgl. Neuland 1993: 728) oder direkt in den Aussagen zur Bereitschaft der Ausführung sprachbezogener Handlungen (z.B. Spracherwerb, Bereitschaft zur Rezeption von Informationen in einer bestimmten Sprache) (vgl. Casper 2002: 30). Die Volition kann sowohl *indikativ* als Ausdruck der eigenen Disposition als auch *imperativ* als (indirekter) Appell an andere Personen sein, was z.B. in Form einer Präskription zum Ausdruck kommen kann: „Die ausgesagte Präskription

---

[136] Die Solidaritätsdimension basiert ihrerseits auf zwei weiteren Dimensionen: auf der persönlichen Integrität (Hilfsbereitschaft, Vertrauenswürdigkeit etc.) und auf der sozialen Attraktivität (Freundlichkeit, Sinn für Humor etc.) (vgl. Rocco 2002: 67). Es wird eine Existenz kulturspezifischer Gegenwerte angenommen, die z.B. im Falle der prestigeärmeren Sprachvarietät als verdeckte Prestige-Normen fungieren, wenn es um eine Herstellung und das Erhalten der solidarischen Sozialbeziehungen und die Selbstidentifikation geht (vgl. Neuland 1993: 731), denn die Schaffung eines positiven Selbstbildes ist, wie oben bereits erwähnt, eine wichtige Konstituente des Kommunikationsprozesses (vgl. Casper 2002: 135).

bezüglich dessen, was der Hörer tun soll, ist nichts anderes, als die ausgedrückte Intention bezüglich dessen, was der Sprecher will, daß der Hörer tun soll" (Hermanns 1995a: 156). Die volitive Komponente wird von Kognition und Affektion determiniert und übt selbst eher weniger Einfluss auf diese (vgl. Deprez/Persoons 1987: 126). Sie muss bei der Analyse von Einstellungen beachtet werden, damit – unter der Berücksichtigung der wichtigen soziologischen, ideologischen und psychologischen Faktoren des Verhaltenskontextes – Verhaltenstendenzen studiert werden können, denn alleine anhand von kognitiven und affektiven Komponenten ist dies nicht möglich (vgl. Agheyisi/Fishman 1970: 151).

Die drei Komponenten funktionieren nicht unabhängig voneinander, und das Verhalten wird nicht von ihrer reinen Addition sondern von ihrer Interaktion determiniert. Dass die einzelnen Komponenten sich gegenseitig beeinflussen, wurde oben bereits ausgeführt. Hier ist eine kurze Zusammenfassung ihrer Wirkungsrichtungen: Die Kognition beeinflusst die Emotion und das Verhalten im Rahmen der sog. *persuasive communication* (Eagly/Chaiken 1993), wenn die kognitive Komponente zunächst angesprochen wird, um die beiden anderen zu modifizieren. Die Aktivierung der affektiven Komponente wirkt sich auf das Vorhandensein des Wissens.[137] Die Manipulation des Verhaltens führt laut der Dissonanz-Theorie zu den Änderungen von Überzeugungen und Emotionen gegenüber dem diskrepanten Verhalten.

Zwischen den Einstellungen und dem *Respons* wirken die sog. *intervenierenden Variablen* (Ehrlich 1969), die welche Einstellungs-Verhaltens-Inkonsequenz einerseits verursachen, andererseits erklären können. Laut Agheyisi/Fishman (1970: 151) sind es die „relevant sociological, ideological, and psychological factors". Hesbacher/Fishman (1965) ermitteln z.B. in ihrer Studie zur Sprachloyalität von Immigranten in den USA solche mitentscheidende Faktoren wie Deethnisierung, ideologische Orientierung, Alter etc. Als intervenierende Variablen, die das Sprachverhalten in Belarus steuern, werden bei der Datenauswertung alle Einstellungs-, Persönlichkeits-, Kontextdimensionen und objektbezogenen Variablen berücksichtigt, die oben als Inkonsistenz-Faktoren beschrieben wurden (Kap. 3.1.5).

Die letzte Konstituente des vorliegenden Untersuchungsmodells ist die indirekte Reaktion auf das Einstellungsobjekt, der *Respons*. Es ist eine messbare abhängige Variable des konativen Charakters. Der Respons kann physischer und psychischer Natur, verbal oder nonverbal sein. Das offene Verhalten kann Zugang zu kognitiven Strukturen gewähren, an seinen Merkmalen können auf der Basis von Empathie Einstellungen erkannt werden (vgl. Hermanns 2002: 75). Be-

---

137 Ausführlicher dazu s. Fiedler/Kurzenhäuser (2000: 161–163).

zogen auf die Spracheinstellungen geht es hier um den *tatsächlichen* aktuellen Sprachgebrauch: „The conativ dimension is regarded to be identical with (intended) language use, being one possible manifestation of language attitudes" (vgl. Broermann 2007: 134). Hierzu gehört auch das *berichtete* Sprachverhalten, das vom tatsächlichen zwar abweichen, jedoch trotzdem auf eine bestimmte Einstellung hindeuten kann (Kap. 3.1.9). Der Unterschied zwischen dem Verhalten und dem Sprachverhalten liegt darin, dass das Einstellungsobjekt selbst, also, die Sprache, als Symbolsystem bzw. Instrument zu Hilfe genommen (vgl. Casper 2002: 126), was die Komplexität des soziolinguistischen Forschungsfeldes wesentlich erhöht. Da das Sprachverhalten vom menschlichen Kommunikationsbedürfnis herrührt, hat es funktionale und interpersonale Aspekte sowie eine soziale Bedeutung, wenn es z.B. als Marker einer Gruppenidentität fungiert (vgl. Vandermeeren 2006: 1321). In der Soziologie und in der pragmatischen Linguistik wird das Sprachverhalten als eine Sozialhandlung mit drei Konstituenten betrachtet: Sprache, Sprecher und Sprachsituation. Das (Sprach)Verhalten selbst wird an die relevanten normativen Beschränkungen der Situation angepasst, zu der die Person wiederum ebenso ihre Einstellungen hat (vgl. Fishbein/Ajzen 1975). Es wird von der kognitiven und der affektiven Komponente determiniert (vgl. Deprez/Persoons 1987: 126) und übt selbst im Sinne der Dissonanz-Theorie Einfluss auf diese aus (s.o.).

Als Ergebnis der theoretischen Auseinandersetzung mit Spracheinstellungen entstand nun das unten folgende Kategoriensystem (Tab. 8), das als theoretische Grundlage für die Untersuchung von Einstellungen zum Belarusischen verwendet wird. Im Sinne des qualitativen Forschungsansatzes und somit der offenen Herangehensweise an die Daten gilt es während der Datenanalyse, das vorhandene Kategoriensystem empirisch zu überprüfen, anzupassen und ggf. mit neuen Kategorien zu ergänzen.

Tab. 8: Kategoriensystem für Untersuchung von Spracheinstellungen

Stimuli	Einstellung als direkte Reaktion auf Stimulus			Mitentscheidende, intervenierende Variablen	Respons als indirekte Reaktion auf Stimulus
	kognitiv	emotiv-affektiv/ evaluativ-normativ	volitiv-indikativ/ volitiv-imperativ		konativ
Entitäten als Einstellungsobjekte	Art und Weise, einen Gegenstand zu sehen und an ihn zu denken	*emotiv-affektiv* Art des emotiven Sich-dazu-Stellens	*volitiv-indikativ* Verhaltensdisposition zum gewollten Soll-Zustand und Soll-Geschehen	**Einstellungsdimensionen** Einstellungsmerkmale Stabilität, Kristallisiertheit Verfügbarkeit/Zugänglichkeit Sicherheit, Intensität, Wichtigkeit affektiv-kognitive Konsistenz Präzedenz direkte Erfahrungen Stärke/Intensität anderer Einstellungen Stereotypen etc.	*physische/ psychische/ (non)verbale Reaktion*
Sprache als Zeichensystem	personen- und gruppenspezifische kognitive Prozesse und Zustände Informationen Wahrnehmung Wissen	**Emotionen/ Gefühlsqualitäten** Sympathie Wärme Schauer Liebe/Hass Gefühle bez. Lerneifers Liebe zur Dichtung etc.	**Annährung/Entfernung vom Stimulus** Übernahme oder Ablehnung von Sprechweisen Kontaktsuche/-vermeidung Aussagen über Bereitschaft zur Ausführung sprachbezogener Handlungen wie Spracherwerb Rezeption von Informationen in einer bestimmten Sprache etc.		**Tatsächlicher aktueller Sprachgebrauch,** an relevante normative Beschränkungen der Situation angepasst
Sprache in ihren Funktionen kommunikativ symbolisch	Ideen Vorstellungen Schemata Stereotype etc.	**Affektive Zustände** Zweifel Zögern Überraschung Gefallen/Missfallen etc.		**Persönlichkeitsvariablen** Verhaltensalternation früheres Verhalten, Gewohnheit Einschätzung des Widerstandmaßes Relevanz für die Selbsteinschätzung Identitätskonstituierende Sprachverwendung Konvergenz-/Divergenz-Absicht Selbstaufmerksamkeit (wahrgenommene) Selbstkonsistenz self-monitoring persönlichkeitsabhängige Einstellungsfaktoren emotionale Verfassung Sprachkompetenz Wertschätzung eigener ethnoling. Identität Wahrnehmung kultureller Faktoren öffentliches/privates Selbstbewusstsein Verantwortung, moralische Überlegungen etc.	**Berichteter Sprachgebrauch,** evtl. vom tatsächlichen abweichend
Sprecher	**Reaktionen** Gedanken Meinungen Überzeugungen (deskriptive, inferentielle, informationelle) etc.				
Spracheinstellung					
Sprachkompetenz (inkl. Erwerb und Perfektionierung)					
Sprachverhalten Sprachgebrauch Sprachwahl Sprechart/-stil					
Metasprachliche Äußerungen zum Einstellungsobjekt kognitive emotive volitive					

Einstellungen und Spracheinstellungen — 145

Stimuli	Einstellung als direkte Reaktion auf Stimuli			Mitentscheidende, intervenierende Variablen	Respons als indirekte Reaktion auf Stimuli
	kognitiv	emotiv-affektiv/ evaluativ-normativ	volitiv-indikativ/ volitiv-imperativ		konativ
	Klassifizierende Konzepte und Kategorien	*evaluativ-normativ* *Bewertung normativer Angemessenheit* **Wertung nach Dimensionen:** Status-/Solidaritätsskala Motivation instrumental/ integrativ Funktion kommunikativ/ symbolisch erwartet/ wahrgenommen Moral Soziale Attraktivität	*volitiv-imperativ* *Deontische Modalität der Äußerungen zu Sprachsituations- merkmalen*	**Situations- bzw. Kontextvariablen** situative Zwänge soziale/subjektive Norm wahrgenommene Verhaltenskontrolle, objektiv begrenzt durch: sprachpolitische Repressionsmaßnahmen geringe Vitalität der Sprache mangelnde Sprachkompetenz etc. situationsabhängige Einstellungsfaktoren unmittelbare soziale Situation soziales Milieu, Gruppennorm quantitative Sprecher-Anteil Zahl der Interaktionspartner Zeit-/Raumreferenz Öffentlichkeitsgrad der Interaktion etc. **objektbezogene Variablen** Sprache als Objekt (wahrgenommene) ethnolinguistische Vitalität Sprachverwendung als Objekt Verwendungsintention	
	Einstellungsrepertoire				Eine der mehreren Manifestationen der Spracheinstellung

3.2 Diskurs, Diskursanalyse, Toposanalyse

3.2.1 Diskurs als Gegenstand linguistischer Forschung

3.2.1.1 Begriffsgeschichte und Forschungsstand

Die Geschichte des Begriffs *Diskurs*, der im 16. Jh. als wissenschaftliche Abhandlung, im 17. Jh. zusätzlich als Konversation verstanden wurde und im 20. Jh. seine Bedeutung änderte und zu einem geisteswissenschaftlichen Terminus wurde, ist kurz bei Warnke (2007: 3–4) skizziert. Die aktuelle Auffassung des Begriffes wurde vom Begründer der Diskursanalyse, dem französischen Philosophen des Poststrukturalismus Michel Foucault geprägt, der in seinen Publikationen (*Archäologie des Wissens* 1969; *Die Ordnung des Diskurses* 1971 etc.) den Diskurs als das sprachlich erfasste Verständnis von Wirklichkeit betrachtete, da sich in ihm das zum jeweiligen Zeitpunkt Sagbare abbildete. Davon ausgehend, dass „alles Diskurs ist" (vgl. Albert 2008: 155), legt Foucault den Diskurs im Sinne des poststrukturalistisch markierten Prinzips der kategorialen Entgrenzung terminologisch nicht fest, benennt jedoch seine wesentlichen Eigenschaften: den Handlungscharakter („diskursive Praktik"), die Vernetztheit von Aussagen („Feld der Koexistenzen"), die oben erwähnte Repräsentation und gleichzeitig die Erzeugung und Strukturierung von Wissen und Realität durch die diskursive Machtausübung (vgl. Gardt 2007: 28; Warnke 2007: 10–11.).

Während in der Soziologie, in den Kultur-, Geschichts-, Literatur- und in den anderen Geisteswissenschaften längst einzeltextübergreifende Forschungskonzepte und methodische Aspekte der diskursiven Forschungspraxis nach Foucault tradiert wurden, setzte die Reflexion von Foucault in der Linguistik relativ spät ein (vgl. Jäger/Jäger 2007: 17). Zwar wandte sich der amerikanische Distributionalismus (Harris 1952) bei der Untersuchung von *connected speech* dem Diskurs-Begriff zu, verstand ihn aber lediglich als eine transphrasische Einheit, also als einen Text. In der europäischen Linguistik der 1980er – Anfang der 1990er Jahre herrschte ebenso eine einzeltextbezogene Auffassung von Diskurs (vgl. Warnke 2007: 4–5). Einen Überblick über die verschiedenen in der Linguistik gebräuchlichen Diskurskonzepte geben Spitzmüller/Warnke (2011: 9): Neben dem bildungssprachlichen Verständnis des Diskurses als Debatte und dem diskursethischen Verständnis als konsensorientierter Austausch gleichgestellter Bürger wird in der funktionalen Pragmatik und in der germanistischen Linguistik der Begriff eingeschränkt als „mündliche Kommunikation in der Fülle ihrer alltäglichen und institutionellen Wirklichkeit" (Ehlich 1994: 9) ausgelegt, und die Diskursforschung wird in Form von Konversationsanalyse betrieben (z.B. Rehbein 2001, Bührig/Thije 2005). Als textübergreifender Begriff etabliert sich der Diskurs in der Linguistik erst seit den 2000er Jahren. Die Textlinguistik betrachtet Diskurse als Textverbindungen, die Grenzen der traditionellen Textlinguistik werden dabei methodisch nicht überschritten (vgl. Jäger/Jäger 2007: 17; Warnke 2007: 7). Die Korpuslinguistik macht Diskurse zum Gegenstand der computergestützten Sprachanalyse (Busse/Teubert 1994). Generell bleibt die Diskurslinguistik nach Foucault von der traditionellen Sprachwissenschaft relativ schwach reflektiert. Der Grund dafür sei die Inkompartibilität der Diskursanalyse mit der sprachwissenschaftlichen Praxis (vgl. Warnke 2007: 10), die nicht transdisziplinär sei, da sie davor „zurückschrecke", die fachfremden Konzepte wie ‚Wissen', ‚Macht', ‚Herrschaft' zu untersuchen (vgl. Jäger/Jäger 2007: 17–18). Nur in einzelnen linguistischen Positionen hat die Rezeption von Foucault eine längere Tradition: in der Kritischen Diskursanalyse (*Critical Discourse Analysis* – CDA) und in der sog. Linguistischen Diskursanalyse (LDA). Da diese Ansätze bei den theoretischen Festlegungen der vorliegenden Untersuchung berücksichtigt wurden, seien im Folgenden die konzeptuellen Grundzüge und Unterschiede der beiden Positionen skizziert.

Einen umfassenden Forschungsüberblick mit dem Fokus auf der Auslegung des Diskursbegriffes, auf Analysegegenstände, Erkenntnisziele und Methoden des jeweiligen diskurstheoretischen Ansatzes bieten Bluhm et al. (2000) und Spitzmüller/Warnke (2011: 78–118). Hier sei deswegen nur kurz auf einige wesentliche Faktoren eingegangen, auf die in dieser Studie zurückgegriffen wird.

Basierend auf der Sozialphilosophie des Neomarxismus, der ideologischkritischen Tradition von Althusserl und Gramscis sowie auf der linguistischen Ideologie-Theorie von Bakhtin vertritt die CDA immer ein politisches Konzept und betreibt Gesellschaftskritik. Sie sieht Diskurse als eine institutionalisierte gesellschaftliche Redeweise und als eine Form der sozialen Praxis an und geht von der wechselseitigen Konstituierung von Diskursen und der sozialen Praxis aus. Die CDA analysiert die Art und Weise, wie die Produktion des Diskurses – und somit der Realität – gesteuert wird (vgl. Jäger/Jäger 2007: 34). Ihr Forschungsinteresse richtet sich dabei v.a. auf das Konzept der Macht *über* den Diskurs und *im* Diskurs, auf den Zusammenhang zwischen der diskursiven und sozialen Praxis sowie auf die Grenzen der diskursiven Sagbarkeit in den jeweiligen Themen und Epochen (vgl. Bluhm et al. 2000: 4–5). Die CDA wird im deutschsprachigen Raum von Siegfried Jäger (Duisburger Schule) und Ruth Wodak (Wiener Schule) vertreten. Die beiden Schulen machen politische – v.a. nationalistische (die Wiener Schule auch sexistische) – Diskurse zu ihrem Forschungsobjekt und beziehen eine klare (antinationalistische) Position. Dabei liegt das Interesse von *Jäger* bei der herrschaftslegitimierenden und -sichernden Funktion der Diskurse und die von Wodak eher auf der diskursiven sprachlichen Konstruktion von Differenz und Gleichheit (z.B. der nationalen Identität in: Wodak

1998). Für Jäger bildet der Tätigkeitsaspekt des Diskurses eine Grundlage seiner wirklichkeitskonstituierenden Funktion, und die Person steht stark im Mittelpunkt. Der Forscher zeigt eine hierarchische Struktur des Diskurses – von einzelnen Diskursfragmenten über die thematisch einheitlichen Diskursstränge bis zum gemeinschaftlichen Diskurs – auf und führt den Begriff ‚Diskursebene' als ein sozialer Ort ein, von dem aus gesprochen wird (vgl. Jäger/Zimmermann 2010: 15). Die *Wiener Schule* konzentriert sich auf die Vorurteilsforschung unter der Einbeziehung aller verfügbaren Hintergrundinformationen und legt einen besonderen Wert auf den Kontext: den textinternen Kotext, die intertextuellen und interdiskursiven Bezüge, auf den Situations- und den historischen und gesellschaftlichen Kontext (vgl. Wodak/Reisigl 2009: 93). Der englische Mitbegründer von CDA *Norman Fairclough* (1992) befasst sich mit dem Konzept des Diskurswandels und dessen Zusammenhanges mit dem soziokulturellen Wandel. Er schreibt dem Diskurs eine Verbindungsfunktion zwischen Text und Gesellschaft zu. Davon ausgehend, dass Texte inhaltlich und strukturell von Machtverhältnissen beeinflusst werden, betrachtet er den diskursiven Sprachgebrauch als eine Grundlage für die Analyse gesellschaftlicher Strukturen. Fairclough konkretisiert die realitätsbezogene Rolle von Diskursen, indem er die einzelnen Domänen der diskursiven Konstruktivität benennt: Wissens- und Glaubenssysteme, soziale Beziehungen und soziale bzw. personale Identitäten. Der niederländische Vertreter von CDA *Teun van Dijk* (1993) wendet sich der sozialen Kognition zu. Er betont die Rolle des Wissens für die Machtverteilung in der modernen Welt und erforscht die Herstellungsprozesse mentaler Modelle, anhand derer das gemeinsame soziale Wissen diskursiv gestaltet wird (vgl. Bluhm et al. 2000: 4–7).

Die Kritik an der CDA gilt v.a. ihrer mangelnden Selbstreflexion, welche die Gefahr in sich birgt, „ein aufgrund präferierter sozialer Modelle vorderhand angenommenes Resultat auf die Daten zu projizieren und mithin die eigenen Anschauungen immer nur selbst zu bestätigen" (Spitzmüller/Warnke 2011: 113). Weitere Gefahren werden in der Fokussierung der CDA auf politisch-soziale Themen der Gegenwart (vgl. Blommaert 2007: 33–34) sowie auf die Diskursebene der dominanten Gruppen und die Behandlung ausschließlich von *top-down*-Phänomenen (vgl. Bluhm et al. 2000: 7) gesehen. Das Erste würde „den politisch-sozialen Diskurs einer bestimmten Zeit und Kultur [...] verabsolutieren und sich damit wiederum letztlich immer nur selbst [...] bestätigen" (Spitzmüller/Warnke 2011: 113), und das Zweite hinsichtlich der Vollständigkeit der Abbildung von gesellschaftlichen Praxen problematisch sein. Dennoch sind einige Grundsätze der CDA für die Untersuchung der Online-Diskussion über die belarusische Sprache konstruktiv anwendbar. Es sind v.a.:

- die Behandlung von *gesellschaftlich relevanten Themen*, was die belarusische Sprache als eine Nationalsprache ist;
- Die Betrachtung der Diskurse als *soziale Praxis*;
  Hier ist sowohl der Handlungsaspekt, in dem in der Regel ein Wirkungsaspekt inbegriffen ist, als auch der Aspekt der gesellschaftlichen Einbindung, was die Relevanz des Diskurses als eines sozialen Phänomens betont, gemeint.
- Die Annahme der gegenseitigen Beeinflussung von Diskurs und sozialer Praxis;
  Die Annahme des Einflusses der sozialen Praxis auf den Diskurs kann diagnostisch zur Ermittlung tatsächlicher Einstellungen zum Belarusischen aus der Online-Diskussion der Sprachverwender eingesetzt werden. Dabei wird auf den Repräsentationsaspekt des Diskurses Bezug genommen. Die Annahme seiner Konstruktivität verleiht dem Diskurs als Forschungsobjekt ein größeres Gewicht, da er als Instrument der Formierung von Wissen und Wirklichkeit betrachtet wird. Dieser Wirkungsaspekt des Diskurses kann prognostisch zum Ablesen der künftigen Entwicklung der Sprachsituation in Belarus verwendet werden. Und da Einstellungen ihrerseits ein bidirektionales Konstrukt darstellen, das sowohl vergangenheits- als auch zukunftsgerichtet sein kann (Kap. 3.1.1), ist die gegenseitige Beeinflussung von Diskurs und sozialer Praxis eine für diese Studie relevante theoretische Festlegung.
- Die Rolle des *Kontextes* und der Hintergrundinformationen, die das Verständnis von einzelnen Aussagen erleichtern;
- Die Erfassung von *Sagbarem*;
  Durch die Analyse der Online-Diskussion über das Belarusische kann das Spektrum des Verbalisierbaren erfasst werden. Dies ist insofern interessant, als dass im Online-Diskurs, anders als im Printmedien-Diskurs, die sog. ‚Tabu'-Themen angesprochen werden. Demzufolge werden hier die medienbezogenen Sagbarkeitsfelder sichtbar, und somit die Aussagen über die Medienabhängigkeit des Sagbaren möglich.

Von der *LDA* wird das Diskurskonzept Foucaults einerseits aufgrund der Vagheit, der Widersprüchlichkeit, der Uneindeutigkeit und der mangelnden Präzision der Terminologie und v.a. des Diskursbegriffes kritisiert (vgl. Reisigl 2006: 101–102), andererseits betrachtet sich die LDA selbst auch als ein „offenes Programm", das in der Diversität des Diskurses sogar ein produktives Potenzial dafür sieht, das nicht genuin linguistische Forschungsobjekt, was der Diskurs ist, einzugrenzen und je nach wissenschaftlichem Interesse der jeweiligen linguistischen Untersuchung zu definieren (vgl. Spitzmüller/Warnke 2011: 4–5). Als prototypische Kennzeichen von Diskursen gelten in der Diskurslinguistik die Vernetzung von Texten, der Aspekt des sprachlichen Handelns bzw. eine pragmatische Orientierung, der Ausdruck des gesellschaftlichen Denkens und die Konstitution von Wissen und Wirklichkeit. Die Diskursanalyse wird dabei sowohl als wissenschaftliche Haltung, als Theorie und als Methode angesehen (vgl. Gardt 2007).[138]

Die LDA weist eine Breite der methodischen Zugänge zum Diskurs auf. Albert (2008) macht z.B. das *Subjekt* zum Gegenstand der Diskursanalyse und unternimmt eine Grenzziehung zwischen Diskurssubjekt und Individuum. Mit der Konzentration auf *Aussage* als eine materialisierte Äußerung bzw. Diskursakt und ein Bestandteil der diskursiven Formation geht Angermüller (2007, 2008) an den Diskurs heran. Die Forscher der *Heidelberger/Mannheimer Gruppe* folgen den Ansätzen der historischen Semantik (Busse 1987) und der linguistischen Mentalitätsgeschichte (Hermanns 1994). Hier geht es um eine umfassende Begriffs- und somit die Mentalitätsgeschichte, die durch eine diskurssemantische Beschreibung der begrifflichen Konstruktion von Wirklichkeit und der semantischen Tiefenstrukturen rekonstruiert werden sollen. Dabei werden sowohl *Leitbegriffe*, *Schlüssel-* und *Schlagwörter* als auch die sog. ‚unscheinbaren Wörter' (Hermanns 1994: 55) in den Mittelpunkt der Untersuchung gestellt. Die Diskursanalyse im Sinne der historischen Semantik und der linguistischen Mentalitätsgeschichte verfährt analytisch-deskriptiv und hermeneutisch und ist auf das Verstehen und die Erklärung von Texten ausgerichtet (vgl. Hermanns 2007: 197). Der kognitive Ansatz der Diskursanalyse wendet sich den kontextualisierenden Phänomenen wie Wissen- und Deutungsrahmen bzw. -muster (*Frames*) als dem zentralen Gegenstand der Diskursanalyse zu (Busse 2007, 2008; Konerding 2008; Ziem 2008). Konerding (2007) bietet darüber hinaus einen diskurssemantischen Ansatz an, in dem die *Themen*analyse im Mittelpunkt steht. Die Diskursrelevanz der *Visualität* von Medienprodukten und der Zusammenhang der visuellen und der sprachlichen Komponente der neuen Medien werden von Fraas/Meier/Pentzold (2012) und Meier (2008a, b) untersucht.

Da die Arbeiten der Heidelberger/Mannheimer Forschergruppe und der kognitiven Diskursanalyse eher konzeptionell angelegt sind, bleiben ihre methodischen Verfahren entweder zu unkonkret (wie z.B. die hermeneutische Auslegung) oder praktisch schwer umsetzbar (wie die Frameanalyse). Dagegen richten die Vertreter der *Düsseldorfer Schule* ihren Blick auf Empirie und bemühen sich um eine praktische Umsetzung der LDA mit dem Vorhaben, eine linguisti-

---

138 Ausführlicher dazu s. Kapitel 3.2.2.

sche Diskursgeschichte zu schreiben (vgl. Bluhm et al. 2000: 10). Auf der Suche nach der Verfeinerung der diskurshermeneutischen Methoden arbeiten sie detaillierte Verfahren der Analyse von *Metaphern* (Böke 1996) und der *topisch-argumentativen* Ebene (Wengeler 2003) der Migrationsdiskurse aus. Daneben werden auch die Möglichkeiten einer *korpuslinguistischen* Auswertung der Diskurse erforscht (Niehr 1999). Wichtig für die vorliegende Untersuchung ist u.a. der Ansatz von Roth (2008), in dem behauptet wird, dass nicht nur Massenmedien Diskurse bilden, sondern auch eine *interpersonale Anschlusskommunikation*, denn diese sei für das Verstehen dessen, welche Gewissheiten sich bei den Diskursrezipienten herausbilden, von Bedeutung. Diese Behauptung betont die Forschungsrelevanz der Sprachverwender-Diskussion über die belarusische Sprache.

Bei der Skizzierung des Forschungsstandes sind noch die Beiträge von *Warnke* und *Spitzmüller* zu nennen, die keiner der oben genannten Schulen zugeordnet sind, sondern sich verstärkt mit der Ausarbeitung einer *Methodologie* befassen, die die bisherigen theoretischen Erkenntnisse verschiedener Schulen intergiert. Im Sammelband *Diskurslinguistik nach Foucault* (Warnke 2007) werden zentrale Positionen der konzeptuellen Reflexion von Foucault in der deutschsprachigen Diskurslinguistik präsentiert. Der darauf folgende Sammelband *Methoden der Diskurslinguistik* (Warnke/Spitzmüller 2008) bildet eine Palette der diskursanalytischen Herangehensweisen ab: von den kognitions- und pragmalinguistischen über die sozio- und anthropolinguistischen bis hin zu den medien- und korpuslinguistischen. Die Einführung in die Diskurslinguistik von Spitzmüller/Warnke (2011) stellt den Versuch dar, eine „konzeptionelle, theoretische und methodische Präzision" (Spitzmüller/Warnke 2011: 3) herzustellen, ohne dabei die „Diversität [des Diskurses] künstlich [zu] harmonisieren" (Spitzmüller/Warnke 2011: 4). Das Buch bietet einen ausführlichen Überblick über die Diskursansätze, wirft die Fragen nach der Ortsbestimmung der Diskurslinguistik als Disziplin, nach ihren zentralen Konzepten (Text, Korpus, Wissen) und nach den Grenzen der linguistischen Diskursanalyse auf. Der forschungspraktische Wert der Einführung liegt in der Entwicklung des Methodenlayouts einer diskurslinguistischen *Mehr-Ebenen-Analyse* (DIMEAN), die eine integrierende Untersuchung der Phänomene verschiedener Ebenen (intratextuelle, Akteure, transtextuelle) vorsieht, aus denen je nach Forschungsinteresse ein angepasstes Methodendesign erstellt werden kann.

Im Hinblick auf die Ziele der vorliegenden Untersuchung werden mehrere Ansätze der Diskursanalyse genutzt: Neben den theoretischen Überlegungen der LDA, die sich größtenteils konzeptuell mit denen der CDA überschneiden, sind v.a. die methodischen Impulse der LDA relevant. Da die Einstellungen eine

Komponente der Kognition enthalten und somit zur Mentalität gehören (vgl. Hermanns 2002: 68), folgt die Untersuchung von Einstellungen gegenüber der belarusischen Sprache konzeptionell dem mentalitätsgeschichtlichen Ansatz und ist – im Sinne von Hermanns – *analytisch-deskriptiv* und *hermeneutisch* (2007: 194–198). Das Methodendesign wird dabei in Anlehnung an die DIMEAN erstellt. Bei den einzelnen Analyseschritten werden v.a. die Ansätze der Themenanalyse (Konerding 2007), der argumentativen Topos-Analyse (Wengeler 2003) sowie die These über die Relevanz der interpersonalen Kommunikation (Roth 2008) aufgegriffen.

Während die beiden linguistischen Positionen (CDA und LDA) eine Diskursanalyse grundsätzlich interdisziplinär betreiben und sowohl sprachliche als auch nicht-sprachliche Handlungen erforschen, nimmt die diskurs*linguistische* Analyse (DLA) als ein methodischer Ansatz „eine Verengung des Diskurses auf [vielschichtig] strukturierte Aussagen- und Äußerungskomplexe vor [...], in denen Sprache als symbolische Form [rekurrent] verwendet wird oder beteiligt ist" (Warnke/Spitzmüller 2008: 9). An dieser Stelle wäre zu betonen, dass es sich bei der vorliegenden Untersuchung um eine diskurslinguistische Analyse handelt, in deren Fokus *Aussagen* zur Sprachsituation in Belarus in Form von Forenbeiträgen stehen.

Außerhalb der Linguistik wird die Diskursanalyse u.a. auch in den Sozialwissenschaften praktiziert. Vor allem die hermeneutisch verfahrende *wissenssoziologische Diskursanalyse* (WSDA) von Keller (2011) liefert konstruktive Impulse für eine linguistische Diskursanalyse. Die WSDA geht von der *kommunikativen Konstruktion von Wirklichkeit* aus und versteht Diskurse als „strukturierte und zusammenhängende (Sprach)Praktiken, die Gegenstände und gesellschaftliche Wissensverhältnisse konstituieren" (Keller 2011: 186). Dabei fragt die WSDA nicht nur nach Praktiken des Sprachgebrauchs, sondern auch nach den Rahmenkonzepten der diskursiven Äußerungen. Sie zielt darauf ab, die Prozesse der sozialen Konstruktion zu rekonstruieren, die auf der Ebene von institutionellen Feldern ablaufen. Ihr Interesse liegt dabei auf Aussagen, Praktiken und Dispositiven (vgl. Keller 2007: 65–70; 2011: 190–193). Im Unterschied zu einer LDA, untersucht die WSDA die sozial geteilten Regeln des Sprechens und des Denkens (vgl. Angermüller 2008: 185), und die sprachwissenschaftliche Perspektive ist hier untergeordnet. Dennoch weist die WSDA mehrere Schnittstellen mit der LDA auf, indem sie nach den sprachlichen und symbolischen Mitteln, nach Äußerungsmodalitäten und Strategien fragt, nach den Akteuren und nach den Ressourcen, mit denen diese ihre Sprecherpositionen besetzen, nach dem Träger und dem Adressat des Diskurses sowie nach den interdiskursiven Bezügen. Die Hervorhebung bei Keller (2007: 73) des *Rezipienten* als einen (zwar passiv) am Diskurs partizipierenden Teilnehmer kann in der Untersuchung der Sprachdiskussion in Belarus bei den Überlegungen über die Wirkungsart und das Wirkungspotenzial der Diskussion berücksichtigt werden. Der methodische Rahmen der WSDA ist die qualitative Sozialforschung in Form von hermeneutischer Interpretation. Keller (2007: 81–89) bietet eine viel ausführlichere Beschreibung des schrittweisen Vorgehens bei einer interpretativen Analyse als Hermanns (2007), welche beim Methodendesign der vorliegenden, ebenfalls auf der Interpretation basierten, Untersuchung beachtet wurde. Die diskursive Relevanz der untersuchten Online-Diskussion, die weitgehend aus anonymen Beiträgen besteht, bestätigt die These von Keller (2007: 67) über die Verbreitungsweise bzw. die Ressourcen der Diskurse: „Diskurse verbreiten sich – werden verbreitet! – in mehr oder weniger anonymisierten Kommunikationsprozessen bzw. -praktiken, unter Zuhilfenahme unterschiedlichster Ressourcen", wie z.B. des Internets.

3.2.1.2 Untersuchungsspezifische Definition des Diskurses

Da die Linguistik überwiegend den terminologisch nicht festgelegten Diskursbegriff von Foucault verwendet, ist die Reihe seiner Definitionen lang. Busch (2007: 141–142) bietet einen Überblick diverser Definitionen, in denen der Diskurs z.B. als eine transtextuelle Struktur (Warnke), als eine idealtypische Form einer rationalen und herrschaftsfreien Kommunikation zwischen aufgeklärten und gleichberechtigten Partnern (Habermas), als ein institutionalisiertes Spezialwissen verbunden mit entsprechenden ritualisierten Redeformen (Link), als eine Menge bzw. Geflecht von thematisch zusammenhängenden Aussagen (Jung), als ein virtuelles Textkorpus (Busse/Teubert), als eine Form der sozialen Praxis (Wodak), als der Fluss von Wissen durch die Zeit (Jäger) bzw. als ein Zeitgespräch (Wengeler) verstanden wird. Bei ihrer hohen Anzahl bleiben die einzelnen Definitionen selbst relativ unpräzise. Es lassen sich jedoch auf deren Grundlage typische Begriffskomponenten des Diskurses herausarbeiten, und zwar:

- strukturelle: *Transtextualität*; Manifestation in Form von *Aussagen* als Ausdruck von *Äußerungen*; interdiskursive *Vernetzung* von Aussagen durch implizite und explizite *Bezüge*;
- inhaltliche: Vorhandensein eines gemeinsamen *Themas* bzw. *Konzeptes*;
- pragmatische: *Handlungs*charakter; bestimmte gesellschaftliche Gruppen bzw. Privatpersonen als *Träger* der Diskurse;

- analytisch-empirische: Positivität des Diskurses als einer *virtuellen* Menge an Texten und seine schriftliche Manifestation als *konkreter* Korpus;
- epistemologische: *Referierung* der und *Konstituierung* von Wissen und Wirklichkeit.

Im Sinne der hermeneutischen Offenheit wird ein weit gefasster Diskursbegriff von vielen Forschern „gerade wegen seiner Flexibilität und Eingängigkeit geschätzt" (Busch 2007: 142), und von einem grundlegenden Terminus wird deswegen abgesehen. Demnach gibt es auch keinen einheitlich terminologisierten linguistischen Diskursbegriff, und jede linguistische Untersuchung ist darauf angewiesen, ihren Begriff für Diskurs untersuchungsspezifisch zu explizieren, da dieser „seine Gestalt offenbar bei jedem sprachwissenschaftlichen Zugriff [ändert]" (Busch 2007: 141).

In der vorliegenden Studie wird der Diskurs als ein offenes transtextuelles Bezugsnetz von Äußerungen der Privatpersonen zum Thema *Belarusische Sprache* verstanden, das in einem konkreten Korpus von Aussagen realisiert ist, seine schriftliche Manifestation auf den öffentlichen Internetplattformen in Form von Forenbeiträgen findet, als eine kommunikative Interaktion mit quasi-dialogischem Charakter den Ausdruck der kollektiven Sprachmentalität in Belarus darstellt und das gemeinsame Sprachwissen sowie die gemeinsamen Sprachnormen, -werte, -einstellungen, -ideologie und -bewusstsein formiert.

3.2.1.3 Konstruktivität des Diskurses: Wissen und Wirklichkeit

Als Untersuchungsobjekt ist der Diskurs in erster Linie aufgrund seiner wissens- und wirklichkeitskonstituierenden Funktion interessant. Vor allem der Wirkungsaspekt macht die diskursive Behandlung von Sprachsituation in Belarus forschungsrelevant. Der gnoseologische Zusammenhang zwischen *Sprache* und *Wissen* hat eine lange Forschungsgeschichte, die hier nicht referiert werden soll. Auch die von Foucault dargelegte Interaktion von *Diskurs*, *Wissen* und *Wirklichkeit* wird in vielen diskurstheoretischen Arbeiten erörtert, bestätigt und auch vorausgesetzt (z.B. Spitzmüller/Warnke 2011; Keller 2005; Gardt 2007). Hier sei lediglich kurz auf das diskursive Verständnis der Sprache-Wissen-Relation, auf die Rolle des Diskurses bei der Wissensübermittlung und -erzeugung, auf die Aufgabe einer Diskurs- und einer Wissensrahmen(Frame)analyse und auf die Mittel der diskursiven Konstitution von Wirklichkeit eingegangen.

Wittgensteins Axiom der „Unhintergehbarkeit der Sprache" stellt im Gegensatz zur Faktizität, Bewusstheit, Zugänglichkeit und Identifizierbarkeit nahezu den einzigen unbestrittenen Aspekt des Wissens dar (vgl. Busse 2008: 62). Das Humboldt'sche Sprachapriori der Kognition wird in der Diskurslinguistik konkretisiert, indem die Sprache als eine Voraussetzung der Verhandelbarkeit und der Wirkungsentfaltung des Wissens angesehen wird (vgl. Busse 2008: 82). Diskurse gelten dabei v.a. in der CDA als Träger des in der Sprache aufscheinenden Wissens der jeweiligen Epoche. Sie liefern das Wissen für die Konstruktion der Wirklichkeit und formieren somit das Bewusstsein, indem sie das Wissen benutzen und organisieren (vgl. Jäger/Zimmermann 2010: 12–13). Die Erzeugung des Wissens geschieht dabei in den sog. ‚agonalen' – d.h. Kontroversen enthaltenden – Diskursen als Resultat eines „semantischen Kampfes" (vgl. Spitzmüller/-Warnke 2011: 43–48).[139] Zu den Faktoren der Wissenskonstituierung zählen dabei Sprecher bzw. Schreiber, Aussage, Projektion, Medium, Wissen und Hörer bzw. Leser. Fasst man diese Faktoren zusammen, so kann man mit der Projektion auf die Online-Diskussion der Sprachverwender über die belarusische Sprache behaupten, dass

> die diskursive Konstituierung von Wissen dadurch [erfolgt], dass Akteure in medialer Form Aussagen treffen, die für andere Akteure wahrnehmbar sind und auf gedankliche Inhalte auf der Grundlage von verstehensrelevantem sowie geteiltem Wissen bezogen sind (Spitzmüller/Warnke 2011: 57).

Hinsichtlich der laienhaften Fachkompetenz der Beitragsautoren des analysierten Diskurses kann die Relevanz der Datengrundlage dadurch bestätigt werden, dass

> wenn Wissen prinzipiell als diskursives Konstrukt angesehen wird, [...] die Verbreitung von Diskurspositionen, etwa von Experten zu Laien oder aber auch von lokalen Akteuren zu globalen Institutionen, an Interesse für die linguistische Analyse der Wissenskonstituierung [gewinnt] (Spitzmüller/Warnke 2011: 47).

Die Aufgabe der Diskursanalyse liegt dabei in der Offenlegung der Art und Weise, wie durch Sprache Wissen geschaffen wird, sowie in der Erfassung und Beschreibung v.a. des verstehensrelevanten Wissens. Dies erfordert sowohl eine Analyse von Aussagen als auch des Wissensrahmens, in den die einzelnen Äußerungen eingebettet werden. Da sich die vorliegende Studie auf die Aussagenanalyse konzentriert, wird diese im theoretischen Teil zu diskursiven Analysekategorien (Kap. 3.2.2.3.2) ausführlicher beschrieben. Hier sei kurz auf die Analyse des Wissensrahmens – die Frameanalyse – eingegangen, die v.a. in der modernen deutschsprachigen epistemologisch ausgerichteten Diskurstheorie eine wichtige Rolle spielt (z.B. Busse 2008; Konerding 2008; Ziem 2008). Als

---

[139] Die Bedingungen der sprachlich-diskursiven Konstitution von Wissen werden in der Arbeit von Busse (1987) zur historischen Semantik genannt.

Frames werden typisierte und strukturierte, kulturspezifisch fixierte Segmente des kollektiven Wissens auf verschiedenen Abstraktionsstufen bezeichnet. Sie seien als stereotypes Wissen kognitiv gespeichert und abrufbar und werden in der Sprachphilosophie als „stillschweigendes Wissen" beschrieben (vgl. Ziem 2008: 93; Busse 2008: 67). Als vorkonstruiertes Wissen werden die Frames als selbstverständlich wahrgenommen, sie sind nicht hinterfragbar und insinuativ (vgl. Angermüller 2008: 198–199). Das Erfassen von Frames ist eine epistemische Voraussetzung des Verstehens. Laut Foucault bestimmen die Frames sogar die Möglichkeiten des Auftretens von Aussagen im Diskurs (vgl. Busse 2008: 68). Laut der Frametheorie erzeugen Wörter implizit oder explizit Sinnesdaten, die durch Frames in einen kognitiv konstruierten Kontext eingebettet werden, wo sie die Fülle ihrer Bedeutungen entfalten (vgl. z.B. Ziem 2008). Hinsichtlich der Wirklichkeitskonstitution wirkt ein aktivierter Frame nicht nur sprach-, sondern auch handlungsregulierend. Der Diskurs fungiert dabei als ein epistemischer ‚Entfaltungsraum' von Frames, in dem „diskursive Bewegungen [...] über Wissensrahmen und deren Geflechten [operieren]" (Busse 2008: 77) und das einzelne Individuum sein bestehendes Wissen „ständig mit neu entstehenden Hypothesen konfrontieren und abgleichen muss" (Angermüller 2008: 203). Die Frameanalyse fragt nach den tatsächlichen Hintergründen der Äußerungen und geht über die Grenzen der Oberflächenanalyse hinaus. Durch die Berücksichtigung von Rahmenelementen – wie z.B. Gegenstand, Zweck, gesellschaftlicher Rahmen, Situationstyp, Redestil, zugelassene und nicht zugelassene Ausdrucksmittel – ermittelt sie die Präsuppositionen, das versteckte verstehensrelevante Wissen (vgl. Busse 2008). Generell stützt sich die Frameanalyse auf die Methodologie der qualitativen Forschung und bedient sich der Methoden der interpretativen Hermeneutik. Jedoch ist die praktische Umsetzung einer Frameanalyse wegen ihrer Komplexität schwer, und die methodische Vorgehensweise wird trotz der fundierten theoretischen Begründung kaum erläutert (vgl. Spitzmüller/Warnke 2011: 82). Ein Beitrag zur frameanalytischen Beschreibung wird in dieser Studie im Sinne der Kontextualisierung durch die Darstellung einstellungsrelevanter historischer und aktueller sprachpolitischer Gegebenheiten (Kap. 2) geleistet.

Neben der Wissenserzeugung geht es in der Diskurstheorie, wie oben erwähnt, um die Erzeugung von Wirklichkeit, die als ein Konstrukt angesehen wird, das von seiner sprachlichen Erfassung abhängig ist und in diskursiven Prozessen konstituiert wird. Wie von Spitzmüller/Warnke (2011: 45) angemerkt, kam der Gedanke über die wirklichkeitskonstituierende Kraft der Sprache nicht erst mit poststrukturalistischen Theorien, sondern er wurde bereits von Wittgenstein (1982) ausgesprochen. Dass auch die Diskurse diese Macht ausüben, wird von Foucault behauptet, der von einer Eigenschaft des Diskurses spricht, Realität zu erzeugen und zu strukturieren. Foucault (1981: 74) schlägt vor, Diskurse „als Praktiken zu behandeln, die systematisch die Gegenstände bilden, von denen sie sprechen". Nach ihm wird auch in der CDA der Diskurs als eine die sozialen (Macht)Verhältnisse konstituierende und strukturierende soziale Praxis angesehen. Die Diskurse würden Machtwirkungen entfalten, denn sie „bestimmen das Wissen und die sich darauf stützenden Handlungsstrategien von Personen und Institutionen und produzieren dadurch nicht nur gesellschaftliche Wirklichkeiten, sondern formieren darüber hinaus Subjekte" (Jäger/Jäger 2007: 39). Die Diskursanalyse wird also in der CDA als Analyse der Wirkung sowohl auf das individuelle als auch auf das kollektive Bewusstsein angesehen und ist darauf gerichtet, den Zusammenhang zwischen der diskursiven Praxis und der sozialen Wirklichkeit darzulegen. Fairclough (1992) konkretisiert den Begriff der sozialen Wirklichkeit und benennt die diskursiv konstituierten gesellschaftlichen Domänen: Wissens- und Glaubenssysteme, soziale Beziehungen und soziale bzw. personale Identitäten. Auch in der LDA wird von der wirklichkeitskonstituierenden Funktion des Diskurses ausgegangen, welche hier die epistemologische konstituierende Komponente der Diskursdefinition bildet (z.B. Gardt 2007: 30). Diese Funktion wird dabei nicht nur dem Diskurs selbst zugeschrieben, sondern auch seinen einzelnen Elementen, wie z.B. der Metapher (vgl. Böke 1996: 448). Der wissenssoziologische Ansatz der Diskursanalyse (Keller 2011) hat ebenso die kommunikative Konstruktion von Wirklichkeit zum Untersuchungsgegenstand und begreift Diskurse als Dispositive und Praktiken der Strukturierung von gesellschaftlichen Handlungsfeldern.

In Bezug auf den in den Internetforen ausgetragenen Diskurs über die belarusische Sprache ist die Konstruktivität des Diskurses insofern interessant, als dass er nicht nur die vorhandenen Einstellungen der Verwender abbildet, sondern sich auch bei den Rezipienten des Diskurses in Sinne der wechselseitigen Beziehung zwischen Diskurs und Wissen bzw. Wirklichkeit als einstellungserzeugend und -modifizierend erweisen kann.

3.2.2 Diskursanalyse

Aufgrund der Offenheit und der weiten Fassung des Diskursbegriffes wird die empirische Herangehensweise daran – die Diskursanalyse – in der Forschung als eine wissenschaftliche Haltung, als eine Theorie sowie als eine Methode angesehen (Gardt 2007). Solches Verständnis der Diskursanalyse erlaubt es, die

Komplexität der diskursiven Zusammenhänge besser abzubilden und wird deswegen auch in dieser Studie übernommen.

3.2.2.1 Diskursanalyse als wissenschaftliche Haltung

Die Besonderheit der Diskursanalyse als einer wissenschaftlichen Haltung liegt v.a. darin, dass sie sowohl linguistisch als auch kulturwissenschaftlich vorgeht, indem sie sprachliche Zusammenhänge im Kontext „philosophischer, religiöser, politischer, gesellschaftlicher, ökonomischer, technisch-naturwissenschaftlicher, ästhetischer und alltagsweltlicher Zusammenhänge" (Gardt 2007: 39) betrachtet. Dies ist v.a. darin begründet, dass die Diskursanalyse in der Regel mit linguistischen Methoden nicht-linguistische Gegenstände (wie z.B. Einstellungen) erforscht. Deswegen geht sie über die Grenzen der formalen Analysen der Linguistik hinaus und bezieht die sprachliche Wirklichkeit in die Forschung mit ein. Die Diskursanalyse versteht sich als eine einzeltextübergreifende Disziplin, die auch über die Grenzen des Einzeldiskurses hinausgreift und dabei zum einen nach Musterhaftem sucht, um eine Grammatik der Diskurse zu ermitteln, und zum anderen die Wechselwirkungen zwischen Diskurs und der Gesamtsprache beschreibt (vgl. Gardt 2007: 39).

3.2.2.2 Diskursanalyse als Theorie

Die Diskursanalyse kann v.a. deswegen als Theorie bezeichnet werden, weil sie sich unterschiedlicher Methoden bedient und somit eine methodenübergreifende Ebene darstellt (vgl. Gardt 2007: 35). Anders als die sozial-wissenschaftliche Diskursanalyse, die an den sozial geteilten Regeln des Sprechens interessiert ist, untersucht die in der Linguistik verortete Diskursanalyse die „sprachliche Ordnungsbildung jenseits von Wort und Satz" (Angermüller 2008: 185). Sie wird aus zwei verschiedenen Positionen durchgeführt. Die *sprach*theoretische (sprachbezogene) Diskursanalyse versteht den Diskurs als eine ‚Anwendungsart der Sprache' und sucht im Diskurs nach seinem sprachlichen Regelsystem. Die *erkenntnis*theoretische (wissensbezogene) Diskursanalyse im Sinne von Foucault (wie CDA und LDA) ist dagegen an typischen sprachlichen und kognitiven Formationen interessiert, geht von einer epistemischen Funktion der Sprache aus und betrachtet den Diskurs als eine Repräsentation von kognitiven Figuren (z.B. von *Topoi*, s. Kap. 3.2.2.3.3). Dabei weisen die einzelnen Ansätze der wissensbezogenen Diskursanalyse Unterschiede in ihren Erkenntnisinteressen (Ideologie (CDA) vs. Mentalität (LDA)), in ihrer Positionierung zum Forschungsgegenstand (stellungbeziehend (CDA) vs. distanziert (LDA)) sowie in den Analysemodi (Kritik (CDA) vs. Deskription (LDA)) auf. In Anbetracht dieser zwei verschiedenen Forschungsperspektiven stellt sich für die konkrete Sprachanalyse die Frage, ob ein Korpus von erhobenen Aussagen den eigentlichen Diskurs ausmacht oder ob die Aussagen bloß Anzeichen von abstrakten epistemologischen Erscheinungen sind, und der Diskurs viel mehr ist als seine materielle Manifestation. In der Diskurslinguistik wird mehrheitlich von der zweiten Annahme ausgegangen, denn der Diskurs realisiere sich zwar durch Sprache, aber es gäbe „ein Mehr des Diskurses", das zusammen mit der Sprache den Diskurs konstituiert (vgl. Warnke/Spitzmüller 2008: 15–16). Die Forschungsfragen der vorliegenden Studie erfordern eine *wissensbezogene* Analyse, die neben der Gesamtheit von Korpusdaten auch andere Faktoren wie z.B. Akteure und Kontext berücksichtigen muss.

Es besteht allerdings kein „geschlossenes, von einer Position aus durchformuliertes und allgemein als verbindlich anerkanntes Theoriegebäude" (Gardt 2007: 36) der Diskursanalyse, und die theoretischen Überlegungen speisen sich größtenteils von ‚Bezugsdisziplinen und -strömungen' wie z.B. Pragmatik, Mentalitätsgeschichte, Poststrukturalismus etc., mit denen die Diskursanalyse eine gemeinsame konstruktivistische Komponente hat, nämlich die sprachliche Erschließung und Konstruktion von Wirklichkeit. In dieser Hinsicht befasst sich die Diskursanalyse als Theorie mit den Fragen, wie deterministisch die sprachliche Prägung in Bezug auf die Erkenntnis ist und wo diese Prägung anfängt. Als Antwort werden die Strukturen der Sprache genannt, die im Wortschatz und in der Grammatik versteckt sind (vgl. Gardt 2007: 37–38). Den Text betrachtet die Diskursanalyse demnach

> nicht als intentionale Äußerung [...] eines individuellen Bewusstseins, sondern als eine ‚Oberfläche', [...] die, in ihrer Intertextualität und in ihrem vom Autor nie wirklich kontrollierten Arrangement Bedeutungseffekte hat, die immer über den einheitlichen, intendierten Sinn hinausgehen (Sarasin 1996: 156 in: Albert 2008: 176).

3.2.2.3 Diskursanalyse als Methode

Als ein Verfahren zur Erschließung von Diskursen untersucht die Diskursanalyse – historisch und gegenwartsbezogen – Diskursstränge und deren Verschränkungen (Jäger 1997) sowie die prozessuale Erzeugung von diskursiven Strukturen (Warnke 2007: 17). Die Diskursanalyse geht von der theoretischen Annahme mehrerer unterschiedlicher semantischer Ebenen in Texten aus (vgl. Gardt 2007: 35). Es wird dabei nicht nach der Produktion von Äußerungen, nach Inhalten einzelner Diskurse bzw. nach der semantischen Oberfläche gefragt. Das allgemeine Ziel von Diskursanalysen ist vielmehr die Beschreibung von „diskursiven Determinanten, die die einzelnen Aussagen ins Feld der Präsenz stellen" (Warnke 2007: 16), also, nach Gründen von Aussagen, nach „semantischen Voraussetzungen, Implikationen und Möglichkeitsbedingungen der sprachlichen Zeichen" (Bluhm et al. 2000: 9), nach der semantischen Tiefenstruktur der Diskurse, die sich in den semantischen Grundfiguren wie Denkmuster, Denk- und Wollensgewohnheiten, Mentalitäten etc. manifestiert (vgl. Gardt 2007: 33). Durch die Ermittlung der vorherrschenden diskursiven Muster soll das gesellschaftliche Wissen erforscht werden (vgl. Wengeler 2000: 55). Dabei geht es nicht um das gesamte im Diskurs integrierte Wissen, sondern nur um das verstehensrelevante Wissen und dessen deskriptive Erfassung (vgl. Busse 2008: 62). Im Gegensatz zur Inhaltsanalyse stellt die Diskursanalyse keine Hypothesen auf und bildet keine Theorien, sondern sie liefert eine narrative Darstellung von „Denk- und Argumentationsweisen, die zu bestimmten Zeiten öffentlich das Denken und Reden über ein Thema bestimmt und somit auch die ‚Wirklichkeit' dieses Themas konstituiert oder organisiert haben" (Wengeler 2003: 290–291). Die Beschreibung erfolgt dabei in einem aufklärerischen Duktus, indem die zugrunde liegenden latenten Inhalte und Strukturen aufgedeckt und expliziert werden (vgl. Gardt 2007: 33). Davon ausgehend, dass Diskurse Geschichte, Gegenwart und Zukunft haben, stellt die Diskursanalyse eine „Basis für eine (vorsichtige) diskursive Prognostik" (Jäger/Jäger 2007: 31) dar. In diesem Sinne wird in der vorliegenden Studie das Ziel verfolgt, die typischen Denkmuster im internetbasierten Sprachverwender-Diskurs in Belarus offen zu legen und empirisch zu beschreiben.

3.2.2.3.1 Analysekategorien: Struktur, Diskurspositionen, Akteure, diskursive Subjektivität

Bei der Beschreibung der diskursiven *Struktur* spricht die Diskurstheorie u.a. von *Diskursfragmenten* (Aussagen bzw. Texten zu einem bestimmten Thema), von den daraus bestehenden *Diskurssträngen* (thematisch einheitlichen Diskursverläufen) und von den die Richtung des Diskursstrangs bestimmenden *diskursiven Ereignissen* (Jäger/Zimmermann 2010: 12–13). Die aus den einzelnen einstellungsrelevanten Aussagen über die belarusische Sprache zusammengesetzten Diskursstränge und deren Verschränkungen sowie die einzelnen diskursiven Ereignisse werden während der thematischen Analyse der Online-Diskussion (Kap. 5.2) offengelegt.

Als *Diskursebenen* bzw. soziale Orte, auf denen die Diskursstränge angesiedelt sind, benennen Jäger/Zimmermann (2010: 17) z.B. die akademische Ebene, die Ebenen der Politik, der Medien, des Alltags und der Erziehung. Bei der Untersuchung der Online-Diskussion über die belarusische Sprache geht es um die synergetische Verbindung der Ebenen der Medien und des Alltages. Vor allem die Alltagsebene als der Ort einer interpersonalen Diskursrealisation ist bei der

Analyse der Diskussion der Sprachverwender (der Laien) in Belarus relevant, denn hier kommen die „diskursiven Produkte der ‚Mehrheit der Sprachteilhaber'" (Roth 2008: 335) zum Vorschein. Die Alltagsebene wird auch von Jäger und von Roth als besonders bedeutsam markiert, denn „sie erfasst wohl jenen Diskursbereich, dem wir in unserer regulären, eben ‚alltäglichen' sozialen Kommunikationsumgebung [...] ausgesetzt sind [...], und an der wir alle selbst als aktive Diskursteilnehmer mitwirken" (Roth 2008: 333) (Kap. 3.3.3).

Unter *Diskurspositionen* versteht die CDA die sog. ideologischen Orte, von denen aus die Diskursteilnehmer sprechen und die in jede diskursive Aussage eingehen (vgl. Jäger/Jäger 2007: 15). In der anwendungsorientierten DLA werden die Faktoren genannt, die eine Diskursposition bestimmen: soziale Stratifizierung, Diskursgemeinschaften, *ideology brokers*, *voice* und Vertikalitätsstatus (vgl. Warnke/Spitzmüller 2008: 34–36). Die *soziale Stratifizierung* steuert den Zugang zum Diskurs und macht ihn zu einem Ort, an dem Debatten verschiedener sozialer Schichten ausgetragen werden, denn die Diskursdaten seien immer sozial markiert (vgl. Spitzmüller/Warnke 2011: 182). Für die Analyse des Verwender-Diskurses über die belarusische Sprache heißt es, dass im Falle der Internetdiskussion zwar ein breiter Rezipientenkreis angenommen werden kann, aber es berücksichtigt werden muss, dass nur diejenigen sozialen Gruppen am Diskurs partizipieren, in denen die Nutzung des Internets zum Alltag gehört. An dieser Stelle soll die Statistik der Internet-Nutzung in Belarus Aufschlüsse über die potentielle Reichweite des Online-Sprachdiskurses geben (Kap. 5.3.2). Als *Diskursgemeinschaften* werden die Gruppen von Menschen mit „(relativ) homogene[n] Bedeutungszuordnungskonventionen [...] und Aussagensysteme[n]" (Jäger/Jäger 2007: 30–31.) bezeichnet. Sie können verschiedenen Sprachgemeinschaften zugerechnet werden und regeln den Zugang zum Diskurs. Die *ideology brokers* sind zentrale Akteure, deren eigene Meinung Durchsetzung findet und deren Autorität aus sozialer Position und fachlicher Expertise resultiert und implizit oder explizit durch metapragmatische Äußerungen zum Ausdruck kommt. Der soziale Status in Verbindung mit sprachlichen Ressourcen ist einer der Faktoren des sog. *voice*, der Fähigkeit, sich Gehör zu verschaffen. Im Hinblick darauf kann die Nutzung der Internetplattform „als Verfahren der Hörbarmachung von Diskurspositionen verstanden werden" (Spitzmüller/Warnke 2011: 179). Unter dem *Vertikalitätsstatus* wird die hierarchische Schichtung des sprachlich induzierten Experten- und Laienwissens verstanden, das z.B. in den vertikalen Wortschatzvariationen (Fach- vs. Gemeinsprache) Ausdruck findet. Der Vertikalitätsstatus soll bei einer Diskursanalyse berücksichtigt werden, damit vermieden wird, dass Diskurse als eindimensionale Strukturen betrachtet werden (vgl. Spitzmüller/Warnke 2011: 177–178). Unter *diskursiven Positionen* werden in dieser Studie die Einstellungen zur belarusischen Sprache als mentale Orte, von denen aus die Diskursteilnehmer sich zum Gegenstand der Diskussion äußern, verstanden. Die einzelnen diskursiven Positionen werden in Sinne von Jäger (1997) erst aufgrund der vorgenommenen Analyse bestimmt.

Bei einer Diskursanalyse bildet, wie oben erwähnt, nicht nur die Gesamtheit der Korpusdaten den Forschungsobjekt, sondern auch die im Diskurs Sprechenden bzw. Handelnden: die *Diskursakteure*. Beim Diskursakteur handelt es sich nicht um eine empirische Person als ein vorlinguistisches Individuum, sondern um Diskurssubjekte, um Sprecherrollen (vgl. Angermüller 2007: 63). Ein *Individuum* wird zum *Subjekt*, indem es sich der diskursiven Ordnung unterwirft und eine Position einnimmt. Es verkörpert eine Gesamtheit der Subjektpositionen und kann Subjekt mehrerer Diskurse sein, aber es selbst kommt nie zur Sprache, weil es „irreduzibel auf Sprache wie auf soziale Praktiken überhaupt ist" (Albert 2008: 171). Im Diskurs sprechen also nur Subjekte, nicht Individuen, auch wenn das Pronomen ‚ich' verwendet wird.[140] Zur Klärung der Rolle des Subjektes im Diskurs wird im Folgenden kurz auf seine konzeptionelle Platzierung zwischen Sprache, Diskurs und Aussage eingegangen.

Zwischen *Subjekt* und *Sprache* besteht eine wechselseitige Beziehung. Einerseits wird das Subjekt durch seinen Eintritt in die Sprache konstituiert, indem es sich der sprachlichen Ordnung mit einem geschlossenen System von Zeichen unterwirft und nur innerhalb bestimmter Grenzen agiert, so dass das nicht in Sprache Fassbare von vornherein ausgeschlossen wird. Die bestehende Ordnung der Sprache strukturiert zwar die subjektive Wahrnehmung, aber das Subjekt muss dadurch eine gewisse Entfremdung hinnehmen. Andererseits wird diese Ordnung, die zwar vom einzelnen Subjekt nicht modifizierbar ist, von niemandem sonst als von der Gesamtheit der Subjekte konstituiert (vgl. Albert 2008: 166–167). Für eine Diskursanalyse gilt also, bei der Beschreibung kognitiver Strukturen – wie z.B. Einstellungen – von der Existenz des Unsagbaren, des außerhalb der Materialität liegenden Wissens auszugehen.

Aus der Sicht der CDA sind Diskurse ebenso überindividuell und können vom einzelnen Subjekt nicht bestimmt werden. Die Diskursakteure agieren „im Rahmen eines wuchernden Netzes diskursiver Beziehungen und Auseinandersetzungen" (Jäger/Zimmermann 2010: 13) und üben einen Einfluss auf Mediendiskurse nur insofern aus, als dass die diskursive Konstruktion und Entwicklung von Wissen (Kap. 3.2.1.3) vom jeweiligen subjektiven Vorwissen abhängt (vgl. Jäger/Zimmermann 2010: 19–20). *Subjekt* und *Diskurs* stehen auch laut der

---

140 Zur ausführlichen Übersicht der Unterschiede zwischen *Individuum* und *Diskurssubjekt* s. Albert (2008: 173).

LDA im „Verhältnis wechselseitiger Konstitution und Abhängigkeit" (Albert 2008: 172). Subjekte werden zugleich als Produkte und als Fundament des Diskurses angesehen, denn Diskurse eröffnen Subjektpositionen und sind gleichzeitig davon abhängig, dass die Subjekte an ihm partizipieren und ihn dadurch konstituieren. Subjekte können ihrerseits ihre Sprachhandlungen nur innerhalb der Diskurse vollziehen, indem sie sich der diskursiven Praxis unterwerfen (vgl. Albert 2008: 161–165). Wie die Subjekte, werden auch die von ihnen produzierten *Aussagen* vom Diskurs determiniert. Dabei könne jeder Aussage laut Foucault (1981: 134) ein Subjekt zugeschrieben werden, und das Verhältnis des Subjektes zu seinen Aussagen sei nicht immer konstant.

Die diskursive Subjektivität ist keine einheitliche Kategorie. Ihre Organisation wird u.a. bei Angermüller (2007: 63; 2008: 191–198) und bei Spitzmüller/Warnke (2011: 172–183) theoretisch aufgegriffen. Angermüller spricht von einer externen Äußerungsposition des *Lokutors* als einer symbolischen Instanz, die das Geäußerte verantwortet, aber selbst nie auftritt; und einer internen Äußerungsposition des *Sprechers*, von dem die Äußerung zur Sprache gebracht wird. Spitzmüller/Warnke übernehmen die gestufte Realisierung der Interaktionsrollen aus der interaktionalen Soziologie (Goffman 1981 in: Spitzmüller/Warnke 2011) und bieten sie zur diskursanalytischen Anwendung an. Dabei sollen sowohl die Produzentenrollen (*principal*: Akteur der Beauftragung, *author*: Akteur der Formulierung, *animator*: Akteur der Äußerung) beschrieben als auch die Rezipientenrollen (*primary recipient*: eigentlicher Adressat, *bystander*: zugelassener Mithörer, *eavesdropper*: nicht autorisierter Empfänger) berücksichtigt werden.

Vor dem Hintergrund dieser theoretischen Ausführungen zur Subjektivität kann hinsichtlich der vorliegenden Untersuchung behauptet werden, dass die überwiegende Anonymität der Forenbeiträge keine nachteilige Auswirkung auf die Aussagekräftigkeit der Analyseergebnisse mit sich bringt, denn es sind nicht die Individuen forschungsrelevant, sondern die Subjekte, die Akteure, die eine Position einnehmen, von der aus sie die Äußerungen von Aussagen vollziehen. Die Spezifik der untersuchten Datenbasis erlaubt keine gestufte Darstellung von *Produzenten*rollen, denn die Akteure der Formulierung und der Äußerung fallen höchstwahrscheinlich in einer Rolle zusammen und die evtl. Akteure der Beauftragung sind nicht eindeutig erschließbar, so dass die Vermutungen über die möglichen ‚Auftragsgeber' (*principal*) alleine auf Spekulationen basieren würden. Zudem erscheint die Instanz der Beauftragung als wenig relevant, da es nicht um die Intention eines Subjektes geht, sondern um die Positivität und die

Konstruktivität seiner Äußerung.[141] Im Gegensatz zu den Produzentenrollen lassen sich im Internetdiskurs über die belarusische Sprache alle Abstufungen der *Rezipienten*rollen beschreiben: die unmittelbaren Dialogpartner als eigentliche Adressaten, die Gesamtheit aktiver Diskursteilnehmer als zugelassene Mithörer und die antizipierten Leser der Foren als Akteure der beabsichtigten, aber nicht autorisierten Wahrnehmung (vgl. Spitzmüller/Warnke 2011: 177).

3.2.2.3.2 Analyseobjekt: Aussage

An dieser Stelle sei erneut betont, dass es sich bei dieser Studie um eine diskurs*linguistische* Analyse (DLA) als methodischen Ansatz handelt, der sich auf die *sprachlichen* Handlungen im Diskurs konzentriert. Aus forschungspraktischer Sicht kann die DLA nicht nur alle möglichen Belege aus dem sog. ‚Feld der Präsenz' wie Wörter, Satzstrukturen, Aussagen, Argumente etc. zu ihrem Objekt machen, sondern auch den Kontext der Aussage – den Wissensrahmen (Frame) – in den diese Aussagen eingebettet sind und wo sie ihre Bedeutung entfalten. Wie oben bereits dargelegt, ist die Frameanalyse ein Mittel, das versteckte verstehensrelevante Wissen empirisch zu erschließen und die Aussagen zu kontextualisieren. Sie ist jedoch aufgrund der Komplexität ihres Gegenstandes methodisch noch nicht hinreichend ausgearbeitet (Kap. 3.2.1.3). Je nach Forschungsinteresse können auch die sog. ‚verbundenen' (nicht-sprachlichen) Dimensionen wie para- und nicht-sprachliche Handlungen der Diskursakteure sowie die visuellen Komponenten der Bedeutungsvermittlung ein Objekt der DLA bilden. Vor allem die letztgenannten sind mit der Verbreitung der computergestützten Kommunikation ins Interessenfeld der Linguistik gerückt. Allerdings wären solche Überschneidungsphänomene allein mit linguistischen Methoden nicht erfassbar (vgl. Warnke/Spitzmüller 2008: 10–14). Und so werden in der DLA mal die Determinanten des Gesagten akzentuiert (Busse 2008; Konerding 2008; Ziem 2008), mal das Gesagte in seiner intertextuellen Vernetzung selbst (Wengeler 2003).

Im Zentrum der vorliegenden Studie liegt die Aussage als eine formulierte linguistische Sequenz und die kleinste Einheit des Diskurses. Die Aussage erscheint als das zentrale Untersuchungsobjekt der DLA, da „das linguistische Interesse an Sprache [...] in textübergreifenden Strukturen grundsätzlich aussagenbezogen" (Warnke 2007: 11) ist. Da Diskurse dynamische Gebilde bzw. Prak-

---

[141] Mit Hinblick auf die Diskursanalyse nach Foucault sieht Albert (2008: 155) in einer „Abkehr von der naiven Frage nach der Autorintention" eine methodische Konsequenz, so dass „die Subjektpositionen [...] durch die Aussagefunktion eröffnet" werden.

tiken sind, wird die Aussage (Diskurs*fakt*) nicht bloß eine statische Zeichenfolge begriffen, sondern als eine materialisierte Äußerung (Diskurs*akt*). Die Aussage ist also „ein spezifischer Diskurs(f)akt, der den Vollzug seiner *énonciation* [Äußerung] mitträgt und somit, anders als die Sätze der formalen Linguistik, nicht wiederholt werden kann, ohne eine neue Aussage hervorzubringen" (Angermüller 2007: 60).

Zwar konzentriert sich die DLA auf die Untersuchung der sprachlichen Oberfläche, und die Aussagen gehören zu Oberflächenphänomenen, aber sie werden als Elemente der Tiefenstruktur angesehen (vgl. z.B. Jäger/Jäger 2007: 26), und die DLA versteht sich als eine tiefensemantische Analyse, die an der Ermittlung diskurssemantischer Tiefenstrukturen (wie z.B. der Topoi) interessiert ist. Dabei geht es nicht nur um die Semantik auf der Ebene der Sprachstruktur (von den Morphemen bis zu den Sätzen), sondern auch um die transtextuelle und pragmatische Semantik. Deswegen verwendet die DLA bei der Erschließung von Diskursinhalten und deren Determinanten das gesamte Spektrum semantischer Methoden sowohl auf der sprachstrukturellen als auch auf der transphrasischen Ebene, wo Themenstrukturen, Diskursstrategien etc. offengelegt werden (vgl. Gardt 2007: 31 – 37). Im Online-Bereich wird darüber hinaus die Semantik der Visualität und der Hypertextualität untersucht (Fraas/Pentzold 2008).

3.2.2.3.3 Analysegegenstand: Topos als diskursives Instrument der Einstellungsermittlung

Wie oben bereits geschildert, ist die kognitions- und wirklichkeitsbezogene Konstruktivität der Diskurse eines ihrer wesentlichen Merkmale. Die einzelnen diskursiven Einheiten wie Aussagen haben dabei in dieser Hinsicht nur eine minimale Wirkung. Die Nachhaltigkeit der diskursiven Wirkung wird „durch fortdauernde Rekursivität von Inhalten, Symbolen, Strategien [gewährleistet]. Auch Argumente, [...] Topoi etc. >wirken< durch ständige Rekurrenz und tragen somit dazu bei, Bewusstsein zu formieren" (Jäger/Zimmermann 2010: 19). Die Topoi als die sich wiederholenden Diskurssegmente sind also ein wichtiges Mittel der Wirkungsentfaltung von Diskursen und dienen als Verknüpfung zwischen dem Wissensrahmen und den einzelnen Aussagen, in denen sie sich manifestieren. Als Elemente der tiefensemantischen Ebene können die Topoi zur linguistisch-hermeneutischen Beschreibung von latenten Inhalten wie (Sprach)Einstellungen besonders produktiv eingesetzt werden. Ihre Untersuchung im Sprachverwender-Diskurs kann Erkenntnisse sowohl über die gemeinsamen Denkmuster in Bezug auf die Nationalsprache als auch über die Wirkungsweise des Sprachdiskurses liefern.

Generell sind die Topoi Quellen argumentativer Mittel und gehören zum kollektiven Wissen. Der Begriff hat mehrere Bedeutungen und wird „je nach Tradition, Disziplin und auch Autor" unterschiedlich ausgelegt (Knoblauch 2000: 652). Bereits in der Aristotelischen Rhetorik, die sich als erste mit dem Topos auseinandersetzte, wurde der Begriff nur vage definiert und stand sowohl für sehr allgemeine und formale Konklusionsschemata (*allgemeine Topoi*) als auch für inhaltlich gefüllte kontextspezifische Schlussregeln (*besondere, spezifische Topoi*), was ihn mehrseitig verwendbar machte (vgl. Wengeler 2007: 168). Die theoretische und methodische Auseinandersetzung mit den Topoi geschieht in dieser Studie in Anlehnung an Wengeler (2000, 2003, 2007). Seine Methode der Argumentationsanalyse anhand von Topoi bezeichnet Wengeler als ‚diskursgeschichtlich', denn ihr Ziel ist, „gesellschaftliches, soziales Wissen in Form der (vor)herrschenden sozialen Konstruktion von Wirklichkeit in vergangenen Zeiten zu erforschen" (Wengeler 2000: 55).

Da es ihm nicht um Begriffsgeschichte geht, verzichtet Wengeler auf die Referierung von einschlägigen Arbeiten und Systematisierungsversuchen von Topoi seit der Antike.[142] Er gibt einen Überblick über die aktuelle Verwendung des Topos in verschiedenen Disziplinen und bestätigt dabei die bis heute bestehende Mehrdeutigkeit des Begriffes. In der *Literaturwissenschaft* wird der Topos nämlich als eine Oberflächenerscheinung und ein Klischee bzw. Gemeinplatz ohne Argumentationscharakter begriffen, in der *Rechtswissenschaft* dagegen als ein in argumentative Strukturen eingebundenes allgemein verbreitetes Denkmuster, dessen Angemessenheit für die Rechtsprechung sogar diskutiert wird. Dabei spielt in der Rechtswissenschaft eher der Anwendungsaspekt von Topos eine Rolle, da die plausiblen Topoi bei Entscheidungssuche eingesetzt werden, während die Linguistik den Topos als einen ‚Wissens- und Erfahrungsschatz' betrachtet. In der *Sozialwissenschaft* werden Topoi als Gewohnheiten des Denkens und des Fühlens, als stereotype Elemente mit kognitiver Entlastungsfunktion aufgefasst. Die *Philosophie* verwendet eine normative, für die Linguistik nicht anwendbare Konzeption des Topos, der eher als ein Theorem begriffen wird (vgl. Wengeler 2003: 228–237). Für die *Sprachwissenschaft* stellt Wengeler fest, dass der Topos-Begriff hier, wie auch die rhetorische Tradition generell, weitgehend unberücksichtigt bleibt und nicht das zentrale linguistische Forschungsthema ist. Die meisten sprachwissenschaftlichen Argumentationsanalysen setzen sich mit dem Topos-Begriff nicht auseinander und benutzen stattdessen Konzepte wie ‚Argumentationsbasis' (Schwitalla 1983), ‚Argumentati-

---

142 Zur Geschichte der europäischen Topiktradition seit der Antike s. Kienpointner (1992: 178–185).

onsbereich' (Hortlitz 1988), ‚Argumentationsebene' (Klein 1984) etc. (vgl. Wengeler 2003: 238–246).

Gleichzeitig verzeichnet Wengeler (2003: 246–260) eine argumentationstheoretische Entwicklung in der Linguistik in den 1990er Jahren und stellt eine Reihe von Topos-Konzepten in der germanistischen Sprachwissenschaft dar (Busse 1987, Feilke 1996, Herbig 1993, Hermanns 1994, Huth 1985, Kindt 1992, Klein 1995, Petter 1988, Pielenz 1993, Wodak 1998). Aus dieser Darstellung wird ersichtlich, dass auch hier eine Diversität der Begriffsinterpretationen und der Merkmalszuschreibung von Topos herrscht. Während die Musterhaftigkeit bzw. die Habituität in allen Ansätzen eindeutig zu Topos-Merkmalen gehören, werden andere Merkmale nicht von allen Forschern gleich bewertet. Teilweise unberücksichtigt bleiben z.B. der mentalitätsgeschichtliche Wert von Topoi (bei Herbig), ihre argumentative Ausrichtung (bei Herbig, Hermanns und Hutz), die Implizitheit (bei Busse) und die Symbolität (bei Herbig und Feilke). Bei Busse, Klein und Pielenz wird der Topos als formal und kontextabstrakt begriffen. Bei Wodak wird die Forschungsrelevanz des quantitativen Vorkommens von Topoi nicht in Betracht gezogen.

Wengeler selbst schließt an die theoretischen Ansätze von Kienpointner (1992), Kopperschmidt (1989) und Bornscheuer (1976) an. Kienpointner (1992: 246) formuliert basierend auf älteren Typologien 60 formale kontext*abstrakte* Argumentationsmuster, mit denen er alle Klassen plausibler Muster annähernd vollständig zu erfassen versucht, und die eine Grundlage für die Definition kontextspezifischer Topoi liefern sollen (vgl. Kienpointner 1992: 47). Kienpointners Konzeption wird von Wengeler aufgrund der weitgehenden Einschlägigkeit mit seiner eigenen rezipiert, was sich in dem gleichen mentalitätsgeschichtlichen Erkenntnisinteresse, in der Fokussierung auf die öffentliche Rede, in der Basierung auf Tradition bzw. der Berücksichtigung älterer Typologien, in der Stützung auf Plausibilität und in der Beachtung der quantitativen Komponente von Topoi äußert (vgl. Wengeler 2003: 269). Kopperschmidt führt – zur Abgrenzung von formalen, kontextabstrakten Argumentationsmustern – den Terminus ‚materiale Topik' ein und betrachtet den Topos als eine kontext*spezifische* Schlussregel. Bornscheuer nennt die wesentlichen *Strukturmerkmale* von Topoi wie ihre Habituität (Gewohnheitsmäßigkeit sowie kollektive Verbreitung und Abrufbarkeit), Potenzialität (in ihrer Abstraktheit begründete Anwendbarkeit für *pro*- und *contra*-Positionen), Intentionalität (Modifizierbarkeit je nach Forschungsinteresse) und Symbolität (Realisierung auf der sprachlichen Oberfläche) (vgl. Wengeler 2000: 60).

Angeregt von Kopperschmidts Systematik dessen, *was* an Argumentationen zu analysieren ist, nämlich u.a. die Bestandteile einer ‚materialen Topik', sowie von der Kienpointners Typologie kontextabstrakter Argumentationsmuster, formuliert Wengeler in Anlehnung an diese formalen Muster *inhaltlich-kategorial bestimmte* Topoi und entwirft „eine eigene Kategorisierung von kontext*spezifischen* Argumentationsmustern [...], die die Möglichkeit bietet, Argumentationen einzuordnen und in zeitlich und sachlich verschiedenen Teildiskursen zu vergleichen (Wengeler 2003: 283).[143]

Nach Wengelers Auffassung weist der Topos nun folgende *Merkmale* auf: Argumentations- und Wiederkehrcharakter (Musterhaftigkeit), mentalitätsgeschichtlichen Wert, Implizitheit, Plausibilität, Kontextspezifik, mittleren Abstraktions- und Formalitätsgrad.

Im Folgenden wird kurz auf diese Merkmale eingegangen und parallel verdeutlicht, warum sich die vorliegende Studie auf die Topos-Konzeption von Wengeler stützt. Im Unterschied zu einigen Ansätzen, die, wie oben beschrieben, den Topos lediglich als einen Gemeinplatz betrachten, ist der Topos bei Wengeler (2007: 166) ein *Argumentations*topos, der sich durch die gewohnheitsmäßige Rekurrenz zu einem Muster entwickelt. Die argumentationstheoretische Fundierung des Topos-Begriffes ist für die vorgenommene Analyse der Sprachdiskussion gerade deswegen relevant, weil die Argumentation hier der meist vollzogene Sprechakt ist. Auch generell

> bietet sich der Topos-Begriff [insbesondere] für die Analyse kontroverser [auch kurzfristiger] Debatten an, weil davon ausgegangen werden kann, dass bei diesen mindestens implizit zu überzeugen oder zu überreden versucht wird und Stellungnahmen sich daher immer auch als Argumentationsmuster manifestieren bzw. Argumentationsmuster als verstehensrelevantes Wissen voraussetzen (Wengeler 2007: 184).

Der *Wiederholungscharakter* von Topos lässt, wie bereits dargelegt, Schlüsse über die allgemeinen, sozial- und kulturgeschichtlich relevanten Denkmuster zu (vgl. Spieß 2008: 253–234). Die *mentalitätsgeschichtliche* Zielsetzung der Toposanalyse fokussiert – im Unterschied zur ideologiegerichteten CDA – Inhalte, die nicht rational reflektiert werden, „die Gesamtheit von [...] Gewohnheiten [...] des Denkens und des Fühlens und [...] des Wollens oder Sollens in [...] sozialen Gruppen" (Hermanns 1995b: 77), mit anderen Worten, sie richtet sich auf konsistente Einstellungen, die auch im Fokus dieser Studie liegen. Die *Implizitheit* von Topoi resultiert daraus, dass sie ein präsupponiertes, kollektiv vorhandenes Wissen abbilden, das als selbstverständlich erscheint und dessen Explizieren für überflüssig gehalten wird. Die Zusammenhänge werden dabei aus sprach-

---

[143] Neben Wengeler führen auch Kindt (1992: 189–215) und Wodak (1998: 77–93) eine Reihe kontextspezifischer Topoi auf, welche bei dieser Studie ebenso berücksichtigt wurden.

lich realisierten Elementen des Topos erschlossen. Durch die Toposanalyse wird also der Zugriff auf das Gemeinte, das Kommunizierte, aber Nicht-Gesagte ermöglicht. Somit stellen die Topoi ein geeignetes Instrument der Eruierung von latenten Inhalten wie den (Sprach)Einstellungen dar, denn es gelingt mit ihnen, „die öffentlich gemachten Rationalisierungen eines latent vorhandenen Phänomens in der konkreten Debatte aufzuzeigen" (Wengeler 2007: 183). Die Begründetheit der Topoi auf *Plausibilität* und nicht auf Wahrheitsgehalt von Schlussverfahren ist bereits bei Aristoteles ein wichtiges Merkmal des Topos-Verständnisses. Für eine Diskursanalyse sind nämlich nur die auf Plausibilität zielenden Argumentationen interessant, denn „es geht um das Erkennen der üblichen und verbreiteten Denkweisen in einem Themenfeld, die mit ‚Wahrheit' oder ‚Logik' nichts zu tun haben" (Wengeler 2000: 59). Im Fokus einer Diskursanalyse liegt also nicht die Norm bzw. das Etalon, sondern das aktuell Gegebene. Durch die Implizitheit und Plausibilität des Topos kommt also seine Realitätsnähe zum Vorschein, denn „das Zielen auf Plausibilität und die mangelnde Explizitheit der Argumentation sind augenscheinlich auch Kennzeichen der öffentlich-politischen Argumentation" (Wengeler 2000: 60), bei der laut Wengeler nicht unbedingt mit logisch ‚wahren', sondern mit plausiblen und überzeugungskräftigen Argumenten auf der Grundlage kausaler oder konditionaler Schlüsse gearbeitet wird. Es ist noch hervorzuheben, dass mit der Untersuchung von Topoi nicht nur eine produzenten-, sondern auch eine *rezipienten*orientierte Analyse durchgeführt wird, denn es kommt das bei den Rezipienten vorausgesetzte verstehensrelevante Wissen zum Vorschein, auf welches bei der Verwendung von Topoi referiert wird.

Seine Entscheidung für *kontextspezifische* Topoi erklärt Wengeler (2003: 276–277) damit, dass die allgemeinen Formprinzipien, wie sie von Kienpointner formuliert wurden, für eine mentalitätsgeschichtliche Untersuchung nicht ausreichend wären, weil sie lediglich wenig forschungsrelevante Schlüsse über die verwendeten Argumentationsschemata erlauben würden. Die Berücksichtigung der rein materialen Topik im Sinne von Kopperschmidt würde andererseits zu einer unbegrenzten Zahl einzeltextspezifischer und deswegen nicht repräsentativer Ergebnisse führen. Für eine mentalitätsgeschichtliche Diskursanalyse muss der Topos also auf der *mittleren Abstraktionsebene* formuliert werden, so dass er einerseits auf den allgemein-formalen Schlussmustern basiert und andererseits die auf die konkrete Fragestellung bezogenen Spezifizierungen enthält. Und so stellen die kontextspezifischen Topoi von Wengeler, wie oben erwähnt, *inhaltlich-kategorial bestimmte Muster* dar, die zu ihrer Grundlage die formalen Muster von Kienpointner haben. Mit anderen Worten sind Topoi also inhaltlich angereicherte Muster. Zur Veranschaulichung des mittleren Abstraktionsgrades von kontextspezifischen Topoi nennt Wengeler als Beispiel den *Missbrauchs*-Topos: Er ist konkreter als das formale Kausalschema, aber das Subjekt und Objekt werden hier nicht weiter konkretisiert (vgl. Wengeler 2003: 277). Solche relative Abstraktheit von Topos erlaubt seine Anwendung sowohl für *pro*- als auch für *contra*-Positionen, was für die vorliegende Untersuchung besonders geeignet ist, da hier *für* und *gegen* das jeweilige Einstellungsobjekt argumentiert wird. Mit den so formulierten kontextspezifischen Topoi können *spezifische* gemeinsame Denkmuster erschlossen werden, was im mentalitätsgeschichtlichen Interesse der Diskursanalyse liegt.

Das Ziel einer mentalitätsgeschichtlichen Diskursanalyse ist das Herausfinden des „Wissens- und Erfahrungsschatzes" durch die Identifizierung typischer Denkweisen einer Zeit (Wengeler 2003: 213). Da mit der Änderung gesellschaftlicher Erfahrungsräume sich auch das topisch bestimmte Wissen ändert (vgl. Konerding 2005: 34), können die Topoi als Indikatoren des gesellschaftlichen Wissens betrachtet werden. Für eine Diskursanalyse bietet sich der Topos also als ein besonders geeignetes Analyseinstrument an. Zwar ist damit nicht die ganze epistemische Vielfalt der Diskurse erfassbar, sondern nur ihre Segmente, aber aufgrund seiner oben beschriebenen Merkmale stellt er zum einen eine aussagekräftige und zum anderen eine linguistisch begründbare Analysekategorie dar (vgl. Wengeler 2007: 166). Für die Aussagekräftigkeit und die Repräsentativität der Ergebnisse einer Toposanalyse spricht darüber hinaus die quantitative Auswertung der Topoi im Sinne von Wengeler.

3.2.2.3.4 Offenheit der methodischen Herangehensweise: aufklärerischer Duktus, deskriptiver Modus, linguistisch-hermeneutisches Verfahren

Angesichts der Diversität des Diskursbegriffes selbst (Kap. 3.2.1.2) und der Heterogenität des Forschungsgegenstandes und der -positionen (Kap. 3.2.1) herrscht in der Diskurslinguistik generell Uneinigkeit über die konkreten allgemeingültigen methodischen Schritte.[144] In der Forschungspraxis wird deswegen in der Re-

---

[144] Für eine Diskursanalyse werden in der Linguistik, aber auch in den Sozialwissenschaften, verschiedene Forschungsdesigns/Analyseleitfäden angeboten, z.B.: Jäger (1997) und Keller (2007): Materialaufbereitung, Feinanalyse, Gesamtanalyse und Interpretation; Fairclough (2009): Textanalyse, Ermittlung ontologischer Bedingungen der Texte, Kontextualisierung in gesellschaftliche Konventionen und -handlungsmuster, Formulierung der Problemlösungsstrategien, selbstkritische Reflexion der Analyse und der Ergebnisse; Hermanns (2007): einzelne Arbeitsschritte von der Definition des Themas bis zur hermeneutischen Konzipierung der Gesamtstruktur des Diskurses; Wengeler (2003): von der Korpuserstellung bis zur Interpretation

gel auf die Methoden der Teildisziplinen wie Text- und Korpuslinguistik, Gesprächsanalyse, Argumentations- und Metapherntheorie etc. zurückgegriffen. Die Erschließung von Diskursen geschieht in der DLA in einem *aufklärerischen* Duktus, indem das Verstehen und das Auslegen bzw. Erklären von Texten zur Aufgabe gesetzt wird, und in einem *deskriptiven* Modus, da sie die Oberflächen- und die tiefensemantischen Phänomene zu beschreiben sucht, ohne davor Hypothesen aufzustellen und anschließend Theorien zu bilden. Nach dem mentalitätsgeschichtlichen Ansatz der Diskursanalyse (Hermanns, Wengeler), der bei dieser Untersuchung rezipiert wird, wird das diskursanalytische Verfahren als das „suchende und tastende, probierende und revisionsbereite, sich selbst nämlich immer wieder gerne korrigieren lassen wollende Bemühen um Verständnis" (Hermanns 2007: 188), also als *linguistisch-hermeneutisch* begriffen.

Die DLA geht dabei einen Mittelweg, indem sie an die einzelnen Diskursfragmente im Sinne des qualitativen Forschungsprinzips intuitiv und offen herangeht und gleichzeitig Analyseverfahren anwendet, die auf das Musterhafte in Texten (wie z.B. auf Topoi) gerichtet sind (vgl. Gardt 2007: 43). Bei der Spezifizierung des Analysegegenstandes ist die DLA ebenso auf die Suche nach einem Mittelweg angewiesen, denn eine zu detaillierte Untersuchung des Einzelphänomens kann zu einer „unterspezifizierten" Gesamtanalyse führen (vgl. Spitzmüller/Warnke 2011: 15–16). Um dem zu entgehen, werden in der vorliegenden Untersuchung wie bei der DIMEAN mehrere Ebenen in die Analyse einbezogen: die intratextuelle (Themenentfaltung), die transtextuelle (Topoi) und die Ebene der Diskursakteure (diskursive Positionen). Da Diskurse keine rein linguistischen Phänomene sind, ist die DLA andererseits der Gefahr ausgesetzt, „übergenerierend" zu werden, wenn sie „über ihren Gegenstand mehr in Erfahrung bringt, als dies mit sprachwissenschaftlichen Mitteln möglich und notwendig ist" (Warnke/Spitzmüller 2008: 4), wodurch ihre fachwissenschaftliche Expertise in Frage gestellt werden könnte. Bei den Internetdiskursen besteht diese Gefahr in ihrer Multimodalität: Vor allem die Visualität wird aufgrund ihrer Bedeutungskonstruktivität in den Online-Texten aktiv eingesetzt. Um die Übergeneralisierung zu vermeiden, wird dennoch in dieser Studie auf die Bildanalyse verzichtet, zumal sie hinsichtlich der Forschungsfragen wenig aussagekräftig wäre.

Die Ziele und Aufgaben der DLA als einer wissenschaftlichen Haltung, Theorie und Methode werden in ihrer Abgrenzung zu den ‚Überschneidungsdisziplinen' besonders deutlich. Im Unterschied zur *Sprachwissenschaft*, die an Typi-

---

bei einer Toposanalyse; Diaz-Bone (2010): methodische Schritte der Kodierung und der interpretativen Analytik; Spitzmüller/Warnke (2011): Stufen empirischer Analyse auf der intra- und transtextuellen sowie der Akteure-Ebene (DIMEAN) etc.

schem und Überindividuellem in den Texten interessiert ist, befasst sich die DLA nicht mit Typischem, sondern mit Individuellem: mit bestimmten Diskursen zu bestimmten Zeiten (vgl. Gardt 2007: 34–35). Anders als die *sozialwissenschaftliche Diskursanalyse*, in der die soziale Komponente der Sprachverwendung im Zentrum steht, untersucht die DLA die Regelhaftigkeiten des sprachlichen Funktionierens auf der transtextuellen Ebene. Wie die DLA, arbeitet die *sozialwissenschaftliche Inhaltsanalyse* mit umfangreichen Textkorpora der öffentlichen Printmedien, untersucht Argumentationen in den Texten und verwendet dabei den Topos-Begriff im Sinne eines Denkbildes. Die Inhaltsanalyse ist jedoch bestrebt, die Subjektivität aus ihren Analysen möglichst auszuschließen, stellt Hypothesen auf, die bestätigt oder abgelehnt werden, und sucht nach statistisch abgesicherten Ergebnissen. In der DLA gilt die Subjektivität dagegen als ein konstruktiver Teil der Diskurse, und es geht hier um eine „narrative Darstellung von Denk- und Argumentationsweisen" (Wengeler 2003: 290), die entweder nur zur Abbildung von Tendenzen oder gar nicht quantitativ erfasst werden müssen. An dieser Stelle sei erneut betont, dass eine diskurslinguistische Analyse nicht um das Bilden von Theorien bemüht ist, sondern um die *Deskription* dessen,

> wie in welcher Zeit über ein Thema gedacht bzw. wie das Thema öffentlich „konstruiert" worden ist [...], wie die sprechend handelnden Individuen einer Zeit ihre gesellschaftliche Wirklichkeit aufgefasst und konstituiert haben, was für eine Zeit und die in ihr lebenden Individuen und Gruppen *als Realität gegolten hat*, wie sie sich gedanklich orientiert haben und ihre Welt geordnet haben (Wengeler 2003: 227).

3.3 Online-Diskurs als spezifisches Forschungsobjekt

3.3.1 Online-Diskurs als Forschungsobjekt

Bei der Forendiskussion geht es um eine *online-medial bestimmte* diskursive Praxis, deren Spezifik v.a. in der *Interaktivität*, der *Multimodalität* und der *Hypertextualität* liegt. Die Kommunikation anhand digital vernetzter Medien wird hauptsächlich in den *Gesellschaftswissenschaften* aus der soziologischen, politik- und wirtschaftswissenschaftlichen Perspektive untersucht. Dabei werden die Themen wie Online-Öffentlichkeit(en) und -Gemeinschaft, Google-Öffentlichkeit, digitale Spaltung der Gesellschaft (*digital divide*) (Doring 2010; Fraas/-Meier/Pentzold 2012; Hahn/Hohlfeld/Knieper 2015; Meier 2008a), kollektive Intelligenz (Ebersbach/Glaser/Heigl 2016), Online-Kommunikation und politische Öffentlichkeit (Emmer/Wollig 2010), soziale Beziehungen, Identität, Anonymität, Transparenz, Privatsphäre, Authentizität und Glaubwürdigkeit in der digitalen Gesellschaft (Döring 2010; Emmer 2013; Grimm/Keber/Zöllner 2015; Rössler/Wirth 1999), Relation zwischen Internet und Gesellschaft (Papsdorf 2013), Online-Werbung und Unternehmenskommunikation im Social Web, Einsatzmöglichkeiten von Social Media bei der Marktforschung (Michelis 2015b, c; Zerfaß/Pleil 2015) etc. behandelt.

Hinsichtlich der Veränderung der Öffentlichkeit durch Digitalisierung wird in der Forschung von zwei entgegengesetzten Positionen berichtet. Aus der *enthusiastischen* Position wird das Internet als ein elektronischer Ort des demokratischen Meinungsaustausches und der erweiterten Partizipation am gesellschaftlichen Geschehen gesehen, was zum Aufkommen von globaler *Online-Öffentlichkeit* führen kann, die politisch unkontrolliert und ökonomisch unabhängig ist (vgl. dazu Beck 2010b: 32). Die Vertreter der *kulturpessimistischen* Position warnen vor einer technisch- und sozialbedingten digitalen Spaltung, vor einer beschleunigten Defragmentierung der gesellschaftlichen Öffentlichkeit durch die Expansion der Internetnutzung, vor einer ungefilterten Informationsflut und dem Aufkommen von Glaubwürdigkeitsdefiziten (vgl. dazu Fraas/Meier/Pentzold 2012: 32; Marr/Zillien 2010; Meier 2008a: 182). Generell wird von der Entstehung neuer Öffentlichkeit(en) ausgegangen, die ihrerseits *bottom-up*-gerichtet verläuft (vgl. Hahn/Hohlfeld/Knieper 2015: 12). Die neuen Öffentlichkeitsformen seien „wesentlich sichtbarer und anschlussfähiger als vergleichbare Offline-Kommunikationsräume" (Fraas/Meier/Pentzold 2012: 38). Die noch laufenden Veränderungen der *politischen Online-Öffentlichkeit* durch digitale Medien betreffen v.a. das Alter der Diskurssubjekte und die Themensetzung: An der Etablierung der politischen Öffentlichkeit sind jüngere Menschen beteiligt, es werden häufig weniger globale Themen behandelt und die Leser bedienen sich wegen fokussierter Nutzung einer engeren Themen-Agenda (vgl. Emmer/Wollig 2010: 53). In diesem Zusammenhang wird das Phänomen der sog. *Google-Öffentlichkeit* erwähnt: Es wird davon ausgegangen, dass „die strukturierende und hierarchisierende Funktion der Suchmaschinen und Kataloge im www [...] besonderen Einfluss auf die medienkommunikative Praxis im Web" (Meier 2008a: 187) hat. Mit anderen Worten, steuern die Rechercheinstrumente die Auffindbarkeit von Informationen und somit ihre Wahrnehmung und Relevanz und dadurch letztendlich die online-diskursive Verhandlung von Themen (vgl. Meier 2008a: 188). Es etablieren sich während der virtuellen Kommunikation *Online-Gemeinschaften*, welche im Gegensatz zu *Gesellschaften* nicht auf einem mechanischen Zusammenwirken basieren, sondern ähnlich einer Dorfgemeinschaft ein natürlich entstandenes „organisches" Verbundensein der Mitglieder sind (vgl. Meier 2008a: 88), welche gemeinsame Ziele verfolgen, eigene Regeln entwickeln und Sanktionen oder Honorierungen vollziehen können (vgl. Sühl

2014: 7). Die Online-Gemeinschaften reglementieren das soziale Verhalten stärker als es in den Offline-Kontexten ist, sie sind durch ihre Ort- und Zeitunabhängigkeit, durch permanente Kommunikationsmöglichkeit und Kollaboration gekennzeichnet und komplementieren die bereits bestehenden Offline-Gemeinschaften (vgl. Döring 2010: 172–179). Die *virtuelle Identität* wird in der soziologischen Forschung als „eine dienst- und anwendungsspezifische, mehrfach in konsistenter und für andere Menschen wieder erkennbarer Weise verwendete, subjektiv relevante Präsentation einer Person im Netz" (Döring 2003: 341) verstanden. Sie kommt durch eine Reihe von Mitteln zum Vorschein, wie z.B. Pseudonyme, E-Mail-Adressen, das Ausfüllen von Profilen, Nutzungspraktiken (Dauer des Einloggens, Zahl und Zeitpunkt von Beiträgen, letzte Aktualisierung), Gebrauch von Bildern, Selbstbeschreibungen oder durch Weigerung, bestimmte Informationen preiszugeben. Die Spezifik von Online-Identitäten besteht in ihrer Vervielfältigung und dem spielerischen Ausleben, denn die Anonymität und die physische Abwesenheit erlauben eine große Freiheit der Selbstdarstellung. Dennoch gelten die Online-Identitäten meistens als getreu, besonders bei aktiven Nutzern, denn eine konstante Aufrechterhaltung von falschen Identitäten wäre zu kraftaufwendig (vgl. Fraas/Meier/Pentzold 2012: 75–82). Deswegen kann auch bei den aktiven Autoren der Diskussionsbeiträge zur belarusischen Sprache von ihrer Glaubwürdigkeit[145] ausgegangen werden, denn diese steigt, „je länger und intensiver eine Person mit demselben Pseudonym agiert" (Döring 2010: 166). Eine umfassende wissenschaftliche Perspektive auf *Anonymität, Privatheit* und *Transparenz* im Internet bietet der Sammelband von Grimm/Keber/Zöllner (2015). Hier werden Konfliktfelder der Anonymität beschrieben, nämlich ihre Funktion als Schutz der Privatsphäre und als „Schutzmantel für verletzendes Kommunikationsverhalten" (Grimm/Keber/Zöllner 2015: 10). Dabei wird die Anonymität nur als eine „Oberflächenanonymität" (vgl. Haarkötter 2015: 135) verstanden, denn man sei im Netz nie absolut anonym, weil „der einzelne Nutzer [...] identifizierbar, adressierbar und nicht unbeobachtet" (Grimm/Keber/Zöllner 2015: 10) ist. Außerdem möchte man als Nutzer im Internet nicht völlig gesichtslos bleiben, wovon sprechende Pseudonyme zeugen (vgl. Döring 2010: 166). Die Forschung zu *Internetnutzern* wird hauptsächlich seitens der Sozialwissenschaften unter Anwendung quantitativer technischer Messungen (z.B. *view time*, Anzahl der Besuche etc.) sowie bei qualitativen Analysen der sozialen Interaktion (vgl. Bilandzic et al. 2016) betrieben.

---

[145] Die Frage nach Glaubwürdigkeit im Prozess der Online-Kommunikation ist in der Forschung relativ früh gestellt worden und wird im Sammelband von Rösler/Wirth (1999) ausführlich behandelt.

Innerhalb der *geisteswissenschaftlichen* Forschung wird die Online-Kommunikation u.a. hinsichtlich der kognitiven Tätigkeit (Allgemeinpsychologie), der Persönlichkeitsstrukturen, der Motivationsbildung und der sozialen Präsenz (Sozialpsychologie), der medienpsychologischen Phänomene (Carolus 2013), der Ungleichheit im Netz (*Cultural Studies*, Hartmann/Krotz 2010) etc. untersucht. Die *Kommunikationswissenschaft* ist u.a. an den Interaktionsmodi der Online-Kommunikation interessiert, die sich von denen der traditionellen Medien dadurch unterscheiden, dass es sich unter den Bedingungen des Internets nicht nur um die Konkurrenz, sondern auch zusätzlich um Konflikt und Kooperation zwischen den Akteuren handelt, was durch den Interaktions- und Partizipationscharakter der neuen Medien ermöglicht wird (vgl. Neuberger 2015: 26–27).

Das *linguistische* Interesse an der Online-Kommunikation gilt in erster Linie dem *Sprachgebrauch* im Netz, der „keinen eigenen grammatischen und semantischen Regeln [unterliegt], sondern [...] situativ gemäß kommunikativen Zielen und Erfolgsorientierungen ausgerichtet" wird (Fraas/Meier/Pentzold 2012: 62). Vor allem die konzeptuelle Mündlichkeit (Koch/Oesterreicher 1994) wird als das Merkmal der Netzsprache genannt, gefolgt vom häufigen Gebrauch von Anglizismen, Kurzformen, technischen Fachbegriffen, dem ikonisierenden Gebrauch von Schriftzeichen (z.B. Smilies), Sound- und Actionwörtern, Akronymen (z.B. „lol"), von den eine Laustärke anzeigenden Markierungen (z.B. Großschreibung bzw. Buchstabendopplungen) und der Missachtung von Rechtschreibregeln[146] (vgl. Döring 2003). Die Besonderheiten des Sprachgebrauchs in den Foren (z.B. Zitation von anderen Beiträgen) werden u.a. bei Storrer (2000: 159–162) beschrieben; die Sprachwahl in einer bilingualen (slavisch-deutschen) Internetkommunikation v.a. von Brehmer (2013) erforscht. Von der gesellschaftsbezogenen linguistischen *Diskursanalyse* wurden die Online-Diskurse relativ wenig untersucht, dennoch gewinnen sie v.a. für die CDA aufgrund ihrer wachsenden gesellschaftlichen Relevanz immer mehr an Bedeutung. So führten z.B. Dorostkar/Preislinger (2012) eine explorative Studie der Leserkommentarforen aus diskurshistorischer Perspektive durch. Eine Herausforderung an die Analyse von Online-Diskursen besteht darin, dass sie nicht nur mit verbalen Inhalten und konventionalisierten Stilen der Massenmedien arbeiten muss, sondern die Mul-

---

146 Die Missachtung von Schreibregeln geht auf die Spezifik der orthographischen Reflexion zurück. Zum einen ist eine niedrige Einschätzung der grammatikalischen Korrektheit ein Mittel, eigene Unzufriedenheit mit dem Inhalt eines Gegenbeitrages auszudrücken. Zum anderen kann die imitierte grammatikalische Unkorrektheit zum Ausdruck negativer Einstellung zum Opponenten oder gar als eine Herausforderung zum Konflikt verwendet werden (vgl. Rezanova/Ermolenkina/Kostjašina 2011: 255).

timodalität des Textes und die private bzw. alltagssprachliche Kommunikation berücksichtigen und von der Integration der Online- und Offline-Bereiche ineinander ausgehen muss (vgl. Meier-Schuegraf 2006: 165).

Mit Blick auf die Forschungssituation zur Online-Kommunikation lässt sich generell feststellen, dass die folgende Aussage von Galičkina (2012: 9) bis *dato* ihre Gültigkeit bewahrt:

> в настоящее время история вопроса оказывается размытой. Прежде всего из-за стремительного преобразования коммуникации человека и компьютера в массовый тип общения.
>
> [Zur jetzigen Zeit erweist sich die Geschichte dieser Frage als verschwommen. Vor allem aufgrund einer rasenden Umwandlung der Mensch-Computer-Kommunikation in eine Art Massenkommunikation].

Gründe dafür sind das Fehlen einer klaren fachlichen Zugehörigkeit und die Neuartigkeit des Forschungsobjektes, was in einem überwiegend deskriptiven Charakter der Forschung resultiert, ohne dass dabei bestimmte Regularitäten festgestellt oder gar Theorien formuliert werden.[147] Was unmittelbar die Foren betrifft, so ist diese Kommunikationsform trotz ihres großen Anteils an der gesellschaftlichen Kommunikation von der Forschung ebenso noch weitgehend unberücksichtigt geblieben. Einige Ausnahmen bilden z.B. die Monographie von Sühl (2014), der das Webforum als eine eigenständige Kommunikationsform beschreibt, und die Monographie von Zaefferer (2011), in der das Forum als eine Plattform des Meinungsaustausches über Konsumgüter dargestellt wird und sein Aufbau, die Teilnehmerrollen (z.B. *Heavy, Light, Opinion Leaders*) und die Konventionen der Foren-Kommunikation beschrieben werden. Ziegele/Breiner/Quiring (2015) sprechen über die Faktoren und die Motivation von interpersonalen Anschlusskommunikation in den Foren und Kommentaren.

3.3.2 Internetkommunikation und das Social Web: Spezifik und Innovativität

Die Internetkommunikation ist zwar eine relativ neue, aber innerhalb kurzer Zeit so rasch verbreitete Kommunikationsform, dass der internetgestützte Kommunikationsraum nun als ein ganzheitlicher Diskurs betrachtet werden kann (vgl. Rezanova/Ermolenkina/Kostjašina 2011: 202). In den verschiedenen Defini-

---

[147] Allgemeine Überlegungen zu methodischen Herangehensweisen an Online-Diskurse in Anlehnung an den Forschungsstil der *Grounded Theory* sowie unter Verwendung von Frameanalysen und Sampling wurden von Fraas/Meier/Pentzold (2013) gemacht.

tionen der Internetkommunikation (z.B. Beck 2010b: 16; Galičkina 2012: 13; Pentzold/Fraas/Meier 2013: 82) werden in erster Linie ihre Multimodalität und Medialität hervorgehoben. Die *multimodale* Materialisierung von Inhalten geschieht hier durch die kommunikative Nutzung unterschiedlicher Zeichensysteme und Kommunikationsformen. Die *Medialität* der Internetkommunikation hat zwei Seiten: die technische und die soziokulturelle (vgl. Fraas/Meier/Pentzold 2013: 14). Die *technische* Infrastruktur eröffnet den digitalen Kanal der Datenübertragung und ermöglicht somit eine Vielfalt von Kommunikationsmöglichkeiten (vgl. Kirchhoff 2015a: 144–145). Dabei determiniert der technische Faktor die Handlungsweisen nicht, sondern er legt sie lediglich nahe, beschränkt sie oder schließt sie aus (vgl. Fraas/Meier/Pentzold 2012: 17), so dass die Netznutzung trotz ihrer Gebundenheit an den technischen Fortschritt nicht von der Technik gesteuert wird, sondern von der „Bereitschaft des Individuums, diese zur Erfüllung der eigenen Ziele zu nutzen" (Michelis 2015b: 26). Über die *soziokulturelle* Medialität der Internetkommunikation lässt sich insofern sprechen, als dass das Internet eine Plattform des sozialen Austausches und somit eine gesellschaftliche Vermittlungsinstanz ist. Sie kann darüber hinaus als ein Organisationsmedium zur Koordination selbstorganisierter Gruppierungen (vgl. Michelis 2015a: 133–135) und als eine Plattform für „Entscheidungen durch eine große Menge von sehr unterschiedlichen Menschen" (Send 2015: 119) angesehen werden, wobei von der ‚Weisheit der Vielen' bzw. einer ‚kollektiven Intelligenz' als Entscheidungsgrundlage ausgegangen wird. Weitere spezifische Merkmale der Internetkommunikation sind die Interaktivität, die Hypertextualität und aufgrund der technischen Möglichkeiten einen hohen Grad der Intertextualität, eine Unabhängigkeit von institutionellen Konventionen des Mediensystems, Anonymität und somit eine Dynamik der Selbstpräsentation, die Statusgleichheit der Teilnehmer, der Distanzcharakter von Raum- und Zeitparametern, eine spezifische Computerethik, Freiwilligkeit, Erwünschtheit und eine hohe Emotionalität und Interkulturalität der Kommunikation (vgl. Beck 2010a; Fraas/Meier/Pentzold 2012; Galičkina 2012; Meier 2008a; Rezanova/Ermolenkina/Kostjašina 2011: 204).

Die intensive Ausbreitung der Internetkommunikation wird traditionell mit dem Aufkommen von *Web 2.0*[148] verbunden, einer „gefühlten Veränderung des WWW" in den Jahren 2004–2005, die zum „Oberbegriff für alle möglichen Neuerungen im Web" (Ebersbach/Glaser/Heigl 2016: 24) wurde. Das Veränderungs-

---

148 Die Entstehungsgeschichte von Web 2.0 sowie seine Voraussetzungen sind u.a. bei Ebersbach/Glaser/Heigl (2016: 24–30), Fraas/Meier/Pentzold (2012: 13–16) und Münker (2015: 62) ausführlich beschrieben.

potenzial des Webs 2.0 liegt in der *Interaktivität*, die eine Partizipation des Publikums an der medialen Kommunikation ermöglicht, die öffentliche Kommunikation vom linearen eindimensionalen Vermittlungsprozess zum Interaktionsprozess macht und eine dialogische Entwicklung von Diskursen erlaubt, an denen auch Privatpersonen teilnehmen, was seinerseits zum Aufkommen von sog. ‚elektronischen Gegenöffentlichkeiten' führt (vgl. Fraas/Klemm 2005: 5). Mit Web 2.0 kam es zur Etablierung des *Social Web* (*Social Media*), einer netzbasierten Anwendung zur Unterstützung sozialer Interaktionen. Das Social Web, zu dem auch die Kommunikationsform *Forum* gehört, besteht aus diesen

> *webbasierten Anwendungen*, die für Menschen, den Informationsaustausch, den Beziehungsaufbau und deren Pflege, die Kommunikation und die kollaborative Zusammenarbeit in einem gesellschaftlichen oder gemeinschaftlichen Kontext unterstützen, sowie den *Daten*, die dabei entstehen, und den *Beziehungen* zwischen Menschen, die diese Anwendungen nutzen (Ebersbach/Glaser/Heigl 2016: 32).

Im Zentrum des Social Web stehen also in eine Gruppe integrierte, selbstorganisierte und gleichgestellte Individuen sowie das von ihnen geteilte kollektive Wissen.

Zwar wird dem Web 2.0 und dem Social Web eine qualitative Veränderung der medialen Kommunikation wie z.B. die „Erweiterung professionell hergestellter Öffentlichkeit und die Ausbreitung persönlicher Öffentlichkeiten" (Fraas/Meier/Pentzold 2012: 44) zugesprochen, aber die kritischen Stimmen (z.B. Beck 2010b; Berners-Lee 2006; Emmer/Wollig 2010; Kirchhoff 2015b)[149] streiten dem Web 2.0 seine prinzipielle Innovativität mit der Begründung ab, „der Begriff beschreibt im Prinzip [...] nur die schon immer im Internet angelegten, bisher aber wegen Bandbreiten- oder anderen Restriktionen technisch noch nicht realisierbaren Kommunikationseigenschaften" (Emmer/Wollig 2010: 53). Es sei eine lediglich marketingorientierte Etikettierung und kein neues Verständnis von Internet, denn dessen Prinzipien seien gleich geblieben, es sei bloß einfacher geworden, Inhalte ins Netz zu bringen, was dazu führte, dass das Gesamtangebot

---

[149] Eine kritische Auseinandersetzung mit dem Social Web als einem *per se* gewinnbringenden Phänomen wird im Sammelband *Online-Kommunikation im Social Web* von Kirchhoff/Lombardo/Urhahn (2015) vorgenommen. Es wird u.a. darauf hingewiesen, dass z.B. große Unternehmen durch das Engagement im Social Web zu immer größeren ‚Technologieclustern' wachsen und dass die Abhängigkeit der Nutzer dadurch stets größer wird; dass es zu Datenschutzproblemen, intransparenten Nutzungsbedingungen und Geschäftsmodellen, Markt- und Machtkonzentration, Unterstützung staatlicher Überwachung kommen kann und dass die Hinwendung zum Social Web für juristische Personen als eine ‚Überlebensstrategie im Web-Zeitalter' zu einem Muss geworden ist (vgl. Kirchhoff 2015b: 21–22).

an Informationen gewachsen ist, während die Aufmerksamkeit und Rezeptionszeit gleich geblieben sind, wodurch die Chance einer gesellschaftlichen Wahrnehmung gesunken ist (vgl. Beck 2010b: 32). Mit Blick auf die Foren kann dieser kritischen Anmerkung insofern zugestimmt werden, als dass diese Kommunikationsform bereits vor 2004 in Form von den sog. *Newgroups* existierte und aktiv genutzt wurde (ausführlicher dazu s. Kap. 3.3.4).

Insgesamt brachten die Digitalisierung und die Vernetzung der öffentlichen Kommunikation eine Reihe neuer Aspekte in den Kommunikationsprozess mit ein. Es kam zur Erweiterung des Kommunikationskanals und zur Globalisierung von Massenmedien, zum Anwachsen des Informationsvolumens und zum vereinfachten Zugang dazu, zur Transformation der kommunikativen Erfahrung der Menschen und zur Veränderung der Informatisierungsparameter, denn es stehen nun weniger die Information selbst als vielmehr die Kommunikation im Zentrum der gesellschaftlichen Sinnstiftung (vgl. Galičkina 2012: 7–8). Die neuen Kommunikationsformate trugen zur Dezentralisierung der Diskursakteure und zur Entstehung neuer Diskurspraktiken bei (vgl. Fraas/Pentzold 2008: 289). Es etablierten sich neue Formen der Zusammenarbeit, die durch selbstorganisierte Aktivitäten gekennzeichnet sind (vgl. Michelis 2015b: 32–33).

3.3.3 Online-Diskurse: Spezifik, interpersonale Diskursrealisation, methodische Herausforderungen und Forschungsethik

Im Unterschied Diskursen in den Printmedien schließen *Online-Diskurse* alle Formen der interpersonalen, gruppenbezogenen und öffentlichen Kommunikation ein, sie setzen sich aus Aussagen zusammen, die in multimodalen Online-Texten realisiert sind und nicht nur von institutionalisierten, sondern auch von individuellen Akteuren produziert wurden. Sie stellen also eine Schnittstelle zwischen „öffentlichen/privaten, gesellschaftlichen/individuellen, institutionellen/nicht-institutionellen und schriftlichen/mündlichen Kommunikationsprozessen" (Dorostkar/Preisinger 2012: 5) dar. Die Online-Diskurse sind immer in die gesamtgesellschaftlichen Diskurse integriert und bilden zum einen deren Resonanzraum, innerhalb dessen die Diskursthemen in Teilöffentlichkeiten des Netzes, wie z.B. in den Foren, in Form von interpersonaler Kommunikation diskursiv weiterverarbeitet werden (vgl. Galanova/Sommer 2011: 169). Zum anderen wird die Anschlusskommunikation in den Online-Diskursen selbst zum Bestandteil des öffentlichen Kommunikationsprozesses und zum Themengeber für neue Diskurse (vgl. Fraas/Pentzold 2008: 317). Die Spezifik der Online-Diskurse besteht darüber hinaus in den kollaborativen Praxen der Wissenserarbeitung (vgl. Fraas/Pentzold 2008: 292), in der zunehmend crossmedialen bzw. medienkonvergenten Diskurspraxis (Galanova/Sommer 2011: 169), in der spontanen und situationsbedingten Zusammensetzung der Teilnehmer, in der quasigesprächsspezifischen Verhandlung des Diskursthemas und v.a. in ihrer Realisierung in Form von interpersonaler Kommunikation (Meier 2008a: 418).

Die Online-Diskurse als Resonanzräume der Offline-Diskurse in Form von interpersonaler Kommunikation öffneten eine neue Dimension der Diskursanalyse, nämlich die *Rezeption von Diskursen*, die bisher nur wenig untersucht wurde. In der Regel konzentriert sich die Diskursforschung auf massenmediale Diskurse, auf die sog. ‚primäre' Kommunikation (Wichter 1999: 270). Die ‚sekundäre' Ebene der interpersonalen Kommunikation wird dabei ausgeblendet, da sie nicht den Einfluss und die exponierende Rolle von Massenmedien hat. Dennoch stellt die sog. ‚*interpersonale Diskursrealisation*' einen originellen Diskursraum dar, in dem das kollektive Wissen abgebildet ist und in dem sichtbar wird, wie die massenmedialen Diskurse von dem Rezipienten verarbeitet werden (vgl. Roth 2008: 325–326). Auch in der sozialwissenschaftlichen Diskursforschung wird die Bedeutung der „alltäglich-lebensweltlichen" Kommunikationsprozesse und Praktiken bei der Aktualisierung öffentlicher Diskurse betont, und die Subjekte des Alltags werden als „mehr oder weniger eigenwillige kreativinterpretierende ‚Sinnbastler'" (Keller 2007: 70) begriffen. Die Hinwendung zur sekundären Kommunikation in den Online-Diskursen bringt also den Rezipienten der Offline-Diskurse stärker in den Vordergrund, denn die Mediendiskurse bilden nur das Wissen einer bestimmten Diskursgemeinschaft ab, und ihre Analyse sagt kaum etwas über ihre Resonanz innerhalb der ganzen Sprachgemeinschaft, was für eine objektive Diskursanalyse wichtig wäre, denn

> schließlich ist es in der gesellschaftlichen Konsequenz [...] ja nicht primär entscheidend, was an ‚Diskurswissen' [...] bei den wenigen als Akteuren in Erscheinung tretenden Mitgliedern einer Diskursgemeinschaft *generiert* worden ist, sondern vor allen Dingen, was sich bei einer Mehrheit ihrer Mitglieder *als Gewissheit herausbildet*. Es ist ja gerade das Kennzeichen massenmedialer Ordnungen, dass eben die Mehrzahl ihrer Mitglieder sich nicht als Produzenten, wohl aber als Rezipienten an ihnen beteiligt – als Rezipienten, die jedoch durchaus aktiv mit den angebotenen Inhalten umgehen, wenn auch aufgrund des unidirektionalen Charakters der Massenmedien zwangsläufig auf einer anderen Ebene. (Roth 2008: 324; Hervorhebung – N.S.).

Die Diskussion in den Foren kann als eine interpersonale Begleitkommunikation und durchaus als ein Abbild dieser sich herausgebildeten Gewissheit betrachtet werden. Sie weist in dieser Hinsicht einen hybriden Charakter auf: Einerseits ist sie ein massenmedialer Diskurs, der für einen breiten heterogenen und anonymen Rezipientenkreis zugänglich ist und das Wissen produziert. Andererseits bildet z.B. die Forendiskussion über die belarusische Sprache als eine interpersonale Diskursrealisation das Wissen von Rezipienten ab, welche mit den Inhalten der öffentlichen Diskussion über die belarusische Sprache aktiv umgehen. Dabei sprechen die Autoren der Forenbeiträge in einem Modus, als hätten sie eine Vorstellung davon, mit wem sie kommunizieren, und als ob sie den Rezipienten(kreis) kontrollieren könnten, so wie dies in einer herkömmlichen interpersonalen Kommunikation üblich ist. Die letzte lässt darüber hinaus eine begrenzte Öffentlichkeit zu, deren Rolle der engere Kreis der Forumsgemeinschaft übernimmt. Der wesentliche Unterschied der interpersonalen Diskursrealisation zu den massenmedialen Diskursen liegt in der „Verringerung der Selektionsregeln des Sagbaren" (Roth 2008: 330). Mit anderen Worten ist das Sagbarkeitsfeld in den Foren breiter und kann z.B. ‚Tabu'-Themen wie der *Sprachtod des Belarusischen* enthalten. Vor allem das breite Feld des Sagbaren samt der starken Gewichtung der Rezipientenrolle im Diskurs machten die Perspektive der ‚interpersonalen Diskursrealisation' für dieses Forschungsanliegen attraktiv.

Die interpersonale Kommunikation in Online-Diskursen ist für die vorliegende Studie auch aufgrund ihres einstellungskonstitutiven Potenzials interessant. Denn während die Massenmedien in erster Linie der Wissensvermittlung dienen, reichen sie „zur Änderung von bestehenden Einstellungen, Meinungen und Verhaltensdispositionen [...] allein jedoch nicht [immer – N.S.] aus. Dafür ist [oft – N.S.] interpersonale Anschlusskommunikation erforderlich" (Rogers (1973 in: Fraas/Meier/Pentzold 2012).

Für eine Diskursanalyse bieten die Online-Diskurse eine leicht zugängliche Quelle authentischer Daten. Allerdings steht die empirische Analyse der Online-Diskurse vor einer Reihe von Herausforderungen bei der Datenerhebung, -archivierung und -analyse. Eine besondere Schwierigkeit stellt die Verfügbarkeit der Online-Texte dar, denn sie weisen keine Chronologie und Periodizität auf und werden nicht systematisch archiviert. Die Recherchierbarkeit der Texte wird durch ihre Dezentralität erschwert, da ein Schlüsseltext, um den sich der gesamte Diskurs aufbaut, in den Online-Diskursen oft nicht vorhanden ist (vgl. Meier 2008a: 282–290).[150] Eine hypertextuelle Organisation, Multimodalität, Animation und Interaktivität machen die Speicherung von Daten und die Korpuserstellung problematisch, denn es müssen oft besondere technische Lösungen eingesetzt werden (vgl. Fraas/Pentzold 2008: 298). Die Online-Diskurse sind

---

[150] Als Lösung dieser Probleme schlägt Meier (2008a: 30–31) einen „kontrollierten Zugriff" vor, bei dem eine Selektionsarbeit anhand von Schlüsselausdrücken, von Verlinkungen zentraler Diskurstexte oder von bestimmten Akteuren vorgenommen wird.

dynamisch, flexibel, häufig kontextlos, ahistorisch und weisen Individualisierungstendenzen auf (vgl. Fraas/Pentzold 2008: 288), was eine Herausforderung für ihre empirische Analyse darstellt. Vor diesem Hintergrund wird bei der Analyse von Online-Diskursen für einen qualitativen Zugang nach den Prinzipien der *Grounded Theory* (Kap. 4.1.2) und für das interpretativ-hermeneutische Verfahren plädiert (vgl. Fraas/Meier/Pentzold 2012: 161; Meier-Schuegraf 2006: 167; Meier 2008a: 281). Konkrete Methodeninstrumentarien zur Anwendung an Online-Diskursen sind u.a. von Dorostkar/Preislinger (2012), Ebersbach/Glaser/-Heigl (2016), Fraas/Meier (2013) und Meier/Sommer (2013) erarbeitet worden. Die Analyse der Forendiskussion in der vorliegenden Studie richtet sich ebenso an die Grundsätze der qualitativen Forschung.

Ein wichtiger Punkt bei der Analyse von Online-Diskursen ist die *Ethik* der Online-Forschung. Fraas/Meier/Pentzold (2012: 188–193) führen generelle Aspekte der präskriptiven Forschungsethik auf, nämlich: persönliche Verantwortung, Informationspflicht, freiwillige Untersuchungsteilnahme, Vermeidung psychischer und körperlicher Beeinträchtigung, Anonymität der Ergebnisse und Güterabwägung, ob wissenschaftlicher Fortschritt oder Menschenwürde Priorität haben müssen. Für den Fall einer teilnehmenden Beobachtung, die bei einer Online-Diskursanalyse faktisch betrieben wird, verlangt die Forschungsethik eine permanente Verantwortungshaltung gegenüber der Privatsphäre des Beobachteten, also des Autoren des Diskussionsbeitrages, denn die Forenbeiträge werden zwar prinzipiell öffentlich gemacht, aber es „stellt sich [...] die Frage, inwieweit Veröffentlichungen im Internet als bewusst und gewollt für die Öffentlichkeit verfügbar gemacht gelten und demzufolge einfach als Datengrundlage herangezogen werden können" (Fraas/Meier/Pentzold 2012: 189). Da diese Frage in der qualitativen Forschung noch nicht endgültig geklärt ist, ist eine Orientierung auf den von der *Association of Internet Researchers* im Jahr 2002 verabschiedeten *Ethik-Guide* hilfreich, der eine Minimierung des Verletzungsrisikos für Privatsphäre vorschreibt. Eine Analyse der Diskussionsbeiträge zu einem sprachpolitischen Thema ist in dieser Hinsicht laut dem Ethik-Guide unbedenklich, denn „if the content is relatively trivial, doesn't address sensitive topics, etc., then clearly the risk to the subject is low" (Ess 2002: 8).

3.3.4 Internetforum als Objekt der Einstellungsforschung

Ganz in der kulturellen Tradition des Römischen Reiches wird ‚Forum' in der modernen Welt als ein Ort des Meinungsaustausches begriffen. Die virtuellen Foren sind dementsprechend technisch basierte virtuelle Orte „zum Austausch und Archivierung von Gedanken, Meinungen und Erfahrungen" über die Themen, die nicht institutionell vorgebeben werden, sondern durch die „Nutzer und den kontextuellen Rahmen bestimmt werden" (Sühl 2014: 6). Das Internetforum, das in dieser Studie das Forschungsobjekt bildet, wird als Begriff häufig inflationär angewendet und pauschal als eine Möglichkeit, eigene Meinungen online zu äußern, verstanden, wie dies z.B. in den Kommentaren von Online-Zeitungen gemacht wird, in denen die Beiträge sich auf einen journalistischen Text und nicht aufeinander beziehen. Bei einem (Internet)forum steht der Austausch der Nutzer untereinander im Vordergrund, und die Themen werden von den Nutzern selbst bestimmt. Als Folge bilden sich innerhalb von Foren Online-Gemeinschaften, was durch die Prozedur der Registrierung noch weiter unterstützt wird (vgl. Sühl 2014; Kirchhoff/Lombardo/Urhahn 2015).

Obwohl Foren eine weit verbreitete Form der gesellschaftlichen und individuellen Kommunikation darstellen, wurden sie bislang in der Forschungsliteratur wenig berücksichtigt. Am stärksten wurden sie von der Politikwissenschaft in den Studien zur E-Demokratie untersucht.[151] Sie bilden eine empirische Grundlage für wirtschaftliche, soziologische und sozialpsychologische Arbeiten. Vereinzelt treten in der Sprach- und Kommunikationswissenschaft Arbeiten zum Sprachgebrauch (Storrer 2000) und zu Kommunikationssituationen in Foren und Newsgroups (Sühl 2014) auf. Die Spezifik des Forums als Kommunikationsform wird z.B. von Beck (2010b, in Bezug auf Newsgroups), Zaefferer (2011), Dorostkar/Preislinger (2012), Sühl (2014) und Pleil/Bastian (2015) angesprochen. Zaefferer betrachtet das Forum als eine Plattform des Meinungsaustausches über Konsumgüter, beschreibt den typischen Aufbau von Foren und Threads, die typischen Teilnehmerrollen (*Heavy, Light, Opinion Leaders*) und die Konventionen der Forenkommunikation. Sühl (2014: 7) beschreibt den Forumsbeitrag als eine eigenständige Textsorte, deren differenziertes Merkmal „Themenorientierung und das damit verbundene Statement" seien. Andererseits wird das Forum als eine Kommunikationsform angesehen, „die sich in unterschiedlichen Textsorten verwirklichen lässt", z.B. „Leserkommentare, wissenschaftlich-akademische Diskussionsbeiträge, psychologische Ratschläge, Kleinanzeigen, IT-Expertisen" (Dorostkar/Preislinger 2012: 10).

Für eine mentalitätsgeschichtliche Diskursanalyse der Sprachdiskussion, die in dieser Studie vorgenommen wird, stellt das Forum v.a. als ein Platz des Meinungsaustausches ein lohnendes Untersuchungsobjekt dar. Besonders wichtig im Sinne einer authentischen Datenbasis ist dabei die „Offenheit, natürliche Kommunikationssituation, Freiwilligkeit und Unaufgefordertheit der Mei-

---

151 Ein Überblick entsprechender Arbeiten ist bei Dorostkar/Preislinger (2012: 6–7) gegeben.

nungsäußerungen" (Zaefferer 2011: 22) in den Foren. Auch die Erkenntnis, dass aus dem Forum eine Gemeinschaft mit einem Wir-Gefühl entstehen kann (vgl. Pleil/Bastian 2015: 322), ist für eine mentalitätsbezogene Untersuchung interessant. Ein weiterer Vorteil für die vorliegende Einstellungsforschung besteht in der Eigenschaft des Forums,

> ein Special-Interest-Medium zu sein, das nicht nur mitteilungsmotivierte Personen anzieht, sondern auch solche mit besonderen Kenntnissen. Foren scheinen vor allem ein Tummelplatz für Meinungsführer (*Opinion Leaders*) zu sein – Personen, die an der Schnittstelle von Massen- und interpersonaler Kommunikation besonderen Einfluss ausüben (Zaefferer 2011: 15–16).

Die Analyse der Forendiskussion über die belarusische Sprache zeigte, dass sich in der Regel die Personen zum Diskursthema äußern, die mit der Sprachproblematik relativ vertraut sind und als sog. ‚Experten' eingeschätzt werden können. Vor dem Hintergrund dessen, dass Forendiskussionen einen diskursiven Charakter haben und dass „einzelne Konsumenten [...] über das Medium Internet einen direkten Einfluss auf andere Konsumenten aus[üben]" (Zaefferer 2011: 16), sind solche Diskussionen gerade bei der Analyse von Einstellungen hinsichtlich ihres Wirkungspotenzials relevant. Neben der qualitativen Komponente ist das quantitative Vorkommen von Foren ein weiterer Grund für das Forschungsinteresse an dieser Kommunikationsform. Aufgrund ihrer weiten Verbreitung werden sie als ‚allgegenwärtig' bezeichnet (vgl. Pleil/Bastian 2015: 321). Die Foren-Szene in Belarus ist ebenso sehr aktiv. Da die Foren detaillierte und aktuelle Informationen zu Spezialthemen bieten, werden sie viel häufiger als redaktionelle Angebote rezipiert, was ihnen eine Vorrangstellung in den Suchmaschinen verschafft und wiederum zu einer höheren Rezeption führt.

Nach dieser Begründung des Forums als Untersuchungsobjekt soll nun kurz auf seine Spezifik eingegangen werden. Wie oben bereits angedeutet, existiert die Kommunikationsform *Forum* nicht erst seit Web 2.0: Bereits seit 1979 boten *Newsgroups* die Möglichkeit einer gruppenorientierten, asynchronen sozialen Online-Kommunikation „mit geringen Zugangsbarrieren, die es auch nicht organisierten Laien [...] erlaub[t], eine Themen- oder Versammlungsöffentlichkeit herzustellen" (Beck 2010b: 29). Die Beiträge wurden als E-Mails verfasst und in chronologischer und thematischer Hierarchie angeordnet und waren einem unbegrenzten Rezipientenkreis zugänglich. Mit den Newsgroups wurde also bereits vor Web 2.0 die Möglichkeit zur Partizipation und Kollaboration im Internet gegeben (vgl. Berners-Lee 2006). Als Medium des konventionellen Internets wurden sie jedoch langsam durch die Dienste von *Social Web* ersetzt, mit denen aufgrund der größeren Bandbreite und des Wegfalls einiger technischer Restriktionen das Publizieren im Netz einfacher wurde. Das Forum zählt dabei zu den „ältesten Angeboten für *User Generated Content*" (Pleil/Bastian 2015: 318).

Das Layout der Foren ist variabel und richtet sich nach der Webseite, in die die Foren eingebettet sind. Ihre Darstellung weist eine hierarchische Struktur auf, bei der Webforen in Unterforen und weiter in einzelne Themen/Threads gegliedert sind. Ein Thread ist eine strukturelle Einheit des Forums, die Beiträge zu einem Thema (*Topic*) beinhaltet. Er fängt häufig mit einer Frage an die Leserschaft oder mit einem provozierenden bzw. polarisierenden Eröffnungsbeitrag an (vgl. Meier 2008a: 419). Die Beiträge weisen keine Baumstruktur auf, sondern sind chronologisch angeordnet und werden mithilfe von Techniken der Zitation und des Verlinkens kontextualisiert (vgl. Sühl 2014: 7).

Die Akteure[152] kommunizieren in den Foren im Rahmen eines bestimmten sozialen Systems mit eigenen sozialen Rollen, Beziehungen und Verhaltensregeln. Die Teilnehmer-Rollen sind dabei: Leser, Autor, Moderator und Betreiber. Die quantitative Verteilung der Autoren und Leser fällt in der Regel wie folgt aus: ca. 1% aktive Autoren, die aus eigener Initiative Beiträge verfassen (sog. *Opinion Leaders* bzw. Meinungsführer und *Heavy User*, die sich durch eine überdurchschnittliche Frequenz der Beiträge auszeichnen); ca. 9% reaktive Autoren, die hin und wieder auf einen Beitrag bzw. Information reagieren; ca. 90% passive Leser (vgl. Michelis 2015b: 24), die ihrerseits für Beitragsautoren eine Art Motivatoren sind, da sie diese zur Annahme verleiten, rezipiert zu werden (vgl. Döring 2010: 177). Die Foren können zwar moderiert und nicht-moderiert sein, aber da die Forenbetreiber für Inhalte haften, haben die meisten Foren Moderatoren. Die in dieser Studie untersuchten Foren sind überwiegend (post)moderiert. Die Moderation übernehmen in der Regel die Betreiber selbst oder engagierte Nutzer, indem sie für Ordnung und Einhaltung von Regeln sorgen (Sortierung der Beiträge in richtige Kategorien, Entfernung von Beiträgen, Löschung von Nutzern und Schließung von ganzen Threads bei Regelverstößen) (vgl. Pleil/Bastian 2015: 319). Generell ist das Sozialverhalten in den Foren strenger reglementiert als in Offline-Kontexten (vgl. Döring 2010: 177), und gerade die Moderatoren zählen als Hauptentwickler von Verhaltensregeln im Netz, der sog. *Netiquette*. Die Teilnehmer eines Forums bilden eine jeweils themenorientierte weitgehend geschlossene Online-Gemeinschaft. Ein wichtiger Punkt ist dabei die für eine Mitgliedschaft verpflichtende Prozedur der Registrierung, die einem Teilnehmer Schreibrechte zuteilt. Die Registrierung erlaubt, ausführliche Profile zur eigenen Person anzulegen oder aber nur Pseudonyme zu nutzen. Die sog. ‚Onomastik der Lokutors' bildet Selbstinszenierungsstrategien ab, denn viele der

---

152 Zur Internetnutzerschaft in Belarus s. Kapitel 5.3.2.

Pseudonyme haben in spezifischen Kontexten eine starke konnotative Bedeutung (vgl. Dorostkar/Preisinger 2012: 32). Wegen des inoffiziellen Charakters der Forendiskussion ist hier die kommunikative Distanz zwischen den Akteuren wesentlich geringer als in den anderen Diskurstypen (vgl. Rezanova/Ermolenkina/Kostjašina 2011: 242). Es liegt u.a. daran, dass die Anonymität zum Abbau sozialer Hemmungen und zum höheren Grad an Selbstoffenbarung führt, was sich in eienm übermassigen Vertrauen, aber auch in einer verstärkten Feindlichkeit ausdrücken kann (vgl. Boos/Müller/Cornelius 2009: 89–90).

Die Foren werden also zum einen durch zwischenmenschliche Beziehungen und zum anderen durch eine starke Themenidentifikation zusammengehalten (vgl. Döring 2010: 176), denn, wie oben erwähnt, jeder Thread hat ein spezifisches Themenfeld. Die inhaltlich-thematische Ebene ist dynamisch, so dass es nicht nur zur Themenentfaltung, sondern auch zur Themenverschiebung kommen kann. Es können sich darüber hinaus auch Positionen der Teilnehmer verschieben, und die diskursmotivierten Topoi können sich aktualisieren (vgl. Meier 2008a: 431). Im Verlauf einer Foren-Kommunikation kann es zum „Abkehr von der Sachdiskussion zur Metadiskussion" und zum sog. ‚Flaming' kommen (vgl. Storrer 2000: 158), was in den untersuchten Foren zur Sprachdiskussion in Belarus oft zu beobachten ist.

Innerhalb von Webforen findet eine asynchrone *many-to-many*-Kommunikation statt. Die Beiträge sind aus (Produktions- und Rezeptions)zeitgründen in der Regel relativ kurz. Der primäre semiotische Kommunikationsmodus ist Text, wobei auch Bilder, Videos, Audios, hypertextuelle Elemente und ikonische Zeichen kreativ eingesetzt werden. Die Kommunikationsrichtung ist überwiegend dialogisch, es wird oft eine *face-to-face*-Kommunikation simuliert, indem die softwarebedingte Möglichkeit der Zitation von anderen Beiträgen zur Bezugnahme und Neukontextualisierung eingesetzt wird (vgl. Meier 2008a: 418). Dementsprechend wird die Kommunikation im gesprochenen Stil im Sinne der konzeptuellen Mündlichkeit gehalten. Zur Betonung des inoffiziellen Charakters der Kommunikation wird oft bewusst von einem niedrigeren Stilregister Gebrauch gemacht. Es geht hier also um eine interpersonale Kommunikation auf der kollektiven Ebene (vgl. Fraas/Pentzold 2008: 290).

Vom Gesichtspunkt der Funktionalität ist das Forum ein Ort der Diskussion zwischen Teilnehmern, wo sie neue Beiträge verfassen, Inhalte kommentieren und andere Beiträge bewerten können. Der Austausch in den Foren ist pragmatisch orientiert, es geht also nicht um die Kommunikation selbst, wie z.B. in den Chatrooms, sondern es wird ein breites Spektrum an Funktionen abgedeckt, wie z.B. der Austausch von Informationen, Kommentierung verschiedener gesellschaftspolitischer Ereignisse oder Beratung auf Selbsthilfeforen (vgl. Fraas/Meier/Pentzold 2012: 23).

Die Online-Kommunikation in den Foren zeichnet sich zwar durch eine Unpersönlichkeit und ist aufgrund ihrer Asynchronität für eine schnelle Entscheidungsfindung innerhalb der Foren-Gemeinschaft nicht optimal geeignet, aber sie impliziert für die Online-Nutzer durch die einfache Bedienbarkeit, Durchsuchbarkeit, langfristige Speicherung und die Möglichkeit, Umfragen zu starten, eine Reihe von Vorteilen (vgl. Pleil/Bastian 2015: 318–319). Außerdem bieten die Orts- und Zeitungebundenheit sowie die Schriftlichkeit des Online-Austausches eine Möglichkeit, gleichzeitig an mehreren Diskussionen teilzuhaben, sich intensiver und reflektierter mit Inhalten auseinander zu setzen (vgl. Sühl 2014: 5) und mehr Kontrolle über die Selbstdarstellung zu haben (vgl. Döring 2010: 167)

4 Methodische Grundlagen

4.1 Qualitative Forschung

Die empirische Arbeit an der Ermittlung von Einstellungen zur belarusischen Sprache seitens der Sprachverwender auf der Basis von Forendiskussionen stützt sich an die Methoden des qualitativen Forschungsansatzes.[153] Die Auseinandersetzung mit Daten erfolgt in der qualitativen Forschung in Form von *Beschreiben* und *Interpretieren* komplexer Zusammenhänge mit dem Ziel, diese zu *verstehen* und anschließend – auf der Grundlage von *induktiv* gewonnenen *Klassifikationen* und *Typologien* – Hypothesen zu generieren sowie *Theorien* zu entwickeln (vgl. Lamnek 2005). Damit neue, bisher nicht bekannte Phänomene erfasst werden können, wird dabei *offen* vorgegangen. Die Methode und das Instrumentarium werden *flexibel* angesetzt und dem Forschungsgegenstand und der Fragestellung angepasst. Eine solche nicht prädeterminierte und interpretative Herangehensweise an die Daten erlaubt eine differenzierte Beschreibung *latenter*, nicht quantifizierbarer Inhalte, wie z.B. der Spracheinstellungen. Die Ermittlung und die Beschreibung von nicht direkt beobachtbaren mentalen Phänomenen wie (Sprach)Einstellungen und ihren einzelnen Komponenten sowie die Beantwortung der Frage nach intervenierenden Faktoren des Sprachgebrauchs erfordern eine offene Herangehensweise an die Daten und sehen eine Formulierung von theoretischen Aussagen auf der Grundlage von Dateninterpretation vor. Auch die Erforschung von Argumentationsstrategien und diskursiven Positionen verlangt eine eingehende, differenzierte Betrachtung des Quellenmaterials. Dieser Sachverhalt erklärt die Entscheidung, die vorliegende Untersuchung in Anlehnung an den methodologischen Rahmen der qualitativen Forschung zu gestalten.

Die qualitative Forschung erlebt in Deutschland in den 1970er Jahren ihre Renaissance. Zwar wurden qualitativ angelegte, beschreibende Methoden bereits am Anfang des 20. Jh. in den Sozialwissenschaften (Znaniecki 1934) und in der Psychologie (Wundt 1921) anwendet, aber mit der Etablierung dieser Wissenschaften setzten sich zunehmend die standardisierenden Verfahren des quantitativen Ansatzes durch (vgl. Flick 2010: 30–31). Erst am Ende der 1960er Jahre weist Habermas (1967) auf eine Verbreitung qualitativer Forschungstradi-

---

[153] Laut Casper (2002: 198) werden „bei Spracheinstellungsmessungen [...] qualitative Beobachtungsverfahren bei der Analyse von Sprachverhalten eingesetzt, um anschließend auf Einstellungen zu schließen oder die Auswirkungen von Einstellungen auf den tatsächlichen Sprachgebrauch zu kontrollieren".

tionen in den USA, z.B. in der Ethnomethodologie und im symbolischen Interaktionismus auf. Ausgelöst durch das Importieren der Beiträge zur amerikanischen Diskussion rund um qualitative Methoden, beginnt diese Diskussion – zehn Jahre später als in den USA – in Deutschland. Es verstärkt sich das Verständnis, dass die von Habermas (1985) konstatierte „Pluralisierung der Lebenswelten" in der modernen Gesellschaft und die daraus folgende sog. „neue Unübersichtlichkeit" eine besondere Sensibilisierung für empirisch zu untersuchende Objekte erfordert, welche die Differenziertheit dieser Objekte berücksichtigt. Da der quantitative Ansatz mit seinen statistisch basierten, standardisierten Mechanismen für diese Aufgabe nicht geeignet ist, steigt das Interesse an interpretativ angelegten qualitativen Forschungsverfahren.

Grundlagenliteratur zur qualitativen Forschung erscheint im deutschsprachigen Raum seit dem Ende der 1980er Jahre (Heinze 1987; Flick 1991, 2010; Lamnek 2005 et al.). Eine Auseinandersetzung mit dem Thema der qualitativen Forschung in einer fortwährenden Kontrastierung zu quantitativen Methoden, wodurch die Vorteile des qualitativen Ansatzes für das Studium der Phänomenalität des jeweiligen Forschungsgegenstandes besonders ausdrücklich zur Geltung gebracht werden, erfolgt im Lehrbuch von Lamnek *Qualitative Sozialforschung* (2005). Der Bereich der wissenschaftlichen Periodika wird in Deutschland u.a. von den seit 2000 halbjährlich erscheinenden *Zeitschrift für qualitative Forschung* und *Zeitschrift für qualitative Sozialforschung* vertreten. Die Forschungsliteratur wendet sich zwar in erster Linie der Anwendung der Methodologie in Sozialwissenschaften zu und fokussiert v.a. auf biographische Forschungsansätze auf der Basis von Interviews,[154] behandelt aber Grundsätze, die auch in anderen Wissenschaftsbereichen ihre Gültigkeit bewahren. Eine praxisorientierte Einführung in die qualitative Forschung in der Kommunikationswissenschaft unter besonderer Beachtung von Methoden der Befragung, der Beobachtung und der Inhaltsanalyse ist bei Meyen et al. (2011) zu finden.

Diese Reihe der Grundlagenwerke ergänzen Beiträge zu einzelnen Aspekten der qualitativen Forschung. Da es sich bei Daten in der qualitativen Forschung überwiegend um Einzelfälle handelt, wird in der Mitte der 1980er Jahre die Frage nach der Generalisierbarkeit der Forschungsergebnisse aktuell. Das Phänomen der Verallgemeinerungsfähigkeit des Einzelfalls wird umfassend von Heinze (1987) behandelt. In jedem der obengenannten Grundlagenwerke wird u.a. auch nach angemessenen Gütekriterien für qualitative Forschung gesucht. Eine ausführliche Darstellung von „Kernkriterien" der Wissenschaftlichkeit und der konkreten Wege ihrer Sicherung und Prüfung wird von Steinke (1999) angebo-

---

[154] Für einen Überblick s. Heinze (1987: 8).

ten. Eine Lösung des Problems der Datenauswertung, das vor der qualitativen Forschung aufgrund ihrer nicht-standardisierenden, interpretativen Ausrichtung steht, bietet Mayring (2010) in seiner Monographie zur qualitativen Inhaltsanalyse an, in der er detailliert konkrete Auswertungstechniken präsentiert.

Theoretische und methodische Prinzipien des qualitativen Ansatzes werden durch eine Reihe von Schulen getragen. So gehören zu den Ansätzen des ‚interpretativen Paradigmas' neben der Inhaltsanalyse und der bei dieser Studie angewendeten Diskursanalyse auch der explorative, theoriebildende Ansatz der *Grounded Theory*, Gattungs- und Konversationsanalyse, Ethnomethodologie und Ethnographie, *Cultural* und *Gender Studies*, objektive Hermeneutik, Phänomenologie, Narrationsanalyse etc.[155]

4.1.1 Qualitativer Ansatz als methodologischer Bezugsrahmen

Da die qualitative Forschung kein einheitliches Programm, sondern eher ein Sammelbegriff für unterschiedliche interpretationsbasierte Methodologien ist, kann eine allgemeingültige Definition dieses Forschungsansatzes nicht gegeben werden (vgl. Steinke 1999: 15). Zum Verständnis dessen, was die qualitative Forschung ist, gelangt man durch die Kenntnis ihrer Merkmale, die sich am plausibelsten durch eine Kontrastierung zu den Merkmalen der quantitativen Forschung darstellen lassen. Im Folgenden werden einige der wichtigsten substantiellen Unterschiede zwischen den beiden Ansätzen aufgeführt. Die vorgestellten Merkmale der qualitativen Forschung stammen aus verschiedenen qualitativen Theorien und Forschungsmethodologien (Phänomenologie, Hermeneutik, *Grounded Theorie*, qualitative Inhaltsanalyse) und fungieren als Basis für die Argumentationsführung in dieser Studie. Die Kategorisierung dieser Merkmale erfolgt dabei teilweise in Anlehnung an Mayring (2010).

Begriffsform. Qualitative (klassifikatorische) Begriffe unterscheiden sich von den quantitativen (metrischen) dadurch, dass sie die einfachste und im Alltag meist präsente Begriffsform darstellen, ohne die Einbeziehung von Zahlbegriffen und deren Relation untereinander (vgl. Mayring 2010: 17, in Anlehnung an Stegmüller 1980: 62–63). Zwar können die Ausprägungen von Einstellungen innerhalb von sozialen Gruppen quantitativ gemessen werden und stellen dadurch metrische Begriffe dar, aber *ihrer Beschaffenheit*

---
[155] Für einen Überblick s. Flick (2010: 547).

nach sind die Einstellungen klassifikatorische und alltagsnahe Begriffe und somit ein Gegenstand der qualitativen Forschung.

Messung. Bei der Messung von Merkmalausprägungen, was als „systematische Zuordnung einer Menge von [...] Symbolen zu den Ausprägungen einer Variable" (Mayring 2010: 18, in Anlehnung an Friedrichs 1973: 97) verstanden wird, ist bei qualitativen Analysen nur die Nominalskala mit Ja-Nein-Werten anwendbar. In der quantitativen Messung sind dagegen die Ordinal-, Interval- und Ratio-Skalen möglich. Eine Quantifizierung von qualitativen, nominalskalierten Daten ist jedoch bei der Ermittlung von allgemeinen Tendenzen oder bei Signifikanztests denkbar. Bei der Messung von Einstellungsausprägungen anhand einer exemplarischen Datenbasis ist nur die für den qualitativen Forschungsansatz übliche nominale Skalierung mit den Orientierungswerten „positiv-neutral-negativ" möglich und forschungsrelevant.

Methodische Herangehensweise an die Daten: Primat der Theorie und der Methode vs. Primat der Daten. Während in der quantitativen Forschung eine bereits formulierte Theorie im Analyseprozess mit einem festgelegten methodischen Verfahren an empirischen Daten überprüft wird, wird in der qualitativen Forschung an die Daten zwar mit einem bestimmten Vorwissen über den Gegenstand und mit einer Zielsetzung, aber dennoch offen herangegangen. Die Theorie entsteht in diesem Fall aus den Daten heraus, und die Wahl der Methode geschieht in Abhängigkeit von der Beschaffenheit des Gegenstandes. Hier spricht man von empirisch begründeten Theorien (Glaser/Strauss 1979) und gegenstandsangemessenen Methoden (Flick 2010). Vor der Analyse der Forenbeiträge zur Sprachsituation in Belarus ist ebenso noch keine zu überprüfende Theorie über die Verwender-Einstellungen zur Titularsprache vorhanden. Es werden stattdessen Forschungsfragen formuliert, deren Klärung am Ende des Auseinandersetzens mit dem Datenkorpus zur Aufstellung einer Theorie führen soll. Auch die methodische Herangehensweise an das Korpus wird im Analyseprozess datengeleitet modifiziert und entsprechend angepasst.

Datenmenge: Einzelfall vs. repräsentative Stichprobe. In der quantitativen Forschung werden theoretische Schlüsse auf der Grundlage einer repräsentativen Datenmenge gezogen. Die qualitative Forschung orientiert sich dagegen in erster Linie an der Beschreibung des Einzelfalls und formuliert anschließend allgemeingültige theoretische Aussagen, indem sie sich auf die Eigenschaft der „Verallgemeinertheit" (Heinze 1987: 126–148) des Einzelfalls stützt. Die empirische Grundlage der vorliegenden Untersuchung bildet ein exemplarisches Korpus aus einstellungsrelevanten Aussagen über die belarusische Sprache, das keinen Anspruch auf Repräsentativität erhebt, da die Untersuchung zum Ziel hat, die Mechanismen von Argumentationsstrategien zu ermitteln, und nicht deren quantitatives Auftreten oder Frequenz zu analysieren.

Implizites Wissensverständnis:

Erklären vs. Verstehen. Während quantitative Analysen eine erklärende Funktion haben, ist der Zweck von qualitativen Forschungen, zum Verstehen von Phänomenen zu gelangen. Das *Erklären* sieht eine Kausalbeziehung zwischen Ursache und Wirkung vor, beim *Verstehen* geht es um einen Zusammenhang zwischen Gründen bzw. Absichten einerseits und den bewussten Handlungen andererseits. Hier wird das Innere aus den äußeren Zeichen unter Suggerierung einer Intention von Handlungen erschlossen (vgl. Lamnek 2005: 243). Das Ziel der vorliegenden Untersuchung ist nicht eine Erklärung von Gründen der Nichtverwendung des Belarusischen in der Alltagskommunikation, sondern das Verstehen dessen, welche Phänomene und Prozesse für die Diskrepanz zwischen der Sprachbekennung und dem Sprachverhalten (also, zwischen den Gründen bzw. Absichten und den Handlungen) verantwortlich sind.

deduktiv vs. induktiv. Bei erklärenden quantitativen Analysen wird *deduktiv* vorgegangen, indem einzelne Phänomene durch Bezugnahme auf allgemeine Gesetzmäßigkeiten erklärt werden. Die qualitative Forschung arbeitet dagegen *induktiv*, sie orientiert sich auf das Einzelne, das Besondere und entwickelt auf dessen Grundlage allgemeingültige Aussagen. Der Einsatz des induktiven Prinzips ist für die Behandlung von diskurs- und kulturanalytischen Fragestellungen – wie der Frage nach Spracheinstellungen – aufgrund des phänomenologischen Charakters des Untersuchungsgegenstandes und der datengeleiteten Vorgehensweise bei der Theoriebildung besonders vorteilhaft (vgl. Bubenhofer 2009: 6), da er vom Einzelfall ausgeht.

Komplexität vs. Atomisierung des Gegenstandes. Der Unterschied zwischen den beiden Ansätzen liegt auch darin, dass

> eines der Hauptschlagworte qualitativer Analyse ist, die volle Komplexität ihrer Gegenstände erfassen zu wollen, während quantitative Analyse ihren Gegenstand zerstückele, atomisiere, in einzelne Variablen zerteile und ihm auf diese Art seine eigentliche Bedeutung nehme (Mayring 2010: 19).

Demnach seien die quantifizierenden und somit ‚atomisierenden', variablenisolierenden Verfahren der Vielfältigkeit und der Komplexität von

Phänomenen der sozialen Welt nicht ganz gerecht. Die Komplexität eines mentalen Prozesses – was die Einstellung nämlich ist – ist somit ein weiteres Argument für die Wahl des qualitativen Forschungsansatzes.

4.1.1.1 Zentrale Fundierung der qualitativen Forschung

Die zentrale Fundierung der qualitativen Forschung bilden die geisteswissenschaftlichen Traditionen von Phänomenologie und Hermeneutik (vgl. Lamnek 2005: 1), die – entgegen Bloomfields Postulat der *mathematischen Präzision* in der Linguistik[156] – die Idee einer *philologischen Plausibilität* unter Beachtung von Intersubjektivität und Interpretativität sprachlicher Einheiten vertreten. Um eine Klarheit darüber zu schaffen, wie die qualitative Forschung arbeitet und welchen Aufgaben sie sich stellt, werden hier diese zwei metatheoretische Positionen kurz skizziert.

Phänomenologie

Der Grundsatz der Phänomenologie ist ihre Hinwendung zu den Erscheinungen selbst und die Reduktion der untersuchten Phänomene auf das Wesentliche, Allgemeine, Invariante durch die Beseitigung der den Blick versperrenden Elemente wie Vorkenntnisse, Theorien, Vorurteile etc. Husserl, der Begründer der Phänomenologie als einer eigenständigen philosophischen Methode hat sie zur Grundlage aller Wissenschaften ernannt, da sie eine Unvoreingenommenheit der Forschung und die Erfassung des Wesens einer Erscheinung postuliert, wodurch nicht nur materiell gegebene, sondern auch latente Inhalte und Prozesse in das Blickfeld der Forschung rücken (vgl. Husserl et al. 2005). Den zentralen

---

[156] Der Begründer und Hauptvertreter des klassischen amerikanischen Strukturalismus Bloomfield definierte in seinem Hauptwerk *Language* (1933) die Sprache als ein System von hierarchisch geordneten unmittelbaren Konstituenten (*immediate constituents*) und legte somit einen Grundstein für die Entwicklung formaler Grammatiken, in denen linguistische Einheiten, analog zu den mathematischen, als eindeutige Komponenten verstanden werden und jede Interpretation als eine Spekulation aus dem Relevanzfeld der Linguistik ausgeschlossen wird. Auch Wittgenstein verkündete in seinem Werk *Tractatus logico-philosophicus* (1921) eine vollständige Übereinstimmung zwischen Sachverhalten und Sätzen: „Den Gegenständen des Gedankens [entsprechen] Elemente des Satzzeichens" (Wittgenstein 1982: 3.2); „Der Name bedeutet den Gegenstand. Der Gegenstand ist seine Bedeutung" (Wittgenstein 1982: 3.203); „Wovon man nicht sprechen kann, darüber muss man schweigen" (Wittgenstein 1982: 7). Diese Betrachtungsweise wertet zwar die Rolle der Sprache im Erkenntnisprozess auf („Der Gedanke ist der sinnvolle Satz" (Wittgenstein 1982: 4)), misst jedoch dem Gemeinten, dem Interpretierbaren keine Bedeutung zu.

Gegenstand der phänomenologischen Forschung bilden somit Bewusstseinszustände und -vorgänge, die ihrerseits intentional, auf die Welt gerichtet sind (z.B. Wahrnehmen, Wünschen, Urteilen etc.) und dadurch die Welt konstituieren. Der Zweck der phänomenologischen Forschung ist dabei nicht die Erklärung, sondern eine reine Beschreibung der strukturellen Beschaffenheit von Erscheinungen, die laut Husserl zu der höchsten Stufe der Erkenntnis führt (vgl. Lamnek 2005: 49). Die Deskription wird in der Phänomenologie folglich als primäre Forschungsmethode angesehen.

Die phänomenologische Intentionalität ist für die vorliegende Studie insofern fruchtbar, als dass sie eine grundsätzliche Vorannahme der Interpretierbarkeit von Aussagen aus dem untersuchten Datenkorpus zulässt und es möglich macht, anhand dieser Rückschlüsse auf bestimmte innere (latente, emotionale und Bewusstseins-)Zustände der Diskussionsteilnehmer und somit auf ihre Einstellungen zu ziehen. Auch die Datenauswertung geschieht in dieser Untersuchung phänomenologisch analytisch-deskriptiv.

Hermeneutik

Die Hermeneutik befasst sich mit der Auslegung von Äußerungen, was das Verstehen zu ihrem zentralen Begriff macht. Das Verstehen wird als ein besonderes Vorgehen, eine wissenschaftlich kontrollierte Interpretation erfasst, die nicht additiv, sondern spiralförmig in drei hermeneutischen Zirkeln verläuft. Der erste Zirkel spiegelt eine reziproke Beziehung zwischen dem Vorverständnis bzw. Vorwissen und dem Verständnis wider und postuliert das Erste als eine Voraussetzung für das Zweite. „Man kann einen Text nur verstehen, wenn bereits ein gewisses Vorverständnis vorhanden ist. Das durch den Text gewonnene Verständnis wirkt sich auf das Vorverständnis aus, das ständig erweitert wird" (Lamnek 2005: 63). Der zweite hermeneutische Zirkel bezieht sich auf das Verhältnis zwischen Teil und Ganzem, zwischen dem Besonderen und dem Allgemeinen, so dass „der Teil vom Ganzen her verstanden, korrigiert oder erweitert wird und sich umgekehrt das Ganze von den Teilen her bestimmt" (Lamnek 2005: 64). Die dritte hermeneutische Spirale bildet das Zusammenwirken von Theorie und Praxis ab, welche sich in einem Interpretationsverlauf gegenseitig schrittweise optimieren. Lamnek bezeichnet dies als ein „wechselseitiges Erhellen" von Komponenten (vgl. Lamnek 2005: 66). Die *hermeneutische Differenz* – eine Diskrepanz zwischen dem Verstandenem und dem vom Produzenten Gemeinten, die nie vollständig überwunden werden kann und dennoch möglichst gering gehalten werden sollte, – wird als eine strukturelle Komponente des Verstehens angesehen. So betrachtet z.B. der Begründer der universellen Hermeneutik Gadamer (1975) die Berücksichtigung des Zeitabstandes (einer hermeneutischen Differenz) zwischen der Produktion und der Rezeption einer Äußerung als für den Verstehensprozess sehr produktiv und bezeichnet den „zeitlichen Horizont" als eine Grundstruktur des Verstehens.

Der Zweck einer hermeneutischen Auseinandersetzung mit Forschungsgegenständen ist nicht das Aufstellen von invarianten, kategorischen, gesetzesartigen Aussagen, wie es z.B. in den Naturwissenschaften der Fall ist, sondern eine Interpretation von Zeichen. Eine solche Interpretation setzt voraus, dass der Objektbereich symbolisch vorstrukturiert ist und die Erkenntnis auf bereits existierenden Traditionen basiert. Dabei besteht die Aufgabe der geisteswissenschaftlichen Forschung nicht im Erklären (dem Herleiten von Kausalitäten aus Tatsachen), sondern im Verstehen, im Erfassen von Bedeutungen. Dilthey (1961: 144 in: Lamnek 2005: 67), ein Nachfolger des Philosophen Schleiermacher, des Begründers der allgemeinen Hermeneutik, meinte hierzu: „Die Natur erklären wir, das Seelenleben verstehen wir". Das primäre hermeneutische Forschungsinteresse gilt also nicht der Frage: „Warum wird es getan?", sondern der Frage: „Was wird getan?" Diese Frage lässt sich beantworten, wenn folgende Punkte geklärt werden: die Bedeutung, die der Produzent mit dem Geäußerten verband; die Platzierung der Äußerung innerhalb eines umfassenderen, übergeordneten Zusammenhangs; die Absicht des Produzenten. Der ganze Interaktionsprozess ist in der hermeneutischen Auffassung eine Interpretation, d.h., jede Handlung ist als Prozess der Weltdeutung zu verstehen und gleichzeitig als ihr Resultat, das die Welt konstituiert. Die Sprache ist aus hermeneutischer Sicht ein System von Zeichen mit einem Symbolgehalt, der in Form von Texten dokumentiert wird.

Die Hermeneutik stellt zwar keine fest definierte Methode dar, sie bietet dennoch eine Reihe von Anhaltspunkten, deren Berücksichtigung einen erfolgreichen Ablauf des Verstehensprozesses ermöglicht, was für die Analyse der Forendiskussionen von besonderer Relevanz ist, denn das Hauptinteresse dieser Studie liegt darin, zu *verstehen*, was von Diskussionsteilnehmern *gemeint* wird. Die wesentlichen Punkte der beiden theoretischen Ansätze, die für die Spezifik der qualitativen Forschung prägend sind, können folgendermaßen zusammenfasst werden:

Tab. 9: Phänomenologie und Hermeneutik als zentrale Fundierung des qualitativen Forschungsansatzes: Überblick der wesentlichen Punkte

Phänomenologie	Hermeneutik
Latente Inhalte als Forschungsgegenstand	
Beschreiben statt Erklären	Verstehen statt Erklären
Intentionalität von Äußerungen	Hermeneutische Diskrepanz zwischen dem Gemeinten und dem Wahrgenommenen bzw. dem Verstandenen
Konstruktive, weltkonstituierende Funktion von Äußerungen	Interpretation als Verstehensmethode und als Interaktionsprozess
Hinwendung zum Wesen des Forschungsgegenstandes	Spiralförmiger Ablauf des Interpretations- und des Verstehensprozesses
Keine Voreingenommenheit der Forschung durch Vorkenntnisse und Theorien	Hermeneutische Spirale 1: Reziproke Beziehung zwischen Vorverständnis und Verständnis
	Hermeneutische Spirale 2: Reziproke Beziehung zwischen Teil und Ganzem
Primat der Daten über die Methode	Hermeneutische Spirale 3: Reziproke Beziehung zwischen Praxis und Theorie

4.1.1.2 Vorteile des qualitativen Ansatzes für das Studium der Spracheinstellungsphänomenalität

Die Vorteile des qualitativen Ansatzes für dieses Forschungsanliegen lassen sich aus den von Lamnek (2005) geäußerten Kritikpunkten an der traditionellen, „naturwissenschaftlich ausgerichteten positivistischen" Methodologie der quantitativen Forschung ableiten. Diese Kritik gilt v.a. den von Lamnek festgestellten ‚Defiziten' der quantifizierenden Forschung in den Bereichen ihres Forschungsinteresses, ihres Bezuges zur Realität, der methodologischen Herangehensweise an die Daten sowie der Berücksichtigung der Betroffenen-Perspektive.

Forschungsinteresse. Während die quantitativen Methoden darauf abzielen, Aussagen über Häufigkeiten von Phänomenen und über die Stärke ihrer Zusammenhänge zu treffen, geht es der qualitativen Forschung in erster Linie um die *innere Struktur* dieser Zusammenhänge. Im Gegensatz zu der quantitativen Forschung, die sich positivistisch auf die Untersuchung des tatsächlich Gegebenen, des unmittelbar Ersichtlichen, des Manifesten beschränkt, bezieht die qualitative Forschung *latente* Inhalte (z.B. Spracheinstellungen) in ihr Blickfeld mit ein. So stellt sie z.B. den Zugang zu der Dimension der

Erfahrung der Versuchsperson her, was seinerseits Perspektiven für die Rekonstruierung des kollektiven Wissens öffnet (vgl. Lamnek 2005: 4).

Die *methodische Herangehensweise an die Daten* in der qualitativen Forschung wurde bereits oben bei der Aufzählung der Unterschiede zwischen den beiden Ansätzen erwähnt. Hier soll die Relevanz des Postulats vom Primat der Daten über der Theorie und der Methode für das Ziel dieser Untersuchung betont und expliziert werden. In Rahmen des qualitativen Ansatzes wird das Verhältnis zwischen Praxis und Theorie besonders akzentuiert, und der Ton wird auf die Prämisse gelegt, dass die Praxis vor der Theorie und die Theorie aus der Praxis entstehen, und nicht umgekehrt. In der quantitativ ausgerichteten Forschung, in der Hypothesen bereits vorab formuliert werden, bestehe die Wahrscheinlichkeit, dass „die Vorurteile des Forschers in die Konzeption des Gegenstandes einfließen, bevor dieser sich in seiner Eigenart entfalten kann" (Lamnek 2005: 9). Auch stark standardisierte methodische Verfahren bringen die Gefahr mit sich, dass „das soziale Feld in seiner Vielfalt eingeschränkt, nur ausschnittsweise erfasst und komplexe Strukturen zu sehr vereinfacht und zu reduziert dargestellt werden" (Lamnek 2005: 4), denn es kommt zwangsläufig zu einer Anpassung des Gegenstandes an festgelegte Methoden. „Dieser Primat der Methode über die Sache verhindert eine angemessene und gültige Erfassung der interessierenden Sachverhalte" (Lamnek 2005: 11). Bei der qualitativen Auseinandersetzung mit Daten ist die Forschungsmethode den Daten untergeordnet, der Methodenapparat wird an die Eigenart des Untersuchungsobjektes angepasst, und dadurch wird die Gültigkeit der Forschung gesichert. Ein methodologischer Ablauf lässt sich grob als in folgende drei Schritten geteilt skizzieren (vgl. Blumer 1979): 1. *Reduzierung der zugrunde liegenden Methodologie auf einen Satz von Prämissen*. Diese Prämissen können den aus der Empirie gewonnenen Schlüsselobjekten zugesprochen werden. Für diese Studie bedeutet das konkret eine generelle Annahme, dass die Diskussionsteilnehmer sich in ihren Beiträgen zur belarusischen Sprache positionieren und dass die einzelnen Einstellungskomponenten und die Argumentationsmuster (Topoi) im untersuchten Korpus ermittelbar, interpretierbar und diskursrelevant sind; 2. *Datenerhebung*; 3. *Interpretation der Ergebnisse* unter Verwendung von theoretischen Konzepten dazu. Eine endgültige Antwort auf die Forschungsfrage liefern bei dieser Vorgehensweise die empirischen Daten und nicht die Methode des Vorgehens.

Betroffenen-Perspektive. In der qualitativen Forschung erhält die Perspektive des Betroffenen, der Versuchsperson bzw. – in dieser Untersuchung – der Autoren von Beiträgen eine besondere Beachtung. Bezogen auf das Standardsprachenmodell von Wingender (2013: 27) ist hier von Verwenderattitüden als einer sozialen Merkmalskomponente einer Standardsprache die Rede. In der quantitativen Forschung wird versucht, alles Subjektive und Nicht-Standardisierbare aus dem Fokus der Forschung auszuschließen. Bereits am Ende der 1970er Jahre wird jedoch in der Methodologiediskussion angemerkt, dass „der wachsende Trend zur Quantifizierung [...] zu einem vermindertem Verständnis der empirischen sozialen Welt geführt" (Filstead 1979: 30) hat, was wiederum eine Entfernung vom Objektbereich bedeutet. Um zu einem richtigen Verständnis zu gelangen, muss aber der Forscher die Objekte so sehen, wie sie die Versuchspersonen sehen. Er muss die Relevanzsysteme der Betroffenen, die Situations- bzw. Kontextabhängigkeit der Handlungen bzw. Äußerungen sowie den Prozesscharakter der Interaktion berücksichtigen, um tatsächliche Abläufe erkennen zu können (vgl. Blumer 1973: 135). „Empirische Forschung ist nur dann fruchtbar, wenn sie die Perspektive der Untersuchenden annimmt" (Lamnek 2005: 15).

4.1.1.3 Prinzipien des qualitativen Ansatzes

Im Einklang mit dem oben Gesagten folgt die qualitative Forschung den Prinzipien der Offenheit, der Prozessualität des Forschungsobjektes und des Untersuchungsaktes, der Reflexivität von Gegenstand und Analyse, der Explikation und der Flexibilität.

Das Prinzip der *Offenheit* – sowohl dem Gegenstand der Forschung als auch den anzuwendenden Methoden gegenüber – sieht keine präzise Vorstrukturierung des Untersuchungsobjektes und somit keine Hypothesenbildung *ex ante* vor. Das macht die qualitative Forschung zu einem hypothesengenerierenden Verfahren, das vom Forscher Aufgeschlossenheit für neue Entwicklungen und Dimensionen fordert. Ein Forscher hat „den Wahrnehmungstrichter [...] so weit wie möglich zu halten, um auch unerwartete und dadurch instruktive Informationen zu erhalten" (Lamnek 2005: 21).

Nach dem Prinzip der *Prozessualität des Forschungsobjektes und des Untersuchungsaktes* sind einzelne „Aussagen [...] prozessuale Ausschnitte der Reproduktion und Konstruktion sozialer Realität" (Lamnek 2005: 23). Diese Erkenntnis kann zum Verständnis von Spracheinstellung als eines dynamischen Phänomens beitragen und steht im Einklang mit der diskursiven Konstruktivität (vgl. Kap. 3.2.1.3).

Laut dem *Reflexivitätsprinzip von Gegenstand und Analyse* kann bei den Produkten des sprachlichen Handelns (z.B. Forenbeiträgen) generell eine Reflexivität vorausgesetzt werden, was heißt, dass sie nicht kontextfrei und bedeutungsmäßig isoliert vorkommen, sondern komplexe Zusammenhänge reflektieren und als Indizien für diese stehen. Ausgehend von dieser Indexikalität des sprachlichen Zeichens können einzelne erschlossene Phänomene (z.B. Topoi) als Indizien für Einstellungen der Diskussionsteilnehmer gegenüber dem Belarusischen angesehen werden, auch wenn diese Einstellungen nicht explizit geäußert werden. Andererseits, „da jede Bedeutung reflexiv auf das Ganze verweist, wird die Bedeutung [...] eines sprachlichen Ausdrucks nur durch den Rekurs auf den symbolischen oder sozialen Kontext einer Erscheinung verständlich" (Lamnek 2005: 24). Ganz im Sinne der diskursiven Konstruktivität kann der Kontext also als induktiv gewonnenes Produkt der Aussagen-Interpretation sowie als der Rahmen, innerhalb dessen einer Aussage der Sinn zugeschrieben wird, angesehen werden. Die Aussage ist ihrerseits demzufolge sowohl kontextkonstituierend als auch kontextabhängig. In dieser reziproken Beziehung zwischen dem Kontext (bzw. Diskurs) und den einzelnen Aussagen wird das Verständnis des Kontextes dem Verständnis von Aussagen vorangestellt. Aus diesem Grund werden in dieser Studie vor der Datenanalyse vorempirische Erkenntnisse dargelegt (Kap. 4.3.1). Auf der methodologischen Ebene erfordert das Prinzip der Reflexivität vom Forscher eine Anpassungsfähigkeit seines methodischen Instrumentariums an die Eigenschaften des Untersuchungsobjektes und -gegenstandes.

Die Nachvollziehbarkeit der Interpretation wird gewährleistet, indem man dem Prinzip der *Explikation* folgt und die Regeln offenlegt, anhand derer „rohe" empirische Daten in strukturierte Forschungsdaten umgeformt werden.

Die *Flexibilität* der qualitativen Vorgehensweise setzt einen breiten Blick des Forschers am Anfang einer Untersuchung voraus, der sich im weiteren Verlauf immer mehr forschungsspezifisch fokussiert. Dabei kann die Festlegung dessen, welche Daten relevant sind, im Analyseprozess entsprechend den gewonnenen Erkenntnissen revidiert werden (vgl. Lamnek 2005: 25). Der Forschungsprozess, der lediglich das Verständnis eines Problems zu seinem Ausgangspunkt hat, und die Wahl des begrifflichen und methodischen Instrumentariums sind somit datengesteuert.

4.1.2 Datenerhebung, Datenauswertung und Theorieentwicklung im Rahmen des qualitativen Ansatzes

Die *Datenerhebung* ist in der qualitativen Forschung ein konstruktiver Bestandteil des Theoriebildungsprozesses. Wie auch in den anderen Phasen des qualitativ angelegten Analyseprozesses ist hier das Prinzip der Offenheit wirksam. Die Datenerhebung unterliegt zwar keiner Vorab-Standardisierung („In der qualitativen Forschung erheben wir nichtstandardisiert" (Lamnek 2005: 198)), sie erfolgt aber in einer Abhängigkeit von der Forschungsfrage und wird von spezifischen Fragestellungen gesteuert. Aus den einzelnen Fragestellungen wird ein Satz von Merkmalen festgelegt, anhand derer forschungsrelevante Daten identifiziert und dokumentiert werden können (Kap. 1.3; 5.1).

Das Ziel einer *Datenauswertung* ist es, „zugrunde liegende Strukturen zu erfassen und zu rekonstruieren, denn die qualitative Sozialforschung zielt auf verallgemeinerungsfähige Aussagen ab" (Lamnek 2005: 199). Bei der qualitativen Auswertung von Daten geht es um eine interpretationsbasierte Kategorisierung dieser Daten, d.h. um eine induktive Zuordnung von Typen.[157] In dieser Studie geschieht dies in der dritten Phase der Korpuserstellung bei der Kodierung der Forenbeiträge mit dem *MAXqda*-Programm (Kap. 5.1.3).

Ein qualitativ arbeitender Forscher hat vor der Erhebung der Daten noch keine präzise formulierten Hypothesen, die mit diesen Daten getestet werden, wie dies in der quantitativ angelegten Forschung die Regel ist. Die *Hypothesenbildung* ist hier ein konstitutives Element des Forschungsprozesses. Der zirkuläre Austausch zwischen den erhobenen Daten und dem theoretischen Vorverständnis führt zur immer weiteren Präzisierung, Modifizierung und Revision von Hypothesen und Theorien. Nach dem Prinzip der *analytischen Induktion* von Znaniecki (1934) ist eine Hypothesenbildung erst dann abgeschlossen, wenn keine abweichenden Fälle mehr entdeckt werden (sog. *Analyse der Ausnahme*) (vgl. Bühler-Niederberger 1985: 475–477; Lamnek 2005: 161). Wie sich der Weg von empirischen Daten zu theoretischen Konzepten gestalten kann, legen Barton/Lazarsfeld (1979) dar. Sie sehen den Prozess der Hypothesenbildung als eine explorative Vorbereitung der Daten, welche ihrerseits bestimmte Schritte durchläuft: das Sammeln von Einzelbeobachtungen; das Erstellen auf

---

[157] Eine operationalisierte Form der Datenauswertung wird innerhalb der Methodologie der *qualitativen Inhaltsanalyse* ausgearbeitet. Während in der quantitativen Forschung immer komplexere Auswertungsmethoden entwickelt werden, bleiben die Anforderungen an die Datensammlung rigide (standardisierte Instrumente und große Stichproben) (vgl. Mayring 2010: 9). Innerhalb des qualitativen Ansatzes wird im Gegensatz dazu eine Vielfalt an offenen Erhebungstechniken vorgeschlagen, mit denen man zu ertragsreichen Materialien kommt; die Auswertung dieser Daten nur durch eine freie Interpretation kann jedoch als zu vage erscheinen. Mit der Methodologie der qualitativen Inhaltsanalyse bietet Mayring (2010) Anfang der 1980er Jahre eine detaillierte Anleitung zur Auswertung qualitativ erhobener Daten mit Hilfe von konkreten Techniken und Interpretationsregeln. Es handelt sich dabei um ein systematisches, regelbasiertes und somit intersubjektiv überprüfbares Analysieren von Kommunikationssymbolen, welches jedoch, im Unterschied zu klassischen qualitativen Verfahren, nicht daten-, sondern theoriegeleitet ist.

deren Grundlage deskriptiver Systeme, was sich formal in der Auflistung verschiedener Typen von Daten äußert; eine vorläufige Klassifikation von diesen Datentypen, welche als Basis für eine systematische Typologie genommen werden. Dabei geht es in erster Linie nicht um Vollständigkeit, sondern um die Relevanz der ermittelten Kategorien. Es bleibt allerdings unbeantwortet, inwiefern diese Vorgehensweise eine wissenschaftliche Grundlage hat oder ob ihr Resultat vielmehr von individuellen Fähigkeiten des Forschers abhängt.

Grounded Theory

Einen Vorschlag zur Optimierung des Vorgehens bei der Schließung der Lücke zwischen Theorie und empirischer Untersuchung bietet die Methodologie der *Grounded Theory* an, die im Deutschen als ‚gegenstandsverankerte Theoriebildung' bezeichnet wird. Die *Grounded Theory* ist ein sozialwissenschaftlicher Ansatz zur systematischen Auswertung qualitativer Daten mit dem Ziel einer Theorienbildung. Seine Besonderheit besteht darin, dass er die Aufgabe der Forschung in der schrittweisen Entdeckung von Theorien direkt in den Daten sieht.

> [Die gegenstandsverankerte Theorie] wird durch systematisches Erheben und Analysieren von Daten, die sich auf das entdeckte Phänomen beziehen, entdeckt, ausgearbeitet und vorläufig bestätigt. Folglich stehen Datensammlung, Analyse und die Theorie in einer wechselseitigen Beziehung zueinander (Strauss/Corbin 1996: 7).

Für die Entwickler der *Grounded Theory* Glaser/Strauss (1979) ist die vollständige und exakte Beschreibung des Gegenstandbereiches nicht prinzipiell wichtig. Die Daten sind veränderlich und oft kurzlebig und dienen lediglich als Grundlage zum Aufdecken von Gesetzmäßigkeiten mit allgemeinem Geltungsanspruch und zur Entwicklung von begrifflichen Kategorien, die ihrerseits relativ konstante und relevante Konzepte der Wirklichkeit sind. Theorien werden anhand dieser konstanten Kategorien gebildet. Dabei werden im ersten Schritt induktiv die sog. *gegenstandsbezogenen Theorien* entwickelt, die sich mit der Untersuchung konkreter Lebensbereiche befassen und eine Vorstufe der *formalen Theorien* bilden. Die formalen Theorien weisen einen höheren Abstraktionsgrad auf, haben einen universellen, bereichsunspezifischen Geltungsanspruch, sind folglich auf andere Wissensbereiche übertragbar und beanspruchen somit das Hauptinteresse der datenbasierten Theorien. Eine zentrale Methode dieser Theorien ist die *vergleichende Analyse*, welche bei Einheiten aller Größenordnungen angewendet werden kann und der Validierung, der Generalisierung und der Spezifizierung der Ergebnisse sowie der Hypothesenprüfung dient. Die Herangehensweise an die Daten zeichnet sich durch *Offenheit* aus, was heißt, dass der

Forscher zwar über eine theoretische Zielsetzung und ein bestimmtes Hintergrundwissen über den Gegenstandsbereich, aber über keine festen Kategorien und Hypothesen im Vorfeld verfügt. In seiner Analyse geht er überwiegend *induktiv* vor. Die erste Annäherung an die Daten besteht in einem „passiven" Sammeln von „Eindrücken" und in der Bildung von ersten, meistens noch vorläufigen Kategorien, deren nachfolgende vergleichende Analyse zur Formulierung von abstrakten Kategorien und Hypothesen – der Beziehungen zwischen abstrakten Kategorien – führt. Das weitere, „aktive" Datensammeln erfolgt dann „automatisch" (vgl. Lamnek 2005: 108), indem die für die Hypothesen bedeutsamen Daten gesucht werden, um diese zu überprüfen. Eine *Integration* der sich bestätigten Hypothesen erlaubt eine Aufstellung von gegenstandsbezogenen Theorien, welche dann ihrerseits formale Theorien begründen. Die Vorgehensweise bei der Entwicklung von formalen Theorien aus den gegenstandsbezogenen ist nach Lamnek noch „doch eher allgemein und relativ unpräzise" (Lamnek 2005: 113) beschrieben. Die verschiedenen Stufen der Datenanalyse (Datensammlung, Datenaufbereitung, Kodierung, Kategorienbildung, Hypothesen- und Theorieentwicklung) laufen in der *Grounded Theory* parallel ab. Diese Gleichzeitigkeit der Prozesse schafft die besten Voraussetzungen für die Bildung einer dem Gegenstand angemessenen, optimal an die Wirklichkeit angepassten Theorie, denn sie erlaubt eine Berücksichtigung aller zu verschiedenen Zeitpunkten auftauchenden Aspekte, was in der quantitativen Forschung aufgrund der zeitlich getrennten nacheinander folgenden Arbeitsschritte nicht machbar sei (vgl. Lamnek 2005: 109).

Dem theoretischen Ansatz von Glaser/Strauss (1979) – ähnlich wie dem von Barton/Lazarsfeld (1979) – kann eine starke Abhängigkeit der Forschungsergebnisse von subjektiven Faktoren angelastet werden. Auch das Fehlen von theoretischen Erwartungen in der ersten Forschungsphase sowie von eindeutigen Kriterien (z.B. bei der Datensammlung) ist hinsichtlich der adäquaten Datenauswahl problematisch und sollte bei der Forschungsplanung überdacht werden. Jedoch liefert die Methodologie der *Grounded Theory* ertragreiche Anregungen für das Design eines qualitativen Forschungsvorhabens, indem sie eine Abfolge konkreter Arbeitsschritte bei der Theoriengenerierung festlegt, die im vorliegenden Projekt größtenteils befolgt werden (Kap. 5.1). Der Vorgehensweise bei der Hypothesen- und Theoriebildung liegt in der *Grounded Theory* folgender Algorithmus zugrunde (vgl. Lamnek 2005: 112–113):

– Erstes Sammeln von Daten: ein passives *Empfangen von Eindrücken*;
– Kodierung und Bildung von (oft vorläufigen) *ersten Kategorien* und Dimensionen;

- *Überprüfung* von ersten Kategorien an den Daten: Bestätigung, Modifizierung oder Verwerfen von Kategorien;
- Formulierung von *abstrakten Kategorien* nach einer vergleichenden Analyse. (Diese Kategorien können aus anderen Theorien übernommen werden);
- Erstellung von Beziehungen zwischen Kategorien und Dimensionen sowie Formulierung von ersten (oft vorläufigen) *Hypothesen* nach der vergleichenden Analyse;
- *Verifizierung und Überprüfung von Hypothesen*: aktives (automatisches) Sammeln solcher Daten, die für diese Hypothesen relevant sind;
- Erste Integrationsversuche: Zusammenführung mehrerer Hypothesen und Erstellung auf diese Weise eines *zentralen analytischen Bezugsrahmens*. Der zentrale analytische Bezugsrahmen steuert die Suche nach Belegen und legt seinerseits die Grenzen für die Datensammlung fest, denn „die Datenmenge [...] offenbar einen abnehmenden Grenznutzen hat" (Lamnek 2005: 109);
- Weiterentwicklung des zentralen analytischen Bezugsrahmens zu einer *gegenstandsbezogenen Theorie*;
- Weiterentwicklung der gegenstandsbezogenen Theorie zu einer *formalen Theorie*. (Die Vorgehensweise in diesem Schritt ist in der einschlägigen methodologischen Literatur noch unpräzise beschrieben).

Die *Überprüfung von Hypothesen* ist ein primäres Ziel der quantitativen Forschung. Obwohl es in der qualitativen, induktiv ablaufenden Forschung in erster Linie um Hypothesen*entwicklung* geht, kann auch hier nicht gänzlich auf eine Überprüfung von aufgestellten Theorien verzichtet werden, was sich allerdings nicht ohne ansatzbedingte Schwierigkeiten gestaltet.

> Die mangelnde Eindeutigkeit empirischer Prüfkriterien für aufgestellte Interpretationshypothesen ist ein grundsätzliches Problem qualitativer Sozialforschung, da sich die wissenschaftlichen Interpreten gemäß der Logik des interpretativen Paradigmas nicht auf eine von ihren Deutungsleistungen unabhängig existierende Wirklichkeit als empirische Prüfbasis berufen können (Lamnek 2005: 91).

Für die Bestätigung von Hypothesen wird bei Barton/Lazarsfeld (1979) die Existenz von zugrunde liegenden Beispielen herangezogen.[158] Diese Methode wird auch in dieser Studie angewendet.

---

158 Nach Glaser/Strauss (1979) kann eine Prüfung von Hypothesen durch die vergleichende Analyse erfolgen. Eine formalisierende Methode in Form einer multivarianten Hypothesentestung bei qualitativen Daten anhand einer Konfigurations-Frequenz-Analyse bietet Langeheine

4.1.3 Qualitativer Ansatz und Spracheinstellungsanalyse

Für die Wahl des qualitativen Forschungsansatzes waren in der vorliegenden Untersuchung also mehrere Kriterien entscheidend. Die Beschaffenheit des Untersuchungsgegenstandes – der Spracheinstellungen – als ein nicht direkt beobachtbares Phänomen macht eine *Interpretation* von Daten unumgänglich, welche *latente* Inhalte für die weitere Analyse greifbar macht und das *Verstehen* ermöglicht. Da am Anfang der Arbeit mit der Datenbasis noch keine Hypothesen hinsichtlich der Antworten auf die Forschungsfragen und somit auch keine vorformulierten Antwortkategorien feststehen, sondern nur ein gewisses sprachsituationsbezogenes und theoretisches Vorwissen vorliegt, ist für das Verstehen von Zusammenhängen einzelner Phänomene eine *offene* Haltung gegenüber den Daten notwendig. Der Interpretations- und der Verstehensprozess laufen dabei *spiralförmig* ab, in einem zirkulären Austausch zwischen dem Verstehen und der Sinnzuweisung unter Berücksichtigung der *Betroffenen-Perspektive* und ihrer Vielschichtigkeit. Die Schlussfolgerungen über die aus den belarusischen Internetforen ermittelten dominierenden Einstellungen gegenüber der belarusischen Sprache werden durch *induktive* Auswertung einer exemplarischen Datenmenge gezogen.

Da es aufgrund der diskursiven Beschaffenheit der Datenbasis kein allgemeines bzw. vorgegebenes Analyseinstrumentarium geben kann, ist die Möglichkeit einer Methodenentwicklung „aus und an dem Gegenstand" (Lamnek 2005: 12) bei der Analyse eines Diskurses wichtig. In diesem Sinne sind die *Gegenstandsangemessenheit* der qualitativen Forschung und die *Anpassungsfähigkeit ihres Analyseinstrumentariums* von besonderer Bedeutung, denn sie erlauben es, die Methodenwahl von konkreten Befunden abhängig zu machen.

4.2 Gütekriterien für qualitative Forschung und Diskursanalyse

Theoretische Aussagen werden in dieser Studie durch beispielhafte Zitation von typischen Textpassagen bekräftigt. Dieses Vorgehen fällt unter die Bezeichnung ‚selektive Plausibilisierung' (vgl. Flick 2010: 488) bzw. ‚Repräsentation statt Repräsentativität' (Busch 2007: 153) und wird das wichtigste und nahezu das einzige Mittel sein, die Glaubwürdigkeit von theoretischen Aussagen zu belegen.

(1980) an, indem er eine Auswertung multipler Zusammenhänge zwischen nominal skalierten Variablen vorschlägt.

Allerdings lässt die Darstellung dieses Vorgehens eine Annahme der Zufälligkeit und des Einzelfallcharakters des ausgesuchten Beleges zu. Dem kann durch eine Geltungsbegründung der Aussagen anhand von *Gütekriterien* entgegengewirkt werden. Im Folgenden werden diese Gütekriterien näher behandelt.

Gütekriterien für quantitative Forschung

Als klassische Gütekriterien für wissenschaftliche Tests gelten die *Objektivität* (der Grad der Unabhängigkeit der Testergebnisse vom Untersuchenden), die *Reliabilität* bzw. *Zuverlässigkeit* (Genauigkeit der Messung), die *Validität* bzw. *Gültigkeit* (Genauigkeit, mit der das gemessen wird, was ein Test zu messen vorgibt), die *Repräsentativität* und die *Generalisierbarkeit*. Diese Kriterien wurden für die Messung des Wissenschaftlichkeitsgrades von psychologischen Tests formuliert, welche traditionsmäßig hauptsächlich quantitativ konzipiert waren, und können nicht ohne Revision in die qualitative Forschung übertragen werden. Das Kriterium der Repräsentativität im Sinne des quantitativen Ansatzes kann bei dieser Studie z.B. bereits deswegen nicht bei der Prüfung der Haltbarkeit von theoretischen Aussagen herangezogen werden, weil es bei den zu untersuchenden Daten nicht um ein repräsentatives, sondern um ein exemplarisches Korpus geht und die Repräsentativität der Forschungsergebnisse eher anhand von datenbasierten Typen- bzw. Kategorienbildung belegt werden kann, zumal „typenbezogene Generalisierungen anstelle des nicht einlösbaren Repräsentativitätsanspruches […] in den Geisteswissenschaften und der qualitativen Sozialforschung ohnehin etabliert und akzeptiert" sind (Busch 2007: 152). Auch die Validität und die Reliabilität sind im Kontext der qualitativen Forschung *per definitionem* wenig tragfähig, denn die zu analysierenden Variablen – hier: Spracheinstellungen – sind weder ihrer Beschaffenheit nach präzise messbar, noch sind sie bereits vor einer empirischen Analyse genau festgelegt. Außerdem werden wissenschaftliche Schlüsse nicht auf der Grundlage der Messung, sondern auf der Grundlage der Beschreibung der Phänomene gezogen.

Gütekriterien für qualitative Forschung

Viele Beiträge zur qualitativen Forschung (Flick 1995, Gläser/Laudel 2012, Lamnek 2005, Mayring 2010) arbeiten eigene Gütekriterien heraus. Ein Weg dabei ist die Belegung der klassischen Begriffe ‚Validität' und ‚Reliabilität' mit modifizierten Inhalten.

Die *Validität*, die in der qualitativen Forschung eine prominente Stelle unter den anderen Gütekriterien einnimmt, wird als Vertrauens- und Glaubwürdigkeit, Verlässlichkeit und Bestätigbarkeit verstanden. Diese sind dann gegeben, wenn die Forschungsergebnisse bei maximaler Variation der Perspektiven konstant bleiben (vgl. Lamnek 2005: 161). Für Flick (2010: 493) geht es dabei um empirische Begründetheit der Konstruktionen des Forschers in denen des Untersuchten und um die Nachvollziehbarkeit dieser Begründetheit für andere. Eine Sicherstellung der Validität kann durch analytische Induktion (sog. ‚Analyse der Ausnahme', Znaniecki 1934), durch vergleichende Analyse (Glaser/-Strauss 1979), durch Triangulation (Spitzmüller/Warnke 2011), durch kommunikative oder kumulative Validierung etc. erfolgen. Aufgrund der Revidierbarkeit von Hypothesen im Prozess der qualitativen Forschung findet eine Validierung der Theorie permanent bereits während der Herausbildung des theoretischen Bezugsrahmens statt.

Während die *Reliabilität* von Ergebnissen in der quantitativen Forschung durch Testwiederholungen bestätigt wird, spricht man in der qualitativen Forschung über bestimmte Formen der Reliabilität. Zum einen ist es die *synchrone* Reliabilität, die eine Konsistenz der mit verschiedenen Messinstrumenten gewonnenen Ergebnisse zu einem bestimmten Zeitpunkt vorsieht. Zum anderen ist es die *prozedurale* Reliabilität, die durch das Explizieren von Datengewinnung erhöht werden kann. Dabei geht es in erster Linie um eine möglichst standardisierte reflexive Dokumentation des Datenerhebungsprozesses und um das Auseinanderhalten von Begriffen der Versuchspersonen einerseits und denen des Forschers andererseits. Für die vorliegende Untersuchung bedeutet dies eine präzise Darstellung des Datenerhebungs-, Datenaufbereitungs- und Kodierungsvorganges mit eindeutiger Markierung und Trennung der Kategorien von Sprachverwendern, mit denen diese ihr Wissen auf einer vorwissenschaftlichen Ebene bereits vorstrukturiert haben, und der eigenen im Analyseprozess ermittelten Kategorien.

Der andere Weg, Gütekriterien für die qualitative Forschung zu definieren, löst sich von den konventionellen Bezeichnungen wie Validität und Reliabilität und formuliert alternative ansatzspezifische Kriterien. Bei Lincoln/Cuba (1985 in Flick 2010: 500) werden die *Vertrauens-* und *Glaubwürdigkeit, Verlässlichkeit, Bestätigbarkeit* und *Übertragbarkeit der Forschungsergebnisse* im Einzelnen als die wichtigsten Gütekriterien genannt. Die Vertrauenswürdigkeit nehme hier eine zentrale Stelle an und könne durch die Triangulation, die analytische Induktion, die kommunikative Validierung etc. gewährleistet werden.

Einen weiteren Schritt in Richtung Konkretisierung und Methodenangemessenheit macht Mayring (2002), indem er sechs Gütekriterien für qualitative Forschung empfiehlt, die praktisch eine Operationalisierung der von Lincoln/Cuba formulierten Kriterien darstellen. Sie können daher auch als Strategien der Qua-

litätssicherung interpretiert werden (vgl. Flick 2010: 508). Es handelt sich dabei um folgende Kriterien:
- *detaillierte Verfahrensdokumentation* zwecks intersubjektiver Nachprüfbarkeit des Forschungsprozesses;
- *argumentative Interpretationssicherung*, d.h. eine umfangreiche Dokumentation von Interpretationen zwecks intersubjektiven Nachvollziehens dieser Interpretationen;
- *Regelgeleitetheit* zwecks Sicherung einer systematischen Datenbearbeitung;
- *Nähe zum Gegenstand* zwecks Berücksichtigung der Betroffenen-Perspektive, was ein methodologisches Grundprinzip der qualitativen Forschung ist;
- *kommunikative Validierung* im Dialogprozess (was eher für interviewbasierte Forschungen relevant ist);
- *Triangulation* verschiedener Zugriffsweisen auf das zu untersuchende Phänomen, die zum Reduzieren von Wahrnehmungsverzerrungen und somit zum Erreichen einer höheren Validität führt.

Alle genannten Kriterien haben keinen allgemeinen Geltungsanspruch, sondern sie beschreiben eine Grundposition. Die Anwendung der Kriterien erfolgt in jedem konkreten Forschungsprozess objekt- und methodengerecht. Flick (2010: 489) spricht in diesem Fall über „methodenangemessene Gütekriterien", die „aus ihrem jeweiligen theoretischen Hintergrund entwickelt werden und der Besonderheit des Forschungsprozesses Rechnung tragen". Konkret heißt es, dass

> die Beurteilungskriterien auf den allgemeinen Merkmalen qualitativer Forschung beruhen [sollten – N.S.] – der Art der Datensammlung, der Analyse und Darstellung wie auch auf der Art und Weise, in der qualitative Analysen vermittelt und gelesen werden (Lamnek 2005: 105).

Gütekriterien für Diskursanalyse

Für Diskurslinguistik als eine empirische Disziplin gelten die Gütekriterien der qualitativen Forschung. Da diese methodenangemessen formuliert werden sollten, werden für die vorliegende diskursanalytische Untersuchung in Anlehnung an Spitzmüller/Warnke (2011: 199) folgende Kriterien geltend gemacht.

Das Kriterium der *Intersubjektivität* setzt voraus, dass der eigene Standpunkt des Forschers reflektiert wird. Das bedeutet konkret, dass der ganze Forschungsprozess durch Selbstbeobachtungen begleitet wird, wobei der berufliche und der kulturelle Hintergrund des Forschers sowie seine persönliche, biographische Beziehung zum Thema bewusst gemacht werden. Gleichzeitig sollte eine Balance zwischen der Annäherung an und der Distanz zum Thema geschaffen werden (vgl. Steinke 1999: 254). Durch solche Reflexion der eigenen Position ermöglicht der Forscher eine intersubjektive Akzeptanz seiner Ergebnisse (vgl. Spitzmüller/Warnke 2011: 199). In diesem Zusammenhang sei erwähnt, dass die Verfasserin dieses Textes eine belarusische Herkunft hat und Belarusisch als eine ihrer Herkunftssprachen beherrscht. Eine kulturelle Nähe zu Diskursakteuren und die Kenntnis realer Gegebenheiten der Sprachensituation in Belarus verschaffen ihr einen unmittelbaren Zugang zum Forschungsgegenstand. Die muttersprachlich bedingten Vorkenntnisse und eine gewisse emotionale Bindung an das Thema, deren Einsatz im Rahmen einer quantitativ angelegten Forschung nicht denkbar wäre, werden in dieser Studie konstruktiv eingesetzt und erlauben, emotionale Verfassungen von Diskussionsteilnehmern nachzuvollziehen und ihre Aussagen adäquat zu interpretieren. Eine mittlerweile mehrjährige räumliche Distanz, eine linguistische Ausbildung und die Verwendung des theoretischen Inventars werden es ermöglichen, die Objektivität der Forschung zu bewahren.

Die *Reliabilität* bzw. Zuverlässigkeit der Forschung wird durch „Vermeidung von Zufälligkeit in den Methoden" (Spitzmüller/Warnke 2011: 199) erhöht, was seinerseits durch die standardisierten Datenerhebung, Dokumentation und Datenauswertung gewährleistet wird. Als eine wichtige Ergänzung diskursanalytischer Verfahren im Hinblick auf die Plausibilität der Ergebnisse gelten computergestützte Korpusanalysen, denn

> korpusorientierte Diskurslinguistik hat den Anspruch einer vollständigen, erschöpfenden (exhaustiven) Auswertung von Phänomenen in einer Datensammlung. Durch den Einsatz elektronischer Textanalysetools ist eine solche vollständige Analyse grundsätzlich zuverlässig (reliabel) (Spitzmüller/Warnke 2011: 36, in Anlehnung an Mukherjee 2009: 24–25).

Bei der Analyse der Forendiskussion um das Belarusische wird die Datenauswahl anhand fest definierter Kriterien (Regeln) durchgeführt. Die Kodierung, Kategorisierung und Auswertung von Daten erfolgen durch den Einsatz der Software für qualitative Daten- und Textanalyse *MAXqda* unter Verwendung präzise formulierter Analysekategorien auf genau definierten Analyseebenen.

Die *Transparenz* der Forschung sieht deren intersubjektive Nachvollziehbarkeit und Nachprüfbarkeit vor. Die Transparenzsicherung kann durch das Explizieren der Forschungsvorgänge anhand einer ausführlichen Dokumentation erfolgen. Auch bei der hier vorgestellten Untersuchung werden zur Sicherstellung von Transparenz sowohl das Vorwissen, die Erhebungsmethoden, die Kodierungsregeln, die Daten selbst und die Auswertungsmethoden als auch die einzelnen Entscheidungen, Probleme und Kriterien während der empirischen Analyse in Form von theoretischen Notizen und Memos dokumentiert.

Die Vermittlung und die Einschätzung der *Glaubwürdigkeit* erfolgt zum einen durch das Verständlichmachen des theoretischen Bezugsrahmens, d.h. durch eine abstrakte Darstellung des Rahmens und der damit verknüpften theoretischen Annahmen, sowie durch eine analytische Formulierung und hinreichende Verallgemeinerung der verwendeten Begriffe. Zum anderen wird die soziale Welt aus der Perspektive des Bezugsrahmens so lebensnah wie möglich, z.B. anhand der Einführung persönlicher Erfahrungen, Zitate der Diskussionsteilnehmer etc., beschrieben (vgl. Lamnek 2008: 107).

Das Kriterium der *Indikation* erfordert eine Angemessenheit der Methode dem Forschungsgegenstand und der Forschungsfrage. Die Frage nach Einstellungen der belarusischen Sprachgemeinschaft zur Titularsprache, welche nicht direkt beobachtbar sind und erst aus einem beobachtbaren Material rekonstruiert werden müssen, lässt sich nur durch eine Zuwendung zu empirischen Daten beantworten, die qualitativ ausgewertet werden müssen. Die diskurslinguistische Mehr-Ebenen-Analyse *DIMEAN* (Spitzmüller/Warnke 2011) erweist sich als optimal dafür geeignet, da es sich, zum einen, um Daten mit sozial bedeutsamem Inhalt handelt. Eine multidimensionale Oberflächenanalyse erlaubt es, zum anderen, auf der Grundlage von Interpretationen Schlüsse über latente mentale Prozesse, wie z.B. Konstitution von Einstellungen, zu ziehen.

Seitdem die qualitative Forschung in den letzten Jahrzehnten in den Sozialwissenschaften an Bedeutung gewann, nahm die *Triangulation* als eine Strategie zur Legitimation von Forschungsergebnissen eine prominente Stellung u.a. auch in den Geisteswissenschaften ein (Denzin 1970, Flick 2008, Lamnek 2005). Unter Triangulation wird häufig eine Kombination von quantitativen und qualitativen Methoden in Sinne von *mixed methods* verstanden. Die Triangulation ist jedoch viel breiter aufzufassen. Der Autor der Triangulationstypologie Denzin (1978) nennt vier Formen der Triangulation: Daten-, Forscher-, Theorie- und Methodentriangulation. Innerhalb der methodenbezogenen lassen sich zwei Subtypen unterscheiden: eine Triangulation zwischen den Methoden (*between-method*) und eine Triangulation innerhalb einer Methode (*within-method*) mit der Verwendung von verschiedenen „Subskalen" (vgl. Flick 2010: 519) bzw. verschiedenen Referenzperspektiven. Da die Analyse in dieser Studie mehrere Ebenen (Subskalen) berücksichtigt (intra- und transtextuelle Ebene, Ebene der Akteure), können die Analyseergebnisse als durch die methodische *within*-Triangulation legitimiert angesehen werden.

Durch eine *Limitation* sollen die Grenzen des eigenen Untersuchungsverfahrens hinsichtlich der Verallgemeinerbarkeit und der Gültigkeit der Ergebnisse bestimmt werden. Schließlich sollen als Resultat der Forschung weder einerseits universelle, zeit- und kontextunabhängige Theorien formuliert werden noch andererseits zu konkrete, nur in einem engen Gegenstandsbereich geltende Aussagen getroffen werden. Die Bestimmung von Grenzen geschieht in dieser Studie durch eine präzise Beschreibung von Kontexten, in denen die Ergebnisse gewonnen wurden (vgl. Steinke 1999: 227–229), und durch die Formulierung von kontext*spezifischen* Topoi des *mittleren* Abstraktionsgrades nach Wengeler (2003).

Eine Begründung der Forschungsrelevanz von theoretischen Aussagen kann darüber hinaus durch typenbezogene Generalisierungen erfolgen, die „vor allem im Sinne von Existenzaussagen (‚Es gibt ... ‘) vorgenommen werden" (Lamnek 2005: 167) können.

4.3 Erkenntnistheoretischer Analyserahmen

Die Untersuchungsheuristik dieser Studie sieht eine Darstellung des erkenntnistheoretischen Rahmens vor, der im Falle einer qualitativen Forschung durch eine detaillierte Beschreibung des Alltags- und des theoretischen Vorwissens und durch die Formulierung des breiten Rahmens der Fragestellung, der Subfragen und der Dimensionen der Untersuchung gegeben wird, auf deren Grundlage theoretische Aussagen getroffen und, nach einer Auseinandersetzung mit empirischem Material, modifiziert und verallgemeinernd formuliert werden können (Kap. 4.2, 4.3).

4.3.1 Vorempirische Erkenntnisse

Die Beschreibung des Basisvorwissens über den Forschungsgegenstand ist für die qualitative Forschung insofern wichtig, als dass es kenntlich macht, welche Erkenntnisse der Materialauswahl zugrunde liegen, auf welcher Grundlage die Entscheidung über die Relevanz von bestimmten Merkmalen getroffen wird und vor welchem Hintergrund die Typenbildung passiert und die theoretischen Aussagen formuliert werden. Das vorhandene Vorwissen soll dann im Laufe des Analyseprozesses entsprechend der Zirkularität der qualitativen Forschung erwietert, präzisiert, modifiziert und ggf. revidiert werden.

Das sog. ‚Expertenvorwissen' ist bei dieser Studie in erster Linie die Kenntnis der aktuellen Sprachsituation in Belarus und ihrer Faktoren. In diesem Sinne wurden vor der empirischen Analyse der Internetdiskussionen die vorempirischen Erkenntnisse über die Sprachsituation in Belarus im Kapitel 2 forschungsliteraturbasiert beschrieben, welche, kurz zusammengefasst, das folgende Bild ergeben.

Die Zweisprachigkeit in Belarus auf der legislativen Ebene steht auf der performativen Ebene im Konflikt mit der Dominanz des Russischen, das primär eine kommunikative Funktion erfüllt, durch seine Assoziierung seitens der Sprecher mit ‚Kultiviertheit' und Bildung ein höheres Prestige hat und dessen Gebrauch von ihnen als neutral (unmarkiert) wahrgenommen wird. Die Verwendung des Belarusischen in der Alltagskommunikation ist dagegen markiert und wird meistens als unnatürlich empfunden: Sie bringt z.B. eine metasprachliche Thematik oder einen ironischen Kontext mit sich. Außerdem ist sie oft mit dem Suggerieren von Divergenz- oder Skandalisierungsabsichten oder einer oppositionellen Haltung des Sprechenden verbunden (vgl. Savitskaya 2011: 36). Vor dem Hintergrund der im Gesetz festgehaltenen Optionalität bei der Sprachwahl resultiert dies in einer fehlenden Motivation zur aktiven Verwendung des Belarusischen. Folglich verengt sich der Funktionsbereich des Belarusischen als einer *langue*-Einheit zunehmend auf eine symbolische Anwendung, auf der *parole*-Ebene haben die Äußerungen in der belarusischen Sprache eher eine referentielle (kognitive, *gegenstandsbezogene*) anstatt einer appellativen (konativen, kommunikativen, *empfängerbezogenen*) Funktion und, entsprechend, einen eher monologischen und weniger dialogischen Charakter (vgl. Savitskaya 2011: 35). Die Verdrängung des Belarusischen aus der Sphäre der alltäglichen Kommunikation und seine eingeschränkte Präsenz im Bildungswesen, in den Massenmedien, in kulturellen Einrichtungen und im administrativ-öffentlichen Bereich resultieren einerseits aus und führen andererseits zu einer mangelnden und überwiegend passiven Beherrschung der Sprache seitens der Bevölkerung. Der aktive Gebrauch wird hauptsächlich von Dozenten der Belarusistik-Institute und von einigen politisch aktiven Personen praktiziert. Es entsteht dadurch der Eindruck, dass die belarusische Sprache ein Paradoxon darstellt, indem sie gleichzeitig eine Titular- und eine Sprache der Minderheit ist (vgl. Woolhiser 2001: 91).

Mit Blick auf die Sprachsituation in Belarus kommt noch erschwerend hinzu, dass sich der Zustand der belarusischen Sprache durch die Varianz zwischen zwei graphischen Systemen, zwei Orthographienormen, sogar zwischen zwei Existenzformen (Taraškievica und Narkomaŭka) einerseits und durch fremdsprachliche Einflüsse seitens des Polnischen und des Russischen andererseits kennzeichnet. Für die Etablierung des Belarusischen als einer Standardsprache fehlt es, nach Meinung einiger westeuropäischer Slavisten (z.B. Gutschmidt 2000: 77), an Polyvalenz und stilistischer Differenziertheit und somit an Vitalität, während das Russische über einen großen stilistischen Reichtum verfügt und alle Kriterien einer Standardsprache nach Rehder (1995) erfüllt.

Wie im Kapitel 2 dargelegt, kann für den aktuellen Zustand der belarusischen Sprache neben den historischen Faktoren wie z.B. ungünstige politisch-territoriale und sprachpolitische Entscheidungen und damit zusammenhängende Statusänderungen des Belarusischen auch eine Reihe von subjekt- bzw. sprecherbezogenen sowie objekt- bzw. codebezogenen Faktoren verantwortlich gemacht werden. Zu der ersten Gruppe der vergleichsweise schnell änderbaren Faktoren gehören die Massenzweisprachigkeit und eine oft russifizierende Sprachpolitik in der UdSSR (vgl. Glück 1984) und nach ihrem Zerfall, eine fortdauernde systematische Verdrängung des Belarusischen aus allen Lebensbereichen, eine mangelnde Sprachkompetenz und ein relativ schwach ausgeprägtes Nationalbewusstsein der Sprecher, der auf ihre Assimilationsbereitschaft und sprachliche, ethnische und religiöse Toleranz zurückzuführen ist (vgl. Savitskaya 2011: 37). Die objekt- bzw. codebezogenen Faktoren, deren Änderung kurzfristig nicht möglich wäre, sind entweder linguistischen (Sprachprestige, Konkurrenzfähigkeit der Sprache, ihre Existenz in Form eines Dialektkontinuums, genetische Nähe und Ähnlichkeit der konkurrierenden Sprachen) oder pragmatischen Charakters (soziales Wohlbefinden bei der Verwendung einer Sprache, optimaler Vollzug von Sprachhandlungen, das Vorhandensein einer entsprechenden Sprachumgebung).

Das theoretische Vorwissen findet seine Bestätigung im Alltagswissen über die sprachliche Situation in Belarus: über die tatsächliche Verwendung des Belarusischen und ihre Domänenbezogenheit, über das Sprachkompetenzniveau und die Grundeinstellung der Sprachgemeinschaft zur Titularsprache, zu ethnischen und zu religiösen Unterschieden sowie über sprachliche Interferenzerscheinungen. Dabei ist anzumerken, dass die herkunftsbedingte Nähe der Autorin dieser Studie zum Forschungsgegenstand in einer qualitativ angelegten Untersuchung zusätzlich der Validierung der gewonnenen Ergebnisse dient, denn

> wegen der Vertrautheit mit dem Feld gewinnt der Forscher Sicherheit hinsichtlich der Gültigkeit seiner Ergebnisse. Durch die Teilnahme am sozialen Leben der Untersuchungsobjekte bieten sich ihm vielfältige Gelegenheiten, seine Vermutungen und Analysen im Alltagsleben zu überprüfen, auch ohne vorher ein umfangreiches Instrumentarium entwickeln testen zu müssen. Die Vertrautheit befähigt dazu, die richtigen Fragen für den Hypothesentest zu stellen (Lamnek 2005: 107).

Es ist bemerkenswert, dass, trotz einer problematischen Lage und der scheinbaren Unpopularität der belarusischen Sprache, die Volkzählungen einen relativ hohen Prozentanteil der Bevölkerung ermitteln, der Belarusisch als Muttersprache angibt (1999: 85,6%, 2009: 53,2%). Aus dieser Diskrepanz zwischen dem Bekenntnis zur Sprache einerseits und der Sprachbeherrschung und -verwendung andererseits ergibt sich die Frage nach intervenierenden Variablen, die diese

Diskrepanz verursachen. Einige Faktoren, die den Kontrast zwischen Spracheinstellungen und Sprachverhalten bewirken können, sind bei Vandermeeren (1996b) genannt. Es sind Persönlichkeits- und Situationsvariablen wie z.B. andere Einstellungen des Individuums, Anwesenheit anderer Personen oder das Eintreten unerwarteter Ereignisse (Frideres 1971 in: Vandermeeren 1996b: 695); die subjektive Norm, die sich aus einer persönlichen Norm und normativen Erwartungen anderer zusammensetzt und somit den Einfluss der sozialen Welt auf das Verhalten erklärt (*Theorie des überlegten Handelns*, Ajzen/Fishbein 1980 in: Vandermeeren 1996b: 693); das frühere Verhalten, wobei eine Einstellung oft einer Gewohnheit gleichgesetzt wird (Bentler/Spreckart 1979: 461 in: Vandermeeren 1996b: 694); die Verhaltensalternation je nach Intensitätsgrad der Einstellungen (Jaccard 1981: 291 in: Vandermeeren 1996b: 694) und der Ausdruck einer ethnolinguistischen Identität mit konvergierender bzw. divergierender (Giles et al. 1987: 586–587) Absicht.

4.3.2 Breiter Rahmen der Fragestellung

Das Interesse dieser Studie liegt darin, in Sinne einer mentalitätsgeschichtlichen Untersuchung die dominierenden Denkweisen, Emotionen und Volitionen in Bezug auf die belarusische Sprache mit Hinblick auf die Sprachverwender-Perspektive sowie die typischen Argumentationen *pro* und *contra* Belarusisch zu ermitteln und festzustellen, welche Faktoren für den Konflikt zwischen der Bekennung zur belarusischen Sprache als Muttersprache einerseits und deren Verwendung andererseits aus der Sicht der Sprachverwender verantwortlich sind. Mit anderen Worten, wie diese Disbalance bzw. die Einstellungs-Verhaltens-Inkonsistenz (Kap. 3.1.5) seitens der Sprechergemeinschaft attribuiert wird. Die Beantwortung dieser Frage setzt eine Analyse von Spracheinstellungen voraus, zumal die Einstellung in Bezug auf ein Idiom seitens der „‚gewöhnlichen‘ Sprachbenutzer" (Gutschmidt 2000: 69), wie im Kapitel 2.1 festgestellt wurde, eine unentbehrliche Komponente für die Beschreibung von Sprachsituationen ist (vgl. Wingender 2013: 27).

4.3.3 Subdimensionen der Fragestellung

Vor dem Hintergrund des Gesagten ist nachvollziehbar, dass die Frage nach Einstellungen zum Belarusischen in den belarusischen Online-Diskussionen eine Reihe von Subfragen impliziert, welche die inhaltliche und die strukturelle Dimension der Fragestellung abdecken:

Diskursiver Kontext
- Auf welcher historischen Tradition beruht die gesellschaftliche Einstellung zum Belarusischen?
- Welcher Zusammenhang besteht zwischen ihr und den sprachpolitischen Prozessen, v.a. den Statusänderungen des Belarusischen im Laufe der Geschichte?
- In welchen breiteren Kontext sprachsituationsspezifischer Merkmale ist die Verwender-Diskussion über die belarusische Sprache eingebettet?

Intratextuelle Ebene des Diskurses
- Welches thematische Spektrum umfasst die Sprachdiskussion in Belarus?

Ebene der Akteure
- Welche Interaktionsrollen und diskursive Positionen lassen sich im Forendiskurs über die belarusische Sprache rekonstruieren?

Transtextuelle Ebene des Diskurses
- Welche Entitäten fungieren im Forendiskurs um die belarusische Sprache als Einstellungsobjekte?
- Welche Topoi werden zur Argumentation verwendet und in welchem Zusammenhang zueinander stehen sie?
- Welche Argumentationsstrategien dominieren im Diskurs?
- Welche Argumentationsstrategien sind für die jeweilige diskursive Position typisch?
- Werden die eigenen Spracheinstellungen bewusst reflektiert?
- Welche Emotionen, Gefühlsqualitäten und affektive Zustände rufen die Einstellungsobjekte bei den Diskussionsteilnehmern hervor?
- Wie werden die Einstellungsobjekte bewertet?
- Gegenüber welchen sprachbezogenen Verhaltensweisen wird die Übernahme- bzw. Ausführungsbereitschaft geäußert? Welche davon werden abgelehnt? Welche Sprache wird zur Rezeption von Informationen bevorzugt?
- Welche sprachbezogenen Sachverhalte werden als angemessen bzw. erstrebenswert angesehen? Welche Lösungen zur Stärkung der Position des Belarusischen werden vorgeschlagen bzw. als wirksam angesehen?

- Wie gestaltet sich der berichtete und der tatsächliche Sprachgebrauch der Diskursakteure und welche funktionalen und interpersonalen Aspekte sowie normativen Beschränkungen der Situation sind dabei wirksam? Welche Korrelation besteht zwischen dem tatsächlichen und dem berichteten Sprachgebrauch?
- Welche intervenierenden Variablen werden für die Einstellungs-Verhaltens-Inkonsistenz verantwortlich gemacht? Wo wird die Hauptursache der Inkonsistenz gesehen, d.h., auf welche der vier Gruppen der intervenierenden Faktoren wird Inkonsistenz am stärksten zurückgeführt (Kap. 3.1.5).
- Welche funktionale Bedeutung wird der belarusischen Sprache zugesprochen?
- Wie wird der aktuelle Zustand der belarusischen Sprache attribuiert? Welche Ursachen der aktuellen Sprachsituation werden genannt? Welche Faktoren sind bewusst bzw. im kollektiven Gedächtnis vorhanden?
- Welche Perspektiven werden für die belarusische Sprache prognostiziert?

4.3.4 Dimensionen der Untersuchung und vorempirische Annahmen

Wie bereits erwähnt, wird vor der Auseinandersetzung mit empirischen Daten davon ausgegangen, dass sich die Diskussionsteilnehmer in ihren Beiträgen gegenüber der belarusischen Sprache auf gewisse Weise positionieren, dass sich die einzelnen Einstellungskomponenten und Argumentationsmuster (Topoi) im Diskurs manifestieren und dass diese Manifestationen diskursrelevant sind.

Das vorhandene Vorwissen über die Sprachsituation in Belarus lässt die Annahme einer Existenz von Variablen zu, die zwischen Spracheinstellungen und Sprachverhalten der Sprecher intervenieren und in Diskussionen zum Ausdruck gebracht werden. Es könnten Persönlichkeits- und Situationsvariablen, die subjektive Norm, das frühere erlernte Verhalten, der Ausdruck einer konvergierenden ethnolinguistischen Identität, aber auch die ungenügende aktive Sprachbeherrschung sein. In Bezug auf die Einstellungsart wird eine eher positive Einstellung zu der belarusischen Sprache als zu einem Symbol und eine dagegen eher negative als zu einem Kommunikationsmittel angenommen. Die Perspektiven für die Sprachensituation in Belarus, die in diesen Diskussionen prognostiziert werden, würden vermutlich für das Belarusische nicht positiv ausfallen. Bei vorgeschlagenen Maßnahmen zur Verbesserung der Stellung des Belarusischen könnte es um eine Änderung der staatlichen Sprachpolitik v.a. auf der Bildungsebene gehen.

Bezüglich des thematischen Spektrums des Diskurses wird erwartet, dass neben dem Ausdruck von Spracheinstellungen auch die intervenierenden Variablen, die Funktionen, die Existenzformen und die domänenspezifische und territoriale Verwendung der belarusischen Sprache sowie die ihre Varianten – Taraškievica und Narkomaŭka – besprochen werden.

Hinsichtlich der Untersuchungsmethode besteht eine generelle Annahme, dass die einzelnen Diskursebenen in Sinne der Methodologie DIMEAN – intra- und transtextuelle Ebene sowie die Ebene der Diskursakteure – im untersuchten Korpus ermittelbar und interpretierbar sind.

Ob und inwiefern die formulierten Annahmen in der Sprachverwender-Diskussion ihre Bestätigung finden, soll die empirische Analyse des Datenkorpus zeigen.

4.4 Diskursanalytische Erfassung von Spracheinstellungen

4.4.1 Begründung der Materialwahl und der Methode

Wie im Kapitel 3.2.2.3.4 bereits begründet, geschieht die Beschreibung der Spracheinstellungen der Akteure des Forendiskurses über die belarusische Sprache im Sinne der qualitativen Forschung in einem *aufklärerischen* Duktus, indem latente Inhalte – Spracheinstellungen – aufgedeckt, expliziert und interpretiert werden. Die Affinität von Spracheinstellungen zu Kognition und dadurch zu Mentalität legt ihre Untersuchung in Rahmen eines *mentalitätsgeschichtlichen* Ansatzes nahe, wobei *analytisch-deskriptiv* und *linguistisch-hermeneutisch* in Sinne von Hermanns (2007) und Wengeler (2007) vorgegangen wird. Dabei werden die Spracheinstellungen durch die Beschreibung jeder ihrer Komponente nach dem im Kapitel 3.1.10 entwickelten Strukturmodell dargestellt.

Wie bereits dargelegt, ist die Suche nach zuverlässigen Messungsmethoden von Spracheinstellungen aufgrund der Komplexität und des latenten Charakters des Untersuchungsgegenstandes in der Soziolinguistik bis jetzt nicht abgeschlossen. Während die Soziologie und die Sozialpsychologie in der Regel quantitative Methoden anwenden, wird in der Soziolinguistik versucht, die Subjektivität von Spracheinstellungen und die mit diesem Konzept verbundenen Zusammenhänge mit *qualitativen* Methoden zu erfassen (vgl. Kapitel 3.1.9). In dieser Untersuchung wird zu diesem Zweck *diskursanalytisch* vorgegangen.

Da die *Diskursanalyse* nur äußere Faktoren und keine latenten Inhalte beschreibt und ihre Ergebnisse generell keinen Anspruch auf Repräsentativität erheben, wurde sie bisher in der *Spracheinstellungsforschung* selten angewendet (vgl. Casper 2002: 214). Dabei bietet ein Diskurs, und konkret ein Online-Diskurs in den Foren, als Datenbasis zur Untersuchung von Spracheinstellungen eine Reihe von Vorteilen, die in den Kapiteln 3.2 und 3.3 bereits detailliert dargelegt wurden. Hier seien diese Vorteile zur Begründung der Materialwahl lediglich kurz zusammengefasst.

Der *Diskurs* als eine Art sozialer Praxis, die gesellschaftlich relevante Themen wie z.B. die Nationalsprache in Belarus behandelt, bildet nicht nur das kollektive Wissen und die soziale Wirklichkeit ab, sondern übt einen Einfluss auf diese aus. Das begründet die Annahme, dass am Diskurs über die belarusische Sprache nicht nur die Spracheinstellungen der Diskursteilnehmer ablesbar sind, sondern dass der Diskurs selbst eine einstellungsmodifizierende Wirkung haben kann, was ihn als Forschungsobjekt besonders attraktiv macht (Kap. 3.2.1). Die Entscheidung für einen ins Internet ausgetragenen Diskurs hat mehrere Gründe. Abgesehen davon, dass *Online-Diskurse* eine leicht zugängliche Quelle authentischer Daten sind, ist die Internetdiskussion über die belarusische Sprache eine erkenntnisreiche Materialgrundlage, deren Berücksichtigung für die Erfassung von Spracheinstellungen unumgänglich ist, denn diese ist, zum einen, angesichts der aktuellen politischen Situation in Belarus eine der wenigen Möglichkeit einer unbeeinflussten Reflexion über die Sprache und, zum anderen, gewinnt das Internet als Instrument der öffentlichen Meinungsbildung immer mehr an Bedeutung. Außerdem zeichnet sich ein Online-Diskurs durch ein breiteres Spektrum des Verbalisierbaren aus als ein Printmedien-Diskurs und kann die Felder von sog. ‚Tabu'-Themen aufdecken (Kap. 3.3).

In dieser Studie wurden thematische *Foren* auf den Internetplattformen aller belarusischen Gebietszentren sowie die Foren des größten nationalen Multiplattformportals TUT.BY (online unter: https://www.tut.by <23.06.2020>) ausgewertet. Ein Forum ist ein Platz des Meinungsaustausches, auf dem Gemeinschaften mit einem *Wir*-Gefühl entstehen, und stellt deswegen ein lohnendes Forschungsobjekt für eine *mentalitätsgeschichtlich* ausgerichtete Diskursanalyse wie diese dar. Im Sinne einer authentischen Datenbasis sind hier die Freiwilligkeit und die Offenheit der Forendiskussion wichtig, bei der es sich um eine ‚*interpersonale Diskursrealisation*' handelt (vgl. Roth 2008). In einer interpersonalen Kommunikation wird die Rolle des Rezipienten stark betont. Das öffnet den Blick auf die sich bei ihm herausbildenden Gewissheiten als „diskursive Produkte der ‚Mehrheit der Sprachteilhaber'" (Roth 2008: 335). Die interpersonale Anschlusskommunikation über gesellschaftlich relevante Themen besitzt darüber hinaus ein großes einstellungskonstitutives Potenzial, was sie für die Ziele dieser Untersuchung besonders relevant macht (Kap. 3.3.3). Dieses Potenzial wird auch dadurch gestärkt, dass sich an den Forendiskussionen oft Personen mit besonderen Kenntnissen über das entsprechende Thema, die sog. *opini-*

on leaders, beteiligen, die einen besonderen meinungsbildenden Einfluss ausüben (vgl. Zaefferer 2011: 15–16).[159]

Als Methode wurde die *Diskursanalyse* bei dieser Untersuchung v.a. deswegen gewählt, weil die formulierten Fragestellungen eine *wissensbezogene* Analyse erfordern, die neben Korpusdaten auch andere, gerade durch die Diskursanalyse erfassbare Faktoren wie *Akteure* und *Kontext* berücksichtigt (vgl. Kap. 3.2.2.2). Außerdem ermöglicht die Diskursanalyse eine *analytisch-deskriptive* Darstellung *kollektiver Denkweisen* und eine diskursive Prognostik (Kap. 3.2.2.3). Da die Betrachtung von Diskursanalyse als Methode untrennbar von deren Betrachtung als wissenschaftliche Haltung und als Theorie ist, wurden ihre Grundlagen bereits im theoretischen Teil (Kap. 3.2.2) erläutert. Hier sollen die konkreten methodischen Schritte vorgestellt werden, die zur Ermittlung und Beschreibung von Einstellungen der Sprachverwender gegenüber der belarusischen Sprache vorgenommen wurden.

Das Methodendesign dieser Studie richtet sich an die anwendungsorientierte diskurslinguistische *Mehr-Ebenen-Analyse* (DIMEAN) von Spitzmüller/Warnke (2011), deren forschungspraktischer Wert in einer integrierenden Untersuchung der Phänomene mehrerer Diskursebenen liegt: der intratextuellen, der transtextuellen und der Ebene der Akteure. Die zu beschreibenden Elemente der jeweiligen Ebene sind je nach Forschungsinteresse frei wählbar, wodurch DIMEAN ein flexibles Analyseinstrument darstellt, das eine angepasste und umfassende Analyse von Diskursen ermöglicht (Kap. 3.2.2.3.4). Bei der Untersuchung von Einstellungen zur belarusischen Sprache werden die *thematische Struktur* des Diskurses (intratextuelle Ebene), die diskursiven *Grundpositionen* gegenüber dem Belarusischen (Ebene der Akteure) und die *Argumentationstopoi* (transtextuelle Ebene) ermittelt, interpretiert und beschrieben. Die Ermittlung der thematisch-inhaltlichen Struktur des Forendiskurses ist nämlich für die diskurslinguistische Perspektive zentral, da sie v.a. ein Bild über die Komplexität des Diskursthemas und die hierarchische Ordnung einzelner Diskursstränge liefert. Die Berücksichtigung verschiedener diskursiver Positionen öffnet den Blick auf nationalsprachliche Problematik in Belarus aus verschiedenen Perspektiven und trägt so der Objektivität des diskursiven Bildes bei. Und die Topoi als argumentative Mittel und ein Teil des kollektiven Wissens machen für eine mentalitätsgeschichtliche Untersuchung ihrerseits die Deutungsschemata der Diskursakteure zugänglich, welche eine Grundlage ihres sozialen und v.a. sprachlichen Handelns bilden. Das Untersuchungsobjekt bildet dabei die *Aussage* als eine

---

[159] Ausführlicher zum Internetforum als Untersuchungsobjekt der Einstellungsforschung s. Kapitel 3.3.4.

formulierte linguistische Sequenz und die kleinste diskursive Einheit (Kap. 3.2.2.3.2).

4.4.2 Intratextuelle Ebene: thematische Analyse des Forendiskurses

Für die diskurslinguistische Perspektive ist – wie oben bereits erläutert – die thematisch-inhaltliche Struktur des Diskurses zentral (vgl. Spitzmüller 2011: 157). Daher wurde in dieser Studie im ersten Schritt der Datenauswertung eine Themen-Matrix der internetbasierten Verwender-Diskussion über die belarusische Sprache erstellt.

Der Terminus ‚Thema' wird in der Linguistik nicht einheitlich definiert. So wird im strukturlinguistischen Ansatz der Prager Schule das Prinzip der funktionalen Thema-Rhema-Gliederung des Satzes auf den Text übertragen, so dass hier nur die Textoberfläche berücksichtigt bleibt und unter einem ‚Thema' der explizit genannte Mitteilungsgegenstand verstanden wird (vgl. Daneš 1970). In der generativen Transformationsgrammatik wird dagegen zwischen der Oberflächen- und der Tiefenstruktur eines Textes unterschieden. Van Dijk (1980: 50) leitet die Definition des Terminus ‚Thema' aus der semantischen Tiefenstruktur als eine „Makroproposition auf einem bestimmten Abstraktionsniveau" ab, wobei ein Thema-Satz oder ein Thema-Wort als zusammenfassende Paraphrase formuliert werden kann bzw. soll, was allerdings das Vorkommen von einzelnen thematisch verbundenen Texteinheiten nicht begründet. Nach Agricola (1979: 68), der ebenso vom semantischen Charakter einer Textstruktur ausgeht, ist das Textthema „ein als Konstitutions- (Ableitungs-)Basis für den Text fungierender Grund- und Hauptgedanke und damit ein logischer Bezugspunkt, Ausgang und Ergebnis des Textes". Bei dieser Definition wird eine kognitiv-prozessuale Komponente des Thema-Begriffes betont.

> Nicht wenige linguistische Untersuchungen setzen explizit oder implizit als Thema einfach den Gegenstand an, auf den sich ein Text bezieht [...]. Eine solche Referenztheorie des Themas ist zwar intuitiv plausibel, da jeder Text auf einen oder mehrere Gegenstände Bezug nimmt, sie ist in ihrer Anwendung nicht unproblematisch (Brinker/Hagemann 2001: 1253).

In der Auslegung des Thema-Konzeptes folgt diese Studie Brinker (2005), wonach das Thema als kommunikativer Hauptgegenstand, der dominierende Referenzträger samt der auf ihn bezogenen Inhalte bzw. Grund- und Leitgedanken des Textes angesehen wird. Diese Definition hebt zum einen den kommunikativen Charakter und zum anderen die Komplexität des Thema-Begriffes hervor, indem sie das über den Referenzgegenstand Gesagte mit in das Thema-Konzept aufnimmt. Ein solches komplexitätsbasiertes Verständnis des Thema-Begriffes erlaubt die Erstellung einer Themenhierarchie, was für die Ziele dieser Untersuchung produktiv eingesetzt werden kann, denn die thematisch-inhaltliche Matrix der im Rahmen dieser Untersuchung erstellten Datenbasis weist eine mehrstufige hierarchische Struktur auf (Abb. 1–15).

Die thematische Struktur eines Diskurses besteht aus der Konnexität einzelner Themen. Dadurch, dass in einem Diskurs mehrere Themen mit unterschiedlichem Stellenwert vorkommen, entsteht eine Themenhierarchie, so dass ein sog. Makrothema, z.B. ‚Belarusische Sprache', in mehreren inhaltlichen Dimensionen, z.B. ‚Sprachkorpus' und ‚Sprachgebrauch', behandelt wird (vgl. de Cillia/Wodak 2007: 120). Hinsichtlich der Terminologie spricht man hier von ‚Hauptthemen', aus denen ‚Nebenthemen' ableitbar sind (vgl. Brinker/Hagemann 2001: 1254), bzw. von einer ‚Makrostruktur' des Textes (oder, in unseren Falle, des Diskurses), die aus Textthemata (Hauptthemen) besteht, und der ‚Mesostruktur', die sich aus den Themen einzelner Textteile (Teilthemen bzw. Subthemen) zusammensetzt (vgl. Spitzmüller 2011: 158). Eine strikte Abgrenzung der einzelnen Haupt- und Teilthemen voneinander ist nicht immer möglich, da die thematischen Übergänge oft fließend sind.

Eine Differenzierung in Makro- und Mesostruktur ist für eine diskursanalytische Untersuchung dennoch insofern wichtig, als dass die Analyse von den auf einer Mesoebene wirksamen Phänomenen zu den Schlussfolgerungen auf der Makroebene führen kann. So kann beispielsweise eine Äußerung über das Belarusische in seiner domänenspezifischen Verwendung – Theater, Internet etc. – auf eine Einstellung zur belarusischen Sprache insgesamt schließen lassen.

In der Textlinguistik werden vier Typen der Themenentfaltung unterschieden: deskriptive, narrative, explikative und argumentative (Brinker 2005: 65–87). Zwar geht es bei dem Forendiskurs nicht um einen kohärenten Text in strengen Sinne, jedoch können hier, zum einen, auch einzelne Äußerungen (Performanzakte bzw. Phänomene der *parole*-Ebene) als Texte interpretiert werden (vgl. Kallmeyer/Meyer-Hermann 2011: 242) und, zum anderen, lassen sich in diesem Diskurs alle vier Grundformen thematischer Entfaltung nachweisen.

Was die konkrete Methode bei der Themenbestimmung betrifft, so wird hier wiederum nach Brinker/Hagemann (2001: 1254) vorgegangen, welche behaupten, dass „das Textthema [...] nur aufgrund interpretativer Verfahren bestimmt werden" kann, was auch dem Grundprinzip der qualitativen Forschung entspricht, dem bei dieser Studie gefolgt wird. Die Themenbestimmung und die Erstellung der Themen-Matrix der internetbasierten Diskussion über die belarusische Sprache verliefen also unter der Berücksichtigung des hierarchischen thematisch-inhaltlichen Aufbaus des Diskurses und in Anlehnung an das Prinzip der interpretativen Analyse. Jedoch wurde im Sinne einer Operationalisierung nach Müller „eine Fokussierung, die über mindestens drei Handlungszüge bzw. zwei Sprecherwechsel konstant bleibt" (Müller 1984: 103), als Minimalbedingung für ein dialogisch entfaltetes Thema festgelegt. Der genaue methodische Ablauf der Themenextrahierung ist im Kapitel 5.1 beschrieben, eine detaillierte Übersicht aller angesprochenen inhaltlichen Schwerpunkte mit dazugehörigen Beispielen ist im Kapitel 5.2 zu finden.

4.4.3 Ebene der Akteure: Erfassung von Interaktionsrollen und diskursiven Positionen

Wie im Kapitel 3.2.2.3.1 begründet, wird die Ebene der Akteure in dieser Studie durch die Ermittlung und Beschreibung grundlegender Positionen der Diskursteilnehmer zur belarusischen Sprache vorgestellt. Soziolinguistische Portraits von diskursiven Subjekten werden dabei nicht erstellt, denn es ist zum einen aufgrund der medienspezifischen Anonymität meistens nicht machbar und, zum anderen, ist die individuelle Ebene für die hier formulierten Forschungsfragen nicht relevant, da es nicht um Individuen, sondern um Subjekte des Diskurses[160] mit ihren sprachökologischen und -historischen Erfahrungen (vgl. Mattheier 1988 in: Casper 2002: 139) geht, die bestimmte Positionen einnehmen, welche sich in ihren Aussagen direkt oder indirekt manifestieren. Die diskursiven Positionen werden also nach Jäger/Zimmermann (2010: 17) als *mentale Orte diskursiver Äußerungen* verstanden[161] und erst im Analyseprozess erfasst und beschrieben.

Zur Orientierung wird die für den qualitativen Forschungsansatz bei der Messung von Einstellungsausprägungen anhand einer exemplarischen Datenbasis übliche nominale Skalierung mit den Attributen ‚positiv–neutral–negativ' (Gläser/Laudel 2012: 206–207) genommen und folgendermaßen ausgebaut angewendet:

---

[160] Zur Differenzierung zwischen Individuum und Diskurssubjekt s. ebenso Kapitel 3.2.2.3.1.
[161] Im Gegensatz zu Jäger definieren Spitzmüller/Warnke (2011: 177 1/8) die Diskurspositionen als soziale Positionen der Akteure im Diskurs und verwenden für ihre Analyse die bereits genannten Kategorien: Vertikalitätsstatus, *voice, ideology brokers*, Diskursgemeinschaften und soziale Stratifizierung (vgl. Kap. 3.2.2.3.1).

> *pro*
> *eher pro*
> *beide Sprachen (Belarusisch und Russisch)*
> *keine Stellungnahme*
> *(explizit) egal*
> *eher contra*
> *contra.*

Das Bezugsobjekt ist dabei die belarusische Sprache im weiten Sinne.[162] Da eine detaillierte Definition dieser Werte erst während der Datenauswertung sukzessiv vorgenommen wird, wird sie im Kapitel 5.4.1 zur empirischen Analyse gegeben. Vor der analytisch-deskriptiven Darstellung der diskursiven Positionen zum Belarusischen im Forendiskurs wird die Ebene der Akteure kurz anhand von in der anwendungsorientierten DLA formulierten Faktoren (Vertikalitätsstatus, *voice*, *ideology brokers*, Diskursgemeinschaften und soziale Stratifizierung) und Interaktionsrollen (Produzent, Rezipient) im Kapitel 5.3.1 beschrieben. Dies wird in Anpassung an die Spezifik des Internetforums als Untersuchungsobjekt geschehen.

4.4.4 Transtextuelle Ebene: deskriptive Analyse von Spracheinstellungen und Toposanalyse

Die transtextuelle Ebene des Forendiskurses wird durch die Beschreibung von Einstellungen der Diskursakteure zum Belarusischen dargestellt. Da für Spracheinstellungen aufgrund ihrer Komplexität kein allgemeingültiges Forschungsmodell vorhanden ist und es nur Richtlinien gibt, die eine Konsequenz bei der Wahl und der Kombination der Erhebungsinstrumente, eine genaue Bestimmung der Einstellungsobjekte und die Feststellung der relevanten Bewertungsdimensionen vorschreiben (vgl. Casper 2002: 229), erfolgt ihre Erforschung hier *analytisch-deskriptiv* nach dem im Rahmen dieser Studie entwickelten Modell zur Beschreibung von Spracheinstellungen anhand ihrer Strukturkomponenten (Kap. 3.1.10) und in Anlehnung an die vordefinierten messbaren Indikatoren (Kap. 5.1.3) in Sinne der Operationalisierung von latenten Phänomen wie Einstellungen. Demnach werden zunächst die Entitäten präsentiert, die im Forendiskurs als Stimuli von Spracheinstellungen auftreten. Anschließend werden die einzelnen Einstellungskomponenten (Stimuli, kognitive, emotiv-affektive,

---

162 Zur detaillierten Darstellung aller Einstellungsobjekte s. Kapitel 5.4.1.

evaluativ-normative, volitiv-indikative, volitiv-imperative, konative Komponente bzw. Respons in Form von berichtetem und tatsächlichem Sprachverhalten) detailliert ausgewertet sowie die intervenierende Variablen genannt, die in den Augen von Diskursakteuren eine steuernde Wirkung auf das Sprachverhalten der belarusischen Gesellschaft ausüben.

Neben der analytisch-deskriptiven Herangehensweise wird für die Beschreibung der kognitiven Einstellungskomponente die *Toposanalyse* nach Wengeler (2003) eingesetzt. Grund dafür ist die Beschaffenheit dieser Komponente, die sich nicht nur aus dem Wissen über und den direkten kognitiven Reaktionen auf das Einstellungsobjekt, sondern auch aus *Argumentationsschemata* in Bezug auf dieses Objektes zusammensetzt. Durch die Toposanalyse sollen die typischen Denkweisen über die Nationalsprache in Belarus in den ersten Jahrzehnten der belarusischen Souveränität aufgedeckt werden. Neben den mentalitätsgeschichtlichen Erkenntnissen bringt die Analyse von Argumentationsmustern zusätzlich die Aufdeckung von den im Diskurs verwendeten Kategorien und Konzepten mit sich. Die Beachtung dieser sog. Begriffe der ersten Ordnung bzw. der Alltagskategorien öffnet die Sicht auf die Eigeninterpretationen der Sprecher, welche in der qualitativen Forschung einen Ausgangspunkt für eine wissenschaftliche Auseinandersetzung mit Daten bilden, „da soziales Handeln durch die Deutungsschemata der Akteure vermittelt ist und nicht unabhängig davon erfasst werden kann" (Lamnek 2005: 128).

Wie im Kapitel 3.2.2.3.3 begründet, richtet sich die Analyse der im Forendiskurs angewendeten Topoi im ihrem Ablauf nach Wengeler (2003). Demnach erfolgt als Erstes die Beschreibung der erschlossenen Topoi, gefolgt von ihrer quantitativen Auswertung zur Ermittlung von dominierenden Denkmustern. Vor dem Hintergrund der generell relativ geringen Repräsentativität und Generalisierbarkeit der qualitativ gewonnenen Ergebnisse dient eine Triangulation anhand quantitativer Methoden der Ermittlung von diskursiven Tendenzen. Zum Schluss werden in einer zusammenfassenden Darstellung die für *pro-* bzw. *contra*-Position typischen komplexen Argumentationsmuster präsentiert sowie die argumentative Gesamtarchitektur des Forendiskurses anhand der Topos-Formulierungen näher gebracht.

Als Bestandteil der kognitiven Komponente werden anschließend an die Toposanalyse *Selbstreflexionen* der Diskursakteure über ihre eigene Sprachkompetenz und die Einstellung zur Nationalsprache sowie ihre *Bekenntnisse zur Muttersprache* als eine Art Operationalisierung von Spracheinstellungen beschrieben.

5 Diskurslinguistische Mehr-Ebenen-Analyse der Einstellungen zum Belarusischen in internetbasierten Forendiskussionen

In diesem Kapitel wird es darum gehen, die konkrete methodische Vorgehensweise zu illustrieren und die empirisch gewonnenen Auswertungsergebnisse der drei Diskursebenen vorzustellen. Dabei wird auf der *intratextuellen* Ebene die thematische Struktur des Forendiskurses beschrieben, auf *Ebene der Akteure* werden die diskursiven Interaktionsrollen erfasst, die Internetnutzerschaft in Belarus anhand von Statistiken quantitativ und qualitativ ausgewertet und die Grundpositionen der Diskursakteure präzise definiert. Auf der *transtextuellen* Ebene erfolgt eine analytisch-deskriptive Ermittlung der Einstellungen zum Belarusischen nach dem im Rahmen dieser Studie entwickelten Modell zur Beschreibung von Spracheinstellungen anhand ihrer Strukturkomponenten in Kombination mit der toposbasierten Analyse der kognitiven Einstellungskomponente.

5.1 Korpuserstellung

Wie im Kapitel 4.1.2 ausgeführt, ist die Datenerhebung in der qualitativen Forschung ein konstruktiver Bestandteil des Theoriebildungsprozesses und ist somit der erste Schritt einer empirischen Analyse.

Da es bei dieser Studie nicht um eine korpuslinguistische, sondern um eine qualitativ-empirische Auseinandersetzung mit textuellen Daten geht, wird der Korpus-Begriff nicht im herkömmlichen Sinne der Korpuslinguistik verstanden, welche mit einer großen Datenmenge arbeitet und wo „ein Korpus [...] nicht aus mehreren Texten, sondern eher aus mehreren Tausend Texten" (Bubenhofer 2009: 16) besteht. Der Terminus wird stattdessen für die Bezeichnung einer endlichen Menge von konkreten sprachlichen Äußerungen verwendet, die als empirische Grundlage für eine analytische Auseinandersetzung und theoretische Schlussfolgerungen dient (vgl. Bußmann 1990: 155), in digitaler Form vorliegt und mit Metadaten sowie linguistischen Annotationen versehen ist (Lemnitzer/Zinsmeister 2015: 13). Da der „Stellenwert und [die] Beschaffenheit des Corpus weitgehend von den je spezifischen Fragestellungen und methodischen Voraussetzungen des theoretischen Rahmens der Untersuchung abhängen" (Lemnitzer/Zinsmeister 2015: 13), stellt sich das Korpus in dieser Studie also aus forschungsrelevanten Beiträgen zum Thema *Belarusische Sprache* in den Internetforen zusammen, in welchen die Einstellungen zur Nationalsprache geäußert und argumentiert werden.[163]

Die Datenerhebung wird als ein Teil des Forschungsprozesses von der Forschungsfrage und von spezifischen Fragestellungen gesteuert, indem ein Satz von Merkmalen ausgearbeitet wird, anhand derer forschungsrelevante Daten identifiziert und dokumentiert werden. Dieser Satz von Merkmalen wird durch die Formulierung von Regeln ermittelt, die aus der Fragestellung entwickelt werden und folgende Form haben: *Aussagen aus dem Bereich „X" werden dem Bereich „Y" zugeordnet, wenn sie die Kriterien „Z" erfüllen*. Das Formulieren und das Befolgen von Regeln sind dabei insofern wichtig, als dass man in der Diskursforschung zu nachvollziehbaren Ergebnissen nur durch Regelgeleitetheit gelangt (vgl. Kap. 4.2).

Um eine Homogenität und Ausbalanciertheit der Datenbasis zu belegen und eine Nachvollziehbarkeit und Nachprüfbarkeit der Analyse zu ermöglichen, sollen neben den Daten selbst auch Informationen über diese Daten, die sog. *Metadaten*, präsentiert werden, denn „without metadata the investigator has nothing but disconnected words of unknowable provenance or authenticity" (Adolphs/-Phoebe 2011: 599 nach Burnand 2005). Über die einzelnen Autoren der Forenbeiträge können aufgrund der mediumbedingten Anonymität der Internetkommunikation keine systematischen soziologisch relevanten Daten erhoben werden, denn es sind bei der Registrierung der Nutzer auf einem Portal entweder keine oder nur wenige (z.B. Wohnort, Alter) Angaben zur Person vorgesehen, die wiederum optional sind und deswegen nur sporadisch gemacht werden. Durch das Fehlen soziolinguistischer Porträts einzelner Adressanten werden die Forschungsergebnisse jedoch nicht beeinträchtigt, denn diese Daten sind für die Fragestellung dieser Studie nicht primär relevant. Vielmehr geht es hier um Aussagen von Diskursteilnehmern selbst. Jedoch wurde im Laufe des Analyseprozesses nicht darauf verzichtet, auf Hinweise zu Akteuren des Diskurses zu achten (Sprachexperte vs. Laie), damit festgehalten werden kann, wer generell auf bestimmte Äußerungen reagiert. Viel spannender und aussagestärker als die Figur des Aussageproduzenten ist jedoch die Plattform, auf der sich das jeweilige Forum befindet, denn diese bildet einen Interpretationskontext, innerhalb dessen der Prozess des Verstehens einzelner Beiträge stattfindet.

Die Erstellung eines Korpus verläuft in der qualitativen Forschung in drei Schritten: *Datenerhebung, Datenaufbereitung* und *Kodierung von Daten*. Im Weiteren seien diese drei Schritte und ihre Ergebnisse detailliert vorgestellt.

---

[163] Die Gründe für die Wahl der internetgestützten Kommunikation als Untersuchungsobjekt sind im Kap. 4.4.1 aufgeführt.

5.1.1 Datenerhebung: Erstellung des Foren-Sets

Der Prozess der Datenerhebung setzt sich aus *Fallauswahl*, bei der Untersuchungsfelder eines bestimmten Phänomens festgelegt werden, aus *Materialauswahl* – einer Auslese von bestimmtem Material in jedem der Fälle – und aus *Probeanalyse* zusammen. Im diesem Schritt wurde also eine Wahl der zu untersuchenden Plattformen und Titelthemen der Foren getroffen und die erste Annäherung an die Datenbasis in Form einer Probeanalyse zur Prüfung deren inhaltlicher Relevanz vorgenommen.

5.1.1.1 Fallauswahl: Auswahl der Internetplattformen

Unter Internetplattform wird ein virtueller Platz im *World Wide Web* verstanden, an dem sich mehrere weitere Internetseiten und andere Ressourcen befinden. Wie bereits erwähnt, wurde in dieser Studie für die Untersuchung der internetbasierten Kommunikation entschieden, da bei diesem Material eine relativ freie, unzensierte Meinungsäußerung aufgrund von Anonymität zu erwarten ist. Da es bei diesem Forschungsvorhaben um die Erfassung der Sprach*verwender*-Perspektive geht, ist es wichtig, spezialisierte, fachlich profilierte Plattformen mit Beiträgen aus der Sprach*schöpfer*-Perspektive von der Datenmenge bei der Fallauswahl auszuschließen. Wie der belarusische Zensus 2009 zeigte, lassen sich zwischen den Sprechern im östlichen und im westlichen Teil des Landes Unterschiede in der Bekennung zum und der Anwendung von Belarusisch in der alltäglichen Kommunikation festhalten (vgl. Zensus 2009), deswegen sollte bei der Plattformauswahl des Weiteren der geographische Faktor berücksichtigt werden. In Anlehnung an diese Regeln wurden folgende Internetplattformen zur Untersuchung herangezogen:

- Webportale aller sechs belarusischen Gebietszentren (Brest, Homieĺ, Hrodna, Mahilioŭ, Minsk, Viciebsk),[164] mit denen alle geographischen Regionen des Belarus in die Analyse einbezogen werden. Diese Internetseiten sind nicht themenspezifisch und fügen Informationen zu diversen Lebensbereichen unter dem regionalen Schwerpunkt zusammen, so dass es zur Problematik des Belarusischen nicht nur Experten-Äußerungen zu erwarten sind;
- die polythematische Internetplattform *TUT.BY*, das Hauptportal für belarusische Internetnutzer, das eine zentrale Stelle im belarusischen Internet einnimmt und somit für eine Einstellungsanalyse unentbehrlich ist.

---

[164] Die Internetadressen aller untersuchten Plattformen und der darauf befindlichen Foren und Threads sind im Anhang *Liste der thematisch ausgewerteten Foren* aufgelistet.

Bei den *Webportalen der Gebietszentren* handelt es sich nicht um offizielle Internetauftritte einzelner Städte als administrativ-territoriale Einheiten, die nämlich keine Austauschmöglichkeit in Form von Foren-Kommunikation anbieten, sondern um Informationswebseiten. Alle ausgewerteten Webportale der Gebietszentren sind generell sowohl inhaltlich als auch strukturell ähnlich aufgebaut. Foren sind dabei ein fester struktureller Bestandteil jeder Stadtseite. Die Seite der Hauptstadt Minsk – Минский городской портал ‚Жизнь в Минске' [Minsker Stadtportal ‚Das Leben in Minsk'] – bietet z.B. auf der ersten Layoutebene folgende thematische Blöcke an: Hauptseite, Nachrichten, Gesellschaft, Politik, Wirtschaft, Kultur, Ereignisse, Artikel, Fotos, Horoskop, Wetter, Währungskurse, Tagebücher, Bekanntschaften, *Foren*. Der Foren-Button befindet sich also auf der ersten strukturellen Ebene, neben den Buttons wie *Politik* oder *Kultur*, was, zum einen, über den vom Entwickler suggerierten hohen Relevanzgrad dieses Bereiches für den Leser spricht, und, zum anderen, eine leichte Auffindbarkeit und einen schnellen Zugriff darauf ermöglicht. Die Angaben zu Autoren bzw. Betreibern dieser Seiten sind nicht einheitlich vorhanden: Sie werden nur sporadisch und unvollständig gegeben, so dass manchmal lediglich der Provider oder der Server ermittelt werden konnten (z.B. Hrodna). Als Autoren und Administratoren der Seiten von Brest und Homieĺ werden konkrete Personen – IT-Fachleute mit Freelancer-Status – aufgeführt, woraus sich schließen lässt, dass diese Personen für kein bestimmtes Unternehmen dauerhaft tätig sind und folglich von korporativen Verpflichtungen frei sind. Die Seite der Stadt Viciebsk wird von neun Fachleuten aus unterschiedlichen Wirkungsfeldern (IT, PR, Design, Massenmedia) gepflegt. Über die Betreiber der Seiten von Minsk und Mahilioŭ sind keine detaillierten Informationen vorhanden. Eine Besucherstatistik der Städteportale wird zwar nicht veröffentlicht, aber die Anzahl der registrierten Foren-Nutzer kann einen Aufschluss über den Popularitätsgrad dieser Kommunikationsform geben. Dabei ist anzumerken, dass die Foren ja nicht nur von registrierten Nutzern gelesen werden können, sondern auch von anonymen Besuchern, so dass die Angaben der Tabelle 10 zur Besucherstatistik keine absoluten Werte darstellen und nur der Bildung eines Gesamteindruckes dienen.

Tab. 10: Registrierte Nutzer der Städte-Foren. Stand: Dezember 2013

Stadt	Brest	Homieĺ	Hrodna	Mahilioŭ	Minsk	Viciebsk
Registrierte Nutzer der Städte-Foren	22 385	2 370	108 090	3 838	34 629	6 040
Insgesamt						177 352

Die Plattform *TUT.BY* wurde im Jahr 2000 als ein kostenloses Mail-Service für Internetnutzer in Belarus, ähnlich dem russischen *mail.ru*, konzipiert und beinhaltete ursprünglich neben dem Mail-Angebot auch Nachrichten, Informationen zum Wetter, zu Währungskursen und Kraftstoffpreisen sowie ein Gästebuch. Bereits Ende 2000 wurde die Ressource durch Foren mit Zugriffszählern, kostenpflichtigen Hosting-Diensten und Online-Werbung ergänzt. Seit 2001 erweiterte sich das Angebot jährlich um Dutzende thematische Projekte und funktionale Möglichkeiten. Heute stellt die von der TUT BY MEDIA GmbH geführte TUT.BY eine Trinität aus dem kostenfreien belarusischen Portal TUT.BY, das durch die zwei weiteren kommerziellen Komponenten – dem e-Business-Zentrum TUT.BY und dem hoster.by – finanziert wird, dar. Das thematische Spektrum der Seite TUT.BY ist weitaus umfangreicher als das der Seiten der Gebietszentren und umfasst die Themen wie *Mail, Politik, Gesellschaft, Wirtschaft und Business, Finanzen, Nachrichten aus der Welt, aus Belarus* und *aus Minsk, Top-Themen, Nachrichten der Konzerne, Wissenschaft und Technologien, Kultur, Sport, Auto, Stellenangebote, Bekanntmachungen, TV-Programm, Wetter, online-Geschäfte* etc. Dadurch wird der Bereich *Foren* erst auf der zweiten Strukturebene (in der oberen Leiste unter dem Punkt *Alle Ressourcen* in einer zusammenfassenden Liste aller thematischen Blöcke) platziert. Was die Anzahl der Zugriffe auf die Seiten von TUT.BY und konkret auf die TUT.BY-Foren betrifft, so sehen die Angaben von Google Analytics, einem Dienst von *Google Inc.* (online unter: http://www.google.de/intl/de/analytics/ <23.06.2020>), welcher Webseiten hinsichtlich des Datenverkehrs analysiert, wie folgt aus:

Tab. 11: Durchschnittliche Besucher- und Zugriffstagesstatistik für das Portal TUT.BY im Juni 2013 nach Angaben des Google Analytics (online unter: http://tutby.com/service/advert/statistics_all/index.php?sphrase_id=4350 <23.06.2020>)

Bereich	Besucher, Anzahl / Anteil an der Gesamtbevölkerung der Republik Belarus, %		Zugriffe	
	Werktage	Wochenende	Werktage	Wochenende
Hauptseite	489 369 / ca. 5	333 732 / ca. 3,5	1 587 386	939 400
Foren	16 907 / ca. 0,2	11 758 / ca. 0,1	103 653	74 754

5.1.1.2 Materialauswahl: Auswahl der Threads

Damit eine richtige Auswahl aus der Datenmenge getroffen werden kann, sollten bereits vor Beginn einer Datensammlung – gegen die Vorstellung der *Groun-*

ded Theory über eine theoriefreie Rezeption von ersten Daten – flexible, wenig spezifische Konzepte formuliert werden. Diese Konzepte werden in der qualitativen Forschung auch *orienting* (McCall 1979) bzw. *sensitizing concepts* (Blumer 1954) genannt. Als solche orientierenden bzw. sensibilisierenden Konzepte wurden bei der Extrahierung der zu untersuchenden einzelnen Titelthemen der Forum-Kommunikation (*topics*) die sog. Signalwörter verwendet. Das verfügbare Basis- und das theoretische Vorwissen erlauben zu behaupten, dass die belarusisch- und russischsprachigen Kollokationen wie *родная мова* [by: Muttersprache], *родной язык* [ru: Muttersprache] und *беларуская мова* [by: Belarusisch], *беларусский язык* [ru: Belarusische] ein Diskussionspotenzial innehaben und ihr Vorkommen im Titel eines Threads das Vorhandensein eines fragestellungsrelevanten Materials signalisiert. Dabei ist anzumerken, dass mit *родная мова* und *родной язык* in erster Linie immer das Belarusische assoziiert und seine Problematik thematisiert werden. Auch das belarusische Einzelwort *мова* [by: Sprache] ist ähnlich semantisch aufgeladen, es beinhaltet die zusätzliche Konnotation eines schutzbedürftigen sprachlichen Gebildes und wurde deswegen ebenso als ein Signalwort interpretiert und angewendet. Der Auswahl von einzelnen Threads lag somit die folgende *Regel* zugrunde: *Es werden Threads mit denjenigen Titeln in die Datenbasis aufgenommen, welche die Signalwörter ‚мова‘, ‚беларуская мова‘, ‚родная мова‘, ‚родной язык‘, ‚беларусский язык‘* und deren Derivate enthalten.

5.1.1.2.1 Untersuchungszeitraum

Da die kommunikativ-technischen Möglichkeiten des Web 2.0 erst seit ca. 2004 zur Verfügung stehen (Kap. 3.3.2), wurden die zeitlichen Grenzen für die Materialauswahl nicht festgelegt, sondern es wurden alle Threads seit dem Anfang des interaktiven Internets bis zum Zeitpunkt der Datensammlung – Juli 2012 – berücksichtigt. Die sprachpolitischen Ereignisse des untersuchten Zeitraums (2003–2012), wie z.B. das Orthographiegesetz von 2008, haben zwar für die Entstehung neuer Diskursstränge gesorgt, die Gesamtdiskussion über die Problematik der belarusischen Sprache, wie diese Untersuchung ergeben hat, jedoch nicht wesentlich tendenziell beeinflusst, so dass sie nicht als Marksteine für die zeitliche Eingrenzung der Datenbasis genommen werden konnten. Der erste ermittelte Thread mit dem Titel *Што такое родная мова/Что такое родной язык?* [by/ru: Was ist Muttersprache?] wurde bereits am 21.08.2003 angelegt, was davon spricht, dass in Belarus relativ früh von der Möglichkeit eines internetgestützten Meinungsaustausches Gebrauch gemacht wurde.

5.1.1.2.2 Erhebungsprozess

Die Recherche nach passenden Titeln auf den *Städteportalen* verlief manuell, indem jeder potenziell relevante Haupt- und Unterthemenbereich nach Signalwörtern in den Topics durchsucht wurde. Als potenziell relevant wurden dabei Bereiche wie *Politik, Geschichte, Wissenschaft, Bildung, Kultur, Kunst, Literatur, Musik, Kino, Massenmedia* etc. betrachtet, während die fernliegenden Themen wie z.B. *Medizin* oder *Psychologie* dagegen außer Acht gelassen wurden. Es sind auf den Städteportalen insgesamt 24 Threads ermittelt worden. Die Tabelle 12 gibt eine Übersicht der Haupt- und Unterthemenbereiche, denen die die Problematik des Belarusischen behandelnden Foren der Städteportale angehören.

Tab. 12: Städteportale. Übersicht der Haupt- und Unterthemenbereiche der untersuchten Foren

Ort	Titel des Forums	Hauptthema	Unterthema	Topic (Beispiel)
Brest	Брестский форум [Brester Forum]	Наша жизнь [Unser Leben]	Политика [Politik]	Беларуская мова ў РБ: чужая ці не? [Belarusische Sprache in der RB: fremd oder nicht?]
Homieĺ	Гомельский форум [Homieler Forum]	Жизнь города [Das Leben der Stadt]	Я, общество и Гомель [Ich, Gesellschaft und Homieĺ]	Што лепш: свая трасянка ці канчатковы пераход на мову суседзяў? [Was ist besser: die eigene Trasjanka oder ein endgültiger Übergang zur Sprache des Nachbaren?]
		Offtopic		Родной язык [Muttersprache]
Hrodna	Гродненский форум [Hrodnaer Forum]	Клубы по интересам [Interessen-Clubs]	Полит-изба [Politik-Hütte]	Какой язык для Вас родной? [Welche Sprache ist für Sie die Muttersprache?]
Mahilioŭ	Могилёвский форум [Mahiliover Forum]	Важные темы [Wichtige Themen]		Мова і тэлебачаньне [Sprache und Fernsehen]
Minsk	Минский форум [Minsker Forum]	О Минске – белорусский форум [Über Minsk – belarusisches Forum]	Жизнь Минска [Das Leben des Minsk]	Большинство белорусов в повседневной жизни использует русский язык. [Die Mehrheit der Belarusen verwendet im Alltag Russisch.]

Ort	Titel des Forums	Hauptthema	Unterthema	Topic (Beispiel)
		О смысле жизни и о домашних тапочках [Über den Sinn des Lebens und Hauspantoffeln]	Трепология [Plauderstube]	Ваш родной язык... [Ihre Muttersprache...]
		Отзывы и комментарии [Feedback und Kommentare]	Про наш форум в целом [Über unser Forum im Ganzen]	Акцыя „Размаўляем па-беларуску!" [Aktion „Sprechen wir Belarusisch!"]
Viciebsk	Витебский форум [Vitebsker Forum]	Тематический [Thematisches]	Политика, общество, власть [Politik, Gesellschaft, Macht]	Белорусский язык, за и против [Belarusisch, pro und contra]

Die Suche nach entsprechenden Threads auf der Plattform *TUT.BY* verlief dagegen halbautomatisch, anhand einer eingebauten Suchoption, indem die oben definierten Signalwörter in das Suchfeld eingetragen wurden und die automatisch generierte Liste von Topics anschließend nach Relevanz der gelieferten Ergebnisse für das Forschungsvorhaben manuell überprüft wurde. Die manuelle Überprüfung zeigte, dass die Annahme über den Charakter der semantischen Aufladung von Signalwörtern richtig war, denn alle Suchergebnisse waren bedeutsam und kein von den insgesamt 235 gefundenen Threads musste aussortiert werden. Die Zugehörigkeit der ermittelten Threads zu Haupt- und Unterthemenbereichen der TUT.BY-Plattform ist in der Tabelle 13 abgebildet.

Tab. 13: Plattform TUT.BY. Übersicht der Haupt- und Unterthemenbereiche der untersuchten Foren

Hauptthema	Unterthema	Topic (Beispiel)
ТОП-ка [TOP-Themen]	Обсуждение статей на TUT.BY[165] [Besprechung der TUT.BY-Artikel]	Сайт Лукашэнкі перайшоў на беларускую мову. [Die Website von Lukaschenko wechselte zum Belarusischen.]

---

[165] Die an diesem Ort diskutierten Artikel sind ihrerseits ebenso bestimmten Themenbereichen zugeordnet, von denen *Gesellschaft* (93) und *Kultur* (20) am stärksten vertreten sind, gefolgt von den Bereichen *Reaktion, Resonanz* (9), *Nachricht des Tages* (6), *Wissenschaft und Technologien* (5), *Politik* (4), *Fernsehen* (2), *Wahlen* (2), *Wirtschaft und Business* (1).

Hauptthema	Unterthema	Topic (Beispiel)
Общество [Gesellschaft]	Города и регионы [Städte und Regionen]	Пра мову [Über die Sprache]
	Законодательство и право [Gesetzgebung und Recht]	Беларуская мова [Belarusische Sprache]
	Политика, гражданское общество [Politik, Zivilgesellschaft]	Ці патрэбна беларусам беларуская мова? [Brauchen Belarusen Belarusisch?]
	История и этнология [Geschichte und Ethnologie]	Когда белорусы говорили на мове? [Wann sprachen Belarusen Belarusisch?]
	Религия [Religion]	Когда мы будем молиться на роднай мове… [Wann werden wir in der Muttersprache beten…]
Образование и наука [Bildung und Wissenschaft]	Образование, учебные заведения [Bildung, Bildungseinrichtungen]	Беларуская мова. Праф. лексіка. Ці патрэбна ў вну? [Belarusisch. Fachlexik. Ist sie an Hochschulen nötig?]
	Наука [Wissenschaft]	Почему умер белорусский язык? [Warum ist Belarusisch gestorben?]
Культура и искусство [Kultur und Kunst]	Литература [Literatur]	Давайце размаўляць на беларускай мове! [Lasst uns Belarusisch sprechen!]
	Музыка [Musik]	Беларуская музыка [Belarusische Musik]
Экономика и бизнес [Wirtschaft und Business]	Маркетинг и реклама [Marketing und Werbung]	Беларуский язык в рекламе [Belarusisch in der Werbung]
СМИ [Massenmedien]	Пресса и Онлайн [Presse und Online]	Беларуская мова… [Belarusische Sprache…]
	Телевидение [Fernsehen]	Телевидение и белорусский язык [Fernsehen und die belarusische Sprache]
	Радио [Radio]	Язык вещания – BY vs. RU [Sendesprache – BY vs. RU]
Интернет, IT, техника [Internet, IT, Technik]	Операторы сотовой связи [Betreiber der Mobilfunknetze]	Ці жадаеце Вы абслугоўвацца на беларускай мове? [Möchten Sie auf Belarusisch bedient werden?]
	Мобильные телефоны [Handys]	Родная мова ў тэлефоне [Muttersprache im Telefon]
	Веб-мастеринг [Web-Mastering]	Пераклады розных скрыптоў на беларускую мову [Übersetzungen verschiedener Skripte ins Belarusische]

Hauptthema	Unterthema	Topic (Beispiel)
	ПО и защита информации [Software und Datenschutz]	Пераклад AmigaOS i AROS на беларускую мову [Übersetzungen von AmigaOS i AROS ins Belarusische]
Развлечения и отдых [Unterhaltung und Erholung]	Хобби и досуг [Hobby und Freizeit]	О белорусском языке [Über die belarusische Sprache]
Беседка [Plauderstube]	Offtopic	Родная мова… [Muttersprache…]

5.1.1.2.3 Sprachliche Gestaltung der Foren-Umgebung

Die Tabellen 12 und 13 verdeutlichen, dass die sprachliche Gestaltung der Foren-Umgebung nicht einheitlich ist: Die Bezeichnungen von Haupt- und Unterthemen, d.h. die von Entwicklern der Internetseiten vordefinierten Elemente, kommen ausschließlich in russischer Sprache vor. Die von Nutzern erstellten Threads weisen dagegen Topics sowohl in russischer als auch in belarusischer Sprache auf, und die belarusischsprachigen Topics machen in der ermittelten Liste mehr als die Hälfte (53,7%) aller Titel aus[166] (Tab. 14). Die unterschiedliche Sprachwahl bei der Gestaltung der strukturellen Forenelemente spricht einerseits von der Intention der Inhaber von Internetressourcen, mit einem russischsprachigen Layout ihrer Seiten ein möglichst breites Publikum zu erreichen, andererseits zeugt sie vom Bestreben der Internetnutzer, die Sprachdiskussionen auf der diskutierten Sprache, also auf Belarusisch, zu führen und hauptsächlich den an dem Thema interessierten Rezipientenkreis zu erreichen. Das deutet wiederum auf eine Zielgruppenabhängigkeit der Sprachwahl auf belarusischen Internetseiten hin.

Neben den Topics in einer der Sprachen kommen auch solche vor, die gleichzeitig beide sprachlichen Codes verwenden. In der Regel sind es russischsprachige Titel, welche die belarusischen Lexeme *мова* [Sprache] und *родная мова* [Muttersprache] als Synonyme zu *belarusische (National)sprache* nutzen:
– У белорусов будет новая *мова*. [Belarusen bekommen eine neue *Sprache*.]
– Когда белорусы говорили на *мове*? [Wann sprachen Belarusen *Belarusisch*?]

---

[166] Die zweisprachige Gestaltung der Layouts und teilweise der Texte ist für die belarusischen Massenmedien keine Seltenheit (vgl. Scharlaj 2008: 74–75).

- Когда мы будем молиться на *роднай мове*... [Wann werden wir in der *Muttersprache* beten...]
- Литература на бел. *мове* в электронном виде [Elektronische Literatur in *belarusischer Sprache*]
- Лукашенко: Мы свою *мову* возродили. [Lukaschenko: Unsere *belarusische Sprache* haben wir wiederbelebt.]

Wie sich die Topics in belarusischer und in russischer Sprache quantitativ zueinander verhalten, zeigt die Tabelle 14. Auf der Grundlage dieser Zahlen können zwar keine endgültigen Aussagen über die Präferenzen bei der Sprachauswahl in belarusischen Foren gemacht werden, aber es kann durchaus die Tendenz einer stärkeren Verwendung des Belarusischen als Kommunikationsmittel bei der Behandlung von nationalsprachbezogenen Themen im Internet als in der Alltagskommunikation (vgl. Zensus 2009) abgelesen werden:

Tab. 14: Sprachliche Gestaltung der untersuchten Topics

	Belarusisch	Russisch	beide Sprachen
Anzahl der Topics	139	113	7
%	53,7	43,6	2,7

5.1.1.2.4 Zugehörigkeit den thematischen Bereichen

Die Haupt- und Unterthemenbereiche, in deren Rahmen die Problematik der Sprachsituation in Belarus in den Foren behandelt wird, sind zahlenmäßig unterschiedlich stark vertreten. Die Tabelle 15 zeigt eine quantitative Verteilung aller Threads nach ihren thematischen Gebieten und gibt Aufschluss darüber, mit welchen Sphären des gesellschaftlichen Lebens die Problematik des Belarusischen in der kollektiven Wahrnehmung am stärksten assoziiert wird. Aus der Tabelle wird ersichtlich, dass hier die Sparten *Gesellschaft*, *Politik* und *Kultur* dominieren, was darauf schließen lässt, dass das sprachliche Thema eher als eine gesellschaftliche, politische und kulturelle und weniger bzw. gar nicht als eine rein linguistische Angelegenheit wahrgenommen wird. Zwar um einiges seltener, aber die Problematik der belarusischen Sprache wird auch hinsichtlich ihrer Verwendung in den *Massenmedien*, in der *Wissenschaft* und *Wirtschaft* sowie in der *Bildung* diskutiert. Bemerkenswert ist darüber hinaus, dass die Nationalsprache mehrmals als *Top-Thema* bzw. als *Nachricht des Tages* deklariert wurde, was von der Aktualität und der Relevanz des Themas zeugt.

Tab. 15: Quantitative Verteilung der ermittelten Threads nach Haupt- und Unterthemen

Hauptthema	Unterthema	Threads	Insgesamt
Gesellschaft		94	
	Politik, Zivilgesellschaft	63	
	Geschichte und Ethnologie	8	
	Städte und Regionen	4	
	Die Wahlen	2	
	Gesetzgebung und Recht	1	
	Religion	1	173
Kultur und Kunst		21	
	Literatur	6	
	Musik	1	28
Massenmedien	Fernsehen	7	
	Presse und online	3	
	Radio	2	12
Plauderstube	Offtopic	9	9
Reaktion auf Medienbeiträge		9	9
Wissenschaft und Technologien		7	7
Internet, IT, Technik	Mobilfunkbetreiber	2	
	Handys	2	
	Web-Mastering	2	
	Software und Datenschutz	2	8
Top-Themen / Nachricht des Tages		6	6
In der Welt		3	3
Wirtschaft und Business		1	
	Marketing und Werbung	1	2
Bildung		1	1
Unterhaltung und Erholung	Hobby und Freizeit	1	1
			259

Zusammenfassung

Als Ergebnis der Datenerhebung wurde eine Materialbasis gewonnen, die aus 259 Threads zum Thema der Sprachsituation in der Republik Belarus besteht. 24 dieser Threads befinden sich auf den Stadtseiten der sechs belarusischen Gebietszentren, 235 stammen vom größten polythematischen belarusischen Portal TUT.BY. Der Erhebungszeitraum der Datenbasis umfasst also ca. neun Jahre, vom August 2003 bis Juli 2012. Die meisten Threads (ca. 69%) sind den Kategorien *Gesellschaft*, *Politik* und *Kultur* zugeordnet. Die sprachliche Gestaltung der strukturellen Bestandteile der Foren ist nicht einheitlich: Die vordefinierten Elemente wie Haupt- und Unterthemenbereiche sind auf Russisch gestaltet, in den von den Nutzern geschaffenen Topics überwiegt leicht die belarusische Sprache (53,7%). Eine detaillierte Übersicht aller ermittelten Threads samt Internetadressen, Erstellungsdaten etc. ist im Anhang *Liste der thematisch ausgewerteten Foren* gegeben.

5.1.1.3 Probeanalyse

Eine Probeanalyse erfüllt in der qualitativen Forschung zwei Funktionen. Zum einen wird damit überprüft, ob das Material das erwartete Potenzial für eine wissenschaftliche Auseinandersetzung birgt. Zum anderen dient eine Probeanalyse – als ein struktureller Bestandteil der Datenerhebung – einer weiteren Eingrenzung der Materialbasis. Wie bereits erwähnt, sieht die qualitative Forschung keinen festgelegten Untersuchungsplan vor, sondern sie basiert auf einer *zirkulären* Strategie, bei der die Datenerhebung vom Vorwissen und von der Fragestellung geleitet wird, und die nachfolgende Datenauswertung zu neuen Erkenntnissen und somit zu einem modifizierten Vorwissen führt, was wiederum einen neuen Datenerhebungsprozess veranlassen kann. Durch den zentralen analytischen Bezugsrahmen dieser Studie werden jedoch Grenzen für die Datensammlung festgelegt, denn „die Datenmenge [...] hat offenbar einen abnehmenden Grenznutzen" (Lamnek 2005: 109). Bei der Probeanalyse sollen die ersten, auf dem Vorwissen basierten Kategorien durch die neuen erweitert werden. Das soll zeigen, ob das Material anhand von ersten Zwischenergebnissen und gewonnen Kategorien weiter erhoben werden soll, oder, falls es zu keinen neuen Ergebnissen mehr kommt und folglich die theoretische Sättigung erreicht wird (vgl. Kelle/Kluge 1999: 49), die Datenerhebung abgeschlossen werden kann.

In dieser Untersuchung wurden bei der Probeanalyse einzelne Threads nach inhaltlichen Aspekten der sprachsituationsbezogen Diskussion (Themen) in Belarus ausgewertet. Entsprechend dem Prinzip der Offenheit wurden im Vorfeld keine Hypothesen über das thematische Spektrum des Forendiskurses gebildet, sondern der Blick wurde offen gehalten, um alle – auch unerwarteten – Themen in die Palette aufzunehmen. Es wurden auch keine Strategien der thematischen Analyse ausgearbeitet, denn „je strukturierter [...] die Technik der Datensammlung ist, desto unwahrscheinlicher ist das Auffinden neuer Fakten, deren Existenz vorher nicht in Rechnung gestellt wurde" (Lamnek 2005: 89). Gleichzeitig sollte nicht außer Acht gelassen werden, dass das wichtigste Kriterium der Materialauswahl seine Relevanz für die Forschungsfrage ist. Die Eingrenzung des Materials erfolgte also in Anlehnung an die Fragestellung und an das bereits vorhandene Vorwissen, die vorgeben, welche Aspekte untersucht werden sollen. Demnach konnten folgende, auf der Grundlage des vorhandenen Vorwissens zu erwartende Leitmotive als *orienting concepts* definiert werden, deren Vorkommen in der Diskussion für die Relevanz der erstellten Datenbasis spricht: *Einstellung* zur belarusischen Sprache,[167] Gründe einer Nichtverwendung des Belarusischen (*intervenierende Variablen*), *Funktionen* und *Verwendungsbereiche* der belarusischen Sprache, *Zukunftsaussichten*, *Förderungsmaßnahmen*, *Orthographie-Varianten* des Belarusischen (Taraškievica vs. Narkomaŭka).

Die Themenextrahierung begann bei der Auswertung von Threads der Städteportale. Dadurch sollte gewährleistet werden, dass diese Threads, deren Anzahl weitaus geringer ist als die Anzahl der TUT.BY-Threads, nicht aus der Materialbasis im Zuge deren Eingrenzung aufgrund der erreichten theoretischen Sättigung aussortiert werden, was passieren könnte, wenn die Arbeit von den TUT.BY-Threads begonnen wäre. Gemäß den Grundsätzen der qualitativen Forschung, die eine *daten*geleitete Wahl des methodischen Instrumentariums vorsieht, wurde dabei nach dem *bottom-up*-Prinzip vorgegangen: Die interpretativ ermittelten Subthemen wurden den jeweils inhaltlich übergeordneten Themen zugeordnet, so dass eine hierarchisch organisierte thematische Baum-Struktur entstand. Als Orientierungsgrundlage bei der Themenbestimmung und -zuordnung dienten das Alltagswissen und das theoretische Vorwissen der Verfasserin. Der sich auf das Prinzip der Offenheit stützende Prozess der Themenextrahierung dauerte solange, bis keine neuen Punkte in das inhaltliche Spektrum mehr aufgenommen werden konnten. Nachdem die theoretische Sättigung erreicht wurde, wurde die Datenerhebung abgeschlossen. Diese Analyse ergab eine Übersicht der Themen und Subthemen, die in der Forendiskussion über die belarusische Sprache angesprochen wurden. In der erstellten Liste kamen alle als *orienting concepts* definierten Punkte vor, was darauf schließen lässt, dass die erhobene Datenbasis in Bezug auf die Fragestellung dieser Studie relevant ist und dass das Kriterium der Validität somit erfüllt ist. Eine detaillierte Über-

---

[167] Die Einstellungen zum Belarusischen bilden sowohl den Untersuchungsgegenstand dieses Forschungsprojektes als auch ein Leitmotiv des Forendiskurses und werden im weiteren getrennt als ‚eigene Spracheinstellung der Diskursakteure' und als ‚referierte gesellschaftliche Einstellung zum Belarusischen' (Kap. 5.4. und 5.4.2.1.1) beschrieben.

sicht aller angesprochenen inhaltlichen Schwerpunkte wird im Kapitel 5.2 angeboten.

5.1.2 Datenaufbereitung: Erstellung des Aussagen-Sets

Der zweite Schritt der Korpuserstellung ist in der qualitativen Forschung die Datenaufbereitung. Hier werden aus dem gesamten Datenkorpus forschungsrelevante Informationen extrahiert, ohne dass diese weiter verarbeitet werden. Das Ziel der Datenaufbereitung ist, ein verwendbares *Set von Daten* zu entwickeln und dieses formal so zu gestalten, dass eine weitere Verarbeitung (in dieser Studie – eine Kodierung) möglich wird. In der vorliegenden Untersuchung wurde im Zuge der Datenaufbereitung ein *Set forschungsrelevanter Aussagen* der Diskursakteure zum Thema *Belarusische Sprache* erstellt.

Da es sich hier nicht um ein repräsentatives, sondern um ein exemplarisches Datenkorpus handelt, bedarf die Wahl von ‚relevanten' Daten einer Begründung. Auch hier werden zu Begründungszwecken die *orienting concepts* verwendet, die auf der Grundlage der Fragestellung und des im Prozess der Datenerhebung erworbenen Wissens über die thematische Struktur des Diskurses formuliert werden und somit die Relevanz der extrahierten Daten belegen und sicherstellen (Kap. 5.1.1.3) sowie gleichzeitig der Formulierung der Regel für die Materialeingrenzung dienen. Im Sinne der Regelgeleitetheit als Gütekriterium der qualitativen Forschung wurde der Auswahl von Äußerungen die folgende *Regel* zugrunde gelegt: *Es gelten diejenigen Äußerungen als forschungsrelevant, welche die im Folgenden genannten Leitmotive als orienting concepts enthalten:*

— Ausdruck von Diskussionsteilnehmern ihrer *Einstellung* zur belarusischen Sprache durch Äußerungen ihrer Meinungen über die belarusische Sprache (kognitive Komponente), durch Bekundungen ihrer emotionalen Disposition gegenüber dem Belarusischen (emotive Komponente), durch Absichtsäußerungen hinsichtlich der eigenen Sprachverwendung (volitive Komponente) und durch Berichte über das eigene Sprachverhalten (konative Komponente);
— Angaben über *intervenierende Variablen*, mit denen die Nichtverwendung des Belarusischen erklärt wird;
— Äußerungen über *Funktionen* der belarusischen Sprache (symbolisch vs. kommunikativ);
— Äußerungen über eine *domänenspezifische Verwendung* des Belarusischen;
— Überlegungen über *Perspektiven* des Belarusischen;

- *Maßnahmen*vorschläge zur Stärkung der Position des Belarusischen;
- Meinungsaustausch und Einstellungsäußerungen über die *Orthographie-Varianten* des Belarusischen (Narkomaŭka vs. Taraškievica).[168]

Bei der Suche nach Äußerungen mit den oben genannten *orienting concepts* wurde gleichzeitig – entsprechend dem Grundprinzip einer *offenen* Herangehensweise an die Daten in der qualitativen Forschung – auf das Unerwartete und Unvorhergesehene geachtet, damit auch neue, bisher nicht bekannte Phänomene erfasst werden können.

Im Zuge der Datenaufbereitung wurden folgende Threads nach forschungsrelevanten Aussagen durchsucht:
- alle erhobenen Threads der Städteportale und
- mindestens ein Thread der Plattform TUT.by zu jedem bei der Probeanalyse ermittelten Diskussionsthema.

Als Ergebnis der Datenaufbereitung wurde ein Set aus 3512 Forenbeiträgen zum Thema *Belarusische Sprache* erstellt.

5.1.3 Datenkodierung: Erstellung des Kategorien-Sets

Bei der Kodierung geht es um die Erstellung eines Sets von Kategorien, die nach dem Extrahieren von forschungsrelevanten Informationen aus dem Datenkorpus entstehen, und um eine Zuordnung der einzelnen Textstellen einem erstellten Kategoriensystem. Durch dieses Verfahren wird eine abstrahierende Analyseebene errichtet und eine analytische Distanz zur Datenbasis aufgebaut. Auf diese Weise wird eine in Daten begründete Wissensordnung rekonstruiert (vgl. Diaz-Bone 2010: 199). Bei dieser Untersuchung geht es konkret um die Rekonstruierung des Konzeptes der Einstellung zum Belarusischen seitens der Sprachverwender in seiner ganzen Komplexität.

Zur Unterstützung der Datenanalyse und zur Ermittlung von etwaigen Regularitäten wurde die Software für die qualitative Datenanalyse *MAXqda* herangezogen. Dieses Programm ermöglicht die Erstellung eines hierarchischen Codesystems, dem die Textdaten zugeordnet werden können. Ein Vorteil des Pro-

---

[168] In diesem Punkt wird angenommen, dass der Diskussionsgehalt dieses Themas den Diskursakteuren vertraut ist. Die Präferenz einer der Varianten könnte von einer entsprechenden Haltung gegenüber dem Belarusischen generell, gegenüber seiner aktuellen Form bzw. der Form aus den Zeiten des Nationalstaates (1918) zeugen.

gramms besteht darin, dass das Codesystem flexibel reorganisiert werden kann. Das Programm bietet somit eine Reihe von Auswertungsmöglichkeiten, welche die Aufdeckung von signifikannten Häufungen deutlich erleichtern, z.B. der Codes, die häufig in Beziehung zueinander vorkommen bzw. überwiegend für *pro-* oder *contra-*Argumentation eingesetzt werden etc.

Das Kodieren der aufbereiteten Daten aus den Forenbeiträgen verlief *korpus*geleitet. Im Unterschied zum *theorie*geleiteten Kodieren, wo das Codesystem vorgegeben wird, wurden hier die neuen Kategorien im Laufe des Kodierungsprozesses als die sog. *open codings* gebildet. Dieses oben bereits beschriebene *Offenheit*sprinzip der qualitativen Forschung (Kap. 4.1.1.3) erlaubt eine Suche nach Unerwartetem und eine sukzessive Erweiterung des Codesystems, was dieses Vorgehen der Komplexität von Spracheinstellung als Forschungsgegenstand angemessen macht.

Entsprechend konnten in diesem Schritt der Korpuserstellung keine festen Zuordnungsregeln in der Form *Aussagen aus dem Bereich X werden dem Bereich Y zugeordnet, wenn sie die Kriterien Z erfüllen* im Vorfeld formuliert werden. Aber die Kodierung verlief *fragestellungs*geleitet, d.h., bei der Entwicklung einer Kategorie wurde der Bezug auf die Forschungsfragen und konkret auf die für die Erstellung des Aussagen-Sets relevanten Leitmotive bzw. *orienting concepts* (Kap. 5.1.2.) beachtet.

Das Datenkorpus wurde im Sinne der Zirkularität der qualitativen Forschung in zwei Durchläufen kodiert. Der Hauptzweck des ersten Durchlaufes, der als Beginn der Rekonstruktion von diskursiven Beziehungen gilt (vgl. Diaz-Bone 2010: 203), war zu ermitteln:

- welche *Topoi* und andere Komponenten des spracheinstellungsbezogenen sozialen Wissens im Diskurs erschließbar sind und
- wie sich die Autoren der einzelnen Beiträge gegenüber der belarusischen Sprache *positionieren*. Zu diesem Punkt wurden sieben Zuordnungskategorien vordefiniert: *pro, eher pro, beide Sprachen, keine Stellungnahme, egal (explizit), eher contra, contra* (vgl. Kap. 5.3.3).

Beim Kodieren wurden zunächst die als forschungsrelevant angesehenen Textstellen mit einem Code versehen. Zur Erleichterung der späteren Identifizierung erhielten die Codes selbstredende Bezeichnungen. Die einzelnen Codes wurden in sog. ‚Memos' näher beschrieben und kommentiert. Wenn in einem Beitrag mehrere Topoi vorkamen, wurde nicht nur die entsprechende Textstelle, sondern der ganze Beitrag einem Code zugewiesen, damit später die Regularitäten des gemeinsamen Vorkommens von Codes registriert werden können. Es wurden also auch Mehrfachzuweisungen vorgenommen. Festgehalten wurden auch die Fälle der Dialogizität und des Zusammenhanges von Topoi. Während des ersten Kodierungsdurchlaufes wurde die Liste der Codes immer umfangreicher und es zeichnete sich bereits eine Systematik der vorkommenden Topoi ab. Nachdem die bereits ermittelten Codes in eine hierarchische Ordnung gebracht wurden, verlief die Kodierung nach dem erstellten System, und die neuen Codes wurden gleich in dieses System integriert.

Dieser Prozess dauerte solange, bis keine neuen Codes dem Codesystem hinzukamen, d.h., bis die theoretische Sättigung erreicht wurde, was zu einer begründeten Annahme verleitete, dass die Diskursstrukturen ermittelt wurden (vgl. Lamnek 2005: 109). Am Ende des ersten Kodierungsdurchlaufes lag eine Menge von 2792 Aussagen vor, welche jeweils nach der Positionierung des Diskursteilnehmers zur belarusischen Sprache und nach den darin vorkommenden Topoi kodiert wurden. Bereits an dieser Stelle wurden die zuvor beschriebenen drei Komponenten der Einstellung (kognitive, emotive, volitive) in den Codes erkennbar, so dass die einzelnen Codes weitgehend einer der Komponenten zugewiesen werden konnten. Es hat sich also eine Struktur des Codesystems abgezeichnet, die die Struktur einer (Sprach)einstellung abbildet und in der die drei Einstellungskomponenten ihrerseits übergeordnete Kategorien darstellen. Als Argumentationsmuster gehören die ermittelten Topoi dabei *per definitionem* der kognitiven Komponente an. Nach den weiteren Einstellungskomponenten (emotiven und volitiven) sowie nach den Einstellungsobjekten (*Stimuli*) und nach der Verhaltenskomponente (*Respons*) wurde im ersten Kodierungsdurchlauf nicht gezielt gesucht, dank des Prinzips der Offenheit wurden diese aber bereits in diesem Schritt teilweise mitkodiert, sofern diese aufgefallen sind.

Nachdem das ermittelte vollständige Set von Codes erneut hinsichtlich seiner hierarchischen Ordnung überprüft und die übergeordneten Kategorien gebildet und strukturiert wurden, wurde das Datenkorpus wiederholt kodiert. Der Zweck des zweiten Kodierungsdurchlaufes war:
- eine lückenlose Kodierung des gesamten Aussagen-Sets mit dem kompletten Codesystem, damit alle definierten Topoi in allen Aussagen erfasst werden, und
- eine gezielte Suche nach Manifestationen der einzelnen Einstellungskomponenten sowie des *Stimulus* (der Einstellungsobjekte) und des *Respons* (des berichteten Sachverhaltens) (Kap. 3.1.10). In diesem Punkt verlief die Kodierung wiederum teilweise regelgeleitet:
    - wenn die Aussage einen Hinweis darauf enthielt, was der Gegenstand der Einstellung ist, wurde sie der Kategorie ‚Stimulus' zugeordnet;

- wenn die Aussage eine Äußerung über eigene Emotionen gegenüber der belarusischen Sprache enthielt, wurde sie der Kategorie ‚emotiv-affektiv' zugeordnet;
- wenn die Aussage eine wertende Äußerung in Bezug auf *stimuli* oder eine Äußerung über eigene Vorstellung darüber enthielt, wie die Sprachsituation in Belarus zu sein hat, wurde sie der Kategorie ‚evaluativ-normativ' zugeordnet;
- wenn die Aussage eine Äußerung über eigene Wünsche bezüglich der Sprachsituation bzw. über Vorhaben hinsichtlich des Sprachverhaltens enthielt, wurde sie der Kategorie ‚volitiv-indikativ' zugeordnet;
- wenn die Aussage eine Äußerung mit deontischer Modalität hinsichtlich der belarusischen Sprache enthielt, wurde sie der Kategorie ‚volitiv-imperativ' zugeordnet;
- wenn die Aussage eine Äußerung zum eigenen Sprachverhalten enthielt, wurde sie der Kategorie ‚konativ (berichtet)' zugeordnet.

Während des zweiten Kodierungsdurchlaufes, welcher von Diaz-Bone (2010: 203) als die sog. ‚Fertigstellung der Rekonstruktion' bezeichnet wird, wurden noch weitere Vernetzungen von Codes identifiziert und dokumentiert sowie das Codesystem weiter ausdifferenziert und verfeinert. Insgesamt wurden an 2792 Forenbeiträgen 10310 Kodierungen vorgenommen.

5.2 Intratextuelle Ebene: thematische Struktur des Forendiskurses

Bei der inhaltlich-thematischen Analyse des Korpus wurde eine Aufteilung in Makro- und Mesostruktur des Diskurses unternommen. Die empirischen Vorteile solcher Unterscheidung wurden bereits im Kapitel 4.4.2 erläutert: Eine mesostrukturelle Analyse des Diskurses gibt nämlich, zum einen, ein Bild über die Komplexität der hierarchisch geordneter Diskursstränge und deren Verschränkungen und liefert, zum anderen, Ergebnisse für forschungsrelevante Schlussfolgerungen auf der Makroebene.

Das Makrothema des untersuchten Diskurses (Hauptthema der ersten Ordnung) ist *Belarusische Sprache*, welche bereits bei der Korpuserstellung als eines der *orienting concepts* (Kapitel 5.1.1.2) fungierte. Im Kontext der vorliegenden Studie ist die belarusische Sprache aus textlinguistischer Sicht ein kommunikativer Hauptgegenstand, auf den sich einzelne Inhalte und Grundgedanken des Diskurses beziehen (Kap. 4.4.2), welche die sprachliche Situation in Belarus betreffen. Eine Sprachsituation stellt nach Scharnhorst (1994: 11) ein Hauptbindeglied zwischen der synchronischen und der diachronischen Sprachwissenschaft dar, und es spielen dabei zwei unterschiedliche Aspekte eine Rolle: der Aspekt des sprachlichen *Zeichensystems* und der *Tätigkeits*aspekt. Ausgehend von dieser These sollte das Makrothema des Sprachdiskurses unter dem Blickwinkel *funktioneller Zeichensysteme* sowie des *Gebrauchs dieser Systeme* (vgl. Scharnhorst 1994: 11) diskutiert werden.

Die vorgenommene Themenextrahierung zeigte, dass im Zusammenhang mit dem Makrothema *Belarusische Sprache* (M), um das sich die globale semantische Gesamtarchitektur des Diskurses bildet, zwei inhaltliche Dimensionen behandelt werden, die als Hauptthemen der zweiten Ordnung (H) definiert werden: *Belarusisch als funktionelles Zeichensystem* (H1) und *Verwendung des Belarusischen* (H2) (Abb. 1). Neben diesen zwei die Gesamtstruktur des Diskurses organisierenden Aspekten ließen sich Diskursstränge bzw. Nebenthemen ermitteln, die inhaltlich außerhalb dieser Dimensionen liegen und eher die *Metaebene* der Diskussion betreffen. Es geht hier beispielsweise um die Behandlung der Frage, inwiefern eine forenbasierte Sprachdiskussion die Spracheinstellungen und die Sprachsituation im Land beeinflussen kann (N1). Im Zuge der Themenentfaltung kamen im Rahmen der Sprachdiskussion auch Nebenthemen vor, die nicht mehr direkt das Belarusische betrafen. Diese Nebenthemen sind unter den Punkt *offtopic* (N2) zusammengefasst worden.

Die Makrostruktur des Online-Diskurses über die belarusische Sprache setzt sich also aus einem Makrothema (M) und aus den sie erläuternden Hauptthemen (H) und Nebenthemen (N) zusammen:

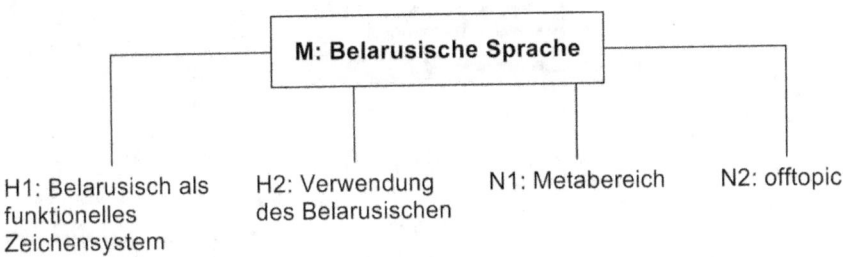

Abb. 1: Makrostruktur des Forendiskurses über die belarusische Sprache

Die Mesostruktur des Diskurses besteht aus der hierarchischen Anordnung von Subthemen (S), die den jeweiligen Hauptthemen untergeordnet sind und sich von ihnen ableiten lassen. Zu einer möglichst genauen Wiedergabe des Inhalts von einzelnen Diskurssträngen wurden als (Sub)themen-Bezeichnungen teilweise Alltagsbegriffe, d.h. keine in der Linguistik gebräuchlichen wissenschaftlichen Termini, sondern die von Diskussionsteilnehmern selbst verwendeten Begriff- lichkeiten benutzt, denn ein Großteil der theoretischen Erkenntnisse stützt sich auf das Alltagsverständnis der Welt (vgl. Lamnek 2005: 45). Als Beispiele sind hier die Subthemen wie etwa *Sprachliche Attraktivität, Ästhetik der Sprache* etc. zu nennen.

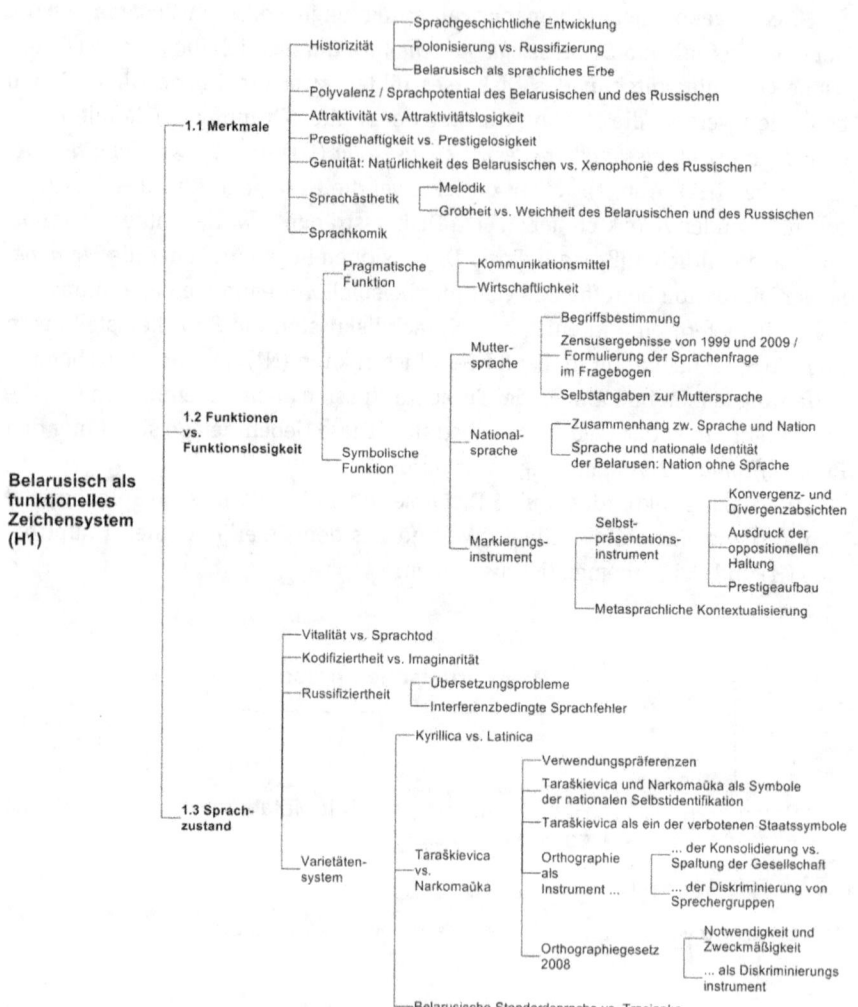

Abb. 2: Mesostruktur des Forendiskurses über die belarusische Sprache: Belarusisch als funktionelles Zeichensystem (H1)

Intratextuelle Ebene: thematische Struktur des Forendiskurses — 245

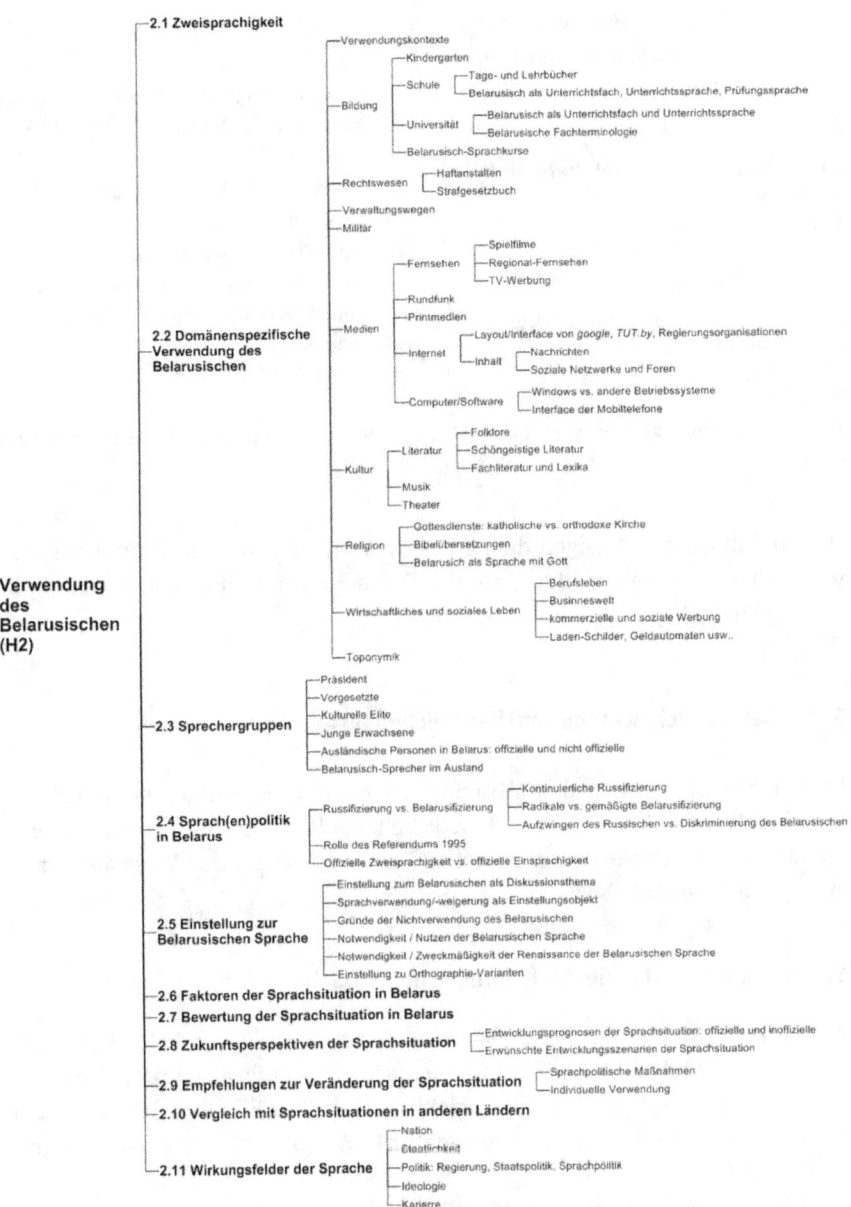

Abb. 3: Mesostruktur des Forendiskurses über die belarusische Sprache: Verwendung des Belarusischen (H2)

Abb. 4: Mesostruktur des Forendiskurses über die belarusische Sprache: Metabereich (N1) und offtopic (N2)

Die Abbildungen 2–4 zeigen die im Zuge der Themenanalyse ermittelte thematisch-inhaltliche Mesostruktur, die der Diskussion über die belarusische Sprache zugrunde liegt.

5.2.1 Belarusisch als funktionelles Zeichensystem

Im ersten hauptthematischen Abschnitt (H1) wird die belarusische Sprache als funktionelles Zeichensystem diskursiv behandelt, indem auf ihre konstanten Merkmale, Funktionen, ihren aktuellen Zustand und auf das Varietätensystem eingegangen wird (Abb. 2).

Subthema 1.1: Merkmale der belarusischen Sprache

Als Merkmale der belarusischen Sprache werden teils die von Rehder (1995) genannten Eigenschaften einer Standardsprache wie Polyvalenz und Historizität hervorgehoben, teils aber die auf subjektiver Sprachwahrnehmung der Sprecher basierenden Begrifflichkeiten verwendet, z.B. Attraktivität, Genuität, Sprachästhetik und Komik (Abb. 5).

Mit dem Hervorheben des *Historizitäts*merkmals der eigenen Sprache soll nach Rehder (1995: 360) auf ihre lange und bedeutungsreiche Tradition hingewiesen und dadurch ihr Prestige betont werden. Die Historizität des Belarusischen wird im Diskurs durch Zuwendung zu sprachhistorischen Entwicklungen, darunter auch zu Polonisierungs- und Russifizierungsprozessen, belegt. Die belarusische Sprache wird darüber hinaus als das Erbe der Vorfahren thematisiert, dessen Bewahren zu einer moralischen Pflicht der Nachkommen gehöre.

> Я лічу, што трэба ведаць і намагацца гаварыць па-беларуску. Бо беларуская мова наш скарб, скарб які дастаўся нам ад продкаў.
> [Ich bin der Meinung, man sollte Belarusisch können und sich bemühen, es zu sprechen. Denn die belarusische Sprache ist unser Schatz, der Schatz, der uns von den Vorfahren hinterlassen worden ist.]

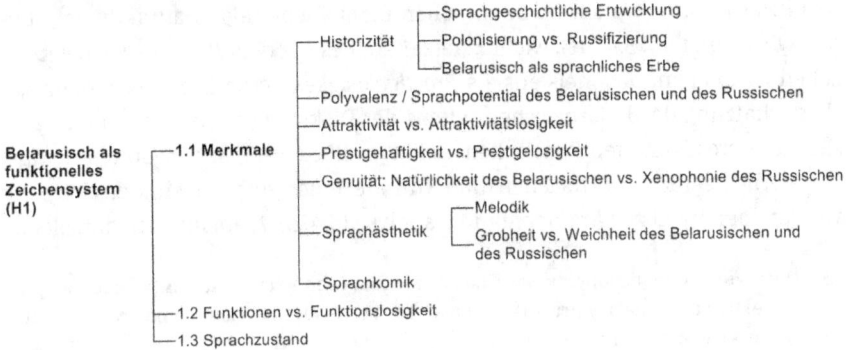

Abb. 5: Subthema des Forendiskurses: Merkmale der Belarusischen

Für das nächste, von den Diskursakteuren als ‚Reichtum' und ‚Sprachpotenzial' bezeichnete Merkmal des Belarusischen wird in dieser Studie der Terminus *Polyvalenz* verwendet, der die „Bedienung aller Bereiche einer modernen Gesellschaft" (Rehder 1995: 355) bedeutet, wobei es sich hier nicht um die tatsächliche Verwendung des Belarusischen in allen Lebensbereichen handelt, sondern um seinen sprachlichen Reichtum und um seine potentielle Fähigkeit, diese Bereiche abzudecken. Der Reichtum des Belarusischen wird in der Diskussion nicht eindeutig gewertet: Es wird sowohl vom großen als auch vom gar fehlenden sprachlichen Potenzial gesprochen, Belarusisch und Russisch werden dabei kontrastiv gegenüber gestellt.

> То, что беларуский богаче русского, доказывается легко. Пример: На беларуском любить женщину-кахаци, любить колбасу-любици. А на русском и женщину и колбасу любят. / По сравнению с русским, белорусский язык старый, слаборазвитый язык местного крестьянства.
> [Dass Belarusisch reicher als Russisch ist, lässt sich leicht belegen. Beispiel: Eine Frau zu lieben heißt auf Belarusisch *kahaci*, die Wurst zu lieben – *liubici*. Und auf Russisch liebt

man sowohl die Frau als auch die Wurst. / Im Vergleich zum Russischen ist Belarusisch eine alte schwach entwickelte Sprache des ansässigen Bauerntums.]

Auch die *Attraktivität* des Belarusischen wird in den Foren thematisiert und kontrovers diskutiert. Hier werden hauptsächlich subjektiv-persönliche Kategorien der Präferenzbekundung in Form von Einstellungsäußerungen wie *gefällt/-gefällt nicht* verwendet, und die jeweilige Einstellung wird entsprechend begründet. Bemerkenswert ist dabei, dass bei einem *individuellen* Gebrauch das Belarusische von Sprechern als attraktiv wahrgenommen wird, während es für den *kollektiven* Gebrauch im öffentlichen Bereich eher als unattraktiv empfunden wird (vgl. Kap. 5.4.3.1). Nicht zuletzt hängt es mit dem *Prestige* des Belarusischen zusammen, das meistens als *Prestigelosigkeit* verbalisiert wird, denn die Wertschätzung des Belarusischen seitens der Diskursgemeinschaft – im Gegensatz zum prestigehaften Russischen – stellt sich als weniger ausgeprägt heraus. Die herbeigebrachten Ursachen und Gründe einer solchen Minderschätzung werden im Kapitel zur Argumentationsanalyse (5.4.2.1.2) ausführlich dargelegt.

> Очень нравится белорусский язык! / Мне язык белорусский не симпатичен в принципе, ну как-то не звучит. / Непрыязнасць да беларускай мовы сярод самiх беларусаў выклiкае дзiў у цывiлiзаваным свеце.
>
> [Mir gefällt Belarusisch sehr. / Belarusisch ist mir grundsätzlich unsympathisch, irgendwie klingt es nicht gut. / Die Abneigung gegen das Belarusische bei Belarusen selbst ruft Verwunderung in der zivilisierten Welt hervor.]

Als ein für die Diskussionsteilnehmer wichtiges Merkmal hat sich die sog. *Genuität*, die ‚Natürlichkeit' des Belarusischen vor dem Hintergrund der Xenophonie des Russischen herausgestellt.

> Тое, што беларусы карыстаюцца выхалашчанай, штучнай рускай мовай, сьведчыць толькi пра адно: беларусы валодаюць рускай НЕНАТУРАЛЬНА. I на гэтым можна спынiць усе размовы пра „родную" рускую.
>
> [Dass Belarusen ein lebloses, künstliches Russisch sprechen, zeugt nur davon, dass ihre Sprachbeherrschung UNNATÜRLICH ist. Und damit kann man alle Gespräche über die russische „Muttersprache" beenden.]

Die *lautliche Ästhetik* des Belarusischen wird ebenso oft angesprochen, v.a. ihr melodischer Wohlklang und ihre Weichheit werden thematisiert. Allerdings gibt es auch bezüglich dieser Eigenschaft des Belarusischen unterschiedliche Meinungen, denn von einigen Akteuren wird die Sprache im Unterschied zum Russischen wiederum eher als grob empfunden.

> Язык действительно красивый, древний и родной! / Никакой мелодичности в этом языке я не услышала: язык, как язык, даже грубый, пожалуй.
> [Die Sprache ist in der Tat schön, alt und nah. / Wohlklang habe ich jetzt in der Sprache keinen gehört. Eine Sprache wie alle anderen, nicht mehr und nicht weniger, vielleicht sogar grob.]

Die *Komik* der Sprache, die in der linguistischen Terminologie als Sprachmerkmal nicht vorzufinden sein wird, ist einer der Alltagsbegriffe, mit denen die belarusische Sprache im Diskurs beschrieben wird. Das Komische am Belarusischen wird sowohl aufwertend als Witz- bzw. Ironie-Potenzial als auch abwertend als ‚Lächerlichkeit' interpretiert, was wiederum zu einem Hindernis für seine aktive Verwendung gezählt wird.

> Несколько лет тому назад транслировалась пропагандистская передача против белорусской оппозиции. Так в этой передаче Азаренок издевался над тем, как смешно звучали бы названия оружия, команд в армии на белорусском языке. / Некоторые слова смешными кажутся для русских.
> [Vor einigen Jahren wurde eine propagandistische Sendung gegen die belarusische Opposition ausgestrahlt. So hat sich Azarjionok in dieser Sendung darüber lustig gemacht, wie lächerlich Waffenbezeichnungen und Befehle in der Armee auf Belarusisch klingen würden. / Einige Wörter kommen den Russen lächerlich vor.]

Subthema 1.2: Funktionen vs. Funktionslosigkeit des Belarusischen

Bei der Behandlung der Frage nach den Funktionen der belarusischen Sprache (Abb. 6) wird von einigen Diskussionsteilnehmern ihre Funktionslosigkeit bzw. ihre Entbehrlichkeit behauptet, denn alle kommunikativen Aufgaben seien in Belarus in vollem Maße mit Russisch zu bewältigen. Allerdings werden bei solchen Behauptungen lediglich die *pragmatischen* Aspekte wie die Kommunikationsfunktion der Sprache oder die Wirtschaftlichkeit ihrer Verwendung berücksichtigt, und die symbolische Funktion als einer Muttersprache, einer Nationalsprache oder als eines Markierungsinstruments außer Acht gelassen.

> В чем не откажешь нашему народу, так это в прагматизме. Смотрит он на белорусский язык и думает: „А какая польза мне от этого будет?" А разговоры о высоких материях, типа самоопределения, патриотизма, свободы, демократии – это, увы, удел малочисленной группы местных интеллектуалов.
> [Was man unserem Volk nicht abschlagen kann, ist Pragmatismus. Schaut es sich die belarusische Sprache an und denkt: „Und was für einen Nutzen habe ich davon?" Und alle Gespräche über die hohe Materie wie Selbstbestimmung, Patriotismus, Freiheit, Demokratie sind leider das Schicksal einer kleinen Gruppe einheimischer Intellektueller.]

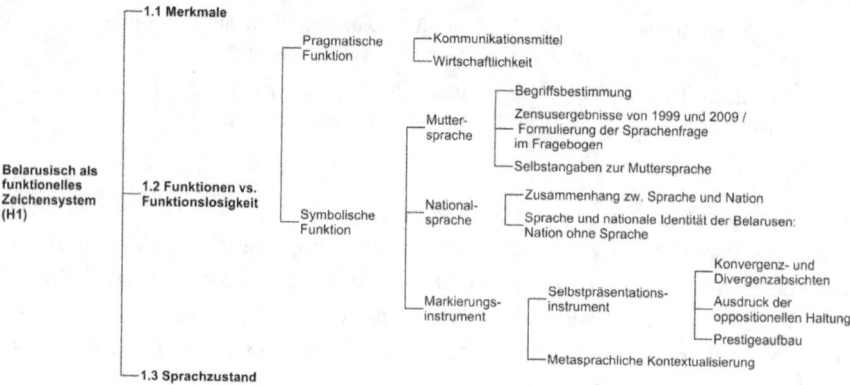

Abb. 6: Subthema des Forendiskurses: Funktionen vs. Funktionslosigkeit des Belarusischen

Dabei spiele die Funktion eines *Symbols* für die belarusische Sprache eine besonders wichtige Rolle (so die andere Partei der Diskussionsteilnehmer), v.a. vor dem Hintergrund der fast fehlenden pragmatischen Funktion. Das Thema *Belarusische Sprache als Symbol* wird unter mehreren Gesichtspunkten behandelt. Beim Thema *Belarusisch als Muttersprache* wird v.a. auf die *Begriffsbestimmung* des Terminus ‚Muttersprache' eingegangen, der für die soziolinguistische Problematik des Belarusischen – wie auch anderer Nationalsprachen im postsowjetischen Raum – aufgrund des Unterschiedes zwischen den Begriffen ‚Muttersprache' und ‚Sprache der ersten Sozialisation' bzw. ‚Alltagssprache' nicht eindeutig definiert werden kann. Hier wird Rückschluss auf die *Zensusergebnisse*[169] *von 1999* und *2009* gezogen, welche eine starke Bekennung der Sprecher zum Belarusischen als Muttersprache zeigten, was jedoch im Kontrast zu dessen tatsächlichen Verwendung im Alltag steht. Bei der Beantwortung der Frage nach der Muttersprache richtet sich nämlich ein Teil der Diskutierenden nach dem Kriterium der nationalen Zugehörigkeit und bezeichnet seine Nationalsprache als Muttersprache, gleichzeitig zugebend, dass er diese in der Kommunikation nicht verwendet und, zuweilen, keine ausreichende aktive Sprachkompetenz besitzt. Der andere Teil hält dagegen die Sprache seiner ersten Sozialisation und sein primäres Kommunikationsmittel für seine Muttersprache.

> Если я белорус и отождествляю себя с предками и родней – белорусский мой язык мне родной и все ТУТ. / Родной язык Беларускі. Таму што я Беларус і я жыву ў Бела-

---

[169] Die sprachbezogenen Zensusergebnisse von 1999 und 2009 lösen in der Regel ihrerseits wiederum die Diskussion um den Begriff ‚Muttersprache' aus.

русі. / Смотря, в каком смысле. Если родной в плане родины – то белорусский. Если в плане привычки – русский. / С рождения в семье все говорили по-русски. Рос в этой среде. Для меня это родной язык.

[Wenn ich ein Belaruse bin und mich mit meinen Vorfahren und Verwandten identifiziere, ist Belarusisch meine Muttersprache und PUNKT. / Meine Muttersprache ist Belarusisch. Weil ich ein Belaruse bin und hier lebe. / Je nachdem, in welchem Sinne. Wenn im Sinne der Heimat, dann Belarusisch. Wenn im Sinne der Gewohnheit, dann Russisch. / Seit meiner Geburt wurde in meiner Familie Russisch gesprochen. Bin in dieser Umgebung aufgewachsen. Für mich ist es die Muttersprache.]

Dadurch, dass es sich im Kontext der sprachlichen Situation in Belarus bei diesen Sichtweisen um verschiedene Idiome handelt (Belarusisch vs. Russisch), entsteht die bereits erwähnte Diskrepanz zwischen der Sprachkompetenz und -verwendung einerseits und der Sprachbekennung andererseits, was auch die Zensusergebnisse zutage bringen. Deswegen erscheint den Diskussionsteilnehmern die *Formulierung der Sprachenfrage* im Zensus-Fragebogen als „Ihre Muttersprache" kritikwürdig, v.a. wegen der erklärenden Anmerkung: „Die in der frühen Kindheit als erste erlernte Sprache". Dabei wird das Belarusische von vielen erst als Zweitsprache in der Schule erlernt und trotzdem als eine Muttersprache wahrgenommen. In den Foren wird die Vermutung geäußert, die Fragestellung sei darauf ausgerichtet, die Angaben-Quote des Belarusischen künstlich zu senken (Forum 141: *Блытаніна з перапісам: ці можа ў мяне быць дзве родныя мовы* [Durcheinander mit der Rechtschreibung: kann es bei mir zwei Muttersprachen geben]). Vor diesem Hintergrund werden von Diskussionsteilnehmern Aussagen über eigene Muttersprache gemacht, begründet und diskutiert.

Ein weiteres intensiv besprochenes Thema ist die Rolle des Belarusischen als *Nationalsprache*. Der Zusammenhang zwischen *Sprache* und *Nation* bzw. der *nationalen Identität* wird in vielen Kontexten des untersuchten Diskurses als ein kontroverses Thema verbalisiert, denn für eine Partei der Diskutierenden sind diese Konzepte unzertrennlich und sich gegenseitig voraussetzend, und Nationalsprache ist für sie eine wichtige Komponente des Nation-Konstruktes. Von der anderen wird solche Auffassung als veraltet und die Sprache selbst für die Etablierung einer nationalen Identität als ein entbehrlicher Bestandteil betrachtet, wie es am Beispiel von Belarus sichtbar sei. Es wird über die Möglichkeit einer Nation-Konsolidierung ohne den nationalsprachlichen Faktor, einer „Nation ohne Sprache", wie die Beitragsautoren sich selbst als Nation zuweilen bezeichnen (vgl. auch Savitskaya 2011: 30), gesprochen.

Язык – это суть любой нации, если отобрать язык, не будет нации. / Не языком определяется нация, ИМХО. Это понимание нации в нашей реальности устарело.

[Sprache ist Kernsubstanz jeder Nation, nimmt man die Sprache weg – gibt es keine Nation mehr. / Nicht durch Sprache wird eine Nation definiert, meiner Meinung nach. Solches Verständnis von Nation ist in unserer Realität veraltet.]

Aus der Materialbasis geht darüber hinaus hervor, dass die symbolische Funktion des Belarusischen auch in seiner Verwendung als das sog. *Markierungsinstrument* zum Vorschein kommt, denn der Gebrauch des Belarusischen in Alltagssituationen ist im Gegensatz zu dem des Russischen nicht neutral, sondern markiert. Zum einen diene es einer Selbstpräsentation des Sprechers, welcher durch die Sprachwahl seine konvergente bzw. divergente oder allgemein politisch-kulturelle Haltung markiert oder prestigeorientiert handelt. Zum anderen rufe die Verwendung des Belarusischen mitunter metasprachliche Äußerungen hervor (vgl. Savitskaya 2011: 36), was wiederum aufgrund seiner Markiertheit geschieht.

Сегодня прикольно выделяться знанием беларуского. / Калі Вы бачыце пару чалавек у аўтобусе, якія гутараць па-беларуску, то Вам можа падавацца, што яны „выпендрываюцца".

[Heutzutage ist es cool, sich durch die Kenntnis des Belarusischen hervorzuheben. / Wenn Sie im Bus ein paar Menschen sehen, die Belarusisch sprechen, kann es Ihnen vorkommen, als würden sie sich aufspielen.]

Subthema 1.3: Zustand der belarusischen Sprache

In der Diskussion um den aktuellen Zustand der belarusischen Sprache geht es aus der synchronen Perspektive neben seiner Varianz auch um die Kodifiziertheit und die Vitalität der Sprache einerseits und um die Russifiziertheit, die Imaginarität und den Sprachtod andererseits (Abb. 7).

Es ist bemerkenswert, dass das im offiziellen belarusischen Diskurs tabuisierte Thema des *Sprachtodes* sehr oft in den Online-Diskussionen als etwas Selbstverständliches und längst Geschehenes verbalisiert wird. Die Gegner solcher Ansicht behaupten wiederum eine *Vitalität* des Belarusischen, welches trotz einer jahrhundertelangen Unterbrechung der schriftsprachlichen Tradition seine „Struktur und Substanz" bewahrt hat.[170]

Белорусский язык – мертвый язык. / Тое, што беларуская мова мае колькі дыялектаў – відавочны доказ яе існавання. / Наличие различных вариантов – следствие наличия различных диалектов и говоров – также признак жизни языка. / Безна-

---

[170] Dies steht im Einklang mit der Beobachtung der Sprachsituation in Belarus von Scharlaj (2008: 98).

дежно это не выглядит хотя бы по тому, что за несколько веков целенаправленного уничтожения этого языка он не исчез, а до сих пор в употреблении.

[Belarusisch ist eine tote Sprache. / Dass Belarusisch Dialekte hat, ist ein offensichtlicher Beweis seiner Existenz. / Das Vorhandensein verschiedener Varianten – als Folge der Existenz verschiedener Dialekte – ist auch ein Indiz des Lebens einer Sprache. / Hoffnungslos sieht es bereits deswegen nicht aus, weil die Sprache nach einigen Jahrhunderten des zielgerichteten Vernichtens nicht verschwunden ist und bis jetzt verwendet wird.]

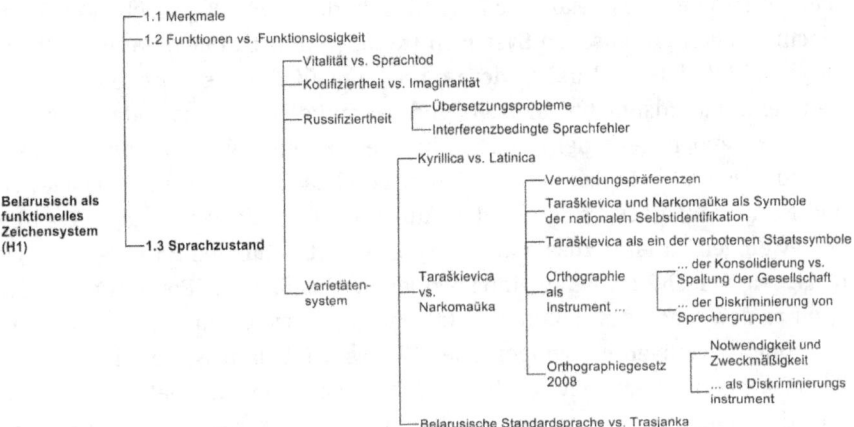

Abb. 7: Subthema des Forendiskurses: Zustand des Belarusischen

Der heutige Zustand der belarusischen Sprache wird darüber hinaus als *imaginär* beschrieben: Die Sprache sei eine Fiktion, ein Konstrukt ohne eine Manifestation in der Realität. Als Gegenargument wird die *Kodifiziertheit* angeführt, mit der Erklärung, dass etwas, was geregelt und aufgezeichnet ist, nicht imaginär sein kann

> Мифическая мова, на которой похоже вообще реально никто никогда не говорил. / Ў нас ёсць свая, зручная для нашага маўлення мова, літаратурная, добра распрацаваная і ўнармаваная.
>
> [Eine mythische Sprache, die anscheinend überhaupt niemand je wirklich gesprochen hat. / Wir haben unsere eigene, für unsere Sprechart bequeme, standardisierte, gut ausgearbeitete und normierte Sprache.]

Der *russifizierte* Zustand des Belarusischen wird v.a. bei der Besprechung von Übersetzungsproblemen und interferenzbedingten Fehlern thematisiert, wenn ‚echt-belarusische' und ‚russifizierte' Varianten etymologisch einander gegenüber gestellt werden.

> „Добрага здароўя, таварыш лейтэнант!" – Гэта натуральна здзек над мовай... / Маглі бы „добрага здароўя" замяніць больш літаратурна „вітаем" і то больш лаканічна, па ваеннаму звучыць.
>
> [„Gute Gesundheit,[171] Genosse Leutnant!" – ist die reinste Verspottung der Sprache... / Man könnte ruhig „Gute Gesundheit" durch das literarischere „Wir grüßen" ersetzen, es ist sogar lakonischer und klingt dabei militärisch.]

Die thematische Analyse der Diskussion hat gezeigt, dass der kontinuierliche „Pendel-Zustand" des Belarusischen (vgl. Scharlaj 2008: 98) zwischen zwei unterschiedlichen graphischen Systemen (Kyrillica und Latinica)[172] und zwei Orthographie-Varianten (Taraškievica und Narkomaŭka) sowie zwischen zwei Formen der Standardsprache einerseits und der mündlichen Substandard-Varietät Trasjanka andererseits den breiten Sprecherkreisen bewusst ist und intensiv diskutiert wird. Die Diskussion um Kyrillica und Latinica sowie um Taraškievica und Narkomaŭka setzt sich aus den Äußerungen zu *Verwendungspräferenzen* der jeweiligen Variante zusammen, die von einer bestimmten Haltung zur belarusischen Sprache selbst, zu ihrer aktuellen russifizierten Form oder zu der Form zu den Zeiten des Nationalstaates zeugen, was wiederum die Problematik des kommunikativen vs. symbolischen Wertes des Belarusischen an die Oberfläche bringt. Die Taraškievica wird dabei als Symbol der nationalen Selbstidentifikation dargelegt und neben dem Wappenmotiv *Pahonia* und der weiß-rot-wießen Fahne zu einem der verbannten Staatssymbole erklärt.

> Сьвядомыя людзі ўсё роўна будуць размаўляь на тарашкевіцы.
> [Bewusste Menschen werden eh auf Taraškievica sprechen.]

Es wird im Diskurs die Rolle der Orthographie als eines politischen Instrumentes akzentuiert, das einerseits zur Konsolidierung vs. Spaltung der Gesellschaft und andererseits zur Ausgrenzung und Diskriminierung bestimmter Sprechergruppen verwendet werden kann. Dementsprechend wird das Orthographiegesetz von 2008 hinsichtlich seiner Notwendigkeit und Zweckmäßigkeit behandelt und seinerseits auch als ein Sprachdiskriminierungsinstrument bewertet.

> Горстка людей, занятых откровенно подрывной работой в отношении белорусского языка, не нашли ничего лучшего, как устроить революцию в белорусском языке. / Такой вот стал „сложный" язык для самих белорусов. Странно это. / Вельмі шмат,

---

171 Wörtliche Übersetzung einer beim Militär üblichen Begrüßungsfloskel „Здравия желаю! [Ich wünsche Gesundheit!]" aus dem Russischen ins Belarusische.
172 Ausführlicher dazu s. Mečkovskaja (1998).

аказваецца, новых правіл, каб адпудзіць ад роднай нават тых, хто яшчэ карыстаецца.

[Eine Handvoll von Menschen, die ganz unverblümt eine zerstörerische Arbeit gegen die belarusische Sprache ausführen, hat sich nichts Besseres einfallen lassen, als eine Revolution im Belarusischen zu veranstalten. / So „kompliziert" wurde also die Sprache für Belarusen selbst. Komisch ist das alles. / Es erweist sich also, dass es sehr viele neue Regeln gibt, um diejenigen, die die Muttersprache noch verwenden, davon abzuschrecken.]

5.2.2 Verwendung des Belarusischen

Das zweite Hauptthema – die Verwendung des Belarusischen – wird im Online-Diskurs in mehreren unterschiedlichen Aspekten extensiv behandelt, nämlich: Zweisprachigkeit, domänenspezifische Verwendung des Belarusischen, Sprechergruppen, Sprach(en)politik in Belarus, Einstellung zur belarusischen Sprache, Faktoren der Sprachsituation in Belarus, Bewertung der Sprachsituation in Belarus, Perspektiven der Sprachsituation, Empfehlungen zu deren Veränderung, Vergleich mit Sprachsituationen in anderen Ländern und Wirkungsfelder der Sprache (Abb. 3).

Subthema 2.1: Zweisprachigkeit in Belarus

Als der wichtigste Faktor für den Gebrauch des Belarusischen scheint seitens der Diskussionsteilnehmer die belarusisch-russische Zweisprachigkeit verstanden zu werden, deren Existenz gleichzeitig aufgrund der starken Dominanz des Russischen in allen Lebensbereichen angezweifelt wird, wobei hier die Ebene der Sprachwirklichkeit und die legislative Ebene kontrastiv einander gegenüber gestellt werden.

> Двуязычие у нас прописано только на бумаге.
> [Die Zweisprachigkeit ist bei uns nur auf Papier vorgeschrieben.]

Subthema 2.2: Domänenspezifische Verwendung des Belarusischen

Die Verwendung des Belarusischen wird als stark domänenspezifisch charakterisiert. Es werden v.a. *Bereiche* und *Kontexte* genannt, in denen es zum Einsatz dieser Sprache kommt, und über den Sprachgebrauch in den einzelnen Domänen kritisch reflektiert (Abb. 8). Die Diskussion über den Gebrauch des Belarusischen im *Bildungswesen* fängt bereits beim Thema der vorschulischen Erziehung im *Kindergarten* an. Bei der Sprachenfrage im *Schulwesen* geht es v.a. um die sprachliche Gestaltung von *Lehr-* und *Schultagebüchern* und um den Einsatz des Belarusischen als *Prüfungssprache* beim Abitur. Kritische Auseinandersetzungen rufen die Themen *Belarusisch als Unterrichtsfach* und *Belarusisch als Unterrichtsprache* in Schulen und Hochschuleinrichtungen hervor. Hier wird der niedrige Anteil der Nationalsprache am Gesamtunterricht bemängelt oder aber durch ihre niedrige Anwendbarkeit gerechtfertigt.

> Я не вижу смысла, если ребёнок только в школе будет в этом [белорусскоязычном – N.S.] классе, дальше пойдет: институт или подобное – русский язык, армия – русский язык, работа – русский язык...
>
> [Ich sehe keinen Sinn darin, dass das Kind nur in der Schule in eine solche [belarusischsprachige – N.S.] Klasse geht, weiter kommt nämlich: Hochschule und ähnliches – Russisch, Armee – Russisch, Arbeit – Russisch...]

Besonders intensiv wird eine kurz davor durchgesetzte Abschaffung des obligatorischen Erlernens der belarusischen Terminologie an den Universitäten im ersten Fachsemester kontrovers diskutiert. Nicht uninteressant für das Verständnis der Spezifik und der Problematik der Sprachsituation in Belarus ist die öffentliche Forderung nach belarusischen Sprachkursen in Form von Fremdsprachkursen für Belarusen selbst, obwohl es sich für diese Sprechergruppe nicht um eine Fremdsprache, sondern um eine Titularsprache handelt.

Der Vorschlag eines belarusischen Rechtsanwaltes Alieś Bialiackij, das Strafgesetzbuch gemäß dem konstitutionellen Gesetz über Sprachen und dem Zweisprachigkeitsprinzip in der Republik Belarus ins Belarusische zu übersetzen (vgl. Pul'ša 2011), löst in den Foren eine Diskussion über die Sprachverwendung im *Rechtswesen* aus, die darüber hinaus eine diskursive Behandlung des Problems der Belarusisch sprechenden politischen Häftlinge mit einschließest.

> Русский язык Дашук конечно же прекрасно понимает. Но, вот то, что в своей родной тюрьме к исконному белорусу применяют еще одно наказание, лишая его права говорить на белорусском языке – это плохо...
>
> [Russisch versteht Dašuk natürlich ausgezeichnet. Aber dass einem Belarusen im eigenen Heimatgefängnis noch eine zusätzliche Strafe auferlegt wird, indem ihm das Recht, auf Belarusisch zu sprechen, entzogen wird, ist schlecht...]

Die Empfehlung von Tadeuš Stružecki, einem Vertreter des Kultusministers, im Februar 2012, eine stärkere Präsenz des Belarusischen im *Verwaltungswesen* zu gewährleisten (vgl. Karalievič 2012), ruft bei den Diskutierenden eine Zustimmung hervor, da die Sprachverwendung im Staatsapparat als ein wichtiger nationskonsolidierender Faktor angesehen wird. Gleichzeitig wird eine solche Äußerung jedoch als eine Idealisierung der sprachlichen Wirklichkeit betrachtet.

Eine Übersetzung der Satzung des Verteidigungsministeriums in die belarusische Sprache im Februar 2010 stellt bei den Diskussionsteilnehmern die Frage nach der Zweckmäßigkeit und dem pragmatischen Wert dieser Prozedur. Sie sind der Ansicht, hier gehe es ausschließlich um die symbolische Funktion der Sprache, denn z.B. im *Militärwesen* seien die einzelnen Befehle auf Belarusisch den Soldaten unbekannt und müssten neu gelernt werden.

> Уставы написаны на государственном языке – русском, который понятен 100%-там населения и всем военнослужащим. Можно, конечно, создать отдельные, специально обученные белорусскому языку подразделения и там использовать уставы на белорусском. Но это только создаст проблемы взаимодействия с другими подразделениями.
>
> [Alle Satzungen sind in der Staatssprache geschrieben – auf Russisch, das für 100% der Bevölkerung und für alle Armeeangehörigen verständlich ist. Man könnte, natürlich, extra auf Belarusisch ausgebildete Untereinheiten schaffen und dort die Vorschriften auf Belarusisch verwenden. Aber das würde nur zu Problemen beim Zusammenwirken mit anderen Einheiten führen.]

Hinsichtlich der sprachlichen Gestaltung der *medialen* Landschaft wird der Gebrauch des Belarusischen im Fernsehen, im Rundfunk, in den Print- und elektronischen Medien kritisch behandelt. Das *Fernsehen* wird als ein leistungsstarkes Mittel der Sprachpopularisierung eingeschätzt, wobei *Spielfilmen* aus sprachdidaktischer Sicht eine besonders große Bedeutung zugeschrieben wird. In diesem Zusammenhang wird Kritik an einem niedrigen Anteil belarusischsprachiger Filme ausgeübt. Die Ausstrahlung von Nachrichten im *Regionalfernsehen* seit Oktober 2009 in belarusischer Sprache wird positiv, als ein kleiner, aber wichtiger Schritt im Sinne eines sanften Überganges zum Belarusischen gesehen.

> Я бы сделал так, что в кинотеатрах и по телевидению фильмы и передачи шли бы только на белорусском языке. Через год-два уже никаких споров про нужность белорусского языка не возникало бы. / Канешне кропля у моры... але ўсе роўна вельмі радуе...
>
> [Ich würde es so machen, dass in Kinos und im Fernsehen alle Filme und Sendungen nur auf Belarusisch laufen. In zwei-drei Jahren gäbe es dann keine Diskussionen über die Notwendigkeit des Belarusischen mehr. / Es ist natürlich ein Tropfen auf den heißen Stein... aber trotzdem sehr erfreulich...]

In der aktuellen soziolinguistischen Forschung zur belarusischen Sprache hat sich die Vorstellung etabliert, dass Belarusisch als *Werbesprache* fast ausschließlich in der sozialen Werbung seinen Platz gefunden hat. In Bereich der kommerziellen Werbung würde aus pragmatischen Gründen das Russische dominieren (vgl. Savitskaya 2011: 34). Jedoch wird von den Diskursakteuren mit einer positiven Resonanz konstatiert, dass im Fernsehen immer mehr kommerzielle Werbespots – z.B. der Marken *Panasonic* und *Samsung* – erscheinen, die sich der belarusischen Sprache bedienen. Diese Sprachwahl wird von Diskutierenden dadurch erklärt, dass die Verwendung des Belarusischen den Werbeslogans[173] einen elitären Charakter verleiht und bessere Einprägsamkeit gewährleistet.

Im *Rundfunk* seien viele belarusischsprachige Sendungen der sowjetischen Zeit von Beitragsautoren vermisst, vornehmlich Kultursendungen mit Heimatthematik, zu denen bei den Zuhörern eine Art emotionaler Bindung entstand, und so wird die mangelnde Präsenz des Belarusischen im Radio mit großem Bedauern konstatiert.

> А какие радиопостановки были по радио на белорусском! В том числе и для детей. Я их в детстве с удовольствием слушал.
>
> [Und was für Hörspiele gab es im Radio auf Belarusisch! Darunter auch für Kinder. Ich habe sie mir als Kind mit Vergnügen angehört.]

Im Bereich der elektronischen Medien wird das Belarusische in seiner Funktion als Sprache des *Internets* und der *Computersoftware* thematisiert. Die sprachliche Gestaltung des relativ konstant bleibenden *Layouts* von Internetseiten wird separat von deren inhaltlicher Seite behandelt, welche hinsichtlich der Sprachwahl stark nutzerabhängig ist. In erster Linie geht es dabei um die belarusischsprachige Version des Interfaces der *TUT.by*-Plattform: Es werden eigene Präferenzen geäußert und begründet.

> Лично мое мнение: надо чтобы все сайты (с возможностью выбора интерфейса) были на беларусском, а разговаривают и пишут все пусть на каком хотят, это будет способствовать мирному распространению беларусского языка, повышению его популярности... / Интернет-ресурс должен быть на языке, доступном большинству. Этого требует специфика.
>
> [Meine persönliche Meinung: Alle Webseiten sollten auf Belarusisch sein (mit der Wahlmöglichkeit der Interfacesprache), reden und schreiben könnten dann alle in der Sprache, in der sie möchten, das wird einer friedlichen Verbreitung des Belarusischen und seiner Popularität beitragen... / Eine Internetressource sollte in der Sprache sein, die einer Mehrheit zugänglich ist. Das verlangt ihre Spezifik.]

---

173 Z.B. der Werbeslogan für Mobilfunkgeräte der Marke *Samsung*: „Дакраніся да спакусы! [Berühre die Versuchung!]"

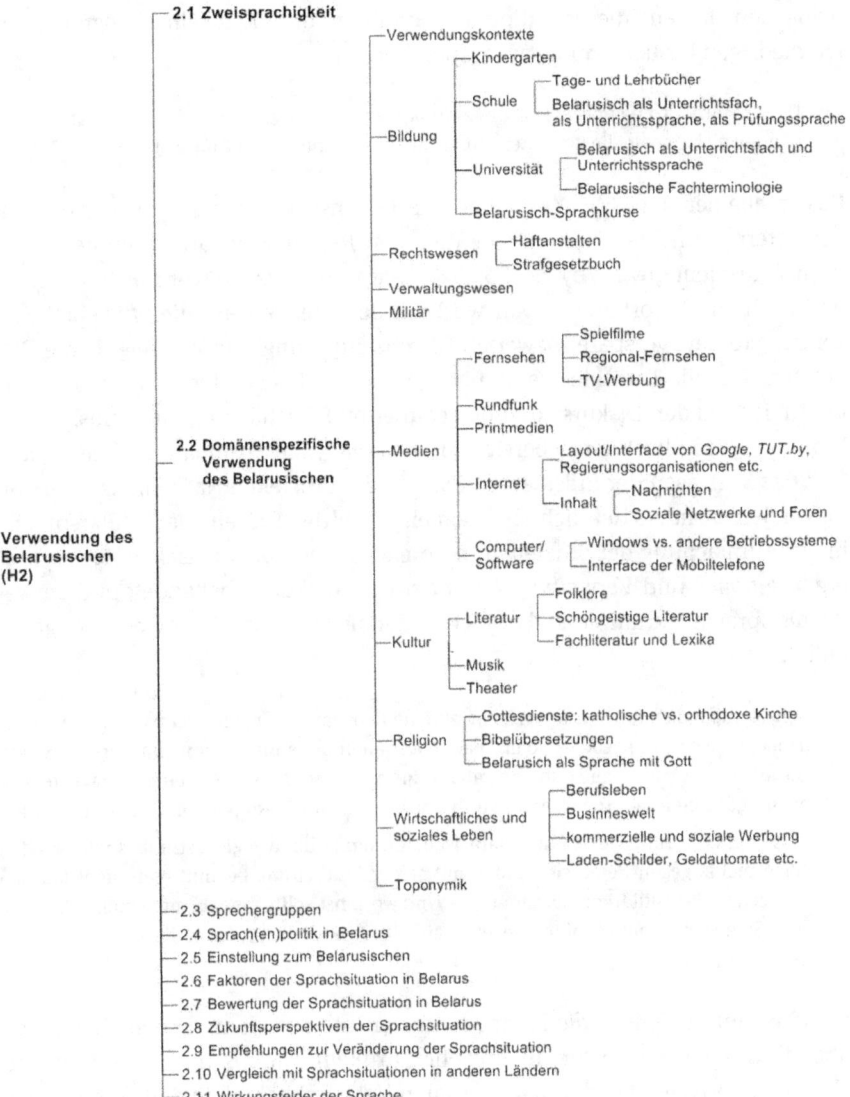

Abb. 8: Subthema des Forendiskurses: Domänenspezifische Verwendung des Belarusischen

Auf die Übersetzung der *Google*-Seite ins Belarusische (online unter: https://-www.google.by <23.06.2020>) – und v.a. auf ihre Gestaltung in der Taraškievica-Variante – wird von den meisten Diskussionsteilnehmern positiv reagiert. Es werden in diesem Zusammenhang allerdings auch Zweifel bezüglich des pragmatischen Nutzens dieser Aktion aufgrund der von ihnen selbst prognostizierten niedrigen Besucherquote ausgesprochen.

> Посмотрит Гугл на посещаемость и прикроет этот проект!
> [Schaut sich Google die Besucherstatistik an – und schließt das Projekt!]

Das Erscheinen am 27.06.2007 einer belarusischsprachigen Version des offiziellen Internetauftrittes des Präsidenten der Republik Belarus (online unter: http://president.gov.by/by <23.06.2020>), dessen Layout davor nur in Russisch und in Englisch vorhanden war, wird mit dem Verweis auf die offizielle Zweisprachigkeit als verspätet bewertet. Gleichzeitig bringt dieses Ereignis die Diskussion über die Taraškievica und Narkomaŭka mit sich, denn vor dem Hintergrund der von den Diskursakteuren geäußerten Einschätzung, die Taraškievica-Variante würde im Internetbereich die *dominierende Position* annehmen, hebt sich das Verfassen der Präsidenten-Seite in der offiziellen Narkomaŭka-Version diskursiv besonders deutlich ab. Auch eine niedrige Präsenz der Titularsprache in der Aufmachung der offiziellen Internetseiten von belarusischen *Regierungsorganisationen* und *Verwaltungsbehörden* wird diskursiv behandelt und entweder als sprachdiskriminierend kritisiert oder als wirtschaftlich gerechtfertigt gebilligt.

> А што тарашкевіца ў беларускім інтэрнэце пераважае – гэта бясспрэчна. / Я не против белорусского языка – но его распространение начинается не на сайтах выканкамаў. / – А откуда еще оно должно начинаться? Это государственный язык, поэтому он должен присутствовать на всех государственных информационных ресурсах.
> [Und dass die Taraškievica im belarusischen Internet überwiegt – ist unbestreitbar. / Ich habe nichts gegen Belarusisch, aber mit seiner Verbreitung beginnt man nicht auf den Webseiten des Militärkommissariats. / – Und wo sonst sollte man damit beginnen? Das ist eine Staatssprache und sollte deswegen auf allen staatlichen Informationsressourcen präsent sein.]

Mit Blick auf die *inhaltliche* Komponente der Internetseiten werden Meinungen über die Sprachwahl sowohl in offiziellen Artikeln, wie z.B. in den Nachrichten, als auch in privaten Beiträgen auf sozialen Netzwerken und in den Foren ausgetauscht (Forum 292: *Пераходзім на беларускую мову?!* [Wechseln wir zum Belarusischen?!]).

Die Sprachenfrage findet auch im Bereich der *Software* ihren Platz. Die Nachricht der Firma *Microsoft* im Juni 2007, die Übersetzung des Betriebssystems *Windows* ins Belarusische sei auf ungewisse Zeit verschoben worden, da eine zu niedrige Nachfrage zu erwarten sei (vgl. Karniajčuk 2007), wurde von vielen Beitragsautoren mit Bedauern zur Kenntnis genommen. Ein belarusischsprachiges Windowssystem zu haben wäre „patriotisch", aber auch „originell" und sogar „extravagant", denn man habe es bei niemandem sonst vorher gesehen und, es wird angenommen, man würde es auch bei niemandem je zu sehen bekommen. In diesem Sinne werden andere, die sog. *open-source*-Betriebssysteme mit der Möglichkeit einer freien Sprachentscheidung dem Windows gegenübergestellt, z.B. *Linux*, dessen belarusischsprachige Version zu der Zeit bereits existiert. Allgemein wird jedoch zugegeben, dass es aus pragmatischer Sicht keine dringende Notwendigkeit für ein belarusischsprachiges Betriebssystem besteht, dafür aber für die Rechtschreibprüfungssoftware im *Microsoft Word*, weil viele wissenschaftliche Arbeiten auf Belarusisch verfasst werden (Forum 68: *Беларуская мова* [Belarusische Sprache]). Als ein weiteres diskussionsträchtiges Thema aus dem Software-Bereich stellt sich die Sprache des *Interfaces von Mobiltelefonen* und Dienstleistungen des Mobilfunks heraus. Hier wird eine belarusischsprachige Version ebenso als positiv, aber nicht immer zweckdienlich bewertet, da sie nicht vollständig ausgearbeitet sei und somit Einschränkungen in der Anwendung in sich bergen würde (Foren 60: *Ці жадаеце Вы абслугоўвацца на беларускай мове?* [Möchten Sie auf Belarusisch bedient werden?] und 206: *„Будзьма з мовай!": беларускія налепкі на клавіятуру і праграма для лацінкі...* [„Bleiben wir mit der Sprache!": belarusische Tastaturaufkleber und Software für Latinica...]).

Das Funktionieren der belarusischen Sprache im *kulturellen* Bereich wird in den Foren durch eine Zuwendung zu den Domänen der Literatur, der Musik und des Theaters besprochen. Die Forendiskussion um die *Literatur* fängt chronologisch bei der *Folklore* an, deren Reichtum als das ‚Erbe einer besonderen Zivilisation' verstanden wird, was eine Historizität der belarusischen Sprache und der Literatur bekundet (Forum 77: *Беларуская – вялікая Мова новай Усходняй Эўропы!* [Belarusisch – eine Große Sprache des neuen Osteuropa!]). Beim Thema der *schöngeistigen Literatur* wird in erster Linie diskutiert, was als die belarusische Literatur bezeichnet werden kann und ob es mit der belarusisch*sprachigen* Literatur gleichgesetzt werden kann. Dabei wird hier eine herbeigebrachte Interview-Aussage der belarusischen Schriftstellerin Sviatlana Alieksijevič über die Nicht-Existenz der belarusischen Literatur (vgl. „Valiancin Taras: ‚Maja bielaruskaja mova – jak zorka na vopratcy dackaha karalia'" 2007) an die Oberfläche der Diskussion geholt und scharf kritisiert.

Алексіевіч проста засталася ў саўку, адсюль ейнае стаўленьне да мовы.
[Alieksijevič ist einfach im Sowjet steckengeblieben, daher auch ihre Einstellung zum Belarusischen.]

Der vollständige Übergang des belarusischen Dichters Valiancin Taras in seinen Gedichten zur belarusischen Sprache, den er selbst als eine Äußerung der Solidarität mit der ‚diskriminierten Sprache' verbalisierte (vgl. „Valiancin Taras: ‚Maja bielaruskaja mova – jak zorka na vopratcy dackaha karalia'" 2007), wird dagegen begrüßt. Es wird behauptet, dass die Sprachwahl in der schöngeistigen Literatur gänzlich von der politisch-kulturellen Gesinnung des Schriftstellers abhängt und die sog. ‚apolitischen' Autoren sich der letzten Version der belarusischen Sprache, d.h. der Narkomaŭka, bedienen, während die sich als patriotisch deklarierenden Schriftsteller die ältere Variante – die Taraškievica – benutzen.

> Те, кто аполитичен, пишут на последней версии белорусского языка. Те, кто пыжит из себя патриота, пишут на устаревшей версии начала прошлого века – тарашкевичище.
>
> [Diejenigen, die apolitisch sind, schreiben in der letzten Version des Belarusischen. Diejenigen, die aus sich Patrioten aufblähen, schreiben in der veralteten Version des Anfangs des vergangenen Jahrhunderts – der Taraškievičica.]

Sowohl in Prosa als auch in der Lyrik wird bei der Diskussion hauptsächlich auf die Werke von Klassikern Bezug genommen, und es wird das Fehlen von vergleichbaren Namen und Werken in der modernen belarusischen Literatur konstatiert und bedauert. Es werden von den Diskussionsteilnehmern Präferenzen geäußert, die belarusische Literatur auf Belarusisch zu lesen, weil es zum einen mit einem ästhetischen Genuss und zum anderen mit einer Unmöglichkeit verbunden wird, aufgrund von transferbedingten Einbußen die ganze Tiefe und den Sinn der belarusischen Werke beim Übersetzen wiederzugeben. Es ist anzumerken, dass es sich beim Thema *Belarusische Lyrik* nicht um eine Diskussion im eigentlichen Sinne handelt, sondern um einen emotional geladenen Austausch von ausschließlich positiven Einstellungen gegenüber dem dichterischen Gut der belarusischen Literatur. Äußerung von negativen Einstellungen wurde hier nicht ermittelt (Foren 075: *Вершаваная творчасць на роднай мове* [Dichterisches Schaffen in der Muttersprache] und 097: *21 лютага – Міжнародны дзень роднай мовы* [21. Februar – der Internationale Tag der Muttersprache]). Das Erscheinen der belarusischen Literatur in elektronischer Form auf mehreren Internetseiten – z.B. www.dziejaslou.by, www.knihi.net, www.kamunikat.org – wird als ein notwendiges und nützliches Projekt begrüßt. Es wird jedoch bemängelt, dass diese Ressourcen mittels Suchmaschinen nicht auffindbar sind, wofür die zensierende Arbeit des Staates verantwortlich gemacht wird.

Die Diskussion um die belarusische Literatur geht über die Grenzen der schöngeistigen Literatur hinaus und behandelt Probleme der belarusischsprachigen *Fachliteratur* und *Lexika*. Eine Nachricht über die Herausgabe im Jahr 2012 des *Großen Wörterbuches der belarusischen Sprache* von Hviedar Piskunoŭ wird von den Diskursteilnehmern mit Interesse und Anerkennung empfangen. Eine hohe Anzahl von aufgenommenen Lexemen (223 Tausend Wörter) gibt ihnen den Grund, über den Reichtum des Belarusischen – auch im Vergleich zum Russischen – zu sprechen. (Hier wird u.a. das renommierte *Große erklärende Wörterbuch der russischen Sprache* (2009) von Ušakov mit 180 Tausend Wörtern und Wortverbindungen als Vergleichsgrundlage genannt).

> 223 тысячы слоў – гэта рэальна шмат! У самым вялікім існым арфаграфічным слоўніку рускай мовы – 180 000 слоў. Беларуская мова – такая ж багатая, як і руская!
>
> [223 Tausend Wörter – das ist echt viel! Das größte vorhandene orthographische Wörterbuch des Russischen hat 180 Tausend Wörter. Belarusisch ist genauso reich wie Russisch!]

„Die Sprache der Lieder ist seit einigen Jahren ein brennendes Diskussionsthema in Weißrussland" (Savitskaya 2011: 34). Die *Musik* wird von den Diskutierenden als einer der dankbarsten Kontexte für die Steigerung von Popularität einer Sprache gesehen. Deswegen wird die belarusischsprachige Musik als Faktum positiv bewertet. Jedoch wird gleichzeitig bedauert, dass das noch relativ begrenzte belarusischsprachige Repertoire der modernen Musik und die von den Beitragsautoren als verhältnismäßig niedrig eingeschätzte Qualität von Texten und Musik sich diskreditierend auf die belarusische Sprache selbst zurückschlagen würden (Forum 2: *Беларуская музыка* [Belarusische Musik]).

Das *Theater* zählt einerseits zu einer beständigen Domäne der belarusischen Sprache, denn alle Aufführungen des nationalen Theaters laufen in der Nationalsprache. Andererseits, was in der Regel von den Diskussionsteilnehmern wiederum mit Bedauern festgestellt wird, gab es während des jährlichen internationalen theatralischen Studentenfestivals *Teatraĺny kufar* [Theaterkiste] im Jahr 2009 in Minsk keine Aufführungen auf Belarusisch, weil es keine beachtenswerte belarusischsprachige Dramaturgie gäbe, die inszeniert werden könnte, so der Regisseur des Theaters der Belarusischen Staatsuniversität Minsk Siarhej Turban (vgl. „V programme ‚Teatraĺnaha kufara' net ni odnogo spektaklja na belorusskom jazyke [Im Programm von ‚Teatraĺny kufar' gibt es keine einzige Aufführung auf Belarusisch]" 2009). Dieser Umstand bringt erneut das Thema des ‚Sprachtodes' des Belarusischen einerseits und der ‚bewussten Sprachdiskriminierung seitens der Staatsmacht' andererseits an die Oberfläche der Diskussion.

> А ты пойди – напиши пьесу на белорусском! Никто что-то не пишет! Умирающий язык, и это надо признать! / Такія абмежаванья і інфантыльныя беларусафобы моцна нам замінаюць, калі да апошняга русіфікуюць медыйную прастору.

[Versuch Du mal, ein Theaterstück auf Belarusisch zu schreiben! Irgendwie schreibt keiner! Eine sterbende Sprache, und das muss man zugeben! / Solche engstirnigen und infantilen Belarusophoben stören uns sehr stark, wenn sie die Medienlandschaft bis aufs Äußerste russifizieren.]

Betrachtet man die Diskussion um die Sprachverwendung im *konfessionellen* Bereich, so stellt man fest, dass es sich hier um zwei diskursive Teilstränge handelt, die die Rolle des Belarusischen in der katholischen und orthodoxen Kirche separat behandeln. In der *katholischen* Tradition steht das Belarusische in Belarus dem auf diesem Gebiet stark dominierenden Polnischen gegenüber. Von vielen Diskussionsteilnehmern wird es als unlogisch aufgefasst, dass Gottesdienste in einem Land überwiegend in einer Fremdsprache gehalten werden: Es wird behauptet, dass die belarusischen Gläubigen als Sprache mit Gott ihre eigene Sprache verwenden sollten. Dem wird entgegengestellt, dass eine mangelnde Kompetenz der belarusischen Katholiken in Belarusisch einerseits und eine aus einer langjährigen Tradierung resultierende Gewöhnung an polnischsprachige Gottesdienste andererseits für eine niedrige Popularität der religiösen Veranstaltungen in belarusischer Sprache gesorgt hätten und dass das Umlernen wenig Zustimmung in der Gemeinde finden würde.

> Добры план па запусценню касцелаў… 99 адсоткаў вернікаў будуць хадзіць у адзін польскамоўны касцел у Гродне і 1 адсотак у 10 беларускамоўных.
>
> [Ein guter Plan der Verwüstung von katholischen Kirchen… 99 Prozent der Gläubigen werden die eine polnischsprachige Kirche in Hrodna besuchen, und 1 Prozent verteilt sich auf die 10 belarusischsprachigen katholischen Kirchen.]

Das vollständige Fehlen des Belarusischen im rituellen Bereich der *russisch-orthodoxen* Kirche, welche sich hauptsächlich des Kirchenslavischen bedient, wird zwar thematisiert, aber – im Gegensatz zum Sprachgebrauch der katholischen Kirche – nicht kritisiert, sondern lediglich konstatiert. Auch hier finden vereinzelte Stimmen für eine Umstellung auf die Titularsprache wenig Widerhall.

> Мы тоже молимся на своем церковно-славянском языке. Не понимаю, чем он вас не устраивает. На церковно-славянском языке молились наши православные предки.
>
> [Wir beten ja auch auf unserem Kirchenslavisch. Ich verstehe nicht, was Sie daran stört. Auf Kirchenslavisch haben bereits unsere orthodoxen Vorfahren gebetet.]

Dennoch wird das Belarusische außerhalb des tradierten konfessionellen Bereichs im Sinne eines Symbols als die – für Belarusen einzig richtige – *Sprache mit Gott* und als ein ‚Geschenk Gottes' wahrgenommen, das man jedoch verweigert habe.

> Бог каждому народу дал свой язык. И очень интересно, о чем православные беларусы просят Бога на чужом языке, после того как отреклись от Божьего дара...
> [Gott hat jedem Volk eine eigene Sprache gegeben. Und es ist sehr interessant, worum die orthodoxen Belarusen Gott in einer Fremdsprache bitten, nachdem sie sich von Seiner Gabe abgekehrt haben...]

Die Nachricht über das Erscheinen der ersten Bibel in der modernen belarusischen Sprache, die von der Bibel-Gesellschaft in Belarus im Jahr 2012 herausgegeben wurde (vgl. „Izdana pervaja Biblija na sovremennom belorusskom jazyke [Die erste Bibel in moderner belarusischer Sprache herausgegeben]" 2012), wird von den Beitragsautoren als ein längst fälliges erfreuliches Ereignis aufgenommen. Die sprachliche Erscheinungsform der *Bibelübersetzung* in der offiziellen Narkomaŭka-Variante regt ihrerseits die Diskussion über die Konfrontation der zwei Existenzformen des Belarusischen – Taraškievica und Narkomaŭka – aufs Neue an:

> Выдалі Біблію на штучнай наркомаўке? Клясічная мова стала далека для большинства сучасных чытачоў. Сумна.
> [Die Bibel wurde in der künstlichen Narkomaŭka herausgegeben? Die klassische Sprache ist den meisten heutigen Lesern fern geworden. Traurig ist es.]

Eine starke Dominanz des Russischen im *sozial-wirtschaftlichen* Bereich findet ihre diskursive Bestätigung bei der Behandlung solcher umfangreichen Themengebiete wie *Berufsleben* und *Businesswelt* sowie der konkreten Subthemen wie *Werbung*, *Ladenschilder* und *Geldautomaten*. Der Aufruf der TBM im Juni 2011, die Muttersprache im beruflichen Leben zu verwenden (vgl. Korolevič 2011), wird in den Foren als nicht realistisch eingeschätzt, weil, zum einen, ein solcher Übergang laut Diskutierenden mindestens zehn bis zwanzig Jahre brauchen würde und, zum anderen, das Belarusische als Fachsprache aufgrund der fehlenden Fachterminologie dafür nicht geeignet sei. Solche Statements werden durch Hinweise auf den nicht-originär russischen Charakter eines Großteils der als Vorbild angeführten russischen Fachtermini und auf ihre entsprechend problemlose Übersetzbarkeit auch in die belarusische Sprache widerlegt. In diesem Zusammenhang wird auf die Notwendigkeit von Terminologieentwicklung, auf die Herausgabe von Fachliteratur und auf die Erschaffung konkreter Programme und Aktionen hingewiesen, die zur Verwendung des Belarusischen im Berufsleben motivieren sollen.

> С белорусской мовой нельзя учиться в ВУЗах, на мове нет научных терминов. / А много ли в русском языке исконно руских компьютерных терминов? Ай-пи, хард-диск, флэшка, ноутбук, прокси – исконно русские слова...

> [Mit Belarusisch kann man nicht studieren, es gibt keine wissenschaftlichen Termini in der Sprache. / Gibt es denn etwa im Russischen viele ursprünglich russische Computertermini? IP, hard disk, flashka, notebook, proxi – sind alles natürlich ursprünglich russische Wörter...]

Ebenso als realitätsfern werden von den Diskutierenden die Ergebnisse einer im Mai 2012 durchgeführten wissenschaftlichen Marktstudie angesehen, welche besagen, dass die Verwendung der belarusischen Sprache eine positive Wirkung auf die Unternehmensentwicklung hat: Die Mitarbeiter sollten demnach bei einem belarusischsprachigen Vorgesetzen sorgfältiger arbeiten, und die Kunden eine Loyalität gegenüber einem belarusischsprachigen Lieferanten entwickeln, in dem Wunsche, in einem vertrauten Umfeld zu bleiben (vgl. Škilionak 2012). Das Misstrauen gegenüber solchen Behauptungen wird in den Foren damit begründet, dass Belarusisch im Gegensatz zum Russischen einen viel kleineren Abnehmerkreis erreichen könne und für eine unbegründete Verkomplizierung von Geschäftsabläufen sorgen würde.

> Любой продавец в РБ знает: хочешь продать товар – рекламируй его по-русски! / Я вось не жадаю у сваёй (перахожу на рускі) прафесіянальнай дзейнасці карыстацца беларускім языком, потому что это еще больше затруднит и без того сложные вещи.
>
> [Jeder Verkäufer in Belarus weiß: Willst du die Ware verkaufen – mach Werbung auf Russisch! / Ich meinerseits möchte nicht (ich wechsle jetzt zum Russischen), während meiner Berufstätigkeit Belarusisch verwenden, weil es dann die ohnehin komplizierten Sachen noch mehr erschweren würde.]

Mit einer größeren Wirkungsbreite wird auch das in Foren oft kritisierte quantitative Überwiegen der russischsprachigen *kommerziellen Werbung* erklärt, obwohl, wie oben bereits erwähnt, die Werbeproduktion der Firmen *Panasonic* und *Samsung* aufgrund ihrer Zuwendung zum Belarusischen als sehr einprägsam und vertrauensaufbauend begrüßt werden. Die Gestaltung der *sozialen Werbung* dagegen hauptsächlich auf Belarusisch regt dabei keine Diskussionen an. Die im August 2011 gestartete soziale Werbung für die belarusische Sprache *Smak bielaruskaj movy* [Geschmack der belarusischen Sprache] in Form von Straßen-Billboards mit belarusischen Bezeichnungen verschiedener heimischer Beerenarten, welche laut Autoren der Aktion, dem Unternehmen *Belvnešreklama*, die Sprache popularisieren und ihre spezifische Kolorit, Schönheit und Zauber demonstrieren solle (vgl. Uskoŭ 2011), wird von der Diskursgemeinschaft als originell, geschmackvoll und attraktiv aufgenommen. Es werden in den Forenbeiträgen sowohl die Idee selbst als auch ihre Realisierung gelobt und als ein kleiner, aber wichtiger Schritt zum Aufleben des Belarusischen gesehen, der einer Fortsetzung verlange. Die Aktion wird andererseits aber als zu unwesentlich und für eine Sprachrenaissance zu leistungsschwach und unradikal beurteilt, wogegen eine tatkräftige Unterstützung seitens der Regierung in diesem Sinne effektiver sein würde, so die Diskutierenden. Hier werden unterschiedliche Optionen bis hin zum Verbot des Russischen als einer Amtssprache vorgeschlagen. Dennoch wird von Diskussionsteilnehmern eine Bereitschaft zur finanziellen Unterstützung des Billboard-Projektes im Falle seiner Verlängerung geäußert.

> Задумка файная. Але ж без падтрымкі нашай мовы на самым высокім узроўні й без выкарыстоўвання ў дзяржаўным апараце – сэнс гэтых білбордаў малы...
> [Eine feine Idee. Aber ohne eine Unterstützung unserer Sprache auf der höchsten Ebene und ohne ihre Verwendung im Staatsapparat ist der Sinn dieser Billboards sehr gering...]

Im Zusammenhang mit der öffentlichen Präsenz des Belarusischen werden oft *toponymische* Phänomene wie Orts- und Straßenschilder sowie die Beschriftungen staatlicher Institutionen und Geschäfte, Waren- und Preisschilder erwähnt, die auf Belarusisch verfasst sind (vgl. Savitskaya 2011: 33). Deswegen wurde in den Foren besonders negativ und emotional ausdrucksstark auf einen schriftlichen Bericht der nationalen Katasterbehörde an das staatliche Komitee für Eigentum im September 2009 reagiert, in dem die Behörde ihre Weigerung bekundete, geographische Bezeichnungen aus dem Belarusischen zu transliterieren (vgl. Rudkoŭski 2009). Eine Empörung rief der Umstand hervor, dass der Auftritt gegen die Staatssprache seitens einer Staatsbehörde selbst käme. Dieser wurde daraufhin von den Diskussionsteilnehmern ein mangelndes Niveau von Sprachbeherrschung und der ‚Verrat des Landes und seiner Geschichte' zur Last gelegt. Der ganze Vorgang wurde als Russifizierung und Sprachvernichtung bezeichnet.

> Когда уже прекратят делать эту русификацию. И так уже все, что можно было, давно испоганено. / Начальник, подписавший записку, является предателем страны и её истории. На костёр!
> [Wann hört man endlich mit dieser Russifizierung auf? Man hat ohnehin schon alles verhunzt, was man nur konnte. / Der Vorgesetzte, der diesen Zettel unterschrieben hat, ist ein Verräter des Landes und dessen Geschichte. Auf den Scheiterhaufen mit ihm!]

Subthema 2.3: Sprechergruppen

Im Zuge der thematischen Datenanalyse sind *Sprechergruppen* ermittelt worden, deren Sprachverwendung sich als diskursiv relevant erwies (Abb. 9). In mehreren Zusammenhängen und Kontexten wird in der Online-Diskussion die *Sprache des Präsidenten* der Republik Belarus als ein wichtiger Faktor der kollektiven Sprachverwendung thematisiert. Es wird kritisiert, dass es sich dabei entweder um die russische oder, viel seltener, um ein vom Standardbelarusischen entferntes Idiom handelt. Es werden von den Diskussionsteilnehmern Vorstellungen geäußert, wie die Sprache eines Präsidenten zu sein hätte, und es wird ihre Wichtigkeit für die Etablierung und Entwicklung der Nationalsprache betont.

> Пока не заговорит Президент, разговор на „матчынай мове" будет исключением из правил. / Он говорил далеко не на мове Купалы/Коласа, а на мове своей родной весцы. Короче на „трасянке". Больше я не помню ни одного выступления Лукашенко на белорусском языке.

> [Solange der Präsident nicht selbst damit anfängt, wird das Sprechen in der „Muttersprache" eine Ausnahme sein. / Er hat bei weitem nicht die Sprache von Kupala/Kolas gesprochen, sondern die Sprache seines Heimatdorfes. Also, die „Trasjanka". Ich kann mich an keinen seiner Auftritte auf Belarusisch mehr erinnern.]

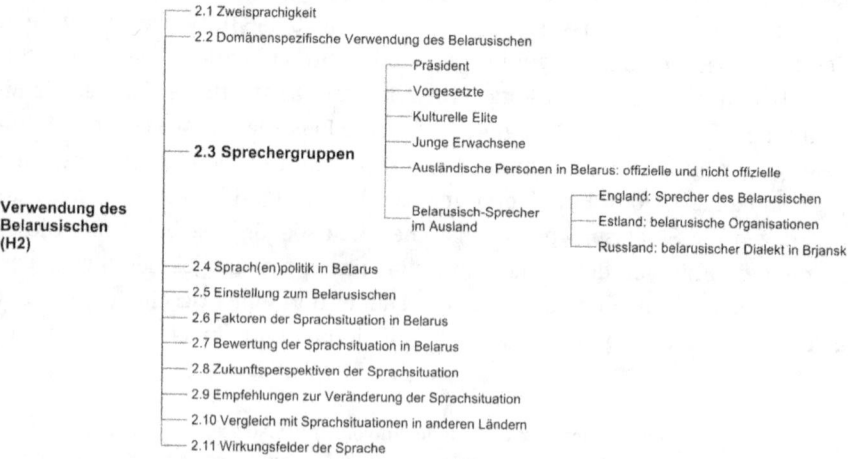

Abb. 9: Subthema des Forendiskurses: Sprechergruppen

Der vom Vorsitzenden der TBM, Alieh Trusaŭ, im September 2011 geäußerten Meinung, Belarusen würden oft die *Sprache des Vorgesetzten* übernehmen,[174]

---

[174] „Белорусы очень уважают начальство, поэтому, когда оно начнет по-белорусски говорить, народ обязательно поддержит. Чтобы белорусский язык стал государственным, нужно чтобы им только один человек овладел. Вы понимаете, кого я имею в виду. [Belarusen respektieren die Vorgesetzten sehr, deswegen, wenn diese anfangen würden, Belaru-

wird in den Foren Recht gegeben. Diese Behauptung wird zum Anlass genommen, eine gesetzliche Regelung des Sprachgebrauches im Verwaltungsapparat als eine Sprachbewahrungsmaßnahme vorzuschlagen und die Notwendigkeit eines normativen Schutzes des Belarusischen durch das Vorschreiben seiner obligatorischen Verwendung in der offiziellen Kommunikation zu artikulieren (Forum 215: *Калі чыноўнікі загавораць па-беларуску?* [Wann fangen die Beamten an, Belarusisch zu sprechen?]).

> Перавесьці ўсё бюракратычнае справаводства на родную мову. І вось калі мова зробіцца жыццёва неабходнай, каб працаваць кіраўніком, людзі самі штурхаясь пабягуць аддаваць сваіх дзяцей у беларускамоўные школы.
> [Das ganze bürokratische Schriftwesen ist in die Muttersprache umzustellen. Und wenn die Sprache lebensnotwendig wird, um zu einem Leiter zu werden, schießen die Leute sich gegenseitig schubsend los, um ihre Kinder in belarusischsprachige Schulen zu schicken.]

Das sprachliche Verhalten von repräsentativen Vertretern der Gesellschaft, der *kulturellen Elite*, wie z.B. des ehemaligen Kultusministers Paviel Latuška und der in diesem Kontext traditionell erwähnten Dozenten der Institute für Belarusistik, welche die belarusische Sprache aktiv beherrschen und in der täglichen Kommunikation verwenden, wird von allen Diskursakteuren mit Respektbekundungen als ein wichtiger Faktor der Popularisierung der Titularsprache gesehen. Ihre pessimistisch gesinnten Opponenten schätzen die Rolle solcher Sprecher für die Sprachpopularisierung als zu gering ein, als dass diese etwas an der Sprachsituation bewirken könnten.

> Я очень уважаю беларускамоўных. / Але адзін чалавек сярод агольнай массы не дужа зробіць.
> [Ich respektiere die Belarusischsprechenden sehr. / Aber innerhalb der Gesamtmasse kann ein einziger Mensch nicht viel tun.]

Die Philosophieprofessorin der Belarusischen Staatsuniversität für Kultur und Kunst Marina Mažejka teilte in einer Sitzung am runden Tisch im November 2010 ihre Beobachtung mit, dass die in einem russischsprachigen Umfeld aufgewachsenen *jungen Menschen* im Alter von ca. 20 bis 23 Jahren anfangen, die belarusische Sprache aktiv zu verwenden, sich dabei gegenseitig kontrollierend und korrigierend (vgl. Gorevoj 2010). Diese Aussage rief bei den Diskutierenden

---

sisch zu sprechen, würde das Volk sie auf jeden Fall unterstützen. Damit Belarusisch zur Staatssprache wird, müsste es nur die eine Person erwerben. Sie wissen ja, wen ich meine.]" (online unter: http://spring96.org/ru/news/8676 <23.06.2020>).

kontroverse Reaktionen hervor, die jeweils auf entsprechenden persönlichen Erfahrungen basieren. Einerseits wird behauptet, dies sei keine adäquate Widerspiegelung des tatsächlichen Sachstandes und die Studierenden würden ganz im Gegenteil die Unterrichtsstunden des Belarusischen für eine verlorene Zeit halten. Andererseits werden Stimmen dagegen erhoben, welche das wachsende Interesse der jungen Menschen zum Belarusischen und somit die Worte von Mažejka bestätigen. Diese steigende Aufmerksamkeit gegenüber der Nationalsprache wird dabei durch ihren sog. ‚elitären' Charakter erklärt (Forum 184: *Доктор философии: Русскоязычная молодежь стремится овладеть белорусским языком и говорить на нем* [Doktor für Philosophie: Die russischsprachige Jugend ist bestrebt, Belarusisch zu beherrschen und zu verwenden]).

Als eine besondere Sprechergruppe werden die die belarusische Sprache beherrschenden *ausländischen Personen* zum Thema des Diskurses. Dabei geht es sowohl um offizielle Personen, wie z.B. um den ehemaligen schwedischen Botschafter Stefan Eriksson und die ehemalige amerikanische Botschafterin Karen Stewart, deren Sprachverhalten und Sprachkompetenz als Vorbild für Belarusen selbst gesehen wird, als auch um private Besucher des Landes oder ausländische Studierende, wie z.B. die Journalistik-Studenten aus China, die die Belarusisch-Kurse erfolgreich belegen. In diesem Kontext wird nicht unterlassen, ironische Bemerkungen hinsichtlich ihrer höheren Sprachkompetenz in Belarusisch als bei Belarusen selbst zu machen.

> За маю нядоўгую памяць гэта [Karen Stewart – N.S.] трэці іншаземец, хто вывучае беларускую мову! Помнік ім усім – ня менш! / Кітайцы з задавальненнем і інтарэсам вывучаюць беларускую мову і спрабуюць на ёй размаўляць. Што нажаль не скажаш пра беларусаў. / Намного актуальнее вопрос: „Ці загавораць беларусы на мове Коласа?"
>
> [Soweit ich mich zurückerinnern kann, ist es [Karen Stewart – N.S.] die dritte ausländische Person, die Belarusisch lernt! Sie verdienen alle ein Denkmal, und nicht weniger! / Die Chinesen lernen mit Vergnügen und Interesse Belarusisch und versuchen, es zu sprechen. Was man leider nicht über Belarusen sagen kann. / Viel aktueller ist die Frage, ob eben die Belarusen die Sprache von Kolas zu sprechen beginnen.]

Über die Träger der belarusischen Sprache *im Ausland* werden im Diskurs überwiegend positive Rückmeldungen ausgetauscht. Als eine gute Nachricht wird z.B. die Gründung einer Vertretung der TBM an der Universität Tartu in Estland aufgenommen (Forum 226: *Студенты Тартуского университета создали ячейку „Таварыства беларускай мовы"* [Studierende der Universität Tartu gründeten eine Zelle der „Gesellschaft für belarusische Sprache"]). Ebenso positiv und mit Dankbarkeit für eine sorgfältige Sprachbewahrung werden kulturelle Aktivitäten der britisch-belarusischen Gesellschaft in London begrüßt (Forum

245: *Лонданскія беларусы адзначылі Дзень роднай мовы* [Londoner Belarusen feierten den Tag der Muttersprache]). Die Sprache der Bevölkerung der westlichen Region des Brjansker Gebiets (Russische Föderation), von welcher behauptet wird, dass sie zu einem Dialektkontinuum des Belarusischen gehört, verursacht eine Diskussion über eine ethnische Zugehörigkeit dieser Bevölkerungsgruppe (Forum 172: *Язык населения Брянщины* [Sprache der Bevölkerung der Brjank-Region]).

Subthema 2.4: Sprach(en)politik in Belarus

Ein weiterer Punkt, der die Sprachsituation in Belarus hinsichtlich des Gebrauchs der belarusischen Sprache beschreibt und in den Internetforen diskutiert wird, ist die Sprach- und Sprachenpolitik in Belarus (Abb. 10).

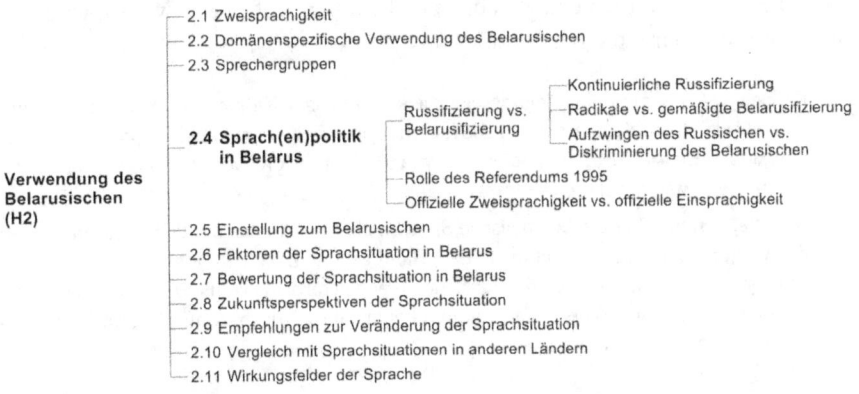

Abb. 10: Subthema des Forendiskurses: Sprach(en)politik in Belarus

Bei diesem Thema wird v.a. ein näherer Blick auf *Russifizierungs-* und *Belarusifizierungs*prozesse geworfen. Sowohl die russifizierende Sprach(en)politik in den Zeiten der Sowjetunion und in den Jahren der Souveränität als auch die radikale Belarusifizierung am Anfang der 1990er Jahre wird von vielen Diskutierenden als negativ und für die Etablierung des Belarusischen als einer Standardsprache nicht förderlich bewertet. Denn die Russifizierung würde nämlich den Verwendungsbereich des Belarusischen stark einengen, und ein schneller kompletter Übergang zur belarusischen Sprache sei sprachpolitisch keine für die Sprachsituation in Belarus adäquate Lösung, da es von Sprechern als unnatürliches Eindringen in das persönliche Sprachleben empfunden sein würde, was wiederum eine Abneigung gegenüber der Sprache hervorrufen könnte. Deswegen wird der

Vorschlag einer gemäßigten Belarusifizierung als einer sprachpolitischen Strategie vorgebracht und von den meisten Diskussionsteilnehmern befürwortet.

> Абсолютно не против, если страна ПЛАВНО перейдет на белорусский. КАТЕГОРИЧЕСКИ против насильного, из-под палки, насаждения белорусского языка. Пусть все идет эволюционным путем, а не революционным.
> [Ich habe absolut nichts dagegen, wenn das Land ALLMÄHLICH zum Belarusischen wechselt. Ich bin AUSDRÜCKLICH gegen das gewaltsame, unter der Peitsche, Aufzwingen des Belarusischen. Es soll alles einen evolutionären Weg gehen, keinen revolutionären.]

Es werden darüber hinaus das ‚Aufzwingen' der russischen und eine damit verbundene ‚Diskriminierung' der belarusischen Sprache als sprachpolitisch initiierte Prozesse thematisiert. In diesem Zusammenhang werden das historische Referendum von 1995, in dem sich 88,3% der Bevölkerung für eine „Gleichbehandlung der belarusischen und der russischen Sprache" geäußert haben, als ein ‚Todesurteil' für die belarusische Sprache und die offizielle Zweisprachigkeit als ‚imaginär' charakterisiert.

> Скорее референдум убил белорусский язык. Он развязал руки власти в его „законном уничтожении", власть разработала целую систему агитпропа против беларускай мовы. Кроме того, вопрос ведь звучал о равном статусе языков, а у нас чудовищное ущемление всего белорусского.
> [Das Referendum hat die belarusische Sprache eher getötet. Es hat dem Staat in Sachen deren „gesetzmäßigen Vernichtung" freie Hand gelassen, die Behörden haben ein ganzes Propagandasystem gegen die belarusische Sprache erarbeitet. Außerdem ging es ja dabei um den gleichen Status der Sprachen, und bei uns liegt eine grausame Verdrängung vom allem, was belarusisch ist, vor.]

Dies verleitete die Verfechter der Durchsetzung des Belarusischen zum Vorschlag, neben den anderen sprachpolitischen Maßnahmen der Sprachsituationsoptimierung dem Belarusischen den Status der einzigen Staatssprache[175] zu verleihen, was sich wiederum zu einem neuen Diskussionsthema entwickelt. Im Gegenzug werfen einige Teilnehmer der Diskussion ein, dass Belarusisch sich verwendungsmäßig bereits vor dem Referendum in keinem blühenden Zustand befand und dass die Vitalität einer Sprache allgemein nicht alleine von der Sprachpolitik, sondern auch von persönlicher Verwendung seitens einzelner Sprecher abhängig ist.

---

175 Zur Diskussion über die staatliche Zweisprachigkeit in der Republik Belarus in den 1990er Jahren in der Forschungsliteratur s. Kapitel 2.3.7.

Можно подумать до того референдума бел. мова цвела и пахла. Ничего за десять (двадцать и т.д.) лет не изменилось. Как изучали в школах, так и сейчас изучают. Как никто на белорусском не разговаривал, так никто и сейчас не говорит.

[Als ob sich Belarusisch vor dem Referendum in einem blühenden Zustand befunden hätte. Nichts hat sich in den letzten zehn (zwanzig etc.) Jahren geändert. So wie man Belarusisch früher in den Schulen lernte, so lernt man es auch jetzt. So wie es früher keiner gesprochen hat, so sprich es auch jetzt keiner.]

Subthema 2.5: Einstellungen zum Belarusischen

Im Forendiskurs geht es auch um die Einstellung zur Sprache seitens der Sprecher als um einen wichtigen Faktor der Sprachsituation, der eine entscheidende Auswirkung auf den Sprachgebrauch hat (Abb. 11). Die Einstellung zum Belarusischen wird zum Diskursthema, indem man die einzelnen Einstellungsäußerungen bespricht, das eigene Verhältnis zur Sprache verbalisiert und die Rolle und die Bedeutung der Spracheinstellung für das Überleben des Belarusischen bewertet (Forum 264: *Белорусский язык и как вы к нему относитесь* [Belarusisch und Ihre Einstellung ihm gegenüber]).

Es wird darüber hinaus über die *Rezeption von belarusischsprachiger Rede* in der Gesellschaft reflektiert, welche entweder positiv, als eine angenehme Überraschung, oder als eine Provokation wahrgenommen werde.

> Кстати очень приятно, когда слышишь в городе белорусский язык. / Нават да таго, што тых, хто заўсёды гаворыць па-беларуску, сталі лічыць правакатарамі.
>
> [Es ist übrigens sehr angenehm, wenn man die belarusische Sprache auf der Straße hört. / Es geht sogar so weit, dass nun diejenigen, die stets Belarusisch sprechen, für Provokateure gehalten werden.]

Gleichzeitig wird von den Diskursakteuren jedoch eine explizite *Weigerung, auf Belarusisch zu sprechen*,[176] überwiegend negativ, als Zeichen eines niedrigen Bildungsniveaus oder des fehlenden Nationalbewusstseins eingeschätzt. Es gibt jedoch auch andere Stimmen, die diese Weigerung dagegen gutheißen.

> Ніколі ня слухаў гэты гурт, а цяпер прынцыпова слухаць ня буду. Гэтыя з дзвараленьня сказаць „музыкі" (між іншым грамадзяне Беларусі) зьняважылі дзяржаўную мову, што ёсьць сапраўдным распальваньнем міжнацыянальнай варажнечы. / Не

---

[176] In einem Interview (2009) weigerte sich die belarusische Band *The Toobes*, die auf Belarusisch gestellten Fragen des Reporters zu beantworten (online unter: http://club.belaruspartisan.org/forum/besedka/140351/ <23.06.2020>).

знаю кто такие. Но огромный респект ребятам. Наконец-то хоть кто-то открыто может поставить кучку свядомых на место!!!

[Ich habe mir diese Gruppe nie angehört, und werde sie mir jetzt aus Prinzip nicht anhören. Diese sogenannten „Musiker" (belarusische Bürger, übrigens) äußerten sich respektlos über die Staatssprache, was eine richtige Entfachung zwischennationaler Verfeindung ist. / Ich weiß nicht, wer sie sind. Aber ein Riesenrespekt an die Jungs. Endlich kann jemand den Haufen von Nationalbewussten in die Schranken weisen.]

Es werden darüber hinaus die Faktoren – die sog. ‚intervenierenden Variablen' – aufgezählt, die eine aktive Verwendung des Belarusischen verhindern, was einem Forscher die Möglichkeit gibt, sich ein Bild davon zu machen, worauf eine *Nichtverwendung der belarusischen Sprache* von Sprachnutzern zurückgeführt wird.[177] Hier werden u.a. eine fehlende Sprachkompetenz und eine Markiertheit der belarusischsprachigen Rede genannt, welche psychische Barrieren schafft.

Нажаль, у нашай краіне чалавек, які размаўляе на роднай мове, аўтаматычна прыраўноўваецца да апазіцыі або да прыдурка. / Ловил себя на мысли, что с удовольствием бы перешел на беларускую мову в повседневном общении, но неловко как-то! И стыдно за себя становится.

[In unserem Land wird leider ein Mensch, der die Muttersprache spricht, automatisch einem Oppositionellen oder einem Schwachkopf gleichgesetzt. / Mitunter ertappe ich mich beim Gedanken, in der Alltagskommunikation mit Vergnügen zum Belarusischen wechseln zu würden, aber irgendwie ist es peinlich! Und dann ist man über sich selbst beschämt.]

Die *Rolle* bzw. die *Notwendigkeit des Belarusischen* ist ein weiteres Subthema des Forendiskurses, welches den Charakter der Einstellung zur Sprache näher beschreibt. Hier verläuft die Themenentwicklung nah an der Diskussion um die symbolische und die pragmatische Funktion der Sprache. Die *Notwendigkeit* und die *Zweckmäßigkeit von Renaissance* der belarusischen Sprache werden hier ebenso diskutiert. Die Befürworter der ‚Wiederbelebung' betonen, dass Belarusisch als eine Nationalsprache vorbehaltslos zu retten ist. Die Gegenstimmen verkünden ihren Zweifel daran, ob es sinnvoll sei – auch vor dem Hintergrund anderer sozial-politischer Probleme im Land – eine „tote" Sprache zu reanimieren.

Разговаривать на мове совсем не стыдно. Просто нецелесообразно. / А мову ратаваць трэба неадкладна. / Проблема белорусского языка, конечно, существует, одна-

---

[177] Ausführlicher zum Thema der intervenierenden Variablen und der Attribution der schwachen Verwendung des Belarusischen s. Kapitel 5.4.6.

ко это не та проблема, которую необходимо решать в первую очередь. В Беларуси хватает других проблем.
[Belarusisch zu sprechen ist gar nicht peinlich. Nur einfach nicht zweckmäßig. / Und retten muss man das Belarusische dringend. / Das Problem mit der belarusischen Sprache ist natürlich da, aber es ist nicht das Problem, das man in erster Linie lösen müsste. In Belarus gibt es genug andere Probleme.]

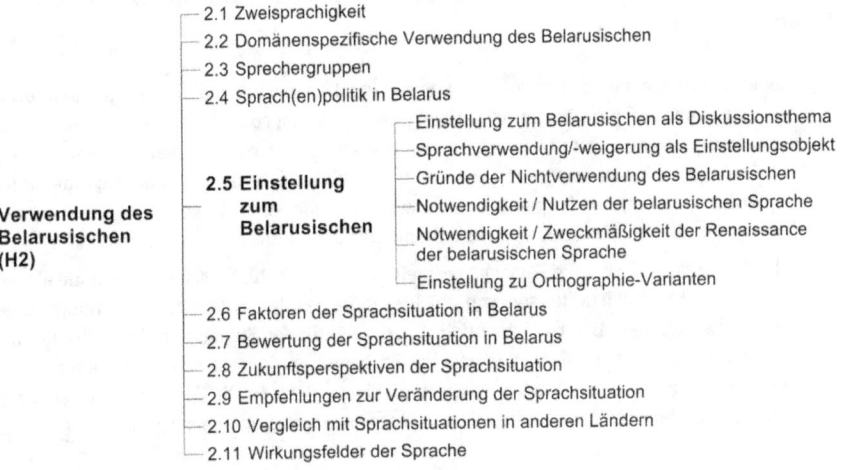

Abb. 11: Subthema des Forendiskurses: Einstellungen zum Belarusischen

Die thematische Datenauswertung hat darüber hinaus gezeigt, dass der Diskussionsgehalt der Konfrontation zwischen der Taraškievica und der Narkomaŭka den Diskursakteuren bewusst ist. Ihre begründeten Einstellungsäußerungen zugunsten einer der Varianten gehen parallel zu der Behauptung, dass die existierende Varianz eine Durchsetzung des Belarusischen gegen das Russische erheblich erschweren würde:

Иметь 2 белорусских языка – непозволительная роскошь, которая усложняет обучение и не способствует белорусизации.
[Zwei belarusische Sprachen zu haben ist ein unzulässiger Luxus, der das Lernen erschwert und auch für Belarusifizierung nicht förderlich ist.]

Subthema 2.6: Faktoren der aktuellen Sprachsituation in Belarus

Bei der Besprechung von Faktoren der aktuellen Sprachsituation in Belarus werden von den Beitragsautoren v.a. die geschichtlichen Wechselwirkungen erwähnt, die dazu führten, dass Belarus als ein souveräner Staat praktisch nie vorher existierte, mit der Ausnahme von einigen Monaten im Jahr 1918. Des Weiteren werden die als russifizierend charakterisierte Sprachpolitik, das Fehlen eines kommunikativen Bedarfs an der belarusischen Sprache und, schließlich, Globalisierungsprozesse für den aktuellen Zustand der Nationalsprache verantwortlich gemacht (Forum 111: *Эксперты ЮНЕСКО полагают, что белорусский язык находится в опасности* [UNESCO-Experten sind der Meinung, dass Belarusisch in Gefahr ist]).

> Своё отрицательное значение сыграло то, что Беларусь, исторически практически не существовала как суверенное государство, входя в состав других государств. / В том, что в Беларуси не говорят по-белорусски, виновата политика государства. / Калі падыходзіць рацыянальна, то чалавек, які не адчувае патрэбы, сам ніколі не парупіцца, каб ведаць (карыстацца) мовай. / Сейчас идет глобализация, и популярностью пользуются языки, на которых говорит большинство.

[Ihre negative Rolle hat die Tatsache gespielt, dass Belarus historisch praktisch nie als ein souveräner Staat existierte, sondern ein Bestandteil anderer Staaten war. / Daran, dass man in Belarus kein Belarusisch spricht, ist die Politik des Staates schuld. / Rational betrachtet, wird sich kein Mensch jemals darum bemühen, Belarusisch zu können (zu verwenden), wenn er keine Notwendigkeit darin sieht. / Jetzt ist die Zeit der Globalisierung, und es sind die Sprachen populär, die von einer Mehrheit gesprochen werden.]

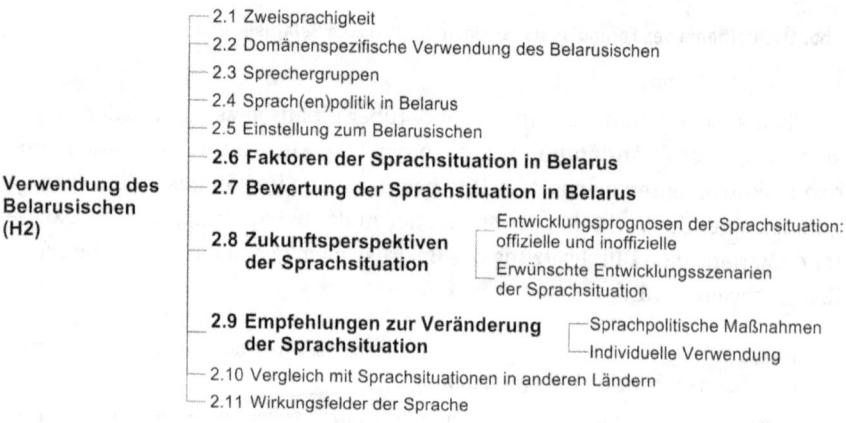

Abb. 12: Subthemen des Forendiskurses: Faktoren, Bewertungen und Perspektiven der Sprachsituation in Belarus, Änderungsvorschläge

Subthema 2.7: Bewertungen der aktuellen Sprachsituation in Belarus

Die Bewertung der belarusischen Sprachsituation seitens der Diskursakteure wird ebenso explizit zum Thema der Diskussion: Diese Bewertungen werden nicht nur geäußert, sondern auch kritisch auseinandergelegt und entweder akzeptiert oder widerlegt. Die meist artikulierte Einschätzung der Sprachsituation lautet, es bestehe in Belarus eine rechtliche *Zweisprachigkeit* und eine faktische Einsprachigkeit mit dem Russischen als Idiom.

> Налицо чисто формальное двуязычие.
> [Dass die Zweisprachigkeit rein formal ist, liegt auf der Hand.]

Subthema 2.8: Perspektiven der Sprachsituation in Belarus

Ein weiteres aktiv diskutiertes Subthema, das den Gebrauch des Belarusischen zum Gegenstand hat, betrifft die Perspektiven der Sprachsituation im Land (Abb. 12). Hier wird die Diskrepanz zwischen den Meinungen der sog. ‚Sprachschöpfer', auf die in den Foren Bezug genommen wird, und den Meinungen der Diskussionsteilnehmer – der ‚Sprachverwender' – deutlich sichtbar. Die offiziellen Instanzen bzw. die Akteure des öffentlichen Diskurses über die belarusische Sprache geben optimistische *Prognosen* ab. So meint z.B. der Schriftsteller und Historiker Uladzimir Arloŭ, dass Belarus zwar nie monolingual sein wird, aber Belarusisch in Zukunft zu der einzigen Staatssprache wird. Über den Sprachtod sei laut Arloŭ bereits seit einigen Jahrhunderten gesprochen worden, aber trotz ungünstiger Existenzbedingungen habe die Sprache überlebt, was von ihrer Vitalität zeuge. Einen anderen Grund zum Optimismus artikuliert der Literaturkritiker und Professor der Minsker Linguistischen Staatsuniversität Piatro Vasiučenka. Es sei nämlich die Schriftlichkeit und eine jahrhundertelange literarische Tradition, die eine Garantie für die Bewahrung der Sprache in der postglobalisierten Welt seien. Aliaksandr Šabloŭski, Dozent des Staatlichen Jakub-Kolas-Instituts für Sprache und Literatur, sieht das Belarusische in Zukunft als die Sprache der Intellektuellen, der Wissenschaft und der Literatur.[178] In den Foren wird dagegen ein ‚Sprachtod' von den meisten Diskutierenden als unvermeidlich prognostiziert, u.a. als Folge von Globalisierungsprozessen. Es wird vermutet, dass, falls es überleben sollte, das Belarusische eine transformierte Gestalt annehmen würde. Aber es werden auch zuversichtliche Stimmen hörbar, wel-

---

178 Die entsprechenden Äußerungen von Arloŭ, Vasiučenka und Šabloŭski sind online unter: http://news.tut.by/society/103783.html <23.06.2020> zu finden.

che die Überlebenschancen der Sprache im Bildungssystem verorten und besagen, dass sie erhalten bleibt, solange sie in den Schulen unterrichtet wird.

> У час глабалізацыі праблемы ўзнікаюць і ў такіх моў, як нямецкая. / Я бы сказал, что беларускі язык если и завоюет когда-нибудь сердца наших граждан, то наверняка в неком преобразованном виде... какого еще не было... / Пакуль у школах вывучаем, не згіне беларуская мова!
>
> [Im Zeitalter der Globalisierung bekommen sogar solche Sprachen wie Deutsch Probleme. / Ich würde sagen, wenn Belarusisch jemals die Herzen unserer Bürger auch erobern würde, dann bestimmt in irgendeiner transformierten Gestalt... die es vorher nicht gegeben hat... / Solange wir sie in der Schule lernen, wird die belarusische Sprache nicht verschwinden!]

In Bezug auf die Weiterentwicklung der Sprachsituation werden in den Foren *Wunschszenarien* verbalisiert und besprochen. Die meisten Diskutierenden würden, wie oben bereits dargelegt, ein sukzessives Wiederaufleben des Belarusischen vorziehen, indem man die Sprache erneuert und „mit Leben füllt", was mit einem vollständigen Übergang zum Belarusischen in den Massenmedien, in Spielfilmen und in Büchern anfangen solle.

> Сённяшняя беларуская мова не гучыць як жывая мова. Мабыць, трэба проста абнавіць мову, даць ей жыцце – і хто ведае, што будзе далей. / А яшчэ я хачу, каб усе СМІ былі на беларускай мове, каб усе фільмы, кнігі і т.д. Калі абмежаваць расейшчыну – беларусы велімі хутка заразмаўляюць і без усялякага прымусу, бо мова ў іх на геным узроўні.
>
> [Das Belarusische von heute klingt nicht wie eine lebendige Sprache. Vielleicht sollte man die Sprache einfach erneuern, sie mit Leben erfüllen – und wer weiß, was später geschehen kann. / Und noch will ich, dass alle Massenmedien auf Belarusisch sind, alle Filme, Bücher etc. Wenn man das Russländische eingrenzt, fangen Belarusen sehr schnell und ohne jeglichen Zwang an, Belarusisch zu sprechen, denn die Sprache haben sie in ihren Genen.]

Subthema 2.9: Empfehlungen zur Veränderung der aktuellen Sprachsituation in Belarus

Als Vorschläge zur Veränderung der Sprachsituation in Richtung einer tatsächlichen Zweisprachigkeit werden im Diskurs v.a. konkrete *sprachpolitische Maßnahmen* aufgezählt, die einer Durchsetzung des Belarusischen in der Gesellschaft beitragen sollen, denn die Unterstützung seitens des Staates wird als ein entscheidender Faktor der Verbreitung der Sprache angesehen. In Bezug auf den Sprachenstatus wird sowohl die Beibehaltung der offiziellen Zweisprachigkeit mit der zusätzlichen Erklärung, dass Belarusisch die erste und Russisch die zweite Staatssprache sind, als auch der Entzug dem Russischen des Status einer Staatssprache empfohlen. Für den Bildungsbereich werden eine entsprechende systematische sprachdidaktische Arbeit vom Kindergarten bis zur Universität und ein Übergang zum Belarusischen als Unterrichtssprache vorgeschlagen. Auch ein vollständiger Wechsel zum Belarusischen in den staatlichen Massenmedien und bei der Schriftführung in öffentlichen Einrichtungen sei für den Gebrauch des Belarusischen in der Gesellschaft förderlich.

> Просто сделать всё по умолчанию на белорусском. А русский тоже будет разрешён. / Достаточно установить единый государственный, и все потихоньку перейдут. / Необходимы белорусские школы, вузы, массмедиа и т.д., т.е. полноценная языковая среда. / Обязать чиновников принимать заявления и т.п. от людей, если те написаны по-белорусски.
>
> [Einfach alles standardmäßig auf Belarusisch machen. Und Russisch wird auch erlaubt sein. / Es genügt, eine einzige Staatssprache festzulegen, und alle werden langsam wechseln. / Es sind belarusische Schulen, Hochschulen, Massenmedien etc., d.h. eine vollwertige sprachliche Umgebung, notwendig. / Die Beamten müssen dazu verpflichtet werden, Anträge etc. von den Leuten anzunehmen, wenn diese auf Belarusisch geschrieben sind.]

Neben den Vorschlägen auf dem Gebiet der Sprachpolitik werden in den Foren konkrete Ratschläge darüber unterbreitet, wie der *individuelle Übergang* zum Belarusischen gestaltet und gewährleistet sein könnte. Für die mündliche Form der Kommunikation wird empfohlen, die Sprache selbst in allen Sphären im des alltäglichen Lebens zu verwenden, und für die schriftliche – die eigene Kommunikation im Internet vollständig auf Belarusisch umzustellen. Es wird auch die Idee geäußert, zu diesem Zweck eine Aktion mit dem Titel „Пачні! [Fange an!]" zu starten, um psychische Barrieren bei der Umstellung abzubauen (Forum 43: *Давайце размаўляць на беларускай мове!* [Lasst uns Belarusisch sprechen!]).

Subthema 2.10: Vergleich mit Sprachsituationen in anderen Ländern

Bei der diskursiven Auseinandersetzung mit dem Sprachgebrauch in Belarus werden Parallelen zu Sprachsituationen in anderen Ländern, z.B. Irland und Tschechien, hergestellt und diskutiert (Abb. 13). Das Verdrängen der irischen Sprache aus vielen Kommunikationssphären durch das Englische wird z.B. als ein vergleichbarer Prozess für die Erklärung der Sprachsituation in Belarus herangezogen (Forum 240: *21 лютага TUT-Бава шукае шлях да роднай мовы і раздае падарункі за самыя незвычайныя беларускія словы* [Am 21. Februar sucht TUT.by den Weg zur Muttersprache und verteilt Geschenke für die ungewöhnlichsten belarusischen Wörter]).

Subthema 2.11: Wirkungsfelder der belarusischen Sprache

Über die aufgezählten Punkte hinaus wird im Diskurs von einer konkreten Sprachverwendung abstrahiert und über Wirkungsfelder des Belarusischen reflektiert (Abb. 13). Der Zusammenhang zwischen *Sprache* und *Nation* bzw. der *nationalen Identität,* welcher in vielen Kontexten verbalisiert wird, wurde bereits oben (Subthema 1.2) beschrieben.

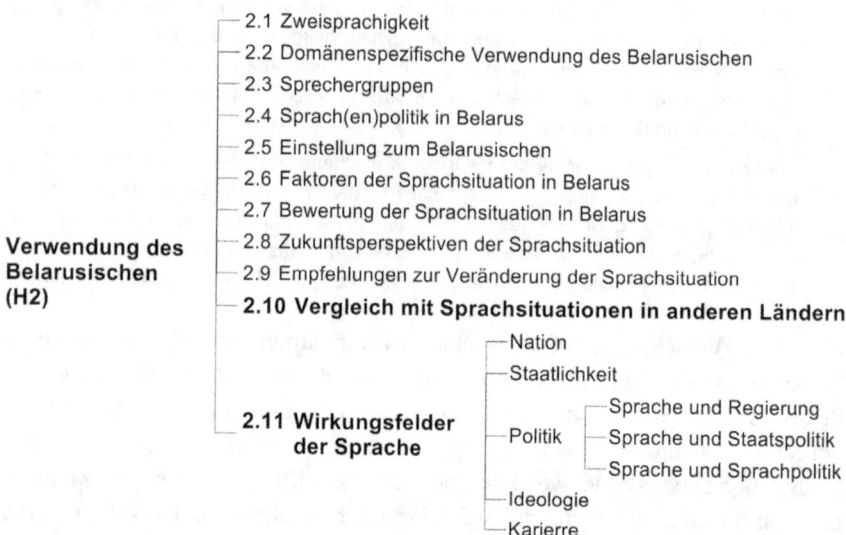

Abb. 13: Subthemen des Forendiskurses: Vergleich mit Sprachsituationen in anderen Ländern, Wirkungsfelder des Belarusischen

Die Auswertung der Daten hat des Weiteren gezeigt, dass die Sprache auch als ein Souveränitäts-Legitimationsmittel gesehen wird. Entsprechend wird die Bedeutung des Belarusischen für die *Staatlichkeit* der Republik Belarus betont, denn eine obligatorische Verwendung von Nationalsprache in allen Lebenssphären fördere das politische Bewusstsein und die Selbstidentifizierung als Staatsbürger, was seinerseits die einzige Möglichkeit sei, die Sprache und die Staatlichkeit zu bewahren, so die Beitragsautoren.

> Остался, на мой взгляд, единственный способ сохранить язык и государственность – обязательное использование языка во всех сферах общественной деятельности, что будет способствовать и политическому самосознанию и отождествлению себя каждым гражданином страны именно как белоруса.

[Es ist, meiner Meinung nach, nur noch der einzige Weg geblieben, die Sprache und die Staatlichkeit zu bewahren, nämlich eine obligatorische Verwendung des Belarusischen in allen Bereichen des gesellschaftlichen Lebens, was seinerseits sowohl das politische Selbstbewusstsein als auch die Selbstidentifizierung jedes Staatbürgers gerade als ein Belaruse fördern wird.]

Mit Bedauern wird von Diskussionsteilnehmern eine starke Abhängigkeit der belarusischen Sprache von der *Regierung* des Landes konstatiert, deren Einstellung zur Sprache als negativ und absichtlich nachlässig eingeschätzt und für die aktuell schwache Position des Belarusischen verantwortlich gemacht wird. Die Kommunikation mit der Regierung über die Sprachfrage wird von einigen als ein wichtiges Mittel im Prozess der Sprachbewahrung gesehen und von den anderen als aussichtslos beurteilt.

Люди не могут в один день договориться и заговорить на белорусском. Придать импульс такому движению может только государство. Это внутренняя политика, языковая. Но власть этого боится. Ей не нужен сознательный, независимый, знающий себе цену белорус. / (Реакция на петицию президенту „Вярніце мову" 203 представителей науки, культуры и бизнеса): Во, наіўныя людзі! Да КАГО яны вырашлі звярнуцца? Да рэжыму з просьбай абараніць НЕНАВІСНУЮ гэтаму рэжыму МОВУ АПАЗІЦЫЯНЕРАЎ і ВОРАГАЎ! Яны б яшчэ папрасілі ваўкоў з лесу стаць вегітарыянцамі.

[Die Menschen können sich nicht verabreden und von einem Tag auf den anderen anfangen, Belarusisch zu sprechen. Einen Impuls kann einer solchen Bewegung nur der Staat geben. Das ist Innenpolitik, Sprachpolitik. Aber die Staatsmacht hat Angst davor. Sie braucht einen zielklaren, souveränen und sich seines Wertes bewussten Belarusen nicht. / (Als Reaktion auf die Petition „Gebt die Sprache wieder her!" der 203 Vertreter der Wissenschaft, Kultur und Wirtschaft an den Präsidenten (online unter: http://nn.by/?c=ar&i=-27179 <23.06.2020>): Was für naive Menschen! An WEN haben sie beschlossen sich zu wenden? An das Regime mit der Bitte, die von diesem Regime GEHASSTE SPRACHE der OPPOSITIONELLEN und der FEINDE zu verteidigen! Sie hätten noch Wölfe im Wald bitten können, Vegetarier zu werden.]

Die Sprache wird in den Foren als ein Werkzeug der *Staatspolitik* charakterisiert. Als Beweis einer Instrumentalisierung des Belarusischen zu politischen Zwecken wird die These erbracht, dass es zur Fahne der Opposition geworden sei und von der Staatsmacht als Mittel im Kampf gegen diese sowie als eine Brandmarkung der oppositionellen Zugehörigkeit der Sprecher benutzt werde.

У нашай краіне сама беларуская мова лічыцца апазіцыйнай.
[Die belarusische Sprache gilt in unserem Land selbst als oppositionell.]

Bei der Behandlung des Themas *Sprache und Sprachpolitik* fällt in den Foren vor 2008, also bevor das Orthographiegesetzt verabschiedet wurde, das Stichwort

,Sprachreform' als ein festes Vorhaben der Regierung, obwohl nur eine Neuregelung der Rechtschreibung geplant war. Diese Neuregelung wird einerseits kritisiert, andererseits wird von vielen Beitragsautoren die Notwendigkeit einer Reformierung des Belarusischen zwecks Beseitigung von Russismen und Polonismen verbalisiert.

> За реформой языка последует долгий и мучительный переходный период, жертвами которого станут в первую очередь школьники, начавшие учить мову по одним правилам, а заканчивающие – по другим. / Реформа официального правописа давно назрела. Куча русизмов, введенных при сталине, и многочисленные исключения из правил значительно усложняют жизнь, и в первую очередь школьникам и студентам.

> [Der Sprachreform wird eine lange und qualvolle Übergangszeit folgen, zu deren Opfer in erster Linie die Schüler werden, die das Sprachenlernen nach der einen Regel beginnen, und nach der anderen beenden. / Eine Reform der offiziellen Rechtschreibung ist längst überfällig. Ein ganzer Haufen von Russismen, welche noch unter Stalin eingeführt wurden, und die zahlreichen Ausnahmen erschweren das Leben deutlich, und vor allem für Schüler und Studierende.]

Die Diskussion über den Begriff *„Staatsideologie'* entwickelte sich in den Foren als Reaktion auf die Aussage von Mikola Aŭramčyk, einem belarusischen Dichter und dem Vorsitzenden der Belarusischen Literaturwerkstatt, im Mai 2010, es sei keine staatliche Ideologie ohne die eigene Nationalsprache möglich (vgl. Laškievič 2010). Dem wird von den Diskutierenden sowohl zugestimmt als auch mit der Begründung erwidert, dass die Konzepte der Ideologie und der Nationalsprache die zum Regieren über das Volk erfundenen Provisorien seien (Forum 169: *Класікі без глянцу. Мікола Аўрамчык: Дзяржаўная ідэалогія без мовы – глупства!* [Die Klassiker ohne Glanz. Mikola Aŭramčyk: Eine Staatsideologie ohne die Sprache ist Unsinn!]).

Die Abhängigkeit des beruflichen Werdeganges einer Person von seinem Sprachverhalten hinsichtlich der Sprachwahl wird in den Foren dahingehend thematisiert, dass das Russische eine entscheidende Bedeutung für den *Karriere*ein- und -aufstieg habe. Das Belarusische sei dagegen in kommerziellen Strukturen unerwünscht und in staatlichen Institutionen unmöglich bzw. unzulässig, da, wie oben bereits erwähnt, mit der Verwendung des Belarusischen eine oppositionelle Haltung assoziiert werde.

> А зараз адным з вырашаючых фактарам пры прыняцці на працу з'яўляецца ці на рускай мове ты гаворыш!! У прыватных структурах паводзяць носам і падумаюць ці браць, а ў дзяржаўныя НАВАТ не сунься! Скажуць „апазіцыянер пракляты", „разведчык заходні".

[Und jetzt ist einer der entscheidenden Faktoren bei der Arbeitsaufnahme, ob deine Sprache Russisch ist!! In privaten Strukturen beschnuppern sie dich noch und überlegen, ob sie dich nehmen oder nicht, und in den staatlichen brauchst du es nicht mal zu versuchen! Sie sagen nur „verdammter Oppositioneller", „ein Spion des Westens".]

5.2.3 Metabereich. Diskussion über die Sprachdiskussion

Zusammen mit den das Makrothema der Diskussion näher bringenden Hauptthemen (Belarusisch als funktionelles Zeichensystem und seine Verwendung) sind, wie oben bereits dargelegt, Diskursstränge ermittelt worden, die nicht unmittelbar die belarusische Sprache zum inhaltlich-thematischen Schwerpunkt haben. So wird z.B. die diskursive Behandlung der Sprachfrage selbst zu einem Nebenthema der Diskussion (Abb. 14).

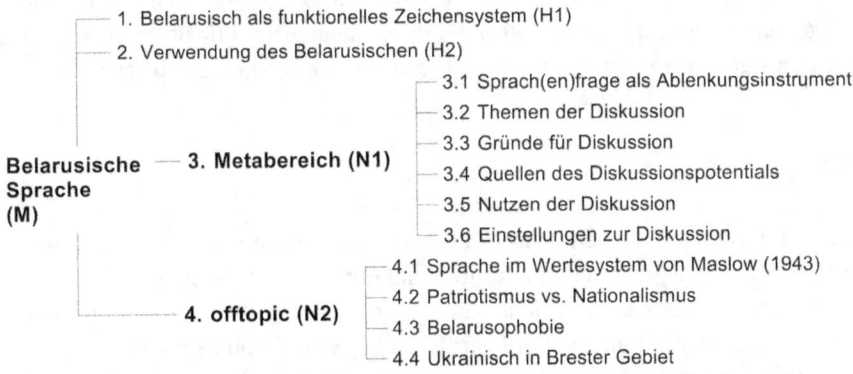

Abb. 14: Nebenthemen des Forendiskurses: Metabereich und offtopic

Der Staatsregierung wird in den Foren eine Nutzung der *Sprach(en)frage* und ihres Diskussionspotenzials als ein *Instrument der Ablenkung* von wirtschaftlichen und politischen Problemen des Landes zur Last gelegt. Es wird auch über die *Themen der Sprachdiskussion* reflektiert, und die Tatsache, beispielsweise, dass bereits eine in belarusischer Sprache gehaltene Festaktrede eines Staatsmannes zu einem erwähnungswerten und diskussionsanregenden Ereignis wird, wird als ein Zeichen eines bekümmerlichen Zustandes des Belarusischen interpretiert. Darüber hinaus wird über *Ursachen des Diskussionsbedarfs* und über äußere *Quellen des Diskussionspotenzials* reflektiert. Über den *Nutzen der Sprachdiskussion* wird einerseits gesagt, dass das Reden über das Problem alleine, ohne die entsprechenden Handlungen, wenig effektiv ist, und die Diskussion selbst keine dringende und lebenswichtige und teilweise auch lästig gewordene Angelegenheit ist. Darauf wird andererseits erwidert, dass die Sprachdiskussion ein Ausdruck von Sorge um die Muttersprache ist und somit ein Zeichen dessen, dass die Sprachproblematik, zum einen, den Sprechern bewusst ist und, zum anderen, einen Lösungsbedarf hat. Gleichzeitig werden jedoch Ratschläge ausländischer Repräsentanten, wie z.B. des Beraters der diplomatischen Vertretung der BRD Fried Nielsens im August 2009, die eigene Sprache zur Bewahrung der eigenen nationalen Einzigartigkeit zu verwenden (online unter: http://forums.tut.by/showthread.php?p=8457660 <23.06.2020>), als ein unerwünschtes Eindringen von außen wahrgenommen, welches negative Reaktionen der Diskursteilnehmer sammelt (Foren 32: *Ці патрэбна нам беларуская мова?* [Brauchen wir die belarusische Sprache?]; 64: *Лукашенко заступился за белорусский язык* [Lukaschenko nahm Belarusisch in Schutz]; 106: *Брэсцкі ідэолаг павіншаваў людзей „на мове"*... [Ein Ideologe aus Brest gratulierte den Menschen auf Belarusisch]; 126: *Саветнік дыпмісіі ФРГ: Каб стаць больш самабытнымі, беларусы павінны размаўляць на сваёй мове* [Der BRD-Botschaftsrat: Um einzigartiger zu werden, müssen die Belarusen ihre eigene Sprache sprechen]) .

5.2.4 Offtopic

Die Diskussion um die belarusische Sprache brachte auch weitere Nebenthemen an die Oberfläche, die nicht mehr direkt mit der Sprache zusammenhängen und in der Themenmatrix unter dem Punkt *offtopic* aufgeführt wurden. Es ist beispielsweise die Abgrenzung der Begriffe ‚*Patriotismus*' und ‚*Nationalismus*' voneinander, welche im Zusammenhang mit der Sprachenfrage in den Foren häufig thematisiert werden, oder die Positionierung der Sprache im *Wertesystem von Maslow* (1943) unterhalb den physischen, den Sicherheits- und den sozialen Bedürfnissen, was eine relativ schwach ausgeprägte Besorgnis der Bürger von Belarus über die Verletzung nationaler Kultur und Sprache (2,2%) erklärt, wie eine Umfrage des Belarusischen Instituts für Strategische Studien (BISS) im Jahr 2009 gezeigt hat (online unter: http://www.gazetaby.com/cont/art.php?sn_nid=72700 <23.06.2020>). Des Weiteren wird das Auftreten einer *Belarusophobie* konstatiert und als Ergebnis von Russifizierung auf der staatlichen Ebene angeprangert. Zu einem der Nebenthemen der Diskussion wird die Sprache der Einwohner von Polesje, einer Region in Brester Gebiet, welche als ein *Dialekt des Ukrainischen* eingeordnet wird.

Das war eine detaillierte Darstellung der inhaltlich-thematischen Gesamtstruktur des Forendiskurses über die belarusische Sprache. Es hat sich gezeigt, dass hier viele Themen des *Experten-Diskurses* (Kap. 2.3.1) zwar aufgenommen wurden, aber das thematische Spektrum des Forendiskurses jedoch viel breiter ist (Tab. 16).

Tab. 16: Themen des Experten- und des Verwender-Diskurses: vergleichende Darstellung

Themen des Experten-Diskurses	Gemeinsame Themen	Themen des Verwender-Diskurses
	Sprachgeschichte	
	Sprachbezogene Zensusergebnisse 1999, 2009	
	Statusplanung: Staatliche Zweisprachigkeit Rolle des Referendums 1995	
	Korpusplanung: Orthographiegesetz 2008	Instrumentalisierung der Orthographie und des Orthographiegesetzes 2008
	Erwerbsplanung	
	Prestigeplanung	
	Zustand des Belarusischen: Polyvalenz, Varietät, Markiertheit, Russifizierungsprozesse	Sprachsterben, Sprachtod, Sprachimaginarität
		Sprachkompetenz in Belarusisch (Domänenspektrum wird deutlich ausführlicher behandelt)
	Sprach*performanz*: Faktoren der Sprachverwendung Sprechergruppen domänenspezifische Verwendung des Belarusischen	
Prestige des Belarusischen	*Symbolischer Sprachwert*: Historizität Sprache und nationale Identität ('Belarusen als Nation ohne Sprache')	Sprache und Regierung Sprache und Souveränität Sprache und Staatspolitik Patriotismus vs. Nationalismus Sprachoriginalität, -ästhetik, -komik
	Pragmatischer Sprachwert: Sprache und Karriere	Positionierung des Sprache im Wertesystem von Maslow
	Sprach*einstellung* der Gesellschaft und bestimmter Sprechergruppen	(Ausdruck von Spracheinstellungen) Belarusophobie
	Ursachen des Sprachsituation in Belarus	

Themen des Experten-Diskurses	Gemeinsame Themen	Themen des Verwender-Diskurses
	Muttersprache-Begriff	(Bekenntnisse zur Muttersprache)
	Perspektiven der Sprachsituation in Belarus	Konkrete Vorschläge zur Veränderung der Sprachsituation Erwünschte Entwicklungsszenarien
Akteure und Themen des öffentlichen Diskurses	Öffentliche Diskussion über Sprachenfrage in Belarus	Themen, Gründe und Rolle der Diskussion über das Belarusische Einstellung zur Sprachdiskussion Instrumentalisierung der Sprachdiskussion
	Parallelität zu Sprachsituationen in anderen Ländern	

Aus der Tabelle 16 wird ersichtlich, dass aus der Sprachverwender-Perspektive – im Gegensatz zu der sprachwissenschaftlichen – die Merkmale des Belarusischen wie Originalität, Ästhetik und Komik relevant sind. Der in der Linguistik verwendete Begriff des Sprachprestiges findet in der Forendiskussion dagegen kaum explizite Verwendung. Im Gegensatz dazu werden in der Forendiskussion das Sprachsterben und der Sprachtod des Belarusischen ausdrücklich thematisiert, was im Experten-Diskurs nicht der Fall ist. In den Foren wird der Domänenspektrum des Belarusischen viel ausführlicher behandelt und auf eine Instrumentalisierung der Orthographie und des Orthographiegesetzes von 2008 dezidiert eingegangen. Es werden konkrete Maßnahmen zur Veränderung der Sprachsituation vorgeschlagen, erwünschte Entwicklungsszenarien verbalisiert und Wirkungsfelder der Sprache abstrahierend angerissen. Hier wird die öffentliche Diskussion um die Sprachenfrage in Belarus selbst verstärkt zum Diskussionsthema, wobei sie nicht nach Akteuren und Themen – wie in der Linguistik – beschrieben wird (z.B. Brüggemann 2013: 2014), sondern es wird über ihre Gründe und die Funktion reflektiert. Der Forendiskurs als Datenbasis gewährt darüber hinaus den Zugang zur individuellen Introspektion, wenn die Diskursakteure sich zu ihrer Muttersprache, zur ihrer Einstellung zum Belarusischen und zum eigenen Sprachverhalten äußern.

Die Versuche, Spracheinstellungen in Belarus zu erfassen, wurden, wie in der Einleitung erwähnt, in der soziolinguistischen Forschung bereits vorgenommen. Mark Brüggemann (2013: 89) unterscheidet in seiner Untersuchung des metasprachlichen *Diskurses der Russischsprachigen* zur Sprachproblematik in Belarus vier Themenbereiche, welche von russophonen Vertretern der belarusischen Intelligenz sowohl belarusischer als auch russischer Nationalität mündlich in Interviews und schriftlich in Essays behandelt wurden. Es sind die belarusische Sprachgeschichte, das gegenwärtige Verhältnis zwischen Sprache und Identität, die literarische Bedeutung der beiden Sprachen und die Sprachverwendung in der Wirtschaft. Es wird deutlich, dass sich die von Brüggemann identifizierten Themen mit den im Rahmen der Forenanalyse identifizierten Themen überschneiden. Die Diskussion der russophonen Sprachgemeinschaft fokussiert jedoch weitaus weniger Faktoren als die Forendiskussion und beschränkt sich auf das Merkmal der Historizität der Sprache, auf eine symbolische und pragmatische Funktion des Belarusischen, auf seine Bedeutung für Identitätskonstruktion und auf die domänenspezifische Verwendung der Sprache im wirtschaftlichen und literarischen Bereich.

Die thematische Analyse hat darüber hinaus offen gelegt, dass sich das Thema des Kollidierens zwischen der aktiven Verwendung des Belarusischen und der pragmatischen Motivation des Sprachgebrauchs durch alle Diskursthemen zieht und alle Domänen des sozialen, wirtschaftlichen, politischen und kulturellen Lebens in Belarus betrifft. Es lässt sich somit festhalten, dass die Konfrontation zwischen der symbolischen und der pragmatischen Funktion des Belarusischen eine Hauptquelle des Diskussionspotenzials im Forendiskurs darstellt.

5.3 Ebene der Akteure

5.3.1 Interaktionsrollen im Forendiskurs

Mit Hinblick auf Interaktionsrollen (vgl. Spitzmüller/Warnke 2011) in einem in Foren ausgetragenen Diskurs kann behauptet werden, dass auf der *Produzenten*seite keine triadische Rollendifferenzierung in Akteure der Behauptung, der Formulierung und der Äußerung stattfindet, denn es wird davon ausgegangen, dass die Aussagen von Privatpersonen auf der Grundlage ihrer eigenen Überzeugungen[179] formuliert und geäußert werden, so dass diese drei Rollen in eine Rolle des *Diskurssubjektes als Aussageproduzent* (Kap. 3.2.2.3.1) zusammenfallen. Ein kollaborativer Charakter der Diskussion über die belarusische Sprache und ein auf bestimmte Weise reglementiertes Kommunikationsverhalten der Diskursteilnehmer lassen von der Etablierung einer Online-*Diskursgemeinschaft*

---

[179] Auch wenn eine Existenz der Akteure der Beauftragung angenommen werden kann, so wären diese zum einen nicht eindeutig erschließbar und zum anderen aufgrund der Fokussierung dieser Studie auf Positivität und Konstruktivität von Aussagen nicht forschungsrelevant (Kap. 3.2.2.3.1).

sprechen, welche nach ihren eigenen Regeln Sanktionen und Honorierungen vollzieht (Kap. 3.3.3): Da sich die Akteure des Forendiskurses um die Aufrechterhaltung von Diskussionskonstruktivität bemühen, werden offensichtlich provozierende („беЛАруский иЗык ент ужаСный Кавер На Руский [BeLArusisch is'n schreCKliches Cover Des Russischen]"), argumentationslose („В любом случае мова отдыхает... [Belarusisch kann in jedem Fall einpacken...]") sowie rein pathetische („Пакуль мова жыве, жыве Беларусь! [Solange die belarusische Sprache lebt, lebt das Belarus!]") Aussagen stets ignoriert, wogegen auf begründete Äußerungen in der Regel ausführlich reagiert wird, unabhängig davon, ob man die Ansicht des Opponenten teilt oder nicht. Diese Begründungen werden entweder angenommen oder abgelehnt, aber es konnte nicht festgestellt werden, dass sich bestimmte Meinungen durchgesetzt und die anderen dadurch abgeschwächt werden. Demzufolge kann man bei der Forendiskussion um die belarusische Sprache zwar von aktiven Diskursteilnehmern sprechen, die sich durch die Nutzung von Internetressourcen Gehör verschaffen (*voice*), aber nicht von den sog. *ideology brokers*, welche sich um eine Dominanz im Diskurs bemühen bzw. diese erlangen würden. Dennoch lässt sich hier – trotz der medienspezifischen Anonymität – eine Schichtung der sozialen Positionen und somit eine Vertikalität des Wissens vom Laien- zum Expertenwissen beobachten (*Vertikalitätsstatus*). Diese Beobachtung basiert nicht nur auf den vertikalen Wortschatz- und Wissensstrukturen, die sich im Diskurs projizieren, sondern auch auf sporadischen autobiographischen Angaben bzw. Hinweisen der Diskursteilnehmer in ihren Beiträgen. Demnach sind an der Diskussion um die Nationalsprache in Belarus unterschiedliche Berufs- und Altersgruppen beteiligt: Wissenschaftler (Historiker, Philologen, Naturwissenschaftler), Fach- und Businessleute, Dozenten, Lehrer, Studierende, Schüler etc. Stark vertreten ist die Personengruppe der Eltern von Studierenden, Schul- und Vorschulkindern, was von einer besonderen gesellschaftlichen Relevanz des Diskursthemas spricht.

Auf der Seite des Diskurs*rezipienten* fungieren die unmittelbaren Dialogpartner, auf deren Aussagen reagiert wird, als *eigentliche Adressaten*, alle anderen am Diskurs beteiligten Produzenten als *beabsichtigte Mithörer* und die Gesamtheit der Leser, die potentiell am Diskurs rezipieren können, als *Akteure der zufälligen nicht autorisierten Wahrnehmung*. Die letzte Gruppe ist auf den Kreis der Rezipienten beschränkt, für die die Internetnutzung zum Alltag gehört, so dass der Zugang zum Sprachdiskurs hier durch soziale Stratifizierung gesteuert wird (Kap. 3.2.2.3.1). Eine Auswertung statistischer Daten über die Internetnutzung und das Internetpublikum in Belarus soll an dieser Stelle verdeutlichen, welche Kreise der belarusischen Gesellschaft vom Sprachdiskurs in den Foren erreicht werden und passiv daran teilnehmen können.

5.3.2 Internetnutzerschaft in Belarus

Die Verbreitung des Internets läuft in Belarus in einem relativ hohen Tempo. Aus der Tabelle 17 ist ersichtlich, dass sich in den Jahren 2002–2003 ein deutliches quantitatives Wachstum der Internetnutzer-Zahl ereignete und in den nachfolgenden Jahren weiter anhielt. Es hängt damit zusammen, dass der staatliche Netzbetreiber *Beltelekom* im Jahr 2002 einen *Dual-Up*-Netzzugang ermöglichte. Ungefähr in dieser Zeit (2003) entstanden auch die ersten Foren, auf denen die Sprachsituation in Belarus besprochen wird.

Tab. 17: Anteil der Internetnutzer an der Gesamtbevölkerung des Belarus

Jahr	2000	2001	2002	2003	2004	2005	2006	2007	2008	2009	2012
Internetnutzer, %	1,9	4,3	9,0	16,3	25,1	26,6	27,7	29,0	32,1	46,4	55,0

Die Angaben zu den Jahren 2000–2008 basieren auf den Daten des *Länderreports Weißrussland* (2009) der Wirtschaftskammer Österreich. Bei der Beschreibung des Internetpublikums ab 2009 werden die Daten der *Gemius Audience* (GA, online unter: https://audience.gemius.com/en/ <23.06.2020>) verwendet, einer führenden Agentur für Online-Untersuchungen in Zentral- und Osteuropa, die dort seit 2002 als ein Standard für Messungen der Online-Nutzung anerkannt wird und seit 2009 auch in Belarus ihre Studien durchführt. Die Entscheidung, sich auf die Angaben der GA zu beziehen, hat mehrere Gründe. Zum einen ist die GA die einzige Institution in Belarus, die *Nutzer* zählt, und nicht, wie das staatliche Statistikamt, *Internetanschlüsse* bzw. Haushalte mit Internetzugang. Zum anderen werden von der GA nicht alle Einwohner, einschließlich Kleinkinder, bei statistischen Auswertungen berücksichtigt, sondern nur ‚reale' Nutzer, d.h. Personen im Alter ab 15 Jahren. Das gibt einen objektiven prozentualen Wert der tatsächlichen Internetnutzung. Außerdem liefert die GA auch qualitative Daten über die soziale Zusammensetzung des Internetpublikums.

Solche detaillierten qualitativen Angaben zu Belarus existieren demnach erst seit 2009. Die entsprechenden Daten von 2009 und 2012 – dem ersten Jahr der qualitativen Internetmessung von GA und dem letzten Jahr des Untersuchungszeitraumes (2003–2012) – unterscheiden sich nicht wesentlich voneinander, weswegen angenommen werden kann, dass auch in den Jahren 2003–2008 die Internetnutzerschaft in Belarus ähnlich zusammengesetzt war. Die Studien von GA im Jahr 2012 zeigten, dass das belarusische Internetpublikum relativ jung ist: Es sind hauptsächlich Personen im Alter von 19–44 Jahren (69,95%).

Mehr als die Hälfte davon (50,35%) sind Frauen. Ca. 39% sind Nutzer mit Hochschulbildung und Postdocs. Studenten machen 15,5% aus. Hinsichtlich der Tätigkeitsart prävalieren Fachkräfte (28%). Die Mehrheit der Nutzer (80,3%) geht täglich ins Netz, allerdings nur 74,5% besuchen belarusische Internetseiten, von denen *TUT.by* und *Onliner* die meistbesuchten sind.[180]

5.3.3 Grundpositionen der Diskursakteure

In den Kapiteln 5.1.3 und 5.3.3 wurde bereits erwähnt, dass die Ermittlung von Grundpositionen gegenüber der belarusischen Sprache anhand der vordefinierten Nominalskala mit den Werten *„pro – eher pro – beide Sprachen (Belarusisch und Russisch) – keine Stellungnahme – (explizit) egal – eher contra – contra"* kodiert wurde. Die Datenauswertung zeigte, dass jede analysierte Aussage einer von diesen Kategorien zugeordnet werden konnte, was die Reliabilität dieser Skala als Messinstrument in dieser Studie bestätigte. Eine ausführliche Definition der Werte dieser Skala wurde erst nach der Auseinandersetzung mit konkreten Daten möglich. Im Weiteren seien nun diese einzelnen Werte genauer beschrieben.

Pro: Dieser Kategorie wurden Aussagen mit eindeutiger Präferenz des Belarusischen zugeordnet, welche

- einen Ausdruck von Loyalität und eindeutiger positiver Einstellung gegenüber der belarusischen Sprache,
- einen Ausdruck von positiven Emotionen gegenüber der belarusischen Sprache,
- eine positive Bewertung von positiven Einstellungen sowie negative Bewertung von negativen Einstellungen der Anderen und von der für das Belarusische ungünstigen Sprachsituation enthalten und
- in denen eine Notwendigkeit der Verwendung, der Bewahrung und der intensiven Durchsetzung des Belarusischen zum Ausdruck gebracht werden, z.B.:

Давайце размаўляць па-беларуску!!! Сёння, кабета да якой я ветліва звярнуўся па-беларуску, адказала мне – Сынок, дзякуй табе за мову! – Мне стала так лёгка на сэрцы! Як пісала Ларыса Геніюш – Сёння на пласе родная мова, жывую належыць вырваць з вагню. Слова кахаю – слабае слова, моцнае слова – АБАРАНЮ!!!

---

[180] Ausführliche Angaben zur Internetnutzerschaft in Belarus in den Jahren 2009–2012 sind online unter: https://www.slideshare.net/gemius_belarus/gemiusaudience-belarusian-internet-audience-september-2012 <23.06.2020> verfügbar.

[Lasst uns Belarusisch sprechen!!! Heute sagte mir eine Frau, an die ich mich auf Belarusisch wandte – Danke Dir für die Sprache, mein Sohn! – Mir wurde so leicht ums Herz! Wie Larysa Hieniiuš schrieb – Heute ist die Muttersprache auf dem Schafott, sie ist lebendig dem Feuer zu entreißen. Das Wort *liebe* ist ein schwaches Wort, ein starkes Wort ist [ich] VERTEIDIGE!!!]

Eher pro: Diese Kategorie enthält Aussagen der Diskursteilnehmer, welche sich ebenfalls als Befürworter der belarusischen Sprache positionieren, jedoch mit diversen Restriktionen. Für diese Position sind bspw. folgende Thesen charakteristisch:

– Ich bin *für* die belarusische Sprache, aber
  – bevorzuge Russisch als Kommunikationsmittel; werde nicht zum Belarusisch wechseln;
  – der Übergangsprozess soll nur evolutiv und langsam verlaufen;
  – auch Russisch darf nicht vergessen werden;
  – wir sind von Belarusischen längst abgebracht worden etc.
– Unsere Sprache ist Russisch, aber vielleicht klappt es irgendwann auch mit dem Belarusischen.
– Mir ist es gleich, aber die repräsentative Seite des gesellschaftlich-politischen Lebens muss auf Belarusisch sein.
– Belarusisch ist eine ganz gewöhnliche Sprache, nicht gut und nicht schlecht, Schade nur, dass man sich nur selten an sie erinnert.

Я не против белорусского языка, но, если честно, мне сейчас перейти на белорусский – это урезать свой словарный запас в разы. / Абсолютно не против, если страна ПЛАВНО перейдет на белорусский. КАТЕГОРИЧЕСКИ против насильного, из-под палки, насаждения белорусского языка. Пусть все идет эволюционным путем, а не революционным. / Але таксама я лічу, што ўсім краінам былога СССР зусім не варта забываць рускі, бо на ім размаўляе частка насельніцтва, і гэта мова дапамагае нам мець зносіны і так далей. / Есть просто один стереотип, который мы уже побороть не сможем. Со времен совка еще так повелось – разговариваешь, употребляя бел. Словечки – колхозник! / Давно уже надо привыкнуть что язык у нас русский – правда моего сына уже в садике так сказать „далучають да роднай мовы" – может всё-таки кагданить будут наши дети говорить на беларускай мове? / Мне вообще по барабану на русском или на белорусском разговаривают вокруг, сам говорю на русском выслушать могу и на белорусском. Но считаю, что национальное ТВ, знаки, указатели и разного рода таблички на улице должны быть на белорусском. / Вообще, язык как язык. Жаль, белорусы редко про него вспоминают.

[Ich bin nicht gegen die belarusische Sprache, aber, ehrlich gesagt, ein Übergang zum Belarusischen bedeutet für mich jetzt eine mehrfache Reduzierung meines Wortschatzes. / Ich habe absolut nichts dagegen, wenn das Land ALLMÄHLICH zum Belarusischen wechselt. Ich bin AUSDRÜCKLICH gegen das gewaltsame, unter der Peitsche, Aufzwingen des Belarusischen. Es soll alles einen evolutionären Weg gehen, keinen revolutionären. / Aber ich denke auch, dass alle postsowjetischen Länder Russisch überhaupt nicht vergessen sollten, denn es wird schon von einem Teil der Bevölkerung gesprochen, und diese Sprache hilft dabei, Beziehungen zu pflegen etc. / Es gibt einfach ein Stereotyp, das wir nicht mehr bekämpfen werden. Seit der Sowjetzeit ist es nun mal so – verwendest du beim Sprechen belarusische Wörtchen – bist du ein Bauer! / Man muss sich schon längst daran gewöhnt haben, dass unsere Sprache Russisch ist. Allerdings wird mein Sohn bereits im Kindergarten sozusagen „an die Muttersprache angeschlossen" – vielleicht werden unsere Kinder doch irgendwann doch noch Belarusisch sprechen? / Mir ist es ganz egal, ob Russisch oder Belarusisch um mich herum gesprochen wird, ich selbst spreche Russisch, wenngleich ich auch einem Belarusischsprechenden zuhören kann. Aber ich meine, dass das nationale Fernsehen, Verkehrszeichen und Straßenbeschilderung jeglicher Art auf Belarusisch sein sollte. / An und für sich, eine ganz normale Sprache. Schade, dass sich Belarusen nur selten an sie erinnern.]

Beide Sprachen: Mit den Aussagen, die dieser Kategorie zugeordnet wurden, äußern die Diskursteilnehmer ihre gleichen Einstellungen zum Belarusischen und zum Russischen, bekennen sich zu den beiden Sprachen als Muttersprachen und bekunden ihre eigene gleichwertige Kompetenz darin. Sie befürworten die bestehende staatliche Zweisprachigkeit und sprechen sich für eine freie Sprachwahl aus. Solche Beiträge können auch durch Bekenntnisse über die eigene gleichmäßige Verwendung des Belarusischen und Russisch begleitet werden.

Люблю общаться як на Беларускай мове, так и на русском языке. / Для меня русский и белорусский языки родные. / Белорусским языком владею не хуже русского. Но русский „пришёл сам", а белорусский учил специально, читая книги, смотря телевизор и т.д. / Но у нас в Республике два государственных языка – русский, белорусский. Право выбора – за каждым. / Белоруский довольно активно использую в учебе, научной деятельности, деловом общении.

[Ich mag mich sowohl in belarusischer als auch in russischer Sprache unterhalten. / Für mich sind Russisch und Belarusisch Muttersprachen. / Belarusisch beherrsche ich nicht schlechter als Russisch. Aber Russisch ist „von alleine gekommen", und Belarusisch lernte ich extra, beim Lesen von Büchern, beim Fernsehen etc. / Aber bei uns in der Republik gibt es zwei Staatssprachen – Russisch und Belarusisch. Jeder hat das Recht, für sich zu wählen. / Belarusisch verwende ich ziemlich aktiv im Studium, in der wissenschaftlichen Tätigkeit, bei der Geschäftskommunikation.]

Egal (explizit): Entscheidend für eine Zuordnung zu dieser Kategorie war der Umstand, dass die Diskussionsteilnehmer explizit ihre Gleichgültigkeit gegenüber der belarusischen Sprache, deren Zukunft und der Wahl des Sprachcodes allgemein zum Ausdruck brachten.

Ногами в пропасть я пинать не буду, но и мертвеца дергая за веревочки считать живым не буду. / Мне, честно говоря, безразлично будущее белорусского. / Да какая разница вообще – на русском или белорусском? неужели это так важно?

[Ich werde es nicht mit den Füßen in den Abgrund treten, aber eine Leiche an Strippen ziehen und sie für lebendig halten werde ich auch nicht. / Mir ist die Zukunft des Belarusischen, ehrlich gesagt, gleichgültig. / Was spielt es überhaupt für eine Rolle – auf Russisch oder auf Belarusisch? Ist es denn wirklich so wichtig?]

Eher contra: Zwar werden hier keine explizite negative Positionierung und keine eindeutige Abwehrhaltung gegenüber dem Belarusischen zum Ausdruck gebracht, dennoch wird eine gewisse Distanzierung von der Sprache und ihren Anhängern vorgenommen und gleichzeitig Bedauern über ihren Zustand geäußert. Die für diese Kategorie charakteristischen Thesen sind z.B.:

– Ich bevorzuge das Russische, weil es mir näher liegt, die belarusische Sprache existiert nur nebenbei.
– Ich lehne Belarusisch als die einzige Staatssprache ab, aber nur Russisch als Staatssprache wäre eine Rechtsverletzung von Belarusischsprechenden und daher nicht korrekt.
– Für meine aufkommende Abneigung gegen Belarusisch ist dessen Aufzwingen ursächlich.
– Die belarusische Sprache ist zwar ästhetisch attraktiv, und es wäre schade um deren Verlust, aber sie ist nicht nützlich, ihr Zustand ist hoffnungslos, als ein Mittel der Trennung der beiden Völker bringt sie sogar negative Konsequenzen mit sich, und ihre Bewahrung ist deswegen nicht sinnvoll.
– Ich bin zwar nicht gegen die belarusische Sprache, werde sie aber nur verwenden, wenn ich gezwungen werde.

Русский, я мыслю на нем. Белорусский просто существует рядом. / Для меня русский язык ближе, как-то не воспринимаю я белорусский… / Я против белорусского языка как единственного государственного в Беларуси. Насчёт русского… не хотелось бы ущемлять права тех, кто использует белорусский язык. / К белорусскому отношусь спокойно, могу понимать… Но желание навязать любовь к нему лишь начинает отталкивать… И индифферентное отношение потихонечку перерастает в негативное. / Думаю, что не солнечное будущее у белоруского языка. Сам язык красивый, лаконичный, но привык к русскому. / Объективно белорусский язык не нужен: строим языковой барьер для соседей. Себе строим. / Вряд ли буду в срочном порядке переходить на беларуский. Если только что жизнь заставит…

[Russisch, ich denke in dieser Sprache. Belarusisch existiert einfach nebenbei. / Mir liegt Russisch näher, Belarusisch nehme ich irgendwie nicht auf… / Ich bin gegen Belarusisch als die einzige Staatssprache in Belarus. Was das Russische betrifft… es wäre nicht wünschenswert, dass die Rechte derjenigen verletzt werden, die Belarusisch verwenden. / Meine Einstellung zum Belarusischen ist gelassen, ich kann die Sprache verstehen… Aber das Bestreben, eine Liebe zu ihr aufzuzwingen, beginnt ein Gefühl der Abstoßung hervorzurufen. Und eine indifferente Einstellung übergeht langsam in eine negative. / Ich glaube, Belarusisch hat keine sonnige Zukunft. Die Sprache selbst ist schön, lakonisch, aber gewöhnt habe ich mich an das Russische. / Objektiv gesehen, braucht man das Belarusische nicht: Wir bauen damit eine Sprachbarriere für die Nachbaren. Für uns selbst. / Ich würde jetzt kaum im Eilverfahren zum Belarusischen wechseln. Es sei denn, das Leben zwingt mich dazu.]

Contra: Diese Position manifestiert sich in abwertenden Äußerungen über das Belarusische und in Bezeichnung dessen als mangelhaft, nutzlos, rückständig etc., in der Aberkennung dessen als Muttersprache, im Ausdruck emotionaler Abneigung gegen die belarusische Sprache, des Unwillens, sie zu beherrschen und zu verwenden, sowie in den Berichten über deren intentionale Nichtverwendung.

Белорусский язык сильно отстал за то время, пока им никто не пользовался, и многие современные слова звучат просто по-идиотски. / Но вот по поводу пользы белорусского языка, конечно, ничего не скажу, он просто не нужен, лично для меня. / Хоть и живу я всю жизнь в Беларуси, русский язык для меня родной, ибо с самого детства я на нем говорю, а на белорусском не хочу и не собираюсь. / От белорусского языка мне станет плохо.

[In der Zeit, als es niemand verwendete, ist Belarusisch stark zurückgeblieben, und viele moderne Wörter klingen einfach idiotisch. / Aber über den Nutzen des Belarusischen kann ich natürlich nichts sagen, es besteht an ihm kein Bedarf, für mich persönlich. / Auch wenn ich mein ganzes Leben lang in Belarus lebe, ist Russisch für mich die Muttersprache, denn ich spreche es von Kindheit an, und Belarusisch will ich nicht sprechen und denke nicht mal daran. / Vom Belarusischen wird mir übel.]

Keine Stellungnahme: Dieser Kategorie gehören die Meinungsäußerungen an, die bestimmte sprachsituationsbezogene Sachverhalte reflektieren, ohne jedoch eine Spracheinstellung des Autors ablesbar zu machen, z.B.:

Вокруг меня ну никто не разговаривает на белорусском языке. И никогда. И родители, бабушки-прабабушки тоже не говорили. Приходилось только в школе и по работе в некоторых случаях.

[Um mich herum spricht nun gar niemand Belarusisch. Nie. Und die Eltern, Omas und Uromas haben es auch nicht gesprochen. Man musste es nur in der Schule und in manchen Fällen beruflich sprechen.]

Die quantitative Verteilung verschiedener diskursiver Positionen (Tab. 18) zeigte, dass die positiven Einstellungen zum Belarusischen im Forendiskurs mit fast zwei Drittel deutlich überwiegen. Da es sich hier nicht um eine quantitative Analyse repräsentativer Daten, sondern um eine qualitative Auswertung eines exemplarischen Datenkorpus handelt, ist dieses Ergebnis selbstverständlich nicht auf die Einstellungen der belarusischen Bevölkerung zur Nationalsprache generalisierbar. Dennoch lässt es von einer grundsätzlich positiven Einstellung der am nationalsprachlichen Sprachverwender-Diskurs beteiligten Subjekte sprechen. Der in Internetforen und in sozialen Netzwerken sehr präsente Diskurs über die belarusische Sprache wird auch in der Forschung als ‚probelarusisch' bezeichnet (vgl. Brüggemann 2013: 89): Die ‚prorussischen' Äußerungen sind im metasprachlichen Diskurs eher reaktiv. Dies kann damit erklärt werden, dass bereits eine Thematisierung des Belarusischen als Nationalsprache, seines Zustandes und der Sprachsituation in Belarus generell von einem Interesse an der Sprachproblematik zeugt, welches seinerseits häufig mit einer positiven Einstellung zum Belarusischen einhergeht.

Tab. 18: Quantitative Verteilung der Grundpositionen im Forendiskurs

pro	eher pro	beide Sprachen	keine Stellungnahme	(explizit) egal	eher contra	contra
1628	144	42	166	16	175	618
58,3%	5,2%	1,5%	5,9%	0,6%	6,3%	22,2%
	63,5%					28,5%

5.4 Transtextuelle Ebene: Komponenten der Spracheinstellung

5.4.1 Spracheinstellungsobjekte (Stimuli)

Im Kapitel 3.1.10 wurde bereits erläutert, dass nicht nur die Sprache als Zeichensystem ein Einstellungsobjekt bilden kann, sondern auch mehrere andere Phänomene wie z.B. die Sprecher, das Sprachverhalten, die Sprachkompetenz, die metasprachlichen Äußerungen etc. Die Datenanalyse zeigte, dass auch im Forendiskurs über die belarusische Sprache mehrere Entitäten als Stimuli von Spracheinstellungen auftreten. Hier ist eine Übersicht der Objekte, welche die Einstellungsäußerungen der Diskursteilnehmer über das Belarusische hervorrufen, veranschaulicht durch Beispiele jeweils für *pro*- und *contra*-Position:

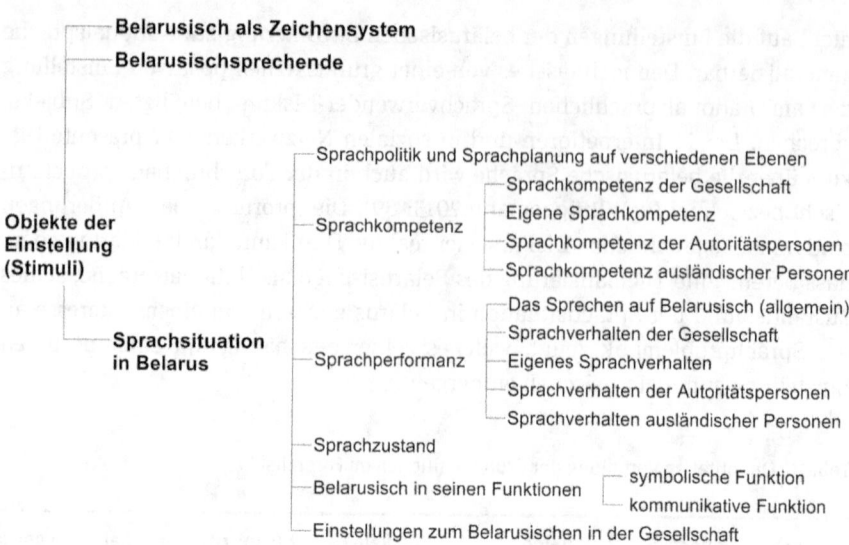

Abb. 15: Entitäten als Stimuli von Einstellungen zum Belarusischen

- Belarusisch als Zeichensystem

    Beispiel *pro* Belarusisch

    > Наша мова вельмі прыгожая.
    > [Unsere Sprache ist sehr schön.]

    Beispiel *contra* Belarusisch

    > Ничего красивого в нем нет, а преподавать на Белорусском, так это вообще издевательство над мозгом.
    >
    > [Es gibt an dieser Sprache gar nichts schönes, und auf Belarusisch zu unterrichten ist überhaupt eine Hirnschinderei.]

- Belarusischsprechende

    Beispiel *pro* Belarusisch

    > Я очень уважительно отношусь к людям, общающимся на белорусском.
    > [Ich respektiere die Menschen, die sich auf Belarusisch unterhalten, sehr.]

    Beispiel *contra* Belarusisch

    > На мой субъективный взгляд, разговор на белорусском языке – это простое позерство.
    >
    > [Aus meiner subjektiven Sicht ist das Sprechen auf Belarusisch eine reine Selbstdarstellung.]

- Sprachsituation in Belarus
  - Sprachpolitik und Sprachplanung auf verschiedenen Ebenen

    Beispiel *pro* Belarusisch

    > Именно двуязычие убивает беларуский язык.
    > [Gerade die Zweisprachigkeit tötet die belarusische Sprache.]

    Beispiel *contra* Belarusisch

    > Кто-то притесняет белорусский язык? У нас в стране два государственных языка и свобода их выбора.
    > [Bedrängt etwa jemand die belarusische Sprache? In unserem Land gibt es zwei Staatssprachen und eine freie Sprachwahl.]

  - Sprachkompetenz
    - Sprachkompetenz der Gesellschaft

      Beispiel *pro* Belarusisch

      > Але трэба памятаць, што ўжо з'явіліся людзі, якія ня толькі ня ўмеюць размаўляць, але і чытаць па беларуску. І гэта праблема.
      > [Aber man darf nicht vergessen, dass es bereits Menschen gibt, die Belarusisch nicht nur nicht sprechen, sondern auch nicht lesen können. Und das ist ein Problem.]

      Beispiel *contra* Belarusisch

      > Зачем говорить по-белорусски в стране, в которой этот язык понимает 5 процентов населения?
      > [Wozu soll man Belarusisch in einem Land sprechen, in dem diese Sprache nur von den 5 Prozent der Bevölkerung verstanden wird.]

    - Eigene Sprachkompetenz

      Beispiel *pro* Belarusisch

      > Напрыклад мне – сорамна, што нарадзілася ў Беларусі, але яе, яе мовы я амаль не ведаю.
      > [Ich, zum Beispiel, schäme mich, dass ich in Belarus geboren bin, aber das Land und seine Sprache fast nicht kenne.]

      Beispiel *contra* Belarusisch

      > Я тоже белоруска, и живу в Беларуси, но в белорусском – дуб дубом! И мне не стыдно!
      > [Ich bin auch eine Belarusin, und lebe in Belarus, aber im Belarusischen habe ich keine Ahnung! Und es ist mir nicht peinlich!]

- Sprachkompetenz der Autoritätspersonen

    Beispiel *pro* Belarusisch

    > Если свой родной язык не знает президент и 99% правительства, то о каких переменах можно говорить...
    >
    > [Wenn der Präsident und die 99% der Regierung die Muttersprache nicht kennen, von welchen Veränderungen kann dann die Rede sein...]

    Beispiel *contra* Belarusisch

    > Через белорусский язык как якобы родной просто некоторые рвутся к власти. А как почитаешь министра культуры на белорусском... стыд и срам!!! Да так на иностранном языке культурным людям стыдно говорить!!!!
    >
    > [Mittels Belarusisch als eine angebliche Muttersprache reißen sich manche an die Macht. Und wenn man das Belarusische des Kultusministers liest... Schmach und Schande!!! Ein kultivierter Mensch würde sich da schämen, sogar in einer Fremdsprache so zu sprechen!!!]

- Sprachkompetenz ausländischer Personen

    Beispiel *pro* Belarusisch

    > Стэфан Эрыксан па прыездзе на Беларусь не палянíуся вывучыць мову краíны. Ну i каму сорамна, калi на зварот да главы дзяржавы „Добрай ранiцы!" ён пачуў у адказ „Здраствуйця"?
    >
    > [Stefan Eriksson hat sich nach seiner Ankunft in Belarus die Mühe gemacht, die Sprache des Landes zu lernen. Und wer sollte sich schämen, wenn er auf seine Begrüßung des Staatsoberhauptes „Dobraj ranicy!"[181] die Antwort „Zdrastvujcia"[182] bekam?]

- Sprachperformanz
    - Das Sprechen auf Belarusisch (allgemein)

        Beispiel *pro* Belarusisch

        > Кстати, большинство белорусов, поживших здесь, начинают между собой или с украинцами тоже говорить на белорусском. Иногда даже приятно рядом постоять и послушать, получаешь эстетическое удовольствие.
        >
        > [Die Mehrheit von Belarusen, die eine Weile hier gelebt haben, fangen übrigens an, unter sich oder auch mit den Ukrainern Belarusisch zu sprechen.

---

181 „Guten Morgen!" auf Belarusisch.
182 Phonetisch dem Belarusischen angeglichene russischsprachige Begrüßungsfloskel „Guten Tag!"

Manchmal ist es sogar angenehm, eine Weile nebenbei stehen zu bleiben und zuzuhören, man empfindet einen ästhetischen Genuss.]

Beispiel *contra* Belarusisch

Я еще в школе насмеялся, когда пытались преподавать все на белорусском.

[Ich habe mir bereits in der Schule die Hucke vollgelacht, als die Lehrer alles auf Belarusisch zu unterrichten versuchten.]

- Sprachverhalten der Gesellschaft

Beispiel *pro* Belarusisch

Нажаль, амаль усе размаўляюць на рускай мове.
[Leider sprechen fast alle Russisch.]

Beispiel *contra* Belarusisch

На беларусском языке говорит настолько малая часть народа, что речь идет именно о внедрении.

[Belarusisch spricht ein derart geringer Teil des Volkes, dass die Rede ausgerechnet um eine Einbringung der Sprache ist.]

- Eigenes Sprachverhalten

Beispiel *pro* Belarusisch

Мне сорамна, што я не карыстаюся сваёй роднай мовай у паўсядзённым жыцці.
[Ich schäme mich, dass ich meine Muttersprache im Alltag nicht verwende.]

Beispiel *contra* Belarusisch

Не считаю обязанным разговаривать на белорусском, так же как и то, что никто меня не заставит это делать.

[Ich halte mich nicht für verpflichtet, Belarusisch zu sprechen, gleichwie, dass mich keiner dazu zwingen kann.]

- Sprachverhalten der Autoritätspersonen

Beispiel *pro* Belarusisch

Приятно, что нынешний министр культуры разговаривает с прессой на нашем родном каждому языке, и гэта вельмі прыемна, и вялікі дзякуй.

[Es ist angenehm, dass sich der derzeitige Kultusminister mit der Presse in unserer jedermanns Muttersprache unterhält, und das ist sehr angenehm, und ein großes Dankeschön.]

Beispiel *contra* Belarusisch

> Что же тогда вам мешает в Беларуси, на белорусском форуме, общаться с белорусами на белорусском языке? Последуйте что ли примеру своей иконы и пишите хотя бы на его птичьем наречии...
>
> [Und was stört Sie dann daran, sich in einem belarusischen Forum mit Belarusen auf Belarusisch zu unterhalten? Folgen Sie doch dem Beispiel Ihrer Ikone und schreiben Sie wenigstens in seiner Vogelmundart...]

- Sprachverhalten ausländischer Personen[183]

Beispiel *pro* Belarusisch

> Учора, гледзячы ОНТ, быў прыемна здзіўлены, калі пабачыў беларускамоўнага амбасадара Швэцыі.
>
> [Beim Schauen von ONT war ich gestern angenehm überrascht, als ich den belarusischsprechenden Botschafter von Schweden sah.]

- Sprachzustand

Beispiel *pro* Belarusisch

> Нажаль, маеце рацыю, сцвярджаючы, што мы самі з'яўляемся крыніцай і галоўнай прычынай ганебнага стану нашае мовы.
>
> [Leider haben Sie recht, wenn Sie behaupten, dass wir selbst die Quelle und die Hauptursache des blamablen Zustandes unserer Sprache sind.]

Beispiel *contra* Belarusisch

> Беларуский язык увы почти мертв, сохранить, насильно навязывая его использование – невозможно.
>
> [Belarusisch ist leider Gottes fast tot, es durch ein gewaltsames Aufzwingen zu bewahren ist unmöglich.]

- Belarusisch in seinen Funktionen
  - symbolische Funktion

Beispiel *pro* Belarusisch

> Родным считаю белорусский, т.к. идентификация нации идёт по языку.
>
> [Für meine Muttersprache halte ich Russisch, da eine nationale Identifizierung nach Sprache geschieht.]

---

[183] Hinsichtlich der Sprachkompetenz und der Verwendung des Belarusischen seitens von ausländischen Personen wurden keine negativen Bewertungen ermittelt.

Beispiel *contra* Belarusisch

> С чего вы взяли, что „прививка" бел. языка приведет к возрождению нации?
>
> [Wieso glauben Sie, dass eine „Impfung" mit Belarusisch zur Wiedergeburt der Nation führen wird?]

- kommunikative Funktion

Beispiel *pro* Belarusisch

> Мова жыве ў камунікацыі. Таму ўсіх расейскамоўных беларусаў ТУТ можна лічыць забойцамі Мовы Роднай.
>
> [Eine Sprache lebt in Kommunikation. Deswegen kann man alle russischsprechenden Belarusen hier als Mörder der Muttersprache betrachten.]

Beispiel *contra* Belarusisch

> Разговаривая сейчас в нашей стране на белоруском языке, ты только самому себе доставишь дискомфорт. Одни покупки одежды займут на порядок больше времени, потраченного впустую на объяснение продавщице.
>
> [Indem man jetzt in unserem Land Belarusisch spricht, bereitet man sich selbst nur Unbehagen. Alleine das Kleidung-Kaufen wird das Zehnfache an Zeit kosten, die man für Erklärungen den Verkäuferinnen verplempert.]

- Einstellungen zum Belarusischen in der Gesellschaft

Beispiel *pro* Belarusisch

> Жаль тех людей, которым стыдно за свой язык.
> [Die Menschen, die sich für ihre Sprache schämen, tun mir leid.]

Beispiel *contra* Belarusisch

> Народ действительно не хочет возрождать язык и вряд ли из-под палки поможет.
>
> [Das Volk hat wirklich keinen Wunsch, die Sprache wiederzubeleben, und unter der Peitsche wird es kaum helfen.]

5.4.2 Kognitive Komponente

5.4.2.1 Toposanalyse

Die kognitive Komponente der Einstellung setzt sich aus dem *Wissen* über das Einstellungsobjekt und aus direkten kognitiven *Reaktionen* darauf zusammen und manifestiert sich v.a. in klassifizierenden Konzepten und Kategorien (Kap.

3.1.10). Neben Wahrnehmung, Meinungen und Überzeugungen sind *Argumentationsschemata* eine wichtige kognitive Reaktion, die einen Einblick in das „Wissens- und Erfahrungsschatz" einer bestimmten Epoche ermöglicht (vgl. Wengeler 2003: 213). In dieser Studie wird die kognitive Komponente der Einstellungen zum Belarusischen v.a. durch die Analyse von *kontextspezifischen Topoi* nach Wengeler (2003) beschrieben. Die Topoi als implizite Argumentationsmuster der tiefensemantischen Ebene und des mittleren Abstraktionsgrades werden dabei aus ihren sprachlich realisierten Elementen (rekurrente Inhalte, Symbole, Strategien etc.) hermeneutisch *erschlossen*. Nach einer Darstellung und der Definition der ermittelten Topoi erfolgt ihre Systematisierung sowie quantitative und qualitative Auswertung. Dadurch sollen die im Forendiskurs dominierenden Denkweisen über die belarusische Sprache sowie die typischen *pro-* und *contra-*Argumentationsstrategien im Sinne der mentalitätsgeschichtlichen Fragestellung dieser Studie ermittelt und detailliert beschrieben werden.

Die einzelnen Topoi werden – in Anlehnung an Wengeler – in drei Schritten vorgestellt. Im ersten Schritt erfolgt eine Formulierung des Topos, und zwar nach dem folgenden Muster: *Da der Sachverhalt X ist, ist meine kognitive Reaktion (Wahrnehmung, Meinung, Überzeugung etc.) auf das Spracheinstellungsobjekt Y.* Im zweiten Schritt werden die Topoi näher charakterisiert, nach ihren differenzierenden Merkmalen und ggf. nach den Bezügen zu den anderen Topoi beschrieben. Zur Veranschaulichung werden anschließend im dritten Schritt Beispiele für eine Verwendung des Topos bei der Argumentation *pro* und *contra* Belarusisch präsentiert.

Im Prozess der Systematisierung der Codes (Kap. 5.1.3) hat sich ergeben, dass sich alle Topoi des Forendiskurses in zwei Gruppen einordnen lassen: die Topoi, die sich direkt auf die Merkmale der Sprachsituation nach Kapitel 2.2 beziehen (sprachsituations*spezifische* Topoi, 2975 C[odings]), und die, die es nicht tun (sprachsituations*übergreifende* Topoi, 2022 C.). Zur Übersichtlichkeit werden die sprachsituations*spezifischen* Topoi nach den Merkmalen der Sprachsituation in entsprechende Unterkategorien (vgl. dazu Kap. 2.2) eingeteilt vorgestellt, nämlich nach *quantitativen, qualitativen* und *evaluativen* Merkmalen. Bei den Topoi, die sich auf die gesellschaftlichen Spracheinstellungen als evaluatives Merkmal der Sprachsituation beziehen, liegt eine Art Kadenz vor: Die Diskursakteure reflektieren bewusst alle Komponenten der gesellschaftlichen Einstellung zum Belarusischen (kognitive, emotiv-affektive, evaluativ-normative, volitiv-indikative, volitiv-imperative und konative), und diese Reflexion gehört ihrerseits *per definitionem* zur kognitiven Komponente ihrer eigenen Einstellung zum Belarusischen (s. Abb. 16). Die sprachsituations*übergreifenden* Topoi werden nach ihrer Dominanz im Diskurs, also nach der Häufigkeit ihres Vorkommens (vgl. Spieß 2008: 253), absteigend aufgeführt.

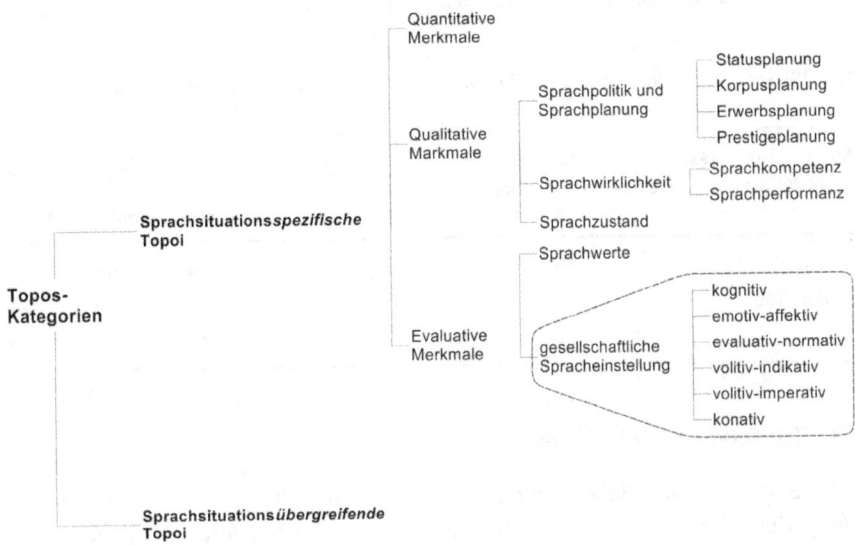

Abb. 16: Topos-Kategorien

Die kognitive Komponente der Einstellung zum Belarusischen manifestiert sich im Forendiskurs nicht nur in der Argumentationsführung anhand von Topoi, die allerdings den größten Teil der Komponente ausmachen, sondern auch in *Reflexionen* der Diskursakteure über ihre eigenen Sprachkompetenz und Einstellung zur Nationalsprache sowie in ihren *Bekenntnissen zur Muttersprache*, welche als eine Operationalisierung von Spracheinstellungen betrachtet werden können. Diese beiden Kategorien werden anschließend an die Topoi ausgewertet und beschrieben.

5.4.2.1.1 Qualitative Analyse: sprachsituations*spezifische* Topoi

Bei diesen Topoi handelt es sich um kontextspezifische Topoi, die inhaltlich direkt an die verschiedenen Merkmale der Sprachsituation in Belarus anknüpfen und diese in mehreren Aspekten reflektieren (2975 C.). Im Folgenden werden die Topoi und die damit im kollektiven Gedächtnis verbundenen quantitativen, qualitativen und evaluativen Aspekte der Sprachsituation dargestellt.

Quantitative Merkmale der Sprachsituation

Die quantitativen Merkmale der Sprachsituation (139 C.) werden im Forendiskurs anhand von *Mehrheits-* und *Zensus*-Topoi behandelt.

Tab. 19: Sprachsituations*spezifische* Topoi. Quantitative Merkmale der Sprachsituation

Sprachsituations*spezifische* Topoi Quantitative Merkmale der Sprachsituation	Position[184]		Insg.
	pro	contra	
Mehrheits-Topos	34	68	111
Zensus-Topos	19	8	28
	53	76	139

Mehrheits-Topos (111 Codings)

Da die Mehrheit von Belarusen die russische Sprache bevorzugt, bin ich der Meinung, dass das Bewahren des Belarusischen umso mehr erforderlich / nicht sinnvoll bzw. nicht möglich ist.

Dieser Topos kann als eine Variante des *Realitäts*-Topos[185] angesehen werden. Spezifisch ist hier jedoch die Betonung der Rolle einer Mehrheit als Faktor der eigenen Meinungsbildung. Die Vertreter der *contra*-Position begründen ihre Meinung damit, dass die meisten Belarusen ihre Nationalsprache nicht mögen, nicht ausreichend aktiv beherrschen und nicht verwenden, weswegen der Übergang zum Belarusischen nicht notwendig, nicht sinnvoll und problematisch sei. In diesem Zusammenhang wird häufig das Referendum von 1995 als Ausdruck des Willens der Mehrheit erwähnt. Bei der Argumentation *pro* belarusische Sprache wird zwar zugegeben, dass sie von der Mehrheit nicht gesprochen wird, aber dieser Umstand wird als Begründung dessen angesehen, dass es an der Zeit sei, das Belarusische zu fördern. Darüber hinaus nutzt die *pro*-Argumentation den *Mehrheits*-Topos, um darauf hinzuweisen, dass die Mehrheit der Bevölkerung Belarusen sind und die Nationalsprache auch aus diesem Grund zu verteidigen sei. Außerdem wird die *contra*-Argumentation anhand des *Mehrheits*-

---

[184] Zur Übersichtlichkeit wird im Weiteren das quantitative Vorkommen nur von beiden *polaren* diskursiven Positionen abgebildet.

[185] Alle Topoi, auf die im diesem Text referiert wird, sind in den Kapiteln zur Toposanalyse beschrieben.

Topos von den Vertretern der *pro*-Position als nicht überzeugend eingeschätzt: Eine Mehrheit spiele keine Rolle, da in solchen Fragen wie Nationalsprache immer eine ‚aktive Minderheit' entscheide, und die Mehrheit nur das tue, was ihr gesagt wird (vgl. Topos der *einzelnen Person*). Der *Mehrheits*-Topos überschneidet sich meistens mit den *Zweisprachigkeits*-, *Kompetenz*- sowie den *Marginalisiertheits*-Topoi und wird häufiger für eine *contra*-Argumentation verwendet (pro: 34, contra: 68 C.).

Beispiele *pro* Belarusisch

> Очевидно, что по-русски разговаривает подавляющее большинство населения, то есть начальные условия у русского значительно выгоднее. Чтобы хоть как-то эти условия сравнять, нужно материальное поощрение. / Позиция подавляющего большинства наших сограждан роли не играет, так как электорат всегда будет делать то, что им скажут, и с удовольствием говорить на любом языке. Решает всегда активное меньшинство.
>
> [Es ist offensichtlich, dass eine überwiegende Mehrheit der Bevölkerung Russisch spricht, die Grundvoraussetzungen des Russischen sind also deutlich vorteilhafter. Um diese Voraussetzungen wenigstens etwas einander anzugleichen, bedarf es materieller Unterstützung. / Die Einstellungen der überwiegenden Mehrheit unserer Mitbürger spielen keine Rolle, denn das Elektorat tut immer alles, was man ihm sagt, und es wird mit Vergnügen eine beliebige Sprache sprechen. Entscheidungen werden immer von einer aktiven Minderheit getroffen.]

Beispiele *contra* Belarusisch

> Зачем нужен беларуский литературный язык, если на нём всё равно будут общаться только несколько процентов наших граждан. / Разговаривающих на белорусском у нас в стране мизер. И если кто-либо предлагает полностью перейти на белорусский язык, то он должен понимать, что основная масса народа в этом языке ни черта не понимает на уровне, достаточном для нормального общения. Значит, будут очень серьезные проблемы. / Русский язык устраивает большинство, что и показал референдум.
>
> [Wozu braucht man die belarusische Standardsprache, wenn sowieso nur ein kleiner Prozentanteil unserer Mitbürger sie verwenden wird. / Belarusischsprechende gibt es bei uns im Land bitter wenig. Und wenn einer einen kompletten Übergang zum Belarusischen vorschlägt, dann muss er sich im Klaren darüber sein, dass die Hauptmasse der Bevölkerung auf dem Niveau, das für eine normale Kommunikation ausreichend ist, nicht das Geringste versteht. Also wird es ernsthafte Probleme geben. / Das Russische ist der Mehrheit recht, was das Referendum auch gezeigt hat.]

Zensus-Topos (28 Codings)

Da die Angaben zur Muttersprache in den Zensus (1999, 2009) überzeugend / nicht überzeugend von der Loyalität der Belarusen gegenüber ihrer Nationalsprache sprechen, bin ich der Meinung, dass sie bereit / nicht bereit sind, Belarusisch zu verwenden.

Indem der Topos auf den Zensus als auf einen objektiven materiellen Beleg der gesellschaftlichen Spracheinstellung Bezug nimmt, stellt er eine inhaltliche Spezifizierung bzw. Konkretisierung des *Mehrheits-* und des *Autoritäten*-Topos dar. Da die Angaben zur Muttersprache in den beiden Zensus für Belarusisch vorteilhaft waren (1999: 85,6%; 2009: 53,2%), wurde dieser Topos überwiegend bei der *pro*-Argumentation eingesetzt (pro: 19, contra: 8 C.): Der hohe Grad an Bekennung zum Belarusischen wird als Ausdruck eines vorhandenen Nationalbewusstseins interpretiert, was mit dem Bedürfnis nach einer Nationalsprache einhergehe. Diese statistisch begründete Zuversicht über die positive gesellschaftliche Einstellung zum Belarusischen geht teilweise in die Überzeugung über, dass Belarusen nur deswegen ihre Nationalsprache nicht verwenden, weil ihnen die Möglichkeit dazu genommen wurde, und sobald sich die Umstände zugunsten des Belarusischen ändern, würde sich auch das Sprachverhalten der Gesellschaft ändern. Die *contra*-Argumentation spricht den Zensus-Ergebnissen dagegen eine Objektivität und somit eine Aussagekraftigkeit ab: Diese seien subjektiv und basierten nicht auf der Realität, sondern auf dem Wunsch der Respondenten, Belarusisch zu schützen und zu bewahren. Bemerkenswert beim *Zensus*-Topos ist, dass die beiden Positionen mit der Anwendung dieses Topos eine grundsätzlich positive mentale und affektive Ausrichtung der Gesellschaft auf die belarusische Sprache gleichermaßen erkennen. Ihre Uneinigkeit gilt nur der volitiven Einstellungskomponente, also der Bereitschaft, Belarusisch zu sprechen.

Beispiele *pro* Belarusisch

> При переписи населения подавляющее большинство указало родным беларуский, т.е. подсознательно все еще чувствуют себя беларусами... / Подавляющее большинство не надо заставлять – надо лишь дать возможность. / Остаётся создать условия для того, чтобы беларуский язык стал по-настоящему государственным. И вы будете свидетелями „чуда".

> [Bei der Volkszählung hat eine überwiegende Mehrheit Belarusisch als Muttersprache angegeben, d.h., unterbewusst fühlen sie sich immer noch als Belarusen... / Eine überwiegende Mehrheit muss nicht gezwungen werden – man muss ihr nur eine Möglichkeit geben. / Es bleibt nur Bedingungen dafür zu schaffen, das Belarusisch zu einer richtigen Staatssprache wird. Und Sie werden das „Wunder" erleben.]

Beispiele *contra* Belarusisch

> Этот вопрос отражает скорее не реалии, а отношение и тенденции. / Самаідэнтыфікацыя – гэта тое ж самае, што банальны суб'ектывізм. А суб'ектывізм – гэта далёка не заўсёды праўда. / Я знаю, что многие специально указывали „мой родной язык – белорусский" просто из националистических чувств (в пику русским). / Белорусов можно понять – они хоть и не говорят на бел. языке, но боятся его утратить, поэтому при опросах могут указывать, что пользуются белорусским.
>
> [Dieser Punkt spiegelt nicht die Realität, sondern eher Einstellungen und Tendenzen wider. / Selbstidentifizierung ist das Gleiche wie der banale Subjektivismus. Und Subjektivismus ist bei Weitem nicht immer die Wahrheit. / Ich weiß, dass viele extra „Meine Muttersprache ist Belarusisch" angegeben haben, einfach aus nationalistischen Gefühlen (den Russen zum Trotz). / Belarusen kann man verstehen, obwohl sie Belarusisch nicht sprechen wollen, haben sie auch Angst, es zu verlieren, deswegen können sie bei den Zensus angeben, dass sie es verwenden.]

Qualitative Merkmale der Sprachsituation: Überblick

Die Sprachpolitik und die Sprachplanung werden mit einer Reihe von Topoi diskutiert, welche sich auf die *Status*-, *Korpus*-, *Erwerbs*- und *Prestigeplanung* beziehen (Tab. 20).

Tab. 20: Sprachsituations*spezifische* Topoi. Qualitative Merkmale der Sprachsituation: u.a. Sprachplanung

Sprachsituations*spezifische* Topoi *Qualitative Merkmale der Sprachsituation*	Position		Insg.
	pro	contra	
Ähnlichkeits-Topos	1	4	5
Sprachpolitik und Sprachplanung			
Statusplanung			
Zweisprachigkeit in Belarus (200 C.)			
Topos der *Einschätzung der staatlichen Zweisprachigkeit*	30	16	50
Topos der *Gleichstellung bei der Zweisprachigkeit*	36	2	40
Topos der *Einsprachigkeit de facto*	30	4	34
Topos der *freien Sprachwahl*	21	20	59
Topos der *Irrelevanz des Sprachcodes*		11	17
Russifizierung bei der Statusplanung (128 C.)			
Topos der *fehlenden nationalen Sprachpolitik*	37	1	39
Topos der *Intentionalität der antibelarusischen Sprachpolitik*	48		48

Sprachsituations*spezifische* Topoi *Qualitative Merkmale der Sprachsituation*	Position		Insg.
	pro	*contra*	
Topos der *Russifizierung der Gesellschaft*	26	2	28
Topos der *Unumgänglichkeit der Russifizierung*	10	2	13
Belarusifizierung bei der Statusplanung (33 C.)			
Topos der *raschen Belarusifizierung in den 1990er Jahren*	19	8	27
Topos der *Diskriminierung des Russischen*	1	5	6
Polonisierung bei der Statusplanung (3 C.)			
Topos der *Polonisierung der Gesellschaft*	3		3
	261	71	364
Korpusplanung			
Topos der *Zweckmäßigkeit des Orthographiegesetzes 2008*	14	1	20
Topos der *Russifizierung der belarusischen Sprache*	10	1	11
Topos der *Natürlichkeit des polnischen Einflusses auf die belarusische Sprache*	5	3	3
	29	5	39
Erwerbsplanung			
Topos der *Qualität des Belarusisch-Schulunterrichts*	22	5	27
Prestigeplanung			
Topos der *Rolle der Sprache des Präsidenten*	32	2	37
Topos der *Rolle des Staates und seiner Sprachpolitik*	26		29
Topos der *Rolle der Elite*	7		7
Topos der *niedrigen Qualität belarusischer Massenmedien*	17	4	21
Topoi der *Rolle nationaler Literatur* und *belarusischsprachiger Estrade*	9	7	20
Früher-war-es-besser-Topos	9		10
Besser-als-nichts-Topos	6		6
	106	13	130
	418	**94**	**560**

Ähnlichkeits-Topos (5 Codings)

Da Belarusisch dem Russischen ähnlich ist, besteht keine objektive Notwendigkeit, es zu beherrschen.

Dieser Topos kann als eine inhaltliche Spezifizierung von intervenierenden Variablen aufgefasst werden (Kap. 5.4.6), mit denen eine Nichtverwendung der belarusischen Sprache erklärt wird. Da die genetische Nähe ein wichtiges qualitatives Merkmal der Sprachsituation ist, wird der Topos bereits an dieser Stelle beschrieben. Der *Ähnlichkeits*-Topos korrespondiert darüber hinaus mit dem *Originalitäts*-Topos, aber gerade seine Kontextualisierung als Störfaktor spricht – auch trotz seiner relativ niedrigen Frequenz im Forendiskurs – für seine Definition als eigener Topos. Die Formulierung des Topos lässt auf seine Verwendung hauptsächlich bei der *contra*-Argumentation schließen (pro: 1, contra: 4 C.). Bei der *pro*-Argumentation wird ebenfalls zugegeben, dass die Ähnlichkeit der Sprachen hinsichtlich der Motivation, Belarusisch zu lernen und zu sprechen, ungünstig ist, jedoch mit der Weiterführung, dass dieser Umstand geändert werden muss.

Beispiel *pro* Belarusisch

> Хм, перспектива есть. Нужны изменения самого языка, чтоб он на русский был не похож. И тогда народ заговорит. Экзотика нужна, а то зачем мне бел. мова, если и русский не слишком-то отличается...
>
> [Hmm, eine Perspektive gibt es. Es sind Veränderungen an der Sprache selbst notwendig, damit sie dem Russischen nicht mehr ähnlich ist. Und dann fängt das Volk an zu sprechen. Es ist eine Exotik notwendig, wozu brauche ich sonst Belarusisch, wenn sich Russisch davon nicht allzu sehr unterscheidet...]

Beispiel *contra* Belarusisch

> Я в РБ белорусский язык не уважал и никогда не разговаривал, потому что считал, что этот язык очень похож с русским и учить его – время терять.
>
> [Ich habe Belarusisch in der RB nicht respektiert und nie gesprochen, weil ich der Meinung war, diese Sprache ist dem Russischen ähnlich und sie zu lernen ist eine Zeitverschwendung.]

Qualitative Merkmale der Sprachsituation: Statusplanung

Die Diskussion über die *Statusplanung* (364 C.) im Forendiskurs über die belarusische Sprache fokussiert die Themenbereiche der *staatlichen Zweisprachigkeit* (200 C.) sowie der *Russifizierung* (128 C.), der *Belarusifizierung* (33 C.) und der *Polonisierung* (3 C.) der Gesellschaft. Die Mehrsprachigkeit in Belarus und ihre Spezifik bilden dabei also den Schwerpunkt der Diskussion um die Statusplanung und werden mit mehreren Topoi behandelt: Topos der *Einschätzung der staatlichen Zweisprachigkeit*, der *Gleichstellung bei der Zweisprachigkeit*, der *Einsprachigkeit de facto*, der *freien Sprachwahl* und der *Irrelevanz des Sprachcodes* (Tab. 20).

Topos der Einschätzung der staatlichen Zweisprachigkeit (50 Codings)

Da es in Belarus zwei Staatssprachen gibt, wird die belarusische Sprache verdrängt / ist auch eine ausschließliche Verwendung des Russischen legitim.

In diesem Topos wird die gesetzlich festgelegte Zweisprachigkeit als *sprachpolitisches* Phänomen zum Einstellungsobjekt. Er wird häufiger bei der *pro*-Argumentation eingesetzt (pro: 30, contra: 16 C.), indem die Zweisprachigkeit als eine unnatürliche Erscheinung, als ein Mittel, die belarusische Sprache zu ignorieren und zu verdrängen und somit als Beeinträchtigung der staatlichen Souveränität und als eine Gefahr für die Sprache selbst dargestellt wird. Mit der Zweisprachigkeit wird auch die Überzeugung argumentiert, Belarusisch solle dann auch in *allen* Bereichen präsent sein. In dieser Verwendung bildet dieser Topos eine Schnittstelle zwischen der kognitiven und der volitiv-imperativen Komponente, weil hier bestimmte Vorstellungen über einen gewollten Soll-Zustand zum Ausdruck gebracht werden. Beim Einsatz *contra* Belarusisch wird die Zweisprachigkeit als unproblematisch und sogar als ein Zeichen der sprachpolitischen Einzigartigkeit des Staates betrachtet. Mit dem Topos wird darüber hinaus die Meinung begründet, dass es auch respektiert werden soll, wenn man nur Russisch spricht, da man das volle Recht dazu habe, nur eine der Staatssprachen zu verwenden.

In seiner *pro*-Belarusisch-Version kann der Topos als eine Variante des *Gefahr*-Topos, in der Version *contra* – als eine Variante des *Kein-Problem*-Topos betrachtet werden. Das differenzierende Merkmal des *Zweisprachigkeits*-Topos ist das Vorkommen der Wörter „zwei Staatssprachen" in der Argumentationsführung. Bemerkenswert ist dabei, dass die beiden Positionen bei diesem Topos unterschiedliche Kausalschemata anwenden: Während die Zweisprachigkeit bei der *pro*-Argumentation als Ursache der für Belarusisch negativen Folgen interpretiert wird, wird sie bei der *contra*-Argumentation als ein Grund, auf Belarusisch zu verzichten, betrachtet. Die letztere Verwendung des Topos wird von den Diskursakteuren als ein eindeutiges Zeichen einer negativen Einstellung zum Belarusischen ausgelegt.

Beispiele *pro* Belarusisch

У народа не можа быць дзвюх моў, бо інакш гэта ўжо масавая шызафрэнія. / Обычно люди вспоминают, что у нас два языка, чтобы полностью игнорировать один из них… / Мне дык здаецца, што ўвядзеньне другой расейскай дзярж. мовы падарвала нашую незалежнасьць вельмі моцна. / А в нашей ситуации два государственных языка влекут смерть мовы. / У нас ДВА государственных языка. Сайты гос. структур просто ОБЯЗАНЫ быть представлены на этих ДВУХ языках. / Очень надоела фраза про два гос. языка – ее любят употреблять те, кто ненавидит беларусский язык и не желает его учить.

[Ein Volk kann keine zwei Sprachen haben, denn sonst ist es bereits eine Massenschizophrenie. / In der Regel erinnert man sich daran, dass wir zwei Sprachen haben, um eine davon gänzlich zu ignorieren. / Mir kommt es vor, als hätte die Einführung der zweiten Staatssprache Russisch unsere Souveränität sehr stark beeinträchtigt. / In unserer Situation hat die staatliche Zweisprachigkeit den Tod des Belarusischen zur Folge. / Wir haben ZWEI Staatssprachen. Die Internetseiten der staatlichen Institutionen sich schlichtweg VERPFLICHTET, in diesen ZWEI Sprachen präsentiert zu sein. / Diese Aussage über zwei Staatssprachen hat man gründlich satt: Sie wird gerne von denjenigen verwendet, die Belarusisch hassen und es nicht lernen wollen.]

Beispiele *contra* Belarusisch

У нас ДВА госязыка. На каком хотите, на таком и общайтесь. Никто вам не запрещает. / У нас два государственных языка – вот вам и самобытность. / Если русский тоже государственный язык, и какие могут быть претензии к русскоговорящим?

[Wir haben ZWEI Staatssprachen. Sprechen Sie, welche Sie wollen. Niemand verbietet es Ihnen. / Wir haben ZWEI Staatssprachen – da haben Sie nun ihre Einzigartigkeit. / Wenn Russisch auch eine Staatssprache ist, von welchen Vorwürfen an die Russischsprechenden kann denn dann die Rede sein?]

Topos der Gleichstellung bei der Zweisprachigkeit (40 Codings)

Da Belarusisch und Russisch die Staatssprachen in Belarus sind, sollten sie auf der Ebene der Sprachplanung gleich behandelt werden.

Im Unterschied zum *Zweisprachigkeits*-Topos ist dieser Topos nicht auf der Ebene der Sprachpolitik, sondern auf der der *Sprachplanung* verortet. Das Einstellungsobjekt ist hier die praktische Umsetzung der staatlichen Zweisprachigkeit, welche sich, objektiv gesehen, nicht zugunsten des Belarusischen gestalte (Kap. 2). Generell gehört Gleichstellung zu den Phänomenen, die erst beim Problemaufkommen zum Ausdruck gebracht werden: Es wird im Forendiskurs das Fehlen einer Gleichberechtigung der beiden Staatssprachen vermeldet, und dieser Umstand wird als die Ursache der aktuellen, als problematisch eingeschätzten Situation des Belarusischen betrachtet. Eine solche problematisierende Sichtweise ist für eine *pro*-belarusische Haltung typisch, deswegen ist es eingängig, dass der Topos fast ausschließlich *pro* Belarusisch verwendet wird (pro: 36, contra: 2 C.). In der anderen Verwendungsvariante dieses Topos als *pro*-Argument wird die Gleichstellung von Belarusisch und Russisch bei der Sprachplanung als kein korrekter Sachverhalt angesehen, da Belarusisch als eine ‚schwächere' Sprache Priorität haben solle. Die Argumentation *contra* nutzt ein Gegensatzschema und, darauf hinweisend, dass die Verwendung des Belarusischen nicht verboten ist, spricht sie von einer bestehenden Gleichberechtigung der Staatssprachen, weswegen Belarusisch nicht bevorzugt werden dürfe. In diesem Sinne weist dieser Topos die Nähe zum *Kein-Problem*-Topos auf. Darüber hinaus hat er eine Affinität zu der evaluativ-normativen und der volitiv-imperativen Einstellungskomponente, denn die ungleichen Entwicklungsmöglichkeiten der beiden Sprachen werden nicht nur wahrgenommen, sondern auch bewertet, und es wird der Wunsch nach den gleichen Existenzbedingungen für Belarusisch und Russisch in einem imperativen Modus geäußert. Entscheidend für die Zuordnung der Aussagen zu diesem Topos war eine Bezugnahme auf das Konzept der *Gleichberechtigung*.

Beispiele *pro* Belarusisch

> Без альтернативности выбора, как и теперь, нет белорускоязычных садиков, школ, вузов, ТВ каналов. В общем, постепенное уничтожение белоруской культуры... / Беларуский язык с русским никогда не были равными в использовании. Знаете как в Европейских странах делают равенство для национального меньшинства? Они дают меньшинству больше прав и это называется равенством, так как понятно, что маленькое не может соперничать с большим! / Давайце спачатку ўтворым роўныя магчымасьці, а потым нашыя дзеці разьбяруцца – якая мова ім болей даспадобы...

> [Ohne eine Wahlmöglichkeit, so wie wir es aktuell haben, gibt es keine belarusischsprachigen Kindergärten, Schulen, Universitäten, TV-Sender. Es ist also eine allmähliche Vernichtung der belarusischen Kultur... / Belarusisch und Russisch waren in der Verwendung niemals gleich. Wissen Sie, wie man in europäischen Ländern eine Gleichheit für nationale Minderheiten schafft? Man gibt der Minderheit mehr Rechte, und das heißt dann Gleichheit, denn es ist selbstverständlich, dass das Kleine mit dem Großen nicht konkurrieren kann! / Lasst uns erst gleiche Möglichkeiten schaffen, und unsere Kinder werden dann für sich selbst klären, welche Sprache ihnen besser gefällt...]

Beispiele *contra* Belarusisch

> В нашем обществе ты можешь спокойно разговаривать на обоих языках. / И от того, что Белорусский язык национальный, он имеет какие-то преимущества над Русским??? Ничего подобного.

> [In unserer sozialen Gesellschaft kannst Du ruhig beide Sprachen sprechen. / Und weil Belarusisch eine Nationalsprache ist, hat es jetzt irgendwelche Vorrechte gegenüber dem Russischen??? Nicht im Geringsten.]

Topos der Einsprachigkeit de facto (34 Codings)

Da die Sprachwirklichkeit in Belarus de facto eine Einsprachigkeit darstellt, ist dieser Zustand als nicht normal / als normal zu bezeichnen.

Dieser Topos stellt eine Steigerungsform des vorherigen dar: Während mit dem *Gleichstellungs*-Topos auf ein gewisses Ungleichgewicht zwischen den Staatssprachen hingewiesen wird, wird in diesem Topos sogar eine faktische Einsprachigkeit in Belarus behauptet. Der Topos bildet also eine Einschätzung der *Sprachwirklichkeit* in der *gesellschaftlichen* Dimension ab. Dadurch positioniert er sich in die Nähe des *Realitäts*-Topos, aber eine explizite Negation der faktischen Zweisprachigkeit in Belarus mit dem Schlüsselbegriff ‚Einsprachigkeit *de facto*' macht ihn zum eigenen Topos. Mit diesem Topos wird im Forendiskurs nicht auf objektiv gegebene Phänomene Bezug genommen, sondern es werden eher die eigenen Einstellungen zur Sprachsituation (Affekte, Bewertungen, Volitionen) erklärt. Wie auch beim *Gleichstellungs*-Topos wird die Einsprachigkeit *de facto* nur von denjenigen Diskursakteuren zum Ausdruck gebracht, die sie im Kontext der belarusischen Sprachsituation als Missstand wahrnehmen, d.h. eine Position *pro* Belarusisch annehmen (pro: 30, contra: 4 C.). Die wenigen Beiträge *contra* Belarusisch begrüßen die faktische Einsprachigkeit und bezeichnen sie als die eigentlich normale Sprachsituation in Belarus (vgl. *Kein-Problem*-Topos).

Beispiele *pro* Belarusisch

> А статус дзяржаўнасці белмовы ў нашай краіне толькі фармальны. / А так обман сплошной – канал белорусский, а белорусского языка на нем не услышишь. Стыдно. / Есть 2 языка, равноправных! На бумаге только. Почему я не могу принять присягу на бел. мове? Не могу заполнить платежные документы на ней же? Да чего уж там – все „прЫказы" у нас на русском. Разве не должно быть выбора?
>
> [Und der Status des Belarusisch als Staatssprache ist in unserem Land nur formal. / Und so ist es ein glatter Betrug – der Sender ist belarusisch, aber die belarusische Sprache wirst du da nicht hören. Beschämend. / Es gibt zwei Staatssprachen, beide gleichberechtigt! Aber nur auf Papier. Warum kann ich meinen Eid nicht auf Belarusisch ablegen? Keine Zahlungsformulare darauf ausfüllen? Ach, was – alle „Prykazen"[186] sind bei uns auf Russisch. Sollte es etwa nicht eine Wahl geben?]

---

186 „Befehl", phonetisch dem Belarusischen angeglichene Schreibweise des russischen Wortes.

Beispiele *contra* Belarusisch

> Нация должна иметь ОДИН язык, который в состоянии ее сплотить. И это – русский язык, на котором говорит сегодня абсолютное большинство белорусов. Русский язык все равно уже стал единственным государственным языком в Беларуси де-факто. / Слава Богу, на 99% используется только 1. / И начинай, чтобы почаще практиковаться человеческому общению, говорить только по-русски. В стране, где русский язык является практически единственным языком живого общения, это принесет тебе только пользу.
>
> [Eine Nation muss nur EINE Sprache haben, welche imstande ist, diese zu konsolidieren. Und das ist die russische Sprache, welche heutzutage von der absoluten Mehrheit von Belarusen gesprochen wird. Russisch ist *de facto* eh schon zur einzigen Staatssprache in Belarus geworden. / Gott sei Dank, wird zu 99% nur 1 Sprache verwendet. / Und fange du schon mal an, um eine vernünftige Kommunikation häufiger zu praktizieren, ausschließlich Russisch zu sprechen. Im Land, wo Russisch praktisch die einzige Sprache einer lebendigen Kommunikation ist, wird es dir nur von Nutzen sein.]

Topos der freien Sprachwahl (59 Codings)

Da es in Belarus zwei Staatssprachen gibt, ist eine Freiheit der Sprachwahl gegeben / nicht gegeben.

Die Art und Weise, wie sich die Zweisprachigkeit auf der *individuellen* Ebene der *Sprachwirklichkeit* auswirkt, wird mit dem Topos der *freien Sprachwahl* aufgegriffen: Es wird das Recht jeder einzelnen Person thematisiert, über ihr Sprachverhalten in Kontext der staatlich festgelegten Zweisprachigkeit frei zu entscheiden. Das differenzierende Merkmal dieses Topos ist also der Bezug auf das Konzept der individuellen Freiheit bei der Sprachwahl. Der Topos wird von den beiden polaren Positionen gleich stark verwendet (pro: 21, contra: 20 C.). Die inhaltliche Ausrichtung des Topos erklärt seine relativ häufige Verwendung für die Argumentation ‚*für beide Sprachen*' (8 C.). Die Stimmen *contra* Belarusisch rechtfertigen das auf Russisch gestaltete eigene und gesellschaftliche Sprachverhalten, indem sie auf die freie Sprachwahl referieren, und übermitteln es als eine bewusste Entscheidung. In der Verwendung *pro* Belarusisch werden die Freiheit der Sprachwahl dagegen als Fiktion und das Sprechen auf Russisch als erzwungen aufgefasst, und zwar gerade wegen der fehlenden Wahlmöglichkeit aufgrund der Dominanz des Russischen. Als *pro*-Variante geht dieser Topos teilweise die Metaebene der Diskussion an, wenn die Argumentation mit der Freiheit der Sprachwahl als Demagogie oder „Unsinn" bezeichnet wird (vgl. *Kein-Problem*-Topos).

Beispiele *pro* Belarusisch

> У белорускоговорящих нет никакого выбора. / Это кажется, что у Вас есть выбор. Иллюзия, созданная пропагандой. Я не могу написать отчет на беларусском языке, письмо в организацию. Это – не выбор. / И ещё некоторые и издеваются – мол, никто не запрещает говорить на белоруском языке. / Калі пры размове на родный мове рэакцыя суразмоўцаў на гэта выклікае ў вас дыскамфорт, то проста сказаць „ніхто вас біць за это не будет" – глупства.
> [Die Belarusischsprechenden haben die Wahl nicht. / Es kommt Ihnen nur so vor, als würden Sie eine Wahl haben. Eine Illusion, die durch Propaganda geschaffen wurde. Ich habe nicht die Möglichkeit, einen Bericht auf Belarusisch zu verfassen, oder einen Brief an eine Institution. Eine Wahl ist das nicht. / Und manche monkieren sich auch noch – sprich, niemand verbiete es einem, Belarusisch zu sprechen. / Wenn Sie die Muttersprache sprechen und die Reaktion Ihres Gesprächspartners darauf Ihnen Unbehagen bereitet, dann ist die Aussage „Niemand schlägt Sie dafür" einfach ein Blödsinn.]

Beispiel *contra* Belarusisch

> У нас два государственных языка, и каждый выбирает тот, какой ему больше нравится.
> [Wir haben zwei Staatssprachen, und jeder sucht sich die Sprache aus, die ihm besser gefällt.]

Topos der Irrelevanz des Sprachcodes (17 Codings)

Da während der Kommunikation der Inhalt einer Aussage im Vordergrund steht, ist die Sprache selbst als Mittel irrelevant.

Die hier behauptete Unerheblichkeit des Sprachcodes wird stellenweise mit der Existenz essentiellerer Probleme begründet, so dass dieser Topos zum *Es-gibt-wichtigere-Probleme*-Topos in Bezug steht. Er wird naturgemäß nur bei der *contra*-Argumentation oder in den Aussagen, mit denen die Position ,*explizit egal*' zum Ausdruck gebracht wird, verwendet (contra: 15, egal: 4 C.). Das zeugt davon, dass eine *pro*-belarusische Position immer mit einer gewissen Sensibilität und Zuwendung zur Sprache nicht nur als Kommunikationsmittel, sondern auch als Symbol einhergeht.

Beispiele *contra* Belarusisch

> Какая разница, на якой мове ты размаўляешь? Главное, чтобы тебя понимали. / Язык – это всего лишь инструмент общения и способ хранения информации. Если на нём не с кем общаться и с помощью его не генерируется новая информация, то нет смысла его искусственно поддерживать. / Культура и язык – это конечно хоро-

шо, но главное сейчас для РБ – это восстанавливать экономику!!! и не важно, на каком языке мне будут выдавать достойную зарплату!!

[Was macht es für einen Unterschied, welche Sprache du sprichst? Hauptsache, du wirst verstanden. / Eine Sprache ist bloß ein Kommunikationsinstrument und ein Mittel der Informationsspeicherung. Wenn es niemanden gibt, mit wem man sich darauf unterhalten kann, und keine neuen Informationen damit generiert werden, dann macht es keinen Sinn, sie künstlich aufrechtzuerhalten. / Kultur und Sprache sind alles natürlich gute Sachen, aber für die RB ist zurzeit das Wichtigste, die Wirtschaft wiederaufzubauen!!! Und es ist unwichtig, in welcher Sprache mir dann ein geeigneter Arbeitslohn gezahlt wird!!]

Zusammen mit der staatlichen Zweisprachigkeit gehört die *Russifizierung bei der Statusplanung* mit insgesamt 128 Codings zu den aktuellen Themen der Sprachdiskussion, was von ihrer starken Präsenz im kollektiven Bewusstsein zeugt. Das Thema wird mit den Topoi der *fehlenden nationalen Sprachpolitik* und der *Intentionalität der antibelarusischen Sprachpolitik* sowie der *Russifizierung der Gesellschaft* und ihrer *Unumgänglichkeit* aufgegriffen. Alle diese Topoi werden fast ausschließlich *pro*-belarusisch verwendet, indem die Russifizierung als eine Gefahr und als eine Ursache der asymmetrischen Zweisprachigkeit in Belarus wahrgenommen wird (vgl. *Gefahren-* und *Ursachen*-Topoi).

Topos der fehlenden nationalen Sprachpolitik (39 C.)

Da der Staat keine nationale Sprachpolitik umsetzt, unterstützt er die Marginalisierung der belarusischen Sprache.

Wie bereits erwähnt und wie die Formulierung des Topos vermuten lässt, findet er seine Verwendung hauptsächlich in den Meinungsäußerungen *pro* Belarusisch (pro: 37, contra: 1 C.). Mit diesem Topos werden also ein Desinteresse des Staates an der Nationalsprache und eine Passivität seiner nationalen Sprachpolitik akzentuiert und für das Wiederaufleben und die Entwicklung der belarusischen Sprache als nicht förderlich dargestellt. Es wird hier das Kausalschema ‚Ursache-Wirkung' angewendet, in der die Beseitigung von Ursachen (z.B. eine Änderung der Sprachpolitik) als Voraussetzung für positive Folgen impliziert wird. Also ist hier häufig das Verständnis der Relevanz einer staatlichen Unterstützung der Sprache in die Äußerungen implementiert (vgl. Topos der *Rolle des Staates und seiner Sprachpolitik*). Dieses Verständnis dient als Grundlage für die Verwendung dieses Topos auch *contra* Belarusisch, wenn eine Aussichtslosigkeit der Bemühungen um das Belarusische ohne eine staatliche Zuwendung behauptet wird.

Beispiele *pro* Belarusisch

> Политика нашего государства не способствует развитию и возрождению белорусского языка в нашей стране. / Власти ничего не делают для возрождения языка. Ну скажите, как он останется, если 90% обучения на русском, сми на русском, документы на русском и т.п. Вот и получается, что 90% начинают говорить на русском. То ли чиновники это не догоняют, то ли им вообще наплевать. / Нет поддержки языка на государственном уровне – вот и имеем то, что имеем.
>
> [Die Politik unseres Staates ist für die Entwicklung und die Wiedergeburt des Belarusischen in unserem Land nicht förderlich. / Der Staat tut nichts für die Wiedergeburt der Sprache. Wie soll sie, bitte schön, bleiben, wenn die Bildung zu 99% auf Russisch läuft, die Massenmedien, die Dokumentenführung etc. sind auf Russisch. Und so kommt es, dass 90% auf Russisch zu sprechen beginnen. Entweder schnallen es die Beamten nicht, oder es ist ihnen überhaupt ganz egal. / Es ist keine Sprachförderung auf der staatlichen Ebene gegeben – und so haben wir das, was wir haben.]

Beispiel *contra* Belarusisch

> Ну нельзя обществу переходить на белоруский язык, когда государство этого не поддерживает. Вы попробуйте заявление в какую-нибудь госструктуру на белорусском языке подать – его будут рассматривать в несколько раз дольше, если вообще примут.
>
> [Die Gesellschaft darf doch nicht zum Belarusischen wechseln, wenn der Staat es nicht unterstützt. Versuchen Sie mal einen Antrag bei irgendeiner staatlichen Institution auf Belarusisch einzureichen – er wird um ein Mehrfaches länger bearbeitet, falls er überhaupt angenommen wird.]

Topos der Intentionalität der antibelarusischen Sprachpolitik (48 Codings)

Da der Staat aktiv und zielgerichtet gegen die Nationalsprache handelt, kommt es zur Marginalisierung der belarusischen Sprache.

Dieser Topos stellt eine inhaltliche Weiterführung des Topos der *fehlenden nationalen Sprachpolitik*, denn es wird hier dem Staat nicht nur eine fehlende Unterstützung, sondern auch eine Absicht bzw. ein bewusstes, gezieltes Handeln gegen die belarusische Sprache zur Last gelegt. Verständlicherweise wird der Topos nur bei der *pro*-Argumentation eingesetzt. Dabei wird eine Intentionalität der antibelarusischen Sprachpolitik entweder ganz allgemein behauptet, oder es werden konkrete Maßnahmen aufgezählt, die diese Behauptung fundieren. Als eine solche Maßnahme wird die gesetzlich festgelegte Zweisprachigkeit genannt. Es wird u.a. auf die Denkbarkeit einer Verfolgung für die Verwendung der Nationalsprache hingewiesen, was diesen Topos in die Nähe des *Paradox*-Topos stellt. Bei der Konkretisierung der präsumierten staatlichen Intention weist der Topos Bezüge zu den Topoi der *Gewalt* und der *Russifizierung der Gesellschaft* auf und steht somit in der Nähe des *Gefahr*-Topos, der u.a. eine Gefahr der Kolonisierung des Belarus seitens Russlands thematisiert. Für die Ausgliederung dieses Argumentationsmusters als eigener Topos war die These über eine aktive zielgerichtete antibelarusische Position des Staates ausschlaggebend. Bemerkenswert ist, dass der *Intentionalitäts*-Topos häufiger als der Topos *der fehlenden nationalen Sprachpolitik* vorkommt. Das zeugt davon, dass die Einstellung des Staates zur Nationalsprache in der belarusischen Gesellschaft weniger als indifferent, sondern vielmehr als negativ wahrgenommen wird.

Beispiele *pro* Belarusisch

> Как мы можем перейти к белорусскому, когда он принципиально забивается на правительственном уровне? / Зачынялiся беларускамоўныя садкi, школы, мова выцiскалася з карыстаньня ў дзяржаўных установах i ВНУ, зьбiвалiся i зьневажалiся людзi, якiя карысталiся роднай мовай... / Жудасна, што не сябройства з РФ паглынае Беларусь i мову, а што палiтыка беларускага ўрада спрыяе знiшчэнню традыцыйнай культуры Беларусi. / Так званае „двухмоўе" ўведзена з адной мэтай – мэтай знiшчэння беларускай мовы. / Это наша национальная трагедия, что приняли двуязычие. Еще немного и станем Западной губернией. Именно с этой целью у беларусов методически и целенаправленно уничтожается национальное самосознание.

> [Wie können wir zum Belarusischen wechseln, wenn es auf der Regierungsebene prinzipiell zurückgedrängt wird? / Es wurden die belarusischsprachigen Kindergärten und Schulen geschlossen, die belarusische Sprache wurde aus den staatlichen Einrichtungen und Hochschulen herausgedrängt, die Menschen, die die Muttersprache verwendeten, wurden verprügelt und missachtet... / Es ist unheimlich, dass es nicht die Freundschaft mit der RF ist, die das Belarus und die belarusische Sprache auffrisst, sondern dass die Politik der belarusischen Regierung der Vernichtung der traditionellen Kultur des Belarus beiträgt. / Die sogenannte „Zweisprachigkeit" ist nur mit einem Zweck eingeführt worden – mit dem Zweck der Vernichtung der belarusischen Sprache. / Die Annahme von Zweisprachigkeit ist unsere nationale Tragödie. Noch ein bisschen, und wir werden zur Westlichen Gubernie. Gerade mit diesem Ziel wird das Nationalbewusstsein von Belarusen methodisch und zielgerichtet vernichtet.]

Topos der Russifizierung der Gesellschaft (28 Codings)

Da es eine starke Russifizierung der Gesellschaft in Belarus gibt, kommt es zur Marginalisierung der belarusischen Sprache.

Im Unterschied zu den beiden oben genannten Topoi, die den Staat als ein Subjekt der Statusplanung hervorheben, wird mit diesem Topos allgemein der Prozess der Russifizierung fokussiert. Eine *Russifizierung der Gesellschaft* wird sowohl als eine *Folge* der für das Belarusische ungünstigen Sprachpolitik in der

Vergangenheit und in Gegenwart als auch als eine *Ursache* der aktuellen Sprachsituation diskursiv behandelt. Da die Russifizierung in diesem Topos als Problem aufgefasst wird, wird dieser hauptsächlich *pro* Belarusisch verwendet (pro: 26, contra: 2 C.). Die Russifizierung wird dabei für die angenommene negative Einstellung der bereits ‚russifizierten' Gesellschaft verantwortlich gemacht und als ein unnatürliches, gewaltsames Eindringen ins Sprachleben und somit als Gefahr dargestellt (vgl. Topoi der *Künstlichkeit der belarusischen Standardsprache*, der *Gewalt* und der *Gefahr*). Das differenzierende Merkmal dieses Topos ist eine explizite Berufung auf den Begriff der Russifizierung bei der Reflexion über die Sprachplanung in Belarus. Die seltene Verwendung dieses Topos *contra* Belarusisch zeichnet sich durch einen ironischen Ton aus und stellt die Problematik der Russifizierung als geringfügig dar.

Beispiele *pro* Belarusisch

> Спачатку спаганілі мову русіфікацыяй, а зараз зрусіфікаваныя насельнікі Беларусі незадаволены яе правіламі. / Працэс русіфікацыі цягнуўся на працягу 2 стагоддзяў. Вынік мы можым назіраць і ў гісторыі, калі за тыя ж пару стагоддзяў была цалкам апалячана нашая шляхта. Пры гэтым тады не было такога татальнага ўздзеяньня сучасных мас-медыя. / Паглядзіце, як нас выхоўвалі, як і чаму вучаць у школе, з тэлеэкрану, якое асяродзьдзе вакол нас – гэта і сфарміравала нашы ўяўленьні. Ды маю ўпэўненасьць: гэта – не наша, гэта звонку. / Русский язык на территорию Беларуси пришел в результате насильственной русификации. То есть, это был полностью искусственный процесс. / А повальная русификация. Рано или поздно вы или ваши дети проснуться уже в другом государстве, причем танки сюда вводить не нужно будет.
>
> [Erst verhunzte man die Sprache durch Russifizierung, und jetzt sind russifizierte Einwohner des Belarus mit deren Regeln unzufrieden. / Der Russifizierungsprozess dauerte zwei Jahrhunderte lang. Folgen können wir bereits in der Geschichte sehen, als ebenso innerhalb von ein paar Jahrhunderten unsere Schlachta komplett polonisiert wurde. Und dass ohne einen totalen Einfluss der modernen Massenmedien. / Schaut mal, wie wir erzogen wurden, wie und was in der Schule beigebracht wird, im Fernsehen, wie die Umfeld um uns herum ist – das hat im Endeffekt unsere Vorstellungen geformt. Aber ich bin mir sicher: Es ist nicht unseres, es kommt von außen. / Das Russische kam auf das Territorium des Belarus infolge einer gewaltsamen Russifizierung. Das heißt, es war ein von Grund auf künstlicher Prozess. / Und bezüglich der massenhaften Russifizierung. Früher oder später wachen Sie oder Ihre Kinder in einem bereits anderen Staat auf, dabei wird es nicht mal nötig sein, Panzer hierher auffahren zu lassen.]

Beispiel *contra* Belarusisch

> И пока ни от кого не слышал весомого аргумента в ее пользу. Все сводится к: нас орусячили, какие гады; у всех есть, и я хочу.

[Und bis jetzt habe ich kein überzeugendes Argument zu ihren Gunsten gehört. Alles läuft auf das eine hinaus: Wir wurden russifiziert, was für Fieslinge; alle haben es, und ich will es auch haben.]

Topos der Unumgänglichkeit der Russifizierung (13 Codings)

Da es eine starke Russifizierung der Gesellschaft in Belarus gibt, besteht keine / trotzdem eine andere Wahl, als Russisch zu sprechen.

Dieser Topos wird vom Topos der *Russifizierung der Gesellschaft* subsummiert und stellt dessen inhaltliche Weiterführung dar, indem er die Wirkung der Russifizierung als einer umfassenden, unausweichlichen Erscheinung verstärkt hervorhebt, weswegen er meistens *pro* Belarusisch verwendet wird (pro: 10, contra: 2 C.). Dabei kommt dieser Topos häufig mit dem Ausdruck der volitiv-indikativen Komponente der Einstellung zusammen, wenn z.B. die Entscheidung der Eltern für eine belarusischsprachige Schule damit begründet wird, dass Russisch auch ohne eine spezielle Ausbildung von ihren Kindern beherrscht werde. In seiner *contra*-Variante wird der Unumgänglichkeit der Russifizierung eine bewusste Wahl der Belarusen entgegengestellt und behauptet, dass die Sprecher nicht so leicht beeinflussbar sind und ihre Entscheidung für Russisch ihre eigene ist.

Beispiele *pro* Belarusisch

> Для нормальной жизнедеятельности белорускоязычный белорус ОБЯЗАТЕЛЬНО ДОЛЖЕН знать и русский язык! Это ли нормально? / Пануючае расейскамоўе, якое пазбаўляе выбару, і адное, што табе застаецца – самому зрусіфікавацца, каб ня быць калгаснікам, апазіцыянтам, ці мо папросту „белае варонаю"... / Сёння расейшчына паўсюль, а таму зусім не хвалююся, што дзіця будзе блага размаўляць па-руску. Менавіта таму са спакойнай душой аддам дзіцяці ў беларускамоўную школу альбо клас: рускую мову вывучыць у любым выпадку.
>
> [Für eine normale Lebensführung MUSS ein belarusischsprachiger Belaruse OBLIGATORISCH auch Russisch kennen! Ist das denn normal? / Es ist eine vorherrschende Russländischsprachigkeit, die einem die Wahl nimmt, und das Einzige, was einem bleibt, ist sich selbst zu russifizieren, um nicht ein Dorfmensch, ein Oppositioneller oder womöglich einfach ein „weißer Rabe" zu sein... / Diese Russländigkeit ist heutzutage überall, darum mache ich mir gar keine Sorgen darum, dass mein Kind schlecht Russisch sprechen würde. Gerade deswegen schicke ich es ruhigen Herzens in eine belarusischsprachige Schule oder Klasse: Die russische Sprache wird es sich ohnehin aneignen.]

Beispiele *contra* Belarusisch

> Ты сознательно отводишь своим предкам роль тупых аборигенов, преклонявшихся перед развитыми колонизаторами, примерно как туземцы в Африке. / То есть Вы – тот пастух, который вернет заблудшее стадо быдла на путь истинный? Сами люди слишком тупы, чтобы сделать выбор!?
>
> [Du schreibst deinen Vorfahren bewusst die Rolle eines dummen Urvolkes zu, das sich vor den fortgeschrittenen Kolonisatoren beugte, ähnlich den Eingeborenen in Afrika. / Das heißt, Sie sind dieser Hirte, der die verirrte Herde des Pöbels auf den rechten Weg zurückbringt? Die Menschen selbst sind zu dumm, um eine Wahl zu treffen!?]

Im Vergleich zur Russifizierung (128 C.) wird die *Belarusifizierung* auf der Ebene der Statusplanung mit insgesamt 33 Codings deutlich seltener zum Gegenstand der Diskussion. Den inhaltlichen Schwerpunkt bildet dabei eine *rasche Belarusifizierung in den 1990er Jahren* (25 C.). Es werden in diesem Zusammenhang die *Gegner der Belarusifizierung* (2 C.) genannt und auch eine *Diskriminierung des Russischen* (6 C.) angenommen und zum Ausdruck gebracht. Konkret auf das *Sprachgesetz von 1990*, welches das Belarusische als die einzige Staatssprache festlegte, wurde nur zweimal bei einer *pro*-Argumentation Bezug genommen.

Topos der raschen Belarusifizierung in den 1990er Jahren (25 Codings)

Da die Belarusifizierung in den 1990 Jahren in einem schnellen Tempo durchgeführt wurde, sollte sie mit anderen Methoden wiederaufgenommen / nicht mehr wiederaufgenommen werden.

Unter den *pro*-belarusischen Stimmen gibt es nur wenige, die die rasche Belarusifizierung in den 1990er Jahren vorbehaltlos gutheißen. Die meisten sprechen sich für diese Maßnahme als für eine positive und richtige aus, die jedoch entweder mit anderen, weniger ‚strengen' Methoden umgesetzt oder besser vorbereitet werden solle. Die *eher-pro*-Position vertritt ebenso die Meinung, dass die letzte Belarusifizierung eine positive, aber eine voreilige Maßnahme war, da die Gesellschaft dafür nicht bereit gewesen sei. In solcher Anwendungsform hängt dieser Topos mit dem Topos der *Diversität gesellschaftlicher Werte* zusammen. Als *Gegner der Belarusifizierung* werden dabei ethnische Russen in Belarus vermutet, die laut Diskussionsteilnehmern keine andere Sprache als Russisch beherrschen (wollen) würden. Die *contra*-Argumentation verwendet den Topos der *raschen Belarusifizierung* zur Ablehnung dieser Maßnahme, welche als gewaltsam, aufgezwungen und u.a. auch als lächerlich bezeichnet wird. Derart angewendet, weist dieser Topos eine Affinität zum *Ursachen*-Topos auf, der ein Aufzwingen des Belarusischen am Anfang der 1990er Jahre verbalisiert und als eine

Ursache der misslungenen Belarusifizierung darstellt. Von den anderen wird dieser Topos durch Thematisierung und Herbeiführung der Zeit der belarusifizierenden Sprachpolitik in Belarus zwischen 1990 und 1994 abgegrenzt. Insgesamt wird er häufiger *pro* Belarusisch verwendet (pro: 17, contra: 8 C.), was darauf hinweist, dass eine Belarusifizierung von den Diskursakteuren eher als ein positives Phänomen wahrgenommen wird.

Beispiele *pro* Belarusisch

> Шкада, што безвынікова прайшоў перыяд адраджэння мовы ў пачатку 90-х. / Памятаю 90-я гады. Дакументацыя ў сферы культуры вялася ў асноўным на беларускай мове. Тады гэта выглядала натуральнай з'явай. / По-моему вполне нормальный и интересный проект. Вот только надо было бы его заранее подготовить. / И кстати, программу по внедрению белмовы в начале 90-х я считаю правильной, только тогда она была преждевременной. Сначала надо было решить вопрос о хлебе насущном, а затем о пище духовной.
>
> [Schade, dass die Zeit der Wiedergeburt des Belarusischen am Anfang der 90er Jahre ergebnislos vorbeiging. / Ich erinnere mich an die 90er Jahre. Das Schriftwesen im kulturellen Bereich wurde hauptsächlich auf Belarusisch geführt. Damals schien es ganz natürlich zu sein. / Meiner Meinung nach ist es ein ganz normales und interessantes Projekt. Nur dass es vorher vorbereitet werden sollte. / Das Programm der Einführung des Belarusischen am Anfang der 90er Jahre halte ich übrigens für richtig, nur war es damals voreilig. Erst sollte man sich um das tägliche Brot kümmern, und dann um die geistige Kost.]

Beispiele *contra* Belarusisch

> В своё время повальной белорусизации, насладиться я успела. Мне кажется, что если чем-либо пичкать насильно, то в конце концов это просто будет вызывать стойкое отвращение не только к самому предмету, но и ко всем его производным. Эдак мы не только не захотим слышать белорусский язык, но даже читать на нём не сможем без отвращения. / Помню в начале 90-ых были смешные попытки организации служебной переписки на мове при отсутствии общепринятой производственной терминологии.
>
> [Zu meiner Zeit, während der Massenbelarusifizierung, hatte ich genug Zeit, es auszukosten. Ich glaube, wenn man mit irgendetwas gewaltsam vollgestopft wird, gewinnt man im Endeffekt einfach eine standhafte Abneigung nicht nur gegen den Gegenstand selbst, sondern auch gegen alle seinen Derivate. So werden wir Belarusisch nicht nur nicht hören wollen, sondern wir werden es auch nicht ohne Ekel lesen können. / Ich erinnere mich, wie es am Anfang der 1990er lächerliche Versuche gab, den dienstlichen Schriftverkehr auf Belarusisch zu organisieren, ohne dabei eine allgemeingültige Betriebsterminologie zu haben.]

Topos der Diskriminierung des Russischen (6 Codings)

Da eine Belarusifizierung (nicht) zur Diskriminierung der Russischsprachigen führt, sollte sie (nicht) aufgegeben werden.

Anhand dieses selbsterklärenden Topos, der im Zusammenhang mit den Belarusifizierungsprozessen am Anfang der 1990er Jahre eingesetzt wird, wird gegen eine Belarusifizierung mit einer Verletzung der Rechte von den ausschließlich russischsprachigen Mitbürgern argumentiert. Seitens der *pro*-Position wird eine Diskriminierung des Russischen mit der Begründung verneint, eine Nichtberücksichtigung der Sprache einer nationalen Minderheit bei der Statusplanung gelte nicht als eine Diskriminierung. Hier wird deutlich, dass die *pro*-Position dazu tendiert, dem Russischen den Status einer Staatssprache abzusprechen und es als eine Minderheitensprache z.B. gleich dem Polnischen zu betrachten.

Beispiel *pro* Belarusisch

> И это не будет дискриминацией русскоязычных – в конце концов есть у нас и поляки, для которых родной польский, есть у нас и евреи и украинцы и т.д. – но никто из не считает дискриминацией тот факт, что их язык не государственный.

> [Und das wird keine Diskriminierung von Russischsprachigen sein – letztendlich haben wir auch Polen, deren Muttersprache Polnisch ist, wir haben Juden, Ukrainer etc., – aber niemand von denen hält für eine Diskriminierung die Tatsache, dass ihre Sprache keine Staatssprache ist.]

Beispiele *contra* Belarusisch

> Я вот, например, волнуюсь, почему улицы вдруг стали подписывать на одном только белорусском языке, а вот второй государственный забыли. Почему ущемляют, а? / Ради возрождения белорусского тут порой предлагаются методы, призванные задвинуть подальше русский. А вот это мне уже не безразлично. Иногда складывается впечатление, что для некоторых более важен упадок русского языка, нежели подъем белорусского.

> [Ich meinerseits mache mir z.B. Sorgen, warum die Straßen plötzlich nur auf Belarusisch beschildert werden, und die zweite Staatssprache dabei vergessen wird. Warum wird sie benachteiligt, hä? / Zur Wiedergeburt des Belarusischen werden hier mitunter Methoden vorgeschlagen, die das Russische weit wegschieben sollen. Und das ist mir nicht mehr egal. Man bekommt gelegentlich den Eindruck, dass für manche ein Verfall des Russischen wichtiger als ein Aufstieg des Belarusischen ist.]

Noch seltener als Russifizierung und Belarusifizierung wird die *Polonisierung* der belarusischen Gesellschaft angesprochen (3 C.), was aufgrund des zeitlichen Abstandes zu der Phase des polnischen Einflusses einleuchtend ist. Aber der

Begriff ‚Polonisierung' ist als eine Form der diskursiven Einflussnahme im Forendiskurs dennoch präsent und soll hier deswegen kurz erwähnt werden.

Topos der Polonisierung der Gesellschaft (3 Codings)

Da es in der Vergangenheit eine Polonisierung der Gesellschaft stattfand, kam es zur Marginalisierung der belarusischen Sprache.

Da die Polonisierungsprozesse für die soziokulturelle Situation in Belarus nicht mehr aktuell sind, wird mit diesem Topos der polonisierende Einfluss nicht separat, sondern in einem Vergleich zum russifizierenden Einfluss auf das Belarusische zur Sprache gebracht, welcher seinerseits als viel umfassender, offensiver und repressiver beschrieben wird. Eine Polonisierung sei dagegen freiwillig, regional und durch das Bestreben der Elite nach westlichen Werten verursacht gewesen. Solche Wahrnehmung der Polonisierungsprozesse erklärt die Verwendung dieses Topos ausschließlich für eine *pro*-Argumentation.

Beispiele *pro* Belarusisch

> Палянізацыя на беларускіх землях безумоўна ясвавала. Але ўвагу на яе зьвярталі толькі прадстаўнікі прывілеяваных саслоўяў. Сялянам, якія займалі большасьць у насельніцтве таго часу, было „наплюваць" на палянізацыі й іншыя працэсы. / Асноўныя адрозненні: Матывацыя – палянізацыя дабраахвотная, русіфікацыя прымусовая. Маштаб – палянізацыя толькі каталіцкага насельніцтва, русіфікацыя агульная. Альтэрнатывы – альбо ты паляк з усімі прывілеямі, альбо так і застанешся правінцыялам; альбо ты правінцыйны жыхар Імперыі, рускі, але не такі якасны як „старэйшы" брат, альбо ты вораг, якога трэба спляжыць. Палянізацыя гэта натуральны шлях у кірунку заходніх каштоўнасцяў, да якіх эліты грамадства натуральна хіліліся.
>
> [Eine Polonisierung lag im belarusischen Lande natürlich vor. Aber sie zog nur die Aufmerksamkeit der Vertreter von privilegierten Ständen auf sich. Den Bauern, welche zu der Zeit eine Mehrheit der Bevölkerung ausmachten, waren Polonisierung und andere Prozesse wurscht. / Hauptunterschiede: Motivation – Polonisierung war freiwillig, Russifizierung – zwanghaft. Ausmaß – Polonisierung betraf nur die katholische Bevölkerung, Russifizierung war flächendeckend. Alternativen – entweder bist du ein Pole mit allen Privilegien, oder du bleibst weiterhin ein Provinzler; entweder bist du ein provinzieller Einwohner des Imperiums, ein Russe, aber nicht so hochwertig wie der „ältere" Bruder, oder du bist ein Feind, den es zu vernichten gilt. Die Polonisierung ist ein natürlicher Weg in Richtung westlicher Werte, denen sich die gesellschaftlichen Eliten naturgemäß zuneigten.]

Qualitative Merkmale der Sprachsituation: Korpusplanung

Im Vergleich zur Statusplanung (364 C.) wird die *Korpusplanung* (39 C.) deutlich weniger aktiv diskutiert und überwiegend bei der Argumentation *pro* Belarusisch angesprochen (pro: 29, contra: 5 C.). Die Hälfte der Beiträge bezieht sich dabei auf das *Orthographiegesetz von 2008*, die andere Hälfte behandelt den *polonisierenden* und den *russifizierenden* Einfluss auf die belarusische Sprache (Tab. 20).

Topos der Zweckmäßigkeit des Orthographiegesetzes von 2008 (20 Codings)

Da keine objektive Notwendigkeit für das Orthographiegesetz 2008 bestand, ist es als ein Instrument der (antibelarusischen) Sprachpolitik zu betrachten.

Das Orthographiegesetz von 2008 wird von keiner der polaren Positionen (pro: 14, contra: 1 C.) als eine positive Erscheinung wahrgenommen. Die Vertreter der *pro*-Position beschreiben das Gesetz entweder als unnötig und deswegen als eine Verhöhnung des Belarusischen bzw. als einen Instrumentalisierungsversuch des Staates, mit dem Sprachgesetz von anderen sozialpolitischen Problemen abzulenken. Oder sie betrachten das Gesetz gar als schädlich, da die durch die alten und neuen Regeln entstandene Verwirrung einerseits und das Funktionieren des Regelwerkes in Form eines Gesetzes, was eine abweichende Schreibweise theoretisch zu einer Rechtswidrigkeit mache, andererseits, die Motivation zur Verwendung des Belarusischen sowohl im Bildungs- als auch im öffentlichen Bereich generell senken würde. Außerdem wird das Orthographiegesetz, das nur die Narkomaŭka-Variante normiert und sie als die einzige zulässige Form festschreibt, als eine weitere Russifizierungsmaßnahme des Staates verstanden. Die *contra*-Position vertritt die gleiche Meinung und erklärt mit den negativen Auswirkungen des Orthographiegesetzes die eigene fehlende Bereitschaft, Belarusisch zu verwenden. Nur in den wenigen Beiträgen (5 C.), in denen keine Stellungnahme bezogen wird, wird das Orthographiegesetz als ein objektiv bestehender Bedarf jeder Standardsprache an regelmäßiger Reformierung bezeichnet.

Beispiele *pro* Belarusisch

> Трэцяя наркамаўская рэформа беларускай мовы – гэта ўжо сьвядомы здзек! Палітыка маскоўскіх урадаў у тым, каб накіраваць палітыка-грамадзянскі пратэст беларусаў у сфэру „самаэкзэкуцыі", такім чынам проста заблытаць да таго, што грамадзянін ня ў стане высьветліць сутнасныя прычыны фактаў іхняй незадаваленасці, а таксама на падтрымку культурных фобіяў! / Ну і зацвердзілі б законам наркамаў-

ку без зменаў правапісу. Так як людзі ужо прывыклі пісаць. І пакаранні увядуць, і вельмі шмат, аказваецца новых правіл, каб адвучыць, адпудзіць ад роднай нават тых, хто яшчэ карыстаецца! / За реформой языка последует долгий и мучительный переходный период, жертвами которого станут в первую очередь школьники, начавшие учить мову по одним правилам, а заканчивающие – по другим. Соответственно – резко снизится число тех, кто рискнёт сдавать экзамены и тестирование на белорусском – испугаются путаницы. Вот и всё... / Апошнім крокам стала забарона тарашкевіцы і пераход на наркамаўку – акупацыйны правапіс, які быў створаны адмыслова з мэтаю „сбліженія языков".

[Eine dritte Narkom-Reform des Belarusischen – das ist schon eine bewusste Schikane. Die Politik der Moskauer Regierung besteht darin, den gesellschaftspolitischen Protest der Belarusen sowohl in den Bereich der „Selbstexekutierung" zu richten und sie dadurch derart zu verwirren, dass der Bürger nicht imstande ist, essenzielle seiner Unzufriedenheit für sich klarzustellen, als auch auf eine Aufrechterhaltung kultureller Phobien. / Sie hätten ruhig die Narkomaŭka ohne die Änderungen der Rechtschreibung gesetzlich festlegen können. So, wie die Menschen bereits gewohnt sind zu schreiben. Und nun werden ganz sicher Bestrafungen eingesetzt, und es erweist sich, dass es sehr viele neue Regeln gibt, um diejenigen, die die Muttersprache noch verwenden, davon abzubringen und abzuschrecken! / Der Sprachreform wird eine lange und qualvolle Übergangszeit folgen, zu deren Opfer in erster Linie die Schüler werden, die das Sprachenlernen nach der einen Regel beginnen, und nach der anderen beenden. Entsprechend wird die Zahl derjenigen, die Prüfungen und Tests auf Belarusisch abzulegen riskieren, stark sinken – man wird vor dem Wirrwarr zurückschrecken. Und das war's... / Ein letzter Schritt war der Verbot von Taraškievica und der Übergang zur Narkomaŭka – einer Okkupationsrechtschreibung, welche extra zwecks „Sprachannäherung" geschaffen wurde.]

Beispiel *contra* Belarusisch

А у детей наших думаете возникнет желание знать в совершенстве бел. яз, если они слышат по телевизору „ЭУРОПА" и прочее?.. сомневаюсь...

[Glauben Sie, es wird bei unseren Kindern der Wunsch aufkommen, Belarusisch perfekt zu können, wenn sie im Fernsehen „Äuropa"[187] und ähnliches zu hören bekommen?.. Ich bezweifle es...]

Beispiel *keine Stellungnahme*

Полная реформа языка может и не требуется, но некоторое обновление да. Это неизбежный процесс для каждого языка.

[Eine umfassende Sprachreform ist vielleicht nicht nötig, aber eine gewisse Erneuerung schon. Es ist für jede Sprache ein unvermeidlicher Prozess.]

---

187 Eine von Narkomaŭka abweichende Schreibweise, die zuweilen von Taraškievica-Anhängern verwendet wird.

Topos der Russifizierung der belarusischen Sprache (11 Codings)

Da im Korpusbereich eine russifizierende Einwirkung auf die belarusische Sprache ausgeübt wurde, kam es zu ihrer Deformierung.

Mit diesem Topos, der ausschließlich *pro* Belarusisch verwendet wird, werden politisch intendierte Assimilationseingriffe in die belarusische Sprache v.a. zu den Zeiten der Sowjetunion als Ursachen dessen genannt, dass die Sprache ihre Authentizität weitgehend verloren habe. Somit wird dieser Topos vom *Ursachen*-Topos subsumiert, aber dennoch als eigener Topos gefasst, weil er eine explizite Berufung auf das Phänomen der Russifizierung der belarusischen Sprache als Zeichensystem enthält.

Beispiele *pro* Belarusisch

> Это сказать „спасибо" надо коммунистам, решившим во времена СССР „приблизить" национальные языки к русскому. / Тады наша мова страціла сваю самабытнасьць, больш наблізілася да расейскай!
>
> [Den Kommunisten muss man „danken", welche zur Sowjetzeit beschlossen haben, die Nationalsprachen dem Russischen „anzunähern". / Dann hat unsere Sprache ihre Eigenartigkeit verloren, hat sich dem Russischen stärker angenähert!]

Eine *Polonisierung* des Belarusischen wird gleichwie seine Russifizierung relativ selten diskursiv behandelt (8 C.) und mit dem Topos der *Natürlichkeit des polnischen Einflusses auf die belarusische Sprache* thematisiert.

Topos der Natürlichkeit des polnischen Einflusses auf die belarusische Sprache (3 Codings)

Da der polonisierende Einfluss auf die belarusische Sprache auf einem natürlichen / unnatürlichen Wege geschah, hat er die Sprache reicher / fremdartig gemacht.

Anders als die Russifizierung wird die Polonisierung des Belarusischen von einem Teil der *pro*-belarusischen Stimmen als eine natürliche Übernahme infolge der Koexistenz zweier Sprachen in bestimmten historischen Perioden aufgefasst. Der andere Teil der Vertreter der *pro*-belarusischen Position sieht in der Verwendung von Polonismen in der belarusischsprachigen Rede währenddessen einen Ausdruck von nationalistischer Haltung und eine Entfernung von der existierenden vertrauten Form des Belarusischen, was in ein erschwertes Sprachverständnis münde. Die *contra*-Position nutzt das Vorkommen von Polonismen im Belarusischen, um zu behaupten, eine solche Sprache sei für Belarusen fremd und ihre eigentliche Muttersprache sei Russisch.

Beispiele *pro* Belarusisch

> Наогул нічога жудаснага тут няма. Шматлікія словы перасякаюцца і з польскай, і з літоўскай, і ўкраінскай. Вучыце гісторыю – там напісана, колькі гадоў мы пражылі з Расеей, а колькі ў ВКЛ і Рэчы Паспалітай. / Вот чего я не люблю, так это польского или литовского акцента у некоторых „свядомых". / А наш прошлый язык переделали на польский лад, также удалив оттуда старорускую лексику. И, как оказалось, дети в школах его недопонимают, и он плохо учится.

> [Es gibt daran überhaupt nichts Schreckliches. Eine Vielzahl Wörter überschneidet sich sowohl mit dem Polnischen als auch mit dem Litauischen und Ukrainischen. Lernt mal die Geschichte – dort steht geschrieben, wie viele Jahre wir mit Russland gelebt haben und wie viele innerhalb von Großfürstentum Litauen und Rzeczpospolita. / Wenn ich was nicht mag, dann den polnischen oder litauischen Akzent bei manchen „Nationalbewussten". / Und unsere ehemalige Sprache hat man polnischartig umgestaltet und dabei die altrussische Lexik daraus entfernt. Und es hat sich herausgestellt, dass die Kinder in den Schulen sie nicht immer verstehen und dass sie sich schwer lernen lässt.]

Beispiel *contra* Belarusisch

> Но факт есть в том, что белорусы в Белоруссии говорят на своём родном языке. А язык этот называется русским. Если кому больше нравится – бело-русским. А белмову эту непонятную прошу оставить полякам. Они её придумали – так и пусть тешатся.

> [Aber die Tatsache ist, dass Belarusen in Belarus ihre Muttersprache sprechen. Und diese Sprache heißt Russisch. Und wenn es jemandem besser gefällt – Weiß-Russisch. Und dieses unverständliche Belarusisch lassen Sie bitte den Polen. Sie haben es ausgedacht – sie sollen sich auch daran vergnügen.]

Qualitative Merkmale der Sprachsituation: Erwerbsplanung

Die *Erwerbsplanung* wird ebenso verhältnismäßig selten zur Diskussion herangezogen (27 C.) und manifestiert sich im Topos *der Qualität des Belarusisch-Schulunterrichts* (Tab. 20).

Topos der Qualität des Belarusisch-Schulunterrichts (27 Codings)

Da die Qualität des Belarusisch-Schulunterrichts niedrig ist, muss dieser Zustand geändert werden / kann und soll nicht zum Belarusischen gewechselt werden.

Zwar wird das Thema der Bildung auch mit den anderen Topoi aufgegriffen (z.B. *Ursachen*-Topos der *ungünstigen Erwerbsplanung*), aber für die Aussonderung dieses Topos war die Bedeutungskomponente der staatlichen Planung der belarusischsprachigen Bildung relevant. Da deren Qualität und v.a. die sprachliche Gestaltung des Unterrichts angeprangert werden, ist es einleuchtend, dass der Topos meistens von regierungskritischen Stimmen genutzt wird, welche in der Regel eine *pro*-belarusische Position vertreten (pro: 22, contra: 6 C.). Es werden eine mangelnde Sprachkompetenz der Lehrkräfte, das Fehlen belarusischsprachiger Lehrwerke, eine niedrige Anzahl der Unterrichtsstunden für Belarusisch sowie die Wahl einer Unterrichtssprache, welche auch in den Fächern wie Belarusische Sprache, Literatur und Geschichte häufig Russisch ist, als Problemfelder aufgeführt, die evtl. eine staatliche Neuregelung benötigten. Hier wird also das Kausalschema ‚Grund-Folge' (Realität-Maßnahme) angewendet. In der *contra*-Variante wird mit diesem Topos nach dem Schema ‚Ursache-Wirkung' (Ursache-Realität) argumentiert, dass der oben beschriebene Missstand in der Bildungssphäre ein Hindernis für einen Übergang zum Belarusischen sei, da nun die Sprachkompetenz der Gesellschaft in Belarusisch nicht ausreichend sei, weswegen darauf ganz verzichtet werden solle. Dieser Topos stellt somit eine Spezifizierung des *Realitäts*-Topos dar. Er macht es besonders deutlich, dass sich die Verteidiger des Belarusischen eine Veränderung der bestehenden sprachlichen Realität wünschen, während es sich bei der ablehnenden Haltung um eine reine Konstatierung der Realität handelt.

Beispiele *pro* Belarusisch

То, что у нас в школах беларусский преподают отвратительно – это факт и позор учителю беларусского, который сам преподает уроки на русском. / Программа обучения белорусскому языку и литературе просто тупая. И ещё в этом году выдались новые учебники по истории Беларуси... и как вы думаете, на каком языке? Да, на русском. Стало очень обидно. / Очень жалею, что не могу сама разговаривать по-белорусски, т.к. за те жалкие часы языка, отведенные по программе, можно освоить только трасянку.

[Dass Belarusisch in unseren Schulen einfach scheußlich unterrichtet wird, ist eine Tatsache und eine Schande für Belarusisch-Lehrer, welche selbst auf Russisch unterrichten. / Das Lernprogramm für die belarusische Sprache und Literatur ist einfach stupide. Und außerdem wurden dieses Jahr neue Lehrbücher für die Geschichte des Belarus herausgegeben... und was glauben Sie, in welcher Sprache? Genau, auf Russisch. Mir wurde sehr bitter zumute. / Ich bedauere sehr, dass ich selbst kein Belarusisch kann, denn in diesen mickrigen Unterrichtsstunden des Belarusischen, die im Programm vorgesehen sind, kann man nur die Trasjanka beherrschen.]

Beispiele *contra* Belarusisch

Сейчас резко переходить на белорусский крайне нелогично и неудобно для большинства учеников в классе. / Однозначно нет! Аргументирую все очень просто, полное отсутствие специальной литературы на белорусском языке, а также отсутствие адекватных педагогов, говорящих на белорусском языке. В русском языке есть масса литературы и учебников, а что есть по-белорусски? Единично изданные не понятно кем учебники???

[Rasch zum Belarusischen zu wechseln ist jetzt äußerst unlogisch und unbequem für die Mehrheit der Schüler in einer Klasse. / Eindeutig nein! Ich argumentiere das sehr einfach: Ein absolutes Fehlen der Fachliteratur auf Belarusisch sowie adäquater belarusischsprechender Pädagogen. Auf Russisch gibt es eine Menge Literatur und Lehrwerke, und was gibt es auf Belarusisch? Vereinzelte Lehrbücher von dahergelaufenen Herausgebern???]

Qualitative Merkmale der Sprachsituation: Prestigeplanung

Im Gegensatz zur Korpus- und zur Erwerbsplanung wird die *Prestigeplanung* im Forendiskurs verhältnismäßig aktiv diskutiert (130 C.). Am meisten werden dabei die *Sprache des Präsidenten* und ihre Rolle beim Prestigeaufbau des Belarusischen angesprochen (37 C.), gefolgt von der *Rolle des Staates und seiner Sprachpolitik* (29 C.), der *Massenmedien* (21 C.) und der *Literatur* (18 C.). Vereinzelt wird auf die Rolle der *Elite* (7 C.) und der *belarusischen Estrade* (2 C.) eingegangen (Tab. 20).

Topos der Rolle der Sprache des Präsidenten (37 Codings)

Da der Präsident als das ‚Gesicht des Staates' die belarusische Sprache nicht verwendet und nicht beherrscht, wirkt sich das negativ auf das Prestige der Nationalsprache aus und sollte / sollte nicht geändert werden.

Dieser Topos ist eine Spezifizierung des *Paradox*-Topos. Es wird damit eine Nichtverwendung der Nationalsprache seitens des Staatsoberhaupts als negativ und einzigartig charakterisiert. Es werden eine fehlende Sprachkompetenz und eine negative Einstellung des Präsidenten zum Belarusischen behauptet (negative Meinung über Belarusisch als eine minderwertige Sprache, emotionale Abgeneigtheit ihr gegenüber und Nichtverwendung) und für den fehlenden Respekt der Gesellschaft vor Nationalsprache verantwortlich gemacht, welche ihrerseits so lange kein Belarusisch sprechen würde, bis die erste Person des Staates die Sprache seines Landes zu verwenden beginne. Auch in der *contra*-Variante des Topos wird die Rolle der Sprache des Präsidenten für den Prestigeaufbau der Nationalsprache betont, allerdings wird das Sprachverhalten des belarusischen Präsidenten als Zeichen und Folge dessen interpretiert, dass die Sprache kein Ansehen hätte. Hier kommt es also zu einem Komponententausch im Kausalschema ‚Grund-Folge' (*pro*: ‚der Präsident spricht nicht' – ‚kein Respekt seitens der Gesellschaft'; *contra*: ‚Belarusisch genießt kein Ansehen' – ‚nicht mal der Präsident spricht es'), so dass die Ursache für die Marginalisierung des Belarusischen aus der Sicht der *contra*-Position bei der Sprache selbst liege.

Beispiele *pro* Belarusisch

> Только в Беларуси президент не разговаривает на родном языке. / Лука сам сказаў, што на беларускай мове нельга перадаць усёй паўнаты думкі. / Скорей всего Лукашенко сводит счеты с собственными комплексами. Его комплекс – беларуский акцент, вот он и доказывает всему миру, что он не беларус, а „руский". / Если Сам Президент Беларуси БРЕЗГУЕТ говорить грамотно на родной мове, то какое уважение к бел. яз. может быть? / Пока не заговорит Президент, разговор на „матчынай мове" будет исключением из правил. / Он лицо государства! Но если он вот уже 14 лет не делает ничего для всеобщего перехода на родной язык, то потуги отдельных деятелей культуры не дадут результата. Ибо нет в стране сейчас более влиятельного человека. / Загавораць тады, калі галоўны чыноўнік загаворыць.
>
> [Nur in Belarus spricht der Präsident die Muttersprache nicht. / Luka hat selbst gesagt, dass man auf Belarusisch nicht die ganze Fülle des Gedankens ausdrücken kann. / Lukaschenko begleicht eher alte Rechnungen mit seinen eigenen Komplexen. Sein Komplex ist sein belarusischer Akzent, und so will er der ganzen Welt deswegen beweisen, dass er kein Belaruse, sondern ein „Russe" ist. / Wenn der Präsident von Belarus in Person davor zurückschreckt, seine Muttersprache korrekt zu sprechen, von welchem Respekt vor Belarusisch kann dann die Rede sein? / Solange der Präsident nicht selbst damit anfängt, wird das Sprechen in der „Muttersprache" eine Ausnahme sein. / Er ist das Gesicht des Staates! Aber wenn er bereits die ganzen 14 Jahre lang nichts für einen Übergang zur Muttersprache macht, bringen auch die Anstrengungen einzelner Kulturschaffenden nichts. Denn es gibt zurzeit keinen einflussreicheren Menschen im Land. / Wenn der Hauptbeamte damit anfängt, dann fangen auch die anderen damit an.]

Beispiel *contra* Belarusisch

> Белорусский в Конституции прописан как официальный, государственный. – В конституции много чего было написано, да поменяли референдумом ;-), да и гарант Конституции грит на языке москалей, так шо не показатель ;-).
>
> [Belarusisch ist in der Verfassung als eine offizielle Staatssprache festgeschrieben. – In der Verfassung war vieles festgeschrieben, nur wurde sie durch das Referendum verändert ;-), auch der Garant der Verfassung spricht die Sprache von Moskowitern, also ist es kein Kriterium ;-)]

Topos der Rolle des Staates und seiner Sprachpolitik (29 Codings)

Da die Einstellung des Staates zur Nationalsprache negativ ist und durch seine Sprachpolitik keine Unterstützung der belarusischen Sprache gewährt wird, wirkt sich das negativ auf das Sprachprestige aus und sollte geändert werden.

Mit diesem Topos, der ausschließlich *pro* Belarusisch eingesetzt wird, wird also die Einstellung des Staates zum Belarusischen als negativ aufgefasst. Dabei wird die Bedeutung der staatlichen Unterstützung der Sprache als hoch eingeschätzt und als eine unentbehrliche Komponente oder gar als der einzige Weg der Prestigeförderung des Belarusischen betrachtet. Dem Staat und seiner Sprachpolitik wird zudem eine große Wirkungskraft zugesprochen, weswegen von ihm seitens der Diskussionsteilnehmer eine Einstellungsänderung und eine aktive Förderung der Sprache erwünscht und erwartet werden. In der anderen, ebenfalls *pro*-belarusischen Variante dieses Topos wird die Rolle des Staates beim Prestigeaufbau des Belarusischen dagegen minimiert, und es wird behauptet, dass von ihm aufgrund seiner Einstellung zur Nationalsprache keine Unterstützung zu erwartet sei und dass das Volk selbst aktiv tätig werden solle (vgl. Topos der *einzelnen Person*).

Beispiele *pro* Belarusisch

> Беларускоговорящие вызывают агрессию у госчиновников. Надо сначала это изменить. / Сення разбуральныя працэссы зайшлі так далека, што гэта немагчыма без шырокай дзяржаўнай падтрымкі. / У беларусов большие проблемы с национальной самоидентификацией, и только активные действия со стороны государства могли бы спасти беларуский язык... / Люди не могут в один день договориться и заговорить на белорусском. Придать импульс такому движению может только государство, если захочет. / Але хто як не БЕЛАРУСКАЯ дзяржава павінна клапаціцца пра разьвіццё БЕЛАРУСКАЙ мовы.

> [Die Belarusischsprechenden rufen bei den Staatsbeamten Aggression hervor. Erst muss dies geändert werden. / Heute sind die Zerstörungsprozesse so weit fortgeschritten, dass es ohne eine umfassende staatliche Unterstützung nicht möglich ist. / Belarusen haben große Probleme mit ihrer nationalen Selbstidentifizierung, und aktive Handlungen seitens des Staates könnten das Belarusische retten... / Die Menschen können sich nicht verabreden und von einem Tag auf den anderen anfangen, Belarusisch zu sprechen. Einen Impuls kann einer solchen Bewegung nur der Staat geben, wenn er denn will. / Aber wer, wenn nicht der BELARUSISCHE Staat, muss um die Entwicklung der BELARUSISCHEN Sprache Sorge tragen.]

> И вообще-то хватит рассчитывать на государство в вопросе поддержки белорусской культуры. Посмотрите, кто там сидит. Колхозаны с бандитскими понятиями.

И вы рассчитываете на их понимание? Надо находить возможности создавать частные заведения и там учить своих детей белорусской культуре, истории и языку.

[Es reicht übrigens endlich, sich in Fragen der Unterstützung von belarusischer Kultur auf den Staat zu verlassen. Schaut hin, wer da sitzt. Bauernlümmel mit Gangstervorstellungen. Und Sie zählen auf deren Verständnis? Man muss Möglichkeiten finden, private Lehranstalten zu schaffen und dort die belarusische Kultur, Geschichte und Sprache den eigenen Kindern beizubringen.]

Topos der Rolle der Elite (7 Codings)

Da die nationale Elite ein großes Wirkungspotenzial hat, kann und soll sie sich für die Prestigeförderung des Belarusischen einsetzen.

Der *pro* Belarusisch verwendete *Elite*-Topos ist zwar viel schwächer im Diskurs präsent als die Topoi der *Rolle des Präsidenten* und des *Staates*, aber er weist eine ähnliche Verwendung auf: Es wird damit ein Bedarf an einer national gesinnten Elite thematisiert, deren führende Rolle beim Prestigeaufbau des Belarusischen behauptet wird, sowie das Vertrauen in ihre Fähigkeit, als eine einflussreiche Minderheit auf das Ansehen der Nationalsprache positiv einzuwirken, geäußert. Deswegen wird im Forendiskurs auf einen aktiven Einsatz der Elite gezählt.

Beispiele *pro* Belarusisch

> Каб нацыя адбылася, у этнаса павінна зьявіцца адукаваная эліта. / Інтэлектуалы і помогут своему народу познать себя. / Будет на то воля элит, все заговорят и без особых возмущений.
>
> [Damit eine Nation zustande kommt, muss bei der Ethnie eine gebildete Elite aufkommen. / Es sind die Intellektuellen, die dem eigenen Volk letztendlich zur Selbsterkenntnis verhelfen werden. / Wird es von den Eliten gewollt, fangen alle an zu sprechen, und das ohne besondere Empörung.]

Topos der niedrigen Qualität belarusischer Massenmedien (21 Codings)

Da die belarusischen Massenmedien kein (korrektes) Belarusisch verwenden, wirkt sich das negativ auf das Prestige der belarusischen Sprache aus.

Mit diesem Topos werden die belarusischen Massenmedien von den beiden polaren Positionen (pro: 17, contra: 4 C.) einer Kritik unterzogen. In der *pro*-Variante werden sowohl deren schlechte Qualität, welche ihrerseits eine niedrige Rezipientenzahl verursacht, als auch ihre sprachliche Gestaltung entweder überwiegend auf Russisch oder auf einem fehlerbehafteten, Trasjanka-ähnlichen Belarusisch angeprangert und als eine Diskreditierung der belarusischen Sprache bewertet. Die *contra*-Argumentation vertauscht die Komponenten des ‚Grund-Folge'-Kausalschemas und interpretiert die Dominanz der russischen Sprache in den Medien als Zeichen und Folge dessen, dass Belarusisch kein Ansehen seitens der Bevölkerung genieße und von ihr nicht benötigt werde.

Beispiele *pro* Belarusisch

> Качество и профессионализм наших каналов низки, их и так не смотрят. / О каком белорусском у нас в стране можно говорить, если даже национальные каналы ТВ идут на русском языке. / А што толку, калі па рэспубліканскаму радыё вядучыя размаўляюць на беларускай мове з рускім акцэнтам. / І, нажаль, то, што прыходзіцца слухаць па радыё і тэлевізару, інакш як трасянкай не назавеш.
>
> [Die Qualität und die Professionalität unserer Sender sind niedrig, und so werden sie von niemandem angeschaut. / Vom welchem Belarusisch kann in unserem Land die Rede sein, wenn sogar die nationalen TV-Sender auf Russisch sind. / Und was nützt es, wenn die Moderatoren im republikanischen Radio Belarusisch mit einem russischen Akzent sprechen. / Leider kann man das, was man sich im Radio und im Fernsehen anhören muss, anders als Trasjanka nicht nennen.]

Beispiel *contra* Belarusisch

> На ОНТ говорят на русском. Это показатель. Подумайте и вспомните, на каком языке говорят Ваши родные и близкие.
>
> [Auf ONT spricht man Russisch. Das ist ein Indiz. Denken Sie nach und erinnern Sie sich, welche Sprache Ihre Nächsten und Verwandten sprechen.]

Topoi der Rolle nationaler Literatur (18 Codings) und belarusischsprachiger Estrade (2 Codings)

Da es an nationaler belarusischer Literatur und an Liedern fehlt, trägt es nicht dem Prestige der belarusischen Sprache bei und sollte geändert werden.

Die diskursive Verwendung dieser Topoi zeigt, dass neben den anderen erwähnten Faktoren auch die Relevanz von nationaler Literatur und belarusischsprachiger Estrade für das Prestige der Nationalsprache den Diskursakteuren bewusst ist und von den beiden Positionen gleich häufig erkannt wird (pro: 7, contra: 7 C.). Die *contra*-Stimmen behaupten dabei, es gäbe keine erwähnungswerte zeitgenössische nationale Literatur und es würde sie auch künftig nicht geben, wogegen die *pro*-Stimmen von einer reichen nationalen Literatur sprechen, von vielen guten Autoren der postmodernistischen Welle, die jedoch „bedauerlicherweise" nicht zum Schulprogramm gehörten und deswegen nicht weit bekannt seien. Es wird darüber hinaus über den Bedarf an belarusischsprachiger Belletristik diskutiert, welche einerseits einer Sprachkompetenzsteigerung in der Gesellschaft durch Erweiterung ihres passiven Wortschatzes beitragen würde und andererseits einen ‚verderblichen, vulgarisierenden' Einfluss auf die belarusische Standardsprache ausüben würde. Vor dem Hintergrund der behaupteten niedrigen Qualität der belarusischsprachigen Estrade und mit dem Argument, dass Musik ein der relevantesten Kontexte der Popularisierung und des Prestigeaufbaus einer Sprache ist, wird eine Förderung dieses Bereiches für wichtig erklärt.

Beispiele *pro* Belarusisch

А наши белорусские писатели, какие замечательные произведения. Если издать большие и красивые тома с произведениями бел. писателей, то многие б купили и потом бы говорили, что нашими писателями гордиться нужно и мовай тоже. / Беларуская літаратура налічвае не менш цікавых і таленавітых аўтараў, чым руская, проста многія людзі абмяжоўваюцца толькі ведамі школьнай праграмы. / Людзям не хапае звычайных слоў. А тая ж беларуская „данцова" магла бы ўзбагаціць лексіку пабытовымі словамі. / „Пісакі" не ўзбагачаюць, а скажаюць літаратурную мову. Калі мы яе разбурым папулярнычынай – п****ц ёй будзе.

[Und unsere belarusische Schriftsteller, was für großartige Werke. Wenn man große und schöne Bänder mit den Werken belarusischer Schriftsteller herausgeben würde, würden viele sie kaufen und dann sagen, dass man auf unsere Schriftsteller stolz sein muss, und auf die Sprache auch. / Die belarusische Literatur hat nicht weniger interessante und talentierte Autoren als die russische, nur beschränken sich viele Menschen einfach auf die Kenntnisse aus dem Schulprogramm. / Den Menschen mangelt es an gewöhnlichen Wörtern. So eine belarusische „doncova"[188] könnte die Lexik mit Alltagsvokabular anreichern. / Eine Standardsprache wird von „Makulaturschreibern" nicht angereichert, sondern verdorben. Wenn wir sie durch diese quasi-Popularisierung verstören, ist sie im A*sch.]

Что бы все начали разговаривать на белорусском, надо чтобы он стал модным и понравился молодёжи, тогда процесс пойдёт сам собой, но когда я переключаю на белорусские каналы или слышу нашу эстраду, начинаю понимать, что всё очень запущено. Создайте белорускоязычную группу, типа Вопли Видоплясова. Поверьте, они сделали для Украины намного больше, чем чиновники-пустозвоны, вот это и есть авторитеты, говорящие, что наш язык это круто.

[Damit alle anfangen Belarusisch zu sprechen, muss es in Mode kommen und der Jugend gefallen, dann kommt der Prozess von alleine in Gang, aber wenn ich durch belarusische Kanäle zappe oder unsere Estrade höre, fange ich an zu begreifen, dass alles sehr ver-

---

[188] Eine russische Belletristin

wahrlost ist. Schafft eine belarusischsprachige Band, so etwas wie Vopli Vidopljasova.[189] Glauben Sie mir, sie haben für die Ukraine vielmehr als die Beamtenschwätzer gemacht, sie sind diejenigen Autoritäten, die davon zeugen, dass unsere eigene Sprache etwas Cooles ist.]

Beispiel *contra* Belarusisch

> Литературы на белорусском в достаточном объеме нет и не будет.
>
> [Literatur auf Belarusisch gibt es im ausreichenden Umfang nicht, und es wird sie auch nicht geben.]

Früher-war-es-besser-Topos (10 Codings)

Da sogar zu den Zeiten der Sowjetunion mehr für das Prestige der belarusischen Sprache als zu den Zeiten der Souveränität gemacht wurde, sollte nun das Prestige der belarusischen Sprache staatlich stärker gefördert werden.

Domänenübergreifend und *pro* Belarusisch wird in Bezug auf die Prestigeplanung der *Früher-war-es-besser*-Topos verwendet, mit dem die Sprachpolitik in der Sowjetunion der aktuellen als eine loyalere gegenübergestellt wird.

Beispiel *pro* Belarusisch

> В советское время беларускай мове уделялось больше внимания, чем теперь, по крайней мере телевизионный гос. канал был на роднай мове, теперь 99% эфирного времени – русский язык.
>
> [Zur Sowjetzeit wurde Belarusisch mehr beachtet als jetzt, zumindest der staatliche Fernsehkanal lief in der Muttersprache, jetzt sind 99% der Sendezeit – auf Russisch.]

Besser-als-nichts-Topos (6 Codings)

Insgesamt werden die Topoi, die sich auf die *Sprachpolitik* und *Sprachplanung* beziehen, überwiegend (zu 80%) *pro* Belarusisch verwendet, indem die Sprachpolitik in der Regel kritisiert wird (pro: 420, contra: 105 C.). Mit dem selbstredenden *Besser-als-nichts-Topos* wird dagegen von der Kritik der staatlichen Sprachplanung abgesehen: Es wird eine Zufriedenheit mit den wenigstens kleinen sprachpolitischen Maßnahmen zur Förderung des Belarusischen zum Ausdruck gebracht.

---

[189] Eine ukrainische Rock-Gruppe

Beispiel *pro* Belarusisch

> Сёньня а 19-й гадзіне СТВ надавала навіны па-беларуску. Дробязь, але прыемна.
> [Heute um 19 Uhr hat die STV Nachrichten auf Belarusisch übertragen. Klein, aber fein.]

Qualitative Merkmale der Sprachsituation: Sprachwirklichkeit

Bei der Beschreibung von *Sprachwirklichkeit* (150 C.) als Merkmal der Sprachsituation in Belarus geht es inhaltlich um eine Einschätzung und den argumentativen Einsatz der gesellschaftlichen *Kompetenz in* und der *Performanz von* Belarusisch, welche im Diskurs mit den folgenden Topoi thematisiert werden: Topos der *fehlenden gesellschaftlichen Kompetenz in Belarusisch*, der *Sprache der Behörden*, Topos *‚Alle haben Belarusisch in der Schule gelernt'*, Topos der *Korrektheit der belarusischsprachigen Rede*, der seinerseits den Topos *‚Fehlerfrei sind nur Nichtstuer'* subsumiert, und *Museumsgut*-Topos, mit dem die Verwendung des Belarusischen diskursiv behandelt wird (Tab. 21).

Tab. 21: Sprachsituations*spezifische* Topoi. Qualitative Merkmale der Sprachsituation: Sprachwirklichkeit

Sprachsituations*spezifische* Topoi *Qualitative Merkmale der Sprachsituation*	Position		Insg.
	pro	contra	
Sprachwirklichkeit			
Sprachkompetenz			
Topos der *fehlenden gesellschaftlichen Kompetenz in Belarusisch*	37	16	56
Topos der *fehlenden Kompetenz der Behörden in Belarusisch*	13		13
Topos *‚Alle haben Belarusisch in der Schule gelernt'*	13	2	15
Topos der *Korrektheit der belarusischsprachigen Rede*	21	15	41
Topos *‚Fehlerfrei sind nur Nichtstuer'*	9		9
	93	33	134
Sprachperformanz			
Museumsgut-Topos	5	10	16
	98	**43**	**150**

Topos der fehlenden gesellschaftlichen Kompetenz in Belarusisch (56 Codings)

Da die belarusische Gesellschaft die Nationalsprache kaum beherrscht, entsteht das Problem ihrer negativen Einstellung zum Belarusischen / ist die Verwendung des Belarusischen nicht sinnvoll.

Dieser Topos wird vorwiegend *pro* Belarusisch verwendet (pro: 37, contra: 16 C.). Prototypisch für seine Realisierung als *pro*-Argument sind Konstatierung und Veranschaulichung an Beispielen einer schwachen Beherrschung des Belarusischen seitens der Bevölkerung und Erklärung anhand dessen ihrer negativen Spracheinstellung, inkl. der Nichtverwendung der Sprache, was seinerseits als ein Problem bzw. eine Unnormalität aufgefasst wird, welche die Sprachsituation in Belarus zu einer Ausnahme gemacht hätten. Die *pro*-Variante des Topos steht im Zusammenhang mit der emotiv-affektiven Komponente der Spracheinstellung, denn es werden häufig Emotionen wie Scham oder Traurigkeit wegen der eigenen und der gesellschaftlichen Sprach*in*kompetenz zum Ausdruck gebracht. In der Funktion von Gegenargumenten wird die mangelnde bzw. fehlende Sprachkompetenz der Bevölkerung in Belarus als Anlass dazu hervorgebracht, auf das Belarusische zur Vermeidung von Kommunikationsproblemen ganz zu verzichten.

Beispiele *pro* Belarusisch

> Белорусы – вообще уникальный народ – он в подавляющем большинстве НЕ ЗНАЕТ и НЕ ХОЧЕТ ЗНАТЬ белорусский язык. По идее должно быть стыдно, но всем наплевать. / Остановился у придорожного кафе. Попросил кавы. Девушка, красиво округлив глаза, пыталась узнать, что это такое. И таких примеров сотни. / Рассуждая логически, зачем человеку бороться против использования белорусского языка, напрашивается вывод о неспособности человека разговаривать на оном. / Але трэба памятаць, што ўжо з'явіліся людзі, якія ня толькі ня ўмеюць размаўляць, але і чытаць па беларуску. І гэта праблема.
>
> [Belarusen sind überhaupt ein einzigartiges Volk: In ihrer überwiegenden Mehrheit KENNEN sie die belarusische Sprache NICHT und WOLLEN sie NICHT KENNEN. Eigentlich müsste man sich schämen, aber es ist allen sauegal. / Ich hielt an einer Raststätte. Habe nach *kava*[190] gefragt. Das Mädchen machte schön große Augen und versuchte herauszufinden, was das ist. Und solche Beispiele gibt es Hunderte. / Überlegt man logisch, warum ein Mensch gegen die Verwendung des Belarusischen kämpfen sollte, drängt sich die Schlussfolgerung über seine Unfähigkeit, diese zu sprechen, auf. / Aber man darf nicht vergessen, dass es bereits Menschen gibt, welche Belarusisch nicht nur nicht sprechen, sondern auch nicht lesen können. Und ist ein Problem.]

---

190 ‚Kaffee' auf Belarusisch

Beispiele *contra* Belarusisch

Зачем говорить по-белорусски в стране, в которой этот язык понимает 5 процентов населения? / И если кто-либо предлагает полностью перейти на белорусский язык, то он должен понимать, что основная масса народа в этом языке ни черта не понимает на уровне, достаточном для нормального общения. Значит, будут очень серьезные проблемы.

[Wozu soll man Belarusisch in einem Land sprechen, in dem diese Sprache nur von den 5 Prozent der Bevölkerung verstanden wird. / Und wenn einer den kompletten Übergang zum Belarusischen vorschlägt, dann muss er sich im Klaren darüber sein, dass die Hauptmasse der Bevölkerung nicht das Geringste auf dem Niveau versteht, das für eine normale Kommunikation ausreichend ist. Also wird es ernsthafte Probleme geben.]

Topos der fehlenden Kompetenz der Behörden in Belarusisch (13 Codings)

Da die Behördenmitarbeiter die belarusische Sprache nicht beherrschen, obwohl das ihre Pflicht sei, stellt dieser Sachverhalt eine Anomalie dar und sollte geändert werden.

Dieser Topos ist eine Spezifizierung des Topos der *fehlenden gesellschaftlichen Sprachkompetenz* auf der Ebene des Sprachverhaltens im Staatsapparat. Derart formuliert, wird er diskursiv nur *pro* Belarusisch eingesetzt. Es wird hier ebenso eine niedrige Kompetenz in Belarusisch und eine negative Einstellung ihm gegenüber seitens der Beamten behauptet, was vor dem Hintergrund deren Verpflichtung von Amtswegen, Belarusisch zu beherrschen, als eine Anomalie dargestellt wird und laut Diskussionsteilnehmern geändert werden soll.

Beispiele *pro* Belarusisch

Обратитесь к чиновнику по-белорусски, будет забавно. Мало того, иные ещё и гордятся незнанием белорусского языка. / Работники госаппарата обязаны знать два государственных языка. Незнание государственных языков государственными служащими – это исключительно белорусское ноу-хау. / Если бы правительство резко заговорило на беларусском, от этого хуже бы не стало.

[Sprechen Sie mal einen Beamten auf Belarusisch an, das wird lustig. Mehr noch, manche brüsten sich noch mit ihrer Inkompetenz in Belarusisch. / Mitarbeiter des Staatsapparates sind verpflichtet, die zwei Staatssprachen zu beherrschen. Eine Inkompetenz der Staatsbeamten in der Staatssprache ist ausschließlich das belarusische Know-how. / Wenn die Regierung rasch zum Belarusischen wechseln würde, würde es doch dadurch nicht schlimmer werden.]

Topos ‚Alle haben Belarusisch in der Schule gelernt' (15 Codings)

Da alle Belarusisch in der Schule gelernt haben, besteht innerhalb der Bevölkerung eine allgemeine Sprachkompetenz, die für einen vollständigen Übergang zum Belarusischen ausreichend wäre.

Dieser Topos steht in einem Dialogizitätsverhältnis mit dem Topos der *fehlenden gesellschaftlichen Sprachkompetenz* und widerspricht ihm, indem er die Sprach*in*kompetenz der Bevölkerung als übertrieben darstellt, denn alle hätten Belarusisch in der Schule gelernt und besäßen mindestens passive und ausbaufähige aktive Sprachkenntnisse, so dass ein Übergang zum Belarusischen unproblematisch wäre, so die *pro*-Position. Die *contra*-Position bestätigt mit diesem Topos ebenso eine flächendeckende Kompetenz in Belarusisch und führt dabei die Nichtverwendung der Sprache auf andere als die Sprachbeherrschung Gründe zurück (vgl. *Ursachen*-Topos).

Beispiele *pro* Belarusisch

> Интересно, как это „белорусский язык в нашей стране знают около 4 миллионов человек"? Остальные что, в школе не учились? / Я понимаю сложно общаться – нету разговорной практики, но неужели вам не понятны будут белорусскоязычные передачи по телеку? мот вы преувеличиваете свое незнание белорусского? / Беларусы, вам не трэба аднова вучыцца, бо вы пэўна ў школе белмову вучылі. Апанаванне белмовы праходзіць надзвў невероагодна хутка. / Белорусский язык является обязательным школьным предметом, поэтому процент его знающих должен приближаться к 100, посему введение его как единственного информационно-делового языка у здоровых образованных людей проблем создать не может по определению.

> [Interessant, wie kann es denn sein: „Belarusisch beherrschen in unserem Land ca. 4 Millionen Menschen"? Und der Rest ist was? Nicht zur Schule gegangen? / Klar fällt es einem schwer zu sprechen – man hat keine Sprachpraxis, aber würden Sie denn wirklich keine belarusischsprachigen Sendungen im TV verstehen? Vielleicht übertreiben Sie Ihre Inkompetenz in Belarusisch? / Belarusen, Ihr müsst nichts neu lernen, denn Ihr habt die Sprache bestimmt in der Schule gelernt. Die Beherrschung des Belarusischen läuft erstaunlicherweise unglaublich schnell. / Belarusisch ist ein Pflichtfach in der Schule, daher müsste sich der Prozentanteil von Sprachkundigen der Zahl 100 nähern, aus diesem kühlen Grunde sollte seine Einführung als der einzigen Informations- und Geschäftssprache für gesunde gebildete Menschen *per definitionem* keine Probleme machen.]

Beispiel *contra* Belarusisch

> Практически любой беларус знает белорусский. И скажу прямо, почему на данный момент я не хочу говорить по-беларусски. Из-за активных „пропагандитов" белмовы.

[Praktisch jeder Belaruse kann Belarusisch. Und ich sage direkt, warum ich zurzeit kein Belarusisch sprechen will. Wegen der aktiven „Propagandisten" des Belarusischen.]

Topos der Korrektheit der belarusischsprachigen Rede (41 Codings)

Da die belarusische Sprache in der Gesellschaft meistens unkorrekt verwendet wird, sollte sich um die Korrektheit bemüht werden / sollte auf das Sprechen auf Belarusisch ganz verzichtet werden.

Mit diesem Topos wird behauptet, dass die belarusische Sprache kaum von jemandem fehlerfrei gesprochen wird und dass das Sprechen auf Belarusisch phonetisch und lexikalisch vom Russischen beeinflusst wird. Hier wird auch das Phänomen der Trasjanka als eine Abweichung von der Norm eingebracht. Im Gegensatz zum Topos der *fehlenden Sprachkompetenz* steht hier also der Aspekt der sprachlichen Korrektheit auf der *parole*-Ebene im Vordergrund. In der Version *pro* Belarusisch legt der Topos nahe, ein unkorrektes Sprechen verursache eine negative Einstellung zur Sprache seitens des Rezipienten, während ein korrekt verwendetes Belarusisch eigentlich schön sei (vgl. *Ästhetik*-Topos), und man solle sich deswegen um das korrekte Sprechen bemühen. Gegen Belarusisch wird mit dem Topos ausgesagt, dass man lieber gar nicht Belarusisch spricht, anstatt es falsch zu verwenden. In seiner *pro*-Variante wird der Topos im Diskurs etwas häufiger angewendet als in der *contra* (pro: 21, contra: 14 C.).

Beispiele *pro* Belarusisch

> І нажаль, то што прыходзіцца слухаць па радыё і тэлевізару, інакш як трасянкай не назавеш. / Па рэспубліканскаму радыё вядучыя размаўляюць на беларускай мове з рускім акцэнтам. / То, что у нас народ смеется над беларусским языком, то это оттого, что он не слышал людей, разговаривающих на нем грамотно. Ибо таких мало. / Приятно слушать, как люди общаются на нормальном языке, а не на трасянке.
>
> [Leider kann man das, was man sich im Radio und im Fernsehen anhören muss, anders als Trasjanka nicht nennen. / Im republikanischen Radio sprechen die Moderatoren Belarusisch mit einem russischem Akzent. / Dass sich bei uns die Leute über Belarusisch lustig machen, kommt daher, dass sie niemals die Menschen gehört haben, welche es korrekt sprechen. Denn es gibt nur wenige davon. / Es ist angenehm zu hören, wenn sich die Menschen in einer normalen Sprache unterhalten, und nicht auf Trasjanka.]

Beispiele *contra* Belarusisch

> Я знаю язык. Тем больше коробит от неправильного произношения или слова. Лучше уж никак вместо как-нибудь. / Белорусскому языку трудно удержаться. Мало на нем говорят, а если говорят, извращают сильно. Слабоватые у него перспективы.

[Ich kann die Sprache. Umso mehr kratzen mich falsche Wörter und eine falsche Aussprache. Lieber gar nicht als halbwegs. / Dem Belarusischen fällt es schwer, das Feld zu behalten. Es wird wenig gesprochen, und wenn schon, dann wird es dabei stark entstellt. Relativ schwach sind seine Perspektiven.]

Topos ‚Fehlerfrei sind nur Nichtstuer' (9 Codings)

Da eine aktive Verwendung des Belarusischen für seine Bewahrung wichtig ist, sollte man es sprechen, auch wenn man (anfangs) Fehler in Kauf nehmen muss.

Dieser selbstredende Topos wird zur Begründung der Meinung verwendet, dass man auf jeden Fall anfangen sollte, Belarusisch zu sprechen, ohne Fehler zu scheuen, welche mit der Zeit verschwinden würden. Somit steht der Topos in einer Opposition zum vorher beschriebenen *Korrektheits*-Topos und wird gemäß der Erwartung nur *pro* Belarusisch verwendet.

Beispiele *pro* Belarusisch

> Не памыляецца той, хто нічога не робіць. / Можа не заўжды атрымліваецца, але ж трэба хаця бы спрабаваць. / Калі не пачаць размаўляць, то і не навучышся. / Вось я, напрыклад, і пішу з памылкамі, і вымаўленне ў мяне, напэўна, жудаснае, але ўсё роўна стараюся як мага больш размаўляць па-беларуску!!! Давайце разам рабіць нешта, каб змяніць усю гэтую сітуацыю.
>
> [Keine Fehler macht derjenige, der gar nichts macht. / Vielleicht klappt es nicht immer, aber man muss zumindest versuchen. / Wenn man nicht zu sprechen beginnt, lernt man es auch nicht. / Ich, zum Beispiel, mache Fehler beim Schreiben, meine Aussprache ist auch sicherlich furchtbar, aber ich bemühe mich dennoch, möglichst mehr Belarusisch zu sprechen!!! Lasst uns zusammen etwas machen, um diese ganze Situation zu ändern.]

Museumsgut-Topos (16 Codings)

Da die belarusische Sprache von Belarusen nicht als ein Kommunikationsmittel, sondern eher als ein Museumsexponat begriffen und behandelt wird, sollte dieser Sachverhalt geändert werden / sollte es dabei belassen werden.

Mit diesem Topos berufen sich die Beitragsautoren auf das (eingeschränkte) Funktionieren der belarusischen Sprache auf der *parole*-Ebene als auf einen in gewissem Maße künstlich begriffenen Prozess (vgl. Topos der *Künstlichkeit der belarusischen Standardsprache*), denn diese Sprache sei weniger ein Kommunikationsmittel, sondern vielmehr ein Symbol (vgl. *Nutzen-als-Symbol*-Topos), was durch ihre Beschreibung anhand von Methapern wie *Museumsgut*, *Dekoration*, *Schutzgebiet*, *Idol* und *Reservat* zum Ausdruck gebracht wird. Eine solche

Auffassung der Sprachsituation bietet der *contra*-Position mehr Argumentationspotenzial als der *pro*-Position (pro: 5, contra: 10 C.). Neben einem vermehrten Aufkommen gleichartiger Metaphern ist dieser Topos auch deswegen als eigener ausgegliedert worden, weil damit der performative Aspekt der Sprachwirklichkeit (die Sprachverwendung in der Gesellschaft) dezidiert hervorgehoben wird. Die *contra*-Position begründet mit der so eingeschränkten Funktionsweise des Belarusischen seine fehlende Präsenz im Sprachleben der Gesellschaft, befindet diesen Sachverhalt für richtig und erklärt das Funktionieren des Belarusischen aufgrund seiner ‚Nicht-Notwendigkeit' und ‚Nutzlosigkeit' (vgl. Topos der *Ineffektivität des Belarusischen*) für verengt, und zwar auf die Funktion eines wissenschaftlichen Forschungsobjektes. Die *pro*-Position teilt derartige Wahrnehmung des Belarusischen und erklärt dieses Phänomen damit, dass Belarusen kein Empfinden dafür haben, dass ihre Nationalsprache nicht als Museumsgut, sondern als Kommunikationsmittel zu Verfügung steht und verwendet werden kann. Diesen Zustand hält die *pro*-Position für nicht zufriedenstellend und äußert dadurch implizit einen Handlungsbedarf.

Beispiele *pro* Belarusisch

> Савецкая і постсавецкая школа стварылі ў нашым уяўленні вобраз „белмовы" як нейкага каштоўнага запаведніка, свяшчэннага ідала ў жытнёва-васільковым вянку, над якім лётае белы бусел. Нібыта гэта мова пантэонаў вымерлых пісьменнікаў, але не мова вуліц, шопінгаў, сяброўскіх размоў ці пасцельных прыгод. У жывым існаванні гэтай мове нібыта адмаўлялася, ды і цяпер адмаўляецца. / Мне асабіста ня хочацца, каб мая мова зрабілася прататыпам гэльскай, „народным достоянием".

> [Die sowjetische und die postsowjetische Schule haben in unserer Vorstellung ein Bild des Belarusischen geschaffen, als wäre es irgendein wertvolles Reservat, ein heiliges Ideal mit Roggenblumenkranz, über dem ein weißer Storch schwebt. Als sei es eine Sprache der Pantheone ausgestorbener Schriftsteller, aber nicht die Sprache der Straßen, Shoppings, der Freundegespräche und Bettabenteuer. Als ob eine lebendige Existenz dieser Sprache untersagt war, und auch jetzt untersagt bleibt. / Ich persönlich möchte nicht, dass meine Sprache zu einem Prototyp des Gälischen, zu einem „nationalen Schatz" wird.]

Beispiele *contra* Belarusisch

> Сохранять белорусский нужно лишь как музейный экспонат. / Лицей при БГУ похож на резервацию мовы. А его выпускники забывают о мове сразу же после выхода из этой оранжереи... / Его должны изучать языковеды-слависты, просто чтобы языковое наследие не исчезло вообще. / Мне нет надобности в этом языке, как предмет истории интересен, а так... он мне не нужен.

> [Belarusisch muss man lediglich als ein Museumsstück erhalten. / Das Lyzeum an der BSU ähnelt einem Reservat des Belarusischen. Und seine AbsolventInnen vergessen die Spra-

che sofort nach dem Verlassen dieses Gewächshauses... / Studiert muss Belarusisch von Linguisten-Slavisten werden, einfach nur damit das Spracherbe nicht gänzlich verschwindet. / Für mich erübrigt sich diese Sprache, als historisches Objekt ist sie interessant, aber sonst... ich brauche sie nicht.]

Qualitative Merkmale der Sprachsituation: Zustand der belarusischen Sprache

Nach Sprachpolitik und Sprachplanung ist der *Sprachzustand* das zweitgrößte Thema des Forendiskurses, das qualitative Merkmale der Sprachsituation in Belarus aufgreift (350 C.). Hier geht es um eine Einschätzung des Zustandes der belarusischen Sprache seitens der Diskursakteure hinsichtlich ihrer *Marginalisiertheit* (151 C.), ihrer *Standardsprachlichkeit* (125 C.) und ihrer *Varianz* (74 C.). Auf jeden dieser thematischen Bereiche bezieht sich eine Reihe von Topoi (Tab. 22), die im Folgenden beschrieben werden.

Tab. 22: Sprachsituations*spezifische* Topoi. Qualitative Merkmale der Sprachsituation: Zustand der belarusischen Sprache

Sprachsituations*spezifische* Topoi *Qualitative Merkmale der Sprachsituation*	Position		Insg.
	pro	contra	
Zustand der belarusischen Sprache			
Marginalisiertheit			
Topos des *Sprachtodes*	16	29	48
Topos des *Sprachsterbens*	23	11	37
Topos der *Künstlichkeit der belarusischen Standardsprache*	7	23	30
Topos der *Nonexistenz der belarusischen Sprache*	8	17	27
Topos der *Mangelhaftigkeit des Belarusischen*	1	6	7
Topos der *Lebensunfähigkeit des Belarusischen*		2	2
	55	88	151
Standardsprachlichkeit			
Topos der *Standardsprachlichkeit des Belarusischen*	3		3
Topos der *Polyvalenz des Belarusischen*	25	26	53
Topos der *Vitalität des Belarusischen*	23		23
Topos der *Normiertheit des Belarusischen*	2		2
Pro-Trasjanka-Topos	16	6	33
Contra-Trasjanka-Topos	9	2	11
	78	34	125

Sprachsituations*spezifische* Topoi	Position		Insg.
Qualitative Merkmale der Sprachsituation	pro	contra	
Varianz			
Pro-*Taraškievica*-Topos	20		22
Pro-*Narkomaŭka*-Topos	7	2	14
Topos der *Markiertheit von Taraškievica und Narkomaŭka*	2		4
Topos ‚*Varianz ist störend*'	17	7	27
Topos der *Angemessenheit der Latinica*	5		7
	51	9	74
	184	**131**	**350**

Der *marginalisierte Zustand* des Belarusischen (insgesamt 151 C.) kommt in mehreren Topoi zum Ausdruck, nämlich *Sprachsterben, Sprachtod, Künstlichkeit, Nonexistenz, Mangelhaftigkeit* und *Lebensunfähigkeit* des Belarusischen. Fast die Hälfte der Aussagen zum Sprachzustand (die Topoi des *Sprachsterbens* und des *Sprachtodes*) weist dabei eine sog. Untergangstonalität auf. Die andere Hälfte referiert auf innersprachliche Eigenschaften der Sprache, die ihre Marginalisiertheit erklären sollten.

Topos des Sprachsterbens (37 Codings)

Da der aktuelle Zustand der belarusischen Sprache als Sprachsterben bezeichnet werden kann, sollten (keine) Maßnahmen zu ihrer Bewahrung (mehr) ergriffen werden.

Dieser Topos ist der einzige dieses Bereiches, der mehrheitlich *pro* Belarusisch verwendet wird (pro: 23, contra: 10 C.). Der Grund dafür ist seine Formulierung, in der zumindest seitens der *pro*-Position vor dem Hintergrund eines kritischen, aber nicht endgültig hoffnungslosen Zustandes (des Sprachsterbens) eine Dringlichkeit von bewahrenden Handlungen verbalisiert wird. Die *contra*-Argumentation konstatiert ebenfalls einen kritischen Zustand des Belarusischen, zieht daraus jedoch die Schlussfolgerung, dass der Übergang zum Belarusischen nicht möglich und auch nicht nötig sei und dass das Sterben des Belarusischen einfach als Tatsache hingenommen werden solle. Nebenbei wird das Sprachsterben mit einem fehlenden Bedarf an bzw. einer „Nutzlosigkeit" des Belarusischen begründet (vgl. Topos der *Ineffektivität des Belarusischen*).

Beispiel *pro* Belarusisch

> Глобализация глобализацией, но поддерживать национальную и культурную идентичность нужно. А касательно беларуского языка – еще и драконовскими методами, потому что он вымирает.
>
> [Globalisierung hin oder her, aber eine Unterstützung von nationaler und kultureller Identität ist notwendig. Und hinsichtlich des Belarusischen – auch noch mit drakonischen Maßnahmen, weil es am Aussterben ist.]

Beispiele *contra* Belarusisch

> Думаем по-русски, разговариваем с детьми по-русски, школы русскоязычные. Первые лица государства и то по-русски (!) говорят... Вымирающий язык... / Интересно, как страна начнёт говорить на вымирающем языке, одним указом? / Зачем реанимировать умирающий язык?! / Умирающий язык, и это надо признать!
>
> [Wir denken auf Russisch, unterhalten uns mit unseren Kindern auf Russisch, die Schulen sind russischsprachig. Selbst die leitenden Persönlichkeiten des Staates reden auf Russisch (!)... Eine aussterbende Sprache... / Interessant, wie soll denn das Land anfangen, in einer aussterbenden Sprache zu sprechen, etwa durch einen Erlass? / Wozu soll man eine sterbende Sprache reanimieren?! / Eine sterbende Sprache, und das muss man zugeben!]

Topos des Sprachtodes (48 Codings)

Dieser Topos ist so konzipiert, dass der Sprachtod von den beiden polaren Positionen argumentationstechnisch jeweils unterschiedlich verwendet wird, und zwar als Konklusion und als Grund.

pro: Da es Sprecher des Belarusischen gibt, ist die Sprache nicht tot.

contra: Da Belarusisch eine tote Sprache ist, sollte auf ihr Wiederbeleben verzichtet werden.

Im Gegensatz zum *Sprachsterben*-Topos wird hier in der *contra*-Variante das Ableben des Belarusischen als bereits geschehen konstatiert, mit der gleichen Konklusion, nämlich, dass das Wiederbeleben einer toten Sprache unmöglich und perspektivenlos sei, weswegen es keinen Sinn mache, diese zu erlernen; und dass man den Sprachtod akzeptieren solle. Von der *pro*-Position wird der Sprachtod des Belarusischen einstimmig und kategorisch negiert, mit der Begründung, dass Belarusisch solange nicht tot ist, solange es wenigstens eine Person gibt, die es verwendet bzw. solange es das belarusische Volk gibt.

Beispiele *pro* Belarusisch

> И кто сказал, что язык умер? Пока есть хоть один носитель языка, он живой. / Беларуская мова будзе жыць, пакуль існуе беларускі народ, які яе выкарыстоўвае.
> [Und wer hat gesagt, dass die Sprache tot ist? Solange es wenigstens einen Sprachträger gibt, ist sie am Leben. / Belarusisch wird leben, solange es das belarusische Volk gibt, welches es verwendet.]

Beispiele *contra* Belarusisch

> Но мертвость бел. языка – это факт! / Сохранить, насильно навязывая его использование – невозможно. / Перспективы у мертвого белорусского языка нет. НИКАКОЙ. / А то, что предлагается возродить белорусский – дело мертвое. / Белорусский язык стал мертвячиной. С этим нужно считаться.
> [Aber dass Belarusisch tot ist, ist eine Tatsache! / Es durch ein gewaltsames Aufzwingen seiner Verwendung zu erhalten ist unmöglich. / Die tote belarusische Sprache hat keine Perspektiven. GAR KEINE. / Und dass vorgeschlagen wird, Belarusisch wiederzubeleben, ist ein totes Geschäft. / Belarusisch wurde zum Aas. Darauf muss man Rücksicht nehmen.]

Topos der Künstlichkeit der belarusischen Standardsprache (30 Codings)

Da die belarusische Standardsprache in gewissem Maße künstlich klingt, ist sie als jede andere Standardsprache zu betrachten / kann sie nicht als die Muttersprache der Belarusen bezeichnet werden und wird deswegen nicht gesprochen.

Mit diesem Topos wird eine subjektive Wahrnehmung des Belarusischen als einer unnatürlichen Sprache zum Ausdruck gebracht, und zwar, so die *contra*-Position, weil es von national gesinnten Intellektuellen im 19. Jh. künstlich erschaffen worden sei und sich vom gesprochenen Belarusisch stark unterscheide. Damit wird die Behauptung begründet, dass die belarusische Sprache für Belarusen keine Muttersprache sein kann und folglich aktuell und auch in Zukunft nicht verwendet wird. Worauf von der *pro*-Position zwar zugegeben wird, dass dem Klang des Belarusischen an gewisser Natürlichkeit fehlt, aber es darauf referiert wird, dass jede Standardsprache ein künstliches Gebilde sei. Mit der Künstlichkeit des Belarusischen wird überwiegend seitens der *contra*-Position argumentiert (pro: 7, contra: 23 C.).

Beispiele *pro* Belarusisch

> Сенняшняя беларуская мова на слух неяк „не смачна". Не гучыць яна як жывая мова. / Все литературные языки мира – искусственные. / Любую літаратурную мову

штучна ствараюць пэўныя людзі. Такі закід можна зрабіць любой літаратурнай мове сьвету.

[Das heutige Belarusisch hört sich irgendwie nicht „schmackhaft" an. Es klingt nicht wie eine lebendige Sprache. / Alle Standardsprachen der Welt sind künstlich. / Jede Standardsprache wird von bestimmtem Menschen künstlich geschaffen. Solchen Vorwurf könnte man jeder Standardsprache der Welt machen.]

Beispiele *contra* Belarusisch

Тот „литературный белорусский язык", который преподают в школе и который пытаются навязать белорусам как родной, язык искусственный, придуманный не так давно, и предки нынешних белорусов на этой мове не разговаривали. / Он создавался кучкой польско-католических интеллигентов. Отсюда очевидный вывод – он не является родным для нас, и никогда не являлся. / Любой здоровый организм старается максимально отторгать суррогаты. / И зачем нужен беларуский литературный язык, если на нём всё равно будут общаться только несколько процентов наших граждан, а остальные же на различных диалектах.

[Diese „belarusische Standardsprache", welche in der Schule unterrichtet wird und welche man den Belarusen als Muttersprache aufzuzwingen versucht, ist eine künstliche Sprache, die vor nicht allzu langer Zeit ausgedacht wurde, und die Vorfahren heutiger Belarusen haben diese Sprache nicht gesprochen. / Es wurde von einem Häuflein polnisch-katholischer Intellektueller geschaffen. Daraus folgt der naheliegende Schluss – es ist für uns keine Muttersprache und das ist es auch nie gewesen. / Jeder gesunde Organismus versucht Surrogate maximal abzustoßen. / Und wozu braucht man die belarusische Standardsprache, wenn sich darauf eh nur ein paar Prozent unserer Bürger unterhalten wird, und der Rest wird verschiedene Dialekte verwenden.]

Topos der Nonexistenz der belarusischen Sprache (27 Codings)

Da es so ein Phänomen wie die belarusischen Sprache nicht gibt und nie gab, wird sie nicht gesprochen und die Bemühungen um ihr Wiederbeleben sind nicht sinnvoll.

Der so formulierte Topos fungiert als eine zusätzliche Stütze des *Künstlichkeits*-Topos und als eine Verstärkung des *Sprachtod*-Topos, indem er die jegliche Existenz des Belarusischen sowohl in Gegenwart als auch in der Vergangenheit negiert und die Sprache selbst als imaginär bezeichnet. Naturgemäß kann die mit dem Topos zum Ausdruck gebrachte Nonexistenz des Belarusischen hauptsächlich für die *contra*-Argumentation verwendet werden. Die *pro*-Stimmen setzen den Topos so ein, dass sie der *contra*-Position widersprechen und die Existenz der Sprache mit ihrer Geschichte und ihren Regeln als unbestreitbar behaupten (pro: 7, contra: 17 C.).

Beispiel *pro* Belarusisch

> Белорусский язык есть! Со своей историей и правилами. И здесь вы никого не переспорите.
>
> [Die belarusische Sprache existiert! Mit ihrer eigenen Geschichte und ihren Regeln. Und hier werden Sie niemanden von diesem Standpunkt abbringen.]

Beispiele *contra* Belarusisch

> По-моему, как такового белорусского языка с самого начала-то и не было. / А вот возрождать зачем? Языка, которого как такового не было никогда? / Есть родной язык, а не мифическая мова, на которой похоже вообще реально никто никогда не говорил. / Только вот иллюзии перестать строить. Не заговорят на нем в скором будущем все, не заговорят. Ибо современного языка не существует.
>
> [Belarusisch als solches gab es doch, meiner Meinung nach, von Anfang an nicht. / Aber wozu die Wiederbelebung? Einer Sprache, die es als solche nie gab? / Es gibt eine Muttersprache, und nicht ein mythisches Belarusisch, das anscheinend überhaupt niemand je wirklich gesprochen hat. / Nur dass man aber aufhören sollte, sich Illusionen zu machen. Man wird in der absehbaren Zukunft nicht damit anfangen, Belarusisch zu sprechen, man wird es nicht tun. Denn das moderne Belarusisch existiert nicht.]

Ausschließlich in der Funktion *contra* Belarusisch werden zwei weitere, auf den angeschlagenen Zustand des Belarusischen referierende Topoi verwendet: der Topos der *Mangelhaftigkeit* des Belarusischen und seine inhaltliche Weiterführung, der Topos der *Lebensunfähigkeit* dieser Sprache.

Topos der Mangelhaftigkeit des Belarusischen (7 Codings)

Da die belarusische Sprache Mängel aufweist, wird sie nicht verwendet.

Beispiele *contra* Belarusisch

> Что касательно белорусского языка, то я считаю, что просто что-то в нем не так, раз люди на нем не разговаривают, знаю множество языков европейских, а белорусский, как и все, не осилил, почему? / Описанные плюсы белорусского языка никак не покрывают его непрактичность и непригодность как основного языка.
>
> [Was Belarusisch angeht, so glaube ich, dass es damit etwas nicht in Ordnung ist, wenn die Leute es nicht sprechen, ich kann eine Vielzahl europäischer Sprachen, aber Belarusisch habe ich, wie auch alle anderen, nicht bewältigt, warum? / Die beschriebenen Vorteile des Belarusischen gleichen seine Unhandlichkeit und seine Untauglichkeit als eine Hauptsprache in keinster Weise aus.]

Topos der Lebensunfähigkeit des Belarusischen (2 Codings)

Da die belarusische Sprache lebensunfähig ist, soll sie nicht bewahrt werden.

Im Unterschied zum Topos der *Nonexistenz* wird bei diesem Topos also eine Existenz der belarusischen Sprache präsumiert.

Beispiele *contra* Belarusisch

> Зачем реанимировать то, что неспособно жить?
> [Wozu sollte man das reanimieren, was zu leben nicht fähig ist?]

Der *standardsprachliche Zustand* des Belarusischen wird in 125 Beiträgen – also relativ häufig – mit den Topoi seiner *Standardsprachlichkeit, Polyvalenz, Vitalität* und *Normiertheit* sowie mit den *pro-* und *contra-Trasjanka*-Topoi angesprochen.

Topos der Standardsprachlichkeit des Belarusischen (3 Codings)

Die Standardsprachlichkeit als Topos tritt dabei selten und nur *pro* Belarusisch auf, indem sie ganz allgemein in Bezug auf das Belarusische explizit behauptet wird: *Da Belarusisch eine Standardsprache ist, muss es auch verwendet werden.*

Beispiel *pro* Belarusisch

> Літаратурная беларуская мова ёсць, толькі трэба карыстацца ёю штодзённа.
> [Die belarusische Standardsprache gibt es, nur muss man sie täglich verwenden.]

Topos der Polyvalenz des Belarusischen (53 Codings)

Da die belarusische Sprache (nicht) polyvalent ist und v.a. als Fachsprache (nicht) genügend ausgearbeitet ist, ist sie (k)eine Standardsprache und soll (nicht) verwendet werden.

Mit diesem Topos wird die Standardsprachlichkeit am meisten thematisiert, und zwar von den beiden Position nahezu gleich häufig (pro: 25, contra: 26 C.). Während in der *pro*-Version die Fähigkeit der belarusischen Sprache, alle gesellschaftlichen Bereiche abzudecken, als vorhanden aufgefasst wird, wird sie in der *contra*-Version abgestritten. Den thematischen Fokus bildet dabei das Funktionieren des Belarusischen als Wissenschafts- bzw. Fachsprache. Hier divergieren die Meinungen der *pro*-Stimmen untereinander insofern, als dass ein Teil davon zugibt, dass es an der belarusischsprachigen Terminologie fehle und die

Sprache eher für den literarischen Bereich gut entwickelt sei. Der andere Teil der Befürworter behauptet, dass Belarusisch für eine problemlose Verwendung sowohl im wissenschaftlichen als auch im technischen Bereich ausreichend ausgearbeitet sei und dass die fehlenden bzw. neu zu erschaffenden Termini ebenso problemlos durch Entleihungen entstehen könnten. Als *contra* Belarusisch benutzter Topos ist er ein Schema, in dem das Fehlen von Fachterminologie artikuliert und mit einem gewissen Rückstand des Belarusischen aufgrund seiner schwachen Verwendung erklärt wird, mit einer anschließenden Schlussfolgerung, dass es keinen Sinn machen würde, Belarusisch als Wissenschaftssprache zu benutzen, da es den Zugang zur internationalen Ebene versperren würde, da die wissenschaftlichen Texte nur mühsam zu verstehen wären, da es keine Lehrwerke auf Belarusisch gebe und, schließlich, da die belarusischsprachigen Termini lächerlich klingen würden.

Beispiele *pro* Belarusisch

> Белорусский язык такой же язык, как и все по своей роли, которая заключается в полной передаче информации. Он полон, многогранен, гибок и в полной мере современен. / Язык развит для поэзии и литературы, как ни жаль, но дальше этого он не ушел. / У некоторых беларускіх ВНУ даволі паспяхова выкладаюцца тэхнічныя дысцыпліны на дзяржаўнай мове. / У мяне муж інжынер, ён нават дакументацыю і чарцяжы па-беларуску піша. / Там где беларуская мова приотстала – так мы легко можем заимствовать слова из других славянских и неславянских языков.

[Belarusisch ist genauso eine Sprache wie alle anderen, deren Funktion in einer vollständigen Informationsübermittlung besteht. Es ist voll, facettenreich, flexibel und in vollem Maße modern. / Für Poesie und Literatur ist die Sprache gut entwickelt, aber wie leid es auch tut, weiter ist sie nicht gekommen. / An manchen belarusischen Hochschulen werden technische Fächer ziemlich erfolgreich in der Staatssprache unterrichtet. / Mein Mann ist Ingenieur, er führt sogar technische Dokumentation und Zeichnungen auf Belarusisch. / Dort, wo Belarusisch etwas hinterher ist, können wir leicht Wörter aus anderen slavischen und nichtslavischen Sprachen entlehnen.]

Beispiele *contra* Belarusisch

> Если бы белорусский язык был самостоятельным языком, он бы охватывал все сферы деятельности. / На нём нельзя писать техническую литературу и всё, что связано с техникой. / Белорусский язык сильно отстал за то время, пока им никто не пользовался. / Как переводить на белорусский, да и для кого переводить ученые труды? бабушкам вашим это не нужно, а переводчики – замучаются подыскивать белорусские эквиваленты научным терминам. / Представляю этот мануал на белорусском)), проще понять даже на английском было бы. / В русском языке есть четко сложившаяся терминология и масса литературы и учебников, а что есть по-бело-

русски? / Пришло сверху указание, составить словарь терминов по специальности. Для галочки составили, потом перечитали его и чуть не плакали от смеха.

[Wäre Belarusisch eine eigenständige Sprache, würde es alle Lebensbereiche abdecken. / Man kann darauf keine technische Literatur schreiben, und auch nichts, was mit Technik zusammenhängt. / In der Zeit, als es niemand verwendete, ist Belarusisch stark zurückgeblieben. / Wie und auch für wen soll man wissenschaftliche Arbeiten ins Belarusische übersetzen? Ihre Omas brauchen es nicht, und die Übersetzer würden sich totarbeiten, um belarusische Äquivalente für wissenschaftliche Termini zu finden. / Ich kann mir schon dieses Manual auf Belarusisch vorstellen)), sogar auf Englisch wären es einfacher zu verstehen. / Auf Russisch gibt es eine Menge Literatur und Lehrwerke, und was gibt es auf Belarusisch? / Es kam von oben eine Anweisung, ein Wörterbuch der Fachtermini zu erstellen. Man hat es des Scheins halber erstellt, dann noch mal drüber gelesen und vor Lachen fast geheult.]

Topos der Vitalität des Belarusischen (23 Codings)

Da die belarusische Sprache trotz ungünstiger Entwicklungsbedingungen immer noch existiert und verwendet wird, stellt sie eine vitale Sprache dar.

Dieser Topos steht im Widerspruch zu den beschriebenen Topoi der *Marginalisiertheit* und insbesondere zum *Sprachsterben*-Topos, da mit ihm nicht nur eine Existenz, sondern auch eine Vitalität der belarusischen Sprache behauptet wird. Als die für Belarusisch ungünstigen Existenzbedingungen werden dabei Polonisierung, Russifizierung, Diskriminierung und sogar eine gezielte Vernichtung des Belarusischen hingestellt, ungeachtet derer die Sprache am Leben bliebe und sich weiter entwickle. Die Vitalität des Belarusischen wird dabei auf seine symbolische Funktion als ‚Wurzel der Nation' zurückgeführt, was teilweise mit einer Sakralisierung der Sprache einhergeht, indem ihre ‚Leiden' mit denen von Jesus verglichen werden (vgl. Topos *der Sprache und Nation* und *Sakralisierungs*-Topos). Zur Bestätigung der Sprachvitalität werden der lexikalische Reichtum, die dialektale Vielfalt und das Faktum der Reformierung des Belarusischen herbeigeführt. Es erklärt sich von alleine, dass dieser Topos nur *pro* Belarusisch verwendet wird.

Beispiele *pro* Belarusisch

Мова „памірае" ужо апошнія 200 гадоў. / Безнадежно это не выглядит хотя бы потому, что за несколько веков целенаправленного уничтожения этого языка он не исчез, а до сих пор в употреблении. / Белорусский язык – это корень белорусского народа, и он очень мощный и никому не удаётся его выдернуть. / Вялікі Ісус Хрыстос пакутваў, але Ён жыве вечна і будзе жыць. Таксама і Вялікую Беларускую Мову б'юць, але яна – Вялікая Боская Мова – жыве вечна і будзе жыць! / Наличие различных вариантов – следствие наличия различных диалектов и говоров – что также признак жизни языка.

[Die belarusische Sprache „stirbt" bereits die letzten 200 Jahre. / Hoffnungslos sieht es bereits deswegen nicht aus, weil die Sprache nach einigen Jahrhunderten des zielgerichteten Vernichtens nicht verschwunden ist und bis jetzt verwendet wird. / Die belarusische Sprache ist die Wurzel des belarusischen Volkes, und sie ist sehr kräftig, und es wird niemandem gelingen, sie rauszuziehen. / Der Große Jesus hat gelitten, aber er lebt ewig und wird leben! Die Große belarusische Sprache wird auch geschlagen, aber sie – die Große Sprache Gottes – lebt ewig und wird leben! / Das Vorhandensein verschiedener Varianten – als Folge einer Existenz verschiedener Dialekte – ist auch ein Indiz des Lebens der Sprache.]

Topos der Normiertheit des Belarusischen (2 Codings)

Da die belarusische Sprache normiert ist, spricht es für ihre Standardsprachlichkeit und dafür, dass sie verwendet werden sollte.

Der Topos wird nur bestätigend verwendet, was vermutlich darauf zurückzuführen ist, dass die Normen des Belarusischen eine objektive Gegebenheit und somit nicht bestreitbar sind. Da mit der Normiertheit im Diskurs selten argumentiert wird, kann darauf geschlossen werden, dass dieses Merkmal, wie auch die restlichen Merkmale einer Standardsprache (vgl. Rehder 1995), relativ schwach im Kollektivgedächtnis vorhanden sind.

Beispiel *pro* Belarusisch

> Ў нас ёсць свая, зручная для нашага маўлення мова, літаратурная, добра распрацаваная і ўнармаваная.
> [Wir haben unsere eigene, für unsere Sprechart bequeme, standardisierte, gut ausgearbeitete und normierte Sprache.]

Die Äußerungen über die Trasjanka (insgesamt 44 C.) enthalten ambivalente Einschätzungen dieser Substandard-Varietät des Belarusischen. Die Trasjanka wird sowohl als eine positive als auch als eine negative Erscheinung betrachtet.

Pro-Trasjanka-Topos (33 Codings)

Da die Trasjanka eine vitale Variante des Belarusischen ist, sollte sie bewahrt werden.

Dieser Topos erfasst Beobachtungen der Diskursakteure über das gesellschaftliche und individuelle Sprachverhalten, auf deren Grundlage die Behauptung getroffen wird, dass die Trasjanka ein Kommunikationsmittel und die Alltagssprache der meisten Belarusen ist. Mit ihrer bewahrten Eigenartigkeit sei sie die natürliche und vitale Form des Belarusischen und deswegen die eigentliche Volkssprache und das nationale Gut. Darüber hinaus wird sie gleichermaßen als die ‚letzte Barrikade' bzw. Überlebenschance der Sprache gesehen sowie als ein Übergangsphänomen im Prozess der Wiedergeburt der Nationalsprache.

Beispiele *pro* Belarusisch *pro* Trasjanka

> Размавляю на трасянке... / У нас на трасянке дофига кто говорит. / Это живой язык. Это язык 21-го века. Конечно, параллельно существует и литературный язык, который со временем под влиянием живого разговорного белорусского языка перейдет в новое качество. / А вот если признать трасянку языком беларуского народа, то все станет на свои места. Народ снова заговорит на своем родном языке – трасянке. / Трасянка – это народное и национальное достояние беларусов как язык, доставшийся нам от предков. Берегите трасянку! Она особенная и неповторимая... / Трасянка – „последняя баррикада", оставляющая надежду на возрождение языка. / Трэба разумець, што яна будзе непазбежным этапам адраджэння беларускай мовы.
>
> [Ich spreche Trasjanka... / Trasjanka spricht bei uns eine Menge Leute. / Das ist eine lebendige Sprache. Die Sprache des 21. Jahrhunderts. Natürlich existiert parallel auch die Standardsprache, die unter dem Einfluss der lebendigen belarusischen Sprache mit der Zeit an neuer Qualität gewinnen wird. / Aber wenn man Trasjanka als die Sprache des belarusischen Volkes anerkennt, wird sich alles zurechtrücken. Das Volk wird wieder seine eigene Muttersprache sprechen – die Trasjanka. / Trasjanka als die Sprache, die uns von den Vorfahren überliefert wurde, ist ein Volks- und Nationalgut der Belarusen. Nehmt sie in Acht! Sie ist besonders und einmalig... / Trasjanka ist die „letzte Barrikade", welche eine Hoffnung auf die Wiedergeburt der Sprache lässt. / Man muss verstehen, dass sie eine unerlässliche Stufe der Wiedergeburt des Belarusischen bilden wird.]

Beispiel *contra* Belarusisch *pro* Trasjanka

> Я встречала людей, которые говорят на трасянке, но к ним у меня совсем другое чувство, это скорее мило. Вряд ли трасянщику придет в голову корчить из себя „избранного", как нео в матрице.
>
> [Ich habe Menschen getroffen, welche Trasjanka sprechen, aber zu ihnen habe ich ein ganz anderes Gefühl, es ist eher süß. Ein Trasjanka-Sprecher wird kaum darauf kommen, sich als ein „Auserwählter" aufzuspielen, wie Neo in der Matrix.]

Contra-Trasjanka-Topos (11 Codings)

Da die Trasjanka als eine russifizierte Substandard-Variante des Belarusischen weit verbreitet ist, stellt sie eine Diskreditierung des Belarusischen dar und sollte vermieden werden / ist der Übergang zum Belarusischen in seiner standardsprachlichen Form nicht möglich und nicht sinnvoll.

Dieser Topos wird von den beiden polaren Positionen etwa gleich häufig angewendet (pro: 9, contra: 8 C.). In der Argumentation *pro* Belarusisch wird das ‚Aufzwingen des Russischen' für das Aufkommen von Trasjanka verantwortlich gemacht, welche nun einen schlechten Eindruck vom Belarusischem und eine negative Einstellung ihm gegenüber verursache. Bei der *contra*-Argumentation wird der Umstand, dass das Volk eine Mischsprache spricht, als Grundlage für die Behauptung genommen, Belarusisch in seiner standardsprachlichen Form sei für Belarusen keine Muttersprache (vgl. Topos der *Künstlichkeit der belarusischen Standardsprache*) und eine Belarusifizierung könne und solle deswegen nicht durchgeführt werden.

Beispiele *pro* Belarusisch *contra* Trasjanka

> Трасянка пошла из-за навязывания русского языка. / Не надо нам её. Белорусский язык – красивый язык, когда на нём правильно и грамотно разговаривают. А вот после трасянки складывается неблагоприятное впечатление о родном языке.
>
> [Die Trasjanka entstand wegen des Aufzwingens der Russischen. / Wir brauchen sie nicht. Belarusisch ist eine schöne Sprache, wenn man es korrekt und kompetent spricht. Aber durch die Trasjanka entsteht ein ungünstiger Eindruck von unserer Muttersprache.]

Beispiele *contra* Belarusisch *contra* Trasjanka

> Он [белорусский – N.S.] не родной для подавляющего большинства населения, потому что население на нём не говорит, огромное число беларусов говорит на смеси бульдога с носорогом. / Его в чистом виде и белорусы не знают. А слушать помесь белорусско-русско-украинско-польского, по меньшей мере, смешно. / Моя бабушка вообще разговаривала на какой-то ужасной смеси польско-русско-беларуско-хз... Я не вижу смысла, делать культ языка, как у прибалтов и хохлов. Не приведет ни к чему хорошему...
>
> [Belarusisch ist für eine überwiegende Mehrheit der Bevölkerung keine Muttersprache, weil die Bevölkerung es nicht spricht, eine Riesenzahl an Belarusen spricht irgendein Mischmasch. / Die Belarusen können es in seiner reinsten Form nicht. Und irgendein belarusisch russisch-ukrainisch-polnisches Gemisch zu hören ist mindestens lächerlich. / Meine Oma hat überhaupt irgendein Gemengsel aus Polnisch-Russisch-Belarusisch-weiß-der-Geier gesprochen... Ich sehe keinen Sinn darin, einen Kult der Sprache zu schaffen, wie es bei den Balten und Ukrainern ist. Es führt zu nichts Gutem.]

Die *Varianz* im Belarusischen wird in insgesamt 74 Aussagen behandelt, von denen sich die meisten auf die Koexistenz von Taraškievica und Narkomaŭka beziehen (67 C.) und den Topoi *pro Taraškievica, pro Narkomaŭka, Markiertheit der beiden Varianten* und ‚*Varianz ist störend*' zugeordnet werden können. An der Diskussion um die zwei Formen des Belarusischen sind hauptsächlich *pro*-belarusisch gestimmte und folglich interessierte Diskursakteure beteiligt (pro: 46, contra: 9 C.). Die wenigen *contra*-Stimmen sprechen sich dabei lediglich für die Narkomaŭka aus und bezeichnen die Existenz zweier Varianten als störend. Die Varianz im graphischen System zwischen Kyrillica und Latinica wird viel seltener diskursiv referiert (7 C.).

Pro-Taraškievica-Topos (22 Codings)

Da die Taraškievica die echte, klassische Variante der belarusischen Sprache ist, sollte sie durchgesetzt werden.

Da mit diesem Topos sowohl *für* die Taraškievica als auch *gegen* die Narkomaŭka argumentiert wird, wird er naturgemäß ausschließlich *pro* Belarusisch verwendet, da die Befürworter von Taraškievica in der Regel eine *pro*-belarusische Position vertreten. Die Narkomaŭka, die als eine stark russifizierte Variante beschrieben wird, wird als nicht echt, als eine ‚Entfernung' von der eigentlichen belarusischen Sprache und sogar als eine Gefahr für diese bezeichnet, da ihre Durchsetzung zum Verlust von Eigenartigkeit des Belarusischen geführt habe, weswegen es einem nationalbewussten Belarusen nicht gebühre, diese Variante zu verwenden. Die Taraškievica wird dagegen als die klassische und echte belarusische Sprache dargestellt, die v.a. phonetische Besonderheiten der Sprache abbilde und deswegen eine korrekte Aussprache fördere. Zudem sei sie schöner als die Narkomaŭka und würde im Internet prävalieren, was davon zeuge, dass an ihr Bedarf besteht.

Beispiele *pro* Belarusisch *contra* Narkomaŭka

> Няма сэнсу – мова несапраўдная – наркомаўка. / Ты вучыў тую мову, якую наркам асьветы БССР у 1932 перарабіў так, як было яму трэба. Тады наша мова страціла сваю самабытнасьць, больш наблізілася да расейскай! / Наркамаўка не адлюстроўвае сапраўднага беларускага вымаўленьня. Людзі гэта бачаць і зь цягам часу губляюць гэнае вымаўленьне... / Клясычны беларускі правапіс сьпярша быў зьменены прымусова на наркамаўку са згоды савецкага кіраўніцтва ў Маскве, каб паступова зьнішчаць беларусаў як нацыю. / Сьвядомаму чалавеку будзе брыдка карыстацца наркамаўкай, якую прыдумалі бальшавікі.

[Es macht keinen Sinn – es ist keine richtige Sprache, die Narkomaŭka. / Du hast diejenige Sprache gelernt, die das Volkskommissariat für Bildung im Jahre 1932 so umgestaltet hat, wie es ihm besser passte. Dann hat unsere Sprache ihre Eigenartigkeit verloren, hat sich dem Russischen stärker angenähert! / Die Narkomaŭka gibt eine korrekte belarusische Aussprache nicht wieder. Die Leute sehen es und verlieren mit der Zeit diese Aussprache... / Die klassische belarusische Rechtschreibung wurde zunächst im Einvernehmen mit der sowjetischen Regierung in Moskau gewaltsam durch die Narkomaŭka ersetzt, um Belarusen als Nation langsam zu vernichten. / Einem bewussten Menschen wird es zuwider sein, die von Bolschewiken ausgedachte Narkomaŭka zu verwenden.]

Beispiele *pro* Belarusisch *pro* Taraškievica

Я карыстаюся сапраўднай беларускай мовай, а ня той мовай, якую перарабілі ў 1932 г. / Яна больш фанетычная – таму нават яшчэ больш разумелая. / Ўжо прыняты адзіны сыстэмазаваны Звод правілаў клясычнага правапісу, які ўдасканальвае моўную практыку тых, хто ім карыстаецца. / Спампаваў учора падручнік Тарашкевіча па нерэфармаванай беларускай мове... Вы не ўяўляеце, наколькі яна прыгажэй выглядае за тую, якою дзяцей у школе кормяць. / А што тарашкевіца ў беларускім інтэрнэце пераважае – гэта бясспрэчна, і гэта пры тым, што ў школе яе не выкладаюць усім 100% беларусаў.

[Ich verwende das echte Belarusisch, und nicht die Sprache, die 1932 umgestaltet wurde. / Sie ist phonetischer – und deswegen sogar verständlicher. / Es wurde bereits ein Einheitsregelwerk der klassischen Rechtsschreibung angenommen, das die Sprachpraxis von denjenigen vervollkommt, die diese verwenden. / Habe gestern das Lehrbuch von Taraškievič für die nicht-reformierte belarusische Sprache runtergeladen... Ihr könnt Euch nicht vorstellen, wie viel schöner sie ist als die, mit der die Kinder in der Schule abgespeist werden. / Dass die Taraškievica im belarusischen Internet überwiegt, ist unbestreitbar, und das ist noch vor dem Hintergrund, dass sie nicht allen 100% der Belarusen in der Schule beigebracht wird.]

Pro-Narkomaŭka-Topos (14 Codings)

Da die Narkomaŭka zum einen die offizielle und zum anderen die vertraute und somit eine verwendbare Variante des Belarusischen ist, sollte sie durchgesetzt werden.

Mit diesem Topos wird *für* die Narkomaŭka und gleichzeitig *gegen* die Taraškievica argumentiert. In der *pro*-Belarusisch-Version des Topos wird auf die Vertrautheit von Narkomaŭka, auf die vorhandene Sprachkompetenz und auf Gewohnheit referiert, wogegen die Taraškievica als eine Barriere für eine aktive Verwendung der Sprache gesehen wird. *Contra* Belarusisch verwendet, bezeichnet der Topos die Taraškievica als veraltet; die Narkomaŭka solle währenddessen als die offizielle Variante belassen werden. Der Aspekt der Verwendungsfreundlichkeit spielt für die *contra*-Position logischerweise keine Rolle.

Beispiele *pro* Belarusisch *pro* Narkomaŭka

Что же до использования теперешнего литературного языка или „языка 20-х годов", то я сторонник первого. Язык должен иметь стандарт, и этот стандарт должен быть широко распространён в массах. Плохо ли хорошо, но белорусский язык в школах учило подавляющее большинство народа. Пусть лучше народ научится хорошо разговаривать. / Ну і зацвердзілі б законам наркамаўку без зменаў правапісу. Так як людзі ўжо прывыклі пісаць.

[Was die Verwendung der heutigen Standardsprache vs. der „Sprache der 20-er Jahre" angeht, so bin ich ein Freund der ersten. Eine Sprache muss einen Standard haben, und dieser Standard muss in den Massen weit verbreitet sein. Ob gut oder schlecht, aber die überwiegende Mehrheit hat Belarusisch in der Schule gelernt. Lasst die Leute lieber das Sprechen gut beherrschen. / Sie hätten ruhig die Narkomaŭka ohne die Änderungen der Rechtschreibung gesetzlich festlegen können. So, wie die Menschen bereits gewohnt sind zu schreiben.]

Beispiele *contra* Belarusisch *contra* Taraškievica

Тарашкевица употреблялась где-то в 20-40 гг., потом была пересмотрена. Вы бы еще на старославянскомъ написали. / Если есть правила языка, я вынужден их использовать, придерживаться в официальных документах! Была реформа, сотворили такой белорусский язык – пользуйтесь им.

[Die Taraškievica wurde irgendwann in den 1920–40er Jahren verwendet, danach wurde sie überarbeitet. Ihr würdet noch wohl auf Kirchenslavisch schreiben wollen. / Wenn es Sprachregeln gibt, dann bin ich gezwungen, mich in offiziellen Papieren daran zu halten! Es gab eine Reform, es wurde ein solches Belarusisch erschaffen – verwendet es.]

Topos der Markiertheit von Taraškievica und Narkomaŭka (4 Codings)

Da die Verwendung sowohl von Taraškievica als auch von Narkomaŭka markiert ist und die beiden Varianten für jeweils bestimmte Zwecke genutzt werden, können sie nicht als die eigentliche belarusische Sprache bezeichnet werden.

Dieser Topos kommt zwar selten vor, aber mit ihm wird der Gedanke an die Oberfläche der Diskussion gebracht, dass es neben den beiden markierten Varianten eine wahre, genuine belarusische Sprache – u.a. in Form von Trasjanka – existiere, die von der Sprachpolitik bei der Korpusplanung gar nicht erfasst sei (vgl. *pro-Trasjanka*-Topos). Der Topos wird entweder als ein *pro*-Argument benutzt, oder es wird bei seiner Verwendung gar keine identifizierbare Stellungnahme zum Belarusischen bezogen.

Beispiel *pro* Belarusisch

> Трасянка – ісьціна беларуская родная народная мова! А не ўсялякія наркомаўкі камуністычныя ды тарашкевіцы паланісцкія!
> [Trasjanka ist die wahrhafte belarusische Volksmuttersprache! Und nicht die ganzen kommunistischen Narkomaŭkas und polonistischen Taraškievicas!]

Beispiel *keine Stellungnahme*

> Те, кто аполитичен, пишут на последней версии белорусского языка. Те, кто пыжит из себя патриота, пишут на устаревшей версии начала прошлого века – тарашкевичище.
> [Diejenigen, die apolitisch sind, schreiben in der letzten Version des Belarusischen. Diejenigen, die sich zu Patrioten aufblähen, schreiben in der veralteten Version des Anfangs des vergangenen Jahrhunderts – der Taraškievičica.]

Topos ‚Varianz ist störend' (27 Codings)

Da die parallele Existenz zweier Varianten der belarusischen Sprache für eine Belarusifizierung erschwerend ist, sollte eine Variante endgültig festgelegt werden / ist eine Belarusifizierung nicht möglich und nicht sinnvoll.

Der Topos der *störenden Varianz* des Belarusischen wird nicht selten verwendet, für die *pro*-Argumentation etwas häufiger als für die *contra* (pro: 17, contra: 7 C.), wo die fehlende sprachliche Einheitlichkeit als ein Grund für die Nichtverwendung der Sprache herbeigeführt wird (Kap. 5.4.6).

Beispiele *pro* Belarusisch

> В этом основная проблема белорусского языка, не могут договориться, какая версия правильней: тарашкевица или наркомовка, пока беларусы не стандартизируют свой язык, любая беларусификация провалится. / Иметь 2 белорусских языка в стране, где половина населения может с трудом говорить хотя бы на одном – непозволительная роскошь, которая усложняет обучение и не способствует беларусизации. Дескать, вы там сперва со „сваей мовай" разберитесь сами.
> [Das Hauptproblem des Belarusischen besteht darin, dass man sich nicht einigen kann, welche Version richtiger ist: Taraškievica oder Narkomaŭka, solange die Belarusen ihre Sprache nicht standardisieren, wird jede Belarusifizierung scheitern. / Zwei belarusische Sprachen in einem Land zu haben, wo die Hälfte der Bevölkerung sich sogar mit einer davon schwertut, ist ein unzulässiger Luxus, der das Lernen erschwert und auch der Belarusifizierung nicht förderlich ist. Sprich, kommt Ihr doch erstmal selbst mit eurem Belarusischen dort zurecht.]

Beispiele *contra* Belarusisch

> Это еще раз подтверждает глупость затеи, т.к. даже определиться не можем, какая мова беларуская, а какая не... / Еще одна причина нежелания переходить на родной язык – его никто не знает: в школах учат одному, в ВУЗах другому, в интернете и по телевизору, в общественном транспорте, везде все отличается.

> [Das bestätigt nochmal die Dummheit dieses Unterfangens, denn wir können uns nicht mal festlegen, welches Belarusisch belarusisch ist, und welches nicht... / Noch ein Grund, nicht zum Belarusischen wechseln zu wollen – keiner kann es: In Schulen wird das Eine beigebracht, in Hochschulen – das Andere, im Internet, im Fernsehen, in öffentlichen Verkehrsmitteln – überall ist alles unterschiedlich.]

Topos der Angemessenheit der Latinica (7 Codings)

Da die ursprüngliche Schrift des Belarusischen – die Latinica – für Belarusen fremd ist, sollte sie nicht eingeführt werden.

Die Varianz im graphischen System wird in insgesamt sieben Beiträgen nur am Rande des Diskurses behandelt, und zwar nur von den Vertretern der *pro*-belarusischen Position, bei welchen ein Interesse an linguistischen Details des Belarusischen präsumiert werden kann. Die Latinica als ein alternatives Alphabet des Belarusischen wird dabei zwar als die originäre belarusische Schrift artikuliert, aber ihre Einführung wird als nicht zeitgemäß betrachtet, denn sie wirke befremdlich und erschwere das Verständnis eines geschriebenen Textes, was sich im Sinne der Belarusifizierung kontraproduktiv erweisen würde.

Beispiele *pro* Belarusisch

> Почитайте о ВКЛ, где белорусский был государственным языком, на котором велось делопроизводство. Может узнаете, что раньше белорусский писался латиницей. / [Вводить латиницу – N.S.] пакуль сэнсу няма. Будзе наша мова адзінаю дзяржаўнаю – тады калі ласка. / Бачыць бачыў, але чытаць на ёй цяжей і нек непрывычна.

> [Lesen Sie über das Großfürstentum Litauen, wo Belarusisch die Staatssprache war, in der das ganze Aktenwesen geführt wurde. Möglicherweise bringen Sie in Erfahrung, dass man Belarusisch früher in Latinica schrieb. / [Die Latinica einzuführen – N.S.] hat zurzeit noch keinen Sinn. Wenn unsere Sprache zur einzigen Staatssprache wird – dann bitte sehr. / Gesehen habe ich sie, aber sie zu lesen ist schwieriger und irgendwie ungewohnt.]

Evaluative Merkmale der Sprachsituation: Überblick

Mit fast doppelt so hoher Anzahl der Codings als die qualitative Komponente der Sprachsituation erfährt die *evaluative* Komponente die größte Zuwendung seitens der Diskussionsteilnehmer (1771 C.). Sie wird mit den Topoi erfasst, die sich nahezu gleich häufig auf die dem Belarusischen zugeschriebenen *Werte* (955 C.) und die *gesellschaftliche Einstellung* zur Nationalsprache (816 C.) beziehen (Tab. 22).

Die Diskussion um die *Werte* konzentriert sich dabei auf eine *Diversität gesellschaftlicher Werte* (20 C.), auf den *pragmatischen* (272 C.) und den *symbolischen Wert* (617 C.) des Belarusischen. Die Anzahl der Codings zeigt deutlich, dass die pragmatische und die symbolische Funktion des Belarusischen aktiv diskutierte Themen sind, wobei auf die letzte deutlich häufiger referiert wird: Der symbolische Wert des Belarusischen bildet also den Mittelpunkt der Forendiskussion über die Werte der Sprache und fungiert meistens als ein *pro*-Belarusisch-Argument (pro: 464, contra: 136 C.). Die pragmatische Funktion des Belarusischen wird dagegen überwiegend *contra* Belarusisch argumentativ eingesetzt (pro: 83, contra: 173 C.), was darauf schließen lässt, dass der kommunikative Wert der Sprache eher als niedrig eingeschätzt wird. In der Werte-Diskussion wird darüber hinaus der Wert der russischen Sprache in Belarus diskursiv behandelt (46 C.).

Was den Punkt der *gesellschaftlichen Einstellung* zum Belarusischen betrifft, so handelt es sich hier nicht um eine Analyse der Sprecher-Einstellung auf der Grundlage des Forendiskurses im Sinne der Forschungsfrage dieser Studie, sondern um eine Darstellung dessen, wie die Einstellung der belarusischen Gesellschaft zur Nationalsprache von den Diskursakteuren selbst wahrgenommen, eingeschätzt und bewertet wird. Dieses Thema wird also gerade deswegen an dieser Stelle und als ein Topos behandelt, weil es hier um ein evaluatives Merkmal der Sprachsituation geht (Kap. 2.2), das seinerseits von den Diskursakteuren als ein Argument verwendet wird. Auch hier zeigt die hohe Anzahl der Codings (816), dass die gesellschaftliche Einstellung zum Belarusischen von den Diskutierenden als ein wichtiger Punkt der Sprachsituation erkannt wird.

Tab. 23: Sprachsituations*spezifische* Topoi. Evaluative Merkmale der Sprachsituation

Sprachsituations*spezifische* Topoi *Evaluative Merkmale der Sprachsituation*	Position		Insg.
	pro	contra	
Werte			
Topos der *Diversität gesellschaftlicher Werte*	12	6	20
Pragmatischer Wert des Belarusischen			
Topos des *Pragmatismus als angemessenes Argument*	6	9	18
Topos der *Ineffektivität des Belarusischen*	22	91	116
Topos der *Nutzlosigkeit des Russischen*	9		9
Kosten-Nutzen-Topos	3	11	15
Topos des *wirtschaftlichen Nutzens*	17	14	34
Topos des *kommunikativen Nutzens*	4	11	17
Topos des *menschlichen Nutzens*	12		12
Topos des *gesellschaftlichen Nutzens*	3	2	5
Topos des *kulturellen Nutzens*	1		1
Es-gibt-wichtigere-Probleme-Topos	3	22	27
Topos des *gesunden Menschenverstandes*	1	2	3
Schaden-Topos	2	11	15
	83	173	272
Symbolischer Wert des Belarusischen			
Topos ‚*Sprache ist mehr als ihr Nutzen*'	14	1	16
Topos der *Tradition*	56	4	60
Topos der *Historizität*	41	17	58
Patriotismus-Topos	14	26	46
Topos der *Investition*	10	1	11
Topos ‚*Sprache und Nation*'	82	55	142
Topos ‚*Sprache und staatliche Souveränität*'	30	3	33
Topos ‚*Sprache und Kultur*'	20	3	23
Topos ‚*Sprache und Volkscharakter*'	11		12
Topos ‚*Sprache und Heimat*'	5	2	8
Topos ‚*Sprache und Ideologie*'	4		4
Nutzen-als-Symbol-Topos	5	2	7
Topos ‚*Belarusisch als Aufwertungsmittel*'	16	1	17
Topos ‚*Belarusisch als Filter*'	6		6
Topos ‚*Belarusisch als Schutz*'	20	1	21

Sprachsituations*spezifische* Topoi *Evaluative Merkmale der Sprachsituation*	Position		Insg.
	pro	contra	
Ästhetik-Topos	122	20	145
Originalitäts-Topos	8		8
	464	136	617
Wert des Russischen			
Topos des *Wertes des Russischen*	33	9	46
	592	324	955
Gesellschaftliche Einstellung zum Belarusischen			
Topos der *gesellschaftlichen Einstellung zum Belarusischen*			
kognitiv	313	150	479
emotiv-affektiv	43	19	62
evaluativ-normativ	25	12	38
volitiv-indikativ	21	52	75
volitiv-imperativ			
konativ	78	70	162
	480	303	816
	1072	627	1771

Evaluative Merkmale der Sprachsituation: Sprachwerte

Topos der Diversität gesellschaftlicher Werte (20 Codings)

Da bei verschiedenen Personen verschiedene Werte vordergründig sind und die Mehrheit der Bevölkerung die materiellen Werte über die geistigen stellt, wirkt sich das negativ auf die Nationalsprache aus und sollte geändert / als Gegebenheit akzeptiert werden.

Dieser Topos wird häufiger *pro* Belarusisch verwendet (pro: 12, contra: 6 C.), indem er den marginalisierten Zustand des Belarusischen auf die Dominanz von pragmatischen Werten über den geistigen und kulturellen bei der Mehrheit der Bevölkerung zurückführt. Dabei werden ‚Normalbürger' den sog. ‚Kämpfernaturen' gegenübergestellt, welche zwar von kulturellen Werten geleitet werden, aber eine Minderheit bilden. In der *contra*-Variante wird mit dem Topos behauptet, dass die geistigen Güter – wie der symbolische Wert des Belarusischen – alleine für die Gesellschaft nicht ausreichend sind bzw. keine Rolle spielen und die aktuelle Sprachsituation in Belarus mit den unausgewogenen Sprachverhältnissen deswegen so hingenommen werden müsse, wie sie ist. Um eine Belarusifizierung als unerwünscht und zwecklos darzustellen, wird auf die Werte-

Pyramide von Maslow referiert und gesagt, dass die Grundbedürfnisse der Belarusen noch nicht befriedigt sind, um vom Überbau, also von geistig-kulturellen Werten, zu sprechen. Worauf die Argumentation *pro* Belarusisch einwirft, dass es zwar normal sei, ein bestimmtes Lebensstandard erzielen zu wollen, aber es nicht akzeptabel sei, sich nur mit materiellen Werten zufrieden zu geben.

Beispiele *pro* Belarusisch

В чем не откажешь нашему народу, так это в прагматизме. Смотрит он на белорусский язык и думает: „А какая польза мне от этого будет?" А разговоры о высоких материях, типа самоопределения, патриотизма, свободы, демократии – это, увы, удел малочисленной группки местных интеллектуалов. / Шкада, што ў некаторых людзей матэрыяльнае цалкам выцесніла духоўнае. Ім трэба толькі пажраць, рамонт, тачка, шмацце і падобнае. А культура і мова ім не патрэбныя. / Большасць людзей займаецца паўсядзённымі справамі, яны ніякія не барацьбіты за мову. / Піраміда Маслоу. Нармальна, што чалавек хоча жыць з камфортам, ненармальна, калі ён так і застаецца на ўзроўні посудамыйкі.

[Was man unserem Volk nicht abschlagen kann, ist Pragmatismus. Schaut es sich die belarusische Sprache an und denkt: „Und was für einen Nutzen habe ich davon?" Und alle Gespräche über die hohe Materie wie Selbstbestimmung, Patriotismus, Freiheit, Demokratie sind leider das Schicksal einer kleinen Gruppe einheimischer Intellektueller. / Schade, dass das Materielle bei manchen Menschen das Geistige komplett verdrängt hat. Sie brauchen nur das Fressen, eine Renovierung, eine Karre, Klamotten und Ähnliches. Und Kultur und Sprache sind für sie nicht nötig. / Die meisten Menschen beschäftigen sich mit alltäglichen Sachen, sie sind keineswegs Kämpfer für die Sprache. / Die Maslow-Pyramide. Es ist normal, wenn ein Mensch mit Komfort leben möchte, nicht normal ist, wenn er auch weiterhin auf dem Niveau von Spülmaschine bleibt.]

Beispiele *contra* Belarusisch

Я – обыватель. Я не змагар. Мне главное – обеспечить достойную жизнь моей семье. / Рыбята, скажите. Жизня лучше станет после введения бел. языка? а то кушать хоцца... мне кажется, одним языком сыт не станешь. / Вот интеллектуалы пусть и познают свои и чужие культуры. А обывателям они до лампочки. И людей уже не заставишь восхищаться мовай и всякими вышыванками. Все. Поезд уже ушел. С этим нужно просто смириться. / А какая нахрен белорусизация, когда разруха в стране? Будет сытое довольное общество – вот тогда и мову можно будет пропагандировать.

[Ich bin ein Durchschnittsbürger. Ich bin kein Kämpfer. Für mich ist das wichtigste – meiner Familie ein würdiges Leben zu sichern. / Jungs, sag mal. Wird das Leben nach der Einführung des Belarusischen besser werden? Denn man ist ja mal hungrig... mir scheint, alleine von der Sprache wird man nicht satt. / Sollen dann die Intellektuellen die eigene und die fremden Kulturen selbst ergründen, wenn sie es so möchten. Und den Normalbürgern sind diese schnuppe. Du kannst die Menschen nicht mehr dazu zwingen, sich vom

Belarusischen und von den ganzen Wyschywankas zu entzücken. Das war's. Der Zug ist abgefahren. Man muss das einfach hinnehmen. / Welche, zum Henker, Belarusifizierung, wenn das Land in Ruinen liegt. Wenn wir eine satte, zufriedene Gesellschaft haben werden, dann kann man auch die Sprache propagieren.]

Der Wert des Belarusischen aus der pragmatischen Sicht wird mit mehreren Topoi angesprochen: Topos des *Pragmatismus als angemessenes Argument*, der *Ineffektivität des Belarusischen*, der *Nutzlosigkeit des Russischen*, *Kosten-Nutzen*-Topos, Topoi des *wirtschaftlichen, kommunikativen, menschlichen, gesellschaftlichen und kulturellen* Nutzens, *Es-gibt-wichtigere-Probleme*-Topos, Topos des *gesunden Menschenverstandes* und der *Schaden*-Topos.

Topos des Pragmatismus als angemessenes Argument (18 Codings)

Da die pragmatischen Erwägungen beim Thema der Nationalsprache nicht entscheidend / entscheidend sind, sollten sie bei der Diskussion um die Bewahrung des Belarusischen nicht berücksichtigt / in erster Linie berücksichtigt werden.

Hier geht es um Pragmatismus als annehmbares Argument bei einer Sprachdiskussion. Gegen Belarusisch wird dabei damit argumentiert, dass den Wert einer Sprache in erster Linie ihr kommunikativer Wert ausmacht und dass rationalistische Überlegungen für die Bewahrung einer Sprache wegweisend sind. Die Vertreter der *pro*-belarusischen Position halten den Pragmatismus bei einer Diskussion um ein Kulturgut wie Sprache für ein unpassendes Argument und klassifizieren ihn als das Hauptargument der *contra*-belarusischen Position, welches das Wesen einer Sprache trivialisiere.

Beispiele *pro* Belarusisch

> Если б я всё в своей жизни соотносил только с практической и материальной пользой для себя, я б наверное от такой жизни руки на себя наложил. / Калі Вам, рацыяналісту, Вашы дзеці скажуць калісці, што не мае сэнсу Вас старога і хворага даглядаць, а куды практычней будзе здаць у дом прэстарэлых, не здзіўляйцеся – Вы ж іх самі хочаце вырасціць рацыяналістамі. / А доводы противников белорусского языка всегда сводятся к тому, что мовой сыт не будешь, ее в холодильник не положишь.
>
> [Wenn ich alles in meinem Leben nur mit dem eigenen praktischen und materiellen Nutzen messen würde, würde ich wahrscheinlich von einem solchen Leben Hand an mich legen. / Wenn Ihre Kinder Ihnen, einem Rationalisten, irgendwann sagen, dass es keinen Sinn macht, sich um den alten und kranken Vater zu kümmern, und es praktischer ist, Sie in ein Altersheim abzugeben, wundern Sie sich nicht – Sie wollen sie doch selbst zu Rationalisten großziehen. / Und die Argumente gegen Belarusisch laufen alle darauf hinaus, dass die Sprache nicht satt macht und dass man sie nicht in den Kühlschrank legen kann.]

Beispiele *contra* Belarusisch

> Для меня язык – средство общения. Никаких сакральных свойств языкам не приписываю. / Корень всему – рационализм. Если нет прямой выгоды от перехода с „великого и могучего" на „родную", то и думать об этом не стоит.
> [Die Sprache ist für mich ein Kommunikationsmittel. Ich schreibe ihr keine sakralen Eigenschaften zu. / Die Wurzel von Allem ist Rationalismus. Wenn der Übergang von der „großen und mächtigen" zur „Muttersprache" keinen direkten Gewinn bringt, dann lohnt es sich nicht mal, darüber nachzudenken.]

Topos der Ineffektivität des Belarusischen (116 Codings)

pro: Da der durch die Verbreitung des Russischen verursachte fehlende Bedarf an Belarusisch dazu führt, dass die belarusische Sprache von der Gesellschaft als nutzlos wahrgenommen wird, sollte der Bedarf an Belarusisch geschaffen werden.

contra: Da es durch die Verbreitung des Russischen keine Notwendigkeit an belarusischer Sprache besteht, ist diese Sprache nutzlos und sollte deswegen nicht bewahrt werden.

Mit diesem relativ häufig verwendeten Topos wird die Ineffektivität des Belarusischen auf drei verschiedene Weisen artikuliert: als ein *konstantes intrinsisches* Merkmal der Nutzlosigkeit als Kommunikationsmittel (49 C.), als ein *konstantes extrinsisches* Merkmal des fehlenden Bedarfs (27 C.) und als ein *temporäres extrinsisches* Merkmal der künstlich erschaffenen Abdingbarkeit des Belarusischen (40 C.). Bei der *pro*-Argumentation wird hauptsächlich auf das letztgenannte Merkmal referiert.

Mit der *Nutzlosigkeit* des Belarusischen wird naturgemäß fast ausschließlich *contra* Belarusisch argumentiert. Bei der *pro*-Argumentation geht es dabei lediglich um die Feststellung dessen, dass die Sprache von Belarusen selbst als nutzlos gesehen wird (pro: 1, contra: 47 C.). Eine *Unerfordertheit* des Belarusischen seitens der Gesellschaft wird ebenso überwiegend für die *contra*-Argumentation eingesetzt, mit der Schlussfolgerung, dass ein Wiederbeleben der Sprache nun nicht notwendig sei. Die wenigen *pro*-Stimmen konstatieren zwar mit Bedauern eine fehlende Nachfrage nach Belarusisch, behaupten jedoch, dass diese mit der Rückkehr der Sprache kommen würde und formiert werden müsse (pro: 5, contra: 21 C.). Das Vorhandensein des Russischen als einer erschöpfenden und gut beherrschten Alternative zum Belarusischen in allen Lebensbereichen wird von der *pro*-Position als ein Missstand betrachtet, welcher eine *Unumgänglichkeit* des Belarusischen beseitigt. Die *contra*-Position sieht darin dagegen kein Problem (pro: 16, contra: 23 C.).

Beispiele *pro* Belarusisch

> Смотрит он [народ – N.S.] на белорусский язык и думает: „А какая польза мне от этого будет?" / А дети в школе его не хотят учить, так как не понимают, зачем он им. / Попыт будзе, калі будзе мова. / Спрос тоже нужно формировать. / Вузкая сфера ўжывання беларускай мовы выклікана не столькі адсутнасцю носьбатаў, колькі адміністрацыйнымі перашкодамі. Гэты перакос мае трываць толькі таму, што амаль усе беларускамоўныя людзі здольныя карыстацца рускай мовай. Але не таму, што жадаюць таго.
>
> [Schaut es [das Volk – N.S.] sich die belarusische Sprache an und denkt: „Und was für einen Nutzen habe ich davon?" / Und die Kinder in der Schule wollen es nicht lernen, weil sie nicht verstehen, wozu sie es brauchen. / Die Nachfrage kommt, wenn die Sprache kommt. / Eine Nachfrage muss ja auch formiert werden. / Der schmale Verwendungsbereich des Belarusischen ist nicht so sehr durch das Fehlen von Sprachträgern, sondern vielmehr durch administrative Hindernisse verursacht worden. Diese Schiefstellung kann sich nur deswegen halten, weil alle belarusischsprachigen Menschen fähig sind, Russisch zu verwenden. Aber nicht, weil sie es wollen.]

Beispiele *contra* Belarusisch

> Белорусская мова бесполезна. / Больше русскоговорящих... и извините, но спрос рождает предложение! / Поймите – БЕЛОРУССКИЙ ЯЗЫК !никому! не нужен. / Все кричат: „надо возрождать!", и никто не может внятно ответить зачем. Если он нужен – на нем будут говорить и так. / Современные беларусы же прекрасно понимают русский язык, и я не вижу острой необходимости во владении белорусским языком.
>
> [Die belarusische Sprache ist nutzlos. / Die Russischsprachigen sind in Überzahl... und, entschuldigen Sie, Nachfrage schafft Angebot! / Verstehen Sie doch – BELARUSISCH braucht !niemand! / Alle schreien: „Man muss es wiederbeleben!", und keiner kann deutlich sagen, wozu. Wenn man es braucht, wird man es auch so sprechen. / Die heutigen Belarusen verstehen doch Russisch, und ich sehe keinen akuten Bedarf an der Beherrschung des Belarusischen.]

Topos der Nutzlosigkeit des Russischen (9 Codings)

Da die russische Sprache weder eine Nationalsprache in Belarus noch eine Sprache der internationalen Kommunikation oder der Wissenschaft ist, ist sie für Belarusen nutzlos und solle nicht verwendet werden.

Die Vertreter der *pro*-belarusischen Position bringen konträr zum vorigen Topos das Argument einer Nutzlosigkeit des Russischen als der Sprache einer nationalen Minderheit in einem belarusischen Nationalstaat hervor, wodurch sie die tatsächliche Sprachsituation implizit für unnatürlich erklären. Die in der Diskussion oft erwähnten Vorteile der russischen Sprache als Mittel der interethnischen Kommunikation und als Wissenschaftssprache werden dabei negiert, indem das Russische, welches nur in Russland benötigt sei, dem weltweit verbreiteten Englisch gegenüber gestellt wird und die im Russischen verwendete Terminologie als eine bloß aus den anderen Sprachen entliehte hingestellt wird.

Beispiele *pro* Belarusisch

> Человек живет в Беларуси, является белорусом по национальности, знает родной ему белорусский язык, зачем ему русский? / Региональный русский здесь совсем не к месту. / А может, нет смысла тратить время на изучение иностранного расейского языка, потому как кроме расеи он нигде не нужен. / В современном мире русский не является таким уж и великим языком, т.к. настоящий язык-космополит английский. Технические термины, применяемые в русском языке, в основном все заимствованные, пришли из Европы.
>
> [Ein Mensch lebt in Belarus, ist seiner Nationalität nach Belaruse, kann seine Muttersprache Belarusisch, wozu braucht er Russisch? / Die Regionalsprache Russisch ist hier fehl am Platz. / Vielleicht macht es keinen Sinn, die Zeit für das Erlernen der Fremdsprache Russisch zu verschwenden, denn außer Russland wird sie nirgendwo gebraucht. / In der modernen Welt ist Russisch gar nicht so eine große Sprache, denn eine echte Sprache-Kosmopolit ist Englisch. Die im Russischen verwendeten technischen Termini sind hauptsächlich alle entlehnt, stammen aus Europa.]

Kosten-Nutzen-Topos (15 Codings)

Da die Kosten einer Belarusifizierung im Verhältnis zu ihrem Nutzen zu hoch wären, sollte sie nicht durchgeführt werden.

Dieser Topos bezieht sich auf das Thema des Belarusischen als die einzige Staatssprache in Belarus und fokussiert den Kosten-Faktor einer Belarusifizierung. Dass der *Kosten-Nutzen*-Topos nicht für die Argumentation *pro* Belarusisch eingesetzt wird, weist darauf hin, dass das Verhältnis zwischen diesen beiden Faktoren aus der Sicht der Diskussionsteilnehmer nicht zugunsten der belarusischen Sprache ausfällt. Nur in einigen Beiträgen, die der *eher-pro*-Position zugeordnet wurden, wird der Übergang zum Belarusischen als erwünscht, aber dennoch aufgrund des großen finanziellen und zeitlichen Aufwandes für nicht durchführbar erklärt.

Beispiel *eher-pro* Belarusisch

> Я думаю, что никто не будет против введения одного – белорусского. Но сколько на это понадобится времени, сил, денег в конце концов?

[Ich glaube, niemand wird gegen die Einführung nur einer Sprache – des Belarusischen – sein. Aber wieviel Zeit, Kraft und letztendlich Geld wird man doch dafür brauchen?]

Beispiele *contra* Belarusisch

И нет смысла тратить огромные средства на внедрение бел. языка в нашу жизнь. / Вы представляете, каких трудов, денег и времени потребует переход на мову? Ради чего не спрашиваю. / Пусть Братэрства Беларускай Мовы и оплачивает эту авантюру. Деньги на ветер...

[Und es macht keinen Sinn, Unsummen von Geld für das Einbringen des Belarusischen in unser Leben zu verschwenden. / Können Sie sich vorstellen, wieviel Mühe, Geld und Zeit der Übergang zum Belarusischen kosten würde? Ich frage nicht mal, um wessen willen. / Soll die Gesellschaft für belarusische Sprache dieses Abenteuer dann auch selbst bezahlen. Herausgeworfenes Geld...]

Topos des wirtschaftlichen Nutzens (34 Codings)

Da die Bewahrung der belarusischen Nationalsprache (k)einen wirtschaftlichen Nutzen mit sich bringt, sollte sie (nicht) bewahrt werden.

Mit dem Topos werden also der Zusammenhang zwischen der belarusischen Sprache und dem wirtschaftlichen Fortschritt des Landes aufgegriffen (pro: 17, contra: 14 C.). Dabei streitet die *contra*-Argumentation jegliche Verbindung zwischen diesen zwei Faktoren ab und behauptet, die russische Sprache sei ein bequemeres Kommunikationsmittel für wirtschaftliche Beziehungen als die belarusische. Bei der *pro*-Argumentation werden dagegen die wirtschaftlichen Vorteile einer Nationalsprache hervorgehoben, welche von außen als ein Zeichen einer souveränen Nation und somit eines eigenständigen, von Russland unabhängigen Handelspartners wahrgenommen werde. Die belarusische Sprache könne auch als Schutz des Nationalkapitals dienen, indem sie den Verkauf nationaler Unternehmen an ausländische, in der Regel russische Käufer aufhalten würde, so die *pro*-Stimmen. Zudem sei der sprachliche Faktor noch nie ein Hindernis für internationale wirtschaftliche Zusammenarbeit gewesen, so dass die Bequemlichkeit der russischen Sprache für die Wirtschaftskommunikation kein standhaftes Argument sei. Vor diesem Hintergrund wird auf die belarusischsprachige Werbung einiger ausländischer Firmen referiert, die sich von der russischsprachigen als außergewöhnlich und deswegen als vorteilhaft abhebe. Darüber hinaus sei ein Wohlstand ohne die Kultur generell nicht denkbar, und das evtl. Fehlen eines wirtschaftlichen Nutzens sei kein Grund, sich von der Nationalsprache abzuwenden.

Beispiele *pro* Belarusisch

Нашы партнёры зразумеюць, што Беларусі ніколі не стане расійскай правінцыяй з шасці губерній. І да нас пойдуць замежныя інвестыцыі. / Защитить беларуский капитал может только мова. / Национальный язык это деньги и власть. Вот если бы у нас все говорили только на беларуском, то россиянин не смог бы руководить беларусскоговорящим коллективом. / А что мешает немцу и французу отстраивать нормальные союзнические отношения, разговаривая на разных языках? / Маркетологи в последнее время используют в рекламах белорусский язык. А всё дело в том, что в общем русскоязычном потоке появление белорусского языка привлекает внимание потенциальных покупателей, как диковинка. / Без культуры вы не достигнете благосостояния. / Так, мова ніякім чынам не палепшыць сацыяльны, эканамічны і г.д. стан краіны, але гэта ня прычына выракацца яе і зьнішчаць яе.

[Unsere Partner werden begreifen, dass das Belarus niemals zu einer russländischen Provinz mit sechs Gubernien wird. Und dann werden die ausländischen Investitionen zu uns fließen. / Das belarusische Kapital kann nur die belarusische Sprache schützen. / Eine Nationalsprache – das ist Geld und Macht. Hätten bei uns alle nur Belarusisch gesprochen, könnte ein Russe eine belarusischsprachige Belegschaft nicht leiten. / Und was stört einen Deutschen und einen Franzosen dabei, normale partnerschaftliche Beziehungen aufzubauen, während sie verschiedene Sprachen sprechen? / Marketingfachleute verwenden in der letzten Zeit Belarusisch in der Werbung. Es ist nämlich so, dass das Erscheinen des Belarusischen in einem russischsprachigen Strom die Aufmerksamkeit potentieller Käufer auf sich zieht, als eine Seltenheit. / Ohne die Kultur erreichen Sie keinen Wohlstand. / Stimmt, die belarusische Sprache wird die soziale, wirtschaftliche etc. Lage des Landes in keiner Weise verbessern, aber es ist kein Grund, sich von ihr abzukehren und sie zu vernichten.]

Beispiele *contra* Belarusisch

Каким образом охват населения белорусским языком повлияет на укрепление экономики страны? / Что касательно связи языка и экономики, то тут все очевидно. Поддерживать „братские", союзные отношения с Россией Лукашенко удобнее на едином культурном пространстве. Основа его – русский язык.

[Auf welche Weise soll eine Abdeckung der Bevölkerung mit der belarusischen Sprache der wirtschaftlichen Stärkung des Landes beitragen? / Was die Verbindung zwischen Sprache und Wirtschaft angeht, so ist hier alles offensichtlich. Für Lukaschenko ist es bequemer, die „brüderlichen" Bündnisbeziehungen mit Russland in einem einheitlichen kulturellen Raum zu pflegen. Und dessen Grundlage ist die russische Sprache.]

Topos des kommunikativen Nutzens (17 Codings)

Da die kommunikative Funktion, welche beim Belarusischen schwach ausgeprägt ist, (nicht) die einzige Funktion einer Sprache ist, sollte auf die Bewahrung des Belarusischen (nicht) verzichtet werden.

Die schwache Verwendung des Belarusischen als Kommunikationsmittel erklärt den Einsatz dieses Topos hauptsächlich für die Begründung der *contra*-Position (pro: 4, contra: 11 C.), welche die Hauptfunktion einer Sprache in der interpersonalen Verständigung sieht. Und da eine Kommunikation auf Belarusisch eher ein Unbehagen bereite, sei diese Sprache nicht notwendig. Die Vertreter der *pro*-belarusischen Position konstatieren ebenso eine schwache Ausprägung der kommunikativen Funktion des Belarusischen, behaupten jedoch, dass eine Sprache mehr als bloß ihr kommunikativer Nutzen ist, was die in der Welt bestehende Sprachvielfalt belege.

Beispiele *pro* Belarusisch

> Мова жыве ў камунікацыі. Таму ўсіх расейскамоўных беларусаў ТУТ можна лічыць забойцамі Мовы Роднай. / Калі б мова была толькі сродкам зносін, то даўно б знайшоўся спосаб уніфікацыі.
>
> [Eine Sprache lebt in Kommunikation. Deswegen kann man alle russischsprechenden Belarusen hier als Mörder der Muttersprache betrachten. / Wenn Sprache nur ein Kommunikationsmittel wäre, würde man schon längst eine Unifizierungsmethode finden.]

Beispiele *contra* Belarusisch

> Зачем вообще нужен тот или иной язык? Чтобы люди друг друга понимали. Разговаривая сейчас в нашей стране на белоруском языке, ты только самому себе доставишь дискомфорт. / И еще: язык по своей сути все больше и больше становится просто средством коммуникации, а не выражением национальной самобытности. / Если на нём не с кем общаться и с помощью его не генерируется новая информация, то нет смысла его искусственно поддерживать.
>
> [Wozu braucht man überhaupt die eine oder die andere Sprache? Damit die Menschen einander verstehen. Indem du jetzt in unserem Land Belarusisch sprichst, bereitest du bloß dir selbst Unbequemlichkeiten. / Und noch was: Die Sprache wird ihrem Wesen nach zunehmend bloß zu einem Kommunikationsmittel, und nicht zum Ausdrucksmittel von nationaler Besonderheit. / Wenn es niemanden gibt, mit wem man sich darauf unterhalten kann, und es keine neuen Informationen damit generiert werden, dann macht es keinen Sinn, sie künstlich aufrechtzuerhalten.]

Topos des menschlichen Nutzens (12 Codings)

Da sich die Beherrschung und die Verwendung des Belarusischen positiv auf die persönliche Entwicklung und das Wohlbefinden eines Menschen auswirken, sollte es bewahrt und verwendet werden.

Der Topos hebt argumentativ auf den Aspekt des Nutzens einer Nationalsprache für die Persönlichkeit eines Menschen ab und wird nur *pro* Belarusisch verwendet. Abgesehen davon, dass eine Mehrsprachigkeit die intellektuelle Entwicklung eines Menschen fördere, sei die Beherrschung von Nationalsprache für die Selbstachtung und den Nationalstolz einer Person wichtig, so die Diskussionsteilnehmer.

Beispiele *pro* Belarusisch

> Скажу адно – вывучэнне моў азначае развіцце шэрых клетак, а вывучэнне роднай мовы яшчэ і псіхалагічны момант мае. / „Польза" ў тым, каб не быць манкуртам, каб мець нацыянальныя гонар і годнасць; адчуваць сябе гаспадаром на гэтай роднай беларускай зямлі. Бо мы людзі, а не свінні якім „польза" – гэта толькі карыта і хлеў. / В первую очередь для самоуважения. Если вы, конечно, белорус по национальности.

> [Ich sage nur eins: Das Sprachenlernen bedeutet Entwicklung von grauen Zellen, und das Erlernen einer Muttersprache hat noch eine psychologische Komponente. / Der „Nutzen" besteht darin, kein stummer Sklave zu sein, nationalen Stolz und Würde zu haben; sich als Herr dieses belarusischen Heimatbodens zu fühlen. Denn wir sind Menschen, und keine Schweine, deren „Nutzen" bloß ein Fresstrog und ein Stall sind. / In erster Linie für Selbstachtung. Wenn Sie natürlich ihrer Nationalität nach ein Belaruse sind.]

Topos des gesellschaftlichen Nutzens (5 Codings)

Da Belarusisch als Nationalsprache (k)einen gesellschaftlichen Nutzen bringt, sollte es (nicht) bewahrt und (nicht) verwendet werden.

Aus der Sicht der *pro*-belarusisch gesinnten Beitragsautoren sei die belarusische Sprache ein den Patriotismus förderndes Konsolidierungsmittel der Nation. Für die Gegner der Sprache trage sie dagegen keinen gesellschaftlichen Nutzen in sich (pro: 3, contra: 2 C.).

Beispiel *pro* Belarusisch

> Властям любой страны выгоден национальный язык. 1. Сплачивает нацию. 2. Повышает патриотизм. 3. Народ меньше ориентируется на заграничные СМИ.

> [Für die Regierung jedes Landes ist eine Nationalsprache von Vorteil. 1. Sie konsolidiert die Nation. 2. Stärkt den Patriotismus. 3. Das Volk orientiert sich weniger an ausländischen Massenmedien.]

Beispiele *contra* Belarusisch

> Не думаю, что перевод на белорусский огромного количества документации добавит нам в развитии. / А мерилом для определения государственного языка я беру общественную полезность, а не национально-культурные особенности. Иначе надо было бы в той же степени требовать вернуться к более старым языкам, которые более уместны на данной территории.
>
> [Ich glaube nicht, dass Übersetzung von einer Riesenmenge an Dokumentation uns in der Entwicklung weiterbringt. / Und als Maß für die Definition einer Staatssprache betrachte ich ihren gesellschaftlichen Nutzen, und nicht ihre nationalkulturelle Besonderheit. Sonst hätte man genauso verlangen müssen, zu den älteren Sprachen zurückzukehren, welche auf dem gegebenen Territorium angemessener wären.]

Topos des kulturellen Nutzens (1 Codings)

Da die belarusische Sprache für das Verstehen der nationalen belarusischen Kultur unabdingbar ist, sollte sie bewahrt werden.

Dieser Topos kommt zwar nicht häufig vor, aber es wird mit ihm der wichtige Aspekt eines kulturellen Lebens einer Nation angesprochen, weswegen er als eigenständiger Topos behandelt wird.

Beispiel *pro* Belarusisch

> Белорусский нужен, чтобы понимать в подлиннике свой народ, стихи того же Якуба Коласа...
>
> [Belarusisch braucht man, um sein eigenes Volk im Original zu verstehen, die Gedichte von Jakub Kolas, zum Beispiel.]

Es-gibt-wichtigere-Probleme-Topos (27 Codings)

Obwohl / da es in der Republik Belarus wichtigere Probleme gibt, als der Zustand der Nationalsprache, sollte man sich mit der Sprachproblematik trotzdem beschäftigen / nicht beschäftigen.

Der Topos kann als eine inhaltlich spezifizierte Variante des Topos der *Diversität gesellschaftlicher Werte* aufgefasst werden, die auf die konkreten Gegebenheiten des soziokulturellen Lebens in Belarus Bezug nimmt. In der prototypischen Realisierung dieses Topos, der meistens *contra* Belarusisch verwendet wird (pro: 3, contra: 22 C.), werden diverse wirtschaftliche und soziokulturelle Probleme im Land aufgezählt, vor deren Hintergrund das Problem der Nationalsprache als nicht real, sondern als ausgedacht, nicht existent oder zumindest als nicht erstrangig klassifiziert wird. Es wird u.a. eine Instrumentalisierung der Sprachenfrage z.B. zur Ablenkung von ‚realen' Problemen vermutet. Die Verteidiger des Belarusischen bestätigen eine Dringlichkeit essentieller Probleme für das Sozium, distanzieren sich jedoch von diesem Sozium und fügen hinzu, dass das Sprachproblem in Belarus dennoch existiere und deswegen gelöst werden solle.

Beispiele *pro* Belarusisch

„Социум" не захоча, у яго іншыя праблемы. / Потому что люди пашут с утра до ночи, людям не до выяснений на тему, что есть беларуский язык. / Если проблема языка существует, значит, нужно ее решать.

[Das „Sozium" wird es nicht wollen, es hat andere Probleme. / Weil die Leute von morgens bis abends schuften, sind sie nicht dazu aufgelegt, die Frage zu klären, was die belarusische Sprache ist. / Wenn es ein Sprachproblem gibt, dann muss man sich damit auseinandersetzen.]

Beispiele *contra* Belarusisch

В Беларуси хватает и других проблем, действительно серьёзных. А язык... Нет такой проблемы. / А у молодого поколения и без этого полно забот и стремлений. Строить надо, экономику поднимать, наукой заниматься, уровень образования поднимать... А там хоть на китайском. / Проблема белорусского языка, конечно, существует, однако это не та проблема, которую необходимо решать в первую очередь. / Мне кажется, нужно не ставить упор на возрождение языка, культуры, а на становление экономики страны. Не надо насильно делать страну культурной и беларускомовной. Не это первостепенно. Не это главное. / Вся эта шумиха вокруг мовы выгодна как оппозиции – типа она за что-то борется, так и государству, чтобы отвлечь людей от других более важных проблем.

[In Belarus gibt es genug andere, wirklich ernsthafte Probleme. Und die Sprache... So ein Problem gibt es nicht. / Und die junge Generation hat ohnehin jede Menge Sorgen und Bestrebungen. Man muss bauen, die Wirtschaft hochbringen, Wissenschaft betreiben, das Bildungsniveau steigern... Und dann von mir aus auf Chinesisch. / Das Problem mit der belarusischen Sprache ist natürlich da, aber es ist nicht das Problem, das man in erster Linie lösen müsste. / Ich glaube, man muss den Schwerpunkt nicht auf die Wiedergeburt von Sprache und Kultur legen, sondern auf das Wirtschaftswachstum im Land. Man sollte das Land nicht gewaltsam kultiviert und belarusischsprachig machen. Nicht das ist erstrangig. Nicht das ist das Wichtigste. / Der ganze Wirbel um das Belarusische ist sowohl für die Opposition günstig – als würde sie, quasi, für irgendwas kämpfen – als auch für den Staat, um die Menschen von anderen, wichtigeren Problemen abzulenken.]

Topos des gesunden Menschenverstandes (3 Codings)

Da die russische Sprache in Belarus in allen Lebensbereichen dominiert, widersprechen die Bemühungen um eine Belarusifizierung dem gesunden Menschenverstand und sollten beigelegt werden.

Dieser Topos lässt sich als eine Weiterführung des *Kosten-Nutzen*-Topos begreifen: Aufgrund der angenommenen großen Differenz zwischen dem Nutzen und dem Aufwand für eine Belarusifizierung wird damit eine *pro*-belarusische Haltung als nicht adäquat gebrandmarkt. Verständlicherweise wird der Topos in erster Linie zur Stützung der *contra*-Position benutzt (pro: 1, contra: 2 C.). In seiner *pro*-Variante steht er in einem Dialogizitäts-Verhältnis mit dem Topos der *Gleichstellung bei der Zweisprachigkeit*, was das folgende Beispiel illustriert:

Beispiel *pro* Belarusisch

> Акрамя вашага „здравого смысла" ёсць закон, які парушаецца. І гэта ёсць маразм.
> [Neben Ihrem „gesunden Menschenverstand" gibt es auch das Gesetz, welches verletzt wird. Und das ist ein Marasmus.]

Beispiel *contra* Belarusisch

> Ты, уважаемый, ерунду говоришь. Или ты считаешь, что нормально открывать школы для десяти-двадцати учеников? Типа долой здравый смысл – даешь маразм!
> [Du redest Blödsinn, geehrter. Oder denkst du, dass es normal ist, Schulen für zehn – zwanzig Schüler zu eröffnen? Quasi, weg mit dem gesunden Menschenverstand – her mit dem Marasmus!]

Schaden-Topos (15 Codings)

Da der Übergang zum Belarusischen sich sowohl auf der individuellen als auch auf der gesellschaftlichen Ebene als nachteilig erweisen kann, kann die Sprachsituation in Belarus nicht als normal bezeichnet werden / soll kein Übergang zum Belarusischen vollzogen werden.

Bei diesem Topos geht es um den Schaden, also um einen negativen Nutzen, der durch eine Verwendung des Belarusischen entstehen könne. Das erklärt das Vorkommen des Topos hauptsächlich in den *contra* Belarusisch positionierten Beiträgen (pro: 2, contra: 11 C.). Als ein solcher Schaden wird auf der gesellschaftlichen Ebene eine Verengung des Kommunikationsbereiches bis hin zur Isolation durch eine Abkehr von der russischen Sprache genannt, und auf der individuellen Ebene werden diverse Schwierigkeiten im Privatleben, z.B. beim

Berufseinstieg, herbeigeführt. In den Beiträgen *pro* Belarusisch wird zwar eine Wahrscheinlichkeit solcher Konsequenzen bestätigt, aber als nicht korrekt bzw. nicht normal dargestellt.

Beispiel *pro* Belarusisch

> Окружающие косятся, в магазинах не понимают и думают, что ты из-за рубежа, на работе осуждают, в институтах снижают оценки.

> [Die Umstehenden sehen dich krumm an, in Geschäften versteht man dich nicht und denkt, du wärest ein Ausländer, bei der Arbeit wirst du verurteilt, an der Uni kriegst du schlechtere Noten.]

Beispiele *contra* Belarusisch

> Я вижу сплошные минусы от введения белорусского. Нас перестанут понимать, мы добровольно отсекаем огромнейший круг общения. / Скажите, пожалуйста, для чего эта самая мова? Для большей изоляции НАС? / Я не могу понять, зачем мне создавать себе лишние проблемы, используя белоруский язык? Даже больше, чем уверена, что мое резюме на белоруском потенциальный работодатель даже читать не станет.

> [In einer Einführung des Belarusischen sehe ich lauter Nachteile. Man wird uns nicht mehr verstehen, wir schneiden freiwillig einen riesigen Gesprächskreis ab. / Sagen Sie bitte, wozu braucht man dieses ihre Belarusische? Zu einer stärkeren EIGEN-Isolation? / Ich kann nicht verstehen, wozu ich mir zusätzliche Probleme machen soll, indem ich Belarusisch verwende? Ich bin mir mehr als sicher, dass ein potentieller Arbeitgeber meine Bewerbung auf Belarusisch nicht mal lesen würde.]

Der *symbolische Wert* des Belarusischen wird, wie oben bereits erwähnt, im Gegensatz zu seinem pragmatischen Wert, meistens als ein Argument *pro* Belarusisch eingesetzt. Im Untersuchungsmaterial wird er anhand mehrerer Topoi diskursiv behandelt: Topos ‚*Sprache ist mehr als ihr Nutzen*', Topos der *Investition*, der *Historizität*, der *Tradition*, des *Patriotismus*; in Bezug auf die Wirkungsfelder der Sprache die Topoi *Sprache und Nation, Sprache und die staatliche Souveränität, Sprache und Kultur, Sprache und Volkscharakter, Sprache und Heimat, Sprache und Ideologie*, weiterhin die Topoi, mit denen der konkrete symbolische Nutzen des Belarusischen als *Aufwertungsmittel*, als *Schutz* sowie als *Filter* beschrieben wird, der *Ästhetik*-Topos, welcher eine subjektive Wahrnehmung des Belarusischen als Zeichensystem aufgreift und diese als ein Wert auffasst, und der *Originalitäts*-Topos (Tab. 23).

Topos ‚Sprache ist mehr als ihr Nutzen' (16 Codings)

Da die Sprache als nationaler Wert eine überindividuelle und irrationale Erscheinung ist, geht der Wert des Belarusischen weit über seinen trivialen Nutzen hinaus.

Dieser Topos ist so formuliert, dass er so gut wie nur *pro* Belarusisch verwendet wird (pro: 14, contra: 1 C.). *Contra* Belarusisch wird mit dem Topos argumentiert, dass alles, was über den kommunikativen Nutzen einer Sprache hinausgeht, eine Ideologie sei und eine potentielle Gefahr in sich berge (vgl. Topos des *kommunikativen Nutzens*).

Beispiele *pro* Belarusisch

> Язык не только средство общения двуногих, но отражение всех систем человека от генетического кода до самосознания. / Нацыянальныя каштоўнасці – пытанне іншага ўзроўню. Мова - гэта не рэч індывідуальнага карыстання, гэта сацыяльная зъява, яе не можна разглядаць „сугубо для тебя". / Бо нацыянальныя каштоўнасці па сваёй прыродзе - ірацыянальныя. На гэтае пытанне няма рацыянальнага адказа – аб гэтым павінна балець сэрца.

> [Die Sprache ist nicht nur ein Kommunikationsmittel von Zweibeinern, sondern auch das Abbild aller Systeme eines Menschen, vom genetischen Code bis hin zum Selbstbewusstsein. / Nationale Werte sind die Frage einer anderen Ebene. Die Sprache ist kein Privatgegenstand, sie ist eine soziale Erscheinung, man kann sie nicht als „rein für sich" betrachten. / Denn nationale Werte sind ihrer Natur nach irrational. Auf diese Frage gibt es keine rationale Antwort – es muss einem im Herzen wehtun.]

Beispiel *contra* Belarusisch

> Нация... бред и почва для еще большего бреда (войн, дискриминаций и т.д.).

> [Nation... ein Wahn und der Boden für einen noch größeren Wahn (Kriege, Diskrimination etc.)]

Topos der Investition (11 Codings)

Da die belarusische Sprache (nicht) als eine Investition betrachtet werden kann, sollte sie (nicht) bewahrt werden.

Als eine Investition wird die Bewahrung des Belarusischen erwartungsgemäß vorwiegend von den Verteidigern der Sprache betrachtet. Dabei wird der Ton auf den kulturellen Aspekt gelegt, und die Nationalsprache wird als eine Identitätsunterstützende Gabe der Vorfahren an die Nachkommen begriffen. In der Funktion des Gegenarguments wird mit dem Topos der pragmatische Aspekt angesprochen und behauptet, dass das Beherrschen des Belarusischen keine praktischen Vorteile für die Zukunft mit sich bringt (vgl. Topos der *Ineffektivität des Belarusischen*). Als ein eigener Topos wird dieses Argumentationsmuster deswegen ausgegliedert, weil mit ihm Äußerungen erfasst werden, die die belarusische Sprache explizit oder implizit als eine Investition thematisieren.

Beispiele *pro* Belarusisch

> Язык не только залог существования государства, но и залог будущего! / Язык, национальная культура – это вклад в будущее. / ЛЮДИ, помните, мы воспитываем НАШЕ будущее поколение, а ради того, чтобы наш язык не умер окончательно! Для сохранения всей культуры традиций беларусского народа надо идти этим путём. / A ti nachni uchit' SVOY RODNOY YAZIK. I o detkah svoih podumay. Kto oni, gde oni...
>
> [Die Sprache ist nicht nur die Gewähr einer Existenz des Staates, sondern auch die Gewähr der Zukunft! / Sprache, Nationalkultur – das alles ist eine Investition in die Zukunft. / Liebe MENSCHEN, vergesst nicht, dass wir unsere zukünftige Generation erziehen, und damit unsere Sprache nicht endgültig! stirbt, und um die ganze Kultur und die Traditionen des belarusischen Volkes zu bewahren, muss man diesen Weg gehen. / Und du fang an, deine EIGENE MUTTERSPRACHE zu lernen. Und denke an deine Kinder. Was sind sie, wo sind sie...]

Beispiel *contra* Belarusisch

> Лучше бы все предметы были на английском. Тогда бы я был уверен в будущем своих детей. Что толку, что я учил белорусский язык? Мне лично в жизни это не помогло ни капли.
>
> [Lieber wären alle Fächer auf Englisch. Dann wäre ich bezüglich der Zukunft meiner Kinder sicher. Was nützt es, dass ich Belarusisch gelernt habe? Mir persönlich hat es im Leben nicht das Geringste gebracht.]

Topos der Historizität (58 Codings)

Da die belarusische Sprache auf (k)eine langjährige Geschichte zurückblicken kann, sollte sie (nicht) bewahrt werden.

Eigentlich handelt es sich bei der Historizität um ein Merkmal von Standardsprachen, das ihre Eigenständigkeit und Identität betont (vgl. Rehder 1995: 360). Im untersuchten Diskurs wird die Historizität dazu verwendet, den Wert des Belarusischen hervorzuheben. Dieser Topos wird häufiger *pro* Belarusisch eingesetzt (pro: 41, contra: 17 C.). Dabei wird nicht nur behauptet, dass diese Sprache eine Geschichte hat, sondern dass diese Geschichte beachtlich lang ist und Belarusisch nahezu die älteste slavische Sprache ist. Die Behauptungen über das Sprachalter basieren manchmal auf gewagten Hypothesen, welche z.B. den Ursprung des Belarusischen bei den Etruskern oder im Alten Rom verorten. Ungeachtet ihrer mangelnden Glaubwürdigkeit zeugen solche Äußerungen dennoch davon, dass die Historizität von den Diskursakteuren als ein wichtiges Argument *pro* Belarusisch wahrgenommen wird. Am meisten wird jedoch bei der Betonung der Historizität des Belarusischen auf die Sprache der vorbelarusischen Stämme und auf die Sprache im Großfürstentum Litauen Bezug genommen. Es wird betont, das Großfürstentum sei der erste demokratische Staat gewesen, was Belarusisch zur Sprache der ersten Demokratie mache, worin ein Grund zum nationalen Stolz gesehen wird. Insgesamt wird mit dem *Historizitäts*-Topos in seiner *pro*-Variante eine langjährige Existenz der belarusischen Sprache behauptet, was den Topos in eine Konfrontation zum *Nonexistenz*-Topos stellt. Seitens der *contra*-Argumentation wird die Historizität und der Bezug der ‚jungen' modernen belarusischen Sprache zur Sprache des Großfürstentums Litauen negiert und als ein Mythos betrachtet.

Beispiele *pro* Belarusisch

И если исторически имеется свой язык, нужно его возрождать и развивать. / Беларуская мова з'яўляецца самай старажытнай са славянскіх і заслугоўвае таго, каб яе любілі і на ёй гаварылі. / Как выяснилось, наиболее близко наречие этрусков к белорусскому языку. Так что не тушуйтесь белорусские братья, на вашем языке говорили основатели Рима и господа Северной Италии с 9 по 1 век до НЭ. / Белорусский язык – живой язык племен, составивших белорусский народ. / Беларуский был как бы государственным как бы в ВКЛ. как бы. статуты на нём написаны… Как бы самые именитые рода говорили на беларуском. / И язык, который сейчас мы называем беларуским это язык Литвинов и соответственно Великого Княжества Литовского. Самого крупного европейского государства. Причем демократического государства, что по тем временам было в новинку, как на востоке, так и на западе.

[Und wenn man historisch eine eigene Sprache hat, dann muss man sie aufleben lassen und entwickeln. / Belarusisch ist die älteste slavische Sprache und verdient es, geliebt und gesprochen zu werden. / Wie sich herausstellte, ist das Belarusische der Mundart von Etruskern am nächsten. Also, keine Verlegenheit, Brüder Belarusen, Ihre Sprache haben vom 9. bis zum 1. Jh.v.Ch. die Gründer von Rom und die Herren von Norditalien gesprochen. / Belarusisch ist die lebendige Sprache der Stämme, die das belarusische Volk gebildet haben. / Belarusisch war eigentlich die Staatssprache, eigentlich im Großfürstentum Litauen, die Statuten wurden eigentlich in dieser Sprache geschrieben… Die namhaftesten Familien haben eigentlich Belarusisch gesprochen. / Die Sprache, welche wir jetzt Belarusisch nennen, ist die Sprache von Litvinen und folglich des Großfürstentums Litauen. Des größten europäischen Staates. Wohlbemerkt, eines demokratischen Staates, was zu der Zeit ein Novum war, sowohl im Osten als auch im Westen.]

Beispiele *contra* Belarusisch

> По-моему, как такового белорусского языка с самого начала-то и не было. Или Вы хотите сказать, что жители ВКЛ и РП на белорусском говорили. Очень сомневаюсь. / Не бывает такого, поймите, чтобы народ, разговаривающий на своем языке, насильно перевели на другой. / Первый свод правил беларускай мовы был составлен менее ста лет назад, в 1918 году! Вот вам и ответ на фантазии про „самую старажытную сярод славянскіх". Белорусский язык – самый молодой среди славянских. / Белорусский язык не имеет преемственности с языком времен ВКЛ. / Белорусский язык, равно как и миф про ВКЛ – всего лишь попытка оторвать от единого русского народа его западную часть.

> [Belarusisch als solches gab es doch, meiner Meinung nach, von Anfang an nicht. Oder wollen Sie behaupten, dass die Einwohner des Großfürstentums Litauen und der Rzeczpospolita Belarusisch sprachen? Ich bezweifle es sehr. / Versteht doch, so etwas gibt es nicht, dass man ein Volk, welches die eigene Sprache spricht, gewaltsam auf die andere umstellt. / Das erste Regelwerk des Belarusischen wurde vor weniger als hundert Jahren erstellt, im Jahr 1918! Da haben Sie auch die Antwort auf die Phantasie über die „älteste slavische Sprache". Belarusisch ist die jüngste unter den slavischen Sprachen. / Belarusisch hat keine Kontinuität mit der Sprache der Stämme des Großfürstentums Litauen. / Belarusisch, gleichwie der Mythos über das Großfürstentum Litauen, – ist bloß ein Versuch, dem einheitlichen russischen Volk seinen westlichen Teil zu entreißen.]

Topos der Tradition (60 Codings)

Da die belarusische Sprache ein wichtiger Teil einer langen kulturellen Tradition des belarusischen Volkes ist / nicht mehr als eine schöne Tradition ist, sollte sie bewahrt / nicht bewahrt werden.

Der *Traditions*-Topos wird relativ oft und vorwiegend für die *pro*-Argumentation verwendet (pro: 56, contra: 4 C.). In den wenigen *contra*-Beiträgen wird Belarusisch bloß als eine schöne Tradition beschrieben, es wird also auf seine ausschließlich symbolische Funktion hingewiesen. Charakteristisch für diesen Topos ist, dass die Argumentation *pro* Belarusisch durch die starke Verwendung von Metaphern gestützt wird: Die belarusische Sprache wird z.B. als *Ahnen-Erbe* (26 C.), als *Schatz* (14 C.) und als *Wurzel* des belarusischen Volkes (15 C.) beschrieben.

Beispiele *pro* Belarusisch

> Для сохранения всей культуры традиций беларусского народа надо идти этим путём. / Беларуская мова – адзін са складнікаў эўрапейскай Беларусі. Без павагі да ўласных традыцыяў, стаць сапраўднымі эўрапейцамі нельга. / Родная мова – гэта тое, што засталося нам ад продкаў, тое, што мы павінны паважаць і развіваць. / Отказаться от наследия – значит потерять себя. / Я лічу што трэба ведаць і намагацца

гаварыць па беларуску. Бо беларуская мова наш скарб. / Ніякі не сродак, а скарб народа. / Мова – гэта карані – а без каранёў, як вядома, дрэва сохне. / Белорусский язык – это корень белорусского народа. / Самая большая проблема это то, что большинство местных „русскоговорящих" прошли через „предательство корней".

[Um die ganze Kultur und Traditionen des belarusischen Volkes zu bewahren, muss man diesen Weg gehen. / Die belarusische Sprache ist eine Komponente des europäischen Belarus. Ohne den Respekt zu den eigenen Traditionen kann man kein richtiger Europäer werden. / Die Muttersprache ist das, was uns von den Vorfahren hinterlassen wurde, das, was wir ehren und entwickeln müssen. / Auf dieses Erbe zu verzichten, bedeutet, sich selbst zu verlieren. / Ich bin der Meinung, man sollte Belarusisch können und sich bemühen, es zu sprechen. Denn die belarusische Sprache ist unser Schatz. / Es ist gar kein Mittel, sondern ein Schatz des Volkes. / Die Sprache ist eine Wurzel, und ohne Wurzeln geht ein Baum bekanntlich ein. / Die belarusische Sprache ist die Wurzel des belarusischen Volkes. / Das größte Problem liegt darin, dass die Mehrheit von den hiesigen „Russischsprachigen" einen „Verrat an den Wurzeln" begangen hat.]

Beispiel *contra* Belarusisch

Я считаю себя белорусом, белмова же для меня просто хорошая традиция.

[Ich halte mich für einen Belarusen, aber die belarusische Sprache ist für mich einfach nur eine gute Tradition.]

Patriotismus-Topos (46 Codings)

Da eine positive Einstellung zur belarusischen Sprache (nicht) von Patriotismus zeugt, sollte Belarusisch (nicht) verwendet werden.

Die beiden diskursiven Positionen operieren in diesem Topos mit der Verbindung zwischen Patriotismus und der Einstellung zum Belarusischen (pro: 14, contra: 26 C.). Der Unterschied bei der Argumentationsführung liegt in der Einstellung der Opponenten zum Patriotismus selbst: Die *pro*-belarusische Position betrachtet ihn als eine positive Erscheinung und als unerlässlich, während die *contra*-Argumentation in diesem Punkt eher in einem ironischen Ton gehalten wird. Diese herablassende Haltung gegenüber dem Patriotismus könnte damit erklärt werden, dass es von einem Pseudo-Patriotismus der Verteidiger der belarusischen Sprache ausgegangen wird, der von ihnen als eine Kulisse für nationalistische Gesinnung genutzt werde. Die sich als Patrioten bezeichnenden Personen werden in einigen *contra*-Beiträgen als aggressiv dargestellt. Mit dem *Patriotismus*-Topos wird gegen die belarusische Sprache u.a. auch so argumentiert, dass eine Verbindung zwischen Spracheinstellung und Patriotismus gänzlich negiert wird.

Beispiele *pro* Belarusisch

> Нельга гаварыць пра якісьці там патрыятызм і павагу да Радзімы, калі ты не паважаеш сваю мову. / Кожны патрыёт ведае, што павінен размаўляць на беларускай мове. / Патрыёт – не то слова, которым нужно ругаться. Без патриотов никакой Беларуси уже давно не было бы на карте.

> [Man kann nicht über irgendwelchen Patriotismus und Respekt zur Heimat sprechen, wenn man die eigene Sprache nicht respektiert. / Jeder Patriot weiß, dass er Belarusisch sprechen muss. / Patriot ist kein Schimpfwort. Ohne die Patrioten gäbe es schon längst kein Belarus auf der Landkarte.]

Beispiele *contra* Belarusisch

> Модно тусануцца на волне патриатизма забава многих тута. / Тогда я этот „язык" невзлюбил. Вместе с его любителями-патриотами. / Мне чужд ваш „поверхностный" патриотизм „на публику". / Те, кто пыжит из себя патриота, близок к позняковцам. / Ее заклюют патриоты в рамках патриотической системы. / Не язык определяет патриотизм человека, а мышление!

> [Sich mal modisch auf der Patriotismuswelle aufzuführen ist ein Späßchen von Vielen hier. / Dann habe ich Abneigung gegen diese „Sprache" gefasst. Und gegen ihre Patrioten-Fans auch. / Ihr „oberflächlicher" Patriotismus „zur Schau" ist mir fremd. / Diejenigen, die aus sich Patrioten aufblähen, stehen den Pazniak[191]-Anhängern nah. / Sie wird von den Patrioten im Rahmen eines patriotischen Systems zu Tode gehetzt. / Nicht die Sprache bestimmt den Patriotismus eines Menschen, sondern das Denken!]

Topos ‚Sprache und Nation' (142 Codings)

Da es einen direkten / keinen Zusammenhang zwischen Nationalsprache und Nation gibt, ist die belarusische Sprache ein / kein wichtiger Faktor der belarusischen Nation und sollte / sollte nicht bewahrt werden.

Hinsichtlich der Wirkungsfelder des Belarusischen als Symbol wird am meisten der Zusammenhang zwischen Sprache und Nation verbalisiert, und zwar relativ häufig sowohl von der *pro-* als auch von der *contra-*Position (pro: 81, contra: 54 C.). Die *pro*-Argumentation geht dabei in der Regel von einem direkten Zusammenhang zwischen diesen beiden Begriffen aus und behauptet, dass es keine Nation ohne die Nationalsprache geben kann. *Contra* Belarusisch wird währenddessen argumentiert, dass es keine Verbindung zwischen Nationalsprache und Nation besteht und dass Belarusen auch ohne die belarusische Sprache eine vollwertige Nation sind. Als Begründung werden dabei Sprachsituationen in

---

191 Einer der Gründer der oppositionellen rechtszentristischen belarusischen Partei *BNF*.

anderen Ländern wie die USA, Brasilien, Schottland etc. genannt (vgl. *Analogie-Topos*). Es ist bemerkenswert, dass die These von einer eigenständigen Nation ohne die nationalsprachliche Komponente im untersuchten Forendiskurs relativ häufig zur Sprache gebracht wird und dass das Festhalten an der Idee der Nationalsprache als unentbehrlicher Bestandteil des Nation-Konzeptes als realitätsfern und veraltet angesehen wird. Es ist hervorzuheben, dass diese These zwar überwiegend, aber nicht ausschließlich von den Vertretern der *contra*-belarusischen Position geäußert wird: Auch einige *pro*-Stimmen sehen eine Nationalsprache als ein nicht unbedingt notwendiger Faktor der Nationsbildung.

Beispiele *pro* Belarusisch

> Нет языка, нет нации. / Идентификация нации идёт по языку. У кого родной не белорусский, вряд ли может относить себя к белорусам в полном смысле этого слова. / Бяз угаснае мовы нацыянальнасць – бы кульга-інвалід...
>
> [Keine Sprache – keine Nation. / Die nationale Identifizierung geschieht durch Sprache. Für wen Belarusisch keine Muttersprache ist, kann sich kaum zu einem Belarusen in vollem Sinne zählen. / Ohne die eigene Sprache ist eine Nation so etwas wie ein humpeliger Behinderter...]
>
> Я считаю, что разговаривать по-белорусски и быть белорусом это не тождественные вещи. / Я бульбашка чистой воды, люблю здесь все: белорусский язык и в том числе беларусских письменникаў. Говорю на русском и не считаю себя второсортной белоруской при этом.
>
> [Ich meine, dass Belarusisch zu sprechen und ein Belaruse zu sein keine gleichbedeutenden Sachen sind. / Ich bin eine Kartoffelfresserin reinsten Wassers, ich liebe alles hier: die belarusische Sprache und auch die belarusischen Schriftsteller. Ich spreche Russisch und halte mich dabei nicht für eine Belarusin zweiter Wahl.]

Beispiele *contra* Belarusisch

> Нации существуют помимо языка. / Вам, господа беларусолюбы, привели уже море аналогий с другими странами, где доказывается, что язык не является определяющим фактором для самоопределения нации. / Пример – такая нация, как шотландцы. / Вообще-то Бразилия не говорит „по-бразильски". А Бельгия не говорит „по-бельгийски". Да и Швейцария не очень использует „швейцарский". / Для того, чтобы быть белорусом, не обязательно говорить по-белорусски. / Не языком определяется нация, ИМХО. Это понимание нации в нашей реальности устарело.
>
> [Nationen existieren unabhängig von Sprachen. / Es wurde Ihnen, meine Herren Belarusenfreunde, bereits eine Menge Analogien zu anderen Ländern angeführt, welche beweisen, dass Sprache kein entscheidender Faktor für die Selbstbestimmung einer Nation ist. / Ein Beispiel dafür sind Schottländer als Nation. / Brasilien spricht übrigens nicht „Brasilianisch". Und Belgien spricht nicht „Belgisch". Und auch die Schweiz verwendet kaum das

"Schweizerische". / Um ein Belaruse zu sein, muss man nicht unbedingt Belarusisch sprechen. / Nicht durch Sprache wird eine Nation definiert, meiner Meinung nach. Solches Verständnis von Nation ist in unserer Realität veraltet.]

Topos ‚Sprache und staatliche Souveränität' (33 Codings)

Da es einen direkten / keinen Zusammenhang zwischen Nationalsprache und staatlicher Souveränität gibt, ist die belarusische Sprache ein / kein wichtiger Faktor der belarusischen Staatlichkeit und sollte / sollte nicht bewahrt werden.

Nach der Nation ist die staatliche Souveränität das zweithäufigste Thema, dessen Zusammenhang mit der Nationalsprache im Forendiskurs behandelt wird. Dieser Zusammenhang wird hauptsächlich von der *pro*-belarusischen Position hergestellt (pro: 30, contra: 3 C.), welche die Nationalsprache für einen Faktor der Nation und die letztere wiederum für einen wichtigen Faktor der Souveränität hält. In diesem Sinne ist dieser Topos eine Weiterführung des Topos ‚Sprache und Nation'. Bei der *pro*-Argumentation wird mit dem *Souveränitäts*-Topos nicht nur die belarusische Sprache als Symbol der belarusischen Eigenstaatlichkeit behauptet, sondern eine Nichtverwendung und eine negative Einstellung zur Nationalsprache werden als eine Gefahr für die staatliche Unabhängigkeit dargestellt. Ein Übergang zum Belarusischen würde dagegen die Republik Belarus für die Außenwelt als ein eigener Staat wahrnehmbar machen, was zur gegebenen Zeit wegen des Vorherrschens des Russischen nicht der Fall sei. *Contra* Belarusisch wird mit diesem Topos ähnlich wie mit dem Topos ‚Sprache und Nation' argumentiert: Es bestehe nämlich keine Verbindung zwischen der Sprache und der staatlichen Souveränität, und derartige Behauptungen seien veraltet und wirklichkeitsfremd (vgl. *Globalisierungs*-Topos).

Beispiele *pro* Belarusisch

> Нет мовы – нет нации и государства. / Сувязь паміж існаваньнем й разьвіцьцём беларускай мовы ды існаваньнем й разьвіцьцём дзяржавы Беларусь вельмі моцная й наўпрост прапарцыйная. / А в наших реалиях язык это не только вопрос филологии. Это в значительной степени вопрос будущего белорусской государственности – язык основное средство национальной идентификации. Это ключ к ответу на вопрос: будем ли мы самостоятельным государством с демократией европейского типа или окраиной российской империи? / Язык ставит рамки, чтобы культура, язык не могли раствориться в культуре другого государства. Именно так Беларусь останется государством, а не потеряется на фоне соседа. / Надо понимать, что со смертью беларуского языка мы очень быстро превратимся в северо-западный край, станем частью полуазиатской страны. / Если бы им [беларуским языком – N.S.] поль-

зовались, то европейцы не думали, что Беларусь – это автономная западная область России.

[Keine Sprache – das heißt keine Nation und keinen Staat. / Das Verhältnis zwischen der Existenz und Entwicklung der belarusischen Sprache einerseits und des Staates Belarus andererseits ist sehr stark und direkt proportional. / Und in unseren Gegebenheiten ist Sprache nicht nur eine Frage der Philologie. Es ist in großem Maße eine Frage der Zukunft der belarusischen Staatlichkeit – die Sprache ist das Hauptmittel der nationalen Identifizierung. Sie ist der Schlüssel zur Antwort auf die Frage, ob wir zu einem eigenständigen Staat mit einer europäischen Demokratie oder zum Vorort des Russischen Imperiums werden? / Die Sprache setzt einen Rahmen, damit sich die Kultur und die Sprache nicht in der Kultur eines anderen Staates auflösen können. Gerade so kann Belarus ein Staat bleiben, und wird sich nicht vor dem Hintergrund des Nachbarn verlieren. / Man muss sich darüber im Klaren sein, dass wir uns mit dem Tod des Belarusischen sehr schnell in eine Nord-West-Region verwandeln und ein Teil eines halbasiatischen Landes werden. / Würden wir es [Belarusisch – N.S.] verwenden, würden die Europäer nicht denken, dass Belarus ein autonomes Westgebiet Russlands ist.]

Beispiele *contra* Belarusisch

Сам тезис „нет языка = нет государственности" ложен. И использовать аргумент типа: мы Беларусь, поэтому мы обязаны говорить по-белоруски – это надумано и высосано из пальца. / В условиях глобальной коммуникации людей отделение одних людей от других по национальному признаку не может являться основой для государственности. / То-то США растворились в Британии.

[Die These „Keine Sprache – keine Staatlichkeit" ist an sich falsch. Und das Argument quasi: Wir sind Belarusen und deswegen verpflichtet, Belarusisch zu sprechen – ist vorgeschoben und aus dem Finger gesaugt. / Unter den Bedingungen der globalen Kommunikation kann eine Trennung der Menschen untereinander nach nationalen Merkmalen keine Grundalge der Staatlichkeit sein. / Man sieht ja, wie sich die USA in Britannien aufgelöst haben.]

Topos ‚Sprache und Kultur' (23 Codings)

Da eine Nationalsprache (k)eine Grundlage für Nationalkultur bildet, sollte die belarusische Sprache (nicht) bewahrt werden.

Das Argument, die Nationalsprache sei ein wichtiges und sogar grundlegendes Element und der Träger von Nationalkultur, wird erwartungsgemäß v.a. *pro* Belarusisch verwendet. Währenddessen betrachtet die *contra*-Position die Sprache zwar als eine der mehreren, aber nicht als die wesentliche kulturelle Komponente (pro: 20, contra: 3 C.).

Beispiele *pro* Belarusisch

> Мова – падмурак культуры. / Беларуская мова носьбіт нашай культуры. / Нельга неяк адрадзіць культуру без мовы.
>
> [Sprache ist das Fundament der Kultur. / Die belarusische Sprache ist der Träger unserer Kultur. / Man kann eine Kultur ohne die Sprache keineswegs wiederbeleben.]

Beispiel *contra* Belarusisch

> Культура без языка? Безусловно. Язык является ее частью, но не определяющей.
>
> [Kultur ohne Sprache? Absolut. Die Sprache ist zwar ein Teil davon, aber kein grundlegender.]

Topos ‚Sprache und Volkscharakter' (12 Codings)

Da eine Nationalsprache die nationale Mentalität abbildet und beeinflusst und das Belarusische mit positiven Eigenschaften einer Person assoziiert wird, sollte es bewahrt werden.

Als Begründung der Position *pro* Belarusisch wird eine Verbindung zwischen Sprache und Volkscharakter bzw. nationaler Mentalität hergestellt und behauptet, dass die Verwendung des Belarusischen das Bewusstsein einer Person und ihre Wirkung nach außen positiv beeinflusst und sie ruhiger, anständiger, gutmütiger und milder erscheinen lässt.

Beispiele *pro* Belarusisch

> Говорить на своем языке значит, и мыслить по-своему. / Мова вельмі ўплывае на свядомасць чалавека, адчуванне свету і навакольнага асяроддзя. / Важна яшчэ ведаць, што мова, на якой размауляеш, мае вялікі ўплыў на прытомнасць и характар, а беларуская мова вельмі мяккая, меладычная і пяшчотная. / С переходом на родной белорусский язык меняется что ли и сама ментальность этих людей. Они кажутся намного добрее, спокойнее, доброжелательнее. / Іншым становіцца ўсё: манера размовы, рухі, міміка, нават голас стаў больш мяккім. / Лічу, што тыя хто на ей гавораць не могуць быць дрэннымі людзьмі, мова не дае ім быць такімі. / Поэтому я убеждён – говори мы все сейчас на своём белорусском языке – наша страна и общество были бы совсем другими.
>
> [Eine eigene Sprache zu sprechen, bedeutet, auch auf eine eigene Art zu denken. / Die Sprache beeinflusst das Bewusstsein eines Menschen, seine Wahrnehmung der Welt und der Umgebung. / Es ist noch wichtig zu wissen, dass die Sprache, die du sprichst, einen starken Einfluss auf das Bewusstsein und den Charakter hat, und die belarusische Sprache ist sehr weich, melodisch und zärtlich. / Es ist so, als würde sich bei dem Übergang auf die belarusische Muttersprache auch die Mentalität dieser Menschen ändern. Sie

scheinen viel gutmütiger, ruhiger, wohlwollender zu sein. / Es verändert sich alles: Die Sprechart, die Bewegungen, die Mimik, sogar die Stimme ist weicher geworden. / Ich bin der Meinung, dass diejenigen, die Belarusisch sprechen, keine schlechten Menschen sein können, die Sprache lässt es nicht zu. / Deswegen bin ich überzeugt – würden wir jetzt alle unsere belarusische Sprache sprechen – würde unser Land und die Gesellschaft ganz anders sein.]

Topos ‚Sprache und Heimat' (8 Codings)

Da die Nationalsprache eng / nicht mit dem Begriff der Heimat zusammenhängt, sollte die belarusische Sprache bewahrt / nicht bewahrt werden.

Aus der Sicht der Position *pro* Belarusisch ist die Nationalsprache für die Wahrnehmung eines Landes als Heimat grundlegend, so dass der Verlust des Belarusischen zum Zustand einer Heimatlosigkeit führe. Die *contra*-Position hält die Verbindung zwischen diesen zwei Begriffen entweder für nicht gegeben oder als Argument dafür, Belarusisch beherrschen und verwenden zu müssen, als nicht ausreichend (pro: 5, contra: 2 C.).

Beispiele *pro* Belarusisch

> Родина начинается с языка. Но поскольку языка родного вы не знаете и не желаете знать, то и Родина под вопросом... / Но как гражданин я понимаю, без языка не будет Синеокой Родины.
>
> [Die Heimat beginnt mit der Sprache. Aber da Sie die Muttersprache nicht beherrschen und nicht beherrschen wollen, ist auch die Heimat in Frage gestellt... / Aber als Bürger verstehe ich, dass es ohne die Sprache auch unsere Heimat mit kornblauen Augen nicht geben wird.]

Beispiele *contra* Belarusisch

> Я, например, не хочу учить белоруский. И причем тут любовь к Родине? Бред полный. Я здесь родился, вырос и сниматься отсюда не собираюсь. / Так же и с белорусским языком – не нужен он мне. А учить ради патриотизма, считаю более чем глупо!
>
> [Ich, zum Beispiel, will Belarusisch nicht lernen. Und was hat es mit der Liebe zur Heimat zu tun? Ein völliger Unsinn. Ich bin hier geboren, aufgewachsen und habe nicht vor, einen Abflug von hier zu machen. / Genauso ist es mit Belarusisch – ich brauche es nicht. Und es nur aus Patriotismus zu lernen, halte ich für mehr als dumm.]

Topos ‚Sprache und Ideologie' (4 Codings)

pro: *Da die Bewahrung von Nationalsprache eine ideologische Frage ist, sollte der Übergang zum Belarusischen von einer Änderung der staatlichen Ideologie beginnen.*

contra: *Da die Nationalsprache – wie die Ideologie generell – eine imaginäre Erscheinung ist, sollte um eine Bewahrung des Belarusischen nicht bemüht werden.*

Im Gegensatz zu den vorherigen Topoi, in denen der Einfluss der Nationalsprache auf diverse abhängige Variablen wie Nation, Souveränität, Kultur etc. zum Ausdruck kam, werden mit diesem Topos die Ideologie als eine unabhängige Variable sowie ihr Einfluss auf das Belarusische thematisiert. In diesem Sinne ist dieser Topos mit dem *Instrumentalisierungs*-Topos verwandt. Grundlage für seine Behandlung als eigener Topos ist eine explizite Benennung von Ideologie als ein Einflussfaktor, der von den beiden Positionen als solcher anerkannt wird. Seitens der *pro*-Position wird auf dieser Grundlage eine Notwendigkeit von Ideologie und nationaler Idee behauptet, mit denen eine Belarusifizierung anzufangen wäre. Die Argumentation *contra* positioniert sich selbst als ‚realitätsnah' und bezeichnet die Konzepte des symbolischen Wertes des Belarusischen und der Ideologie generell als ausgedacht.

Beispiel *pro* Belarusisch

> Чтобы перейти на беларуский, нужно начать с идеологии. Вот тогда большинство русскоговорящих не будет смотреть на меньшинство белорусскоговорящих как на дурачков, которые решили выпендриться, или принимать их за оппозицию.
>
> [Um zum Belarusischen zu wechseln, muss man mit der Ideologie anfangen. Und dann wird die russischsprachige Mehrheit die belarusischsprachige Minderheit nicht mehr als Narren angucken, welche sich aufspielen wollen, oder sie für Oppositionelle halten.]

Beispiel *contra* Belarusisch

> Идеологию выдумывают в нищих странах, чтобы как-то управлять народом, то же самое с мовой.
>
> [Ideologien werden in armen Ländern ausgedacht, um das Volk irgendwie zu regieren, dasselbe gilt auch für Sprachen.]

Die nachfolgenden Topoi der sog. *symbolischen Funktionalität* (*Nutzen-als-Symbol*, *Belarusisch als Aufwertungsmittel*, *als Filter* und *als Schutz* – insgesamt 51 C.) unterscheiden sich von den anderen den symbolischen Wert der Sprache akzentuierenden Topoi durch eine ausdrückliche Anwendungsbezogenheit, denn sie benennen einen konkreten praktischen Nutzen des Belarusischen als Symbol. Logischerweise werden diese Topoi hauptsächlich bei der *pro*-Argumentation eingesetzt (pro: 49, contra: 2 C.).

Nutzen-als-Symbol-Topos (7 Codings)

Da die symbolische Funktion des Belarusischen für seine Bewahrung fundamental / unbedeutend ist, ist sie suffizient / nicht ausreichend.

Mit diesem Topos wird ganz allgemein auf den praktischen Nutzen der belarusischen Sprache in ihrer symbolischen Funktion hingewiesen, ohne dass auf konkrete Anwendungsfelder eingegangen wird. Es wird damit vorwiegend *pro* Belarusisch argumentiert (pro: 5, contra: 2 C.), indem die symbolische Funktion des Belarusischen stark aufgewertet und über ihre kommunikative Funktion gestellt wird, denn sie sei das Gewähr der Erhaltung der belarusischen Sprache und als Sprachfunktion alleine ausreichend. Bei der *contra*-Argumentation wird die Dominanz der symbolischen Funktion des Belarusischen über der kommunikativen nicht als Nutzen, sondern eher als Schaden im Sinne von Verständigung interpretiert (vgl. *Schaden*-Topos).

Beispiele *pro* Belarusisch

> Мова не проста сродак... / И пусть он нигде, кроме Беларуси не нужен. Но разве он не нужен нам? Это наша Родина, наши деды. Просто это наше уважение к ним. Разве этого мало? / Мне здаецца, яна толькі гэтым і жыве, трымаецца...
>
> [Belarusisch ist nicht einfach ein Mittel... / Und möge es auch nirgendwo außer in Belarus benötigt werden. Aber brauchen wir es etwa nicht? Es ist unsere Heimat, unsere Ahnen. Es ist einfach unser Respekt ihnen gegenüber. Ist das etwa wenig? / Mir kommt es vor, als würde es nur davon leben und sich irgendwie halten...]

Beispiele *contra* Belarusisch

> Беларусский язык это государственность, культура, традиции, история, но не более того. / Ну и... создали себе сами языковой барьер. А много ли пользы?? Чисто для того, чтобы выделить свою нац. принадлежность.
>
> [Die belarusische Sprache bedeutet Staatlichkeit, Kultur, Traditionen, Geschichte, aber auch nicht mehr als das. / Und nun... hat man für sich selbst eine Sprachbarriere geschaffen. Und wo ist der Nutzen?? Bloß um die eigene Nationalidentität hervorzuheben.]

Topos ‚Belarusisch als Aufwertungsmittel' (17 Codings)

Da die belarusische Sprache ein Mittel ist, das eigene Selbstwertgefühl, Selbstachtung und den nationalen Stolz zu behalten und zu steigern, sollte sie bewahrt werden.

Beispiele *pro* Belarusisch

> Kali belarus – to mova adziny srodak ne stac bydlam. / Будзем з мовай – будзем людзьмі, з рускай мовай будзем заўсёды „недадзелкамі". / Учите, господа, белорусский язык – и вы будете уважать себя! Да и к нашей стране не будет отношения, словно к вымирающему африканскому племени! / „Польза" ў тым каб не быць манкуртамі, каб мець нацыянальныя гонар і годнасць; і адчуваць сябе гаспадаром на гэтай роднай беларускай зямлі.
>
> [Wenn du ein Belaruse bist – dann ist die Sprache das einzige Mittel, nicht zum Pöbel zu werden. / Werden wir Belarusisch haben – werden wir Menschen, mit der russischen Sprache werden wir immer die „Mangelhaften" sein. / Lernen Sie, meine Herren, die belarusische Sprache – und Sie werden sich selbst respektieren! Und auch die Einstellung zu unserem Land wird nicht wie zu einem aussterbenden afrikanischen Volkstamm sein! / Der „Nutzen" besteht darin, kein stummer Sklave zu sein, nationalen Stolz und Würde zu haben; sich als Herr dieses belarusischen Heimatbodens zu fühlen.]

Topos ‚Belarusisch als Filter' (6 Codings)

Da Belarusisch die Funktion eines Filters erfüllen und das Eigene vom Fremden sowie das Hochwertige vom Minderwertigen trennen kann, sollte es bewahrt werden.

Bei diesem Topos berufen sich Beitragsautoren auf das Vermögen des Belarusischen, das Eigene vom Fremden zu unterscheiden. Signifikant für die erfassten Äußerungen ist dabei ein unüberhörbarer elitärer Unterton bei den Anhängern der belarusischen Sprache, wenn die Filter-Funktion des Belarusischen in ihren Beiträgen auf die sog. Trennung des ‚Spreus vom Weizen' erweitert wird.

Beispiele *pro* Belarusisch

> Мова гэта асаблівы код, каб адрозніць сваіх ад чужынцаў. / Беларускамоўныя класы – для эліты і прадуманых бацькоў. / Беларуский язык почти наверняка отгородил бы ребенка от быдла в школе. / Я вельмі рада, што беларуская мова з'яўляецца фільтрам. Глупыя не праходзяць. Таксама не праходзяць гэты фільтр маргіналы, асацыялы, „блатнякі". Натуральны адбор.
>
> [Die Sprache ist ein besonderer Code, um die Seinigen von den Fremden zu unterscheiden. / Belarusischsprachige Klassen sind für Elite und bedachte Eltern. / Belarusisch wür-

de das Kind fast zweifelsfrei vom Pöbel in der Schule abgrenzen. / Ich bin sehr froh, dass Belarusisch ein Filter ist. Dumme kommen nicht durch. Auch Marginale, Asoziale und „VIPs" lässt dieser Filter nicht durch. Eine natürliche Auslese.]

Topos ‚Belarusisch als Schutz' (21 Codings)

Da die belarusische Sprache einen Schutz vor negativer Einwirkung von außen gewährt, sollte sie bewahrt werden.

Bei diesem Topos steht also die Schutz-Funktion des Belarusischen im Vordergrund. Es geht dabei um einen Schutz vor assimilierenden kulturellen und negativen politischen und wirtschaftlichen Einwirkungen seitens anderer Länder, insbesondere und v.a. vor dem als imperialistisch begriffenen Einfluss Russlands.

Beispiele *pro* Belarusisch

Наша мова гэта наша ахова, гэта фундамент, які павінен яднаць грамадзян. / Язык ставит рамки, чтобы культура, язык не позволили раствориться в культуре другого государства. / Никому из нас не пришлось воевать в Грузии, наши матери не получали похоронок из Чечни... И хотя бы за это нужно уважать свою Страну и Белорусский язык, как символ национальной принадлежности! / Дарэчы, родная мова – выдатнае сілавое поле і абараняе ад знешняга імперскага ўплыву. / Надо понимать, что со смертью беларуского языка мы очень быстро превратимся в северо-западный край, станем частью полуазиатской страны, находящейся в состоянии войны.

[Unsere Sprache ist unser Schutz, sie ist ein Fundament, welches die Bürger einigen soll. / Die Sprache setzt einen Rahmen, damit sich die Kultur und die Sprache nicht in der Kultur eines anderen Staates auflösen können. / Es musste niemand von euch in den Krieg nach Georgien, unsere Mütter bekamen keine Todesbenachrichtigungen aus Tschetschenien... Und wenigstens dafür sollte man das eigene Land und die Belarusische Sprache als Symbol unserer nationalen Zugehörigkeit respektieren! / Die Muttersprache ist übrigens ein ausgezeichnetes Kraftfeld und schützt vor dem imperialen Einfluss von außen. / Man muss sich darüber im Klaren sein, dass wir uns mit dem Tod des Belarusischen sehr schnell in eine Nord-West-Region verwandeln und ein Teil eines halbasiatischen Landes werden, das sich im Kriegszustand befindet.]

Ästhetik-Topos (145 Codings)

Da eine korrekte belarusische Sprache ästhetisch (nicht) attraktiv ist, sollte sie (nicht) bewahrt werden.

Mit diesem Topos wird eine subjektive Wahrnehmung der Sprache als schön bzw. unschön angesprochen. Der Wohlklang der belarusischen Sprache wird im

Diskurs relativ häufig akzentuiert und bildet eines der Hauptargumente *pro* Belarusisch (pro: 123, contra: 19 C.). Charakteristisch für diesen Topos ist die Verwendung einer reichen Palette positiven Epithetons bei der Bezeichnung des Belarusischen: *прыгожая, мілагучная, меладычная, пявучая, чароўная, цудоўная* [schön, wohlklingend, melodisch, gesangartig, zauberhaft, wunderbar] etc. Signifikant häufig (21 C.) wird dieser Topos darüber hinaus in seiner einschränkenden Form eingesetzt, indem die ästhetische Attraktivität prononciert nur dem korrekten Belarusisch ohne die fremdsprachlichen Einflüsse zugeschrieben wird; der ‚russifizierten' Form (Trasjanka) sowie den polnisch bzw. litauisch gefärbten Sprechweisen wird dagegen jegliche Ästhetik abgesprochen. Die *contra*-Argumentation setzt den Topos ihrerseits zweierlei ein: Die Ästhetik des Belarusischen wird entweder ganz abgestritten oder ironisch als sein einziger Wert hingestellt, was diesen Topos in der Nähe des *Ineffektivitäts*-Topos verortet. Die Einschränkung der Art ‚schön, wenn es nicht Trasjanka ist' findet auch bei der *contra*-Argumentation Verwendung, allerdings mit der Weiterführung, dass das korrekte Belarusisch sowieso niemand beherrsche, und mit der daraus abgeleiteten Konklusion, dass man sich um diese Sprache nicht mehr bemühen und sie lediglich als eine schöne Sprache in Erinnerung behalten solle.

Beispiele *pro* Belarusisch

> Зато сейчас слушаю, как говорит молодежь по-беларуски и заслушиваюсь. Мягко, певуче и естественно. / Якая прыгожая ў нас мова, нажаль пачуць яе можна ўсе радзей. / А мова ня проста „нармальная". Яна чароўная. / Якая цудоўная мова!!! / Яна сапраўды вельмі мілагучная, калі правільна вымаўляць. / Беларуский язык вообще очень красивый, если на нем говорить так, как он должен действительно звучать, а не на какой-нибудь трасянке. / Вот чего я не люблю так это польского или литовского акцента у некоторых „свядомых". И наоборот приятно послушать профессиональных телеведущих с беларуского телевидения.

> [Jetzt aber höre ich begeistert zu, wenn die Jugend auf Belarusisch redet. Weich, gesangartig und natürlich. / Was für eine schöne Sprache wir haben, leider kann man sie immer seltener hören. / Und die Sprache ist nicht nur einfach „normal". Sie ist zauberhaft. / Was für eine wunderbare Sprache!!! / Sie ist in der Tat sehr wohlklingend, wenn man sie richtig ausspricht. / Belarusisch ist überhaupt sehr schön, wenn man es so spricht, wie es wirklich klingen soll, und nicht wenn man irgendwelche Trasjanka spricht. / Wenn ich was nicht mag, dann den polnischen oder litauischen Akzent bei manchen „Nationalbewussten". Und umgekehrt ist es angenehm, den professionellen Moderatoren vom belarusischen Fernsehen zuzuhören.]

Beispiele *contra* Belarusisch

> Никакой мелодичности в этом языке я не услышала: язык, как язык, даже грубый, пожалуй. / Ну как же? Самая добрая і мілагучная мова ў сьвеце, а никто на ней не говорит – даже в Беларуси. / То, что у нас народ смеется над белорусским языком, то это оттого, что он не слышал людей разговаривающих на нем грамотно. Ибо таких мало. / И вообще, мне кажется, не надо продлять агонию, дайте ему (языку) умереть спокойно и с достоинством. Пусть мы лучше запомним его как красивейший язык наших предков, чем как насильно насаждаемую, отвратительную трасянку!
>
> [Wohlklang habe ich jetzt in der Sprache keinen gehört. Eine Sprache wie alle anderen, nicht mehr und nicht weniger, vielleicht sogar grob. / Ach was? Die beste und die am wohlsten klingende Sprache der Welt, und keiner spricht sie – nicht mal in Belarus. / Dass sich bei uns die Leute über Belarusisch lustig machen, kommt daher, dass sie niemals die Menschen gehört haben, welche es korrekt sprechen. Denn es gibt nur wenige davon. / Und überhaupt scheint es mir, dass man die Agonie nicht verlängern sollte, lasst die Sprache in Ruhe und würdevoll sterben. Lieber behalten wir sie als die schönste Sprache unserer Vorfahren als eine gewaltsam aufgezwungene, widerwärtige Trasjanka in Erinnerung!]

Originalitäts-Topos (8 Codings)

Da Belarusisch im Gegensatz zum Russischen eine wahre slavische Sprache ist, sollte es bewahrt werden.

Der symbolische Wert der belarusischen Sprache wird mit diesem Topos dadurch betont, dass er sie als eine wahre slavische Sprache darstellt, die ihre Ursprünglichkeit bzw. altslavischen Merkmale bewahrt habe, während sich Russisch im Laufe der Zeit verändert und starke Einflüsse v.a. seitens von Turksprachen erlitten habe. Der Topos wird naturgemäß nur *pro* Belarusisch verwendet.

Beispiele *pro* Belarusisch

> В белорусском языке, как ни в одном другом, сохранились древнеславянские корни. А россияне это знание уже утратили. / Беларуская мова – сразу понятно, что славянская, а про русский такого не скажешь – слишком много татарских слов, которых ни в одном языке нету. / Действительно красивый, древний и родной! И пусть московиты считают, сколько в их наречии турецкого, татарского, немецкого, голландского и т.д.
>
> [In der belarusischen Sprache sind, wie in keiner anderen, die altslavischen Wurzeln erhalten geblieben. Und die Russen haben dieses Wissen bereits verloren. / Es wird einem sofort klar, dass Belarusisch eine slavische Sprache ist, und über das Russische kann man das nicht sagen – zu viele tatarische Wörter, die es in keiner anderen Sprache gibt. / Die Sprache ist in der Tat schön, alt und nah! Und die Moskowiter sollen nachzählen, wie viel es in ihrer Mundart vom Türkischen, Tatarischen, Deutschen, Holländischen etc. gibt.]

Topos des Wertes des Russischen (46 Codings)

Da die russische Sprache (k)einen Gewinn für Belarusen darstellt, sollte sie ihre dominierende Stellung in Belarus (nicht) behalten.

Die diskursive Behandlung von Sprachenwerten bringt auch das Thema des Wertes des Russischen in Belarus an die Oberfläche der Diskussion (pro: 33, contra: 9 C.). Je nach diskursiver Position wird dieser Wert unterschiedlich eingeschätzt. Die Gegner des Belarusischen sehen im Russischen einen Gewinn, denn es sei ein Mittel der Akkulturation, das eine Partizipation an der russischen Kultur und das Profitieren von den Errungenschaften russischer Wissenschaft und Technik erlaube. Für die Befürworter des Belarusischen stellt die russische Sprache dagegen keinen Gewinn dar, sie sei nämlich als eine nicht autochthone Sprache den Belarusen fremd, so wie die ganze russische Kultur generell, denn die Menschen in Belarus seien anders und ihre Mentalität sei der russischen nicht ähnlich.

Beispiele *pro* Belarusisch

> Ещё в середине 50х годов практически все местное население говорит на белорусском языке... Выводы напрашиваются сами: кто пришел в чужой монастырь со своим уставом. / РОдная мова – толькі адна беларуская, і чужынскіх тут ня трэба. / Нет ничего зазорного в знании одного иностранного (русского) в совершенстве. / Не надо становиться русскими по сознанию! МЫ ДРУГИЕ! У нас есть РОДНАЯ МОВА!

> [Noch in der Mitte der 1950er spricht praktisch die ganze einheimische Bevölkerung Belarusisch... Eine Schlussfolgerung, wer mit eigenen Regeln in das fremde Kloster kam, drängt sich von allein auf. / Die Muttersprache ist hier nur eine, die belarusische, und die fremden brauchen wir hier nicht. / Eine Fremdsprache (Russisch) perfekt zu können ist doch keine Sünde. / Man soll nicht zu Russen dem Bewusstsein nach werden. WIR SIND ANDERS. Wir haben eine MUTTERSPRACHE!]

Beispiele *contra* Belarusisch

> Русский язык – он удобен, он красив, он понятен, он интересен. Он создал историю, поэтов, личностей. Русский язык дал школу нашим родителям, предкам. / Наше население приобщается ко всем достижениям науки, техники, культуры именно на русском языке. / Настоящие ученые выросли на Русском языке. / Мы можем спокойно поехать, например, в Россию, посещать музеи и выставки, слушать песни, и нам не нужно напрягаться, что бы что-то понять. Это очень удобно.

> [Die russische Sprache – sie ist bequem, sie ist schön, sie ist verständlich, sie ist interessant. Sie hat Geschichte, Dichter, Persönlichkeiten geschaffen. Russisch hat unsere Eltern, unsere Vorfahren ausgebildet. / Unsere Bevölkerung schließt sich allen wissenschaftlichen, technischen und kulturellen Errungenschaften gerade auf Russisch an. / Die echten

Gelehrten sind auf der Russischen Sprache gewachsen. / Wir können, zum Beispiel, ruhig nach Russland fahren, Museen und Ausstellungen besuchen, uns Lieder anhören, und wir müssen uns nicht anstrengen, um etwas zu verstehen. Das ist sehr bequem.]

Evaluative Merkmale der Sprachsituation: Gesellschaftliche Spracheinstellung

Topos der gesellschaftlichen Einstellung zum Belarusischen (816 Codings)

Neben den den Sprachen zugeschriebenen *Werten* gehören auch *Spracheinstellungen* zu den evaluativen Merkmalen einer Sprachsituation (Kap. 2.2). Wie oben bereits erwähnt, wird die *gesellschaftliche Einstellung* zur Nationalsprache in Belarus von den Diskursakteuren nicht nur reflektiert, sondern auch als ein wichtiges evaluatives Merkmal der Sprachsituation argumentativ eingesetzt. Dabei wäre an dieser Stelle erneut zu betonen, dass es hier um eine referierte Einstellung – nämlich um die *Einschätzungen der Diskursakteure* über die vorherrschende gesellschaftliche Spracheinstellung – geht. Ganz im Sinne der Einstellungsstruktur (Kap. 3.1.8) beziehen sich diese Einschätzungen auf verschiedene Einstellungskomponenten, d.h., es werden bei der diskursiven Begründung eigener Spracheinstellung Aussagen über die *kognitive* Wahrnehmung und über die *emotive, volitive* bzw. *konative* Disposition der belarusischen Gesellschaft gegenüber der Nationalsprache getroffen. Da diese Aussagen einheitliche Argumentationsmuster aufweisen, die lediglich je nach ihrer Bezugnahme auf eine der Einstellungskomponenten inhaltlich unterschiedlich gefüllt sind, werden sie hier zur Übersichtlichkeit und besseren Darstellbarkeit der Ergebnisse als ein einziger *prototypisch* formulierter Topos *der gesellschaftlichen Einstellung zum Belarusischen* aufgefasst. Die inhaltlichen Details werden im Anschluss separat und nach einzelnen Einstellungskomponenten sortiert präsentiert.

Die prototypische Formulierung des Topos lautet nun wie folgt:

pro- und *contra-*Variante: *Da die Einstellung der Gesellschaft zum Belarusischen negativ ist, sollten Maßnahmen ergriffen werden, die diesen Umstand ändern / sollte es als Gegebenheit akzeptiert und die belarusische Sprache nicht mehr bewahrt werden.*

*nur pro-*Variante: *Da die Einstellung der Gesellschaft zum Belarusischen positiv ist, sollten Maßnahmen ergriffen werden, die diesen Umstand stabilisieren.*

Als Objekte der gesellschaftlichen Einstellung zum Belarusischen treten im Forendiskurs folgende Entitäten auf: Belarusisch als Zeichensystem, das Sprechen auf Belarusisch, seine Sprecher und der Spracherwerb. Die Reaktion der Gesellschaft auf andere Stimuli, die sich nur mittelbar auf die Sprache selbst beziehen, wie z.B. die Sprachsituationsmerkmale (Sprachpolitik, Sprachplanung etc.) (Kap. 5.4.1), wird dagegen diskursiv nicht behandelt.

Eine Übersicht der inhaltlichen Komponenten, die diesen Topos füllen, und der entsprechenden Einstellungsobjekte ist in der folgenden Tabelle gegeben.

Tab. 24: Stimuli der im Forendiskurs zum Ausdruck gebrachten Einschätzung der gesellschaftlichen Einstellung zum Belarusischen

Komponente gesellschaftlicher Spracheinstellung	Stimulus		
	Belarusisch als Zeichensystem (die Sprache)	Belarusisch-sprechende (die Sprecher)	Verwendung des Belarusischen (das Sprechen)
kognitiv	Allgemeine Einstellung der Gesellschaft	Wahrnehmung der Belarusisch-sprechenden seitens der Gesellschaft	Wahrnehmung des Sprechens auf Belarusisch seitens der Gesellschaft
	Einstellung einzelner Personen / Gesellschaftsgruppen		
	Einstellung in versch. Kommunikationssituationen		
emotiv-affektiv	Emotionale Haltung der Gesellschaft		Emotionale Haltung der Gesellschaft
evaluativ-normativ		Bewertung der Belarusisch-sprechenden seitens der Gesellschaft	Bewertung des Sprechens auf Belarusisch seitens der Gesellschaft
	Belarusisch als Zeichensystem (die Sprache)	Erwerb des Belarusischen (der Spracherwerb)	Verwendung des Belarusischen (das Sprechen)
volitiv-indikativ	Willensäußerung der Gesellschaft	Willensäußerung, Handlungsdisposition der Gesellschaft	Willensäußerung, Handlungsdisposition der Gesellschaft
volitiv-imperativ			
konativ			Sprachverhalten der Gesellschaft

- *kognitive* Komponente der referierten gesellschaftlichen Einstellung zum Belarusischen (479 Codings)

Hier referieren die Akteure des Forendiskurses auf gesellschafts- und gruppenspezifische Einstellungen zum Belarusischen und berichten darüber, was ihrer Meinung nach die belarusische Gesellschaft über ihre Nationalsprache denkt und wie das Sprechen auf Belarusisch und seine Sprecher von ihr wahrgenommen werden.

Wie die Tabelle 25 zeigt, schätzen die meisten Beiträge die generelle Einstellung der belarusischen Gesellschaft zur *Nationalsprache als Zeichensystem* (insgesamt 231 C.) als *negativ* ein. Teilweise ist sogar von einer Belarusophobie die Rede. Bemerkenswerterweise wird das Geständnis einer negativen Einstellung zum Belarusischen von den Beitragsautoren als eine Rechtfertigung für nationalsprachliche Inkompetenz interpretiert, was darauf schließen lässt, dass in der Abneigung gegen Belarusisch sogar ein Nutzen gesehen wird. Signifikant häufig wird im Forendiskurs eine *Gleichgültigkeit* der Sprecher zum Belarusischen behauptet, die im Kontext der für die Titularsprache ungünstigen Sprachsituation in Belarus als eine bedingt negative Einstellung gelten kann. Hier werden v.a. eine Passivität des belarusischen Volkes bei der Sprachfrage und das u.a. darauf zurückzuführende ‚Vergessen' des Belarusischen akzentuiert. Eine *neutrale* Einstellung der Gesellschaft zum Belarusischen wird im Diskurs etwas seltener konstatiert, und meistens in der Form ‚Das Volk hat nichts dagegen' wiedergegeben. Diese Formulierung lässt die entsprechenden Aussagen zwar nicht als eine positive, jedoch als eine nicht-negative Einstellung zum Belarusischen beurteilen. Die ebenso seltener registrierte *positive* Einstellung wird als Loyalität, Interesse und Respekt vor der Sprache und vor den Sprechenden verbalisiert. Die Einstellungen des Präsidenten und der Regierung (vgl. Topoi der *Rolle der Sprache der Präsidenten* und der *Rolle des Staates und seiner Sprachpolitik*) werden als eindeutig negativ bezeichnet. Die Haltung der *jungen Generation* wird dagegen zweierlei gesehen: sowohl als negativ als auch als positiv, liberal und interessiert. Es wird darüber hinaus ein Zusammenhang zwischen der Spracheinstellung und der *Kommunikationssituation* diskursiv hergestellt und behauptet, dass die Einstellung zum Belarusischen seitens der Privatpersonen in Alltagssituationen in der Regel positiv sei, während die Personen im Dienstverhältnis eher negativ auf die Sprache reagieren würden. Eine solche von den Diskursakteuren referierte Einstellung der Gesellschaft zum Belarusischen lässt sich also dualistisch auf deren Einschätzung als ‚nicht-positiv' und ‚nicht-negativ' verteilen. Eine quantitative Auswertung dieser Einschätzungen zeigte, dass eine nicht-positive Haltung der Gesellschaft (171 C.) fast dreimal häufiger als eine nicht-negative (60 C.) konstatiert wird. Aufschlussreich ist auch eine qualitative Auswertung der Argumentationen der beiden polaren diskursiven Positionen, denn es hat sich gezeigt, dass die *contra*-Position ausschließlich mit einer negativen bzw. gleichgültigen – also ‚nicht-positiven' – Haltung der Gesellschaft generell sowie mit einer negativen Einstellung der jungen Generation argumentiert. Das bedeutet, dass die Gegner der belarusischen Sprache von einer nicht-negativen Einstellung zum Belarusischen grundsätzlich absehen.

Tab. 25: Kognitive Komponente der referierten gesellschaftlichen Einstellung zum Belarusischen als Zeichensystem (Stimulus: die Sprache)

Stimulus: Belarusisch als Zeichensystem (die Sprache)		Position		Insgesamt	
		pro	contra	nicht-negativ	nicht-positiv
Allgemeine Einstellung der Gesellschaft	negativ	49	48		104
	gleichgültig	23	8		32
	neutral	20		23	
	positiv	23		24	
Einstellung des *Präsidenten*	negativ	12	1		13
Einstellung der *Regierung*	negativ	12			14
Einstellung der *jungen Generation*	positiv	8		8	
	negativ		6		6
Einstellung von *Privatpersonen*	positiv	5		5	
Einstellung der *Personen im Dienstverhältnis*	negativ	2			2
		154	63	60	171

Beispiele *pro* Belarusisch

Белорусский язык чаще не любят сами белорусы. / Такія беларусафобы, як Вы, русіфікуюць медыйную прастору. / Адмоўнае стаўленьне да беларускасьці проста зьяўляецца асабістым апраўданьнем свайго няведаньня і мовы, і гісторыі. / Меня удивляет спокойствие белорусов... Языка нет, а им все равно... / Большинство к мове вполне нормально относится и не против увеличения его роли в жизни. / Большинство беларусов благосклонно отнеслись бы к тому, чтобы белорусский стал реально государственным. / І чаму ён [Лукашэнка] так ненавідзіць беларускасьць? / Государственные чиновники против титульного государственного языка! / Молодежь очень неплохо относится к языку, особенно в университетах. / Збольшага людзі адносяцца станоўча, калі чуюць ад мяне мову. Але так ставяцца звычайныя людзі. / У меня сотрудник писал отчеты на белорусском. Но начальник моего начальника сказал моему начальнику: Уволь или одного (который писал на белорусском) или другого (т.е. меня, за то, что не запрещал ему).

[Belarusisch wird häufiger von Belarusen selbst nicht gemocht. / Solche Belarusophoben wie Sie russifizieren die mediale Landschaft. / Eine negative Einstellung zu allem Belarusischen ist einfach eine persönliche Rechtfertigung eigener Unkenntnis sowohl der Sprache als auch der Geschichte. / Mich wundert die Gelassenheit der Belarusen... Sie haben keine Sprache, und es ist ihnen egal... / Die Mehrheit verhält sich zum Belarusischen völlig normal und hat nichts gegen die Steigerung seiner Rolle im Leben. / Die meisten Belarusen würden ihr Wohlwollen entgegenbringen, wenn Belarusisch zu einer tatsächlichen Staatssprache werden würde. / Und warum hasst er [Lukaschenko] alles Belarusische? / Die Staatsbeamten sind gegen die Titularstaatssprache! / Die Einstellung der Jugend zur Sprache ist recht gut, besonders an Universitäten. / Im Großen und Ganzen nehmen es die Menschen positiv auf, wenn sie von mir Belarusisch hören. Aber so verhalten sich die Normalmenschen. / Mein Mitarbeiter schrieb Berichte auf Belarusisch. Aber der Vorgesetzte meines Vorgesetzten hat meinem Vorgesetzten gesagt: Kündige dem Einen (der auf Belarusisch schrieb) oder dem Anderen (d.h. mir, weil ich es ihm nicht verboten habe).]

Beispiele *contra* Belarusisch

А что, общество настроено на беларускую мову??? Не замечал... / Проблема в самих белорусах, которым нафиг ничего не надо. / Никому „бя" не нужен. Тем более „яму". / А нужен ли белорусский язык народу? У государства потребности нет. / Студенты БГУ ПОГОЛОВНО ненавидят белорусский язык и считают часы, отведенные на его изучение в универе, потерянным временем.

[Ist die Gesellschaft etwa auf Belarusisch eingestellt??? Habe es nie bemerkt... / Das Problem liegt bei Belarusen selbst, welche sich einen Dreck darum kümmern. / Die „bS" braucht niemand. Schon gar nicht „er". / Braucht das Volk etwa die belarusische Sprache? Der Staat hat seinerseits keinen Bedarf. / Die Studiereden der BSU hassen ALLE OHNE AUSNAHME die belarusische Sprache und halten die Stunden, die dafür an der Uni vorgesehen sind, für verlorene Zeit.]

Die kognitive Komponente der berichteten gesellschaftlichen Einstellung zu den *Sprechern* des Belarusischen (136 C.) kommt in den Äußerungen über deren Wahrnehmung seitens der Gesellschaft zum Ausdruck. Diese Wahrnehmung wird im Forendiskurs nie als positiv eingeschätzt (Tab. 26), d.h., es wird gesagt, dass die belarusische Gesellschaft auf eine Belarusisch sprechende Person grundsätzlich nicht-positiv reagiert, denn diese werde laut den Diskursakteuren in erster Linie entweder als oppositionell (49 C.) bzw. nationalistisch gesinnt (31 C.) oder als ein ‚Dorf-Mensch' (37 C.) eingereiht, was ja als wenig prestigehaft gilt. Es wird im Diskurs darüber hinaus behauptet, dass eine Verwendung der belarusischen Sprache die Person in den Augen der belarusischen Gesellschaft als Außenseiter bzw. Divergent (16 C.) oder gar als Ausländer (2 C.) oder als Sonderling (1 C.) erscheinen lässt. Die sich in den letzten Jahrzehnten etablierte Assoziation zwischen Belarusisch und der national gesinnten Opposition in Belarus bestätigen sowohl die Befürworter als auch die Gegner dieser Sprache (pro: 48, contra: 29 C.), wobei die ersten häufig ihr Bedauern über diese Verbindung ausdrücken oder deren bereits eingetretene Abschwächung konstatieren. Auch die Wahrnehmung des Belarusischen als ein Zeichen ländlicher Herkunft einer Person lässt laut einigen Vertretern der *pro*-belarusischen Position immer mehr nach.

Tab. 26: Kognitive Komponente der referierten gesellschaftlichen Einstellung zu Belarusischsprechenden (Stimulus: die Sprecher)

Stimulus: Belarusischsprechende (die Sprecher)	Position		Insg.
	pro	contra	
Wahrnehmung als			
Oppositioneller	35	12	49
Nationalist	13	17	31
Dorf-Mensch	31	6	37
Außenseiter / Divergent	13	2	16
Ausländer	2		2
Sonderling	1		1
	95	37	136

Beispiele *pro* Belarusisch

Адное, што табе застаецца – самому зрусіфікавацца, каб ня быць калгаснікам, апазіцыянтам, ці мо папросту „белае варонаю". / Большасьць беларускамоўных успрымаюцца не як „апазыцыянеры", а як фашысты-нацыяналісты. / Если малолетки пытаются выделиться из толпы белорусским языком, разве это плохо? / Окружающие косятся, в магазинах не понимают и думают что ты из-за рубежа, на работе осуждают. / Есть у меня один знакомый, который ВСЕГДА говорит на мове. Считают его немножко чудаком. / Мне крыўдна, што на мове вісіць велічэзная колькасць цэтлікаў кшталту „калгасная", „мова гэта сцяг апазіцыі". / Интерес к языку начал просыпаться, он уже не воспринимается сугубо как бред оппозиционеров. / Я часто встречаю много русскоговорящих, спокойно переходящих на белорусский, и этот язык уже давно не „сялянский".

[Das Einzige, was einem bleibt, ist sich selbst zu russifizieren, um nicht ein Dorfmensch, ein Oppositioneller oder womöglich einfach ein „weißer Rabe" zu sein... / Die meisten Belarusischsprechenden werden nicht als „Oppositionelle", sondern als Faschisten-Nationalisten wahrgenommen. / Wenn die Teenies versuchen, anhand von belarusischer Sprache aus der Menge hervorzustechen, ist es denn etwa schlecht? / Die Umstehenden sehen dich krumm an, in Geschäften versteht man dich nicht und denkt, du wärest ein Ausländer, bei der Arbeit wirst du verurteilt. / Ich habe einen Bekannten, der IMMER Belarusisch spricht. Man hält ihn ein bisschen für einen Sonderling. / Es ist bitter, dass an der belarusischen Sprache eine Menge Etiketten hängt, wie z.B. „dörfisch", „Belarusisch ist die Fahne der Opposition". / Langsam wächst das Interesse an der Sprache, diese wird nicht mehr ausschließlich als ein Wahn der Oppositionellen wahrgenommen. / Ich begegne vielen Russischsprachigen, die ruhig zum Belarusischen übergehen, und diese Sprache ist schon lange keine „Dorfsprache" mehr.]

Beispiele *contra* Belarusisch

Большинство представителей „беларускамоўнага" населения зачастую имеют отношение к активным оппозиционным группам. / Я считаю идеи беларусизации – выдумками националистов. / Детей своих не стала бы воспитывать на этом языке, ещё не хватало, чтобы их в песочнице тыкали пальцем, обзывая „веской". / Одинокий белорускоговорящий смотрится как белая ворона. / Кто-то стремится выделиться из толпы розовыми чёлками, а кто-то белорусским языком.

[Die Mehrheit der Vertreter der „belarusischsprachigen" Bevölkerung hat des Öfteren Bezug zu aktiven oppositionellen Gruppen. / Ich halte die Idee einer Belarusifizierung für eine Erdichtung der Nationalisten. / Ich würde meine Kinder nicht in dieser Sprache erziehen, das hätte noch gefehlt, dass man auf sie im Sandkasten mit dem Finger zeigt und „Dörfler" nennt. / Ein einsamer Belarusischsprechender schaut wie ein weißer Rabe aus. / Der Eine versucht durch ein rosa Pony aus der Menge hervorzustechen, der Andere durch die belarusische Sprache.]

Tab. 27: Kognitive Komponente der referierten gesellschaftlichen Einstellung zur Verwendung des Belarusischen (Stimulus: das Sprechen)

Stimulus: Verwendung des Belarusischen (das Sprechen)	Position		Insg.
	pro	contra	
Wahrnehmung			
als unnatürlich	19	41	64
als Modeerscheinung	3	2	6
negativ	27		27
als lächerlich	1	1	2
positiv	12		13
	62	44	112

In Bezug auf das *Sprechen* auf Belarusisch (112 C.) wird im Forendiskurs meistens gesagt, dass dieses Sprachverhalten in der Gesellschaft als unnatürlich, pathetisch, posierend und als von reinem Prinzip geleitet bezeichnet bzw. als eine temporäre Modeerscheinung erfasst wird (70 C.). Relativ häufig wird eine grundsätzlich *negative* gesellschaftliche Wahrnehmung der und ein fehlendes Verständnis für die Verwendung des Belarusischen behauptet, welche ihrerseits für lächerlich gehalten werden würde (29 C.). Eine *positive* kognitive Reaktion auf das Sprechen auf Belarusisch wird im Diskurs dagegen weitaus seltener erwähnt (13 C.):

Beispiele *pro* Belarusisch

Калі Вы бачыце пару чалавек у аўтобусе, якія гутараць па-беларуску, то Вам можа падавацца, што яны „выпендрываюцца". / У апошні час моладзь (студэнты) перайшла на беларускі... і шмат з іх зрабілі гэта „па прыколу", „ща модна". / Калі пачынаеш карыстацца беларускай паўсюль, прыходзіць і непаразуменне: адкуль столькі непавагі, няроўнасці і нават прыніжэння сустракаеш. / „Пранікненьне" ў сьферы жыцьця грамадства выклікае сьмех, калі пачынаю размаўляць, некаторыя злуюцца. / А на маю мову ў Воршы заўжды добра рэагуюць. / Калі на вуліцы звярнуцца з просьбай да чалавека па-беларуску, больш шансаў, што дапаможа.

[Wenn Sie im Bus ein paar Menschen sehen, die Belarusisch sprechen, kann es Ihnen vorkommen, als würden sie sich aufspielen. / In der letzten Zeit hat die Jugend (Studierende) zum Belarusischen gewechselt... und viele davon haben es „zum Spaß" und „weil jetzt es trendy ist" gemacht. / Wenn man anfängt, Belarusisch überall zu verwenden, kommt Unverständnis auf: Warum begegnet man so viel Missachtung, Benachteiligung und sogar Erniedrigung. / Das „Eindringen" in alle Bereiche des gesellschaftlichen Lebens ist zum Totlachen, wenn ich anfange, Belarusisch zu sprechen, ärgern sich manche. / Und auf mein Belarusisch reagiert man in Orscha positiv. / Wenn man sich auf der Straße an einen Menschen mit einer Bitte auf Belarusisch wendet, hat man höhere Chancen, dass er helfen würde.]

Beispiele *contra* Belarusisch

Зачем говорить по-белорусски? Что бы выпендриться? Чтобы кому-то что-то доказать? / Кроме бравого патриотизма и пафосных криков „а Радзіме і роднай мове", куда его ещё применять? / Теперь вроде полегче – мода на дурное прошла, и люди снова обучаются на том языке, на котором они общаются в миру. / Есть люди, которые посмеиваются над самим языком, не считая его ничем серьёзным, а людей, которые пытаются на нём говорить – странными.

[Wozu soll man Belarusisch sprechen? Um sich aufzuspielen? Und jemandem etwas zu beweisen? / Abgesehen vom braven Patriotismus und von pathetischen Ausrufen „über die Heimat und die Muttersprache" wozu ist es [Belarusisch] noch gut? / Es scheint etwas leichter geworden zu sein – der Schwachsinn ist aus der Mode gekommen, und die Menschen werden wieder in der Sprache ausgebildet, welche sie auch weltlich verwenden. /

Es gibt Menschen, die sich über die Sprache selbst lustig machen, indem sie diese für nichts Ernstes, und die Menschen, die sie zu sprechen versuchen – für komisch halten.]

Nach der Auswertung der kognitiven gesellschaftlichen Reaktion auf alle drei Stimuli (die Sprache, die Sprecher und das Sprechen) wird nun erkennbar, dass das erzeugte diskursive Bild der mentalen Disposition der Gesellschaft gegenüber dem Belarusischen vorwiegend ‚nicht-positiv' ist (394 gegenüber 73 ‚nicht-negativer' C.). Betrachtet man dabei die quantitative Verteilung der *pro-* und *contra*-Stimmen bei der argumentativen Verwendung der kognitiven Komponente der gesellschaftlichen Einstellung zum Belarusischen, so wird deutlich, dass diese viel aktiver *für* Belarusisch eingesetzt wird (pro: 311, contra: 144 C.), was bedeutet, dass die *dominierende Realisierung* des Topos der *gesellschaftlichen Einstellung zum Belarusischen* in Bezug auf ihre kognitive Komponente wie folgt lautet:
Da die Wahrnehmung der belarusischen Sprache seitens der Gesellschaft negativ ist, sollten Maßnahmen ergriffen werden, die diesen Umstand ändern.[192]

- *emotiv-affektive* Komponente der referierten gesellschaftlichen Einstellung zum Belarusischen (62 Codings)

In den Beiträgen, die diese Einstellungskomponente beschreiben, wird darüber reflektiert, welche *emotionalen Reaktionen* die belarusische Sprache bei der Gesellschaft hervorruft. Als Stimuli treten im Forendiskurs die Sprache selbst und ihre Verwendung auf.

Zwar wird die emotiv-affektive Komponente relativ selten zum Ausdruck gebracht, aber ihre Auswertung ist insofern relevant, als dass sie einen signifikanten Sachverhalt aufdeckt, nämlich dass es sowohl von der *pro-* als auch von der *contra*-Position (pro: 43, contra: 19 C.) ausschließlich über negative Emotionen der belarusischen Gesellschaft gegenüber der Nationalsprache berichtet wird (Tab. 28), unter denen *Scham* und *fehlender Stolz* über die Sprache, *Abstoßungsgefühl*, *Verachtung* und *Angst* vor Belarusisch dominieren. Es ist auch von *Hass* mitunter die Rede. Das Sprechen auf Belarusisch würde bei den Menschen das *Gefühl von Unbehagen, Staunen, Aggression, Verärgerung*, sogar *Schock, Ekel* und wiederum *Angst* hervorrufen. Die Verwendung des Belarusischen würde auch als *lästig* und als *Quälerei* sowohl für den Produzenten als auch für den Rezipienten empfunden werden, so die Diskussionsteilnehmer.

---

[192] Vgl. die prototypische Formulierung des Topos der *gesellschaftlichen Einstellung zum Belarusischen* oben in diesem Kapitel.

Tab. 28: Emotiv-affektive Komponente der referierten gesellschaftlichen Einstellung zum Belarusischen

Stimulus: Belarusisch als Zeichensystem (die Sprache)	Position		Insg.
	pro	contra	
Scham und fehlender Stolz auf die Nationalsprache	6	2	8
Abstoßungsgefühl	2	4	6
Angst vor Sprache	5		5
Verachtung	5		5
Hass	5	3	8
	23	9	32
Stimulus: Verwendung des Belarusischen (das Sprechen)			
Emotionales Unbehagen für Produzenten und Rezipienten	3	3	6
Staunen	4	2	6
Aggression	4		4
Angst zu sprechen	3		3
Lästigkeit		3	3
Quälerei für Produzenten und Rezipienten	1	1	2
Schock, zu hören und selbst verwenden zu müssen	2		2
Verärgerung, Gereiztheit	2		2
Ekel	1	1	2
	20	10	30

Beispiele pro Belarusisch

(*die Sprache*): Народ белорусского языка боится, стыдится и даже презирает. / Сорам і жах перад мовай прысутнічаюць. / Я с детства слышал белорусский язык, и меня не коробит (жену коробит). / Я лично общался с человеком, который бил себя в грудь, доказывая беларускость свою, тут же заявляя, что мову ненавидит.

[Das Volk hat Angst vor dem Belarusischen, schämt sich vor ihm und verachtet es sogar. / Scham und Angst vor dem Belarusischen sind vorhanden. / Von Kindheit an habe ich Belarusisch gehört, und mich stößt es nicht ab (meine Frau dagegen schon). / Ich kannte persönlich einen Menschen, der sich auf die Brust geschlagen hat, während er sein Belarusischtum beweisen wollte und gleichzeitig verkündete, dass er die belarusische Sprache hasst.]

(*das Sprechen*): Трагізм у тым, што як толькі рускамоўны стане беларускамоўным, то знікне адчуваньне жыцьцёвага камфорту, спакою. / Ў адказ на беларускую гаворку назіраў переважна вылупленыя вочы. / Калі што-небудзь спрабуешь сказаць на беларускай мове, то асноўная рэакцыя людзей: праста агрэсія. / Не то, что не знают, а панически боятся. Как бы чего не вышло, как бы не заподозрили в чем-нибудь. / Временами шокирую продавцов, начиная с ними разговаривать на белорусском. / Мама предложила дома говорить на белорусском. Ничего у нас не получилось. Помучались пару дней. / Зараз размаўляць на роднай мове – шок для многіх беларусаў. / Калі грамадзянін Беларусі размаўляе на беларускім, гэта ў некаторых выклікае раздражненне.

[Das Tragische besteht darin, dass sobald ein Russischsprachiger belarusischsprachig wird, wird das Gefühl eines komfortablen Lebens und der Ruhe verschwinden. / Als Reaktion auf das Sprechen auf Belarusisch beobachtete ich überwiegend aufgerissene Augen. / Wenn man versucht, etwas auf Belarusisch zu sagen, dann ist die Hauptreaktion der Leute: einfach Aggression. / Vom Können ist nicht mal die Rede, sie haben eine panische Angst davor. Hoffentlich hat es keine schlimmen Folgen, hoffentlich wird man nicht wegen irgendetwas verdächtigt. / Von Zeit zu Zeit schockiere ich die Verkäufer, indem ich mit ihnen auf Belarusisch zu sprechen beginne. / Meine Mutter hat vorgeschlagen, Belarusisch zu sprechen. Es ist uns nicht gelungen. Haben uns ein paar Tage durchgequält. / Jetzt in der Muttersprache zu sprechen ist für viele Belarusen ein Schock. / Wenn ein Bürger von Belarus Belarusisch spricht, fühlen sich einige gereizt.]

Beispiele *contra* Belarusisch

(*die Sprache*): Это что-то вроде комплекса неполноценности в его национальном проявлении. / Не то, что говорить, едва заслышав, как кто-нибудь говорит по-белорусски, окружающие разбегаются. / Студенты БГУ ПОГОЛОВНО ненавидят белорусский язык.

[Das ist so etwas wie ein Minderwertigkeitskomplex in seiner nationalen Ausprägung. / Vom Sprechen ist nicht mal die Rede, kaum hat man gehört, dass jemand Belarusisch spricht, schon rennen die Umstehenden davon. / Die Studiereden der BSU hassen ALLE OHNE AUSNAHME die belarusische Sprache.]

(*das Sprechen*): Разговаривая по-белорусски, я лишь доставлю дискомфорт себе и окружающим. / Смеются над чудаками, которые парят мозги окружающим белорусский языком. / Помните наплыв белорусских классов? Вы не представляете, как это было мучительно для учителей. / Какие-то дяди и тети, морщась от отвращения, говорят по телевизору на белорусском языке. А потом плюются и чистят зубы.

[Indem ich Belarusisch spreche, bereite ich mir selbst und meiner Umgebung bloß Unbequemlichkeiten. / Es werden die Sonderlinge ausgelacht, welche ihren Mitmenschen das Gehirn mit ihrer belarusischen Sprache zum Schmelzen bringen. / Erinnert ihr euch an den Zustrom von belarusischen Schulklassen? Ihr könnt euch gar nicht vorstellen, wie qualvoll es für die Lehrer war. / Die Nase vor Ekel runzelnd sprechen irgendwelche Onkel und Tanten im Fernsehen Belarusisch. Und danach spucken sie und putzen sich die Zähne.]

- *evaluativ-normative* Komponente der referierten gesellschaftlichen Einstellung zum Belarusischen (38 Codings)

Die Äußerungen über diese Einstellungskomponente zielen darauf ab, Wertungen des Belarusischen seitens der Gesellschaft abzubilden. Als Stimuli der evaluativen gesellschaftlichen Reaktion fungieren im Forendiskurs die Belarusischsprechenden und ihr Sprachverhalten.

Tab. 29: Evaluativ-normative Komponente der referierten gesellschaftlichen Einstellung zum Belarusischen

Stimulus: Verwendung des Belarusischen (das Sprechen)		Position		Insg.	*Stimulus:* Belarusischsprechende (die Sprecher)	Position		Insg.
		pro	contra			pro	contra	
Diskreditierung	als lächerlich	5	5	11	als Schwachkopf	4	3	7
	Verspottung	4		4	als geistig krank	2	1	3
Kritik	als sinnlos	1	3	4	als ‚свядомый'	2		2
	als Angeberei	3		3	als realitätsfern	1		1
	als schlechter Ton	2		2	als Provokateur	1		1
		15	8	24		10	4	14

Wie die Tabelle 29 zeigt, seien diese Stimuli aus der Sicht der Diskussionsteilnehmer gesellschaftlich ausschließlich negativ bewertet. Darüber sind sich die beiden polaren Positionen einig (pro: 25, contra: 12 C.). Das diskursive Bild der gesellschaftlichen Evaluation des Belarusischen ist von Reaktionen geprägt, die als Diskreditierung (25 C.) und Kritik (13 C.) zusammengefasst werden können. Eine abwertende Haltung der Gesellschaft gegenüber dem Belarusischen wird in den Aussagen darüber demonstriert, dass die Gesellschaft die Belarusischsprechenden als geistig krank und ‚schwachköpfig' abwerte sowie das Sprechen auf Belarusisch verspotte und als lächerlich beurteile. Kritisieren würde sie die belarusische Sprache dadurch, dass sie ihre Sprecher als realitätsfern, als *свядомыя*[193] oder als Provokateure bezeichne und ihr Sprachverhalten für sinnlos, für eine ‚Angeberei' und für einen schlechten Ton halte.

---

[193] Die Substantivierung *свядомыя* ([national]-Bewusste) bildete sich in Belarus in den ersten Jahrzehnten der Souveränität zu einer abwertenden Bezeichnung für die Vorkämpfer der Belarusifizierung heraus. Die Verwendung dieses Lexems als Schmähwort wird auch im Forendis-

Beispiele *pro* Belarusisch

(*das Sprechen*): Неприятно читать посты, где говорят, что бел. язык смешной. / Говорить на белорусском это по Вашему глумиться? / Калі што-небудзь спрабуеш сказаць на беларускай мове, то асноўная рэакцыя людзей: навошта цябе гэта патрэбна? / Если ты говоришь по-белорусски, то ты, пардон, выпендриваешься. / Как же это нужно загнобить страну, которая ещё совсем недавно и думать не могла отказываться от родного языка. А теперь считает его чуть ли не дурным тоном.

[Es ist unangenehm, die Postings zu lesen, wo gesagt wird, dass Belarusisch lächerlich ist. / Belarusisch zu sprechen heißt, Ihrer Meinung nach, Verspottung? / Wenn man versucht, etwas auf Belarusisch zu sagen, dann ist die Hauptreaktion der Leute: Wozu brauchst du das? / Wenn du Belarusisch sprichst, dann heißt es nun mal, dass du dich, pardon, aufspielst. / Wie sehr musste man ein Land runtergemacht haben, das noch erst vor kurzem nicht mal daran denken konnte, sich von seiner Muttersprache abzukehren. Aber jetzt sie beinahe für einen schlechten Ton hält.]

(*die Sprecher*): Попробуйте поговорить со своими знакомыми по-белорусски хотя бы один день и посчитайте, сколько раз они будут крутить пальцем у виска. / У лагеры паспрабавала размаўляць, дык не кожны мяне нават разумеў. А потым нехта яшчэ дадаў: „Ты хворая?" / Многие сразу вешают ярлык ‚свядомый' и все. / Людзі ставяцца як да некага зь іншай планеты, калі пачынаю размаўляць. / Тых, хто заўсёды гаворыць па-беларуску, сталі лічыць правакатарамі.

[Versuchen Sie mal mit Ihren Bekannten wenigstens einen Tag lang Belarusisch zu sprechen und zählen Sie, wie viele Male sie Ihnen den Vogel zeigen. / Ich habe in einem Ferienlager versucht, Belarusisch zu sprechen, sogar verstanden hat mich da aber nicht jeder. Und dann hat jemand noch hinzugefügt: „Bist du krank?" / Viele stecken dich in eine Schublade als ‚sviadomyj' und Punkt. / Wenn ich anfange Belarusisch zu sprechen, verhalten sich die Leute zu mir wie zu einem Außerirdischen. / Diejenigen, die stets Belarusisch sprechen, werden nun für Provokateure gehalten.]

Beispiele *contra* Belarusisch

(*das Sprechen*): Почему-то над другими языками мало кто смеётся, а вот над белорусским смеются, причём сами белорусы, так что проблема всё-таки, наверно, в языке. / Большинство просто не видит смысла говорить на беларуском.

[Irgendwie wird über die anderen Sprachen kaum gelacht, über Belarusisch dagegen schon, und zwar von Belarusen selbst, das Problem liegt also doch vielleicht in der Sprache selbst. / Die Mehrheit sieht keinen Sinn daran, Belarusisch zu sprechen.]

(*die Sprecher*): Белорусский народ отмахнется от их идеологических химер, и они станут никому не нужными провинциальными идиотами, на которых показывают

---

kurs angesprochen: „Ведь слово ‚свядомый' на БТ используется чуть ли не как ругательство. [Denn das Wort ‚sviadomyj' wird auf dem BT nahezu als ein Schimpfwort verwendet.]"

пальцами и тихо смеются. / За все мои годы жизни только одна сумасшедшая учительница говорила по-белорусски.

[Das belarusische Volk wird deren ideologische Hirngespinste von der Hand weisen, und sie werden zu den von niemandem gebrauchten provinziellen Idioten, auf die man mit dem Finger zeigt und heimlich lacht. / Während meiner ganzen Schuljahre hat nur eine verrückte Lehrerin Belarusisch gesprochen.]

– *volitiv-indikative* Komponente der referierten gesellschaftlichen Einstellung zum Belarusischen (75 Codings)

Diese Einstellungskomponente kommt in den Aussagen zum Ausdruck, die über eine *behaviorale Intention* der Belarusen in Bezug auf die Nationalsprache berichten. Als Stimuli kommen im Forendiskurs die Sprache selbst, der Spracherwerb und das Sprachverhalten vor. Gleich den anderen Komponenten der gesellschaftlichen Spracheinstellung, wie sie im Diskurs dargestellt wird, bildet auch diese Komponente eine generell negative Haltung zum Belarusischen ab, welche sich laut Diskussionsteilnehmern in einem ‚Nicht-Wollen' äußert. Es wird nämlich von beiden diskursiven Positionen (pro: 21, contra: 52 C.) berichtet, dass das belarusische Volk seine Nationalsprache nicht haben (35 C.), nicht lernen (20 C.) und nicht sprechen (20 C.) wolle. Nur vereinzelt bringen die Vertreter der *pro*-Position dagegen hervor, dass Belarusen nichts gegen Belarusisch haben, was allerdings nicht als eine *pro*-belarusische Willensäußerung gelten kann (vgl. *neutrale kognitive gesellschaftliche Einstellung zum Belarusischen als Zeichensystem* oben in diesem Kapitel).

Tab. 30: Volitiv-indikative Komponente der referierten gesellschaftlichen Einstellung zum Belarusischen

	Position		Insg.
	pro	contra	
Stimulus: **Belarusisch als Zeichensystem (die Sprache)**			
‚Belarusen wollen kein Belarusisch'	11	24	35
Stimulus: **Erwerb des Belarusischen (der Spracherwerb)**			
‚Belarusen wollen Belarusisch nicht lernen'			
‚Belarusen wollen keine belarusischsprachige Bildung'	5	13	20
Stimulus: **Verwendung des Belarusischen (das Sprechen)**			
‚Belarusen wollen kein Belarusisch sprechen'	5	15	20
	21	52	75

Beispiele *pro* Belarusisch

> Бел. мова падобна на жалосны сьпеў скрыпкі. Народ жадае, каб яе зусім ня было! / Далеко не все против, а чаще чисто по-белорусски пассивны. / Ученики не все стремятся выучить свой родной язык. / Бацькі і ня хочуць аддаваць сваіх дзетак ў беларускамоўныя школы. / Не хотят у нас разговаривать на белорусском.
> [Die belarusische Sprache gleicht einem leidvollen Gesang einer Geige. Das Volk möchte, dass es sie gar nicht gibt! / Es sind bei Weitem nicht alle dagegen, häufiger sind sie rein nach ihrer belarusischen Art passiv. / Nicht alle Schüler sind bestrebt, ihre Muttersprache zu erlernen. / Es sind gerade die Eltern, die ihre Kinder nicht in belarusischsprachige Schulen schicken wollen. / Man will bei uns kein Belarusisch sprechen.]

Beispiele *contra* Belarusisch

> Вы пытаетесь доказать, что возрождение белорусского нужно всем. Оно нужно Вам, но никак не большинству населения нашей страны. / Никто не хочет его учить и не собирается на нем говорить. / Если народ не желает говорить на беларусском, то ради бога.
> [Sie versuchen zu beweisen, dass die Wiedergeburt des Belarusischen von allen benötigt wird. Sie wird von Ihnen benötigt, aber keineswegs von der Mehrheit der Bevölkerung unseres Landes. / Keiner will es lernen oder hat vor, es zu sprechen. / Wenn das Volk keinen Wunsch hat, Belarusisch zu sprechen, dann bitte schön!]

- *volitiv-imperative* Komponente der referierten gesellschaftlichen Einstellung zum Belarusischen

Da eine deontische Modalität im Forendiskurs nur aus eigener Perspektive verbalisiert wird und es darauf nicht referiert wird, wurden keine Aussagen über die *volitiv-imperative* Komponente der gesellschaftlichen Einstellung in Belarus ermittelt. Dies war zu erwarten, denn es geht bei dieser Komponente um Äußerungen mit Anweisungsfunktion wie z.B. Instruktionen zum Sprachverhalten in konkreten Situationen. Solche Äußerungen in Bezug auf die ganze Gesellschaft bedürfen jedoch konkreter Informationen über die gesellschaftliche Intention bzw. Präskriptionen bezüglich der Sprachsituationsentwicklung, welche im Kontext des Forendiskurses nicht verfügbar sind.

- *konative Komponente* der referierten gesellschaftlichen Einstellung zum Belarusischen (162 *Codings*)

Mit den Aussagen über diese Einstellungskomponente wird über den Sprachgebrauch in der belarusischen Gesellschaft berichtet. Wie die Tabelle 31 zeigt, behauptet die Mehrheit von Diskussionsteilnehmern, es spreche niemand Belarusisch. Hauptsächlich wird dies von der *contra*-Position zum Ausdruck gebracht, aber auch die Befürworter des Belarusischen geben diesen Umstand häufig zu (pro: 31, contra: 68 C.). Deutlich seltener und vorwiegend von der *pro*-belarusischen Position wird darauf erwidert, es gebe doch Menschen, welche Belarusisch verwenden würden. Die Rede ist dabei jedoch in der Regel von einzelnen Personen oder Personengruppen (pro: 47, contra: 2 C.).

Tab. 31: Konative Komponente der referierten gesellschaftlichen Einstellung zum Belarusischen

Stimulus: Verwendung des Belarusischen (das Sprechen)	Position		Insg.
	pro	*contra*	
‚Es spricht niemand Belarusisch'	31	68	107
‚Einige Personen sprechen Belarusisch'	47	2	55
	78	70	162

Beispiele *pro* Belarusisch

> Нажаль, сярод знаёмых ніхто не гаворыць па-беларуску. / Беларускамоўных знаёмых канешне бракуе, але ж ані ёсьць, паверце. / У меня среди знакомых достаточно людей, разговаривающих на белорусском.
>
> [Unter meinen Bekannten spricht leider keiner Belarusisch. / An belarusischsprechenden Bekannten mangelt es natürlich, aber dennoch gibt es sie, glauben Sie mir. / Unter meinen Bekannten gibt es genug Menschen, die Belarusisch sprechen.]

Beispiele *contra* Belarusisch

> На БЕЛАРУСКІМ не говорит НИКТО! / Когда я выхожу на улицу, я не слышу бел. языка. / Есть у меня знакомые, которые разговаривают исключительно на белорусском, когда спрашиваю, почему, отвечают, что „должен же кто-то на нем разговаривать".
>
> [BELARUSISCH spricht NIEMAND! / Wenn ich auf die Straße gehe, höre ich kein Belarusisch. / Ich kenne Menschen, welche ausschließlich Belarusisch sprechen, und wenn ich sie frage, warum, antworten sie, „Jemand muss es doch sprechen".]

Fasst man die Auswertungsergebnisse aller Komponenten der referierten gesellschaftlichen Einstellung zum Belarusischen zusammen, so entsteht ein grundsätzlich *negatives diskursives Bild* der kognitiven, emotiv-affektiven, evaluativen, volitiven und der Handlungsdisposition der Gesellschaft in Belarus gegenüber der Titularsprache.

5.4.2.1.2 Qualitative Analyse: sprachsituations*übergreifende* Topoi

Die sprachsituations*übergreifenden* Topoi sind Argumentationsmuster, mit denen inhaltlich *kein Bezug auf konkrete Merkmale einer Sprachsituation* (Kap. 2.2) genommen wird. Im Forendiskurs kommen sie relativ häufig vor (2022 C.) und machen 39% aller Topos-Realisierungen aus. Die unten aufgeführte Rangliste der sprachsituationsübergreifenden Topoi, die deren Vorkommenshäufigkeit im untersuchten Material abbildet, zeigt, dass außerhalb der Bezugnahme auf die belarusische Sprachsituation am meisten nach *Ursachen* und nach Verantwortlichen für diese Situation gesucht wird, welche ihrerseits häufig als *paradox* verbalisiert und als ein Resultat von *Globalisierung* erklärt wird. Oft werden *vergleichbare Sprachsituationen* in anderen Ländern zur Argumentation herangezogen. Bemerkenswert häufig wird die Wahrnehmung von sprachpolitischen Prozessen in Belarus als *Gewalt* bzw. *Gefahr* zum Ausdruck gebracht, was das Thema der *Perspektiven* des Belarusischen eröffnet. Als relevant für die Sprachdiskussion in den Foren erwies sich die Auslegung des Begriffes *Muttersprache*, welche sowohl als ein Symbol als auch als Kommunikationsmittel interpretiert wird. In diesem Zusammenhang wird häufig Russisch als *Sprache der Forenbeiträge* bei einer gleichzeitigen Bekennung der Beitragsautors zum Belarusischen als Muttersprache zum Diskussionsthema. Es werden darüber hinaus die sog. ‚Problemhaftigkeit' des Sprachen-Themas in Belarus und der Nutzen einer *Sprachdiskussion* hinterfragt. Oft wird die bestehende sprachliche *Wirklichkeit* als Argument eingesetzt und durch *Beispiele* illustriert. Immer wieder werden eine *Instrumentalisierung* von Nationalsprache und das *Manipulationspotenzial* der Nationalfrage problematisiert. Zur Stützung der eigenen Position im Diskurs wird manchmal Bezug auf anerkannte *Autoritäten* genommen oder die Argumentation des Gegners *gegen ihn selbst* verwendet bzw. als *unhaltbar* bezeichnet. Gelegentlich wird eine Verbindung zwischen Sprache und *Fortschritt* diskursiv hergestellt. Vereinzelt kommt es zu einer *sakralisierenden* Darstellung des Belarusischen und zur Einschätzung der Rolle von *Einzelperson* bei der Sprachsituationsentwicklung.

Tab. 32: Rangliste sprachsituations*übergreifender* Topoi nach ihrer Vorkommensfrequenz im Forendiskurs

Sprachsituations*übergreifende* Topoi	Position		Insg.
	pro	*contra*	
Ursachen-Topos, v.a.:	379	102	509
Topos der *besonderen nationalen Identität*	107	24	149
Topos der *ungünstigen Erwerbsplanung*	60	45	105
Topos der *ungünstigen staatlichen Regulierung*	75	5	82
Geschichts-Topos	33	4	38
Topos ‚*Überreste einer sowjetischen Mentalität*'	30	1	31
‚*Opposition ist schuld*'-Topos	9	3	12
Paradox-Topos	151	14	176
Globalisierungs-Topos	70	95	171
Analogie-Topos	103	40	152
Gewalt-Topos	133	14	152
Gefahr-Topos	111	10	124
Perspektiven-Topos	101	17	124
Muttersprache-Topos	34	28	83
Topos ‚*Sprache der Beiträge*'	25	51	81
Kein-Problem-Topos	11	44	69
Topos der *Rolle der Sprachdiskussion*	41	12	63
Realitäts-Topos	10	45	60
Beispiel-Topos	49	3	59
Instrumentalisierungs-Topos	25	15	48
Autoritäts-Topos	32	2	35
Fortschritts-Topos	1	30	31
Inversions-Topos	20	4	25
Sakralisierungs-Topos	21		21
Topos der *einzelnen Person*	13	2	15
Argumentationslosigkeits-Topos	1	12	14
Manipulations-Topos	9	1	10
	1340	541	2022

Ursachen-Topos (509 Codings)

Da es bestimmte Faktoren gibt, die die Sprachsituation in Belarus negativ beeinflussen, sollten sie beseitigt werden / können sie nicht ohne Weiteres beseitigt werden und sind daher als Gegebenheit zu akzeptieren.

Dieser Topos resultiert aus den Versuchen der Beitragsautoren, die Sprachsituation in Belarus zu erklären, und aus ihrer Suche nach den in der Vergangenheit wirksamen Faktoren, die diese Sprachsituation verursacht haben sollten. Unter den sprachsituations*übergreifenden* Topoi ist der *Ursachen*-Topos in der Forendiskussion um die belarusische Sprache mit Abstand der präsenteste. Es zeugt davon, dass, zum einen, die Sprachsituation in Belarus generell als nicht optimal eingeschätzt wird und, zum anderen, dass im Diskurs nach den Ursachen dessen, v.a. von den Befürwortern des Belarusischen, aktiv gesucht wird (pro: 379, contra: 102 C.). Der *Ursachen*-Topos ist inhaltlich unspezifisch formuliert und wird deswegen durch die Beschreibung von einzelnen Faktoren spezifiziert dargelegt, welche als subsummierte Topoi formuliert werden können. Die Anzahl der Codings zeigt, dass die Hauptursache der aktuellen Sprachsituation in Belarus v.a. in der *Besonderheit der nationalen Identität von Belarusen* gesehen wird (149 C.), welche ihrerseits u.a. durch die sog. ‚UdSSR-Mentalität' (31 C.) geprägt sei, gefolgt von einer *ungünstigen Erwerbsplanung* (105 C.), *staatlichen Regulierung* (82 C.) und *geschichtlichen Entwicklungen* (38 C.). Es werden darüber hinaus absteigend häufig die *Opposition* (12 C.), das *Aufzwingen* als eine Belarusifizierungsform (8 C.), eine empfundene *Künstlichkeit des Belarusischen* (2 C.), ein *Fehlen von Intellektuellen* und von einer tatsächlichen *Souveränität* des Staates (jeweils 1 C.) für die aktuelle Sprachsituation verantwortlich gemacht. Einige dieser Topoi sind selbstredend und bedürfen keiner weiteren expliziten Auslegung. Die anderen, nämlich *Besonderheit nationaler Identität, ungünstige Erwerbsplanung und staatliche Regulierung, Geschichte, Überreste einer sowjetischen Mentalität* und *Opposition*, sind inhaltlich komplexer und werden deswegen im Folgenden kurz näher erläutert.

Ursachen / Topos der besonderen nationalen Identität (149 Codings)

Da einige Besonderheiten der belarusischen nationalen Identität sich negativ auf die Nationalsprache auswirken, sollten sie geändert bzw. beseitigt werden.

Als charakteristisches Merkmal der nationalen Identität von Belarusen wird am meisten ein *fehlendes Nationalbewusstsein* genannt (93 C.), was nicht nur eine ‚tragische' Sprachsituation und das mangelnde Respekt von außen (13 C.), sondern auch das ‚Nichtzustandekommen' der belarusischen Nation zur Folge habe, so einige Beitragsautoren, welche behaupten, die belarusische Nation gebe es nicht (11 C.). Als Begründung solcher Behauptungen wird in der Regel die Tatsache angeführt, dass alle anderen ehemaligen UdSSR-Republiken ihre Nationalsprachen bewahrt und diese nach dem Erlangen von Souveränität zu den jeweils einzigen Staatssprachen gemacht hätten (15 C.), worauf jedoch erwidert wird, die Assimilationspolitik sei in Belarus strenger gewesen (2 C.). So, wie der Topos formuliert ist, kommt er im Diskurs sowohl bei der *pro*- als auch bei der *contra*-Argumentation vor. Der Unterschied in der Verwendung liegt darin, dass das fehlende Nationalbewusstsein aus der Sicht der *pro*-Position kein Normalzustand und deswegen temporär ist, denn das Volk sei bloß ‚am Schlafen' und mit dem Erwachen seines Nationalbewusstseins würde auch das National*sprach*bewusstsein kommen (6 C.). Bei der *contra*-Argumentation wird dagegen weitergeführt, man solle im Nationalisierungsprozess nun nicht bei der Sprache anfangen (2 C.). Einige radikale *contra*-belarusische Stimmen bringen das Argument hervor, das russische Volk sei ein brüderliches Volk und bilde zusammen mit Belarusen und Ukrainern eine gemeinsame Nation (6 C.).

Beispiele *pro* Belarusisch

> Белорусы слабо осознают себя народом, и проблемы языка для них находятся очень далеко. / Знаете, за что нас ближайшие соседи не уважают? Именно за то, что мы сами не хотим признавать свой язык. / Мы, как самобытная нация, ничего из себя не представляем, т.к. утратили самое важное – язык. / Нет у нас, к сожалению, НАРОДА. / Але сітуяцыя безумоўна зьменіцца, бо калі беларус пагарджае беларусам за тое, што той пачуваецца беларусам у Беларусі – найвялікшая бязглуздзіца і наверна з'яўляецца толькі тэрміновай рэчаіснасцью. Гэта збой, вірус, недарэчнасьць. / Стоит только разбудить сегодняшнюю нацию, и большинство людей сами потянутся к роднай мове. / Политика ассимиляции беларусов после раздела РП была очень жёсткой.

> [Belarusen nehmen sich nur schwach als ein Volk wahr, und Sprachprobleme sind ihnen sehr fern. / Wissen Sie, weswegen unsere nächsten Nachbaren uns missachten? Gerade deswegen, weil wir selbst unsere eigene Sprache nicht anerkennen wollen. / Als eine eigenständige Nation sind wir Garniemand, denn wir haben das Wichtigste verloren – die Sprache. / Leider haben wir kein VOLK. / Aber die Situation wird sich zweifelsohne ändern, denn, wenn ein Belaruse den anderen Belarusen dafür verachtet, dass dieser sich in Belarus als ein Belaruse fühlt, ist es die größte Irrsinnigkeit und stellt ganz sicher bloß eine temporäre Wirklichkeit dar. Das ist eine Störung, ein Virus, eine Widersinnigkeit. / Man brauchts bloß die heutige Nation aufzuwecken, und die Mehrheit der Menschen wird sich selbst nach der Muttersprache strecken. / Die Politik der Assimilation von Belarusen nach der Teilung von Rzeczpospolita war sehr rigoros.]

Beispiele *contra* Belarusisch

> Беларуской нации нет, есть национальность. / НО все страны бывшего СССР говорили на русском, а сейчас все страны говорят на своём – тока в беларуси почему-то нет такого – почему? / Солидарность – вот чего не хватает нашему народу. Я не хочу сказать, что родной язык – это совершенно неважная вещь. Просто, по моему мнению, не с этого начинать надо. / Всё просто: белорусы – часть русского народа, и язык у белорусов, соответственно, русский.
>
> [Eine belarusische Nation gibt es nicht, es gibt die Nationalität. / ABER alle Länder der ehemaligen UdSSR haben Russisch gesprochen, und jetzt sprechen alle Länder ihre eigenen Sprachen – nur in Belarus gibt es so etwas irgendwie nicht – warum wohl? / Zusammenhalt – das ist das, woran es unserem Volk fehlt. Ich will nicht sagen, dass Muttersprache eine absolut unwichtige Sache ist. Nur muss man, meiner Meinung nach, nicht gerade bei diesem Punkt anfangen. / Es ist alles ganz einfach: Belarusen sind ein Teil des russischen Volkes, und die Sprache von Belarusen ist dementsprechend Russisch.]

Als weitere besondere Merkmale der belarusischen nationalen Identität werden *Toleranz* (16 С.), *fehlende Sprachloyalität* (9 С.), ‚*Fremdenliebe*' (6 С.), *Zwiespältigkeit der Mentalität* hinsichtlich der nationalen Identität (5 С.) und eine sog. ‚*Dorfmentalität*' der Belarusen (5 С.) als Ursachen der aktuellen Sprachsituation genannt. Wiederholt wird dabei sowohl von der *pro*- als auch von der *contra*-Position das Fazit gezogen, Belarusen seien eine Nation ohne Sprache, und gerade das mache ihre nationale Besonderheit (5 С.) aus.

> Пресловутые толерантность и „рассудительность" сдерживают развитие как нации, так и государства. / Мы адзіная нацыя на гэтай планеце, якая ганбіць сваю мову і прыніжае яе. / У нас агульная рыса – саромецца роднага і захапляцца іншаземным. Благагавеем перад усім рускім. / В этой стране у части „населеньица" ментальность „широкой русскоправославной души" вступает в когнитивный диссонанс с „маленькой, европейской Беларусью", отчего последней постоянно „икается". / І не забывайцеся, што на 83% беларусы ў мэнтальнасьці застаюцца вяскоўцамі. То бок далёкімі ад абстрактных паняткаў людзьмі. / Жалко, что мы народ белорусский, но без белорусского языка.
>
> [Die berühmt-berüchtigten Toleranz und „Bedächtigkeit" halten die Entwicklung sowohl der Nation als auch des Staates auf. / Wir sind die einzige Nation auf diesem Planeten, welche die eigene Sprache in Verruf bringt und erniedrigt. / Wir haben eine gemeinsame Eigenschaft – uns für das Eigene zu schämen und das Fremde zu bewundern. Wir verehren alles Russische. / Bei einem Teil der Einwohnerschaft dieses Landes tritt die Mentalität einer „breiten russisch-orthodoxen Seele" in eine kognitive Dissonanz mit dem „kleinen europäischen Belarus", weswegen dem letzteren ständig die Ohren klingen. / Und vergessen Sie nicht, dass Belarusen zu 83% ihrer Mentalität nach Dorfbewohner sind. D.h. von abstrakten Begriffen entfernte Menschen. / Es ist schade, dass wir ein belarusisches Volk sind, aber ohne die belarusische Sprache.]

Insgesamt wird mit dem Topos der *besonderen Nationalidentität* hauptsächlich *pro* Belarusisch argumentiert (pro: 109, contra: 24 C.). In seiner *pro*-Variante geht er mit der emotiv-affektiven Einstellungskomponente einher, da es dabei oft zum Ausdruck des Bedauerns über die oben beschriebenen Sachverhalte kommt.

Ursachen / Topos der ungünstigen Erwerbsplanung (105 Codings)

Da sich die Gestaltung von Erwerbsplanung negativ auf die Nationalsprache auswirkt, sollte sie geändert werden.

Nach der Nationalidentität ist die belarusischsprachige Bildung die häufig genannte Ursache der Sprachsituation in Belarus. Die ‚Schuld' bei der *Erwerbsplanung* sehen sowohl die Verteidiger als auch die Gegner des Belarusischen (pro: 60, contra: 45 C.): Eine vollwertige Bildung auf Belarusisch sei nämlich sowohl nicht möglich, da die Qualität und die Quantität des belarusischsprachigen Lehrangebots zu niedrig seien (18 C.) und es keine belarusischsprachigen Schulen gäbe (11 C.), als auch nicht sinnvoll, da keine Hochschulbildung auf Belarusisch möglich sei (18 C.). Eine Nachteiligkeit der belarusischsprachigen Ausbildung wird auch für die individuelle Ebene festgestellt. Logischerweise wird in diesem Fall gegen Belarusisch argumentiert. Dabei wird auf die Erfahrungen referiert, die als ein ‚Schultrauma' zusammengefasst werden können: Es geht hier um die in der Schule aufgrund der Unterrichtsqualität und des Aufzwingens gewonnene Aversion gegen Belarusisch (13 C.) und um eine Überforderung eines Kindes mit Belarusisch als einer ‚entbehrlichen Überlast' (9 C.), welche dazu noch Nachteile mit sich bringe, da es eine nachschulische Adaptation des Kindes an die sonst russischsprachige Umwelt erschwere (13 C.). Die *pro*-belarusischen Stimmen erwidern darauf, die belarusischsprachige Bildung sei weder eine Überforderung noch ein Sozialisations-Hindernis (10 C.), sondern im Gegenteil für die allgemeine intellektuelle Entwicklung und speziell für die Sprachentwicklung des Kindes förderlich, da sie das Beherrschen anderer, und v.a. slavischer Sprachen erleichtere. In der Regel beziehen sich diese Stimmen dabei auf eigene Erfahrungen.

Beispiele *pro* Belarusisch

ПОЧЕМУ В РБ НЕЛЬЗЯ ПОЛУЧИТЬ ОБРАЗОВАНИЕ НА БЕЛОРУССКОМ? / Русскоязычные школы воспитывают русских, а не беларусов, где это видано: в 3 классе 4 часа русского языка, 2 русской литературы и всего 2 часа мовы и 1 родной литературы. / Своего ребёнка отдал бы с удовольствием в белорусскоязычный сад, а потом и школу, но у нас их нет. / Галоўная праблема – на беларускай мове немагчыма атрымаць вышэйшай адукацыі. / У меня же и моих одноклассников не было никаких проблем с адаптацией. И зачастую они оказываются значительно грамотнее и образованнее сверстников, которые учились в русскоязычных школах. / Хорошее знание белорусского языка позволяет гораздо лучше ориентироваться в информации, представленной на других славянских языках.

[WARUM KANN MAN IN DER REPUBLIK BELARUS KEINE BILDUNG AUF BELARUSISCH ERHALTEN? / Die russischsprachigen Schulen ziehen Russen groß, und keine Belarusen, wo gibt's denn so was: In der 3. Klasse gibt es 4 Unterrichtsstunden Russisch, 2 Stunden russische Literatur und nur 2 Stunden Belarusisch und 1 belarusische Literatur. / Mein Kind würde ich gerne in einen belarusischsprachigen Kindergarten schicken, und dann auch in eine solche Schule, aber wir haben es hier nicht. / Das Hauptproblem liegt darin, dass es unmöglich ist, eine Hochschulbindung auf Belarusisch zu erlangen. / Ich und meine Mitschüler hatten gar keine Adaptationsprobleme. Des Öfteren sind sie deutlich schreibkompetenter und gebildeter als ihre Altersgenossen aus russischsprachigen Schulen. / Eine gute Beherrschung des Belarusischen erlaubt eine weitaus bessere Orientierung in der Information in anderen slavischen Sprachen.]

Beispiele *contra* Belarusisch

Мне с 1986 года, с 3-го класса вбивали, что русский язык – великий, а белорусский – так, придаток. И таких искалеченных школой много. / Белорусский не люблю, потому что его навязывали в школе. / В старшей школе сложно учиться на белорусском. / Зачем усложнять жизнь своему ребёнку. / Ресурс детского мозга ограничен, пусть учит то, что полезно и перспективно. / Ребенок испытывает стресс, когда похожие слова его заставляют произносить по-другому. Не надо его мучить. / Какое будущее у ребёнка, который на нём говорит? И возможно ли обучение после школы на белорусском? / Видите ли, ребенку будет сложно после беларускоязычной школы адаптироваться к русскому языку (в университете, техникуме, на работе и т.п.).

[Seit 1986, seit der 3. Klasse wurde mir eingehämmert, dass Russisch eine große Sprache ist, und Belarusisch – lediglich ein Anhängsel. Und solche durch die Schule Beschädigten gibt es viele. / Ich mag Belarusisch nicht, weil es in der Schule aufgedrängt wurde. / In den älteren Klassen ist es kompliziert, auf Belarusisch zu lernen. / Wozu dem eigenen Kind das Leben erschweren? / Die Ressource eines Kindergehirnes ist begrenzt, es soll das lernen, was nützlich und aussichtsreich ist. / Das Kind erleidet Stress, wenn es gezwungen wird, ähnliche Wörter unterschiedlich auszusprechen. Man soll es nicht quälen. / Was für eine Zukunft hat das Kind, das diese Sprache spricht? Und ist denn nach der Schule eine Bildung auf Belarusisch möglich? / Wissen Sie, einem Kund wird es schwerfallen, sich nach einer belarusischsprachigen Schule an die russische Sprache (an der Uni, in der Fachhochschule, bei der Arbeit etc.) anzupassen.]

Ursachen / Topos der ungünstigen staatlichen Regulierung (82 Codings)

Da die Sprachpolitik des Staates als Subjektes der Sprachplanung sich negativ auf die Nationalsprache auswirkt, sollte sie geändert werden.

Der Nationalidentität und der Erwerbsplanung folgt in der Reihe der Ursachen der belarusischen Sprachsituation der *Staat als Subjekt der Status-* und *Prestigeplanung*. Er wird sowohl selbst explizit für den Untergang des Belarusischen verantwortlich gemacht (21 C.) als auch seine Sprachpolitik (17 C.), die Person des Präsidenten (18 C.) und das von ihm initiierte Referendum von 1995 (21 C.). Dem Staat wird vorgeworfen, er vernichte absichtlich die belarusische Sprache, und seine Sprachpolitik sei eindeutig russifizierend (vgl. Topos der *Intentionalität der antibelarusischen Sprachpolitik*). Der Präsident als der Hauptrepräsentant des Landes diskreditiere die Nationalsprache durch seine mangelnde Sprachkompetenz und negative Einstellung ihr gegenüber und führe eine antibelarusische Nationalpolitik. In diesem Zusammenhang wird fast immer das Referendum als das gravierende sprachpolitische Ereignis thematisiert, das einen rapiden Rückgang der Belarusifizierung zur Folge hätte. Fast alle Äußerungen, die die Schuld auf der Seite des Staates sehen, sind *pro*-belarusisch. Lediglich in Bezug auf die negative Rolle des Referendums wird von der *contra*-Position angemerkt, die Abstimmung habe an sich nichts bewirkt: Sie bilde bloß den Willen des Gesellschaft ab, deren Sprachverhalten vor dem Referendum nicht anders gewesen sei als danach (4 C.).

Beispiele *pro* Belarusisch

> Беларуская мова знішчаецца дзяржавай. / В том, что в Беларуси не говорят по-белорусски, виновата политика государства. / 200 лет непрекращающейся русификации, поддерживаемой нашим правительством. / Стала нормай для чынавенства, з пагардай ставіцца да ўсяго беларускага. Усё гэта адбывалася і адбываецца пры непасрэдным удзеле і пад кіраўніцтвам ярага беларусафоба А. Г. Лукашэнкі. / Ён зробіў усё магчымае, каб задавіць і знішчыць нацыянальную мову, пры гэтым сам размаўляючы з моцным беларускім акцэнтам. / Тот язык, на котором говорит первое лицо страны, и является так сказать государственным языком. Так что ничего хорошего для нашай роднай мовы АГЛ не сделал. / А убивать наша власть начала с 96 года после референдума. Не было бы его хотя бы лет 10, не было бы и проблемы.
>
> [Die belarusische Sprache wird durch den Staat vernichtet. / Daran, dass man in Belarus kein Belarusisch spricht, ist die Politik des Staates schuld. / 200 Jahre einer unablässigen Russifizierung, die seitens unserer Regierung unterstützt wird. / Für Beamten ist es zu einer Norm geworden, alles Belarusische geringzuachten. Das alles passierte und passiert mit einer direkten Beteiligung und unter der Leitung eines eifrigen Belarusophoben A. G. Lukaschenko. / Er hat alles Mögliche getan, um die Nationalsprache zu erdrücken und zu vernichten, während er selbst einen starken belarusischen Akzent hat. / Die Sprache, die

die Hauptperson des Landes spricht, ist sozusagen die Staatssprache. Also hat der AGL gar nichts Gutes für unsere Muttersprache gemacht. / Und mit dem Töten hat unsere Staatsmacht seit 1996, nach dem Referendum begonnen. Hätte es das Referendum wenigstens noch 10 Jahre nicht gegeben, hätten wir jetzt kein Problem.]

Beispiele *contra* Belarusisch

> Референдумом язык убить нельзя. Общество определяет язык общения, а не референдум. / Можно подумать до того референдума бел. мова цвела и пахла.
>
> [Durch ein Referendum kann man eine Sprache nicht töten. Die Kommunikationssprache bestimmt eine Gesellschaft, und nicht ein Referendum. / Als ob sich Belarusisch vor dem Referendum in einem blühenden Zustand befunden hätte.]

Ursachen / Geschichts-Topos (38 Codings)

Da die Geschichte zeigt, dass bestimmte Handlungen und die Einstellung zur belarusischen Sprache bestimmte Folgen haben, sollten solche Handlungen nicht zugelassen und die Einstellung geändert werden.

Anders als der *Historizitäts*-Topos, mit dem ebenso die Sprachgeschichte thematisiert wird, betont dieser Topos nicht den Wert des Belarusischen als einer Sprache mit einer langen Geschichte, sondern es werden damit historische Prozesse und Ereignisse als Ursachen für die aktuelle Sprachsituation in Belarus genannt. In seiner Version *pro* Belarusisch, die im Forendiskurs weitaus häufiger vorkommt (pro: 33, contra: 4 C.), thematisiert der Topos die für die Etablierung der belarusischen Sprache ungünstigen historischen Zeitspannen, nämlich die Epochen der Rzeczpospolita, des Russischen Imperiums sowie die UdSSR-Zeit, die sich durch eine Politik der Verdrängung des Belarusischen bzw. der Assimilation auszeichneten. Die Zeit des Großfürstentums Litauen wird in diesem Zusammenhang – wiederum im Unterschied zum *Historizitäts*-Topos – verständlicherweise nicht herbeigeführt. Weiterführend wird mit dem Topos darauf hingewiesen, dass aus der Geschichte Lehren zu ziehen sind, und zwar sowohl aus negativen Erfahrungen, um die gleichen Fehler nicht zu wiederholen, indem man die Nationalsprache wieder aufgibt, nicht verwendet und vergisst, als auch aus positiven, wie z.B. die ‚erfolgreiche Belarusifizierung in den 1920er Jahren'. In wenigen Beiträgen gegen Belarusisch verwendet, negiert der Topos argumentlos die erwähnten Marginalisierungsprozesse in der Geschichte des Belarusischen.

Beispiele *pro* Belarusisch

> После российской оккупации 1795 года царь запретил своим указом белорусский язык в 1839 году. По-твоему это не оккупация? / Польские власти действительно душили белорусов по национальному признаку. Но при поляках у крестьянской семьи были свои газеты, „мова". Советы лишили их всего разом: тотальной русификацией – языка и культуры, религии, а самое страшное – памяти. / Годнасць народа і самапавага выхоўваецца толькі на гістарычным матэрыяле. Народ, які кепска ведае сваю мінуўшчыну, рызыкуе паўтарыць старыя памылкі ў будучым. Беларусу трэба абавязкова ведаць і сваю гісторыю, і штодзённа карыстацца сваёй мовай. / Гісторыя 20-х гадоў кажа, што можна! за 6 гадоў беларусізацыі 90% школ і 98% дакументацыі было на беларускай мове.
>
> [Nach der russischen Okkupation von 1795 hat der Zar im Jahr 1839 durch seinen Erlass die belarusische Sprache verboten. Ist es, deiner Meinung nach, etwa keine Okkupation? / Die polnischen Staatsmächte haben tatsächlich Belarusen aus Gründen der nationalen Herkunft ‚gedrosselt'. Aber unter den Polen hatten Bauernfamilien eigene Zeitungen, eine eigene, belarusische Sprache. Die Sowjets nahmen ihnen alles auf einmal: durch die totale Russifizierung – die Sprache, die Kultur, die Religion und, was am schrecklichsten ist, das Gedächtnis. / Würde und Selbstachtung eines Volkes werden nur auf der Grundlage des historischen Stoffes ausgebildet. Ein Volk, das seine Vergangenheit schlecht kennt, riskiert, seine alten Fehler in Zukunft zu wiederholen. Ein Volk muss unbedingt sowohl seine Geschichte kennen als auch die eigene Sprache täglich verwenden. / Die Geschichte der 1920er Jahre zeigt, dass es möglich! ist, dass innerhalb von 6 Jahren der Belarusifizierung 90% der Schulen und 98% der Schriftführung auf Belarusisch sind.]

Beispiel *contra* Belarusisch

> Только про типа, литвины, ВКЛ, РП не надо. Там не про нас.
>
> [Bitte bloß nicht von den quasi Litvinen, vom Großfürstentum Litauen, von der Rzeczpospolita anfangen. Mit uns hat das nichts zu tun.]

Ursachen / Topos ‚Überreste einer sowjetischen Mentalität' (31 Codings)

Da die Mentalität der Belarusen stark von der sowjetischen geprägt ist, erschwert es den Nationalisierungsprozess, und es soll dem entgegengewirkt werden / ist und bleibt Russisch die Muttersprache von Belarusen.

Als ein weiterer Störfaktor der Belarusifizierung wird immer wieder eine – den Belarusen laut Beitragsautoren eigene – sog. ‚sowjetische Mentalität' erwähnt, die sich im ‚Genieren' für die belarusische Sprache und in einer ‚Ehrfurcht' vor dem Fremden, inklusive des Russischen, äußere. Eine Bekennung der Belarusen zur russischen Sprache und Nationalität wird als Relikt einer sowjetischen Mentalität interpretiert, welche einen Menschen ‚heimatlos' mache, sein Nationalbewusstsein schwäche und den Nationalisierungsprozess erschwere (vgl. Topos

‚Sprache und Nation'). Die belarusische Sprache sei dagegen ein Mittel, sich von der Last des sowjetischen ‚Erbes' zu lösen, welches von der *pro*-Position als ein eindeutig negativer Faktor gesehen wird. Die *contra*-Position beschreibt solche ‚sowjetische' Denkweise dagegen neutral, als eine Gegebenheit und eine Erklärung dafür, warum Russisch für Belarusen immer eine Muttersprache sein werde (pro: 30, contra: 1 C.).

Beispiele *pro* Belarusisch

> У нас, постсавецкіх, агульная рыса – саромецца роднага і захапляцца іншаземным. / Русский язык в Белоруси – это вообще остатки советского союза, позорище... / Это для людей с мощным комплексом колхозника, которые не понимают разницы между свой и чужой, и для людей с холопским мышлением, для них главное понимать барина. / Мова гэта частка Радзімы, але ж вядома, што „совкі" Радзімы не маюць. / Пакуль ва уладзе манкурты ды „совкі" – беларускай мовы ад чыноўнікаў не пачуем! / У бол-ва населения в мозгах бродит призрак коммунизма до сих пор, и до них сложно донести некие национальные идеи. / Беларусам можна стаць только праз мову... альбо... застацца бязглуздым расейскамоўным саўком.
>
> [Wir, die Postsowjetischen, haben eine gemeinsame Eigenschaft – uns für das Eigene zu schämen und das Fremde zu bewundern. / Überhaupt ist die russische Sprache in Belarus ein Überbleibsel der Sowjetunion, so eine Schande... / Es ist für Menschen mit einem kräftigen Landeikomplex, die keinen Unterschied zwischen ‚eigen' und ‚fremd' kennen, und für Menschen mit einer Knechtmentalität, für die das Wichtigste ist, den Herren zu verstehen. / Sprache ist ein Teil der Heimat, aber die „Sowjets" haben bekanntlich keine Heimat. / Solange herkunftslose Gesellen und die „Sowjets" an der Macht sind, werden wir von Beamten kein Belarusisch hören. / Bei der Mehrheit der Bevölkerung geht bis jetzt ein Gespenst des Kommunismus in ihren Gehirnen rum, und es ist schwer, ihnen gewisse Nationalideen nahezubringen. / Zu einem Belarusen kann man nur durch die belarusische Sprache werden... oder... man bleibt ein hirnloser russischsprachiger Sowjet.]

Beispiel *contra* Belarusisch

> Давайте не обманываться!! Да, мы живем в Беларуси, НО, для тех, кто выходец из СССР, по сути навсегда именно русский язык останется родным!
>
> [Lasst uns uns selbst nicht täuschen!! Ja, wir leben in Belarus, ABER, für die in der UdSSR Geborenen wird im Grunde immer Russisch die Muttersprache bleiben!]

Ursachen / ‚Opposition ist schuld'-Topos (12 Codings)

Als ein negativer Faktor der Belarusifizierung wird immer wieder sowohl von den *pro*- als auch von den *contra* Stimmen die Tatsache genannt (pro: 9, contra: 3 C.), dass es sich eine feste Assoziation der belarusischen Sprache mit der politischen Opposition in Belarus gebildet hat, weswegen die Nationalsprache keine Unterstützung des Staates bekäme. Die Opposition selbst würde für die belarusische Sprache nichts Förderndes tun und diskreditiere sie stattdessen durch ihr, laut Beitragsautoren, nicht ernstzunehmendes politisches Image.

Beispiele *pro* Belarusisch

> По странному стечению обстоятельств языковой вопрос был монополизирован так называемой оппозицией, что и тормозит этот естественный процесс... / Благодаря им в умах многих сформировался образ мовы как исключительное право оппозиционеров, как показ сваей русофобии. / Проблема неподдержки государством в оппозиции.
>
> [Seltsamerweise wurde die Sprachfrage von der sogenannten Opposition monopolisiert, was einen natürlichen Prozess auch abbremst... / Dank ihnen entstand in vielen Köpfen das Bild des Belarusischen als ein Exklusivrecht der Opposition, als eine Demonstration der eigenen Russophobie. / Das Problem der fehlenden stattlichen Unterstützung liegt in der Opposition.]

Beispiel *contra* Belarusisch

> Нынешняя „белорусофобия", появившаяся в 90-х – не фобия белорусского языка, а неприязнь к политменьшинству как результат их „политики".
>
> [Die heutige „Belarusophobie", die in den 1990er Jahren aufkam – ist keine Belarusisch-Phobie, sondern eine Abneigung gegen eine politische Minderheit als Resultat deren „Politik".]

Manchmal wird im Forendiskurs die Schuld ganz allgemein den ‚Anderen' zugeschrieben, und Belarusen selbst werden nur als Objekte von Außeneinwirkungen dargestellt (8 C.). Signifikant häufiger wird die Verantwortung jedoch auf Belarusen selbst gelegt (72 C.), welche sich selbst, nicht zuletzt aus eigener Faulheit, als Nation vernichtet hätten. Insgesamt verteilen sich die *extrinsische* und die *intrinsische* Attribution im Diskurs relativ gleichmäßig: Belarusen selbst und ihr Nationalcharakter sowie ihre Mentalität werden fast genauso oft als Ursachen genannt, wie der Einfluss von außen (entsprechend 252 und 257 C.). Dabei werden die externen Faktoren hauptsächlich von der *pro*-belarusischen Position erwähnt: Die Thesen über das Verschulden des Präsidenten, des Staates und seiner russifizierenden Sprachpolitik werden bei der *contra*-Argumentation nicht verwendet, was darauf schließen lässt, dass es für die *contra*-Position nicht üblich ist, die Verantwortung auf der Seite des Staates zu sehen.

Paradox-Topos (176 Codings)

Da die Sprachsituation in Belarus paradoxale Sachverhalte aufweist, entspricht es nicht der Normalität und sollte geändert werden / sollte dennoch nicht geändert werden.

Bei diesem Topos wird von der Prämisse ausgegangen, dass das Vorherrschen einer Titularsprache in einem Staat, wie des Belarusischen in Belarus, Normalfall ist und dass alle abweichenden Konstellationen, wie z.B. die Dominanz des Russischen als Sprache nationaler Minderheit in Belarus, nicht als normal zu betrachten sind. Da dieser Topos die belarusische Sprachsituation kritisierend behandelt, wird er erwartungsgemäß hauptsächlich *pro* Belarusisch verwendet (pro: 151, contra: 14 C.). Als paradox werden dabei mehrere sprachbezogene Sachverhalte charakterisiert. Am meisten wird eine generelle Infragestellung des Selbstverständlichen diskursiv aufgegriffen (103 C.), nämlich eine Inakzeptanz und Skepsis in Bezug auf die belarusische Sprache, eine Verwunderung über ihre Verwendung oder gar eine Unmöglichkeit bzw. Unzulässigkeit ihrer Verwendung werden als Nonsens deklariert. Ebenfalls als ein Paradox wird die fehlende Muttersprachenkompetenz der Belarusen ausgegeben (33 C.). Seitens der *contra*-Position wird in diesem Zusammenhang ironisch der Ausdruck ‚unbekannte Muttersprache' benutzt, um die eigene Nichtverwendung des Belarusischen zu erklären. Die Schule als der einzige Ort zum Lernen einer Muttersprache, und auch das nur als Fach bzw. als eine Fremdsprache, wird bei der Argumentation *pro* Belarusisch als nicht normal geschildert, ebenso wie eine Prahlerei über bzw. der Stolz auf die eigene Inkompetenz in Belarusisch, was in der belarusischen Gesellschaft von vielen für modern bzw. prestigehaft gehalten werde (3 C.). Als besonders paradox wird eine hohe Wahrscheinlichkeit von Sanktionen in Form von Verfolgung und Bestrafung für die Verwendung der Nationalsprache sowie deren Verbot begriffen (15 C.). Als absurd werden die Argumente der *contra*-Position wahrgenommen, es wohnten in Belarus viele andere Nationalitäten, die Belarusisch nicht beherrschten und deren Interessen respektiert werden sollten. Darauf wird von der *pro*-Position erwidert, es sei nur selbstverständlich, die Sprache des aufnehmenden Landes zu erlernen; und dass eine indigene Bevölkerung die Sprache einer immigrierten Minderheit – wie die der russischen – beherrschen muss, sei dagegen absurd (8 C.). Der Umstand, dass die belarusische Sprache von den Belarusen in Polen besser als in Belarus selbst gepflegt wird, wird ebenso als abwegig betrachtet (8 C.).

Beispiele *pro* Belarusisch

Калі грамадзянін Беларусі размаўляе на беларускім, гэта ў некаторых выклікае неразуменне, і нават раздражненне. / Няведаньне нацыянальнай мовы – гэта нонсэнс. / Я понимаю, что мой ребенок никогда во внешкольной жизни по-белорусски не заговорит. / Почему-то в этих так называемых „белорусскоязычных" школах почти все предметы на русском преподаются. / Беларуская мова у школах лічыцца замежнай! проста жах! / Мало того, иные ещё и гордятся незнанием белорусского языка. Это считается очень круто и модно. Вообще-то, феномен состояния белорусского языка в Беларуси полон психологических тайн и загадок. / Использование белорусского языка в обиходе в нашей стране может привести к не очень хорошим последствиям. / Забараняць Беларускае ў Беларусі! Жах бярэ ад такога нахабства. / Государство у нас белорусское, русские тут нацменьшинство, предлагаете выучить языки всех нацменьшинств? / Больш парадксальнай справай для мяне з'яўляецца справа беларусаў, каторыя жывуць сёння у межах Рэчыпаспалітай Польшчы. Мову не закідваюць, а ужываюць яе на кожны дзень.

[Wenn ein Bürger von Belarus Belarusisch spricht, zeigen einige ein fehlendes Verständnis und fühlen sich sogar gereizt. / Eine Inkompetenz in der Nationalsprache ist ein Nonsens. / Ich verstehe, dass mein Kind außerhalb der Schule niemals Belarusisch sprechen wird. / Aus irgendeinem Grund werden in diesen sogenannten „belarusischsprachigen" Schulen fast alle Fächer auf Russisch unterrichtet. / Belarusisch gilt in den Schulen als Fremdsprache! Einfach schrecklich! / Mehr noch, manche brüsten sich noch mit ihrer Inkompetenz in Belarusisch. Das gilt als cool und modisch. An und für sich ist das Phänomen des Zustandes des Belarusischen voller psychologischer Geheimnisse und Rätsel. / Die Verwendung des Belarusischen im Alltag kann in unserem Land ungute Folgen haben. / Das Belarusische in Belarus zu verbieten! Solche Schamlosigkeit ist schauderhaft. / Unser Staat ist belarusisch, die Russen sind hier eine nationale Minderheit, schlagen Sie vor, die Sprachen aller nationalen Minderheiten zu erlernen? / Am meisten paradox ist für mich die Sache mit den Belarusen, die heute innerhalb von Grenzen der Rzeczpospolita leben. Sie vernachlässigen die belarusische Sprache nicht, sondern verwenden sie jeden Tag.]

Beispiele *contra* Belarusisch

Как ни встретишь белорусскоязычного, ощущение беседы с дауном – так долго переводит свои русские мысли на незнакомый родной язык. / Не забывайте, что в Беларуси, кроме белорусов, живет ещё несколько национальностей. И не все они в совершенстве владеют белорусским... / Заговори я на мове – меня примут за „сьвядомага" и начистят самовар.

[Wo auch immer man einen Belarusischsprechenden trifft, fühlt es sich wie eine Unterhaltung mit einem Down an – so lange übersetzt er seine russischen Gedanken in die fremde Muttersprache. / Vergesst nicht, dass in Belarus, neben Belarusen, noch ein paar Nationalitäten leben. Und nicht alle davon beherrschen Belarusisch perfekt ... / Würde ich anfangen, Belarusisch zu sprechen – hält man mich gleich für einen „Nationalbewussten" und poliert mir die Fresse.]

Globalisierungs-Topos (171 Codings)

Da es im Zeitalter der Globalisierung wichtig ist, die eigene Sprache zu bewahren / sich auf ein gemeinsames Kommunikationsmittel zu einigen, sollte die belarusische Sprache bewahrt / nicht bewahrt werden.

Der *Globalisierungs*-Topos kommt im Forendiskurs bemerkenswert häufig vor, und zwar als *pro*- und als *contra*-Argument (pro: 70, contra: 95 C.). In der Funktion des Gegenarguments wird damit gesagt, dass die Bewahrung des Belarusischen nicht im Sinne der Globalisierung ist (26 C.), dass es ein Konfliktpotenzial in sich birgt und eine Barriere zur Außenwelt bilden kann, während eine Sprache normalerweise verbinden solle (25 C.), zumal Belarusen ein kleines Volk seien, so dass ihre Nationalsprache wenig nützlich sei (6 C.) (vgl. Topos der *Ineffektivität des Belarusischen*). Eine ‚universelle' Sprache wäre dagegen für alle bequem (18 C.). Seitens der *pro*-Position wird darauf erwidert, dass es gerade in der Globalisierungszeit wichtig ist, Eigenes zu haben, und dass die belarusische Sprache für Belarusen eben dieses Eigene und Einzigartige sei (52 C.). Der These über die Bequemlichkeit des Universalismus wird von den Befürwortern des Belarusischen die These über die Attraktivität der Vielfältigkeit entgegengestellt (14 C.). Es wird auch behauptet, es könne anhand von Sprache keine Sprachbarriere errichtet werden und auch ein kleines Volk solle die eigene Sprache kultivieren, wie es z.B. in Tschechien oder in Dänemark gemacht werde (1 C.).

Beispiele *contra* Belarusisch

> В свете мировой всеобщей глобализации нельзя отгородиться от всего мира и сказать: „Тут мы будем растить своё белорусское, а вот там вы растите что хотите". / Твой подход к беларускому языку – шаг к социальному конфликту в Беларуси. / Скажите, пожалуйста, для чего эта самая мова? Для большей изоляции НАС? / Надо развивать коммуникации, а не создавать искусственные барьеры. / Нас, беларусов, всего 10 миллионов. И, может быть, чтобы нашей нации процветать, стоит не акцентировать внимание на такой мелочи – языке. / И радуйся, что знаешь русский (его миллионов 500 знает, а твой белоруский меньше 10 миллионов). В эпоху глобализации люди должны убирать барьеры в общении. Если будет один язык, то люди смогут понять друг друга лучше.

> [Im Lichte der allgemeinen weltweiten Globalisierung kann man sich nicht von der ganzen Welt abgrenzen und sagen: „Hier ziehen wir unser Belarusisches auf, und ihr könnt euch dort drüben aufziehen, was ihr wollt". / Deine Herangehensweise an das Belarusische ist ein Schritt zum sozialen Konflikt in Belarus. / Sagen Sie bitte, wozu braucht man dieses ihre Belarusische? Zu einer größeren EIGEN-Isolation? / Man muss Verbindungen ausbauen, und keine künstlichen Barrieren schaffen. / Uns, Belarusen, gibt es nur 10 Millionen. Und damit unsere Nation gedeihen kann, sollte man vielleicht solche Kleinigkeit wie Sprache nicht akzentuieren. / Und freue dich, dass du Russisch kannst (ca. 500 Milli-

onen können es, und dein Belarusisch – weniger als 10 Millionen). Im Zeitalter der Globalisierung müssen die Menschen Kommunikationsbarrieren abschaffen. Wenn es nur eine Sprache geben wird, werden die Menschen einander besser verstehen können.]

Beispiele *pro* Belarusisch

Глобализация глобализацией, но поддерживать национальную и культурную идентичность нужно. / Вас послушать, так и имен собственных в связи с глобализацией не надо. / Чалавек абавязкова, калі адукаваны, прыходзіць да высновы, што сваё – культура, мова, традыцыі – сама даражэйшае. / Говорить на своем языке значит, и мыслить по-своему, выражать свою народную годность. / Человечество не должно сливаться в серую единородную массу. / Беларускае – гэта сваё, сучаснае, маладзёвае, якаснае, сапраўднае. / Любая разнастайнасць вядзе да развіцця, любая аднастайнасць вядзе да прымітывізацыі. / А что мешает немцу и французу отстраивать нормальные союзнические отношения, разговаривая на разных языках? / Почему во многих государствах с населением меньше нашего используются национальные языки в качестве государственных? Почему бы в Чехии, Словакии, Дании и др. не использовать бы в качестве государственного английский или немецкий?

[Globalisierung hin oder her, aber eine Unterstützung der nationalen und kulturellen Identität ist notwendig. / Wenn man auf Sie hört, dann braucht man in Zusammenhang mit der Globalisierung nicht mal Eigennamen. / Ein gebildeter Mensch wird unbedingt zum Schluss kommen, dass das Eigene – Kultur, Sprache, Traditionen – das Wertvollste ist. / Eine eigene Sprache zu sprechen, bedeutet, auch auf eine eigene Art zu denken und seine Tauglichkeit als Volk auszudrücken. / Die Menschheit sollte nicht zu einer grauen homogenen Masse verschmelzen. / Belarusisch – das ist das Eigene, Moderne, Jugendliche, Qualitätsvolle, Wahre. / Jede Vielfältigkeit führt zur Entwicklung, jede Einheitlichkeit – zur Primitivität. / Und was stört einen Deutschen und einen Franzosen daran, normale partnerschaftliche Beziehungen aufzubauen, während sie verschiedene Sprachen sprechen? / Warum werden in vielen Staaten mit einer geringeren Einwohnerzahl als bei uns Nationalsprachen als Staatssprachen verwendet? Warum denn nicht in Tschechien, Slowakei, Dänemark etc. Englisch oder Deutsch als Staatssprachen zu verwenden?]

Analogie-Topos (152 Codings)

Da die Sprachsituationen in anderen Ländern Analogien zu der in Belarus aufweisen, könnte ihre Sprachpolitik als Beispiel genommen werden.

Durch die Verwendung dieses Topos werden mögliche Entwicklungsszenarien und Perspektiven der eigenen Sprachsituation abgewogen, indem ähnliche Sprachsituationen in den anderen Ländern ausgewertet werden. Der *Analogie*-Topos wird sehr aktiv eingesetzt (pro: 103, contra: 40 C.), allerdings werden von den beiden polaren Positionen jeweils verschiedene Länder als Vorbild genommen. Für die Argumentation *pro* Belarusisch werden verständlicherweise diejenigen Staaten als ein positives Beispiel genannt, die in Bezug auf ihre Nationalsprachen eine aktive bewahrende Position angenommen haben. Am häufigsten werden in diesem Zusammenhang die Ukraine (31 C.) und die baltischen Staaten (15 C.) erwähnt, deren Sprachpolitik gegen das Vorherrschen des Russischen gerichtet ist, sowie Israel (10 C.) und Tschechien (9 C.), die ihre Nationalsprachen wiederbelebt hätten, obgleich sowohl Hebräisch als auch Tschechisch in einer schlechteren Ausgangslage als das heutige Belarusisch gewesen seien. Die Argumentation von Belarusifizierungs-Gegnern mit diesem Topos ist währenddessen nicht ganz unanfechtbar: Sie referieren auf eine Reihe der z.T. multinationalen Staaten, deren Staatssprachen namentlich von den Länderbezeichnungen abweichen, ohne dass darin ein Problem gesehen werde. Es seien z.B. die Schweiz (7 C.), die USA und die Länder Lateinamerikas (5 C.), Kanada (5 C.) und arabische Länder (2 C.). Dass es die Sprachen wie *Schweizerisch oder *Brasilianisch nicht gibt, wird dabei aber außer Acht gelassen. Aus dem Ganzen lässt sich folgern, dass die Befürworter und die Gegner des Belarusischen sich bei der Argumentation auf jeweils verschiedene Entitäten beziehen: auf die Nationalsprache und auf die Titularsprache.

Beispiele *pro* Belarusisch

> Восхищаюсь украинцами и прибалтами в этом плане. Надо оставить один государственный язык. Эволюционно тут не прокатит. / В Чехии после 1919 года насильственно насаждали чешский после 5 веков использования немецкого. В Израиле иврит вообще 2000 лет был мертвым – стали применять.

> [Was dies betrifft, bewundere ich die Ukrainer und die Balten. Man muss nur eine Staatssprache belassen. Auf eine evolutionäre Weise kommt es nicht durch. / Nachdem fünf Jahrhunderte Deutsch verwendet wurde, wurde in Tschechien nach 1919 das Tschechische gewaltsam durchgesetzt. In Israel war das Hebräische überhaupt zwei Tausend Jahre tot – man fing dennoch an, es zu verwenden.]

Beispiele *contra* Belarusisch

> Швейцарцы не говорят на швейцарском и живут не плохо. / Вообще-то Бразилия не говорит „по-бразильски". А Бельгия не говорит „по-бельгийски". / У американцев, кстати, нет своего языка, и ничего, вроде бы не комплексуют. / Весь арабский мир говорит на арабском языке – нет государственного сирийского, ливанского или египетского. Латинская Америка – испанский, Бразилия – португальский. Про США, Австралию и Канаду писать не хочется даже.

> [Die Schweizer sprechen kein Schweizerisch und leben ganz gut dabei. / Brasilien spricht eigentlich nicht „Brasilianisch". Und Belgien spricht nicht „Belgisch". / Die Amerikaner haben übrigens keine eigene Sprache und scheinen keine Komplexe diesbezüglich zu haben. / Die ganze arabische Welt spricht Arabisch – es gibt keine syrische, libanesische

oder ägyptische Staatssprache. In der Lateinamerika – Spanisch, in Brasilien – Portugiesisch. Über die USA, Australien und Kanada möchte man gar nicht mal schreiben.]

Gewalt-Topos (152 Codings)

Da die sprachpolitischen Prozesse in Belarus (nicht) als eine auf die belarusische Sprache gerichtete Gewalt zu bezeichnen sind, sollten sie (nicht) angehalten werden.

Dieser häufig verwendete sprachsituations*übergreifende* Topos beschreibt die sprachpolitischen Prozesse als eine negative gewaltsame Einwirkung auf die Sprachsituation. Als Objekt der Gewalt tritt in der Regel Belarusisch auf. Die sprachpolitische Einwirkung auf Belarusisch wird dabei als *Vernichtung* (62 C.), *Marginalisierung* (32 C.) oder gar als *Verbrechen* (22 C.) charakterisiert. Konkret geht es dabei um eine Vernichtung der belarusischen Sprache (29 C.), der Kultur (12 C.) und des Volkes (19 C.), um eine Marginalisierung des Belarusischen durch *Verdrängung* (14 C.), *Verbot* (5 C.), *Unterdrückung, intentionale Vernachlässigung* und *Diskriminierung* (jeweils 3 C.) sowie um *Sprachmord* (11 C.), um *Verletzung der Rechte* von Belarusischsprechenden (6 C.) und um *Beraubung* des Volkes seiner Nationalsprache (3 C.), was als Verbrechen gegen die belarusische Sprache verbalisiert wird. Eine solche monierende Betrachtungsweise der Sprachsituation in Belarus macht den *Gewalt*-Topos hauptsächlich für die *pro*-Argumentation verwendbar (pro: 133, contra: 14 C.). Von der *contra*-Position wird dieser Topos benutzt, um gegen eine ‚gewaltsame' Belarusifizierung zu protestieren bzw. um jegliche negative Einwirkung auf Belarusisch zu negieren (vgl. *Kein-Problem*-Topos).

Beispiele *pro* Belarusisch

Зразумела, што беларусам сілком навязываюць русіфікацыю. / Такими темпами, как сейчас начали уничтожать беларусское, даже немцы в 41-43 не пытались. / Згубілі мову, а заадно культуру. / Программа по уничтожению нации Беларусов выполняется успешно. / Для роднай мовы остается кухня да улица, из остальных мест ее выжимают административно. / Распространили русский путём запрещения белорусского. / Беларуская мова прыгнячаецца з боку расейскай. / Гэта нармальная з'ява пры занядбанні чаго-небудзь – большая маса паглынае меншую. Менавіта „занядбанні". / Нынешнее положение – это следствие прямой дискриминации. / Да, умирает, точнее его убивают, планомерно и целенаправленно. / У нас парушаюцца правы карэннага народу, бо дэкларуемая ў канстытуцыі роўнасць дзьвух моў на самой справе нічым не забеспечваецца. / Спыніць беларусізацыю… Адчуванне такое, што цябе нахабна абкрадаюць.

[Es ist klar, dass Russifizierung den Belarusen gewaltsam aufgezwungen wird. / In solchem Tempo, in dem man jetzt begonnen hat, das Belarusische zu vernichten, haben es nicht mal die Deutschen in den 1941–1943er versucht. / Man hat die Sprache und gleich damit die Kultur zunichtegemacht. / Das Programm zur Vernichtung der belarusischen Nation wird erfolgreich durchgeführt. / Für die Muttersprache bleibt nur die Küche und die Straße, aus den anderen Orten wird sie verwaltungsmäßig weggedrückt. / Man hat das Russische durch das Verbieten des Belarusischen verbreitet. / Die belarusische Sprache wird seitens der russischen unterdrückt. / Es ist eine normale Erscheinung, wenn bei Vernachlässigung von irgendetwas eine kleinere Menge von der größeren aufgesaugt wird. Gerade eine „Vernachlässigung". / Die aktuelle Lage ist die Folge einer direkten Diskriminierung. / Stimmt, es stirbt, genauer gesagt, es wird getötet, planmäßig und zielgerichtet. / Bei uns werden die Rechte des einheimischen Volkes verletzt, denn die in der Verfassung deklarierte Gleichstellung der beiden Sprachen wird in Wirklichkeit durch nichts gewährleistet. / Eine Belarusifizierung anzuhalten... Man fühlt sich schamlos beraubt.]

Beispiele *contra* Belarusisch

И нечего насиловать людей, которые предпочитают говорить по-русски, а не по-белорусски. / Кто-то притесняет белорусский язык?

[Und man soll keine Gewalt den Menschen antun, die es bevorzugen, anstatt Belarusisch lieber Russisch zu sprechen. / Bedrängt etwa jemand die belarusische Sprache?]

Gefahr-Topos (124 Codings)

Da sich bestimmte sprachpolitische Prozesse in Belarus (nicht) negativ auf die belarusische Sprache auswirken bzw. auswirken könnten, stellen sie (k)eine Bedrohung dar und sollten (nicht) angehalten werden.

Durch die Thematisierung einer negativen Einwirkung auf die Sprache weist dieser Topos eine Ähnlichkeit mit dem *Gewalt*-Topos auf. Da der Schwerpunkt hier aber auf den – bereits eingetretenen oder möglichen – negativen *Folgen* liegt, wird er als separater Topos ausgegliedert. Meistens wird dabei Russisch als die Hauptbedrohung für die belarusische nationale Identität behauptet. Neben einer ‚Okkupation' seitens des Russischen (26 C.) und einer Nivellierungs- bzw. Assimilierungsgefahr (20 C.) wird oft von der Gefahr für Belarus gesprochen, zu einer Kolonie bzw. Provinz Russland zu werden (44 C.). Als weitere negative Folgen werden der Verlust der Sprache (9 C.) und eine daraus resultierende sog. ‚Entkräftigung des Volkes' (7 C.) konstatiert, was zu einer ‚dramatischen' Situation oder gar zu einer Katastrophe (7 C.) führen könne. Auch dieser Topos wird in der Regel *pro* Belarusisch eingesetzt (pro: 111, contra: 10 C.). Die wenigen Beiträge, die ihn *contra* Belarusisch verwenden, behandeln die beschriebenen Folgen wie z.B. Sprachverlust oder Kolonisierung seitens Russlands als nicht unbedingt negativ.

Beispiele *pro* Belarusisch

На Беларусі адзіная дзяржаўная мова – беларуская. Расейская – чужая, акупацыйная. / Мэта перавода беларусаў на расейскую мову – паступовая асіміляцыя. / Гэта наша національная трагедия, что приняли двуязычие. Еще немного и станем Западной губернией. / З'явілася пагроза расейскай каланізацыі (дакладней абвастрылася). / Если не будзем размаўляць на роднай мове – так згубім яе. / Двумоўе падзеліць нашую дзяржаву, а потым і знішчыць палітычна і маральна. / У наш час адбываецца катастрафічны працэс – зьнікненьне народа.

[In Belarus gibt es nur eine Staatssprache – die belarusische. Russisch ist eine fremde, eine Okkupationssprache. / Das Ziel des Umstellens von Belarusen auf die russische Sprache ist eine schrittweise Assimilation. / Die Annahme der Zweisprachigkeit ist unsere nationale Tragödie. Noch ein bisschen, und wir werden zur Westlichen Gubernie. / Es ist die Gefahr einer Kolonisierung seitens Russlands aufgekommen (genauer gesagt, sie hat sich verschärft). / Wenn wir die Muttersprache nicht sprechen – verlieren wir sie. / Die Zweisprachigkeit wird unseren Staat zweiteilen, und dann auch politisch und geistig vernichten. / Es läuft zurzeit ein katastrophaler Prozess ab – das Verschwinden eines Volkes.]

Beispiele *contra* Belarusisch

Видите ли, нас оккупировали и все такое, кто вас оккупировал? / А стать провинцией России – я только за.

[Sieh mal an, wir wurden okkupiert und Pipapo, wer hat euch denn okkupiert? / Und zu einer Provinz Russlands zu werden – da bin ich nur dafür.]

Perspektiven-Topos (124 Codings)

Da die belarusische Sprache gute / schlechte Zukunftsaussichten hat, sollte sie gefördert / nicht gefördert werden.

Mit diesem Topos werden also Prognosen über die weitere Entwicklung des Belarusischen aufgestellt. Da dies deutlich häufiger zur Verteidigung der belarusischen Sprache gemacht wird (pro: 101, contra: 17 C.), kann angenommen werden, dass die Zukunft der Nationalsprache für ihre Gegner keine besondere Relevanz hat. Die Prognosen fallen dabei sowohl positiv als auch negativ aus. Die pessimistischen Schätzungen wie z.B. ‚es gibt keine Zukunftsaussichten' (16 C.), ‚die Zeit ist verloren' / ‚der Zug ist abgefahren' (10 C.), ‚jede Hoffnung ist utopisch' (5 C.) werden bemerkenswerterweise nicht nur von den Vertretern der *contra*-, sondern auch der *pro*-belarusischen Position geäußert (pro: 14, contra: 16 C.), welche – wenn auch mit Bedauern – eine Perspektivlosigkeit des Belarusischen zugeben. Die positiven Prognosen kommen in einer Reihe prototypischer Äußerungen zum Ausdruck: ‚wir schaffen es' (31 C.), ‚solange man es in der Schule lernt, ist noch nicht alles verloren' (26 C.), ‚Alles wird sich zum richtigen wenden' (10 C.), ‚das Volk wird es schnell wiedererlernen können' (9 C.), ‚Alles ist in unseren Händen' (9 C.). Die optimistische Haltung wird im Gegensatz zur pessimistischen ausschließlich von der *pro*-Position angenommen, was davon zeugt, dass die Belarusifizierungsgegner eine positive Aussicht für Belarusisch nicht in Erwägung ziehen.

Beispiele *pro* Belarusisch

Я веру, што ў Яе ёсьць будучыня!!! Бо ёсьць яшчэ мы – беларусы!!! Жывем мы – жыве і Наша Мова! / Есть у него будущее. Пока он есть в программах школ и ВУЗов, пока на нем разговаривает хотя бы один человек! / Я вообще знаю людей, которые и в быту говорят на белорусском... Так что не все потеряно еще. / Потихоньку всё вернется на круги своя, и кое-кому придется учить белорусский язык. / Калі абмежаваць расейшчыну – беларусы велімі хутка заразмаўляюць. / Все может совершить человек, даже вернуть своей стране ее родной язык.

[Ich glaube daran, dass sie eine Zukunft hat!!! Denn es gibt uns noch – Belarusen!!! Leben wir – lebt auch Unsere Sprache! / Sie hat eine Zukunft. Solange es sie in den Lehrplänen von Schulen und Universitäten gibt, solange sie von wenigstens einem Menschen gesprochen wird! / Ich kenne übrigens Menschen, die im Alltag Belarusisch sprechen. Es ist also noch nicht alles verloren. / Langsam wird alles zu sich zurückfinden, und jemand wird dann Belarusisch lernen müssen. / Wenn man das Russländische eingrenzt, fangen Belarusen sehr schnell an, Belarusisch zu sprechen. / Der Mensch kann alles schaffen, sogar dem eigenen Land dessen Muttersprache zurückholen.]

Белорусский язык ценю и уважаю, но перспектив, увы, никаких не видно.

[Ich schätze und respektiere die belarusische Sprache, aber es sind leider keine Perspektiven für sie in Sicht.]

Beispiele *contra* Belarusisch

Нет у белорусского языка в этой стране будущего... И никогда не будет. / И людей уже не заставишь восхищаться мовай и всякими вышиванками. Все. Поезд уже ушел. / Только вот иллюзии перестать строить. Не заговорят на нем в скором будущем все, не заговорят.

[Es gibt keine Zukunft für das Belarusische in diesem Land... Und es wird sie niemals geben. / Und du kannst die Leute nicht mehr dazu zwingen, sich von Belarusisch und von den ganzen Wyschywankas zu entzücken. Das war's. Der Zug ist abgefahren. / Nur dass man aber aufhören sollte, sich Illusionen zu machen. Man wird in der absehbaren Zukunft nicht damit anfangen, Belarusisch zu sprechen, man wird es nicht tun.]

Muttersprache-Topos (83 Codings)

Da eine Muttersprache wie folgt definiert wird, halte ich Belarusisch (nicht) für die Muttersprache der Belarusen.

Dieser Topos wird aufgrund seiner inhaltlichen Relevanz als eigenständiger Topos aufgefasst, denn es werden mit ihm nicht die Bekenntnisse zu einer Muttersprache gemacht (Kap. 5.4.2.2), sondern alltagstheoretische Definitionen von Muttersprache gegeben, mit denen argumentiert wird, warum die *belarusische Sprache* für die Muttersprache der Belarusen zählen kann bzw. nicht kann. Mit der Interpretation des Begriffes ‚Muttersprache' befassen sich gleich aktiv sowohl die Befürworter als auch die Gegner des Belarusischen (pro: 34, contra: 28 C.). Eine quantitative Auswertung dieses Topos hat ergeben, dass es eine Korrelation zwischen der Einstellung zum Belarusischen und dem Verständnis von Muttersprache besteht. Die Vertreter der *pro*-Belarusisch-Position legen eher abstrakte Entitäten ohne einen direkten Praxisbezug der Definition von Muttersprache zugrunde: Es sei die Sprache der Nation und des Heimatlandes (19 C.), der Vorfahren (3 C.), sogar eine ‚genetisch im Blut verankerte' Sprache (9 C.), eine subjektiv als Muttersprache wahrgenommene Sprache (2 C.) oder eine Titularsprache (1 C.). Für die *contra*-Position sind eher konkrete Faktoren mit einem relativ direkten Bezug zur Praxis, Wirklichkeit und Funktionalität vordergründig, nämlich die Sprache des Denkens (20 C.), der Eltern (7 C.), die Alltagssprache (7 C.) bzw. die Sprache der ersten Sozialisation (6 C.).

Beispiele *pro* Belarusisch

> Для меня родной язык белорусский, так как по национальности я белорус, проживаю с рождения на территории РБ, и не важно, что я на нём не говорю. / Родной язык определяется по принадлежности к национальности. Тот, на котором мы разговариваем – это рабочий. / Я лично считаю родным тот, на котором говорили мои предки. А тот, на котором пишу и думаю – это просто средство коммуникации, он мне ничем не родной. / Белорусский родной по крови. / Беларуская мова у генах. / Родной тот язык, который человек родным воспринимает. / Родная лічу беларускую. Чаму? Не пытайце, ня ведаю. Пэўна, сэрца падказвае... / Родной язык в Беларуси белорусский.
>
> [Für mich ist Belarusisch die Muttersprache, da ich meiner Nationalität nach Belaruse bin, von Geburt an auf dem Territorium der Republik Belarus wohne, und es spielt keine Rolle, dass ich es nicht spreche. / Muttersprache wird nach nationaler Zugehörigkeit definiert. Die, die wir sprechen, ist eine Arbeitssprache. / Ich persönlich halte die Sprache für meine Muttersprache, die meine Vorfahren gesprochen haben. Und die, in der ich schreibe und denke, ist einfach ein Kommunikationsmittel, sie ist mir in keinster Weise eine Muttersprache. / Belarusisch ist die im Blut verwandte Muttersprache. / Belarusisch sitzt in den Genen. / Muttersprache ist die Sprache, die ein Mensch als seine Muttersprache wahr-

nimmt. / Für meine Muttersprache halte ich Belarusisch. Warum? Fragt nicht, ich weiß es nicht. Scheinbar sagt es mein Herz vor... / Die Muttersprache in Belarus ist Belarusisch.]

Beispiele *contra* Belarusisch

Родной язык – это тот, на котором ты думаешь, язык, которому научили тебя родители, а не тот, который, по мнению КОГО-ТО, должен стать для тебя родным. / И что значит родной язык? Не тот ли, на котором я говорю с рождения и использую в повседневном общении? / С рождения в семье все говорили по-русски. Рос в этой среде. Для меня это родной язык.

[Muttersprache ist die Sprache, in der du denkst, die dir deine Eltern beigebracht haben, und nicht die, die nach der Meinung von IRGENDJEMANDEM für dich die Muttersprache werden soll. / Und was ist eine Muttersprache? Nicht etwa die Sprache, die ich von Geburt an spreche und im Alltag verwende? / Von meiner Geburt an wurde in meiner Familie Russisch gesprochen. Bin in dieser Umgebung aufgewachsen. Für mich ist das die Muttersprache.]

Topos ‚Sprache der Beiträge' (81 Codings)

Da die belarusische Sprache nicht mal im Kontext der Diskussion über die Nationalsprache von ihren Unterstützern verwendet wird, ist sie als Kommunikationsmittel ungeeignet und sollte nicht bewahrt werden.

Bei diesem Topos handelt es sich um einen für den Forendiskurs über die belarusische Sprache spezifischen Topos, der hauptsächlich von der *contra*-Position eingesetzt wird, um mit der Bezugnahme auf die auf Russisch verfassten Forenbeiträge der Vertreter der *pro*-belarusischen Position zu behaupten, dass die belarusische Sprache für Kommunikationszwecke doch nicht geeignet sei, wenn sogar ihre Befürworter im Prozess ihrer Verteidigung sie nicht benutzen. Auf solche Äußerungen wird diskursiv nur selten reagiert, und zwar mit den Argumenten, die Diskussion sei international, und man bemühe sich um das Verständnis seitens des breiten Leserkreises (9 C.), man wähle die Sprache des Opponenten (4 C.), man möchte ‚angeben', indem man sich als ein ‚Patriot' hinstellt (3 C.) bzw. man möchte ‚sinnlose Angriffe' vermeiden (1 C.). Implizit wird hier also auf den Kooperationsprinzip der Konversation nach Grice referiert. Es kann auch in einer recht provozierenden Weise reagiert werden, man möchte etwa ‚keine Perlen vor die Säue werfen' (2 C.). Meistens bleiben die Äußerungen der *contra*-Position über die Sprache der Beiträge dennoch ganz ohne Kommentare. Dies könnte nun beides bedeuten: Entweder hat man keine Erklärung dafür und gibt solchen Aussagen stillschweigend recht, oder die oben aufgeführten Antworten werden für so offensichtlich gehalten, dass ihr Explizieren als redundant gesehen wird.

Beispiele *contra* Belarusisch

Борцы за „родной" (беларуский язык). А почему же вы пишите на форуме на русском? / Самое главное, господа, что этот разговор на форуме ВЕДЕТСЯ НА РУССКОМ ЯЗЫКЕ!!! А остальное бла-бла-бла!

[Vorkämpfer der „Muttersprache" (Belarusisch). Und warum schreibt ist denn auf dem Forum auf Russisch? / Das Wichtigste, meine Herren, ist, dass dieses Gespräch auf dem Forum AUF RUSSISCH GEFÜHT wird!!! Und der Rest ist bla-bla-bla!]

Beispiele *pro* Belarusisch

Форум давно перерос белорусские рамки, так что использовать русский просто целесообразно. / Звычайна я адказваю на пост на той жа мове, на якой гэты пост напісаны. Проста я лічу, што так больш культурна. / Я не собираюсь использовать её в беседе с людьми, которые ею не владеют. Зачем? Чтобы козырнуть этим? Вот, мол, какой я патриот! / Практика применения мовы на этом форуме показывает, что реагируют стандартным образом – начинают искать ошибки и по-дурацки придираться к каждой мелочи. / Я в повседневной жизни использую русский, а белорусский – для души, дабы не оскорблять его беседами с напыщенными и ограниченными пустышками.

[Das Forum ist längst über den belarusischen Rahmen hinausgewachsen, so dass die Verwendung des Russischen einfach zweckmäßig ist. / Normalerweise beantworte ich ein Posting in der Sprache, in der es verfasst ist. Ich meine einfach, dass es gesitteter ist. / Ich habe nicht vor, sie im Gespräch mit den Menschen zu verwenden, die sie nicht beherrschen. Wozu? Um mal auf den Putz zu hauen? Sprich, schau mal, was für ein Patriot ich bin! / Die Praxis der Verwendung des Belarusischen auf diesem Forum zeigt, dass immer standardmäßig reagiert wird – man beginnt nach Fehlern zu suchen und über jede Kleinigkeit blöd zu meckern. / Im Alltag verwende ich Russisch, und Belarusisch ist für die Seele, auf dass ich es durch Unterhaltungen mit hochtoupierten und beschränkten Hohlköpfen nicht verunglimpfe.]

Kein-Problem-Topos (69 Codings)

contra: Da es in Belarus keine Probleme mit der belarusischen Sprache gibt, sollte keine Diskussion darüber geführt werden bzw. nichts geändert werden.

pro: Eine Leugnung des Nationalsprachproblems in Belarus ist eine Demagogie.

Der so formulierte Topos erfasst Ausführungen der *contra*-belarusischen Position, es bestehe kein Grund, über die Problematik der Sprachsituation in Belarus und über eine Marginalisierung des Belarusischen zu sprechen, denn es habe den Status einer Staatssprache, werde in der Schule unterrichtet und es sei nicht verboten, es zu verwenden (31 C.). Solche Behauptungen werden seitens der *pro*-Position als Demagogie bzw. Sophismus bewertet, denn sie würden den

Umstand vorenthalten, dass die Verwendung des Belarusischen in Belarus negative Folgen für den Sprecher haben könne (9 C.). Eine andere Variante der *contra*-Version des *Kein-Problem*-Topos fasst das Sterben der belarusischen Sprache als einen natürlichen Prozess und als eine Folge der Globalisierung auf, denen man nicht entgegenwirken könne bzw. solle (9 C.) (vgl. *Globalisierungs*-Topos).

Beispiele *contra* Belarusisch

А что плохого в том, что в Беларуси общаются на русском языке? / Кто хочет – говорит на БЕЛОрусском. НЕТУ ПРОБЛЕМ ВООБЩЕ В ЭТОЙ ОБЛАСТИ. / Белорусский язык существует и нормально используется в обществе. / Как изучали в школах, так и сейчас изучают. Как никто на белорусском не разговаривал, так никто и сейчас не говорит. Ничего хорошего, но и катастрофы никакой. / Кто так уж всерьез зажимает белорусской язык? / Никто не мешает Вам говорить па-беларуски. / Потеря языка – это плата за глобализацию. / Сопротивляться исчезновению языков бесполезно. / Происходят естественные процессы, и не стоит так раздувать важность этого вопроса.

[Und was ist daran schlimm, wenn in Belarus auf Russisch kommuniziert wird? / Wer möchte, der spricht BELOrussisch. ES GIBT ÜBERHAUPT KEIN PROBLEM IN DIESEM BEREICH. / Belarusisch existiert und wird in der Gesellschaft ganz normal verwendet. / So wie man Belarusisch früher in den Schulen lernte, so lernt man es auch jetzt. So wie es früher keiner gesprochen hat, so sprich es auch jetzt keiner. Gut ist es nicht, aber auch keine Katastrophe. / Wer drosselt denn schon so ernsthaft die belarusische Sprache? / Niemand hindert Sie daran, Belarusisch zu sprechen. / Ein Verlust von Sprache ist der Preis für Globalisierung. / Sich einem Sprachenschwund zu widersetzen ist sinnlos. / Es laufen natürliche Prozesse ab, und man sollte die Relevanz dieser Frage nicht so groß aufmachen.]

Beispiele *pro* Belarusisch

Высказывания в духе: „начни с себя, тебе же никто не запрещает" – чистой воды демагогия. / Про софизмы – это суждение о том, что беларуский язык таки „государственный", таки всё нормально. / Не нужно говорить про свободу выбора, два государственных языка и бла-бла-бла. Использование белорусского языка в обиходе в нашей стране может привести к не очень хорошим последствиям.

[Aussagen im Sinne von: „Beginne mit dir selbst, es verbietet dir ja keiner" – sind eine lupenreine Demagogie. / Zu den Sophismen – es ist ein Ausspruch dessen, dass Belarusisch ja eine „Staatssprache" sei, dass es ja alles ok sei. / Reden Sie nicht von der freien Sprachwahl, von zwei Staatssprachen und bla-bla-bla. Die Verwendung des Belarusischen im Alltag kann in unserem Land ungute Folgen haben.]

Topos der Rolle der Sprachdiskussion (63 Codings)

Da die Diskussion um die belarusische Sprache (k)eine bestimmte Funktion erfüllt und (k)einen Nutzen bringt, sollte sie (nicht) geführt werden.

Mit diesem Topos wird auf die Metaebene Bezug genommen und die Funktion des Forendiskurses über die belarusische Sprache beschrieben. Der Topos wird überwiegend von den Befürwortern des Belarusischen verwendet (pro: 41, contra: 12 C.), von denen die meisten die Sprachdiskussion als wenig sinnvoll bzw. konstruktiv einschätzen (28 C.). Das dabei am häufigsten hervorgebrachte Argument ist, es seien nur Worte, denen keine Taten folgen (20 C.), und die Diskussion allein ändere nichts an der Sprachsituation (1 C.). Außerdem solle dieses Thema gar nicht diskutiert werden, da Belarusisch in Belarus eine Selbstverständlichkeit sei (vgl. *Paradox*-Topos), und bereits das Vorhandensein einer solchen Diskussion eine ‚Tragödie' sei (6 C.). Es wird darüber hinaus die Meinung geäußert, die belarusische Gesellschaft sei dem Thema der Nationalsprache nicht gewachsen (1 C.). Bei der – deutlich selteneren – Betrachtung der Sprachdiskussion als sinnvoll (9 C.) wird die Intensität der Forendiskussion als ein gutes Zeichen dessen interpretiert, dass das Thema für die Sprecher aktuell ist (6 C.), und die Hoffnung geäußert, im Zuge der Diskussion den richtigen Weg aus der bestehenden Sprachsituation zu finden (1 C.). Aus der Sicht der Gegner des Belarusischen, welche sich nur selten zu diesem Thema äußern, ist die Sprachdiskussion eindeutig nicht konstruktiv und überflüssig, denn das Thema sei es nicht wert (2 C.) und für die Sprecher außerhalb des Forums uninteressant. Seitens der *contra*-Position werden noch der Zweck der Diskussionsführung hinterfragt und die Vermutung geäußert, es diene nur zur Konfliktauslösung (1 C.). Die Sprachdiskussion wird darüber hinaus als die einzige Domäne bezeichnet, in der die belarusische Sprache noch praktiziert werden kann. Insgesamt wird Belarusisch als ein Thema mit einer hohen Diskussionsintensität (3 C.) und Synergismus v.a. zu den Themen der Nation, der belarusischen Nationalidentität und der Zukunft des belarusischen Staates (6 C.) beschrieben, aber die Sprachdiskussion an sich wird eher als wenig ertragreich eingeschätzt.

Beispiele *pro* Belarusisch

> Никто не предлагает ничего, только сплошной трёп. / Давно пора перестать ограничиваться в плане мовы интернетом, нужно больше реальных действий. / Вообще непонятные споры – какие-то люди виртуально решают участь беларускай мовы. Я считаю, от нас это не зависит. / Як увогуле можна разважаць пра патрэбнасць ці непатрэбнасць навучанню мове тытульнай (беларускай) нацыі. / Сама дискуссия на эту тему уже говорит о трагизме ситуации. / Я бы посоветовал вам прекратить вся-

кие размышления здесь по поводу Бел. языка. Ваше общество не готово, да и не достойно этой темы.

[Keiner schlägt irgendetwas vor, alles bloß lauter Geschwätz. / Es ist längst an der Zeit, sich in Hinsicht auf Belarusisch nicht mehr auf das Internet zu begrenzen, man braucht mehr reale Handlungen. / Ganz komische Diskussionen – irgendwelche Leute entscheiden virtuell über das Schicksal der belarusischen Sprache. Ich bin er Meinung, dass es nicht in unserer Hand liegt. / Wie kann man denn überhaupt über eine Notwendigkeit bzw. Nicht-Notwendigkeit des Erlernens der Sprache einer Titularnation (Belarusen) philosophieren. / Bereits eine Diskussion zu diesem Thema spricht von der Tragik der Situation. / Ich würde Ihnen empfehlen, jegliche Überlegungen über die belarusische Sprache beizulegen. Ihre Gesellschaft ist für dieses Thema noch nicht bereit, und ist dessen auch nicht würdig.]

Приятно, что тема Беларуского языка такую дискуссию вызвала. / Дебаты развернулись... тема задевает. / Нашыя спрэчкі дапамогуць іншым знайсці свой шлях, я веру! / Споры насчет статуса белорусского языка всегда проходят болезненно. Это всегда как-то даже больно читать. / Пытаньне беларускай мовы ў нашай краіне Вы ўвесь час імкнецеся зьмяшаць зь іншымі. Па сутнасьці спрэчка пераходзіць на іншую тэму – якой быць Беларусі?

[Es ist angenehm, dass das Thema der belarusischen Sprache so eine rege Diskussion hervorgerufen hat. / Eine Debatte hat sich entfachtet... das Thema trifft den Nerv. / Unsere Diskussionen werden anderen helfen, den eigenen Weg zu finden, ich glaube daran! / Die Auseinandersetzungen über den Status des Belarusischen verlaufen immer schmerzvoll. Es ist sogar immer irgendwie schmerzhaft, zu lesen. / Sie versuchen die ganze Zeit, die Frage der belarusischen Sprache in unserem Land mit anderen Fragen zu vermischen. Im Grunde wechselt die Diskussion zum anderen Thema – wie hat das Belarus in Zukunft zu sein?]

Beispiele *contra* Belarusisch

Я вообще плохо понимаю суть данного спора. Пусть каждый говорит на том языке, на котором ему удобно. / Эта тема интересна всего нескольким форумчанам. / Самый главный вопрос – зачем Тут.бай из раза в раз поднимает этот вопрос? / Белорусский язык нужен исключительно для того, чтобы люди могли спорить о нем на форумах.

[Überhaupt verstehe ich den Sinn dieses Streites schlecht. Es soll jeder die Sprache sprechen, die für ihn bequemer ist. / Dieses Thema ist nur für einige wenige Forenteilnehmer interessant. / Die wichtigste Frage ist – wozu rollt TUT.by diese Frage immer wieder auf? / Die belarusische Sprache ist ausschließlich dazu da, dass die Leute sich darüber auf den Foren streiten können.]

Realitäts-Topos (60 Codings)

Da die Realität so aussieht, dass man die belarusische Sprache nicht braucht und nicht verwendet, sollte dies geändert werden / sollten keine Maßnahmen ergriffen werden, um sie zu bewahren.

Anhand dieses Topos wird die bestehende Sprachrealität in Belarus als ein unübersehbares und unanfechtbares Faktum und somit als ein Argument gegen Belarusisch verwendet. Der Topos wird im Forendiskurs häufig so realisiert, dass man nicht auf einer Bewahrung und Durchsetzung des Belarusischen bestehen solle, weil Russisch in der Realität für die meisten Belarusen die Sprache des Denkens und das Hauptmittel der Kommunikation sei und bleibe. Die Formulierung des Topos legt also seine Verwendung hauptsächlich *contra* Belarusisch fest (pro: 10, contra: 45 C.). In der *pro*-Variante wird zwar zugegeben, dass das tatsächliche Sprachverhalten der Belarusen nicht zugunsten ihrer Nationalsprache ausfällt, aber eine stille Hinnahme der Realität sei ein Zeichen der veralteten sowjetischen Mentalität (vgl. Topos *Überreste einer sowjetischen Mentalität*), denn auch wenn etwas Realität ist, hieße es noch lange nicht, es sei richtig.

Beispiele *contra* Belarusisch

> Мир такой, какой он есть. И люди говорят, как могут и как считают нужным. / Ну не говорите вы ведь в жизни по-белорусски... / В БЕЛАРУСИ НАРОД ГОВОРИТ НА РУССКОМ. ФАКТ. / Давайте не обманываться! Да, мы живем в Беларуси, НО, для тех, кто выходец из СССР, по сути, навсегда именно русский язык останется родным! Как бы мы этого хотели или не хотели...
>
> [Die Welt ist so, wie sie ist. Und die Menschen sprechen so, wie sie können und es für nötig halten. / Sie sprechen ja doch in Ihrem Leben kein Belarusisch... / IN BELARUS SPRICHT DAS VOLK RUSSISCH: Es ist eine TATSACHE. / Lasst uns nicht täuschen!! Ja, wir leben in Belarus, ABER, für die in der UdSSR Geborenen wird im Grunde immer Russisch die Muttersprache bleiben! Egal, wie sehr wir es wollen oder nicht...]

Beispiele *pro* Belarusisch

> Я с сожалением и без всякой иронии говорил о том, что это выглядит безнадёжно. И сказал я это лишь потому, что на сегодняшний день такова есть реальность. / И для Вас это реальность, не так ли? Другого Вы не знаете, но это не говорит, что другого не должно быть!
>
> [Mit Bedauern und ohne jegliche Ironie habe ich davon gesprochen, dass es hoffnungslos aussieht. Und ich habe es nur deswegen gesagt, weil es zum jetzigen Zeitpunkt die Realität ist. / Für Sie ist es eine Realität, nicht wahr? Was Anderes kennen Sie nicht, aber das heißt nicht, dass es das Andere nicht geben sollte!]

Beispiel-Topos (59 Codings)

Da es Beispiele für meine Behauptung gibt, ist sie wahr.

Durch Beispiele werden im Forendiskurs meistens Einstellungen der Gesellschaft und des Staates zur belarusischen Sprache, ihr Sprachverhalten und ihre Sprachkompetenz illustriert und die eigenen Aussagen somit durch Veranschaulichung bekräftigt. Die Anzahl der Codings zeigt, dass die Verwendung von Beispielen eine im Forendiskurs verbreitete Argumentationsstrategie ist.

Beispiele *pro* Belarusisch

> Мая старэйшая сястра, калі паступіла вучыцца ў палітэхнічны інстытут у Мінску ў 1983 годзе, адчула такія адносіны да сябе ў поўным аб'ёме: былі здзекі і ў плане мовы. / В магазине, спросив у продавца что-то на белорусском языке, получила в ответ фразу: „Скажите на нормальном языке, что вы хотите". / У „Нашу Ніву" трапіў цыркуляр, спушчаны з Адміністрацыі прэзідэнта: Загад чыноўнікам: не дапускаць беларусіфікацыі і скарачэння ўжывання рускай мовы. / Недавно наблюдала сцену – трое молодых людей разговаривали на белорусском языке. Может быть, они студенты языкового вуза, может быть это у них фишка такая, но – они говорили. / Вчера по радио задавали вопрос, как по-белорусски будет ноябрь, и человек ответил – „зимень". Белорусская мова стала иностранным языком для белорусов...
>
> [Als meine ältere Schwester im Jahr 1983 an das polytechnische Institut in Minsk ging, hat sie diese Einstellung zu ihr in vollem Maße gespürt: Es gab Verhöhnungen auch wegen der belarusischen Sprache. / Als ich einen Verkäufer im Geschäft etwas auf Belarusisch frage, bekam ich als Antwort: „Sagen Sie in einer normalen Sprache, was Sie wollen". / Der „Naša Niva" ist ein Rundbrief aus der Präsidialverwaltung in die Hände geraten: Ein Befehl an Beamten: Keine Belarusifizierung und keine Reduzierung der Verwendung des Russischen zuzulassen. / Vor kurzem habe ich eine Szene beobachtet – drei junge Männer sprachen Belarusisch. Vielleicht waren sie Stundenten einer Sprachuni, vielleicht war es so ein Gag, aber – sie sprachen. / Gestern hat man im Radio gefragt, wie auf Belarusisch ‚November' heißt, und der Mensch antwortete – „zimien'".[194] Belarusisch ist für Belarusen zu einer Fremdsprache geworden.]

Beispiele *contra* Belarusisch

> Воспитательница должна проводить занятия для знакомства детей с бел. мовай. Дети смеются! Воспитательница краснеет. Вот и весь итог! / Был у нас один товарищ – заядлый любитель бел. языка, кот. кричал, что он говорит и думает на беларуском, но у него была одна слабость – он разговаривал во сне... на русском...

---

[194] ‚November' heißt auch Belarusisch ‚listapad'. „Zimien" ist kein Monatsname, sondern ein Volksfest.

[Die Kindergärtnerin musste für die Kinder einen Unterricht zum Kennenlernen mit der belarusischen Sprache durchführen. Die Kinder lachen! Die Kindergärtnerin läuft rot an. Und das war es im Endergebnis! / Wir hatten so einen Genossen – einen leidenschaftlichen Fan des Belarusischen, welcher geschrien hat, dass er auf Belarusisch spricht und denkt, aber er hatte eine Schwäche – er redete im Traum... auf Russisch...]

Instrumentalisierungs-Topos (48 Codings)

Da die Sprachfrage in Belarus oft zum Erreichen diverser Zwecke eingesetzt wird, kann von einer Instrumentalisierung des Belarusischen gesprochen werden.

Die Behandlung der belarusischen Sprache als ein Instrument wird in den Foren mehrmals verbalisiert (pro: 25, contra: 15). Die Besonderheit dieses Topos besteht darin, dass er von den beiden Positionen in gleicher Weise angewendet wird. Dabei beruft sich der Autor implizit auf den symbolischen Wert des Belarusischen, indem er behauptet, die Sprache werde vielerlei instrumentalisiert. Man setze es v.a. zu innen- und außenpolitischen Zwecken, zur Markierung eigener politischer Positionen bzw. zur Selbstdarstellung ein. Manchmal wird die Sprachfrage als Instrument der Ablenkung von anderen Problemen des Landes thematisiert.

Beispiele *pro* Belarusisch

Эта пеар. Это и говорилось, чтобы национально озабоченные граждане повелись и растрогались. Реально ничего не будет, просто ему нужно заручиться общественным мнением перед какими-то крайне непопулярными шагами. / Гэтай ўладзе выгадна не быць беларускамоўнай. Бо мова стала інструментам палітыкі.

[Das ist PR. Es wurde ja auch mit dem Ziel gesagt, dass die national verkümmerten Bürger vernebelt und berührt werden. Real wird nichts geschehen, er hat einfach nur Unterstützung der öffentlichen Meinung vor irgendwelchen äußerst unpopulären Schritten gebraucht. / Für diese Regierung ist es von Vorteil, nicht belarusischsprachig zu sein. Denn Belarusisch wurde zu einem Instrument der Politik.]

Beispiele *contra* Belarusisch

Лукашенко сделал грамотный политический ход, обещая ввести два государственных языка. / Через белорусский язык просто некоторые рвутся к власти. / Белорусский язык создавался с политическими целями – оторвать Белую Русь от остального русского мира. / Многие при помощи языка указывают на свою политическую позицию. / Вся эта шумиха вокруг мовы выгодна как оппозиции – типа она за что-то борется, так и государству, чтобы отвлечь людей от других более важных проблем.

[Lukaschenko hat einen beschlagenen politischen Zug gemacht, indem er die Einführung von zwei Staatssprachen versprach. / Mittels des Belarusischen reißen sich manche an die Macht. / Die belarusische Sprache wurde mit einem politischen Zweck erschaffen – das Weiße Russland von der restlichen russischen Welt abzureißen. / Mit Hilfe der Sprache weisen viele auf ihre politische Position hin. / Der ganze Wirbel um das Belarusische ist sowohl für die Opposition günstig – als würde sie, quasi, für irgendwas kämpfen – als auch für den Staat, um die Menschen von anderen, wichtigeren Problemen abzulenken.]

Autoritäts-Topos (35 Codings)

Da meine Meinung der von anerkannten Autoritäten entspricht, ist sie richtig.

Mit diesem Topos beruft sich der Beitragsautor auf anerkannte Autoritäten, deren Stellungnahmen seinen eigenen Meinungen entsprechen, welche ihrerseits dadurch überzeugender erscheinen sollen. Im Forendiskurs werden v.a. Aussagen bekannter Schriftsteller, Dichter und Sprachwissenschaftler über die Bedeutung von Muttersprache zitiert bzw. auf das Sprachverhalten, nämlich auf eine aktive Verwendung des Belarusischen seitens repräsentativer Personen, wie z.B. des belarusischen Kultusministers oder der amerikanischen und schwedischen BotschafterInnen, referiert. So ausgelegt, wird der Topos zur *pro*-Argumentation verwendet, was im Forendiskurs am meisten der Fall ist (pro: 32, contra: 2 C.). In seiner *contra*-Variante weist der Topos darauf hin, dass nicht mal berühmte Personen eine ausreichende Belarusisch-Kompetenz besäßen.

Beispiele *pro* Belarusisch

„Па адносінах кожнага чалавека да сваёй мовы можна цалкам дакладна меркаваць не толькі аб яго культурным узроўні, але і аб яго грамадзянскай каштоўнасці. Чалавек, раўнадушны да роднай мовы – дзікун." К. Паўстоўскі. / Напаследак хочу вспомнить слова Ф. Богушевича: „не пакідайце ж мовы роднай, каб не ўмёрлі". / „Родной язык – Это не только средство общения, это трудно определить. Родной язык – это все, от начала до конца" (Радлов В. В., языковед, специалист по тюркским языкам). / Приятно, что нынешний министр культуры разговаривает с прессой на нашем родном каждому языке. / Стэфан Эрыксан па прыездзе на Беларусь не паляніўся вывучыць мову краіны.

[„Nach der Einstellung eines Menschen zu seiner Sprache kann man nicht nur über sein kulturelles Niveau, sondern auch über seinen Wert als Bürger zuverlässig urteilen" K. Paŭstoŭski. / Zu guter Letzt möchte ich an die Worte von F. Bahuševič erinnern: „So verlasst doch die Muttersprache nicht, um nicht zu sterben". / „Muttersprache ist nicht nur ein Kommunikationsmittel, sie lässt sich schwer definieren. Muttersprache ist alles, vom Anfang bis zum Ende" (Radlov V.V., Linguist, Fachmann für Turksprachen). / Es ist angenehm, dass sich der derzeitige Kultusminister mit der Presse in unserer jedermanns Muttersprache unterhält. / Stefan Eriksson hat sich nach seiner Ankunft in Belarus die Mühe gemacht, die Sprache des Landes zu lernen.]

Beispiel *contra* Belarusisch

> А как почитаешь министра культуры на белорусском... стыд и срам!!! Да так на иностранном языке культурным людям стыдно говорить!!!!
>
> [Und wenn man das Belarusische des Kultusministers liest... Schmach und Schande!!! Ein kultivierter Mensch würde sich schämen, sogar in einer Fremdsprache so zu sprechen!!!]

Fortschritts-Topos (31 Codings)

Da die belarusische Sprache im Gegensatz zur russischen nicht mit Fortschritt assoziiert wird, sollte sie nicht bewahrt werden.

Mit diesem Topos wird also die sog. ‚Nicht-Zeitgemäßheit' des Belarusischen behauptet. Die Formulierung des Topos legt nahe, dass er für die Argumentation *contra* Belarusisch verwendet wird (pro: 1, contra: 30 C.), und zwar in der Form, dass der Übergang zum Belarusischen eine Rückkehr in die Vergangenheit, zu etwas Altem, Rückständigem und wenig Komfortablem sei, während Russisch mit Bewegung nach vorne und mit Fortschritt verbunden wird. *Pro* Belarusisch wird mit dem Topos so argumentiert, dass es im Sinne der Zeitgemäßheit dem Russischen gleichgestellt ist.

Beispiel *pro* Belarusisch

> Белорусы – уникальная нация, которая белорусский язык относится как к чему-то архаичному и недоразвитому. Между тем, белорусский – ничем не хуже русского.
>
> [Belarusen sind eine einzigartige Nation, welche sich zu dem Belarusischen als zu irgendetwas Archaischem und Unterentwickeltem stellt. Dabei ist Belarusisch keineswegs schlechter als Russisch.]

Beispiele *contra* Belarusisch

> Введение нашего „родного" языка сравнимо – а зачем нам лавсан, когда есть прялка. / Когда другие развиваются и пришли к современному, мы же хотим вернуться к неудобному старому. / Прогресс идёт в сторону русского языка.
>
> [Die Einführung unserer „Muttersprache" ist vergleichbar mit – und wozu brauchen wir Lavsan, wenn es ein Spinnrad gibt. / Während sich die anderen entwickeln und bereits in der Moderne angekommen sind, wollen wir aber zum unbequemen Alten zurückkehren. / Der Fortschritt geht in Richtung der russischen Sprache.]

Inversions-Topos (25 Codings)

Da eine Umkehrung des Verhältnisses zwischen Belarusisch und Russisch in Belarus als befremdlich wahrgenommen werden würde, ist auch das bestehende Verhältnis zwischen den beiden Sprachen nicht ausbalanciert und sollte geändert werden.

Mit diesem Topos wird ein invertiertes Verhältnis zwischen Belarusisch und Russisch in Belarus illustriert, mit dem Zweck, eine Disbalance zwischen den beiden Staatssprachen dadurch deutlicher zu demonstrieren. Dieser Topos steht in einem Oppositions-Verhältnis zum *Kein-Problem*-Topos, denn es wird mit ihm ausgesagt, dass, wenn die Sprachsituation in Belarus hinsichtlich der Rolle der beiden Sprachen spiegelverkehrt wäre – so dass Belarusisch vorherrschen und Russisch dagegen bloß erlaubt sein würden, oder dass z.B. russischsprachige Schulen geschlossen werden würden, – würde es bei vielen auf fehlendes Verständnis stoßen und nicht mehr als unproblematisch eingeschätzt werden. Das differenzierende Merkmal dieses Topos ist also eine Umkehrung der realen Sprachverhältnisse. Um eine wahrgenommene Unnormalität der Sprachsituation in Belarus zu betonen, werden bei diesem Topos zum Teil eindeutig unrealistische Inversions-Szenarien vorgeschlagen, wie z.B. eine Einführung des Belarusischen als zweite Staatssprache in Russland oder eine obligatorische Verwendung des Belarusischen außerhalb von Belarus. Der *Inversions*-Topos stellt eine Variante des *Paradox*-Topos dar, denn es wird bei seiner Verwendung davon ausgegangen, dass die Paradoxität eines spiegelverkehrten Szenariums als eindeutig erscheinen soll. Invertiert werden auch die Argumente von Belarusisch-Gegnern über die Sinnlosigkeit des Erwerbs des Belarusischen, das außerhalb von Belarus nirgendwo praktiziert werde, indem gesagt wird, dass das Beherrschen des Russischen aus dem gleichen Grund nicht sinnvoll sei, denn es sei nur in Russland notwendig. So ausgelegt, wird der Topos nur *pro* Belarusisch verwendet. Die Realisierungen seiner *contra*-Variante tragen einen weniger argumentativen, sondern vielmehr provozierenden Charakter, denn sie basieren auf offensichtlichen Übertreibungen, wenn sie z.B. eine Marginalisierung des Russischen anprangern, welche sich in der Verwendung nur des Belarusischen – z.B. bei belarusischsprachigen Straßenschildern – äußern würde.

Beispiele *pro* Belarusisch

> Калі б зараз памяняць месцамі статусы беларускай і расейскай, то Вы б зараз разам з расейскімі каналамі крычалі пра гвалтоўную беларусізацыю, парушэньне правоў чалавека й г.д. А так „ня бачыце ніводнага адмоўнага моманту". / Просто сделать всё по умолчанию на белорусском. А русский тоже будет разрешён. Т.е. всё как сей-

час, только наоборот. Сейчас ведь официальные лица заявляют о равноправном положении языков и равных возможностях. Вот и после рокировки сохранится равноправность. У нас ведь всё нормально, всё равноправно, чего вы волнуетесь? / Давай закроем все русские школы, а если ты вдруг захочешь учить детей на твоем родном русском, не будешь искать причин, почему нет? Хорошо? / Пускай руссияне вторым государственным языком наш, беларуский сделают. Смешно? вот и я о том же. / Когда я выезжаю за пределы беларуси, я не требую, чтобы со мной разговаривали на родном мне языке. / А может нет смысла тратить время на изучение иностранного расейского языка, потому как кроме расеи он нигде не нужен.

[Würde man jetzt den Status des Belarusischen und des Russischen vertauschen, würden Sie dann jetzt zusammen mit russländischen Kanälen über eine gewaltsame Belarusifizierung, Verletzung der Menschenrechte etc. schreien. Und so „sehen Sie jetzt keinen einzigen negativen Punkt". / Einfach alles standardmäßig auf Belarusisch machen. Und Russisch wird auch erlaubt sein. D.h., alles wie jetzt, nur umgekehrt. Die Amtleute deklarieren doch jetzt eine gleichberechtigte Stellung der Sprachen und die gleichen Möglichkeiten. Auch nach der Rochade würde man dann doch die Gleichberechtigung bewahren. Es ist doch alles ok bei uns, alles gleichberechtigt, wieso regen Sie sich denn auf? / Lasst uns alle russischen Schulen schließen, und wenn du plötzlich den Wunsch verspürst, deine Kinder in deiner russischen Muttersprache unterrichten zu lassen, suchst du dann bitte nicht nach den Gründen, warum es sie nicht gibt? Ok? / Sollen doch die Russen unser Belarusisch zur zweiten Staatssprache machen. Zum Lachen? Genau das meine ich auch. / Wenn ich außerhalb von Belarus reise, verlange ich doch nicht, dass man mit mir in meiner Muttersprache spricht. / Vielleicht macht es keinen Sinn, die Zeit für das Erlernen der Fremdsprache Russisch zu verschwenden, denn außer in Russland braucht man sie nirgendwo sonst.]

Beispiele *contra* Belarusisch

Я вот, волнуюсь, почему улицы вдруг стали подписывать на одном только белорусском языке, а вот второй государственный забыли. Почему ущемляют, а? / Имея два равноправных государственных языка, мои дети не имеют возможности смотреть „калыханку" на русском языке. Налицо ущемление со стороны власти!

[Ich meinerseits mache mir z.B. Sorgen, warum die Straßen plötzlich nur auf Belarusisch beschildert werden, und die zweite Staatssprache dabei vergessen wird. Warum wird sie benachteiligt, hä? / Während wir zwei gleichberechtigte Staatssprachen haben, haben meine Kinder keine Möglichkeit, die „Kalyhanka"[195] auf Russisch zu schauen. Eine Verletzung der Rechte seitens der Regierung liegt auf der Hand!]

---

195 Eine belarusischsprachige Abendsendung für Kinder

Sakralisierungs-Topos (21 Codings)

Da die belarusische Sprache als ein Heiligtum zu betrachten ist, ist sie zu bewahren.

Mit diesem Topos wird indirekt eine Notwendigkeit der Verteidigung des Belarusischen suggeriert. Mehrmals und nur bei der *pro*-Argumentation wird die Sprache aufwertend als Heiligtum (6 C.) und als eine Gabe Gottes (8 C.) beschrieben, derer die Belarusen abgeschworen hätten (2 C.), weswegen sie jetzt eine Strafe büßen, nämlich keine Nation werden können (1 C.). Zu einer Sakralisierung des Belarusischen kommt auch durch seinen Vergleich mit Jesus und durch eine Gleichsetzung seiner Leiden und der Leiden seiner Verfechter mit denen von Jesus (4 C.). Dadurch wird dem Belarusischen die Rolle eines Opfers verliehen, das es normalerweise zu verteidigen gilt.

Beispiele *pro* Belarusisch

> Для любога чалавека паняцце сваёй мовы – гэта маленькая святыня. / Беларуская мова – сакральная. / Па-беларуску вам яшчэ трэба будзе з Богам размаўляць. / О чем православные беларусы просят Бога на чужом языке, после того как отреклись от Божьего дара... / Без мовы нет народа. За это бог и наказывает. / Сёння на пласе родная мова, жывую належыць вырваць з вагню. / Вялікі Ісус Хрыстос пакутваў, але Ён жыве вечна і будзе жыць. Таксама і Вялікую Беларускую Мову б'юць, але яна – Вялікая Боская Мова – жыве вечна і будзе жыць! / Гэта крыжовы шлях – несці ў нашай краіне праз жыццё родную мову.
>
> [Für jeden Menschen ist der Begriff der eigenen Sprache – ein kleines Heiligtum. / Belarusisch ist eine sakrale Sprache. / Auf Belarusisch werdet ihr noch mit Gott reden müssen. / Worum bitten die orthodoxen Belarusen den Gott in einer Fremdsprache, nachdem sie sich von der Gabe Gottes abgekehrt haben... / Ohne eine Sprache gibt es kein Volk. Gerade dafür bestraft Gott. / Heute ist die Muttersprache auf dem Schafott, sie ist lebendig dem Feuer zu entreißen. / Der Große Jesus hat gelitten, aber er lebt ewig und wird leben! Die Große Belarusische Sprache wird auch geschlagen, aber sie – die Große Gottes Sprache – lebt ewig und wird leben! / Es ist ein Kreuzweg – in unserem Land die Muttersprache durch das Leben zu tragen.]

Topos der einzelnen Person (15 Codings)

Da die Rolle der einzelnen Person bei der Veränderung der Sprachsituation (un)bedeutend ist, sollte um die Bewahrung des Belarusischen auf der individuellen Ebene (nicht) bemüht werden.

Mit dem Topos kommt es zur Betrachtung von Einzelperson als ein Einflussfaktor der Sprachsituation. Die Relevanz dieses Topos besteht darin, dass damit die

Botschaft gesendet wird, jeder könne sich als Subjekt bzw. Schöpfer der Sprachsituation sehen. Die quantitative Verteilung der *pro-* und *contra-*Varianten dieses Topos im Forendiskurs (pro: 13, contra: 2 C.) zeigt, dass dieses Thema für die Gegner des Belarusischen wenig relevant ist. Es kann damit erklärt werden, dass der Topos der *einzelnen Person* indirekt auf das Thema der Veränderung von Sprachsituation weiterführt, woran die *contra-*Position, wie oben festgestellt wurde, nicht interessiert ist. Wenn der Topos doch in seiner *contra-*Variante verwendet wird, dann nur zur Behauptung, eine einzige Person könne nichts verändern. Dieser Ansicht sind auch einige wenige pessimistisch gestimmte Vertreter der *pro-*belarusischen Position. Die meisten Verteidiger des Belarusischen sind jedoch der Meinung, dass gerade einzelne Personen Entscheidungs- und Wirkungskraft besäßen, während eine Mehrheit Entscheidungen nur folgen könne.

Beispiele *pro* Belarusisch

> Всегда все делает один человек. И когда он ДЕЛАЕТ, тогда многие ему помогут. / Большинство не может решать специфические вопросы. / Але адзін чалавек сярод агульнай массы не дужа зробіць, вось каб нейкім гуртком, дык было б лягчэй.
>
> [Es wird alles immer von einzigen Menschen gemacht. Und wenn einer MACHT, dann helfen ihm viele. / Eine Mehrheit kann keine spezifischen Fragen lösen. / Aber ein Mensch kann inmitten einer Gesamtmasse nicht viel machen, hätte man doch eine Gruppe, dann wäre es leichter.]

Beispiel *contra* Belarusisch

> Один в поле не воин. Смысл в этой мышиной возне?
> [Ein Mann ist kein Mann. Was für einen Sinn hat dieses Getümmel?]

Argumentationslosigkeits-Topos (14 Codings)

Da die Behauptungen der Gegenseite argumentlos sind, sind sie nicht ernst zu nehmen.

Das Fehlen von haltsamen Argumenten wird meistens den Befürwortern des Belarusischen seitens der *contra-*Position vorgeworfen (pro: 1, contra: 12 C.): Deren Äußerungen seien nämlich bloß pathetisch und gäben keine deutliche Antwort auf die Frage nach dem Zweck und dem Sinn einer Belarusifizierung. *Pro* Belarusisch wird der Topos verwendet, um die Behauptungen der Belarusisch-Gegner über einen fehlenden Willen des Volkes, Belarusisch zu sprechen, als argumentlos zu bezeichnen, denn die Zensus-Angaben (1999, 2009) würden das Gegenteil beweisen.

Beispiel *pro* Belarusisch

> Есть объективные данные переписи населения, где подавляющее большинство назвало белорусский язык родным. Это факт. Какими фактами подкреплены ваши слова?
>
> [Es gibt objektive Zensusdaten, wo von einer überwiegenden Mehrheit Belarusisch als Muttersprache genannt wurde. Das ist eine Tatsache. Auf welchen Tatsachten basieren Ihre Worte?]

Beispiele *contra* Belarusisch

> Как только ярых борцов за белорусский язык спросил о целях и смысле его введения в качестве государственного, то ответа не нашлось. / Некоторые товарищи заявляют: нужно переходить на белорусский. Спрашиваем: зачем? В ответ тишина. / Язык отнюдь не единственный и не главный этноинтегрирующий фактор. Так что меньше пафоса. Пафосом компенсируется отсутствие аргументов – законы риторики.
>
> [Als man die eifrigen Vorkämpfer des Belarusischen nach den Zielen und dem Sinn der Einführung dieser Sprache als Staatssprache gefragt hat, erhielt man keine Antwort. / Einige Genossen behaupten: Man muss zum Belarusischen wechseln. Wir fragen: Wozu? Als Antwort – nur eine Stille. / Sprache ist keineswegs der einzige und der wichtigste ethnointegrierende Faktor. Also, nicht so pathetisch, bitte. Mit Pathos wird das Fehlen von Argumenten kompensiert – ein rhetorisches Gesetz.]

Manipulations-Topos (10 Codings)

Da eine nationalbewusste Gesellschaft schwerer / leichter zu manipulieren ist, sollte die Nationalsprache in Belarus durchgesetzt / nicht durchgesetzt werden.

Beispiel *pro* Belarusisch

> Как ни странно, власть боится белорусского языка. С его развитием пришло бы и самосознание народа, им было бы сложней управлять.
>
> [Merkwürdigerweise hat die Regierung Angst vor Belarusisch. Mit seiner Ausbreitung würde auch das Selbstbewusstsein des Volkes kommen, und es würde schwieriger werden, es zu regieren.]

Beispiel *contra* Belarusisch

> Да? а может такими трудней манипулировать? А корни, гордость, дух предков – делают легкой добычей, когда можно разжигать национальную, языковую, территориальную рознь... перегиб в таких делах ведет в кровавую сторону.
>
> [Wirklich? Aber vielleicht lassen sich solche Menschen schwieriger manipulieren? Und Wurzeln, Stolz, Geist der Vorfahren – machen sie zu einer leichten Beute, wo man nationalen, sprachlichen, territorialen Zwist entfachen kann... Überspitzungen in solchen Sachen führen in eine blutige Richtung.]

5.4.2.1.3 Quantitative Analyse der Topoi: dominierende Denkmuster

Nach der detaillierten qualitativ-analytischen Beschreibung einzelner Topoi des Forendiskurses über die belarusische Sprache erfolgt nun ihre quantitative Auswertung, welche im Sinne einer mentalitätsgeschichtlichen Untersuchung Erkenntnisse über die dominierenden Denk- und Argumentationsweisen in der belarusischen Gesellschaft in Bezug auf die Nationalsprache liefern soll. Um Zugang zu den vorherrschenden Denkarten und Relevanzzuschreibungen zu gewinnen, wird zunächst die diskursive Präsenzstärke einzelner Topoi allgemein ausgewertet. Für einen differenzierteren Einblick in die Argumentationsweisen wird dann im nächsten Schritt ermittelt, welche Topoi für die *pro*- bzw. *contra*-Argumentation typisch sind und welche davon seitens der *beiden* Positionen zwar unterschiedlich interpretiert, aber relativ gleich stark eingesetzt werden.

Die quantitativen Verhältnisse zwischen den einzelnen Topoi und zwischen ihren Kategorien wurden bereits während ihrer Beschreibung (Kap. 5.4.2.1.1 und 5.4.2.1.2) zum Teil offen gelegt. Ein zusammenfassender Überblick soll an dieser Stelle die Häufigkeitshierarchie der typischen Argumentationsmuster sichtbar machen. Im Forendiskurs wurden insgesamt 107 verschiedene Topoi ermittelt, mit denen 4997 Äußerungsfragmente codiert wurden (Tab. 33).

Die meisten Topoi sind *sprachsituationsspezifisch* formuliert (81 Topoi, 76%). Diese Topoi kommen im Forendiskurs auch häufiger als die *sprachsituationsübergreifenden* vor und machen fast zwei Drittel aller Topoi-Codings aus (2975 gegenüber 2022 C.). Im Vergleich zu den sprachsituations*übergreifenden* lassen sich diese Topoi in mehrere Kategorien entsprechend den Sprachsituationsmerkmalen (Kap. 2.2) einteilen.

Tab. 33: Oberkategorien der Topoi nach ihrer Vorkommensfrequenz im Forendiskurs

Topos-Oberkategorien, Anzahl der Codings, Anteil						
sprachsituations- *spezifisch*						2975 59,5%
	evaluativ	1771 59,5%	Werte	955		
					symbolisch	617
					pragmatisch	272
			gesellschaftliche Einstellung	816	kognitiv	479
					emotiv-affektiv	62
					evaluativ-normativ	38
					volitiv-indikativ	75
					volitiv-imperativ	–
					konativ	162
	qualitativ	1065 35,8%	Sprachpolitik / Sprachplanung	560	Statusplanung	364
					Prestigeplanung	130
					Korpusplanung	39
					Erwerbsplanung	27
			Sprachzustand	350		
			Sprachwirklichkeit	150		
	quantitativ	139 4,7%				
sprachsituations- *übergreifend*						2022 40,5%
						4997

Wie die Tabelle 33 zeigt, beziehen sich die meisten sprachsituations*spezifischen* Topoi auf die *evaluative* Komponente der Sprachsituation (1771 C., 59,5%), was davon zeugt, dass v.a. die gesellschaftliche Einstellung zur Sprache und die ihr zugeschriebenen Werte für besonders relevant erachtet werden. Diesen beiden evaluativen Merkmalen kommt im Diskurs eine relativ gleich große Rolle zu (816 und 955 C.), wobei bei den Werten der symbolische Wert des Belarusischen viel stärker als der pragmatische in Erscheinung tritt (617 gegenüber 272 C.), und die Einstellung der Gesellschaft am meisten hinsichtlich ihrer kognitiven (479 C.) und konativen (162 C.) Komponente reflektiert wird. Auf die *qualitativen* Merkmale der Sprachsituation wird zwar seltener Bezug genommen als auf die evaluativen (1065 C., 35,8%), sie weisen aber ein viel komplexeres Kategoriensystem auf und sind von der größten Anzahl der Topoi (47 Topoi, 44%) vertreten. Am meisten werden dabei die Sprachpolitik und die Sprachplanung als die am ehesten änderbaren Faktoren der Sprachsituation angesprochen (560 C.), und hier v.a. die Statusplanung (364 C.), gefolgt von der Prestigeplanung (130 C.). Die Korpus- und die Erwerbsplanung spielen im Forendiskurs währenddessen eine geringere Rolle (39 und 27 C.). Der Zustand des Belarusischen als qualitatives Merkmal der Sprachsituation hat dagegen wiederum eine relativ große diskursive Bedeutung (350 C.), so wie die Sprachwirklichkeit (150 C.), die v.a. durch eine mangelnde Sprachkompetenz der Gesellschaft in Belarusisch repräsentiert wird. Die *quantitative* Komponente der Sprachsituation, referiert durch die *Mehrheits-* und *Zensus-*Topoi, wird im Vergleich zu den beiden anderen viel seltener an die Oberfläche des Diskurses gebracht (139 C., 4,7%). Die sprachsituations*übergreifenden* Topoi weisen ihrerseits nahezu keine Kategorien auf, ihre Vorkommensfrequenz wurde bereits bei ihrer Beschreibung in der Tabelle 32 (Kap. 5.4.2.1.2) abgebildet.

Einen tieferen Einblick in das kollektive Wissen und in die Denkweisen über die belarusische Sprache gewährt eine detailliertere Darstellung der Vorkommenshäufigkeit von Topoi in der Tabelle 34. In dieser Darstellung werden die einzelnen Topoi, sofern es möglich ist, in Gruppen zusammengefasst aufgeführt, damit verallgemeinernde Schlüsse im Sinne der qualitativen Forschung möglich werden.

Tab. 34: Topoi und Topoi-Gruppen nach ihrer Vorkommensfrequenz im Forendiskurs

Topoi-Gruppe / Topos	Codings	Anteil, %
Topos der *gesellschaftlichen Einstellung zum Belarusischen*	816	16,3
Topoi-Gruppe: *Symbolischer Wert des Belarusischen*	617	12,4
*Ursachen-*Topos	509	10,2
Topoi-Gruppe: *Pragmatischer Wert/Nutzen des Belarusischen*	272	5,4
Topoi-Gruppe: *Zweisprachigkeit*	200	4
*Paradox-*Topos	176	3,5
*Globalisierungs-*Topos	171	3,4
*Analogie-*Topos	152	3
*Gewalt-*Topos	152	3
Topoi-Gruppe: *Marginalisiertheit des Belarusischen*	151	3
Topoi-Gruppe: *Sprachkompetenz in Belarusisch*	134	2,7
Topoi-Gruppe: *Prestigeplanung*	130	2,6
Topoi-Gruppe: *Russifizierung bei der Statusplanung*	128	2,6
Topoi-Gruppe: *Standardsprachlichkeit*	125	2,5

Topoi-Gruppe / Topos	Codings	Anteil, %
Gefahr-Topos	124	2,5
Perspektiven-Topos	124	2,5
Mehrheits-Topos	111	2,2
Muttersprache-Topos	83	1,7
Topos ‚*Sprache der Beiträge*'	81	1,6
Topoi-Gruppe: *Varianz im Belarusischen*	74	1,5
Kein-Problem-Topos	69	1,4
Topos der *Rolle der Sprachdiskussion*	63	1,3
Realitäts-Topos	60	1,2
Beispiel-Topos	59	1,2
Instrumentalisierungs-Topos	48	1
Topos des *Wertes des Russischen*	46	0,9
Topoi-Gruppe: *Korpusplanung*	39	0,8
Autoritäts-Topos	35	0,7
Topoi-Gruppe: *Belarusifizierung bei der Statusplanung*	33	0,7
Fortschritts-Topos	31	0,6
Zensus-Topos	28	0,6
Topos der *Qualität des Belarusisch-Schulunterrichts*	27	0,5
Inversions-Topos	25	0,5
Sakralisierungs-Topos	21	0,4
Sprachperformanz in Belarus: *Museumsgut*-Topos	16	0,3
Topos der *einzelnen Person*	15	0,3
Argumentationslosigkeits-Topos	14	0,3
Manipulations-Topos	10	0,2
Ähnlichkeits-Topos	5	0,1
Topoi-Gruppe: *Polonisierung bei der Statusplanung*	3	0,1

Aus der Tabelle 34 wird nun deutlich, dass die *gesellschaftliche Einstellung zum Belarusischen*, sein *symbolischer Wert* und die Suche nach den *Ursachen der aktuellen Sprachsituation* in Belarus mit insgesamt fast 39% aller Topoi-Codings das diskursive Zentrum bilden. Dass gerade die Spracheinstellungen der Sprecher das mit Abstand am häufigsten herangezogene Argument zur Begründung der eigenen Position ist, deutet darauf hin, dass sie, zum einen, als die wichtigste Komponente der belarusischen Sprachsituation angesehen werden und dass, zum anderen, nicht die Sprache und ihr Potenzial, sondern die Sprecher und ihre Meinungen, Emotionen und Volition in Bezug auf die Nationalsprache als entscheidende Faktoren der Entwicklung der Sprachsituation in Belarus gelten. Eine hohe diskursive Relevanz des symbolischen Wertes des Belarusischen war zwar zu erwarten, aber dass er mit 12,4% aller Topoi-Codings das zweihäufigste Argument im nationalsprachlichen Forendiskurs ist, ist bemerkenswert und kann als Zeichen einer besonders starken Ausprägung der symbolischen Funktion des Belarusischen gewertet werden, was die Sprache in dieser Hinsicht dem Russischen überlegen macht und so, in Hinblick auf ihre Perspektiven von guten Überlebenschancen sprechen lässt. Die vielen diskursiven Versuche, die belarusische Sprachsituation durch die Benennung von ursächlichen Faktoren zu erklären, zeigen, dass die Frage nach den Ursachen nicht eindeutig zu beantworten ist, dass die Suche danach noch lange nicht abgeschlossen und für die Sprecher relevant ist.

Neben diesen zentralen Argumenten spielen im Diskurs auch *utilitaristische* Denkmuster, welche den Nutzen und die Notwendigkeit der belarusischen Sprache einschätzen, eine starke Rolle (272 C.). Bei der Argumentation mit dem gleichen Status des Russischen und des Belarusischen kommen darüber hinaus *juristische* Denkweisen stark zum Zuge (200 C.). Die quantitative Auswertung hat auch hervorgebracht, dass die aktuelle Sprachsituation in Belarus vielmals als *paradox* wahrgenommen wird (176 C.). Auffällig ist die diskursive Relevanz der *Globalisierung* als eines die Nationalsprache bedrohenden Faktors (171 C.). Dazu passt das wiederholte Vorkommen des *Fortschritts*-Topos (31 C.), mit dem der Fortschritt und die Bewahrung von Nationalsprache oft als gegenläufige Prozesse thematisiert werden. Das häufige Vorkommen des *Analogie*-Topos (152 C.) spricht davon, dass der Vergleich mit den Sprachsituationen anderer Länder als ein effektives Argument angesehen wird und dass eine Übernahme der herbeigebrachten Sprachentwicklungsszenarien in Belarus für durchaus möglich gehalten wird. Das hohe Aufkommen des *Gewalt*- und des *Gefahr*-Topos (152 und 124 C.) lässt sich als Zeichen eines stark ausgeprägten Denkens über Belarusisch in Gefahren-Dimensionen interpretieren. Es stellte sich auch heraus, dass diese Sprache im kollektiven Wissen stark als eine *marginalisierte* Erscheinung verankert ist (151 C.): Auffallend häufig wird im Forendiskurs nämlich mit den Begriffen des Sprachsterbens und des Sprachtodes gearbeitet. Nach der gesellschaftlichen Spracheinstellung ist die – meistens fehlende – gesellschaftliche *Sprachkompetenz* mit 134 Codings das zweihäufigste *sprecher*bezogene Argument im Diskurs. Als ein für die Diskussionsteilnehmer wesentlicher Faktor der Sprachsituation erwiesen sich die *Prestigeplanung* und der Prestigeaufbau des Belarusischen (130 C.). In Bezug auf die Statusplanung kann eine deutliche Dominanz einer *Russifizierung*-Sichtweise (128 C.) über der der Belarusifizierung (33 C.) und der Polonisierung (3 C.) behauptet werden. Auch die *Standardsprachlichkeit* des Belarusischen ist im Diskurs relativ stark präsent, was auf eine Problemhaftigkeit dieses Themas hindeutet (125 C.). Verhältnismäßig häufig wird über die *Perspektiven* des Belarusischen nachgedacht (124 C.), jedoch kommt es weitaus seltener vor als die vergangenheitsgerichtete Reflexion über die Ursachen der Sprachsituation in Belarus (s.o.). Als typisch erwies sich die Argumentation im Forendiskurs mit dem Mehrheits- und dem *Zensus*-Begriff (111 und 28 C.). Hinzu kommt auch der *Realitäts*-Gesichtspunkt, der die bestehenden Sprachverhältnisse in Belarus als unanfechtbar und irreversibel dargestellt (60 C.). Immer wieder wird im Diskurs mit dem äußerst unterschiedlich ausgelegten Begriff ‚Muttersprache' argumentiert (83 C.). Mit Hinblick auf die Funktionalität des Belarusischen wird wiederholt die *Sprache der Forenbeiträge* problematisiert (81 C.). Auch die Rolle der *Sprachdiskussion* selbst tritt auf der Metaebene des Diskurses oft als ein Denkmuster auf (63 C.). Die bestehende *Varianz* zwischen zwei unterschiedlichen graphischen Systemen (Kyrillica und Latinica) und zwei Orthographie-Varianten (Taraškievica und Narkomaŭka) sowie zwischen zwei Formen der Standardsprache einerseits und der mündlichen Substandard-Varietät Trasjanka andererseits wird zwar diskursiv behandelt, aber sie nimmt hier keine zentrale Rolle ein (74 C.), was auf die Komplexität der thematisch-inhaltlichen Struktur des Forendiskurses zurückgeführt werden kann. Außerdem wird immer wieder auf die *Beispiel-* und *Autoritäten*-Topoi (59 und 35 C.) zurückgegriffen und Argumentationsweisen eingesetzt, mit denen das Bestehen der nationalsprachlichen Problematik in Belarus geleugnet (69 C.), eine Umkehrung von bestehenden Sprachverhältnissen illustriert (25 C.) bzw. dem Opponenten das Fehlen von haltsamen Argumenten vorgeworfen wird (14 C.). Wiederholt werden im Forendiskurs das *Instrumentalisierungs-* und *Manipulationspotenzial* der nationalsprachlichen Thematik in Belarus problematisiert (48 und 10 C.). Vereinzelt wird Belarusisch entweder als *Heiligtum* (21 C.) oder als funktionsloses *Museumsgut* (16 C.) dargestellt, und es wird über die Rolle von *Einzelperson* im Prozess der Sprachenetablierung nachgedacht (15 C.). Die genetische *Nähe und Ähnlichkeit* des Russischen und des Belarusischen spielen im Diskurs eine geringe Rolle (5 C.).

Vollständigkeitshalber wird in der nachfolgenden Tabelle eine Häufigkeitsliste einzelner Topoi gegeben, ohne dass sie in Kategorien zusammengefasst werden. Diese Übersicht ist in Kombination mit den Topos-Beschreibungen selbsterklärend. An dieser Stelle sollen lediglich einige Auffälligkeiten festgehalten werden, die dank dieser Liste zugänglich wurden.

Tab. 35: Einzelne Topoi nach ihrer Vorkommensfrequenz im Forendiskurs

Topos	Codings
Topos der *gesellschaftlichen Einstellung zum Belarusischen*	816
kognitiv	479
konativ	162
volitiv-indikativ	75
emotiv-affektiv	62
evaluativ-normativ	38
volitiv-imperativ	–
Ursachen-Topos	509
Topos der *besonderen nationalen Identität*	149
Topos der *ungünstigen Erwerbsplanung*	105
Topos der *ungünstigen staatlichen Regulierung*	82
Geschichts-Topos	38
Topos ‚*Überreste einer sowjetischen Mentalität*'	31
‚*Opposition ist schuld*'-Topos	12
Paradox-Topos	176
Globalisierungs-Topos	171
Analogie-Topos	152
Gewalt-Topos	152
Ästhetik-Topos	145
Topos ‚*Sprache und Nation*'	142
Gefahr-Topos	124
Perspektiven-Topos	124
Topos der *Ineffektivität des Belarusischen*	116
Mehrheits-Topos	111
Muttersprache-Topos	83
Topos ‚*Sprache der Beiträge*'	81
Kein-Problem-Topos	69
Topos der *Rolle der Sprachdiskussion*	63
Realitäts-Topos	60
Topos der *Tradition*	60
Beispiel-Topos	59
Topos der *freien Sprachwahl*	59
Topos der *Historizität*	58
Topos der *fehlenden gesellschaftlichen Sprachkompetenz in Belarusisch*	56
Topos der *Polyvalenz des Belarusischen*	53
Topos der *Einschätzung der staatlichen Zweisprachigkeit*	50

Topos	Codings
Instrumentalisierungs-Topos	48
Topos der *Intentionalität der antibelarusischen Sprachpolitik*	48
Topos des *Sprachtodes*	48
Patriotismus-Topos	46
Topos des *Wertes des Russischen*	46
Topos der *Korrektheit der belarusischsprachigen Rede*	41
Topos der *Gleichstellung bei der Zweisprachigkeit*	40
Topos der *fehlenden nationalen Sprachpolitik*	39
Topos der *Rolle der Sprache des Präsidenten*	37
Topos des *Sprachsterbens*	37
Autoritäts-Topos	35
Topos der *Einsprachigkeit de facto*	34
Topos des *wirtschaftlichen Nutzens*	34
Pro-Trasjanka-Topos	33
Topos ‚*Sprache und staatliche Souveränität*'	33
Fortschritts-Topos	31
Topos der *Künstlichkeit der belarusischen Standardsprache*	30
Topos der *Rolle des Staates und seiner Sprachpolitik*	29
Topos der *Russifizierung der Gesellschaft*	28
Zensus-Topos	28
Topos der *raschen Belarusifizierung in den 1990er Jahren*	27
Topos der *Qualität des Belarusisch-Schulunterrichts*	27
Topos der *Nonexistenz der belarusischen Sprache*	27
Topos ‚*Varianz ist störend*'	27
Es-gibt-wichtigere-Probleme-Topos	27
Inversions-Topos	25
Topos der *Vitalität des Belarusischen*	23
Topos ‚*Sprache und Kultur*'	23
Pro-Taraškievica-Topos	22
Topos der *niedrigen Qualität belarusischer Massenmedien*	21
Topos ‚*Belarusisch als Schutz*'	21
Sakralisierungs-Topos	21
Topos der *Zweckmäßigkeit des Orthographiegesetzes von 2008*	20
Topoi der *Rolle nationaler Literatur und belarusischsprachiger Estrade*	20
Topos der *Diversität gesellschaftlicher Werte*	20
Topos des *Pragmatismus als angemessenes Argument*	18

Topos	Codings
Topos der *Irrelevanz des Sprachcodes*	17
Topos des *kommunikativen Nutzens*	17
Topos ‚*Belarusisch als Aufwertungsmittel*'	17
Museumsgut-Topos	16
Topos ‚*Sprache ist mehr als ihr Nutzen*'	16
Topos ‚*Alle haben Belarusisch in der Schule gelernt*'	15
Kosten-Nutzen-Topos	15
Schaden-Topos	15
Topos der *einzelnen Person*	15
Pro-Narkomaŭka-Topos	14
Argumentationslosigkeits-Topos	14
Topos der *Unumgänglichkeit der Russifizierung*	13
Topos der *fehlenden Sprachkompetenz der Behörden in Belarusisch*	13
Topos des *menschlichen Nutzens*	12
Topos ‚*Sprache und Volkscharakter*'	12
Topos der *Russifizierung der belarusischen Sprache*	11
Contra-Trasjanka-Topos	11
Topos der *Investition*	11
Früher-war-es-besser-Topos	10
Manipulations-Topos	10
Topos ‚*Fehlerfrei sind nur Nichtstuer*'	9
Topos der *Nutzlosigkeit des Russischen*	9
Topos ‚*Sprache und Heimat*'	8
Originalitäts-Topos	8
Topos der *Rolle der Elite*	7
Topos der *Mangelhaftigkeit des Belarusischen*	7
Topos der *Angemessenheit der Latinica*	7
Nutzen-als-Symbol-Topos	7
Topos der *Diskriminierung des Russischen*	6
Besser-als-nichts-Topos	6
Topos ‚*Belarusisch als Filter*'	6
Ähnlichkeits-Topos	5
Topos des *gesellschaftlichen Nutzens*	5
Topos der *Markiertheit von Taraškievica und Narkomaŭka*	4
Topos ‚*Sprache und Ideologie*'	4
Topos der *Polonisierung der Gesellschaft*	3

Topos	Codings
Topos der *Natürlichkeit des polnischen Einflusses auf das Belarusische*	3
Topos der *Standardsprachlichkeit des Belarusischen*	3
Topos des *gesunden Menschenverstandes*	3
Topos der *Lebensunfähigkeit des Belarusischen*	2
Topos der *Normiertheit des Belarusischen*	2
Topos des *kulturellen Nutzens*	1

Zusätzlich zu den bereits erfassten Auffälligkeiten wird aus dieser Übersicht nun deutlich, dass die *Ästhetik* der belarusischen Sprache eins der wichtigsten Argumente in der Forendiskussion ist (145 C.) und dass der Zusammenhang zwischen Nationalsprache und *Nation* (142 C.) sowie die Besonderheit der belarusischen *Nationalidentität* (149 C.) sehr rege diskutierte Themen sind. Eine *Ineffektivität* des Belarusischen bzw. seine eingeschränkte Funktionalität (116 C.) wird, wie oben bereits erwähnt, viel häufiger behauptet als seine Eigenschaften wie *Künstlichkeit* (30 C.), *Mangelhaftigkeit* (7 C.) oder gar *Lebensunfähigkeit* (2 C.), was bedeutet, dass es eher nicht die sprachimmanenten Faktoren sind, die aus der Sprachverwender-Perspektive moniert werden. Angeprangert werden in erster Linie eine für die belarusische Sprache *ungünstige Sprachpolitik* (82 C.), und v.a. die *Erwerbsplanung* (149 C.), wobei dem Staat häufig eine gezielte antinationale (48 C.) bzw. eine fehlende nationale (39 C.) Politik vorgeworfen wird. Für relevant werden u.a. *Tradition* (60 C.), *Historizität* (58 C.) und *Geschichte* des Belarusischen (32 C.) gehalten. Auch die Topoi des *Sprachtodes* (48 C.) und des *Sprachsterbens* (37 C.) stehen relativ oben auf der Frequenzliste, was über eine feste Zugehörigkeit dieser Lexeme zum Vokabular des nationalsprachlichen Online-Diskurses konkret und des Verwender-Diskurses in Belarus allgemein spricht. Es fällt darüber hinaus auf, dass das *Orthographiegesetz von 2008* als das wichtigste korpusplanerische Ereignis des Untersuchungszeitraumes keine besondere diskursive Relevanz aufweist (20 C.) und dass die *Rolle des Präsidenten* (37 C.) und *des Staates* (29 C.) bei der Sprachenfrage höher als die *Rolle der Elite* (7 C.) eingeschätzt wird. Letzteres kann als ein Indiz dafür aufgefasst werden, dass eine Effizienz eher von status- als von prestigeplanerischen Aktivitäten erwartet wird.

5.4.2.1.4 Quantitative Analyse der Topoi: *pro-* und *contra*-Denkmuster

Nach der Darstellung der im Forendiskurs vorherrschenden Denkmuster soll nun als nächstes geklärt werden, was die *typischen* Argumente *pro* und *contra* Belarusisch sind. Eindeutigkeitshalber werden hier bei der Auswertung nur die

beiden polaren Positionen ohne die *eher pro-* und *eher contra*-Haltungen berücksichtigt. Der erste Einblick in die Streuung der Topoi nach diskursiven Positionen hat gezeigt, dass eine Aufteilung von Topoi in fünf Gruppen sinnvoll ist:
- Topoi, die *ausschließlich* für die *pro-* bzw. *contra*-Argumentation verwendet werden (2 Gruppen),
- Topoi, die *hauptsächlich* für die *pro-* bzw. *contra*-Argumentation verwendet werden (2 Gruppen),
- Topoi, die von *beiden* Positionen gleich stark verwendet werden (1 Gruppe).

Die Einteilung in die ersten beiden Gruppen war einfach: Hierzu wurden die Topoi zugeordnet, die von der jeweiligen Gegenposition nicht oder nur einmal[196] verwendet wurden. Für die Definition ‚hauptsächlich' war der Anteil von zwei Drittel der Topos-Codings maßgeblich. Der letzten Gruppe gehören alle anderen Topoi an, welche ungefähr gleich häufig von den beiden Positionen eingesetzt wurden. Die Tabelle 36 demonstriert die quantitativen Verhältnisse zwischen den diskursiven Positionen einerseits und der Anzahl der verwendeten Topoi andererseits. Daraus geht als erstes hervor, dass *pro* Belarusisch mit weitaus mehr Topoi argumentiert wird als *contra*. Das heißt, dass im Diskurs quantitativ solche Denkmuster deutlich überwiegen, die die Bewahrung der belarusischen Sprache begrüßen. Diese Denkmuster sind aber nicht nur quantitativ stärker vertreten, sondern sie weisen eine viel größere kategoriale Vielfalt auf, was den Grund zur Behauptung gibt, eine belarusisch-freundliche Haltung gehe mit einem größeren Interesse an der Sprachenfrage sowie mit einem tieferen Verständnis und einem reflektierten Umfang mit der Sprachenproblematik in Belarus einher.

Tab. 36: Anzahl der Topoi nach ihrer diskursiven Verwendung *pro* und *contra* Belarusisch

Verwendung	*pro*	*contra*	Insg.	%
ausschließlich	41	10	51	47,7
hauptsächlich	31	9	40	40
für beide Positionen		16	16	15,3

---

[196] Auf die Berücksichtigung von einmalig vorkommenden Codings bei einer Gegenargumentation wurde im diesem Schritt verzichtet, da es sich dabei nicht um ein Muster handelt.

Betrachtet man die Anzahl der Topoi, die *ausschließlich* von einer der Positionen verwendet wurden (51 Topoi), so wird ersichtlich, dass sie nahezu die Hälfte aller Topoi ausmachen (47,7%). Mit Blick auf die diskursive Argumentationsarchitektur verleitet es zur Feststellung, dass im Diskurs nur eine eingeschränkte argumentative Dialogizität besteht, denn fast eine Hälfte aller Argumente findet keinen Anschluss bei der jeweiligen Gegenposition und die beiden Positionen haben ihrerseits keine weitgehend gemeinsame Argumentationsbasis. Im Folgenden wird kurz dargelegt, welche Argumente *nur* von den Befürwortern bzw. *nur* von den Gegnern des Belarusischen hervorgebracht werden.

Tab. 37: *Ausschließlich pro* Belarusisch verwendete Topoi

Sprachsituations*spezifische* Topoi	Position	
	pro	contra
Statusplanung		
Zweisprachigkeit in Belarus		
Topos der *Gleichstellung bei der Zweisprachigkeit*	35	1
Topos der *fehlenden nationalen Sprachpolitik*	36	1
Topos der *Russifizierung der Gesellschaft*	24	1
Russifizierung bei der Statusplanung		
Topos der *Intentionalität der antibelarusischen Sprachpolitik*	46	
Topos der *Unumgänglichkeit der Russifizierung*	9	
Polonisierung bei der Statusplanung		
Topos der *Polonisierung der Gesellschaft*	3	
Korpusplanung		
Topos der *Zweckmäßigkeit des Orthographiegesetzes von 2008*	12	
Topos der *Russifizierung der belarusischen Sprache*	9	1
Prestigeplanung		
Topos der *Rolle der Sprache des Präsidenten*	28	1
Topos der *Rolle des Staates und seiner Sprachpolitik*	26	
Topos der *niedrigen Qualität belarusischer Massenmedien*	17	1
Früher-war-es-besser-Topos	9	
Topos der *Rolle der Elite*	7	
Besser-als-nichts-Topos	5	
Sprachkompetenz		
Topos ‚*Alle haben Belarusisch in der Schule gelernt*'	13	
Topos der *fehlenden Kompetenz der Behörden in Belarusisch*	13	
Topos ‚*Fehlerfrei sind nur Nichtstuer*'	8	

Sprachsituations*spezifische* Topoi	Position	
	pro	contra
Zustand der belarusischen Sprache		
Standardsprachlichkeit		
Topos der *Vitalität des Belarusischen*	23	
Contra-Trasjanka-Topos	6	1
Topos der *Standardsprachlichkeit des Belarusischen*	3	
Topos der *Normiertheit des Belarusischen*	2	
Varianz		
Pro-Taraškievica-Topos	18	
Pro-Narkomaŭka-Topos	5	1
Topos der *Angemessenheit der Latinica*	5	
Topos der *Markiertheit von Taraškievica und Narkomaŭka*	1	
Pragmatischer Wert des Belarusischen		
Topos des *menschlichen Nutzens*	12	
Topos der *Nutzlosigkeit des Russischen*	9	
Topos des *kulturellen Nutzens*	1	
Symbolischer Wert des Belarusischen		
Topos der *Tradition*	55	1
Topos ‚*Belarusisch als Schutz*'	20	1
Topos ‚*Belarusisch als Aufwertungsmittel*'	15	
Topos ‚*Sprache ist mehr als ihr Nutzen*'	14	1
Topos ‚*Sprache und Volkscharakter*'	11	
Topos der *Investition*	9	1
Originalitäts-Topos	8	
Topos ‚*Belarusisch als Filter*'	6	
Topos ‚*Sprache und Ideologie*'	4	
Sprachsituations*übergreifende* Topoi		
Ursachen-Topos		
Topos der *ungünstigen staatlichen Regulierung*	65	1
Topos ‚*Überreste einer sowjetischen Mentalität*'	29	1
Sakralisierungs-Topos	21	
Manipulations-Topos	9	1

Tab. 38: *Ausschließlich contra* Belarusisch verwendete Topoi

Sprachsituations*spezifische* Topoi	Position	
	pro	*contra*
Ähnlichkeits-Topos	1	2
Statusplanung		
Zweisprachigkeit in Belarus		
Topos der *Irrelevanz des Sprachcodes*		8
Belarusifizierung bei der Statusplanung		
Topos der *Diskriminierung des Russischen*	1	5
Zustand der belarusischen Sprache		
Topos der *Mangelhaftigkeit des Belarusischen*		6
Topos der *Lebensunfähigkeit des Belarusischen*		2
Pragmatischer Wert des Belarusischen		
Kosten-Nutzen-Topos		9
Schaden-Topos	1	9
Topos des *gesunden Menschenverstandes*	1	2
Sprachsituations*übergreifende* Topoi		
Fortschritts-Topos	1	26
Argumentationslosigkeits-Topos	1	11

Wie die Tab. 37 zeigt, wird nur von der *pro*-Position eine regierungskritische Haltung angenommen und eine ungünstige staatliche Regulierung sowie eine fehlende oder gar antinationale Sprachpolitik moniert, welche eine Russifizierung sowohl auf der gesellschaftlichen als auch auf der sprachlichen Ebene unumgänglich gemacht hätten. Eine Russifizierung-Sichtweise tritt generell nur *pro* Belarusisch auf. Auch die Gleichstellung der beiden Staatssprachen wird nur von den Vertretern der *pro*-belarusischen Position problematisiert, welche sich darüber hinaus fast exklusiv dem Thema der Sprachplanung wenden. Die Prestigeplanung wird beispielsweise nur von ihnen angesprochen, wobei auf die Rolle von einzelnen Faktoren wie die Sprache des Präsidenten, die staatliche Sprachpolitik, die Qualität belarusischsprachiger Massenmedien sowie die Rolle der Elite differenziert eingegangen wird. Demgegenüber steht aufseiten der Ablehnung des Belarusischen ein fast vollständiges Ignorieren der Ebene der Sprachplanung: Es werden hier lediglich utilitaristisch eine Irrelevanz des Sprachcodes und inversionsmäßig eine Diskriminierung des Russischen behauptet (Tab. 38). Der Zustand der belarusischen Sprache, und zwar die Merkmale seiner Standardsprachlichkeit und die Varianz zwischen Taraškievica und

Narkomaŭka sowie zwischen Kyrillica und Latinica, wird auch nur *pro* Belarusisch reflektiert, so wie der korpuslinguistische Akt der Annahme des Orthographiegesetzes von 2008. Nur *contra* Belarusisch wird mit Blick auf den Sprachzustand währenddessen bloß eine abwertende Sichtweise auf Belarusisch als mangelhaft bzw. lebensunfähig geäußert sowie auf die genetische Nähebeider Staatssprachen hingewiesen, welche das Erlernen des Belarusischen erübrige. Eine kritische Haltung gegenüber dem Staatsapparat bleibt auch beim Thema der fehlenden Sprachkompetenz in Belarusisch der Personen im Dienstverhältnis der *pro*-belarusischen Position vorbehalten, wobei angemerkt wird, dass alle diese Sprache in der Schule gelernt hätten. Die in diesem Zusammenhang geäußerten Ermunterungen, Belarusisch zu verwenden, kommen ebenso nur vonseiten der Befürworter der Sprache. In Bezug auf den Sprachwert wird der symbolische Wert des Belarusischen auch nur von der *pro*-Position angesprochen, und zwar auf eine relativ vielfältige Weise, indem die Rolle der Tradition stark betont wird und Belarusisch als eine Investition, als Filter- bzw. Schutzinstrument gegen negative fremde und v.a. russifizierende Einflüsse sowie allgemein als ein Aufwertungsmittel für die Persönlichkeit dargestellt wird. Nur *pro* Belarusisch wird der Gedanke geäußert, eine Sprache sei mehr als ihr trivialer Nutzen und stehe mit dem Volkscharakter in Verbindung, wobei dem Belarusischen eine besondere Zuneigung zustehe, da es eine originäre slavische Sprache sei. Die humanistische Komponente des pragmatischen Wertes des Belarusischen, wie der menschliche und der kulturelle Nutzen, spielt auch nur für die *pro*-Position eine Rolle, die dazu noch exklusiv auf einen fehlenden Wert bzw. eine Nutzlosigkeit des Russischen hinweist. Gegen Belarusisch wird stattdessen wirtschaftlich-pragmatisch mit dem *Kosten-Nutzen-* und dem *Schaden*-Topos argumentiert. Vor diesem Hintergrund werden alle Argumentationen *pro* Belarusisch als nicht haltbar dargestellt. Eine sakralisierende Darstellung des Belarusischen wird ausschließlich von seinen Befürwortern vorgenommen, welche darüber hinaus ein ausgeprägtes Verständnis des Zusammenhanges zwischen Nationalsprache und Ideologie an den Tag legen und in diesem Sinne einen Gesichtspunkt der Manipulation mittels der Sprache vertreten. In Bezug auf die Zeitgemäßheit des Belarusischen argumentieren nur die Gegner der Sprache mit dem *Fortschritts*-Topos, indem Belarusisch als rückständig bewertet wird. *Pro* Belarusisch tritt dagegen die Behauptung, dass gerade das Festhalten an der russischen Sprache ein Zeichen einer veralteten sowjetischen Mentalität sei.

Neben den typischen *pro*- und *contra*-Argumenten manifestiert sich im Forendiskurs eine lange Reihe von 40 Topoi, die zwar *hauptsächlich* von einer der Positionen verwendet, aber auch von der anderen Position teilweise herangezogen werden. Insgesamt machen diese Topoi ca. 37% aller Topoi aus, die meisten davon dienen wiederum zur Stützung der *pro*-Position (Tab. 39 und 40).

Tab. 39: *Hauptsächlich pro* Belarusisch verwendete Topoi

Sprachsituations*spezifische* Topoi	Position	
	pro	*contra*
Zensus-Topos	19	7
Statusplanung		
Zweisprachigkeit in Belarus		
Topos der *Einschätzung der staatlichen Zweisprachigkeit*	28	12
Topos der *Einsprachigkeit de facto*	28	3
Belarusifizierung bei der Statusplanung		
Topos der *raschen Belarusifizierung in den 1990er Jahren*	18	5
Korpusplanung		
Topos der *Natürlichkeit des polnischen Einflusses auf die belarusische Sprache*	5	2
Erwerbsplanung		
Topos der *Qualität des Belarusisch-Schulunterrichts*	20	3
Sprachkompetenz		
Topos der *fehlenden gesellschaftlichen Kompetenz in Belarusisch*	35	12
Zustand der belarusischen Sprache		
Marginalisiertheit	17	8
Topos des *Sprachsterbens*		
Standardsprachlichkeit		
Pro-Trasjanka-Topos	12	3
Varianz		
Topos ‚*Varianz ist störend*'	12	3
Werte		
Topos der *Diversität gesellschaftlicher Werte*	8	3
Symbolischer Wert des Belarusischen		
Ästhetik-Topos	115	13
Topos ‚*Sprache und Nation*'	77	41
Topos der *Historizität*	41	16
Topos ‚*Sprache und staatliche Souveränität*'	29	3
Topos ‚*Sprache und Kultur*'	20	2
Topos ‚*Sprache und Heimat*'	4	2
Nutzen-als-Symbol-Topos	5	2

Sprachsituations*spezifische* Topoi	Position	
	pro	contra
Wert des Russischen	33	7
Topos des *Wertes des Russischen*		
Sprachsituations*übergreifende* Topoi		
Ursachen-Topos		
Topos der *besonderen nationalen Identität*	98	16
Geschichts-Topos	33	3
Paradox-Topos	143	9
Analogie-Topos	102	34
Gewalt-Topos	127	10
Gefahr-Topos	108	4
Perspektiven-Topos	87	10
Topos der *Rolle der Sprachdiskussion*	36	8
Beispiel-Topos	48	3
Autoritäts-Topos	32	2
Inversions-Topos	20	4
Topos der *einzelnen Person*	13	2

Tab. 40: *Hauptsächlich contra* Belarusisch verwendete Topoi

Sprachsituations*spezifische* Topoi	Position	
	pro	contra
Mehrheits-Topos	28	56
Zustand der belarusischen Sprache		
Marginalisiertheit		
Topos des *Sprachtodes*	12	27
Topos der *Künstlichkeit der belarusischen Standardsprache*	6	17
Topos der *Nonexistenz der belarusischen Sprache*	7	15
Pragmatischer Wert des Belarusischen		
Topos der *Ineffektivität des Belarusischen*	18	74
Es-gibt-wichtigere-Probleme-Topos	3	20
Topos des *kommunikativen Nutzens*	4	11
Sprachsituations*übergreifende* Topoi		
Kein-Problem-Topos	9	30
Realitäts-Topos	6	35

Auch bei dieser Gruppe der Topoi ist eine deutlich stärkere Reflexion der Sprachplanung seitens der *pro*-Position zu sehen. Hauptsächlich *pro* Belarusisch wird hinsichtlich der Statusplanung auf die staatlich festgelegte Zweisprachigkeit referiert und eine Einsprachigkeit *de facto* behauptet, wobei hier ein Gesichtspunkt der Marginalisierung vertreten wird. Bei der Ablehnung des Belarusischen werden diese beiden Topoi stattdessen zur Rechtfertigung der Verwendung des Russischen eingesetzt. Auch mit der raschen Belarusifizierung in den 1990er Jahren wird vorwiegend *pro* Belarusisch argumentiert, indem für eine Optimierung der Durchsetzungsmethode von Nationalsprache plädiert wird, während bei der Gegenargumentation die Intensität der letzten Nationalisierungsversuche als eine Invasivität der Belarusifizierung generell suggestiert und folglich als Grund dafür genannt wird, auf diese ganz zu verzichten. Hinsichtlich der Korpusplanung ist bemerkenswert, dass der polnische Einfluss auf die belarusische Sprache seitens der *pro*-Position nicht nur häufiger verbalisiert wird, sondern auch als eine natürliche und bereichernde Interferenzerscheinung und seitens der *contra*-Position dagegen als befremdlich aufgefasst wird. Auf der Ebene der Erwerbsplanung ist bei der Verteidigung des Belarusischen das Monieren einer niedrigen Qualität des Belarusisch-Unterrichts in der Schule charakteristisch; für die Gegner des Belarusischen spielt die Unterrichtsqualität eine eher geringere Rolle und wird lediglich als Grund zur Behauptung genommen, es kann und soll nicht zum Belarusischen gewechselt werden. Eine mangelnde gesellschaftliche Kompetenz in Belarusisch wird ebenso häufiger von der *pro*-Position problematisiert und dabei als eine Ursache der negativen Einstellung zur Sprache gesehen, während sie für die *contra*-Position als ein weiteres Argument für Nichtverwendung des Belarusischen benutzt wird. Wie oben bereits erwähnt, beschäftigt der Zustand, und konkret die Varianz innerhalb der belarusischen Sprache, v.a. ihre Verfechter, die darin ein Hindernis für eine Belarusifizierung sehen, während ihre Gegner auch daraus einen Grund dafür ableiten, auf eine Belarusifizierung zu verzichten. In diesem Zusammenhang erfährt auch die Trasjanka als eine ‚vitale Variante des Belarusischen' eine größere Zuwendung seitens der Befürworter als seitens der Gegner der Sprache, welche diese Variante ihrerseits als die einzige Existenzform des Belarusischen betrachten. Der Zustand der belarusischen Sprache vom Gesichtspunkt ihrer Künstlichkeit und der Nonexistenz wird von den Vertretern der *contra*-Position stärker und nur negativ evaluierend reflektiert, als dies von den Vertretern der *pro*-Position gemacht wird. Die letzteren betrachten nämlich eine gewisse Künstlichkeit des Belarusischen als eine übliche Eigenschaft einer Standardsprache und bestreiten die behauptete Nonexistenz des Belarusischen. Auch die Argumentationsmuster mit dem Begriff des Sprachsterbens spielen bei der Verteidigung des Belarusischen eine stärkere Rolle: Hier wird auf eine Notwendigkeit von Bewahrungsmaßnahmen hingewiesen, welche von der *contra*-Position wiederum gerade aufgrund des angenommenen Sterbens der belarusischen Sprache für unnötig erklärt werden. Bemerkenswert ist, dass, während die *pro*-Position über das *Sprachsterben* spricht, verwendet die *contra*-Position den Topos des *Sprachtodes* als eines bereits abgeschlossenen Prozesses (Tab 40).

Da die Zensusangaben zur Muttersprache für die belarusische Sprache günstig ausfallen, ist es nachvollziehbar, dass es vorwiegend die Vertreter der *pro*-belarusischen Position sind, die sich darauf berufen, um in Bezug auf das quantitative Merkmal der Sprachsituation von Loyalität der Belarusen zu ihrer Nationalsprache zu sprechen, und von ihrer Bereitschaft, diese zu verwenden. Demgegenüber steht aufseiten der Skepsis die Meinung, die Zensusdaten seien weder überzeugend noch aussagekräftig, denn die Mehrheit von Belarusen bevorzuge doch die russische Sprache, weswegen das Bewahren des Belarusischen nicht sinnvoll und nicht möglich sei. Demnach wird der *Mehrheits*-Topos vorwiegend bei der *contra*-Argumentation eingesetzt. Die Argumentation *pro* Belarusisch sieht im zahlenmäßigen Überwiegen von Russischsprachigen ihrerseits einen Anlass dazu, eine Förderung der belarusischen Sprache anzugehen.

Wie oben bereits festgestellt, sind für die Verteidigung des Belarusischen solche Argumentationsweisen charakteristisch, die den symbolischen Wert der Sprache hervorheben. Hier wird eine Diversität gesellschaftlicher Werte dahingehend betont, dass es nicht nur um den trivialen Wert der Sprache geht, sondern auch um ihren Nutzen als Symbol. Eine für die Befürwortung wichtige Argumentationsweise ist in diesem Sinne die Akzentuierung der ästhetischen Attraktivität und der Historizität des Belarusischen, welche bei der Ablehnung entweder keine Rolle spielen oder gar negiert werden. Kulturalistische Denkweisen, die einen Zusammenhang zwischen der Nationalsprache einerseits und den Begriffen wie Nation, Kultur, Heimat sowie staatliche Souveränität andererseits herstellen, sind ebenfalls eher der *pro*-belarusischen Haltung der Diskursakteure eigen. Die ablehnende Haltung leugnet ihrerseits jeglichen Zusammenhang zwischen diesen Begriffen. Hier ist stattdessen die utilitaristische Betrachtungsweise des Nutzens bzw. der Notwendigkeit des Belarusischen dominierend: Die Sprache wird als verzichtbar und kommunikativ ineffektiv und die Sprachenfrage in Belarus allgemein als nicht primär relevant dargestellt. Die *pro*-Position nimmt bei der Argumentation mit dem pragmatischen Wert der Sprache eine aktive Haltung an und appelliert dafür, eine Nachfrage nach Belarusisch zu schaffen. Der Wert der russischen Sprache für Belarusen wird hauptsächlich von den Verteidigern der Nationalsprache in Szene gesetzt und dabei als niedrig eingeschätzt.

Ein Blick auf die sprachsituations*übergreifenden* Topoi ergibt, dass eine Betrachtungsweise der Sprachsituation in Belarus als paradox, das Denken in Gefahren-Dimensionen, eine Gewalt-Sichtweise sowie Überlegungen über die Ursachen und Perspektiven der Sprachsituation eher für die Verteidiger des Belarusischen charakteristisch sind. Diese reflektieren viel mehr über die Rolle der Sprachdiskussion und der einzelnen Person im Prozess der Veränderung von Sprachsituation und greifen auf ein breiteres Spektrum Argumentationsstrategien zurück, indem sie viel häufiger die Topoi der *Analogie*, der *Autoritäten*, der *Inversion* sowie den *Beispiel*-Topos anwenden. Die Gegner des Belarusischen lassen dagegen die bestehende sprachliche Realität in Belarus als ein wichtiges Argument gegen Belarusisch gelten und behaupten, es bestünde kein Problem mit der belarusischen Sprache, was von ihren Opponenten allerdings als Demagogie bzw. Sophismus bewertet wird.

Wie oben bereits erwähnt, wird eine Reihe von Topoi von den *beiden* polaren *Positionen* im Forendiskurs gleich stark und kontrovers behandelt (Tab. 41). Je nach diskursiver Position wird v.a. eine Freiheit der Sprachwahl entweder angesichts der offiziellen Zweisprachigkeit als gegeben oder aufgrund der Dominanz des Russischen als nicht gegeben interpretiert. Daran lässt sich ablesen, dass die Argumentationsweisen *contra* Belarusisch in diesem Punkt auf eine *de jure*-Sichtweise der Sprachsituation in Belarus zurückgreifen, während sich die *pro*-belarusische Haltung auf eine *de facto*-Perspektive stützt. Mit unterschiedlichen Schlussfolgerungen – nämlich, dass Belarusisch bewahrt und gefördert und die Sprachsituation in Belarus geändert werden soll, bzw. umgekehrt, dass keine Änderungen der bestehenden Sprachverhältnisse notwendig sind, – aber dennoch von gleichen Prämissen gehen sowohl die Befürworter als auch die Gegner des Belarusischen aus, wenn sie über eine negative Einstellung der Gesellschaft zum Belarusischen, über dessen unkorrekte Verwendung und Instrumentalisierung, über eine negative Auswirkung der Erwerbsplanung auf die Nationalsprache sowie über das Fehlen nationaler Literatur und belarusischsprachiger Estrade sprechen oder wenn sie die belarusische Sprache mit einem in der Praxis nicht verwendbaren Museumsexponat vergleichen. Unterschiedliche Gesichtspunkte vertreten die beiden Positionen bei der Einschätzung der Polyvalenz, des wirtschaftlichen und des gesellschaftlichen Nutzens des Belarusischen: Die Verteidiger der Sprache sehen diese Eigenschaften als vorhanden und ausgebaut, die Gegner aber als nicht vorhanden. Kontrovers werden die Begriffe der Muttersprache und des Patriotismus sowie eine Angemessenheit des Pragmatismus als Argument in einer nationalsprachlichen Diskussion ausgelegt. Während die Vertreter der *pro*-belarusischen Position in der Nationalsprache die Muttersprache und in einer positiven Einstellung ihr gegenüber ein Zeichen des Patriotismus sehen, wird bei der ablehnenden Haltung jegliche Verbindung zwischen diesen Begriffen verneint und die pragmatischen Erwägungen beim sprachbezogenen Thema dagegen als entscheidend betrachtet, ganz im Gegensatz zu der Meinung der Befürworter der Belarusischen.

Tab. 41: *Von beiden Positionen verwendete Topoi*

Sprachsituations*spezifische* Topoi	Position	
	pro	contra
Statusplanung		
Topos der *freien Sprachwahl*	17	16
Prestigeplanung		
Topoi der *Rolle nationaler Literatur und belarusischsprachiger Estrade*	8	6
Sprachkompetenz		
Topos der *Korrektheit der belarusischsprachigen Rede*	13	7
Sprachperformanz		
Museumsgut-Topos	4	7
Zustand der belarusischen Sprache		
Standardsprachlichkeit		
Topos der *Polyvalenz des Belarusischen*	18	23
Pragmatischer Wert des Belarusischen		
Topos des *wirtschaftlichen Nutzens*	17	14
Topos des *Pragmatismus als angemessenes Argument*	6	7
Topos des *gesellschaftlichen Nutzens*	3	2
Symbolischer Wert des Belarusischen		
Patriotismus-Topos	8	13
Gesellschaftliche Einstellung zum Belarusischen		
Topos der *gesellschaftlichen Einstellung zum Belarusischen*	428	226
Sprachsituations*übergreifende* Topoi		
Globalisierungs-Topos	64	84
Ursachen-Topos:		
Topos der *ungünstigen Erwerbsplanung*	57	37
,*Opposition ist schuld*'-Topos	9	2
Muttersprache-Topos	29	17
Topos ,*Sprache der Beiträge*'	22	42
Instrumentalisierungs-Topos	22	13

Ein für die beiden Positionen gleich wichtiger Topos ist der *Globalisierungs-Topos*. Er wird so verwendet, dass damit je nach diskursiver Position der Nutzen sowohl einer Nationalsprache als auch eines gemeinsamen einheitlichen Kommunikationsmittels im Globalisierungszeitalter erwogen wird. Einig sind sich die beiden polaren Position nur in einem Punkt, nämlich in der Ansicht, dass eine Assoziation der belarusischen Sprache mit der politischen Opposition in Belarus dem Sprachprestige abträglich sei.

5.4.2.1.5 Qualitative Analyse der diskursiven Argumentationsarchitektur: Topos-Formulierungen

Im abschließenden Teil der Auswertung von Topoi soll nun die argumentative Gesamtarchitektur des Forendiskurses über die belarusische Sprache durch die Wiedergabe der konkreten Topos-Formulierungen näher gebracht werden. Es hat sich im Laufe der Analyse herausgestellt, dass es eine Reihe von Denkweisen gibt, die von den beiden polaren diskursiven Positionen vertreten werden, nämlich so, dass diese von *gleichen Prämissen* ausgehen und *gleiche Schlussfolgerungen* daraus ziehen (Tab. 42).

Tab. 42: *Von beiden Positionen* vertretene Denkweisen

Bezug	Prämisse	Schlussfolgerung	Codings
		pro und *contra*	
Ähnlichkeit der Sprachen	Da Belarusisch dem Russischen ähnlich ist,	besteht keine objektive Notwendigkeit, es zu beherrschen.	5
Nationale Literatur und Estrade	Da es an nationaler belarusischer Literatur und Liedern fehlt,	trägt es nicht dem Prestige des Belarusischen bei und sollte geändert werden.	20
pro Trasjanka	Da die Trasjanka eine vitale Variante des Belarusischen ist,	sollte sie bewahrt werden.	33
Ursachen	Da einige Besonderheiten der belarusischen Nationalidentität sich negativ auf die Nationalsprache auswirken,	sollten sie geändert bzw. beseitigt werden.	149
	Da sich die Gestaltung der Erwerbsplanung negativ auf die Nationalsprache auswirkt,	sollte sie geändert werden.	105
	Da Belarusisch mit der politischen Opposition in Belarus assoziiert wird,	wirkt sich das negativ auf das Prestige des Belarusischen aus.	12

Bezug	Prämisse	Schlussfolgerung	Codings
		pro und contra	
Instrumentalisierung	Da die Sprachfrage in Belarus oft zum Erreichen diverser Zwecke eingesetzt wird,	kann von einer Instrumentalisierung des Belarusischen gesprochen werden.	48
Massenmedien	Da die belarusischen Massenmedien kein (korrektes) Belarusisch verwenden,	wirkt sich das negativ auf das Prestige des Belarusischen aus.	21
Beispiel	Da es Beispiele für meine Behauptung gibt,	ist sie wahr.	59
Autorität	Da meine Meinung der von anerkannten Autoritäten entspricht,	ist sie richtig.	35

Einig sind sich die Befürworter und die Gegner des Belarusischen v.a. darin, dass die Ursachen des marginalisierten Zustandes der Sprache in der Besonderheiten der belarusischen Nationalidentität, in der Art der Erwerbsplanung, im Mangeln an belarusischsprachiger Literatur und Massenmedien, in der Ähnlichkeit mit dem Russischen und in einer Assoziierung mit der politischen Opposition in Belarus lägen. Beide Parteien sehen in der Trasjanka eine vitale Variante des Belarusischen und sind darin einvernehmlich, dass die Sprachenfrage in Belarus zu politischen Zwecken instrumentalisiert werden würde.

Die Analyse der Topos-Formulierungen ergab darüber hinaus, dass es in Belarus sprachbezogene Sachverhalte gibt, die von den beiden Positionen zwar wahrgenommen und gleich bewertet, aber unterschiedlich argumentativ eingesetzt werden. In solchen Topoi gehen die Verteidiger und die Gegner des Belarusischen von *gleichen Prämissen* aus, leiten daraus jedoch *unterschiedliche* und zum Teil diametral *entgegengesetzte Schlussfolgerungen* ab (Tab. 43).

Tab. 43: Formulierungen der Topoi mit *gleichen* Prämissen und *verschiedenen* bzw. *gegensätzlichen* Schlussfolgerungen

Bezug	Prämisse	Schlussfolgerung		Codings
		pro	contra	
Mehrheit	Da die Mehrheit der Belarusen das Russische bevorzugt, bin ich der Meinung, dass das Bewahren des Belarusischen	umso mehr erforderlich ist.	nicht sinnvoll bzw. nicht möglich ist.	111

Bezug	Prämisse	Schlussfolgerung		Codings
		pro	contra	
Staatliche Zweisprachigkeit	Da es in Belarus zwei Staatssprachen gibt	wird *Belarusisch verdrängt*.	ist eine *ausschließliche Verwendung des Russischen legitim*.	50
Einsprachigkeit *de facto*	Da die Sprachwirklichkeit in Belarus eine Einsprachigkeit *de facto* darstellt, ist dieser Zustand	*nicht* als *normal* zu betrachten	als *normal* zu betrachten.	34
Freie Sprachwahl	Da es in Belarus zwei Staatssprachen gibt, ist die Freiheit der Sprachwahl	*nicht gegeben*.	*gegeben*.	59
Unumgänglichkeit der Russifizierung	Da es eine starke Russifizierung der Gesellschaft in Belarus gibt, besteht	*keine andere Wahl*, als Russisch zu sprechen.	*trotzdem eine andere Wahl*, als Russisch zu sprechen.	13
Belarusifizierung (1990er)	Da die Belarusifizierung in den 1990er Jahren in einem schnellen Tempo durchgeführt wurde, sollte sie	*mit anderen Methoden wiederaufgenommen* werden.	*nicht* mehr *wiederaufgenommen* werden.	25
Qualität des Belarusisch-Unterrichts	Da die Qualität des Belarusisch-Schulunterrichts niedrig ist,	muss dieser Zustand *geändert* werden.	*kann* und *soll nicht* zum Belarusischen *gewechselt* werden.	27
Sprache des Präsidenten	Da der Präsident als das ‚Gesicht des Staates' Belarusisch weder verwendet noch beherrscht, wirkt sich das negativ auf das Prestige der Nationalsprache aus	und sollte *geändert* werden.	und sollte *nicht geändert* werden.	37
Sprachkompetenz	Da die belarusische Gesellschaft die Nationalsprache kaum beherrscht,	entsteht das Problem ihrer *negativen Einstellung* dergegenüber.	ist die Verwendung des Belarusischen *nicht sinnvoll*.	56
Sprachperformanz	Da Belarusisch in der Gesellschaft meistens unkorrekt verwendet wird, sollte	*sich um die Korrektheit bemüht* werden.	*auf das Sprechen auf Belarusisch ganz verzichtet* werden.	41
	Da Belarusisch von Belarusen nicht als Kommunikationsmittel, sondern als Museumsexponat begriffen und behandelt wird,	sollte es *geändert* werden.	sollte es *dabei belassen* werden.	16
Sprachsterben	Da der aktuelle Zustand des Belarusischen als Sprachsterben bezeichnet werden kann, sollten	*Maßnahmen* zu seiner Bewahrung *ergriffen werden*.	*keine Maßnahmen* zu seiner Bewahrung mehr *ergriffen werden*.	37

Bezug	Prämisse	Schlussfolgerung pro	Schlussfolgerung contra	Codings
Künstlichkeit des Belarusischen	Da die belarusische Standardsprache in gewissem Maße künstlich klingt,	ist sie als *jede andere Standardsprache* zu betrachten.	kann sie *nicht als die Muttersprache* der Belarusen gelten und wird daher nicht gesprochen.	30
contra-Trasjanka	Da die Trasjanka als eine russifizierte Substandard-Variante des Belarusischen weit verbreitet ist,	stellt sie eine *Diskreditierung* des Belarusischen dar und sollte *vermieden* werden.	ist der Übergang zum Standardbelarusischen *nicht möglich* und *nicht sinnvoll*.	11
Varianz	Da die parallele Existenz zweier Varianten des Belarusischen für eine Belarusifizierung erschwerend ist,	sollte *eine Variante* endgültig *festgelegt* werden.	ist eine Belarusifizierung *nicht möglich* und *nicht sinnvoll*.	27
Relevanz der Sprachproblematik	In der Republik Belarus gibt es wichtigere Probleme als der Zustand der Nationalsprache,	aber man sollte sich mit der Sprachproblematik trotzdem *beschäftigen*.	so dass man sich mit der Sprachproblematik *nicht beschäftigen* soll.	27
Werte	Da die Mehrheit der Bevölkerung materielle Werte über die geistigen stellt, wirkt sich das negativ auf die Nationalsprache aus	und sollte *geändert* werden.	und ist als Gegebenheit zu *akzeptieren*.	20
Nutzen des Belarusischen	Da es durch die Verbreitung des Russischen kein Bedarf an Belarusisch besteht,	sollte der *Bedarf* an Belarusisch *geschaffen* werden.	ist die Sprache nutzlos und sollte deswegen *nicht bewahrt* werden.	116
	Da der Übergang zum Belarusischen sich sowohl auf der individuellen als auch auf der gesellschaftlichen Ebene als nachteilig erweisen kann,	kann die Sprachsituation in Belarus *nicht als normal* bezeichnet werden.	soll *kein Übergang* zum Belarusischen vollzogen werden.	15
Symbolischer Wert des Belarusischen	Da die Bewahrung von Nationalsprache eine ideologische Frage ist,	sollte der Übergang zum Belarusischen von einer *Änderung* der Staatsideologie beginnen.	und die Ideologie eine imaginäre Erscheinung ist, sollte Belarusisch *nicht bewahrt* werden.	4
Einstellung der Gesellschaft	Da die Einstellung der Gesellschaft zum Belarusischen negativ ist,	sollten Maßnahmen ergriffen werden, die diesen Umstand *ändern*.	sollte es als Gegebenheit *akzeptiert* werden und Belarusisch sollte *nicht bewahrt* werden.	694

Bezug	Prämisse	Schlussfolgerung		Codings
		pro	*contra*	
Ursachen	Da es bestimmte Faktoren gibt, die die Sprachsituation in Belarus negativ beeinflussen,	sollten sie *beseitigt* werden.	können sie nicht ohne Weiteres beseitigt werden und sind als Gegebenheit zu *akzeptieren*.	509
	Da die Mentalität der Belarusen stark von der sowjetischen geprägt ist,	erschwert es den Nationalisierungsprozess und es soll dem *entgegengewirkt* werden.	ist und bleibt *Russisch die Muttersprache* der *Belarusen*.	31
Paradox	Da die Sprachsituation in Belarus paradoxale Sachverhalte aufweist,	entspricht es nicht der Normalität und sollte *geändert* werden.	sollte sie dennoch *nicht geändert* werden.	176
Realität	Da die Realität so aussieht, dass man Belarusisch nicht braucht und nicht verwendet,	sollte dies *geändert* werden.	sollten *keine Maßnahmen* ergriffen werden, um es zu bewahren.	60

Charakteristisch für die *pro*-Position ist also, die bestehenden Sprachverhältnisse in Belarus für nicht normal zu erachten und auf eine Notwendigkeit ihrer Änderung und der Bewahrung des Belarusischen zu schließen. Aufseiten der Ablehnung wird aus diesen Prämissen dagegen typischerweise die Konklusion gezogen, die Sprachrealität in Belarus zeichne sich durch eine Normalität aus, so dass jede Änderung und auch die Bewahrung des Belarusischen nicht sinnvoll und nicht möglich seien, weswegen diese Sprachrealität als Gegebenheit zu akzeptieren sei.

Die in der nächsten Tabelle (44) aufgelisteten Topos-Formulierungen zeigen, dass nicht alle Phänomene der sprachlichen Realität in Belarus von allen Diskussionsteilnehmern gleich eingeschätzt werden. *Gegensätzliche Meinungen* vertreten die beiden polaren Positionen demnach in Bezug auf den Begriff der Muttersprache, auf die Historizität, Polyvalenz, Ästhetik, auf den Sprachtod und die Nonexistenz sowie auf den pragmatischen Nutzen und den symbolischen Wert des Belarusischen. Kontrovers werden die Themen wie Globalisierung, Patriotismus, Pragmatismus, Manipulation und Gewalt an der Sprache zwischen den Parteien behandelt und die Gefahren und Perspektiven für Belarusisch sowie die Rolle der Sprachdiskussion und der einzelnen Person eingeschätzt.

Tab. 44: Formulierungen der Topoi mit *gegensätzlichen* Prämissen und Schlussfolgerungen

Bezug	Prämisse und Schlussfolgerung		Codings
	pro	*contra*	
Angaben zur Muttersprache in den Zensus 1999, 2009	Da diese Angaben *überzeugend* von der Loyalität der Belarusen gegenüber ihrer Nationalsprache sprechen, bin ich der Meinung, dass die sie *bereit* sind, Belarusisch zu verwenden.	Da diese Angaben *nicht überzeugend* von der Loyalität der Belarusen zu ihrer Nationalsprache sprechen, bin ich der Meinung, dass die sie *nicht bereit* sind, Belarusisch zu verwenden.	28
Diskriminierung des Russischen	Da eine Belarusifizierung *nicht* zur Diskriminierung der Russischsprachigen führt, sollte sie *durchgeführt* werden.	Da eine Belarusifizierung zur Diskriminierung der Russischsprachigen führt, sollte sie *nicht durchgeführt* werden.	6
Polnischer Einfluss	Da der polonisierende Einfluss auf die belarusische Sprache auf einem *natürlichen* Wege geschah, hat es die Sprache *reicher* gemacht.	Da der polonisierende Einfluss auf die belarusische Sprache auf einem *unnatürlichen* Wege geschah, hat es die Sprache *fremdartig* gemacht.	3
Sprachtod des Belarusischen	Da es Sprecher des Belarusischen gibt, ist die Sprache *nicht tot*.	Da Belarusisch eine *tote* Sprache ist, sollte auf ihr Wiederbeleben verzichtet werden.	48
Nonexistenz des Belarusischen	Da es so ein Phänomen wie die belarusischen Sprache *gibt*, sollte um ihr Bewahren bemüht werden.	Da es so ein Phänomen wie die belarusischen Sprache *nicht gibt* und *nie gab*, wird sie nicht gesprochen und die Bemühungen um ihr Wiederbeleben sind *nicht sinnvoll*.	27
Polyvalenz des Belarusischen	Da die belarusische Sprache *polyvalent* ist und v.a. als Fachsprache genügend ausgearbeitet ist, ist sie eine Standardsprache und soll *verwendet* werden.	Da die belarusische Sprache *nicht polyvalent* ist und v.a. als Fachsprache nicht genügend ausgearbeitet ist, ist sie keine Standardsprache und soll *nicht verwendet* werden.	53
Pragmatismus als Argument	Da die pragmatischen Erwägungen beim Thema 'Nationalsprache' *nicht entscheidend* sind, sollten sie bei der Diskussion um die Bewahrung des Belarusischen *nicht berücksichtigt* werden.	Da die pragmatischen Erwägungen beim Thema 'Nationalsprache' *entscheidend* sind, sollten sie bei der Diskussion um die Bewahrung des Belarusischen in erster Linie *berücksichtigt* werden.	18
Nutzen des Belarusischen	Da die Bewahrung der belarusischen Nationalsprache *einen wirtschaftlichen Nutzen* mit sich bringt, sollte sie *bewahrt* werden.	Da die Bewahrung der belarusischen Nationalsprache *keinen wirtschaftlichen Nutzen* mit sich bringt, sollte sie *nicht bewahrt* werden.	34

Bezug	Prämisse und Schlussfolgerung		Codings
	pro	*contra*	
	Da die *kommunikative Funktion*, welche beim Belarusischen schwach ausgeprägt ist, *nicht die einzige Funktion* einer Sprache ist, sollte Belarusisch *bewahrt* werden.	Da die *kommunikative Funktion*, welche beim Belarusischen schwach ausgeprägt ist, *die einzige Funktion* einer Sprache ist, sollte auf die Bewahrung des Belarusischen *verzichtet* werden.	17
	Da Belarusisch als Nationalsprache *einen gesellschaftlichen Nutzen* bringt, sollte es *bewahrt* und *verwendet* werden.	Da Belarusisch als Nationalsprache *keinen gesellschaftlichen Nutzen* bringt, sollte es *nicht bewahrt* und *nicht verwendet* werden.	5
Historizität des Belarusischen	Da die belarusische Sprache auf *eine langjährige* Geschichte zurückblicken kann, sollte sie *bewahrt* werden.	Da die belarusische Sprache auf *keine langjährige* Geschichte zurückblicken kann, sollte sie *nicht bewahrt* werden.	58
Patriotismus	Da eine positive Einstellung zum Belarusischen von *Patriotismus* zeugt, sollte es *verwendet* werden.	Da eine positive Einstellung zum Belarusischen *nicht* von *Patriotismus* zeugt, sollte es *nicht verwendet* werden.	46
Symbolischer Wert des Belarusischen	Da es einen direkten *Zusammenhang* zwischen *Nationalsprache* und *Nation* gibt, ist Belarusisch ein wichtiger Faktor der belarusischen Nation und sollte *bewahrt* werden.	Da es *keinen Zusammenhang* zwischen *Nationalsprache* und *Nation* gibt, ist die belarusische Sprache kein wichtiger Faktor der belarusischen Nation und sollte *nicht bewahrt* werden.	142
	Da es einen direkten *Zusammenhang* zwischen *Nationalsprache* und *staatlicher Souveränität* gibt, ist Belarusisch ein wichtiger Faktor der belarusischen Staatlichkeit und sollte *bewahrt* werden.	Da es *keinen Zusammenhang* zwischen *Nationalsprache* und *staatlicher Souveränität* gibt, ist Belarusisch kein wichtiger Faktor der belarusischen Staatlichkeit und sollte *nicht bewahrt* werden.	33
	Da die belarusische Sprache *ein wichtiger Teil* der kulturellen *Volkstradition* ist, sollte sie bewahrt werden.	Da die belarusische Sprache *nicht mehr als eine schöne Tradition* ist, sollte sie nicht bewahrt werden.	60
	Da eine Nationalsprache *eine Grundlage* für *Nationalkultur* bildet, sollte die belarusische Sprache *bewahrt* werden.	Da eine Nationalsprache *keine Grundlage* für *Nationalkultur* bildet, sollte die belarusische Sprache *nicht bewahrt* werden.	23
	Da die Nationalsprache *eng* mit dem Begriff der *Heimat* zusammenhängt, sollte die belarusische Sprache *bewahrt* werden.	Da die Nationalsprache *nicht* mit dem Begriff der *Heimat* zusammenhängt, sollte die belarusische Sprache *nicht bewahrt* werden.	8
	Da die belarusische Sprache als *eine Investition* betrachtet werden kann, sollte sie *bewahrt* werden.	Da die belarusische Sprache *nicht als eine Investition* betrachtet werden kann, sollte sie *nicht bewahrt* werden.	11

Bezug	Prämisse und Schlussfolgerung		Codings
	pro	*contra*	
Ästhetik des Belarusischen	Da eine korrekte belarusische Sprache ästhetisch *attraktiv* ist, sollte sie *bewahrt* werden.	Da eine korrekte belarusische Sprache ästhetisch *nicht attraktiv* ist, sollte sie *nicht bewahrt* werden.	145
Wert des Russischen	Da die russische Sprache *keinen Gewinn* für Belarusen darstellt, sollte sie ihre *dominierende* Stellung in Belarus *nicht behalten*.	Da die russische Sprache *einen Gewinn* für Belarusen darstellt, sollte sie ihre *dominierende* Stellung in Belarus *behalten*.	46
Globalisierung	Da es im Zeitalter der Globalisierung wichtig ist, die *eigene Sprache* zu bewahren, sollte die belarusische Sprache *bewahrt* werden.	Da es im Zeitalter der Globalisierung wichtig ist, sich auf *ein gemeinsames Kommunikationsmittel* zu einigen, sollte die belarusische Sprache *nicht bewahrt* werden.	171
Analogie	Da die Sprachsituationen in den Ländern, in denen sich die Nationalsprache *durchgesetzt* hat, Analogien zu der in Belarus aufweisen, könnte deren Sprachpolitik als Beispiel genommen werden.	Da die Sprachsituationen in den Ländern, in denen die Nationalsprache *verdrängt* worden ist, Analogien zu der in Belarus aufweisen, könnte deren Sprachpolitik als Beispiel genommen werden.	152
Gewalt	Da die sprachpolitischen Prozesse in Belarus als eine auf die belarusische Sprache gerichtete *Gewalt* zu bezeichnen sind, sollten sie *angehalten* werden.	Da die sprachpolitischen Prozesse in Belarus *nicht* als eine auf die belarusische Sprache gerichtete *Gewalt* zu bezeichnen sind, sollten sie *nicht angehalten* werden.	152
Gefahr	Da bestimmte sprachpolitische Prozesse in Belarus sich *negativ* auf die belarusische Sprache auswirken bzw. auswirken könnten, stellen sie eine *Bedrohung* dar und sollten *angehalten* werden.	Da bestimmte sprachpolitische Prozesse in Belarus sich *nicht negativ* auf die belarusische Sprache auswirken bzw. auswirken könnten, stellen sie *keine Bedrohung* dar und sollten *nicht angehalten* werden.	124
Perspektiven	Da die belarusische Sprache *gute* Zukunftsaussichten hat, sollte sie *gefördert* werden.	Da die belarusische Sprache *schlechte* Zukunftsaussichten hat, sollte sie *nicht gefördert* werden.	124
Muttersprache	Da als Muttersprache die Sprache der *Nation*, der *Vorfahren* oder die *Titularsprache* definiert wird, halte ich Belarusisch für die Muttersprache der Belarusen.	Da als Muttersprache die Sprache des *Denkens*, der *Eltern*, die *Alltagssprache* oder die Sprache der *ersten Sozialisation* definiert wird, ist Belarusisch für Belarusen *keine* Muttersprache.	83
Sprachdiskussion	Da die Diskussion um die belarusische Sprache eine bestimmte *Funktion* erfüllt und einen *Nutzen* bringt, sollte sie *geführt* werden.	Da die Diskussion um die belarusische Sprache *keine* bestimmte *Funktion* erfüllt und *keinen Nutzen* bringt, sollte sie *nicht geführt* werden.	63

Bezug	Prämisse und Schlussfolgerung		Codings
	pro	*contra*	
Rolle der Einzelperson	Da die Rolle der einzelnen Person bei der Veränderung von Sprachsituation *bedeutend* ist, sollte um die Bewahrung des Belarusischen auf der individuellen Ebene *bemüht werden*.	Da die Rolle der einzelnen Person bei der Veränderung von Sprachsituation *unbedeutend* ist, sollte um die Bewahrung des Belarusischen auf der individuellen Ebene *nicht bemüht werden*.	15
Manipulation	Da eine nationalbewusste Gesellschaft *schwerer* zu manipulieren ist, sollte die Nationalsprache in Belarus *durchgesetzt* werden.	Da eine nationalbewusste Gesellschaft *leichter* zu manipulieren ist, sollte die Nationalsprache in Belarus *nicht durchgesetzt* werden.	10
Sprachproblem in Belarus	Eine *Leugnung* des Nationalsprachproblems in Belarus ist eine *Demagogie*.	Da es in Belarus *keine Probleme* mit dem Belarusischen gibt, sollte *keine Diskussion* darüber geführt werden bzw. *nichts geändert* werden.	69

Die beiden Parteien haben darüber hinaus ihr *eigenes Argumentationsinstrumentarium*, welches nur für die jeweilige Position relevant ist und von der Gegenposition gar nicht in Erwägung gezogen wird. An diesen Punkten agieren die beiden Seiten ohne eine gemeinsame Argumentationsbasis und ohne einen gegenseitigen Bezug aufeinander (Tab. 45 und 46).

Tab. 45: Formulierungen der Topoi, die *ausschließlich pro* Belarusisch verwendet werden

nur-pro-Aussage	*nur-pro*-Argumentation	Codings
Es kam zur *Marginalisierung* und zur *Deformation* des Belarusischen,	weil der Staat *keine nationale Sprachpolitik* umsetzt, sondern stattdessen aktiv und zielgerichtet gegen die Nationalsprache handelt;	87
	weil es eine starke *Russifizierung der Gesellschaft* in Belarus gibt;	28
	weil eine *russifizierende Einwirkung auf Belarusisch* im Korpusbereich in der Vergangenheit ausgeübt wurde;	11
	weil in der Vergangenheit eine *Polonisierung der Gesellschaft* stattfand.	3
Es müssen folgende Faktoren der bestehenden sprachlichen Wirklichkeit *geändert* werden:	die bestehende Disbalance zwischen Belarusisch und Russisch. Eine hypothetische Umkehrung des Verhältnisses zwischen Belarusisch und Russisch in Belarus würde nämlich als befremdlich wahrgenommen werden;	25
	deswegen soll eine Gleichstellung der Sprachen geschaffen werden, weil sie beide Staatssprachen in Belarus sind;	40

nur-pro-Aussage	nur-pro-Argumentation	Codings
	die staatlich festgelegte Zweisprachigkeit, denn alle haben Belarusisch in der Schule gelernt, so dass innerhalb der Bevölkerung eine allgemeine Sprachkompetenz besteht, die zur Einführung des Belarusischen als die einzige Staatssprache ausreichend ist;	15
	die Sprachpolitik des Staates, weil sie sich negativ auf die Nationalsprache auswirkt;	82
	die Einstellung des Staates zur Nationalsprache, weil aufgrund seiner derzeit negativen Einstellung das Belarusische keine Unterstützung bekommt, was sich negativ auf sein Prestige auswirkt;	29
	denn sogar zu den Zeiten der Sowjetunion wurde für das Prestige des Belarusischen mehr gemacht;	10
	die Kompetenz der Behördenmitarbeiter in Belarusisch, weil es deren Pflicht ist, die Nationalsprache zu beherrschen;	13
	die Einstellung zum Belarusischen und das Sprachverhalten der Gesellschaft, weil die Geschichte gezeigt hat, dass das bisherige gesellschaftliche Sprachverhalten und Spracheinstellung negative Folgen für das Belarusische haben;	38
	das Verhalten der geistigen Elite, weil sie ein großes Wirkungspotenzial hat und sich deswegen für die Prestigeförderung des Belarusischen einsetzen kann und soll.	7
Belarusisch sollte *bewahrt* werden	weil es als ein *Heiligtum* zu betrachten ist;	21
	weil es einen *Schutz* vor negativer Einwirkung von außen gewährt;	21
	weil es die Funktion eines *Filters* erfüllen und das Eigene vom Fremden sowie das Hochwertige vom Minderwertigen trennen kann;	6
	weil es die *nationale Mentalität* der Belarusen abbildet und beeinflusst und mit *positiven Eigenschaften* einer Person assoziiert wird;	12
	weil es für das Verstehen der nationalen belarusischen *Kultur* unerlässlich ist.	1
Belarusisch sollte *verwendet* werden	weil es ein Mittel ist, das eigene *Selbstwertgefühl,* die *Selbstachtung* und den *nationalen Stolz* zu behalten und zu steigern;	17
	weil seine Beherrschung und die Verwendung sich positiv auf die *persönliche Entwicklung* und das *Wohlbefinden* des Menschen auswirken;	12
	weil eine aktive Verwendung des Belarusischen für seine *Bewahrung* wichtig ist;	9
	weil es eine vollwertige kodifizierte *Standardsprache* ist.	5

nur-pro-Aussage	nur-pro-Argumentation	Codings
Belarusisch ist eine *vitale* Sprache,	weil es trotz ungünstiger Entwicklungsbedingungen immer noch existiert und verwendet wird.	23
Die *Taraškievica*-Variante sollte durchgesetzt werden,	weil sie die klassische Variante des Belarusischen ist.	22
Die *Narkomaŭka*-Variante sollte durchgesetzt werden,	weil sie zum einen die offizielle und zum anderen die vertraute und somit eine verwendbare Variante des Belarusischen ist.	14
Weder *Taraškievica* noch *Narkomaŭka* können als die eigentliche belarusische Sprache gelten,	weil die Verwendung von beiden Varianten markiert ist und sie jeweils für bestimmte Zwecke genutzt werden.	4
Das *Orthographiegesetz 2008* ist ein sprachpolitisches Instrument,	weil es dafür keine objektive Notwendigkeit bestand.	20
Die *Latinica* sollte nicht eingeführt werden,	weil sie für Belarusen fremd ist.	7
Der *Wert* des Belarusischen geht über den trivialen Nutzen hinaus,	weil eine Sprache als nationaler Wertgegenstand eine überindividuelle und irrationale Erscheinung ist.	16

Tab. 46: Formulierungen der Topoi, die *ausschließlich contra* Belarusisch verwendet werden

nur-contra-Aussage	nur-contra-Argumentation	Codings
Eine Belarusifizierung sollte *nicht durchgeführt* werden,	weil ihre *Kosten* im Verhältnis zu ihrem Nutzen *zu hoch* wären.	15
	weil die Bemühungen um Belarusifizierung dem *gesunden Menschenverstand* widersprechen, da die russische Sprache in Belarus in allen Lebensbereichen dominiert.	3
Belarusisch sollte *nicht bewahrt* werden,	weil es *als Kommunikationsmittel ungeeignet ist*, denn es wird sogar im Kontext der Diskussion über die Nationalsprache von ihren Unterstützern nicht verwendet.	81
	weil es *lebensunfähig* ist.	2
	weil es im Gegensatz zur russischen Sprache *nicht mit Fortschritt assoziiert* wird.	31
Belarusisch wird *nicht verwendet*,	weil es *Mängel* aufweist.	6
Eine Sprache selbst ist als Mittel *irrelevant*,	weil während der Kommunikation der *Inhalt* einer Aussage *im Vordergrund* steht.	17
Aussagen *pro* Belarusisch sind nicht ernst zu nehmen,	weil sie *argumentlos* sind.	14

Typisch für die *pro*-Position ist, nach den Ursachen der behaupteten Marginalisierung und der Deformation des Belarusischen zu suchen, sich differenzierte Gedanken darüber zu machen, welche Faktoren der bestehenden sprachlichen Wirklichkeit geändert werden sollten, und Gründe für die Bewahrung und die Verwendung des Belarusischen herbeizuführen. Signifikant für die Befürwortung sind nicht nur eine aufwertende Bezeichnung der belarusischen Sprache als Heiligtum, als Schutz bzw. Filter und als ein Faktor der persönlichen Entwicklung und des Wohnbefindens, sondern auch eine starke Thematisierung des russifizierenden Einflusses sowohl auf die Sprache als auch auf die Gesellschaft, eine explizite Zuschreibung der Verantwortung dem Staat und seiner Sprachpolitik und das Verstehen der Relevanz von Spracheinstellungen und der symbolischen Funktion der Sprache für ihre Bewahrung. Ausschließlich für die *contra*-Position ist typisch, gegen eine Belarusifizierung pragmatisch mit dem Kostenfaktor und mit einem Appell an den gesunden Menschenverstand zu argumentieren, Belarusisch als kommunikativ ungeeignet, lebensunfähig und rückständig zu bezeichnen und dessen Nichtverwendung mit einem sprachimmanenten Faktor, nämlich mit seiner Mangelhaftigkeit, zu erklären.

Neben der Argumentationsführung anhand von Topoi wird im Forendiskurs über die *eigene Sprachkompetenz* und *Einstellung zum Belarusischen* berichtet sowie *Bekenntnisse zur Muttersprache* gemacht. Solche Selbstreflexionen sind ebenso wie die Topoi Bestandteil der kognitiven Komponente der Spracheinstellung. Da sie im Diskurs nicht argumentativ eingesetzt, sondern nur vorgetragen werden, wird ihre Auswertung separat, außerhalb des Topoi-Systems präsentiert.

5.4.2.2 Selbstreflexionen der Diskursakteure über die Einstellung zum Belarusischen

Die meisten Äußerungen, in denen die *eigene Einstellung zum Belarusischen* kundgegeben wird (186 C.), stammen im Forendiskurs von den Vertretern der *pro*-belarusischen Position (pro: 169, contra: 6 C.) und beschreiben überwiegend eine positive Haltung zur Sprache, welche sich sowohl in der Gutheißung von den für sie günstigen als auch in der Bemängelung von ungünstigen Faktoren als Einstellungsobjekten äußert. Wie die Tabelle 47 zeigt, rufen v.a. nationalsprachliche Projekte und Initiativen positive Reaktionen der Diskussionsteilnehmer hervor (44 C.). Es wird darüber hinaus der belarusischen Sprache (19 C.) sowie den Belarusischsprechenden (39 C.) häufig ausdrücklich Respekt gezollt, und eine positive Einstellung zum Belarusischen wird begrüßt (4 C.). Bemängelt wird dagegen eine negative Einstellung zum Belarusischen, welche sich in der Verachtung, Aggression und Respektlosigkeit vor der Nationalsprache, in den Aussagen über ihre Nutzlosigkeit, in Belarusophobie (38 C.) sowie im Unwillen, sie zu kennen und zu sprechen (18 C.) äußert. Eine Unzufriedenheit erwecken die in der Gesellschaft herrschende Inkompetenz in der Muttersprache (4 C.), eine als negativ erfasste Einstellung des Staates und des Präsidenten zum Belarusischen (4 C.) sowie die aktuelle Sprachpolitik generell (4 C.). Eine negative Haltung zum Belarusischen auf kognitiver Ebene wird selten explizit geäußert und kommt in einer Missbilligung sprachbewahrender Maßnahmen (3 C.) und des ‚Beharrens' auf dem Belarusischen (3 C.) zum Ausdruck.

Tab. 47: Selbstreflexionen der Forendiskursakteure über die Einstellung zum Belarusischen

Selbstreflexion: ‚Meine Einstellung zum Belarusischen ist positiv'		Position		Insg.
		pro	contra	
positiv	zu nationalsprachlichen Initiativen	44		44
	zur positiven Einstellung anderer	4		4
Respekt	vor Belarusischsprechenden	38		39
	vor belarusischer Sprache	18		19
negativ	zur negativen Einstellung anderer (*kognitiv, emotiv*)	35		38
	zum Unwillen, Belarusisch zu lernen und zu sprechen (*volitiv, konativ*)	18		18
	zur gesellschaftlichen Inkompetenz in Muttersprache	4		4
	zur Einstellung des Staates und des Präsidenten zum Belarusischen	4		4
	zur Sprachpolitik in Belarus	4		4
Selbstreflexion: ‚Meine Einstellung zum Belarusischen ist negativ'				
negativ	zu nationalsprachlichen Initiativen		3	3
	zum Bestehen auf einer Belarusifizierung		3	3
		169	6	180

Beispiele *pro* Belarusisch

Лічу станоўчым, што ўсе забяспечвальнікі сотавай сувязі маюць беларускамоўныя версіі. / Прыемна, што хоць амбасадар іншай краіны паважае і ведае нашу мову. / Уважаю людей, владеющих в совершенстве мовой. / С уважением отношусь к тем, кто из убеждений в повседневной жизни разговаривает на белорусском. / Говорю на русском, однако от этого уважения к белоруской мове ничуть ни меньше.

[Ich halte es für positiv, dass alle Anbieter des Funknetzes belarusischsprachige Versionen haben. / Es ist angenehm, dass wenigstens der Botschafter eines anderen Landes unsere Sprache respektiert und spricht. / Ich respektiere Menschen, die Belarusisch perfekt beherrschen. / Ich habe Respekt vor denjenigen, die aus Überzeugung im Alltag Belarusisch sprechen. / Ich spreche Russisch, aber mein Respekt vor der belarusischen Sprache ist daher keineswegs kleiner.]

Неприятно читать посты, где говорят, что бел. язык смешной. / Мне непонятно ваше раздражение, или даже агрессия по отношению к тем, кто разговаривает на белорусском. / Мне всегда очень обидно и неприятно, когда кто-то говорит: „я ненавижу белорусский язык". / Меня всегда возмущало нежелание белорусов говорить на родном языке. / Одно дело не говорить, другое нежелание знать. Второе, по-моему, ПОЗОР. / И вообще стыдно не знать родного языка. / Геннадий ДАВЫДЬКО, депутат Палаты представителей: „Сегодня белорусский язык не имеет будущего". И этат чамар является депутатом? Да за такое в 37 расстреляли бы как изменника родине!!! / Чинуши с ума посходили, совсем язык угробят.

[Es ist unangenehm, die Postings zu lesen, wo gesagt wird, dass Belarusisch lächerlich ist. / Ich verstehe Ihre Gereiztheit oder sogar Aggression gegenüber denjenigen, die Belarusisch sprechen, nicht. / Es ist immer schmerzlich und unangenehm, wenn jemand sagt: „Ich hasse Belarusisch". / Mich hat immer der Unwillen der Belarusen, ihre Muttersprache zu sprechen, empört. / Nicht zu sprechen ist eine Sache, es nicht beherrschen zu wollen – die andere. Das Zweite ist, meiner Meinung nach, eine SCHANDE. / Und überhaupt ist es peinlich, die eigene Muttersprache nicht zu können. / Gennadij DAVYD'KO, Abgeordneter des Repräsentantenhauses: „Heute hat die belarusische Sprache keine Zukunft". Und dieser Kotzbrocken ist ein Abgeordneter? Für so was würde man doch einen im Jahr 1937 als Volksverräter erschießen!!! / Die Amtsleutchen sind voll durchgedreht, sie bringen noch die Sprache komplett ins Grab.]

Beispiele *contra* Belarusisch

Гэтая акцыя распаўсюджванню беларускай мовы ніяк не паспрыяе. Выкінутыя грошы. / Свядомые никак не угомонятся. Чем бы дитя ни тешилось. / „Фактически вынуждает разговаривать его по-русски. Хотя дашкевич по-русски говорит плохо." Предлагаю пару дней оставить без еды. Русский вспомнит мгновенно.

[Diese Aktion wird einer Verbreitung der belarusischen Sprache in keiner Weise beitragen. Rausgeschmissenes Geld. / Die Nationalbewussten kommen irgendwie nicht zur Ruh. Gib dem Kind seinen Schnuller. / „Er wird quasi gezwungen, Russisch zu sprechen. Obwohl Daškievič schlecht Russisch spricht". Ich schlage vor, ihn ein paar Tage ohne Essen zu lassen. Dann kann er blitzschnell wieder Russisch.]

Als Operationalisierung von Spracheinstellungen sind *Bekenntnisse zur Muttersprache* (120 C.) ebenso eine Art expliziter Einstellungsäußerung. Als Muttersprache wird Belarusisch nur von der *pro*-Position bezeichnet (43 C.) (Tab. 48), manchmal allerdings mit der Anmerkung, dass es die Muttersprache sein *soll*. Über die Hälfte solcher Bekenntnisse (23 C.) werden vom Geständnis begleitet, die Alltagssprache sei jenoch Russisch. Die Diskrepanz zwischen den Begriffen ‚Muttersprache' und ‚Alltagssprache' in Kontext der belarusischen Sprachsituation wurde oben bereits erläutert (Kap. 5.4.2.1.2/Topos der *Muttersprache*). Einige Befürworter des Belarusischen nennen trotz ihrer Spracheinstellung dennoch Russisch als ihre Muttersprache[197] (10 C.). Vereinzelt wird in diesem Zusammenhang von beiden diskursiven Positionen die Trasjanka angebracht (3 C.).

Tab. 48: Bekenntnisse der Forendiskursakteure zur Muttersprache

Bekenntnisse zur Muttersprache	Position		Insg.
	pro	contra	
Belarusisch	43	–	43
Russisch	10	46	57
Trasjanka	1	2	3
	54	48	103

Beispiele *pro* Belarusisch

> Беларуская мова – гэта мая родная мова. / Такой мовай павінна быць беларуская. / Родной – Белорусский… но разговариваю, разумеется, на русском. / Беларускую мову уважаю, родным считаю руский (иногда сожалею). / Трасянка – ісціна беларуская родная народная мова!
>
> [Belarusisch ist meine Muttersprache. / Die Muttersprache muss Belarusisch sein. / Muttersprache – Belarusisch, aber reden tu ich, selbstverständlich, auf Russisch. / Die belarusische Sprache respektiere ich, aber für meine Muttersprache halte ich Russisch (und bedauere es manchmal). / Die Trasjanka ist die wahre belarusische Volkmuttersprache!]

Beispiele *contra* Belarusisch

> Сегодня родной язык – уже русский. / Своим языком могу назвать трасянку – язык, на котором говорит много моих знакомых, друзей, да и сам часто.
>
> [Heute ist bereits Russisch die Muttersprache. / Als meine Sprache kann ich die Trasjanka bezeichnen – die Sprache, welche die Mehrheit meiner Bekannten, Freunde spricht, aber auch des Öfteren ich selbst.]

---

[197] Wie sich das Verhältnis zwischen einer diskursiven Position und dem berichteten und tatsächlichen Sprachverhalten gestaltet, wird aus dem Kapitel 5.4.5 über die konative Komponente der Einstellung zum Belarusischen deutlich.

Mit Hinblick auf die Selbstreflexion über die Einstellung zum Belarusischen lässt sich zusammenfassend sagen, dass sie auf der individuellen Ebene generell positiv ausfällt, während die Einstellung der belarusischen Gesellschaft zur Nationalsprache im Forendiskurs grundsätzlich als negativ eingeschätzt wird (vgl. Topos der *gesellschaftlichen Einstellung zum Belarusischen*).

5.4.2.3 Selbstreflexionen der Diskursakteure über die Kompetenz in Belarusisch

Im Forendiskurs berichten die Diskussionsteilnehmer häufig über ihre Belarusischkenntnisse (103 C.), welche sie meistens als nur passiv, als ausbaufähig oder gar als fehlend einschätzen (70%). Vergleicht man die prozentuale Verteilung der Codings verschiedener Kompetenzstufen innerhalb der jeweiligen diskursiven Position (Tab. 49), so wird deutlich, dass es *keine Korrelation* zwischen der Spracheinstellung und der Sprachkompetenz besteht, so dass z.B. eine nicht ausreichende Beherrschung des Belarusischen weder als Grund noch als Folge einer negativen Einstellung ihm gegenüber aufgefasst werden kann und es sowohl Befürworter des Belarusischen ohne die ausreichenden Sprachkenntnisse (28 C.) als auch sprachkompetente Gegner dieser Sprache (10 C.) gibt.

Tab. 49: Selbstreflexionen der Forendiskursakteure über die Kompetenz in Belarusisch

Selbstreflexion: Sprachkompetenzniveau	Position				Insg.	%
	pro	%	contra	%		
fehlend	28	44	14	48	43	42
nicht ausreichend	11	17	2	7	16	15,5
nur passiv	9	14	3	10	13	12,5
vorhanden	16	25	10	35	31	30
	64		29		103	

Beispiele *pro* Belarusisch

> Мне – сорамна, што нарадзілася ў Беларусі, але яе мовы я амаль не ведаю. / Па-беларуску я бы пісаў з радасцю, але недастаткова знаю яго. / Белорусская мова такая красивая! Я ее понимаю, но самой сказать на ней что-то тяжело. Не умею. / Я в достаточной степени владею обоими языками.

> [Ich schäme mich dafür, dass ich in Belarus geboren wurde, aber das Land und seine Sprache fast nicht kenne. / Ich würde mit Freude auf Belarusisch schreiben, aber ich bin der Sprache nicht hinreichend mächtig. / Die belarusische Sprache ist so schön! Ich kann

sie verstehen, aber etwas darauf zu sagen fällt mir schwer. Ich habe es nicht drauf. / Ich beherrsche die beiden Sprachen in ausreichendem Maße.]

Beispiele *contra* Belarusisch

Меня в школе учили белорусскому языку, но я его вообще не знаю, и нет желания знать. / Я постоянно общаюсь на русском, белорусский знаю плохо. / На нашай нацыянальнай мове разумею ўсё выдатна, але ўсё жа, руская мова – на ўсё 100% родная. / Валодаю мовай дасканала. Но не хочу на ней разговаривать.

[In der Schule brachte man mir Belarusisch bei, aber ich kann es überhaupt nicht, und habe auch keinen Wunsch, es zu können. / Ich kommuniziere ständig auf Russisch, Belarusisch kann ich schlecht. / In unserer Nationalsprache verstehe ich alles ausgezeichnet, aber dennoch ist Russisch hundertprozentig die Muttersprache. / Ich beherrsche Belarusisch eingehend. Aber ich will es nicht sprechen.]

5.4.3 Emotive Komponente

5.4.3.1 Emotiv-affektive Komponente

Die Beiträge, in denen sich diese Einstellungskomponente manifestiert, beschreiben emotionale Reaktionen der Diskursakteure auf die belarusische Sprache (331 C.). Als Stimuli dieser Reaktionen treten im Forendiskurs in absteigender Häufigkeit folgende Entitäten auf: *Belarusisch als Zeichensystem* (99 C.), *Verwendung des Belarusischen* (66 C.), *negative Einstellung der Gesellschaft zum Belarusischen* (60 C.), *Sprachpolitik* (47 C.), *eigener Kontakt der Diskussionsteilnehmer zum Belarusischen* (33 C.), *fehlende gesellschaftliche Kompetenz in Belarusisch* (19 C.) und die *Sprecher* (7 C.). Eine Besonderheit der emotiv-affektiven Komponente besteht darin, dass sie eine steuernde Wirkung auf die Kognition und die Volition hat (Kap. 3.1.10). Alle im Forendiskurs zum Ausdruck gebrachten Emotionen, die auf Belarusisch gerichtet sind, lassen sich dualistisch in eine emotionale Haltung der *Zuneigung* und der *Abweisung* unterteilen. Die beiden Haltungsweisen können sowohl mit *positiven* als auch mit *negativen* Gefühlsqualitäten einhergehen, wie es z.B. beim Bedauern über fehlende gesellschaftliche Kompetenz in Belarusisch der Fall ist, welches eine negative Gefühlsqualität aufweist und dabei ein Ausdruck von Sympathie zur Sprache ist. Zur Optimierung der analytischen Auseinandersetzung mit der emotiv-affektiven Komponente werden alle ihren im Datenkorpus ermittelten Manifestationen in Anlehnung an die Klassifikation der Emotionen nach ihren kognitiven Grundlagen von Ortony/Clore/Collins (1988) in ereignisfundierte Wohlergehens- (Vergnügen/Traurigkeit) und Empathieemotionen (Sym-/Antipathie), handlungsfundierte Attributionsemotionen (Stolz/Scham) und objektfundierte Anziehungsemotionen (Mögen/Nichtmögen) unterteilt.

Die Tabelle 50 bildet die Verteilung von Emotionen der *Zuneigung* nach verschiedenen Einstellungsobjekten und die Häufigkeit ihrer Verbalisierung ab. Daraus wird deutlich, dass die diskursiv am stärksten vertretenen Emotionen der Zuneigung zum Belarusischen die *positiv* gefärbten Wohlergehensemotionen zur belarusischsprachigen Rede wie *Vergnügen, Freude, ‚Gefühlsübermaß', Genuss* und *Glück* (61 C.) und Anziehungsemotionen zum Belarusisch als Zeichensystem wie *Mögen, Liebe, Vermissen, Sehnsucht* und *Bedürfnis* nach der Sprache (55 C.) sind, die ihrerseits auf der Empfindung von *Vertrautheit* des Gegenstandes basieren, welche mit den Begriffen wie *Seelenfrieden, Nähe, Gemütlichkeit* und *Wärme* zum Ausdruck gebracht wird (17 C.). Die vorherrschenden Zuneigungsemotionen mit *negativer* Gefühlsqualität sind die Attributionsemotion des *Schämens* für die fehlende eigene Kompetenz in Belarusisch (15 C.) sowie die Sympathieemotiondes *Bedauerns* über eine negative Einstellung der Gesellschaft zum Belarusischen (negative Wahrnehmung und Nichtverwendung) (42 C.) und über eine für Belarusisch ungünstige Sprachpolitik (31 C.). Generell scheint das Bedauern mit 106 Codings die im Forendiskurs dominierende Emotion zu sein: Neben der Spracheinstellung und der Sprachpolitik werden von den Diskursakteuren der eigene schwache Kontakt zum Belarusischen (18 C.), die gesellschaftliche Inkompetenz in der Nationalsprache (8 C.), eine unprestigehafte Markiertheit (5 C.) und der russifizierte Zustand des Belarusischen (2 C.) bedauert. Negativ gefärbte Wohlergehensemotionen der *Traurigkeit* und der *Bitterkeit* werden v.a. durch fehlende gesellschaftliche Sprachkenntnisse (11 C.), durch die Sprachpolitik (6 C.) und die negative Einstellung zum Belarusischen in der Gesellschaft (5 C.) ausgelöst. Die Emotion des *Vergnügens* rufen währenddessen die auf die Bewahrung des Belarusischen gerichteten sprachpolitischen Initiativen (4 C.) und die Belarusisch sprechenden Personen (2 C.) hervor. Negativ gefärbte Attributionsemotionen gelten ihrerseits der negativen gesellschaftlichen Einstellung zum Belarusischen (*Scham*: 7, *Wut*: 1 C.), der Nichtverwendung von Nationalsprache (*Scham*: 1, *Verwunderung*: 3 C.) sowie der Sprachpolitik (*Empörung*: 4 C.), die positiv gefärbten dagegen – der belarusischen Sprache (*Stolz*: 5 C.) und den Sprechern (*Stolz*: 2, *Begeisterung*: 1 C.).

Bei der Zusammenfassung der in der Tabelle 50 dargestellten Ergebnisse lässt sich feststellen, dass bei den Diskursakteuren mit einer Zuneigungshaltung gegenüber dem Belarusischen die positiven Gefühlsqualitäten mit dem Belarusischen als Zeichensystem, mit seiner Verwendung, seinen Sprechern und mit sprachbewahrenden Initiativen verbunden sind, während eine negative gesellschaftliche Einstellung, die mangelnde Beherrschung von Nationalsprache, die Sprachpolitik sowie der eigene Kontakt zum Belarusischen grundsätzlich negativ gefärbte Emotionen auslösen.

Beispiele *pro* Belarusisch / *Zuneigungs*haltung mit *positiver* Gefühlsqualität

Wohlergehen (Genuss, Vergnügen, Übermaß an Gefühlen)

Господи, как красиво они говорили на роднай мове. Я прямо наслаждалась! / Сейчас нахожусь не в Беларуси и разговариваю на белорусском значительно больше, чем в самой Беларуси, как ни странно. И получаю от этого удовольствие. / Для меня это детство, воспоминания, Родина в каждом слове, в каждом звуке, такие чувства переполняют, что аж п..., извините. / Як бывае прыемна, калі ад выпадковага беларускага слова суразмоўца пачынае адказваць табе па-беларуску, пасьля такога „адкрыцьця душы" адчуваеш сябе проста крута! Гэта як за мяжой сустрэць зямляка. / Сёньня СТВ надавала навіны па-беларуску. Дробязь, але прыемна. / Учора быў прыемна здзіўлены, калі пабачыў беларускамоўнага амбасадара Швэцыі.

[Mein Gott, wie schön sie in der Muttersprache sprachen. Ich habe es regelrecht genossen! / Ich befinde mich jetzt nicht in Belarus und rede deutlich mehr auf Belarusisch als in Belarus selbst, komischerweise. Und finde Vergnügen daran. / Für mich sind es Kindheit, Erinnerungen, Heimat in jedem Wort, in jedem Laut, man wird von solchen Gefühlen überwältigt, dass... meine Fresse! Verzeihung. / Wie angenehm es ist, wenn dein Gesprächspartner auf ein zufälliges belarusisches Wort dir auf Belarusisch zu antworten beginnt, nach einer solchen „Seelenöffnung" fühlt man sich einfach geil! Als ob man im Ausland einen Landsmann getroffen hat. / Heute um 19 Uhr hat die STV Nachrichten auf Belarusisch übertragen. Eine Kleinigkeit, aber angenehm. / Gestern war ich angenehm überrascht, als ich den belarusischsprechenden Botschafter von Schweden sah.]

Anziehung (Mögen, Liebe, Vermissen, Sehnsucht, Bedürfnis) und Vertrautheit (Gemütlichkeit, Seelenfrieden, Nähe, Wärme)

Очень нравится белорусский язык! / Кахаю і паважаю родную мову. / Белорусский обожаю! / Была бы моя воля, я бы на нём всю жизнь и проговорила... Я ничего не могу лично сама с этим поделать. / Не хватает его, родного языка – просто до слёз. / Всё чаще начинаю размаўляць па-беларуску, или просто прикалываюсь, или зов какой-то, но мне это нравится. / А патрэба ёсць. Я нават гляджу фільмы на беларускай мове, каб чуць родную мову.

[Mir gefällt Belarusisch sehr. / Ich liebe und respektiere die Muttersprache Belarusisch. / Belarusisch liebe ich abgöttisch! / Wenn es nach mir ginge, würde ich es mein ganzes Leben lang sprechen... Ich kann persönlich nichts dagegen tun. / Sie fehlt mir, die Muttersprache – fast könnte ich weinen. / Immer häufiger beginne ich auf Belarusisch zu reden, entweder einfach als Gag oder es ist irdendein Ruf des Herzens, aber es gefällt mir. / Das Bedürfnis ist da. Ich schaue mir sogar Filme auf Belarusisch an, um die Muttersprache zu hören.]

Мы собирались и общались между собой по-белорусски... создавалось ощущение домашнего уюта... отдыхали так ссзт духом. / В командировке в Минске включал репродуктор в гостиничном номере и слушал. Это как музыка, прямо терапия в конце трудового дня. / В жизни использую русский, а белорусский – для души. / Мне всегда намного больше нравились произведения белорусских писателей, как-то роднее они. / Сердце „трымцела" когда в 9 классе учил на память Пагоню.

[Wir versammelten uns und sprachen Belarusisch miteinander... es kam das Gefühl einer heimischen Behaglichkeit auf... wir ließen, sozusagen, unsere Seele baumeln. / Auf einer Dienstreise nach Minsk machte ich im Hotelzimmer das Radio an und hörte zu. Es ist wie Musik, geradezu eine Therapie am Ende des Arbeitstages. / Im Leben verwende ich Russisch, und das Belarusische ist für die Seele. / Mir haben die Werke von belarusischen Schriftstellern immer vielmehr gefallen, irgendwie sind sie mir näher. / Das Herz „flatterte", als ich in der 9. Klasse die „Pahonia"[198] auswendig gelernt habe.]

Attribution (Stolz, Begeisterung)

Я горжусь своей белорусской, великолитовской, крывской, пусть и намного более скромной. / Я горжусь людьми, которые говорят на моем языке с экранов телевизоров. / Меня всегда воодушевляли люди, говорящие на родном – белорусском.

[Ich bin stolz auf meine belarusische, großlitauische, kryvische, wenn auch vielmehr bescheidenere. / Ich bin stolz auf die Menschen, die meine Sprache vom Fernsehbildschirm sprechen. / Mich haben immer die Menschen begeistert, die die Muttersprache – Belarusisch – sprechen.]

Beispiele *pro* Belarusisch / *Zuneigungs*haltung mit *negativer* Gefühlsqualität

Sympathie (Bedauern)

И с сожалением констатирую, что наплевали белорусы на свой язык. / Нажаль, амаль усе размаўляюць на рускай мове (і я у тым ліку). / Очень жалею, что не могу сама разговаривать по-белорусски. / Очень обидно, что современные дети не знают языка и, что ещё обиднее в некоторых случаях им просто стыдно разговаривать на нём! / Вельмі шкада, што яна набыла такі статус ізгоя і што з нашага маўклівага дазволу знішчаюць нашу мову і культуру. / А яшчэ праз некалькі рэдакцый ад рюскай будзе адрознівацца толькі цвердым р. Грустный. / От белорусского языка всё больше только трасянка осталась. А жаль, честно, очень жаль.

[Mit Bedauern stelle ich fest, dass sich die Belarusen einen Dreck um ihre Sprache kümmern. / Leider sprechen fast alle Russisch (mich inbegriffen). / Ich bedauere sehr, dass ich selbst kein Belarusisch kann. / Es ist sehr bitter, dass die Kinder heute die Sprache nicht können, und noch bitterer ist es, dass es ihnen manchmal einfach peinlich ist, sie zu sprechen. / Sehr schade, dass sie den Status eines Geächteten bekommen hat und dass mit un-

---

198 Ein Gedicht des belarusischen Dichters Maksim Bahdanovič von 1916

serem stillen Einverständnis unsere Sprache und Kultur vernichtet werden. / Und nach ein paar weiteren Redaktionen wird sie sich von der rüssischen nur durch das harte ‚r' unterscheiden. Traurig. / Von der belarusischen Sprache ist weitgehend nur Trasjanka geblieben. Aber schade, ehrlich, sehr schade.]

Wohlergehen (Traurigkeit, Bitterkeit, ‚unangenehmes Gefühl')

Печально читать комментарии на форуме. Не нужен язык??? / Некоторые свободно владеют несколькими иностранными, а на родном двух слов связать не могут. И это есть печально. / Не ведаем мы яе. Хоць ты плач! / Ведаеш, як крыўдна было, калі ў савецкім войску ўсе лёгка пераходзілі на сваю мову, а мы са сваім зёмай толькі маглі бэкаць, мэкаць ды зьмяняць канчаткі. / Сумна, што госьці-дзікуны жадаюць навесьці свае парадкі на нашай беларускай зямлі. / Вообще печально, что многие школы отказываются от белорусскоязычного обучения. / Неприятно читать посты, где говорят, что бел. язык смешной. / Непрыемна, што навакольныя, пачуўшы беларускую мову, вешаюць палітычны ярлык.

[Es ist betrübend, die Forenkommentare zu lesen. Man braucht die Sprache nicht??? / Manche beherrschen mehrere Fremdsprachen frei, und in der Muttersprache können sie kaum zwei Wörter miteinander verbinden. Und das ist traurig. / Wir können sie nicht. Zum Heulen ist das! / Weißt du, wie bitter es war, wenn alle in der sowjetischen Armee leicht zu ihrer eigenen Sprache wechselten, und ich mit meinem Kollegen nur stottern und Endungen ändern konnten. / Es ist traurig, dass die barbarischen Gäste ihre eigenen Regeln in unserem Land durchsetzen wollen. / Überhaupt ist es traurig, dass viele Schulen auf belarusischsprachige Bildung verzichtet haben. / Es ist unangenehm, die Postings zu lesen, wo gesagt wird, dass Belarusisch lächerlich ist. / Es ist unangenehm, dass die Umstehenden, sobald sie die belarusische Sprache hören, einem ein politisches Etikett draufkleben.]

Attribution (Scham, Verwunderung, Wut, Empörung)

И вообще мне стыдно, что я не знаю родной мовы. / I мне сорамна, што я не карыстаюся сваёй роднай мовай у паўсядзённым жыцці. / Стыдно, что не говорим по-белорусски. / У нас мала засталося людзей, якія паважаюць беларускую мову, і гэта – крыўдна й сорамна! / Меня всегда удивляло и возмущало в советские времена нежелание белорусов говорить на родном языке. / I пакаранні увядуць, каб адвучыць ад роднай нават тых, хто яшчэ карыстаецца. Здаецца, каб на усю іх палатку ды перупом ляснуць!

[Und überhaupt ist es mir peinlich, dass ich die Muttersprache nicht kann. / Ich schäme mich, dass ich meine Muttersprache im Alltag nicht verwende. / Es ist peinlich, dass wir kein Belarusisch sprechen. / Es sind bei uns nur wenig Menschen geblieben, die die belarusische Sprache respektieren, und das ist bitter und beschämend! / Mich hat immer der Unwille der Belarusen, ihre Muttersprache zu sprechen, erstaunt und empört. / Es werden ganz sicher Bestrafungen eingesetzt, um diejenigen, die die Muttersprache noch verwenden, davon abzubringen! Man möchte mal auf ihr gesamtes Zelt mit einem Blitz zuschlagen!]

An dieser Stelle wäre anzumerken, dass nicht nur die Befürworter des Belarusischen über ihre positive emotionale Haltung gegenüber der Sprache berichten. Es kommt im Forendiskurs vor, dass auch die Vertreter der *contra*-Position ihrer Zuneigung zum Belarusischen Ausdruck verleihen und ihren *Stolz* über die Sprache und die Sprecher (3 C.), ihr *Vergnügen*, die belarusischsprachige Rede zu hören (1 C.) und ihre *Traurigkeit* und *Bedauern* über eine negative Spracheinstellung und mangelnde Kompetenz der Gesellschaft in Belarusisch (4 und 1 C.) ausdrücken, sich aber dennoch gegen die Durchsetzung des Belarusischen aussprechen und sich dabei meistens auf die bestehende Realität als unüberwindbares Hindernis einer Belarusifizierung beziehen (vgl. *Realitäts*-Topos).

Beispiele *contra* Belarusisch / *Zuneigungs*haltung mit *positiver* Gefühlsqualität:

Attribution (Stolz)

То, что вы здесь пишете на родном языке, вызывает некоторую гордость и жалость – сколько ездил по Беларуси, наверное, из 100 человек по-белорусски говорило только 2.

[Dass Sie hier in der Muttersprache schreiben, ruft gewissen Stolz und Mitleid hervor – soviel ich Belarus auch bereist habe, sprachen von 100 Personen gerade mal 2 Belarusisch.]

Wohlergehen (Vergnügen)

А что касается эмоций, то, конечно, приятно услышать белорусское словечко и вспомнить свою бабушку… НО на этом радость от применения этого старого диалекта заканчивается.

[Und was Emotionen betrifft, so ist es natürlich angenehm, ein belarusisches Wörtchen zu hören und an die Oma zurückzudenken… ABER damit hört die Freude von der Verwendung dieses alten Dialektes auch wieder auf.]

Beispiele *contra* Belarusisch / *Zuneigungs*haltung mit *negativer* Gefühlsqualität:

Sympathie (Bedauern)

На ОНТ говорят на русском. Это показатель. И это досадно.
[Auf ONT spricht man Russisch. Das ist ein Indiz. Und das ist bedauerlich.]

Wohlergehen (Traurigkeit)

В Беларуси язык большинства – русский, как ни крути. Я же сказал, это печально.

[Wie man es auch dreht und wendet, ist die Sprache der Mehrheit in Belarus das Russische. Ich habe doch gesagt, dass es traurig ist.]

Tab. 50: Emotiv-affektive Komponente der Einstellung der Forendiskursakteure zum Belarusischen: emotionale Haltung der *Zuneigung*

Stimulus	Sympathieemotionen (−)	Wohlergehensemotionen (+)	Wohlergehensemotionen (−)	Anziehungsemotionen Anziehung (+)	Anziehungsemotionen Vertrautheit (+)	Attributionsemotionen (+)	Attributionsemotionen (−)	Insg.
Belarusisch als Zeichensystem (die Sprache)	*Bedauern* über (unprestigehafte) Markiertheit 5; *Bedauern* über (russifizierten) Zustand 2		‚unangenehm' zur (unprestigehaften) Markiertheit	*Mögen* 1, *Liebe*, *Anziehung*, (*Vermissen*, *Sehnsucht*, *Bedürfnis*)	*Seelenfrieden* 31, *Nähe* 20, *Gemütlichkeit* 4, *Wärme* 2	*Stolz* 9, 4, 4, 2	5	85
Verwendung des Belarusischen (das Sprechen)		*Vergnügen* 42, *Freude* 12, ‚Gefühlsübermaß' 5, *Genuss* 1, *Glück* 1						61
Negative gesellschaftliche Spracheinstellung								
kognitive Komponente: negative Wahrnehmung/Gleichgültigkeit	*Bedauern* 22		*Traurigkeit* 5, ‚unangenehm' 1				*Scham* 7, *Wut* 1	60
konative Komponente: Nichtverwendung	*Bedauern* 20						*Scham* 1, *Verwunderung* 3	
Sprachpolitik ungünstige / Sprachpolitik günstige	*Bedauern* 31	*Vergnügen* 18	*Traurigkeit* 6				*Empörung* 4	45
Eigener Sprachkontakt Inkompetenz, Nichtverwendung	*Bedauern* 18						*Scham* 15	33
Gesellschaftliche Sprachinkompetenz	*Bedauern* 8		*Traurigkeit* 9, *Bitterkeit* 2					19
Belarusischsprechende (die Sprecher)		*Vergnügen* 2, *positive Emotionen* 2				*Stolz* 2, *Begeisterung* 1		7
Insgesamt	106	69	24	55	17	8	31	310

Die Emotionen der *Abweisung* werden – vorwiegend von Gegnern des Belarusischen (pro: 2, contra: 19 C.) – in Bezug auf die Sprache (14 C.), auf ihre Verwendung (5 C.) und auf die für Belarusisch ungünstige Sprachpolitik (2 C.) zum Ausdruck gebracht (Tab. 51). Hauptsächlich geht es dabei um Anziehungsemotionen mit *negativer* Gefühlsqualität wie *Missfallen* (5 C.), *Hass* (3 C.) und *Abneigung* (1 C.), die ihrerseits auf der als fehlend wahrgenommenen Vertrautheit des Belarusischen beruhen, welches von den Beitragsautoren als *fremd* empfunden wird (4 C.). Die negative Einstellung zum Belarusischen geht darüber hinaus mit negativ gefärbten Emotionen des Wohlergehens wie *Unannehmlichkeit* (2 C.) und *Übelkeit* (1 C.) einher und wird mit der Attributionsemotion der *Belustigung* begleitet (3 C.). Eine *positive* Gefühlsqualität (*Freude*, 2 C.) gilt dagegen einer die belarusische Sprache ‚hemmenden' Sprachpolitik in Belarus. Die Befürworter des Belarusischen plädieren zwar für seine Durchsetzung, geben jedoch zu, dass die russische Sprache ihnen als *näher* und die belarusische mancherorts als *lächerlich* erscheint.

Tab. 51: Emotiv-affektive Komponente der Einstellung der Forendiskursakteure zum Belarusischen: emotionale Haltung der *Abweisung*

Stimulus	Wohlergehens-emotionen		Anziehungs-emotionen		Attributions-emotionen	Insg.
			Anziehung	Vertrautheit		
	(+)	(-)	(-)	(-)	(-)	
Belarusisch als Zeichensystem **(die Sprache)**		Übelkeit 1	Nichtmögen 5 Hass 3 Abneigung 1	‚fremd' 4		14
Verwendung des Belarusischen **(das Sprechen)**		‚unangenehm' 2			‚lächerlich' 3	5
Sprachpolitik, ungünstige	Freude 2					2
Insgesamt	2	3	9	4	3	21

Beispiele *pro* Belarusisch / *Abweisungs*haltung mit *negativer* Gefühlsqualität:

Vertrautheit (Fremdartigkeit)

    Русский язык для нас Роднее с самого детства.
    [Russisch ist für uns von Kindheit an näher.]

Attribution (als Belustigung)

Вот, что смешно читать – это техническую документацию на бел. языке...
[Was wirklich zum Lachen bringt – ist das Lesen technischer Dokumentation auf Belarusisch...]

Beispiele *contra* Belarusisch / *Abweisungs*haltung mit *negativer* Gefühlsqualität:

Wohlergehen (Übelkeit, „unangenehmes Gefühl')

От белорусского языка мне станет плохо. / Размаўляць на рускай мове значна ПРЫЕМНЕЙ, чым на беларускай.
[Vom Belarusischen wird mir übel. / Auf Russisch zu reden ist deutlich ANGENEHMER als auf Belarusisch.]

Anziehung (Nichtmögen, Hass, Abgeneigtheit) und Vertrautheit (Fremdartigkeit)

А мне не нравится белорусский язык, сам разговариваю на русском. / Я НЕНАВИЖУ БЕЛ. ЯЗ!!! / Я хоть белорусска, мне язык белорусский не симпатичен в принципе. / Русский как-то ближе. Неужто патриоты не заклюют?
[Und mir gefällt die belarusische Sprache nicht, ich selbst spreche Russisch. / ICH HASSE BEL. SPRACHE!!! / Belarusisch ist mir grundsätzlich unsympathisch. / Russisch ist irgendwie näher. Werden mich die Patrioten jetzt denn wirklich nicht zu Tode hetzen?]

Attribution (als Belustigung)

Я еще в школе насмеялся, когда пытались преподавать все на белорусском.
[Ich habe mir bereits in der Schule die Hucke vollgelacht, als man versucht hatte, alles auf Belarusisch zu unterrichten.]

Beispiele *contra* Belarusisch / *Abweisungs*haltung mit *positiver* Gefühlsqualität:

Wohlergehen (Freude)

Ни я, ни вы все не доживём до того времени, когда белоруский язык станет доминирующим, и это радует.
[Weder ich noch Sie werden es erleben, dass Belarusisch zur dominierenden Sprache wird, und das ist erfreulich.]

Die beiden Tabellen (50, 51) zur emotiv-affektiven Komponente der Einstellung zum Belarusischen zeigen, dass die im Forendiskurs meist verbalisierten Emotionen die ereignisfundierten *Sympathieemotionen mit negativer Gefühlsqualität*

(106 C.) sind, gefolgt von *positiv gefärbten* ebenso ereignisfundierten *Wohlergehens-* (71 C.) und objektfundierten *Anziehungsemotionen* (55 C.) sowie von *negativ gefärbten* handlungsfundierten *Attributionsemotionen* (34 C.). Die beiden ereignisfundierten Emotionsklassen (Sympathie- und Wohlergehensemotionen) beziehen sich dabei auf jeweils verschiedene Phänomene: die positiv gefärbten – auf die Verwendung des Belarusischen, die negativ gefärbten – auf die gesellschaftliche Spracheinstellung und -kompetenz, die Sprachpolitik, den eigenen Kontakt zur Nationalsprache und auf den Zustand des Belarusischen. Das lässt darauf schließen, dass Sprache selbst und ihre Verwendung emotionales Behagen auf der subjektiven Ebene bereiten, während ihr ‚Schicksal' bzw. die Einwirkung auf sie von außen eher für das emotionale Unbehagen sorgen.

Der Anteil der Codings zur emotiv-affektiven Komponente an der Gesamtzahl der analysierten Forenbeiträge (2792) ist relativ hoch (331 C.). An dieser Stelle kann also von einem reflektierten Umgang der Diskursakteure mit der eigenen Spracheinstellung gesprochen werden, denn affektive Zustände können in der Regel schwer verbalisiert werden. Es hat sich herausgestellt, dass es vorwiegend die Befürworter des Belarusischen sind, die ihre emotionale Haltung gegenüber der Sprache zum Ausdruck bringen (pro: 229, contra: 28 C.). Das verleitet zur Schlussfolgerung, dass nicht nur die Art der Emotion, sondern auch bereits das Vorhandensein eines emotionalen Bezuges zum Belarusischen ein Bestandteil der positiven Einstellung ihm gegenüber ist.

Ein Vergleich der Auswertungsergebnisse zur emotiv-affektiven Spracheinstellungskomponente mit den Einschätzungen der Diskussionsteilnehmer über die emotionale Haltung der belarusischen Gesellschaft zur Nationalsprache und ein differenzierter Blick in die komparative Darstellung[199] der berichteten persönlichen und der referierten gesellschaftlichen emotionalen Haltung zur Sprache in der Tabelle 52 machen deutlich, dass die eigenen emotiv-affektiven Reaktionen der Diskursakteure auf Belarusisch erheblich positiver sind, als die von ihnen angenommene emotionale Haltung der Gesellschaft, welche ihrerseits als ausschließlich negativ eingeschätzt wird: In Bezug auf die letztere prävalieren nämlich deutlich die Wohlergehens-, Anziehungs - und Attributionsemotionen mit negativer Gefühlsqualität, und es werden keine Sympathieemotionen, dafür aber eine negativ gefärbte erwartungsfundierte Ungewissheitsemotion *Angst* der Gesellschaft vor der Sprache und dem Sprechen auf Belarusisch präsumiert (vgl. Kap. 5.4.2.1.1/Topos der *gesellschaftlichen Einstellung zum Belarusischen*).

---

199 Da bei der Beschreibung der emotiv-affektiven Komponente der *gesellschaftlichen* Einstellung zum Belarusischen im Forendiskurs die Sprache selbst und ihre Verwendung als Einstellungsobjekte auftreten, werden in der Tabelle nur diese zwei Stimuli verglichen.

Tab. 52: Vergleichende Darstellung der emotiv-affektiven Komponente der berichteten *eigenen* und der referierten *gesellschaftlichen* Einstellung der Forendiskursakteure zum Belarusischen

Stimulus	Sympathieemotionen		Wohlergehensemotionen		Anziehungsemotionen			Attributionsemotionen		Insg.
	(−)		(+)	(−)	Anziehung (+)	Vertrautheit (+)	Anziehung (−) / Vertrautheit (−)	(+)	(−)	
Eigene										
Belarusisch als Zeichensystem (die Sprache)	*Bedauern über (unprestigehafte) Markiertheit* 5 *Bedauern über (russifizierten) Zustand* 2			‚unangenehm' zur (unprestigehaften) Markiertheit Übelkeit	*Mögen* 31 *Liebe* 20 *Anziehung (Vermissen)* 4 *Sehnsucht Bedürfnis* 1	*Seelenfrieden* 9 *Nähe* 4 *Gemütlichkeit* 2 *Wärme* 2	*Nichtmögen* 5 / ‚fremd' 4 *Hass* 3 *Abneigung* 1	*Stolz* 5		99
Verwendung des Belarusischen (das Sprechen)			*Vergnügen* 42 *Freude* 12 ‚Gefühlsübermaß' 5 *Genuss* 1 *Glück* 1	‚unangenehm' 2					‚lächerlich' 3	66
Insgesamt	7		61		4	55/8	17/4	5	3	
	Ungewissheitsemotionen		Wohlergehensemotionen		Anziehungsemotionen			Attributionsemotionen		
	(−)		(+)	(−)	Anziehung (−)	Vertrautheit (−)		(+)	(−)	
Gesellschaftliche										
Belarusisch (die Sprache)	*Angst* 5				*Hass* 8 *Abstoßung* 6				*Scham, Verachtung* 8 / 5	32
Verwendung des Belarusischen (das Sprechen)	*Angst* 3			*emotionales Unbehagen* 6 *Lästigkeit* 3 *Quälerei* 2 *Ekel* 1		*Staunen* 6 *Schock* 2			*Aggression* 4 *Verärgerung* 2	29
Insgesamt	8			12	14	8			19	

Dies verleitet zur Schlussfolgerung, dass der Forendiskurs über die belarusische Sprache eine Diskrepanz im kollektiven Denken der Belarusen zwischen der persönlichen und der gesellschaftlichen emotionalen Haltung zur Nationalsprache aufdeckt bzw. abbildet. Daraus kann weiterführend geschlossen werden, dass *die tatsächliche Einstellung der Gesellschaft zum Belarusischen deutlich besser sein könnte, als dies von den Sprechern selbst angenommen und berichtet wird*.

5.4.3.2 Evaluativ-normative Komponente

In den Äußerungen, die diese Komponente abbilden, kommt der *bewertende* Aspekt von Spracheinstellungen der Diskussionsteilnehmer zum Ausdruck (192 C.). Evaluationsreaktionen rufen im Forendiskurs die Verwendung des Belarusischen (81 C.), seine Sprecher (44 C.) und die gesellschaftliche Einstellung ihm gegenüber (67 C.) hervor. Mit dem Vollzug von Bewertungen äußern die Beitragsautoren implizit auch ihre Vorstellungen darüber, was in Bezug auf das jeweilige Einstellungsobjekt aus ihrer Sicht *normal* ist. Demnach werden die Bewertungen im Forendiskurs gegen die Erwartung nicht von der Solidaritäts-/Status-Dimension determiniert und sind auch nicht von der Motivation bzw. der Zielsetzung einer Person abhängig, wie dies bei Spracheinstellungen in der Regel der Fall ist (Kap. 3.1.10), sondern die Bewertung geschieht hier vielmehr hinsichtlich der Konformität des Einstellungsobjektes mit eigenen Normvorstellungen, welche bei der *pro*- und der *contra*-Position unterschiedlich sind: Während die *pro* Belarusisch gestimmten Diskursakteure eine vollwertige Existenz und Verwendung des Belarusischen sowie eine respektvolle Haltung ihm gegenüber als Norm sehen, halten die Vertreter der *contra*-Position die gegebenen Sprachverhältnisse mit der Dominanz des Russischen für einen Normzustand. Da die beiden Positionen nur Abweichungen von der jeweiligen subjektiv etablierten Norm zum Ausdruck bringen, fallen alle Evaluationsreaktionen im Forendiskurs *nicht-positiv* aus (Tab. 53).

So wird das *Sprechen* auf Belarusisch im Forendiskurs – hauptsächlich von der *contra*-Position – negativ bewertet (pro: 5, contra: 71 C.). Das Gleiche gilt auch für die Belarusischsprechenden (pro: 5, contra: 35 C.). Ähnlich der Reflexion über die gesellschaftliche Einstellung zum Belarusischen (Kap. 5.4.2.2.1) haben hier die geäußerten Bewertungen entweder eine kritisierende oder eine diskreditierende Intention. Das Sprechen auf Belarusisch wird demnach moniert, indem es in erster Linie vor dem Hintergrund der bestehenden sprachlichen Realität in Belarus als *sinnlos* (42 C.) und als *unnatürlich* (36 C.), nämlich als *Übertreibung* (15 C.), *Heuchelei* (11 C.), *Angeberei* (8 C.) und *Selbstbetrug* (2 C.) bewertet wird. Darüber hinaus wird eine Verwendung des Belarusischen als *Ne*-

ckerei (1 C.) beurteilt und als *lächerlich* diskreditiert (2 C.). Einige Diskursakteure, die sich *für* die belarusische Sprache äußern, bezeugen zwar ihren Respekt vor Belarusischsprechenden, gestehen jedoch mit Bedauern, deren Sprachverhalten sei nicht sinnvoll, da die Sprachsituation in Belarus in Bezug auf die Durchsetzung der Nationalsprache *hoffnungslos* sei (3 C.). Eine konsequente Verwendung des Belarusischen sehen manche davon ebenfalls als Übertreibung an, behaupten dennoch, man sei vor dem Hintergrund des Vorherrschens des Russischen gezwungen, es mit Belarusisch zu ‚übertreiben' (2 C.).

Tab. 53: Evaluativ-normative Komponente der Einstellung der Forendiskursakteure zum Belarusischen (Stimuli: das Sprechen und die Sprecher)

Stimulus: Verwendung des Belarusischen (das Sprechen)		Position		Insg.	*Stimulus:* Belarusischsprechende (die Sprecher)	Position		Insg.
		pro	*contra*			*pro*	*contra*	
Kritik *als*	*sinnlos (hoffnungslos)*	3	38	42	‚свядомый'	4	11	17
	Übertreibung	2	13	15	*realitätsfern (Romantiker, Idealist)*		7	7
	Heuchelei		8	11	*unhöflich*		3	3
	Angeberei		7	8	*kindisch*		2	2
	Selbstbetrug		2	2				
	Neckerei		1	1				
Diskreditierung *als*	*lächerlich*		2	2	*Fanatiker*		8	8
					Schwachkopf	1	3	4
					dumm		2	2
					unzulänglich		1	1
		5	71	81		5	35	44

Beispiele *contra* Belarusisch

(*Kritik*): А смысл? Зачем говорить по-белорусски в стране, в которой этот язык понимает 5 процентов населения? / А маразм – это если будет идти передача „Поле чудес", а её будут переводить на белорусский. / Апогеем лицемерия стал доклад девушки, которая начала так: „Я сама родам из России, оло беларуская мова является для меня роднай". / Я понял вашу фишку: я крут, я разговариваю на белорусском языке. Это дешёвые понты и ничего более. / Хватит себя обманывать. Думаете-то на русском. / А белорусский используют для стёба.

[Und wo ist der Sinn? Wozu soll man Belarusisch in einem Land sprechen, in dem diese Sprache nur von den 5 Prozent der Bevölkerung verstanden wird. / Ein Marasmus wäre, wenn die Sendung „Das Wunderfeld" läuft, und man sie ins Belarusische übersetzt. / Das Apogäum der Heuchelei war der Vortrag eines Mädchens, das so angefangen hat: „Ich bin eine gebürtige Russin, aber meine Muttersprache ist Belarusisch".[200] / Ich habe Ihren Kniff verstanden: Ich bin cool, ich spreche auf Belarusisch. Das ist eine billige Angeberei, und nicht mehr. / Schluss mit dem Selbstbetrug. Denken tun Sie ja auf Russisch. / Und Belarusisch verwendet man zum Herumalbern.]

(*Diskreditierung*): Смешно. Кто-то стремится выделиться из толпы белоруским языком. / Многих слов в белорусском языке нет, а современные переводы смешат.

[Es ist lächerlich. Man versucht durch die belarusische Sprache aus der Menge hervorzustechen. / Viele Wörter gibt es in der belarusischen Sprache nicht, und die heutigen Übersetzungen sind zum Lachen.]

Beispiele *pro* Belarusisch

Выражаю своё восхищение всем людям, говорящим на родном бел языке. Как бы безнадёжно это не выглядело. / У беларусаў выбар, ці зьмірыцца з мухамі, ці зрабіць з іх слана.

[Ich drücke meine Bewunderung all denen Menschen aus, die die belarusische Muttersprache sprechen. Wie hoffnungslos es auch aussehen mag. / Die Belarusen haben die Wahl: Entweder sich mit Fliegen zufriedenzugeben oder einen Elefanten daraus zu machen.]

Die *Sprecher* selbst werden meistens als mit politischen Absichten handelnde Personen – ‚*свядомыя*' (17 C.) – und als *realitätsfern* (7 C.) kritisiert. Es wird ihnen außerdem *Unhöflichkeit* (3 C.) und *Infantilität* (2 C.) vorgeworfen, und sie werden als *Fanatiker* (8 C.), ‚*Schwachköpfe*' (4 C.), als *dumm* (2 C.) und *unzulänglich* (1 C.) herabgesetzt. Das ‚Beharren' auf dem Belarusischen wird mitunter auch von seinen Befürwortern als *unklug* geschätzt (1 C.).

Beispiele *contra* Belarusisch

(*Kritik*): Я не вижу смысла резко переходить на беларуский и демонстрировать всем свою внезапно нахлынувшую свядомасць. / Белорусофилы – вам бы уже давно пора с небес на землю вернуться, 90% населения говорит на русском языке. / Вы романтик, а 99% населения прагматики. / Разговаривать на непонятном для собеседника языке – это признак элементарного хамства. / Свядомые никак не угомонятся. Чем бы дитя ни тешилось.

---

[200] In der Äußerung werden die belarusische und die russische Sprache vermischt.

[Ich sehe keinen Sinn daran, rasch zum Belarusischen zu wechseln und allen sein plötzlich herbeigeströmtes Nationalbewusstsein zu demonstrieren. / Es ist schon längst an der Zeit, vom Himmlischen zum Irdischen zurückzukehren, 90% der Bevölkerung sprechen Russisch. / Sie sind ein Romantiker, und 99% der Bevölkerung sind Pragmatiker. / Sich in einer für den Gesprächspartner unverständlichen Sprache zu unterhalten ist ein Zeichen schlichter Pöbelei. / Die Nationalbewussten kommen irgendwie nicht zur Ruh. Gib dem Kind seinen Schnuller.]

(*Diskreditierung*): Белорусский язык умирает, только фанатики и наци хотят его воскресить. / Большинство встреченных мной белорусскоязычных людей оказывалось чаще всего именно придурками. / Призывы говорить на ненужных языках звучат как глупости. / Элита – это те кто, у кого хватает мозгов не заниматься глупостями. / А белорусский язык пропагандируют те, кто не обладает другими способностями для того, чтобы реализоваться и быть востребованными.

[Die belarusische Sprache stirbt, und nur Fanatiker und Nazis wollen sie auferwecken. / Die meisten Belarusischsprechenden, die ich getroffen habe, erwiesen sich eben als Schwachköpfe. / Die Aufrufe, unnötige Sprachen zu sprechen, klingen wie ein Blödsinn. / Elite sind diejenigen, die genug in der Birne haben, um sich nicht mit dem Blödsinn zu beschäftigen. / Und Belarusisch wird von denjenien propagiert, die keine anderen Fähigkeiten besitzen, um sich zu verwirklichen und gefragt zu sein.]

Beispiele *pro* Belarusisch

(*Kritik*): Посему народу нужен язык, но одновременно он ему неприемлем из рук „свядомых". / Как ни обидно, но белмовных придурков подавляюще больше, чем нормальных беларусов.

[Deswegen braucht das Volk die Sprache, aber gleichzeitig ist sie für die Leute aus den Händen von den „Nationalbewussten" nicht annehmbar. / Wie bitter es auch ist, aber unter den Belarusischsprechenden gibt es weitaus mehr Schwachköpfe als normale Belarusen.]

Kritisierende Bewertungen seitens der Befürworter der Nationalsprache beziehen sich dagegen auf die *negative Einstellung der Gesellschaft* gegenüber der Sprache (pro: 64, contra: 2 C.), die als ein Zeichen *geistiger Armseligkeit* (36 C.), als *Schande* (19 C.) und *Verrat* (11 C.) missbilligt wird. Als Vertreter der *contra*-Position ist man jedoch mit solchen Bewertungen nicht einverstanden (1 C.).

Tab. 54: Evaluativ-normative Komponente der Einstellung der Forendiskursakteure zum Belarusischen (Stimulus: negative Einstellung der Gesellschaft zum Belarusischen)

Stimulus: Negative Einstellung der Gesellschaft zum Belarusischen	Position pro	contra	Insg.
als geistige Armseligkeit	34	2	36
als Schande	19		19
als Verrat	11		12
	64	2	67

Beispiele *pro* Belarusisch

> А вот незнание, а тем паче пренебрежение языком своей страны и свидетельствует об ограниченности и недалёкости. / Упершыню бачу ёлупняў, якія без прымусу робяцца жабракамі, выкідваючы на сметнік сваё багацце. Смех і ганьба на ўвесь свет! / Большинство местных „русскоговорящих" прошли через „предательство корней", как я это называю.
>
> [Aber eine Inkompetenz in und erst recht eine Missachtung der Sprache des eigenen Landes zeugen von Einfältigkeit und Kleinkariertheit. / Zum ersten Mal sehe ich Volldeppen, welche aus freien Stücken zu Bettlern werden, indem sie den eigenen Reichtum auf den Müll werfen. Schande und Gelächter in aller Welt! / Die meisten hiesigen „Russischsprachigen" haben, wie ich es nenne, einen „Verrat an den Wurzeln" begangen.]

Beispiel *contra* Belarusisch

> Да уж... культурное наследие... человек может иметь хоть 3 высших образования, но если он не учит детей ЭТОМУ и сам не говорит, то он естественно быдло...
>
> [Aber natürlich... ein Kulturerbe... ein Mensch kann zwar drei Hochschulabschlüsse haben, aber wenn er ES den Kindern nicht beibringt und ES selbst nicht spricht, dann ist er natürlich ein Pöbel...]

Wie oben bereits erwähnt, kommt eine positive Evaluation des jeweiligen Einstellungsobjektes im Forendiskurs nicht vor. Dies kann mit der Natur der evaluativ-normativen Einstellungskomponente erklärt werden, bei der in der Regel nur Problematisierungen, d.h. Abweichungen von einer bestimmten Norm, verbalisiert werden. Im Gegensatz zur emotiv-affektiven Komponente der Einstellung zum Belarusischen, die eine Diskrepanz zur wahrgenommenen gesellschaftlichen Spracheinstellung aufweist (vgl. dazu Kap. 5.4.3.1), stimmen die Einschätzungen über gesellschaftliche Bewertung des Sprechens auf Belarusisch und seiner Sprecher mit den eigenen Bewertungen der *contra* Belarusisch gestimmten Diskursakteure weitgehend überein (Kap. 5.4.2.1.1/Topos der *gesellschaftlichen Einstellung zum Belarusischen*): die Beiden fallen nämlich naturgemäß negativ aus.

Lässt man die *negative Einstellung zum Belarusischen* als ein nicht direkt auf die Sprache bezogenes Einstellungsobjekt beiseite, so deckt ein quantitativer Vergleich innerhalb der gesamten *emotiven* Einstellungskomponente eine weitere Auffälligkeit auf, nämlich, dass bei den Vertretern der *pro*-Position eher die *emotiv-affektive* Komponente zum Ausdruck kommt (pro: 148, contra: 23 C.), während die Gegner des Belarusischen hauptsächlich *evaluativ-normative* Aussagen über die Sprache treffen (pro: 12, contra: 107 C.). Das zeigt, dass die positive Einstellung zum Belarusischen eher mit emotionaler Gebundenheit an die Sprache und die negative mit einer wertenden Haltung ihr gegenüber einhergehen.

5.4.4 Volitive Komponente

5.4.4.1 Volitiv-indikative Komponente

Die volitiv-indikative Einstellungskomponente wird im Forendiskurs direkt durch Willensäußerungen und Aussagen über die Bereitschaft zur Ausführung sprachbezogener Handlungen zum Ausdruck gebracht (171 C.). Eine Berücksichtigung und Auswertung dieser Komponente sind insofern wichtig, als dass sie Aufschluss über Verhaltenstendenzen der Diskursakteure geben könnte, was alleine anhand von kognitiven und emotiven Komponenten nicht machbar wäre (Kap. 3.1.10). Die Aussagen der Diskussionsteilnehmer über ihre *Wünsche* und *Vorhaben* hinsichtlich der belarusischen Sprache beziehen sich auf den *passiven* (Bereitschaft zur Rezeption schriftlicher und mündlicher Informationen auf Belarusisch) (23 C.) und den *aktiven* (Bereitschaft zum Spracherwerb und -verwendung) Kontakt zur Sprache (138 C.). Wie im Kapitel 3 zur theoretischen Behandlung von Einstellungen ausgeführt, kann sich die Volition sowohl indirekt, in der Annäherung bzw. Entfernung vom Einstellungsobjekt, als auch direkt äußern. Im Rahmen einer Diskursanalyse sind jedoch nur explizite Äußerungen der Volition empirisch erfassbar. In der Regel werden diese Äußerungen mit Volitionsausdrücken *ich will, ich würde gerne, ich träume von, ich hoffe, es wäre schön* (100 C.) / *ich habe nichts dagegen* (5 C.) / *ich will nicht* (56 C.) eingeführt.

Explizit wird die Volition im Vergleich zu den anderen Einstellungskomponenten mit 171 Codings relativ selten verbalisiert. Dies könnte daran liegen, dass Willensbekundungen in Bezug auf die belarusische Sprache bereits in den Stellungnahmen ihr gegenüber implizit enthalten und rekonstruierbar sind. Über ihre Wünsche (64 C.) und Vorhaben (107 C.) berichten die Befürworter des Belarusischen etwas häufiger als seine Gegner (pro: 105, contra: 59 C.). Die quantitative Auswertung hat darüber hinaus gezeigt, dass im Hinblick auf die *Wunsch-Äußerungen* ein direkter Zusammenhang zwischen dem Wunsch der Diskursakteure und ihrer diskursiven Position besteht: Das Interesse, Belarusisch zu lernen (2 C.), zu sprechen (20 C.) und im Umfeld (9 C.) und in den Medien, v.a. in Radio- und TV-Sendungen und in Filmen (6 C.), zu rezipieren sowie auf Belarusisch zu lesen (2 C.), wird ausschließlich von den Verteidigern des Belarusischen geäußert (Tab. 55). Die Vertreter der *contra*-Position bekunden dagegen explizit ihren Unwillen, Belarusisch sowohl im Alltag als auch in den Medien zu hören (4 C.), es selbst zu sprechen (11 C.) und es ihren Kindern in der Schule beibringen zu lassen (2 C.). Die *Vorhaben* der Diskursakteure betreffen hauptsächlich den Erwerb (76 C.) und die Verwendung (62 C.) des Belarusischen. Beim Erwerb geht es v.a. um eine Intention, Belarusisch den eigenen Kindern beizubringen bzw. sie in eine belarusischsprachige Schule zu schicken (35 C.), und deutlich seltener um eine Absicht, es selbst zu lernen (7 C.), wobei in den fünf von sieben entsprechenden Beiträgen diese Absicht mit der Einschränkung begleitet wird, man würde es nur dann lernen, wenn eine Notwendigkeit dazu bestehe. Verwendungsabsichten werden häufig ebenso mit der Restriktion geäußert, man würde Belarusisch erst sprechen, wenn die anderen damit anfangen würden (13 C.). Grundsätzlich fallen auch die Ergebnisse der Vorhaben-Auswertung naturgemäß relativ eindeutig aus: Die *pro*-belarusische Positionierung der Diskursakteure geht mit der Absicht einher, die Sprache zu lernen und zu verwenden (57 C.), während die sich *contra*-Positionierenden ihre Weigerung kundgeben, dies zu tun (33 C.).

Es sind im Forendiskurs jedoch vereinzelt auch abweichende Einstellungskonstellationen ermittelbar, bei denen diskursive Position und Volition kontrastieren, nämlich eine zwar eingeschränkte, aber dennoch vorhandene Bereitschaft zum Erwerb und zur Verwendung des Belarusischen bei einer sonst *contra*-Belarusisch-Haltung (4 C.) sowie eine *pro*-belarusische Haltung bei einer ausdrücklich explizierten fehlenden Absicht, die Sprache zu verwenden (3 C.). Dies bestätigt die Annahme, dass eine positive Disposition gegenüber der Sprache mit einer fehlenden Verwendungsabsicht einhergehen kann.

Bemerkenswert ist darüber hinaus der volitive Standpunkt, man sei noch nicht bereit, Belarusisch zu sprechen (3 C.). Solche Aussagen weisen deutlich auf eine Existenz intervenierender Variablen bzw. Störfaktoren hin, welche angeblich noch beseitigt werden müssen, um das Sprechen in der Nationalsprache in Belarus zu ermöglichen (Kap. 5.4.6).

Tab. 55: Volitiv-indikative Komponente der Einstellung der Forendiskursakteure zum Belarusischen

Volition	Sprachbezogene Handlung										Insgesamt	
	aktiv				passiv							
	Erwerb		Verwendung		Lesen		Umfeld		audiovisuelle Medien			
	pro	contra	pro	contra	pro	contra	pro	contra	pro	contra	pro	contra
Wunsch												
positiv	2		20		2		9		6		39	
nichts dagegen	1	1	1					1		1	2	3
negativ		2		11				2		2		17
Vorhaben												
positiv	40	2	17	2							57	4
noch nicht bereit			2	1							2	1
negativ		28	3	5							3	33
	43	33	43	19	2		9	3	6	3		

Beispiele *pro* Belarusisch

(*Wunsch*): С найвялікай радасцью сам туды б пайшоў вучыцца. / Я бы сам с удовольствием использовал родную мову. / Вы не ведаеце, чаму брату Стругацкіх не перакладаюць на беларускі, я б за гэта любыя грошы аддаў! / Хачу, каб навокал была наша родная беларуская. / Мне бы хотелось, чтобы не только государственные сайты выходили на белорусском языке, но и наш 1-й белорусский канал TV. / Я с удовольствием бы посмотрел известные блокбастеры с белорусским дубляжом.

[Mit größter Freude würde ich selbst dorthin lernen gehen. / Mit Vergnügen würde ich selbst die Muttersprache verwenden. / Sie wissen nicht zufällig, warum die Brüder Strugackije nicht ins Belarusische übersetzt werden, ich würde jeden Preis dafür zahlen! / Ich will, dass es unsere belarusische Muttersprache drum herum gibt. / Ich wünschte mir, dass nicht nur die staatlichen Internetseiten auf Belarusisch erscheinen, sondern auch unser Erster Belarusischer TV-Kanal. / Ich würde mir mit Vergnügen populäre Blockbuster mit belarusischer Synchronisierung anschauen.]

(*Vorhaben*): Детей буду учить белорусскому. / Если у меня будут дети – всенепременно отдам их в белорусскоязычную школу. / По поводу белорусского, я его постараюсь выучить. / И если НАДО – выучим, язык не сложный. / Все, пераходжу на беларускую мову... у крамах. З нечага пачынаць трэба. / Очень хочется начать говорить каждый день, но куча комплексов, а если бы все начали, то и я бы подтянулась. / Скажу честно, сама я пока не готова разговаривать на беларуском яз. / Мне очень нравится, когда люди разговаривают по-белорусски... сама я так вряд ли заговорю...

[Ich werde meinen Kindern Belarusisch beibringen. / Falls ich Kinder bekomme – schicke ich sie unbedingt in eine belarusischsprachige Schule. / Bezüglich des Belarusischen, ich werde versuchen, es zu erlernen. / Und wenn es sein MUSS, werden wir sie erlernen, die Sprache ist nicht schwer. / So, die Entscheidung ist gefallen, ich wechsle zum Belarusischen... in Geschäften. Irgendwo muss man doch anfangen. / Man möchte sehr gerne beginnen, jeden Tag zu sprechen, aber es gibt einen Haufen von Komplexen, und wenn alle anfangen würden, dann würde ich mich auch anschließen. / Ich sage ehrlich, ich selbst bin noch nicht bereit, Belarusisch zu sprechen. / Mir gefällt es sehr, wenn die Menschen Belarusisch reden... ich selbst würde kaum so sprechen...]

Beispiele *contra* Belarusisch

(*Wunsch*): Я, например, не хочу учить белоруский. / И я не хотел бы, чтобы мои дети учили белорусский. / Русский язык для меня родной, ибо с детства я на нем говорю, а на белорусском не хочу и не собираюсь. / Живу в Минске 22 года – ни разу мову не слышал (надеюсь, и не услышу).

[Ich, zum Beispiel, will Belarusisch nicht lernen. / Und ich würde mir nicht wünschen, dass meine Kinder Belarusisch lernen. / Russisch ist für mich die Muttersprache, denn ich spreche es von Kindheit an, und Belarusisch will ich nicht sprechen und denke nicht mal daran. / Ich lebe in Minsk seit 22 Jahren – kein einziges Mal habe ich Belarusisch gehört (und werde es hoffentlich nicht hören).]

(*Vorhaben*): В белорусскоязычную школу своего ребенка не отдал бы. / По-беларусски никогда не говорил и говорить не буду. / Валодаю мовай даскана́ла. Но не хочу на ней разговаривать. Может и буду, если придётся разговаривать с белорусскоязычными людьми. / Когда белорусский язык станет востребованным в стране, то просто перейду на белорусский. / По-существу же, я лично не готов в повседневной жизни в РБ говорить на белорусском.

[In eine belarusischsprachige Schule würde ich mein Kind nicht schicken. / Belarusisch habe ich nie gesprochen und werde es auch nicht tun. / Ich beherrsche Belarusisch eingehend. Aber ich will es nicht sprechen. Vielleicht werde ich es tun, wenn ich mal mit belarusischsprechenden Menschen reden muss. / Wenn Belarusisch in diesem Land gefragt wird, dann werde ich einfach zum Belarusischen wechseln. / Im Grunde bin ich persönlich nicht bereit, im alltäglichen Leben in der Republik Belarus Belarusisch zu sprechen.]

Allgemein zeichnet sich bei der volitiv-indikativen Komponente innerhalb des *pro*-belarusischen Lagers eine Tendenz ab, die Sprache zwar rezipieren und selbst verwenden zu wollen – jedoch oftmals unter der Voraussetzung einer gesamtgesellschaftlichen Umstellung auf Belarusisch, – aber der Spracherwerb wird hier selten als das eigene Vorhaben erwähnt und eher als eine Aufgabe der nachfolgenden Generation gesehen. Die Wünsche und Vorhaben der Vertreter der *contra*-Position weisen dagegen eine höhere Konsequenz zu ihrer Einstellung auf und fallen in der Regel nicht zugunsten des Belarusischen aus.

Im Vergleich zu den diskursiven Einschätzungen der behavioralen gesellschaftlichen Intention in Bezug auf das Belarusische (Kap. 5.4.2.1.1/Topos der *gesellschaftlichen Einstellung zum Belarusischen*) zeichnet sich die im Forendiskurs geäußerte eigene Volition der Diskursakteure dennoch durch eine aktivere Verhaltensdisposition aus. Das heißt, tatsächlich erfährt die belarusische Sprache eine stärkere positive Zuwendung seitens der Sprecher, als es von ihnen selbst angenommen wird. Ähnlich der emotiv-affektiven Komponente (Kap. 5.4.3.1) zeigt sich hier also auch eine Diskrepanz im kollektiven Denken zwischen der individuellen und der gesellschaftlichen Dimension der Spracheinstellung.

5.4.4.2 Volitiv-imperative Komponente

Die volitiv-imperative Komponente der im Forendiskurs ermittelten Einstellungen der Diskursakteure zum Belarusischen kommt in den Äußerungen mit deontischer Modalität zum Vorschein, die einen Appell in Form von Anweisungen, Präskriptionen bzw. Forderungen enthalten (846 C.). Dazu gehören Beiträge, die in Bezug auf die Ausführung sprachbezogener Handlungen direkt oder indirekt den imperativischen Modus verwenden und die Ausrücke wie *man muss/-soll, es ist Pflicht* etc. enthalten. Nach der kognitiven (5406 C.) ist es die am stärksten diskursiv präsente Spracheinstellungskomponente. Das bedeutet zum einen, dass die Volition im Forendiskurs eher in einem fordernden Modus geäußert wird – weniger als Wunsch (vgl. 171 C. der volitiv-indikativen Komponente), sondern vielmehr als Präskription, – und zum anderen, dass im Diskurs generell eine imperative Tonart usuell ist. Meistens werden die Forderungen von der *pro*-belarusischen Seite gestellt (pro: 695, contra: 122 C.), d.h. von denjenigen, die an einer Änderung der bestehenden Sprachverhältnisse in Belarus interessiert sind.

Der Appell wird im Diskurs entweder ganz allgemein geäußert, ohne dass dabei ein konkreter Adressat impliziert wird (133 C.), oder er hat den Staat (424 C.) oder einzelne Individuen (288 C.) als Adressaten, welche im Diskurs zwar nicht explizit genannt werden, aber aus der jeweiligen Äußerung erschließbar sind. Wie die Tabelle 56 zeigt, wird also am häufigsten an den Staat sowie an seine Sprachpolitik und nur etwas seltener an Einzelpersonen appelliert. Den Gegenstand der Forderungen auf der höchstmöglichen Abstraktionsebene bilden die *Belarusifizierung* (797 C.), das Behalten von *status quo* (15 C.), die *Russifizierung* (2 C.) und die *Gleichstellung* der beiden Staatssprachen (33 C.) in Belarus.

Tab. 56: Volitiv-imperative Komponente der Einstellung der Forendiskursakteure zum Belarusischen

Gegenstand der Forderung	Adressat	Forderung Bezug	Konkrete Forderung	Position pro	contra	Insg.
Belarusifizierung	ohne konkretes Adressat	Spracherhalt	Wiedergeburt/Rückkehr	27	9	38
			Bewahrung	18		20
			Entwicklung	13		13
			Rettung/Verteidigung	8	1	9
			‚Muttersprache muss Belarusisch sein'	4		4
				70	10	84
	staatliche Ebene	Ideologie	Kluge nationale Sprachpolitik	12		12
			Änderung der Ideologierichtung	9		9
				21		21
		Statusplanung	Belarusisch als einzige Staatssprache	3	5	41
			Belarusisch dominant, Russisch bloß erlaubt	9		9
				44	5	50
		Intensität	‚Bloß kein Aufzwingen'/Langsamer Übergang	20/29	54/6	114
			‚Aufzwingen ist der einzige Weg'/ Schneller Übergang	18/10	4/2	36
						150
		Strategie	durch Vorteile stimulieren	18		18
			Sprachumfeld schaffen	13		13
			Sprachprestige aufbauen	10	2	12
			Sanktionen für Nichtverwendung des Belarusischen erteilen	5		5
			Vorurteile gegen Belarusisch abbauen	3		3
			Balance zw. Staatssprachen schaffen	2		2
			Bedarf an Belarusisch schaffen	1		1
				52	2	54
		Einstiegspunkt	Bildung/neue Generation	25/10	1/2	39
			‚von oben'	18		18
			Amtswesen	13		14
			Medien	6	1	7
			‚Der Präsident sollte anfangen'	4		4
			kultureller Bereich	2		2
			‚von unten'	2		2
				80	5	86

Gegenstand der Forderung	Adressat	Forderung Bezug	Konkrete Forderung	Position pro	Insg. contra	
		konkrete Maßnahmen	vollständiger Übergang zum Belarusischen	18	2	18
			gute Autoren	4		6
			alles zweisprachig anbieten	2		3
			Beispiel an Ukraine/Baltikum nehmen	2		2
				26	2	29
	individuelle Ebene	kognitive Disposition	Respekt vor Muttersprache	17		17
			Respekt vor Sprache des Wohnlandes	16		16
				33		33
		emotive Disposition	Scham wegen Sprachinkompetenz	6		6
			Stolz auf die belarusische Sprache	2		2
			‚Belarusisch muss von innen kommen'	2		2
			Liebe zum Belarusischen	1		1
			Scham wegen Nichtverwendung des Belarusischen	1		1
				12		12
		konative Disposition: Verwendung	Verwendungspflicht für alle	62		63
			~ für Personen im Dienstverhältnis	25		25
			~ für junge Generation	5		5
			~ für den Präsidenten	1		1
				93		94
		Einstiegspunkt	‚bei sich selbst anfangen'	37	7	47
			‚klein anfangen' (Alltag, Foren, TV, Bücher)	39		41
				76	7	88
		Erwerb Bewahrung Exekutierung	Erwerb und Kompetenz	42	1	45
			private Initiativen	6		6
			Ausweisung aus Belarus	10		10
				227	8	243
status quo behalten	ohne konkretes Adressat		‚man muss nach vorne schauen'	1	11	13
			‚man muss nichts tun, alles löst sich von alleine'			2
				1	11	15
Russifizierung	staatliche Ebene	Statusplanung	Russisch als einzige Staatssprache		2	2
Gleichheit der Staatssprachen	ohne konkretes Adressat		‚beide Staatssprachen sollen gleich behandelt werden'	18	11	33

Dass die meisten Forderungen eine Durchsetzung des Belarusischen betreffen, war zu erwarten, denn eine deutlich aktive Positionierung – wie z.B. die Annahme einer imperativen Haltung – in der Diskussion um die belarusische Sprache geht in der Regel mit einer positiven Einstellung gegenüber dem Belarusischen einher (Kap. 5.3.3).

In Bezug auf die *Belarusifizierung* geht es häufig ganz allgemein um den Spracherhalt (84 C.). Es werden v.a. die *Wiedergeburt* bzw. die *Rückkehr* der belarusischen Sprache (27 C.), ihre *Bewahrung* (18 C.), *Entwicklung* (13 C.) und sogar *Rettung* bzw. *Verteidigung* (8 C.) gefordert. Außerdem wird in manchen Beiträgen vorgeschrieben, dass Belarusisch als *Muttersprache* für alle Belarusen zu gelten hat (4 C.). In einigen wenigen Äußerungen der Gegner des Belarusischen zum Spracherhalt wird angebracht, dass es keine Rückkehr dieser Sprache geben sollte (9 C.).

Beispiele *pro* Belarusisch

> Каб дзяржава ўмацоўвалася, павінна быць актыўнае адраджэнне і развіццё нашай культуры, мовы. / Беларуский язык надо вернуть. / МОВА – НАШЕ БОГАТСТВО, и его надо хранить, поддерживать и беречь. / А мову ратаваць трэба неадкладна. / Для нас родная мова павінна быць беларуская.
>
> [Damit der Staat stärker wird, müssen unsere Kultur und Sprache aktiv wiederbelebt und entwickelt werden. / Die belarusische Sprache müssen wir zurückholen. / BELARUSISCH ist UNSER REICHTUM, und man muss es bewahren, unterstützen und schonen. / Und retten muss man das Belarusische dringend. / Für uns muss Belarusisch die Muttersprache sein.]

Bespiel *contra* Belarusisch

> Возрождать мертвый язык, чтобы вспомнить, что мы нация – нет никакого смысла.
>
> [Eine tote Sprache wiederzubeleben, nur um sich zu erinnern, dass wir eine Nation sind, hat keinen Sinn.]

Wie bereits erwähnt, richten sich die meisten Belarusifizierungs-Appelle an den *Staat*. Die *pro*-belarusischen Stimmen halten eine Änderung der staatlichen *Ideologie* in Richtung der Nationalisierung (9 C.) sowie eine ausgewogene und durchdachte nationale Sprachpolitik (12 C.) für notwendig. Im Hinblick auf die *Statusplanung* wird meistens eine Festlegung des Belarusischen als einzige Staatssprache (35 C.) oder wenigstens als die dominierende Sprache (9 C.) vorgeschlagen. Laut *contra*-Stimmen dürfe es jedoch dazu nicht kommen (5 C.). Es ist bemerkenswert, dass die meisten an den Staat gerichteten Belarusifizierungs-Forderungen die *Intensität* des Vorgehens betreffen (150 C.). Dies liegt offensichtlich an der am Anfang der 1990er Jahre gemachten Erfahrung, als die Nationalisierungsversuche gerade an ihrem raschen Tempo scheiterten (Kap. 2.3.7.1). Deswegen plädieren nicht nur die Vertreter der *contra*-belarusischen Position gegen das Aufzwingen des Belarusischen (60 C.), sondern auch viele seine Befürworter (49 C.), welche sich ausdrücklich für einen langsamen Übergang zum Belarusischen aussprechen. Andererseits gibt es auch Stimmen, die einen schnellen Übergang – sogar in Form eines Zwanges – als den einzigen Weg sehen, bei den bestehenden Sprachverhältnissen die Nationalsprache in Belarus durchzusetzen (28 C.). Diese Ansicht wird auch ansatzweise von den Gegnern des Belarusischen geteilt, die die Rolle dieser Sprache als dermaßen gering betrachten, dass ihre Übernahme nur durch Zwang geschehen könne (6 C.). Als *Strategien* der Belarusifizierung werden u.a. stimulierende Maßnahmen wie Belohnung für die Verwendung des Belarusischen (18 C.), das Schaffen eines belarusischsprachigen Umfeldes (13 C.) und des Bedarfs an Belarusisch (1 C.) sowie die Popularisierung und der Prestigeaufbau der Sprache (12 C.) vorgeschlagen. Auch die *contra*-Position erwähnt in diesem Zusammenhang, dass eine Durchsetzung des Belarusischen nur durch seine Prestigeförderung und auf keinen Fall durch Aufzwingen möglich sei (2 C.). Als ein wichtiger Punkt der volitiv-imperativen Komponente der Spracheinstellung der Diskursakteure erwies sich die Frage danach, wo eine Belarusifizierung anzufangen ist (86 C.). In den meisten Beiträgen dazu wird der richtige *Einstiegspunkt* bei der jungen Generation und v.a. in der Bildung (39 C.) oder ganz allgemein ‚oben', also beim Staat (18 C.) bzw. beim Präsidenten (4 C.) gesehen. Einige Diskussionsteilnehmer verlangen, im Amtswesen anzufangen, um zum Sprechen auf Belarusisch mit Berufsperspektiven zu motivieren (14 C.). Der mediale Bereich wird zwar auch als eine Plattform für die Verbreitung der Sprache betrachtet, aber als ein Anfangspunkt der Belarusifizierung eher selten in Erwägung gezogen (7 C.). Nur wenige sehen den Anfang im kulturellen Bereich (2 C.) und betrachten die *bottom-up*-Richtung des Nationalisierungsprozesses (2 C.) als sinnvoll. Als *konkrete Maßnahmen* der Belarusifizierung werden v.a. ein vollständiger Übergang zum Belarusischen in allen Domänen verlangt (18 C.), u.a. im Fernsehen, im Softwarebereich etc., und etwas seltener ein paralleles Anbieten aller Informationen des gesellschaftlichen Bereiches in den beiden Staatssprachen (3 C.). Es wird ein Bedarf nach belarusischen Autoren verbalisiert, welche durch hochwertige literarische Werke das Prestige und die Verbreitung der Sprache fördern würden (6 C.). Einige *pro*-belarusische Stimmen plädieren dafür, die in der Ukraine und in den baltischen Staaten verwendeten sprachpolitischen Instrumente in Belarus einzusetzen (2 C.).

Beispiele *pro* Belarusisch

Вектор политики нашего государства для возрождения национальной идеи поменять нужно. / Надо проводить настоящую национальную политику. / Нужно проводить умную языковую политику. / Государственным должен быть один язык – белорусский. / Просто сделать всё по умолчанию на белорусском. А русский тоже будет разрешён. / Не нужно заставлять! Нужно плавно перейти на родной язык. / Прымус – неабходная мера, калі мы ХОЧАМ аднавіць беларускую мову. / Я за жорсткі непахісны пераход да роднай мовы. Калі гэтага не адбудзецца – мы растварымся ў расеізацыі. / Знание белорусского языка должно давать преимущество человеку перед тем, кто его не знает. / Должен быть белорусский „фон", контекст. На ТВ, в транспорте, магазинах, кинотеатрах, госучреждениях. / Необходимо сделать белорусский язык престижным и модным. / Знать мы будем мову только при потребности в ней. Потребность может возникнуть, если будут определены сферы, где использование мовы обязательно. / Всё надо начинать с образовательных учреждений. Начнут говорить в школе, детсаде на белорусском, и дети тоже будут говорить на белорусском. / Изменить ситуацию можно, но „сверху". Если властьимущие заговорят по-белорусски, то процесс пойдёт повально. / Калі зрабіць мову абавязковай для бюракратаў, „соцыум" палезе ў беларускамоўную адукацыю. / Прежде всего нужно, чтобы Президент начал разговаривать на родной мове! / Выкарыстанне СМІ для пашырэння карыстання беларускай мовай добрае пачынанне. / Калі рабіць нешта беларускамоўнае, то пачынаць трэба з „культурнага жыцця". / Нельзя в одночасье все изменить. Этот процесс должен идти снизу вверх, а не наоборот. / Если всюду и все будет на беларуском языке, то и люди заговорят на беларуском. / 2 дзяржаўныя мовы – друкаваць газеты на 2-х мовах адразу. Назвы населеных пунктаў на шыльдах пісаць на двух мовах адразу. Школы – адразу на 2-х. / Языку нужны смачные, нестандартные, талантливые авторы. Официальными изданиями язык не живет. / Надо брать пример с Украины и Прибалтики.

[Für die Wiedergeburt der Nationalidee muss man den Politikvektor ändern. / Man muss eine wahre Nationalpolitik betreiben. / Man muss eine kluge Sprachpolitik betreiben. / Staatssprache muss nur eine Sprache sein – die belarusische. / Einfach alles standardmäßig auf Belarusisch machen. Und Russisch wird auch erlaubt sein. / Man soll nicht zwingen! Man muss sanft zur Muttersprache wechseln. / Zwang ist eine notwendige Maßnahme, wenn wir die belarusische Sprache auferwecken WOLLEN. / Ich bin für einen harten standhaften Übergang zur Muttersprache. Wenn das nicht passiert, lösen wir uns in der Russländigkeit auf. / Die Kenntnis der belarusischen Sprache sollte einem Menschen Vorteile gegenüber denjenigen verschaffen, die sie nicht beherrschen. / Es soll einen belarusischen „Hintergrund", Kontext geben. Im Fernsehen, in Verkehrsmitteln, Geschäften, Kinos, staatlichen Institutionen. / Es ist notwendig, Belarusisch prestigehaft und angesagt zu machen. / Wir werden die Sprache nur dann beherrschen, wenn wir Bedarf an ihr sehen. Bedarf kann entstehen, wenn die Bereiche definiert werden, in denen die Verwendung des Belarusischen obligatorisch ist. / Man muss mit dem Ganzen bei den Bildungseinrichtungen anfangen. Wenn man in der Schule, im Kindergarten Belarusisch spricht, werden auch die Kinder Belarusisch sprechen. / Man kann die Situation ändern, aber nur „von oben". Wenn die Machthabenden beginnen Belarusisch zu sprechen, wird der Prozess massenhaft ablaufen. / Wenn man die belarusische Sprache für Bürokraten als obligatorisch macht, klettert das „Sozium" in die belarusischsprachige Bildung los. / Als Erstes ist es notwendig, dass der Präsident die Muttersprache zu sprechen beginnt! / Die Verwendung von Massenmedien bei der Verbreitung der belarusischen Sprache ist ein guter Ansatz. / Wenn man etwas Belarusischsprachiges macht, dann muss man beim „kulturellen Leben" anfangen. / Man kann nicht alles von einem Tag auf den anderen verändern. Dieser Prozess muss von unten nach oben laufen, und nicht umgekehrt. / Wenn alles überall auf Belarusisch sein wird, dann fangen auch die Menschen an, es zu sprechen. / Wenn man zwei Staatssprachen hat, müssen Zeitungen in zwei Sprachen gleichzeitig gedruckt werden. Ortsbezeichnungen auf den Schildern gleich in zwei Sprachen stehen. Schulen – in zwei Sprachen gleichzeitig. / Die Sprache braucht schmackhafte, unkonventionelle, talentierte Autoren. Von offiziellen Ausgaben lebt die Sprache nicht. / Man muss sich an der Ukraine und an baltischen Ländern ein Beispiel nehmen.]

Beispiele *contra* Belarusisch

Аргументов в пользу введения ТОЛЬКО белорусского вменяемых так и не прозвучало. / Я против насаждения, оправдываемого возрождением. / Если вы за разумный, нешовинистический национализм, то я с вами. И повальное внедрение беларуского в нашей стране – метод драконовский. / ВСЕХ разговаривать на „роднай мове" можно только ЗАСТАВИТЬ НАСИЛЬНО. / Делать это надо не запрещая русский язык, а повышая привлекательность белорусского. / Пущай поддерживают! Пишут письма с просьбами открывать школы на белорусском, шоб их дети с малолетства слышали белорусскую речь! / Оптимальный вариант – некоторые каналы и издания на белорусском языке. / Нет достойного примера. Нет современной белорусской литературы, поэзии, искусства вообще.

[Argumente zugunsten der Einführung NUR des Belarusischen wurden letztendlich doch keine genannt. / Ich bin gegen das Aufzwingen, welches mit der Wiedergeburt gerechtfertigt wird. / Wenn Sie für einen vernünftigen, nicht-chauvinistischen Nationalismus sind, dann bin ich mit Ihnen. Aber das massenhafte Einbringen des Belarusischen ist in unserem Land eine drakonische Maßnahme. / ALLE zur Verwendung der „Muttersprache" ZWINGEN kann man nur MIT GEWALT. / Man muss es nicht durch das Verbieten des Russischen, sondern durch eine Attraktivitätserhöhung des Belarusischen machen. / Sollen sie es doch unterstützen! Briefe mit der Bitte, belarusischsprachige Schulen zu öffnen, schreiben, damit ihre Kinder von klein auf die belarusische Sprache hören können! / Eine optimale Variante wäre, ein paar separate belarusischsprachige Kanäle und Ausgaben festzulegen. / Es gibt keine befolgungswürdigen Beispiele. Es gibt keine belarusische Literatur, Poesie und Kunst generell.]

Auf der *individuellen* Ebene richtet sich der Belarusifizierungs-Appell an die kognitive, emotive und konative Disposition des Diskursrezipienten gegenüber dem Belarusischen. Demnach wird nach Respekt vor der Muttersprache (17 C.) bzw. vor der Sprache der Wohnlandes (16 C.) verlangt (*kognitiv*) und angebracht, dass man die belarusische Sprache lieben (1 C.) und auf sie stolz sein sollte (2 C.), dass sie ‚von innen', ‚aus dem Herzen' kommen sollte (2 C.) und dass man sich der eigenen Nichtverwendung und Inkompetenz in Belarusisch schämen (7 C.) sollte (*emotiv*). Während der Appell an die kognitive und die emotive Komponente der Einstellung relativ selten geäußert wird (insgesamt entsprechend 33 und 12 C.), zielen die meisten Forderungen der Diskursakteure verständlicherweise auf die Verhaltenskomponente der Sprechereinstellung ab (243 C.) und betreffen hauptsächlich die *Verwendung* des Belarusischen (94 C.), den sog. ‚*Einstiegspunkt* in die Sprache' (88 C.), den *Spracherwerb* (45 C.) und die *Bewahrung* der Sprache (6 C.). Konkret wird dabei behauptet, dass in Bezug auf die Nationalsprache eine Erwerbs- und Kompetenzpflicht (45 C.) sowie eine Verwendungspflicht (63 C.) der Nationalsprache für alle Belarusen besteht, v.a. für Personen im Dienstverhältnis (25 C.), aber auch für die jüngere Generation (5 C.) und für den Präsidenten (1 C.); dass man in erster Linie bei sich selbst mit dem Sprechen auf Belarusisch anfangen (47 C.) und dabei am besten mit kleinen Schritten beginnen (41 C.) sollte, indem man es im aktiven Modus im familiären Alltag (16 C.) und bei der Kommunikation im Internet (11 C.) sowie im passiven Modus beim Lesen belarusischsprachiger Literatur (6 C.) und beim Anschauen belarusischsprachiger Fernsehsendungen (8 C.) verwendet. Im Falle der Nichterfüllung dieser Forderungen, wie z.B. bei einer Weigerung, Belarusisch zu sprechen, werden manchmal Sanktionen in Form von Ausweisung aus dem Land als angemessen angeführt (10 C.). Als Bewahrungsappell auf der individuellen Ebene wird zum Starten privater Initiativen zur Verbreitung des Belarusischen aufgerufen.

Beispiele *pro* Belarusisch

> К родному языку или к языку страны, в которой живешь, можно же отнестись с уважением. / Галоўнае, каб любоў да роднай культуры жыла ў сэрцы! / Своим языком надо гордиться. / Каждому и не надо говорить на белорусском. Это желание должно внутри само загореться. / Беларусу должно быть стыдно, если он не может говорить на бел. языке. / Беларусы павінны гаварыць па-беларуску! І ўсё тут! / Люди, работающие в правительстве, обязаны говорить на белоруском языке. Особенно президент. Ведь это лицо нации. / Я за то, чтобы мои дети разговаривали на белорусском. / Пачынаць трэба з сябе і свайго асяроддзя. / Начинать надо с малого, элементарного, простейшего, а потом переходить к более масштабным проектам. / Живешь в стране с двумя официальными языками – будь добр знать оба. / Надо создавать частные заведения и там учить своих детей белорусской культуре, истории и языку. / Давайце будзем рабіць як можна больш для распаўсюджвання РОДНАЙ мовы. Каму не падабаецца – давайце на усход, там месца і моў шмат, а тут калі ласка толькі РОДНАЯ!
>
> [Mit der Muttersprache oder mit der Sprache des Landes, in dem du wohnst, könnte man doch respektvoll umgehen. / Das Wichtigste ist, dass im Herzen die Liebe zur eigenen Kultur lebt! / Auf die eigene Sprache muss man stolz sein. / Es muss auch nicht jeder Belarusisch sprechen. Dieser Wunsch muss von alleine im Innersten entflammen. / Ein Belaruse

müsste sich schämen, wenn er kein Belarusisch kann. / Belarusen müssen auf Belarusisch reden! Und Punkt! / Die Menschen, die bei der Regierung tätig sind, sind verpflichtet, auf Belarusisch zu reden. Besonders der Präsident. Er ist doch das Gesicht der Nation. / Ich bin dafür, dass meine Kinder Belarusisch sprechen. / Anfangen muss man bei sich selbst und bei der eigenen Umgebung. / Man muss klein anfangen, vom Elementaren, Einfachsten, und dann zu umfangreicheren Projekten übergehen. / Du lebst in einem Land mit zwei offiziellen Sprachen – sei so lieb, die beiden zu können. / Man muss private Lehranstalten schaffen und dort die belarusische Kultur, Geschichte und Sprache den eigenen Kindern beibringen. / Lasst uns möglichst viel für die Verbreitung unserer MUTTERsprache tun. Wem es nicht gefällt – ab in den Osten, da gibt's viel Platz und viele Sprachen, und hier bitte nur die MUTTERsprache!]

Beispiele *contra* Belarusisch

Начните с себя, пишите на „мове", может, и нас приучите. / Белорусы должны ЗАХОТЕТЬ вспомнить свой язык.

[Fangen Sie bei sich selbst an, schreiben Sie auf Belarusisch, vielleicht gewöhnen Sie es auch uns an. / Belarusen müssen den Wunsch dazu bekommen, sich an die eigene Sprache zu erinnern.]

Ein weiterer Gegenstand der Forderungen der Diskursakteure ist neben der Belarusifizierung das Bewahren der bestehenden Sprachverhältnisse – des *status quo* – in Belarus, wonach erwartungsgemäß hauptsächlich die Belarusifizierungsgegner verlangen, indem sie die belarusische Sprache als eine Vergangenheit bezeichnen und anraten, nach vorne zu schauen (13 C.) bzw. den Dingen freien Lauf zu lassen, da sich alles mit der Zeit von alleine lösen werde (2 C.).

Bespiel *pro* Belarusisch

Прошлое – оно прошло. Люди, живущие сейчас, и делают историю.
[Die Vergangenheit ist vergangen. Geschichte machen die Menschen, die jetzt leben.]

Beispiele *contra* Belarusisch

Мы прошли какой-то исторический участок. И надо двигать вперед, а не возвращаться назад. И уж точно наши национальные интересы – не в навязывании белорусского языка. / Нужно просто ждать, все не нужное, само отомрет, естественным путем.

[Wir haben einen bestimmten geschichtlichen Weg hinterlegt. Man muss nun nach vorne bewegen, und nicht zurückkehren. Und unsere nationalen Interessen liegen ganz sicher nicht im Aufzwingen der belarusischen Sprache. / Man muss einfach abwarten, sie wird von alleine absterben, auf einem natürlichen Wege.]

Die Aufrufe zur *Russifizierung* sind im Forendiskurs selten (2 C.). Sie richten sich an die staatliche Adressatenebene und betreffen die Statusplanung, indem sie Russisch als die einzige Staatssprache in Belarus einzuführen empfehlen.

Bespiel *contra* Belarusisch

> Нация должна иметь ОДИН язык. И это – русский язык, на котором говорит сегодня абсолютное большинство белорусов.
>
> [Eine Nation muss nur EINE Sprache haben. Und das ist die russische Sprache, die heutzutage von der absoluten Mehrheit von Belarusen gesprochen wird.]

Die Forderungen nach der *Gleichbehandlung von Staatssprachen* in Belarus haben keinen konkreten Adressaten und werden sowohl von der *pro-* als auch von der *contra*-Position aufgestellt (pro: 18, contra: 11 C.).

Beispiel *pro* Belarusisch

> Хочацца, каб афіцыйна зацверджанае дзвухмоў'е было сапраўдным: калі ёсць руская шыльда, то павінна быць і беларуская.
>
> [Ich möchte, dass die offiziell festgelegte Zweisprachigkeit echt ist: Wenn es einen Straßenschild auf Russisch gibt, dann soll es auch einen auf Belarusisch geben.]

Beispiel *contra* Belarusisch

> Есть 2 гос языка (два). На каком хочу, на таком и говорю. Никто не имеет права меня заставлять говорить на каком-либо.
>
> [Es gibt 2 Staatssprachen (zwei). Ich spreche diejenige, die ich will. Niemand hat das Recht, mich zu einer davon zu zwingen.]

Betrachtet man die quantitative Verteilung der Codings der volitiv-imperativen Komponente, so wird deutlich, dass beim Appellieren an den Staat v.a. die Intensität und der Einstiegspunkt der evtl. Belarusifizierung angegangen werden, wobei ein langsamer, sukzessiver Übergang zum Belarusischen mit dem Anfang im Bildungsbereich, bei der jungen Generation ausdrücklich bevorzugt wird. Vereinfacht lässt sich die Imperation der die Forderungen aufstellenden Diskursakteure, von denen die meisten eine *pro*-belarusische Position einnehmen, so ausdrücken, dass eine Belarusifizierung zwar durchgeführt werden soll, aber das soll nur allmählich geschehen und am besten in dem Bereich (*Bildung*) anfangen, mit dem man als Erwachsener persönlich meistens nicht mehr viel zu tun hat, und mit der Personengruppe (*junge Generation*), der man (größtenteils) nicht mehr angehört. Für die individuelle Adressaten-Ebene liefert die quantitative Auswertung folgendes Ergebnis: Es wird am meisten an die konative Komponente der gesellschaftlichen Einstellung appelliert und eine allgemeine Verwendungspflicht des Belarusischen nahegelegt, wobei jede Person den Anfang bei sich selbst machen solle.

5.4.5 Konative Komponente (Respons)

Die konative Komponente der Einstellung als eine indirekte Reaktion auf das Einstellungsobjekt ist die einzige direkt beobachtbare und messbare abhängige Variable, die einen Zugang zu kognitiven Strukturen gewähren kann (Kap. 3.1.10). Bei Spracheinstellungen bilden das *berichtete* und das *tatsächliche* Sprachverhalten die konative Einstellungskomponente. Im Forendiskurs über die belarusische Sprache sollen also die Aussagen zum eigenen Sprachgebrauch und die Sprache der einzelnen Beiträge ausgewertet und miteinander verglichen werden.

5.4.5.1 Berichtetes Sprachverhalten

Die Aussagen zum Sprachverhalten (276 C.) beziehen sich im Diskurs in der Regel auf den *Spracherwerb* und die *Sprachverwendung*, wobei die letzten quantitativ deutlich überwiegen (15 gegen 261 C.). Die Bekundungen, man lerne Belarusisch selbstständig (4 C.) bzw. man bringe es den eigenen Kindern bei (9 C.), prävalieren in einer Diskussion um die Sprache verständlicherweise über den Aussagen, man habe es nicht gelernt (2 C.). Die Bekenntnisse zur Verwendung bzw. Nichtverwendung des Belarusischen fallen dagegen zahlenmäßig relativ gleich aus (entsprechend 136 und 125 C.). Die Vertreter der *pro*-belarusischen Position reflektieren über ihr Sprachverhalten deutlich häufiger (pro: 182, contra: 49 C.), und auch sie gestehen zum großen Teil (38%) eine Nichtverwendung des Belarusischen. Bei den Gegnern des Belarusischen liegt dieser Anteil im Diskurs bei ca. 80%. Da die Verwendung von Sprache jedoch nicht nur binäre, sondern auch graduierte Werte zulässt, tritt sie im Forendiskurs sowohl in der polaren Ausprägung (,*ich spreche*'/,*ich spreche nicht*') als auch in den Abstufungen ,*immer*', ,*oft*', ,*manchmal*', ,*selten*' und ,*nur passiv*' auf.

Tab. 57: Konative Komponente der Einstellung der Forendiskursakteure zum Belarusischen: berichtetes Sprachverhalten

Konative Komponente		Position		Insg.
		pro	*contra*	
Spracherwerb				
	‚ich lerne selbstständig'	4	1	4
	‚ich bringe meinem Kind bei'	8		9
		12	1	13
Sprachverwendung				
generell	‚ich verwende'	37	1	40
immer	‚meine Alltagssprache ist Belarusisch'	3	2	3
oft	‚ich verwende oft'	1		1
manchmal	‚ich verwende manchmal'	24		27
	‚je hach Kommunikationssituation und -partner'	12		18
	‚je nach Domäne'	10	2	13
	‚ich versuche zu sprechen'	12	1	12
	‚ich praktiziere'	2		2
	‚ich verwende nur zum Spaß'	1		3
	‚ich verwende zum Code-Switchen'	2		3
		63	6	78
selten	‚ich verwende selten'	7	3	8
nur passiv	‚ich höre Lieder/lese Bücher'	2		6
		113	10	136
Kein Spracherwerb				
	‚ich habe nicht gelernt'	1	1	2
Keine Sprachverwendung				
	‚ich verwende nicht'/‚meine Alltagssprache ist Russisch'	69	39	125

Wie aus der Tabelle 57 ersichtlich ist, wird ausschließlich von den Befürwortern des Belarusischen angegeben, dass sie diese Sprache *generell* verwenden (37 C.). Ein *permanentes* und ein *häufiges* Sprechen auf Belarusisch sind selten (3 und 1 C.). In den meisten Aussagen zum Sprachgebrauch wird darüber berichtet, Belarusisch nur *manchmal* zu verwenden (78 C.), was von der Kommunikationssituation oder -domäne bzw. vom Kommunikationspartner abhängig gemacht wird (31 C.). Gelegentlich wird über das ‚Versuchen' bzw. ‚Sich-Bemühen', auf Belarusisch zu sprechen (12 C.), über das ‚Praktizieren' der Sprache (2 C.) oder über ihre Verwendung nur ‚zum Spaß' bzw. in Form von *code-switching* (6 C.) berichtet, was auf eine Wahrnehmung solchen Sprachverhaltens seitens der Sprecher als nicht natürlich hindeutet. Vereinzelt wird der eigene Gebrauch des Belarusischen als *selten* bewertet (8 C.) oder als nur *passiv* angegeben (6 C.).

Beispiele *pro* Belarusisch

(*Spracherwerb*): Учу занова белорусский. / С дзеткамі слухаем песні і казкі на беларускай мове. / Я не знаю белорусского языка, потому, к сожалению, не говорю на нем.
[Ich lerne Belarusisch aufs Neue. / Mit den Kindern hören wir Lieder und Märchen in belarusischer Sprache. / Ich beherrsche kein Belarusisch, deswegen spreche ich es leider nicht.]

(*Sprachverwendung*): Размаўляю й думаю па-беларуску. / Я размаўляю на роднай мове паўсюль. / Я ЗА белорусский язык. В повседневной жизни часто говорю на нём. / Иногда с семьей, с друзьями общаемся по-белорусски. / На мове я общаюсь частично в инете и с отдельными друзьями. / Намагаюся як мага больш гаварыць і пісаць па-беларуску. / Штодзённа практыкуюся з беларускай мовай. / Всё чаще начинаю размаўляць па беларуску или просто прикалываюсь. / Стараюсь ввернуть в разговоре слова и „выразы" из родного языка. / Я ўжываю беларускую мову вельмі рэдка. / Сейчас накачал себе песен, слушаю в машине. / Я нават гляджу фільмы і мультьцікі на беларускай мове, каб чуць роднаю мову. / Я не говорю на беларусском, о чем жалею.
[Ich spreche und denke auf Belarusisch. / Ich spreche die Muttersprache überall. / Ich bin FÜR die belarusische Sprache. Im Alltag verwende ich sie oft. / Manchmal unterhalten wir uns in der Familie, mit Freunden auf Belarusisch. / Auf Belarusisch unterhalte ich mich teilweise im Internet und mit bestimmten Freunden. / Ich gebe mir Mühe, möglichst viel auf Belarusisch zu reden und zu schreiben. / Täglich praktiziere ich die belarusische Sprache. / Immer häufiger beginne ich auf Belarusisch zu reden, manchmal einfach als Gag. / Ich versuche im Gespräch muttersprachliche Wörter und Phrasen einzubringen. / Ich verwende die belarusische Sprache sehr selten. / Ich habe mir jetzt eine Menge Lieder heruntergeladen, höre sie mir im Auto an. / Ich schaue mir sogar Filme und Zeichentrickfilme auf Belarusisch an, um die Muttersprache zu hören. / Ich spreche kein Belarusisch, was ich auch bedauere.]

Beispiele *contra* Belarusisch

(*Spracherwerb*): Я не изучал белорусский в школе. / Белорусский в том объеме, чтобы читать, понимать и любить я и сам в достаточном объёме ребенку показал.
[Ich habe Belarusisch in der Schule nicht gelernt. / Im ausreichenden Umfang, nämlich um auf Belarusisch zu lesen, es zu verstehen und zu lieben, habe ich meinem Kind die Sprache gezeigt.]

(*Sprachverwendung*): Я и сама могу иногда ИНОГДА поговорить по-белорусски, чисто по приколу. / С белорусскоязычными собеседниками общаюсь „выключна на беларускай мове". Но я не собираюсь использовать её в беседе с людьми, которые ею не владеют. / Белорусский использовать могу лишь разве что по приколу. / В белорусском поговорки прикольные есть и фразочки разные. Пару десятков таких вворачиваю в свою речь, но это только для своих. / Белорусский я знаю, много на нем читаю, но он мне не родной! / По-беларусски никогда не говорил. / Разговариваю, думаю на русском.

[Ich kann mich auch selbst manchmal MANCHMAL auf Belarusisch unterhalten, bloß als Gag. / Mit belarusischsprechenden Gesprächspartnern unterhalte ich mich „ausschließlich auf Belarusisch". Aber ich habe nicht vor, es im Gespräch mit den Menschen zu verwenden, die es nicht beherrschen. / Belarusisch kann ich höchstens nur zum Gag verwenden. / Im Belarusischen gibt es tolle Sprichwörter und allerhand Phräschen. Ein Handvoll davon flechte ich beim Sprechen ein, aber nur für die eigenen Leute. / Belarusisch kann ich, lese viel darauf, aber es ist keine Muttersprache für mich. / Belarusisch habe ich nie gesprochen. / Ich spreche und denke auf Russisch.]

Fasst man diese Ergebnisse zusammen, lässt sich das diskursive Bild des berichteten Sprachgebrauchs folgendermaßen rekonstruieren. Wie oben erwähnt, geben ein großer Teil der Befürworter des Belarusischen und die meisten seiner Gegner an, diese Sprache nicht zu benutzen. Verwendet werde sie dagegen von den Vertretern der *pro*-belarusischen Position, und zwar hauptsächlich ‚manchmal' (55% der Aussagen über eine aktive Verwendung) oder ‚generell', also ohne eine Präzisierung der Intensität (33%). Die Angaben über eine permanente bzw. häufige Verwendung der Sprache machen sogar bei ihren Verfechtern nur 3,6% entsprechender Aussagen aus.

Solche Reflexion der Diskursakteure über das eigene Sprachverhalten entspricht weitgehend dem diskursiven Bild der gesellschaftlichen Einstellung zum Belarusischen in ihrer konativen Komponente, welches anhand von Einschätzungen der Diskussionsteilnehmer entstanden ist (Kap. 5.4.2.1.1/Topos der *gesellschaftlichen Einstellung zum Belarusischen*). Diese Übereinstimmung kann darin begründet sein, dass diese Einschätzungen – anders als bei der emotiv-affektiven Komponente – nicht auf Vermutungen, sondern auf direkten Beobachtungen des gesellschaftlichen Sprachverhaltens basieren und somit ein Bild liefern, das nah an der Realität liegt.

5.4.5.2 Tatsächliches Sprachverhalten in den Foren

In einem in schriftlicher Form vorhandenen Diskurs kann das tatsächliche Sprachverhalten seiner Akteure nur an der Sprache der einzelnen Beiträge abgelesen werden. Zwar wird dieses Verhalten im Forendiskurs über die belarusische Sprache von mehreren Faktoren wie Internationalität der Diskussion, Kooperationsprinzip der Konversation etc. determiniert (vgl. Topos ‚Sprache der Beiträge'), aber dennoch manifestiert sich in der Wahl der Beitragssprache eine bestimmte Spracheinstellung der Diskursakteure (Kap. 3.1.10).

Eine quantitative Analyse des Sprachverhaltens im Diskurs ergab, dass 72,2% (2017) aller Beiträge auf Russisch und 27,6% (769)[201] auf Belarusisch verfasst sind. Einerseits scheint der prozentuelle Anteil belarusischsprachiger Beiträge in einer Diskussion um die Nationalsprache in Belarus niedrig zu sein. Berücksichtigt man aber die bestehenden Sprachverhältnisse im Land bzw. die Berichte der Diskursakteure über das gesellschaftliche Sprachverhalten, nämlich, dass niemand oder nur einzelne Personen Belarusisch sprechen würden (Kap. 5.4.2.1.1/Topos der *gesellschaftlichen Einstellung zum Belarusischen*), sowie ihre Selbstberichte über den Sprachgebrauch (Kap. 5.4.5.1), so erscheint der Wert von fast einem Drittel des Foren-Contents andererseits relativ hoch, so dass das Sprachforum als eine Domäne der belarusischen Sprache bezeichnet werden kann.

Tab. 58: Konative Komponente der Einstellung der Forendiskursakteure zum Belarusischen: tatsächliches Sprachverhalten

Sprache des Beitrages	Position				Insg.	%
	pro	%	contra	%		
Belarusisch	704	25,2	29	1,0	769	27,6
Russisch	1068	38,2	764	27,4	2017	72,2
	1772		793		2792	

Der Sprachgebrauch der beiden polaren diskursiven Positionen ist in Zahlen und prozentual in der Tabelle 58 abgebildet. Wie man sieht, verfassen fast ausschließlich die Verteidiger der Sprache ihre Beiträge auf Belarusisch (91,5% aller belarusischsprachigen Beiträge). Die Verwendung des Russischen weist dagegen keine Korrelation mit einer der Positionen auf (pro: 1068=38,2%, contra: 764=27,4% aller Beiträge). Das bedeutet, dass die Verwendung des Belarusischen als ein eindeutiges Zeichen und sogar als ein Marker der positiven Einstellung ihm gegenüber bewertet werden kann, während Russisch eher als ein Mittel der Diskussionsführung gesehen und benutzt wird, zu dem nicht nur die

---

[201] Sechs Beiträge (0,2%) sind auf Trasjanka verfasst.

Gegner des Belarusischen (96,3% der *contra*-Beiträge), sondern auch seine Befürworter (60,3% der *pro*-Beiträge) greifen. *Contra* Belarusisch wird in dieser Sprache nur selten argumentiert (29=1% aller Beiträge).

An dieser Stelle ist noch anzumerken, dass der Online-Diskurs als eine spezifische Kommunikationsform keine Ansprüche an die Korrektheit des sprachlichen Ausruckes stellt und die letztere oft instrumentalisiert wird. Wenn von Belarusisch als Sprache der Beiträge die Rede ist, handelt es sich deswegen nicht um das normierte Standardbelarusisch, sondern um eine breite Palette der Sprachverwendung nach individuellen Regeln. Wie die unten folgende Auswahl typischer Beispiele zeigt, kommen nämlich die Beiträge in Taraškievica, welche oft in Latinica geschrieben sind, in Narkomaŭka und in Trasjanka vor. Es werden auch Einschübe in belarusisch- und russischsprachige Äußerungen aus der jeweils anderen Sprache vorgenommen.

Beispiel für *Standardbelarusisch*

> Ня трэба нікога прымушаць. Дастаткова толькі праводзіць прабеларускую палітыку.
>
> [Man braucht niemanden zu zwingen. Es reicht, wenn man eine probelarusische Politik betreibt.]

Beispiele für *Taraškievica* (nach individuellen Regeln)

> К<u>ля</u>сычны[202] беларускі правапіс с<u>ь</u>пярша быў з<u>ь</u>менены прымусова на наркамаўку са згоды савец*каго* кіраўніцтва ў Маскве. / Калі падыходзіць з навуковага пункту гледжаньня, то гэты выкладчык *мае рацыю*. Толькі ад большасьці нацыяў можна атрымаць за такія выказваньні наконт іхніх мов*аў* па пысе.
>
> [Die klassische belarusische Rechtschreibung wurde zunächst im Einvernehmen mit der sowjetischen Regierung in Moskau gewaltsam durch die Narkomaŭka ersetzt. / Wenn man es aus wissenschaftlicher Sicht betrachtet, hat dieser Vortragende recht. Nur dass man von den meisten Nationen für derartige Äußerungen über ihre Sprache eins auf die Fresse bekommen könnte.]

Beispiel für *Latinica*

> Kali belarus – to mova adziny srodak ne stac bydlam, yakoe zapaunyae autavakzaly.
>
> [Wenn du ein Belaruse bist – dann ich die Sprache das einzige Mittel, nicht zum Pöbel zu werden.]

---

202 Hervorhebungen in diesen Beispielen – N.S.

Beispiel für *Trasjanka* (ironisch)

> Ну и прауда, зачэм нам этат изык? Шо, нам з руским разьви плоха? Мы жа пашци усё на им панимаим, только гаварым ишчо плоха, тупыя мы у этым, ни научылися за 500 гадоу. Но ишчо чэрэз 500 я вам как лингвист абишчаю-загаварым усе.
> [Aber wirklich, wozu brauchen wir diese Sprache? Geht es uns etwa mit dem Russischen schlecht? Wir verstehen doch fast alles darauf, nur sprechen tun wir noch schlecht, wir sind zu dumm darin, haben es in den 500 Jahren nicht beherrscht. Aber noch 500 Jahre und wir werden es alle sprechen, das verspreche ich Ihnen als Linguist.]

Beispiel für *Belarusisch mit russischsprachigen Einschüben*

> Погуляли в „русских" и хватит, пора домой! Трэба будаваць сваю хату, даглядаць сваю гаспадарку, успомниць сваю радню. Трэба жить сваим розумам и шанаваць свае!
> [*Wir haben in „Russen" gespielt, und jetzt reicht es, es wird Zeit heimzukehren!* Man muss das eigene Haus bauen, den eigenen Haushalt pflegen, sich an die eigenen Verwandten erinnern. Man muss mit dem eigenen Verstand leben und das Eigene wertschätzen.]

Beispiel für *Russisch mit belarusischsprachigen Einschüben*

> Встречая на своём пути *беларускамоуных* людей, заметил поразительный контраст между ними и всеми остальными. / *Па-беларуску* я бы писал с радостью, но недостаточно знаю его.
> [Wenn ich auf meinem Lebensweg *belarusischsprechende* Menschen traf, merkte ich einen erstaunenden Kontrast zwischen ihnen und allen anderen. / Ich würde mit Freude *auf Belarusisch* schreiben, aber ich bin der Sprache nicht hinreichend mächtig.]

5.4.6 Zwischen Spracheinstellung und Sprachverhalten intervenierende Variablen

Die Auswertung des diskursiven Einstellungsbildes zur belarusischen Sprache zeigte, dass bei weitem nicht alle Komponenten der Einstellung von Diskursakteuren negativ ausfallen, dass v.a. die emotiv-affektive und die volitiv-indikative Komponente von einer positiven Haltung zum Belarusischen zeugen und viele Topoi für die Argumentation *pro* Belarusisch auf der kognitiven Ebene eingesetzt werden. Im Kontext der empirisch bestätigten schwachen Verwendung des Belarusischen kann nun behauptet werden, dass das Sprachverhalten eines großen Teils der Diskussionsteilnehmer und folglich zumindest eines Teils der belarusischen Bevölkerung einstellungs*inkongruent* ist. Dieses Phänomen ist nicht selten und wird v.a. in der Sozialpsychologie intensiv erforscht, wo eine

Einstellungs-Verhaltens-Inkonsistenz auf verhaltenssteuernde Faktoren zurückgeführt wird, welche sich ihrerseits auf Einstellungs-, Persönlichkeits-, Situations- und Objektvariablen beziehen (ausführlicher dazu s. Kap. 3.1.5).

Für die vorliegende Studie stellt sich nun die Frage nach den Störfaktoren, welche die Diskrepanz zwischen der konativen Komponente einerseits und den anderen Einstellungskomponenten andererseits erklären könnten. Dies ist auch aus dem Grund forschungsrelevant, dass die Art der Attribution bzw. der Ursachenzuschreibung als Vorläufer der Einstellung betrachtet werden kann (vgl. Casper 2002: 205). Als solche Störfaktoren werden in der soziolinguistischen Forschung häufig Gruppenzwänge wie Konvergenz-, Divergenz- und Homogenisierungsabsichten sowie die soziale Normierung genannt (vgl. Hess-Lüttig 2004: 492–493). Bezogen auf die sprachliche Situation in Belarus wird dabei v.a. von einer psychischen Barriere gesprochen (Mečkovskaja 2002: 135–136). Die Frage nach den sog. *intervenierenden Variablen* wird im Forendiskurs insgesamt deutlich ausführlicher als in der Forschung,[203] und v.a. von den Vertretern der *pro*-Position (pro: 185, contra: 92 C.) aktiv diskursiv behandelt (insgesamt 290 C.). Dabei werden hier hauptsächlich die Persönlichkeits-, die Situations- und die Objektdimension angesprochen.

Wie die Tabelle 59 zeigt, verbalisieren die meisten Äußerungen diejenigen intervenierenden Variablen, die in der Dimension des Einstellungs*trägers* liegen (*Persönlichkeitsvariablen*). Eine wichtige Rolle wird dabei von den Diskursakteuren der *Verhaltensalternation* zugeteilt, wenn nach dem Prinzip des kleinsten Widerstandes eine bequemere Verhaltensweise (hier: das Sprechen auf Russisch, 52 C.) ausgewählt und auf das mühsamere Verhalten (hier: das Sprechen auf Belarusisch, 31 C.) dagegen verzichtet wird. Es wird zuweilen die eigene ‚Faulheit', sich um das Sprechen auf Belarusisch zu bemühen, offen gestanden (8 C.). Der *persönlichkeitsabhängige* Faktor der eigenen nicht ausreichenden Sprachkompetenz zählt ebenso zu den im Diskurs häufig genannten Ursachen der sprachbezogenen Einstellungs-Verhaltens-Inkonsistenz (76 C.). Auch die *Aufrechterhaltung eines positiven Selbstbildes* als eine zentrale Verhaltensmotivation wird zur Attribution dieser Inkonsistenz herangezogen: Die Sorge der Sprecher um die Wahrung ihrer eigenen Identität gilt der Wahrnehmung einer Belarusisch sprechenden Person als oppositionell (8 C.), und die Sorge um die Wahrung von Gruppenzugehörigkeit – deren Wahrnehmung als Außenseiter, Sonderling, ‚weißer Rabe' (13 C.). Als entscheidend für die Sprachwahl wird

---

[203] Äußere Ursachen der Nichtverwendung des Belarusischen werden z.B. bei Plotnikaŭ (2000), Gutschmidt (2002: 332) und Norman (2013: 76) beschrieben.

auch das frühere Sprachverhalten angesehen, das sich im Forendiskurs als eine bereits fest etablierte *Gewohnheit*, Russisch zu sprechen, manifestiert (9 C.).

Tab. 59: Im Forendiskurs über das Belarusische verbalisierte intervenierende Variablen nach ihren Dimensionen

Variablen-dimension	Variable, allgemein	Prinzip/ Faktor	Intervenierende Variable, konkret	Position pro	contra	Insg.
Persön-lichkeit	Verhaltens-alternation	kleinster Widerstand	*Bequemlichkeit (ru)*	15	29	52
			Mühsamkeit (by)	22	7	31
			‚Faulheit'	6	2	8
						91
	Persönlichkeits-abhängigkeit	Kompetenz	*fehlende Kompetenz in Belarusisch*	52	21	76
	Aufrechterhal-tung eines positiven Selbstbildes	Identität	*Wahrnehmung als Opposition*	6	2	8
		Gruppen-zugehörigkeit	*Wahrnehmung als ‚weißer Rabe'*	12	1	13
						21
	früheres Verhalten	Gewohnheit	*Gewohnheit, auf Russisch zu reden*	2	5	9
				115	67	197
Situation	Subjektive Norm	psychische Barriere	*psychisches Unbehagen/ Peinlichkeit*	37	4	44
	Kontext	Nutzungs-möglichkeit	*keine Verwendungskontexte*	22	5	30
				59	9	74
Objekt	Potenzial	Rezeptions-breite	*enger Rezipientenkreis*		11	11
	soziale Attraktivität	Prestige	*‚nicht-in'*	4	1	5
	Standardi-siertheit	Normiertheit	*Varianz im Belarusischen*		1	1
				5	12	17

Als *situationsabhängige* intervenierende Variablen werden *eingeschränkte Verwendungsmöglichkeiten* des Belarusischen – keine Verwendungskontexte bzw. keine Kommunikationspartner (30 C.) – sowie eine auf der subjektiven Norm (Kap. 3.1.5) basierende *psychische Barriere* genannt, die als ein Zustand des psychischen Unbehagens und der Peinlichkeit, Belarusisch zu sprechen, ausgedrückt wird (44 C.). Bei den *objektbezogenen* intervenierenden Variablen geht es darum, die Nichtverwendung des Belarusischen damit zu erklären, dass es einen *engen Rezipientenkreis* habe (11 C.), *wenig sozial attraktiv* sei (5 C.) und eine *Varianz* aufweise (1 C.).

Die im Forendiskurs verbalisierten intervenierenden Variablen der Persönlichkeits- und der Situationsdimension prävalieren deutlich über den objektbezogenen. Auch an dieser Stelle verleitet es zur Feststellung, dass die Ursache für die Inkonsistenz zwischen der Spracheinstellung und dem Sprachverhalten in Belarus weniger in der Sprache selbst (17 C.), sondern vielmehr in der Sprachsituation (74 C.) und v.a. bei den Sprechern (197 C.) gesehen wird. Dabei wird mit der Persönlichkeits- und der Situationsvariable meistens seitens der *pro*-Position attribuiert (pro: 174, contra: 76 C.), während die sprachbezogenen Faktoren vorwiegend von der *contra*-Position als Ursachen der Nichtverwendung des Belarusischen genannt werden (pro: 5, contra: 12 C.).

Beispiele *pro* Belarusisch

> На вялікі жаль, у Беларусі зручней карыстацца рускім. / Каб размаўляць на беларускай, трэба прыкладаць намаганьні. / У нас мало кто говорит на нашем языке, может лень. / Апошнім часам адчуваю жаданне пісаць па-беларуску, але здараецца, што не хапае ведаў. / Адное, што табе застаецца – самому зрусіфікавацца, каб ня быць калгаснікам, апазіцыянтам, ці мо папросту „белае варонаю"... / Лично я не пользуюсь белорусским языком, так как банально привыкла к русскому вокруг. Хотя хотелось бы его использовать, да вот не с кем. / Пры размове на роднай мове рэакцыя суразмоўцаў на гэта выклікае ў вас дыскамфорт. / Мне очень не нравилось, что люди стеснялись говорить на белорусском языке. / К тому же белорусский язык нынче не в моде. / Сделали бы единым на „наркамаўкай", т.к. 99% беларусов учились только по ней, а не по „тарашкевіцу". Отличия между ними довольно существенные, и если я че-то не пойму, я лучше буду сидеть на русском.

> [Zum großen Bedauern ist es in Belarus bequemer, Russisch zu verwenden. / Um auf Belarusisch zu sprechen, muss man sich anstrengen. / Bei uns sprechen nur Wenige unsere Sprache, vielleicht ist es Faulheit. / In der letzten Zeit verspüre ich den Wunsch, auf Belarusisch zu schreiben, aber es kommt manchmal vor, dass die Kenntnisse nicht ausreichen. / Das Einzige, was einem bleibt, ist sich selbst zu russifizieren, um nicht ein Dorfmensch, ein Oppositioneller oder womöglich einfach ein „weißer Rabe" zu sein... / Ich persönlich benutze kein Belarusisch, da ich mich ganz banal an das Russische um mich herum gewöhnt habe. Obwohl ich die Sprache gerne verwenden würde, aber es ist niemand da, mit wem man es tun könnte. / Wenn Sie die Muttersprache sprechen, bereitet

Ihnen die Reaktion Ihres Gesprächspartners darauf Unbehagen. / Es hat mir sehr missfallen, dass es den Leuten peinlich war, auf Belarusisch zu sprechen. / Zudem ist die belarusische Sprache derzeit nicht angesagt. / Würde man es bloß einheitlich in der Narkomaŭka machen, weil 99% der Belarusen nur diese Variante kennen, und nicht in der Taraškievica. Die Unterschiede zwischen den beiden Varianten sind recht erheblich, und bevor ich etwas nicht verstehe, bleibe ich lieber auf dem Russischen sitzen.]

Beispiele *contra* Belarusisch

> На белоруской мове разговаривать неудобно и непривычно. / Если бы нашему человеку было удобно разговаривать на бел. языке, то он в предсмертных конвульсиях не бился бы. / 99,9% будут русскоязычные, которым не удобно и затруднительно будет говорить на этой мове. / Единицы знают, используют и того меньше… потому что влом и паливо. / На беларуском языке стыдно говорить, потому что его никто не знает. / Скажу прямо, почему не хочу говорить по-беларуски. Из-за активный „пропагандитов" белмовы. Заговоришь, а тебя примут за ЭТИХ. Позору не оберешься. / Одинокий беларускоговорящий смотрится как белая ворона. / Стоит ли отдавать детей в белорусскую школу, если они будут стесняться говорить и писать по-белорусски. / А зачем её учить? С кем мне на ней разговаривать? / Я пишу книги на русском, чтобы их читали, т.к. на белорусском языке книги в этой стране практически никто не читает. / Молодежь считает родной язык не модным.

[Auf Belarusisch zu sprechen ist unbequem und ungewohnt. / Wenn es für unsere Leute bequem wäre, auf Belarusisch zu reden, dann würde es jetzt nicht in prämortale Zuckungen verfallen. / 99,9% werden russischsprachig sein, für sie wird es unbequem und erschwerlich sein, auf Belarusisch zu reden. / Nur Wenige beherrschen die Sprache, noch weniger verwenden sie… weil kein Bok und ein Reinfall. / Es ist peinlich, Belarusisch zu sprechen, weil keiner es beherrscht. / Ich sage direkt, warum ich zurzeit kein Belarusisch sprechen will. Wegen der aktiven „Propagandisten" des Belarusischen. Fängst du an zu sprechen – und wirst für einen von DENEN gehalten. Blamage ohne Ende. / Ein einsamer Belarusischsprechender schaut wie ein weißer Rabe aus. / Ob es sich lohnt, die Kinder in eine belarusische Schule zu schicken, wenn sie sich nachher genieren würden, Belarusisch zu sprechen und zu schreiben. / Und wozu sollte man sie lernen? Mit wem soll ich sie sprechen? / Ich schreibe Bücher auf Russisch, damit sie gelesen werden, denn auf Belarusisch werden die Bücher in diesem Land praktisch von niemandem gelesen. / Die Jugend hält die Muttersprache für nicht modisch.]

Betrachtet man die quantitative Verteilung der *einzelnen* intervenierenden Variablen im Forendiskurs (Tab. 60), so wird sichtbar, dass die Hauptursachen der mangelnden Verwendung der belarusischen Sprache in der Mühsamkeit dieses Sprachverhaltens (31,4%), in der Sprachkompetenz (26,2%), im psychischen Unbehagen (15,2%) und in den fehlenden Verwendungsmöglichkeiten (10,3%) gesehen werden. Wider Erwarten spielt die soziale Attraktivität des Belarusischen als intervenierender Faktor in den Augen der Diskursakteure keine große Rolle (1,7%). Auch die bestehende Varianz des Belarusischen in Form von Narkomaŭka und Taraškievica scheint seitens der Diskussionsteilnehmer kaum als störend empfunden zu werden (0,3%).

Tab. 60: Im Forendiskurs über das Belarusische verbalisierte intervenierende Variablen nach ihrer Vorkommensfrequenz

Intervenierende Variable	Insg.	%
Kleinster Widerstand (*Bequemlichkeit (ru), Mühsamkeit (by), ‚Faulheit'*)	91	31,4
Fehlende Kompetenz in Belarusisch	76	26,2
Psychische Barriere (*psychisches Unbehagen/Peinlichkeit*)	44	15,2
Fehlende Verwendungsmöglichkeit	30	10,3
Wahrung von Gruppenzugehörigkeit (*Wahrnehmung als ‚weißer Rabe'*)	13	4,5
Enger Rezipientenkreis	11	3,8
Gewohnheit, Russisch zu sprechen	9	3,1
Wahrung von Identität (*Wahrnehmung als Opposition*)	8	2,8
Soziale Attraktivität	5	1,7
Varianz	1	0,3

6 Zusammenfassende Auswertung und Ausblick

Das Ziel der vorliegenden Studie war, anhand einer diskurslinguistischen Untersuchung der internetbasierten Forendiskussion über die belarusische Sprache die Verwender-Perspektive offen zu legen und die Einstellungen zur Titularsprache in Belarus im Sinne des mentalitätsgeschichtlichen Ansatzes differenziert analytisch-deskriptiv darzustellen. Hierzu wurden zunächst der historische und der aktuelle diskursive Kontext, der Zusammenhang zwischen der Sprachpolitik und der Spracheinstellung im Laufe der Geschichte sowie die sog. Spracheinstellungskonstellation in Belarus ermittelt, um vor diesem Hintergrund das thematische Spektrum des Diskurses, die diskursiven Grundpositionen, die einzelnen Komponenten der Einstellung zum Belarusischen zu beschreiben, die argumentative Gesamtarchitektur und die typischen *pro*- und *contra*-Argumentationsstrategien offenzulegen sowie die Art der Attribution bzw. der Ursachenzuschreibung des marginalisierten Zustandes des Belarusischen zu erfassen. Dazu wurde ein Modell zur Beschreibung von Spracheinstellungen erstellt und die diskursiven Analysemittel untersuchungsspezifisch festgelegt. Als Untersuchungsobjekt diente das dazu erstellte und mit 10310 Codings kodierte Korpus aus 2792 forschungsrelevanten Forenbeiträgen zum Thema *Belarusische Sprache*. Im Folgenden soll es abschließend darum gehen, die Ergebnisse der empirischen Analyse zusammenfassend auszuwerten und dadurch die Fragestellungen dieser Studie zu beantworten.

Da jeder Diskurs nicht isoliert, sondern in einen breiteren Kontext eingebunden ist, bedurfte die Auswertung des Forendiskurses im Sinne einer Frameanalyse seiner diskursiven Einbettung. Die zur Darstellung des diskursiven Kontextes vorgenommene Analyse der Spracheinstellungen in Belarus aus *historischer* Perspektive ergab, dass die aktuelle gesellschaftliche Einstellung zum Belarusischen keine moderne Erscheinung ist, sondern eine über Jahrhunderte bestehende Tradition hat, denn es ließ sich innerhalb der belarusischen Gesellschaft eine relativ beständige Spracheinstellungskonstellation feststellen, bei der bestimmte gesellschaftliche Gruppen bestimmte Haltung zum Belarusischen über mehrere geschichtliche Perioden hinweg einnehmen (Kap. 2.5). Es hat sich darüber hinaus gezeigt, dass zwischen der Einstellung der Sprechergemeinschaft zum Belarusischen einerseits und den sprachpolitischen Prozessen andererseits eine kausale Rekursivität besteht, so dass nicht nur die soziokulturellen Faktoren das Verhältnis der Belarusen zu ihrer Nationalsprache beeinflussen, sondern auch die Spracheinstellungen verschiedener gesellschaftlicher Gruppen sich ihrerseits kontinuierlich auf die Sprachplanung auswirken. Da die im Verlauf der Geschichte getroffenen und durchgesetzten sprachpolitischen Entscheidungen vorwiegend ungünstig für das Belarusische ausfielen, konnte konstatiert werden, dass sich die eher ablehnende Haltung der Staatsmacht, höherer Gesellschafts- und breiter Bevölkerungskreise zum Belarusischen am stärksten durchsetzte, während die konstant positive Einstellung der national gesinnten Bildungselite sprachpolitisch kaum Berücksichtigung fand. Dies bestimmt die geistig-kulturelle Elite als eine gesellschaftliche Kraft, die zwar den Erhalt, aber nicht die Durchsetzung des Belarusischen zu gewährleisten vermag. Die sprachgeschichtliche Analyse brachte ferner an den Tag, dass die Auswirkungen von Spracheinstellungen auf die Sprachplanung v.a. im Status- und Korpusbereich des Belarusischen liegen, sein Prestige dagegen konstant niedrig bleibt. Gleichzeitig zeichnet sich die Haltung der belarusischen Bevölkerung zur Nationalsprache dennoch grundsätzlich durch Loyalität aus, was v.a. auf die bereits seit Jahrhunderten tradierte Wertschätzung des Belarusischen als Symbol zurückzuführen ist.

Aus der Analyse der belarusischen Sprachsituation am Anfang des 21. Jh. aus *synchroner* Sicht anhand einer dafür erstellten Liste sprachkontextspezifischer Merkmale ging hervor, dass in Belarus eine nicht-ausbalancierte Zweisprachigkeit vorliegt, die, abgesehen von einigen Teilsprachsituationen im Wissenschaftsbereich, als ein asymmetrischer Bilingualismus ohne eine *de-jure*-Diglossie charakterisiert werden kann. Es besteht aber eine *de-facto*-Diglossie, die sich in einer asymmetrischen funktionalen Verteilung der Idiome beim Agieren der Sprecher im Rahmen eines sprachlichen Marktes (s. unten in diesem Kapitel) äußert. Die Asymmetrie ist dabei nicht ethnisch, sondern soziokulturell determiniert. Als postsowjetischer Nachfolgestaat weist Belarus eine typische Diskrepanz zwischen der neuen Sprachpolitik und der Sprachwirklichkeit auf, die sich am deutlichsten bei der *Statusplanung* zeigt, welche formell zwar pluralistisch ist, *de facto* jedoch auf die Bewahrung der herrschenden Asymmetrie zwischen den beiden Sprachen ausgerichtet zu sein scheint, so dass der nominelle Status des Belarusischen vom tatsächlichen stark abweicht. Nicht zuletzt rührt es von der mangelnden rechtlich festgelegten Obligatheit des Belarusischen her, denn die sprachbezogene Gesetzgebung schreibt eine Verwendung des Belarusischen nur in wenigen Kontexten mit repräsentativem Wert vor (identitätsrelevante Dokumente, Toponymik), für die meisten Sphären des gesellschaftlichen Lebens mit einer ausgeprägten Anwendungsorientierung (Justizwesen, wirtschaftliches und soziales Leben, Bildung, Wissenschaft, Technik) wird währenddessen eine freie Sprachwahl zugelassen, wodurch Belarusisch als eine indominante Sprache implizit per Gesetz verzichtbar gemacht wird. Außerdem wird in Belarus nur die Sprache*n*politik gesetzlich erfasst, eine auf die Nationalsprache gerichtete Sprachpolitik wird bei der Statusplanung nicht berücksichtigt. In Bezug auf die *Korpusplanung* ist zusammenfassend anzumerken, dass die Kodifiziertheit des Belarusischen keine lange Geschichte hat und deswegen unstabil ist und kontinuierlich revidiert wird. Da eine Normkodifizierung häufig zu sprachpolitischen Zwecken instrumentalisiert wird, intensiviert sich die korpusplanerische Arbeit am Belarusischen vorwiegend in den Perioden sprachideologischen Wandels, so dass nach dem Orthographiegesetz von 2008 die Arbeit am Korpus nicht im Fokus der Sprachpolitik in Belarus steht, weswegen die Fragen der Terminologie und der stilistischen Differenziertheit der Sprache vorerst offen bleiben. Die Asymmetrie zwischen den beiden Staatssprachen ist auch an der *Erwerbsplanung* sichtbar, wovon u.a. fremdsprachdidaktische Herangehensweisen an die Nationalsprache bei Vorschulkindern, die ungleiche Anzahl der Unterrichtsstunden in Belarusisch und in Russisch in der Schule sowie das Fehlen einer nationalsprachigen Hochschule in Belarus zeugen. Durch die Gewährung der freien Wahl der Bildungssprache wird die bestehende Asymmetrie vor dem Hintergrund der ungleichen Weiterbildungsmöglichkeiten indirekt gesetzlich gefördert. Die sich seit 2014 abzeichnenden Nationalisierungstendenzen in Belarus können nicht als eine Wende in der staatlichen Bildungs- und Sprachpolitik betrachtet werden, da ihre Dauer vorerst nicht einschätzbar ist. Gegen ein Prestigegefälle zwischen den beiden Staatssprachen wird in Belarus seitens des Staates kaum etwas untergenommen: Der *Prestigeaufbau* des Belarusischen ist v.a. ein Anliegen der Mitglieder der TBM und vereinzelter soziokultureller Bildungseinrichtungen. Die Verwendung des Belarusischen im konfessionellen Bereich hat keine besondere positive Auswirkung auf sein Prestige. Insgesamt erweist sich die Sprachpolitik in Belarus am Anfang des 21. Jh. in Bezug auf die Nationalsprache als hemmend und die Sprachplanung als widersprüchlich, denn das formelle Gleichgewicht der Staatssprachen kollidiert mit einer auf die Marginalisierung des Belarusischen gerichteten Weise der Implementierung von Sprachpolitik. Dies erklärt die bestehende Diskrepanz zwischen der Sprachpolitik und Sprachwirklichkeit in Belarus. Die letztere wurde in dieser Studie anhand von Sprachkompetenz und Sprachperformanz, nämlich der funktionalen Gewichtung und Verwendung der Idiome, beschrieben. Im Kontext der nahezu flächendeckenden Massenzweisprachigkeit ist die *Beherrschung* des Belarusischen als Standardsprache überwiegend passiv und wird von den Sprechern selbst als mangelnd oder gar fehlend eingeschätzt. Die *Verwendung* des Belarusischen als einer indominanten Sprache ist schwach ausgeprägt und erfüllt eine nationalsymbolische Funktion. Sie ist nicht kommunikativ bzw. dialogisch, sondern vielmehr nominal bzw. monologisch geartet und wird nicht von nationalen bzw. territorialen, sondern eher von personen- und wohnortbezogenen Faktoren determiniert. Das Sprechen auf Belarusisch ist in der Regel markiert und dient zum Ausdruck sprachlicher und nichtsprachlicher Zusatzinformationen. Die ethnoreligiöse Differenzierung der Sprechergemeinschaft in Belarus ist nicht stark genug ausgeprägt, um einen signifikanten Einfluss auf den Sprachgebrauch auszuüben. Mit Blick auf die Sprachsituation in Belarus als einen sprachlichen Markt kann von drei konkurrierenden Idiomen gesprochen werden, deren Verwendung sich je nach Funktion folgendermaßen unterscheidet: Während Russisch aus sprachökonomischen Gründen und Belarusisch als Zeichen einer bewussten Gestaltung eigener nationaler und kultureller Identität verwendet werden, dient Trasjanka dem pragmatischen Zweck der „Teilhabe am gesellschaftlichen Leben der Stadt" (Kittel/Lindner 2011: 630). Der *Zustand* der modernen belarusischen Sprache lässt sich zusammenfassend als von massiven Interferenzerscheinungen seitens des Russischen und zum Teil des Polnischen geprägt und als nicht polyvalent beschreiben, da sie v.a. als Wissenschaftssprache eingeschränkt ausgebaut ist und keine ausgebildete umgangssprachliche Varietät aufweist. Das *axiologische* Charakteristikum des Belarusischen ist nicht eindeutig und teilweise widersprüchlich: Neben einer allgemeinen Geringschätzung seitens der Sprechergemeinschaft steht dessen Wertschätzung als ein vereinheitlichendes und divergierendes Nationalsymbol und als eine ästhetisch attraktive und alte slavische Sprache. Eine solche Art der Wertschätzung des Belarusischen begründet sowohl die Loyalität und den Stolz der Sprechergemeinschaft auf die Sprache als auch deren fehlende Anerkennung als Partizipationsmittel und Normbezugsrahmen nach Garvin (1993: 47–48). Die *Einstellung* zum Belarusischen seitens des Staates kann verallgemeinernd als Desinteresse und intentionale Missachtung, verbunden mit der Instrumentalisierung seines symbolischen Potenzials zu taktischen Zwecken, geschildert werden. Während die Bildungselite traditionellerweise eine sprachschützende Position einnimmt, zeichnet sich die Haltung breiter Bevölkerungskreise einerseits durch eine Unbekümmertheit über den Zustand der Nationalsprache und durch den Unwillen, diese zu lernen und zu verwenden, und andererseits durch Loyalität ihr gegenüber, wovon die Angaben zur Muttersprache im Zensus 2009 zeugen, welche ihrerseits nicht eine funktionalsprachliche, sondern eine ethnopsychologische Situation in Belarus abbilden. Generell zeichnet sich jedoch eine Änderung der Einstellung zum Belarusischen in die positive Richtung ab: Es wird immer weniger als eine ‚Bauernsprache' wahrgenommen, seine Verwendung stößt nicht mehr unbedingt auf eine psychologische Abwehr, und v.a. für die junge Generation, die Belarusisch bloß als Symbol nationaler Identität sieht und es demonstrativ als Marker ihrer kulturellen Positionierung verwendet (vgl. Krauchanka 2012), gewinnt die Sprache an Attraktivität.

In diesem Kontext der widersprüchlichen Verhältnisse gewährt die Berücksichtigung der Verwender-Perspektive, u.a. in Form von Einstellungsermittlung, einen Blick auf die Sprachsituation in Belarus von innen und trägt so zu deren tieferem Verständnis bei.

Die auf der *intratextuellen* Ebene im Rahmen der textorientierten Analyse der diskursiven Makrostruktur vorgenommene Themenextrahierung hat gezeigt, dass die globale semantische Gesamtarchitektur des Forendiskurses mit dem Makrothema *Belarusische Sprache* einen hohen Komplexitätsgrad aufweist. Die meisten Themen gehören dabei zwei Dimensionen an und beziehen sich entweder auf Belarusisch als funktionelles Zeichensystem oder auf die Verwendung des Belarusischen. Einige Themen beschreiben die Metaebene des Diskurses, indem sie die Sprachdiskussion als einen Faktor von Spracheinstellungen und von Sprachsituation angehen. Dabei ist anzumerken, dass im Forendiskurs nahezu alle Merkmale einer Sprachsituation (Kap. 2.2) thematisch vertreten sind, was darauf schließen lässt, dass diese im kollektiven Bewusstsein deutlich präsent sind und dass die Auseinandersetzung der Diskursakteure mit der nationalsprachlichen Problematik extensiv und differenziert ist. Dies zeigt sich v.a. in der recht ausführlichen diskursiven Behandlung des Domänenspektrums des Belarusischen. Es stellte sich ferner heraus, dass die Forendiskussion zwar viele Themen des parallelen sog. ‚Experten-Diskurses' aufgreift, aber ihr thematisches Spektrum viel breiter ist und häufig sozial-politisch sensible Themen, v.a. die sog. ‚Tabu'-Themen wie das *Sprachsterben* und der *Sprachtod* des Belarusischen sowie seine Imaginarität, Marginalisierung, Russifizierung und Belarusophobie enthält und kritisch behandelt. Diskursiv angeschnitten wird eine Grenze zwischen Patriotismus und Nationalismus. Im Gegensatz zum offiziellen Diskurs werden hier des Weiteren die gesellschaftliche Kompetenz in und die Performanz von Belarusisch, seine Instrumentalisierung und sozial-politische Einbindung, nämlich die Relation zwischen der Nationalsprache einerseits und der staatlichen Souveränität, der Regierung und der Staatspolitik andererseits problematisiert. Als die für die Sprachverwender signifikanten Merkmale des Belarusischen stellten sich seine Originalität als einer alten slavischen Sprache, seine Ästhetik und sogar Komik heraus. Da der Forendiskurs als Datenbasis einen Zugang zur Introspektion der Diskursakteure gewährt, sind hier die Aspekte wie Bekenntnisse zur Muttersprache, Reflexion über die eigene Spracheinstellung, -kompetenz und -verhalten charakteristisch. Typisch für den Verwender-Diskurs ist zudem, sich mit den Gründen der aktuellen Sprachsituation kritisch auseinanderzusetzen, erwünschte Entwicklungsszenarien zu verbalisieren und konkrete Maßnahmen zur Optimierung der Sprachsituation in Belarus vorzuschlagen. Die öffentliche Diskussion um die belarusische Sprache wird im Forendiskurs, anders als in der Linguistik, nicht deskriptiv nach Akteuren und Themen, sondern evaluativ nach ihren Gründen und Funktionen reflektiert. Im Vergleich zum von Brüggemann (2013) untersuchten Diskurs der Russischsprachigen zur Sprachproblematik in Belarus zeichnet sich der Forendiskurs dadurch aus, dass für seine Teilnehmer die auf die Sprache selbst gerichteten Themen wie Sprachzustand, Spracherhalt und die Perspektiven des Belarusischen von Relevanz sind. Die Themenanalyse hat darüber hinaus ergeben, dass ein Diskursstrang deutlich dominiert, nämlich die Kollision zwischen der pragmatischen und der symbolischen Funktion des Belarusischen, die generalisierend als eine zwischen Spracheinstellungen und dem Sprachverhalten intervenierende Variable betrachtet werden kann.

Die Auswertung der *Akteursebene* ergab, dass in Bezug auf Interaktionsrollen im Forendiskurs keine für einen Mediendiskurs charakteristische triadische Rollendifferenzierung der *Produzenten* in Akteure der Behauptung, der Formulierung und der Äußerung vorliegt und dass hier nur Diskurssubjekte als Aussagenproduzenten diskursiv agieren (Kap. 5.3.1). Es wurde im Forendiskurs eine etablierte Online-Gemeinschaft mit eigenen Regeln festgestellt, welche ihrerseits v.a. der Aufrechterhaltung von Diskurskonstruktivität gelten. Trotz der medienspezifischen Anonymität konnte des Weiteren zwar eine Schichtung sozialer Positionen und daher die sog. Wissensvertikalität von Experten- bis zum Laienwissen beobachtet werden, aber es ließ sich in Bezug auf die Forendiskussion um die belarusische Sprache nicht über die sog. *ideology brokers* sprechen, welche eine Dominanz erlangen und ihre Meinungen durchsetzen würden, was seinerseits von der Stabilität der Spracheinstellungen zum Belarusischen zeugt (vgl. Liankievič 2013: 153). Insgesamt kann eine relativ breite gesellschaftliche Relevanz der nationalsprachlichen Thematik in Belarus konstatiert werden, denn es sind Personen unterschiedlicher Alters- und Berufsgruppen an der Diskussion beteiligt, wovon einige autobiographische Hinweise von Aussagenproduzenten zeugen. Die Rolle des Diskurs*rezipienten* weist währenddessen alle ihre Abstufungen auf und ist durch unmittelbare Dialogpartner als eigentliche Adressaten, durch alle Diskursteilnehmer als beabsichtigte Mithörer und durch alle Internetnutzer als Akteure der zufälligen nicht autorisierten Wahrnehmung vertreten (vgl. Spitzmüller/Warnke 2011: 177). Da die Verbreitung des Internet in Belarus seit 2000 ein hohes Tempo hat, ist die letzte Rezipientengruppe relativ groß und schließt im Jahr 2012 mehr als die Hälfte (55%) der Gesamtbevölkerung des Landes ein. Die Auswertung der Internetnutzer-Statistik hat hervorgebracht, dass das Internetpublikum in Belarus verhältnismäßig jung ist (vorwiegend 19–44 Jahre), größtenteils eine Hochschulausbildung hat bzw. gerade erlangt (ca. 65%) und genderbezogen gleichmäßig vertreten ist. Die für die Ermittlung von diskursiven Positionen der Akteure festgelegte Nominalskala („*pro – eher pro – beide Sprachen (Belarusisch und Russisch) – keine Stellungnahme – (explizit) egal – eher contra – contra*") erwies sich als ein reliables Messinstrument, mit dem jede ausgewertete Aussage einer der definierten Kategorien zugeordnet werden konnte. Die positiven Einstellungen zum Belarusischen überwiegen dabei im Forendiskurs mit fast zwei Drittel deutlich. Zwar sind diese Werte aufgrund des exemplarischen Charakters des Datenkorpus, wie bereits erwähnt (Kap. 4.2), nicht auf die ganze belarusische Bevölkerung generalisierbar, aber dennoch spricht es von einer vorwiegend nicht-negativen Haltung zum Belarusischen der am nationalsprachlichen Diskurs beteiligten Subjekte und bestätigt somit empirisch die Aussage, dass der in belarusischen sozialen Netzwerken präsente Sprachdiskurs ‚probelarusisch' sei (vgl. Brüggemann 2013: 89).

Die Analyse der *transtextuellen* Ebene des Forendiskurses durch die Ermittlung von Spracheinstellungen hat v.a. gezeigt, dass sich das im Rahmen dieser Studie erstellte Strukturmodell (Kap. 3.1) als ein effektives Instrument für die Beschreibung von solchen komplexen und latenten Phänomenen wie Spracheinstellungen erwies: Es konnten damit alle Komponentes des Spracheinstellungskomzeptes – Stimuli, kognitive, emotiv-affektive, evaluativ-normative, volitiv-indikative, volitiv-imperative, konative Komponente sowie die intervenierenden Variablen – ermittelt und erfasst werden. Im Folgenden werden diese Komponenten resümierend zueinander und zu den diskursiven Positionen in Zusammenhang gebracht.

Als *Objekte* von Spracheinstellungen treten im Forendiskurs nicht nur die belarusische Sprache als Zeichensystem, sondern auch ihre Sprecher und die Sprachsituation in Belarus in allen ihren wesentlichen Merkmalen auf, nämlich die Sprachpolitik und die Sprachplanung, die Sprachkompetenz und das Sprachverhalten verschiedener Gesellschaftsgruppen, der Zustand des Belarusischen und v.a. sein Funktionieren als Symbol und als Kommunikationsmittel sowie die Einstellungen zum Belarusischen in der Gesellschaft.

Die Analyse von *Topoi* als Hauptelemente der *kognitiven* Einstellungskomponente hat die argumentative Gesamtarchitektur des Forendiskurses aufgedeckt und die im Folgenden präsentierten mentalitätsgeschichtlichen Erkenntnisse über die dominierenden bzw. typischen Denkmuster erbracht. Die meisten Topoi (59,5%) sind sprachsituationsspezifisch und sprechen nahezu alle Merkmale einer Sprachsituation an, was wiederholt von einer differenzierten diskursiven Auseinandersetzung mit der Nationalsprache in Belarus zeugt.

Die *evaluativen* Merkmale der Sprachsituation – die dem Belarusischen zugeschriebenen Werte und die gesellschaftliche Einstellung ihm gegenüber – werden dabei als besonders relevant erachtet, denn sie erfahren die mit Abstand größte diskursive Zuwendung. Der symbolische *Wert* des Belarusischen wird viel stärker hervorgehoben als der pragmatische und bildet mit ca. 65% den Mittelpunkt der Werte-Diskussion. Die *gesellschaftliche Einstellung* zum Belarusischen wird im Diskurs nicht nur detailliert reflektiert, sondern auch aktiv argumentativ eingesetzt. Durch das Referieren der kognitiven Wahrnehmung und der emotiven, volitiven und konativen Disposition der Sprechergemeinschaft in Bezug auf das Belarusische erschaffen die Beitragsautoren ein grundsätzlich negatives diskursives Bild der gesellschaftlichen Einstellung zur Sprache, das sich vorwiegend durch eine nicht-positive mentale und volitive Disposition, eine ausschließlich negative emotiv-affektive und evaluativ-normative Haltung der Gesellschaft ihr gegenüber und durch deren fehlende Verwendung seitens der letzteren auszeichnet.

Die *qualitativen Merkmale* der Sprachsituation werden zwar etwas seltener angesprochen, aber viel differenzierter und mit der größten Anzahl von Topoi behandelt. Ganz im Sinne der diskursiven Konstruktivität wird meistens auf die am ehesten änderbaren Faktoren der Sprachsituation – auf die *Sprachpolitik* und die *Sprachplanung* – diskursiv eingegangen, und dabei v.a. auf die *Statusplanung*, gefolgt von der *Prestigeplanung*. Die Spezifik und die Problematik der Mehrsprachigkeit in Belarus bilden dabei den Fokus der Diskussion um die Statusplanung, wobei die statusplanerischen Prozesse im kollektiven Gedächtnis als eine Russifizierung begriffen und fest verankert sind. Mit Hinblick auf die Erwartungen der Diskursakteure konnte festgestellt werden, dass eine größere Wirkungskraft eher den status- als den prestigeplanerischen Aktivitäten zugesprochen wird und dass eine potenzielle Änderung der Sprachsituation eher in der *top-down*-Richtung für wahrscheinlich gehalten wird, denn die Rolle des Präsidenten und des Staates wird in Bezug auf das Sprachprestige viel höher als die Rolle der Elite und der nationalsprachlichen Literatur und Kultur eingeschätzt. Die Problematik der *Korpus-* und der *Erwerbsplanung* ist im Forendiskurs währenddessen weniger aktuell, im Gegensatz zum *Sprachzustand*, der von den beiden diskursiven Positionen v.a. hinsichtlich der Marginalisiertheit, der Standardsprachlichkeit und der Varianz des Belarusischen eingeschätzt und argumentativ verwendet wird. Bei der Reflexion über die *Sprachwirklichkeit* stellte sich eine mangelnde *Sprachkompetenz* der Gesellschaft in Belarusisch als das am stärksten ausgeprägte Merkmal heraus.

Eine quantitative Auswertung einzelner Topoi ohne ihre kategoriale Aufteilung ermöglichte einen noch tieferen Einblick in das kollektive Denken über die belarusische Sprache. Im Folgenden wird es nun darum gehen, die Topoi des Forendiskurses zusammenfassend und – soweit es geht – in absteigender diskursiver Relevanz darzustellen und so im Sinne der mentalitätsgeschichtlichen

Fragestellung dieser Studie ein diskursives Bild der dominierenden Denkweisen zu schaffen. Das diskursive Zentrum bilden mit insgesamt rund 39% aller Topoi-Codings die *gesellschaftliche Einstellung zum Belarusischen* (816 C.), sein *symbolischer Wert* (617 C.) und die Suche nach den *Ursachen der aktuellen Sprachsituation* (509 C.) in Belarus. Es ist bemerkenswert, dass gerade Spracheinstellungen als die wichtigste Komponente der belarusischen Sprachsituation von den Diskursakteuren hervorgebracht werden. Das deutet darauf hin, dass der entscheidende Faktor der Sprachsituationsentwicklung nicht in der Sprache und ihrem Potenzial und auch nicht primär in der Sprachpolitik, sondern in den Sprechern und ihren Meinungen, Emotionen und Volitionen in Bezug auf die Nationalsprache gesehen wird. Die hohe diskursive Relevanz des symbolischen Wertes des Belarusischen als das zweithäufigste Argument im nationalsprachlichen Forendiskurs belegt empirisch eine besonders starke Ausprägung der symbolischen Funktion der belarusischen Sprache. In dieser Hinsicht kann von einer Überlegenheit des Belarusischen gegenüber dem Russischen gesprochen und weiterführend von positiven Prognosen im Hinblick auf seine Perspektiven ausgegangen werden. Die im Forendiskurs häufig vorgenommenen Versuche, die aktuelle Sprachsituation in Belarus zu attribuieren und zu erklären, sprechen dafür, dass die Ursachen-Frage nicht eindeutig zu beantworten und noch lange nicht gelöst ist und dass sie die Sprecher in Belarus doch stark beschäftigt.

Diesen zentralen Argumenten folgen in der Stärke der diskursiven Präsenz *utilitaristische* Denkmuster über den Nutzen und gar die Notwendigkeit des Belarusischen (272 C.). Es zeigte sich also, dass die Funktionalität des Belarusischen insgesamt einen hohen diskursiven Stellenwert hat: Die Codings zum symbolischen und zum pragmatischen Wert der Sprache machen insgesamt 17,9% aller Topoi-Coding aus und bilden zusammen mit den Codings zur gesellschaftlichen Spracheinstellung (16,3%) mehr als einen Drittel aller im Diskurs ermittelten Argumentationen. Stark zum Ausdruck kommen darüber hinaus *juristische* Denkweisen, wenn mit dem gleichen Status von Russisch und Belarusisch argumentiert wird (200 C.). Signifikant ist die ausgeprägte Wahrnehmung mehrerer sprachbezogener Sachverhalte als *paradox* (176 C.). Das bedeutet, dass die Sprecher sich teilweise in einem Raum gestörter bzw. anormaler Sprachverhältnisse agieren sehen. Stark vertreten ist das Denken über die belarusische Sprache in *Gefahren*-Dimensionen. Davon zeugt das hohe Aufkommen des *Gewalt*- und des *Gefahr*-Topos (152 und 124 C.) sowie die diskursive Relevanz der *Globalisierung* als eines die Nationalsprache bedrohenden Faktors (171 C.). Eine auffällig hohe diskursive Präsenz der Begriffe des *Sprachsterbens* (48 C.) und des *Sprachtodes* (39 C.) deutet zum einen auf eine starke Verankerung der belarusischen Sprache im kollektiven Gedächtnis als ein *marginalisiertes*

Phänomen (151 C.) und zum anderen auf eine feste Zugehörigkeit dieser Lexeme zum Vokabular des nationalsprachlichen Online-Diskurses konkret und des Verwender-Diskurses in Belarus allgemein. Im Kontext des marginalisierten Zustandes des Belarusischen haben die synergetisch aufkommenden Fragen nach dem Zusammenhang zwischen *Nationalsprache und Nation* (142 C.) und nach der *Besonderheit der belarusischen Nationalidentität* (149 C.) einen ebenso hohen diskursiven Stellenwert. Recht oft wird mit der – meistens fehlenden – gesellschaftlichen *Sprachkompetenz* in Belarusisch argumentiert (134 C.). Nach der gesellschaftlichen Spracheinstellung ist dies das zweithäufigste *sprecherbezogene* Argument im Diskurs. Wie oben bereits erläutert, werden die *Prestigeplanung* und der Prestigeaufbau des Belarusischen als wichtige Faktoren der Sprachsituation betrachtet (130 C.). Beim Thema der *Statusplanung* dominiert der Gesichtspunkt der *Russifizierung* deutlich (128 C.), während die *Belarusifizierung* viel seltener (33 C.) und die *Polonisierung* (3 C.) kaum verbalisiert werden. Dass die Frage nach der *Standardsprachlichkeit* des Belarusischen nicht unproblematisch ist, verdeutlicht eine relativ starke Präsenz dieses Themas im Diskurs (125 C.). Weitaus seltener als die vergangenheitsgerichtete Suche nach den Ursachen der Sprachsituation in Belarus (s. o.), aber dennoch verhältnismäßig häufig, kommen im Diskurs Überlegungen über *Perspektiven* des Belarusischen zum Ausdruck (124 C.). Das weist erneut darauf hin, dass das Schicksal der belarusischen Sprache in der Vergangenheit einen wichtigen Teil des kollektiven Gedächtnisses ausmacht und gegenüber der Zukunftsorientierung deutlich prävaliert. Als typisch erwies sich im Forendiskurs die Argumentation mit den bestehenden Sprachverhältnissen in Belarus anhand von *Mehrheits-*, *Realitäts-* und *Zensus*-Topoi (111, 60 und 28 C.), welche diese Verhältnisse ihrerseits als irreversibel und unanfechtbar behaupten. Immer wieder wird im Diskurs mit dem Begriff ‚Muttersprache' argumentiert, der äußerst unterschiedlich und z.T. kontrovers sowohl als Symbol als auch als Kommunikationsmittel interpretiert wird (83 C.). Die Funktionalität des Belarusischen wird wiederholt mit dem forendiskursspezifischen Topos der *Sprache der Beiträge* thematisiert und in Frage gestellt (81 C.). Wiederholt werden *Instrumentalisierungs-* und *Manipulations*-Sichtweisen auf die belarusische Sprache zum Ausdruck gebracht (48 und 10 C.) und die symbolische Funktionalität des Belarusischen dadurch erneut betont. Vereinzelt kommt es zur metaphorisierenden Betrachtung der belarusischen Sprache entweder aufwertend und sakralisierend als *Heiligtum* (21 C.) oder abwertend als *restaurativ, fortschrittfeindlich* (31 C.) bzw. als funktionsloses *Museumsgut* (16 C.). Nicht irrelevant scheint für die Diskussionsteilnehmer die *Rolle der Einzelperson* im Prozess der Sprachetablierung zu sein (15 C.). Als Denkmuster auf diskursiver Metaebene kommt oft das Hinterfragen der Rolle und des Nutzens von *Sprachdiskussion* vor (63 C.).

Zu einem der wichtigsten direkt auf die Sprache bezogenen Argumente der Forendiskussion gehört u.a. *Ästhetik* als subjektiv wahrgenommene Eigenschaft der belarusischen Sprache (115 C.). Ebenso als relevant werden ihre *Tradition* (60 C.), *Historizität* (58 C.) und *Geschichte* (32 C.) erachtet. Die sprachimmanenten Faktoren wie die mehrfach bestehende *Varianz* innerhalb der belarusischen Sprache (74 C.) oder die in der genetischen Nähe von Russisch und Belarusisch begründete *Ähnlichkeit* der Sprachen (5 C.) sind dagegen zwar diskursiv vertreten, aber nur peripher. Auch die korpusplanerischen Ereignisse wie z.B. das im Untersuchungszeitraum in Kraft getretene *Orthographiegesetz von 2008* (20 C.) scheinen diskursiv eine eher geringe Rolle zu spielen. Insgesamt konnte festgestellt werden, dass in Hinblick auf den marginalisierten Zustand des Belarusischen nicht vorrangig seine immanenten Faktoren wie *Künstlichkeit* (31 C.), *Mangelhaftigkeit* (7 C.) oder *Lebensunfähigkeit* (2 C.), sondern vielmehr seine funktionalen Merkmale wie *Ineffektivität* bzw. eingeschränkte Funktionalität (116 C.) aus der Sprachverwender-Perspektive moniert werden, wofür wiederum in erster Linie eine für die belarusische Sprache *ungünstige Sprachplanung* (82 C.) – insbesondere die *Erwerbsplanung* (149 C.) – und eine als *antinational* begriffene *Staatspolitik* (48 C.) verantwortlich gemacht werden.

Aus argumentationstechnischer Sicht wird der *Vergleich* mit den Sprachsituationen anderer Länder als eine effektive Argumentationsstrategie eingeschätzt (152 C.), was davon ausgehen lässt, dass eine Übernahme der herbeigebrachten Sprachentwicklungsszenarien in Belarus als durchaus möglich erachtet wird. Neben den immer wieder verwendeten und sich nahe stehenden *Beispiel-* und *Autoritäten*-Topoi (29 und 35 C.) sind auch die Argumentationsweisen signifikant, die das Vorhandensein einer nationalsprachlichen *Problematik* in Belarus *leugnen* (69 C.), eine *Umkehrung* von bestehenden Sprachverhältnissen illustrieren (25 C.) bzw. dem Opponenten das *Fehlen von* haltsamen *Argumenten* vorwerfen (14 C.).

Da affektive Zustände in der Regel sprachlich nur schwer ausgedrückt werden können, deutet der relativ hohe Anteil der Äußerungen zur *emotiv-affektiven* Komponente an der Gesamtzahl der analysierten Forenbeiträge (ca. 12%) auf einen reflektierten Umgang der Diskursakteure mit der eigenen Spracheinstellung hin. Diese die Kognition und die Volition steuernde Einstellungskomponente weist die größte Anzahl der Stimuli auf: Emotiv-affektive Reaktionen der Diskursakteure rufen nämlich in absteigender Häufigkeit die folgenden Stimuli: *Belarusisch als Zeichensystem, Verwendung des Belarusischen, negative Einstellung der Gesellschaft zum Belarusischen, Sprachpolitik, eigener Kontakt der Diskussionsteilnehmer zum Belarusischen, fehlende gesellschaftliche Kompetenz in Belarusisch* und seine *Sprecher* hervor. Da die emotionale Haltung der *Zuneigung* mit 93,4% gegenüber der *Abweisung* diskursiv deutlich prävaliert, stellt sich die emotiv-affektive Disposition zum Belarusischen im Verwender-Diskurs als grundsätzlich *positiv* heraus, wobei Emotionen mit *negativer Gefühlsqualität* mit 55% etwas überwiegen. Die im Forendiskurs dominierenden Emotionen sind also die *negativ* gefärbten *Sympathieemotionen* (v.a. *Bedauern*) in Bezug auf eine unprestigehafte Markiertheit und den russifizierten Zustand der belarusischen Sprache, auf die negative Spracheinstellung und die fehlende Nationalsprachkompetenz der Gesellschaft, auf die Sprachpolitik und den eigenen mangelnden Kontakt zum Belarusischen; die ebenso *negativ* gefärbten *Attributionsemotionen* (v.a. *Scham*) in Bezug auf die gesellschaftliche Abneigung und auf die eigene Inkompetenz und Nichtverwendung des Belarusischen sowie die *positiv* gefärbten *Wohlergehens-* (v.a. *Vergnügen*) und *Anziehungsemotionen* (v.a. *Mögen, Lieben*) gegenüber der Sprache selbst und gegenüber ihrer Verwendung. Demnach kann behauptet werden, dass das Hauptobjekt der Spracheinstellung – die belarusische Sprache – sowie ihre Verwendung für emotionale Behaglichkeit auf subjektiver Ebene sorgen, während ihr ‚Schicksal' bzw. die Einwirkung auf sie von außen eher emotionales Unbehagen hervorrufen. Es hat sich bei der Auswertung dieser Einstellungskomponente ergeben, dass der Forendiskurs eine Diskrepanz im kollektiven Bewusstsein der Belarusen zwischen der gesellschaftlichen und der persönlichen emotionalen Disposition zur Nationalsprache abbildet bzw. aufdeckt, denn die eigene emotiv-affektive Reaktion der Diskursakteure auf Belarusisch fällt nachweislich erheblich positiver aus als die von ihnen wahr- bzw. angenommene emotionale Haltung der ganzen Gesellschaft, welche ihrerseits als ausschließlich negativ eingeschätzt wird: Es wird hier nämlich vorwiegend von *Wohlergehens-, Anziehungs-* und *Attributionsemotionen* der Abweisung mit *negativer Gefühlsqualität* berichtet, und es werden keine Sympathieemotionen, dafür aber die *negativ* gefärbte *Ungewissheitsemotion* wie *Angst* der Gesellschaft vor der Sprache und vor dem Sprechen auf Belarusisch präsumiert. Diese Diskrepanz gibt bereits an dieser Stelle einen Grund zur weiterführenden Annahme, die tatsächliche Einstellung der Gesellschaft zum Belarusischen könnte deutlich besser sein, als dies von den Sprechern selbst angenommen und diskursiv geäußert wird.

Die *evaluative* Zuwendung gilt im Forendiskurs der *Verwendung des Belarusischen*, seinen *Sprechern* und der *gesellschaftlichen Einstellung* ihm gegenüber. Die Evaluationsreaktionen im Diskurs werden gegen die Erwartung nicht von der Solidaritäts-/Status-Dimension determiniert und sind auch nicht von der Motivation bzw. der Zielsetzung einer Person abhängig, wie dies bei Spracheinstellungen in der Regel der Fall ist (Kap. 3.1.10). Vielmehr geschieht hier die Bewertung eines Einstellungsobjektes hinsichtlich seiner Konformität mit den eigenen Normvorstellungen. Da alle diskursiven Positionen nur Abweichungen von ihrer eigenen subjektiven Norm verbalisieren, fallen sämtliche Evaluationsreaktionen der Diskursakteure naturgemäß *nicht-positiv* aus: Die geäußerten Bewertungen haben entweder eine *kritisierende* oder eine *diskreditierende* Intention und stimmen, im Gegensatz zur emotiv-affektiven Komponente der Einstellung zum Belarusischen, mit den Einschätzungen über die gesellschaftlichen Bewertungen des Belarusischen weitgehend überein.

Da Willensbekundungen in Bezug auf die belarusische Sprache bereits in den Stellungnahmen ihr gegenüber implizit enthalten und rekonstruierbar sind, wird die *indikative Volition* im Vergleich zu den anderen Einstellungskomponenten mit 5,6% aller Forenbeiträge seltener explizit verbalisiert. Die Wünsche und Vorhaben der Diskursakteure betreffen zwar v.a. den *aktiven*, aber nicht zuletzt auch den *passiven Kontakt* zur Sprache, wobei die Vorhaben in Bezug auf den Erwerb und die Verwendung des Belarusischen oft mit Restriktionen geäußert werden: Beim Spracherwerb wird der Fokus auf die junge Generation verschoben, denn es geht seltener um die Absicht, Belarusisch selbst zu lernen, sondern vielmehr um das Vorhaben, es den eigenen Kindern beibringen zu lassen; und bei der Verwendung sei man erst dann bereit Belarusisch zu sprechen, wenn es in der Umgebung bereits praktiziert werden würde. Wie auch bei der emotiv-affektiven Komponente, zeigt sich hier ebenfalls eine Diskrepanz im kollektiven Denken zwischen der gesellschaftlichen und der individuellen Dimension der Spracheinstellung, denn die im Forendiskurs geäußerte eigene Volition der Diskursakteure zeichnet sich durch eine *aktivere Verhaltensdisposition* aus, als es die diskursiven Einschätzungen der behavioralen gesellschaftlichen Intention in Bezug auf Belarusisch hervorbringen. Das bedeutet auch für die volitiv-indikative Komponente, dass die belarusische Sprache tatsächlich eine stärkere positive Zuwendung der Sprechergemeinschaft erfährt, als es von ihr selbst angenommen wird.

Die nach der kognitiven Einstellungskomponente zweitstärkste diskursive Präsenz der *volitiv-imperativen* Komponente zeugt davon, dass im Forendiskurs generell eine imperative Tonart usuell ist und die Volition eher in einem fordernden Modus, weniger als Wunsch, sondern vielmehr als Präskription zum Ausdruck gebracht wird. Adressat dieser Forderungen ist meistens der Staat. Es werden v.a. die Intensität und der Vektor der evtl. Belarusifizierung angegangen. Dass die meisten Appelle die Intensität dieses Prozesses betreffen, spricht davon, dass das rasche Tempo der Nationalisierung am Anfang der 1990er Jahre für dessen Scheitern verantwortlich gemacht wird und als traumatisch empfunden wurde. Es wird ein langsamer, sukzessiver Übergang zum Belarusischen mit dem Anfang im Bildungsbereich, bei der jungen Generation ausdrücklich bevorzugt. Der mediale und der kulturelle Bereich werden als Ausgangspunkte einer Belarusifizierung als wenig relevant betrachtet. Es wird vielmehr nach einer Änderung der staatlichen Ideologie in Richtung Nationalisierung und einer ausgewogenen und durchdachten nationalen Sprachpolitik sowie, in Bezug auf die Statusplanung, nach der Festlegung des Belarusischen als die einzige Staatssprache oder wenigstens als die dominierende Sprache verlangt. Es werden Strategien und konkrete stimulierende und sprachprestigefördernde Maßnahmen als erforderlich deklariert. Insgesamt stellt sich der Belarusizierung-Appell an den Staat dennoch als relativ moderat heraus: Dieser Prozess solle zwar durchgeführt werden, aber es soll nur allmählich geschehen und am besten in dem Bereich anfangen, mit dem man als Erwachsener persönlich meistens nicht mehr viel zu tun hat (Bildung), und mit der Personengruppe (junge Generation), der man (größtenteils) nicht mehr angehört. Die diskursiven Forderungen auf der individuellen Adressaten-Ebene zielen auf die kognitive, emotive und konative Disposition der Diskursrezipienten ab, wobei sie hauptsächlich die Verhaltenskomponente angehen und eine allgemeine Verwendungspflicht des Belarusischen nahelegen, während jede Person den Anfang bei sich selbst machen solle. Nach dem Bewahren des sprachlichen *status quo*, nach Gleichstellung der beiden Staatssprachen und nach Russifizierung wird im nationalsprachlichen Diskurs naturgemäß deutlich seltener verlangt (insgesamt 1% der Forenbeiträge).

Das diskursive Bild des *berichteten* Sprachverhaltens der Diskursakteure als ein Teil der *konativen* Einstellungskomponente, welche im Forendiskurs vorwiegend durch Aussagen über den eigenen Sprachgebrauch und viel seltener über den Spracherwerb geschaffen wird, zeigt, dass die meisten Gegner des Belarusischen und ein großer Teil seiner Befürworter die Sprache nicht benutzen. Wenn jedoch über ihre Verwendung berichtet wird, dann meistens mit der Einschränkung ‚manchmal' (88% entsprechender Äußerungen). Ein häufiges bzw. permanentes Sprechen werde währenddessen kaum praktiziert (3,6%). Demnach entspricht dieses Bild weitgehend dem diskursiven Bild der gesellschaftlichen Einstellung zum Belarusischen in ihrer konativen Komponente. Diese Übereinstimmung des eigenen und des wahrgenommenen gesellschaftlichen Sprachverhaltens ist offensichtlich darin begründet, dass sich hier, anders als bei der emotiv-affektiven Komponente, nicht auf Vermutungen, sondern auf direkte Beobachtungen der sprachlichen Realität gestützt wird.

Die Wahl der Sprache der Forenbeiträge, die als *konative* Komponente nicht nur das *tatsächliche* Sprachverhalten abbildet, sondern auch auf eine bestimmte Spracheinstellung hindeuten kann, fällt zwar meistens nicht zugunsten des Belarusischen aus, aber dass die belarusischsprachigen Beiträge fast einen Drittel des gesamten Foren-Contents ausmachen, ist im Kontext der generell schwachen Verwendung der Sprache relativ hoch, was das Sprachforum zu einer Domäne der belarusischen Sprache erklären lässt.

Zusammenfassend lässt sich in Bezug auf die Komponenten der Sprechereinstellung zum Belarusischen festhalten, dass bei weitem nicht alle davon negativ ausfallen, dass v.a. die emotiv-affektive und die volitiv-indikative Komponente eindeutig von einer positiven Haltung gegenüber dem Belarusischen zeugen und auf der kognitiven Ebene viel mehr Topoi *pro* Belarusisch als *contra* eingesetzt werden. Vor dem Hintergrund der empirisch bestätigten schwachen Verwendung des Belarusischen kann nun weiterführend behauptet werden, dass bei einem großen Teil der Diskussionsteilnehmer und folglich zumindest bei einem Teil der belarusischen Bevölkerung ein einstellungs*inkongruentes* Sprachverhalten vorliegt, indem eine Diskrepanz zwischen der konativen Komponente einerseits und den anderen Einstellungskomponenten andererseits besteht, die auf eine Reihe verhaltenssteuernder Faktoren zurückzuführen ist.

Die Frage nach den sog. *intervenierenden Variablen* wird im Forendiskurs deutlich ausführlicher als in der Forschung (z.B. Plotnikaŭ 2000; Gutschmidt 2002: 332; Norman 2013: 76) behandelt. Für die wichtigsten davon werden eine Mühsamkeit des Sprechens auf Belarusisch (31,4%), Sprachinkompetenz (26,2%), psychisches Unbehagen (15,2%) und fehlende Verwendungsmöglichkeiten (10,3%) gehalten. Wider Erwarten spielt die soziale Attraktivität des Belarusischen als intervenierender Faktor in den Augen der Diskursakteure keine große Rolle (1,7%). Auch die bestehende Varianz des Belarusischen scheint kaum als störend empfunden zu werden (0,3%). Es prävalieren also die intervenierenden Variablen der Persönlichkeits- und der Situationsdimension deutlich über den objektbezogenen, was auch an dieser Stelle zur Behauptung verleitet, dass die Gründe für die Inkonsistenz zwischen der Spracheinstellung und dem Sprachverhalten in Belarus weniger in der Sprache selbst, sondern vielmehr in der Sprachsituation und v.a. bei den Sprechern gesehen werden.

Die differenziertere Auswertung der argumentativen Gesamtarchitektur des Forendiskurses hat das Vorhandensein von typischen Argumentationsmustern *pro* und *contra* Belarusisch nachgewiesen. In Bezug auf einige für unbezweifelbar gehaltene Sachverhalte sind sich die beiden Lager einig. Dazu gehört v.a. das Zurückführen des marginalisierten Zustandes des Belarusischen auf seine Ähnlichkeit mit dem Russischen und auf seine Assoziierung mit der politischen Opposition in Belarus, auf die Besonderheiten der belarusischen Nationalidentität, auf die Art der Erwerbsplanung, auf den Mangel an belarusischsprachiger

Literatur und Massenmedien und auf die generell negative gesellschaftliche Einstellung zur Sprache. Außerdem sehen die beiden Parteien gleichermaßen in der Trasjanka eine vitale Variante des Belarusischen und sind darin einvernehmlich, dass die Sprachenfrage in Belarus zu politischen Zwecken instrumentalisiert werden würde. Doch häufiger werden die sprachbezogenen Sachverhalte von den polaren Positionen entweder zwar gleich wahrgenommen und bewertet, aber für unterschiedliche Schlussfolgerungen verwendet, oder sie werden von vornherein ungleich und z.T. kontrovers eingeschätzt. Größtenteils jedoch (47,7% aller Topoi) greifen die beiden Seiten auf ihr eigenes Argumentationsinstrumentarium zurück, das nur für die jeweilige Position relevant ist und von der Gegenposition gar nicht in Erwägung gezogen wird, und agieren somit häufig ohne eine gemeinsame Argumentationsbasis und ohne einen gegenseitigen Bezug aufeinander, was von einer eingeschränkten argumentativen Dialogizität der diskursiven Positionen im Forendiskurs über die belarusische Sprache ausgehen lässt.

Insgesamt prävalieren im Diskurs deutlich solche Denkmuster, die die Bewahrung der belarusischen Sprache postulieren: Sie sind nicht nur quantitativ stärker vertreten, sondern sie weisen eine viel größere kategoriale Vielfalt auf. Es zeigt sich also, dass eine belarusisch-freundliche Haltung mit einem größeren Interesse an der Sprachenfrage sowie mit einem tieferen Verständnis und einem reflektierten Umgang mit der Sprachenproblematik in Belarus einhergeht. Grundlegende Unterschiede in den Argumentationsweisen der beiden diskursiven Positionen lassen sich auf allen Einstellungsebenen konstatieren. Auf der *kognitiven* Ebene sind es eine differenzierte Auseinandersetzung mit dem Thema der Sprachplanung und des Zustandes des Belarusischen, eine extrinsische Attribution seines marginalisierten Zustandes, kulturalistische Denkweisen und eine *de-facto*-Perspektive auf die Sprachsituation in Belarus bei der *pro*-belarusischen Position sowie das fast vollständige Ignorieren der Ebene der Sprachplanung, utilitaristische Denkmuster, eine *de-jure*-Sichtweise und eine intrinsische Attribution der Sprachsituation mit sprachimmanenten Faktoren vonseiten der *contra*-Position. Auf der *emotiven* Ebene geht der Ausdruck emotionaler Gebundenheit an die Sprache mit der Zuneigung und eine wertende Haltung zu ihr mit der Abweisung des Belarusischen einher. Hinsichtlich der *evaluativ-normativen* Komponente ist ein divergentes Verständnis von Normalität seitens der beiden Parteien charakteristisch: Für die *pro*-Position ist es nämlich charakteristisch, die in Belarus bestehenden Sprachverhältnisse für nicht normal zu erachten. Aus der Sicht der Ablehnung zeichnen sich diese jedoch grundsätzlich durch eine Normalität aus. Entsprechend ist die Haltung bei einer positiven Einstellung zum Belarusischen tendenziell regierungskritisch, bei einer negativen indessen gegenüber der staatlichen Sprachpolitik generell unkritisch. Auf der *volitiven* Ebene resultiert diese Diskrepanz der Norm-Auslegung in unterschiedlichen Handlungsdispositionen: Während die *pro*-belarusische Position eine aktive Haltung einnimmt und die Notwendigkeit von Änderungen argumentiert, sehen die Gegner des Belarusischen passivistisch jegliche Änderung als nicht möglich und nicht nötig und plädieren dafür, auf diese zu verzichten und die Sprachrealität in Belarus als Gegebenheit zu akzeptieren. Es herrscht darüber hinaus ein auffälliger Kontrast in der Modalität der Äußerungen zum offiziellen Status der beiden Staatssprachen in Belarus: Aufgrund der staatlichen Zweisprachigkeit bestehe nämlich je nach diskursiver Position entweder *ein* oder *kein* Muss, Belarusisch zu sprechen. Auf der *konativen* Ebene liegt der Unterschied zwischen den beiden Seiten darin, dass Belarusisch im Forendiskurs ausschließlich von seinen Verteidigern verwendet wird, wobei der Gebrauch von Russisch dagegen keine Korrelation mit einer der diskursiven Positionen aufweist, was die Verwendung des Belarusischen im Sinne seiner ausgeprägten symbolischen Funktion zu einem eindeutigen Zeichen und sogar zu einem Marker positiver Einstellung ihm gegenüber macht, während Russisch eher als ein Mittel der Diskussionsführung und als *lingua franca* im Internet gesehen und benutzt wird.

Als Ergebnis der Auswertung von diskursiven Argumentationsstrategien konnten *Portraits der pro-* und *contra-Position* erstellt werden, die im Folgenden präsentiert werden. Zusammenfassend ist es demnach für eine *pro*-belarusische Haltung charakteristisch,
– über die Sprachplanung auf allen Ebenen, über den Zustand des Belarusischen, insbesondere über seine Standardsprachlichkeit und Varianz sowie über die intervenierenden Variablen differenziert zu reflektieren;
– nach Ursachen der behaupteten Marginalisierung und Deformation des Belarusischen zu suchen;
– Gründe für seine Bewahrung und Verwendung herbeizuführen;
– Perspektiven des Belarusischen abzuschätzen und dabei u.a. positive Entwicklungsszenarien durchaus in Aussicht zu stellen;
– Marginalisiertheit, Ineffektivität und Nichtverwendung des Belarusischen extrinsisch mit Situations- und Persönlichkeitsvariablen zu attribuieren, nämlich mit ungünstigen gesellschaftlichen Entwicklungen in den Epochen der Rzeczpospolita, des Russischen Imperiums sowie in der UdSSR-Zeit, mit der staatlichen Regulierung, dem Verhalten der Opposition, dem Fehlen von nationaler Elite und der tatsächlichen Souveränität des Staates, mit einer künstlich erschaffenen Abdingbarkeit des Belarusischen sowie mit der Besonderheiten der Mentalität und des Nationalcharakters von Belarusen,

mit einer Mühsamkeit des Sprechens auf Belarusisch, mit Sprachinkompetenz und mit psychologischen Barrieren;
- sich in Bezug auf die Gleichstellung der beiden Staatssprachen und auf die Freiheit der Sprachwahl auf die Sprachwirklichkeit zu stützen und eine Einsprachigkeit *de facto* zu behaupten;
- kulturalistische Denkweisen an den Tag zu legen und den symbolischen Wert des Belarusischen auf eine relativ vielfältige Weise hervorzuheben, indem die Sprache als nationaler Wert und eine überindividuelle und irrationale Erscheinung betrachtet wird, deren Wert als Symbol, Filter, Aufwertungsmittel und Schutz weit über ihren trivialen Nutzen hinausgeht und eine Investition bedeutet;
- in utilitaristischen Denkweisen über Belarusisch eine Trivialisierung seines Wertes zu sehen;
- ein ausgeprägtes Verständnis des Zusammenhanges zwischen Nationalsprache einerseits und Ideologie, Nation, staatlicher Souveränität, Kultur, Heimat und Nationalcharakter andererseits zum Ausdruck zu bringen;
- eine humanistische Komponente des pragmatischen Wertes des Belarusischen, nämlich seines menschlichen, gesellschaftlichen und kulturellen Nutzen hervorzuheben;
- einen in seiner symbolischen Funktion begründeten wirtschaftlichen Nutzen des Belarusischen zu erkennen;
- seine ästhetische Attraktivität, Originalität und Historizität zu akzentuieren;
- in der Verwendung des Belarusischen das Bedürfnis nach einer lokalsprachlichen Identität (vgl. Haarmann 2004: 245) und der bewussten Gestaltung der eigenen kulturellen Identität (Kittel/Lindner 2011) zu sehen;
- die symbolische Funktion des Belarusischen als fundamentale Sprachfunktion für suffizient zu erklären;
- in diesem Sinne abstrakte bzw. nicht-praxisbezogene Entitäten wie die Sprache der Nation und des Heimatlandes, der Vorfahren, sogar eine ‚genetisch im Blut verankerte' Sprache, eine subjektiv als Muttersprache wahrgenommene Sprache oder eine Titularsprache der Definition von Muttersprache zugrunde zu legen und darin ein Zeichen eines Patriotismus zu sehen;
- die Zensusangaben von 1999 und 2009 zur Muttersprache als ein Zeichen der Loyalität der Sprechergemeinschaft zum Belarusischen und deren Bereitschaft, es zu verwenden, zu interpretieren;
- einen Standpunkt der Marginalisierung des Belarusischen, der zwangsmäßigen Russifizierung auf allen Ebenen der Sprachplanung und in diesem Sinne eine Gewalt-Sichtweise in Bezug auf die Sprachsituation in Belarus zu vertreten;

– Russisch als eine Sprache der nationalen Minderheit, als fremd, nutz- und wertlos sowie als die Hauptbedrohung für die nationale Identität von Belarusen zu beschreiben und das Festhalten an ihr als Zeichen der ‚veralteten' sowjetischen Mentalität hinzustellen;
– dem Russischen den Status einer Staatssprache in Belarus zu entziehen vorzuschlagen;
– den polnischen Einfluss auf die belarusische Sprache im Gegensatz zum russischen als eine natürliche und bereichernde Interferenzerscheinung zu betrachten;
– die Belarusifizierung in den 1990er Jahren zwar gutzuheißen, aber ihr rasches Tempo jedoch zu kritisieren;
– Belarusisch als polyvalent und seine gewisse Künstlichkeit als eine übliche Eigenschaft einer Standardsprache zu sehen;
– die von den Gegnern des Belarusischen behauptete Nonexistenz des Belarusischen zu bestreiten;
– die Trasjanka als eine vitale Variante des Belarusischen zu billigen;
– zwar eine negative gesellschaftliche Einstellung zum Belarusischen zu konstatieren, dennoch zu betonen, die Sprecher hätten nichts gegen die Sprache und diese werde von manchen gesprochen;
– mit der eigenen Einstellung zum Belarusischen reflektiert umzugehen;
– die belarusische Sprache sakralisierend darzustellen und ihr die Rolle eines zu verteidigenden Opfers zu verleihen;
– über die Notwendigkeit von Nationalsprache und der sprachlichen Diversität in einer Globalisierungszeit zu sprechen;
– über die Rolle von Sprachdiskussion im Prozess der Veränderung von Sprachsituation zu reflektieren;
– zum Argumentieren Sprachsituationen in denjenigen Ländern als vergleichbar einzuschätzen, deren Sprachpolitik gegen das Vorherrschen des Russischen und auf das Wiederbeleben ihrer Nationalsprachen gerichtet ist (z.B. Ukraine, baltische Staaten, Tschechische Republik);
– insgesamt ein breiteres Spektrum der Argumentationsstrategien als die *contra*-Position zu verwenden;
– die eigene emotionale Haltung – vorwiegend Zuneigung – gegenüber dem Belarusischen aktiv zum Ausdruck zu bringen, wobei es v.a. um Emotionen mit positiver Gefühlsqualität (*Mögen, Lieben*) in Bezug auf Belarusisch als Zeichensystem, auf seine Verwendung, auf die Sprecher und auf sprachbewahrende Initiativen sowie mit negativer Gefühlsqualität (*Bedauern, Scham*) gegenüber der Sprachpolitik, der Sprachbeherrschung und der ablehnenden gesellschaftlichen Haltung geht;

- eine vollwertige Existenz, Verwendung und respektvolle Behandlung des Belarusischen als Norm zu sehen und vor diesem Hintergrund die Sprachsituation in Belarus als nicht optimal, paradox und gefahrenschwer darzustellen und die Gleichstellung der beiden Staatssprachen, ein fehlendes Nationalbewusstsein von Belarusen, ihre mangelnde Kompetenz in der Nationalsprache, die negative gesellschaftliche Einstellung ihr gegenüber und deren Nichtverwendung zu problematisieren;
- sich regierungskritisch zu positionieren und die Verantwortung für den marginalisierten Zustand des Belarusischen dem Staat, seiner ‚fehlenden' oder gar ‚antinationalen' Sprachpolitik explizit zuzuschreiben;
- konsequent in den Wünschen und teilweise inkonsequent in den Vorhaben in Bezug auf Belarusisch zu sein, denn eine positive Disposition gegenüber der Sprache oft mit der fehlenden Verwendungsabsicht einhergeht;
- aktivistisch zur Veränderung der bestehenden Sprachsituation in Belarus und zur Beseitigung der auf sie ‚negativ wirkenden' Faktoren anzuhalten und in diesem Sinne eine ungünstige Sprachplanung, Sprachsterben, Varianz, Ineffektivität, Unaufgefordertheit und Marginalisiertheit des Belarusischen, niedrige Sprachkompetenz, negative gesellschaftliche Einstellung zum Belarusischen und dessen Nichtverwendung für die zu ändernden Sachverhalte auszugeben;
- Ermunterungen zur Verwendung des Belarusischen zu äußern;
- in Bezug auf die staatliche Zweisprachigkeit in Belarus imperativisch die Verwendung des Belarusischen als obligatorisch anzugehen;
- über den eigenen, wenn auch sporadischen, Gebrauch des Belarusischen im Alltag zu berichten;
- Belarusisch bei der Diskussionsführung über die Nationalsprache zu verwenden;
- teilweise eine elitäre Haltung gegenüber den Gegnern des Belarusischen einzunehmen.

Die Befürwortung des Belarusischen im Forendiskurs weist also eine größere argumentative Vielfalt auf, als in der Forschungsliteratur bisher festgehalten wurde: Mečkovskaja (2002: 132–134) führt nämlich unter typischen Argumenten der *pro*-belarusischen Position lediglich die Bewahrung der staatlichen Souveränität und der nationalen Identität, den wirtschaftlichen und kulturellen Nutzen, Ästhetik und das Sprachsterben des Belarusischen auf. Als typische Strategien nennt sie seine sakralisierende Darstellung, die Herbeiführung von positiven Beispielen anderer Länder, eine Entwertung des Russischen und eine verratsinkriminierende Vorwurfshaltung gegenüber allen russischsprechenden Belarusen.

Für die Argumentation *contra* Belarusisch ist es währenddessen typisch,
- die Ebene der Sprachplanung zu ignorieren;
- kein Interesse an der Zukunft des Belarusischen zu zeigen oder ggf. pessimistische Prognosen aufzustellen;
- Marginalisiertheit, Ineffektivität und Nichtverwendung des Belarusischen intrinsisch mit objektbezogenen Variablen bzw. sprachimmanenten Faktoren wie seine behaupteten Künstlichkeit, Mangelhaftigkeit und Nutzlosigkeit als Kommunikationsmittel zu attribuieren;
- in Bezug auf die Gleichstellung der beiden Staatssprachen eine *de-jure*-Sichtweise zu vertreten und entsprechend eine Freiheit der Sprachwahl in Belarus zu behaupten;
- eine utilitaristische Betrachtungsweise des wirtschaftlichen und kommunikativen Nutzens und der Notwendigkeit des Belarusischen zu vertreten und im Sinne des sprachökonomischen Ansatzes (Bourdieu 1991; 2005) pragmatische Erwägungen bei einem sprachbezogenen Thema als entscheidend zu betrachten;
- jegliche Verbindung zwischen Nationalsprache einerseits und Ideologie, Nation, staatlicher Souveränität, Kultur, Heimat und Nationalcharakter andererseits zu leugnen;
- eine Nutzlosigkeit, einen niedrigen kommunikativen Wert und einen fehlenden Bedarf an Belarusisch zu behaupten;
- seine Ästhetik, Historizität und einen wirtschaftlichen Nutzen zu negieren;
- die symbolische Funktion des Belarusischen als eine unbedeutende Sprachfunktion für nicht ausreichend zu erklären;
- in diesem Sinne konkrete Faktoren mit einem relativ direkten Bezug zur Praxis, Wirklichkeit und Funktionalität wie die Sprache des Denkens, der Eltern, die Alltagssprache bzw. die Sprache der ersten Sozialisation der Definition von Muttersprache zugrunde zu legen;
- die Ergebnisse der Zensus von 1999, 2009 in Bezug auf die Muttersprache als nicht valide und deswegen als nicht aussagekräftig zu sehen;
- das Thema der Russifizierung entweder zu ignorieren oder sie bzw. ihren sanktionellen Charakter abzustreiten;
- das Vorkommen von Polonismen im Belarusischen als Zeichen seiner Fremdartigkeit zu interpretieren;
- die Belarusifizierung in den 1990er Jahren zu missbilligen;

- die belarusische Sprache als nicht polyvalent, mangelhaft, künstlich, lebensunfähig und aufgrund der genetischen Nähe und Ähnlichkeit zum Russischen als verzichtbar zu betrachten;
- die belarusische Sprache als nonexistent zu artikulieren;
- die Trasjanka als die einzige Existenzform des Belarusischen darzustellen;
- von einer nicht-negativen gesellschaftlichen Einstellung zum Belarusischen grundsätzlich abzusehen und zu behaupten, es sei von niemandem gemocht, gewollt und gesprochen;
- die belarusische Sprache als rückständig und nicht zeitgemäß in Szene zu setzen;
- ein gemeinsames einheitliches Kommunikationsmittels in einer Globalisierungszeit für notwendig zu halten;
- zum Argumentieren die Sprachsituationen in denjenigen multilingualen Staaten als vergleichbar einzuschätzen, in denen die Bezeichnung von Staatssprachen von der jeweiligen Landesbezeichnung abweicht (z.B. die Schweiz, die USA, Kanada);
- keinen emotionalen Bezug zum Belarusischen herzustellen, ggf. jedoch vorwiegend Abweisung, nämlich negativ gefärbte Anziehungs- (*Missfallen, Hass, Abneigung*) und Wohlergehensemotionen (*Unannehmlichkeit, Übel*) in Bezug auf die Sprache und ihre Verwendung zum Ausdruck zu bringen;
- die Dominanz des Russischen als Norm zu sehen und vor diesem Hintergrund die nationalsprachliche Problematik in Belarus für nicht existent bzw. geringfügig und auf jeden Fall für nicht erstrangig zu halten;
- die Ursachen des marginalisierten Zustandes des Belarusischen nicht auf der Seite des Staates zu sehen;
- konsequent in den Wünschen und Vorhaben in Bezug auf Belarusisch zu sein, welche ihrerseits nicht zu seinem Gunsten ausfallen;
- die bestehende Sprachsituation in Belarus nur in konstatierender Weise zu reflektieren und passivistisch zum Akzeptieren der Sprachrealität als unverkennbar und unbestreitbar sowie zum Verzichten auf jegliche Änderungen von *status quo* anzuhalten;
- kein Interesse an der Veränderung des gesellschaftlichen Sprachverhaltens zu zeigen;
- in Bezug auf die staatliche Zweisprachigkeit in Belarus konzessivisch das Verzichten auf Belarusisch als legitim zu behaupten;
- eine Nichtverwendung des Belarusischen im Alltag einzuräumen;
- auch bei der Diskussionsführung über die Nationalsprache auf Belarusisch zu verzichten.

Diese beiden Listen decken also u.a. auf, wie im Verwender-Diskurs über die belarusische Sprache aneinander vorbei diskutiert wird.

Die diskurslinguistische Auswertung des Forendiskurses hat einige bereits bestehende Thesen über die Spezifik der Sprachsituation in Belarus (vgl. Hentschel/Kittel 2011: 74–77) empirisch belegt: Es konnte z.B. bestätigt werden, dass die Trasjanka als Substandard kein Zeichen eines niedrigeren Bildungsniveaus, sondern eine vitale Sprachvarietät ist; dass die symbolische Funktion des Belarusischen stark ausgeprägt ist und dadurch das Potenzial der Sprache ausmacht und die Gewähr für ihre gute Perspektiven darstellt; dass herkömmliche Definitionen von Muttersprache in Bezug auf das Belarusische nicht anwendbar ist, wobei es im Diskurs dennoch nicht eindeutig gelöst wird, da v.a. die Vertreter der *contra*-Position durchaus eine Erst- und Alltagssprache für Muttersprache halten. Bestätigt wurde auch, dass die belarusische Sprache kein unbedingt notwendiger Faktor von Nationsbildung ist: Die These von einer eigenständigen Nation ohne die nationalsprachliche Komponente wird im Diskurs relativ häufig zur Sprache gebracht, und das Festhalten an der Idee der Nationalsprache als unentbehrlicher Bestandteil des Nation-Konzeptes wird als realitätsfern und veraltet bezeichnet. Die Diskursakteure bezeichnen sich häufig als eine Nation ohne Sprache, und gerade das wird als differenzierendes Merkmal der belarusischen nationalen Identität aufgefasst. Eine Bestätigung fanden auch die Befunde von Liankievič (2013), wie z.B. die axiologisch-utilitaristische Getrenntheit beider diskursiver Positionen, eine starke Ausprägung der emotiv-affektiven Komponente bei den Befürwortern des Belarusischen, eine insgesamt schwache Ausprägung der Volition sowie eine divergente Interpretation von Zweisprachigkeit. Nicht vollständig bestätigt werden konnte allerdings die Behauptung, es gäbe innerhalb des metasprachlichen Diskurses über die belarusische Sprache zwei Teildiskurse: einen nationalen (probelarusischen und prorussischen mit je eigenen Argumenten) und einen Diskurs der freien Sprachwahl (vgl. Giger 2008: 15). Die vorliegende Studie zeigte, dass die beiden polaren Positionen im Forendiskurs zwar eine eingeschränkte, aber dennoch gemeinsame Argumentationsgrundlage haben, und die Freiheit der Sprachwahl lediglich als ein der Argumente in *einem* metasprachlichen Diskurs fungiert, wobei mit der Forderung nach der freien Wahl implizit nach der Legitimation nur einer bestimmten Sprache verlangt wird. Ebenso nicht ganz bestätigt werden konnte in Bezug auf die belarusische Sprachsituation die spracheinstellungstheoretische These, dass Sprachkompetenz eine wesentliche Rolle bei der Ausprägung von Spracheinstellungen spielt (vgl. Deminger 2000: 120). Der Forendiskurs zeigte deutlich, dass zwischen der Spracheinstellung und der Sprachkompetenz keine Korrelation besteht und eine nicht ausreichende Beherrschung des Belarusischen weder als Grund noch als Folge einer negativen Einstellung ihm gegenüber aufgefasst werden kann, denn es gibt sowohl Befürworter des Belarusischen ohne Sprachkenntnisse als auch seine sprachkompetenten Gegner.

Zusammenfassend ist über die argumentative Konstruktion des Forendiskurses zu sagen, dass die gesellschaftliche Einstellung zum Belarusischen und seine – v.a. symbolische – Funktionalität die Hauptargumente des Verwender-Diskurses über die belarusische Sprache sind und dass die typischen *pro-* und *contra*-Argumentationsmuster am deutlichsten durch die Grenzlinie zwischen Kulturalismus und Utilitarismus voneinander getrennt werden. Bezüglich der individuellen Einstellungen zum Belarusischen ließ sich feststellen, dass sie deutlich positiver sind, als es von den Sprechern über die gesellschaftliche Einstellung angenommen wird, was v.a. an der emotiv-affektiven und der volitiv-indikativen Komponente sichtbar ist und zum einen auf eine Diskrepanz im kollektiven Bewusstsein zwischen der individuellen und gesellschaftlichen Dimension der Spracheinstellung sowie zum anderen auf ein oben bereits erwähntes spracheinstellungs*in*kongruentes Verhalten zumindest eines Teils der belarusischen Gesellschaft hinweist.

Auf dieser Grundlage ließe sich ausblickmäßig klären, inwiefern solches Verhalten auch in anderen Sprachsituationen mit indominanten autochthonen (National)Sprachen vorliegt, um ggf. Schlussfolgerungen über ein sprachbezogenes Regionalbewusstsein in der sich globalisierenden Welt zu ziehen. Dazu liefert die vorliegende Studie neben den empirisch fundierten Erkenntnissen als Vergleichsbasis auch ein Analyseinstrumentarium zur diskursiven Ermittlung und detaillierten Beschreibung von Spracheinstellungen der Sprachverwender, das auf der Integration eines sozialpsychologischen Einstellungsmodells und einer toposbasierten diskurslinguistischen Mehr-Ebenen-Analyse beruht. Mit diesem Methodendesign wurde ein Verfahren zum Auffinden inhaltlicher Muster entwickelt und dadurch dem Desiderat nach geeigneten Methoden der Erfassung von Musterhaftigkeit der Diskurse (vgl. Bubenhofer 2009) nachgekommen. Das in dieser Studie diskursiv ermittelte System von Topoi könnte in weiteren vergleichbaren Studien als Referenzbasis verwendet werden, um generalisierend Argumentationstypologien in Bezug auf indominante Nationalsprachen aufzustellen und auf deren Grundlage neben den *empirischen* Erkenntnissen über kollektive Denkweisen unter der Berücksichtigung der Verwender-Perspektive *anwendungsbezogene* Erkenntnisse für die Gestaltung sprachplanerischer Tätigkeit zu gewinnen.

Literaturverzeichnis

Forschungsliteratur

Adolphs, Svenja/Lin, Phoebe M. S. (2011): „Corpus linguistics". In: James Simpson (Hg.): *The Routledge handbook of applied linguistics*. London/New York: Routledge, 597–610.

Agheyisi, Rebecca/Fishman, Joshua A. (1970): „Language Attitude Studies: A Brief Survey of Methodological Approaches". In: *Anthropological Linguistics* 12/5, 137–157.

Agricola, Erhard (1979): *Textstruktur, Textanalyse, Informationskern*. Leipzig: Verlag Enzyklopädie.

Ajupova, Ljudmila (2013): „Jazykovaja situacija v stranach slavjanskogo mira: Aktual'nye problemy [Sprachsituation in den Ländern der slavischen Welt: Aktuelle Probleme]". In: *Rossijskij gumanitarnyj žurnal [Russländische Zeitschrift für Geisteswissenschaften]* 2/4, 303–308.

Ajzen, Icek/Fishbein, Martin (1980): *Understanding attitudes and predicting social behavior*. New York: Englewood Cliffs.

Ajzen, Icek/Madden, Thomas J. (1986): „Prediction of goal-directed behavior: Attitudes, intentions, and perceived behavioral control". In: *Journal of Experimental Social Psychology* 22, 453–474.

Albert, Georg (2008): „Die Konstruktion des Subjekts in Philosophie und Diskurslinguistik". In: Ingo H. Warnke/Jürgen Spitzmüller (Hgg.): *Methoden der Diskurslinguistik. Sprachwissenschaftliche Zugänge zur transtextuellen Ebene*. Berlin/New York: de Gruyter, 151–182.

Allport, Gordon W. (1935): „Attitudes". In: Carl Murchison (Hg.): *Handbook of social psychology*. Worcester: Clark University Press, 798–844.

Alpatov, Vladimir (2000): *150 jazykov i politika. 1917–2000. Sociolingvističeskie problemy SSSR i postsovetskogo prostranstva [150 Sprachen und Politik. 1917–2000. Soziolinguistische Probleme der UdSSR und des postsowjetischen Raumes]*. Moskva: Kraft+IV RAN.

Angermüller, Johannes (2007): „Diskurs als Aussage und Äußerung – Die enunziative Dimension in den Diskurstheorien Michel Foucaults und Jacques Lacans". In: Ingo H. Warnke (Hg.): *Diskurslinguistik nach Foucault. Theorie und Gegenstände*. Berlin: de Gruyter, 53–80.

Angermüller, Johannes (2008): „Wer spricht? Die Aussagenanalyse am Beispiel des Rassismus-Diskurses". In: Ingo H. Warnke/Jürgen Spitzmüller (Hgg.): *Methoden der Diskurslinguistik. Sprachwissenschaftliche Zugänge zur transtextuellen Ebene*. Berlin/New York: de Gruyter, 185–206.

Auty, Robert (1967): „Internal and External Factors in the Development of Slavonic Literary Language". In: *Studia z Filologii Polskiej i Słowiańskiej [Studium der polnischen und slavischen Philologie]* 7, 191–202.

Baberowski, Jörg (2008): „Selbstbilder und Fremdbilder: Repräsentationen sozialer Ordnungen im Wandel". In: Jörg Baberowski/Hartmut Kaelble/Jürgen Schriewer (Hgg.): *Selbstbilder und Fremdbilder. Repräsentation sozialer Ordnungen im Wandel*. Frankfurt am Main/New York: Campus Verlag, 9–16.

Bahušėvič, Francišak (1891): *Dudka bielaruskaja [Die belarusische Schalmei]*. Kraków: Drukarnia Swaim Kosztam.

Baker, Colin (1992): *Attitudes and language*. Clevedon: Multilingual Matters.

Baker, Lynne R. (1995): *Explaining attitudes. A practical approach to the mind*. Cambridge/New York: Cambridge University Press.

Barščeŭskaja, Nina (2004): *Bielaruskaja emihracyja – abaronca rodnaje movy [Belarusische Emigration – ein Verteidiger der Muttersprache]*. Varšava: Drukarnia MWM.

Barščeŭskaja, Nina (2007): „Bielaruskija pliamiony (ich mova i terytopyja) u asviatlienni Jana Stankieviča [Belarusische Volksstämme (ihre Sprache und ihr Territorium) in Beleuchtung von Jan Stankievič]". In: Mikalaj Antropaŭ (Hg.): „*Mova – Litaratura – Kul̀tura". Materyjaly V Mižnarodnaj navukovaj kanfierencyi (da 80-hoddzia praf. L. M. Šakuna), Minsk, 16–17 listapada 2006 h.* [„*Sprache – Literatur – Kultur". Materialien der V. Internationalen wissenschaftlichen Konferenz (zum 80. Jubiläum des Prof. L. M. Šakun), Minsk, 16.-17. November 2006]*. Minsk: Prava i ekanomika, 91–98.

Barton, Allen H./Lazarsfeld Paul F. (1979): „Einige Funktionen von qualitativer Analyse in der Sozialforschung". In: Christel Hopf/Elmar Weingarten (Hgg.): *Qualitative Sozialforschung*. Stuttgart: Klett-Cotta, 41–89.

Basiuk, Ivan/Silčanka, Mikalaj (1999): „Ab dziaržaŭnym statusie bielaruskaj movy ŭ historyi Bielarusi [Über den staatlichen Status des Belarusischen in der Geschichte des Belarus]". In: *Bielaruski histaryčny časopis [Belarusische historische Zeitschrift]* 1, 3–9.

Beck, Klaus (2010a): „Ethik der Online-Kommunikation". In: Klaus Beck/Wolfgang Schweiger (Hgg.): *Handbuch Onlinekommunikation*. Wiesbaden: Verlag für Sozialwissenschaften, 130–155.

Beck, Klaus (2010b): „Soziologie der Online-Kommunikation". In: Klaus Beck/Wolfgang Schweiger (Hgg.): *Handbuch Onlinekommunikation*. Wiesbaden: Verlag für Sozialwissenschaften, 15–35.

Besch, Werner (Hg.) (1983): *Sprachverhalten in ländlichen Gemeinden: Dialekt und Standardsprache im Sprecherurteil*. Berlin: Erich Schmidt Verlag.

Bessonov, Pëtr (1871): *Belorusskie pesni s podrobnymi ob"jasnenijami [Belarusische Lieder mit ausführlichen Erläuterungen]*. Moskva: tip. Bachmet'eva.

Besters-Dilger, Juliane (1996): „Die Rezeption der russischen Sprachenpolitik in der Ukraine und Weißrußland". In: Ingeborg Ohnheiser (Hg.): *Wechselbeziehungen zwischen slawischen Sprachen, Literaruren und Kulturen in Vergangenheit und Gegenwart*. Innsbruck: Institut für Sprachwissenschaft, 129–142.

Bieder, Hermann (1991): „Die Erste und Zweite Wiedergeburt der weißrussischen Sprache und Kultur". In: Georg Mayer/Ursula Bieber/Alois Woldan (Hgg.): *Georg Mayer zum 60. Geburtstag*. München: Otto Sagner, 405–451.

Bieder, Hermann (1992): „Die gegenwärtige sprach- und kulturpolitische Entwicklung in Weißrussland". In: *Die Welt der Slaven* 37, 142–168.

Bieder, Hermann (1995a): „Perspektiven der weißrussischen Standardsprache. Russifizierung oder Weißrussifizierung der Sprachnormen?" In: *Die slawischen Sprachen* 44, 25–34.

Bieder, Hermann (1995b): „Soziolinguistische Aspekte der weißrussischen Sprache". In: *Zeitschrift für Slawistik* 40, 398–414.

Bieder, Hermann (1996a): „Normprobleme der weißrussischen Standardsprache: Tendenzen der Russifizierung und Weißrussifiezierung". In: Ingeborg Ohnheiser (Hg.): *Wechselbeziehungen zwischen slawischen Sprachen, Literaruren und Kulturen in Vergangenheit und Gegenwart*. Innsbruck: Institut für Sprachwissenschaft, 115–128.

Bieder, Hermann (1996b): „Zur Diskriminierung der weißrussischen Sprache in der Republik Weißrussland". In: *Die slawischen Sprachen* L, 67–125.

Bieder, Hermann (2000a): „Die weißrussische Standardsprache am Ende des 20. Jahrhunderts". In: Lev Zybatow (Hg.): *Sprachwandel in der Slavia. Die slavischen Sprachen an der Schwelle zum 21. Jahrhundert: ein internationales Handbuch*. Frankfurt am Main/New York: Peter Lang, 653–664.

Bieder, Hermann (2000b): „Konfession, Ethnie und Sprache in Weißrussland im 20. Jahrhundert". In: *Zeitschrift für Slawistik* 45, 200–214.

Bieder, Hermann (2001): „Der Kampf um die Sprachen im 20. Jahrhundert". In: Dietrich Beyrau/Rainer Lindner (Hgg.): *Handbuch der Geschichte Weissrusslands*. Göttingen: Vandenhoeck & Ruprecht, 451–471.

Bieder, Hermann (2006): „Die sprachwissenschaftliche Terminologie in Branislaŭ Taraškevičs *Bielaruskaja hramatyka dlia škol* (Wilna 1918)". In: Eva Binder/Ingeborg Ohnheiser/Christine Engel (Hgg.): *Zeit – Ort – Erinnerung. Slawistische Erkundungen aus sprach-, literatur- und kulturwissenschaftlicher Perspektive: Festschrift für Ingeborg Ohnheiser und Christine Engel zum 60. Geburtstag*. Innsbruck: Institut für Sprachen und Literaturen der Universität Innsbruck, 343–366.

Bieder, Hermann (2008): „Die Sprachpolitik der Ukraine und Weißrusslands im Kontext internationaler Sprachplanung". In: Petra M. E. Braselmann/Ingeborg Ohnheiser (Hgg.): *Frankreich als Vorbild? Sprachpolitik und Sprachgesetzgebung in europäischen Ländern*. Innsbruck: Innsbruck University Press, 78–97.

Bilandzic, Helena et al. (2016): *Rezipientenforschung*. Konstanz: UVK Verlagsgesellschaft mbH.

Blommaert, Jan (2007): *Discourse. A critical introduction*. Cambridge: Cambridge University Press.

Bluhm, Claudia et al. (2000): „Linguistische Diskursanalyse: Überblick, Probleme, Perspektiven". In: *Sprache und Literatur in Wissenschaft und Unterricht* 86, 3–19.

Blumer, Herbert G. (1954): „What is wrong with social theory?" In: *American Sociological Review* 19, 3–10.

Böke, Karin (1996): „Überlegungen zu einer Metaphernanalyse". In: Karin Böke/Matthias Jung/Martin Wengeler (Hgg.): *Öffentlicher Sprachgebrauch. Praktische, theoretische und historische Perspektiven. Georg Stötzel zum 60. Geburtstag gewidmet*. Opladen: Westdeutscher Verlag.

Boos, Margarete/Müller, Andrea/Cornelius, Caroline (2009): *Online-Moderation und Tele-Tutoring. Medienkompetenz für Lehrende*. Stuttgart: Kohlhammer.

Bornscheuer, Lothar (1976): *Topik. Zur Struktur der gesellschaftlichen Einbildungskraft*. Frankfurt am Main: Suhrkamp.

Bourdieu, Pierre (1991): *Language and symbolic power*. Cambridge/Massachusetts: Harvard University Press.

Bourdieu, Pierre (2005): *Was heisst sprechen? Zur Ökonomie des sprachlichen Tausches*. Wien: Braumüller.

Brehmer, Bernhard (2013): „Sprachwahl und Sprachwechsel in der slavisch-deutschen bilingualen Internet-Kommunikation". In: Sebastian Kempgen (Hg.): *Deutsche Beiträge zum 15. Internationalen Slavistenkongress, Minsk 2013*. Bd. 50. München: Otto Sagner, 79–88.

Brinker, Klaus (2005): *Linguistische Textanalyse. Eine Einführung in Grundbegriffe und Methoden*. Berlin: Erich Schmidt Verlag.

Brinker, Klaus/Hagemann, Jörg (2001): „Themenstruktur und Themenentfaltung in Gesprächen". In: Klaus Brinker (Hg.): *Text- und Gesprächslinguistik. Ein internationales Handbuch zeitgenössischer Forschung*. Berlin/New York: de Gruyter, 1252–1263.

Broermann, Marianne (2007): „Language attitudes among minority youth in Finland and Germany". In: *International Journal of the Sociology of Language* 187–188/2007, 129–160.
Brown, Anthony N. (2005): „Language and Identity in Belarus". In: *Language Policy* 4/3, 311–332.
Brüggemann, Mark (2010): „Koloniales sprachliches Erbe. Sprache und Nation in Lukašenkas Belarus". In: *Osteuropa* 12, 69–80.
Brüggemann, Mark (2013): „Unentbehrliches Russisch, entbehrliches Weißrussisch? Russophone zur Sprachgeschichte und Sprachverwendung in Weißrussland". In: Sebastian Kempgen (Hg.): *Deutsche Beiträge zum 15. Internationalen Slavistenkongress, Minsk 2013.* Bd. 50. München: Otto Sagner, 89–98.
Brüggemann, Mark (2014): *Die weißrussische und die russische Sprache in ihrem Verhältnis zur weißrussischen Gesellschaft und Nation. Ideologisch-programmatische Standpunkte politischer Akteure und Intellektueller 1994–2010.* Oldenburg: BIS-Verlag der Carl von Ossietzky Universität Oldenburg.
Bubenhofer, Noah (2009): *Sprachgebrauchsmuster. Korpuslinguistik als Methode der Diskurs- und Kulturanalyse.* Berlin/New York: de Gruyter.
Budźko, Iryna (2010): „Staražytnyja polackija evanhielii-aprakasy: linhvistyčnyja i tekstalahičnyja admietnasci [Alte Polozker Aprakos-Evangelien: linguistische und textologische Merkmale]". In: Olena Matušek (Hg.): *Simiaon Polacki: svietapohliad, hramadska-palityčnaja i litaraturnaja dziejnasć: da 380-hoddzia Simiaona Polackaha. Materyjaly III Mižnarodnaj navukovaj kanfierencyi, 19–20 listapada 2009 h. [Simiaon Polacki: Weltanschauung, gesellschaftspolitische und literarische Tätigkeit: zum 380. Jubiläum von Simjaon Polacki. Materialien der III. Internationalen wissenschaftlichen Konferenz, 19.–20. November 2009].* Polack: NPGKMZ, 5–18.
Bühler-Niederberger, Doris (1985): „Analytische Induktion als Verfahren qualitativer Methodologie". In: *Zeitschrift für Soziologie* 6, 475–485.
Bührig, Kristin/Thije, Jan D. ten (2005): „Diskurspragmatische Beschreibung". In: Ulrich Ammon (Hg.): *Sociolinguistics. An international handbook of the science of language and society.* Bd. 3.2. Berlin/New York: de Gruyter, 1225–1250.
Buraŭkin, Hienadź (2000): „Bol' i tryvoha [Schmerz und Sorge]". In: Sviatlana Bahdankievič/Hienadź Buraŭkin/Nil Hilievič (Hgg.): *Aniamiennie. Z chroniki zniščennia bielaruskaj movy [Das Verstummen: Aus der Chronik der Vernichtung der belarusischen Sprache].* Vilnia: Gudas, 11–14.
Burnand, Lou (2005): „Metadata for corpus work". In: Martin Wynne (Hg.): *Developing linguistic corpora. A guide to good practice.* Oxford: Oxbow Books, 40–57.
Busch, Albert (2007): „Der Diskurs: ein linguistischer Proteus und seine Erfassung – Methodologie und empirische Gütekriterien für die sprachwissenschaftliche Erfassung von Diskursen und ihrer lexikalischen Inventare". In: Ingo H. Warnke (Hg.): *Diskurslinguistik nach Foucault. Theorie und Gegenstände.* Berlin: de Gruyter, 141–164.
Busse, Dietrich (1987): *Historische Semantik. Analyse eines Programms.* Stuttgart: Klett-Cotta.
Busse, Dietrich (2007): „Diskurslinguistik als Kontextualisierung – Sprachwissenschaftliche Überlegungen zur Analyse gesellschaftlichen Wissens". In: Ingo H. Warnke (Hg.): *Diskurslinguistik nach Foucault. Theorie und Gegenstände.* Berlin: de Gruyter, 81–106.
Busse, Dietrich (2008): „Diskurslinguistik als Epistemologie – Das verstehensrelevante Wissen als Gegenstand linguistischer Forschung". In: Ingo H. Warnke/Jürgen Spitzmüller (Hgg.): *Methoden der Diskurslinguistik. Sprachwissenschaftliche Zugänge zur transtextuellen Ebene.* Berlin/New York: de Gruyter, 57–88.

Busse, Dietrich/Teubert, Wolfgang (1994): „Ist Diskurs ein sprachwissenschaftliches Objekt? Zur Methodenfrage der historischen Semantik". In: Fritz Hermanns/Wolfgang Teubert/Dietrich Busse (Hgg.): *Begriffsgeschichte und Diskursgeschichte. Methodenfragen und Forschungsergebnisse der historischen Semantik*. Opladen: Westdeutscher Verlag, 10–28.
Čačot, Jan (1989): *Navahradski zamak: Tvory [Navahrader Schloss: Werke]*. Minsk: Mastackaja litaratura.
Cargile, Aaron C. et al. (1994): „Language attitudes as a social process. A conceptual model and new directions". In: *Language & Communication* 14/3, 211–236.
Carolus, Astrid (2013): *Gossip 2.0. Mediale Kommunikation in Sozialen Netzwerkseiten*. Stuttgart: Kohlhammer.
Casper, Klaudia (2002): *Spracheinstellungen. Theorie und Messung*. Heidelberg: Books on Demand.
Cillia, Rudolf de/Wodak, Ruth (2007): „‚Katastrophe und Wiedergeburt'. Zur diskursiven Konstruktion gemeinsamer Geschichte im Oesterreich des Jahres 2005". In: Konrad Ehlich/Angelika Redder (Hgg.): *Diskurse und Texte. Festschrift für Konrad Ehlich zum 65. Geburtstag*. Tübingen: Stauffenburg, 117–128.
Cooper, Robert L. (1989): *Language planning and social change*. Cambridge/New York: Cambridge University Press.
Coulmas, Florian (1985): *Sprache und Staat. Studien zu Sprachplanung und Sprachpolitik*. Berlin/New York: de Gruyter.
Cychun, Hienadź (2000): „Defarmicyja ŭ sistemie bielaruskaj literaturnaj movy ŭ hady tatalitaryzmu [Deformationen im System der belarusischen Standardsprache in den Jahren des Totalitarismus]". In: Sviatlana Bahdankievič/Hienadź Buraŭkin/Nil Hilievič (Hgg.): *Aniamiennie. Z chroniki zniščennia bielaruskaj movy [Das Verstummen: Aus der Chronik der Vernichtung der belarusischen Sprache]*. Vilnia: Gudas, 102–111.
Cychun, Hienadź (2002): „Weißrussisch". In: Milos Okuka/Gerald Krenn (Hgg.): *Wieser Enzyklopädie des Europäischen Ostens*. Bd. 10. Klagenfurt: Wieser, 563–579.
Daneš, František (1970): „Zur linguistischen Analyse der Textstruktur". In: *Folia Linguistica* 1–2/IV, 72–78.
Deminger, Szilvia (2000): „Spracheinstellungen in einer Sprachsituation: Die deutsche Minderheit in Ungarn". In: Szilvia Deminger (Hg.): *Einstellungsforschung in der Soziolinguistik und Nachbardisziplinen. Studies in language attitudes*. Frankfurt am Main/New York: Peter Lang, 109–121.
Denzin, Norman K. (1970): *The research act in sociology. A theoretical introduction to sociological methods*. London/Chicago: Butterworth.
Denzin, Norman K. (1978): *The research act. A theoretical introduction to sociological methods*. New York: McGraw-Hill.
Deprez, Kas/Persoons, Yves (1987): „Attitude". In: Ulrich Ammon/Norbert Dittmar/Klaus J Mattheier (Hgg.): *Sociolinguistics. An international handbook of the science of language and society*. Bd. 3.1. Berlin/New York: de Gruyter, 125–132.
Diaz-Bone, Rainer (2010): *Kulturwelt, Diskurs und Lebensstil. Eine diskurstheoretische Erweiterung der Bourdieuschen Distinktionstheorie*. Wiesbaden: Verlag für Sozialwissenschaften.
Dingley, Jim (2001): „Sprachen in Weißrußland bis zum Ende des 19. Jahrhunderts". In: Dietrich Beyrau/Rainer Lindner (Hgg.): *Handbuch der Geschichte Weissrusslands*. Göttingen: Vandenhoeck & Ruprecht, 437–450.

Dirven, René/Pütz, Martin (1996): „Sprachkonflikt". In: Hans Goebl et al. (Hgg.): *Kontaktlinguistik. Ein internationales Handbuch zeitgenössischer Forschung*. Berlin/New York: de Gruyter, 684–691.
Dittmar, Norbert (1996): *Soziolinguistik*. Heidelberg: Groos.
Döring, Nicola (2003): *Sozialpsychologie des Internet. Die Bedeutung des Internet für Kommunikationsprozesse, Identitäten, soziale Beziehungen und Gruppen*. Göttingen et al.: Hogrefe.
Döring, Nicola (2010): „Sozialkontakte online: Identitäten, Beziehungen, Gemeinschaften". In: Klaus Beck/Wolfgang Schweiger (Hgg.): *Handbuch Onlinekommunikation*. Wiesbaden: Verlag für Sozialwissenschaften, 159–183.
Dorochow, Wladimir (2005): *Massenmedien in Belarus. Presse – Rundfunk – Agenturen – Online-Medien*. Berlin: dbg.
Dorostkar, Niku/Preisinger, Alexander (2012): „CDA 2.0 – Leserkommentarforen aus kritisch-diskursanalytischer Perspektive. Eine explorative Studie am Beispiel der Online-Zeitung derStandard.at". In: *Wiener Linguistische Gazette 76*, 1–47.
Eagly, Alice H./Chaiken, Shelly (1993): *The psychology of attitudes*. Fort Worth: Harcourt Brace Jovanovich College Publishers.
Ebersbach, Anja/Glaser, Markus/Heigl, Richard (2016): *Social Web*. Konstanz: UVK Verlagsgesellschaft mbH.
Edwards, John R. (1979): *Language and disadvantage*. London: Edward Arnold.
Ehlich, Konrad (1994): „Einleitung". In: Konrad Ehlich (Hg.): *Diskursanalyse in Europa*. Frankfurt am Main/New York: Peter Lang, 9–14.
Ehrlich, Howard J. (1969): „Attitudes, Behavior, and the Intervening Variables". In: *The American Sociologist 4*, 29–34.
Emmer, Martin (Hg.) (2013): *Echtheit, Wahrheit, Ehrlichkeit. Authentizität in der Online-Kommunikation*. Weinheim: Beltz Juventa.
Emmer, Martin/Wollig, Jens (2010): „Online-Kommunikation und politische Öffentlichkeit". In: Klaus Beck/Wolfgang Schweiger (Hgg.): *Handbuch Onlinekommunikation*. Wiesbaden: Verlag für Sozialwissenschaften, 36–58.
Erëmin, Igor' (1962): „Oratorskoe iskusstvo Kirilla Turovskogo [Rednerkunst des Kirill von Turov]". In: Jakov Lur'e (Hg.): *Trudy Otdela drevnerusskoj literatury [Schriften der Abteilung für altrussische Literatur]*. Bd. 18. Moskau: Izdatel'stvo Akademii nauk SSSR, 50–59.
Fairclough, Norman (1992): *Discourse and Social Change*. Cambridge: Polity Press.
Fairclough, Norman (2009): „A dialectical-relational approach to critical discourse analysis in social research". In: Ruth Wodak/Michael Meyer (Hgg.): *Methods of Critical Discourse Analysis*. London: SAGE Publications Ltd, 162–187.
Ferguson, Charles (1959): „Diglossia". In: *Word 15*, 325–340.
Ferguson, Charles (1971): „National Sociolinguistic Profile Formulas". In: William Bright (Hg.): *Sociolinguistics Proceedings of the UCLA Sociolinguistics Conference 1964*. Haag: Mouton Publishers, 309–324.
Festinger, Leon (1957): *A theory of cognitive dissonance*. Stanford: Stanford University Press.
Fiedler, Klaus/Kurzenhäuser, Stephanie (2000): „Das Linguistische Kategorienmodell und die sprachliche Vermittlung von Einstellungen". In: Szilvia Deminger (Hg.): *Einstellungsforschung in der Soziolinguistik und Nachbardisziplinen. Studies in language attitudes*. Frankfurt am Main/New York: Peter Lang, 161–175.

Filstead, William J. (1979): „Soziale Welten aus erster Hand". In: Klaus Gerdes (Hg.): *Explorative Sozialforschung. Einführende Beiträge aus „Natural Sociology" und Feldforschung in den USA*. Stuttgart: Enke Ferdinand, 29–40.
Fishbein, Martin (1965): „A Consideration of Beliefs, Attitudes and Their Relationships". In: Ivan D. Steiner/Martin Fishbein (Hgg.): *Current studies in social psychology*. New York: Holt, Rinehart and Winston, 107–120.
Fishbein, Martin/Ajzen, Icek (1975): *Belief, attitude, intention, and behavior. An introduction to theory and research*. Readind: Addison-Wesley.
Fishman, Joshua A. (1968): „Bilingual Attitudes and Behaviors". In: Joshua A. Fishman/Robert L. Cooper/Roxana M. Newman (Hgg.): *Bilingualism in the Barrio*. New York: Yeshiva University, 186–224.
Fishman, Joshua A./Gertner, Michael H. (1985): *The rise and fall of the ethnic revival. Perspectives on language and ethnicity*. Berlin/New York: de Gruyter.
Flick, Uwe (1991): *Handbuch Qualitative Sozialforschung. Grundlagen, Konzepte, Methoden und Anwendungen*. München: Psychologie Verlags Union.
Flick, Uwe (1995): *Qualitative Forschung. Theorie, Methoden, Anwendung in Psychologie und Sozialwissenschaften*. Reinbek bei Hamburg: Rowohlt Taschenbuch Verlag.
Flick, Uwe (2008): *Triangulation. Eine Einführung*. Wiesbaden: Verlag für Sozialwissenschaften.
Flick, Uwe (2009): „Was ist qualitative Forschung?" In: Uwe Flick/Ernst von Kardorff/Ines Steinke (Hgg.): *Qualitative Forschung. Ein Handbuch*. Reinbek bei Hamburg: Rowohlt Taschenbuch Verlag, 13–29.
Flick, Uwe (2010): *Qualitative Sozialforschung. Eine Einführung*. Reinbek bei Hamburg: Rowohlt Taschenbuch Verlag.
Foucault, Michel (1981): *Archäologie des Wissens*. Frankfurt am Main: Suhrkamp.
Fraas, Claudia et al. (2013): „Diskursmuster – Diskurspraktiken. Ein Methodeninstrumentarium qualitativer Diskursforschung". In: Claudia Fraas/Stefan Meier/Christian Pentzold (Hgg.): *Online-Diskurse. Theorien und Methoden transmedialer Online-Diskursforschung*. Köln: Herbert von Halem, 102–135.
Fraas, Claudia/Klemm, Michael (2005): „Diskurse – Medien – Mediendiskurse. Begriffserklärungen und Ausgangsfragen". In: Claudia Fraas/Michael Klemm (Hgg.): *Mediendiskurse. Bestandsaufnahme und Perspektiven*. Frankfurt am Main: Peter Lang, 1–7.
Fraas, Claudia/Meier, Stefan (2013): „Multimodale Stil- und Frameanalyse – Methodentriangulation zur medienadäquaten Untersuchung von Online-Diskursen". In: Ingo H. Warnke (Hg.): *Angewandte Diskurslinguistik. Felder, Probleme, Perspektiven*. Berlin: de Gruyter, 135–161.
Fraas, Claudia/Meier, Stefan/Pentzold, Christian (2012): *Online-Kommunikation kompakt*. München: R. Oldenbourg.
Fraas, Claudia/Meier, Stefan/Pentzold, Christian (2013): „Zur Einführung: Perspektiven einer interdisziplinären transmedialen Diskursforschung". In: Claudia Fraas/Stefan Meier/Christian Pentzold (Hgg.): *Online-Diskurse. Theorien und Methoden transmedialer Online-Diskursforschung*. Köln: Herbert von Halem, 7–34.
Fraas, Claudia/Pentzold, Christian (2008): „Online-Diskurse. Theoretische Prämissen, methodische Anforderungen und analytische Befunde". In: Ingo H. Warnke/Jürgen Spitzmüller (Hgg.): *Methoden der Diskurslinguistik. Sprachwissenschaftliche Zugänge zur transtextuellen Ebene*. Berlin/New York: de Gruyter, 289–323.

Gadamer, Hans-Georg (1975): *Wahrheit und Methode. Grundzüge einer philosophischen Hermeneutik*. Tübingen: Akademie Verlag.

Galanova, Olga/Sommer, Vivien (2011): „Neue Forschungsfelder im Netz. Erhebung, Archivierung und Analyse von Online-Diskursen als digitale Daten". In: Silke Schomburg et al. (Hgg.): *Digitale Wissenschaft – Stand und Entwicklung digital vernetzter Forschung in Deutschland*. Köln: Hochschulbibliothekszentrum des Landes Nordrhein-Westfalen, 169–179.

Galičkina, Elena (2012): *Komp'juternaja kommunikacija. Lingvističeskij status, znakovye sredstva, žanrovoje prostranstvo [Computergestützte Kommunikation. Linguistischer Status, Zeichenmittel, Genreumfang]*. Volgograd: Paradigma.

Gardt, Andreas (2007): „Diskursanalyse – Aktueller theoretischer Ort und methodische Möglichkeiten". In: Ingo H. Warnke (Hg.): *Diskurslinguistik nach Foucault. Theorie und Gegenstände*. Berlin: de Gruyter, 27–52.

Garrett, Peter (2005): „Attitude Measurement". In: Ulrich Ammon (Hg.): *Sociolinguistics. An international handbook of the science of language and society*. Bd. 3.2. Berlin/New York: de Gruyter, 1251–1260.

Garrett, Peter/Coupland, Nikolas/Williams, Angie (2003): *Investigating Language Attitudes: Social Meanings of Dialect, Ethnicity and Performance*. Cardiff: University of Wales Press.

Garvin, Paul. L. (1993): „A conceptual framework for the study of language standardization". In: *International Journal of the Sociology of Language* 100/101, 37–54.

Giger, Markus/Sloboda, Marián (2008): „Language Management and Language Problems in Belarus: Education and Beyond". In: *International Journal of Bilingual Education and Bilingualism* 3–4/11, 315–339.

Giles, Howard/Wilson, Pamela/Conway, Anthony (1981): „Accent and lexical diversity as determinants of impression formation and perceived employment suitability". In: *Language Sciences* 3, 92–103.

Giles, Howard et. al (1987): „Research of Language Attitudes". In: Ulrich Ammon/Norbert Dittmar/Klaus J. Mattheier (Hgg.): *Sociolinguistics. An international handbook of the science of language and society*. Bd. 3.1. Berlin/New York: de Gruyter, 585–597.

Glaser, Barney G./Strauss, Anselm L. (1979): „Die Entdeckung gegenstandsbezogener Theorie. Eine Grundstrategie qualitativer Sozialforschung". In: Christel Hopf/Elmar Weingarten (Hgg.): *Qualitative Sozialforschung*. Stuttgart: Klett-Cotta, 91–111.

Gläser, Jochen/Laudel, Grit (2012): *Experteninterviews und qualitative Inhaltsanalyse. Als Instrumente rekonstruierender Untersuchungen*. Wiesbaden: Verlag für Sozialwissenschaften.

Glück, Helmut (1984): „Sowjetische Sprachenpolitik". In: Helmut von Jachnow/Klaus von Hartenstein/Waltraud Jachnow (Hgg.): *Handbuch des Russisten. Sprachwissenschaft und angrenzende Disziplinen*. Wiesbaden: Harrassowitz, 519–560.

Goujon, Alexandra (1999): „Language, nationalism, and populism in Belarus". In: *Nationalities Papers* 4/27, 661–677.

Grimm, Petra/Keber, Tobias O./Zöllner, Oliver (Hg.) (2015): *Anonymität und Transparenz in der digitalen Gesellschaft*. Stuttgart: Franz Steiner Verlag.

Gutschmidt, Karl (2000): „Sprachenpolitik und sprachliche Situation in Weißrußland seit 1989". In: Baldur Panzer/Alexander Teutsch (Hgg.): *Die sprachliche Situation in der Slavia zehn Jahre nach der Wende. Beiträge zum internationalen Symposion des Slavischen Instituts der Universität Heidelberg vom 22. September bis 2. Oktober 1999*. Frankfurt am Main/New York: Peter Lang, 64–87.

Gutschmidt, Karl (2002): „Weißrussisch". In: Nina Janich/Albrecht Greule (Hgg.): *Sprachkulturen in Europa. Ein internationales Handbuch.* Tübingen: Narr, 329–335.
Gutschmidt, Karl (2006): „The East-Slavic Area / Die ostslawische Region". In: Ulrich Ammon (Hg.): *Sociolinguistics. An international handbook of the science of language and society.* Bd. 3.3. Berlin/New York: de Gruyter, 1851–1863.
Haarkötter, Hektor (2015): „Anonymität im partizipativen Journalismus. Empirische Untersuchung der User-Kommentare auf journalistischen Facebook-Seiten". In: Petra Grimm/Tobias O. Keber/Oliver Zöllner (Hgg.): *Anonymität und Transparenz in der digitalen Gesellschaft.* Stuttgart: Franz Steiner Verlag, 133–150.
Haarmann, Harald (1986): *Language in ethnicity. A view of basic ecological relations.* Berlin/-New York: de Gruyter.
Haarmann, Harald (1988): „Sprachen- und Sprachpolitik". In: Ulrich Ammon/Norbert Dittmar/-Klaus J. Mattheier (Hgg.): *Sociolinguistics. An international handbook of the science of language and society.* Bd. 3.2. Berlin/New York: de Gruyter, 1660–1678.
Haarmann, Harald (1996): „Identität". In: Hans Goebl et al. (Hgg.): *Kontaktlinguistik. Ein internationales Handbuch zeitgenössischer Forschung.* Berlin/New York: de Gruyter, 218–233.
Haarmann, Harald (1999): „Aspekte des Multilingualismus in der Sowjetunion und ihren Nachfolgestaaten". In: Helmut Jachnow (Hg.): *Handbuch der sprachwissenschaftlichen Russistik und ihrer Grenzdisziplinen.* Bd. 8. Wiesbaden: Harrassowitz, 843–870.
Haarmann, Harald (2004): „Abstandsprache – Ausbausprache". In: Ulrich Ammon (Hg.): *Sociolinguistics. An international handbook of the science of language and society.* Bd. 3.1. Berlin/New York: de Gruyter, 238–250.
Habermas, Jürgen (1967): *Zur Logik der Sozialwissenschaften.* Tübingen: Mohr.
Habermas, Jürgen (1985): *Die neue Unübersichtlichkeit: Kleine politische Schriften V.* Frankfurt am Main: Suhrkamp.
Hahn, Oliver/Hohlfeld, Ralf/Knieper, Thomas (2015): „Einführung: Digitale Öffentlichkeit – Digitale Öffentlichkeiten". In: Oliver Hahn/Ralf Hohlfeld/Thomas Knieper (Hgg.): *Digitale Öffentlichkeit(en).* Konstanz/München: UVK Verlagsgesellschaft mbH, 11–18.
Hardziejeŭ, Juryj (2007): „Historyja bielaruskaj movy ŭ 18 st. (krynicaznaŭčy aspiekt) [Geschichte der belarusischen Sprache im 18 Jh. (Quellenorschungsaspekt)]". In: Mikalaj Antropaŭ (Hg.): *„Mova – Litaratura – Kuĺtura". Materyjaly V Mižnarodnaj navukovaj kanfierencyi (da 80-hoddzia prof. L. M. Šakuna), Minsk, 16–17 listapada 2006 h. [„Sprache – Literatur – Kultur". Materialien der V. Internationalen wissenschaftlichen Konferenz (zum 80. Jubiläum des Prof. L. M. Šakun), Minsk, 16.–17. November 2006].* Minsk: Prava i ekanomika, 101–104.
Harris, Zellig (1952): „Discourse Analysis". In: *Language* 28, 1–30.
Hartmann, Maren/Krotz, Friedrich (2010): „Online-Kommunikation als Kultur". In: Klaus Beck/-Wolfgang Schweiger (Hg.): *Handbuch Onlinekommunikation.* Wiesbaden: Verlag für Sozialwissenschaften, 234–256.
Haugen, Einar (1962): „Schizoglossia and the linguistik norm". In: *Georgestown University Monograph Series on Languages and Linguistics* 15, 63–73.
Haugen, Einar (1966): *Language conflict and language planning: the case of modern Norwegian.* Cambridge: Harvard University Press.
Haŭryš, Viktar (2007): „Reformy pravapisu nie budzie. Viartannia da taraškievicy laksama. Intervju z Aliaksandram Lukašancam [Es wird keine Rechtschreibreform geben. Eine Rückkehr zur Taraškievica auch nicht. Ein Interview mit Aliaksandar Lukašaniec]". In: *Bielaruskaja dumka [Der belarusische Gedanke]* 11/2007, 30–33.

Heinze, Thomas (1987): *Qualitative Sozialforschung. Erfahrungen, Probleme und Perspektiven.* Opladen: Westdeutscher Verlag.
Hentschel, Gerd (1997): „Rußland, Weißrußland, Ukraine: Sprachen und Staaten der ‚slavischen Nachfolge' von Zarenreich und Sowjetunion". In: Gerd Hentschel (Hg.): *Über Muttersprachen und Vaterländer. Zur Entwicklung von Standardsprachen und Nationen in Europa.* Frankfurt am Main/Berlin: Peter Lang, 211–240.
Hentschel, Gerd (2003): „Die slavische Sprachenlandschaft am Anfang des 21. Jahrhunderts". In: Eva Gugenberger (Hg.): *Vielsprachiges Europa. Zur Situation der regionalen Sprachen von der Iberischen Halbinsel bis zum Kaukasus.* Frankfurt am Main: Peter Lang, 157–177.
Hentschel, Gerd (2008a): *Belarusian Trasjanka and Ukrainian Suržyk. Structural and social aspects of their description and categorization.* Oldenburg: BIS-Verlag der Carl von Ossietzky Universität Oldenburg.
Hentschel, Gerd (2008b): „Einige Beobachtungen zur Flexionsmorphologie in der Trasjanka: Zur Variation zwischen weißrussischen und russischen Endungen und Formen beim Verb, Adjektiv und anaphorischem Pronomen". In: Alicja Nagórko/Sonja Heyl/Elena Graf (Hgg.): *Sprache und Gesellschaft. Festschrift für Wolfgang Gladrow.* Frankfurt am Main: Peter Lang, 455–466.
Hentschel, Gerd (2008c): „Zur weißrussisch-russischen Hybridität in der weißrussischen ‚Trasjanka'". In: Peter Kosta/Daniel Weiss (Hgg.): *Slavistische Linguistik 2006/2007.* München: Kubon & Sagner, 169–219.
Hentschel, Gerd (2010): „Tearetyčnaje asensavannie sistemnasci miašanaha bielaruska-ruskaha mauliennia [Teoretische Betrachtung der Systematik des gemischten belarusisch-russischen Sprechens]". In: *Aktuaĺnyja prabliemy palanistyki [Aktuelle Probleme der Polonistik]* 2010, 43–64.
Hentschel, Gerd (2014): „On the systemicity of Belarusian-Russian Mixed Speech: the redistribution of Belarusian and Russian variants of functional words". In: Gerd Hentschel/Oleksandr Taranenko/Siarhiej Zaprudski (Hgg.): *Trasjanka und Suržyk – gemischte weißrussisch-russische und ukrainisch-russische Rede. Sprachlicher Inzest in Weißrussland und der Ukraine?* Frankfurt am Main: Peter Lang, 195–220.
Hentschel, Gerd/Kittel, Bernhard (2011): „Jazykovaja situacija Belarusi: mnenie belorusov o rasprostranënnosti jazykov v strane [Sprachsituation in Belarus: Meinungen von Belarusen über die Verbreitung der Sprachen im Land]". In: *Sociologija [Soziologie]* 4, 62–78.
Hermanns, Fritz (1994): „Linguistische Anthropologie. Skizze eines Gegenstandsbereiches linguistischer Mentalitätsgeschichte ". In: Fritz Hermanns/Wolfgang Teubert/Dietrich Busse (Hgg.): *Begriffsgeschichte und Diskursgeschichte. Methodenfragen und Forschungsergebnisse der historischen Semantik.* Opladen: Westdeutscher Verlag, 29–59.
Hermanns, Fritz (1995a): „Kognition, Emotion, Intention. Dimensionen lexikalischer Semantik". In: Gisela Harras (Hg.): *Die Ordnung der Wörter. Kognitive und lexikalische Strukturen.* Berlin/New York: de Gruyter, 138–178.
Hermanns, Fritz (1995b): „Sprachgeschichte als Mentalitätsgeschichte. Überlegungen zu Sinn und Form und Gegenstand historischer Semantik". In: Andreas Gardt/Klaus J. Mattheier/-Oskar Reichmann (Hgg.): *Sprachgeschichte des Neuhochdeutschen. Gegenstände, Methoden, Theorien.* Tübingen: Niemeyer, 69–101.
Hermanns, Fritz (2002): „Attitüde, Einstellung, Haltung". In: Dieter Cherubim/Karlheinz Jakob/-Angelika Linke (Hgg.): *Neue deutsche Sprachgeschichte. Mentalitäts-, kultur- und sozialgeschichtliche Zusammenhänge.* Berlin: de Gruyter, 65–89.

Hermanns, Fritz (2007): „Diskurshermeneutik". In: Ingo H. Warnke (Hg.): *Diskurslinguistik nach Foucault. Theorie und Gegenstände*. Berlin: de Gruyter, 187–210.
Hesbacher, Peter/Fishman, Joshua A. (1965): „Language Loyality: Its Functions and Concomitants in Two Bilingual Communities". In: *Lingua* 13, 145–165.
Hess-Lüttich, Ernest W. B. (2004): „Die sozialsymbolische Funktion von Sprache". In: Ulrich Ammon (Hg.): *Sociolinguistics. An international handbook of the science of language and society*. Bd. 3.1. Berlin/New York: de Gruyter.
Heyl, Sonja (1992): „Sprachwissenschaftler, Publizisten und Schriftsteller des 19. Jahrhunderts über die belorussische Sprache". In: *Zeitschrift für Slawistik* 3, 407–415.
Hildebrandt, Nancy/Giles, Howard (1983): „The Japanese as subordinate group: ethnolinguistic identity in a foreign language context". In: *Anthropological Linguistics* 26, 436–466.
Hilievič, Nil (2000): „Jość Božy sud i spraviadlivasć [Es gibt Gottesurteil und Gerechtigkeit]". In: Sviatlana Bahdankievič/Hienadź Buraŭkin/Nil Hilievič (Hgg.): *Aniamiennie. Z chroniki zniščennia bielaruskaj movy [Das Verstummen: Aus der Chronik der Vernichtung der belarusischen Sprache]*. Vilnia: Gudas, 7–11.
Hovland, Carl I./Rosenberg, Milton J. (1960): „Summary and Further Theoretical Issues". In: Milton J. et al. (Hgg.): *Attitude organization and change. An analysis of consistency among attitude components*. New Haven: Yale University Press, 198–232.
Hryckievič, Valiancin (2000): „Linhvazyd aĺbo zniščennie movy [Lingvozid bzw. Sprachvernichtung]". In: Sviatlana Bahdankievič/Hienadź Buraŭkin/Nil Hilievič (Hgg.): *Aniamiennie. Z chroniki zniščennia bielaruskaj movy [Das Verstummen: Aus der Chronik der Vernichtung der belarusischen Sprache]*. Vilnia: Gudas, 83–91.
Husserl, Edmund et al. (2005): *Husserliana. Gesammelte Werke*. Dordrecht: Kluwer.
Jaccard, James (1981): „Attitudes and behavior: implications of attitudes toward behavioural alternatives". In: *Journal of Experimental Social Psychology* 17, 286–307.
Jäger, Karl-Heinz/Schiller, Ulrich (1983): „Dialekt und Standardsprache im Urteil von Dialektsprechern. Untersuchungen der Einstellungen von alemannischen Dialektsprecherinnen zu ihrem Dialekt und zur Standardsprache". In: *Linguistische Berichte* 83, 63–95.
Jäger, Margarete/Jäger, Siegfried (2007): *Deutungskämpfe. Theorie und Praxis kritischer Diskursanalyse*. Wiesbaden: Verlag für Sozialwissenschaften.
Jäger, Siegfried/Zimmermann, Jens (2010): *Lexikon kritische Diskursanalyse. Eine Werkzeugkiste*. Münster: Unrast-Verlag.
Jedlička, Alois/Chloupek, Jan (1988): „Sprachnormierung und Kodifizierung". In: Ulrich Ammon/Norbert Dittmar/Klaus J. Mattheier (Hgg.): *Sociolinguistics. An international handbook of the science of language and society*. Bd. 3.2. Berlin/New York: de Gruyter, 1650–1660.
Jernudd, Bjorn/Neustupný, Juři (1987): „Language planning: For whom?" In: Louis Laforge (Hg.): *Proceedings of the International Colloquium on Language Planning*. Québec: Les Presses de l'Université Laval, 69–84.
Junggans, Uwe (2007): „Rolia bielaruskaj movy ŭ niamieckaj slavistycy ŭ pačatku XXI stahoddzia [Die Rolle der belarusischen Sprache in der deutschen Slavistik am Anfang des 21. Jahrhunderts]". In: Mikalaj Antropaŭ (Hg.): *„Mova – Literatura – Kuĺtura". Materjaly V Mižnarodnaj navukovaj kanfierencyi (da 80-hoddzia praf. L. M. Šakuna), Minsk, 16–17 listapada 2006 h. [„Sprache – Literatur – Kultur". Materialien der V. Internationalen wissenschaftlichen Konferenz (zum 80. Jubiläum des Prof. L. M. Šakun), Minsk, 16.–17. November 2006]*. Minsk: Prava i ekanomika, 85–90.

Kallmeyer, Werner/Meyer-Hermann, Reinhard (2011): „Textlinguistik". In: Hans P. Althaus (Hg.): *Lexikon der germanistischen Linguistik.* Tübingen: Niemeyer, 242–258.

Kaplan, Robert B./Baldauf, Richard B. (1997): *Language planning from practice to theory.* Clevedon: Multilingual Matters.

Katz, Daniel (1960): „The functional approach to the study of attitudes". In: *Public Opinion Quaterly* 24, 163–204.

Kelle, Udo/Kluge, Susanne (1999): *Vom Einzelfall zum Typus. Fallvergleich und Fallkontrastierung in der qualitativen Sozialforschung.* Opladen: Leske & Budrich.

Keller, Reiner (2005): *Die diskursive Konstruktion von Wirklichkeit. Zum Verhältnis von Wissenssoziologie und Diskursforschung.* Konstanz: UVK Verlagsgesellschaft mbH.

Keller, Reiner (2007): *Diskursforschung. Eine Einführung für SozialwissenschaftlerInnen.* Wiesbaden: Verlag für Sozialwissenschaften.

Keller, Reiner (2011): *Wissenssoziologische Diskursanalyse. Grundlegung eines Forschungsprogramms.* Wiesbaden: Verlag für Sozialwissenschaften.

Kempe, Iris (1998): *Direkte Nachbarschaft. Die Beziehungen zwischen der erweiterten EU und der Russischen Föderation, Ukraine, Weissrussland und Moldova.* Gütersloh: Verlag Bertelsmann Stiftung.

Kernan, Jerome B./Trebbi, George G. (1973): „Attitude dynamics as a hierarchical structure". In: *Journal of Social Psychology* 89/2, 193–202.

Kienpointner, Manfred (1992): *Alltagslogik. Struktur und Funktion von Argumentationsmustern.* Stuttgart/Bad Cannstatt: Frommann-Holzboog.

Kimple, James/Cooper, Robert L./Fishman, Joshua A. (1969): „Language switching and the interpretation of conversations". In: *Lingua* 23, 127–134.

Kindt, Walther (1992): „Argumentation und Konfliktaustragung in Äußerungen über den Golfkrieg". In: *Zeitschrift für Sprachwissenschaft* 11, 189–215.

Kirchhoff, Sabine (2015a): „Unternehmenskommunikation, Typen der Online-Kommunikation und Entscheidungsmodell zur Entwicklung einer Online-Kommunikationsstrategie". In: Sabine Kirchhoff (Hg.): *Online-Kommunikation im Social Web. Mythen, Theorien und Praxisbeispiele.* Opladen: Budrich, 135–185.

Kirchhoff, Sabine (2015b): „Vom ‚Web 2.0' zu ‚Social Media': Eine kritische Ideengeschichte". In: Sabine Kirchhoff (Hg.): *Online-Kommunikation im Social Web. Mythen, Theorien und Praxisbeispiele.* Opladen: Budrich, 17–42.

Kirchhoff, Sabine/Lombardo, Paolo/Urhahn, Lars (2015): „Ausgewählte Plattformen, Tools und Technologien". In: Sabine Kirchhoff (Hg.): *Online-Kommunikation im Social Web. Mythen, Theorien und Praxisbeispiele.* Opladen: Budrich, 225–238.

Kittel, Bernhard/Lindner, Diana (2011): „Der soziale Hintergrund von Sprachwahlen in Belarus. Eine sprachsoziologische Analyse der ‚gemischten Rede'". In: *Kölner Zeitschrift für Soziologie und Sozialpsychologie* 63/4, 623–647.

Kloss, Heinz (1969): *Research possililities on group bilingualism. A Report.* Québec: Centre international de recherches sur le bilinguisme.

Knoblauch, Hubert (2000): „Topik und Soziologie. Von der sozialen zur kommunikativen Topik". In: Thomas Schirren/Gert Ueding (Hgg.): *Topik und Rhetorik. Ein interdisziplinäres Symposium.* Berlin: de Gruyter, 651–667.

Koch, Peter/Oesterreicher, Wulf (1994): „Schriftlichkeit und Sprache". In: Jürgen Baurmann/Hartmut Günther/Otto Ludwig (Hgg.): *Schrift und Schriftlichkeit. Ein interdisziplinäres Handbuch internationaler Forschung.* Berlin/New York: de Gruyter, 587–604.

Konerding, Klaus-Peter (2005): „Themen, Diskurse und soziale Topik". In: Claudia Fraas/Michael Klemm (Hgg.): *Mediendiskurse. Bestandsaufnahme und Perspektiven*. Frankfurt am Main: Peter Lang, 9–38.

Konerding, Klaus-Peter (2007): „Themen, Rahmen und Diskurse – Zur linguistischen Fundierung des Diskursbegriffes". In: Ingo H. Warnke (Hg.): *Diskurslinguistik nach Foucault. Theorie und Gegenstände*. Berlin: de Gruyter, 107–140.

Konerding, Klaus-Peter (2008): „Diskurse, Topik, Deutungsmuster – Zur Komplementarität, Konvergenz und Explikation sprach-, kultur- und sozialwissenschaftlicher Zugänge zur Diskursanalyse auf der Grundlage kollektiven Wissens". In: Ingo H. Warnke/Jürgen Spitzmüller (Hgg.): *Methoden der Diskurslinguistik. Sprachwissenschaftliche Zugänge zur transtextuellen Ebene*. Berlin/New York: de Gruyter, 117–150.

Kopperschmidt, Josef (1989): *Methodik der Argumentationsanalyse*. Stuttgart-Bad Cannstatt: Frommann-Holzboog.

Korbut, Viktor (2003): „Proba na jazyk. Učënye obsuždajut proekt pravil belorusskogo pravopisanija [Sprach-/Zungenprobe. Wissenschaftler besprechen das Projekt der belarusischen Rechtschreibregeln]". In: *Sovetskaja Belorussija [Sowjetisches Belarus]*, 04.03.2003, 5.

Kosakowski, Annette (2013): *Sprachliche Konstruktionen nationaler Identität im postsowjetischen Belarus. Nominations- und Metaphernanalyse am Material belarusischer Staats- und Oppositionszeitungen (1990 bis 2001)*. München: Otto Sagner.

Krauchanka, Natallia (2012): „Sprachliche Präferenzen der jüngsten belarusischen Bevölkerung". In: Susanne Behensky (Hg.): *m*OST 2010. Oesterreichische StudierendenTagung für SlawistInnen*. München/Berlin: Otto Sagner, 47–52.

Labov, William (1966): *The Social Stratification of English in New York City*. Washington: Center for Applied Lingustics.

Labov, William (1978): *Sociolinguistic patterns*. Oxford: Basil Blackwell.

Lambert, Wallace E. et al. (1960): „Evaluational reactions to spoken languages". In: *The Journal of Abnormal and Social Psychology* 60/1, 44–51.

Lamnek, Siegfried (2005): *Qualitative Sozialforschung. Lehrbuch*. Weinheim: Beltz PVU.

Langeheine, Rolf (1980): „Multivariante Hypothesentestung bei qualitativen Daten". In: *Zeitschrift für Sozialpsychologie* 11/1, 140–151.

Lankiewicz, Aliena (2009): „Stauliennie niekatorych sacyjalnych hrup da bielaruskaj movy (na materyjalie testa ‚padabranych masak') [Einstellungen einiger sozialer Gruppen zum Belarusischen (am Material eines Matched-Guise-Tests)]". In: Mikołaj Timozsuk/Mikola Khaŭstovich (Hgg.): *Literatura, język i kultura. Tradycje i nowatorstwo [Literatur, Sprache und Kultur. Tradition und Innovation]*. Warszawa: Katedra Białorutenistyki Uniwersytetu Warszawskiego, 252–262.

Lasagabaster, David (2004): „Attitüde/Einstellung". In: Ulrich Ammon (Hg.): *Sociolinguistics. An international handbook of the science of language and society*. Bd. 3.1. New York: de Gruyter, 399–405.

Lemnitzer, Lothar/Zinsmeister, Heike (2015): *Korpuslinguistik. Eine Einführung*. Tübingen: Narr Francke Attempto.

Letopis' eparchial'noj žizni (2013): *Svjaščennosluželi, bogoslovy, učënye i izdateli obsudili problemy i perspektivy ispol'zovanija belorusskogo jazyka v Cerkvi [Geistliche, Theologen, Gelehrte und Verleger diskutierten Probleme und Perspektiven der Verwendung des Belarusischen in der Kirche]*. Minsk: Izdatel'skij sovet Belorusskoj Pravoslavnoj Cerkvi.

[LEW 1990]: Jarceva, Valentina/Jarceva, Viktorija (Hgg.) (1990): *Lingvističeskij ėnciklopedičeskij slovar' [Linguistisches enzyklopädisches Wörterbuch]*. Moskva: Sovetskaja Ėnciklopedija.

Liankievič, Aliena (2008): „Staŭliennie da zmiešanych moŭnych kodaŭ u Bielarusi (na materyjalie testa ‚padabranych masak'): uplyŭ uzrostavych paramietraŭ [Einstellungen zu gemischten Sprachkodes in Belarus (am Material eines Matched-Guise-Tests): Einfluss des Alter-Parameters]". In: Marek Příhoda/Hana Vaňková (Hgg.): *Slovanské jazyky a literatury. Hledání identity [Slavische Sprachen und Literaturen. Identitätssuche]*. Červený Kostelec/Praha: Pavel Mervart, 75–80.

Liankievič, Aliena (2009): „Staŭliennie da moŭnych kodaŭ u Bielarusi (na materyjalie testa ‚padabranych masak'): adroznienni pamiž Minskam i Viciebskam [Einstellungen zu Sprachkodes in Belarus (am Material eines Matched-Guise-Tests): Unterschiede zwischen Minsk und Viciebsk]". In: *Studia Białorutenistyczne [Belarusische Studien]* 3, 265–284.

Liankievič, Aliena (2010): „Zmieny ŭ staŭlienni da bielaruskaj movy ŭ 20 stahoddzi [Veränderungen in der Einstellung zum Belarusischen im 20. Jahrhundert]". In: Václav Čermák/Marek Příhoda (Hgg.): *Slovanský areál a Evropa [Slavischer Raum und Europa]*. Červený Kostelec/Praha: Pavel Mervart, 257–264.

Liankievič, Aliena (2011a): „Staŭliennie da bielaruskaj litaraturnaj movy i zmiešanaha maŭliennia ŭ miedyja-dyskursie (na materyjalie publikacyj u haziecie ‚Zviazda') [Einstellungen zur belarusischen Standardsprache und zum gemischten Sprechen im Mediendiskurs (am Publikationsmaterial der Zeitung ‚Zviazda [Stern]')]". In: *Vesnik BDU [Der Bote der BSU]* 4/3, 34–38.

Liankievič, Aliena (2011b): „Staŭliennie da bilinhvizmu ŭ internet-dyskursie (na materyjalie dyskurs-analizu kamientaryjaŭ na internet-forumach) [Einstellungen zum Bilinguismus im Internet-Diskurs (am Material einer Diskursanalyse von Internetforen-Kommentaren)]". In: Vasiĺ Staryčonak/Dzmitryj Dziatko (Hgg.): *Nacyjanaĺnaja mova i nacyjanaĺnaja kuĺtura: aspiekty ŭzajemadziejannia: zbornik navukovych artykulaŭ [Nationalsprache und Nationalkultur: Aspekte der Interaktion: Sammelband wissenschaftlicher Artikel]*. Minsk: BDPU, 164–166.

Liankievič, Aliena (2012a): „Staŭliennie da bielaruskaj litaraturnaj movy i zmiešanaha maŭliennia: adroznienni i padabienstvy (na materyjalie testa ‚padabranych masak' i ankietavannia) [Einstellungen zur belarusischen Standardsprache und zum gemischten Sprechen: Unterschiede und Ähnlichkeiten (am Material eines Matched-Guise-Tests und einer Befragung)". In: Iryna Bahdanovič/Hiennadź Cychun/Siarhiej Zaprudski (Hgg.): *Novaje slova ŭ bielarusistycy. Movaznaŭstva: materyjaly V Mižnarodnaha kanhresa bielarusistaŭ, Minsk, 20–21 maja 2010 hoda [Neues Wort in der Belarusistik: Sprachwissenschaft: Materialien des V. Internationalen Slavistenkongresses, Minsk, 20.–21. Mai 2010]*. Minsk: Vydaviectva „Četyre Četverti", 240–246.

Liankievič, Aliena (2012b): „Staŭliennie da bielaruskaj movy studentaŭ VNU pa škalie Likierta (na materyjalie ankietavannia) [Einstellungen der Hochschulstudiereden zum Belarusischen nach der Likert-Skala (am Material einer Befragung)]". In: *Vesnik BDU [Der Bote der BSU]* 4/3, 29–33.

Liankievič, Aliena (2013): „Staŭliennie da bielaruskaj movy ŭ internet-kamunikacyi (na materyjalie dyskurs-analizu kamientaryjaŭ na internet-forumach) [Einstellungen zum Belarusischen in der Internetkommunikation (Am Material einer Diskursanalyse von Internetforen-Kommentaren)]". In: *Acta Albaruthenica* 13, 145–159.

Liankievič, Aliena (2014): „Die Einstellung zu den gemischten sprachlichen Kodes in Weißrussland (am Material eines Matched-Guise-Tests)". In: Gerd Hentschel/Oleksandr Taranenko/Siarhiej Zaprudski (Hgg.): *Trasjanka und Suržyk – gemischte weißrussisch-russische und ukrainisch-russische Rede. Sprachlicher Inzest in Weißrussland und der Ukraine?* Frankfurt am Main et al.: Peter Lang, 233–253.

Lindner, Rainer (1999): *Historiker und Herrschaft. Nationsbildung und Geschichtspolitik in Weissrussland im 19. und 20. Jahrhundert.* München: R. Oldenbourg.

Liskovets, Irina (2009): „Trasjanka: a code of rural migrants in Minsk". In: *International Journal of Bilingualism* 13/3, 396–412.

Lüdi, Georges (1996): „Mehrsprachigkeit". In: Hans Goebl et al. (Hgg.): *Kontaktlinguistik. Ein internationales Handbuch zeitgenoessischer Forschung.* Berlin/New York: de Gruyter, 233–245.

Lüdi, Georges (2007): „Sprachverhalten, Sprachpolitik, Diskurs über Sprache: Staatlichkeit in Europa zwischen dem einsprachigen Nationalstaat und dem mehrsprachigen Vielvölkerstaat". In: Marek Nekula et al. (Hgg.): *Franz Kafka im sprachnationalen Kontext seiner Zeit: Sprache und nationale Identität in öffentlichen Institutionen der böhmischen Länder.* Köln: Böhlau, 13–30.

Lukašaniec, Aliaksandr (2009): „Bielaruskaja mova: asablivasci sučasnaha stanu i funkcyjanavannia [Belarusisch: Besonderheiten des aktuellen Zustandes und des Funktionierens]". In: *Rodnaje slova [Das muttersprachliche Wort]* 2, 11–14.

Lukašaniec, Aliaksandr (2012): „Bielaruskaja mova ŭ kantekscie dziaržaŭnaha bielaruska-ruskaha dvuchmoŭja [Belarusisch im Kontext der staatlichen belarusisch-russischen Zweisprachigkeit]". In: *Jazyk – kognicija – socium. Tezisy dokladov Meždunarodnoj naučnoj konferencii. Minsk, Belarus', 12–13 nojabrja 2012 g. [Sprache – Kognition – Sozium. Vortragsthesen der Internationalen wissenschaftlichen Konferenz. Minsk, Belarus, 12.–13. November 2012].* Minsk: MSLU, 53–54.

Lukašaniec, Aliaksandr (2014): *Bielaruskaja mova ŭ XXI stahoddzi: razviccio sistemy i prabliemy funkcyjanavannia [Belarusisch im 21. Jahrhundert: Systementwicklung und Funktionsprobleme].* Minsk: Bielaruskaja navuka.

Lyč, Lieanid (1993): *Reforma bielaruskaha pravapisu 1933 hoda: idealahičny aspiekt [Reform der belarusischen Rechtschreibung von 1933: ideologischer Aspekt].* Mensk: Navuka i technika.

Lyč, Lieanid (2000): „Bielaruskaja mova jak abjekt dziarža͏ŭnaj dyskryminacyi [Belarusische Sprache als Objekt der staatlichen Diskriminierung]". In: Sviatlana Bahdankievič/Hienadź Buraŭkin/Nil Hilievič (Hgg.): *Aniamiennie. Z chroniki zniščennia bielaruskaj movy [Das Verstummen: Aus der Chronik der Vernichtung der belarusischen Sprache].* Vilnia: Gudas, 20–28.

Lyč, Lieanid (2003): „Sacyjaĺny status bielaruskaj movy Vialikaha Kniastva Litoŭskaha i jaje rolia ŭ mižetničnych pracesach [Sozialer Status der belarusischen Sprache des Großfürstentums Litauen und ihre Rolle in interethnischen Prozessen]". In: Tat'jana Ivanova (Hg.): *Istorija i kul'tura Evropy v kontekste stanovlenija i razvitija regional'nych kul'tur: aktual'nye problemy iz istoričeskogo prošlogo i sovremennosti. Materialy Meždunarodnoj naučno-teoretičeskoj konferencii, Vitebsk, 30–31 oktjabrja 2003 goda [Geschichte und Kultur Europas in Kontext der Herausbildung und Entwicklung regionaler Kulturen: aktuelle Probleme aus der Geschichte und Gegenwart. Materialien der Internationalen wissenschaftstheoretischen Konferenz, Viciebsk, 30.–31. Oktober 2003].* Vitebsk: Izdatel'stvo VGU im. P. M. Mašerova, 103–106.

Mackey, William F. (2006): „Bilingualism and Multilingualism". In: Ulrich Ammon (Hg.): *Sociolinguistics. An international handbook of the science of language and society.* Bd. 3.3. Berlin/New York: de Gruyter, 1483–1495.

Maliec, Januś (2000): „Čamu Bielaruś nie moža razvitacca z žabrackaj kalitoj? [Warum kann sich Belarus nicht vom Bettelsack verabschieden?]" In: *Narodnaja volia [Volkswille/Volksfreiheit]*, 13.10.2000, 3.

Marr, Mirko/Zillien, Nicole (2010): „Digitale Spaltung". In: Klaus Beck/Wolfgang Schweiger (Hgg.): *Handbuch Onlinekommunikation*. Wiesbaden: Verlag für Sozialwissenschaften, 257–282.

Maslow, Abraham H. (1943): „A theory of human motivation". In: *Psychological Review* 50/4, 370–396.

Marti, Roland (1998): „Sprachenpolitik im slavischsprachigen Raum. Das Verhältnis ‚großer' und ‚kleiner' slavischer Standardsprachen". In: *Zeitschrift für Slavische Philologie* 57, 353–370.

Mattheier, Klaus J. (1985): „Dialektologie der Dialektsprecher – Überlegungen zu einem interpretativen Ansatz in der Dialektologie". In: *Germanistische Mitteilungen* 21, 47–67.

Mayring, Philipp (2002): *Einführung in die qualitative Sozialforschung. Eine Anleitung zu qualitativem Denken*. Weinheim: Beltz.

Mayring, Philipp (2010): *Qualitative Inhaltsanalyse. Grundlagen und Techniken*. Weinheim: Beltz.

McCall George J. (1979): „Qualitätskontrolle der Daten bei teilnehmender Beobachtung". In: Klaus Gerdes (Hg.): *Explorative Sozialforschung. Einführende Beiträge aus „Natural sociology" und Feldforschung in den USA*. Stuttgart: Enke Ferdinand, 141–157.

Mečkovskaja, Nina (1998): „Začem odnomu narodu dve azbuki? (Kirillica i latinka v kollizijach belorusskogo vozroždenija) [Wozu braucht ein Volk zwei Alphabete? (Kyrillica und Latinica in Kollisionen belarusischer Wiedergeburt)]". In: *Slavia Orientalis* 47, 277–292.

Mečkovskaja, Nina (2000): *Social'naja lingvistika. Posobie dlja studentov gumanitarnych vuzov i učaščichsja liceev [Soziale Linguistik. Lehrbuch für Studierende geisteswissenschaftlicher Hochschulen und Lyzeum-Schüler]*. Moskva: Aspekt Press.

Mečkovskaja, Nina (2002): „Jazyk v roli ideologii: nacional'no-simvoličeskie funkcii jazyka v belorusskoj jazykovoj situacii [Sprache in der Rolle einer Ideologie: national-symbolische Funktionen in der belarusischen Sprachsituation]". In: Karl Gutschmidt (Hg.): *Möglichkeiten und Grenzen der Standardisierung slavischer Schriftsprachen der Gegenwart. Beiträge zur Konferenz der Internationalen Kommission für Slavische Schriftsprachen, Dresden, 25.–28. Oktober 2000*. Dresden: Thelem, 123–141.

Mečkovskaja, Nina (2003): *Belorusskij jazyk. Sociolingvističeskie očerki [Belarusisch. Soziolinguistischer Überblick]*. München: Otto Sagner.

Mečkovskaja, Nina (2009): *Obščee jazykoznanie. Strukturnaja i social'naja tipologija jazykov: Učebnoe posobie dlja studentov filologičeskich i lingvističeskich special'nostej [Allgemeine Sprachwissenschaft. Strukturelle und soziale Typologie der Sprachen: Lehrbuch für Studierende philologischer und linguistischer Fachrichtungen]*. Moskva: Flinta/Nauka.

Mečkovskaja, Nina (2011): „Počemu v postsovetskoj Belarusi vsë men'še govorjat na belorusskom jazyke? [Warum spricht man im postsowjetischen Belarus immer weniger Belarusisch?]" In: *Neprikosnovennyj zapas [Der eiserne Bestand]* 6, 207–244.

Mečkovskaja, Nina (2012): „Narodnaja linhvistyka ŭ bielaruskim internecie: mietamoŭnaja reflieksija i moŭnaje samavyznačennie [Volkslinguistik im belarusischen Internet: metasprachliche Reflexion und sprachliche Selbstbestimmung]". In: Iryna Bahdanovič/Hienadź Cychun/Siarhiej Zaprudski (Hgg.): *Novaje slova ŭ bielarusistycy. Movaznaŭstva: materyjaly V Mižnarodnaha kanhresa bielarusistaŭ, Minsk, 20–21 maja 2010 hoda [Neues

Wort in der Belarusistik. Sprachwissenschaft: Materialien des V. Internationalen Slavistenkongresses, Minsk, 20.-21. Mai 2010]. Minsk: Vydaviectva „Četyre Četverti", 260-272.

Meier, Stefan (2008a): (Bild-)Diskurs im Netz. Konzept und Methode für eine semiotische Diskursanalyse im World Wide Web. Köln: Halem.

Meier, Stefan (2008b): „Von der Sichtbarkeit im Diskurs – Zur Methode diskursanalytischer Untersuchung multimodaler Kommunikation". In: Ingo H. Warnke/Jürgen Spitzmüller (Hgg.): Methoden der Diskurslinguistik. Sprachwissenschaftliche Zugänge zur transtextuellen Ebene. Berlin/New York: de Gruyter, 263-286.

Meier, Stefan/Sommer, Vivien (2013): „Der Fall Demjanjuk im Netz. Instrumentarien zur Analyse von Online-Diskursen am Beispiel einer erinnerungskulturellen Debatte". In: Willy Viehöver (Hg.): Diskurs – Sprache – Wissen. Interdisziplinäre Beiträge zum Verhältnis von Sprache und Wissen in der Diskursforschung. Wiesbaden: Springer, 119-143.

Meier-Schuegraf, Stefan (2006): „Websites – Versuch einer (online)diskursorientierten Typologisierung". In: Jannis K. Androutsopoulos et al. (Hgg.): Neuere Entwicklungen in der linguistischen Internetforschung. Zweites internationales Symposium zur gegenwärtigen linguistischen Forschung über computervermittelte Kommunikation. Universität Hannover 4.-6. Oktober 2004. Hildesheim: Olms, 161-183.

Meyen, Michael et al. (2011): Qualitative Forschung in der Kommunikationswissenschaft. Eine praxisorientierte Einführung. Wiesbaden: Verlag für Sozialwissenschaften.

Michelis, Daniel (2015a): „Organisieren ohne Organisationen (Clay Shirky)". In: Daniel Michelis/Thomas Schildhauer (Hgg.): Social Media Handbuch. Theorien, Methoden, Modelle und Praxis. Baden-Baden: Nomos, 133-148.

Michelis, Daniel (2015b): „Social-Media-Modell". In: Daniel Michelis/Thomas Schildhauer (Hgg.): Social Media Handbuch. Theorien, Methoden, Modelle und Praxis. Baden-Baden: Nomos, 23-37.

Michelis, Daniel (2015c): „Strategischer Leitfaden". In: Daniel Michelis/Thomas Schildhauer (Hgg.): Social Media Handbuch. Theorien, Methoden, Modelle und Praxis. Baden-Baden: Nomos, 38-56.

Mickiewicz, Adam (1955): Listy. Część trzecia [Briefe. Dritter Teil]. Bd. XVI. Warszawa: Dzieła: wydanie narodowe.

Mukherjee, Joybrato (2009): Anglistische Korpuslinguistik. Eine Einführung. Berlin: Erich Schmidt Verlag.

Müller, Daniel (2012): „Ukraine (Україна) [Die Ukraine]". In: Franz Lebsanft/Monika Wingender (Hgg.): Europäische Charta der Regional- oder Minderheitensprachen. Ein Handbuch zur Sprachpolitik des Europarats. Berlin: de Gruyter, 397-413.

Müller, Klaus (1984): Rahmenanalyse des Dialogs. Aspekte des Sprachverstehens in Alltagssituationen. Tübingen: Narr.

Münker, Stefan (2015): „Die Sozialen Medien des Web 2.0". In: Daniel Michelis/Thomas Schildhauer (Hgg.): Social Media Handbuch. Theorien, Methoden, Modelle und Praxis. Baden-Baden: Nomos, 59-69.

Neuberger, Christoph (2015): „Interaktionsmodi und Medienwandel". In: Oliver Hahn/Ralf Hohlfeld/Thomas Knieper (Hgg.): Digitale Öffentlichkeit(en). Konstanz/München: UVK Verlagsgesellschaft mbH, 21-34.

Neuland, Eva (1993): „Sprachgefühl, Spracheinstellung, Sprachbewußtsein. Zur Relevanz ‚subjektiver Faktoren' für Sprachvariation und Sprachwandel". In: Werner Besch/Klaus Mattheier (Hgg.): Vielfalt des Deutschen. Festschrift für Werner Besch. Frankfurt am Main/New York: Peter Lang, 723-747.

Niehr, Thomas (1999): „Halbautomatische Erforschung des öffentlichen Sprachgebrauchs oder Vom Nutzen computerlesbarer Textkorpora". In: *Zeitschrift für Germanistische Linguistik* 27/2, 205–214.

Norman, Boris (2013): „O jazykovoj situacii v sovremennoj Respublike Belarus' [Über die Sprachsituation in der heutigen Republik Belarus]". In: Tat'jana Rogožnikova/Marina Charlamova (Hgg.): *Slavjanskie čtenija. Materialy Vserossijskoj naučno-praktičeskoj konferencii s meždunarodnym učastiem (Omsk, 22.–24 maja 2013 goda) [Slavische Lesungen. Materialien der Allrussischen wissenschaftspraktischen Konferenz mit internationaler Beteiligung (Omsk, 22.–24. Mai 2013)]*. Omsk: Izdatel'stvo OGU, 75–88.

Norman, Boris (2014): „Bilingvizm i mnogojazyčie v Respublike Belarus' [Bilinguismus und Mehrsprachigkeit in der Republik Belarus]". In: Boris Gasparov/Natal'ja Kupina (Hgg.): *Russkij jazyk v mnogorečnom sociokul'turnom prostranstve [Die russische Sprache im mehrsprachigen soziokulturellen Raum]*. Ekaterinburg: Izdatel'stvo Ural'skogo universiteta, 267–286.

Nosevič, Vjačeslav (1998): „Belorusy: stanovlenie ètnosa i ,nacional'naja ideja' [Belarusen: Herausbildung des Ethnos und ,Nationalidee']". In: Dmitrij Furman (Hg.): *Belorussija i Rossija: obščestva i gosudarstva [Belarus und Russland: Gesellschaften und Staaten]*. Moskva: Prava čeloveka, 11–30.

Ortony, Andrew/Clore, Gerald L./Collins, Allan (1988): *The cognitive structure of emotions*. Cambridge: Cambridge University Press.

Padaliak, Tacciana (2006): „,Hazieta ,Zviazda' byla ekspierymientaĺnaj pliacoŭkaj novaj redakcyi pravil bielaruskaj arfahrafii...' Ci pieraškodzić rodnaj movie novaja redakcyja ,Pravil bielaruskaj arfahrafii i punktuacyi'? Intervju z Viktaram Iŭčankavym [,Die Zeitung ,Zviazda' war ein Experimentalspielplatz der neuen Redaktion der belarusischen Rechtschreibung...' Wird die neue Redaktion der ,Regeln der belarusischen Orthographie und Interpunktion' der Muttersprache abträglich sein? Ein Interview mit Viktar Iŭčankaŭ]". In: *Zviazda [Stern]*, 30.08.2006, 2.

Padlužny, Aliaksandr (2005): „Mova – skarb naroda [Sprache ist der Schatz eines Volkes]". In: *Bielaruskaja dumka [Der belarusische Gedanke]* 3, 75–82.

Paliuckaja, Sviatlana (1996): „Sintez vizantyjskaj kuĺturnaj spadčyny, uschodnieslavianskich tradycyj i zachodnich uplyvaŭ u bielaruskim unijactvie [Eine Synthese aus bysantischem Kulturerbe, ostslavischen Traditionen und westlichen Einflussen im belarusischen Unionismus]". In: *Kantakty i dyjalohi [Kontakte und Dialoge]* 7–8, 21–27.

Papsdorf, Christian (2013): *Internet und Gesellschaft. Wie das Netz unsere Kommunikation verändert*. Frankfurt am Main/New York: Campus-Verlag.

Paškoŭ, Hienadź (2001a): *Asvietniki ziamli Bielaruskaj. X – pačatak XX st. Encyklapiedyčny daviednik [Aufklärer des belarusischen Landes. 10. – Anfang des 20. Jhs. Enzyklopädisches Nachschlagewerk]*. Minsk: Bielaruskaja Encyklapiedyja.

Paškoŭ, Hienadź (2001b): *Relihija i carkva na Bielarusi. Encyklapiedyčny daviednik [Religion und Kirche in Belarus. Enzyklopädisches Nachschlagewerk]*. Minsk: Bielaruskaja Encyklapiedyja.

Paŭlaviec, Dzmitryj (2004): „Moŭnaja situacyja ŭ VKL pieršaj palovy XVII st. i jaje adliustravannie ŭ tvorach Simiaona Polackaha [Sprachsituation im Großfürstentum Litauen in der ersten Hälfte des 17. Jhs. und ihre Abbildung in den Werken von Simiaon Polacki]". In: Aliaksandra Stankievič (Hg.): *Materyjaly III mižnarodnaj kanfierencyi „Skaryna i naš čas", 7 kastryčnika 2004 h. [Materialien der III. Internationalen Konferenz „Skaryna und unsere Zeit", 7. Oktober 2004]*. Homieĺ: GDU imia F. Skaryny, 274–279.

Pedersen, Inge L. (2010): „The role of social factors in the shaping of language attitudes – with an evaluation of the concept of life style". In: *International Journal of the Sociology of Language* 204/2010, 129–150.

Pentzold, Christian/Fraas, Claudia/Meier, Stefan (2013): „Online-mediale Texte: Kommunikationsformen, Affordanzen, Interfaces". In: *Zeitschrift für Germanistische Linguistik* 41/1, 81–101.

Petz, Ingo (2011): „Wo bitte geht's nach Belarus?" In: Thomas M. Bohn/Viktor Shadurski (Hgg.): *Ein weißer Fleck in Europa... Die Imagination der Belarus als einer Kontaktzone zwischen Ost und West*. Bielefeld: transcript, 13–26.

Petz, Ingo (2015): „Eigene Sprache plötzlich bevorzugt. Der als Sowjetnostalgiker bekannte Präsident Aleksandr Lukaschenko liebäugelt jetzt mit dem Weißrussischen". In: *Frankfurter Allgemeine Zeitung* 137, 17.06.2015, 11.

Pleil, Thomas/Bastian, Matthias (2015): „Online-Communities im Kommunikationsmanagement". In: Ansgar Zerfaß/Thomas Pleil (Hgg.): *Handbuch Online-PR. Strategische Kommunikation in Internet und Social Web*. Konstanz: UVK Verlagsgesellschaft mbH, 317–332.

Plotnikaŭ, Branislaŭ (1996): „Linguistische und nichtlinguistische Faktoren des heutigen Status der weißrussischen Sprache". In: *Wiener Slawistischer Almanach* 18, 235–238.

Plotnikaŭ, Branislaŭ (2000): „Äußere Ursachen für die begrenzte Verwendung der weißrussischen Sprache". In: *Die Welt der Slaven* 45, 29–48.

Portz, Renate (1982): *Sprachliche Variation und Spracheinstellungen bei Schulkindern und -jugendlichen. Eine empirische Untersuchung in Norwich/England*. Tübingen: Narr.

Pryhodzič, Mikalaj (2006): „ Pytanni norm bielaruskaj movy ŭ pracach zamiežnych linhvistaŭ [Fragen der belarusischen Sprachnorm in Arbeiten ausländischer Linguisten]". In: Aliaksandr Lukašaniec (Hg.): *Sučasny stan i dynamika norm bielaruskaj litaraturnaj movy: materyjaly Mižnarodnaj navukovaj kanfierencyi, 24–25 kastyčnika 2006 h., Minsk [Aktueller Zustand und Normdynamik der belarusischen Standardsprache: Materialien der Internationalen wissenschaftlichen Konferenz, 24.–25. Oktober 2006, Minsk]*. Minsk: Prava i ekanomika, 22–28.

Quasthoff, Uta M. (1973): *Soziales Vorurteil und Kommunikation. Eine sprachwissenschaftliche Analyse des Stereotyps. Ein interdisziplinarer Versuch im Bereich von Linguistik, Sozialwissenschaft und Psychologie*. Frankfurt am Main: Athenaum.

Ramza, Taccjana (2008): „Die Evolution der Trasjanka in literarischen Texten". In: *Zeitschrift für Slawistik* 53, 305–325.

Rehbein, Jochen (2001): „Das Konzept der Diskursanalyse". In: Klaus Brinker et al. (Hgg.): *Text- und Gesprächslinguistik. Ein internationales Handbuch zeitgenössischer Forschung*. Hbd. 2. Berlin/New York: de Gruyter, 927–945.

Rehder, Peter (1995): „Standardsprache. Versuch eines dreistufigen Modells". In: *Welt der Slaven* 40, 352–366.

Reisigl, Martin (2006): „Sprachkritische Beobachtungen zu Foucaults Diskursanalyse". In: Brigitte Kerchner (Hg.): *Foucault: Diskursanalyse der Politik. Eine Einführung*. Wiesbaden: Verlag für Sozialwissenschaften, 85–103.

Rezanova, Zoja/Ermolenkina, Larisa/Kostjašina, Ekaterina (2011): *Kartiny russkogo mira. Sovremennyj mediadiskurs [Bilder der russischen Welt. Aktueller Mediendiskurs]*. Tomsk: Izdatel'stvo Andreja Oleara.

Riehl, Claudie M. (2000): „Spracheinstellungen und Stereotype im Lichte diskursiver Praxis". In: Szilvia Deminger (Hg.): *Einstellungsforschung in der Soziolinguistik und Nachbardisziplinen. Studies in language attitudes*. Frankfurt am Main/New York: Peter Lang, 141–160.

Rosenberg, Milton J. (1960): „An Analysis of Affective-Cognitive Consistency". In: Milton J. Rosenberg et al. (Hgg.): *Attitude organization and change. An analysis of consistency among attitude components*. New Haven: Yale University Press, 13–30.

Rosenberg, Milton J. (1965): „Inconsistency arousal and reduction in attitude change". In: Ivan D. Steiner/Martin Fishbein (Hgg.): *Current studies in social psychology*. New York: Holt, Rinehart and Winston, 121–134.

Rosenberg, Milton J./Hovland, Carl I. (1960): „Cognitive, affective, and behavioral components of attitudes". In: Milton J. Rosenberg et al. (Hgg.): *Attitude organization and change. An analysis of consistency among attitude components*. New Haven: Yale University Press, 1–14.

Rössler, Patrick/Wirth, Werner (1999): *Glaubwürdigkeit im Internet. Fragestellungen, Modelle, empirische Befunde*. München: Fischer.

Roth, Kersten S. (2008): „Interpersonale Diskursrealisationen – Überlegungen zu ihrer Integration in die diskurssemantische Forschung". In: Ingo H. Warnke/Jürgen Spitzmüller (Hgg.): *Methoden der Diskurslinguistik. Sprachwissenschaftliche Zugänge zur transtextuellen Ebene*. Berlin/New York: de Gruyter, 323–358.

Rusak, Valiancina (2006): „Sučasny stan i prablemy funkcyjanavannia bielaruskaj movy [Aktueller Zustand und Funktionsprobleme der belarusischen Sprache]". In: Aliaksandr Lukašaniec (Hg.): *Sučasny stan i dynamika norm bielaruskaj litaraturnaj movy: materyjaly Mižnarodnaj navukovaj kanfierencyi, 24–25 kastyčnika 2006 h., Minsk [Aktueller Zustand und Normdynamik der belarusischen Standardsprache: Materialien der Internationalen wissenschaftlichen Konferenz, 24.–25. Oktober 2006, Minsk]*. Minsk: Prava i ekanomika, 29–34.

Rusaŭ, Pjotr (2000): „Zhuba moŭnaj spadčyny – adzin z krokaŭ da likvidacyi dziaržavy i nacyi [Verlust des sprachlichen Erbes ist einer der Schritte zur Beseitigung des Staates und der Nation]". In: Sviatlana Bahdankievič/Hienadź Buraŭkin/Nil Hilievič (Hgg.): *Aniamiennie. Z chroniki zniščennia bielaruskaj movy [Das Verstummen: Aus der Chronik der Vernichtung der belarusischen Sprache]*. Vilnia: Gudas, 135–138.

Ryan, Ellen B./Giles, Howard/Hewstone, Miles (1988): „The measurement of language attitudes". In: Ulrich Ammon/Norbert Dittmar/Klaus J. Mattheier (Hgg.): *Sociolinguistics. An international handbook of the science of language and society*. Bd. 3.2. Berlin/New York: de Gruyter, 1068–1081.

Rzetelska-Feleszko, Ewa (2005): „Zagrożone języki słowiańskie: łużycki i białoruski [Gefährdete slavische Sprachen: Sorbisch und Belarusisch]". In: *Czasopis [Die Zeitschrift]* 4, 31–33.

Šachot'ko, Ljudmila/Kudel'ka, Dmitrij (2002): „Ėtnojazykovoj sostav naselenija Belorussii [Ethnisch-sprachliche Zusammensetzung der belarusischen Bevölkerung]". In: *Voprosy statistiki [Fragen der Statistik]* 11, 30–37.

Šakun, Leŭ (1984): *Historyja bielaruskaj litaraturnaj movy [Geschichte der belarusischen Standardsprache]*. Minsk: Univiersiteckaje.

Šakun, Leŭ (1995): *Historyja bielaruskaha movaznaŭstva. Vučebny dapamožnik dlia studentaŭ filal. fak. VNU [Geschichte der belarusischen Sprachwissenschaft. Lehrbuch für Hochschulstudierende philologischer Fakultäten]*. Minsk: Univiersiteckaje.

Saŭka, Źmicier (2007): „Pravily lievapisu. Abo što čakaje nas, kali novaja redakcyja ‚Pravilaŭ bielaruskaha pravapisu i punktuacyi' stanie aficyjnym dakumientam [Regeln der Linksschreibung. Oder was erwartet uns, wenn die neue Redaktion der ‚Regeln der belarusischen Rechtschreibung und Interpunktion' zum offiziellen Dokument wird]". In: *Arche* 1–2, 36–63.

Savickaja, Nadzieja (1999): „Bielaruskamoŭnaje vykladannie spiecyjaĺnych dyscyplin u VNU: sučasny stan, ciažkasci i pierspiektyvy [Belarusischsprachiger Unterricht von Fachdisziplinen an Hochschulen: aktueller Stand, Schwierigkeiten und Perspektiven]". In: *Politologija, filosofija, istorija, filologija: Trudy VGTU [Politologie, Philosophie, Geschichte, Philologie: Schriften der VSTU]* VII, 81–85.

Savitskaya, Natallia (2011): „Weißrussisch: Eine Verkehrssprache oder eine Sprache von Verkehrsschildern?" In: Thomas M. Bohn/Viktor Shadurski (Hgg.): *Ein weißer Fleck in Europa... Die Imagination der Belarus als einer Kontaktzone zwischen Ost und West*. Bielefeld: transcript, 27–39.

Scharlaj, Marina (2008): *Das Weißrussische zwischen Sprachkontakt und Sprachverdrängung*. München: Otto Sagner.

Scharlaj, Marina (2012): *Null und Atlantis. Metaphorische Konzeptualisierung des Weissrussischen*. München: Otto Sagner.

Scharnhorst, Jürgen (1980): „Zum Status des Begriffs Sprachsituation". In: *Zeitschrift für Phonetik, Sprachwissenschaft und Kommunikationsforschung* 33/1, 109–118.

Scharnhorst, Jürgen (1994): „Sprachsituation und Sprachkultur als Forschungsgegenstand". In: *Sprachreport* 2, 9–13/3, 7–11.

Schröder, Britta L. (2004): *Sprachen, Einstellungen und nationale Selbstidentifikation. Zum Problem der Identitätsfindung in der Republik Belarus*. Bochum: Ruhr-Universität Bochum.

Sciaćko, Paviel (2000): „Rusifikacyja bielaruskaj movy jak prajava linhvacydu [Russifizierung der belarusischen Sprache als Zeichen des Lingvozids]". In: Sviatlana Bahdankievič/Hienadź Buraŭkin/Nil Hilievič (Hgg.): *Aniamiennie. Z chroniki niščennia bielaruskaj movy [Das Verstummen: Aus der Chronik der Vernichtung der belarusischen Sprache]*. Vilnia: Gudas, 121–124.

Sciaćko, Paviel (2006): „Sučasnyja moŭnyja reaĺnasci i prajekt redakcyi ‚Pravilaŭ bielaruskaj arfahrafii i punktuacyi' [Aktuelle sprachliche Realität und das Redaktionsprojekt der ‚Regeln der belarusischen Rechtschreibung und Interpunktion']". In: *Rodnaje slova [Das muttersprachliche Wort]* 3, 30–35.

Send, Hendrik (2015): „Die Weisheit der Vielen (James Surowiecki)". In: Daniel Michelis/Thomas Schildhauer (Hgg.): *Social Media Handbuch. Theorien, Methoden, Modelle und Praxis*. Baden-Baden: Nomos, 118–132.

Sender, Natallia (2017): *Spracheinstellungen zur weißrussisch-russischen gemischten Rede Trasjanka. Ergebnisse einer empirischen Studie zur Messung von Spracheinstellungen in Belarus mithilfe des Matched-Guise-Verfahrens*. Frankfurt an der Oder: Europa-Universität Viadrina Frankfurt.

Sloboda, Marián (2009a): „A language management approach to language maintenance and shift: A study from post-Soviet Belarus". In: Jiří Nekvapil/Tamah Sherman (Hgg.): *Language management in contact situations. Perspective from three continents*. Frankfurt am Main/New York: Peter Lang, 15–49.

Snapkoŭski, Uladzimir (2000): „Elita i mova [Elite und Sprache]". In: Sviatlana Bahdankievič/Hienadź Buraŭkin/Nil Hilievič (Hgg.): *Aniamiennie. Z chroniki niščennia bielaruskaj movy [Das Verstummen: Aus der Chronik der Vernichtung der belarusischen Sprache]*. Vilnia: Gudas, 33–40.

Somin, Anton (2015): „Jazykovaja refleksija v sovremennoj Belarusi skvoz' prizmu kommentariev v internet-SMI [Sprachliche Reflexion im heutigen Belarus durch das Prisma der Kommentare in Internetmedien]". In: *Vestnik RGGU [Der Bote der RSUG]* 1, 62–86.

Spencer, Herbert (1862): *First Principles*. London: Williams and Norgate.

Spieß, Constanze (2008): „Linguistische Diskursanalyse als Mehrebenenanalyse – Ein Vorschlag zur mehrdimensionalen Beschreibung von Diskursen aus forschungspraktischer Perspektive". In: Ingo H. Warnke/Jürgen Spitzmüller (Hgg.): *Methoden der Diskurslinguistik. Sprachwissenschaftliche Zugänge zur transtextuellen Ebene*. Berlin/New York: de Gruyter, 237–260.

Spitzmüller, Jürgen/Warnke, Ingo H. (2011): *Diskurslinguistik. Eine Einführung in Theorien und Methoden der transtextuellen Sprachanalyse*. Berlin/Boston: de Gruyter.

Stankevič, Stanislav (2008): „Russifikacija belaruskogo jazyka v BSSR [Russifizierung der belarusischen Sprache in der BSSR]". In: Anatolij Taras (Hg.): *Istorija imperskich otnošenij. Belarusy i russkie. 1772–1991 g.g. [Geschichte der imperialen Beziehungen. Belarusen und Russen. 1772–1991]*. Smolensk: Posoch, 465–508.

Stankievič, Stanislaŭ (1994): *Rusifikacyja bielaruskaje movy ŭ BSSR [Russifizierung der belarusischen Sprache in der BSSR]*. Minsk: Navuka i technika.

Stegmüller, Wolfgang (1980): „Begriffsbildung". In: Josef Speck (Hg.): *Handbuch wissenschaftstheoretischer Begriffe. A-F*. Göttingen: Vandenhoeck & Ruprecht, 61–69.

Steinig, Wolfgang (1976): *Soziolekt und soziale Rolle. Untersuchungen zu Bedingungen und Wirkungen von Sprachverhalten unterschiedlicher gesellschaftlicher Gruppen in verschiedenen sozialen Situationen*. Düsseldorf: Pädagogischer Verlag Schwann.

Steinke, Ines (1999): *Kriterien qualitativer Forschung. Ansätze zur Bewertung qualitativ-empirischer Sozialforschung*. Weinheim: Juventa.

Storrer, Angelika (2000): „Schriftverkehr auf der Datenautobahn: Besonderheiten der schriftlichen Kommunikation im Internet". In: Gerd-Günter Voß/Klaus Boehnke/Werner Holly (Hgg.): *Neue Medien im Alltag. Begriffsbestimmungen eines interdisziplinären Forschungsfeldes*. Wiesbaden: Verlag für Sozialwissenschaften, 151–175.

Strasser, Hermann (1987): „Prestige – Stigma (Prestige – Stigma)". In: Ulrich Ammon/Norbert Dittmar/Klaus J. Mattheier (Hgg.): *Sociolinguistics. An international handbook of the science of language and society*. Bd. 3.1. Berlin/New York: de Gruyter, 140–144.

Strauss, Anselm L./Corbin, Juliet M. (1996): *Grounded theory. Grundlagen qualitativer Sozialforschung*. Weinheim: Beltz PVU.

Stroebe, Wolfgang/Jonas, Klaus (1996): „Grundsätze des Einstellungserwerbs und Strategien der Einstellungsänderung". In: Wolfgang Stroebe/Miles Hewstone/Geoffrey M. Stephenson (Hgg.): *Sozialpsychologie. Eine Einführung*. Berlin et al.: Springer, 253–293.

Sudnik, Michail (1990): „Belorusskij jazyk [Belarusisch]". In: Valentina Jarceva/Viktorija Jarceva (Hgg.): *Lingvističeskij ènciklopedičeskij slovar' [Linguistisches enzyklopädisches Wörterbuch]*. Moskva: Sovetskaja Ènciklopedija, 70–71.

Sudnik, Stanislaŭ (2000): „Pra teoryju ‚mužyckasci' [Über die Theorie der ‚Bauernhaftigkeit']". In: Sviatlana Bahdankievič/Hienadź Buraŭkin/Nil Hilievič (Hgg.): *Aniamiennie. Z chroniki zniščennia bielaruskaj movy [Das Verstummen: Aus der Chronik der Vernichtung der belarusischen Sprache]*. Vilnia: Gudas, 28–33.

Sühl, Matthias (2014): *Eine Untersuchung der Kommunikationsform Webforum. Textsorten, Themen und Sprache im Internet*. München: GRIN Verlag GmbH.

Temper, Elena (2006): „Modeli formirovanija nacii v Belarusi posle 1990 g. [Modelle der Nationsbildung in Belarus nach 1990]" In: Alena Ivanova/Jan Tuček (Hgg.): *Cesty k národnímu obrození: běloruský a český model. Sborník příspěvků z konference konané 4.–6.7.2006 v Praze [Wege zur nationalen Wiederbelebung: belarusisches und tschechisches Modell. Tagungsband der Konferenz am 4.–6. Juli 2006 in Prag]*. Praha: UK FHS, 214.

Tesch, Sviatlana (2013): „Morphosyntaktische Phänomene in der weißrussisch-russischen gemischten Rede: präpositionale Konstruktionen". In: Sebastian Kempgen (Hg.): *Deutsche Beiträge zum 15. Internationalen Slavistenkongress, Minsk 2013*. München: Otto Sagner, 283–292.
Thomas, William I./Znaniecki, Florian W. (1918): *The Polish peasant in Europe and America*. Boston: Badger.
Thurstone, Louis L. (1946): „Comment". In: *American Journal of Sociology* 52, 39–40.
Trudgill, Peter (1975): *Accent, Dialect and the School*. London: Edward Arnold.
Uladzimiraŭ, Paviel (2007): „Bielaruski pravapis: nie palityka, a metazhodnasć. Intervju z Aliaksandram Lukašancam [Belarusische Rechtschreibung: keine Politik, sondern Zweckmäßigkeit. Ein Interview mit Aliaksandar Lukašaniec]". In: *Viedy [Das Wissen]* 34, 1–3.
van Dijk, Teun A. (1980): *Textwissenschaft. Eine interdisziplinäre Einfürung*. München: Deutscher Taschenbuch Verlag.
van Dijk, Teun A. (1993): „Principles of Critical Discourse Analysis". In: *Discourse & Society* 4, 249–283.
Vandermeeren, Sonja (1996a): „Language attitudes on either side of the linguistic frontier: A sociolinguistic survey in the Voeren/Fouron-area and in Old Belgium North". In: Marlis Hellinger/Ulrich Ammon (Hgg.): *Contrastive sociolinguistics*. Berlin/New York: de Gruyter, 157–172.
Vandermeeren, Sonja (1996b): „Sprachattitüde". In: Hans Goebl et al. (Hgg.): *Kontaktlinguistik. Ein internationales Handbuch zeitgenössischer Forschung*. Berlin/New York: de Gruyter, 692–702.
Vandermeeren, Sonja (2006): „Research on Language Attitudes/Spracheinstellungsforschung". In: Ulrich Ammon (Hg.): *Sociolinguistics. An international handbook of the science of language and society*. Bd. 3.3. Berlin/New York: de Gruyter, 1318–1332.
Volynec, Tat'jana (2011): „K voprosu o nacional'nom variante russkogo jazyka v Belarusi [Zur Frage einer nationalen Variante des Russischen in Belarus]". In: Ėmma Archangel'skaja (Hg.): *Rusistika i sovremennost'. 13-ja Meždunarodnaja naučnaja konferencija. Sbornik naučnych statej [Russistik und Gegenwart. 13. Internationale wissenschaftliche Konferenz. Sammelband wissenschaftlicher Artikel]*. Riga: Baltijskaja meždunarodnaja akademija.
Warnke, Ingo H. (2007): „Diskurslinguistik nach Foucault – Dimensionen einer Sprachwissenschaft jenseits textueller Grenzen". In: Ingo H. Warnke (Hg.): *Diskurslinguistik nach Foucault. Theorie und Gegenstände*. Berlin: de Gruyter, 3–24.
Warnke, Ingo H./Spitzmüller, Jürgen (2008): „Methoden und Methodologie der Diskurslinguistik – Grundlagen und Verfahren einer Sprachwissenschaft jenseits textueller Grenzen". In: Ingo H. Warnke/Jürgen Spitzmüller (Hgg.): *Methoden der Diskurslinguistik. Sprachwissenschaftliche Zugänge zur transtextuellen Ebene*. Berlin/New York: de Gruyter, 3–55.
Wengeler, Martin (2000): „Gastarbeiter sind auch Menschen. Argumentationsanalyse als diskurslinguistische Methode". In: *Sprache und Literatur in Wissenschaft und Unterricht* 86, 54–69.
Wengeler, Martin (2003): *Topos und Diskurs. Begründung einer argumentationsanalytischen Methode und ihre Anwendung auf den Migrationsdiskurs (1960–1985)*. Tübingen: Niemeyer.
Wengeler, Martin (2007): „Topos und Diskurs – Möglichkeiten und Grenzen der topologischen Analyse gesellschaftlicher Deatten". In: Ingo H. Warnke (Hg.): *Diskurslinguistik nach Foucault. Theorie und Gegenstände*. Berlin: de Gruyter, 165–186.

Wexler, Paul (1985): „Belorussification, Russification and Polonization Trends in the Belorussian Language 1890–1982". In: Isabelle T. Kreindler (Hg.): *Sociolinguistic perspectives on Soviet national languages. Their past, present and future.* Berlin/New York/Amsterdam: de Gruyter, 37–56.

Wexler, Paul (1992): „Diglossia et Schizoglossia Perpetua – The Fate of the Belorussian Language". In: Klaus J. Mattheier/Baldur Panzer (Hgg.): *Nationalsprachenentstehung in Osteuropa.* Tübingen: Niemeyer, 42–51.

Wichter, Sigurd (1999): „Gespräch, Diskurs und Stereotypie". In: *Zeitschrift für Germanistische Linguistik* 27, 261–284.

Williams, Eddie (2009): „Language attitudes and identity in a North Wales town: ‚something different about Caernarfon?'" In: *International Journal of the Sociology of Language* 195, 63–92.

Wingender, Monika (2003): „Sprache als Politikum (mit Beispielen aus der historischen und aktuellen Slavia sowie dem Deutschen)". In: Sebastian Kempgen/Werner Lehfeldt (Hgg.): *Rusistika, slavistika, lingvistika. Festschrift für Werner Lehfeldt zum 60. Geburtstag.* München: Otto Sagner, 284–295.

Wingender, Monika (2008): „Slavische Standardsprachen im Spannungsfeld von Sprachpolitik und Sprachwirklichkeit. Das Russische in seinen verschiedenen Sprachsituationen". In: Sebastian Kempgen et al. (Hgg.): *Deutsche Beiträge zum 14. Internationalen Slavistenkongress Ohrid 2008.* München: Kubon & Sagner, 411–420.

Wingender, Monika (2013): „Modell zur Beschreibung von Standardsprachentypen". In: Daniel Müller/Monika Wingender (Hgg.): *Typen slavischer Standardsprachen. Theoretische, methodische und empirische Zugänge.* Wiesbaden: Harrassowitz, 19–37.

Wiśnieiwecka-Brückner, Katarzyna (2012): „Polen (Rzeczpospolita Polska)". In: Franz Lebsanft/Monika Wingender (Hgg.): *Europäische Charta der Regional- oder Minderheitensprachen. Ein Handbuch zur Sprachpolitik des Europarats.* Berlin: de Gruyter, 211–227.

Wittgenstein, Ludwig (1982): *Tractatus logico-philosophicus. Logisch-philosophische Abhandlung.* Frankfurt am Main: Suhrkamp.

Wodak, Ruth (1998): *Zur diskursiven Konstruktion nationaler Identität.* Frankfurt am Main: Suhrkamp.

Wodak, Ruth/Reisigl, Martin (2009): „The Discourse-Historical Approach (DHA)". In: Ruth Wodak/Michael Meyer (Hgg.): *Methods of Critical Discourse Analysis.* London: SAGE Publications Ltd, 87–121.

Woolhiser, Curt (2001): „Language Ideology and Language Conflict in Post-Soviet Belarus". In: Camille O'Reilly (Hg.): *Language, ethnicity and the state.* Basingstoke: Palgrave, 91–122.

Wundt, Wilhelm M. (1921): *Logik. Eine Untersuchung der Prinzipien der Erkenntnis und der Methoden Wissenschaftlicher Forschung. Logik der Geisteswissenschaften.* Stuttgart: Enke Ferdinand.

Zaefferer, Arne (2011): *Social Media Research. Social Media Monitoring in Internet-Foren.* Köln: Social-Media-Verlag.

Zaprudski, Siarhiej (2000): „Hramadskaje scviardžennie bielaruskaj movy i parušenni pravoŭ bielaruskamoŭnych liudziej [Gesellschaftliche Anerkennung des Belarusischen und Verletzung der Rechte belarusischsprachiger Menschen]". In: Sviatlana Bahdankievič/Hienadź Buraŭkin/Nil Hilievič (Hgg.): *Aniamiennie. Z chroniki zniščennia bielaruskaj movy [Das Verstummen: Aus der Chronik der Vernichtung der belarusischen Sprache].* Vilnia: Gudas, 45–53.

Zaprudski, Siarhiej (2002): „Moŭnaja palityka ŭ Bielarusi ŭ 1990-ja hady [Sprachpolitik in Belarus in den 1990er Jahren]". In: *Arche* 1, 98–112.
Zaprudski, Siarhiej (2003): „Bielaruskaja mova ŭ jaje kantaktach z rasijskaj: u ciskach adnimaĺnaha bilinhvizmu [Belarusisch in seinem Kontakt mit dem Russischen: in der Klemme des entziehenden Bilingualismus]". In: *Letopis' [Chronik]* 50, 73–94.
Zaprudski, Siarhiej (2007): „In the grip of replacive bilingualism: the Belarusian language in contact with Russian". In: *International Journal of the Sociology of Language* 183, 97–118.
Zaprudski, Siarhiej (2013): *Bielaruskaje movaznaŭstva i razviccio bielaruskaj litaraturnaj movy: 1920–1930 hady [Belarusische Sprachwissenschft und Entwicklung der belarusischen Standardsprache: 1920–1930er Jahre]*. Minsk: BDU.
Zeller, Jan-Patrick (2013): „Lautliche Variation in weißrussisch-russisch gemischter Rede". In: Sebastian Kempgen (Hg.): *Deutsche Beiträge zum 15. Internationalen Slavistenkongress, Minsk 2013*. München: Otto Sagner, 335–346.
Zerfaß, Ansgar/Pleil, Thomas (Hgg.) (2015): *Handbuch Online-PR. Strategische Kommunikation in Internet und Social Web*. Konstanz: UVK Verlagsgesellschaft mbH.
Ziegele, Marc/Breiner, Timo/Quiring, Oliver (2015): „Nutzerkommentare oder Nachrichteninhalte – Was stimuliert Anschlusskommunikation auf Nachrichtenportalen?" In: Oliver Hahn/Ralf Hohlfeld/Thomas Knieper (Hgg.): *Digitale Öffentlichkeit(en)*. Konstanz/München: UVK Verlagsgesellschaft mbH, 249–266.
Ziem, Alexander (2008): „Frame-Semantik und Diskursanalyse – Skizze einer kognitionswissenschaftlich inspirierten Methode zur Analyse gesellschaftlichen Wissens". In: Ingo H. Warnke/Jürgen Spitzmüller (Hg.): *Methoden der Diskurslinguistik. Sprachwissenschaftliche Zugänge zur transtextuellen Ebene*. Berlin/New York: de Gruyter, 89–116.
Znaniecki, Florian (1934): *The method of sociology*. New York: Farrar und Rinehart.
Žuk, Tat'jana (2005): *Istorija Belarusi v tablicach i schemach [Die Geschichte von Belarus in Tabellen und Skizzen]*. Minsk: Novoe znanie.
Žuraŭski, Arkadź (1993): *Prabliemy norm bielaruskaj litaraturnaj movy [Normprobleme der belarusischen Standardsprache]*. Minsk: Navuka i technika.
Žuraŭski, Arkadź (1994): „Norma i hramadski prestyž movy [Norm und das gesellschaftliche Prestige der Sprache]". In: *Tematyčny zbornik. Bielarusistyka. Niezaliežnasć Bielarusi: aktuaĺnyja prabliemy – šliachi ich vyrašennia. Materyjaly navukovaj sesii Addzialiennia humanitarnych navuk „Bielaruś: šliachi adnaŭliennia i razviccia", 3–4 listapada 1993 h.* [Thematisches Sammelband. Belarusistik. Unabhängigkeit des Belarus: aktuelle Probleme – Lösungswege. Materialien der wissenschaftlichen Tagung der Abteilung für Geisteswissenschften „Belarus: Wege der Erneuerung und Entwicklung", 3.–4. November 1993]. Minsk: BDU, 241–248.
Žuraŭski, Arkadź (1998): „Destrukcyjnyja ŭchily ŭ sučasnaj bielaruskaj movie [Destruktive Abwiechungen in der modernen belarusischen Sprache]". In: Lidzija Siameška/Mikalaj Pryhodzič (Hgg.): *Materyjaly Mižnarodnaj navukovaj kanfierencyi, Minsk, 22–24 kastryčnika 1997 h. [Materialien der Internationalen wissenschaftlichen Konferenz, Minsk, 22.–24. Oktober 1997]*. Minsk: BDU, 12–15.

Quellen

[Beschluss 2003]: „Ob ispol'zovanii belorusskogo i russkogo jazykov v sfere obsluživanija, oborota bankovskich kartoček i v sisteme gosudarstvennogo social'nogo strachovanija". Rešenie Konstitucionnogo Suda Respubliki Belarus' [„Über die Verwendung der belarusischen und russischen Sprache im Servicebereich, im Bankkartenverkehr und im System der staatlichen Sozialversicherung". Beschluss des Verfassungsgerichts der Republik Belarus], P-91/2003, 04.12.2003.
Online unter: http://pravo.levonevsky.org/bazaby11/republic35/text261.htm <23.06.2020>.

[Bildungsgesetz 2006]: „Ob obščem srednem obrazovanii [Über die allgemeine mittlere Bildung]". In: *Nacional'nyj reestr pravovych aktov Respubliki Belarus [Nationalregister der Rechtsakte der Republik Belarus]*, 108/2006, 2/1238, 05.07.2006, Nr. 141-3.
Online unter: http://pravo.levonevsky.org/bazaby/zakon/zakb0136.htm <23.06.2020>.

[Bildungsgesetz 2011]: „Kodeks Respubliki Belarus' ob obrazovanii [Bildungsgesetzbuch der Republik Belarus]". In: *Nacional'nyj reestr pravovych aktov Respubliki Belarus [Nationalregister der Rechtsakte der Republik Belarus]*, 2/1795, 13.01.2011, Nr. 243-3.
Online unter: http://etalonline.by/?type=text&regnum=Hk1100243#load_text_none_1_ <23.06.2020>.

[Einbürgerungsgesetz 2002]: „O graždanstve Respubliki Belarus' [Über die Staatsbürgerschaft der Republik Belarus]". In: *Nacional'nyj reestr pravovych aktov Respubliki Belarus [Nationalregister der Rechtsakte der Republik Belarus]*, 2/885, 01.08.2002, Nr. 136-3.
Online unter: http://pravo.newsby.org/belarus/zakon1/z171.htm <23.06.2020>.

[Gerichtsgesetzbuch 2006]: „Kodeks Respubliki Belarus' o sudoustrojstve u statuse sudej [Gesetzbuch der Republik Belarus über das Gerichtswesen und den Richterstatus]". In: *Nacional'nyj reestr pravovych aktov Respubliki Belarus [Nationalregister der Rechtsakte der Republik Belarus]*, 2/1236, 29.06.2006, Nr. 139-3.
Online unter: http://etalonline.by/?type=text&regnum=Hk0600139#load_text_none_1_ <23.06.2020>.

[Gesetz 1959]: „Ob ukreplenii svjazi školy s žizn'ju i o dal'nejšem razvitii sistemy narodnogo obrazovanija v RSFSR [Über die Stärkung der Verbindung zwischen Schule und Leben und über die weitere Entwicklung des Volkbildungssystems in der RSFSR]". In: *Vedomosti VS RSFSR [Mitteilungen des Obersten Sowjets der RSFSR]*, 16.04.1959.
Online unter: http://base.consultant.ru/cons/ <23.06.2020>.

[Gesetzbuch über Ordnungswidrigkeiten]: „Kodeks Respubliki Belarus' ob administrativnych pravonarušenijach [Gesetzbuch der Republik Belarus über exekutive Verfahren bei Ordnungswidrigkeit]". In: *Nacional'nyj reestr pravovych aktov Respubliki Belarus [Nationalregister der Rechtsakte der Republik Belarus]*, 2/946, 21.04.2003, Nr. 194-3.
Online unter: http://etalonline.by/?type=text&regnum=Hk0300194#load_text_none_1_ <23.06.2020>.

[Gutachten 1994]: „Vysnovy Dziaržaŭnaj kamisii pa ŭdakladnienniu pravapisu bielaruskaj litaraturnaj movy [Urteile der Staatskommission für Präsizierung der Rechtschreibung der belarusischen Standardsprache]". In: *Zviazda [Stern]*, 13.09.1994.
Online unter: http://knihi.com/none/Vysnovy_Dziarzaunaj_kamisii_pa_udakladnienniu_pravapisu_bielaruskaj_litaraturnaj_movy.html#1 <23.06.2020>.

[Hochschulgesetz 2007]: „O vysšem obrazovanii [Über die höhere Bildung]". In: *Nacional'nyj reestr pravovych aktov Respubliki Belarus [Nationalregister der Rechtsakte der Republik Belarus]*, 2/1349, 11.07.2007, Nr. 252-3.
Online unter: http://pravo.newsby.org/belarus/zakon0/z713.htm <23.06.2020>.

[Kulturgesetz 1991]: „O kul'ture v Respublike Belarus' [Über das Kulturwesen in der Republik Belarus]". In: *Vedomosti Nacional'nogo sobranija Belarusskoj SSR [Mitteilungen der Nationalversammlung der Belarusischen SSR]*, 20/1991, 291, 04.06.1991, Nr. 832-XII.
Online unter: http://pravo.kulichki.com/zak2007/bz62/dcm62512.htm <23.06.2020>.

[Kulturgutschutzgesetz 1992]: „Ob ochrane istoriko-kul'turnogo nasledija [Über den Schutz des historisch-kulturellen Erbes]". In: *Vedomosti Verchovnogo Soveta Respubliki Belarus' [Mitteilungen des Obersten Sowjets der Republik Belarus]*, 30/1992, 504, 13.11.1992, Nr. 1940-XII.
Online unter: http://pravo.levonevsky.org/bazaby/zakon/text40/index.htm <23.06.2020>.

[Luftkodex 2006]: „Vozdušnyj Kodeks Respubliki Belarus' [Luftkodex der Republik Belarus]".
In: *Nacional'nyj reestr pravovych aktov Respubliki Belarus [Nationalregister der Rechtsakte der Republik Belarus]*, 2/1214, 16.05.2006, Nr. 117-3.
Online unter: http://etalonline.by/?type=text&regnum=Hk0600117 <23.06.2020>

[Mediengesetz 2008]: „O sredstvach massovoj informacii [Über Massenmedien]". In: *Nacional'nyj reestr pravovych aktov Respubliki Belarus [Nationalregister der Rechtsakte der Republik Belarus]*, 2/1524, 17.07.2008, Nr. 427-3.
Online unter: http://pravo.newsby.org/belarus/zakon0/z552.htm <23.06.2020>.

Ministerstva adukacyi Respubliki Bielaruś [Bildungsministerium der Republik Belarus] (2011): *Paraŭnaĺny analiz razviccia adukacyi ŭ rehijonach Respubliki Bielaruś. Po sostojaniju na načalo 2011/2012 učebnogo goda. Ustanovy ahuĺnaj siaredniaj adukacyi Ministerstva adukacyi Respubliki Bielaruś [Vergleichende Analyse der Bildungsentwicklung in Regionen der Republik Belarus. Nach dem Stand vom Anfang der Schuljahres 2011/2012. Einrichtungen für allgemeine mittlere Schulbildung des Bildungsministeriums der Republik Belarus]*. Minsk: Haloŭny infarmacyjna-analityčny centr Ministerstva adukacyi Respubliki Bielaruś [Hauptinformations- und Analysezentrum des Bildungsministeriums der Republik Belarus].
Online unter: http://giac.unibel.by/ru/main.aspx?guid=16611 <23.06.2020>.

Ministerstva adukacyi Respubliki Bielaruś [Bildungsministerium der Republik Belarus] (2015): „Typavy vučebny plan siaredniaj školy, školy-internata dlia dziaciej-sirot i dziaciej, jakija zastalisia biez apieki baćkoŭ, na 2015/2016 navučaĺny hod [Rahmenlehrplan für Mittelschulen, Internatsschulen für Weisenkinder und Kinder ohne elterliche Sorge für das Schuljahr 2015/2016]". In: *Ab typavym vučebnym planie ahuĺnaj siaredniaj adukacyi na 2015/2016 navučaĺny hod [Über den Rahmenlehrplan für allgemeine mittlere Bildung für das Schuljahr 2015/2016]*. Pastanova [Beschluss] 38/11.5.2015, 11.05.2015.
Online unter: http://pravo.by/upload/docs/op/W21529904p_1432846800.pdf <23.06.2020>.

Ministerstvo obrazovanija Respubliki Belarus' [Bildungsministerium der Republik Belarus] (2015): „Instruktivno-metodičeskoe pis'mo Ministerstva obrazovanija Respubliki Belarus' ‚Ob organizacii obrazovatel'nogo processa v učreždenijach obščego srednego obrazovanija v 2015/2016 učebnom godu' [Instruktionslehrbrief des Bildungsministeriums der Republik Belarus ‚Über die Organisation des Bildungsprozesses in Einrichtungen für allgemeine mittlere Schulbildung im Schuljahr 2015/2016']". In: *Obrazovatel'nyj process. 2015/2016 učebnyj god. [Bildungsprozess. Schuljahr 2015/2016]*. Minsk: Nationaler Bildungsportal, 07.08.2015.
Online unter: https://www.adu.by/ru/homepage/novosti/aktualnaya-informatsiya/52-icetheme/informatsionnye-resursy/121-obrazovatelnyj-protsess-2015-2016-uchebnyj-god.html <23.06.2020>.

Ministerstvo obrazovanija Respubliki Belarus' [Bildungsministerium der Republik Belarus] (2016): *Sistema obrazovanija Respubliki Belarus' v cifrach [Bildungssystem der Republik Belarus in Zahlen]*. Minsk: Glavnyj informacionno-analitičeskij centr Ministerstva obrazovanija Respubliki Belarus' [Hauptinformations- und Analysezentrum des Bildungsministeriums der Republik Belarus].
Online unter: http://old.edu.bsu.by/ru/main.aspx?guid=22151 <23.06.2020>.

Ministerstvo statistiki i analiza Respubliki Belarus' [Ministerium für Statistik und Analysen der Republik Belarus] (2012): *Kul'tura v Respublike Belarus', 2012 [Kultur in der Republik Belarus, 2012]*. Minsk: Nacional'nyj statističeskij komitet Respubliki Belarus' [Nationalkomitee der Republik Belarus für Statistik].
Online unter: http://www.belstat.gov.by/ofitsialnaya-statistika/solialnaya-sfera/kult/-statisticheskie-izdaniya_2/index_658/ <23.06.2020>.

Ministerstvo statistiki i analiza Respubliki Belarus' [Ministerium für Statistik und Analysen der Republik Belarus] (2015a): *Obrazovanie v Respublike Belarus', 2015. Statističeskij sbornik [Bildung in der Republik Belarus, 2015. Statistischer Sammelband]*. Minsk: Nacional'nyj statističeskij komitet Respubliki Belarus' [Nationalkomitee der Republik Belarus für Statistik].
Online unter: http://www.belstat.gov.by/ofitsialnaya-statistika/solialnaya-sfera/obrazovanie/publikatsii_8/index_683/ <23.06.2020>.

Ministerstvo statistiki i analiza Respubliki Belarus' [Ministerium für Statistik und Analysen der Republik Belarus] (2015b): *Statističeskij ežegodnik 2015 [Statistisches Jahrbuch 2015]*. Minsk: Nacional'nyj statističeskij komitet Respubliki Belarus' [Nationalkomitee der Republik Belarus für Statistik].

NISĖPI (2006a): *Nacional'nyj opros v aprele 2006 goda [Nationalbefragung im April 2006]*. Minsk: Nezavisimyj institut social'no-ėkonomičeskich i političeskich issledovanij [Unabhängiges Institut für sozialwirtschaftliche und politische Forschungen].
Online unter: http://www.iiseps.org/?p=2778 <23.06.2020>.

NISĖPI (2006b): *Nacional'nyj opros v marte-aprele 2006 goda. [Nationalbefragung im März-April 2006]*. Minsk: Nezavisimyj institut social'no-ėkonomičeskich i političeskich issledovanij [Unabhängiges Institut für sozialwirtschaftliche und politische Forschungen].
Online unter: http://www.iiseps.org/?p=2776 <23.06.2020>.

[Programm 1961]: „Zadači partii v oblasti nacional'nych otnošenij [Parteiaufgaben im Bereich nationaler Beziehungen]". In: *Programma Kommunističeskoj Partii Sovetskogo Sojuza [Programm der Kommunistischen Partei der Sowjetunion]*, 2.IV. Moskva: Politizdat, 1974.
Online unter: http://leftinmsu.narod.ru/polit_files/books/III_program_KPSS_files/III_-program_KPSS.htm <23.06.2020>.

[Programm 1990]: „Ab Dziaržaŭnaj prahramie razviccia bielaruskaj movy i inšych nacyjanaĺnych moŭ u Bielaruskaj SSR [Über das staatliche Entwicklungsprogramm der belarusischen Sprache und der Nationalsprachen in der Belarusischen SSR]". In: *Nacional'nyj reestr pravovych aktov Respubliki Belarus [Nationalregister der Rechtsakte der Republik Belarus]*, 240/1990, 20.09.1990.
Online unter: http://pravo.levonevsky.org/bazaby09/sbor91/text91336.htm <23.06.2020>.

[Satzung des Unionstaates 1997]: „Ustav Sojuza Belarusi i Rosii [Satzung des Unionstaates Belarus und Russland]". In: *Bjulleten' meždunarodnych dogovorov [Bulletin internationaler Verträge]*, 9/1997, 66–67, 23.05.1997.
Online unter: http://docs.cntd.ru/document/9043017 <23.06.2020>.

[Sprachgesetz 1990]: „„O jazykach v Respublike Belarus". Zakon Respubliki Belarus' ot 26 janvarja 1990 goda [‚Über die Sprachen in der Republik Belarus'. Das Gesetz der Republik Belarus vom 26. Januar 1990]". In: *Sobranie zakonov BSSR [Gesetzbuch der BSSR]*. Minsk, 26.01.1990.
Online unter: http://pravo.levonevsky.org/bazaby/zakon/zakb1527.htm <23.06.2020>.

[Sprachgesetz 1998]: „Ab uniasienni zmianienniaŭ i dapaŭnienniaŭ u Zakon Respubliki Bielaruś ‚Ab movach u Respublicy Bielaruś' [Über die Eintragung von Änderungen und Ergänzungen in das Gesetz der Republik Belarus ‚Über die Sprachen in der Republik Belarus']".
In: *Vedomosti Nacional'nogo sobranija Respubliki Belarus'[Mitteilungen der Nationalversammlung der Belarusischen SSR]*, 13.07.1998.
Online unter: http://pravo.levonevsky.org/bazaby11/republic51/text079.htm <23.06.2020>.

[Sprachgesetz 2008]: „Ab Pravilach bielaruskaj arfahrafii i punktuacyi [Über die Regel der belarusischen Orthographie und Interpunktion]". In: *Zviazda [Stern]*, 138, 3–6, 23.07.2008.
Online unter: http://laws.newsby.org/documents/laws/law0006/index.htm <23.06.2020>.

SSSR. Central'noe statističeskoe upravlenie pri Sovete ministrov [UdSSR. Zentrale Verwaltung für Statistik beim Ministerrat] (1973): *Itogi Vsesojuznoj perepisi naselenija 1970 goda [Ergebnisse des Allunionszensus 1970]*. Moskva: Statistika (Nacional'nyj sostav naselenija SSSR, sojuznych i avtonomnych respublik, kraëv, oblastej i nacional'nych okrugov [Nationale Zusammensetzung der Bevölkerung der UdSSR, der Unions- und autonomen Republiken, Regionen, Gebiete und nationaler Bezirke], 4).

[Statut des Großfürstentums Litauen 1566]: „Statut" Velikogo Knjaz'stva Litovskogo [Statut des Großfürstentums Litauen]". In: *Vremennik" Moskovskogo obščestva istorii i drevnostej rossijskich" [Chroniken der Moskauer Gesellschaft für Geschichte und russländisches Altertum]*. Kniga 25-ja [Buch 25]. Moskau, 1855.
Online unter: https://books.google.ru/books?id=cKgKAAAAIAAJ&hl=ru&pg=RA1-PA1#v=onepage&q&f=false <23.06.2020>.

[Steuergesetzbuch 2009]: „Nalogovyj Kodeks Respubliki Belarus'. Osobennaja čast' [Steuergesetzbuch der Republik Belarus. Sonderteil]". In: *Nacional'nyj reestr pravovych aktov Respubliki Belarus [Nationalregister der Rechtsakte der Republik Belarus]*, 2/1623, 29.12.2009, Nr. 71-3.
Online unter: http://etalonline.by/?type=text&regnum=Hk0900071#load_text_none_1_ <23.06.2020>.

[Strafgesetzbuch 2000]: „Ugolovno-ispolnitel'nyj Kodeks Respubliki Belarus' [Strafgesetzbuch der Republik Belarus]". In: *Nacional'nyj reestr pravovych aktov Respubliki Belarus [Nationalregister der Rechtsakte der Republik Belarus]*, 2/140, 11.01.2000, Nr. 365-3.
Online unter: http://etalonline.by/?type=text&regnum=HK0000365#load_text_none_1_ <23.06.2020>.

[Strategie 2000]: *Stratehija razviccia bielaruskaj movy ŭ XXI stahoddzi. Praekt Tavarystva bielaruskaj movy [Entwicklungsstrategie der belarusischen Sprache im 20. Jahrhundert. Projekt der Gesellschaft für belarusische Sprache].*
Online unter: http://tbm-mova.by/mova.html <23.06.2020>.

[Topographiegesetz 2010]: „O naimenovanijach geografičeskich ob"jektov [Über Benennungen geographischer Objekte]". In: *Nacional'nyj reestr pravovych aktov Respubliki Belarus [Nationalregister der Rechtsakte der Republik Belarus]*, 2/1742, 16.11.2010, Nr. 190-3.
Online unter: http://pravo.newsby.org/belarus/zakon0/z326.htm <23.06.2020>.

UNESCO (2003): *Übereinkommen zur Erhaltung des immateriellen Kulturerbes*, 17.10.2003.
Online unter: http://www.unesco.de/infothek/dokumente/uebereinkommen/ike-konvention.html <23.06.2020>.

[Verfassung 1994]: „Konstitucija Respubliki Belarus' 1994 goda (s izmenenijami i dopolnenijami, prinjatymi na respublikanskich referendumach 24 nojabrja 1996 g. i 17 oktjabrja 2004 g.) [Verfassung der Republik Belarus 1994 (mit den in den Referenden vom 24. November 1996 und 17. Oktober 2004 angenommenen Änderungen und Ergänzungen)]". In: *Nacional'nyj reestr pravovych aktov Respubliki Belarus' [Nationalregister der Rechtsakte der Republik Belarus]*, 1/0, 15.03.1994.
Online unter: http://pravo.by/main.aspx?guid=14551 <23.06.2020>.

[Verordnung 1933]: „Ab źmienach i spraščenni bielaruskaha pravapisu [Über Änderungen und die Vereinfachung der belarusischen Orthographie]". In: *Zbor zakonaŭ i zahadaŭ Raboča-Sialianskaha Savietu Narodnych Kamisaraŭ BSSR [Sammlung der Gesetze und Erlasse des Arbeiter-und-Bauern-Rates der Volkskommissare der BSSR]*, 33/1933, 230, 26.08.1933.

[Verordnung 1938]: „Ob objazatel'nom izučenii russkogo jazyka v školach nacional'nych respublik i oblastej [Über das obligatorische Erlernen der russischen Sprache in den Schulen der nationalen Republiken und Gebiete]. Postanovlenie Soveta Narodnych Komissarov SSSR, CK VKP (b) [Beschluss des Rates der Volkskommissare der UdSSR, ZK AKP d. B.)]", 324, 13.03.1938.
Online unter: http://www.consultant.ru/cons/cgi/online.cgi?req=doc&base=ESU&n=-23269#06225546407097078 <23.06.2020>.

[Verordnung 1957]: „Ab udakladnienni i častkovych zmienach isnujučaha bielaruskaha pravapisu [Über Präzisierung und teilweise Änderungen der aktuellen belarusischen Orthographie]". In: *Zbor zakonaŭ, ukazaŭ Prezidyuma Viarchoŭnaha Savieta Bielaruskaj SSR, pastanoŭ i rasparadženniaŭ Savieta Ministraŭ Bielaruskaj SSR [Sammlung der Gesetze und Erlasse des Präsidiums des Obersten Sowjets der Belarusischen SSR, der Beschlüsse und Anordnungen des Ministerrates der Belarusischen SSR]*, 5/1957, 111, 11.05.1957.

[Verordnung 2012]: „Ob utverždenii obrazovatel'nych standartov doškol'nogo obrazovanija [Über die Bestätigung der Bildungsstandards für Vorschulbildung]". Postanovlenie Ministerstva obrazovanija Respubliki Belarus' [Beschluss des Bildungsministeriums der Republik Belarus]. In: *Nacional'nyj reestr pravovych aktov Respubliki Belarus' [Nationalregister der Rechtsakte der Republik Belarus]*, 8/26737, 29.12.2012, Nr. 146.
Online unter: http://roo.schoolnet.by/sh.shtml?20141008141636345 <23.06.2020>.

[Zensus 1897]: „Raspredelenie naselenija po rodnomu jazyku [Verteilung der Bevölkerung nach Muttersprache]". In: Nikolaj Trojnickij (1905): *Pervaja Vseobščaja perepis' naselenija Rossijskoj Imperii 1897 g. [Die erste Allgemeine Volkszählung des Russischen Imperiums 1897]*, Tab. XIII. Sankt-Peterburg.
Online unter: http://demoscope.ru/weekly/ssp/rus_lan_97.php <23.06.2020>.

[Zensus 1970]: Bondarskaja, Galina et al. (1974): *Naselenie SSSR. Spravočnik [Bevölkerung der UdSSR. Nachschlagewerk]*. Moskva: Izdatel'stvo političeskoj literatury.
Online unter: http://istmat.info/files/uploads/17650/naselenie_sssr_1974.pdf <23.06.2020>.

[Zensus 1979]: „Nacional'nyj sostav [Nationale Zusammensetzung]". In: Central'noe statističeskoe upravlenie SSSR [Zentrale Verwaltung der UdSSR für Statistik] (1980): *Naselenie SSSR na 1979 god: Po dannym Vsesojuznoj perepisi naselenija 1979 g. [Bevölkerung der UdSSR im Jahr 1979: Nach Angaben der allgemeinen Volkszählung 1979]*. Moskva: Izdatel'stvo političeskoj literatury.
Online unter: http://www.sovetika.ru/sssr/nas7909.htm <23.06.2020>.

[Zensus 1989]: Boldyrev, Vladimir (1990): *Naselenie SSSR. Po dannym vsesojuznoj perepisi naselenija 1989 g. [Bevölkerung der UdSSR. Nach Angaben der allgemeinen Volkszählung 1989]*. Moskva: Finansy i statistika.
Online unter: http://istmat.info/files/uploads/17594/naselenie_sssr._po_dannym_vsesoyuznoy_perepisi_naseleniya_1989g.pdf <23.06.2020>.

[Zensus 1999]: Nacional'nyj statističeskij komitet Respubliki Belarus' [Nationalkomitee der Republik Belarus für Statistik] (1999): *Raspredelenie naselenija Respubliki Belarus' po nacional'nostjam i jazykam v 1999 godu [Verteilung der Bevölkerung der Republik Belarus nach Nationalität und Sprache im Jahr 1999]*. Minsk: Belstat.
Online unter: http://www.belstat.gov.by/informatsiya-dlya-respondenta/perepis-naseleniya/perepis-naseleniya-1999-goda/tablichnye-dannye/raspredelenie-naseleniya-respubliki-belarus-po-natsionalnostyam-i-yazykam-v-1999-godu/ <23.06.2020>.

[Zensus 2009]: Nacional'nyj statističeskij komitet Respubliki Belarus' [Nationalkomitee der Republik Belarus für Statistik] (2010): *Perepis' naselenija Respubliki Belarus' 2009 g. [Volkszählung der Republik Belarus 2009]*. Minsk: Belstat.
Online unter: http://census.belstat.gov.by/pdf/BOOK-ru-RU.pdf <23.06.2020>.

Webnachweise

Ackermann, Felix (2020): *Die Republik Belarus ist mehr als Weissrussland. Und ihre Eigenständigkeit beginnt mit dem Namen des Landes*.
Online unter: https://www.nzz.ch/feuilleton/weissrussland-und-sein-recht-auf-eine-souveraene-identitaet-ld.1531271 <23.06.2020>.

Barščeŭskaja, Nina (2008): *Reforma bielaruskaha pravapisu 1933 hodu [Reform der belarusischen Rechtschreibung von 1933]*.
Online unter: http://www2.polskieradio.pl/eo/dokument.aspx?iid=87657 <23.06.2020>.

BelTA (Bielaruskaje telehrafnaje ahienctva [Belarusische Nachrichtenagentur]) (19.02.2016a): *Belorusskomu obščestvu nužno povyšat' uroven' znanija literaturnogo jazyka [Belarusische Gesellschaft sollte ihre Kompetenz in der Standardsprache verbessern]*.
Online unter: http://www.belta.by/society/view/belorusskomu-obschestvu-nuzhno-povyshat-uroven-znanija-literaturnogo-jazyka-ekspert-182374-2016/ <23.06.2020>.

BelTA (Bielaruskaje teliehrafnaje ahienctva [Belarusische Nachrichtenagentur]) (19.02.2016b): *Količestvo časov na belorusskij jazyk uveličitsja za sčët sokraščenija fakul'tativov [Anzahl der Belarusisch-Stunden wird sich auf Kosten der Fakultative erhöhen].*
Online unter: http://www.belta.by/society/view/kolichestvo-chasov-na-belorusskij-jazyk-uvelichitsja-za-schet-sokraschenija-fakultativov-182422-2016/ <23.06.2020>.

BelTA (Bielaruskaje teliehrafnaje ahienctva [Belarusische Nachrichtenagentur]) (21.02.2016): *Latuško: belorusy nesut otvetstvennost' pered predkami za sochranenie rodnogo jazyka [Latuško: Belarusen sind gegenüber ihren Vorfahren für das Erhalten der Muttersprache verantwortlich].*
Online unter: http://www.belta.by/culture/view/latushko-belorusy-nesut-otvetstvennost-pered-predkami-za-sohranenie-rodnogo-jazyka-182514-2016/ <23.06.2020>.

[Berichtsschreiben 2012]: *Berichtsschreiben über die Erfüllung der Verordnung des Präsidenten der Republik Belarus Nr. 58/77-1-DSP vom 02.03.2012.*
Online unter: https://nn.by/photos/s-2012-03/0312_mova_doc.jpg <23.06.2020>.

Berners-Lee, Tim (2006): *DeveloperWorks Interview.*
Online unter: http://www.ibm.com/developerworks/podcast/dwi/cm-int082206txt.html <23.06.2020>.

Broermann, Marianne (2008): *Spracheinstellungen minderheitssprachiger Jugendlicher am Beispiel von Sorben und Finnlandschweden.*
Online unter: http://www.qucosa.de/fileadmin/data/qucosa/documents/3545/Broermann_Sorben_Finnlandschweden.pdf <23.06.2020>.

Brüggemann, Mark (2012): Art. »Sprachpolitik«. In: Bundesinstitut für Kultur und Geschichte der Deutschen im östlichen Europa (Hg.): *Online-Lexikon zur Kultur und Geschichte der Deutschen im östlichen Europa (OME).*
Online unter: http://ome-lexikon.uni-oldenburg.de/begriffe/sprachpolitik/ <23.06.2020>.

Bušliakoŭ, Juraś et al. (2005): *Bielaruski kliasyčny pravapis. Zbor pravilaŭ. Sučasnaja narmalizacyja [Belarusische klassische Rechtschreibung. Ein Regelwerk. Moderne Normalisierung].*
Online unter: https://knihi.com/storage/pravapis2005.html <23.06.2020>.

Deutsch-Belarusische Geschichtskommission (2020): *Empfehlungen zur Schreibweise von Belarus in deutschsprachigen Texten.*
Online unter: https://geschichte-historyja.org/site/assets/files/1/200715_pressemitteilung_geschichtskommission_by_de.pdf <18.07.2020>.

Ess, Charles/The Association of Internet Researchers (2002): *Ethical decision-making and Internet research: Recommendations from the aoir ethics working committee.*
Online unter: https://aoir.org/reports/ethics.pdf <23.06.2020>.

Eynax, Rayk (2013): Rez. Valentin Akudowitsch (2013): „Der Abwesenheitscode. Versuch, Weißrussland zu verstehen". In: *H-Soz-Kult*, 29.08.2013.
Online unter: https://www.hsozkult.de/publicationreview/id/rezbuecher-20621 <23.06.2020>.

Gorevoj, Marat (2010): *Doktor filosofii: Russkojazyčnaja molodëž stremitsja ovladet' belorusskim jazykom i govorit' na nëm [Doktor der Philosophie: Die russischsprachige Jugend ist bestrebt, Belarusisch zu beherrschen und zu verwenden].*
Online unter: http://news.tut.by/society/204768.html <23.06.2020>.

Ivanoŭ, Kiryl (2014): „Lukašenka prapanavaŭ nadavać boĺš uvahi vyvučenniu bielaruskaj movy ŭ školach [Lukaschenko schlug vor, mehr Aufmerksamkeit dem Erlernen des Belarusischen in der Schule zu schenken]". In: *Salidarnasć*, 29.09.2014.
Online unter: https://gazetaby.com/post/lukashenka-prapanavau-nadavacz-bolsh-uvagi-vyvuchennyu-belaruskaj-movy-u-shkolax/82245/ <23.06.2020>.

Izdana pervaja Biblija na sovremennom belorusskom jazyke [Die erste Bibel in der modernen belarusischen Sprache herausgegeben] (2012).
Online unter: http://news.tut.by/society/283566.html <23.06.2020>.

Jäger, Siegfried (1997): „Bemerkungen zur Durchführung von Diskursanalysen". Vortrag auf der Tagung *Das große Wuchern des Diskurses. Der Diskurs als unberechenbares Ereignis* am 3. und 4.7.1997 in der Universität GH Paderborn. Duisburger Institut für Sprach- und Sozialforschung.
Online unter: http://www.diss-duisburg.de/Internetbibliothek/Artikel/Durchfuehrung_-Diskursanalyse.htm <23.06.2020>.

Kak belorusskij jazyk pomogaet prodvigat'sja produktam i brendam [Wie die belarusische Sprache den Waren und Brandmarken beim Vorankommen hilft] (2015).
Online unter: https://probusiness.io/strategy/425-kak-belorusskiy-yazyk-pomogaet-prodvigatsya-produktam-i-brendam.html <23.06.2020>.

Karalievič, Siarhiej (2012): *Tadeuš Stružecki: Bielaruś biez bielaruskaj movy isnavać nie moža [Tadeuš Stružecki: Belarus kann ohne die belarusische Sprache nicht existieren]*.
Online unter: http://news.tut.by/culture/275534.html <23.06.2020>.

Karniajčuk, Mikalaj (2007): *Pieraklad Windows na bielaruskuju movy spynieny da liepšych časoŭ. [Übersetzung von Windows ins Belarusische bis auf Weiteres angehalten]*.
Online unter: https://42.tut.by/179098 <23.06.2020>.

Korjakov, Jurij (2002): *Jazykovaja situacija v Belorussii i tipologija jazykovych situacij [Sprachsituation in Belarus und Typologie der Sprachsituationen]*.
Online unter: http://lingvarium.org/ling_geo/belarus/belorus.pdf <23.06.2020>.

Korolevič, Sergej (2011): *TBM prizyvaet belorusov pol'zovat'sja rodnym jazykom v professional'noj dejatel'nosti [Die TBM ruf die Belarusen auf, die Muttersprache im Berufsleben zu verwenden]*.
Online unter: https://news.tut.by/society/233712.html <23.06.2020>.

Laškievič, Kastuś (2010): *Klasiki biez hliancu. Mikola Aŭramčyk: „Dziaržaŭnaja idealohija biez movy – hlupstva!" [Die Klassiker ohne Glanz. Mikola Aŭramčyk: „Eine Staatsideologie ohne die Sprache ist Unsinn!"]*
Online unter: http://news.tut.by/culture/171142.html <23.06.2020>.

Lukašenka, Aliaksandr (2014): *Poslanie Prezidenta belorusskomu narodu i Nacional'nomu sobraniju [Botschaft des Präsidenten an das belarusische Volk und die Nationalversammlung]*.
Online unter: http://president.gov.by/ru/news_ru/view/aleksandr-lukashenko-obraschaetsja-s-ezhegodnym-poslaniem-k-belorusskomu-narodu-i-natsionalnomu-sobraniju-8549/ <23.06.2020>.

Odinočenko, Viktor (2014): *Jazykovaja situacija v sovremennoj Belarusi [Sprachsituation im heutigen Belarus]*.
Online unter: http://geopolitika.lt/?artc=7035 <23.06.2020>.

Pul'ša, Sergej (2011): *Beljackij vystupil s iniciativoj o perevode Ugolovnogo kodeksa na belorusskij jazyk [Beljackij brachte die Initiative ein, das Strafgesetzbuch ins Belarusische zu übersetzen].*
  Online unter: http://news.tut.by/society/254634.html <23.06.2020>.

Reklama na belorusskom jazyke bolee privlekatel'na [Die Werbung auf Belarusisch ist attraktiver] (2010).
  Online unter: https://charter97.org/ru/news/2010/5/15/29006/ <23.06.2020>.

Rocco, Goranka (2002): *La Réunion: Sprachattitüden franko-kreolophoner Adoleszenten.*
  Online unter: http://docserv.uni-duesseldorf.de/servlets/DerivateServlet/Derivate-2571/571.pdf <23.06.2020>.

Rudkoŭski, Anatoĺ (2009): *Nazvy bielaruskich haradoŭ i viosak pierakladuć na ruskuju movu? [Wird man die Namen der belarusischen Städte und Dörfer ins Russische übersetzen?]*
  Online unter: http://news.tut.by/society/148035.html <23.06.2020>.

Škilionak, Maryna (2012): *Ekspiert: Kampanijam patrebnaja bielaruskaja mova [Firmen brauchen die belarusische Sprache].*
  Online unter: http://news.tut.by/society/289045.html <23.06.2020>.

Uskoŭ, Juraś (2011): *„Smak bielaruskaj movy" na vulicach Minska [„Der Geschmack der belarusischen Sprache" auf den Straßen von Minsk].*
  Online unter: http://news.tut.by/society/245760.html <23.06.2020>.

Valiancin Taras: *„Maja bielaruskaja mova – jak zorka na vopratcy dackaha karalia" [Valiancin Taras: „Meine belarusische Sprache ist wie ein Stern auf dem Mantel des Königs von Dänemark"]* (2007).
  Online unter: http://www.charter97.org/be/news/2007/9/30/218/ <23.06.2020>.

V programme „Teatraĺnaha kufara" net ni odnogo spektaklja na belorusskom jazyke [Im Programm von „Teatraĺny kufar" gibt es keine einzige Aufführung auf Belarusisch] (2009).
  Online unter: http://news.tut.by/culture/148687.html <23.06.2020>.

Wirtschaftskammer Österreich (2009): *Länderreport Weißrussland.*
  Online unter: https://wko.at/statistik/laenderprofile/lp-weissrussland.pdf <23.06.2020>.

Index

Abstandsprache 79
Alltagskategorie 223, 243, 249
Alltagssprache 115, 250, 483, 549
Altbelarusisch 33ff., 42
Analytische Induktion 200, 206
Argumentationsarchitektur des Diskurses 223, 459, 469f., 527, 533, 541ff.
Argumentationsmuster
– kontextabstrakte 167
– kontextspezifische 166ff., 210, 302
Argumentative Dialogizität 459, 477, 542, 549
Ästhetik des Belarusischen 64, 105, 109, 248, 286, 392, 457, 530f., 546
Asymmetrische Zweisprachigkeit 54, 77ff., 81f., 87, 91, 94ff., 316, 528f.
Attitude-Manifestation-Model 129
Attribution 527
– extrinsische 422, 542f.
– intrinsische 422, 542, 547
Aufzwingen der Sprache 272, 291, 293, 300, 321, 347, 355, 413, 416, 506, 509, 511, 514
Ausbausprache 79

Bedauern 258, 260, 263, 281, 293, 366, 400, 430, 438, 485f., 488, 490f., 495, 497, 524, 538
Befreiungsbewegung 40
Belarusifizierung 368, 375, 421, 452, 505f., 508f.
– langsame 278, 321, 509, 514, 540, 545
Belarusifizierungs-Appell 508, 511, 514, 540
Belarusifizierungspolitik 44, 60f., 88, 271, 308, 321, 463
Belarusisch 20
Belarusische Literatur 261f.
Belarusische Variante des Russischen 102
Belarusischsprachige Musik 263
Belarusophobie 284f., 397, 422, 481, 531
– Spracherwerb 515f.
– Sprachverwendung 515f., 540

Belarusische sozialistische Gemeinde (BSH) 44
Belarusische Volksrepublik (BNR) 44
Bilingualismus 62, 77f.
– asymmetrischer 77, 528
– regressiver 77
– residualer 77
Bilingualität 77
bottom-up-Prinzip 237
Bruderschaften 38

code-swiching 101, 520f.

Datenauswertung 200
Datenkorpus, exemplarisches 238, 533
Debelarusifizierung 50f., 59f., 66, 73, 75
Denkmuster
– dominierende 223, 302, 448ff., 533, 535ff.
– kulturalistische 466, 542, 544, 550
– typische contra 302, 457ff., 462, 465ff., 473, 479f., 524, 527, 542f.
– typische pro 302, 457ff., 461f., 465ff., 473, 477, 480, 482, 524, 527, 542f.
– utilitaristische 452, 461, 466, 480, 535, 542, 544, 547, 550
Dialektale Landschaft des Belarusischen 104
Diglossie 62, 77f., 528
Diskrepanz
– Sprachbekenntnis-Sprachverwendung 212, 250f., 255, 483, 528
– Sprachpolitik-Sprachwirklichkeit 98f., 529
– zwischen individueller und gesellschaftlicher Dimension der Spracheinstellung 484, 505, 539, 541, 550
– zwischen individueller und gesellschaftlicher emotionaler Haltung zum Belarusischen 496, 538
Diskriminierung des Belarusischen 28, 66f., 79, 254, 272, 352
Diskurs 146, 217
– Online-Diskurs 3, 6f., 14, 172, 179, 216f.
– der Russischsprachigen 286

Diskursakteure 162, 218
- Duskurssubjekt 150, 162f., 170, 221, 287
- Individuum 150, 156, 162
Diskursanalyse 135, 157, 160, 216, 218
- als Methode 159
- als Theorie 158f.
- als wissenschaftliche Haltung 158
- DIMEAN, diskurslinguistische Mehr-Ebenen-Analyse 5, 8, 12, 151f., 171, 209, 216, 218
- Diskurslinguistische (DLA) 152, 164, 172
- erkenntnistheoretische 158f., 218
- Kritische (CDA) 147f., 158
- Linguistische (LDA) 147, 149f., 158
- mentalitätsgeschichtliche 4, 7, 152, 159, 169f., 183, 216ff.
- sprachtheoretische 158
- Wissenssoziologische (WSDA) 152f., 157, 172
Diskursbegriff 153f.
Diskursebene 160
- Ebene der Akteure 171, 218, 221, 224, 287, 532
- intratextuelle 152, 171, 218f., 224, 242, 531
- transtextuelle 171, 218, 222, 224, 533
Diskursive Aussage 164f., 218
Diskursive Interaktionsrollen 163, 222, 224, 287, 532
- Produzent 287f.
- Rezipient 181, 288
Diskursive Konstruktivität 154, 157, 199, 217, 534
Diskursive Position 161f., 221, 224, 290, 527, 533
- *beide Sprachen* 292
- *contra* 294
- *egal* 292
- *eher contra* 293
- *eher pro* 291
- *keine Stellungnahme* 294
- *pro* 290
Diskursive Rekursivität 118, 165, 168, 199
Diskursive Resonanz 179f.
Diskursive Selbstreflexion 223, 303
- Sprachkompetenz 484f.
- Spracheinstellung 480ff.
Diskursive Struktur 160

Diskursive Subjektivität 162f., 172
Diskursiver Kontext 218, 527
Diskurslinguistik 159
- nach Foucault 146
Diskursposition 161, 222
Diskurssemantische Tiefenstruktur 165
Domänenspezifische Sprachverwendung 238, 255ff., 285, 287
Duisburger Schule (CDA) 147
Düsseldorfer Schule (LDA) 150

Einsprachigkeit *de facto* 277, 313, 467
Einstellung 111, 139
Einstellungen zum Belarusischen 47, 64, 73f., 106ff., 273f., 330, 332, 361, 363, 481, 530, 533, 541
- referierte 395, 397f., 400f., 403f., 406, 408ff.
Einstellungsarten 120
Einstellungsdefinition 116f.
Einstellungsdimensionen 122, 144
Einstellungseigenschaften 119
Einstellungsfunktionen 120
Einstellungs*inkongruentes* Sprachverhalten 127, 521, 541, 550
Einstellungsmessung 113, 131ff.
- *Matched Guise* 132, 134
- *Received Pronunciation* 134
- *Societal Treatment Approach* 134f.
- *Speaker Evaluation Paradigm* 134
Einstellungsmodell 113
- Drei-Komponenten 120, 129ff., 137, 139
- Ein-Komponenten 130
Einstellungsmodifizierende Wirkung des Diskurses 217
Einstellungsstruktur 129
Einstellungs-Verhaltens-Inkonsistenz 2, 113, 122, 124, 131, 139, 213, 522, 524, 541
Einstellungsrepertoire 126, 145
Eintellungsmerkmale 119
Einwurzelungspolitik (Korenizacija) 44
Emotion
- dominierende 538
- ereignisfundierte Sympathieemotion 485f., 488, 490f., 493, 538
- ereignisfundierte Wohlergehensemotion 485ff., 489ff., 538

- erwartungsfundierte Ungewissheitsemotion 494f., 538
- handlungsfundierte Attributionsemotion 486, 488ff., 538
- objektfundierte Anziehungsemotion 486f., 491ff., 538

Emotionale Haltung
- der Abweisung 485, 492f., 538
- der Zuneigung 485ff., 490f., 538

Emotionaler Bezug zur Sprache 494, 545, 548

Emotiv-affektive Komponente 140, 144, 242, 363, 403f., 485ff., 491f., 500f., 537, 542, 549

Emotive Komponente 238, 485ff.

Erwerbsplanung 25, 52, 90, 93, 308, 328, 416, 450, 465, 529, 534

Ethik-Guide 182

Evaluativ-normative Komponente 140, 145, 242, 363, 406, 496ff., 500, 538, 542
- Diskreditierung 406, 497, 539
- Kritik 406, 497, 499, 539

Experten-Diskurs 285f., 531

Feld des Sagbaren 149, 181, 217
Forendiskurs 172, 180, 187
Foren-Moderation 185
Forschungsethik 182
Forum 182
Forumteilnehmer-Rollen 185
Frameanalyse 150, 155f., 164, 527
Funktionen des Belarusischen 100

Gefühlsqualität
- negative 485ff., 490, 492ff., 538, 545, 548
- positive 485ff., 490, 493f., 538, 545

Gemius Audience 289

Gesellschaft für belarusische Sprache (TBM) 31f., 529

'Goldenes Zeitalter des Belarusischen' 34ff.

Google-Öffentlichkeit 173

Großfürstentum Litauen 33ff., 39, 72, 94, 108, 328, 360, 379f., 419f.

Grounded Theory 182, 190, 201f., 229
- Hypothesen- und Theoriebildungs-Algorithmus 202f.

Gütekriterien für Diskursanalyse 207
- Glaubwürdigkeit 209
- Indikation 209
- Intersubjektivität 207
- Limitation 209
- Transparenz 208

Gütekriterien für qualitative Forschung 205
- Bestätigbarkeit 206
- Glaubwürdigkeit 206
- Kommunikative Validierung 207
- Methodenangemessenheit 207
- Nähe zum Gegenstand 207
- prozedurale Reliabilität 206
- Regelgeleitetheit 207, 225, 238, 241
- Triangulation 132ff., 206f., 209, 223
- Übertragbarkeit der Ergebnisse 133, 206
- Verlässlichkeit 206

Gütekriterien für quantitative Forschung 205
- Objektivität 205
- Reliabilität 205, 208, 290
- Repräsentativität 132f., 135, 170, 205, 223
- Validität 205, 212

heavy user 18
Heidelberger/Mannheimer Forschergruppe (LDA) 150
Hermeneutik 190, 194ff.
- hermeneutische Differenz 194
- hermeneutische Spiralen 194
Hypertextualität 172

ideology brokers 532
Imaginarität des Belarusischen 253, 348, 531
Impressionsmanagement 128
Inhaltsanalyse 160, 172, 190
Instrumentalisierung der Sprache 87, 109, 254, 281, 283, 286, 325, 374, 411, 440, 520, 529f., 542
Interaktivität 172, 178
Internetforum 178f., 182f., 185, 217
Internetkommunikation 176
Internetnutzerschaft in Belarus 224, 289f., 532
Internetplattform 226
- TUT.BY 217, 226, 228, 231, 236
Interpersonale Anschlusskommunikation 151, 176, 179, 181, 217

Interpersonale Diskursrealisation 160, 180f., 217
Interpretation 195
Intervenierende Variablen 5, 20, 122ff., 129, 131, 137, 142, 144f., 212, 215, 223, 237f., 274, 502, 521ff., 532, 541
– Objektvariablen 126, 145, 523f., 547
– Persönlichkeitsvariablen 123f., 144, 213, 215, 522ff., 541
– situationsabhängige Einstellungsfaktoren 125, 145
– Situationsvariablen 124, 145, 213, 215, 523f., 541

Jesuiten-Kollegs 38

Kadenz 302
Kategoriensystem für Untersuchung von Einstellungen 144
Kausale Rekursivität 109, 527
Kirchenslavisch 34, 36, 38, 97, 264
Kognitive Komponente 139, 144, 238, 301ff., 363, 397, 399ff., 403, 533, 542
Kognitive Prozesse 111, 144
Kollektives Wissen 166
Kolonisierung 429
Kommunikative Konstruktion der Wirklichkeit 152
Konative Komponente 137, 142ff., 238, 242, 363, 409f., 515ff., 543
Konfessionelle Verwendung des Belarusischen 97, 264
Konvergenz-Divergenz-Absicht 123, 211, 213, 215, 252
Konzeptuelle Mündlichkeit 175, 186
Korpus-Begriff 224
Korpuserstellung 181, 224
– Datenaufbereitung 238
– Datenerhebung 199, 226, 236
– Datenkodierung 239
– Fallauswahl (Internetplattform) 226
– Materialauswahl (Threads) 228
– Probeanalyse 226, 236, 239
Korpuslinguistik 147, 462
Korpusplanung 25, 29, 61, 68, 87, 308, 325, 450, 465, 529, 534
Kyrillica 254, 356, 453, 462

language-management-theory 29, 98
Latenz von Spracheinstellungen 112, 116, 131, 135, 160, 165, 169, 188, 193, 196, 204, 216, 222, 533
Latinica 40, 44, 48, 254, 261, 356, 360, 453, 460, 462, 479, 520
Lingvozid 28, 67, 428

many-to-many-Kommunikation 186
Marginalisiertheit des Belarusischen 344f., 535
Marginalisierung des Belarusischen 28, 64, 79, 93f., 98, 211, 316ff., 331, 419, 428, 465, 529, 531, 544
Markiertheit des Belarusischen 50, 73, 100, 102f., 109, 211, 249, 252, 274, 529
Materiale Topik 167, 169
MAXqda 200, 208, 239f.
Medialität, soziokulturelle und technische 177
Metadaten 225
Monolinguale Norm 78
Motivation, instrumentale und integrative 141
Multimodalität 171f., 177
Muttersprache 115, 250f., 411, 432, 483, 544, 547, 549
Muttersprachen-Bekenntnis 223, 303, 482

Narkomaŭka 49, 62, 69, 71f., 211, 254, 260, 262, 275, 356f., 520
Nationalbewusstsein 447
Nationalsprache 251
Nation-Konzept 549
Netiquette 185
newsgroups 179, 183f.
Normierung des Belarusischen 45, 55, 87f.
– Destabilisierung der Norm 56
– Normkrise des Belarusischen 70
Normvorstellung 473, 496, 500, 539, 542, 546, 548

Online-Anonymität 174, 532
Online-Diskurs s. *Diskurs*
Online-(Diskurs)Gemeinschaft 173f., 183, 185, 287f., 532
Online-Glaubwürdigkeit 174

Online-Identität 174
Online-Öffentlichkeit 173
Online-Sprachgebrauch 175
Onomastik der Lokutors 185
open codings 240
Operationalisierung von
– Einstellungen 117ff., 135
– Spracheinstellungen 223, 303, 482, 519
opinion leaders 176, 218, 183ff.
orienting/sensitizing concepts 229, 237ff., 242
Orthographiegesetz 2008 31, 71f., 86, 88, 229, 254, 281, 325, 457, 529
Orthographiereform 1933 49

parents-free-choice 29, 91
Patriotismus 372, 381, 531
Perspektive
– *de-facto* 313, 465, 467, 528, 542, 544
– *de-jure* 467, 542, 547
– der Sprach*schöpfer* 226, 286
– der Sprach*verwender* 226, 286, 457, 527, 531, 550
persuasive communication 142
Phänomenologie 133, 190, 193f., 196
Philologische Plausibilität 193
Polonisierung, kulturelle 36ff., 50, 109, 308, 323
Positives Selbstbild 117f., 123, 128, 141
Poststrukturalismus 159
Pragmatik 159
Prestige des Belarusischen 36f., 39ff., 43, 50, 57f., 70, 75, 105f., 108f., 248, 286, 331f., 334, 525, 541
Prestigegefälle 93, 98, 529
Prestigeplanung 25, 29, 51, 93, 308, 330, 450, 461, 529, 534
Prognostizierbarkeit des Sprachverhaltens 128
Portrait der *contra*-Position 547f.
Protrait der *pro*-Position 543ff.

Qualitative Forschung 4, 6, 16, 133, 182, 188ff., 196, 200, 203, 216, 220, 237
– Begriffsform 190
– Betroffenen-Perspektive 197f., 204
– Datengeleitetheit 191

– Explikation 199
– Flexibilität 199
– Gegenstandsangemessenheit 191, 204
– Induktion 192, 202, 204
– innere Struktur der Zusammenhänge 196
– Komplexität des Gegenstandes 192
– Messung 191
– Methodologischer Ablauf 197
– Offenheit 191, 198f., 201f., 204, 236f., 239ff.
– Primat der Daten 191, 197
– Prozessualität 198
– Reflexivität 198
– Verallgemeinertheit des Einzelfalls 191
– Verstehen 192, 194f., 204
– Zirkularität 240

Referendum 1995 29, 65, 74f., 272f., 304f., 331, 418f.
Relation
– Sprache-Wirklichkeit 156f.
– Sprache-Wissen 154f.
– Spracheinstellung-Emotion 494, 501
– Spracheinstellung-Evaluation 501
– Spracheinstellung-Imperation 508
– Spracheinstellung-Sprachkompetenz 484, 549f.
– Spracheinstellung-Sprachverhalten 518f., 543
– Spracheinstellung-Volition 502, 546, 548

Renaissance des Belarusischen 39, 42f., 59f., 88, 274
Respons/Sprachverhalten 137, 143, 223, 241
– berichtetes 143f., 515ff., 540
– tatsächliches 143f., 518ff., 540f.
Rezeption von Diskursen 180
Russifiziertheit des Belarusischen 253
Russifizierung 30, 59, 318f., 452, 461, 505, 507, 514, 531, 534, 544, 547
– kulturelle 41, 52, 109
– sprachliche 30, 48f., 54, 87, 327
Russifizierung vs. Polonisierung 51, 324, 327
Russifizierungspolitik 28, 40f., 47f., 52, 67, 212, 271, 276, 307, 316, 325, 414
Rzeczpospolita 28, 33, 36f., 39, 108, 328, 380, 414, 419f., 424

Sakralisierung der Sprache 115, 352, 411, 445, 545f.
Schizoglossie 78
Schultrauma 416
Selektive Plausibilisierung 204
Signalwort 229ff.
Social Web 173, 176, 178, 184
Solidaritäts-/Statusskala 109, 141, 538
Sophismus 434f., 467
Sozialisation, erste und zweite 119
Soziolinguistisches Portrait 225
Sprachattraktivität 248
Sprache der ersten Sozialisation 115, 250
Spracheinstellung 26, 111
– Bidirektionalität 1, 112
– Bifunktionalität 1
Spracheinstellungsdefinition 118
Spracheinstellungsforschung 114
– zu Belarusisch 115
Spracheinstellungskonstellation 108, 527, 530
Sprachelitismus 75, 101, 258, 270, 390, 546
Sprachenpolitik 25, 29, 80, 87, 271, 528
Sprachgenuität 248
Sprachgeschichtsforschung zu Belarus 28
– belarusische, nationalorientierte 28ff.
– belarusische, nationalromantische 31f.
– belarusische, staatsideologisch verankerte 30f.
– internationale 28ff.
– russische Soziolinguistik 33
Sprachgesetz 1990 60ff., 63f., 66
Sprachgesetz 1998 66, 80f., 85
Sprachideologie 28f., 87, 110, 120
Sprachimmanente Faktoren 480, 537, 542, 547
Sprachkomik 249, 286, 531
Sprachliche Gestaltung der Foren-Umgebung 233
Sprachlicher Markt 79, 103, 530
Sprachloyalität 26, 64, 104, 106f., 109, 306, 415, 466, 528, 530, 544
Sprachmanagement 29, 87, 98
Sprachökonomie 78f., 547
Sprachplanung 25, 80, 98, 311, 465, 529, 534, 543, 547

Sprachpolitik 25, 80, 87, 98, 271, 481, 528f., 534
Sprachpotenzial 247
Sprachreichtum 247, 263, 352
Sprach*schöpfer* 21, 99, 277
Sprachsituation 22f.
Sprachsituationsfaktoren, subjekt- und objektbezogene 212
Sprachsituationsmerkmale 23
– evaluative 26, 104ff., 302, 361ff., 449, 533f.
– qualitative 25, 77ff., 302, 307ff., 449, 534ff.
– quantitative 25, 76f., 302, 304ff., 450
Sprachtod 181, 252, 263, 277
Sprach*verwender* 21, 99, 213, 277
Sprachverwender-Diskurs 161, 285f., 531
Sprachverwendungsmodell 86f.
Sprachwerte 26, 104, 363, 533
– pragmatischer 215, 249, 287, 361f., 365, 449, 466, 473, 532, 534
– symbolischer 105, 109, 215, 249f., 287, 352, 361f., 376, 389, 440, 449, 451f., 462, 466, 473, 528ff., 532, 534f., 544, 547, 549f.
Sprachwirklichkeit 26, 98, 337
– Sprachkompetenz 26, 61f., 77, 91, 99, 211, 274, 329, 337f., 340, 452, 462, 481, 525, 529, 534
– Sprachperformanz 26, 100, 337, 529
Sprachzustand 26, 103
– des Belarusischen 30, 46, 55f., 63, 252, 344, 461, 465, 530, 534
Sprechergruppen 267ff.
Staatliche Einsprachigkeit 278
Staatliche Zweisprachigkeit 279, 310f., 465, 543, 546, 548
Staatsideologie 282, 388
Standardsprachenmerkmale des Belarusischen
– Autonomie 57, 72
– Historizität 26, 33, 57, 72, 89, 105, 109, 246, 378f.
– Kodifiziertheit 253, 529
– Normiertheit 56, 72, 87, 353
– Obligatheit 56, 72, 81f., 528
– Polyvalenz 56, 72, 103, 211, 247, 467
– Standardisierung 56, 72

Index — 591

- stilistische Differenziertheit 56, 72, 211, 529
- Vitalität 57, 72, 211, 252, 277
Standardsprachlichkeit des Belarusischen 344, 350, 353, 461
Statusplanung 25, 29, 52, 61, 65, 80, 87, 309, 450, 452, 465, 508, 528, 534
Stimulus
- Einstellungsobjekt 131, 137
- Spracheinstellungsobjekt 118, 127, 137, 144, 222, 241, 295ff., 395f., 398, 400f., 404, 406, 408, 410, 485, 491f., 495, 497, 500, 533
Strategie 2000 67
Strukturmodell für Untersuchung von Einstellungen 137, 222, 224, 527, 533

Tabu-Themen 6, 57, 149, 181, 217, 252, 531
Taraškievica 49, 62, 68ff., 88f., 97, 211, 254, 259f., 262, 275, 356f., 520
Tetraeder-Modell der Standardsprachlichkeit 128
Thema 219f.
Themenarchitektur des Diskurses 219ff., 242f., 284, 531
- Metaebene des Diskurses 243, 283f., 436
- Thematische Makrostruktur 220, 242
- Thematische Mesostruktur 220, 242ff.
- Thematische Verteilung der Threads 234f.
- Themen-Matrix 219f.
Themenhierarchie 220, 237, 243
- Hauptthema 220, 243, 283
- Makrothema 220, 242f., 283
- Nebenthema 220, 243, 283f.
- Subthema 237, 243f., 265, 276, 280
Theoretische Sättigung 236f., 241
Theorie der kognitiven Dissonanz 127, 142f.
Theorie des geplanten Handelns 124f.
- wahrgenommene Verhaltenskontrolle 125, 145
Theorie des überlegten Handelns 117, 124, 213
- soziale Norm 124
- subjektive Norm 2, 213ff., 524
Thread 183, 185f., 226, 229ff., 233, 235ff., 239
Topic 185, 230f., 233f., 236
Toponymische Sprachverwendung 267

Topos 165f.
- sprachsituations*spezifisch* 302ff., 307, 337, 344, 362, 448f., 459ff., 463ff., 468, 533
- sprachsituations*übergreifend* 302f., 411ff., 449f., 460f., 464, 467f.
- Strukturmerkmale 167
Topos des Forendiskurses
- *Ähnlichkeit* 307ff., 461f.
- *'Alle haben Belarusisch in der Schule gelernt'* 337, 340, 459
- *Analogie* 383, 412, 426, 452, 464, 467
- *Angemessenheit der Latinica* 345
- *Argumentationslosigkeit* 412, 446, 461
- *Ästhetik* 341, 363, 391, 463, 466, 473
- *Autoritäten* 412, 441, 464, 467
- *Beispiel* 412, 439, 464, 467
- *Belarusisch als Aufwertungsmittel* 362, 390, 460, 462
- *Belarusisch als Filter* 362, 390, 460, 462, 480
- *Belarusisch als Schutz* 362, 391, 460, 462, 480
- *Besondere nationale Identität* 412ff., 457, 464
- *Besser-als-nichts* 308, 336, 459
- *Contra-Trasjanka* 344, 355, 460
- *Diskriminierung des Russischen* 308, 321, 323, 461
- *Diversität gesellschaftlicher Werte* 321, 362f., 373, 463, 466
- *Einschätzung der staatlichen Zweisprachigkeit* 307, 309f., 463
- *Einsprachigkeit de facto* 307, 313, 463, 465
- *Einzelne Person* 305, 332, 412, 445f., 464, 467, 473
- *'Es-gibt-wichtigere-Probleme'* 315, 362, 365, 373, 464
- *Fehlende gesellschaftliche Kompetenz in Belarusisch* 337ff., 463, 465
- *Fehlende nationale Sprachpolitik* 307, 316ff., 457, 459, 461
- *Fehlende Sprachkompetenz der Behörden in Belarusisch* 337, 339
- *'Fehlerfrei sind nur Nichtstuer'* 337, 342, 459
- *Fortschritt* 412, 442, 452, 461f., 480
- *Freie Sprachwahl* 307, 314, 467f.

– ‚Früher-war-es-besser' 308, 336, 459
– Gefahr 310, 318, 412, 429, 452, 464, 467, 473, 535
– Geschichte 412, 419, 457, 464
– Gesellschaftliche Einstellung zum Belarusischen 363, 395, 403, 451, 467f., 484, 494, 501, 505, 518f., 534f.
– Gesellschaftlicher Nutzen 362, 372, 468
– Gesunder Menschenverstand 362, 365, 375, 461, 480
– Gewalt 412, 428f., 452, 464, 467, 473, 535
– Gleichstellung bei Zweisprachigkeit 307, 311, 375, 459, 461, 467
– Globalisierung 384, 412, 425, 435, 468f., 473
– Historizität 362, 378, 419, 457, 463, 466, 473
– Ineffektivität des Belarusischen 343, 345, 362, 366, 378, 392, 425, 457, 464, 466
– Instrumentalisierung 388, 412, 440, 467f.
– Intentionalität der antibelarusischen Sprachpolitik 307, 317f., 418, 457, 459, 461
– Inversion 412, 443, 464, 467
– Investition 362, 377, 460, 462
– Irrelevanz des Sprachcodes 307, 315, 461
– Kein-Problem 310, 312ff., 412, 428, 434f., 443, 464, 467
– Kommunikativer Nutzen 362, 371, 377, 464, 480
– Korrektheit der belarusischsprachigen Rede 337, 341f., 468
– Kosten-Nutzen 362, 365, 368, 375, 461f., 480
– Kultureller Nutzen 362, 373, 460, 462
– Künstlichkeit der belarusischen Standardsprache 342, 344f., 347f., 355, 464, 457, 465
– Lebensunfähigkeit des Belarusischen 344, 350, 461f., 480
– Mangelhaftigkeit des Belarusischen 344, 349, 457, 461f., 480
– Manipulation 412, 447, 460, 462, 473
– Markiertheit von Taraškievica und Narkomaŭka 345, 358, 460
– Mehrheit 304ff., 464, 466
– Menschlicher Nutzen 362, 372, 460, 462, 480
– Museumsgut 337, 342, 467f.

– Muttersprache 412, 432, 467f., 473, 483
– Natürlichkeit des polnischen Einflusses auf die belarusische Sprache 308, 327, 463
– Niedrige Qualität belarusischer Massenmedien 308, 333, 459, 461
– Nonexistenz der belarusischen Sprache 344, 348, 350, 379, 464f., 473
– Normiertheit des Belarusischen 344, 353, 460
– Nutzen-als-Symbol 342, 362, 389, 463
– Nutzlosigkeit des Russischen 362, 367, 460
– ‚Opposition ist schuld' 412, 421, 468f.
– Originalität 309, 363, 393, 460, 462, 531
– Paradox 317, 330, 412, 423, 436, 443, 464, 467, 535
– Patriotismus 362, 381, 467f., 473
– Perspektiven 412, 430, 464, 473
– Polonisierung der Gesellschaft 308, 324, 459, 465
– Polyvalenz des Belarusischen 344, 350, 468, 473
– Pragmatismus als angemessenes Argument 362, 365, 468, 473
– Pro-Narkomaŭka 345, 357, 460
– Pro-Taraškievica 345, 356, 460
– Pro-Trasjanka 344, 353, 358, 463
– Qualität des Belarusisch-Schulunterrichts 308, 328f., 463, 465
– Rasche Belarusifizierung in den 1990er Jahren 308, 321, 463, 465
– Realität 304, 313, 329, 412, 438, 464, 467, 490
– Rolle der Elite 308, 333, 457, 459, 461
– Rolle nationaler Literatur und belarusischsprachiger Estrade 308, 334, 467f.
– Rolle der Sprachdiskussion 412, 436, 464, 467, 473
– Rolle der Sprache des Präsidenten 308, 330, 457, 459, 461
– Rolle des Staates und seiner Sprachpolitik 308, 316, 332, 457, 459, 461, 480
– Russifizierung der belarusischen Sprache 308, 327, 459, 480
– Russifizierung der Gesellschaft 308, 318, 320, 459, 480

– *Sakralisierung* 352, 412, 445, 460, 462, 480
– *Schaden* 362, 365, 375, 389, 461f.
– *Sprache der Beiträge* 412, 433, 468, 519
– *‚Sprache ist mehr als ihr Nutzen'* 362, 377, 460
– *Sprache und Heimat* 362, 387, 463, 466
– *Sprache und Ideologie* 362, 388, 460, 462
– *Sprache und Kultur* 362, 385, 463, 466
– *Sprache und Nation* 362, 382, 384, 421, 457, 463, 466
– *Sprache und staatliche Souveränität* 362, 384, 463, 466
– *Sprache und Volkscharakter* 362, 386, 460, 462
– *Sprachsterben* 286, 344ff., 352, 452, 457, 463, 465, 531, 546
– *Sprachtod* 286, 344, 346, 348, 452, 457, 464, 466, 473, 531
– *Standardsprachlichkeit des Belarusischen* 344, 350, 460
– *Tradition* 362, 380, 457, 460, 462
– *Überreste einer sowjetischen Mentalität* 412, 420, 438, 460, 462
– *Ungünstige Erwerbsplanung* 329, 412, 416, 457, 467f.
– *Ungünstige staatliche Regulierung* 412, 418, 460f.
– *Unumgänglichkeit der Russifizierung* 308, 320, 459
– *Ursachen* 321, 327, 329, 340, 412f., 451, 460, 464, 467f., 480, 535
– *‚Varianz ist störend'* 345, 359, 463
– *Vitalität des Belarusischen* 344, 352, 460
– *Wert des Russischen* 363, 394, 462f., 466
– *Wirtschaftlicher Nutzen* 362, 369, 468
– *Zensus-Topos* 304, 306, 463
– *Zweckmäßigkeit des Orthographiegesetzes 2008* 308, 325
Toposanalyse 5, 152, 223f., 301f., 533
Topos-Formulierung 302, 469ff.

Topos-Kategogien 449
Topos-Merkmale
– Argumentationscharakter 168
– Implizitheit 167ff.
– Kontextspezifik 168f.
– Mentalitätsgeschichtlicher Wert 168
– Mittlerer Abstraktionsgrad 168f.
– Musterhaftigkeit 168, 171
– Plausibilität 167ff.
Trasjanka 57, 62, 76, 103, 254, 341, 353, 358, 465, 483, 520f., 530, 542, 545, 548f.

Unionskirche 37

Varianz im Belarusischen 88, 211, 252, 275, 345, 356, 359, 453, 461, 465, 525
Verstehensrelevantes Wissen 155, 160, 164
– beim Rezipienten vorausgesetztes 169
Volitive Komponente 137, 238, 501ff.
Volitiv-imperative Komponente 142, 145, 242, 363, 409, 505ff., 539, 543
Volitiv-indikative Komponente 141, 144, 242, 363, 408, 501, 503f., 539, 543
– Vorhaben 501ff., 539
– Wünsche 501ff., 539
Vorempirische Erkenntnisse 210
– Alltagswissen 212, 237
– Expertenvorwissen 210, 229, 237

Web 2.0 177f., 229
Wertesystem nach Maslow 284, 363f.
Westrussismus 43, 50
Wiener Schule (CDA) 148
Wirkungsfelder der Sprache 280ff.

Zensusdaten über Muttersprachen 42, 54, 76, 109, 212, 250, 306, 466, 530, 544, 547
Zweisprachigkeit 23, 29, 40, 57, 63, 65, 73f., 77f., 101, 255, 307, 314, 528
Zweisprachigkeit *de jure* 277, 467

Anhang

Sprachliche Gestaltung wissenschaftlicher Periodika in Belarus

Zeitschriften der Nationalen Akademie der Wissenschaften von Belarus

Online unter: http://nasb.gov.by/bel/publications/ <23.06.2020>
(Layout: auf Belarusisch, Artikel: überwiegend auf Russisch)

Titel	Sprache
Даклады Нацыянальнай акадэміі навук Беларусі [Vorträge der Nationalen Akademie der Wissenschaften von Belarus]	Russisch
Весці Нацыянальнай акадэміі навук Беларусі (у 7 серыях) [Nachrichten der Nationalen Akademie der Wissenschaften von Belarus (in 7 Reihen)]	
Серыя аграрных навук [Reihe Agrarwissenschaften]	Russisch
Серыя біялагічных навук [Reihe Biologiewissenschaften]	Russisch
Серыя гуманітарных навук [Reihe Geisteswissenschaften]	Russisch, Belarusisch
Серыя медыцынскіх навук [Reihe Medizin]	Russisch
Серыя фізіка-матэматычных навук [Reihe Physik und Mathematik]	Russisch
Серыя фізіка-тэхнічных навук [Reihe Physik und Technik]	Russisch
Серыя хімічных навук [Reihe Chemiewissenschaften]	Russisch
Аграрная эканоміка [Agrarwirtschaft]	Russisch
Асоба. Культура. Gesellschaft [Person. Kultur. Gesellschaft]	Russisch, Englisch
Веснік Фонду фундаментальных даследаванняў [Blatt des Grundlagenforschungsfonds]	Russisch
Вылічальныя метады ў прыкладной матэматыцы [Rechenmethoden der angewandten Mathematik]	Englisch
Глебазнаўства і аграхімія [Bodenkunde und Agrochemie]	Russisch
Дыферэнцыяльныя ўраўненні [Differenziale Gleichungen]	Russisch
Земляробства і ахова раслін [Ackerbau und Pflanzenschutz]	Russisch
Інжынерна-фізічны часопіс [Zeitschift für Ingenieurwesen und Physik]	Russisch, Englisch
Інфарматыка [Informatik]	Russisch
Літасфера [Lithosphäre]	Englisch
Меліярацыя [Melioration]	Russisch, Englisch
Матэрыялы. Тэхналогіі. Інструменты [Stoffe. Technologien. Werkzeuge]	Russisch, Englisch

Механіка машын, механізмаў і матэрыялаў [Mechanik von Maschinen, Mechanismen und Stoffen]	Russisch, Englisch
Навіны медыка-біялагічных навук [Neuigkeiten der Medizin und Biologie]	Russisch, Englisch
Навука і інавацыі [Wissenschaft und Innovationen]	Russisch
Нелінейныя з'явы ў складаных сістэмах [Nichtlineare Erscheinungen in Verbundsystemen]	Englisch
Неразбураючы кантроль і дыягностыка [Zerstörungsfreie Prüfung und Diagnostik]	Russisch
Працы Інстытута матэматыкі [Schriften des Instituts für Mathematik]	Russisch, Englisch
Прыродныя рэсурсы (Міжведамасны бюлетэнь) [Natürliche Rohstoffquellen (Interministerielles Bulletin)]	Belarusisch
Трэнне і знос [Reibung und Verschleiß]	Russisch
Харчовая прамысловасць: навука і тэхналогіі [Lebensmittelindustrie: Wissenschaft u. Technologien]	Russisch
Часопіс прыкладной спектраскапіі [Zeitschrift für angewandte Spektroskopie]	Russisch
Экалогія і жывёльны свет [Ökologie und Fauna]	Russisch[204]
Эпізааталогія, імунабіялогія, фармакалогія, санітарыя [Epizootologie, Imunobiologie, Pharmakologie, Sanitätswesen]	Russisch[205]
Sammelbände wissenschaftlicher Arbeiten	
Агароднінаводства [Gemüseanbau]	Russisch
Актуальныя пытанні антрапалогіі [Aktuelle Fragen der Anthropologie]	Russisch
Актуальныя пытанні машыназнаўства [Aktuelle Fragen der Maschinenbaukunde]	Russisch
Ахова раслін [Pflanzenschutz]	Russisch
Батаніка (даследаванні) [Botanik (Forschungen)]	Russisch
Беларуская дыялекталогія. Матэрыялы і даследаванні [Belarusische Dialektologie. Daten und Forschungen]	Belarusisch
Беларуская лінгвістыка [Belarusische Linguistik]	Belarusisch
Беларускі фальклор. Матэрыялы і даследаванні [Belarusische Folklore. Daten und Forschungen]	Belarusisch
Бульбаводства [Kartoffelanbau]	Russisch
Гістарычна-археалагічны зборнік [Sammelband für Geschichte und Archäologie]	Russisch, Belarusisch, Polnisch
Заатэхнічная навука Беларусі [Belarusische zootechnische Wissenschaft]	Russisch

---

[204] Mit expliziter Anforderung: Artikel seien in russischer Sprache zu verfassen.
[205] Mit expliziter Anforderung: Artikel seien in russischer Sprache zu verfassen.

Малекулярная і прыкладная генетыка [Molekulare und angewandte Genetik]	Russisch
Матэрыялы па археалогіі Беларусі [Archäologische Daten des Belarus]	Russisch, Belarusisch
Метрыкіяна. Даследаванні і матэрыялы Метрыкі Вялікага Княства Літоўскага [Metrikiana. Analyse und Daten der Metrik des Großfürstentums Litauen]	Russisch, Belarusisch
Механізацыя і электрыфікацыя сельскай гаспадаркі [Mechanisierung und Elektrifikation der Landwirtschaft]	Russisch
Мікробныя біятэхналогіі: фундаментальныя і прыкладныя аспекты [Mikrobielle Biotechnologien: fundamentale und angewandte Aspekte]	Russisch
Парашковая металургія [Pulvermetallurgie]	Russisch
Пладаводства [Obstanbau]	Russisch
Праблемы лесазнаўства і лесаводства [Probleme der Forstkunde und Forstwirtschaft]	Russisch
Прыродакарыстанне [Umweltnutzung]	Russisch
Пытанні мастацтвазнаўства, этналогіі і фалькларыстыкі [Fragen der Kunstwissenschaft, Ethnologie und Folkloristik]	Russisch, Belarusisch
Пытанні рыбнай гаспадаркі Беларусі [Fragen der Fischwirtschaft in Belarus]	Russisch
Сацыялагічны альманах [Soziologischer Almanach]	Russisch, Englisch
Стан прыроднага асяроддзя Беларусі [Umweltzustand in Belarus]	Russisch

Вестник БГУ [Das Blatt der Belarusischen Staatsuniversität] (seit 1978)

Wissenschaftstheoretische Monatszeitschrift breiten Spektrums
Online unter: http://www.belarusischu.by/main.aspx?guid=5221 <23.06.2020>

Titel	Sprache
Серия 1: „Физика. Математика. Информатика" [Reihe 1: „Physik. Mathematik. Informatik"]	Russisch
Серия 2: „Химия. Биология. География" [Reihe 2: „Chemie. Biologie. Geographie"]	Russisch
Серия 3: „История. Экономика. Право" [Reihe 3: „Geschichte. Wirtschaft. Recht"]	Russisch, Belarusisch
Серия 4: „Филология. Журналистика. Педагогика" [Reihe 4: „Philologie. Journalistik. Pädagogik"]	Russisch, Belarusisch

Thematisch ausgewertete Foren. Ergebnis der Datenerhebung

Nr.	Titel des Forums	Plattform	Thema	Beiträge	Besucher	Internetadresse	Anfang
002	Беларуская музыка. [Belarusische Musik.]	Tut.by	Musik	757	9676	http://forums.tut.by/showthread.php?t=421	21.09.03
003	Што такое родная мова/Что такое родной язык? [Was ist Muttersprache?]	Tut.by	Artikelbesprechung	119	830	http://forumstest.tut.by/showthread.php?t=65837&f	21.08.03
004	Языковая „проблема". [Das Sprach-„Problem".]	Tut.by	Politik, Zivilgesellschaft	1547	8292	http://forumstest.tut.by/showthread.php?t=67680&f	22.08.03
005	На каком языке говорят местные в Брестской области? [Welche Sprache sprechen die Ortsbewohner in Brester Gebiet?]	Tut.by	Geschichte u. Ethnologie	3300	55026	http://forums.tut.by/showthread.php?p=86344	16.09.03
006	Белоруский язык. [Belarusische Sprache.]	Tut.by	Offtopic	8	466	http://forums.tut.by/showthread.php?p=89453	19.09.03
007	Беларуская мова і культура. Адраджэнне. [Belarusische Sprache und Kultur. Wiedergeburt.]	Tut.by	Offtopic	500	3590	http://forums.tut.by/showthread.php?p=102352	08.10.03
009	РУССКИЙ ЯЗЫК БЕЛАРУСИ НЕ НУЖЕН??? [BELARUS BRAUCHT KEIN RUSSISCH???]	Tut.by	Fernsehen	1021	11504	http://forumstest.tut.by/showthread.php?t=148261&f	09.12.03
012	Беларуская мова – перажытак ці неабходнасць? [Belarusische Sprache – Archaismus oder Notwendigkeit?]	Tut.by	Politik, Zivilgesellschaft	247	1361	http://forumstest.tut.by/showthread.php?t=363290&f	23.05.04
013	Пра мову. [Über das Belarusische.]	Tut.by	Städte und Regionen	19	4561	http://forumstest.tut.by/showthread.php?t=558223&f	20.09.04
014	Отсутствие русского языка в Беларуси – гибель для государства, убежден Александр Лукашенко. [Das Fehlen des Russischen in Belarus bedeutet den Untergang des Staates, so die Überzeugung von Alexander Lukaschenko.]	Tut.by	Artikelbesprechung	61	505	http://forumstest.tut.by/showthread.php?t=566155&f	24.09.04
016	Использование белорусского языка в названиях кондитерских. [Verwendung des Belarusischen in Bäckereiennamen.]	Tut.by	Artikelbesprechung	50	486	http://forums.tut.by/showflat.php?t=655526&f	19.11.04
018	Белорусский язык спасет „трасянка". [Belarusisch wird von der „Trasjanka" gerettet.]	Tut.by	Artikelbesprechung	66	655	http://forumstest.tut.by/showthread.php?t=696684&f	16.12.04
020	„Для рекламы белорусский язык более элитарный, чем русский". [„Für die Werbung ist Belarusisch elitärer als Russisch".]	Tut.by	Artikelbesprechung	110	1124	http://forumstest.tut.by/showthread.php?t=740378&f	14.01.05

Nr.	Titel des Forums	Plattform	Thema	Beiträge	Besucher	Internetadresse	Anfang
021	Не падайце ж мовы нашай беларускай, Аляксандр Рыгоравіч. [So verlassen Sie doch unsere belarusische Sprache nicht, Aljaksandar Ryhoravič.]	Tut.by	Artikelbesprechung	48	661	http://forumstest.tut.by/showthread.php?t=7566188f	27.01.05
022	Беларусь отмечает международный день родного языка. [Belarus feiert den Internationalen Tag der Muttersprache.]	Tut.by	Artikelbesprechung	21	290	http://forumstest.tut.by/showthread.php?t=8105778f	21.02.05
023	BrestOnline.com – бел. или рус. язык? [BrestOnline.com – bel. oder russ. Sprache?]	Tut.by	Web-Mastering	12	342	http://forums.tut.by/showthread.php?p=839544	07.03.05
024	Ці патрэбна беларусам беларуская мова? [Brauchen Belarusen Belarusisch?]	Tut.by	Politik, Zivilgesellschaft	20	234	http://forumstest.tut.by/showthread.php?t=975215	10.05.05
025	Телевидение и белорусский язык. [Fernsehen und die belarusische Sprache.]	Tut.by	Fernsehen	36	1468	http://forumstest.tut.by/showthread.php?t=9841578f	14.05.05
026	Убил ли белорусский язык референдум-1995? [Hat das Referendum-1995 die belarusische Sprache getötet?]	Tut.by	Artikelbesprechung	64	890	http://forums.tut.by/showthread.php?p=984891	15.05.05
028	Рэклама і беларуская мова – вашыя меркаванні. [Werbung und die belarusische Sprache – Ihre Meinungen.]	Tut.by	Politik, Zivilgesellschaft	40	456	http://forumstest.tut.by/showthread.php?t=10653468f	22.06.05
029	РУССКИЙ ЯЗЫК – государственный: хорошо или плохо? [RUSSISCH als Staatssprache: gut oder schlecht?]	Tut.by	Politik, Zivilgesellschaft	2963	25314	http://forums.tut.by/showthread.php?p=1071188	25.06.05
030	Русский язык в Белоруссии. [Russisch in Belarus.]	Tut.by	Städte und Regionen	147	4146	http://forumstest.tut.by/showthread.php?t=11821928f	17.08.05
032	Ці патрэбна нам беларуская мова? [Brauchen wir die belarusische Sprache?]	Tut.by	Offtopic	5	47	http://forums.tut.by/showthread.php?p=1383808	02.11.05
034	Беларускі язык – язык гадонков??? [Belarusisch – eine Schurkensprache???]	Tut.by	Presse und Online	176	13891	http://forumstest.tut.by/showthread.php?t=14478328f	25.11.05
037	АКЦИЯ – один день на БЕЛОРУССКОМ ЯЗЫКЕ. [AKTION – ein Tag auf BELARUSISCH.]	Tut.by	Politik, Zivilgesellschaft	143	968	http://forumstest.tut.by/showthread.php?t=16619738f	09.02.06
038	21 лютага – Міжнародны дзень роднай мовы. [21. Februar – der Internationale Tag der Muttersprache.]	Tut.by	Artikelbesprechung	14	398	http://forums.tut.by/showflat.php?t=17068048f	21.02.06
043	Давайте размаўляць на беларускай мове! [Lasst uns Belarusisch sprechen!]	Tut.by	Literatur	624	26918	http://forums.tut.by/showthread.php?p=23634848f	05.07.06
044	Захаваць мову ці ісці далей да поўнай перамогі? [Das Belarusische wegstecken oder weiter bis zum Totalsieg?]	Tut.by	Politik, Zivilgesellschaft	20	243	http://forumstest.tut.by/showthread.php?t=24307828f	19.07.06

Nr.	Titel des Forums	Plattform	Thema	Beiträge	Besucher	Internetadresse	Anfang
045	Белорусский язык (ОПРОС). [Belarusisch (UMFRAGE).]	Tut.by	Politik, Zivilgesellschaft	1188	2874	http://forums.tut.by/showthread.php?p=2448844	23.07.06
046	Русский – основной язык Беларуси. [Russisch ist die Hauptsprache in Belarus.]	Tut.by	Politik, Zivilgesellschaft	2640	5967	http://www.forumstest.tut.by/showthread.php?t=2451322	24.07.06
047	Защитит ли народ белорусский язык на переписи-2009? [Wird das Volk die belarusische Sprache beim Zensus 2009 verteidigen?]	Tut.by	Artikel-besprechung	310	2454	http://forums.tut.by/showthread.php?p=2565682	16.08.06
049	Русский язык станет больше похож на русский? [Wird Belarusisch dem Russischen ähnlicher?]	Tut.by	Artikel-besprechung	135	2026	http://forums.tut.by/showthread.php?p=2625117	28.08.06
050	Белорусский язык. [Belarusische Sprache.]	Tut.by	Politik, Zivilgesellschaft	51	326	http://forumstest.tut.by/showthread.php?t=2691303&f	11.09.06
051	Чаму наш Прэзідэнт не размаўляе на нашай мове? [Warum spricht unser Präsident unsere Sprache nicht?]	Tut.by	Politik, Zivilgesellschaft	87	860	http://forumstest.tut.by/showthread.php?t=2695902&f	12.09.06
052	В Витебской ветке ЖЖ запретили белорусский язык. [Auf dem Viciebsker Zweig von Livejournal wurde Belarusisch verboten.]	Tut.by	Politik, Zivilgesellschaft	88	675	http://forumstest.tut.by/showthread.php?t=2704298&f	14.09.06
054	Заўвагі да беларускае лацінкі. [Anmerkungen zur belarusischen Latinica.]	Tut.by	Wissenschaft	72	2267	http://forumstest.tut.by/showthread.php?t=2815221	07.10.06
055	Чаму плюем на родную мову? [Warum pfeifen wir auf die Muttersprache?]	Tut.by	Politik, Zivilgesellschaft	566	2995	http://forumstest.tut.by/showthread.php?t=2821578&f	10.10.06
056	Вікі: Беларускі язык стал язиком моладзёжы і свабоды. [Wiki: Belarusisch wurde zur Sprache von Jungend und Freiheit.]	Tut.by	Artikel-besprechung	89	1017	http://forums.tut.by/showthread.php?p=2825872	11.10.06
058	Литература на бел. мове в электронном виде. [Literatur auf Belarusisch in digitaler Form.]	Tut.by	Literatur	10	652	http://forums.tut.by/showthread.php?p=2932745	02.11.06
060	Ці жадаеце Вы абслугоўвацца на беларускай мове? [Möchten Sie auf Belarusisch bedient werden?]	Tut.by	Netzbetreiber	7	901	http://forums.tut.by/showthread.php?p=2985991	11.11.06
061	Белорусский язык или демократия? [Belarusisch oder Demokratie?]	Tut.by	Politik, Zivilgesellschaft	4184	17718	http://forums.tut.by/showthread.php?p=2995436&	13.11.06
062	Лукашенко: мы свою мову возродили. [Lukaschenko: Wir haben unsere Sprache wiederbelebt.]	Tut.by	Artikel-besprechung	6	2090	http://forums.tut.by/showthread.php?p=3046593	24.11.06
063	Родная мова. [Die Muttersprache.]	Tut.by	Offtopic	35	411	http://forums.tut.by/showthread.php?p=3164831	16.12.06

Nr.	Titel des Forums	Plattform	Thema	Beiträge	Besucher	Internetadresse	Anfang
064	Лукашенко заступился за белорусский язык. [Lukaschenko nahm Belarusisch in Schutz.]	Tut.by	Artikelbesprechung	61	1124	http://forums.tut.by/showthread.php?p=3182967	20.12.06
066	Я б вывучыў беларускую мову толькі за тое, што... [Ich würde Belarusisch allein deswegen lernen, weil...]	Tut.by	Politik, Zivilgesellschaft	281	1827	http://forumstest.tut.by/showthread.php?t=3226163&f	28.12.06
068	Беларуская мова. [Belarusische Sprache.]	Tut.by	Software und Datenschutz	16	656	http://forums.tut.by/showthread.php?p=3462909	11.02.07
069	Стыдно, что английский язык знаю лучше, чем белорусский". [„Mir ist peinlich, dass ich Englisch besser als Belarusisch kann".]	Tut.by	Artikelbesprechung	86	658	http://forums.tut.by/showthread.php?p=3512510	20.02.07
070	21 лютага – Міжнародны дзень роднай мовы!!!!! [21. Februar – der Internationale Tag der Muttersprache!!!!!]	Tut.by	Politik, Zivilgesellschaft	40	325	http://forumstest.tut.by/showthread.php?t=3512712&f	20.02.07
071	Белорусский язык как маска. [Belarusisch als Tarnung.]	Tut.by	Politik, Zivilgesellschaft	516	3857	http://forumstest.tut.by/showthread.php?t=3539108&f	25.02.07
072	Белорусский язык как способ увеличения продаж. [Belarusisch als Mittel für Absatzsteigerung.]	Tut.by	Wirtschaft und Business	35	522	http://forums.tut.by/showthread.php?p=3541919	26.02.07
073	Язык современной белорусской литературы. [Die Sprache der modernen belarusischen Literatur.]	Tut.by	Literatur	78	6978	http://forums.tut.by/showthread.php?p=3560695	01.03.07
074	Главный враг власти – беларуский язык! [Der Hauptfeind der Regierung ist die belarusische Sprache!]	Tut.by	Politik, Zivilgesellschaft	454	4014	http://forumstest.tut.by/showthread.php?t=3637091&f	15.03.07
075	Вершаваная творчасць на роднай мове. [Dichterisches Schaffen in der Muttersprache.]	Tut.by	Literatur	20	2289	http://forums.tut.by/showthread.php?p=3654855	18.03.07
076	Карэн Сцюарт: Ципер я вывучаю беларускую мову. [Karen Stewart: Jetzt lerne ich Belarusisch.]	Tut.by	Politik, Zivilgesellschaft	62	540	http://forumstest.tut.by/showthread.php?t=3820131&f	21.04.07
077	Беларуская – вялікая Мова новай Усходняй Эуропы! [Belarusisch – eine große Sprache des neuen Osteuropa!]	Tut.by	Literatur	8	3732	http://forums.tut.by/showthread.php?p=3828352	23.04.07
078	Ці павінен я ведаць рускую мову? [Muss ich die russische Sprache können?]	Tut.by	Politik, Zivilgesellschaft	95	1014	http://forumstest.tut.by/showthread.php?t=3898376&f	10.05.07
079	Беларускай мовы ў бел. вну больш няма. [An belarusischen Unis gibt es kein Belarusisch mehr.]	Tut.by	Politik, Zivilgesellschaft	401	3377	http://forumstest.tut.by/showthread.php?t=3920957&f	15.05.07
081	С роднай мовай „пасылаюць". [Mit der Muttersprache wird man „zur Hölle geschickt".]	Tut.by	Politik, Zivilgesellschaft	75	903	http://forumstest.tut.by/showthread.php?t=3999708	01.06.07

Nr.	Titel des Forums	Plattform	Thema	Beiträge	Besucher	Internetadresse	Anfang
083	Пераклад Windows на беларускую мову спынены да лепшых часоў. [Übersetzung von Windows ins Belarusische bis auf Weiteres angehalten.]	Tut.by	Wissenschaft u. Technologien	16	370	http://forums.tut.by/showthread.php?p=4057552	14.06.07
085	Сайт Лукашэнкі перайшоў на беларускую мову. [Die Website von Lukaschenko wechselte zum Belarusischen.]	Tut.by	Wissenschaft u. Technologien	42	738	http://forums.tut.by/showthread.php?p=4125216	29.06.07
086	О белорусском языке. [Über die belarusische Sprache.]	Tut.by	Hobby und Freizeit	11	288	http://forums.tut.by/showthread.php?p=4185403	12.07.07
087	Владимир Зданович. У белорусов будет новая мова. [Vladimir Zdanovič. Belarusen werden eine neue Sprache haben.]	Tut.by	Artikel-besprechung	22	413	http://forums.tut.by/showthread.php?p=4194422	14.07.07
088	На белорусском языке обучаются 21,5% школьников. [Auf Belarusisch werden 21,5% der Schüler unterrichtet.]	Tut.by	Artikel-besprechung	148	949	http://forums.tut.by/showthread.php?p=4377496	18.08.07
089	Беларуская мова. Праф. лексіка. Ці патрэбна ў ВНУ? [Belarusisch. Fachlexik. Ist sie an Hochschulen notwendig?]	Tut.by	Bildung	39	1217	http://forums.tut.by/showthread.php?p=4571611	23.09.07
090	Валянцін Тарас: „Мая беларуская мова". [Valiancin Taras: „Meine belarusische Sprache".]	Tut.by	Geschichte u. Ethnologie	314	3580	http://forums.tut.by/showthread.php?t=4617469	02.10.07
091	Беларуская Мова ГРУБАЯ? [Ist Belarusisch GROB?]	Tut.by	Politik, Zivilgesellschaft	587	1987	http://forumstest.tut.by/showthread.php?t=5021741&f	07.12.07
092	Когда белорусы говорили на мове? [Wann haben Belarusen Belarusisch gesprochen?]	Tut.by	Geschichte u. Ethnologie	1177	16115	http://forums.tut.by/showthread.php?p=5090941	19.12.07
093	Прызыўнік запатрабаваў беларускую мову ў войску. [Einberufener forderte nach Belarusisch in der Armee.]	Tut.by	Politik, Zivilgesellschaft	452	1458	http://forumstest.tut.by/showthread.php?t=5318846	26.01.08
094	Дискриминация белорусского языка. Опрос. [Diskriminierung des Belarusischen. Umfrage.]	Tut.by	Politik, Zivilgesellschaft	2623	434	http://forumstest.tut.by/showthread.php?t=5328941&f	28.01.08
097	21 лютага – Міжнародны дзень роднай мовы. [21. Februar – der Internationale Tag der Muttersprache.]	Tut.by	Literatur	85	6276	http://forums.tut.by/showthread.php?p=5485011	21.02.08
098	Што будзе з беларускай моваю праз 50 гадоў? [Was wird aus dem Belarusischen in 50 Jahren?]	Tut.by	Artikel-besprechung	818	5785	http://forums.tut.by/showthread.php?p=5486199	21.02.08
099	З гродзенскага тэлебачання знікла беларуская мова. [Vom Hrodnaer Fernsehen verschwand die belarusische Sprache.]	Tut.by	Artikel-besprechung	26	684	http://forums.tut.by/showthread.php?p=6036621	13.06.08
100	Закон аб мове: „Не варта было гарадзіць гэты гарод". [Das Sprachgesetz: „Es hat sich nicht gelohnt, diesen Aufwand zu betreiben".]	Tut.by	Artikel-besprechung	8	1612	http://forumstest.tut.by/showthread.php?t=6075617&f	26.06.08

Nr.	Titel des Forums	Plattform	Thema	Beiträge	Besucher	Internetadresse	Anfang
101	Алег Трусаў: "Паправіць закон "Аб мовах" абяцаў Уладзімір Канаплёў, але рапгоўна знік". [Alieh Trusaù: "Uladzimir Kanapljoù versprach, das Sprachesetz zu korrigieren, ist aber plötzlich verschwunden".]	Tut.by	Artikelbesprechung	530	2308	http://forums.tut.by/showthread.php?p=6543839	27.10.08
103	Google.com перакладзены на беларускую мову. [Google.com wurde ins Belarusische übersetzt.]	Tut.by	Wissenschaft u. Technologien	36	699	http://forums.tut.by/showthread.php?p=6733312	26.11.08
105	Як упала абае пра родную мову. [Wie sich die Regierung um die Muttersprache kümmert.]	Tut.by	Artikelbesprechung	84	1169	http://forums.tut.by/showthread.php?p=6845234	13.12.08
106	Брэсцкі ідэолаг павіншаваў людзей „на мове". [Ein Ideologe aus Brest gratulierte den Menschen auf Belarusisch.]	Tut.by	Artikelbesprechung	27	884	http://forums.tut.by/showthread.php?p=6988566	08.01.09
107	Як беларусам сваю мову ратаваць? [Wie können Belarusen ihre Sprache retten?]	Tut.by	Artikelbesprechung	70	1289	http://forums.tut.by/showthread.php?p=7015247	12.01.09
108	ТБМ патрабуе вярнуць беларускую мову на тэлеэкраны. [TBM fordert die Rückkehr des Belarusischen ins Fernsehen.]	Tut.by	Artikelbesprechung	129	1982	http://forums.tut.by/showthread.php?p=7049530	19.01.09
109	Улады рыхтуюць удар па беларускай мове, хітруючы з перапісам? [Plant die Regierung einen Anschlag auf die belarusische Sprache, indem sie beim Zensus mogelt?]	Tut.by	Artikelbesprechung	87	1539	http://forums.tut.by/showthread.php?p=7085546	28.01.09
110	Старшыня Таварыства беларускай мовы TUT. Задавайце пытанні! [Der Vorsitzende der Gesellschaft für belarusische Sprache ist hier bei TUT.by. Stellen Sie Ihre Fragen!]	Tut.by	Online-Konferenzen	64	7160	http://forums.tut.by/showthread.php?t=7214807&	18.02.09
111	Эксперт: ЮНЕСКО полагает, что белорусский язык находится в опасности. [UNESCO-Experten sind der Meinung, Belarusisch sei in Gefahr.]	Tut.by	Artikelbesprechung	121	2280	http://forums.tut.by/showthread.php?p=7227978	23.02.09
112	Глас народа. Белорусский язык: „И нечего загодя петь панихиду". [Die Volksstimme. Die belarusische Sprache: „Und man sollte nicht im Voraus eine Totenmesse abhalten"]	Tut.by	Artikelbesprechung	7	373	http://forums.tut.by/showthread.php?p=7239946	25.02.09
115	ТБМ ратуе за стварэнне беларускамоўнага тэлеканала. [Die TBM setzt sich für das Schaffen eines belarusischsprachigen Kanals ein.]	Tut.by	Artikelbesprechung	236	217	http://forums.tut.by/showthread.php?t=7660604	06.05.09
116	ТБМ накіравіць праект закона а мовах в Цэнтр законатворчай дзейнасці пры прэзідэнце. [Die TBM wird ein Projekt des Sprachgesetzes an das Zentrum für Gesetzgebung beim Präsidenten richten.]	Tut.by	Artikelbesprechung	19	445	http://forums.tut.by/showthread.php?p=7790188	20.05.09
117	Спецслужбы ведаюць беларускую мову! [Geheimdienste können Belarusisch!]	Tut.by	Politik, Zivilgesellschaft	79	59	http://forumstest.tut.by/showthread.php?t=7817802&f	24.05.09

Nr.	Titel des Forums	Plattform	Thema	Beiträge	Besucher	Internetadresse	Anfang
118	Беларусаў абсалютна не хваляюць мова і культура. [Sprache und Kultur jucken Belarusen absolut nicht.]	Tut.by	Politik, Zivilgesellschaft	103	60	http://forumstest.tut.by/showthread.php?t=7840054&f	27.05.09
119	„За гэтыя дваццаць гадоў мова ў Беларусі перастала быць калгаснай". [„In diesen zwanzig Jahren verlor das Belarusische den Ruf einer Bauernsprache".]	Tut.by	Artikelbesprechung	139	2479	http://forums.tut.by/showthread.php?p=8068201	28.06.09
120	Как помочь белорускому языку? [Wie kann man der belarusischen Sprache helfen?]	Tut.by	Politik, Zivilgesellschaft	391	21	http://forumstest.tut.by/showthread.php?t=8074454&f	29.06.09
121	На белорусском языке предметы ЦТ сдавало порядка 10% абитуриентов. [Ca. 10% der Studienbewerber legten die zentrale Prüfung auf Belarusisch ab.]	Tut.by	Artikelbesprechung	17	884	http://forums.tut.by/showthread.php?p=8143991	09.07.09
122	Беларуская мова стала ахвярай крызісу. [Die belarusische Sprache wurde zum Opfer der Krise.]	Tut.by	Artikelbesprechung	80	1338	http://forums.tut.by/showthread.php?p=8188796	16.07.09
123	Беларускую мову параўналі з мандарынам. [Belarusisch wurde mit Mandarin verglichen.]	Tut.by	Artikelbesprechung	66	1130	http://forums.tut.by/showthread.php?p=8353076	07.08.09
124	Мальдис: „Теперь пусть попробуют поспорить, а был ли белорусский язык государственным в ВКЛ!" [Maldis: „Jetzt sollen sie mal versuchen zu bestreiten, dass Belarusisch im Großfürstentum Litauen die Staatssprache war!"]	Tut.by	Artikelbesprechung Kultur	21	1447	http://forums.tut.by/showthread.php?p=8367770	08.08.09
125	Председатель „Бацькаўшчыны": Необходимо вернуть белорусскому языку статус единственного государственного. [Vorsitzender von „Baćkaŭščyna": DemBelarusischen ist der Status der einzigen Staatssprache zurückzugeben.]	Tut.by	Artikelbesprechung	550	4008	http://forums.tut.by/showthread.php?p=8426412	17.08.09
126	Саветнік дыпмісіі ФРГ: Каб стаць больш самабытнымі, беларусы павінны размаўляць на сваёй мове. [Der BRD-Botschaftsrat: Um einzigartiger zu werden, müssen die Belarusen ihre eigene Sprache sprechen.]	Tut.by	Artikelbesprechung	203	2193	http://forums.tut.by/showthread.php?p=8457660	21.08.09
127	Павел СЦЯЦКО: Далей ад саветаў – бліжэй да мовы. [Paviel SCIACKO: Weiter vom Sowjet – näher zum Belarusischen.]	Tut.by	Artikelbesprechung	256	2562	http://forums.tut.by/showthread.php?p=8588461	05.09.09
128	Лінгвіст: У беларусов свой русский язык. [Ein Linguist: Belarusen haben ihre eigene russische Sprache.]	Tut.by	Artikelbesprechung	152	1810	http://forums.tut.by/showthread.php?p=8610053	08.09.09
129	Змицер Саўка: Прызначэнне Латушкі дае прывідныя надзеі на адраджэнне мовы. [Zmicier Saŭka: Die Anstellung von Latuška gibt eine schattenhafte Hoffnung auf die Wiedergeburt des Belarusischen.]	Tut.by	Artikelbesprechung	16	463	http://forums.tut.by/showthread.php?p=8611631	08.09.09
130	Перепись населения: родной язык – русский. [Zensus: Muttersprache – Russisch.]	Tut.by	Politik, Zivilgesellschaft	1903	246	http://forumstest.tut.by/showthread.php?t=8711754&f	20.09.09

Nr.	Titel des Forums	Plattform	Thema	Beiträge	Besucher	Internetadresse	Anfang
131	Назвы беларускіх гарадоў і вёсак перакладуць на рускую мову? [Wird man die Namen belarusischer Städte und Dörfer ins Russische übersetzen?]	Tut.by	Artikelbesprechung	80	1639	http://forums.tut.by/showthread.php?p=8728083	22.09.09
132	Рада ТБМ абратилась к президенту страны с предложением объявить 2010 год Годом родного языка. [Der TBM-Rat wendete sich an den Staatspräsidenten mit dem Vorschlag, das Jahr 2010 zum Jahr der Muttersprache zu erklären.]	Tut.by	Kultur	40	742	http://forums.tut.by/showthread.php?p=8775204	28.09.09
133	Перапіс-2009: родная мова – беларуская. [Zensus 2009: Muttersprache – Belarusisch.]	Tut.by	Kultur	345	3304	http://forums.tut.by/showthread.php?p=8781297	29.09.09
134	В программе „Гэатральнага куфара" нет ни одного спектакля на белорусском языке. [Im Programm des „Teatralny kufar" gibt es keine einzige Aufführung auf Belarusisch.]	Tut.by	Kultur	11	381	http://forums.tut.by/showthread.php?p=8784837	30.09.09
135	Глас народа. „Я тоже относился свысока к родному языку, пока не услышал стихи Короткевича". [Die Volksstimme. „Meine Einstellung zur Muttersprache war auch herablassend, bis ich die Gedichte von Korotkevič hörte".]	Tut.by	Artikelbesprechung	185	1466	http://forumstest.tut.by/showthread.php?t=8787655&f	30.09.09
136	Перапіс насельніцтва: родная мова – беларуская! [Zensus: Muttersprache – Belarusisch!]	Tut.by	Geschichte u. Ethnologie	252	2983	http://forums.tut.by/showthread.php?p=8796559	01.10.09
137	Лукашэнец: Белорусскому языку необходимо избавиться от комплекса младшего брата. [Lukašaniec: Die belarusische Sprache muss den Komplex eines kleineren Bruders loswerden.]	Tut.by	Artikelbesprechung	200	1436	http://forums.tut.by/showthread.php?p=8863229	09.10.09
138	Відэа. Падтрымай беларус-сую мову! [Video. Unterstütze die belarusische Sprache!]	Tut.by	Artikelbesprechung	196	1838	http://forums.tut.by/showflat.php?p=8905777&f	14.10.09
139	„Бацькаўшчына" і ТБМ – за Год беларускай мовы. [„Baćkaŭščyna" und die TBM sind für das Jahr der belarusischen Sprache.]	Tut.by	Artikelbesprechung	54	644	http://forums.tut.by/showthread.php?p=8913405	15.10.09
140	Народная навіна. Якую мову лічыць роднай? [Volksnachricht. Welche Sprache soll für eine Muttersprache gehalten werden?]	Tut.by	Artikelbesprechung	182	3003	http://forums.tut.by/showthread.php?p=8925015	16.10.09
146	Ролік з падтрыжку бел. мвы (сценарыі пішем тут!) [Ein Spot zur Unterstützung des Belarusischen (Drehbücher schreiben wir hier!)]	Tut.by	Geschichte u. Ethnologie	280	2587	http://forums.tut.by/showthread.php?p=9151627	09.11.09
147	На якой мове размаўляюць шыльды? [Welche Sprache sprechen die Schilder?]	Tut.by	Artikelbesprechung	110	1445	http://forumstest.tut.by/showthread.php?t=9277182&f	22.11.09
149	Должен ли президент страны знать национальный язык? [Muss ein Staatspräsident die Nationalsprache können?]	Tut.by	Politik, Zivilgesellschaft	712	103	http://forumstest.tut.by/showthread.php?t=9662830&f	03.01.10

Nr.	Titel des Forums	Plattform	Thema	Beiträge	Besucher	Internetadresse	Anfang
150	Трусов: Мы очень ждем от властей объявления 2010-го Годом родного языка. [Trusov: Wir erwarten von der Regierung eine Erklärung des Jahres 2010 zum Jahr der Muttersprache.]	Tut.by	Artikelbesprechung	123	1062	http://forumstest.tut.by/showthread.php?t=98075038f	18.01.10
151	Трусаў: За 20 год стан беларускай мовы ў Беларусі значна палепшыўся. [Trusaŭ: In den letzten 20 Jahren hat sich der Zustand der belarusischen Sprache in Belarus deutlich verbessert.]	Tut.by	Artikelbesprechung	109	1181	http://forumstest.tut.by/showthread.php?t=98937808f	26.01.10
152	„За адмову ад мовы Беларусь атрымала дывідэнды ад Расіі". [„Für den Verzicht auf Belarusisch erhielt das Belarus Dividenden von Russland".]	Tut.by	Artikelbesprechung	873	6247	http://forumstest.tut.by/showthread.php?t=98986798f	26.01.10
153	Тигипко против того, чтобы русский язык был государственным. [Tigipko ist gegen das Russische als Staatssprache.]	Tut.by	Artikelbesprechung	192	2428	http://forumstest.tut.by/showthread.php?t=99514018f	31.01.10
154	Міністэрства абароны перакпала свае статуты на беларускую мову. [Das Verteidigungsministerium übersetzte seine Satzungen ins Belarusische.]	Tut.by	Artikelbesprechung	69	1059	http://forumstest.tut.by/showthread.php?t=100469248f	10.02.10
155	ТБМ призывает использовать белорусский язык во время выборов. [Die TBM ruft zur Verwendung der belarusischen Sprache bei den Wahlen auf.]	Tut.by	Artikelbesprechung	76	958	http://forumstest.tut.by/showthread.php?t=100748538f	13.02.10
156	Альганка. Гаварыце ж на мове нашай беларускай, не баючыся памылак. [Umfrage. Sprecht doch unsere belarusische Sprache, ohne Fehler zu scheuen.]	Tut.by	Artikelbesprechung	88	1536	http://forumstest.tut.by/showthread.php?t=101239548f	19.02.10
157	The Toobes: „Мы упираемся в язык". [The Toobes: „Wir stoßen uns gegen die Sprache".]	Tut.by	Artikelbesprechung	214	3551	http://forums.tut.by/showflat.php?t=01311488f	20.02.10
158	В Международный день родного языка выпуски новостей на Первом выйдут на белорусском. [Am Internationalen Tag der Muttersprache werden alle Nachrichten im Ersten auf Belarusisch ausgestrahlt.]	Tut.by	Artikelbesprechung	95	1372	http://forumstest.tut.by/showthread.php?t=101358108f	20.02.10
161	Лукашанец: Дырэктар Інстытута мовы і літаратуры: Патрэбен комплекс мер, якія забяспечаць выкарыстанне беларускай мовы ва ўсіх сферах. [Lukašaniec: Direktor des Instituts für Sprache und Literatur: Man braucht einen Maßnahmenkatalog, welcher die Verwendung des Belarusischen in allen Bereichen sichert.]	Tut.by	Artikelbesprechung	147	2511	http://forumstest.tut.by/showthread.php?t=101647008f	23.02.10
162	Янукович отказал русскому языку в статусе государственного. [Janukovič sprach dem Russischen den Status der Staatssprache ab.]	Tut.by	Artikelbesprechung	217	3214	http://forumstest.tut.by/showthread.php?t=102798088f	10.03.10
164	ТБМ призвал абитуриентов вузов выбрать белорусский язык во время тестирования. [Die TBM forderte Studienbewerber auf, bei Aufnahmeprüfungen Belarusisch zu wählen.]	Tut.by	Artikelbesprechung	109	1137	http://forumstest.tut.by/showthread.php?t=104758728f	03.04.10

Nr.	Titel des Forums	Plattform	Thema	Beiträge	Besucher	Internetadresse	Anfang
165	Лукашенкэ: „Только идиот в этой стране может отказаться от русского языка". [Lukašenko: „Nur ein Idiot kann in diesem Land Verzicht auf Russisch leisten".]	Tut.by	Politik	594	8848	http://forumstest.tut.by/showthread.php?t=10526052&f	09.04.10
166	Когда мы будем молиться на роднай мове? [Wann werden wir in der Muttersprache beten?]	Tut.by	Religion	414	6473	http://forumstest.tut.by/showthread.php?t=10642647&f	24.04.10
167	О белорусской латинице (опрос). [Über die belarusische Latinica (Umfrage).]	Tut.by	Politik, Zivilgesellschaft	753	392	http://forums.tut.by/showthread.php?t=10655989	25.04.10
168	Глава представительства Евросоюза призвал белорусов „не забывать о родном языке". [Das Oberhaupt der EU-Vertretung rief Belarusen auf, „die Muttersprache nicht zu vergessen".]	Tut.by	Artikelbesprechung	60	1137	http://forumstest.tut.by/showthread.php?t=10892140&f	25.05.10
169	Класікі без глянцу. Мікола Аўрамчык: Дзяржаўная ідэалогія без мовы – глупства! [Klassiker ohne Glanz. Mikola Aŭramčyk: Eine Staatsideologie ohne Sprache ist Unsinn!]	Tut.by	Kultur	221	2129	http://forumstest.tut.by/showthread.php?t=10894701&f	25.05.10
170	Более 33% белорусов хотят слышать рекламу на белорусском языке. [Über 30% der Belarusen möchten Werbung in belarusischer Sprache hören.]	Tut.by	Artikelbesprechung	253	2107	http://forumstest.tut.by/showthread.php?t=11244326&f	08.07.10
171	В Международный день родного языка выпуски новостей на Первом выйдут на белорусском. [Am Internationalen Tag der Muttersprache werden alle Nachrichten im Ersten auf Belarusisch ausgestrahlt.]	Tut.by	Artikelbesprechung	6	851	http://hghltd.yandex.net/yandbtm?fmode=inject&url=http%3A%2F%2Fforums.tut.by	13.07.10
172	Язык населения Брянщины. [Die Sprache der Bevölkerung der Brjank-Region.]	Tut.by	Geschichte u. Ethnologie	9	k.A.	http://forumstest.tut.by/showthread.php?t=11371776	25.07.10
173	Почему белорусы не хотят учить своих детей на родном языке? [Warum wollen Belarusen nicht, dass ihre Kinder in der Muttersprache unterrichtet werden?]	Tut.by	Artikelbesprechung	629	4852	http://forumstest.tut.by/showthread.php?t=11523978&f	15.08.10
174	ТБМ патрабуе ад улаадаў падтрымаць беларускую мову. [Die TBM verlangt von der Regierung, die belarusische Sprache zu unterstützen.]	Tut.by	Artikelbesprechung	208	1223	http://forums.tut.by/showflat.php?t=11675638&f	01.09.10
176	Беларускую мову лічаць роднай 60% жыхароў Беларусі. [60% der Einwohner des Belarus halten die belarusische Sprache für Muttersprache.]	Tut.by	Artikelbesprechung	122	1994	http://forumstest.tut.by/showthread.php?t=11713797&f	09.09.10
178	Лявон Вольскій: „Мы гордимся своим белорусским языком в отличие от других групп". [Ljavon Vol'skij: „Im Unterschied zu anderen Bands sind wir auf unsere belarusische Sprache stolz".]	Tut.by	Artikelbesprechung	34	1076	http://news.tut.by/culture/198533.html	28.09.10
179	ТБМ: „Президент Беларуси должен говорить по-белорусски". [TBM: „Der Präsident von Belarus muss Belarusisch sprechen".]	Tut.by	Artikelbesprechung	140	222	http://forumstest.tut.by/showthread.php?t=11870802	30.09.10

Nr.	Titel des Forums	Plattform	Thema	Beiträge	Besucher	Internetadresse	Anfang
181	Руководство ТБМ предлагает президенту страны объявить 2011 год родного языка". [Die Leitung des TBM schlägt dem Staatspräsidenten vor, das Jahr 2011 zum Jahr der Muttersprache zu erklären.]	Tut.by	Artikel-besprechung	149	1297	http://forumstest.tut.by/showthread.php?t=12113817&f	31.10.10
183	Калі беларуская мова буде вывучаца ў Кембрыджы? [Wann wird Belarusisch in Cambridge unterrichtet?]	Tut.by	Artikel-besprechung	27	618	http://forumstest.tut.by/showthread.php?t=12144339&f	03.11.10
184	Доктор философии: Русскоязычная молодежь стремится овладеть бело-русским языком и говорить на нем. [Doktor der Philosophie: Die russisch-sprachige Jugend ist bestrebt, Belarusisch zu beherrschen und zu verwenden.]	Tut.by	Artikel-besprechung	850	2185	http://forumstest.tut.by/showthread.php?t=12247455&f	16.11.10
186	Мінкульт падтрымал ТБМ: „2011-й могут объявить Годом белорусской культуры и языка". [Das Kultusministerium unterstützte die TBM: „Das Jahr 2011 könnte zum Jahr der belarusischen Kultur und Sprache erklärt werden".]	Tut.by	Kultur	30	k.A.	http://forumstest.tut.by/showthread.php?t=12270652&f	19.11.10
187	Што буде з беларускай мовай пасля выбарау? [Was wird mit der belarusischen Sprache nach den Wahlen?]	Tut.by	Wahlen	378	1846	http://forumstest.tut.by/showthread.php?t=12305127&f	24.11.10
189	ТБМ призвала Всебелорусское народное собрание содействовать приня-тио закона о господдержке „мовы". [Die TBM rief die Allbelarusische Volksversammlung auf, der Annahme des Gesetzprojektes über die staatliche Unterstützung des Belarusischen beizutragen.]	Tut.by	Artikel-besprechung	156	k.A.	http://forumstest.tut.by/showthread.php?t=12350995&f	29.11.10
190	Второе выступление по радио Михалевич посвятил проблемам культуры и языка. [Seinen zweiten Auftritt im Radio widmete Mihalevič Problemen der Kultur und Sprache.]	Tut.by	Wahlen	11	k.A.	http://forumstest.tut.by/showthread.php?t=12377444&f	02.12.10
192	Ці возьмуцца ўлады за беларускую мову? [Nimmt sich die Regierung der belarusischen Sprache vor?]	Tut.by	Artikel-besprechung	282	k.A.	http://forumstest.tut.by/showthread.php?t=12433298&f	07.12.10
193	На каком языке должно звучать обращение Президента. [In welcher Sprache muss die Ansage des Präsidenten sein.]	Tut.by	Politik, Zivilgesellschaft	260	135	http://forumstest.tut.by/showthread.php?t=12617407&f	25.12.10
194	Новый руководитель Белтелерадиокомпании встретился с председателем „Таварыства беларускай мовы". [Der neue Leiter der Belarusischen Radio- und Fernsehgesellschaft traf sich mit dem Vorsitzenden der „Gesellschaft für belarusische Sprache".]	Tut.by	Artikel-besprechung	84	k.A.	http://news.tut.by/society/210765.html	07.01.11
195	Як папулярызуюць родную мову на Беларускай чыгунцы? [Wie bringt man die Muttersprache in der Belarusischen Bahn näher?]	Tut.by	Artikel-besprechung	135	1063	http://forumstest.tut.by/showthread.php?t=12916089&f	29.01.11

Nr.	Titel des Forums	Plattform	Thema	Beiträge	Besucher	Internetadresse	Anfang
196	ТБМ предлагает создать госорган по поддержке белорусского языка. [Die TBM schlägt vor, ein Staatsorgan für Förderung der belarusischen Sprache ins Leben zu rufen.]	Tut.by	Artikelbesprechung	345	1298	http://forumstest.tut.by/showthread.php?t=12927106&f	31.01.11
198	У работников культуры существует „какой-то психологический барьер" в отношении родного языка. [Die Kulturschaffenden haben in Bezug auf die Muttersprache „irgendwelche psychologische Barriere".]	Tut.by	Artikelbesprechung	65	k.A.	http://forumstest.tut.by/showthread.php?t=13087421&f	19.02.11
199	Беларуская мова – самая мілагучная пасля італьянскай і самая старажытная сярод славянскіх. [Belarusisch ist nach dem Italienischen die meist wohlklingende und unter den slavischen Sprachen die älteste Sprache.]	Tut.by	Kultur	183	1928	http://forums.tut.by/showthread.php?p=13091426	19.02.11
200	5 тэзісаў пра сучасны стан беларускай мовы. [5 Thesen über den aktuellen Zustand des Belarusischen.]	Tut.by	Artikelbesprechung	31	763	http://forumstest.tut.by/showthread.php?t=13100583&f	21.02.11
202	Як пачуваюцца тытульныя мовы ў былых савецкіх рэспубліках. [Wie geht es den Titularsprachen in den ehemaligen Sowjetrepubliken.]	Tut.by	Artikelbesprechung	119	2233	http://forums.tut.by/showflat.php?t=13106806&f	21.02.11
203	Апошні паэт-ідышыст: „Беларуская — мова добрых людзей". [Der letzte Dicher-Jiddischist: „Belarusisch ist die Sprache guter Menschen".]	Tut.by	Artikelbesprechung	19	497	http://forumstest.tut.by/showthread.php?t=13106910&	21.02.11
204	Глас народа. „Я – за адзіную мову ў нашай краіне, аднак трэба быць рэалістам." [Die Volksstimme: „Ich bin für eine einzige Sprache in unserem Land, aber man muss Realist sein".]	Tut.by	Artikelbesprechung	161	1428	http://forumstest.tut.by/showthread.php?t=13108468&f	22.02.11
206	„Будзьма з мовай": беларускія налепкі на клавіятуру і праграма для лацінкі. [„Bleiben wir mit der Sprache": belarusische Tastaturaufkleber und Software für Latinica.]	Tut.by	Artikelbesprechung	34	558	http://forumstest.tut.by/showthread.php?t=13111593&f	22.02.11
209	Игорь Корзун: Человек, который не знает белорусского языка, не может искренне назвать себя белорусом. [Igor' Korzun: Ein Mensch, der kein Belarus sich kann, kann sich nicht aufrichtig Belaruse nennen.]	Tut.by	Artikelbesprechung	39	k.A.	http://forums.tut.by/showthread.php?p=13205907	05.03.11
210	Почему умер белорусский язык? [Warum ist Belarusisch gestorben?]	Tut.by	Wissenschaft	31	k.A.	http://forums.tut.by/showthread.php?p=13227237	07.03.11
211	„У дзіцячым садку сын адвучваецца ад беларускай мовы". [„Im Kindergarten wird mein Sohn vom Belarusischen abgewöhnt".]	Tut.by	Artikelbesprechung	73	1086	http://news.tut.by/society/217917.html	12.03.11
212	Положанко попросила Мин-культы и МВД решить проблему белорусского языка в тюрьмах. [Položanko bat das Kultus- und das Innenministerium, das Problem mit der belarusischen Sprache in Gefängnissen zu lösen.]	Tut.by	Artikelbesprechung	35	1030	http://forums.tut.by/showthread.php?t=14020549	20.06.11

Nr.	Titel des Forums	Plattform	Thema	Beiträge	Besucher	Internetadresse	Anfang
213	ТБМ призывает белорусов пользоваться родным языком в профессиональной деятельности. [Die TBM ruft Belarusen auf, die Muttersprache im Berufsleben zu verwenden.]	Tut.by	Artikelbesprechung	135	1891	http://forums.tut.by/showthread.php?t=14023079	08.07.11
214	Глас народа. „Национальный язык – это деньги и власть". [Die Volksstimme. „Nationalsprache bedeutet Geld und Macht".]	Tut.by	Artikelbesprechung	50	1036	http://forums.tut.by/showthread.php?t=14023183	09.07.11
215	Калі чыноўнікі загавораць па-беларуску? [Wann fangen die Beamten an, Belarusisch zu sprechen?]	Tut.by	Artikelbesprechung	84	1466	http://forums.tut.by/showthread.php?t=14023567	12.07.11
216	Захар Шыбека: Беларусізацыя ўлады і граматва – вынік канфрантацыі з Расіяй. [Zahar Šybieka: Belarusifizierung der Regierung und Gesellschaft als Ergebnis der Konfrontation mit Russland.]	Tut.by	Artikelbesprechung	362	4638	http://forums.tut.by/showthread.php?t=14024414	19.07.11
217	Чаму на некаторых афіцыйных сайтах беларускую мову замяняюць нямецкай і польскай? [Warum wird auf einigen offiziellen Webseiten Belarusisch durch Deutsch und Polnisch ersetzt?]	Tut.by	Artikelbesprechung	30	609	http://forums.tut.by/showthread.php?t=14024599	20.07.11
218	„Смак беларускай мовы" на вуліцах Мінска. [„Der Geschmack der belarusischen Sprache" auf den Straßen von Minsk.]	Tut.by	Artikelbesprechung	173	4163	http://forums.tut.by/showthread.php?t=14027726	15.08.11
219	Ці аддалі б вы сваё дзіця ў беларускамоўны клас? [Würden Sie Ihr Kind in eine belarusischsprachige Schule schicken?]	Tut.by	Artikelbesprechung	567	12667	http://forums.tut.by/showthread.php?t=14028398	20.08.11
220	Ці патрэбныя Беларусі беларускамоўныя школы? [Braucht man in Belarus belarusischsprachige Schulen?]	Tut.by	Artikelbesprechung	1068	11458	http://forums.tut.by/showthread.php?t=14028757	23.08.11
221	У Гродне ажно тры беларускамоўныя першакласнікі. [In Hrogna gibt es ganze drei belarusischsprachige Erstklässler.]	Tut.by	Artikelbesprechung	40	1123	http://forums.tut.by/showthread.php?t=14030127	02.09.11
222	Народная навіна. Беларускамоўнай гімназіі № 23 тэрмінова патрэбны вучні. [Volksnachricht. Im belarusischsprachigen Gymnazium Nr. 23 werden dringend Schüler benötigt.]	Tut.by	Artikelbesprechung	224	3680	http://forums.tut.by/showthread.php?t=14030289	03.09.11
223	Як беларусам адрадзіць сваю мову? [Wie können Belarusen ihre Sprache wiederbeleben?]	Tut.by	Geschichte u. Ethnologie	1526	22458	http://forums.tut.by/showthread.php?t=14030695	06.09.11
224	„Гэта зусім не палітыка": гурт ##### заспяваў на матчынай мове. [„Es ist gar keine Politik": Die Band ##### hat angefangen, in der Muttersprache zu singen.]	Tut.by	Kultur	5	405	http://forums.tut.by/showthread.php?t=14031953	14.09.11
225	Почему школьники не любят белорусский язык и литературу? [Warum mögen die Schüler die belarusische Sprache und Literatur nicht?]	Tut.by	Artikelbesprechung	974	19142	http://forums.tut.by/showthread.php?t=14032506	17.09.11

Nr.	Titel des Forums	Plattform	Thema	Beiträge	Besucher	Internetadresse	Anfang
226	Студенты Тартуского университета создали ячейку „Таварыства беларускай мовы". [Studierende der Universität Tartu gründeten eine Zelle der „Gesellschaft für belarusische Sprache".]	Tut.by	Artikel-besprechung	8	241	http://forums.tut.by/showthread.php?t=14033324&f	22.09.11
227	26 верасня Еўропа адзначае Дзень мовы. [Am 26. September feiert Europa den Tag der Sprachen.]	Tut.by	Artikel-besprechung	15	281	http://forums.tut.by/showthread.php?t=14033927	27.09.11
228	Русіфікацыя і паланізацыя Беларусі. [Russifizierung und Polonisierung der Belarusen.]	Tut.by	Geschichte u. Ethnologie	15	947	http://forums.tut.by/showthread.php?t=14036690	17.10.11
229	Беляцкий выступил с инициативой о переводе Уголовного кодекса на белорусский язык. [Bjeljacki brachte die Initiative ein, das Strafgesetzbuch ins Belarusische zu übersetzen.]	Tut.by	Artikel-besprechung	105	1354	http://forums.tut.by/showthread.php?t=14036723	18.10.11
230	Чым можа скончыцца моўная абыякавасць? [Wozu kann eine sprachliche Gleichgültigkeit führen?]	Tut.by	Artikel-besprechung	519	5819	http://forums.tut.by/showthread.php?t=14038485	30.10.11
231	Маскевич: двуязычие в стране – это обязанность владеть и русским, и белорусским языком. [Maskievič: Eine Zweisprachigkeit im Land bedeutet die Verpflichtung, sowohl die russische als auch die belarusische Sprache zu beherrschen.]	Tut.by	Artikel-besprechung	229	2992	http://forums.tut.by/showthread.php?t=14039313	05.11.11
232	Беларускую мову выкідаюць з універсітэтаў? [Wird Belarusisch aus Universitäten rausgeschmissen?]	Tut.by	Artikel-besprechung	559	7464	http://forums.tut.by/showthread.php?t=14039491	06.11.11
233	Адна з сямянскіх школ стане цалкам беларускамоўнай. [Eine der Schulen in Aschmjany wird komplett belarusischsprachig.]	Tut.by	Artikel-besprechung	6	90	http://forums.tut.by/showthread.php?t=14051668	31.01.12
234	Універсітэты спыняюць набор на беларускую філалогію. [Universitäten schließen die Aufnahme zur belarusischen Philologie.]	Tut.by	Artikel-besprechung	158	2877	http://forums.tut.by/showthread.php?t=14051810	01.02.12
235	Восем прыкмет русіфікацыі Беларусі. [Acht Zeichen der Russifizierung des Belarus.]	Tut.by	Artikel-besprechung	402	5081	http://forums.tut.by/showthread.php?t=14052127	02.02.12
236	Ананіч: белорусскоязычных книг издается около 10% – это отражение языковой ситуации. [Ananič: Bücher auf Belarusisch machen ca. 10% aller herausgegebenen Bücher aus – das ist das Abbild der Sprachsituation.]	Tut.by	Kultur	17	420	http://forums.tut.by/showthread.php?t=14052374	04.02.12
237	Латушка: План по популяризации белорусского языка не выполняется в полной мере. [Latuško: Der Plan der Popularisierung der belarusischen Sprache wird nicht in vollem Maße erfüllt.]	Tut.by	Kultur	23	654	http://forums.tut.by/showthread.php?t=14053019	09.02.12

Nr.	Titel des Forums	Plattform	Thema	Beiträge	Besucher	Internetadresse	Anfang
238	Министерство культуры: Языковой проблемы в Беларуси не существует. [Kultusministerium: Ein Sprachproblem gibt es in Belarus nicht.]	Tut.by	Kultur	20	324	http://forums.tut.by/showthread.php?t=14054169	17.02.12
239	Лукашанец: „Сегодня должно приветствоваться любое белорусскоязычное произношение". [Lukašaniec: „Heute muss in Belarus jede belarusischsprachige Aussprache begrüßt werden"]	Tut.by	Kultur	92	1373	http://forums.tut.by/showthread.php?t=14054175	17.02.12
240	21 лютага TUT-Бава шукае шлях да роднай мовы і раздае падарункі за самыя незвычайныя беларускія словы. [Am 21. Februar sucht TUT.by den Weg zur Muttersprache und verteilt Geschenke für die ungewöhnlichsten belarusischen Wörter.]	Tut.by	Fernsehen	20	474	http://forums.tut.by/showthread.php?t=14054819	21.02.12
241	Белстат: Белорусский язык в качестве разговорного используют 23% населения страны. [Belstat: Belarusisch wird von 23% der Bevölkerung als Umgangssprache verwendet.]	Tut.by	Artikelbesprechung	673	6164	http://forums.tut.by/showthread.php?t=14054835	21.02.12
242	Ці загавораць кітайцы на мове Коласа? [Werden Chinesen die Sprache von Kolas sprechen?]	Tut.by	Artikelbesprechung	10	172	http://forums.tut.by/showthread.php?t=14054853	22.02.12
243	Як я адзін дзень быў беларускамоўным. [Wie ich einen Tag lang belarusischsprachig war.]	Tut.by	Artikelbesprechung	192	3581	http://forums.tut.by/showthread.php?t=14054990	22.02.12
244	Тадэуш Стружэцкі: Беларусь без беларускай мовы іcнаваць не можа. [Tadeuš Stružecki: Belarus kann ohne die belarusische Sprache nicht existieren.	Tut.by	Kultur	64	807	http://forums.tut.by/showthread.php?t=14055027	23.02.12
245	Лонданскія беларусы адзначылі Дзень роднай мовы. [Londoner Belarusen feierten den Tag der Muttersprache.]	Tut.by	Artikelbesprechung	99	1771	http://forums.tut.by/showthread.php?t=14055571	26.02.12
246	Чыноўнікаў просяць не дапускаць беларусіфікацыі і скарачэння ўжывання рускай мовы. [Beamten werden gebeten, keine Belarusifizierung und keine Reduzierung der Verwendung des Russischen zuzulassen.]	Tut.by	Artikelbesprechung	138	2936	http://forums.tut.by/showthread.php?t=14057713	14.03.12
247	Брэсцкі облисполком рассказал об „оптимизации расходов" и „недопущении принудительной белорусификации". [Das Exekutivkomitee des Brester Gebiets berichtete über die „Optimierung von Ausgaben" und die „Unzulässigkeit einer Zwangsbelarusifizierung".]	Tut.by	Artikelbesprechung	242	2509	http://forums.tut.by/showthread.php?t=14061617	10.04.12
248	Издана первая Библия на современном белорусском языке. [Die erste Bibel in moderner belarusischer Sprache herausgegeben.]	Tut.by	Artikelbesprechung	62	851	http://forums.tut.by/showthread.php?t=14061655	11.04.12
249	Цяжкасці перакладу: беларуская мова як камерцыйная перавага. [Übersetzungsschwierigkeiten: Belarusisch als kommerzieller Vorteil.]	Tut.by	Fernsehen	15	478	http://forums.tut.by/showthread.php?t=14062645	18.04.12

Nr.	Titel des Forums	Plattform	Thema	Beiträge	Besucher	Internetadresse	Anfang
250	Кампаніям гатрабная беларуская мова (Video, Audio, Text). [Firmen brauchen die belarusische Sprache (Video, Audio, Text).]	Tut.by	Gesellschaft	17	442	http://forums.tut.by/showthread.php?t=14066060	05.05.12
252	Выходзіць „Зялікі слоўнік беларускай мовы" на 223 тысячы словаў. [Es wurde das „Große Wörterbuch der belarusischen Sprache" mit 223 Tausend Wörtern herausgegeben.]	Tut.by	Kultur	8	261	http://forums.tut.by/showthread.php?t=14066062	16.05.12
253	В Бобруйске собирают подписи за популяризацию белорусского языка. [In Bobrujsk werden Unterschriften für Popularisierung der belarusischen Sprache gesammelt.]	Tut.by	Artikel-besprechung	17	163	http://forums.tut.by/showthread.php?t=14066168	16.05.12
254	Учебники по истории и географии переводить на белорусский пока не будут. [Geschichts- und Geographielehrbücher werden noch nicht ins Belarusische übersetzt.]	Tut.by	Artikel-besprechung	40	778	http://forums.tut.by/showthread.php?t=14066257	18.05.12
255	Зноўку пра Трасянку. [Erneut über die Trasjanka.]	Tut.by	Bildung u. Wissenschaft	15	223	http://forums.tut.by/showthread.php?p=8595702	06.09.09
257	Закон аб паваліцы прыняты ў 1-м чытанні. [Das Rechtschreibgesetz bei der ersten Lesung angenommen.]	Tut.by	Politik, Zivilgesellschaft	548	2457	http://forumstest.tut.by/showthread.php?t=47569748f	25.10.07
258	Праект закона о новых правилах белорусского языка. [Gesetzprojekt über die neue n Regeln der belarusischen Sprache.]	Tut.by	Artikel-besprechung	65	86	http://forums.tut.by/showthread.php?p=5523176	27.02.08
259	Беларуская мова ў РБ, чужая ці не? [Die belarusische Sprache in der RB, fremd oder nicht?]	Brest	Politik	999	71482	http://forum.brest.by/index.php?showtopic=2319	27.12.08
260	Родной язык. [Die Muttersprache.]	Brest	Politik	46	4038	http://forum.brest.by/index.php?showtopic=14147&st=0	29.09.10
263	Назаві беларускую мову роднай і хатняй! [Nenne Belarusisch als Muttersprache und als deine heimische Sprache!]	Lida	Volksstimme\Flame	47	500	http://forum.lida.info/viewtopic.php?f=40&t=655	29.09.09
264	Белорусский язык и как вы к нему относитесь. [Belarusisch und Ihre Einstellung ihm gegenüber.]	Lida	Volksstimme\Flame	125	3092	http://forum.lida.info/viewtopic.php?f=40&t=1612	07.03.10
266	Што такое беларуская мова? [Was ist die belarusische Sprache?]	Hrodna	Politik-Hütte	187	9624	http://forum.Hrodna.net/index.php?topic=87628.0	01.03.09
267	Какой язык для Вас родной? [Welche Sprache ist für Sie die Muttersprache?]	Hrodna	Politik-Hütte	1385	28366	http://forum.Hrodna.net/index.php?topic=5375.0	27.06.06
268	Паліт-хатка на беларускай мове. [Politik-Hütte auf Belarusisch.]	Hrodna	Politik-Hütte	59	1950	http://forum.Hrodna.net/index.php?topic=18336.0	02.12.07

Nr.	Titel des Forums	Plattform	Thema	Beiträge	Besucher	Internetadresse	Anfang
269	Перспективы беларуского языка. Что ждет беларуский язык в РБ? [Perspektiven des Belarusischen. Was erwartet die belarusische Sprache in der RB?]	Hrodna	Politik-Hütte	359	9602	http://forum.Hrodna.net/index.php?topic=1800.0	26.08.05
270	Вы используете белорусский язык? [Verwenden Sie Belarusisch?]	Hrodna	Politik-Hütte	451	13759	http://forum.Hrodna.net/index.php?topic=1077.0	04.06.05
271	Набажэнствы на беларускай мове. [Gottesdienste auf Belarusisch.]	Hrodna	Politik-Hütte	226	8135	http://forum.Hrodna.net/index.php?topic=19324.0	26.12.07
272	Тарашкевіца ці наркамаўка? [Taraškievica oder Narkomaŭka?]	Hrodna	Politik-Hütte	11	1189	http://forum.Hrodna.net/index.php?topic=14741.0	03.09.07
273	Беларускі варыянт сайта прэзідэнта РБ))). [Belarusische Variante der Webseite des Präsidenten der RB))).]	Hrodna	Politik-Hütte	21	477	http://forum.Hrodna.net/index.php?topic=12738.0	01.07.07
274	Ваш родной язык... [Ihre Muttersprache...]	Minsk	Plauderei	11	466	http://minsklife.net/showthread-t_20974.html?uri=showthread.html	28.12.10
275	Новые правила белорусского языка. [Neue Regeln des Belarusischen.]	Minsk	Plauderei	45	4937	http://minsklife.net/showthread-t_7169.html?uri=showthread.html	01.09.06
276	Акцыя „Размаўляем па-беларуску!" [Die Aktion „Sprechen wir Belarusisch!"]	Minsk	Über unser Forum	66	16624	http://minsklife.net/showthread-t_7721.html	23.10.06
277	Большинство белорусов в повседневной жизни использует русский язык. [Die Mehrheit der Belarusen verwendet im Alltag die russische Sprache.]	Minsk	Das Leben von Minsk	271	19450	http://minsklife.net/showthread-t_16241.html	21.09.09
278	Белорусская мова. [Belarusische Sprache.]	Minsk	Plauderei	84	8884	http://minsklife.net/showthread-t_5484.html	05.03.06
279	Лёс Беларускае мовы. [Das Schicksal der belarusischen Sprache.]	Minsk	Geogr. Fakultät der BSU	32	3331	http://geos.3bb.ru/viewtopic.php?id=49	20.08.07
280	Беларуская мова на геафаку. [Belarusisch an der geographischen Fakultät.]	Minsk	Geogr. Fakultät der BSU	24	1891	http://geos.3bb.ru/viewtopic.php?id=103	26.01.08
281	Белорусский язык, за и против. [Belarusisch, pro und contra.]	Viciebsk	Politik, Gesellschaft, Macht	114	10373	http://forum.Viciebsk.ws/index.php?showtopic=3841	04.11.09
282	Родной язык/Віцебск. [Die Muttersprache/Viciebsk.]	Viciebsk	Politik, Gesellschaft, Macht	14	863	http://forum.Viciebsk.ws/index.php?showtopic=5101	29.09.10

Nr.	Titel des Forums	Plattform	Thema	Beiträge	Besucher	Internetadresse	Anfang
283	Што лепш: свая трасянка ці качаткоўскі пераход на мову суседзяў. [Was ist besser: die eigene Trasjanka oder ein endgültiger Übergang zur Sprache der Nachbaren.]	Homiel'	Ich, Gesell-schaft, Homiel'	26	1379	http://vHomiele.by/shto-lepsh-svaya-trasyanka-ci-kanchatkovy-perahod-na-movu-susedzyau	16.05.10
284	Родной язык/Гомель. [Die Muttersprache/Homiel.]	Homiel'	Offtopic	16	2349	http://forum.vseoHomiele.net/viewtoic.php?t=951&sid=ecab9d0a3	29.09.10
285	Мова і тэлебачанне. [Sprache und Fernsehen.]	Mahilioŭ	Wichtige Themen	690	52946	http://forum.mogilev.by/showthread.php?t=30161	30.01.09
286	Нужен ли вам белорусский интерфейс? [Brauchen Sie ein belarusisches Interface?]	Touristik	Belarusisches Taucher-Forum	30	3465	http://turistika.by/notes/10/	26.10.10
288	Белорусский язык вымирает? [Stirbt Be arusisch aus?]	Social Web	Belarusen-Innung	203	k.A.	http://www.sxnarod.com/index.php?showtopic=172569	28.08.09
289	беларуская мова. [Belarusische Sprache.]	Social Web	Belarusen-Innung	132	k.A.	http://www.sxnarod.com/index.php?showtopic=200199	11.05.09
291	Частковае выданне ПБ на беларускай мове – чаму не? [Teilweise Ausgabe von pressball in belarusischer Sprache – warum nicht?]	Pressball	Meinung über die Webseite	1970	44275	http://www.pressball.by/forum/viewtoic.php?t=7834	10.06.06
292	Пераходзім на беларускую мову?! [Wechseln wir zum Belarusischen?!]	Pressball	Gespräche über Alles	2031	232597	http://www.pressball.by/forum/viewtopic.php?t=2605	29.12.08
303	Заканадаўчая гара супраць мяккаэначнай мышы. [Legislafiver Berg gegen die Weichheitszeichen-Maus.]	NN	Überlegungen	58	k.A.	http://www.nn.by/index.php?c=ar&i=15405	29.02.08
304	Перад другім чытаннем дэпутаты радыкальна змянілі Закон аб правапісе. [Vor der zweiten Lesung änderten die Abgeordneten das Rechtschreibgesetz radikal.]	NN	Gesellschaft	81	k.A.	http://www.nn.by/index.php?c=ar&i=15344	27.02.08
305	Дэпутат Ждановіч: „Нашу Ніву" і „Arche" не забароняць. [Der Abgeordnete Ždanovič: „Naša Niva" und „Arche" werden nicht verboten.]	NN	Gesellschaft	33	k.A.	http://www.nn.by/index.php?c=ar&i=14597	26.01.08
306	Формула Радзькоў – Лявінскі. [Die Formel Radźkoŭ – Lewinsky.]	NN	Überlegungen	18	k.A.	http://www.nn.by/index.php?c=ar&i=12674	01.11.07
307	Дубавец: Хто такі Радзькоў у пляне беларускай мовы? [Dubaviec: Was ist Radźkoŭ im Hinblick auf die belarusische Sprache?]	NN	Überlegungen	51	k.A.	http://www.nn.by/index.php?c=ar&i=12545	26.10.07

Nr.	Titel des Forums	Plattform	Thema	Beiträge	Besucher	Internetadresse	Anfang
308	Саўка: рашэньне дэпутатаў зробіць „тарашкевіцу" рэкляму. [Saŭka: Die Entscheidung von Abgeordneten wird Werbung für „Taraškievica" machen.]	NN	Überlegungen	16	k.A.	http://www.nn.by/index.php?c=ar&i=12511	25.10.07
309	Закон „Аб правілах беларускай артаграфіі" прынятыя ў першым чытаньні. [Das Gesetz „Über die Regeln der belarusischen Orthographie" bei der ersten Lesung angenommen.]	NN	Gesellschaft	78	k.A.	http://www.nn.by/index.php?c=ar&i=12488	25.10.07
310	Аляксандар Лукашанец: „Ня ведаю, ці забароняць тарашкевіцу". [Aliaksandar Lukašaniec: „Ich weiß nicht, ob die Taraškievica verboten wird".]	NN	Gesellschaft	28	k.A.	http://www.nn.by/index.php?c=ar&i=3529	29.08.06
311	Лукашанец: Трэба паставіць кропку. Вячорка: Праект недапрацаваны і нясвоечасовы. [Lukašaniec: Man muss einen Punkt machen. Viačorka: Das Projekt ist roh und nicht zeitgemäß.]	NN	Gesellschaft	99	k.A.	http://www.nn.by/index.php?c=ar&i=11820	29.07.07
312	Закон супраць тарашкевіцы. [Das Gesetz ist gegen die Taraškievica.]	NN	Gesellschaft	37	k.A.	http://www.nn.by/index.php?c=ar&i=10184	13.07.07
314	Quo vadis, lingua alboruthenica?	livejournal	Belarusisch	59	k.A.	http://shupa.livejournal.com/48483.html	01.05.07
315	Беларуская мова у сучасным свеце. [Belarusisch in der modernen Welt.]	Esperanto-News	Ethnische Sprachen	81	k.A.	http://e-novosti.info/forumo/-viewtopic.php?t=3401	20.08.06
316	Belorusa lingvo / Белорусский язык. [Belorusa lingvo / Belarusische Sprache.]	Nicht-BY	Ethnische Sprachen	266	k.A.	http://e-novosti.info/forumo/-viewtopic.php?t=578	16.12.03
317	а что вы предпочитаете: наркомовку или тарашкевицу? [Und was bevorzugen Sie: die Taraškievica oder die Narkomaŭka?]	Linux	Russische Info über OC Linux	40	k.A.	http://www.linux.org.ru/forum/talks/5013447	17.06.10
318	Почему Белорусы так не любят России? [Warum mögen Belarusen die Russen nicht?]	Minsk	Das Leben von Minsk	554	28837	http://minsklife.net/showthread-t_20325.html	25.10.10
319	Firefox па-беларуску. [Firefox auf Belarusisch.]	Tut.by	Artikelbesprechung	200	32024	http://forums.tut.by/showthread.php?t=3541811	25.02.07
320	Почему умер белорусский язык? [Warum ist Belarusisch gestorben?]	Tut.by	Wissenschaft	175	11127	http://forums.tut.by/showthread.php?t=13227237e	06.03.11
Insgesamt				70798	2215804		

Foren mit forschungsrelevanten Aussagen. Ergebnis der Datenaufbereitung

Nr.	Titel des Forums	Aussagen
002	Belarusische Musik.	8
026	Hat das Referendum-1995 die belarusische Sprache getötet?	32
034	Belarusisch – eine Schurkensprache???	17
043	Lasst uns Belarusisch sprechen!	117
045	Belarusisch (UMFRAGE).	12
049	Wird Belarusisch dem Russischen ähnlicher werden?	12
051	Warum spricht unser Präsident unsere Sprache nicht?	18
060	Möchten Sie auf Belarusisch bedient werden?	4
064	Lukaschenko nahm Belarusisch in Schutz.	12
068	Belarusische Sprache.	19
073	Die Sprache der modernen belarusischen Literatur.	9
076	Karen Stewart: Jetzt lerne ich Belarusisch.	7
077	Belarusisch – eine Große Sprache des neuen Osteuropa!	2
090	Valiancin Taras: „Meine belarusische Sprache".	31
091	Ist Belarusisch GROB?	57
103	Google.com wurde ins Belarusische übersetzt.	11
105	Wie sich die Regierung um die Muttersprache kümmert.	25
111	UNESCO-Experten sind der Meinung, Belarusisch sei in Gefahr.	48
117	Geheimdienste können Belarusisch!	6
126	Der BRD-Botschaftsrat: Um einzigartiger zu werden, müssen die Belarusen ihre eigene Sprache sprechen.	40
128	Ein Linguist: Belarusen haben ihre eigene russische Sprache.	4
131	Wird man die Namen belarusischer Städte und Dörfer ins Russische übersetzen?	13
134	Im Programm des „Teatraĺny kufar" gibt es keine einzige Aufführung auf Belarusisch.	7
141	Durcheinander mit der Rechtschreibung: Kann ich zwei Muttersprachen haben?	56
143	Regionalnachrichten im Fernsehen werden nun im ganzen Land auf Belarusisch ausgestrahlt.	49
154	Das Verteidigungsministerium übersetzte seine Satzungen ins Belarusische.	14
157	The Toobes: „Wir stoßen uns gegen die Sprache".	23
166	Wann werden wir in der Muttersprache beten?	17
169	Klassiker ohne Glanz. Mikola Aŭramčyk: Eine Staatsideologie ohne Sprache ist Unsinn!	44
184	Doktor für Philosophie: Die russischsprachige Jugend ist bestrebt, Belarusisch zu beherrschen und zu verwenden.	90
190	Seinen zweiten Auftritt im Radio widmete Mihalevič Problemen der Kultur und der Sprache.	5
199	Belarusisch ist nach dem Italienischen die meist wohlklingende und unter den slavischen Sprachen die älteste Sprache.	38
200	5 Thesen über den aktuellen Zustand des Belarusischen.	9
206	„Bleiben wir mit der Sprache!": belarusische Tastaturaufkleber und Software für Latinica.	20

Nr.	Titel des Forums	Aussagen
212	Položanko bat das Kultus- und das Innenministerium, das Problem mit der belarusischen Sprache in Gefängnissen zu lösen.	18
213	Die TBM ruft Belarusen auf, die Muttersprache im Berufsleben zu verwenden.	30
215	Wann fangen die Beamten an, Belarusisch zu sprechen?	24
218	„Der Geschmack der belarusischen Sprache" auf den Straßen von Minsk.	13
219	Würden Sie Ihr Kind in eine belarusischsprachige Schule schicken?	147
226	Studierende der Universität Tartu gründeten eine Zelle der „Gesellschaft für belarusische Sprache".	3
231	Maskievič: Eine Zweisprachigkeit im Land bedeutet die Verpflichtung, sowohl die russische als auch die belarusische Sprache zu beherrschen.	31
240	Am 21. Februar sucht TUT.by den Weg zur Muttersprache und verteilt Geschenke für die ungewöhnlichsten belarusischen Wörter.	4
242	Werden Chinesen die Sprache von Kolas sprechen?	4
243	Wie ich einen Tag lang belarusischsprachig war.	38
244	Tadeuš Stružecki: Belarus kann ohne die belarusische Sprache nicht existieren.	14
245	Londoner Belarusen feierten den Tag der Muttersprache.	11
248	Die erste Bibel in moderner belarusischer Sprache herausgegeben.	13
250	Firmen brauchen die belarusische Sprache (Video, Audio, Text).	13
252	Es wird das „Große Wörterbuch der belarusischen Sprache" mit 223 Tausend Wörtern herausgegeben.	3
253	In Bobrujsk werden Unterschriften für Popularizierung der belarusischen Sprache gesammelt.	15
259	Belarusische Sprache in der RB, fremd oder nicht?	355
260	Muttersprache/Brest.	24
263	Nenne Belarusisch als Muttersprache und als deine heimische Sprache!	12
264	Belarusisch und Ihre Einstellung ihm gegenüber.	30
266	Was ist die belarusische Sprache?	44
267	Welche Sprache ist für Sie die Muttersprache?	687
268	Politik-Hütte auf Belarusisch.	8
269	Perspektiven des Belarusischen. Was erwartet die belarusische Sprache in der RB?	161
270	Verwenden Sie Belarusisch?	271
271	Gottesdienste auf Belarusisch.	21
277	Die Mehrheit der Belarusen verwendet im Alltag die russische Sprache.	157
281	Belarusisch, pro und contra.	57
282	Die Muttersprache/Viciebsk.	26
283	Was ist besser: die eigene Trasjanka oder ein endgültiger Übergang zur Sprache der Nachbaren.	4
284	Die Muttersprache/Homieĺ.	20
285	Sprache und Fernsehen.	370
295	Gebt die Sprache wieder her!	4
302	Der Abgeordnete Zdanovič gab ein Interview dem Radio „Svaboda".	4
Insgesamt		**3512**

www.ingramcontent.com/pod-product-compliance
Lightning Source LLC
Chambersburg PA
CBHW061702300426
44115CB00014B/2527